SECRETS OF THE TEMPLE

How the Federal Reserve Runs the Country

美联储

［美］威廉·格雷德（William Greider）◎著
耿丹◎译

中国友谊出版公司

图书在版编目（CIP）数据

美联储 / (美) 格雷德著 ; 耿丹译. -- 北京 : 中国友谊出版公司, 2013.2（2024.1 重印）
ISBN 978-7-5057-3175-2

Ⅰ. ①美… Ⅱ. ①格… ②耿… Ⅲ. ①中央银行—研究—美国 Ⅳ. ①F837.123

中国版本图书馆CIP数据核字(2013)第017598号

著作权合同登记号 图字：01-2012-9010

书名 美联储
作者 〔美〕威廉·格雷德 著 耿丹 译
出版 中国友谊出版公司
发行 中国友谊出版公司
经销 北京时代华语国际传股份有限公司 010-83670231
印刷 唐山富达印务有限公司
规格 700 毫米 ×1000 毫米 16 开
46.5 印张 700 千字
版次 2013 年 4 月第 1 版
印次 2024 年 1 月第 14 次印刷
书号 ISBN 978-7-5057-3175-2
定价 128.00 元
地址 北京市朝阳区西坝河南里 17 号楼
邮编 100028
电话 （010）64678009

谨以此书献给琳达·弗里·格雷德

感谢她给予本书的智慧和社会观察力

目录 CONTENTS

第一部分

资本代言人：揭开世界央行的神秘面纱

美国体系更多依靠的是交易，而非选举。于是其提供另外一个不受普通选举约束的政府机构，即一个可以应对民主资本主义制度下层出不穷的矛盾冲突的机构，一个可以缓解“民主”和“资本主义”之间本质对立的机构。它是国家政府的一部分，却又小心翼翼地置于选举程序之外，同时又与纯粹的政治权力完全绝缘。实际上，它经得住带有散漫激情的民众意愿的冲击，甚至可以在全局上规范美国社会。这个与美国选举制度并存的另一个美国管理机构既能分享国会和总统的权力，也能保持与他们的合作；在某些情形下，它还可以对之构成反对和阻碍。

第 1 章　华尔街打了总统一个巴掌

美国体系让美国公民懂得了政权的更替要伴随选举的发生，选举是他们有秩序地作出即将由谁来管理国家的选择的正式仪式。因此大多数美国人并不了解，政权的更替也可能会以一种更加微妙的非选举形式来实现。即使是美国总统似乎也无法控制这种可能性的发生，直到最后为时已晚：他或许依然可以坐镇总统办公室，依然被总统权威的气氛包围着，却从此再也不能完全控制自己的政府。

美国体系更多依靠的是交易，而非选举。于是其提供另外一个不受普通选举约束的政府机构，即一个可以应对民主资本主义制度下层出不穷的矛盾冲突的机构，一个可以缓解“民主”和“资本主义”之间本质对立的机构。它是国家政府的一部分，却又小心翼翼地置于选举程序之外，同时又与纯粹的政治权力完全绝缘。实际上，它经得住带有散漫激情的民众意愿的冲击，甚至可以在全局上规范美国社会。这个与美国选举制度并存的另一个美国管理机构既能分享国会和总统的权力，也能保持与他们的合作；在某些情形下，它还可以对之构成反对和阻碍。

在美国人眼里，这个机构的行为是机械呆板的，是非政治性的，是不受那些“你死我活”的经济团体的利己主义压力所影响的，其在美国生活中无处不在的影响力也多半会被那些一直存在的政治讨论所忽视。它的各种决议、内部争执及其所产生的大规模影响都会隐匿在可见的国家政治事务之下，总是让人觉得遥不可及、雾里看花。我们可以这样假设，它的所有活动细节对于普通美国人来说是过于深奥和难以理解的。

美国联邦储备系统是代议制民主[①]核心中一个至关重要的“畸形人”，是

---

① 代议制民主，社会共同体是政治权力的最终来源；王权源于人民权力的转让，但人民仍保留着对它的所有权和终极控制权。——译者注

与自治民权神话并存的尴尬矛盾体。可美国体系却接受这个矛盾，被选举出来的政治共同体也默认它的权力，私有经济会顺从它的指导，民间资本会依赖它的保护。美联储的历任主席们可以决定有关政治经济事务中最最关键的问题，包括谁会繁荣、谁将衰落，可他们的角色却依然隐晦和神秘。美联储是安全的，不仅因其自身的官方机密性，还因其可以微妙地消失在美国公众的眼前。

1979 年仲夏，时任美国总统正在美国体系中深陷“你死我活”的境地，现实正小心翼翼地强迫他屈服。进入第三年任期的吉米・卡特被民众的不满和正在下滑的影响力所吞没。起初卡特只是用柔和的佐治亚口音表达要建立一个诚信、努力、正直、开放的美国政府就赢得了美国民众的心，而此时这些民心全都被淹没在了民众对政府幻想破灭的情绪之中。尽管曾硕果累累，但卡特的总统职权已经陷入要着力解决民众迷惑和矛盾心理的境地。一系列事件的失败处理已经有损他的形象，从无效立法到伊朗内部革命军暴力事件[①]。在 1980 年的盖洛普（Gallup）民意调查中，当民众被问及希望由谁代表民主党成为总统提名候选人时，来自马萨诸塞的参议员爱德华・M. 肯尼迪竟然以 66：30 超过了时任总统卡特。

7 月初，吉米・卡特开始着手恢复自己的民众支持率。这场政治危机已经持续数月，但如今却因总统自己的行为而变得富有戏剧性。他先按照计划向民众宣布将处理能源问题，接着又突然宣布取消，并神秘地将能源计划在白宫日常事务中消除。他召集心腹顾问前往总统度假胜地马里兰的戴维营，并在那里度过整整 10 天与世隔绝的生活，这位总统开展了一系列最开诚布公的讨论，商讨总统职权到底出现了什么问题，确切地说，是美国人自己出了什么问题。

颇具影响力的拜访者先后被叫到总统的暂时府邸，目的就是向总统提供建议。这些人是可以代表各阶层民意的领袖人物，他们来自政界、教育界、宗教界及其他阶层，其申诉内容也涉及整个美国生活的各个层面；卡特总统有条不紊地将这些意见和建议写满了笔记本。每天新闻媒体都在极力揣摩和推测这位总统到底打算要做些什么。

7 月 14 日，星期六，闭关结束，吉米・卡特返回白宫。第二天晚上，超过三分之二的美国民众聚集在自家电视机前等待这位总统闭关之后的全国演讲。

---

① 伊朗霍梅尼政权绑架美国大使馆人质，卡特派“蓝光突击队”救援，但失败了。——译者注

这是美国民众时隔两年半之后再次重温卡特总统那熟悉、独特的演讲风格，他抑扬顿挫的语调听上去就像是一名新教牧师在布道，灿烂的笑容偶尔会极不协调地打断严肃刻板的陈述。这是一次与众不同的演讲，语调上更为阴沉忧郁，内容上更是铤而走险、孤注一掷。

这位总统首先举行令人震撼的表白和忏悔仪式，透露自己在戴维营一系列会议上所遭受的针对其个人的批判细节，“总统先生，”一位南方州长曾经这样对他说，“您不是在领导这个国家，您只是在管理这个政府。”其他言论也同样带有极大不满：“您已经不再充分关注美国人民”，“不要对我们说有关这个政府的政治纲领和机制，我们只想知道有关公众利益的事”，“内阁中的有些成员看上去并不忠诚。您的纪律已经不足以规范他们”，“总统先生，我们正处于不幸之中。请您看看美国人民流下的鲜血、汗水和眼泪”。

一位宗教领袖曾经告诉他：“世俗世界里没有任何缺陷可以影响某些重要事情的存在，例如上帝对全人类的爱。”卡特说他尤其喜欢来自密西西比州一个小镇镇长的评价，这位黑人妇女曾说：“所谓大亨并不只是那些重要的人物。记住，首先要有某个人在某个地方挖出一个华尔街，您才能在华尔街上卖东西。”这位总统坦承了自己作为政治领袖存在的缺陷：“我曾经努力工作，并致力于让自己曾经做出的承诺变成法律。但我不得不承认，这些努力利弊并存。”

然而，当下这场危机全然不是立法问题，卡特认为，美国人面临的是一场灵魂危机，一场考验道德和精神价值的危机。“按照常规来看，这种威胁几近无形，”这位总统警告民众，“这是一场信任危机。它拷问着美国民众的意愿、灵魂和精神核心。我们可以看到这场危机正让我们越来越质疑自身生活的意义，我们正在丧失自己对祖国的同一感和目标感。”

精神上的痛苦是抽象的，但美国政治不满的源泉却是看得见、摸得着的。它是人们在加油站里排队等待购买每加仑 1.25 美元汽油的愤怒，是超市货架上各种商品价格的持续飞涨，是每周物价的浮动和居高不下。1979 年春，伊朗革命军暴动，导致伊朗原油生产停滞，世界石油输出国组织欧佩克（OPEC）趁机利用原油量减少这一契机抬高世界范围内汽油价格，致使当时油价较 1973 年至 1974 年贸易禁运期间上涨近 4 倍，比上年至同年初上涨 1 倍。而这次被经济学家称之为第二次“石油冲击”的大事件则自动抬高了美国几乎所有超市每件商品的价格。

此外，糟糕的时机也给这场新近发生的油价危机雪上加霜，当时美国通胀率已经开始非正常走高。1979年第一季度，CPI（包括衣、食、住、行在内的消费物价协调指数）已上涨11%。一年内，1美元仅能买到原本价值89美分的商品；一辆6000美元的汽车价格很快飙升至6600美元。工薪阶层需要将原有薪水提高10%才得以应付飞涨的物价。1979年第二季度，即4月至6月，随着欧佩克操控油价的上涨，美国通胀率更加恶化，涨幅达到14%。初夏，美国某些地区再次出现司机在加油站排队购油的现象，吉米·卡特的政治威信也下滑至危险的最低点。7月，各项民意调查结果显示，仅有四分之一的选民认可其在总统任期内的表现。

卡特和他的政府顾问希望能够凭借这次富有感染力的演讲加上之后一系列迅速果敢的挽救行动让局势出现转机。他的演讲用词可谓大胆；如果换做别的政治领导人，在这样的危机面前，或许会将这场经济困境归咎于他人，轻易地将矛盾转嫁给那些公认的“恶棍”，例如欧佩克当中的某些成员国，或是那些跨国石油公司，从而成功地转移美国民众的怨愤。但这种“分化政治”和“我们VS他们”的政治技巧并不是卡特的风格。相反，他请求美国民众检讨的是自己，就像他自己的自我批评一样。这次演讲内容中包含六项雄心勃勃的能源计划，旨在克服美国对石油进口的依赖。但令大多数美国民众记忆犹新的仍是其对美国物质主义评价的核心理念：

> 在一个崇尚努力工作、家庭稳固、亲密社区和上帝信仰的国家，我们当中太多人如今越来越崇拜自我放纵和过度消费。人们对身份的认知已经不再依靠行为，而是对财产的拥有。但我们却发现，拥有和消费并不能满足我们对人生意义的向往，堆积如山的物质财富并不能填满我们因缺乏信心和生活目标而产生的空虚感。

这位总统号召全美国人民培养牺牲奉献的精神，让自己的精神世界得到重建。他让听众配合他进行自我否定，摒弃民众对物质享乐的过度追求。卡特的演讲甚至没有提及美联储及其对美国货币的管理，表示只有华盛顿对利率和信贷扩张的控制才能最终影响物价和私人经济行为的步调。这种严厉信息的表达出自一位占绝对议席且前程似锦的执政党——民主党总统之口听起来尤其令人觉得奇怪，媒体迅速不无讥讽地将其称作是一次“萎靡演讲”，虽然卡特本人从未用到过这个词。

然而卡特阴沉忧郁的布道却首先得到了民众温和的认可。从民众的反应来看，这是卡特在总统任期内最为成功的一次演讲。当时的美国人的确致力于追求个人生活的富裕，但他们仍能静心聆听有关精神世界的布道。从建国伊始，美国人就深受清教布道者冗长悲叹的影响，他们不断警告美国人道德缺失将会带来的严重后果，号召美国人重拾旧的价值观。于是此时此刻吉米·卡特对全美国人民的“诊断”迅速得到了民众的支持。

新的民意调查结果显示，这次演讲之后有超过四分之三的选民表示赞同这位总统发出的有关精神危机的警告。卡特的个人威信得到戏剧性提升。调查发现这位总统的民众支持率一夜之间提高了 10%，而这种惊天逆转仅仅凭借一次演讲就得以实现。至少 40% 的电视观众表示是卡特的演讲给了他们对其领导能力的更大信心。

这是一个充满希望的开始，尽管白宫的政府顾问们明白还有许多事情要做。华盛顿的一位民主党顾问乐观地评价这次总统演讲是激动人心的，其呼吁美国民众重拾道德的言论“让他大大扭转了落后局面”。[1]

可美国公众并不能真正实现总统的期望，纽约锡达赫斯特的一位珠宝制造商对此颇有心得。这位名叫尤金·萨斯曼（Eugene Sussman）的珠宝商通过观察发现，对于普通消费者来说，重新培养一种新的消费模式不太可能，但大多数人仍表示总统充满温情的警告的确会在自己身上发挥作用。为了应对价格不断飞涨的黄金、钻石和工资成本，萨斯曼一直在提高珠宝奢侈品的价格。每次提价，他都会担心商品是否会卖不出去；可每次销售额都是在增长。他将这些胸针、戒指的价格定得越高，购买的人就越多。

“我说的是那些普通的工薪阶层女孩，”萨斯曼的语气有些惊讶，“我在街上看到她们佩戴着我的珠宝，可她们每周只赚 250 美元到 300 美元，却把全部的钱都用来买这些首饰。她们必须拥有这些，就像食物。”

“和去年相比，我要多花 120% 的成本去购买钻石原料，劳动力成本也从 35% 提高到了 40%。我的产品一次又一次提价，四年前售价 170 美元的戒指今年会卖到 350 美元到 400 美元。而所有已经生产出来的成品通常都会销售一空。”

这些购买萨斯曼昂贵珠宝的“工薪阶层女孩”正成为美国生活中的一个新现象。在这个持续通胀的年代里，“先买东西、后付钱”的思想意识已经成为一种智慧——在日益贬值的美元面前，人们会在涨价前预先购买，甚至不惜现在借钱、日后还债。大多数美国人不会停留太久去仔细品味卡特总统发出的有关精神空虚的警告，因为他们太忙：忙着购物、忙着尽早购物。

在位于洛杉矶郊区的太阳谷，一位名叫罗兰・墨菲（Roland Murphy）的美国机械师和妻子借贷1万美元重新改装厨房，另外他们还要偿还一年前用于购买小型道奇白羊轿车的贷款；当草价开始飙升后，墨菲又卖掉了他们的马。在芝加哥，一位名叫戴罗莎・罗杰斯（Derotha Rogers）的英语教师和她担任水管维修工的丈夫贝弗购买了一辆价值1.9万美元的凯迪拉克——尽管当时贝弗已经暂时失业。在小镇的另一端，一位名叫史蒂芬・C. 米切尔（Stephen C. Mitchell）的工程师主管和他的妻子由于通货膨胀，暂时推迟了装修别墅的计划，但因为购买了一幅价值2000美元的油画，他们不得不采取分期付款的方式装修了家里的走廊。在休斯敦，一位名叫杰克・韦斯特（Jack West）的年轻计算机程序分析师和他的妻子罗丝安用信用卡支付了他们和女儿在迪斯尼乐园度假的1500美元。

韦斯特太太解释道："父母那一代是将全部都给了孩子，从没为自己留下什么。但我认为我们这些在二战之后成长起来的孩子并不想像他们那样生活。我们也想得到一些能够带来乐趣的东西。"罗兰・墨菲认为自己2.5万美元的年薪可以轻易满足自己的购物欲望："我的信贷要比现金多。我能买到的东西永远都大大超出我所拥有的现金购买能力范围。当我想到西尔斯①说我可以用贷款购物时，我就觉得可怕，我们可以用车拉走那里价值7000美元的商品。"

美国消费者已经与持续的通货膨胀共同"生活"了10年以上，他们渐渐接受了这个崭新的真理——这个如今被富人、穷人和中产阶级普遍认同的真理。物价的持续上涨被看作是美国生活中恒久不变的"固定装置"，是每一笔交易中必须被考虑的因素。多年来，坐镇华盛顿的许多政治领导人都曾许诺抑制通货膨胀，而美国民众却变得越来越不相信这种许诺。每届政府对通货膨胀的打击都会以失败告终，每次物价都会重新不紧不慢地增长，每次通胀率最终都会达到一个更加"灿烂"的高峰。

到了20世纪70年代末，大多数美国公民已经懂得根据自己的经验在实战

---

① 西尔斯，一家以向农民邮购起家的零售公司。1884年就开始尝试邮购商品，1886年创建了西尔斯邮购公司，开始专门从事邮购业务，出售手表、表链、表针、珠宝以及钻石等小件商品。2003年以414亿美元的销售额名列世界500强企业第81位。——译者注

中吸取教训。他们不仅认为尽早购物是明智的，并且坚信应该为现在购物提前借钱。即使银行利率较高，他们认为用明天发生通货膨胀的钱来偿还今天用于购买汽车、电视和房屋的贷款是正确的做法。只要工资能够持续随物价上涨而上升，那么工资就永远比借贷有优势。在美国人看来，如果通胀持续存在，债务人就会受益，而储户就会受损。盖洛普经济调查公司研究主管杰伊·施米德斯坎普（Jay Schmiedeskamp）认为，这种新的行为模式可以在对消费者态度的一系列调查之中有所反映。“刹车已经失灵，”他说道，“通货膨胀并没有减缓人们过度消费的步伐,这算得上是一个历史性转变。通胀曾经是一个刹车装置，只要它一发挥作用，人们就会停止消费。可如今这不会再发生。”

一脉相承的“谨慎消费”理念，即祖辈们“今日存钱、明日无债”的旧式警告，已经被完全颠覆，聪明的年轻消费者如今恰恰与其背道而驰。这种理念的影响力并不是失去理性或违反公益，祖辈们其实并不理解，正是“贷款”和“购物”推动了美国经济的发展。

通货膨胀在动摇市场上某些经济假设的同时，也造成了政治舞台的不稳定。作为消费者，美国人要被迫更多地关注当下和短期决定，而非为长远未来做打算。尽管卡特执政期间美国人民的生活日益富裕，但几乎每个美国人都为物价上涨感到焦虑，超市购物变成了每天例行的生活琐事，这让他们产生了一种在跑步机上越跑越快的紧迫感。

作为选民，美国人表达的是同样的不安感。他们每天的生活或许富裕丰足，但却发现自己对未来越来越不确定，也越来越不相信对那些遥远的政治许诺。尽管美国人一直在不停地借钱、购物，可他们却感觉这样的美好时光一定会马上结束。盖洛普调查发现，62% 的美国人认为 1979 年的某一时刻很可能会发生经济衰退，从而为自己在当下的盛世里继续疯狂消费找到更多的理由。和经济影响一样，通货膨胀带来的政治影响也迫使美国民众在自己的视角中鼠目寸光，而一位敦促全国人民应为长远目标奉献自己的总统正着手挽回这些迷失方向的听众，让他们放弃“明天不可依赖、一切都只图眼前痛快”的错误观念。[2]

星期一，就在卡特演讲大受美国民众追捧的时候，纽约的美国金融市场也用自己的方式对卡特的演讲作出了反应。不过这次是负面的。各银行的短期信贷利率迅速从 10.25% 上升至 10.75%——用市场术语来说，这是仅发生在一天之内的 50 个基本点的锋利摆动，直到后来美联储采取行动向银行体系注入更多货币才使得利率得以下降；另外美国政府发行的3个月期国债利率和短期信贷利率也出现大幅度上扬。这些贷款利率的微小变化对于外行人来说或许算不上什么，但对于投资人来说却足以引起地震，0.1%的市场利率变化将会演变成其他交易行为中数百亿美元的倍增。

华尔街的反应是美国政治陷入麻烦的信号，其表达了华尔街对美国未来的焦虑和敏感，表达了对卡特政府是否有能力重新遏制通货膨胀的怀疑。华尔街的每日起伏通常可以被解读为暗潮汹涌的政治变化，以场外交易为特点的各种经济数据就是对美国政府事务的注解和点评。就在卡特发表演讲的第二天，市场的经济专家们宣称：利率的突然上涨恰恰反映了“投资人对卡特总统能源计划的信心不足”。

当然，用政治来解读金融市场运行结果极具主观性。没有人能准确预测经济因素和政治焦虑会产生怎样的联合影响力去导致债权人和债务人在某一天哄抬利率。任何一个市场参与者都有权发表自己对市场行为意义的见解，这些专家彼此通常会产生意见分歧。不过尽管如此，时间能够证明从华尔街搜集而来的各种舆论看法仍然可以真实反映出华盛顿政府的概况，并且不容忽视。金融市场上的悲观预期（包括对国内和国外）可能会自我实现；由华尔街而起的政治反应最终会或对或错地影响到实际经济中的物价、房屋抵押贷款和工业扩张速度，简而言之，这会影响到每位总统所力求实现的经济繁荣。

按理说市场会想从总统那里得到安慰和一个许诺，许诺会采取果断行动抑制通胀压力。就在卡特发表演讲的前两周，各种金融数据导致人心惶惶，就像是对白宫发出的强力警告。在外汇兑换市场上以庞大数量进行买卖的美元一直在发生贬值——几乎每天都在贬值。这意味着以银行、跨国公司、富足投资人，甚至可能是其他国家政府为代表的货币交易员希望美元在未来几周和几月内继续贬值，这样一来他们手中持有的其他货币就会更加安全，例如德国马克、日元、法郎、英镑。这大致就是在说，美元价值的稳步下滑相当于对通货膨胀的预测，一种只要卡特不立即采取有力行动、美国物价上涨就会更加严重的预测。“萎靡演讲”之后，美元随即发生进一步贬值。

星期二，吉米·卡特用行动证明了他的决心。他迅速解散全部内阁，辞退白宫原有工作人员，对每位高层任命者进行仔细筛选和审核，这位总统要“迅速”做出决定到底谁去谁留。这样的行动意味着卡特总统任期内将呈现一个崭新的开始，他要用大地震来证明自己才是白宫的“掌门人”。

而金融市场却作出一个截然相反的结论。他们越发慌乱，无论是国内金融市场还是海外金融市场。星期三，美元价值再次下滑，金价在欧洲市场达到历史高峰，已上升至每盎司 300 美元，而 10 年前牢牢掌控在美国政府手中的官方美元兑金价则是每盎司 35 美元。这种兑换价的急剧飙升是美国通货膨胀的另一种“表现形式”。黄金是古老的财富象征，与寓言中远古时代的国王息息相关；而现代美国社会中除了金饰已经很少有人想要将其据为己有，但这种珍贵金属每天都会在国际商品市场上交易，从某种程度上说，其在某些富足投资人看来是可以规避美国通货膨胀的另一个“安全港湾”，纸质美元或许会持续贬值，但黄金却能永久保值。随着越来越多的投资人选择安全的黄金，自然也就有越来越多的卖家哄抬金价，因而也就越发印证黄金会在美元持续贬值的情况下越来越有价值的预测。

白宫国内政策人员主管、卡特总统的私人经济政策顾问斯图亚特·埃森斯塔特（Stuart Eizenstat）认为，金融市场对总统的改组行动产生了误会。“总统毫无预警地解散内阁令金融市场变得过于神经过敏，”埃森斯塔特说道，“利率已经很高，金融市场并不知道接下来会发生什么，他们正在考虑的是政府债券已经没落的欧洲模式。”

尽管如此，白宫对华尔街的反应仍然忧心忡忡。一直对金融市场信心满满的美国财政部部长 W. 迈克尔·布鲁门塔尔（W. Michael Blumenthal）也不得不承认，正是政府内部的紧张空气“成就”了美元的贬值。这位部部长是卡特内阁中强烈支持华尔街的官员之一，但如今就连他也不能确定自己是否还能继续留在白宫。

星期四，卡特总统宣布内阁大换血。除了布鲁门塔尔，司法部部长格里芬·贝尔（Griffin Bell）、卫生教育与福利部部长约瑟夫·卡利法诺（Joseph Califano）也必须离开白宫。第二天，能源部部长詹姆斯·施莱辛格（James Schlesinger）、交通部部长布罗克·亚当（Brock Adams）也相继被开除。每次人员变动都有其特殊理由，有些则在很大程度上源于个人原因。这些人事任免激起了美国国会的怨声载道，许多民主党领导人和委员会主席纷纷为各位遭到解雇的内阁官员辩护，同时表达了对卡特行为的新一轮质疑。这场迅速且惊天动地的大换血令新闻界的许多政治评论员更加确信，总统的行为只能更加恶化他所面临的困境。[3]

然而无论是评论员还是白宫工作人员，谁都没有将焦点放在其中最具意义的一次人事变动上，即华尔街最关心的变动。卡特辞退了时任美联储主席 G. 威廉·米勒（G. William Miller），当时距离这位主席在 1978 年初被卡特总统任命为继亚瑟·伯恩斯(Arthur Burns)之后出任美联储主席的时间仅仅17个月。如今，白宫宣布米勒即将离开美联储，接替布鲁门塔尔出任美国财政部部长。那么谁来接管美联储呢？白宫也没有给出答案。

米勒曾是一名企业主管，并不是银行家，也不是经济学家，在就任美联储主席之前，曾在美国中央银行负责管理工作，其表现备受华尔街内行的诟病。他曾是德事隆集团[①]的CEO，委婉保守的民主党人，1976年支持吉米·卡特成为美国总统，深受卡特及其经济幕僚的青睐。在他们看来，米勒是一个"具有团队精神的人"，是一个可以与总统的经济目标密切合作的美联储主席，尽管严格说来，美联储独立于美国行政部门，不受总统办公室下达的任何法律文件的约束。华尔街的分析学家们曾抱怨米勒对政府过于配合，自身又胆小如鼠，从而导致高利率的出现，且没能有效遏制通货膨胀的发生。

米勒的忠诚正是白宫为何会选择由他来取代布鲁门塔尔的原因之一，后者已经遭到白宫内部人士普遍的不信任。但选择由米勒继任财政部部长还是偶然性多于计划性，也没有更多的暗示意义，只是总统无暇过多考虑之下的产物。埃森斯塔特解释了导致这个结果发生的一系列看似偶然的事件：

总统先是"接受"了布鲁门塔尔的辞职。要想解决通货膨胀，布鲁门塔尔是众所周知的"障碍物"，因此其存在只会增添骚乱和不安。那么现在我们没有了财政部部长，于是总统开始打电话：通用电气(General Electric)的雷吉·琼斯（Reg Jones）、杜邦（Du Pont）[②]的厄维·夏皮罗（Irv Shapiro）、大通曼哈顿（Chase Manhattan）的大卫·洛克菲勒（David Rockefeller）——可所有人都婉言谢绝了总统的好意。

事情陷入了僵局。此时不知从哪里冒出了这样一个主意：让比尔·米勒担任财政部部长。比尔欣然接受。接下来就是美联储主席一职出现空缺，这更加让美国的金融市场陷入"神经"紧张。

金融市场每天出炉的各种经济数据越来越糟糕。本周伊始，总统先生以一

① 德事隆集团是一家美国多元产业企业。成立于1923年，目前已是全球性企业，公司规模发展至1900万支纺锤，成功地占有了美国合成纱线大部分的市场。——译者注
② 杜邦，世界最大的化学公司。——译者注

个熠熠发光的公众强烈认可的形象出场，并向美国民众展示了自己作为国家领导人的力量回归。到了星期五，卡特又为自己制造了一个彻头彻尾的新问题，那就是为美联储寻找新主席，一个能够平息美国金融市场骚动的人物。

其间，来自佛罗里达州的不知名银行家弗雷德里克·H. 舒尔茨（Frederick H. Schultz）发现自己犹如坠入云里雾里。7 月 18 日星期三，美国参议院刚刚结束一场恼人的“战斗”，最终结果确定任命舒尔茨担任美国联邦储备委员会副主席，从此他将成为美国货币管理的美联储七位委员中的一位。第二天，随着威廉·米勒的辞职，舒尔茨顺理成章走上新的工作岗位，这位并不为美国金融市场所熟悉的新人更是平添了华尔街的紧张气氛。

弗雷德里克·舒尔茨，来自佛罗里达州杰克逊维尔的投资银行家，身材修长，脸上堆满皱纹，拥有典型的南方人性格，谦逊和蔼，个性率直，说起话来不太像是一位银行家，反倒像是精力充沛的企业家。事实上，舒尔茨出身富贵，骨子里带有企业家的冒险精神，后来单枪匹马放弃家族产业，创立了属于自己的财富。作为一名敢于冒险的资本家，他硕果累累，其中包括将最初投资 25 万美元的佛罗里达电线电缆（Florida Wire & Cable）最终以 2000 万美元售出。作为一名银行家，他则掌舵美国巴涅特银行（Barnett Banks）驻佛罗里达最大的一家支行的所有投资项目。

当卡特总统任命由他来担任美联储副主席时，白宫的工作人员曾对舒尔茨说他是吉米·卡特任命的联邦政府官员中最富有的一个。为规避所有可能出现的利益冲突，舒尔茨不得不出售自己持有的银行股份、政府国债及其他金融资产，因为这些都将深受美联储各项决策的直接影响；而其余资产则需要接受保密委托①。尽管舒尔茨阅历丰富，但仍有某些国会评论家认为他不太可能胜任这份新的工作。

真正困扰这些评论家的并不是舒尔茨的个人财富，甚至也不是他的银行家身份，而是他同时也是一名政客的经历。舒尔茨曾在佛罗里达立法机构供职 8 年，最后 2 年还曾担任众议院议长，并曾参与竞选美国参议员但以失败告终。之后，舒尔茨就任佛罗里达民主党主席，1976 年在吉米·卡特的总统竞选过程中实现成功集资。而作为管理美国财富机构的美联储则被看作是置于政治之上的，应绝缘于狭隘的党派利益之争，因此这次对舒尔茨的任命引来一片质疑之声。从

① 保密委托，将投资交给受托人处理，受托人不向任何人透露投资情况。——译者注

表面上看，卡特启用的这位老朋友是从南方政客摇身一变成为美联储的二把手，这对于卡特参与 1980 年的连任竞选极其不利。

“有些人一直在说‘这个家伙就是一个政客’。”舒尔茨友善地承认了这个事实，但他并未就自己的政治经历感到愧悔，相反他认为这种经历对于美联储来说是一笔财富。

尽管在佛罗里达银行界大名鼎鼎，但舒尔茨并不为华尔街所熟悉。制造紧张空气的谣言一时间在纽约和伦敦的金融区甚嚣尘上，传说舒尔茨此时将晋升为美联储主席。对于华尔街上某些人来说，发生在华盛顿内阁的大换血看起来就像是一场精心策划的“阴谋”，目的是给予卡特总统在政治上控制独立的美国中央银行的权利，以此为自己在即将到来的连任竞选中迅速积累资金。

弗雷德里克·舒尔茨向美国金融新闻界保证，这些谣言都是不实传闻。“这就像要求一个刚刚学会游泳的人第一天就下水就担任救生员一样，”舒尔茨说道，“当欧洲市场在星期一开市时，美元价值会直线下滑。”

卡特总统不允许这样的情况继续发生。“事情开始时都会带有些许的冒险性，”舒尔茨说道，“他们需要找到让骚动平息的办法。我不认为白宫对这种恶劣局势仍然认识不清。”

周末，白宫收到大量来自政治顾问和友好商界精英发来的信息回馈，这些人掌握着美国金融市场每日的最新动向。如果再无法尽快确定美联储新任主席的人选，卡特总统将面临绝境，而这个人必须是华尔街信任的人。

“事情越来越明显，”埃森斯塔特说道，“我们必须有效遏制住金融市场的紧张和焦虑。”

华尔街和华盛顿之间存在不可避免的政治摩擦。从某种意义上讲，二者彼此独立，各自在美国社会代表两种不同的权力来源。说起资本，金融财富的积聚是由私人企业推动并实现的；说起受到普遍欢迎的民主制，其本身则是所有选民的集体诉求，无论是穷人还是富人、企业主还是工人。当然，作为“资本”和“民主制”的支持者和赞助者，二者是存在交集的，在许多问题上二者可以和谐存在。但作为两大权力的核心，则通常会在许多原则问题上发生冲突和矛盾，尤其是在二者都能行使专权的领域内，例如美国经济的管理。一位强势总统或许会忽视华尔街的需求，会一味遵循自己的议事日程，甚至还可能会占领优势地位。而一位弱势总统却不敢这样做。“华盛顿不懂什么是利率，华尔街也不理解华盛顿，”埃森斯塔特认为，“二者之间十万八千里的差距就像是一个巨大的鸿沟，他们都在各自不同的范围内活动，甚至连使用的语言也不一样。”

整个周末，卡特总统的白宫工作人员纷纷转移注意力，将焦点从华盛顿愤怒的政治家转移到着手解决金融之都——华尔街的抱怨和牢骚。

站在百老汇路，我们可以看到一直向前蜿蜒穿过华尔街心脏的道路两旁飘扬着各大银行的旗帜，它们在这些优雅的古老建筑正面迎风飞扬，就像伦敦古老的市政厅旗帜一样。这个位于曼哈顿最南端的金融区是美国最古老的城市移民区之一，在华盛顿政府建立之前数十年就已呈现出商业繁荣的景象，这里至今仍然给人一种欧洲古城的感觉，街道狭窄，道路分布不均，到处挤满了古旧建筑。历史仍然可见，位于纳苏街和华尔街十字路口的联邦大厅（Federal Hall）是一座具有古希腊风格的大理石建筑，曾是纽约殖民市政府，1789 年乔治·华盛顿在这里宣誓就职，他的全身青铜雕像就位于台阶下正中央，微微抬起的手臂正召唤着来到华尔街的游客们。街区西部的高层建筑比比皆是，这里有哥特式建筑风格的三一教堂（Trinity Church）和一片墓地，勾起了人们对历史影像追寻的向往。不过华尔街也是当时美国人力量和雄心的表达，摩天大厦的玻璃窗在太阳的照射下闪闪发光，反射在古老的历史建筑上折射出刺眼的光，使它们看上去就像是一面面充满威慑力的镜子，反映出美国人追求现代主义的抱负和决心。新旧建筑如此紧密地簇拥在一起，会激起美国人的行动欲，这种兼收并蓄的建筑风格所带来的兴奋感被街道上忙忙碌碌的职员和经纪人所放大，到过华尔街的人都会感受到这里对美国经济至关重要的影响。

在华尔街工作的人普遍对华盛顿颇有微词。在他们心中，政治首府华盛顿“自大任性、自我放纵、脱离现实”。而这些整日浸泡在金融市场上的人们则认为自己与其恰恰相反。

“华盛顿拥有政治权利，并且内心存在对控制欲的幻想，”奥布里·G. 兰斯顿公司（Aubrey G. Lanston & Company）的证券经纪人兼经济学家大卫·琼斯（David Jones）这样抱怨道，“在华尔街，无论你个人多么伟大，在市场面前永远都是卑微的。如果你在市场上下错了注，就必须让自己吃不了兜着走。无论你是谁，这是真理，永远都是真理。而在华盛顿，他们却认为自己可能拥有控制某些结果的权力。”

与美国政府的其他任何一个机构都不同，美联储是唯一介于华盛顿和华尔街之间的角色，因此它不得不同时倾听来自两个不同世界和两个不同力量核心的声音，即华尔街的私人资本需求和华盛顿的民主野心表达。美联储所做的每一个重要决定都会改变两个领域内的利益，改变资本回收以及以美国政治前途为条件的美国经济的繁荣和生命力。在这一点关系上，金融之都要比政府之都理解得更为透彻，因为美国政府内许多人并不能真正掌控美国体系下的华尔街运行机制，他们甚至也不能理解美联储。而在银行家和经纪人中间，美联储则被看作是另一个把握华尔街生命线的不确定因素，是足以令最大经济玩家遭遇市场尴尬的强势力量。

华尔街交易员的谦恭态度总是被完美隐藏。对外，他们说起话来自负傲慢，对自己手中的重大责任处理得轻率散漫。当金融市场发生逆转，这些人会在毫无明显逻辑的情况下错误地改变投资方向，他们彼此经常会开傲慢无礼的玩笑，说话速度很快，经常夹杂着行话隐语的缩略词，还有那些跳来跳去的陈词滥调。债券价格还没有出现上升或下降，他们就自己“跳水”或“高飞”；股票市场还没有急转直下，他们就“已经从床上跌了下来”。在资本损耗的季节，一个金融机构、一家公司或是一个投资人都可能会被“拖下水”。交易员的这种夸张行为还可以被反映在金融新闻界，大篇幅的金融报道已经将艰涩模糊的市场数据以及每日价格和利润走向变成了模仿体育新闻中那些充满生机活力的散文性表达；市场分析员的论调也被过度隐喻成让人轻松愉快、易于理解的字句。克雷恩公司（Crain & Company）的一位经济学家说道：“金融市场行情的下跌已经变得雾里看花。”德莱弗斯公司（Dreyfus Corporation）一位研究总监评论道：“这个市场正在遭受恐惧之光的蹂躏。”[4]

华尔街的油腔滑调是一张面具，这会隐藏华尔街每日的不安，即大卫·琼斯口中的“卑微”。交易员生动描述的各大公司和金融专家间的“竞争”远不如他们与市场本身之间的“竞争”来得激烈。最知名且最具影响力的银行和经纪公司其实都是赌徒，他们整日衡量和判断市场的未来走向，然后将巨大的赌注压在自己所做的预测上。日复一日，在市场规律的指引下有些人投错了注，但尽管如此，他们的焦虑感还是得到了很好的回报。

外行人会在这里看到庄严肃穆的摩天大厦并听到著名的金融术语，他们最容易联想到的是美国政治历史上传奇的“华尔街”和那些通过无情操控美国产品经济积聚肮脏财富的傲慢金融家的“华尔街”。20世纪末，这些强盗般的巨头大亨们所创造的传奇其实已经失去了往昔的力量，但政治家们仍会偶尔将“华尔街”当作是不负责任、极尽贪婪的符号。电影、流行音乐、电视等美国文化产业也持续配合，营造美国人民对银行家们的偏见以及对国家及古老的金融力量的不信任感。美国平民主义者[①]的怨恨也在美国的农业史中找到共鸣，尤其是19世纪的大多数美国公民都是可以自力更生的农民，他们独立且个人式的思维遭遇挑战，在抵抗当时不断扩张的复杂的集团资本主义过程中最终走向失败。

例如，不朽的平民智慧认为，发明一种新型产品的企业家要比银行家品德高尚，因此他们会欣然受雇于企业家并成为其工厂里的工人和管理人，在那里生产出人们可以购买并使用到的真实产品。可银行家又生产了什么——除了被当作是钞票的纸张和偶尔出现的人间痛苦？对金融业的痛恨仍旧可以满足大多数美国人，当然前提是其无关于美国体系下的日常现实。现代资本主义制度下的金融和生产是不可分割的，没有借贷，没有消费者，商业无用武之地，除非在最小的经营范围内或许可以实现，例如独自一人留守在自己店铺内的工匠，否则就没有银行家和借贷人，经纪公司也不会存在。

“华尔街”传奇的延续体现在纽约至今仍然是美国金融权力的中心。尽管其他地区日渐成为新的银行业中心，但除了加利福尼亚，纽约仍具备绝对优势。在全美国金融中心区的地图上，华尔街仍然是全国最大规模商业银行和金融体系核心机构聚居地；美国50个州共有超过1.4万家银行，但大多数实力仍弱，其中只有大约150家银行储备金量超过了10亿美元。1979年，只有16家银行的储备金量在100亿美元以上，而这16家超大银行的储备金总量占据全美储备金量的四分之一。

我们可以这样观察这张金融实力地形分布图：16家超大银行中有8家在纽约，5家在加利福尼亚，2家在芝加哥，1家在匹斯堡。如果将地图范围再粗略放大，或许还要算上位于波士顿的第一国家银行（First National Bank），即知名的波士顿银行（Bank of Boston，储备金量在87亿美元左右），另外还有得克萨斯境内的4家银行，其储备金量分别可达到40亿至60亿美元。1979年美国最大的银行是位于旧金山的美国银行（Bank of America，储备金量860亿美元），但纽约的银行储备金在总量上之所以可以超过加利福尼亚还要得益于坐落于纽约的四大超级银行的贡献：花旗（Citibank，705亿美元）、大通曼哈顿（Chase Manhattan，490亿美元）、美国汉基信托银行（Manufacturers Hanover Trust，

① 指把普通人的世俗生活看作人生真义，并以自身的有限力量来为人类创造美好生活的一种思想。平民主义思想强调个人的创造力，强调个人价值，肯定人的现实成就和生存快乐。——译者注

380亿美元）和摩根保证信托（Morgan Guaranty，300亿美元）。[5]

另外，华尔街上的各大银行周围遍布着许多经纪公司和投资银行，那里是向客户销售股票、债券的地方，更重要的是那里为各大企业和政府积聚大笔的新资本。这些机构中很多都是业内真正拥有实力的企业，不公平地说，它们都隶属于纽约的超大型银行。例如在美国拥有庞大客户群体的全方位投资经纪公司美林证券（Merrill Lynch），其掌握着价值700亿美元的金融市场，消费客户超百万。不过即使是规模最大的经纪公司也要依赖于各商业银行，因为后者为其提供信贷来源，并为其股票、债券及其他项目投资贷款组合提供资金。

相比美元价值更具威望和实力的金融贵族是指为数不多的几家大型投资银行，它们一般都隶属于所罗门兄弟公司（Salomon Brothers）、摩根－斯坦利信托、美林证券资本市场（Merrill Lynch Capital Markets）、第一波士顿银行和高盛集团（Goldman，Sachs）。它们当中某些机构的办公室装修得十分豪华，尽显其财富信心和实力，暗黑色墙面嵌板、贵重的旧式古董、昂贵的艺术装饰品、银制茶具，这些都是招待客户的标准室内格局，在这里举行的也尽是重量级的商务合作谈判，访客通常来自地方和州政府，目的都是为自己的宏伟项目寻找资金。

不断累积的储户存款将转变成新生产设备的诞生，这种资金流动被称为资本形成，也是华尔街不容置疑的最重要职能。从根本上来说，资本形成决定了遥远的未来，决定了企业扩张的步伐和更多产品、就业机会和收入持续增长的创造。从这些投资银行的富有客户名单中，无论是个人还是机构，投资人会将他们从下水道、高速路或医院那里借来的几十亿美元支付给新工厂或旧生产线的再加工。如果投资项目过于庞大，即使是规模最大的投资银行也要被迫与竞争对手合作，他们要将资本合拢，彼此共享风险和利润。1979年对于资本市场来说是特别不顺的一年，所罗门兄弟将要以出售旗下债券和价值10亿美元新股票以及地方和州政府免税债券的方式集资170亿美元寻求与他人的合作。与商业银行一样，投资银行也需要高度的资本凝聚力，1979年，美国前5大经纪公司为寻求合作成功操控65%的资本市场、金融债券和新股票，而前10名投资机构加起来则占据总市场的87%。[6]

不过金融是国际事务，所有超级银行和大型投资机构都是由跨国金融家操纵的。诸如石油、粮食和财富，这些都是可以相互替代的资本，其可以跨越国界流动而不贬值，因此能从中寻找机会实现高回报、低风险。不过美国银行和投资公司受控于美国财政，它们本身不过是国际舞台上众多游戏玩家中的一部分，它们会发现自己原来并没有那么叱咤风云。在全球 12 大超级大型银行中，美国只占 3 个。1979 年时，德国有 6 家、日本有 5 家、法国有 4 家、英国有 2 家分别跻身世界超级银行行列。在美国版图上名列第 16 的匹斯堡梅隆银行（Mellon Bank）仅在世界银行中排名第 114，这样的实力根本“吓唬”不了那些来自国际的竞争对手。[7]

美国银行之所以融资力量较弱，部分是因为美国的多元文化传统以及联邦法律禁止花旗或大通这样的巨头像外来银行那样操控全美资本。不过从总体上来讲，美国金融在实力上还是要胜于其他国家的。世界银行 500 强中接近五分之一来自美国，它们直接受控于美国本土的一系列金融机构，例如 9 大知名货币中心银行，而国际金融机构操纵着全球范围内资本，但要想实现全球资本融资，其必然要与美国金融产生关联。[8]

就其对所有美国人产生的影响相比，华尔街的金融专家队伍在数量上的确是少得可怜。《华尔街日报》（The Wall Street Journal）出版人道・琼斯（Dow Jones）曾委托专门机构就美国“金融专家”数量进行普查，对象包括所有为公司和个人从事金融业务的经纪人、有价证券分析师、债券保险人、公司财务主管、自由货币管理人等，结果是只有 40.583 万人。不过这些精英数目发展很快，仅仅 5 年时间里就增长了 25%。当然，这些人并不是全都在曼哈顿最南端的华尔街工作；但实际上，这些人全都是属于同一“社区”的工作人员，他们的电话和传真会发往同一个市场，大家共同分享同样的日常金融交易。而正如那份调查结果显示的：这些人中 93% 都是《华尔街日报》的读者。[9]

无论身负何职，这些人每天都会狼吞虎咽地消化各种信息，任何一个消息或是线索都可能会让他们在每天的“赌博”和市场定位中占得先机。但与常规赌博不同的是，华尔街上的大多数输家并不是真正输掉了赌注，他们实际上只是输掉了机会——一种最大化回报某人投资财富或是最小化某人借贷成本的机会。从本质上来说，也就是他们是否能先于他人进入或撤出市场，是进行股票、债券还是短期贷款交易。如果一家投资公司频频出现失误，那么它将可能失去大量客户或造成市场交易员的跳槽，但机会总是会有的。华尔街上永远都有竞争，游戏玩家们一直都在不断调整和改正自己的错误，并尽可能地高瞻远瞩以确保先于他人看清未来走向。

尽管交易员饱受失误和焦虑的折磨，但金融市场在那些远离华尔街的学术经济学家眼中仍是体现高效和合理的典范。他们将华尔街描述为市场资源高效分配的鲜活实验室，它自动受一种所谓“价格拍卖”理论的支配，更通俗地说即是受“供求定理”的指导。如果丰收的农民产出100蒲式耳[①]小麦，而面包商却需要150蒲式耳的小麦做面包，那么此时就是供小于求，农民显然处于为自己稀缺产品漫天要价的优势；而面包商也要力求在业内联合哄抬面包价格，以收拢更多的资金购买小麦，避免“无米之炊”。如果农民产出的小麦数量多于面包商的真正需求，那么此时就是供大于求，杠杆就会发生翻转，农民此时要被迫降低价格以确保售出全部小麦。从某种程度上说，如果价格降在最低点时正好售出全部小麦，那么市场就可以维持在平衡状态，买家和卖家都找到了与自己一一对应的对象。

这种供求定律适用于发生在金融市场上的各种日常交易，只有商品本身才是永恒不变的财富。从本质上说，财产过剩的个人或机构乐于让他人暂时使用自己的财富，这种使用要以某种价格的拍卖来实现，并且通常还要有时间限制，可能是几天，也可能是25年、30年。交易员的职责就是在这种供需之间“叫牌”喊价，以达到双方的平衡点，最后以“结算价”为最终的债务人和债权人促成最后交易。每个市场参与人都不可能做到神通广大、完美无瑕，有时会因信息错误而造成失误，有些则是本身就判断错误。他们可能会在利率降低之前就已经借入——如果能再等等，这笔交易还会更便宜；或者会在不知道明天价格会上涨的情况下在今天就抛售了手中的股票。尽管如此，经济理论认为这种集体性的经济后果仍然算是理智的，是市场竞争理论最高效的萃取和蒸馏。对于交易员来说，或许他们会承认自己的工作本身具有条理性和理智性，但有些人仍然很反感经济学家们冰冷的评价。当没有人理解市场为何会走高或跳盘、当心理冲动和不可捉摸的政治恐惧影响描述供需关系的简单计算、当所有这些因素将交易中的“叫牌”喊价带向错误的方向时，留给交易员的就只有悲惨痛苦的日子。[10]

市场参与者，即拥有金融工具的债权人和债务人或卖方和买方，其金融活动领域通常有三个：股票市场、债券市场和所谓的货币市场。严格来说，股票市场与信贷无关，因为股票持有人购买的股票份额对于企业来说微乎其微。但一般来说，市场投资人通常会同时介入三大市场，他们会衡量每一个市场的潜在回报，然后将资金在三者之间转来转去，以作为指导自己投资方向的机会。

---

① 蒲式耳=60磅。——译者注

从理论上来讲，股票市场依靠的是企业利润的提升前景，只要处于经济周期[①]中的下滑阶段，企业的销售和利润前景就会受到破坏，那么股票天生相对安全的乐观情绪就会受到威胁。

相比之下，债券市场却更加严峻和保守。首先投资人要盼望债券市场的长期稳定，因为其通常会受到令股票市场兴奋不已的狂热信息的惊吓。债券市场的作用是发行企业和政府的长期债券、有息债券和票据，期限从 2 年至 30 年不等。这个市场中的投资人是将自己手中的钱借给了遥远的未来，因此他们更加在意未来的通货膨胀问题。例如，1965 年时一位谨慎的投资人购买了某个企业的高值债券，当时他得到了对方稳定、安全的回报保证，年利息率达到 4% 到 5%。可到了 1979 年，这样的承诺在通货膨胀的影响下就变得荒诞可笑，他的财富因通胀发生贬值的速度超过了增加的速度，这位失望的投资人只好卖掉这些债券，将资金转移到其他投资领域，但代价是以极其低廉的价格售出债券。

从某种意义上说，货币市场更加接近于信贷范畴，因其是货币的短期借入，投资人的贷款和还款行为可以在一夜之间完成，也可以是几周或几月，通常不会超过一年。与股票和债券市场不同，货币市场无处不在、无孔不入，交易大多数可通过电话或传真完成，贷款工具也是五花八门，令人眼花缭乱，从银行之间剩余资金储备的口头交换到企业发行的商业票据[②]，再到银行将收到的 10 万元定期存单转借给另一方。货币市场利率极易受到供需关系微小变化的影响，却是规避通货膨胀的安全天堂，是一个当长期投资充满风险时的避风港。活跃在货币市场上的游戏玩家通常是实力雄厚的金融机构、银行、经纪公司、企业和政府，不过 20 世纪 70 年代后由于货币市场共同基金[③]的诞生，货币市场的投资人群发生了些许改变。个人可以在美林证券的货币市场基金中放入几千美元，然后分享与市场利率紧密相关的资金回报。美林证券会聚集大量的这种小额存款，然后将其用于投资企业的商业票据、银行定期存单以及其他对于个人来说投资额过于庞大的短期投资项目。

---

① 经济周期，也称商业周期、景气循环，它是指经济运行中周期性出现的经济扩张与经济紧缩交替更迭、循环往复的一种现象。——译者注

② 商业票据，企业发行的无抵押、短期债务，经常用来筹集应收账款及库存的资金，利率一般低于当时市场利率。——译者注

③ 货币市场共同基金，是将众多的小额投资者的资金集合起来，由专门的经理人进行市场运作，赚取收益后按一定的期限及持有的份额进行分配的一种金融组织形式。——译者注

普通民众对于金融事务兴趣不大，这或许造就了股票市场成为华尔街的主角，因为股票永远都是新闻媒体最为关注的对象，每天晚上电视新闻都会播出主要产业股票的道琼斯平均指数，鲜明的上下箭头就是可以反映华尔街金融消息的可见晴雨表。事实上，与信贷市场相比，股票市场只是个侏儒，1979 年，美国公司股票年终市场价值总额为大约 1.2 万亿美元，而信贷市场价值总额却达到了 4.2 万亿美元，而对后者贡献最大的就是长期债券和企业有息债券抵押，甚至就连货币市场上的短期信贷也几乎可以达到与企业股票价值总额旗鼓相当的地步。[11]

从本质上讲，任何一家金融机构都是中间人——介于债权人和债务人之间的中间人。大到华尔街上的超级商业银行和债券交易所，小到信用合作社和社区储蓄与贷款所，其本质功能都是从拥有过剩储蓄的储户和债权人手里收拢资金，将其借给需要使用这些资金的债务人。尽管银行和经纪公司本身也会把自己的资产用于利润回报，但其业务的核心仍然是管理债权人和债务人之间的资产流动、规范条款，然后取走属于自己的那部分利润百分比，这种百分比可以表现为固定委托费或定期利率，他们赚取的就是基金借入成本与借出回报之间的差价。

因此，金融的本质就是一定时间跨度内的交换，即过去与未来的交易。将在过去的努力中积攒过剩的旧钱用于未来新项目的开发，承诺就是未来双方都会获利。因此表面看上去眼花缭乱、错综复杂的华尔街其实非常简单，这里不过是一个过去和未来达成交易、交换彼此手中金钱的大会议室。这里每天都在进行的金融拍卖并不能简单地决定谁会获益或谁会从新项目中赚取利润，它所能决定的不过是资本本身能否走向繁荣、是停滞不前还是走向衰退。

资金会在横跨三大金融市场的过程里实现持续流动，它们不断地从不同渠道进进出出，在不同的金融工具之间来来回回，在债务人和债权人之间左右摇摆。西尔斯·罗巴克（Sears， Roebuck）通过短期借贷聚集大批资金用于为自己的零售存货付款，然后又通过发行企业商业票据的形式还清这些贷款。加利福尼亚的储蓄贷款所里，工作人员在用出售给房屋购买人获得的房屋抵押款收拢资金并转而借给需要它的“新人”。事实上，在阿肯色州的一家小银行里，每天都会发生从地方储户手里借钱、然后再借给当地某些商家客户的金融业务。其他城市的大型银行因为拥有更多的过剩资金用于借贷，因此那里的贷款业务还会更多，同时银行也会发现更多需要借钱的人。在纽约，高校房产管理局会通过发行收益担保债券的形式收拢资金用于新宿舍的修建，而在等待向建筑公司支付建筑款项期间又会将这部分资金用于暂时投资短期商业票据。诸如通用电气（General Electric）这样的大企业也会在债券市场售出几十亿美元的长期债券用于厂房扩建，期间又会将短期过剩资金用于投资货币市场上的银行定期存单或商业票据。这种反复发生的过程在表面上还会不断翻新花样，经过成千上万次交易后，资金就会实现成倍增长。

在这种剪不断理还乱的信贷关系中，其中一个客户永远都会首当其冲。华尔街金融市场上最大的买家就是位于华盛顿的美国政府，其手中掌握着近 1 万亿美元的债券，表现形式是政府有价证券，包括 90 天国库券、2 年票据以及 2009 年到期的长期有息债券。从一方面看来，国库券是普通民众最安全的可用投资方式，毕竟如果有一天美国政府都已无力偿还贷款，那说明整个国家都已陷入极度动荡，届时任何一笔私人财产都是毫无保障的。但如果从另一方面看，政府的有价证券对于投资者来说同样具有与其他长期债权相同的风险——因为美元会贬值。因此，美元债券的价格，无论其新旧，都会对未来的通货膨胀保持高度敏感。

总的来说，金融体系就像是水泵房内的动力学原理，其并不是某个会计手中永恒不变的资产负债表，也不会完全按照液压物理学规律工作运转。它就像到处都是水管、锅炉和储水罐的复杂迷宫，液压阀、水管装置和辅助泵无处不在，并彼此精巧地互相连接。在这个体系内，国家的金融资本自由流动，在众多管道和水罐中来来回回，永远以追寻高回报、低风险为目标，寻找对双方都有益的最佳投资承诺。为了掌控金融资本的大规模“流动”，人们要深谙其运作的物理学原理，事实上，这也正是金融分析家们在隐喻金融状况时用到的液压原理用语——银行的“资产流动性”、“资本流动”分析、“流通”、“浮动”、“速度”、“市场压力”的涨落。

美联储就是站在这个液压装置旁边的监督者，它像是一名操控全局的工程师，拥有改变水管内水流方向的权力，其决定可以释放或加强水压，其政策会刺激到水流量、阻塞水流动，或者将水引向不同的管道。首先，美联储会通过注入或抽出更多的水来实现这种宏观操控，即创造或破坏货币。能够创造货币是君主拥有的权力，这个道理简单得不可思议，中央银行又从古老文明中的神殿牧师和君主那里继承了这个权力，这些君权神授的领导者们拥有让普通民众接受和使用国家货币的特权，而这个由技术专家在场监督的货币创造过程对于大多数普通民众来讲仍极具神秘性。

美联储的运行机制就是古代君主职责的现代翻版——它拥有一个独立的储藏室，在放置“私有经济”的同时又拥有独立于“私有经济”的力量。美联储只需通过两个小小的阀门就可以控制水管内的资本流动——这个阀门对于整个资本循环体系来说就像一个针孔那么微小。最主要的阀门就是其面向12家联邦储备银行敞开的“贴现窗口”①，这些商业银行会定期借走上百万甚至几十亿数额的美元，用以补足其每日储备金量的暂时不足。另一个更重要的阀门就是位于华尔街中央区、由纽约联邦储备银行提供的“公开市场办公室”，在这里，美联储会在一个开放的市场内买进或售出政府有息债券，日交易额通常在5亿至几十亿美元不等。两个阀门的使用使得美联储“电脑一挥”（“大笔一挥”已被取代）就可以轻易掌握货币创造的命脉。美联储从一个商人那里买进国库券之后，随即又将其通过“贴现窗口”借给银行，中央银行只是在出售债券的商人银行账户和接受其借款的银行之间做了一笔交易。两种行为均无所谓是谁获得新的资金，无论是银行还是商人，一旦“交易达成”，整体货币供给就会增加，并通过整个银行体系在不同账户之间自由流动。相反，当美联储的公开市场办公室向外出售债券或一家商业银行清偿贴现贷款时，货币又会遭到美联储的破坏：只需总账上一个简单的登记手续，货币就会自动停止在私人经济领域内的流通。[12]

正如所有“液压机工程师”所说，美联储一系列（注入或抽干资金的）行为能够产生作用的原因完全依赖于其对水管内部情况的了如指掌。当锅炉上的仪表盘显示炉内水压过高时，那么对液压值的微小调整就会释放整个循环体系内的强大冲力，这种转移液压所产生的余波就像是池塘内泛起的涟漪。金融体系也一样。举例来说，如果市场信贷供不应求且利率上涨，那么美联储大规模的撤资行动就会对利率产生影响；另一方面，如果信贷压力松懈、利率出现下滑，那么同样的行为则很难被发现。

美联储就这样日复一日地对华尔街造成影响，但其并不是万能的。它可以影响华尔街的每笔交易，但却不能控制一切。它可以设置仪表盘、可以转动阀门，却不能废除经济学基本原理，从这一点来说其远不如一位可以废止某些物理法

① 贴现窗口，是中央银行向银行开放提供的一种有限的且只满足其临时流动性需求的业务，一般为银行的最后资金渠道，银行以短期的国库券、政府债券和商业贷款等作抵押从央行借入资金。借入资金的利率即为贴现率，由央行设定，一般低于银行从其他渠道获得的短期资金成本。——译者注

则的真正工程师。有时，市场会不顾美联储而一味追求自己的方向，打压美联储的意愿而受相反的预测或实际经济的力量所驱使；有时为了试图改变局势，美联储会拧错阀门，并造成无意识下的破坏性结果；而有时则是明明开启了阀门，却什么都没有发生。

因此，华尔街上的每个人都在盯着美联储。任何一家银行和经纪公司都有自己的全职经济专家，无论大小，譬如道・琼斯这样的“美联储观察家”，他们的职责只是监视美联储。这些人会对周末银行数据指标进行分析，会仔细研究信贷走势和常规的经济新闻，会试图先于他人预知美联储的各项决定。他们每天都会做销售预测，会购买他们看好的公开市场办公室上的“商品”，但更重要的是，他们会试图预见美联储政策中主要的“方向性变化”，例如对资本供给和信贷条件的放松和紧缩；一个方向上的重大改变会激起三大金融市场上的巨大涟漪，从而波及整个金融体系，最终影响到实际经济中的生产者和消费者。

美联储与商业银行体系的关系十分亲密，尤其是 600 家美联储会员银行，它们有资格贴近贴现窗口实现贷款。美联储的监管人员会直接负责“监督”这些银行，同时对整个银行体系的稳定也负有不可推卸的责任。不过美国 1.4 万家银行全都要受到美联储资本供给的影响，因为这关系着它们对自身利率和借贷步伐的调整。最特别的是，美联储凝聚下的约 50 家核心银行占据全美银行储备金量的三分之一，其中尤其包括多家货币中心银行。

在三大金融市场上，货币市场会最先对美联储的行动做出反应。短期借贷利率的提高或下降可以瞬间影响哪怕是最微小的货币交易，因此美联储的控制会最强且最直接地影响货币市场。在股票市场，美联储的“方向性变化”会掀起一次主要的股票集结，或是对其实施遏制，但股票市场出现的暂时性回转并不会困扰到美联储。

最令美联储担心、害怕甚至是忧虑的金融市场就是债券市场，这个领域内的金融机构和富足个人选择的是长期投资，他们对遥远未来是否能够实现投资许诺尤其敏感。如果美联储不能保证美元价格的稳定，那么债券持有人必将遭受灭顶之灾。与债券市场一样，美联储也非常渴望能有一个有序、稳定且可以信赖的未来。因此，债券市场最能评判美联储的政策是否明智，也最能对美联储的错误和“罪行”做出直接准确的反应。[13]

1979 年仲夏，美国的债券市场普遍经营不善。随着通货膨胀的加剧，债券价格一路低迷。长期债券利率上涨，即使有更高的回报率，投资者们也不愿购买。

基于这种不确定性，短期信贷市场成为人们投入资金的安全地带，与大多数普通民众一样，就连华尔街上实力雄厚的投资人也纷纷将焦点集中在短期回报上，而不再寄希望于未来。

7月22日星期日下午，美国副总统沃尔特·蒙代尔（Walter Mondale）的首席幕僚理查德·莫尔（Richard Moe）仍在白宫中忙碌，他要向全美国的各个角落拨通很多电话。卡特总统向全国发表演讲已经过去一周，此时摆在莫尔面前的主要任务就是解决总统的新问题——在全国范围内寻找可能成为美联储主席的候选人。长长的人名单中排在最前面的八九个名字很快就被删得没剩下几个，但在莫尔逡巡的目光里始终有一个名字反复出现，他就是保罗·沃尔克（Paul Volcker）。

"这是一个十分紧张而又充满压力的过程，并且非常匆忙。"莫尔说道，"目前最大的问题是：我们必须稳住金融市场。这是我们所有人听到的声音。随着戴维营闭关和内阁大换血，每个人都很紧张，不知道未来该走向哪里，我不能将其称之为恐慌，但其的确已经上升为焦虑。我们都面临一个新问题，并且必须圆满地解决它。"

沃尔克的简历十分吸引人，尤其是与那位已经离开美联储变成财政部部长的威廉·米勒相比，沃尔克的不同点在于他曾经是一位经济学家，并专心致力于货币领域，从银行业到错综复杂的国际金融事务。就在最近4年当中，沃尔克曾就任纽约联邦储备银行行长，这是美国体系中12家地区储备银行中最有地位的银行，因其位于华尔街，就说明这家银行行长自然要与那些超大型金融机构和国际金融组织保持紧密的联系，包括其他国家的中央银行。在这之前，沃尔克还曾担任尼克松内阁的财政部货币事务副部部长，是与美联储关系最为亲密的行政部门官员。此外他还曾是肯尼迪政府和约翰逊政府的财政部副部部长，在大通曼哈顿担任过两届私人银行业务部部长。他的事业开端甚至也是从美联储开始的，年轻时曾是纽约联邦储备银行中专门"啃数字"的经济专家，后来还在公开市场办公室上与买方做过交易。这样的简历似乎就是在说，保罗·沃尔克专门为美联储主席的职务接受了近30年的专业培训。

莫尔于是拿起电话，先后向50个人询问了有关这位顶尖候选人的私人状况，这些人包括与卡特内阁十分亲密的企业执行官、律师、学术经济学家、劳工领袖和政府其他官员。莫尔将这些人对保罗·沃尔克的评价汇总后于当晚呈交给卡特总统。总的来说，他们对沃尔克的评价是：对金融满腔热情，但有些过于挑剔。

一位知名民主党律师说道："很好！他也是我心目中的首选候选人之一。"一位自由党经济学家评论道："他受人尊敬，金融领域经验丰富，但为人刻板保守。"一位政府官员说道："不！他在纽约联邦储备银行时既专断又傲慢。"一家知名企业 CEO 的说法是："我很看好他。他有能力让美元有所好转，甚至有信心扭转欧洲市场。"纽约一家知名银行行长评价说："很好。他在专业能力上无人可比，并且广受尊敬。"另一位自由党经济学家则说："十足的右翼……不适合团队行动。"

正如莫尔在总统备忘录中汇报的那样，沃尔克明显就是白宫急切需要的那个人，即一个可以迅速稳定华尔街"军心"的人。但同时，莫尔也备受困扰，因为他在了解情况的过程中也接收到许多针对沃尔克的负面评价："极其保守……十足的右翼……专断和傲慢……不适合团队行动。"

正如莫尔所说：

> "沃尔克身上存在的真正疑问就是其是否能像比尔①·米勒那样成为一名团队合作者。没有人质疑过他的智商，所有人都知道他极其保守，但这绝不会成为阻止总统任命的主要障碍。唯一的问题就是他是否能够和白宫并肩作战，就像曾经的比尔·米勒那样。米勒在美国货币政策方面与白宫相当靠近，而这正是白宫想要的。"

从法律上来讲，美联储独立于白宫，但无法躲避政治信仰的纷争。美联储主席需要与总统的经济顾问保持协商和合作态度，一个合作的美联储主席要与白宫拧成一股绳。

"人们对沃尔克的负面评价无疑拉响了警报，"莫尔说道，"他是一个意志极其坚定的人，很有主见，这就决定了他有可能不会配合您的政策方针。"

莫尔决定将自己的疑虑讲给卡特总统，并建议卡特能从其他候选人当中另选良将。[14]

---

① 比尔是威廉的昵称。——译者注

当德莱弗斯基金（Dreyfus Fund）骄傲的狮子[①]昂首阔步穿过电视镜头，当美林证券（Merrill Lynch）一群乐观的公牛穿梭于电视屏幕，当演员约翰·豪斯曼（John Houseman）在家中向采访者慷慨陈述美邦银行（Smith Barney）[②]的种种优点，当所有人都停下来开始洗耳恭听 E.F. 赫顿（E. F. Hutton）[③]的建议，所有这些公众形象都代表了一个共同目标，那就是美国人都在寻找是谁掌控了美国的剩余财富。

电视是培养民主幻想的温床，因为每个生活在美国土地上的公民和家庭都有权使用这种媒介平台提供的商业信息，在与电视的日常“对话”中吸取各种广告标语和那些可见的陈词滥调。由于电视是一种大众媒体，因此其鼓励广告人与每位观众交谈以达到强化商品印象的目的。事实上，这是毋庸置疑的。华尔街的电视广告针对的是有高度选择性的观众群，即那些积攒了大量剩余财富的少数美国公民，只有这些人才买得起华尔街上的股票、债券和其他金融资产。

和电视商业行为一样，金融产业也鼓励一种以加强金融商品印象为目的的广告行为，旨在让普通美国家庭认同“投资”是一种再平常不过的行为。纽约证券交易所鼓吹自己在全国范围内拥有 3 亿股票持有人，其中女性股东的比例正在上升。一些时事评论员将金融市场描述为民主政治的典范，投资者每天是在就经济事务进程投出自己宝贵的一票。然而在华尔街，民主政治是在“1 美元 =1 张票”的规律下运行的，这种投票权利被高度集中在少数人手中。

银行和经纪公司的广告人就是要将自己的信息传递给这一小群人，凭借的手段就是公司形象以及推出的各种类型投资项目。举例来说，佩因·韦伯（Paine Webber）[④]在新闻台和体育台花钱购买商业时段做广告，其吸引的观众一定具备上层人口特征：收入更多、受教育更高且为男性；体育运动中一般以高尔夫球、网球和大学足球项目最能吸引更为富裕的观众群。佩因·韦伯广告部主管约翰·兰普（John Lampe）说道：

① 公司的商标为狮子。——译者注
② 全球性为公司、政府和个人提供经纪人业务、投资银行和资产管理等全套服务的金融公司，在美国证券业处于领导地位。——译者注
③ 美国知名证券公司，其著名广告语为：“E.F. 赫顿一说话，人们总是洗耳恭听。”——译者注
④ 美国知名证券公司。——译者注

“我们要的只是民众中相对较小的那一部分……当然如果我们有很多钱，那在橄榄球超级杯大赛上做广告就再好不过。我们可以获得更多的观众，但同时也要花掉更多的钱。我们正在寻求一种平衡——我们宁愿选择在美国网球公开赛或高品质的高尔夫联赛上做广告。可并不是所有的运动项目都是我们想要的，我无法想象在保龄球锦标赛上打广告，虽然我没有任何理由瞧不起保龄球或是观看保龄球的人。”

打保龄球的人不会购买股票和债券，但打网球的人却能买；佩因·韦伯就是要通过电视广告激发观众最大程度的幻想。一个胆小的年轻投资者就是在与网球冠军吉米·康纳斯（Jimmy Connors）对决，每次康纳斯发出一记凶猛的近身进攻，来自佩因·韦伯的金融顾问就会上场凭借一只辅助球拍以帮助投资者灵巧地将球挡回去。当康纳斯有风度地甘愿认输时，这位投资者往往会大声欢呼：“谢谢你！佩因·韦伯。”

金融界新秀西尔斯-罗巴克公司（Sears Roebuck）并不认同其他更富有金融经验的竞争者们所提倡的狭隘目标策略。通过整合房地产、保险和信贷资产，西尔斯希望在其旗下 3000 家经销店中建立起受普遍大众欢迎的金融中心，因其零售业依靠更多的是保龄球手，而非网球手。“每个人都想成为富人，都想让自己的生活能有优雅的演员、游泳池和豪华游艇来点缀。”负责西尔斯广告策划的代理人、来自博达大桥广告（Foote, Cone & Belding）① 的鲍勃·西蒙（Bob Simon）抱怨道，“然而这样的描述并不属于 99% 美国人的生活。所有的消费者其实都很害羞和可爱。”但他随即补充道，这并不是在说西尔斯在排斥富人。[15]

有关华尔街核心客户群的更准确描述来自《华尔街日报》举办的题为“活跃投资人”的一项市场调查结果，这些人一般每年都会委托其经纪人处理其超过 1000 美元的资产。从总体上说，这些活跃投资人以中年男性居多，其中年龄超过 50 岁者占 57%，且大多数都是白人。这次调查不涉及种族，但通过结果可以看出，有色人种并不占有效比例；另外只有 13% 的活跃投资人为女性。

这些核心投资人的平均收入是每年 8.4 万美元，这个数字使其稳坐美国家庭

---

① 成立于 1873 年，是世界上第二家最早的广告代理公司，现隶属美国 IPG 集团。如今，FCB 已经成长为一个强大的全球办公网络，在 110 个国家拥有超过 190 个办公室。——译者注

收入排行榜第一名的位置。平均来讲，他们手中持有大量股票、债券和其他金融资产，总价值可达 33.1 万美元；其中 5% 甚至持有超过 100 万美元资产。一般来讲，这些投资每年的回报率在 10% 左右，他们在金融投资上所赚取的利润可占其总收入的 40%，其余 60% 则来源于固定薪金。

富足投资人比例也可在《华尔街日报》自身的人口统计中有所反映，其读者量就可以代表所有关心金融市场新闻的美国人群。在 200 万日报订户中，87% 持有有价证券，平均总价值达 37.19 万美元；读者的平均资产净值，即诸如房产、艺术品、古董和资产所有物等可见资产总值可达 60 万美元（净资产中位数①则较低，为 27.1 万美元）；92% 拥有大学学历，44% 获得过硕士学位；平均年龄在 47 岁左右；只有 11% 订户是女性。[16]

有关谁拥有金融财富的问题一直是深埋美国政治内部的断层线，掌握流通在华尔街金融市场上财富的一般是少数人，但他们要比多数美国人更能吸引不同方向的经济利益。隐藏在美国政府所面对的几乎所有重大经济问题之下的潜台词就是美国财富的分配问题，然而其却很少被摆在政治论坛的桌面上。相反，政治领导人十分忌讳有关财产的问题，他们用各种委婉的说辞为其披上外衣，就好像到底是谁拥有财富这样尖酸刻薄的难题会引起阶级妒忌一样，这种妒忌会让他们感到不快，会引发民众对美国体系的质疑，而这种质疑又是美国政府所无法解决的。

不管怎样，财富的高度集中是引发大多数基本政治问题产生的中心，是更深于地区、宗教、种族或性别歧视问题的分界线。就本质而言，美国政府会在两种情况下做选择，即为大多数人的利益提升经济前景，或为少数人聚集的大笔财富提供保障；但这两种目标通常是彼此不可调和的矛盾体。尽管不可见且很少被提及，但持续的政治斗争经常会让美国政府在二者之间跨线，从而构成美国政治历史的核心特征，尤其是货币政治。

美联储的职责就是在这种持续的冲突中担当调停人。有时，它会行使独立的仲裁人权力，根据美国政府的喜好做出决定，并通过其控制货币和汇率的权力强化这个决定。这种决定性的政治角色则成了为何美联储会绝缘于民众视线和常规选举的根本原因，因其要免受大多数民众意愿的干扰。

---

① 中位数，是指将数据按大小顺序排列起来，形成一个数列，居于数列中间位置的那个数据。——译者注

大多数美国家庭并不持有股票或债券，甚至没有货币市场上的账户。大多数美国人都是债务人，而非债权人；其金融资产净值也是零，甚至是负数。美国资本的迅速积累发生在 20 世纪，期间创造了大量新的就业机会和新商品，人均收入有所提高，社会资本分配空前繁荣。但美国体系中却存在一个最主要的剩余，即其并不会广泛分配金融财富的所有权。

美联储的一次消费者金融实力调查结果显示，美国家庭的金融资产平均在 2.41 万美元左右；但这个数字却是对普通美国人很大程度的误解。美国人的金融资产中位数仍然只是 2300 美元，这就意味着近一半持有包括支票存款、储蓄账户或其他类型金融资产的美国人，其资产总值不超过 2300 美元；超过四分之一美国家庭的金融资产还不到 1000 美元，另有 12% 的美国人根本就没有金融资产。

事实上，即使是这样的结果也仍然夸大了普通美国人的金融财富状况，因为大多数美国家庭都只是债务人而已。他们或许拥有活期账户内的现金，或者在银行内拥有数量可观的储蓄存款，但与其手中持有的未偿还贷款相比，其金额不过是小巫见大巫。在美联储的第二次调查中，针对（除机构以外）美国个人拥有的全部金融资产以及美国家庭资产净值（即资产减去债务所得）进行了广泛调查研究，其结果尽显美国财富分配严重不均的事实：

54% 的总资产净值掌握在 2% 最富有的美国家庭手中，86% 的总资产净值掌握在 10% 的美国人手里；样本中有 55% 的美国家庭拥有零资产净值，甚至是负资产净值。

从另一个角度看，这些数据表明了不到 10% 的美国家庭构成了超过 85% 的消费者净值借贷，有超过一半的美国家庭都是净债务人。

换句话说，是少数人借款给多数人。于是美国财富阶梯呈现出这样的景象：最顶层是拥有 86% 资产净值的 10% 美国家庭，接下来是拥有余下 14% 资产净值的 35% 美国家庭，最下层则是不占有任何资产的 55% 美国家庭，即大多数美国家庭。

这 10% 的美国家庭以及程度较低的第二层人群理所当然构成了华尔街投资生意的主要客户群。他们的资产净值总额达到了 1.6 万亿美元左右。

2% 最富有的美国家庭手中拥有美国全部流动资产的 30%，包括活期账户、储蓄账户以及货币市场的基金和银行定期存单。他们还占据了企业股票个人持有率的50%、企业及政府债券的39%、免税市政债券的71%以及美国全部房地产所有权的20%。

顶层的10%美国家庭则拥有51%的短期信贷金融票据、72%的企业股票、70%的债券、86%的免税市政债券以及50%的美国所有不动产。[17]

然而个人投资者仅占市场份额的约一半，并且还不是最多的那一半。与他们并存的还有机构投资者——企业、银行、保险公司、养老基金、基金会和大学捐赠基金，这些机构本身拥有或操控了大量累积财富。美国家庭直接拥有美国金融资本、股票、债券、存款账户及其他金融工具约3万亿美元，而机构却掌控着大约价值5万亿美元的金融票据（财富最终属于其他方所有，如股票持有人、养老基金受益人、储户或保险单持有人）。其中占据最多金融财富的机构是商业银行（1.3万亿美元），其后依次是储蓄贷款协会（5800亿美元）、人寿保险公司（4200亿美元）和退休基金会（4100亿美元）。相比之下，免税市政债券和大学捐赠基金共有资本约500亿美元。[18]

当然，个人并不直接拥有储存在这些大型机构内的大多数财富，因为个人直接拥有的是企业股份的73%，包括银行控股公司、保险公司及其他金融机构。养老保险和人寿保险也是个人存款的间接表现形式，其在美国家庭中的资金分配甚至要比股票和债券更为合理。

所有投资者，无论实力强弱，无论个人和机构，都存在一个共同点，即害怕出现通货膨胀的凶兆。从拥有百万家产、上了年纪的遗孀到年轻夫妇，再到保险公司巨头，他们辛辛苦苦地为自己积攒充盈的养老金，但又都在20世纪70年代末陷入了同样的焦虑和不安之中。金融市场上的确没有安全地带，没有任何一种投资手段可以保证他们的财产能够规避通货膨胀，许多人会盲目地将财产转来转去，而有些聪明的商人和投资人则会发现其他更为明智的利益回报方式。不过从整体来看，通货膨胀吞噬着每个人的财富，毫不留情地让美国公民和金融机构积攒起来的几十亿美元迅速贬值。

例如，1979年中，30家工业股票的道琼斯平均价格指数约为900美元，较10年前涨幅不高，但900美元本身却已经掉价不少。1969年按当时道琼斯指数购买一系列有价证券并连续持有10年的投资人，其资本到1979年时已经发生贬值近一半。[19]

从某种程度上说，股票价格之所以不景气是因为企业的资产负债表也遭到了通货膨胀的破坏。在现有货币流通体系下，尽管企业的年度财政报告上显示利润持续增长，但这多半都是幻象，其掩盖了公司实际资产遭受的损失。例如一家制造厂的机器和厂房建筑出现老化和磨损，那么维修和修复费用势必要按照当前市场价格计算；由于通货膨胀作祟，这些机器的维修成本要比公司每年扣除的现有厂房和机器折旧费高得多；当公司面临资金短缺时，就只好一再拖延设备更新的时间，因为以旧换新已经变成企业要付出更高代价才能做出的决定。

到了 1979 年，债券市场上的投资人开始要求在利率中加入“通胀溢价”，试图挽救几个百分点的利益回报，以抵抗不断下滑的美元，但即使是这样的保护措施也远远不够。不断上升的通胀率曲线表明长期借贷的不稳定性，而且这种不稳定性会一眼望不到头。如果 1970 年的通胀率指数为 5% 并且 10 年后将翻一番，那么这种上涨到底会止步于哪里？是在某一天涨到 15% 或 20% 之后吗？没有人能确定美元价值会在今后 10 年或 20 年变成什么样子。

投资人因而将钱转投短期借贷，因为利率会更加敏感地随通胀变化而变化，如果需要，他们能得以迅速撤回自己的投资。然而即使是货币市场也靠不住，老练的投资人除了某次投资后的名义利率（nominal interest rate）[①] 以外，还要关心所谓的实际利率（real interest rate），即扣除通胀率之后的实际回报率。如果公布的名义利率为 8%，通胀率为 10%，那说明投资人已经进入赔钱状态（这其中甚至还不包括对收入所得税的附加损失的计算）。以前，投资人在短期借贷中获得哪怕 1% 的回报也会沾沾自喜，甚至更少也无所谓，但 70 年代末的短期借贷实际利率通常会让投资人的受益变得更低；以短期信贷市场的标准晴雨表——3 个月期国库券的实际利率来看，当时已连续 3 年出现间歇性利率负值，也就是说投资利息的投资人从政府那里赚到的钱已经少于在通货膨胀中损失的钱。而在 70 年代末这种实际利率下降至 4% 的情况还至少出现过两次。

对于手中握有财富的人来说，这种互换看上就像是一种形式上的欺诈。如果像大多数人那样选择去相信它，华盛顿政府就会负责制造通货膨胀，然后暗地将投资人的存款抢走。唯一可以缓解投资人痛苦的方法就是利用政治压力逼迫政府改变经济政策、恢复货币稳定。

不过投资人的痛苦却与通货膨胀造成的另一种截然相反的现实存在冲突，即赢家与输家之间微妙的矛盾关系。虽然少数人遭受了损失，但多数人却获得

① 包括补偿通货膨胀和通货紧缩风险的利率。——译者注

了利益。不断上涨的物价会给每个人造成困扰，但通货膨胀实际上提高了大多数普通民众的财政状况；通胀尤其有利于广大的中产阶级，他们有自己的房子，依靠年薪过生活，但对于依靠金融资产获取利息和分红的人来说却是雪上加霜。这样的结果为许多经济学家所熟识，但对于普通公民来说则非常陌生，其中包括许多因通货膨胀而改变自身负债状况的人们。[20]

布鲁金斯学会（Brookings Institution）① 的经济学家约瑟夫·J. 米纳里克（Joseph J. Minarik）曾对70年末通货膨胀如何影响美国四大人群的收入、财富和税收负担状况做过广泛研究，他如是总结道：

“通货膨胀中最大的赢家就是拥有自己房屋的普通中产阶级。他们的劳动力收入与价格上涨保持同步，其房屋价值是真实的，其要支付的购房贷款根本没有增长；联邦政府推出的收入所得税会变得些许日益繁重，但与房屋产权带来的利益相比这种负担微不足道。如果是中等收入水平的房屋租赁人，生活则并不好过，但从总体上说还是可以基本跟得上通货膨胀的脚步的。”

相比之下，米纳里克发现，拥有较高收入的房屋所有者，即年薪超过3.75万美元、位于财富阶梯顶层的10%美国家庭的人群，则“从本质上讲是通货膨胀的受害者”。虽然他们的薪水跟得上通胀的脚步，但金融资产却遭到了侵蚀。“通货膨胀发生时，他们的财富不再安全，也不再是能产生利润的价值储备。”米纳里克解释道。

纽约大学经济学家爱德华·N. 沃尔夫（Edward N. Wolff）也进行过类似研究，他针对始于1969年、止于1974年经济大衰退后发生的现代通货膨胀急剧上升所造成的第一次美国经济停滞给美国财富造成的影响进行了评估。在这段时期里，沃尔夫总结道：“通货膨胀的走势看上去就像是美国政府不断推出并完善的税收制度，引导财富接受更加公平合理的分配。”

米纳里克发现，通货膨胀对穷人和老人两种群体的影响还要更加模棱两可，但要比广泛政治言论所鼓吹的更加温和。一般来说，人们认为通货膨胀对这两类群体造成的破坏会最为严重，因为他们每月领取的救济金或退休金是固定不

① 美国著名智库之一，是华盛顿学术界的主流思想库之一，其规模之大、历史之久远、研究之深入，被称为美国“最具影响力的思想库”并不为过。——译者注

变的，但米纳里克认为这种理论并不正确。经济陷入停滞后，美国政府推出（年收入低于 9000 美元）的低收入家庭救济金也会普遍随物价上涨而有所提高。许多穷人在飞涨的生活成本面前是安全的，即医疗成本和住房成本，因为他们享受的是医疗补助和公共住房。“在短时期内，低收入家庭的确是物价上涨的最大受害人，因为他们的存款不多，可用资金也不多，”米纳里克写道，“但从长期来看，他们的收入很快就会跟上物价上涨的脚步。”当然穷人依然是穷人，只不过通货膨胀对穷人的影响并不比对其他人群更糟。

老人也在某种程度上得到了保护。社会保障体系与通货膨胀率是挂钩的，前者会每月自动发生调整，以跟上物价上涨的脚步。米纳里克发现老人群体中受害最深的“是那些过于依赖个人养老金或个人储蓄存款的老人。而所谓社会保障制度受益人会成为通货膨胀最大输家的说法是完全错误的”。

能够解释这种财富逆转现象（即以少数人受损为代价的多数人受益）的核心因素就是房产所有权。三分之二的美国家庭仅拥有一种永不贬值的真正资产，那就是他们居住的房子。通货膨胀期间，房产是可用的最佳投资工具；当然其并不像债券和股票那样可以让持有人每年获得利息或分红，但在 70 年代的美国，房产是优于这二者的最佳投资手段。平均来讲，在美国大多数地区，房产价值会随通货膨胀而提高，甚至会比普通物价上涨得更快。同时，人们会为了持续拥有房产而持续向银行归还当初借入的大额房屋贷款，这样一来对于债务人来说，通货膨胀就是一笔赚钱的生意。随着普通家庭收入的上涨，真正的房屋贷款压力就会越来越小。例如，一个中等收入家庭在 1969 年花费 3.5 万美元购得一处房产，每月需还贷款 400 美元左右。10 年后，房屋可能已经升值为 9 万美元，家庭收入也已翻番，但月供贷款仍为 400 美元。一般来说，房屋贷款始终是家庭每月需要支付的最大账单，但却始终未发生通货膨胀，相反作为占用家庭收入的一部分，其反而实际发生了缩水，反倒为家庭其他开支剩余了更多资金。

宽松的房屋所有权制度是美国联邦政府推出的基本社会政策和最有效的国家项目之一。扣税额[①]为房屋抵押贷款利率和财产税大开绿灯，加上新政推出的信贷补贴，刺激了上百万美国家庭通过借贷购买到了当下无力购买的房屋。自 20 世纪 30 年代的经济大萧条以来，美国私房房主数量占全美国家庭总数的比例从 44% 上升到了 66%。

---

① 指纳税时可以减少报税的收入金额。——译者注

实际上，美国政府推出的房屋补贴计划产生的唯一重大意义就是使普通家庭与银行缔结了长期债务关系，从而实现了真正资产的积累。这种方法的确有效。当房产这项家庭资产净值被加入家庭负债表，那么连同其他金融资产一起，美国家庭净资产的中位数就达到了2.2万至2.45万美元，当然人们无法真正花掉这笔财富，但他们可以将房屋抵押出去，也可以长期保留房屋，或者将其传给孩子们。换句话说，是债务扩大了财富的分配范围，越是在高通胀时期，这种作用就越明显。

“拥有房产的家庭都很自信，自信他们的实际收入会增长，因此会采用同样的借贷手段促进自己对其他商品的消费，”米纳里克通过观察后总结道，“这些家庭知道，他们的债务会随着物价的上涨而发生贬值，他们的固定还款任务会随着通货膨胀而变得越来越轻松，他们的名义收入会增加。”这也是纽约珠宝生产商尤金·萨斯曼看到的现象，普通美国人会不顾通货膨胀而通过借贷实现购买，事实上他们这样做的原因正是基于此。中等收入家庭的实际资产增加，而较高收入家庭的金融资产却发生了贬值，这种现象的整体结果就是财富发生温和而稳定的被分配——即将财富推入中下阶层。[21]

通货膨胀下发生的财富再分配会流向不同方向，但其中一个最主要的渠道就是跨代，即从老一代跨向年轻一代。实际债务负担的减轻会帮助年轻一代家庭更直接地采用相同方式贷款，因为他们起步于收入和存款并不多的生活状态，因此年轻人自然会更加依赖于借贷来满足家庭生活的基本购买欲望——汽车、房屋、家用电器。他们获得的正是老一辈美国人所失去的，至少那些积攒存款后又将钱借给其他人的老一辈美国人。

对于年轻人来说，从经济角度看，这种福利是显而易见的；但从政治角度看，这却会引起他们莫名的焦虑感。许多年轻人感觉自己也是受害者，即使他们在通货膨胀下明显受益颇多。年轻的选民们尤其会感觉自己正受到物价飞涨的威胁，因为他们害怕自己有一天会无力购买价格飞涨的商品，也就是说会失去拥有房屋和汽车的能力。然而实际情况却恰恰相反。无论房屋的价格上涨到什么程度，20世纪70年代的美国房屋所有人手中的财富只能不受任何干扰地迅速膨胀，这对于年轻的美国人来说，还款能力只会变得越来越强。就几乎所有交易而言，通货膨胀只会是奖励未来、惩罚过去。

不断探寻人类公平价值体系的社会哲学家会在仔细思考通货膨胀所具备的潜在后果之后得出这样的结论：通货膨胀是实现社会绝对公平的最具前途的经

济模式。毕竟，通货膨胀是小心翼翼地将财富进行了重新分配，是将财富从债权人向债务人转移、从手中积累过多剩余财富的人向手中一无所有的人转移。它让大多数拥有最多财富的人在毫无实际痛感的情况下丢失了财富，毕竟他们并不是穷困潦倒的人，这样的结果只不过是让他们少了些财富而已。此外，米纳里克这样的自由主义经济学家们还发出警告，要警惕那些针对通货膨胀而实施的传统补救措施，剧烈的经济紧缩会导致失业率的增加，这对于大多数人来说是一次有害的互换。尤其对于贫困阶层，米纳里克指出，一次经济衰退无异于是“为拔掉手指头上的倒刺而砍掉整只手”。

仅凭哲学家或经济学家是无法解决抽象的政治难题的。在真实的政治世界里，通货膨胀带来的真实困境似乎被普遍接受，由此而发的牢骚和抱怨会从每个阶层的每个角落里扑面而来。尽管从平均来看还不至于激起民愤，但不喜欢工资涨幅与物价涨幅保持同步的劳动力仍有数百万人，并且正如米纳里克所承认的，即使是那些在通货膨胀中受益最多的普通民众看起来也并不享受这样的现实。收入的增加会让美国普通工薪阶层家庭更加努力地帮助联邦政府填满其收入所得税的钱匣。尽管米纳里克发现家庭资产的增值要多于缴纳更高税款的补偿，但美国人仍然憎恨物价上涨。物价和债务的急速上升会让数以百万的中产阶级家庭获得更多的实际商品，但失控的通货膨胀仍会使他们寝食难安。不管怎样，政治家们并不会经常听到选民会为通货膨胀带来的财富平均分配的后果而欢呼。

或许最重要的一击还是投资者的揭竿而起。不要寄希望于资本所有者会被动顺从接受自己利润回报的稳步流失，他们会通过拒绝将财富投入到长期投资工具的方式来发起抵抗，而资本形成的过程却是未来经济繁荣的基础。他们会将钱转移出金融投资领域，然后在实际资产中寻求安全的避风港，例如黄金、房地产、古玩、艺术品等任何价格上涨速度高于美元贬值速度的可见投资项目。最后，尽管他们身为少数选民，但这些投资者产生的政治影响力自然要远远高于普通民众。因此迫切需要这些投资者支持的美国政府必须要做点什么来阻止通货膨胀。

星期一清晨，理查德·莫尔走进总统办公室，很明显卡特总统已经完全了解莫尔向其递交的美联储主席候选人情况报告。来自金融市场的各种新闻仍在持续拉响警报，金价已疯涨至每盎司 307 美元，美元持续下跌；在过去的一个半月当中，美元兑英镑价已下滑 10%。一位不愿透露姓名的政府官员这样对《纽约时报》说道："市场正遭受严重惊吓。他们的恐惧来源于此时卡特总统的经济智慧可能会输给其政治权术。"[22]

有关卡特中意的美联储主席人选问题，新闻媒体的猜测集中在4个人身上：纽约联邦储备银行行长保罗·沃尔克、美国银行行长A.W."汤姆"·克劳森（A. W. "Tom" Clausen）、大通曼哈顿CEO大卫·洛克菲勒（David Rockefeller）以及布鲁金斯学会会长、明尼阿波利斯联邦储备银行（Minneapolis Federal Reserve Bank）前行长布鲁斯·麦克劳利（Bruce MacLaury）。

"我能明显感觉到总统的决定是倾向于沃尔克的，"莫尔说道，"我个人对这个问题充满质疑，有关沃尔克个人的一些情况我仍感到不放心，于是我决定面见总统。我认为他应该考虑一下美国银行行长汤姆·克劳森，并建议他能与克劳森进行一些私人对话，以检测其是否能被委以重任。如果总统认为克劳森很好，或是比沃尔克更好，那他就应该会和克劳森产生交谈。这位总统是十分注重这一点的。"

沃尔克的问题在于他是否能够通力合作，作为美联储主席，他必须是一个"团队合作者"。卡特听从了莫尔的建议，将电话打给了旧金山的克劳森。他是否有兴趣出任美联储主席呢？这位银行家表示要先和妻子商量一下是否能够接受举家迁往华盛顿，最后他还是打回电话婉言谢绝。这次谈话之后，总统的选择似乎已经箭在弦上。

第二天，保罗·沃尔克就被传唤至白宫，接受卡特总统的面试。沃尔克身材很高，足有6.7英尺①，比吉米·卡特足足高出1英尺，不过与其他大个子相比，沃尔克的高大并不会给对方造成压迫感。他举止得当，显得很谦卑，看上去就像是篮球场上行动不灵活的中锋，总是会被个子比他小的对手围在中间。轻微谢顶的他脸上堆满皱纹，面部表情不多，容貌有些憨笨，说起话来就像一个闷闷的小丑，似乎是在为这个愚蠢的世界感到茫然，同时又与这个世界格格不入。

面试中的沃尔克说了很多话。后来华尔街上谣言四起，声称当时沃尔克警告吉米·卡特，如果任命由他来担任美联储主席，那么他将完全独立于白宫。这完全是不实传闻。沃尔克的确适当阐述了美联储保持独立性的重要意义，这

① 约为2.1米。——译者注

一点也得到了卡特的首肯；同时沃尔克还向总统详细阐述了为何要增强美联储货币政策力度的原因，而总统的反应是不置可否。

一旦得到参议院的认可，任命决定会在第二天就公之于众。保罗·阿道夫·沃尔克，51 岁，普林斯顿大学经济学学士，哈佛大学公共管理学硕士，华盛顿决策圈和华尔街金融圈知名人物，但并不广为普通民众所知。此时此刻，白宫内几乎没有人认为这个人物的到来会让美国未来几年的困境明朗化，但却可以肯定这将是吉米·卡特总统任期内最重要的一次任命。[23]

令卡特总统没有想到的是，正是这次漫不经心的任命开启了美国的新纪元，同时也割让了他自己手中的政治权力。这样的选择是偶然发生的，是政治恐慌和金融困境双重压迫下的产物。不久之后，这次任命就彻底改变了美国生活的全貌，更改了全美国经济乃至全世界经济事务中每一笔实际交易的条款，开创了一个新的经济秩序；同时也出乎意料地实现了吉米·卡特曾动之以情地向全美国人民发出的自我牺牲和自我否定的恳求和愿望。

在接下来的几个月直至几年内，保罗·沃尔克有效掌握了对于突发事件的控制力，并迫使其向自己既定的方向发展；面对通货膨胀急剧上升的挑战，沃尔克与美联储尽显其比由选举产生的任何一位华盛顿政府官员更强大、更高效的控制能力，而这个民主政治畸形人的存在却始终是悄无声息、神出鬼没。在接下来不断涌动的金融大潮里，上百万的美国人失去工作、家园、农场和家庭存款；但对于其他人来说，这样的改变却创造了新的机会和财富。实际上，对于所有美国人来说，甚至对全世界人民来说，他们都是这场任命所产生的一系列后果的直接参与者；然而却只有极少数人知道到底发生了什么以及为何会发生。

卡特总统的国内政策顾问斯图亚特·埃森斯塔特这样解释吉米·卡特的这次重大选择：“之所以会选择沃尔克是因为他是华尔街的候选人。实际上这就是华尔街的标价。对于他我们知道什么呢？知道他能力超群、聪明伶俐，并且是一个保守派。那么又不知道什么呢？我们不知道的是他将掀起诸多轰动美国的重大改变。”

当天傍晚，另一位白宫官员杰拉尔德·拉夫肖恩（Gerald Rafshoon）接到总统电话，任务是向时任佐治亚银行行长、卡特内阁政治顾问的伯特·兰斯（Bert Lance）征询就美联储主席任命的建议，伯特·兰斯曾经是卡特内阁的预算总监，在卡特上任初期因私人银行事务丑闻被迫辞职。这件事对于卡特来说是一次令人伤心的损失，他失去了一位私人好友，他曾十分依赖于伯特·兰斯的政治建议和其作为一名银行家所特有的对经济政策的深刻见解。

拉夫肖恩对于美联储主席候选人的情况并不了解，但他从兰斯那里得到的却是这样的建议。“我不知道总统会任命谁来担任美联储主席，”兰斯说道，“但我希望你能向他转达我的看法。他不该任命保罗·沃尔克。如果非要这样做，他就是在将自己的竞选连任机会抵押给美联储。”

拉夫肖恩尽职地走进总统办公室并如实重复了兰斯的警告。兰斯预言，如果沃尔克被任命为美联储主席，那么就将意味着高利率、高失业率以及卡特亲手将 1980 年的大选结果抵押给美联储。这位总统听后微微一笑，向拉夫肖恩表示了感谢。[24]

几分钟后，拉夫肖恩就被白宫新闻办公厅秘书乔迪·鲍威尔打断，拉夫肖恩漫不经心地询问发生了什么事，鲍威尔的回答是“没什么”，他只是在等待向外界宣布将任命保罗·沃尔克为美联储主席。

第二天，金融市场就沸腾了起来。道琼斯指数迅速爬升了 10 个点，债券市场重新集结。经过几个月的连续下滑后，国际外汇市场上的美元价格急速攀升，金价每盎司下降 2.50 美元，金融市场进入稳定。对于华尔街来说，他们要比华盛顿政府更加明白这场政治事件的结果。[25]

第 2 章　美联储是个十足的怪胎

1937 年，美联储崭新的办公大楼在华盛顿宪法大道竣工落成。干净整洁、充满古典风情的白色大理石外墙让这座大楼与邻近的美国联邦政府办公楼看上去十分相似，共同标志着新政时代的繁荣。楼体设计传达了“高贵和持久”，正如设计师所预想，设计风格不追求华丽装修和宏伟气势，从而保全了毗邻的华盛顿政府老建筑的自命不凡和冷峻威严。白色大理石雕座上的美国雄鹰栖息在巨大的青铜色大门之上，目光正看向位于林肯雕像东侧的华盛顿购物中心大楼外的绿色草坪。楼体大门向前厅延伸的门道上陈列着两尊伟人雕像，分别是美联储缔造者、美国前总统伍德罗·威尔逊（Woodrow Wilson）和 1913 年带头在美国国会上抛出美联储提案（Federal Reserve Act）的弗吉尼亚参议员卡特·格拉斯（Carter Glass）。前厅天花板由希腊钱币样式的石膏浮雕装饰，簇拥着象征“充盈和稳定”的西布莉女神像。整个大楼的入口处威严庄重，但实用性不强，除了偶尔的某些仪式场合之外，青铜色大门一般都是关闭的。从办事员到政府官员，每个进出美联储总部的工作人员出入大楼都是通过靠 C 街一侧的后门。[1]

就在美联储总部办公大楼还崭新光亮的时候，美国国会中最后一位留守的真正的平民主义者、来自得克萨斯的众议员赖特·帕特曼（Wright Patman）提出了一个令人心碎的议案。帕特曼才华横溢，为人古怪，观点特立独行，性格死板固执，在其近 50 年的国会任职生涯中，大多数时间都在不遗余力地主张废除美联储及其神秘特权。就在 1939 年的一次国会听证会上，帕特曼直言美联储实际上不属于美国联邦政府，而是属于美联储旗下的 12 家会员银行，而这 12 家联邦储备银行又隶属并受控于诸多私家商业银行，这些银行均以美联储会员身份持有美联储股份。因此，这位国会议员通过推理认为，美联储的这座办公大楼并不应该像其他公共建筑那样享受免税，而是应该和其他私有建筑一样缴纳地方财产税。

深受帕特曼言论“鼓舞”的哥伦比亚特区税务员将地方财产税单寄给了美联储。后者随即表示拒绝支付。委员会的代表律师们耐心解释了美联储是在伍德罗·威尔逊总统立法折中下诞生的复杂机构，并坚称此机构是隶属于美国政府的一部分。这些律师还引用1913年美联储建立之初的立法经历，同时提供了于次年公布的司法部部长意见以及后续的一系列联邦法庭决议，所有这些都可以进一步确认美联储的角色，即为美国联邦政府的一个“独立部门”。

哥伦比亚特区的税务员并没有被说服。毕竟，美联储是在1935年花费75万美元从联邦政府手里购得土地，美国财政部也在这份交易契约书上签了字，表示让与“美利坚合众国在这片土地上的一切权益”。如果美联储是政府的一部分，那么联邦政府为何要将自己的土地卖给自己？1941年12月，也就是珍珠港遭突袭前4天，哥伦比亚特区政府向美联储寄出税款拖欠通知单，并计划安排一次公开拍卖，他们要将美联储的大理石神殿以最高竞拍价拍卖出去。

拍卖被一再拖延并且从未发生，但这场有关法律问题的口水战耗费了美联储三年的时间，才终于让地方政府确信美联储尽管结构独特，但的确是联邦政府的一部分。最终，12家储备银行被迫在一份“权力让与”的契约上签字，声明他们并不拥有位于宪法大道上的美联储总部办公楼，真正拥有它的是美国政府。[2]

尽管如此，美联储却十分享受外界对自己模棱两可的地位，并喜欢对其大做文章。供职美联储近30年、担任达拉斯储备银行行长及美联储委员的菲利普·E·科德韦尔（Philip E. Coldwell）如是说道：“从某种程度上说，美联储会把自己看作是美国政府。但有些时候，避过某阵风头之后它又不把自己当作是政府。”

赖特·帕特曼却从未心慈手软。25年后，这位众议员站在众议院大厅的地板上宣称：“任何一个稍微熟悉美国宪法制度和职能的人都会从本质上认定美联储就是一个十足的怪胎。”从这一点上来说他是对的。美联储的确是一个古怪的安排，一场公众监督与个人利益之间的古怪联姻，从容不迫地游走在由选举产生的美国政府之外，而又始终是隶属于政府的一部分。它享受自己有别于华盛顿任何其他机构的延伸特权，可以在无须获得国会许可的情况下提高自己的收入、拟定自己的财政预算；它的最高领导阶层是7位美联储委员，由美国总统任命，由美国参议院认可，任期14年。而这7位委员要与12家储备银行行长共享权力，12位行长同时也在各地区私人银行效命，从波士顿到亚特兰大、从达拉斯到旧金山。这些行长的任命并不在华盛顿完成，而是在各区的董事会成员中选举产生。每次由各商业银行在 9 位董事中选出 6 位轮流担任行长，这些商业银行同时也是美联储体系下的“会员银行”。每当美联储决定调整货币供给这样的核心问题时，其讨论和投票都是在包含两股“势力”的“杂交”委员会中进行的，即所谓的美国联邦公开市场委员会（Federal Open Market Committee）。在委员会决议中，通常要包含 12 名成员，即 7 位美联储委员和 5 位联邦储备银行行长，后者在 12 位联邦储备银行行长中每年轮流产生。其中只有纽约联邦储备银行行长最为特殊和重要，因其不同于其他 11 家地区银行行长，其拥有全部决议的投票权。因此，某些批评人士抱怨道，有关国家货币调整政策的决策权在部分上是由私人利益的代表决定的，即银行。[3]

这些商业银行在 12 家联邦储备银行中各自持有股份，这的确加剧了美联储的复杂性和“阴暗性”，致使许多人误以为美联储是“私有的”。实际上，股票份额问题只是美联储会员银行迷惑和刺激平民主义评论家的退化性特征，其根本没有实际意义。美联储包括 12 家联邦储备银行，并不是一个私有实体。商业银行享受自己进入并影响美联储的特权，但其内部的权力关系是掌握在 7 位委员手中的，而这 7 位委员的任命诞生于华盛顿，其权力要远大于 12 位联邦储备银行行长。当地区储备银行董事会选举出他们的新行长时，位于美联储总部办公室内的美联储主席是有权否决这个选举结果的。

美国的这种安排与其他工业国家的中央银行完全不同，后者的地区储备银行根本不存在任何附加权力。不过最大的不同之处还在于其他国家的中央银行，甚至是典型的英国银行，在某种程度上被过度政治民主化，而美联储却不是，美联储的运行机制遵循于统一的金融原则，而其他国家中央银行的运行秩序直接受命于由选举产生的政党。例如当英国银行希望提高利率时，不可能在没有首相内阁许可的情况下强制调动利率。类似毕恭毕敬的关系也同样适用于日本、法国和意大利。唯一例外的就是德国中央银行，其政治独立性与美联储相似，并且理由充分；经二战重建后，这家崭新的德国中央银行在运行机制上完全追随美国范本。

帕特曼的改革运动失败了。这位终生致力于游说对美联储实施改革的得克萨斯国会议员从来没能说服国会多数议员对美联储实施任何程度的“手术”。年复一年，身为众议院银行委员会主席的帕特曼举行过无数次精心准备的听证会，推出改革立法，希望使美联储变得更民主、更不受制于各大主要银行的影响。他主张缩短美联储委员的任期，这样一来总统就可以拥有更多的任命机会，从而提高其影响力。他认为应彻底废除联邦公开市场委员会中各地区联邦储备银行行长的位置，因而只有行政官员任命、国会认可的公务人员才有权决定美国的货币政策，从而国会才能得以实现迫使美联储公开其独立财政账目的目的，让美联储的财政预算受制于财政拨款进程中常规的国会监察体系。最重要的是，必须要彻底废除私人银行家的特权地位，在帕特曼眼中，他们不过是“一群贩卖货币的小贩”。帕特曼还说，美联储“借助银行家俱乐部之手确立其在美国货币事务上的独裁地位”。然而他的这些立法提议从未被实施过。

从帕特曼去世直至20世纪70年代中期，仍有一些人持续对美联储提出异议。每年国会都会收到许多有关美联储改革的提议，发起人既有自由人士也有保守人士，不过除了1978年通过的美联储账目应向国会公开议案外，其余的全部夭折。美国几乎每年都有地区发起反对美联储的新诉讼，或抨击其隐秘性，或质疑其合法性，但却没有一例诉讼成功立案。

无论是狂热的平民主义学者，还是谨慎的学术评论家，都没有对美联储产生过任何影响。带着其独特而怪异的特点，美联储始终平稳且高调地存在于美国各政治机构中间。70余年来，与美国财政政府中运转的其他重要职能相比，从五角大楼到邮政服务，美联储的基本运行机制几乎从未改变；大多数主要财政机构和部门都曾经历过数次重组和整改，然而美联储的“改革”却只有一次，即20世纪30年代华盛顿的美联储委员加强其在美联储的决策控制权，与当时其他新政改革下对国家资本的加强控制一样。无论其看起来多么怪异，美联储始终平稳且明显地作为美国政治机构之一而“运转”，也就是说美联储似乎可以提供给美国体系所需要的全部。否则，想必其早就经历多次“手术”。

然而，美联储的可疑和神秘也一直在“运转”。开始时，美联储被牵连进了本土主义者的阴谋论之中。大量的手工传单和爱挑起争端的书籍将其描述为与世界范围危险力量相关的秘密纽带；它是“权力”机关，通常被认定是“国际银行”的代表机构，偶尔也代表了“光照派阴谋论”（Illuminati）① 和“国际犹太人阴谋论”（Zionist Conspiracy）②，与自中世纪基督教时代以来发展形成

① 各种自称获得上帝特别光照的基督教神秘主义派别的总称。——译者注
② 提倡这个理论的阴谋论者大部分都有反犹太倾向，他们很明显的根据是犹太人一直以来在金融交易往来中扮演着十分重要的角色。——译者注

的与金钱有关的狂热反犹太主义遥相呼应。据说，美联储是一张神秘大网的运作中心，虽不可见，却拥有无比强大的力量，控制他的人是为达到其个人目的而操控美国社会，进而操控整个世界。20 世纪 70 年代美国通货膨胀加剧，有关美联储的阴谋论也迅速抬头且疯狂生长，大量自制传单和个人印刷书籍广泛流传。1979 年 8 月，美国参议院银行委员会正式确定由保罗·沃尔克出任美联储主席，随即一个弗吉尼亚民间组织就公开表示对沃尔克的抗议和不满，他们出具证词证明其与彼尔德伯格会议（Bilderberg Conference）① 的“高度机密”有关，与大通曼哈顿的大卫·洛克菲勒来往密切，与国际关系委员会和三边委员会（Trilateral Commission）② “有染”，而所有这些“标签”均与当时普遍流行的“同一世界”阴谋论密切相关。[4]

从政治角度看，这些阴谋论微不足道；但从文化角度看，这却至关重要。这些理论包含着一个十分露骨的信息，即其表达了美国社会民众的精神焦虑。与所有阴谋论一样，针对美联储的“诽谤”旨在说明其是美国抵抗更神秘生活的混乱尝试，其解释了美联储具有某种绝缘于普通凡人监督的强大力量，但同时又能控制这些凡人的生活，就像是能够解读神谕和判决社会发展命运过程的古老神父所诵读的神殿咒语。从一个扭曲的角度去看，对大型阴谋论的信仰就是对宗教顺从的表现，是人们承认某人或某事在以一种遥远且不可解释的力量控制他们。这些信仰者们搜集零散的所谓“事实”，然后将其“拼凑”成一个可以解释善良和邪恶的宇宙的理论，与大多数宇宙论一样，这个宇宙对于信仰者来说似乎是合乎逻辑的，但对于其他人来说则是十足怪诞的。他们躲在阴暗的某处密谋控制一切，妄图篡夺和霸占只有上帝才拥有的力量。

在众多恶毒攻击美联储的宣传册里，一个永恒的主题就是对创造货币的人冠以亵渎神灵的罪名。在 20 世纪 60 年代初期由威克利夫·B. 温纳德（Wickliffe B. Vennard, Sr.）创作的《美联储骗局》（*The Federal Reserve Hoax*）中，作者解释道，货币、民主和基督教命运之间存在某种混乱的历史联系，即耶稣之死、林肯被刺和联邦开放市场委员会之间的联系：

---

① 世界最神秘聚会，顶尖精英云集，参与者和背景极为复杂且神秘，既无官方网站，也不发表任何声明，甚至禁止一切新闻媒体拍照或采访。有时连举办地政府都不知道其存在。——译者注

② 北美、西欧和日本 3 个地区 14 个国家的民间组织，实际上是西方国际金融财团及其控制下的跨国公司的政策协调机构。——译者注

当耶稣及其信徒来到神殿掀起桌子，用鞭子将那些兑换货币的人赶出神殿，他就已经知道自己将在一周之内被钉死在十字架上……亚伯拉罕·林肯，倾其毕生精力抵抗“银行家”，为美国挽回数十亿美元，因为货币的发行从来都不是像美联储秉承的那样只是为了应付债务……自从巴比伦被掳时期（Babylonian Captivity）① 之后，一种牢固的、隐藏性的、私下的、无神论的、邪恶的及反基督教的力量，即拜金主义，就已经开始潜移默化并根深蒂固地存在，其潜在目的就是通过对货币的控制进而控制全世界……本书将矛头直指标榜为“当今最高法院”的美联储，即在幕后操控美国的那12位“罪犯”。[5]

在现代人看来，将美联储看作是一个宗教机构的观点极其怪诞。然而奉行阴谋论的人们却会精神错乱地认为美联储就是现实的且影响力巨大的宗教机构。经济学是科学现实主义的本质，美联储的分析手段是与形而上学的推测和猜想完全相对立的。然而美联储的运行机制同时也隶属于宗教领域，其创造货币的神秘性以及对远古神性的继承性给一系列错综复杂的社会及心理运行方式提供了保护伞。它拥有自己独特的神秘咒语，掌管着许多重大的社会仪式和交易，这些交易的强大性和惊人性似乎超越了常人的理解能力。

将美联储描述为“当今最高法院”的狂热辩论在细节上尽显其荒诞可笑，却也是建立在一个古老的文化基础之上，即货币信仰无论是在启蒙时代还是计算机时代都同样符合逻辑。最重要的是，货币正是信仰的功能，其需要一种普遍社会的暗示性赞许，这种赞许实际上是非常神秘的，为了创造货币和使用货币，人人都必须信仰货币，无一例外。只有这样，人们才能让毫无价值的纸张变得有价值。一旦社会失去了对货币的信仰，那么毫无疑问这个社会本身也就失去了信仰。在西方资本主义国家高度发达的经济体制下，基本的社会纽带已经在凡人的操控下运转了几个世纪，工作在各个机构中的普通老百姓也可以不带有任何宗教标志（尽管宗教仍在以某些不够现代的文化方式直接影响着货币）。不管怎样，货币的发展仍然需要一种深入的、不言而喻的信仰行为，因而其带

① 公元1309年，教皇宝座从罗马被迁到靠近法国的亚威农，教廷留在该地，直到1376年，这段时期在历史上被称为“教皇巴比伦被掳时期”。“被掳”是因为这时期的教皇都在法王控制之下；“巴比伦”是因为前后持续约70年之久，正如旧约时代的以色列人被掳到巴比伦一样。这段时期，所有教皇都是法国人。——译者注

有的神秘性很容易与神权纠缠不清。

“不言自明，民众信心对于银行业来说十分重要，”《华尔街日报》的一位编辑如是说，“这也正是为何早期希伯来人要将当时的银行业务建在神殿之内的原因，以至于后来的美国人和欧洲人都把银行修建得像神殿一样。”在美联储工作的人本身都是彻头彻尾的唯理主义者，经济学家就是一群研究数字的人，他们建立起科学理论用以解释经济行为和检验理论与现实的差距，不过他们也会不自觉地利用起美联储机构本身所具有的神圣气息。美联储的委员们一谈起“中央银行的神秘性”就群情激昂，可就连他们自己也无法完全解释其为何会如此神秘。一名前委员在描述经济学家进入美联储后集结成联邦储备幕僚团体的机密性和团结性时，将其称作在“做修女”，就像是修女进入一家女修道院时的情形。一位众议院银行委员会主席在偶尔提到美联储的这些高层经济专家时还会不无讥讽地称其是“一群修道士”。[7]

理查德·塞隆（Richard Syron），波士顿储备银行副行长，曾在一段时间内担任沃尔克的特别助理，在他看来，自己曾经效命的美联储的机构风格及构造与罗马天主教会十分类似。

美联储就像是教会，这或许正是我在这里工作会感觉很舒服的原因。它拥有一个教皇，也就是委员会主席；还有许多红衣主教，即委员会委员和各地区储备银行行长；当然还有元老院，也就是高级幕僚团体；而各商业银行则相当于活动在教堂内的普通信徒。如果你是这个教会中不听话的教区居民，那么你就需要忏悔。在这个体系里，如果你淘气，就要到“贴现窗口”去申请贷款。我们甚至拥有不同的秩序和宗教思想，就像耶稣会士（Jesuits）①、方济会士（Franciscans）②和道明会士（Dominicans）③那样，只是我们会称呼自己是实用

① 耶稣会：国际性男修会组织，是 1534 年圣依纳爵·罗耀拉创立的天主教修会。耶稣会士渴望在一切人和事务上爱慕并事奉天主，更为光荣天主而行事。——译者注

② 方济会：是天主教托钵修会派别之一。其会士着灰色会服，故亦称“灰衣修士”。提倡过清贫生活，互称“小兄弟”。方济会效忠教宗，重视学术研究和文化教育事业。——译者注

③ 道明会：亦称“布道兄弟会”。会士均披黑色斗篷，因此称为“黑衣修士”，天主教托钵修会的主要派别之一。以布道为宗旨，着重劝化异教徒和排斥异端。——译者注

主义者、货币主义者和新凯恩斯主义者（neo-Keynesians）[①]而已。

美联储的官方保密性自然会增强其神秘气氛。联邦公开市场委员会每年都会召开8次至10次会议，针对货币供给政策进行反复研究，决议过程也绝对机密。只有在召开下次会议之后的6周至8周，美联储才能向公众发表有关上次会议决议结果的简短报告，而相关的内部报告、备忘录以及支持决议的经济分析报告，需在之后5年内被封存为绝密档案。委员会审议意见手稿从来不见天日，因为其再也不能被完整保留。过去联邦公开市场委员会曾经有过在政策公布5年后将当初审议手稿公开的先例，但从20世纪70年代中期开始这些历史记录就全部被即时销毁。国会颁布《信息自由法案》（Freedom of Information Act）之后，时任美联储主席亚瑟·伯恩斯（Arthur Burns）决定废止对审议手稿的完整记录程序，唯恐日后受迫于立法机构过早地将决议透露给民众，为美联储官员减少麻烦。而除美联储之外，再没有任何一个政府机构享有如此的隐私权，甚至包括美国中央情报局。

美联储会自圆其说，但只是在某种程度上或是在事实发生很久以后。从表面上看，这是有意要规避美联储自身决议的市场操纵性和“内部交易”，但这也同时是在提供一种政治掩护。这种保密性更加刺激反对美联储的群情激愤，就连某些知名学者也表示美联储的表现看起来总是那么刺眼和令人愤怒。无知是无能的表现形式之一，这些批评家的愤怒就像是小孩子因为被剥夺家庭秘密的知情权而严重受挫后的大发雷霆，那扇紧闭的大门背后到底在发生什么事？爸爸没有回答，那一定是某件非常重要的事；妈妈也不会说。当然不会说，因为隐藏在青铜色大门背后的是有关性行为的事，而这对于孩子来说几乎难以理解。

可以借用老亨利·福特（Henry Ford, Sr.）对货币及美联储神秘性的评价来描述外界对美联储的声讨：“美国人完全不能理解美国的银行和货币体系，因此我相信，一场针对美联储的重大改革就要在明天清晨之前爆发。”[8]

美国民众与美国政治领导人不同，他们十分依赖于其所熟悉的陈词滥调，对货币的理解能力十分有限。美联储控制货币供给，美联储可以设定利率，当

① 新凯恩斯主义：主张国家采用扩张性的经济政策，通过增加需求促进经济增长。即扩大政府开支，实行财政赤字，刺激经济，维持繁荣。——译者注

政府投入大量资金后，美联储又可以大开印刷钞票的机器，导致通货膨胀爆发。所有这些“粗制滥造”的概括性评价既不准确，也是对现实的极简化描述；除非有人愿意跨出这种偏见，否则他们将不可能完全理解美联储的强大或弱势。

经济学的科学主张强化了民众对货币的茫然和对货币政治的无知。普通民众对于经济学语言毫无理解能力，而大多数经济学家又从未做过任何努力将这些术语变得通俗易懂。现代经济学分析的主流模式是在模仿牛顿的物理学说，经济学家主张让经济行为遵循其自立门户的逻辑性、法则和运行模式，使其就像是在复制物理学家在物理世界发现的自然规律一样。大多数经济学家不顾其独特的意识形态基础，生硬地将其变成经济学里的狭隘定义。他们将自己的观察结果披上一层外衣，使其变成大量不带任何感情色彩的中性专业术语，在非专业人士看来极其晦涩难懂。这些中性词语掩盖了经济学的政治内容和资本主义的社会仪式，就好像是所有参与经济行为的人都是注定要按既定法则行事的简单分子群，无视其政治价值或财富价值。他们所做的所有经济决定并不是旨在奖励一群人或惩罚另一群人，而只是简单地想使其理论让普通民众“听着更像是经济学”。对人类社会有着更灵活认知的经济学家约翰·肯尼思·加尔布雷斯（John Kenneth Galbraith）曾经不无讽刺地说道：“‘听着像是经济学’往往反映的是拥有巨大财富的人群的需要。”[9]

经济学家还试图忽略隐藏在所有人类行为之下的精神压力。无论是个体还是群体，人们有时会对明显可见的供需变化产生抵触情绪，他们的行为方式看上去与经济学相悖，但实则是受存在于其大脑内的信念、情绪或些许的恐惧和希望的影响，而非来源于市场上的经济学数据。例如华盛顿特区内的所有鱼贩都深谙青鱼市场心理学，如果青鱼价格上涨到每磅 2.20 美元，那么切萨皮克湾的渔民们一定会想方设法扩大自己的捕鱼量，而这自然会导致青鱼价格下降。一旦价格下降，消费者就会购买越来越多的青鱼。于是奇怪现象出现：当青鱼每磅的价格跌破 1 美元时，人们就会停止购买青鱼，无论其供货量多么充足。青鱼由此变成“低劣货”，不再适合出现在家庭晚餐的餐桌上。然而一旦青鱼价格开始上涨，人们又会变得对青鱼趋之若鹜。金融市场的变化无疑比青鱼市场更大且更加复杂，也会受到人们些许的想法和情绪变化的影响。

检验任何一种科学体系是否公正稳固的根本方式就是其规则和理论对结果的预测能力，按照这种标准来看，经济学不过是一个简单粗陋、发育不完全的科学分支。当某些经济模式未能生效时（这种现象经常发生），经济学家就会不情愿地承认是政治刺激或人类心理因素影响导致模式受到某种程度的干扰。这些事件往往被当作是“随机冲击”（random shocks）而不予考虑，如战争、政治介入或社会动荡，这些因素不需要被解释，因为它们是不受经济学家重视的“出轨行为”。然而人类社会中的战争和政治并不是反常行为，只有经济状况才是。经济学家的主流观点往往既是严重的坐井观天，也是智力上的严重过时和无用。经济学不过是在模仿物理学，但20世纪的物理学家们早已跨过了牛顿的钟摆原理，来到了爱因斯坦的相对论，后者是对现实世界更丰富且更灵活的诠释和构想。然而经济学家似乎根本没有能力追赶这样前进的脚步。

民众对货币产生的迷惑始于一个最基本的层次，即“货币”这个词本身。当学术派经济学家或美联储货币专家谈起“货币”时，即意味着他们在谈论某个特别且与众不同的事物，超出了大多数美国民众的理解能力。其实“货币”不过是大多数人随意使用的“财富”的象征：“我的钱投进了股票和债券”、“他的钱放进了房地产”。

对于经济学家来说，“货币”只是可立即用于购买物品的媒介，也就是我们钱包里的现金、硬币、钞票，或是银行中以活期账户形式存在的活期存款。当经济学家谈论“货币供给”时，即主要货币流通总额“M-1”，其实就是指那些可以立即花出去的货币量，也就是所有流通货币量加上美国所有消费者或商家持有的活期存款量的总和。1979年8月，可用于全美国经济事务的零用钱，即所谓的M-1仅为3260亿美元，这对于美国将GDP维持在2.4万亿美元来说实在过于渺小，即美国经济在一年内所生产出来的全部最终产品和劳务价值的国民生产总值。然而适度货币供给却是充足的，因为在这一年时间里，这些货币已经随着人们的互换行为而被周转数次。工厂工人将薪水支票兑换成现金，在超市里购买商品；超市从批发商那里购买货品；批发商从汽车商那里购买新车；汽车商又支付工人薪水。这3260亿美元不断地在许多钱包和银行账户里被“哗啦啦”地倒来倒去，整整一年的周转就变成了之前的6倍多。

这些被称为“M-1”的“零用钱”，绝大多数都是以活期账户形式存在，大约占四分之三，其余则作为流通货币。不过这个比例也不是固定不变的，因为二者之间存在互换。如果民众出于某种原因想要持有更多货币，即现款，那么美国联邦铸印局（Bureau of Engraving）就要印刷更多的钞票，美联储还要通过银行体系分配这些钞票。不过印钞票本身不会产生创造新货币的结果，因为这些现金只不过是用以取代银行活期账户内的既定存款。

还以上文提到的工厂工人为例，如果他将自己的部分工资存入其在银行或社区储蓄和贷款社的户头内，那么他仍会将这部分存款看作是钱，但在货币经济学家眼中则完全不同。与银行的活期账户不同，储蓄账户是要为这个工人的钱支付利息的，但这个工人同时也不能再随意立即花掉这笔钱。因此他很可能会在不得已的情况下取出储蓄账户里的钱，转而将其以活期账户的形式存在银行，这样一来他就可以通过签支票的形式在商店购物，从而导致货币流入经济交易的速度变慢，也就是说经济液压系统内的水流变得不那么顺畅。因此经济学家将这部分钱归为第二类货币，即大概货币流通总额 M-2。M-2 中包含所有小额储蓄账户存款以及银行、信用合作社或储蓄和贷款所的全部定期存款以及所有投入到货币市场上的共同基金。加上 M-1，M-2 总量就可以达到 1.5 万亿美元左右。

以此类推，M-3 就是货币中更广义的一类，即相比前两种来说份额更多、流通性更差的货币；包括诸如 10 万美元存款凭证在内的大额金融工具，一般只掌握在财阀集团、金融机构或富足投资人手中，通常有一定时间限制，如 3 个月或 6 个月。他们可以在最后撤回资金，但不能随意花掉这些资金。更加广义的 M-3，兼容 M-1 和 M-2，总值可达到 31.7 万亿美元（用于完全流通的最终货币总量，即“L”，还应该计入全部可用于销售和转变成“零用钱”的所有金融资产：国库券、商业票据、储蓄债券及其他；尽管这部分货币会因市场价格下跌而出现贬值。“L”的总量可达到 2.1 万亿美元偏多[10]）。

从某种程度上说，这三种货币的混合正好可以描述美联储试图操控的金融体系下水箱 - 水管的工作模式。每种货币都有其独特的黏合性，就像是三种不同强度的油。被称为 M-1 的“零用钱”黏合性较小、流动性较好，M-2 和 M-3 则较为黏稠，流动得较慢，像是沉积于水箱底部黏性更高的油。任何一个商人或家庭都可以将其资金从一种货币类型转换成另一种，只需通过将一种流动资产形式转化成另一种即可；而这三种货币类型的互动会永远隐藏在上百万笔的金融交易之下。这些转换并不能改变货币供给的总量，却是美联储操控下的货币动力学中至关重要的因素，也是造成持续不确定性和偶尔犯错的元凶。

然而美国货币并不止步于国境线之内。正如保罗·沃尔克所说：“我们的货币就是世界的货币。”美元在世界贸易中占支配地位，沙特阿拉伯想把石油卖给拉丁美洲，只能用美元做交易；如果美元的国际兑换价下跌，那么沙特就会损失实际利润。“从根本上说，如果皮奥里亚①受到困扰，那么苏黎世②就会受到困扰。”沃尔克说道。此外，美国金融体系还会在“第51州”③发挥作用，即一位分析专家所说的“欧洲美元市场”。大量被“放逐出国”的美元起初是由战后几十年间的美国跨国集团公司通过贸易和投资加以实现的，以贷出和借入的方式存在于海外。仅美国银行在海外的公司办事处就拥有超过4000亿美元的资金，并且从本质上说美国几乎从未对其加以约束和管理。严格来讲，这部分货币并不属于美国国内货币供给体系，但大型银行、财团和投资人每天都会将这些钱在国内外之间调来调去，寻求最高利率回报和最低廉贷款。因此，皮奥里亚的美元最终会对苏黎世的美元变化做出反应，反之亦然。[11]

然而，经济学家对“货币价值”的定义并不是造成民众迷惑的核心原因。这种神秘性（即一个如此违抗普遍常识且看上去并不可信的过程）的根本来源是货币的创造。几个世纪以来，随着现代银行体系模型的日臻完善，精明人一直备受谴责，其创造货币的能力被民众视为危险且邪恶的，迟早有一天会轰然倒塌，最终导致整个社会的堕落。反对美联储的人会责骂美联储委员，会谴责联邦公开市场委员会的秘密活动，但真正困扰这些声讨者的却是货币创造的途径到底是什么。对于从来没有深思过这个问题的普通公民来说，寻找答案的过程会让他们感到眩晕，货币的创造听起来就像是变魔术。

新货币的产生不只依赖于美联储，同时还有各大私人商业银行的功劳。它们通过产生新借贷业务和增加其账目上的大额贷款来实现货币的创造。常规来讲，一家银行通过从一个集团财阀或储户手里借入资金，然后再将其借给其他债务人，从而完成一个中间人的简单职责。但如果真的只是按照这样的程序进行，那么信贷功能实际上是处于冻结状态，因其无法随着新的经济增长实现资本扩张。因此银行会通过中间差来完成扩大借出资金额度和整体信贷增长额度的任务，然后银行信贷（bank credit）④就转化成了钱。

例如，一名银行高层官员批准向一个小型企业人投放10万美元贷款，首先

---

① 美国一城市。——译者注
② 瑞士首府。——译者注
③ 政治术语，是指下一个将会加入美利坚合众国的成员邦。也可以是一个幽默词组，尤其在加拿大和英国等欧洲国家，当地人会说自己的地方已经变成“美国第51州”，用以讽刺自己的国家大量受到美国文化影响，过度“美国化”。——译者注
④ 以银行为中介，以存款等方式筹集货币资金，以贷款方式对国民经济各部门、企业提供资金的一种信用形式。——译者注

要判断此企业人在未来创造的利润是否足以偿还贷款，也就是说他的企业会在未来创造多少实际利润，具备多少规避合理风险和额外利润创造的能力。通常来讲，银行并不会真的交给企业人 10 万美元的钞票，后者只需签写一张支票，或者更可能是在其银行账户中登记 10 万美元的贷款。无论是哪种方式，货币都已经通过简单的账户登记实现了创造。这看上去似乎有些难以置信，但这的确是每个人都要去接受的事实,即使人们并未察觉到这其中蕴含着的大无畏精神。这个企业家会走出银行，花掉这笔钱，在自己的新账户里签写支票：每个人都人尽其责、各有所得。因此新货币的创造实际上就是基于银行创造的债务。这个理念正是造成货币体系领域内诸多批评家误解和愤怒的根源，他们坚称，货币应该是“真实的”，应该基于过去可见的某个实物，像黄金那样被积攒起来，而不是基于银行家们对未来的预感和直觉。

这样的体系怎么可能会发挥作用呢？其为何会没有崩溃并引起社会灾难？最简单的解释就是：信任。人们信任银行（乃至信任美联储）。他们甚至或许还在尚未清楚真正的运行机制时就选择相信银行，相信它一定会审慎且具有先见之明地使用魔法。银行会保证一定会偿还的健全贷款，他们的手里始终会握有足够的货币，以至于每个储户都能永远随时随地在需要时收回其在银行里的存款。

如果贷款发生严重问题或人们开始极不信任银行，储户会立刻赶往银行收回存款，并且直到此时才会发现银行手里的资金原来并不那么充裕。“银行中滚滚流动的资金”通常会在此时原形毕露，于是他们只能用紧锁的大门应对储户的质疑。但美国历史上著名的银行业恐慌并不为大多数现代美国人所熟知：50 年来美国已经再也没有发生规模过于巨大的银行恐慌事件。

这就是 1913 年创立美联储的初衷所在，即将银行体系从周期性资金流动危机和暂时性货币短缺导致的瘫痪状态中拯救出来。通过“贴现窗口”，美联储会向这些银行提供短期贷款，暂时帮助它们度过危机和紧要关头。除了一次惊天动地的例外，即 1929 年经济大崩溃和美国近一半银行倒闭的巨大恐慌，美联储的保护还算得上是极其成功的。

在美国，银行是最安全的商业企业，无论其大小，倒闭后都会受到政府保护，而其他经济实体则享受不到这样的待遇。年复一年，全美国总共 1.4 万家银行，陷入倒闭的寥寥无几，有时一年不过 6 家到 8 家，有时则为零。1979 年，美国有 10 家银行被迫倒闭，但都是实力极弱且微不足道的银行，这个数字与同年1165家矿业公司和制造公司、908家零售商品供应商、3183家零售商店以及1378家建筑公司的倒闭相比实在不足挂齿。银行业是安全的、高利润的，并且是几近无故障营业的。[12]

不过银行业也是险象丛生的。毕竟银行是由人来掌控，银行家会过于受个人冲动的影响，试图扩张银行贷款额度和无限创造新货币，从而聚集越来越多的利息收入（interest income），而这种收入是银行利润的主要源泉，直到最后因自己的贪心而导致银行陷入崩溃。因此美联储的其中一个作用就是限制这些银行家的疯狂举动。

中央银行的根本目标是控制社会债务的整体扩张，有效决定利润未来合理实现的希望和前景。如果不顾货币的现实承受能力而盲目扩展"货币产量"，即随意扩展新借贷业务，那么未来利润一定会走向失败和无秩序。反之如果过于严格限制新借贷，那么可行性风险项目就会受到削弱，未来利润也不会实现实际潜力增长。当然，美联储对未来的估计和评断是基于科学理性分析的，但其功能却与远古时代的神殿牧师所扮演的先知角色十分类似，这些牧师被赋予神的许可，得以预见并预言未来一年的收成是贫瘠还是富足；美联储的委员们也是在做预言，但他们却拥有将预言变成现实的能力。

美联储对控制银行信贷扩张的杠杆作用传承于几个世纪以来的美国银行史。每家银行必须在全部储备存款中留出一定的法定份额，以保障永远都有用于常规银行业务的充足资金。12家联邦储备银行必须保留有这笔资金，或以现金形式存放于银行金库。这些基金相当于保证金，用以应对可能发生的突发性紧急状况，例如无效贷款的激增和储户大量收回存款。美联储对储备金的要求会根据银行规模和账户类型而有所变化，但1979年对会员银行提出的基本要求是16.25%。即一家银行持有的活期存款账户上每存入600美元，就必须向美联储地区委员会缴纳大约100美元的储备金，也就是所谓"无息闲置资金"。由此，各储备银行约2580亿美元的活期存款中总共会产生大约410亿美元的储备金，如果加上从公民手中收集的全部流通货币总和，总额可达到3620亿美元，这就是美国全部的基本货币供给，即货币流通总额M-1。

为了能自如地增加或紧缩货币供给，美联储会向美国银行体系注入或收回更多的储备金，而工具就是两个小小的阀门：（1）直接面对银行的贴现借贷；（2）美国政府有价债券的公开市场操作。当美联储从银行手里买入国库券或票据时，其不过是将新创造的货币存入任何卖出这些有价债券的金融机构的储备金账户中，至于谁是卖家并不重要，因为一旦货币进入银行体系，其就有权流向任何一个需要它的地方。如果买家不是银行，而是一家经纪公司，那么货币的去向也是殊途同归，美联储是将货币存入了经纪人用于存款的银行储备金账户，等同于将货币存入这位经纪人的私人账户。

无论是哪一种方式，美联储的行为都是在增加美国银行体系中的储备金总量，因而同时也就增加了货币供给总量。无论是通过面对储备银行的贴现窗口，还是在纽约联邦储备银行中进行的公开市场办公室，美联储注入的资金都可以被称为是“高能货币”（high-powered money），因其是独一无二的资产：通过商业银行强大的货币创造能力，美联储增加的每一笔新钱都将被成倍地加以复制。

复制的过程同样令人眼花缭乱。如果美联储在新的存款储备金（reserve deposit）中注入 10 亿美元，银行体系就会立即生成 8.4 亿美元的新贷款，即除去 16% 需要留给美联储的储备金。这 8.4 亿美元的新贷款在新存款中又会创造另外的 8.4 亿美元，至于是哪家银行获得这些存款账户并不重要，重要的是这些新存款又会立即变成新借贷业务的本金。银行要在这 8.4 亿美元中除去 16% 的储备金，也就是剩下大约 7.06 亿美元。这些贷款会迅速再次变成新存款，并允许衍生出更新的借贷业务，即扣除 16% 的储备金之后另外产生的 5.93 亿美元，以此类推直到这个本金总额逐渐萎缩。新贷款变成新货币的复制过程会一直持续，直到银行耗尽美联储注入的全部新储备金之后失去额外放款能力。此时，美联储最初投入的 10 亿美元已经在新存款中变成了超过 50 亿美元，而现在的这些存款账户就可以被看作是全美国的货币供给量，即 M-1 总额。

所有足智多谋的银行家和所有经营良好的银行，自然会尽最大努力将货币再生的力量发挥到极致，因为对于银行来说，更多的贷款就意味着更多的利润，因此银行体系中的自然状态就是不放过任何一个贷款空间，他们会倾其所有利用好最后 1 美元。在非活跃时期，如果银行不能找到足够多的债务人并迅速发挥其偿债能力，那么就只能靠买进能够获取利息的政府债券，这其实同样也是货币创造的加工程序，无论是谁，只要卖出这些有价证券，银行只需填写支票或建立存款账户就万事大吉了。

如果银行的投资组合因其借贷政策过于激进而超过储备金量，那么此时它只有两个选择。其一，必须在美联储每周一次的申报期结束时做结存，这样就会吸收一部分贷款，废除原先存款记录，但这个办法有些笨拙；而更普遍的做法是只需暂时借入储备金，这个工作只要一夜或两三天就能完成，借款对象可以是其他储备金量有剩余的银行，如有必要，也可以是美联储本身。银行与银行之间的储备金借入，即联邦资金市场，每日业务额有时可超过1250亿美元，而在货币市场上的交易行为只需电话和传真即可完成。

这种隔夜借贷行为也是有价格的，即利率，也就是联邦资金利率（Federal Funds rate），其会对供需关系的最微小变化保持高度敏感，且会随之做出即时反应。如果储备金量不足的银行占多数，那么各银行就会为借钱竞相抬高联邦资金利率；但如果处于借贷非活跃期，即货币供给大于银行体系所需时，联邦资金利率就会下降。普遍来讲，供需关系就是联邦资金利率走高或走低的重要指示器。

从控制的角度来看，美联储无疑要比其他任何一个金融体系更能控制联邦资金利率；随着向银行体系增加或收回储备金，美联储自身的日常行为会准确地推高或下调利率，并且几乎是在毫厘之间。联邦资金利率同时也是其他短期借贷利率的日常晴雨表，从3个月期国库券到各大企业开具的商业票据。每个人都密切关注这个利率，其不仅是美联储衡量银行体系贷款状况的标准，同时也有助于华尔街上的美联储观察员弄清美联储是在放松、紧缩还是平稳持有储备金。

联邦资金利率为美联储如何操控利率（即货币借贷价格）提供了最明确的范本。其所产生的影响虽有瑕疵，却强而有力。其中最基本的前提就是货币供需关系法则，但真正运行时的力度变化却更为复杂。如果美联储将新储备金流入的供给量限制在银行体系的需求量以下，那么货币借贷的价格自然就会上涨，联邦资金利率就会随着银行间因剩余资金供应量不足的竞相叫价而有所提高，这种影响是十分直接的。但美联储的控制同时也会直接影响等式中的需求方。当其强行推高利率，也就意味着是在削弱债务人吸取新贷款的能力，反过来迫使银行降低其扩张贷款投资项目的速度。需求方的低落和撤退从而导致其与供应方之间的平衡。当然真实的市场不可能运行得如此标准和简单，因为还有许多其他独立因素也会刺激性地影响新借贷业务的需求和供应。

鉴于金融的流动本质，对联邦资金利率的操控会迅速在整个短期借贷业务领域内掀起涟漪，因此也同样会对货币供需产生反馈性影响。除偶尔发生的意外，货币市场的液压系统会忠实地遵循工程师的操作，当美联储调高或降低联邦资金利率时，银行的定期存单、商业票据、国库券及其他借贷项目也会随之发生变化。

长期利率也会深受美联储操控的影响，但可预期结果并不明显。债券市场有其自己的“想法”，债券投资人对未来有自己的预见，尤其是对未来的通货膨胀。尽管货币供需关系出现瞬时变化，但他们可能会对长期贷款利率的价格做出与短期贷款人完全相反的叫价，即“供应少叫低价、供应多叫高价”；当然前提是他们可以确定美联储对货币或其他经济因素的操控会改变今后几年内的美元价格。因此美联储拥有调高或降低短期贷款利率的能力，却不得不对长期贷款投资人施加哄骗和进行劝说。

对货币体系的意识形态含义必须从两个不同的层面加以理解。通过新债务创造货币，这个理念之所以会受到许多保守人士的攻击，其本质就在于这是一种前瞻性的程序，即一种对未来负责的社会承诺。作为美国政治体系中不断进步的元素，银行家并不被普通民众所认同，然而银行业本身却是社会进步的重要前提，是可靠风险一定会在未来实现回报的正常社会理念。这种信念依靠的是经济进步、新思想和新风险融资的过程，依靠的是改革和创新。平民智慧惧怕债务，而未来繁荣却依赖债务。

平民的这种恐惧感只在一种意义上是正确的，即如果一个社会与未来缔结太多契约，如果累积的债务无法在未来经济的努力下得以偿还，那么这个社会迟早都要自食恶果。债务人无力履行自己的偿还义务，债权人也会失去所有的赌注。结果银行家就要在两个彼此冲突的戒律中间徘徊：要么对未来过于慷慨，为实现企业扩张、为满足消费者购买需要，甘愿冒险施行贷款；要么就是在冒险中永远步步为营、小心翼翼。而美联储就是这二者的调速器。

然而作为一种政治安排，美国货币体系其实极度保守。控制权只集中在极少数人手中，即银行体系和美联储，并排斥任何其他利益的介入。美国政府，具有民主精神的“统治者”，拥有创造贷款和货币的独一特权，但它却将这个权力拱手让给了他人——即一个由获得商业银行许可的私人企业组成的精英团体，并且对银行如何分配信贷毫无技术规范。到底谁有资格贷款，谁没有资格贷款？未来的哪个项目是有利润回报的赌注，哪个项目是可以投资的，哪个项目是多余的？而这些银行家做出的选择会造成深远的政治后果：哪个经济领域会由此繁荣？哪些城市、社区或地区会由此兴旺？又有哪些人会因此陷入挣扎乃至消亡？对于这些疑问，美联储始终保持缄默，它一直坚守放任主义的意识形态，其所坚持的唯一重点就是更好地安排自由市场上的拍卖行为。

货币管理的基本运行机制，即美联储对贷款扩张速度的紧缩和刺激，会相应调整整个美国经济。是否要扩张或紧缩生产量和消费量？新工厂是否要筹建？消费者是否要购买更多的汽车和房屋？决定这些行为的关键因素正是贷款扩张的速度，并且不是可有可无的，而是举足轻重的。如果贷款没有增长，那么生产和消费也不会增长。过少的新贷款满足不了消费的胃口，而过多的新货币最终又能诱发另一种疾病——通货膨胀。

用简单的机械结构来解释，美联储对经济事务中的货币管理更像是一个由许多大齿轮组成的联动系统。第一个齿轮运行速度缓慢，但非常有力，其代表银行的储备金，由美联储控制。相应地，这些储备金又会加速其他齿轮的转动，即银行借贷。银行借贷业务的速度有力影响着一个巨大且更为复杂的变速箱，即由真实企业和实体组成的整个美国经济，而这些经济实体的介入和购买、生产以及消费行为则是与老百姓生活息息相关的核心。

联动齿轮的比喻形象地描述了一个基本关系，即储备金带动银行借贷又带动真实经济实体行为的关系。但这种比喻并没有完全表达出这个体系内的真实特点，在每天都进行的货币加工程序中，每一步都错综复杂、模棱两可。有时，货币体系的运转并不顺畅，多个巨大而震颤的飞轮只是靠松散的传送带彼此连接，持续地转动导致这些传送带变得十分有张力，可以在自身变化或外界不可抗力的影响下自行拉伸或收紧。有时，不同的飞轮之间似乎也是貌合神离，总是向彼此相反的方向转动。有时就连美联储内部的货币专家也很难确定到底是哪些齿轮在发挥主动性带动体系运转，而哪些齿轮只是在被动跟随。

在美联储内部，许多人认为对保罗・沃尔克的任命是一次灾后重建。在经历长时间的注意力不集中和内部动荡之后，美联储终于回归其真实价值、管理风格和绝对权威的自豪感。即使是那些在私下里并不崇拜美联储的政府官员也因沃尔克的掌舵而感到些许宽慰。

在记忆中美联储曾经只为两任主席的执政欢呼喝彩，即两位对美联储如何运作产生重大影响并最能体现美联储精神的伟人。一位是马瑞纳・伊寇斯（Marriner Eccles），来自犹他州的共和党银行家，后来成为富兰克林・罗斯福私人幕僚中最富创造性思维的人物之一。伊寇斯曾主持制定新政立法，对美联储做出重大改革，出任美联储主席近14年。在《联邦储备法》（Federal Reserve Act）诞生70周年之际，即1983年，美联储总部两座办公大楼的其中一座，即坐落于宪法大道的大楼被光荣地以他的名字重新命名。而位于C街另一侧的另一座美联储办公大楼则落成于 1974 年，当时已经以另一位备受尊敬的美联储主席小威廉·迈克切斯内·马丁（William McChesney Martin，Jr）的名字命名，后者先后就职于哈里·杜鲁门和理查德·尼克松两任总统的内阁，并给美联储带来最适合的运行原则，即“逆风飞扬”，也就是适度货币政策应灵活熟练地对抗商业循环周期的方向。当经济扩张濒临通货膨胀时，美联储就要学会紧缩货币；当经济周期处于收缩期，美联储又要学会放手。马丁曾开玩笑地说道：“美联储的工作就是在宴会刚开始时撤掉大酒杯。”实际操作的过程远比说起来复杂，但马丁却成为美联储凭直觉做出预测和决策的神秘化身，这种决定要统揽经济事务中的所有因素，然后再逐个阶段地判断出哪些因素才最重要；这种便宜行事的管理风格，无论其正当与否，总之是让外界评论家几乎不可能知道美联储到底是怎样确定货币政策的。

然而近 10 年来，美联储在另外两人的掌控之下越来越远离传统，尽管二者各自持不同立场。一位是威廉·米勒，以对控制通货膨胀过于自鸣得意和对卡特政府过于唯唯诺诺的形象而著称，他是一名企业主管，但似乎并不能完全理解美联储权力的微妙；另一位是亚瑟·伯恩斯，保守主义经济学家，曾在尼克松和福特内阁时期出任美联储主席，人们对他的评价与威廉·米勒完全相反，伯恩斯自恃深谙美联储运行规则而刚愎自用，完全以自我为中心，威逼并操控委员会其他委员和经济专家，并且为了在联邦公开市场委员会中赢得选票，竟故意标错货币数字。

曾担任企业执行总裁的米勒对美联储和联邦公开市场委员会提出的口头草案极没有耐心，而后者推崇的“学院气氛”倡导的是对每一个观点予以尊重。米勒习惯的是处理事情，对于别人冗长的演讲感到十分疲倦，他曾在开会时使用煮蛋定时器，试图将委员的演讲限制在 3 分钟以内，却没有成功。在他召开的第一届委员大会上，这位新上任的主席竟在会议室的椭圆会议桌上放置一个小小的指示牌：“请勿吸烟。”可其他委员并不买账，他们一边盯着指示牌，一边点燃手里的香烟。“米勒曾是一名 CEO，他希望别人能够听从他的指示，”委员菲利普·科德韦尔（Philip Coldwell）说道，“指示牌被摆在那里。可我们继续吸烟。”

从一个更实质的层面来看，米勒被认为对通货膨胀前景过于乐观，他也似乎并不理解笼罩在美联储主席周围的特殊权威光环意味着什么。在其就任初期，当委员会提出应调高贴现窗口利率时，米勒却投出反对票，但最终结果仍是以

4∶3宣告失败。同事们曾委婉地建议他重新考虑自己的投票，但米勒仍然坚守初衷。这个消息在第二天就轰动美国金融市场，因为这位新任主席一向以软弱示人，他在投票时总是会偏向多数人，即使有时并非他心甘情愿。

亚瑟·伯恩斯，哥伦比亚大学教授，20世纪50年代担任艾森豪威尔总统的经济顾问委员会主席，1969年末受尼克松总统任命出任美联储主席，然而其结果是遭到更为普遍的不信任，甚至是鄙视。在公众场合，伯恩斯对通货膨胀怒不可遏、大发雷霆，享受自己作为一名严厉教授在华盛顿业内的声誉，自命“与通货膨胀战斗的第一人”。在美联储内部，许多高层官员认为他是一个极其傲慢自负的骗子，多年以后，曾经在其手下做事的经济学专家仍然对其虐待属下的行为颇有微词。

此外，伯恩斯时代还发生过一次公众对美联储的最严厉控诉，即美联储历史上的政治勾结事件。1972年，理查德·尼克松总统掀起的一场旨在刺激美国经济的政府投资行动，以帮助其在连任竞选中一举成功。这位总统的财政预算极具刺激性，并不顾美联储委员的异议，导致美联储无意识中成为助其竞选成功的部分因素——就在大选开始前3个月，美国货币增长速度达到11%：竞选期间的银根松动政策确保经济的空前繁荣和尼克松的重大胜利。然而就在第二年，美国就为这次激进行为付出了代价，失控的通货膨胀达到新高，于是美联储开始实施银根紧缩政策，美国经济开始进入漫长而又疼痛的衰退期。曾经对伯恩斯颇为不满的美联储委员在1972年时选择原谅这位主席，虽然其犯错在先，但至少“勇于承认错误”，表明其并非有意进行政治操控。然而华盛顿的政客们，尤其是民主党人，却对美联储当初的否决力度报以怀疑态度，他们看到的是一位保守的美联储主席为了曾经重用他的共和党总统、他的老朋友能够成功连任而默许经济刺激法案的通行。1972年的那段记忆对于整个美联储来说就像是难闻的臭气一样久久挥之不散。

在华尔街的金融圈，人们纷纷谴责G.威廉·米勒无力控制1978年和1979年陷入失控的通货膨胀，但美联储内部人士明白，米勒只是继承了早先伯恩斯时代出现的某些错误，即1976年和1977年的货币过度增长。一位曾与伯恩斯并肩战斗的美联储官员认为，所有错误都应该归咎于伯恩斯极度渴望其能够在1976年诞生的新民主党政府内阁中继续连任美联储主席。于是在吉米·卡特执政后数月内便出现货币急速增长，伯恩斯是在用一场极为隐秘的战争向卡特政府示好。最终，他为连任付出的全部努力还是付诸东流，但货币经济学家却将由伯恩斯过度慷慨的货币政策而导致的通货膨胀强加给了刚刚上任几个月的卡特内阁。

沃尔克确认接棒后，美联储内部诸多资深人士认为他一定能够帮助美联储恢复名誉，并重建对伊寇斯时代和马丁时代传统的继承。对于一个占统治地位的领导人来说，美联储主席应该秉承的传统是：关注美联储自身的识别力和敏感性，审慎控制货币增长，不屈服于来自白宫或国会的牢骚抱怨和政治压力。[13]

作为美联储主席，除了必须拥有高超的专业技能之外，还需要具备灵活的政治操作能力，要游刃有余地与其他政府权力核心机构和谐共存，由此才能保住美联储最为珍贵的遗产——自身的独立性。

与大多数政府机构一样，美联储将自身遗风视为杰出的政治目标，这并不仅仅因为其关乎自身利益，还因为美联储官员确实认为他们的工作与美国人民的幸福息息相关，这与其他政府机构官员是不同的；从理论上来讲，美联储的工作人员对事件的发生保持着永恒且固执的敏感性。其实国会和总统可以随时废除美联储享有的特权，如果美联储走得太远，如果由选举产生的执政党政治家对美联储积怨过深，那么他们只需重新制定法案，让美联储变成直接附属于国会或其他行政分支的普通机构就可以。因此一个充满智慧的美联储主席会深谙到底走得多远才算是太远。

沃尔克已经做好充分准备，无论是专业知识还是政治操作能力。他曾经接受相当广泛的培训，使其看上去就像是来自英国体系下的高级公务员，或是无论因选举产生怎样的变动都始终永恒存在的政府内部的专业人员，他在金融圈积攒了强大的影响力，因为他要比对他有所求的政治家更加深谙每一笔金融事务。美国政府内部的高层任命者极少是来自其个人职业领域的专业人士，例如律师、企业主管或学者，因为这些人的声望一般不会被传至华盛顿。

沃尔克曾在政治首府华盛顿和金融首府纽约担任公务员，因此他既了解华盛顿，又熟悉华尔街。他曾为 4 位总统效命，担任过共和党和民主党总统的政策决策者，曾数年就职于国会大厦，在国会委员会中周旋、游说选票。他曾是约翰 · F. 肯尼迪内阁的财政部官员，曾在 20 世纪 60 年代初期林登 · 约翰逊总统发动印度支那半岛战争期间提出减税以刺激经济增长。他曾与尼克松内阁财政部部长约翰 · 康纳利（John Connally）并肩战斗——后者是一位来自得克萨斯的都市政治家，曾经总是抱怨沃尔克外表邋遢（康纳利曾威胁沃尔克如果他再不理发和买件新衣服就炒他鱿鱼）。

康纳利和沃尔克携手作战，共同策划针对自二战以来世界货币体系的最根本改革，即确立美元为世界货币兑换固定指标的“布雷顿森林协定（Bretton Woods Agreement）”的瓦解。这次始于 1971 年的一系列改革意味着世界对一直由美元作支持的黄金的彻底放弃，各国货币实行汇率自由浮动。当时有些评论家谴责沃尔克在这些改革中所扮演的狠角色，不过他本人最初是赞成维持固定汇率体系的。在争论过程中，沃尔克走遍世界，直面所有工业国家的财政大臣和中央银行行长，和他们讨价还价；而在华盛顿的政策战中，他的对手还包括时任美联储主席的亚瑟·伯恩斯。最终沃尔克和康纳利获得了胜利。

有关这个男人还存在一个极妙的讽刺：沃尔克本身对金钱没有兴趣，至少他不曾积极为自己争取金钱。美联储内部有这样一个略显荒谬的事实，即联邦储备银行行长的薪水并不受制于国会，而是由各地区银行的董事会决定，因此这些人的薪水要比美联储委员和美联储主席高得多。那么这样一来，一旦沃尔克离开纽约储备银行返回华盛顿就任美联储主席，他的薪水就必须被削减一半，即从年薪 11.6 万美元降至 6 万美元以下。他虽然生活宽裕，却由此失去华盛顿精英一向引以为豪并乐于炫耀的强大的消费能力。尽管他家在纽约，但这位主席几乎就连周末也在工作，并且独自一人居住在距离美联储办公大楼不远的一个小公寓里。沃尔克几乎不搞个人崇拜，抽便宜的雪茄烟，到处找便宜的中国餐馆。如果有人邀请他在华盛顿豪华场所共进晚餐，他甚至还会抱怨菜单上的价码太高。

即使是那些最不喜欢他的最严厉刻薄的评论家也不能质疑其正直的人格。凭借他的履历和个人才华，沃尔克可以随时轻而易举地在华尔街经纪公司或银行找到比现在收入高出三四倍的工作。他说的话听起来有些过于守旧，总是在哀叹当今社会很少会有年轻人像他一样想在公共服务事业中工作，“现在的年轻人最向往的是华尔街，而不是华盛顿，不是我们的政府部门或法院，”他曾在哈佛演讲中对听众们说道，“或者，或许更准确地说，他们当中许多人会结束在华盛顿的工作，去操纵游说或去代表客户。”[14]

“保罗的衣服总是脏得发亮，所有人都笑话他，可他还是不得不看紧自己的钱袋，”美联储副主席弗雷德里克·舒尔茨（Frederick Schultz）说道，“他的妻子几乎不过问他的开销，他却十分在意自己和妻子的日常消费。他真的不在乎那些用钱可以买到的东西，郊区的一间大屋，或是一辆名车，这些他根本就不关心。”

回到新泽西州的蒂尼克，沃尔克的故乡，你会发现他从小就是著名的“小兄弟”，高中时的学习成绩表明他“在政治方面具有不可思议的渊博学识”，当时他曾预言自己早晚有一天会成为蒂尼克市市长。沃尔克的父亲曾在蒂尼克市政府担任了 20 年的市执行长，这对沃尔克怎样看待自己产生了重要影响。

“我从来没有听他讲起过他父亲，”纽约储备银行的一位高级官员说道，“但我猜他在目睹父亲工作的过程中深受影响。一位市执行长看待事物的眼光从来都是平心静气、不带偏见，他走路时会低头沉思，会提出长远的解决办法，会坚持与那些追求自身短期个人利益的人作斗争。”

美联储的工作也是这样。美国政府中产生市执行长一职恰恰是一个“好政府”实行改革的证明，其与美联储的诞生同处一个历史时期，即进步的伍德罗·威尔逊执政时期，二者共享一个前提，那就是饱受政治党派质疑的政府技术专业视角。市执行长的职责就是通过推进强大的管理决策使市政府非政治化，建立市政府应该迈向的新型高速路，不让某些腐败的市议员随心所欲。美联储拥有与之相同的管理精神，即为推行一项好的经济政策，政府必须远离政治。富于进步意义的改革家自身也是来自中产阶级的管理者和城市领导，他们并不信任民主制度的天然力量，不信任其普遍存在的大胃口和大瘟疫。从根本上说，这些改革家就是要让政府免受人性弱点的控制。

然而，一个专业的城市领导者还应该具备处理政治活动的能力，平息并劝解市长和市议会的质疑情绪，就像美联储一直在试图安慰和劝诱国会和白宫一样。这种必备技能需要精明巧妙的操控，需要营造一种不平等的关系，甚至不惜承受另外一方的轻视和轻蔑；深谙金融市场的专业人士必须要做到哄骗无知的政治家去做“正确的事”。

沃尔克的个人风格反映出其具备的某些先见之明和个人偏见。他可以充满魅力，但有时又行为古怪，他会在一个鸡尾酒会上拿那些面无表情的中央银行行长开玩笑：“我们极度恐惧某人某地的开心和快乐。”或者在委员听证会上与一位爱辩论的参议员当面对质，他措辞刻薄犀利，专业术语信手拈来。他还常常会引导一位不怀好意的质疑者不断深入货币政策的秘籍，直到那位尴尬的参议员不再有任何迷惑。

“沃尔克并不看重普遍意义上的人类智商，无论是实际工作能力上的智商还是理论学习上的智商。”一位关系亲密的前助手这样说道，“我不知道他是否认为非银行家的智商要高于那些银行家,但可以确定的是他并不喜欢银行家。”

如果那些反对美联储的批评家能够更加深入了解美联储各委员的身家背景，那么他们或许根本就找不到任何可以支持其世界阴谋论的证据。相反，他们可能会做出这样的结论：这些“精英”并不来自美国东部，即华尔街上那些已经建立起来的银行，而是来自美国中西部的某些地方。事实上，美国住宅建筑商协会（The National Association of Home Builders）曾经因其成员企业对高利率的满腔愤怒而专门展开过对这些“权势人物”的调查，但这项研究最终被终止，因为他们发现这些人中间存在的唯一的共同点，就是他们几乎都是来自印第安纳州、俄亥俄州和伊利诺伊州的小型城市和州立大学。

委员菲利普·科德韦尔，出生于伊利诺伊州的厄巴纳，父亲是基督教青年会会长；委员 J. 查尔斯·帕蒂（J. Charles Partee），出生于俄亥俄州的迪法恩斯，父亲是一名邮递员；委员南希·蒂特斯（Nancy Teeters），美联储中的第一位女性委员，出生于印第安纳州的马里恩，是纸箱公司一名销售人员的女儿；委员埃米特·J. 赖斯（Emmett J. Rice），美联储中被任命的第二位黑人委员，出生于华盛顿特区，卫理公会牧师之子。主席保罗·沃尔克也同样出身平凡，虽不贫穷，但绝对不是出身名门。

副主席弗雷德里克·舒尔茨是个例外，他是一名富有的银行家。委员会中 65 岁的资深学者亨利·C. 沃利克也是个例外，他出生于德国，家族世代经营银行业，但他本人从年轻时就移居美国另辟天地，他是耶鲁大学的学院经济学家，1974 年被任命为美联储委员，在经济学界出类拔萃，是美国《新闻周刊》（Newsweek）的专栏作家。

一位经济学家曾对美联储过去及现在的委员情况做过详细调查，甚至还包括在美联储工作的多位高层经济学家，最后发现：尽管偶有例外，但这些操控美联储的精英几乎全都来自美国的中产阶层，甚至是下层，根本没有所谓社会高层人士或裙带关系的帮助。

从表面来看，美联储各位委员正是美国知识界精华的极好佐证，即无论出身如何，只要才华横溢、雄心勃勃，就一定会在美国文化界得到回报，会让他们在社会上获得显赫地位和杰出权威，无须家族关系的帮助。许多委员都认为自身的成功其实就是一系列快乐的巧合。

“我是学音乐的，小号吹得很好，还组建过能歌善舞的乐队，但不能靠这个吃饭。”被同僚戏称为“牛颈肉”的委员帕蒂说道。他曾在印第安纳大学学过一年音乐，后来转到商学院。他放弃了研究生课程的学习，没有成为芝加哥储备银行中的一位初级经济专家，而是选择在北方信托公司（Northern Trust Company）工作 6 年，之后在华盛顿加入美联储调查小组，成为针对资本市场部分的主要研究人员。1969 年，帕蒂荣升为研究总监，7 年后被总统杰拉尔德·福特任命为美联储委员。帕蒂总是穿着花呢夹克衫，打着时髦的蝴蝶领结，加上不太整齐的小胡子，使他看上去就像是一位行为有些古怪的英国教授；说话时总是夹杂着一些小感叹词——“嘿”“啊”，就像一名大学讲师在强调他的观点。“这份工作唯一的缺点就是，”他说道，“薪水不太多。”

菲利普·科德韦尔，身材颀长，措辞犀利，脸上堆满皱纹，看上去就像是邻家大叔，已在美联储工作近 30 年。他毕业于伊利诺伊大学化学工程系，之后在威斯康星研究生院攻读经济学。作为经济顾问的一员、达拉斯储备银行行长以及后来的美联储委员，科德韦尔自 1953 年以来多次参与联邦公开市场委员会的机密会议，他是美联储内任期最长的知情者。

正如一些传记作家所说，进入美联储的最佳途径就是先为美联储本身工作。许多任命者并非来自其职业领域，诸如帕蒂和科德韦尔，但这些人几乎全都具备在美联储或其中一家地区储备银行工作的经历。即使是委员会内部以自由主义忠实拥护者著称、身边一贯围绕众多保守主义批评家的南希·蒂特斯，也是从美联储的一名初级经济专家做起的。

与委员一样，美联储是一个极力规避常规政治风暴、崇尚与世无争的机构。委员会在华盛顿共有工作人员 1600 人（另外还有在 12 家地区储备银行中工作的 2.3 万人），但其中大多数人的工作都无聊乏味——对各种数据进行采集和分类、地区银行的“加工”杂务、支票交易、货币管理以及其他针对商业银行的服务项目。将各地区银行上交的已付支票（canceled checks）返给起点银行以及将日常结算账户分发至各地区银行，这种详细而复杂的美联储运输体系其实就是其商业交易的根本，并不比美国邮政系统的邮件分发工作更神秘。

尽管如此，美联储还是有其特殊的锐气所在。他们脱离于美国常规的行政事务，甚至会在操控银行数据之前履行自己一套精密而复杂的保密法则。如果让交易员早于市场几天获悉货币统计数字，财富就会到手，但即使面对这样的诱惑，美联储内部人员也从未制造过一起如此重大的丑闻。涉及国际货币市场业务时，经济专家也不允许使用美国中央情报局以及美国国务院的专用网络。

威信和声望是属于经济专家的，华盛顿的 200 名研究型经济专家以及各地区储备银行内的另外 250 名专家构成世界上最为庞大的精英团体。对于许多正在找工作的年轻毕业生来说，美联储就像是一家声望极高的名流大学，只不过美联储内部的经济学者不用授课。这些精英大部分是男性，白种男性，如果他们不能在美联储的管理阶层顺利上位，那么也可以转而成为薪水丰厚的美联储观察员或市场分析专家。[15]“人们在这个专业性极强的领域内获取专业知识，”一位美联储前经济专家解释道，“有些人的工作可能会覆盖联邦资金市场，那么他们就会在这个领域内无所不知，了解联邦资金或商业票据的操作规律。经过两三年的培训之后，他们就可以利用自己掌握的专业知识继续进入银行业或商业领域。”

华尔街与美联储之间的旋转门创造了一个由深知产业内幕的人士组成的非官方“兄弟团体”，这里的人会说相同的语言，平时的闲聊话题也都与贸易相关，他们就像是离开五角大楼的军官转而为国防产品承包商服务一样。实际上，美联储内的专业精英与军队中的专业军队十分类似，“你几乎不用给他们命令，”一位前经济专家说道，“因为这些人早就已经知道你会下达什么样的命令。”

然而，美联储的真正大权还是会被某些人紧紧把持。尽管美联储机构内部人员庞杂，但真正能够接触并影响到敏感问题（即货币政策制定）的只有委员下属的一小部分人——总共不超过 50 人。G. 威廉·米勒担任美联储主席时，他是领导班子的掌舵人，而史蒂芬 H. 阿克希尔罗德（Stephen H. Axilrod）之所以会成为机构内最有影响力的人物，是因为他深谙金融事务的专业知识，而米勒却什么都不懂，因此他要听从阿克希尔罗德的建议。当保罗·沃尔克出任美联储主席后，这样的情况便会立即被终止。

根据《美联储法案》的规定，美联储主席在挑选委员会委员时，“应顾及其对美国金融、农业、工业和商业的兴趣，以及其对美国国土地理分布的熟悉程度”。然而现在的美联储委员会中没有农民、生产商、小型经营业主和劳动领袖，除了偶尔例外；美联储委员通常只来自两大领域：金融经济和银行业。就美联储来说，美国的精英管理社会允许有能力的人成为委员会内部的高层精英，但同时也必然要接受仔细的筛选，他们当中没有激进的思想家，没有独创性的理论家，持有非正统观点的人根本就不会来到美联储。

这个机构鼓励和崇尚意见一致且统一。个别委员十分依赖于高层经济专家对专业数据的分析以及他们的建议，这就不可避免地导致美联储对某些特定事件的看法变得越来越狭隘，会致使某个意志坚定的委员站在孤立位置并反复伸张自己的冲突性见解。

南希·蒂特斯就是这样的委员。她 1978 年接受总统任命，成为美联储委员，当时她是美国众议院预算委员会主要经济专家团队中的一员；而当时对她的任命可谓是最不寻常的选择，吉米·卡特一直对提高妇女和少数种族地位的问题忧心忡忡，坚称应该为美联储寻找一名女性委员——第一名黑人委员安德鲁·布里默（Andrew Brimmer）由林登·约翰逊总统任命。蒂特斯在业内德高望重，是众所周知的自由主义经济学家，约翰·梅纳德·凯恩斯（John Maynard Keynes）的信徒，而凯恩斯主义自富兰克林·德兰诺·罗斯福时代之后对民主党制定经济政策有着重要指示作用的明灯。然而即使是南希·蒂特斯也感受到了自己作为一个特殊俱乐部会员的身份。

“1978 年的一次晚宴，”她回忆道：

“亚瑟·伯恩斯找到我，向我询问了一些问题，口气听起来就像是一份工作的面试。我说：‘亚瑟，您别想在美联储委员会中找到像我这样拥有自由主义背景的人。’亚瑟说道：‘不要急，南希。不到 6 个月，你就会像一名中央银行家那样去思考。’亚瑟是对的。我想我现在已经变成一个彻头彻尾的中央银行家。你看待货币、信贷和银行的立场并不能如实反映出你的政治派别或你对经济事务的看法。这实际上并不是一份政治工作。我理解了我们做事时所处的整体背景，理解了一系列的决策，理解了中央银行体系的神秘。”

第3章 “一小撮”货币主义者

美联储主席说起话来都一样，每届主席都如此，他们在与美国政府进行政治对话时从不会改变的特点就是：永远以一种极为强势、极为雄辩的说教来抵抗通货膨胀所带来的危险。1979年8月6日，保罗·沃尔克正式宣誓就职，他同样秉承了这一传统。

“可以肯定的是，”沃尔克这样对众议院预算委员会说道，“通货膨胀的影响是不均匀的。对某些人的固定收入的确会带来破坏，但某些人的情况却可以好很多，无论是因为他们足够聪明还是运气好，总之他们可以掌握并保证自己的财富仍在增长。不过即使运气再好，这样的结果也只能说是不够稳定，通常会给人们带来更加严重的负债和投机心理，以及更强的投资行为……

“我们可以看到，近几年出现的通货膨胀导致投资盈利回报出现下滑，这并不完全是一个巧合……有人做过统计，整个70年代里，在企业存货的重置成本（replacement cost）和固定资产中，资本年净值税后利润的理性值平均为3.8%，与60年代的6.6%相比，这段时期内的特点就是通货膨胀速度过快……

“在其他领域，人们的通胀预期（inflationary expectations）[①]直接反映在他们不遗余力地展开的、本质上的投机行为当中——从对艺术品的‘泡沫’投资到广受推崇的过度购物，其代价就是催生沉重的债务负担，人们以为更大、更多的房产就可以帮助他们规避通货膨胀。”

美国公众如果听到沃尔克的这番话恐怕会感到愤愤不平。人们一直在不断

① 指人们已经顾及通货膨胀要来，预先做好准备来避免通胀给自己造成损害。——译者注

地借钱、购物，通货膨胀率也一直游走在 14% 左右。消费者的债务和用于购买汽车、房屋以及其他生活用品的贷款在飞速增长，已远远超过他们的收入总数，甚至达到了历史新高。通货膨胀会持续存在的可能似乎要比美国政府承诺的迅速遏制通货膨胀更加令人可信。

沃尔克本人也十分重视这种公众质疑。“我们已经失去了 15 年前的快乐，因为那时的我们知道如何解决所有经济问题。”他坦承道。在多次巡回演讲和向国会委员会力证自己这种论述的过程中，沃尔克从两个方面加以明确阐释：一、通货膨胀对经济状况造成压力的可见结果；二、“通胀预期”的心理冲力。只要人们认为价格的上涨是不可避免的，那么就会保持较高的通胀预期。工会会要求提高工资，以保证其成员的真正收入不会受到通货膨胀的侵蚀；零售商会极力渴望通过提高本月商品价格来满足下月不断上升的成本；生产商会推迟新资本的投资；债权人会要求提高利率。从长远来看，沃尔克的核心挑战就是说服人们相信这样的想法是错误的。

“就此而言，”沃尔克向所有听众保证，“美联储会继续努力遏制不断上涨的货币供给量和贷款额，因为近几月的上涨速度已经超过我们原本制定的 1979 年各项指标。”[1] 联邦公开市场委员会所能接受的货币供给年增长率幅度已经设定，对于 M-1，即“零花钱”总额，美联储本打算将其在 1979 年的增长率控制在 1.5% 至 4.5%。然而在最近 3 个月里，货币供给量的年增长率已经超过 10%，几乎是美联储设定的 M-1 增长率目标最高值的 3 倍。

对于外行人来说，沃尔克的话波澜不惊；但对于金融市场来说，他的话可以被解读成一个明确无误的信号：他即将紧缩和遏制新储备金的注入，直到货币供给速度逐渐下滑，回落至当初的范围以内。这就意味着美联储即将提高利率——而且可能是大幅度提高。

现在的问题是沃尔克到底希望将利率推高到一个什么程度。8 月 16 日，在他主持的第二届美联储委员大会上，7 位委员一致同意将利率抬高到一个新的历史高度，即一个按常规来讲会极大刺激金融市场的高度。他们将贴现利率从 10% 提高到 15%，这是 65 年来美联储制定的最高贴现利率。而贴现利率则关系着 12 家地区储备银行与暂时缺乏储备金的商业银行间每天的上百万笔贷款交易，是短期贷款价格指南。7 位委员提高利率的决定意味着其他短期贷款利率也必须随之上升。

而金融市场却并未因此产生巨大骚动，因为他们正期望这位新主席采取更多的行动。不过7位委员在美联储应该强硬到何种程度这一问题上产生了分歧。在9月初连续召开的两次委员大会上，沃尔克提议再次调高贴现利率，却遭遇阻力，因为这一次他明显失去了大多数委员的支持。

包括美联储在内的大多数经济专家从很早以前就预测美国经济会出现大规模衰退，然而这些人在期待了几个月之后却发现他们是错的。尽管通货膨胀一直在加剧，但卡特总统执政时期依然创造了美国战后历史上一次时间最长且最繁荣的经济大增长，即始于1976年的4年经济复苏期。这次在呈交给7位委员的机密预测报告中，他们又预见美国的经济大衰退将出现在1979年圣诞节；美联储内部经济专家认为，这场以经济活动大幅度萎缩为特点的大衰退将持续长达9个月。[2]

如果预言正确，那么其对于卡特总统来说将是一个可怕的政治预兆——一场经济浩劫将直接影响其1980年的连任大选。在诸多影响连任竞选的因素中，最具影响力的就是美国经济的潮涨潮落。不断上升的国民经济意味着个人收入的增加和失业率的下降，这对于执政党和执政总统来说是一种奖赏；然而衰退的经济却威胁着他们将受到来自选民的惩罚，无论他在其他方面取得过哪些成就以及总统个人有着怎样的魅力。

与其他政治议题一样，时机就是一切。从本质来讲，没有任何一位总统希望看到经济衰退。但如果经济衰退不可避免，那么这位总统会希望其发生得越早越好，因为这样一来经济会在大选期间出现重新复苏的迹象，选民也会因此忘记失业带来的恶劣影响。早在1979年初美国财政部副部部长安东尼·M.所罗门（Anthony M. Solomon）就曾力劝卡特总统“营造经济衰退的气氛”，趁现在下手并尽早“度过”经济危机；否则，所罗门警告说，卡特将在其连任竞选期间面临来自高速通胀和失业率骤增的窘境。然而一向乐观的吉米·卡特却对这样的建议置若罔闻。

1979年夏末，总统当初的置若罔闻愈显其糟糕的结果。总统经济顾问委员会委员、美联储前研究总监莱尔·E·格拉姆利（Lyle E. Gramley）曾就当时白宫政策制定人面临的两难境地做过这样的描述：“我们被逼得左右为难。如果制定旨在延缓经济衰退和失业率上升的经济政策，那么就要失去自己在通货膨胀中获取的预期利益；如果为进一步遏制通胀而收紧预算，那么经济增长则会更加缓慢，失业也会更加严重。”[3]

总统预算政策所面临的困境同样也是美联储及其货币政策所遭遇的困境。

如果美联储为遏制通货膨胀的急剧上升而紧缩信贷，那么这会不会加剧经济的衰退？然而如果美联储没能紧缩信贷，通货膨胀则很可能会更加恶化。

面对公众，保罗·沃尔克并不像美联储经济专家预测的那样灰心失望。沃尔克建议道：“（经济调整）不需要凭借其自身进入一个深入而持久的紧缩状态来获得活力……经济和金融之间的某些脱臼和不平衡通常预示着经济循环周期的衰退，这种衰退是可以避免的……因而让经济在 1980 年出现逐渐上升趋势仍然是理性的。”

而私下里的沃尔克则并不那么乐观。他首先要考虑到经济政策的选择是否能立即遏制住通货膨胀，而不是逐步减速。他仅把自己的这个想法告诉给了少数几个知情人，就像一个谨慎的政客在筹划一次重要的竞选一样，沃尔克正在仔细审视美联储内部的政治环境：如果选择一往无前，那么这位主席必须首先确认其他人是否也会跟着他一起一往无前。

无论是美联储还是联邦公开市场委员会，大家都在彼此的冲突和分歧中犹疑彷徨，米勒的无力领导已经造成连续数月的争执和些许混乱。沃尔克对此当然十分熟悉，因为作为纽约储备银行行长，过去四年他一直都是联邦公开市场委员会的常规投票者并一直参与政策制定。“他会是一个全新的主席，”科德韦尔这样评价道，“诚然，保罗深入美联储内部已经很久……却仍然是一位新主席。对于那些一直支持米勒的人来说，他们会很难习惯保罗的上任。”

回溯 1979 年春季，当时通货膨胀率开始走高，沃尔克本人曾对米勒的管理能力提出异议。正常来讲，纽约储备银行行长要与美联储主席亲密合作，并且要竭尽所能对后者提出的政策提议予以支持，然而在 3 月和 4 月召开的联邦公开市场委员会大会上，沃尔克连同沃利克和科德韦尔正式提出抗议。这三位高层官员在美联储内部德高望重，他们联合投票反对主席米勒，敦促他采取更为强硬的货币政策。“这在美联储内部引起轩然大波，”科德韦尔说道，“我们三个人之前从未联合起来反对过米勒。我想我们的行动还是产生了一点效果，其他人也开始对这位主席不抱幻想。因此委员会内部出现一盘散沙的局面。”

然而从大的范围看，这样的争论不过是小菜一碟，美国金融决策圈内甚至还存在更大的分歧。联邦公开市场委员会的委员们一直处于意见分歧状态，他们总是对是否应该将充当信贷状况主要晴雨表的联邦资金利率上调 0.25% 而争论不休。美联储主席米勒支持的是周期性上调，但总是表现得过于谨慎。米勒及其支持者害怕在利率方面采取过大行动会让某些经济领域过于失望，诸如房地产业和汽车业，因为这二者的销售情况过于依赖信贷政策，容易引发普遍的不景气。

“他们总是在说美联储会在整体上扼杀美国经济的全面复苏，”科德韦尔不耐烦地说道，“可我们说的不过是将利率上调0.25%，即一年内上调2%到3%。”

所有这些内部冲突全部在9月18日委员大会上“兵戎相见”，此时的沃尔克正面临一个微妙的两难境地。12家地区储备银行行长来到华盛顿参加联邦公开市场委员会常务会议，与7位美联储委员共同坐在美联储会议大厅的巨型红木会议桌旁。会议开始前，他们参阅了经济专家有关美国经济的大量报告，其中包括最为重要的阐述经济政策抉择的“蓝皮书”。整个上午，每个委员或行长都会轮流发言，尽管其中只有5位行长拥有投票权；通常在午饭休息之前，主席沃尔克会提出一个总结性提议，然后由联邦公开市场委员会的12位委员作出表决。

美联储高层经济专家在为9月18日大会准备的“蓝皮书”中详细描述了经联邦公开市场委员会认可的6周前（即8月初）美国金融市场状况：“在美联储紧缩行动的影响之下，短期贷款利率已从0.75%稳步上升至1.5%……长期债券利率已上升了20个基本点（从25到45）。金融市场利率造成的一个相对明显的反应是：面对持续的快速通胀和货币供给增长，美联储的加大紧缩已经产生预期效果。”在过去的3个月中，基本货币流通总额（M-1）的年增长率已达到10.6%，比美联储自身制定的目标高出许多；只有更大力度的紧缩政策才能将货币供给量的增加控制在预定范围之内；因此金融市场也同样希望看到推高利率以遏制信贷扩张。[4]

可问题是，利率要高到什么程度？经济专家并没有给出具体建议，却提供了一些貌似可靠的供选方案的细节：要么放松、要么适度、要么收紧。这些供选方案丝毫没有动摇美联储的立场，根据当时的会议记录显示，联邦公开市场委员会中没有一个委员同意放松信贷，而不是等到通胀率逼近14%或货币供给量超出目标时才表示不同意。

但有些委员认为根本就不用改变货币政策。近几个月利率已经做出大幅度上调，其早晚会对信贷扩张和经济增长速度产生影响。秉持谨慎态度的委员认为联邦公开市场委员会“应避免在政策上采取行动，从而加剧经济活动中的持续疲软”。

不过联邦公开市场委员会的大会记录显示，大多数人还是选择“再强硬一点儿”， 这就意味着“蓝皮书”中的选项 C，即本来已经从 11.5% 上升至 12% 的联邦资金利率，还要排除万难地继续上调 0.5 个百分点，达到 12.5%。这也意味着未来几周的货币供给量将继续下降——只是稳步下降。

为了得到大多数人的赞同，沃尔克必须为这一点点的进步软化自己的态度。于是他将这项被纽约公开市场办公室奉为运行指令的最后决议制定为：授权纽约交易员可以在原有联邦资金利率 11.5% 的基础上提高 0.25 个百分点，即 11.75%。在如此巨大的通胀压力环境下，这仅仅 0.25 个百分点不过是一次轻微的推进。

投票结果是 8 : 4。因为仍有几位委员认为这项货币政策过于软弱。其中 3 位投出反对票的委员是沃利克、科德韦尔以及旧金山储备银行行长约翰 · 巴利斯（John Balles），他们认为美联储应该将政策制定得更加强硬，联邦资金利率应该被提高到 12%，否则货币供给量将会持续大幅度扩张。另一位持反对意见的委员埃米特 · J. 赖斯（Emmett J. Rice）则是站在截然相反的立场，他坚称只要进一步紧缩货币利率，哪怕是只有 0.25 个百分点，也会对经济产生巨大影响。

联邦公开市场委员会大会结束后，美联储 7 位委员当天就重新集结召开美联储大会，希望在没有地区储备银行行长在场的情况下举行一次“家庭会议”，他们将在这次会议上行使美联储权力，设定可以决定银行短期贷款资金流动量的贴现利率。之前各地区储备银行董事会已经就贴现利率的上涨或是下调给出了多种不同建议和意见，但最终的决定权只掌握在 7 位美联储委员的手中。

美联储内部也出现了分歧，投票结果是 4 : 3。之前的反对者如今对提高贴现利率表现出支持，而委员蒂特斯、帕蒂和赖斯则表示根本没有更改贴现利率的必要。“一切都还需要时间，”他们坚称，“根据近期数月的市场表现……对目前尚不稳定的经济前景和持续紧缩的货币政策所能产生的影响下定论还为时尚早。”[5]

对于新主席来说，这样的情况无疑是一种巨大压力，原先的反对者变成了支持者。美联储内部分成两大阵营，一边认为美联储货币政策必须更加强硬，另一边却害怕美联储已经过于强硬。

副主席舒尔茨就此说道：

“你必须得承认，南希 · 蒂特斯是委员会中最坚决支持自由主义的委员，她是彻头彻尾的凯恩斯主义追随者；与其他经济事务相比，她不太在乎通货膨胀，并一直认为渐进主义才是王道；在她看来，我们应当坐等联邦公开市场委员会有所行动，之后再作打算。‘牛颈肉’帕蒂一向是骑墙主义者，通货膨胀一直在困扰他，但他想要的却是慢慢解决问题。埃米特·赖斯也是稍后才对此有所醒悟。”

美联储委员在用到“自由主义”和“保守主义”这样的标签时总是十分小心,因为这二者的使用意味着货币政策的目的带有两种截然不同的哲学差异性。像蒂特斯这样的自由主义者会将焦点放在通货膨胀与失业率之间的权衡利弊上,她会在高利率所带来的平稳物价及其对实际经济、工作机会和商业发展产生的破坏性之间做出衡量。美联储内部的多数高层经济专家都会自发地遵循同一个传统，即他们必须在选择和代价之间做出平衡。通货膨胀必须得到遏制，但更加宽松的货币政策也能带来社会效益——充足的就业机会、不断上涨的个人收入以及几乎所有美国人都有事可做。

“我在学校学到的知识告诉我，些许的通货膨胀是件好事。”委员帕蒂解释道，“通货膨胀对经济发展有润滑作用，也更容易促成低失业率，人们的个人收入也会随之有所调整。”

而诸如亨利·沃利克这样的保守主义者认为,美联储根本没有别的选择。“在我看来，通货膨胀就是一种形式上的欺诈。”沃利克说道，其要比一般意义上的诈骗更为恶劣，因为这是政府在榨取百姓的血汗钱——通过国家货币的贬值“一举摧毁”他们的资产。从沃利克的观点来看，美联储只有一个选择，那就是尽最大努力稳住货币价值。

9月18日大会上，隐藏在各种辩论争执之下的是暗潮汹涌、“剑拔弩张”，而这通常是美联储深思熟虑、从容沉着的表现。美联储内部已经划分成“鹰派”和“鸽派”，这是越南战争中用于形容美国政府内部就是否支持继续作战的党派之争的暗语。“菲利普·科德韦尔和亨利·沃利克是鹰派代表人物，我也很快表明自己对他们的赞成，”弗雷德里克·舒尔茨说道，“保罗也是贴现利率上升的支持者，但表现得最为积极的还是我、科德韦尔和沃利克。”

9月决策的谨慎和渐进主义特点正是保守主义批评家多年来的抱怨所在。政客会向美联储施加压力，迫使其小心行事；但一些学术经济专家、市场分析专员和银行家却认为美联储的行动过于胆小且过于迟缓。联邦资金利率和贴现利率时常被推高，但总是显得力度不够——“总是落后于时代潮流”，批评家们抱怨道。他们认为美联储在保持利率稳定方面过于忧心忡忡，因为后者害怕货币市场出现不稳。美联储应该忘记利率问题，相反应该将焦点直接放在其能真正控制货币供给的杠杆上，即银行储备金的创造。

美联储官员会仔细阅读报纸，紧密跟随每天金融市场上发出的“喋喋不休的唠叨声”，密切留意《华尔街日报》“信贷市场”的专栏文章以及其他金融出版物上的内容。他们还会阅读发表在经济刊物上的评论性文章，但倾听最多的还是直接来自市场的声音。

保罗·沃尔克对于提高贴现利率的 4：3 投票结果并不感到十分不安，可金融市场的反应却大相径庭。第二天华尔街上的回应可以被解读成美联储新任主席的失败。短期利率的大幅度下调，在投资人看来是沃尔克领导下的美联储出奇软弱的表现，在那些反对者的拖累下，他将不太可能让利率在未来上升。

据《华尔街日报》报道，4：3 的对弈“象征了沃尔克先生力促的货币紧缩政策遭遇更加强势的抵抗寒流”。华尔街分析家对投票结果进行深入分析，认为这样的结果就是美联储的一个重要指示：如果对弈双方变得势均力敌，那么也就意味着他们对此问题不会取得进一步成果。[6]

此外，如果华尔街对这位新任主席抑制通货膨胀的能力有所怀疑，那也就代表着所有美国人对沃尔克的质疑。

杰克·布罗德（Jack Brod），曼哈顿大街帝国大厦 66 层贵重金属交易行——“帝国钻石黄金（Empire Diamond and Gold）”的拥有者，此时不得不雇用保安人员抵挡汹涌的人潮，并在金行外的走廊上架起一道绳索，保证人们能有序排队。但布罗德依然无法控制混乱的局面。

“我一早就来到金行，当时人们已经拥挤在外面的走廊上，”他说道，“他们带着毛毯，昨晚就睡在金行的外面，直到我们开门营业。他们甚至还带着食物，就在走廊上解决早餐。”

这些人带来了旧的珠宝和银器，有银质烛台、银盘、银戒指以及所有可能存在的黄金或白银器皿。一位牙医还带来了其五年来为别人做拔牙手术后收集的许多用于补牙的金银填充物，每件售价 3000 美元。还有一些人则展示了其家族几代人承传的贵重传家宝。

“我们还接到世界各地的电话，人们纷纷想出售他们手里的银条，”布罗德说道，“如果愿意，我会在一天当中买进 10 万盎司的白银，但我不想因此被套牢。因为这样的话，珠宝加工者数月内的工作就会被排满，为了赶进度，我们会不得不将原料送往瑞士加工。”[7]

发生在“帝国钻石黄金”内的疯狂举动在全美国许多珠宝店、当铺及其他兑换交易所重复上演，而这一切都始于黄金和白银价格的上涨。1979 年 1 月时银价为每盎司 6 美元，到了 8 月，价格就飙升至每盎司 10 美元，9 月时则达到 17 美元——9 个月以来价格上涨近 3 倍。7 月时美国金价为每盎司 300 美元，9 月时一跃上升为 450 美元，并且还在持续攀升。在未来几个月内，银价还会继续上涨 3 倍，每盎司超过 50 美元；而黄金的交易额则会达到每盎司 875 美元的最高峰。

位于美国康涅狄格州沃林福德的华莱士银器公司（Wallace Silversmiths, Inc.）不得不裁掉近一半工人以应对不断上涨的原材料价格，“我们会为各销售商提供价目表，”公司副总裁亚瑟·鲍克（Arthur Bowker）说道，“但印刷的速度根本赶不上价格变化的速度，可价目表是必须存在的，因此我们不得不采取发邮件的方式向主要零售商铺提供价目表，但依然赶不上最新价格出炉的脚步。”[8]

这就是保罗·沃尔克所说的“泡沫”通胀预期。1979 年秋季美国经历了一段价格迷乱期，即一场由美国货币而起的经济大决堤。美国人疯狂地买进和卖出，认为美元只会越来越贬值，对于手中的财富而言，要想使其安全并尽可能保持增长，唯一的途径就是把货币变成可见的实物：黄金、艺术品、古董、房产。然而大量新买家的介入导致这些商品的价格更加高涨，从而强化了“这些商品才是货币最佳去处”的假象。这场骗局的核心就是买入和卖出的速度越快，商品价格增长得就越快，直到轰然倒塌，就像没有真实根基的泡沫一样。

在美国中西部，人们的持续通胀预期则有另外一种表现形式，小心谨慎的农民会选择一些严肃的长期投资，即买进昂贵的新农场设备或上百亩耕地。农民向银行借贷时会用土地作抵押，随着土地价格的上涨，他们的抵押价格也会随之上涨，从而扩大其借贷能力。

“债权人还会到农场来转上一圈，”来自艾奥瓦州芒特艾尔的吉姆·克拉克（Jim Clark）解释道，“他们会说：‘那台拖拉机看起来有些旧了。’于是农民就会赶快买来一台新的。为什么不呢？由此土地在增长、设备在增多。”当地大学的农业经济学家也会给农民出同样的主意——要赶在通货膨胀之前增加你的资产持有量和资本投资额。

“他们这是在告诉我们：‘赶快买下这块土地，它不太可能变得比现在还便宜。’”另一位来自芒特艾尔的居民山迪·谢尔兹（Sandy Shields）说道。

“我们不会随便就把钱投给谁的，”地方银行家、衣荷华银行信托公司总裁罗杰·科恩特（Roger Kerndt）坚称，“我们是在告诉人们如何举债经营。经济学家认为你最好按照 10：1 的比例借贷，那么你就要照做。所有人，包括银行家在内，都是在做自己认为对的事。你会根据你的亲眼所见来做出某些决定。现在几乎没有人不认为通货膨胀只会愈演愈烈。”

对于农民来说，增加他们的债务杠杆很容易，只需一个银行记账本就可以，科恩特解释道：“假如一个农民的农场旁边有一片 80 英亩的土地待售，那么这看起来当然是一笔好生意，我们会主动邀请他去‘看看货’，所有人的记忆力都很差。如果一个家伙的财政状况不是很好，但他又想购买土地，那就只需在其抵押担保中再增加 100 美元的土地英亩数就可以。”[9]

在南加利福尼亚，这样的行为则反映在房地产业。当时美国居民资产价值每月都会以 17% 的年增长率疯狂增长，但真正风光无限、一片繁荣的还要属洛杉矶太平洋南海岸的大片城镇，1975 年以来，圣地亚哥房地产同业公会成员数量增长一倍，在诸如纽波特比奇（Newport Beach）这样的富人区，房价已经较 5 年前翻了一番。[10]

以储蓄和信贷为主要经营业务的洛杉矶直布罗陀金融公司（Gibraltar Financial Corporation）总裁赫伯特·杨（Herbert Young）一直认为，如果房贷利率持续上扬，这股购房热就势必会冷却。1985 年初，加利福尼亚房贷利率为 9.25%，一年后上升到 10.75%，9 月时则已经超过 12%。

“我曾经发誓，11.5% 的房贷利率一定能让房地产热降温，”杨说道，“可这里的买房者却依然如饥似渴。”他们根本不会往后看，只会不断地向前看。“我以为人们会常常反思 6 个月到 9 个月前的低利率时期，从而收手等待利率下调，”杨解释道，“但这样的情况并没有发生。这一次他们看得更多的是未来的事，他们只认为利率会不断上调。”[11]

人们不断购入房产的目的并不是居住，甚至也不是为了长期投资，他们买房就是为了迅速再将其卖掉。在位于橘子县的大型房地产开发公司“欧文牧场”（Irvine Ranch）就发生过一件轰动一时的房产交易事件，当时一位买主以 87050 美元的总价购得一间全产权公寓，之后两周内（在尚未还清全部贷款之前）就以 117500 美元的价格将公寓售出。[12]

主要从事旧金山沿海地区房地产经济过热现象研究的经济学家大卫·帕里

（David Parry）曾无意中在康特拉科斯塔县的一家“欧文牧场”分公司听到两位买主的对话，这两个人都分别在 6 个不同街区购买了 6 套房产；这家分公司的经理坦承，在他手中卖出的房子有 60% 并不是用来居住的。

“你可以在房地产广告中看到投机行为，”帕里说道，“有些房屋甚至还没有建成就被搬上了广告。这些广告中的照片都来自售楼处的宣传手册。”

与金银一样，汹涌的投机热潮大量涌入房地产业，导致对房产的非正常需求急速提高，从而刺激了房屋建筑业的虚假繁荣。“建筑商会变得更加简单，”帕里说道，“他们会出现‘跟风’综合征，在他们眼里，建造一百栋房屋不过是用于买卖，他们会跟随市场‘风气’不断盖房子，这样一来很快就又会出现一千栋房屋。投机商是不会着眼于市场的实际需求量的，从而更加恶化房屋的过度供给。”[13]

类似的扭曲现象也在潜移默化地蔓延至整个美国经济的各个领域。不止建筑商、珠宝商和农民存在这样的通胀预期，这种巨大的冲动性也在左右着大型企业主、生产商以及大型商业银行信贷决策者所做的决定。即使美国经济一直在稳步上升，但 9 月时的银行贷款总额却上涨了近 22%——几乎是 8 月贷款利率膨胀时的 2 倍。然而建筑贷款、房屋贷款和农业债务却仅占极小的份额，大多数新借贷都是来自商业和工业贷款；一个季度内，美国各大企业的资产负债表中又增加了 400 亿美元的额外债务。[14]

这听起来让人既兴奋又害怕。在目睹经济活动中过度亢进的资本囤积现象之后，美联储内部的委员和经济专家们决定进一步审慎思考“渐进主义”是否真的有意义。

委员帕蒂对此尤其记忆犹新。就在美联储就提高贴现利率的提议以 4∶3 的投票结果草草收场后没几天，帕蒂就前往纽约参加一场由市场分析专家主办的大型会议。“我们强烈感受到不被信任，”帕蒂后来说道，“我被几个充满攻击性的问题问得哑口无言。我为自己没能就提高贴现利率投出赞成票而受到惩罚。我怎么就没意识到贵重金属市场会陷入疯狂？我怎么就没意识到 1 墨西哥比索（Mexican Peso）如今已经快能兑换到 1 美元？”

帕蒂最终改变了心意。“鹰派”是对的。美联储是应该再做点什么。

美联储其他委员，例如科德韦尔，则是每天都会接到来自全国各地的银行家的电话，他们都十分迫切地想要知道，接下来美联储到底会怎样做。

“凶猛的投机洪流已经冲入金融市场和银行体系，”科德韦尔说道，“有些银行家打电话给我说：‘看！菲利普！这件事正在失控。你必须要做点什么。’于是我说：‘我希望你能把这些话说给其他委员听。’”

新上任的美联储副主席也开始担心。“每天你都会有种世界要就此裂开的感觉，”弗雷德里克·舒尔茨说道，“你在每个市场上都能看到这样的骚乱。这真的是一场由货币引发的大崩溃——人们不断地将钱变成可见的实物：艺术品、珠宝、邮票、黄金。而每件可见实物的价值又在不断飙升。教科书里的典型经济现象正在切实发生。”

美联储 7 位委员中只有一位确实经历过真正的极度通货膨胀，即物价仅在一年或一月内上涨 2 倍或 3 倍。他就是亨利·沃利克，那是 20 世纪 20 年代初，当时他还是个生活在德国的小男孩，德国货币在极度通胀的作用下瞬间变得一文不值，每天物价都在翻倍上涨，居民购物真的要靠独轮手推车运钱。这场经济浩劫对于德国政治来说是一次重创，加上一战中的战败，德国社会由此进入极不稳定的状态，从而让纳粹主义和阿道夫·希特勒有机可乘。不过无论周围的人有多么焦虑，沃利克始终坚信美国还不至于陷入德国那样的灾难；即使美国的通胀率已经从 20% 上升到 25%，但那也绝对不能与当年的德国通货膨胀同日而语。

“我曾经说过：我永远、永远都不会认为这样的灾难会发生在美国，”沃利克冷静地解释道，“但现在我却要删掉其中一个‘永远’。”

无论各种经济数据怎样变化，看起来美联储明显必须要做点什么。委员科德韦尔将美联储在金融体系中的角色比作是在繁忙十字路口指挥交通的警察。

“每隔一段时间，”科德韦尔说道，“美联储都会轻轻打开黄灯开关，然后华盛顿街头的行人和司机就会对黄灯做出各自的反应，即加快速度穿过十字路口。接下来，美联储还必须要轻轻打开红灯开关，一旦变成红灯，少数几个试图想要闯过黄灯的人就会急速刹车让自己停下来。”

这个比喻正是对美国当下紧急时刻的最好描述。曾经在几周前还小心翼翼、持不确定态度的美联储委员现在都改变了主意。保罗·沃尔克轮番找他们谈话，力劝他们达成新的一致。是时候了，这位美联储主席说道，是时候轻轻打开红灯开关了。

米尔顿·弗里德曼（Milton Friedman），这位身材矮小、秃头、长着一张娃娃脸、说起话来尖酸刻薄的教授，整个人乍看上去就像是堂吉诃德。当他不辞辛劳、满腔热情地穿梭在各国会听证大会上发表演讲时，人们对其言论的评价通常是：

不可思议。没有人质疑他的学术才华，但其理论听上去似乎既毫无希望又陈腐过时。新闻媒体称他为“激进的知识分子”；麻省理工大学经济学教授、当代凯恩斯主义的集大成者保罗·萨缪尔森（Paul Samuelson）则将弗里德曼比作是“一个只带一支击剑就去攻打一艘战列舰的人”。[15]

1963年，这位来自芝加哥大学的经济学家与安娜·J.施瓦兹（Anna J. Schwartz）共同创作并出版了代表其事业巅峰的鸿篇巨著《美国货币史：1867-1960》（*A Monetary History of the United States*，1867-1960）。对于业内人士来说，弗里德曼的著作极具学术价值，这是一部卷帙浩繁的专业巨著，其内容涵盖从尤利塞斯·S.格兰特到约翰·F.肯尼迪时代的整个美国货币、银行和货币政策历史，叙述极为详尽。[16]对于华盛顿的大多数政治家来说，米尔顿·弗里德曼身上存在一个令人奇怪的特点，那就是他不断出现在学术和政治论坛、反复向大家阐述同一个深刻且守旧的经济观点：凯恩斯正统理论已经统治美国近30年，但这是错误的，而且还不是一个小小的错误，而是完全错、彻底错、极其错。

许多人都为他的坚持不懈和争强好胜感到困惑：因为起初并没有人把他的话当真。毕竟20世纪60年代初的美国是英国伟大经济学家约翰·梅纳德·凯恩斯“一统天下”的胜利时代，作为经济自由主义学派的继承人，弗里德曼可谓是一个“变节者”。当时处于经济大萧条时期的肯尼迪和约翰逊民主党内阁正狂热吸取由凯恩斯罗列推出的诸多经济教训，推出联邦政府为刺激私有经济增长而调整自身预算的政策：要么削减税收，要么扩大联邦政府开支，或者二者并行，总之联邦政府可以由此增加私有经济需求总量以及消费者和企业主的消费能力总量。从本质上说，政府就是将更多的钱放进人民的口袋，要么减免他们的税收，要么增加他们的现金补助，要么买进他们能卖出的一切东西：劳动力、路面水泥或剩余的小麦。由华盛顿政府发起的这场增加需求总量的运动在私有经济领域激起一阵涟漪，并取得了事半功倍的效果。重新得到工作的建筑工人可以购买一辆新车，汽车工厂由此可以购进更多用于汽车制造的钢铁，而钢铁公司又可以雇用更多的工人。个人收入和利润的增加刺激了美国的买方和卖方以及生产和就业。

但这却是拉响保守主义者警报的永恒导火索。而建立“新经济学”的自由主义者对此有足以令人信服的理论基础，至少可以说服大多数政治家，他们认为，“精心设计的”财政赤字是有益于“身心健康”的。在联邦政府财政政策的刺激下，越来越多的经济行为足以补偿财政预算的短暂不足。商品需求量的激增会引导富足个体或企业将资金投向新工厂，而资本形成的过程正是经济增长的核心。扩大生产意味着创造更多的就业机会、不断上升的个人收入和资本在社会范围内的广泛分配。这样一来，联邦政府的收入基础，即从工人和企业人手里聚集的税收额，必将永远处于增长状态。

新经济学的确发挥了作用。事实上，其让联邦政府得到了巨大的回报。肯尼迪执政时美国失业率达到近 7%，在一系列税收 - 开支政策相继推出之后，失业率开始急剧回落。美国经济开始进入强大且持久的增长期，失业率首先降至 5% 以下，之后又降至 4%，并一直持续了 4 年时间，直至最后降至 3.5%，这个数字的实际回报就是美国基本实现了充分就业的梦想，几乎每个美国人都有事可做。

与此同时，米尔顿・弗里德曼忧心的却是通货膨胀问题。他曾反复在国会面前印证并耐心告诫举足轻重的委员会主席为何有必要和他一样忧心通货膨胀。当时他的诉求更像是一种奇怪的牢骚，甚至还有些站不住脚。美国每年的消费价格指数（CPI）在稳步增长，但整个 1965 年却从未超过 2%；虽然富有的债券投资人可能会抱怨通胀率已达到 1.5%，但其他美国人却一直在安享经济繁荣的盛世。但尽管如此，弗里德曼却始终坚持自己可怕的预言。

作为一名倡导自由的保守主义者，弗里德曼从根本上反对政府对私有经济市场的自然运行机制进行任何形式的干预，但他与凯恩斯主义之间最尖锐的矛盾还在于经济受控于政治的思想。弗里德曼坚称，凯恩斯主义看重的是以扩大开支为中心的政府财政政策只会带来短暂的回报，政府对私有经济的影响力，其根源就是其对货币的控制，即美联储制定的货币政策；弗里德曼补充说，美联储对货币供给的操纵只会破坏社会稳定且后患无穷。

对于 20 世纪 60 年代的主流经济学家来说，包括美联储内部的经济专家，弗里德曼的文章和演讲乍听上去有些怪里怪气。他的基础理论实际上并不是新生事物，其在本质上质疑的是政治社会是否应该放弃对经济事务的干预权力，而这正是富兰克林・罗斯福新政的精髓。弗里德曼英勇无畏地试图重新恢复 19 世纪以来古典经济学教条的名誉，即倡导完全自由的市场和摒弃政府干预。这些思想就其本身来说是一代又一代经济学家、商人和政治领导人智慧的结晶，但一系列惊心动魄的大事件发生之后却让其从此变得名誉扫地。

摧毁这套老旧思想意识的重大事件就是 1929 年的经济大崩盘以及随后的美

国经济大萧条。古典经济学规则告诉人们，自由市场会永远自动寻找并找到自然平衡，一旦价格和工资降至最低点，其便拥有生产再生和恢复就业的自动调节能力。然而经济大萧条时期的美国经济并没有自动修复，世界其他国家也是如此。年复一年，随着社会悲剧的深入发展以及大规模失业的不断蔓延，人们的等待超过了 10 年，普遍认同的自由市场信仰开始发生动摇。些许巧合的是，新政就在此时推出了一个新的理念，即积极的国民政府必须采取措施介入并帮助克服私有经济存在的弱点和缺陷。这个新理念（即政府拥有管理经济事务职责）的诞生很快就被处在大萧条伤痛下的美国人所接受，得到了公众民意和学术理论界的广泛拥护。

弗里德曼对货币供给政策的旧式偏见必然要与人们在大萧条时期吸取的经验教训发生冲突。新一代的经济学家会自豪地称自己为“凯恩斯主义者”，他们从过去 30 年的经验中总结出这样一个道理：货币供给并不是刺激经济增长的可靠手段，以税收和开支为中心的财政政策才更有力且更直接。毕竟，经济大萧条时期的美国人仍然拥有过剩的流动资金和大额的储蓄存款，因此从本质上来讲，问题根本不在于货币的短缺，而是在于人们害怕使用这些货币。如果消费者不购物，那么资本拥有者就不会投资新工厂或雇用新劳动力。每个人都会抱着自己的钱不放，每个人都小心翼翼、节衣缩食，这正如凯恩斯主义理论指出的，试图通过增加货币供给来达到经济复苏的目的无异于“正在推绳子”。

因此在这场针锋相对的理论较量中，弗里德曼再次在其著作中精彩绝伦地讨论了大萧条时期的各种历史记录，并坚称对这一时期经济状况的常规分析都是错误的。他发现无论是 1929 年的崩盘还是后来长期的经济萎缩，或许都是由美联储失败的货币供给造成并加剧的。在这场由经济学家展开的辩论赛中，弗里德曼的立场被总结成为一个新的术语——“货币问题”。

如果 20 世纪 60 年代的美国经济繁荣能够继续，那么这场发生在知识分子中间的辩论战是无论如何也影响不到普通美国民众的；米尔顿·弗里德曼也或许依然是一个名不见经传的独行侠，一个生活在错误年代的奇怪思想者。然而恰恰相反，生活在 1976 年的他竟然获得了诺贝尔经济学奖，即使不是名人，也绝对变成了一个众人皆知的预言家。许多才华横溢的年轻毕业生从信奉凯恩斯主义转投向弗里德曼的怀抱，其中有些人开始称呼自己是“货币主义者”，从而使之成为弗里德曼门徒的公开标签。华尔街上的分析专家也开始更加紧密地追踪货币供给量数字和每周 M-1 总额的涨落，然后会像弗里德曼那样总结道：

M-1 要比财政预算变化更能成为代表经济变化的可靠指示器。许多大型银行的主管和企业财团的经济专家也纷纷变节，一味紧随财经新闻的报道者和编辑者身后。最后，就连华盛顿政府的重要政治人物也加入了这个队伍，甚至包括某些主张变革的政治家。

始于 20 世纪 60 年代中期的一场重大转变轰轰烈烈地发生在美国经济学的精英分子中间，并一直持续了 10 多年，这是由反改革主义者发起的质疑凯恩斯主义改革派的一次大挑战，其中领军人物就是弗里德曼。似乎每一代新成长起来的经济学家都会根据自己的经验发现某些新的真理，然后会摒弃过去与之相抵触的真理。当这场思想潮流发生逆转之时，美国的群体智慧也发生转变，有时甚至会重新发现上一代人所忽略和遗忘的真相。回溯 20 世纪 30 年代，凯恩斯曾经总是开玩笑地将某些不明真相的政治领导人称为“已故经济学家的奴隶”。可如今，货币主义者声称，凯恩斯本人也已经沦为已故经济学家。

这次由货币主义者发起、旨在将货币推向一个“德高望重”位置并使其成为美国经济政策核心要素的巨大挑战仅仅起源于一场骚乱，即美国政府正在面对的一次新的经济创伤——通货膨胀。1966 年，美国全民拉响警报，CPI 指数已经超过 3%，这意味着 15 年以来最严重的一次通货膨胀已经发生。截至 1969 年，物价的年增长率已经超过 6%，理查德 · 尼克松推出“工资 - 物价”政策之后暂时控制住短暂的经济衰退，通胀率也曾一度回落，但仍维持在 3% 左右。到了 1973 年，物价再次飞升，CPI 指数达到战后历史新高——8.8%；第二年，即 1974 年，欧佩克哄抬油价，美国的 CPI 迅速飙升至 12.2%。[17]

人们能做的补救措施就是开始推测，推测这将是一场长久且深入的经济衰退，是由美联储推行的过于强硬的货币政策造成的一次经济萎缩。这场衰退持续了 15 个月，失业率达到历史新高，即 9.1%；美国工业产量骤然紧缩近 15%。[18] 然而，当经济开始复苏并出现增长时，通货膨胀又如期而至。实际上，经济上的无秩序性反而加剧：通胀率再次重返两位数，而美国经济却并没有重返当初充分就业的景象。但在凯恩斯主义看来，这种孪生恶化的现象，即通货膨胀和高失业率，原本是不可能同时发生的。

到底是什么引发这种现代通货膨胀急剧上升现象发生的呢？许多经济学家给出的五花八门的解释实际上反而更令人费解。林登 · 约翰逊过度刺激美国经济的行为应受到谴责，因其已到达美国政府所能承受的最大限度——在财政预算中为印度支那战争额外拨款数百亿美元、为迎合新型“伟大社会”（Great

Society)[①] 的需要不断推出教育计划、健康福利计划和反贫困计划。1973 年以及后来的阿拉伯国家和欧佩克组织也要受到谴责，因为是他们一手制造了石油冲击。工人和劳工联合会也受到牵连，因为他们对增加工资的要求超过了其实际生产力。企业管理人也要受到控诉，因为他们太容易满足工人提出的要求，将成本提高的代价转嫁给其生产的商品。所有这些被辐射到的因素都与通货膨胀有关，然而其中的错综复杂、盘根错节却并不能让民众满意。到底谁该受到谴责？经济学家给出的标准答案似乎是：所有人都要受到谴责，稍微严重一点说，谁也逃避不了责任。

米尔顿·弗里德曼的答案则相对简单：通货膨胀就是由美联储一手造成的。

他经常被引用的学术名言实际上就是一个大控诉："通货膨胀就是货币现象无处不在的表现。"这句话翻译过来的意思应该是：如果美联储没有为美国经济提供过多的货币，通货膨胀就不会发生。然而弗里德曼自己给出的解释却恰恰相反，他的说法是：美联储总是不负责任地来回控制货币供给量——供给过多造成通货膨胀，然后再迅速实施货币紧缩，从而阻断经济发展，引发经济衰退。

他的解决办法也很激进。国会应剥夺美联储的独立特权，迅速立法指导美国货币政策的制定。美联储必须被迫接受一个简单法规，即对其运行职能加以控制：日复一日、年复一年，且不许离经叛道，货币供给量应按照固定利率加以扩大，M-1 总额的增加应被限制在每年约 3%。这样做的结果就是，对于国民经济来说，货币增长速度被牢牢控制在历史平均水平，从而避免出现极端震荡。私有经济、金融市场和消费者也会由此指望一个稳定的未来，而不是在通货膨胀和经济衰退之间颠簸来回。弗里德曼解释道，一种货币规则并不会消除经济周期中的自然波峰和自然波谷，但却可以使它们趋于稳定，并由此保证政府的介入不会使局面变得更糟。

实际上，弗里德曼理论的核心就是对人类期望值极度保守的阐述。其不过是用经济学语言重新包装伊卡洛斯（Icarus）和代达罗斯（Daedalus）的古老神

① 美国总统林登·约翰逊所实施的是当代美国最为雄心勃勃的社会经济改革纲领。纲领在立法上获得了登峰造极的成功，在实践上取得了累累硕果。它把美国进一步推向"福利国家"的道路，缓和了美国的社会矛盾，推动了美国社会经济的发展。——译者注

话故事[①]，想要逃脱尘世束缚的人类由于飞得太高过于接近太阳而最终不得不以悲剧收场。货币主义的理论基础也一样，人类社会如果适度接受对自己的限制，就一定会繁荣美好。不要试图将经济愿望建立在超过以往经济增长的历史平均值上，这就是生命给予人类的自然限制。如果民主野心试图让经济超越这些限制，混乱和无序就要随之而来。

货币主义者提出设定一个固定货币供给量，这个解决办法对于通货膨胀所造成的恐慌来说的确具有安抚作用，于是很快得到许多人的争相追捧，但存在一个极其重要的质疑：如果弗里德曼是对的，那么美联储为何不自行遵守这个固定法则呢？美联储一向以调节机构自居，其目标就是尽最大努力维持物价稳定。如果一个固定的货币供给量可以明显解决一切问题，那么美联储为何还要一再拒绝这样的办法呢？

弗里德曼就此给出这样的解释：

“美联储就是一个政治机构。与所有政治机关一样，其永恒追求的就只有保持自身的权力、决定权和特权。政治家为何会想要保持其政治地位？一个企业 CEO 的忧虑为何永远是对追逐利润的担心？因为他们所关心的就是收入和权力。同理可证，在美联储工作的人无非是想保住他们的地位。他们所关心的一切就只有影响力和权力。”

如果能够做到严格遵循一种固定的货币法则，那么他们的决定就会更加客观。联邦公开市场委员会也不必每 6 周至 8 周召开一次机密会议，就新经济发展局势及其应该产生的影响展开深思熟虑的考量。

“现在让我们假设，在过去 30 年当中如果美联储采纳了我提供的建议，”弗里德曼沉思着自言自语道，“他们早就缔造了一个稳定且稳固的货币供给量。我可以向你保证，美国经济会比现在更加繁荣。因为届时将不会再有大型的通货膨胀发生，经济周期陷入温和的循环状态。当然经济循环周期一直存在，但那时的循环会更加不具杀伤力。但前提是美联储必须保证做到每年提高 3% 的货

① 伊卡洛斯是希腊神话中代达罗斯的儿子，与代达罗斯使用蜡和羽毛造成的翅膀逃离克里特岛时，因为飞得太高，双翼上的蜡层遇太阳融化而跌落水中丧生。——译者注

币供给量。”

如果美联储主席能够通过竞选产生并由此成为美国第二大重量级人物，那是不是就意味着给了美国一个繁荣的机会呢？届时美联储将是隶属于美国政府之下的小型服务机构。没有人会知道是他们对创造美好结果产生了巨大的影响力。从一个纯政治角度去看的话，也没有人会知道是他们遵循了一条愚蠢的政策以及为何没能改正愚蠢的错误。

从某种程度上说，弗里德曼对美联储的保守式批评与来自得克萨斯的平民主义国会议员赖特·帕特曼对美联储过于自由主义的抱怨十分类似。他主张，美联储勤勤恳恳地为并且只为其赞助者服务，即商业银行，然后这些银行反过来再利用其手中的政治权利对美联储的独立地位实施保护。“如果我对你说：‘我已经掌控经济事务中的主要部分，在这里没有企业会倒闭，从来都不会有破产。’那么你就会说：‘噢，上帝！这里一定是根本就没有竞争。’”弗里德曼说道，“就是这样。银行体系已经被高度保护，是一个受庇护的实业团体。这正是这些银行支持美联储的原因所在。”

只有民众的愤怒才能改变这一切，弗里德曼坚信这一点。美联储的官僚思维极其顽固不化，并致力于保护其手中任意妄为的权力。“他们都是些重要人物，”他说道，“他们根本不可能相信自己的这种重要地位是在对美国民众做坏事，也不相信如果自己变回普通职员就是在造福美国。”

一位美联储委员在自己的办公室里有些情绪激动。“我真不明白金融媒体为何会带着货币主义的有色眼镜看我们！”这位委员大声说道，“这些货币主义者不过是现代经济的按摩师。”

在公共场合，美联储对货币主义批评的轻视和轻蔑通常被隐藏在其富有技巧的政治辩论中。而在私下里，大多数美联储高层官员对众人被弗里德曼言论所折服而深感挫败。在他们看来，货币主义者根本无视中央银行的复杂运行机制，假装无忧无虑地不关心一系列重要问题，诸如何为货币定义、何为民众对货币需要的季节性变化以及外部作用力如何通过银行体系和实际经济产生反射作用。美联储会在衡量这些诸多因素及其他作用力的同时试图调整货币供给，而这正是联邦公开市场委员会每周必须开会讨论的核心意义所在，也是他们认为为何不能每周每月一成不变地向市场提供相同数量储备金的原因。换句话说，人类社会如果依靠单纯的历史平均数是不可能获得进步的。正如委员亨利·沃利克所说：

“米尔顿·弗里德曼暗指实际经济中不会产生任何需要影响货币政策的波动，没有投资波峰、没有房价波峰、没有油价波峰。我们只应按照一个固定的增长率提供货币。美联储认为必须定期减少储备金供给、必须适当调整季节性的外界影响力；而货币主义者认为这些都没有必要。他们说‘市场自己就会知道该如何调整，即谁会因正确而繁荣、谁会因错误而受到惩罚’。但我要说，如果你接受这种说法，那么人类最终只会极端分化成要么明智富有、要么绝对贫穷。”

不过美联储的底气也不是那么十足。尽管美联储的经济专家可以用专业辩论让坚持货币主义理论的弗里德曼哑口无言，但过去这 15 年来的现实却无可辩驳：通货膨胀一直在持续加剧，并且如果美联储能够及时加以控制，或许这样的局面并不会发生。

公开场合下的美联储官员还是要摆出一副戒备森严、事不关己的架势。可私下里的美联储内部，甚至是对弗里德曼的尖刻攻击嗤之以鼻的委员也不得不接受他的批评：从长期来看，美联储在某种程度上默许了通货膨胀的发生。无论是出于诚实地犯错，还是出于缺少坚定意志，总之美联储提供的货币量的确超过了美国经济发展的实际需要。

美联储前调查主管、1980 年受命于卡特总统就任美联储委员的莱尔·E·格拉姆利（Lyle E. Gramley）是美联储内部最德高望重的高层经济专家之一。就连他也不否认美联储的确有错：

“回顾刚刚过去的 15 年，你会发现通货膨胀一直在加剧。尽管造成这个结果的原因有很多，但其中可以肯定的是这段时期内的货币政策纵容了货币和信贷的快速增长。我不认为货币政策是造成通货膨胀的主要推动力，我想这就很像 70 年代时美国向越南战争提供财政支持一样，当时油价震荡，政府对经济环境和工厂车间的监管力度极度膨胀。但你知道，如果通货膨胀超过 20 年依然在持续，那你就要不得不想一想最终的责任只能落在货币政策上。”

美联储对货币的勤恳管理会因一个基本的政治困境而变得极为复杂，即美联储的行为对实际经济产生的影响会不均匀发生，而这正是滋生犹疑和错误的温床。大多数经济学家承认，货币供给的大量增加所产生的首要结果是积极的，即会刺激经济活动的激增；但过多的货币增长带来的消极影响却不会即刻发生，而是不断延后，直到通货膨胀爆发。

经济学家产生的分歧在于：这两种影响到底会在美联储货币政策发布后多久才会产生作用。例如，某些货币主义者坚称这二者的关系是完全可以预见的：货币增长会在3个月到6个月内实现刺激实体经济加大产出，但它带来的相对利益和好处很快就会被可能在9个月到12个月后随即赶来的通货膨胀所抵消。还有人认为，二者何时到来并不会如此单纯和简单，这种滞后会随着季节的变化而有所不同，其依赖于除货币之外的诸多其他因素。总之，这种时间上的不合拍给美联储的决策过程造成了一种永久性压力：虽然可以短暂营造一片快乐祥和的繁荣景象，却要甘冒日后出现经济混乱的风险。

显然联邦公开市场委员会抗拒不了这个诱惑：它想在保证日后不会出现消极后果的前提下提供给美国人们这种短期的满足、喜悦和希望。正如菲利普·科德韦尔所指出的：

> “美国社会并不会宽容我们这些委员。机动车委员会的作用是限制人们开车的速度，但仍有某些人会想尽办法开快车，因为他们还想让车走得更快。没有哪个总统会满意3%的经济增长速度，即使你向他解释如果保持3%的增长会对未来的美国人民有益。他会说：‘我还是喜欢5%，就让我的下一任去满足于3%吧。’”

多年来种种证据表明，美联储存在的普遍问题是其过于容易也过于频繁地追求短期经济利益。莱尔·格拉姆利认为，美联储的这种行为并不起源于来自白宫或国会的政治压力，而是根源于其内部决策者的普遍思维模式。“美联储既拥有经济职业信仰，也怀有美国民众的经济愿望。”格拉姆利说道。

美联储内部这种清醒而严肃的自我批评态度对于1979年秋季的所有外人来说并不明显。作为一个政治机构，美联储必须在周围铺天盖地的批评声中严阵以待。对于这些批评家来说，美联储似乎顽固不化、傲慢自大，固执地拒绝做出任何改变，无论失败的证据已经有多么明显。“从本质上说，对于美联储的官僚传统来说，有关货币控制的事务仍然是微不足道的。”影子公开市场委员会（Shadow Open Market Committee）宣称。这是一个由货币主义经济学家组成的大型组织，成员多半来自银行和学术界，他们会定期组织聚会，发布针对美联储行为的刻薄评论。[19]

不过向美联储发起攻击的竟然还有自由主义者。在一个通货膨胀失控的年代里，保守主义者高呼反对是再自然不过的，因为他们是传统的“硬钱通货”（hard money）[①] 拥护者、是资本的捍卫者、是金融资本遭到通胀侵蚀的富足美国公民。然而奇怪的是，国会中许多自由主义民主党人也与保守主义者找到共鸣，成为信奉货币主义教条的人。尽管他们从未正式贴上“货币主义者”的标签，但这些民主党人和共和党人一样对美联储官员施压，力图让美联储做出迎合弗里德曼及其追随者的决定，即严格且稳固地控制基本流动货币总量 M-1。例如来自威斯康星州的自由民主党人、继赖特·帕特曼之后出任众议员银行委员会主席的众议员亨利·罗伊斯（Henry Reuss）就是坚定推行货币主义的代表，即使是帕特曼本人也在任期最后几年也被货币主义理论所吸引。

“我非常吃惊，自由民主党人会和货币主义者站在同一条阵线，”已退休的美联储研究总监丹尼尔·布里尔（Daniel Brill）说道，“因为这与他们自身的政治立场完全背道而驰。”

无论怎样矛盾，总之国会议员已经表明要全盘接受货币主义者的批评和指责，尤其是那些曾经支持扩大财政预算的自由主义民主党人。如果美联储真的能为通货膨胀“埋单”，那么国会就可以开脱一切罪责。如果稳定的物价只是美联储手下一个小心的货币管理行为就可以解决的问题，那么民众对政府其他执行机构和立法部门曾经在“金融政策上过于挥霍无度”的批评就会发生倾斜，对 20 世纪六七十年代以来长期的财政赤字和堆积如山的国家债务的关注也会被转移。对于国会中的许多人来说，如果他们可以表现得无辜，如果由其他人来充当真正的“罪犯”，如果能将无可指责的愤怒推向美联储，那将是令人颇感欣慰的事。

国会对货币主义的力捧造成一个具有讽刺意味的效果，那就是美国政府的主流政治观点发生巨大改变。1978 年颁布的《充分就业及平衡增长法案》（The Full Employment and Balanced Growth Act of 1978），即著名的《汉弗莱－霍金斯法案》（Humphrey-Hawkins Act），堪称是凯恩斯信仰在美国立法中的最后一次“苟延残喘”，是由参议员休伯特·汉弗莱（Hubert Humphrey）及其他坚定的自由主义人士所做的拼死努力，旨在让政府政策重新聚焦失业工人的悲惨

---

① 是指由高度工业化国家发行，被全球广泛接受用于贸易支付的货币，其币值在中短期内保持稳定，并且在外汇市场上有极高的流动性。——译者注

遭遇。然而自从此法案被最终颁布时日起，它就变成一纸空文，其中包含的自由主义精神已经被完全切除“内脏”。

但《汉弗莱－霍金斯法案》中却包含这样一项真实改革，即由货币主义者发起的敦促美联储每年公开3种货币流通总额（M-1、M-2、M-3）的增长目标，这3个M数据要经过参议员和众议院的银行委员会推敲并对其中“离经叛道”之处加以修改，之后才能由美联储向外界公布，且一年两次。这样做无疑是给予国会更大的监控权，从而确保美联储在控制货币供给的问题上“乖乖听话”。共同策划这起改革的自由主义者可能忽略了这其中暗含的讽刺，但保守主义知情人却满心欢喜：他们的货币主义教条正在以压倒性的优势击败凯恩斯主义而占领美国立法界主流。[20]

除了来自外界的批评家，敌人有时也存在于美联储大门之内。几年来，圣路易斯储备银行一直充当美联储内部的货币主义前线游击队员。其研究总监霍默·琼斯（Homer Jones）曾经是弗里德曼的老师，还曾招募一批热衷于批评华盛顿“家庭办公”和反对其运作程序的研究型经济学者。继任圣路易斯储备银行行长之后，琼斯继续充当联邦公开市场委员会内部的“制造麻烦者”，不断地传播违背于美联储一贯传统的“异端学说”。

商业银行家劳伦斯·K.鲁斯（Lawrence K. Roos）曾在圣路易斯银行担任三届县级主管，后来在1976年被总统任命为圣路易斯储备银行行长。“一开始进入银行时，”鲁斯说道，“我并不知道货币主义和凯恩斯主义之间的区别，但我在那里被灌输了货币主义的基本理论核心，并且感觉到货币主义已经开始越来越能左右我的思想。”

果然不出所料，鲁斯的言论变成了联邦公开市场委员会大会上的“不和谐音调”，他与其追随者总是会在大会上发出窃笑或者干脆勃然大怒、大发雷霆。他抱怨美联储拒绝制定长期目标且极其顽固，他批评美联储总是故意模糊概念使人混淆。为了让联邦公开市场委员会其他成员更好地评判其决定，他总是会引用令人费解的各种经济标准。“即使作为中央银行应该保持其绝密性和神秘性，但我认为美联储应该告诉美国民众其未来两年将会怎样做，其就物价、生产及其他经济事务的长期目标是什么。然而相反，你只会看见美联储仅仅提供一次包含其各种美好目标的报告，他们真正呈献给大家的不过是乌托邦式的愿望清单。”

这些彼此冲突的哲学观就像是计算机模式的互相对抗。自1970年以来，美联储已经精心制作出一套计量经济模式并投入运作，试图预见货币政策所能产生的影响及其对美国经济造成的其他威慑力。从本质上来讲，计算机模式就是一系列数学等式被集结在一种形式之下，通过无限多变量实现共同运作并能够对理论性结果加以报告。如果一个月内的货币供给量增长为 4%，那么其将对未来 6 个月或一年内的就业、物价、利率情况产生多大影响？这种模式就是通过等式计算出数字然后打印出结果。美联储委员的“计算机模式”所做的分析结果还要更加复杂精深，它最终要包含 160 个等式，内容无所不包，从石油价格到房地产开发。而圣路易斯储备银行的货币主义者也设计出一套他们自己的经济模式，总共包含 8 个等式，归根结底不过都是货币问题。每次在联邦公开市场委员会大会上，两派的核心人物都会（在部分上）根据自己复杂的经济模式做出预见结果；而鲁斯提供的“与众不同”的结果正是来自货币主义者的“计算机”。

与沃利克一样，委员菲利普·科德韦尔也是主张紧缩货币却轻视货币主义的“鹰派”人物，与其他委员相比，他们对罗斯的异议并不感到十分怨恨。

“对于某些委员来说，”科德韦尔说道，“这简直就是在打仗。每次圣路易斯银行的人们离开会议室后，总会有一两个委员走过来对我说：‘上帝！现在我们不会再让货币主义家伙走进来。’于是我说道：‘喔。12 个人中有一个货币主义者又有什么关系呢？他们的确不招人喜欢，说起来话也太大声，但只不过是一家之言罢了。’圣路易斯银行从来没有真正困扰过我。因为我们的票数永远都远远胜过他。”

然而随着时间的流逝，这种情况将不复存在。其他储备银行行长也开始逐渐倾向于货币主义者阵营，例如里士满的罗伯特·布莱克（Robert Black）、旧金山的约翰·巴利斯（Robert Black）、亚特拉大的门罗·金布雷尔（Monroe Kimbrel），还有其他偶尔“就范者”。虽然这几位行长并不像鲁斯那样过于教条主义和墨守成规，但他们却发现弗里德曼理论是那样“引人入胜”：即使美联储不能奇招尽出，但至少应该学会控制货币流通总量。

“这是一小撮货币主义分子”，这是另一位联邦公开市场委员会委员对货币主义者的轻蔑称呼。然而不管怎样，他们依然在出现，依然在投票，其阵营依然在一天天扩大。不管喜欢与否，新上任的美联储主席保罗·沃尔克必须要着手“处理”这些货币主义者。

经济学家彼此冲突的经济理论对于外界来说却极具威胁性。除了那些获得过经济学学士学位的知识分子，其余大部分普通民众都会被这些争吵吓得呆若木鸡。他们被迫被动倾听这些专家的激烈辩论，几乎完全不能理解他们所使用的专业术语，更别说对孰是孰非做出一个理性判断。这种无知的障碍扭曲了所有需要用经济专业知识去理解的政治疑问，用科学的抽象概念麻痹了本来稀松平常的经济讨论。

不过有关政治经济学的许多难题可以通过一个相对更加简单的方式加以解决，即一个可以绕过经济学家晦暗艰涩的专业术语的办法，从而找到更加广义的答案。这个方法就是透过历史看问题：美国过去处理通货膨胀的经验是否会帮助美国民众理解自己目前的切实经历呢?

有关这个课题，记忆是会产生误导的。每一代人都会恋旧地向后看，想象着前一代人的生活会更加简单、更少苦恼，当然，也包括生活成本更加廉价。我们可以用一句著名的俏皮话来表达人们的这种怀旧渴望："这个国家最需要的就是一支 5 美分的好雪茄。"现代美国人会深切怀念自己生活中还出现过 50 美分的电影票、赫尔希酒吧卖出的 10 美分美酒和不到 3000 美元可供全家人出游的雪佛兰汽车。

对廉价的无比怀念模糊了通货膨胀的真实发展史。20 世纪 70 年代末，虽然物价已经飞升近 20 年的时间，但还远不至于走到最糟糕的境地。尽管 1979 年时的通胀率已经超过 13%，并足以拉响警报，但还远不及 1947 年的 14.4%、1918 年的超过 17% 和 1864 年的 27%。

美国的历史发展并不总是平静和繁荣。物价总是涨涨落落，且每次涨落都会带来极具破坏性的后果。纵观整个美国史，只有几个有限的时期可以称得上是"物价稳定期"，而每次平静日子的到来都是以许多普通百姓遭受灭顶之灾作为代价，即物价和收入都同样低得可怜。

如果历史学家能够在整个美国历史背景下仔细核对物价的涨落数据，就会发现其具有一个明显的运行模式。到底是什么引起通货膨胀?通货膨胀的急剧上升之所以会反复出现，暗藏在这些经济创伤之下的致命因素其实并不是经济，而是政治，即美国政府做出的某些选择，或者更准确地说，是美国政府拒绝做出的某些选择。我并不是说政府是在蓄意策划引发物价的爆炸式上涨，但周期性爆发的极端通胀现象明显是在政府做出某些决策之后发生的。

美国历史上多数时间的物价涨落都维持在适度水平上，但其中有 6 段明显的“插入式”时期出现了物价的突兀型飞涨，如果在美国整体通胀历史的图表上看，这 6 段时间的物价走向是呈急剧上升的尖形曲线（参见附录 A）。历史学家不免会问：这些历史时期内究竟发生了什么事件会导致通货膨胀急剧恶化呢?

第一次通胀恶化发生在共和政体诞生之后，即美国独立革命战争爆发后出现的通胀横行，尽管搜集而来的有关这段时期的物价数据并不可靠，但那段令人记忆犹新的创伤却留下了一个口口相传的口头语——“一文不值”；第二次通胀高峰发生在 1813 年至 1814 年，当时年轻的美国正在进行并完成与英国的残酷战斗，即 1812 年战争；第三次通货膨胀的爆发最为严重，当时是 19 世纪 60 年代，林肯当选美国总统，整个美国被卷入一场血腥且代价惨重的南北战争之中；第四次比较深刻的通胀爆发是在第一次世界大战结束之后；第五次则爆发于第二次世界大战结束后；最后一次，也就是目前这场通货膨胀发生的最开始，则是与越南战争“相依为命”。在这 6 次通胀爆发期中，只有最后两次是伴随长期且疼痛的通货紧缩期，即物价陷入最低潮的时代。通货紧缩并不为现代美国人所熟悉，除了某些仍然记得 20 世纪 30 年代美国经济大萧条的老人们。但物价的回落依然会造成更加严重的后果，让美国人承受了更为混乱的折磨：银行倒闭、企业破产、农场无法被赎回、工人的普遍失业，以及人民的极度贫穷。

这些简单的历史事实可以为以上问题提供一个直截了当的答案：国家一旦经历战争，致命的通货膨胀就会发生。当然这还不能完全解释根本原因，因为每段历史时期都有其不同的具体因素，但所有这些通胀“插曲”都是发生在同一种政府行为之后——鼓动全国支持战争，然后开支远远超出税收。每一次战争，从独立战争到第二次世界大战，从林肯到林登·约翰逊，美国政府都会亲眼看见将整个民生作为赌注的巨大危险。这些战争中的美国政府实践了其他时候不敢去实践的事，其所付出的代价也远比战争的意义更大，不管是否需要赢得这场战争，也不管美国政府到底该如何为这些战争“埋单”，总之战争之后要疲于应付的永远都是其造成的经济后果。

战争时期所做的政治抉择永远都丑陋无比。从理论上讲，政府仅仅通过增加税收就可以达到为战争埋单的目的，但这却会严重影响民众对这场战争的支持率。林肯、威尔逊、罗斯福和约翰逊都曾经选择增加税收，但他们又全都不得不在赋税收入中降低战争经费比例。与害怕增加税收会导致美国民众反对越南战争的林登·约翰逊一样，亚伯拉罕·林肯也十分担心额外税收是否会加剧人民的苦难和内战中的牺牲，从而导致战争更加恶化。或许将林肯的挣扎与林登·约翰逊在印度支那战场上的拼死冒险相提并论有些不妥，但二者的相同点却是两场战争都造成了相同的经济后果。

对于每一次会危及国家安全的巨大危机，联邦政府都会用借钱的方式支付战争费用。其会大量积聚政府预算中的战时财政赤字，然后卖出国库券，覆盖新债务。在林肯时代，其解决战争经费的方法则更加直接：国民政府只需印钞票，即被称为“绿币”（greenback）① 的近 5 亿美元新货币，然后将其用在战场上。

每一次战争之后都会立即出现经济的大幅度增长和紧接而来的通货膨胀的突然性爆发。找出历史事件中的相同点很容易，但要想解释政府的财政行为何为会“传染”给物价却并不那么容易。经济学家自己也在深入讨论这种“联动装置”的运作程序。有些人认为是战后压力对实际经济产生了影响。当人们回归对和平时期的向往，其被长期压抑的对国内商品的需求就会超过实际经济的生产能力：这种突发性的商品短缺会导致高物价的产生。而有些人则强调货币供给的角色，即认为政府会扩大货币供给量，以弥补政府的战时支出，从而有财力实现大规模借贷。战后环境下的货币供给极易满足经济发展，但结果却会造成通货膨胀。与经济学中存在的诸多分歧一样，对于非经济学家来说根本没有必要在各种解释中挑挑拣拣。也有可能二者都对，政府的财政政策及其货币政策与经济过度发展及其造成的物价飞涨就是在相互作用、彼此影响。

现代通货膨胀的急剧恶化因其前所未有的长期持续性而表现出独一无二的特征，因而也更加令人困惑。目前的物价飞涨很明显是始于 1966 年的越南战争，但和其他每次“插曲”不一样的是，它并没有像往常那样持续几年后就被成功遏制。通货膨胀已经持续 10 多年，而且即使是在和平时期和经济相对宽松的环境下也依然如故。这场发生在 20 世纪六七十年代的通货膨胀并没有以往那么严峻，但却异常顽固，且呈现出比历史上任何一次通货膨胀都更为复杂的趋势。

消费价格指数与 1967 年相比上涨了 100 点，1970 年的 CPI 指数为 116，1975 年时为 161，4 年后的 1979 变成 217。美国内战期间，CPI 指数几年内曾经翻了一番，但当时林肯是在带领美国人民打仗；而这一次，不到 20 年的时间

① 林肯时期授权财政部印发具有完全法律效力的货币，支付士兵的工资。这种货币完全没有金、银等货币金属做抵押，并在 20 年里提供 5% 的利息，打破了政府必须向私人银行借钱并支付高额利息的惯例。——译者注

里 CPI 指数就已经上涨近 3 倍，而且美国一直处于和平期。

我们不得不要转回头看一下这个历史问题：现代战后时期爆发的这场空前通胀到底有什么特别之处？从本质上来说，答案很可能是政治。正如经济历史学家沃尔特·W. 罗斯托（Walt W. Rostow）曾经说过的，世界范围内殖民主义统治时代的结束势必要催生大批新独立国家的产生，而其中大多数都是贫穷且不发达的国家，在与西方工业国家缔结贸易条款时底气稍显不足，包括美国。这意味着贫困国家在卖给富足国家原材料时会稍微抬价，诸如铜、咖啡，当然在这种全球力量新面貌中最值得讨价还价的还是原油；而原材料进口价格的提升势必会推动国内物价的上涨（尽管大多数稍不发达国家在讨价过程中依然处于劣势地位，并且仍会抱怨深受工业资本主义国家的过度盘剥）。

另一种新型政治状况是经济大萧条留给美国人的鲜活记忆。第二次世界大战之后，美国的任何政治派别都不想再冒险重复 30 年代的苦难，这种全民性恐惧促使美国的政治决策者走向一个相反的方向，即追求经济增长、接受通胀风险。事实上，二战后的现代美国政府在经济管理方面取得的巨大胜利正是美国人民不必再忍受破坏性的通货紧缩，而这种紧缩通常会伴随先前几次大型战争的发生。

这其中还存在另外一个重要的因素：与苏联的冷战。第二次世界大战之后，美国经济从未在真正意义上重返和平时期的增长速度，虽稍有改善，但很快就在全球紧张局势的影响下“被打回原形”。在接下来的 30 年时间里，在与苏联冲突不断的威慑力的影响下，美国一直处于备战状态。因此这与先前美国历史上的任何一段战后和平时期都截然不同，军队始终处于随时投入战争的集结状态，美国政府从国防工业企业那里不断购买大量现代化武器，从而导致军备激增。冷战时期的国防开销是当时美国经济产出的最大份额，创造了新的就业机会，使个人收入得以增长，但同时却也伴随着其他不正常的欲望。

尽管美国军方一直在“蠢蠢欲动”，但当时整个美国表面看上去已经重返一派祥和的繁荣盛世，所谓和平时期下的美国以前所未有的规模不断产出和消费各种消费品，美国家庭的生活水平也已经达到小康甚至是奢侈水平，这是前几代美国人做梦也想不到的：郊外的新别墅、厨房内令人眼花缭乱的电气用具，还有车库里的崭新轿车，有时甚至还可能是两辆。当时的美国人曾短暂享受着两个世界里的极限快乐，即和平时期里的幸福和经济战争中的活力。

尽管伴随通胀风险和其他危机，但此时的美国的确算得上是盛世，即社会与经济飞速发展且呈现出异常繁荣的伟大时代。战后岁月的经济增长造就了美国生活中新富足和新公平标准的诞生，虽然剥削现象并未被彻底根除，却在明显减少；在这段繁荣期里，美国社会感到已有足够信心去处理长期存在的不公平现象，尤其是种族歧视问题。当然，联邦政府对野心勃勃的经济目标的追求充分感染了整个美国社会，大型跨国集团也开始将触角伸向世界各地，成为美国在全球新势力范围的标志。军备开支的膨胀在这种全民冲动的背景下似乎也变成了理所当然的扩张。美国是整个世界的新领导人，正在建立令人难以想象的最大规模的兵工厂，美国军队正踏上世界范围内更多的海外领土。一切看起来就好像是美国政府会连续数年向美国人民提供和平和战争“二者皆繁荣”的盛世。

然而，这种“二者兼顾”的错误选择迟早都会在美国经济发展和政府资产负债表中有所体现。有关联邦政府财政赤字越来越大的问题并不简单，而是远比看起来更为复杂。毕竟尽管数年来新赤字一直存在，但与国民经济规模相比，美国国债总量实际上一直是在萎缩，这是美国经济健康的表现。每次年度预算中都要在国债总量中加入适度的新赤字，但美国经济的发展速度远比政府借贷的速度快得多。1945 年因二战中战争费用出现激增的政府赤字使美国国债占到年国民生产总值（GNP）的 119%；到了 1960 年，变成仅占 GNP 的 58%；1969 年又下降至 40%；而 1974 年则仅占国民经济产出的 35%。

接下来历史的发展出现逆转。1975 年，二战后美国国债增长速度第一次并未如期那样低于经济增长速度。起初这种新趋势来得温情脉脉，并不像战时国债高筑那样来势汹汹，但这种奇怪现象却在日益严重。20 世纪 80 年代的美国政府由保守主义者执掌政权，然而其并未像保守主义者那样适度调整财政不平衡，反而是使国债增长速度超过经济增长。截至 1984 年，国债占 GNP35% 的低比率一跃上升至 45%，回归 1962 年的水平。[21] 也就是说，美国政府的资产负债表已经开始呈现出只有战时才会出现的财政状况。

这些数据并没有引起政治讨论的注意，但此时美国政治家反复追究的都是同一个重要问题，即美国公民应该优先考虑哪一个？这个在和平和战争中间做出的一个基本选择涉及到的是政治价值的问题，而非经济理论。据说冷战已威胁到美国民生，那么国防开支就必须得到优先考虑。但反对的人声称苏联的威胁不过是夸大其词，美国军备开支过于铺张浪费，政府应将资源转移到国内经济发展上来。双方阵营的力量都很强大，且各执己见，力争自己的观点占上风。

但从实际来看，一种政治共识已在二者之间形成，双方都心照不宣，历经保守主义和自由主义政权，历经民主党和共和党执政，在超过 30 年的时间里，美国政府不会在战争集结和和平开支中做出明确选择，因为它不会丢掉任何一个。

1979 年秋，保罗 · 沃尔克在演讲中对听众说道：“历经多年的通货膨胀，如今我们已经到了崩溃的边缘。”[22]

这样的话对于每位美联储委员，甚至是对于那三位仍不情愿对贴现利率做出微调的委员来说，意思再明确不过。然而在 9 月下旬，这些委员对美国经济逼近衰退的担心却因贸易部传来的一份新经济数据而发生逆转。尽管存在种种预测，但美国经济并未如预期的那样陷入萎缩，反而再次出现加速增长的态势。

并且，尽管美联储一直在通过提高利率的方式逐步扭转局势，但银行体系实际上一直在加速扩大其信贷业务。银行信贷业务的扩张已达到每年超过 20%，正如美联储官员从焦急的银行家那里听到的，大多数新借贷的产生全部流入到投机风险项目之中，即企业人和个人借钱的目的是购买价格正在飞涨的商品，这种风险项目包括对黄金、白银和房地产的投机。他们是在下赌注，认定通货膨胀会让这些商品的价格越涨越高。而比较明智的投资人则选择卖掉这些商品或其他可见实物，以还清贷款，达到迅速获取利润回报的目的。

投机似乎也并不是多么危险的赌注：美国的整体通胀率已逼近 13%；油价已拉响警报，仅一个月的时间就上涨了 6% 有余，而年通胀率已逼近 80%；金价在一个月的时间内飞涨 28%，刷新历史新纪录——每盎司 411 美元；同期银价也飙升至令人难以置信的每盎司 16.89 美元，上涨了 53%。

“1929 年的鬼魅又浮现在我和其他几个人的心头，”委员科德韦尔说道，“看吧，美国正濒临爆发极度通货膨胀的边缘。”

这样的话虽然听起来像是对世界末日的预言，但其实狂热的借贷和买入不过是在孕育一种典型的投机泡沫，只是经济史上周期性出现的“狂躁症”之一。市场已经不再与实际价值接轨，而是向前纵深投向一个不断攫取的“狂欢宴会”。无论是股票还是债券，无论是大型城市的小角落，还是佛罗里达未开垦的大片沼泽地，所有投机泡沫其实都来源于一种信仰，即购买者确信：几天、几周或几月后他们将变成卖方，然后从这些卸掉的商品包袱中获取利润。然而泡沫永远注定要破灭：狂热会退去、价格会大幅度下跌。然后投机者会被迫以损失利益为代价低价卖出商品。他们失败了，那么借钱给他们下赌注的银行也会随之倒闭。这就是 1929 年发生在华尔街上的大致情况：金融投机者的泡沫投资破裂，股票市场瞬间崩盘。

处在这种极度焦虑之中的美联储新任主席保罗·沃尔克开始打电话给各位委员，一个一个地找他们谈话，试图让他们接受自己的新理念。早在上任最初，沃尔克就已指挥美联储高层官员开始针对美联储基本运行机制进行技术性研究分析，当遭遇9月18日4∶3投票结果的尴尬境遇之后，沃尔克开始逐步强势推出自己的管理理念。这位新主席婉拒某些同僚的建议，不仅提倡需对联邦公开市场委员会的货币供给政策做出彻底改革，还提议采用货币主义者的解决办法——对，那些对美联储义愤填膺的批评家所拥护的理论。

当沃尔克偶然走进委员亨利·沃利克的办公室时，这位委员礼貌却直言不讳地坦承自己并不同意主席的提议。沃利克的办公室就在大理石走廊的拐角处，与沃尔克的办公室相隔不远，屋内阴暗杂乱，不像其他人那么整洁，到处都是摆放凌乱的书架，上面堆积着文件和书籍，空气里隐约弥漫着老雪茄烟的味道。办公桌的上方低低地悬着一盏吊灯，沃利克总是坐在这张桌前办公，手指不停地抚摸着一根长长的雪茄，有时还会戴上绿色的遮光眼罩，就是图书管理员经常戴的那种，以保护较弱的视力。这位美联储内部最年长的委员看上去就像是和蔼可亲、行为古怪的教授，喜欢独自一人窝在办公室里，和许多书待在一起做与世隔绝的研究。

其他委员的办公室看起来则更加明亮，也不像沃利克的办公室那样好像拒人于千里之外。但包括主席沃尔克在内的所有美联储委员的办公室充满的则是更偏重于学院风格的味道，而不像是冰冷且强势的政府决策者的办公地点。每个房间都有覆盖一整面墙的书架，都有一个温暖的壁炉，被端庄地镶嵌在黑色大理石墙内，还有一张长沙发，周围摆着几把椅子。一般来讲，美联储主席是不会在这些委员的私人办公室里讨论公事的，美联储内部盛行的学院风气决定了委员之间始终隔着一段礼貌的距离，每个委员会在自己的办公室里处理好自己的决定，完全不会受到来自其他人的粗暴干涉。此时沃尔克一对一的“采访”只能说明一个问题：这位主席认为即将要讨论的这个问题十分重要。

“这是一个魔鬼协定。”亨利·沃利克警告沃尔克。

沃利克是这样解释的。联邦公开市场委员会应加大力度紧缩货币和信贷，沃利克说道，但不必要冒险采取一个新的运作程序，因为这会造成其自身的混乱。长期以来，货币主义者一直敦促美联储放弃对利率的关注，而是将焦点放在货币供给本身及美联储向银行体系提供的储备金量上，从而使利率自动跟随经济波动实现涨落。沃利克认为，这样做会造成利率的极度动荡，破坏金融市场和实际经济的稳定。

“如果让利率自行涨落，”沃利克预言，“那就必须做到有足够的能力驾驭它。如果经济强势，你就会遏制货币供给，那么利率就会上扬。但一旦经济出现疲软，你就必须想方设法让利率回落。这样一来，我们先是让利率保持在极高，然后又让其回落至极低，最后再让其恢复到极高。是的，你是控制了货币供给，但利率却会因此变得反复无常。”

“有时，”沃尔克的回答简单明了，“你必须学会与这个魔鬼周旋。”

当沃尔克把电话打给菲利普·科德韦尔时，这位美联储内部最强硬的“鹰派”人物表现得和沃利克一样消极。他几乎不能相信这位在他看来绝对不可能是货币主义信仰者的新主席竟然会真的拥护货币主义者的“阴谋诡计”。

“保罗，我不能理解，”科德韦尔说道，“你是想转而接受一个货币主义者的控制吗？”沃尔克点头。“好吧，我根本不可能赞同，”科德韦尔说道，“这会束缚住我们的双手，会让我们无法对货币做出基本判断。”但沃尔克则坚持表示想要试一试。

事实上，这位主席当然能够确信自己并不会在根本上改变美联储，他只是想让美联储的正统运作程序“更上一层楼”，即让“通过大幅度提高利率实现信贷紧缩”看上去更加完美。但这位主席却在美联储内部遭遇两难境地：诸如科德韦尔和沃利克这样的委员极力主张提高利率以遏制通货膨胀；可其他像帕蒂、蒂特斯和赖斯这样的委员则非常犹豫，他们不太赞同如此猛烈的行动。那么沃尔克能不能实现再争取 2 张或更多选票以支持提高利率的决议，并保证新增加的选票不会出现动摇呢？如果需要这样做的话，那么联邦公开市场委员会的委员是不是也会出现一半赞成、一半反对的情况呢？从过去经历来看，美联储的决策者好像从来就没有产生过绝对多数的决定。因此答案似乎是显而易见的。

“我们的确应该加大力度，”沃尔克坦承道，“但我可能遇到了麻烦，政策推行起来或许达不到令我们满意的程度。我一直推崇更正统的货币紧缩政策，但我却看到一些价值观正在发生改变，需要我们对自己做事方法的参数做些调整。”

货币主义者的理论为沃尔克解决这样的两难境地提供了一个更聪明的解决办法：它只是一个面纱，遮掩着美联储强硬的货币政策。如果联邦公开市场委员会对外宣称其不再过度干涉利率政策，而是开始关注 M-1，那么当利率大幅度上扬时就会模糊公众对美联储过度干预利率的攻击。到时美联储委员就可以

"虚情假意"地解释说：利率的上扬是基于"市场压力"的结果。从狭义来讲，这样的解释无可厚非；但从广义来讲，这就是一种逃避。"市场压力"导致的利率上扬其实正是直接来源于美联储紧缩储备金供给的行为。

正如一位地区储备银行行长所说：

"每个人都会说：'看，是你们不让我碰的。'对于委员会来说，采取这种自愿接受又半自动调节的运作法则要比定期召开大会商议解决办法容易得多。这些决定不仅会招来外界的压力，同时也是美联储内部的压力。我们没有人真正知道为了遏制通货膨胀到底该将货币紧缩到什么程度，或者该将利率调整到一个什么水平。"

多年以来，为了控制储备金供给，美联储不得不拐弯抹角地处理3个M值。他们的储备金供给量政策并不是一成不变的,而是将其绑定在联邦资金利率上，即一家银行向另一家缺乏储备金的银行借出储备金的价格。在联邦公开市场委员会大会上，委员们首要关注的就是要将短期借贷利率锁定在一个什么水平，然后将其指示给纽约的公开市场办公室并责成其达成目标。每天，随着货币市场压力的波动性变化，身在纽约的美联储下属管理人员要不停地买进或卖出国家有价证券，以达到不停注入或撤出储备金的目的，从而让联邦资金利率保持在既定范围内。

当联邦资金利率上扬时，其就是在对所有玩家表示紧缩信贷的时候到了，因此所有参与者都要进一步缩小信贷扩张。当银行看到联邦资金利率上调时，也就明白此时该适度调整自身的信贷业务，或者是加大力度转投货币市场以增加必备的储备金量。如果银行没有按此指示行事，那么联邦公开市场委员会就会一再调高联邦资金利率，直到确保银行体系准确收到这个信息。

对于货币主义者来说，这样的做法就是在倒退。他们抱怨美联储总是在事情发生后用一种过度放任、间接迂回的方法做出回应。而一个简单直接的方法才更有力度,即直接以其提供的储备金供给量为目标,然后坚守这个目标不动摇。

米尔顿·弗里德曼，货币主义理论的主要"讲师"，针对货币主义者为何认为美联储行为错误他给出了一个明白易懂的解释：

"假如我想控制全美国的汽车产量。我能用的办法有两个。我可以说：'我会尽力找到一个促使人们购进大量汽车的合理价位。然后将汽车价格锁定在这个价位上，试着售出全部我想要卖出的汽车。如果发现人们的购买量仍然多于我希望卖出的数量，那么我就会提高汽车价格。'

"还有一种方法。我可以说：'嗯，没有钢铁你就无法生产汽车。我会限制用于汽车生产的钢铁总产量，然后让汽车价格在市场上随意浮动。'这就是最终能够限制汽车产量的两种办法。

"货币数量也是如此。一种可以限制货币量的方法就是可以说：'让我先试着找到一个人们会因此想要持有或花费的货币量的利率水平。'然后我就会尽力将利率维持在这个水平上。或者我也可以说：'人们借贷行为的原材料就是储备金，即高能货币。那么到底需要多少这样的高能货币来支持我想要控制的货币量？'我就会提供这个数量的高能货币。这与限制原材料钢铁的产量是一样的。

"从原理上讲，如果我足够了解经济学，那么就会知道这两种方法实际上是一样的，这是两个相同的答案。但从实践讲，如果我不了解经济学，那么很明显，选择用限制钢铁产量控制汽车数量的方法要比试着猜想正确价位是要容易得多。我想同样的道理也适用于货币市场。"

弗里德曼的比喻中存在这样一个错误，即银行不是汽车公司、货币也不是钢铁。货币和信贷每天都会出现扩张和紧缩，其并不像钢铁制造和汽车销售那样看得见、摸得着，也不易加以界定，更不可能如此简单地限制其结果。如果汽车价格出现突发性波动，那么其只会影响汽车销售；可如果银行储备金价格突然发生变化，那么其就会向经济事务中的每笔信贷交易发出震动波，无论是6个月期的定期存单、汽车贷款还是对新工厂的资本投资。弗里德曼理论或许可以让美联储对银行储备金的控制更加平稳，但同时却也为控制利率制造了重重困难，而利率则是决定货币在市场上的叫价是高是低的关键。

与所有中央银行一样，美联储关注更多的是稳定性。从传统意义上讲，美联储的各位官员认为自己手中被赋予的立法权力包含维持"市场秩序性"的责任和义务。换句话说，他们认为自己有责任规避任何会对庞大且复杂的金融机器造成破坏的因素。从实践角度来看，美联储的每次紧缩和放松都是在试图实现利率的平稳变化，从而将金融市场"轻轻推向"正确的方向，而不至于引起歇斯底里的过火反应和震动。货币主义者强调的只是美联储与其中一种特殊利益的链接，即华尔街上的货币市场交易者，但这是一种十分狭隘的观点。美联储小心翼翼地对利率加以管理，正是要保证市场交易者交易行为更加顺畅，尽管货币主义者对其有所抱怨，但其并不一定代表更广泛的民众利益。不管怎样，美联储的管理者们一直遵循传统将维持利率稳定、规避会向整个美国经济传递错误信息的野性震荡看作是民众利益。

然而这一切都已成为过去。保罗·沃尔克，尽管也曾是美联储官僚机构内的开放式市场交易者，尽管也曾殚精竭虑地顾及“市场的秩序性”，可如今他想要得到的结果却与此恰恰相反：沃尔克要强震美国银行、强震美国金融市场，甚至要让二者心生畏惧。如果华尔街已经对美联储控制通胀失去信心，那他到底怎样才能让他们信服？如果货币市场交易员和愤世嫉俗的投机商已经开始相信美联储缺乏遏制通货膨胀加剧的决心，那么到底什么样的话语才能令他们改变主意？或许美联储运作程序的一次意外改变，或许金融市场对利率必会维持稳定的安逸假设被意外打破，才会成为极具疗效的“晴天霹雳”——这将是一场关乎制造不安因素的考验。

“这种方法还有一个好处，”沃尔克解释道，“我认为在此时向银行体系注入一些不安因素是十分可取的。银行普遍认为美联储会继续维持平稳利率的原则。的确，美联储会提高利率，但市场却不能出现反复无常的波动。银行会继续办理信贷业务，他们永远都能让自己的借贷利率保持在稍高的位置，而美联储却不能加以干涉。现在，这种强震会让银行陷入不安，他们不得不面对利率有朝一日会对自己产生不利的风险。”

为了强化这种信息，沃尔克提议实施附加变革，以惩罚那些最激进的银行，即在银行为满足信贷扩张的借贷资金中额外加入 8% 的必备储备金。从传统意义上来讲，一个标准的稳健银行在收拢其用于开辟信贷业务的资金时会完全依赖其吸入的免息存款，银行只不过是充当中间人的角色，将暂时“停靠”在其银行的储户存款借给其他需要这笔钱的人；因此一家银行的信贷扩张要受制于其能吸引到的额外储户数量。然而现在，这种老旧的传统和耐心已被彻底瓦解。

在过去 20 年当中，一种新生的冲锋精神一直在美国各银行中潜滋暗长，无论是华尔街银行还是野心勃勃的各地区银行，他们总是积蓄难以驾驭的旺盛的工作热情，想无限扩大其银行业务。这种新生精神在他们的建筑风格中也有所体现，美国银行建筑一向以希腊神殿风格著称，这些“不苟言笑”的圣地总是会有矗立着的大理石圆柱，象征无限的信任。六七十年代的新银行建筑则传递了一种与众不同的理念：高耸入云的玻璃塔和闪闪发光的钢铁建筑，开放和充满活力的构造表达了其勇敢无畏和乐观向上的精神。现代银行的建筑风格尽显其内部秉持的新经营理念。

为规避储备金量增长对其造成的传统压制，美国各银行早就发现一种更富有野心的管理方法，即一种通过向最富野心的超大型银行求助得以实现其自身更快增长的方法。他们不再坐等新存款的加入，而是继续向前、增加新的借贷业务，然后转而向其他更有实力的银行借入大笔资金，实际上就是在货币市场上“买入”他们的储蓄本金，然后将其用于信贷扩张。这种行为就是“主动型负债”，无论是常规储蓄存款，还是借来的储蓄本金，共同组成了银行资产负债表中的债务，即都是“欠某人的钱”；相反，一家银行的大量信贷才是其真正的资产，即从别人那里整合资金（这恰恰与普通家庭或企业人的资产负债表完全相反，即储蓄是资产，借贷是债务）。这种“管理型负债”依赖的是银行发行的大型金融工具，例如定期存单、10 万欧洲美元借入以及更大量的资金整合。只要银行能够实现低利率借入新资金再以更高利率借出这些新资金，那么利率差的范围就是其利润的保证。[23]

沃尔克的战略改变将意外打破银行在利率上动脑筋的信心。如果他们以 13% 的利率完成贷款，但短期利率却在此时突然出现上扬，那该怎么办？如果他们以更高的利率借入资金，那么其将会失去利率范围内的利润空间。对于银行来说，哪怕是 8% 的储备金比率微调也会使他们管理负债行为的成本骤增。所有美国银行，哪怕是规模最小的银行，活期存款账户上显示的储备存款中的美联储储备金比率会因此变成 16.25%，但这个数字要和银行通过大额定期存款或在联邦资金市场以及欧洲美元借入市场上“筹集”来的借贷利率持平，甚至还要更低。按照沃尔克的计划，银行会不得不留下这微调的 8% 储备金比率，因为这部分钱将变成各地区储备银行中的“无用之物”，即根本不会生成利息利润。以银行在金融市场上赚取 100 万美元计算，那么将不得不留下 8 万美元存在闲置账户中。这样一来，虽然美联储并没有明文禁止各银行野心勃勃的信贷扩张，但对于不同于普通人的银行家来说，即使他们最痛恨资金闲置，但也依然阻止不了这部分资金无法带来利息利润。最重要的是，沃尔克希望新的储备金比率会在某种程度上吓唬住这些野心勃勃的银行家，也让他们猜测一下美联储下一步到底要做些什么。

沃尔克向其他委员发起号召，并将自己深思熟虑的宏伟计划和盘托出：如果美联储的行动足够强劲，就有可能取得重大的心理胜利；如果金融市场能够重拾对美联储会采取强硬措施控制货币的信心，那么对利率“通货膨胀溢价”（inflation premium）①有所要求并以此抵抗未来通胀的投资者们或许就会改变主意。因此，沃尔克认为，美联储一定要在整个信贷市场对利率采取果断且严厉的行动，无论是短期信贷投资还是长期信贷投资，无论是商业票据还是政府债券。但如果金融市场在遏制通货膨胀之后呈现出越来越乐观的长远前景，那么长期利率也就会越来越回落至更正常的水平。

“我希望的是，”沃尔克说道，“对金融市场做出一个强大且积极的反应。利率起初会大幅度上扬，但其对人们的通胀预期会产生积极影响，长期利率也会因而开始下降。而这场心理战取得成功的标志就是长期利率是否会呈现出稳定且开始回落的趋势。”

就在沃尔克极力与其他委员周旋的过程中，其所面临的两难境地终于柳暗花明：三位曾经犹豫是否要对利率展开强硬行动的委员最终接受他的提议。尽管沃利克和科德韦尔依然不喜欢货币主义，但蒂特斯、赖斯和帕蒂欣然接受这种转变，他们清醒地意识到利率将会出现急剧上升，而这正是他们当初不愿立即上马的行动。

“在这种新体制下，”南希·蒂特斯说道，“我们可以说正在做的正是紧缩货币流通总量。很明显，我知道如果减缓货币增长速度，那么就会促使利率上扬。这永远都是毫无疑问的。直指联邦资金利率的问题就是你不得不解决的问题，而这正是令我们稍有退缩的原因所在。”

4 个月前才进入美联储的埃米特·赖斯也曾质疑以利率为目标的“打击”行动，但此时他已经确信这样的行动的确会对直接控制储备金大有意义。“我已经做好了改变的准备，”赖斯说道，“我们大多数人都很高兴看到保罗乐于为此咬紧牙关、坚持到底。”

赖斯还意识到，这种新的运作程序还会赋予美联储各委员一件新的政治“外衣”：

① 指在债券持有期内预期未来通货膨胀率的平均值。通胀预期越高，通货膨胀溢价也就越高。——译者注

“这意味着你将不必直接对利率变化做出直接回应。这是其中的一个有利条件。如果利率不得不升到 20%，并且我不得不说的是没有人想要把利率调得这么高，那么此时就可以借用这个程序来说话。我不想将其称为是一件‘外衣’，但我想委员会里没有人会愿意用投票的方式将利率推高到 20%。因此这个程序是得到结果的一个好办法，一个有利于达到目的的更有效办法。”

“牛颈肉”帕蒂，另一位犹豫不决的“鸽派”人物，也为这种与众不同的程序转变所吸引。帕蒂本身并不是一个货币主义者，却认为货币主义理论或许可以帮助美联储克服一种机构上的反射作用——长时间执著地死抱一种强硬立场，从而对美国经济造成更多无意中的伤害。帕蒂曾在 1974 年至 1975 年长且深的经济大衰退期间担任研究总监，期间美联储曾被指责长时间过于严厉地把持着货币和信贷，从而将美国经济推入不必要的深渊，导致更多破产和失业现象发生。

正如他所说：

“可能听起来很奇怪，但我的确更喜欢货币主义者的‘公平’。我开始越来越关心将我们带入经济衰退的思维模式，即‘紧缩、紧缩再紧缩’，从而将我们拉进 30 年代的那场经济危机之中。我发现我对一种更加公平的方法并不那么排斥，看重货币供给，要比一时提高利率或致力于保持提高利率更加公正。问题是，一旦利率升高，我们又会犹豫是否应该适当降低利率。早在前几次经济衰退时我就越发深思自己的这个顾虑，尤其是 1974 年至 1975 年间，我在想我们是否能在问题发生时‘保持冷静、不急不躁’，在货币和信贷之间创造一种牢固的契约关系，只有这样我们才有机会在一段相对较长的时间内真正锁定自己牢牢控制的立场。”

货币主义理论引发的必然优势其实就是避免货币市场激进发展。按照推测，如果经济出现疲软，美联储会持续提供与繁荣期相同量的储备金供给，随着对货币需求的回落，货币价格也会随之下降。因此，锁定储备金供给会强制利率在经济活动频繁时持续走高、在经济出现衰退时自动下降。

“我把这看作是一场大赌局，”帕蒂补充道，“在一切都正常的条件下，你或许还不曾下过这么大的赌注。”

此时的沃尔克已经争取到对改革方案的全数通过。尽管沃利克和科德韦尔始终不喜欢这个主意，但最终仍同意不会将自己的反对意见强加给沃尔克，但前提是沃尔克必须说服其他委员支持强硬货币政策。弗雷德里克·舒尔茨，美联储新任副主席，就此对沃尔克表现出绝对地服从，他同意此时美联储必须要“搞出一点大动静”。沃尔克相信，这是唯一能让美联储货币政策更加有力且达到“鹰派”目的的方法。

沃利克就此评论不多。“我不确定这些人会不会按照我的想法展开行动，”他说道，“或许，大家能够一致同意采取办法实现货币紧缩也算得上明智。”

就在9月的最后一个星期五，即9月28日，美联储7位委员云集主席办公室，在这个不至于像大会议室那样令人紧张的“约会场所”，他们将就改革的最终细节做最后敲定。与会的并没有太多高层顾问成员，如果在主席展开行动之前走漏半点风声，那都将在金融市场上掀起“血雨腥风”。全体委员一致同意美联储采取新的运作程序，但就运作细节仍有许多问题待定。沃尔克此时已经十分确定，在下次的联邦公开市场委员会大会上，他一定会让自己的改革方案付诸实施。在这之前，他已经和几位地区储备银行行长在电话里就改革方案进行讨论，但大多数人仍不十分了解改革细节。沃尔克并不担心自己是否会赢得支持，在当时货币主义理论盛行的大环境下，储备银行行长们一定会乐于看到这个“大家庭”终于开始接受自己的想法。

坐镇美国白宫的美国总统却对此一无所知。吉米·卡特的经济政策顾问并不知道美联储正在谋划一次对货币政策的“背叛”，正意欲向全美国的金融体系发起一次心理上的大震撼。此时这位总统及官员正努力发挥其自身反对通货膨胀的主动权。最近几周，白宫与来自各大财团的企业执行者和“劳联－产联”（AFL-CIO）[①]的劳工领导人举行多次会议，旨在达成有关薪酬和劳动力价格的新“一致”，白宫希望能够协调企业－工人对更高薪酬和劳动力价格的需求，工作人员耐心地在“讨价还价”中调解斡旋，将口头协议落实到纸面，然后“哄骗”双方在上面签字。当然，他们并不知道就在与此相隔3个街区的美联储办公大楼内，保罗·沃尔克带领美联储达成的新协定与总统的反通胀努力根本就

① 美国劳工联合会－产业工会联合会，美国老牌的工会组织，也是最大的工会组织，它的影响力已经足以左右一次总统选举。——译者注

毫不相关。

尽管表面上冷漠高傲，但美联储一直尽力与周围的政治利益保持亲密接触。保罗·沃尔克会定期与各大利益集团及代表会面，其中甚至不乏对美联储怀有敌意甚至反对的势力存在。这位美联储主席一天里通常会和独立银行家协会的议员共进早餐，和美国住宅建筑业协会的经济学家共进午餐，晚上还要拨出一点时间参加国会晚宴，在那里他要从华盛顿政治闲谈的意识流中“拾取”些许的政治智慧。

沃尔克的个人性格并不适合那些对华盛顿午宴习以为常地夸夸其谈的密友，但公开场合的他却始终保持着不卑不亢的形象。在与高层接触时，沃尔克看起来既十分友好，又有些冷漠。每当危急关头他出现在电视新闻节目上时，身材高挑的他总会拿着一根长长的雪茄。他会问许多问题，并且会以他特有的方式让对方感到他在认真听取他们的答案，这对于发言者来说无疑是最天然的“讨好”，因为能与保罗·沃尔克进行亲密对话本身就是彰显某人重要性的标志。

律师、议员、政治家，甚至是某些新闻记者，这些都是会定期与沃尔克“碰面”的人。他们总会在其他场合刻意说起自己最近与这位美联储主席的亲密对话：“我告诉保罗……”但却鲜有人会说：“保罗告诉我……”因为沃尔克总是在聆听，他几乎从不在别人面前暴露自己的想法。

但在众多人中只有一个特殊群体拥有接近这位美联储主席及其他委员的权力，那就是美联储的 6000 个会员银行。这些每年由 12 个在各地区储备银行董事会中选举产生的银行家有 4 次机会与沃尔克及其他委员单独会面，向后者阐述他们对美联储决策的看法以及应该如何及时调整策略。这是美国联邦政府内独一无二的约会，即接受调控的产业与调控者举行秘密会议并允许前者抱怨、批评和提出新的决策建议。如果是其他需要接受调控的政府部门领域，诸如航空安全、水污染或劳动卫生条例，这种调控者与被调控产业之间的私人会面就会受到怀疑且必须向外界公开；然而在美联储，银行家私下里提出建议的行为却是受法律保护的。

从建立伊始，联邦咨询委员会（the Federal Advisory Council）就招来一片质疑之声。这是一个继 1913 年联邦储备法案最初被设定后才被加入的机构，作为折中以安抚一直以为只有自己才最应该控制新美联储的失望银行家的躁动。作为慰藉，这些银行家拥有政府官方顾问的特殊地位；由于他们与美联储的会面是保密的，因此联邦咨询委员会会以美联储为中心“策划”大量“阴谋”；人们猜测正是这个机构里的银行家在“牵着”美联储的“鼻子走”。

对这种“一味顺从”的控诉，美联储的官员并不买账。他们说，与银行家的会面只是就银行事务进行实质性讨论，而绝非充满危险的密谋。毕竟，美联储官员一向都会和许多社会团体会面，不只是私人银行家，还有来自消费者、储蓄和借贷部门的顾问群体。

联邦咨询委员会的官方会议记录显示的却是一个更加错综复杂的现实，或许他们的会面并不那么危险，但也绝不那么单纯。这些银行家总是会利用其自身的特殊诉求权利举行一些私密会议，反复敦促美联储要对自己更加宽大仁慈，而对竞争对手却要采取更加严厉的调控措施。

在全美国上千位拥有小型独立银行的银行家当中，许多人都很反感顾问委员会，因为后者将他们看作是超大型银行的私人“说客”。以 1979 年为例，在 12 位顾问委员会成员当中就包括来自全美国第二大银行、以业务激进扩张的新银行模式为代表的成功典范——花旗银行的董事长沃尔特·B. 里斯顿（Walter B. Wriston）。里斯顿本人是一个直白坦率、大胆无畏的银行家，鄙视政府对银行体系的干预，同时也是一位“转投”货币主义理论的重要代表人物。这 12 位委员会成员中有 8 位是来自全美国前 100 名大型银行的主要高管，其中包括芝加哥的伊利诺伊大陆银行、达拉斯的共和银行、匹斯堡的国家银行和费城的吉拉德银行。他们看待银行事务的视角自然反映了其所属银行的规模；作为顾问委员会中一位理性、聪明的银行家，必须要学会从美联储的诸多问题中学会推理，推理这些委员正在就未来考虑哪些问题。

顾问委员会的会议记录并不能完全支持外界骇人听闻的阴谋论控诉，但银行家的报告的确可以证明美联储看待美国经济的自身视角与各大商业银行的银行家的自身利益结合得十分紧密。1979 年秋，这种“一个阵营”的现象更是越发明显。9 月 7 日，联邦咨询委员会召开会议，与会成员一致向美联储委员最近决定的提高短期借贷利率行为表示祝贺，与此同时这些银行家仍然一再催促美联储再继续加大利率的上调力度。

“最主要的担心还是利率是否能够上升至足够遏制不断膨胀的货币流通总量的程度，”银行家们说道，“最近几个月，过度上涨的货币供给说明信贷业务在以超出预期的速度快速激增……就此来看，降低货币流通总量的快速增长应该是目前最主要的任务，而方法就是继续上调国内利率。”这一点一个月之后也在美联储各委员中达成共识。

银行家还提醒美联储是否考虑一下改变其运作程序，这与沃尔克之后与各位委员秘密协商的改革方案是一致的。相关会议记录并未显示出是由谁在这些秘密会议中率先提出这种可能性的，但银行家在其报告摘要中提到了类似的改革：

委员会中有些成员表达了对美联储运作技巧的担心，担心美联储到底是以利率为中心还是以货币流通量为中心做出正确决策。这是一个很难回答的问题，却表明美联储应该就其运作技巧做出反复衡量和推敲。

这样的建议足以引起轰动，因为其发生在美联储委员秘密决定“转投”货币主义理论怀抱之前的三个星期，远远比吉米·卡特获悉美联储决定的日期要早得多。[24]

9 月 29 日，星期六，也就是美联储各委员消除分歧达成共识、决定重新制定美联储货币调控政策的第二天，美联储主席保罗·沃尔克乘飞机飞往欧洲，参加在南斯拉夫首都贝尔格莱德举行的一年一度的国际货币基金组织（IMF）大会。起初沃尔克并不想参加这次会议，因为他正忙着就美联储运作程序的转变做细节确定，并热切盼望新程序尽快付诸实施。但在美联储其他官员的劝说下，这次会议之旅最终成行。毕竟 IMF 大会会吸引来自全世界的财政大臣和中央银行行长，以及来自 138 个大小国家的代表，如果美国中央银行的新任主席缺席这次会议，那看起来就有些太奇怪了。

沃尔克乘坐的是美国财政部部长的专用喷气式飞机，与其同行的还有沃尔克之前的美联储前任主席、如今已成为财政部部长的 G. 威廉·米勒，另外还有自由主义经济学家、卡特经济顾问委员会主席查尔斯·L. 舒尔策（Charles L. Schultze）。在横跨大西洋的高空上，沃尔克抓紧这个机会第一次向这两位来自卡特内阁的高级官员道出美联储意欲做出改革的决定。

二人几乎同时对这个决定表示反对。尽管他们接受美联储必须采取行动紧缩货币供给和信贷激增，却不同意沃尔克意欲展开的运作程序大改革。米勒抱怨如果美联储开始以储备金为直接目标，那将会造成利率更加动荡，信贷成本的剧烈起伏会引发经济混乱，事实上可能会加剧通货膨胀。

舒尔策的反对意见则更显必要：新的运作程序会牢牢困住美联储，会将美联储送上没有退路的旅程，而这个旅程则迟早会让美国经济陷入衰退。虽然这次谈话中谁也没有提到即将到来的1980年吉米·卡特连任竞选，这却是个心照不宣的大问题。

沃尔克听着这些评论，然后说道："我会仔细考虑的。"他许诺说，待他们返回华盛顿之后，他会将改革计划的更多细节向总统内阁和盘托出，最后再付出行动。不过沃尔克坚信，这场有关运作程序的改革是事关货币政策的技巧性问题，只有美联储自己才能最后拍板。

从法律程序来讲，美联储主席没有常规义务必须向白宫交代任何事情，也不必对白宫的反对意见过于当真。然而作为一件关乎政治关系的事件，沃尔克需要知道卡特白宫到底会对改革做出怎样的反应。如果利率出现急剧上升后总统对其表示出不满，再联合其他代表和参议员的反对呼声，那么沃尔克无疑会陷入党派之争的泥潭。

"如果他们参与到游戏之中并且保证不会泄露半点风声，那么他们就有资格知道我们正在做些什么，"沃尔克说道，"你会对他们的感觉产生浓厚兴趣，你会想要知道他们是反对还是赞成。这或许会影响到行为本身的可靠性和持续性。你会关心那些提议中暗含的反对力量是否会破坏和削弱你所做的事情。"

沃尔克与两位卡特内阁成员的非正式对话彰显了美联储与联邦政府其他部门间模棱两可的关系，即与由选举产生的总统和国会。这种关系体现在有形的法律法规和责任义务之中。他们之间的界限模糊不清，又带有强烈的主观性，即完全由政治判断所决定。在每一个重要场合，美联储主席都不得不在展开行动之前对行动加以详细阐述，任何一个由选举产生的政治家都会在确保自己参与大事件发布或展开新一轮竞选运动之前衡量自己是反对还是赞成。美联储可以独立行动，但应该独立到什么程度呢？怎样才能避免激起过于强烈的政治反应呢？最终它又会不会被剥夺宝贵的独立权呢？

正如沃尔克所说：

"美联储是一个在某种广义界限内独立运行的机构，这种界限即是人们的理解和支持程度。对待别人的理解，你不能简单地做180度切割，而是在某种令人感到疼痛的事件发生时，别人必须要知道并理解你的目的，即是他们不能同意其中的每一个细节。如果你仅仅是达到了模糊一致的效果，那么麻烦就要接踵而至。”

尽管卡特内阁的决策者并不喜欢沃尔克的计划，但至少他们同意要想有效遏制风头正劲的通货膨胀就必须采取更加富有行动力的措施。在前往贝尔格莱德的途中，飞机先是在德国汉堡做短暂停留，在那里，沃尔克感受到一种急需获得强大支持的迫切感。来自美国的官员耐心听完了当时的西德（联邦德国）总理赫尔姆特·施密特（Helmut Schmidt）就美国迫切需要更强有力货币政策的演讲。

当美国代表团抵达 IMF 大会现场，沃尔克及其随行人员在与来自西欧的各位中央银行行长和财政大臣的交谈中同样感受到大家对美国通货膨胀的“深恶痛绝”。国际货币兑换市场上的美元价值依然在持续下跌，美国必须采取强有力的措施扭转这种下滑局面。美联储前主席亚瑟·伯恩斯发表的一场题为《中央银行之殇》的演讲则更是加重了笼罩在贝尔格莱德上空的阴霾。伯恩斯哀叹道，当与受大众欢迎的政治力量发生意见相左时，中央银行想要扑灭通货膨胀的努力不过是一场虚幻。

沃尔克提前离开了。他早先曾和其他国家的几位中央银行行长朋友讨论了其打算对美联储运作程序实施改革的计划，虽然听起来晦涩难懂，但至少获得了基本支持，因此再逗留下去也毫无意义。于是在大会还在进行的星期二，沃尔克就起身回到华盛顿。此刻，他要做的是引发一场足以在欧洲和全美国金融市场造成美元价格惊天逆转的大事件。

在华尔街的知情人眼中，贝尔格莱德事件的结果更加重了沃尔克动机的神秘性，这位美联储主席在众多怨声载道的欧洲金融家面前显得过于不和谐，最后竟匆匆返回美国，为的是要做一件惊天动地的大事。这样的猜测犯了一个细节上的错误，沃尔克早在参加 IMF 大会之前就已经下定决心要做某事；但整体上说他们还算准确地猜出了沃尔克的心思。美国政府已经接连数月遭到来自国际金融市场主流声音的讨伐，无论是美国银行家还是欧洲银行家，他们都对美元价值在国际货币兑换市场上连续下滑近一半的现实表示不满。相比那些由选举产生的政治家来说，美联储对这些批评言论要更为敏感。

从一个方面来说，疲软的美元实际上更有利于美国的实际经济，给处于国外生产商贸易竞争之中的美国出口业带来了巨大优势，即国际市场上从农业到重工业的劳动力价格优势。这就意味着美国产品输出量的增加和就业机会的增多。外国政府当然会就此对美国怨声载道，控诉美国为攫取更大份额的国际市场而有意降低其通货价格。

然而对于那些在国际金融市场上最具影响力的机构来说，这却是一场大的灾难，尤其是那些跨国银行家，无论是美国还是美国以外的国家，只要是以美元为主要交易媒介的世界范围内的“生意往来”都无一幸免。贬值的美元就意味着他们手里的美元资产在逐步失去价值。举例来说，美国超大型银行向拉丁美洲不发达国家借出几百亿美元债务，那么这些贷款全部都与美元价值直接挂钩。当国际货币兑换市场上的美元发生贬值时，这些国际贷款的实际价值就会自动下降，这样一来，国外债务人的债务重负就会减轻；美国国内的房屋购买者也会因通货膨胀而受益，唯独跨国债权人手中的资产却在日益缩水。

出于明显的政治目的，美联储官员会试图低调处理足以对其施压的国际金融力量压力。来自有关对美国国内物价通货膨胀的正面攻击会受到美国民众的普遍欢迎，即使这其中夹杂着伤痛；但为了保护货币中心银行及其他世界金融势力的资产不受损失而抬高利率，这样的做法则不那么深入人心。然而这两种情况中无论哪一个都是对同一货币政策的表达。无论其动机如何，美联储不能在抵抗国内通货膨胀的同时做到不影响国际市场上的美元价值。

星期四，美国财政部部长米勒与卡特内阁经济顾问委员会主席舒尔策返回华盛顿，并随即展开劝说沃尔克的行动。他们没有太多的时间——星期六，也就是 10 月 6 日，沃尔克将召开联邦公开市场委员会特别会议。舒尔策召开一系列紧急会议，试图劝说沃尔克不要过于激进，否则白宫很可能会拒绝。他还将事情委托给总统国内政策首席顾问斯图亚特·埃森斯塔特，请求他帮忙说服总统对沃尔克实施干预。

在接下来的两天时间里，舒尔策在会议和电话中反复劝说沃尔克重新考虑改革计划。“可以提高利率，如果你认为必要的话，”他恳求道，“但不要改变美联储的运作程序。”沃尔克力求速决，因为一旦此消息泄露出去，局面将无法收拾。舒尔策说道：“我同意美联储应采取一些强硬措施，但我反对的理由是一旦改变运作程序，你将无法回头。如果你告诉全世界美联储将以货币供给为中心并容许利率‘自生自灭’，那么你将不得不永远坚守这条原则，并且永无灵活处理的余地。”

这并不只是一个发生在两位经济学家之间的技术性讨论：舒尔策预见这场改革将给卡特总统的连任竞选带来十分暗淡的后果。“我所能看到的一切都很明显，只是不知道确切会发生在什么时候，”他说道，“我们现在正承受着巨大的通胀压力，如果美联储采取强有力的货币政策，并且许诺一旦执行后将永远不会改变，那么我们将很可能会被拖入经济衰退，并且将不可能再回头。”

舒尔策还意识到沃尔克的计划之所以能够吸引美联储各委员还因其具有政治优势。

“在美联储看来，从最广义上讲，这样的行动整体上就是一场政治行动，而非经济行动。从理论上讲，美联储可以让利率随着老天的性子自行涨落，但政治手段却达不到这样的目的。这场改革的美丽之处就在于当利率上扬时，美联储会说：‘嘿！这里没有别人，只有我们这群小孩。我们没有调高利率，我们只专注于货币供给。’这样一来他们就可以在无人能指责的情况下抬高利率。”

货币供给与货币价格（即更广为人知的利率）之间的基本关系对于经济学家来说十分明显，如果供给缩水，利率就会上扬。但对于许多非经济学家来说这个道理却并不明显，包括美国总统。事实上，沃尔克还曾就此嘲笑总统内阁的经济专家。查尔斯·舒尔策回忆道：“保罗曾这样对我们说，‘只有和吉米·卡特对话才能对我有所帮助。卡特对我说为何不能在不提高利率的情况下控制信贷激增？’沃尔克告诉我们，正是这番对话才让他冒出以货币供给而非提高利率为中心的念头。”沃尔克的话显然是在开玩笑，但这个广泛流传在美联储内部的笑话一语道破了门外汉对经济运行规律的无知。

然而沃尔克并没有屈服于舒尔策的极力反对。从另一个对其计划表示担忧的总统内阁官员那里，他也充分做好迎接阻力的心理准备。不过这位官员对美联储处境表现得更多的是同情，他就是财政部货币事务副部部长、6 个月后即将接替沃尔克成为纽约储备银行行长的安东尼·所罗门。所罗门曾在整个 20 世纪 60 年代与沃尔克亲密战斗在国际经济事务第一线，当时所罗门还在国务院，沃尔克还在财政部，他们在许多经济问题上想法十分一致。此时此刻，所罗门与这位美联储主席同样感受到迫在眉睫，他很想帮助沃尔克规避来自白宫的政治困扰。于是他建议沃尔克和总统内阁官员直接将矛盾焦点递交给美国总统，让总统同时倾听来自两方面的意见。

当沃尔克告诉舒尔策和米勒想面见总统直接阐述美联储的改革计划时，他们告诉他不必多此一举；并且还连同埃森斯塔特一起面见吉米·卡特并力劝总统拒绝美联储主席提出的改革计划。“你们这样做对沃尔克不公平，”所罗门后来向这两个人抱怨道，“沃尔克应该出现在当时的场合下并允许他表达自己的立场。”

和许多的前任总统一样，吉米·卡特并不深谙有关货币政策的问题。美国的政治领袖们并没有机会经历驾驭此类经济问题的场合，美联储向来独立的老传统鼓励美国政府内流行“将货币调控交给专家处理”的概念，这是一个政治家不愿打扰的禁区。与其他任何一位当代总统一样，理查德·尼克松曾接受过良好的总统培训，但在卸任多年后的一次采访中仍坦承自己最大的一个遗憾就是从来没有参透美联储的运作程序。[25] 大多数任职于白宫和国会的政治家们都会抱有同样的“忏悔”。正如托尼·所罗门（Tony Solomon）所说：

“没有一个总统真的懂得这些事，但对于卡特来说更麻烦的是，他还想用经济术语来表示自己懂经济。他试图让自己看起来十分理解这场技术性争辩，而实际上他完全不懂。诸如林登·约翰逊这样的总统从来不会假装自己什么都懂，他们在乎的只有自己的政治底线，他们会问：‘这样做会引起什么政治影响？利率会受到哪些影响？为了解决这个麻烦他必须要做些什么？’而卡特介入这场辩论时其充其量只是带着一个略懂经济的面具而已。”

在这次事件中，吉米·卡特的反应是什么都不做，他告诉他的经济顾问，鉴于目前自己不利的政治地位，他不可能对美联储的改革计划表示出任何抵抗。白宫没有任何选择，只能默许。这位总统已经没有能力挑战这场由美联储主席独立决定并发起的新经济学政策改革，并且正如埃森斯塔特所说：“总统是一个非常诚实的人，他坚信美国政治体系的正直。上帝，是他将沃尔克推上美联储主席的位置，因此他要和他站在同一条战线上。”

舒尔策如是解释道：

“美联储拿走了所有的‘牌’。失业率在下降，可通胀率在上升。政治力量的基础就是以美联储为靠山的所有商业和金融团体都是坚不可摧的。美元正在风雨中飘摇，白宫必须小心翼翼地‘迎合’美联储。除非想要引发一场足以导致美元更加下滑的平民主义运动，否则我们就必须小心、小心、再小心。”

两个月之前，卡特选择保罗·沃尔克几乎完全出于偶然。可如今这位总统暗示其已经向沃尔克交出控制权。此时美联储已经一手掌握领导美国政府经济政策的舵盘，在接下来的几年时间里，随着沃尔克展示出的对整个美国经济生活的强大影响力，美联储在美国体系下所扮演的真实角色将越来越为普通民众所见。他将遭到人们的谩骂，也会受到人们的赞扬，成为民意调查中最能影响美国的第二位重要人物。多年以后，人们或许可以理解 1979 年秋季是美国政治进程中的历史结合点，但不能理解的是这场决定性的“交易”竟然发生在当时已经衰弱不堪的总统的默许之下，而非官方正式的批准。

这次插曲的成功还需要美联储官员深刻的政治洞察力。暂且不论那些技术含量较高的辩论，沃尔克也在暗中做出自己对国家的政治判断：他推测美国政府一定会接纳他的计划，即对通货膨胀的持久打击，包括随之而来的经济阵痛。当然这也是银行家和金融市场最想看到的。

如果这种首创精神得到普遍民众的支持，或许民众甚至也可能极力渴望这样的改革付诸实施，那么对吉米·卡特的政治前景所产生可能性影响并无大碍。1979 年秋季，吉米·卡特已经呈现出明显的受挫迹象，他的民众支持率依然低迷，有关他的连任竞选，其政党内部已经分化成两派，可以说这位总统的政治命运已经终结在一系列事件之下，诸如他自己的错误、弱势和坏运气。无论如何，如果美联储的行动增加竞选年份发生经济衰退的可能性，那么无疑只是这位总统面临的一个新麻烦而已，针对这起改革而发动的政治攻击也就无须以美联储作为目标，一次经济衰退或许仅仅是为吉米·卡特没有连任成功增加一个新的理由而已。

沿大理石台阶拾级而上，是一间极其宽敞的会议大厅，金碧辉煌，极尽奢华，墙面镶嵌的是淡金色大理石，像锦缎一样光滑亮丽，大厅上方悬挂着巨大的枝形吊灯，地面铺设着金色条纹地板，嵌有一群金鹰保卫巨大金币的雕刻图案。7 位美联储主席和 12 位地区储备银行行长，连同其他几位经济专家，共同围坐在壁炉前的会议桌旁。与这张巨大的会议桌相比，这些德高望重的关键人物看上去是那么矮小和微不足道。

“我们被召集到华盛顿，却没有人知道正面临一件绝密的大事件，”圣路易斯储备银行行长拉里·鲁斯（Larry Roos）说道，“当我看到身旁所有同僚此刻表示绝对支持货币主义理论时，差点没从椅子上掉下来，他们当中许多人可是曾对货币主义者嗤之以鼻的。”

这场发生在星期六的联邦公开市场委员会特别会议非同寻常，会议整整持续了一天，沃尔克及其他委员耐心地反复解释有关这次具有转折意义的重大决定的细节。身为美联储主席，沃尔克也不愿做“出头鸟”，他不愿做那个提出质疑和问题，然后让其他人向其发起攻击的人。“保罗十分善于控制局势，”弗雷德里克·舒尔茨说道，“我很清楚他正在做什么。其他和他发生争论的人最终也被他说服。这一天结束时，他已经成功让全部人都信服于他。”

身在白宫的查尔斯·舒尔策仍没有彻底死心。他再次致电沃尔克并做最后努力恳求沃尔克停止改革。“可以提高利率，如果你认为必须这样做，但请不要将自己困死在一个死板的体系之下，从而引发经济衰退。”然而这位总统顾问这次并没有大声咆哮，而是向沃尔克透露，如果沃尔克执意推行改革，白宫也不会公开表示反对。

这些改革意见的引进对于联邦公开市场委员会的委员来说再明显不过，事实上他们即将产生的投票结果将把整个美国经济推向紧缩。这正是他们期待看到的结果，但沃尔克本人也向同事们吐露了自己的悲观情绪。

“其他人对我说：‘好吧，你知道这会引起经济衰退。’”科德韦尔说道，“然后我会告诉他们：‘是的，我知道。但这是你必须为过度通货膨胀付出的代价。’委员们所说的随之而来的经济衰退本来就是无可辩驳的事实。”

当天傍晚，各大新闻媒体云集美联储办公大楼，这是一次对美国公众秘而不宣的新闻发布会。美联储新闻发言人在这次发布会上全部采用专业经济用语，这对于金融交易员来说并不难于理解，但对于普通民众、甚至是大多数政治家来说却毫无意义。发言人就美联储即将对美国经济做出的改革并无实质性阐述，事实上，当有记者问沃尔克“减缓经济发展速度和解决高失业率问题所产生的最可能后果是什么”时，沃尔克有意回避了重点，他并没有透露其内心的实际愿望。

“嗯，你可以换个角度去看待这个问题，”这位美联储主席这样回答道，“我不认为这会产生什么重要影响。我只能对这场改革的结果抱有乐观态度……我想，身处这个极不稳定的世界之中，我现在所能做的最佳解释就是让这场改革能相对顺利地付诸实施。”

第4章　改革让倒霉蛋雪上加霜

金融市场就像是“一个人头攒动的集市”，艾伯特·M.乌泽卢尔（Albert M. Wojnilower）曾经这样说道。作为美国首屈一指的投资银行——第一波士顿银行的首席经济专家乌泽卢尔是少有的几位能够透过冰冷的金融数字找出模糊人性的经济学家之一。他指出，金融交易员实际上就是整日聚集在股票市场和商品交换市场的交易大厅地板上的“人群”，他们深思熟虑、说长道短，他们盯着别人盯着的股票，算计着“大多数人”会倾向于哪里。信贷市场上的“人群”就是集合起来的“电子人”，人人盯着电子大屏幕，人人看着相同的电子买价单和电子询价单，人人用电话传播着“流言蜚语”。

乌泽卢尔写道：“交易员必须且因而要迅速对所有认为别人可能会做出反应的消息做出自己的反应。至于这些消息是否具有经济意义甚至是否真实都不重要。此外，众所周知，人群效应与个人效应完全不同，前者可以对各种信息（包括传闻谣言）进行制造、传播并做出反应。”[1]

10月8日清晨，星期一，由各种人组成的交易“人群”聚集在华尔街上，他们正被自己内心的无知、茫然和些许的恐惧蹂躏。美联储办公大楼和纽约储备银行的大门紧紧关闭，原因是享受法定假期“哥伦布日”（Columbus Day）①；但整个金融市场却还在消化美联储于上个星期六发布的“惊天消息”。华尔街上一切可见的实物并没有改变，可一切又都似乎已经不同。“人群”的正常期望化成了碎片，他们知道美联储已经突然将自己丢进一个完全陌生的世

① 10月12日或10月的第二个星期一，以纪念哥伦布于1492年首次登上美洲大陆。——译者注

界，没有一个人了解的新世界。

上个星期五急速上扬至 900 点的道琼斯工业指数①瞬间下跌近 14 个点，星期二时又继续下滑 27 个点。债券价格也出现急剧下降，长期政府债券价格已下滑 2%，即每 1000 美元减少 323 美元。金价本来已经回落至每盎司 17 美元，但仅仅两天时间就迅速上涨至每盎司 49 美元。在货币市场，星期五时联邦资金利率还是 11.5% 左右，到了星期一就跳至 14%，其他短期贷款利率也随之上扬，每日开始以锯齿曲线形式不断上涨；这些对于交易员来说都是他们从未看到过的“奇异景象”。

在接下来的几周时间里，被货币交易员视为主要晴雨表以及被美联储视为控制金融市场的可靠预测标准的联邦资金利率开始呈现出“溜溜球式”的变化，即毫无规律和预测性可言的反复无常。它可以在一天之内上涨至 18%，然后在第二天回落至 14%，接着再回升至 16%，最后再突然下降至 11%，如此反反复复。当联邦资金利率猛涨至超过联邦公开市场委员会设定的底线目标时，委员会就会召开特别电话会议讨论并同意暂时容许这种“离奇现象”。华尔街上流行一种充满怨恨的幽默说法，即将美联储这种政策上的瞬间改变戏称为保罗·沃尔克的“周六夜间特价品”。[2]

美国最大的生产制造商之一——IBM 公司进入信贷市场后可谓倒霉透顶，其在寻求新资本的过程中遭遇金融风暴。一周前，IBM 刚刚宣布其发行价值 10 亿美元左右的商业票据和债券，这是作为一家美国公司来说有史以来发行的最大一笔有息债务。IBM 是美国最值钱的企业财团，这无疑是一笔稳赚不赔的投资，因此在上市最初销售异常火爆。然而没几天，局势就发生惊天逆转。经纪人再也找不到购买 IBM 商业票据的买家——即使承诺回报率达到近 9.5%，因为长期政府债券利率正在节节爬升，并首次出现翻番。作为最保险债务人的美国财政部所发行的长期债权可以保证实现更大利润的回报，那为何还要“借钱”给 IBM？就这样，IBM 近一半债券陷入停滞，已经承保一揽子交易的各大主要经纪公司不得不“吞下”4500 万至 5000 万美元的损失。

这种新的不稳定性还让其他许多人损失惨重。一位在大型投资公司工作的

---

① 是由《华尔街日报》和道琼斯公司的创建者查尔斯·道创造的几种股票市场指数之一，作为测量美国股票市场上工业构成的发展，是最悠久的美国市场指数之一。——译者注

交易员这样对《华尔街日报》说道："我的办法就是盯紧数字，然后在交易大厅内迅速完成一切交易，这样一来我就不会犯任何错误。"

星期二清晨，彼得 · D. 斯特莱特（Peter D. Sternlight）像往常一样步行去上班。从他位于布鲁克林展望公园（Brooklyn's Prospect Park）附近的家到位于华尔街中心的纽约储备银行办公室大约需要花费一个小时的路程，其间还要穿过布鲁克林大桥（Brooklyn Bridge）和曼哈顿南区几条弯弯曲曲的街道。斯特莱特是纽约"公开市场办公室"的操作者，是货币政策的首席技术专家。他身材高挑，头发乌黑，戴着眼镜的样子令人感觉既刻板又严肃；站在人潮汹涌的曼哈顿人行道上，你一定看不出他和那些普通职员或经纪人有什么分别，但正是这个人掌管着美国每日有价证券的买入或卖出，可以说他是华尔街甚至是全世界最为活跃和重要的交易员。

位于自由大街和拿骚大街交汇处的美联储办公大楼建筑，在美国官方宣传册里的描述总是能让人想起美第奇时代的佛罗伦萨宫殿（Florentine palazzo in the age of the Medici）[①]。抬头仰望，你可以看见优美的拱门正面和顶楼阳台的栏杆扶手，这是这座大楼的标志性建筑。而在华尔街看来，美联储办公大楼看起来不禁令人生畏，甚至冷酷无情，狭窄的窗子外面套着沉重的铁栏杆，灰色大理石在纽约烟灰的污染下变得"锈迹斑斑"：它既是拥有古朴建筑风格的银行，又很容易被错认成是关押囚犯的牢房。

此外，这座办公大楼还是世界金融圈内的诺克斯堡（Fort Knox）[②]。街面以下的大楼地下室多达五层，重达 90 吨的旋转铁门背后是储藏着占全世界 40% 金量的地下金库，1.3 万吨重的黄金总价值高达 1400 亿美元。但其中只有部分归美国所有，大多数黄金还是属于世界各国的中央银行，它们被小心翼翼地按国家分类，分别装在一个个单独的箱子里，当发生世界范围内的兑换交易时，这些金条不过是被从一个箱子移到另外一个箱子。即使是那些对美国怀有敌意的国家政府也会发现在美国金库内存有一定量的黄金是明智之举，因为其国内

① 4 世纪中叶，佛罗伦萨的城市生活中出现了许多精力旺盛和精明强干的家族，尤为突出的是美第奇家族，巨额财富使美第奇家族建起了一座宫殿、一座早期文艺复兴时期最为显赫的市民建筑。在美第奇时代，这座宫殿不仅是佛罗伦萨，而且也是整个意大利的人文中心。——译者注

② 美国一军事基地，位于肯塔基州北部路易斯维尔附近。——译者注

很有可能发生暴动、革命或其他影响其政权的大变动。

包括纽约储备银行在内的12家地区储备银行实际上是一个“工厂”，正如美联储官员自己所说，它是一个不断将新鲜货币运输给银行而后再摧毁旧货币的加工厂，是一个想方设法在众多银行中间流通已付支票并维持用以平衡每日来来回回的上百万笔支出账户的票据交换所。这家“工厂”的运行占用了大部分美联储员工，他们的工作必不可少，却机械呆板。

彼得·斯特莱特的“交易室”就在美联储办公大楼的8层，房间里只有大约15个年轻人在办公，却是“公开市场办公室”运行的真正大本营。他的交易员紧紧盯着电子屏幕，用电话与36个被授权在政府债券和美联储、大型债券经纪人以及12家地区储备银行之间做交易的工作人员保持沟通。这些交易员整日面对悬挂在3面墙上的11个大型电子控制板，仔细观察上面罗列的每一笔发生在全美国内的票据、纸币和债券交易数字。30年前，这间交易室的墙上只有3个控制板,这种数量上的变化极好地证明了美国国债在这几十年里的突飞猛涨。

每天清晨，斯特莱特都要在与华盛顿方面仔细磋商后决定是否该买入或卖出大笔国债，或者什么都不做。36位“秘密”交易员会待命叫价，却并不知道交易是否会成行。大约在中午11点30分时，美联储交易员会将这些人叫回办公室，宣布交易是否进行以及由哪些人买入或卖出并规定交易额是多少。而在整个纽约大大小小的证券交易所和银行里，交易员会大喊大叫地报出“新闻”：“美联储买进！”然后无数盯着美联储的观察员就会立即精心盘算这次买进将会对货币市场利率产生怎样的影响。

许多时候斯特莱特会因为某些偶发因素对银行储备金标准做出调整，在某些纯技术原因的影响下抵消货币供给中的随机转换。举例来说，圣诞节假期期间的货币量就会出现季节性喷涌，人们会取出存款以获得额外现金，或者4月15日左右联邦政府收缴大量所得税并归还大量支票账目时也会影响货币总量。有时,货币还会因银行间“应收未收款项”(float)[①]的突然激增而出现大幅度增长。假如中西部航空公司因超强暴风雪关闭机场，那么航空公司就要延期兑现美联储日航运已付支票，因此短期内这些与支票等量的货币直到支票兑现后才能真正被银行入账，从而人为地将货币供给总量“撑大”几十亿美元。

① 是地区储备银行资产负债表中的“托收中款项”与“延期支付款项”的差额。——译者注

斯特莱特就这样"拆东墙、补西墙"，其中包括以国外政府为代表、纽约储备银行操作的几笔"大生意"。这些行动让那些经验丰富的美联储观察员得以判断出美联储是否要出于技术因素或更大目的"进入市场"，例如调高或降低利率。美联储官员认为这些"防御性"调整对于维护市场稳定及自身对市场的控制十分必要，否则，交易员就要对货币量的任意涨落做出反应，无从实现信贷扩张。

诸如米尔顿·弗里德曼及其他货币主义者这样的批评家认为，纽约储备银行这种始终如一的"焊补"行为不仅毫无必要，同时也会"搅和"普通民众的银行账户，通过创造大笔交易的形式为私人交易者创造小额利益。通常来讲，斯特莱特每年都要执行价值约 7000 亿美元的短期贷款业务，而美联储的"纯收益"却还不到 100 亿美元。无论美联储买入还是卖出，36 个交易员都会获得稍微高于私人交易市场既得利益的回报，尽管这个差价微乎其微，即不超过四五个基点，以 3 个月期国库券为例，这只相当于一笔 100 万美元交易中的 80 美元到 100 美元，这几乎算不上是"暴富之财"，但即使是如此微小的差额累积起来也会在总价值 7000 亿美元的无数次交易中不断"繁殖"成一笔大数目。[3]

彼得·斯特莱特在对市场混乱和不断上升的利率做通盘考虑之后，首先想到的就是适度干预，即从受到惊吓的交易员那里"买回"10 亿或 20 亿美元以"稳定军心"。这种被称为"购回协议"的计划是美联储的标准技术手段，通过一纸协议卖出或买入国库券以扭转 3 天到 4 天后的交易局面，换句话说，储备金的暂时撤出或注入可以清除或延续一段时间内的市场状况。斯特莱特说，这一次公开市场办公室不想向金融市场注入太多的"稳定情绪"，在与华盛顿政府经济事务主管史蒂芬·阿克希尔罗德（Stephen Axilrod）慎重磋商后，他决定这一次什么都不做，他要让市场自己找到出路。

美联储经济专家威廉·C. 麦尔登尼（William C. Melton）是在交易室内奋战的 36 名公开市场办公室交易员之一，他很快就听到从货币市场反馈回来的迷惑和骚动。麦尔登尼回忆道：

"我接到一个在有价证券交易所上班的朋友的电话，他开门见山地对我说：'欢迎来到处于自由落体状态的货币市场！电子屏幕上根本就没有叫价！'他的意思是说所有政府有价证券交易员都没有十足把握判断接下来国库券利率或政府有息债券利率会发生什么变化，而在这种情况下，他们根本不会买进任何一种政府债券。”

当天下午，斯特莱特就向所有交易员宣布特殊且简短的指示，同时向他们阐述了新的运作程序。美联储将不再强硬和机械化，如货币主义批评家所愿，他们将允许利率自由浮动，斯特莱特解释道。但对于短期借贷利率变化仍做强硬控制。他强调说，新的运作程序“尚在试验阶段”。然而这些话并没有成功安抚焦躁的交易员，麦尔登尼听到有人小声说：“这里只有一只掉了100万美元的实验室小白鼠。”[4]

作为操控庞大金融市场的不具名的技术专家之一，斯特莱特在那天也经历了一次短暂的“名人”曝光，纽约一家电视台对他进行了采访，他在当天的晚间新闻里出现20秒钟，用以解释金融市场到底发生了什么。“这次经历从此给我造成困扰，”他说道，“布鲁克林的理发师和邮递员在电视上看到了我，以至于到现在他们见到我时还不停地问利率会在什么时候下调。”

美联储主席也在那一天得到些许安慰。当天各商业银行家汇聚新奥尔良召开美国银行家协会年度大会。“这些政策的出台并不是为了让你们这些银行家生活变得更轻松。”沃尔克坦承，但他许诺道，只要通胀压力显形，美联储对货币和信贷的控制就会收紧。就在一片质疑声中和众银行家举棋不定之时，沃尔克给出一个特别忠告：“美联储尤其关心的是，当货币资源有限时，银行应时刻注意避免为满足社会投机行为而进行融资，如商品市场、黄金市场和外币兑换市场。”

他补充道，银行要比美联储调控系统更了解哪些贷款是真实的经济行为、哪些贷款只属于金融投机性的买入，但这位主席再次强调他的警告：“就美国经济而言，我们很难准确分辨新信贷领域中的风险，很难看出其到底是金融投机，还是单纯的经济行为。”

对美联储新运作程序始终抱持犹疑态度的整个金融市场并没有让沃尔克感到气馁。“我想我们的改革，”他这样对一个电视台记者说道，“已经成功攫取他们的注意力，我认为这就是很有建设性的突破。”他希望，这次混乱最终会让人们树立起对华尔街的乐观态度。“许多人怀疑我们是否能够控制通货膨胀，”这位主席说道，“我希望能借此减少他们对我们的不信任感。”[5]

在圣路易斯，拉里·鲁斯召开了一场记者招待会以庆祝货币主义者的胜利。“我们欣喜若狂，”鲁斯说道，“圣路易斯的声音占据了主流。”然而某些主要货币主义经济学家却并不这么乐观。过去几年中美联储也曾宣布推出许多强有力的新政策，事实上类似于这样的改革对于他们来说并不是第一次。沃尔克的决定当然值得为其鼓掌，但他们仍然怀疑美联储是否真的会坚定地贯彻以货币增长为中心的货币政策。“我并没有发去贺电，”影子公开市场委员会主席、货币主义者阿伦·梅尔泽（Allan Meltzer）说道，“我要做的是屏住呼吸、翘首以待，希望他们别把事情弄糟。”

金融市场上的混乱和损耗仍在继续，股票市场的日交易量已突破历史水平，不到一个月，道琼斯指数就下挫 100 点。债券市场价格也摇摆不定，仅一天时间就呈现出过去一个月内的动荡趋势，截至 11 月，商业票据和政府债券价格已狂跌 2000 万美元。美元价格则稳中有升，金价在经历短暂下降后又稍有提升。短期信贷利率继续大幅度回弹，但自动固定在较之前更高的位置。存款利率不再固定，而是随市场行情有所提升，因此使储户大为受益，货币市场价格因而出现急剧上扬，仅 10 月就达到 142 亿美元，并且这种上升还会维持一年以上，从而让更多普通居民发现储蓄存款带来的利润回报。各商业银行控制下的为企业贷款准备的标准基本利率也从 13.5% 上升到 15.5%。[6]

货币越来越紧缩。尽管市场一直处于骚乱和高度“眩晕”中，美联储对货币流通量 M-1 及其他货币量的控制手段已经出现明显变化。货币增长正在稳步下降，8 月和 9 月一直在美联储内拉响警报的失控的货币膨胀终于出现令人欣喜的转变。

如果货币供给出现紧缩，那么信贷也会随之紧缩，因为新商业贷款或新客户贷款的货币供给量会出现萎缩。那么最终不可避免的就是：遍布美国的紧缩信贷意味着那些不是金融投资者或市场交易者的人，以及那些从来不买《华尔街日报》或密切留心联邦资金利率的人也要被迫改变自己的生活方式。有数百万美国民众会即刻感受到生活中的影响和变化，包括那些从来都不知道华盛顿还有美联储存在或者美联储存在有何意义的普通人。

威廉·克莱恩（William Kline），弗吉尼亚朴次茅斯的一名房地产经纪人兼房屋住宅建筑商，他在报纸上看到新闻后立即采取应急措施。首先他卖掉手上的最后一套房子，然后解雇两名秘书，开除为他工作的建筑施工主管，最后取消办公室电话。20 年来，他这家小小的建筑公司一年能建起约 25 套房子，然后再通过自己的房地产经纪人身份将其卖掉。而此时此刻，克莱恩做出决定，他将仅以房地产经纪人的角色出现在市场上。

“我看到报纸上说利率将出现反复无常的变化，”他说道，“于是我立刻做出判断：放弃建筑业。因为只要利率上涨，大多数人就不会选择买房子。”

作为一名独立的建筑承包人，克莱恩很快就会遭受池鱼之殃。如果一处新房产建成后却仍未售出，那么作为承包人，克莱恩就必须按时归还当初用于建筑成本的银行贷款，可此时的信贷成本已占到16%或更多。“最大的问题就是，如果你不能立刻卖掉房子，那么一周就要支付约100美元的贷款利息，”克莱恩说道，“而这正是我们不愿去做的。”

他的决定是明智的。他所知道的其他小建筑商虽然仍在积极维系建筑业却最终不免破产。“这些小人物过去一直得益于美国企业体系的帮助，可如今却方寸大乱、惊慌失措。”

詹姆斯·沃尔夫（James Woulfe），加利福尼亚都柏林福特汽车及克莱斯勒-普利茅斯汽车代理销售商，面对利率上升，他知道自己将面临两大问题：越来越高的信贷成本会赶走消费者，同时也会让自己用于购进存货的费用越来越高。沃尔夫立即开始削减库存量，取消一些先前本打算从底特律购进的新车型的订货单。

此外，他的销售额最终锐减50%，因此他不得不解雇总共60位员工中的20位。其销售策略也从家庭购买者转移至企业客户，因为后者可以支付得起更高的利息，甚至有能力用现金支付。“这是逼不得已的，”沃尔夫解释道，“一切只为将损失的50%销售额找回来。”

理查德·雷卡茨（Richard LeCates），马里兰索尔兹伯里的联合建筑发展协会（United Building and Development）主席，他几乎是第一时间获悉利率发生急剧上涨，却并未深谙其中的含义。“我是在做货币生意，”雷卡茨说道，“不认为自己是银行家的建筑商都是错的。”当10月末的短期信贷利率飙升至15%时，雷卡茨认为最糟糕的日子已经过去。“我以为我们挺过来了，”他说道，“我们只是稍微提了一点价、利润少了一些而已。但我的猜想还是错了。”

在过去这18年当中，雷卡茨的建筑公司总共建造并卖出3500套房子。然而在最近两年当中，他们仅仅售出一套房子，而且还是一套滞留在市场长达一年半之久的房子。

马文·贝尔格（Marvin Berger），宾夕法尼亚斯普林菲尔德的雷科汽车服务公司（Rayco Auto Services）所有人，不得不解雇总共25名员工中的近一半雇员。这是一家集汽车零备件销售和汽车修理业务于一体的公司，通货膨胀已经蚕食贝尔格的大部分利润，但他仍然不能保证在不流失客户的情况下提高价格。贝尔格道出数千家小型企业所有人的焦虑："每天早上我们都会开门迎客，打开轰隆隆运转的机器，打开装着现金的抽屉，希望有一双看不见的大手将更多的消费者抓进大门，然后凭借我们的产品和销售能力，进一步提高销售额。"

吉米·杰克逊（Jimmy Jackson），弗吉尼亚切萨匹克的一名房屋建筑商，他也感受到了同样的焦躁不安，和他一样的其他四位弗吉尼亚潮水区的建筑承包商此刻已经濒临破产的边缘。"我没有看到艰难时刻正在逼近，"他说道，"我们过了几年好日子。当好日子来临时，你就会想要得到更多的利润，因为你要聘请一个公司接待员，还要买一辆汽车，还有许多需要你去扩展的事情。这些都是你必须去做的，但你却永远无法左右经济局势。"

尽管一再削减开支，飞涨的利率仍然在威胁他的生存。"我每天都在害怕自己无法支付那些已经存在的贷款，"杰克逊说道，"你谈成一笔生意，然后辛苦地劳作，却无法控制接下来会发生什么，甚至包括你自己的行为。"

在中西部，许多农民也收到同样的信息，可后来他们当中许多人都为自己的无知付出巨大的代价。对于农民来说，他们很难及时参透美联储行为背后所隐藏的重大含义，就连许多为他们出谋划策的农场经济专家对此也是丈二和尚摸不着头脑。

"我不认为经营农场的人有必要知道美联储行动所产生的影响，"艾奥瓦合作推广服务公司农民管理决策顾问维维安·詹宁斯（Vivan Jennings）说道，"那段时间没有人认为这种行动在农业领域会产生多么重要的后果。即使是我们这里最好的经济专家，每天讨论的也都是城市企业所遭受的重创。"

为农民提供贷款的小城镇银行家同样也没有意识到沃尔克 10 月 6 日的声明将会造成怎样致命性的改变。"当我们听到这个消息时，我们说的是'他不可能做到'，"艾奥瓦阿夫顿居民储蓄银行行长尼尔·康诺夫（Neal Conover）嘲笑道，"我们本应该从现在开始就密切留意美联储的动态。我们得到了教训。"

许多农民都因此吃了苦头，他们为购买土地、扩大生产，不得不在高利息时向银行借钱，而这种做法与当时的美国经济环境完全是背道而驰。"你完全不能控制这种借贷行为，因为无法看到最终的利润回报，"康诺夫坦承道，"只能靠运气。完全出于偶然的运气。人们在 10 月 15 日决定购买毗邻自己土地的另外 150 英亩土地，而现在由于突然对这笔生意有了更加明智可靠的判断，导致他们失去了购买这块土地的优势。”

随着金融市场上利率的不断攀升，在实际经济中造成的涟漪式影响有两点：第一，房地产、汽车及其他消费品市场的许多潜在客户将会因更高的购买价而却步；第二，对于不在乎高利率却仍想购买商品的消费者来说会发现更难获得贷款。在美联储刺激下更加紧缩的信贷条件会迫使包括商业银行和信用合作社在内的信贷机构谨慎对待货币配给，他们会在众多潜在借贷人中做仔细选择，选择那些在有限借贷货币供给量条件下最具竞争力的客户，接受他们的同时拒绝其他人。

纽约化学银行也抬高借贷人必备的最低收入“门槛”，即从8000美元上升至10000美元。俄勒冈波特兰的波特兰教师信用合作社设置“奢侈品”信贷管制，即从此不再为娱乐用车、房车、家具、轮船、度假用品以及股票购买提供贷款。在伊利诺伊，有些储蓄和贷款机构停止了整个新贷款业务服务，还有些则需要更大幅度降低可用贷款量上限。

在长岛，萨福克联邦储蓄贷款协会（Suffolk County Federal Savings & Loan Association）决定，仅为在协会银行内拥有账户的长岛居民提供贷款，同时还可包括这些居民的直系亲属，但条件是必须是新近移居至长岛的拥有存款的美国公民。即使是设置如此多的苛刻条件，贷款客户依然如潮水般涌进。“我们很难满足他们，”萨福克联邦储蓄贷款协会副主席说道，“人们一听说我们可以提供贷款，就纷纷来敲银行的大门。”

而小型信贷机构则被迫必须关闭信贷业务，因为他们自身已经失去货币使用权。随着市场利率的不断增高，即使是最谨慎的储户也会从地方银行或信用合作社中收回自己的存款，转而投向有更多利润回报的市场。就这样数十亿美元源源不断流进被纽约更大规模经纪公司操控的货币市场。

弗吉尼亚州员工信用合作社（the State Employees Credit Union of Virginia）在几个月内就因储户大量撤回存款而损失近75万美元。“他们不会告诉我们要将钱投向哪里，”合作社经理兼财务主管桃乐西·J.霍尔（Dorothy J. Hall）说道，“但我们知道这些钱一定是被他们用到有更高利润回报的领域里。”在美国首府华盛顿，劳动部联邦信贷联盟（the Department of Labor Federal Credit Union）也“几近陷入恐慌”，其经理人莉娜·格雷（Lina Gray）说道。每天都会有大批劳动部员工撤回存款，却没有一笔新存款业务产生。“这就像一个人生了病一样，”格雷说道，“最糟糕的是，你甚至记不清是什么原因导致你生病。”存款总额从 130 亿美元急降至 70 亿美元，就这样合作者不得不关闭一年的信贷业务。

一直对房地产业构成支柱力量的国家存款和信贷遭到一种特别的“不祥诅咒”。银行和合作社推出的投资组合项目在很大程度上锁定在长期购房抵押贷款上，即房屋贷款利率固定在 8% 到 9%。随着通货膨胀的加剧和利率的上涨，储蓄和贷款所会发现他们的业务扩张优势消失不见；同时他们支付给储户的利息要受到联邦政府利息管理的限制，因而他们在储户那里也渐渐失去了“民心”。

这场重压将彻底毁灭令美国战后房地产业出现繁荣的中坚借贷力量——储蓄存款和信贷产业。在未来几年内，4500 家州立信用合作社中将有大批“潜入水下”，每年在挣扎中继续流失货币；到了 1983 年，将有 1000 家彻底消失。

物以稀为贵，稀缺的货币开始变得尤其珍贵，于是人们开始为货币寻找能够获得更高利润回报的“新家”。美林证券的“现款资产信托”（Ready Assets Trust）始建于 1975 年，其为所有存款满 5000 美元的普通公民提供按市场利率购买投资股份的服务。这个货币“蓄水池”就等于是重新借回货币市场上的资金并将其借给主要借贷人——销售定期存款的银行、销售商业票据的企业、售出国库券的联邦政府。在利率居高不下的年代，越来越多的储户涌入这个“蓄水池”。现款资产信托原本 160 万的股份在一年内就上升至 810 万，总价值从 80 亿美元上升至 400 亿美元。其他公司也纷纷向公民提供自己的货币市场资金，在接下来的 3 年时间里资金量翻了一番。1979 年时他们持有的货币资金在 450 亿美元左右，1982 年就上涨至 2070 亿美元。这种现象的直接后果就是大量信贷资金从小型客户（消费者和小企业主）手中转移到可以为贷款“埋单”的大型客户手中。

截至 11 月中旬，这场在全美信贷市场范围发生的大转移所累积的资金得到“红皮书”的认可，即 12 家地区储备银行为在华盛顿召开的联邦公开市场委员会大会准备的地区经济状况报告。根据各地区储备银行行长的报告，货币紧缩正在产生预期中的影响。报告摘要中提到：

> 房屋抵押贷款和汽车信贷正逐步萎缩，但企业信贷仍在继续稳步扩张，至少在部分地区是这样的……个人实际消费支出正因汽车销售的萎靡而“精神不振”，但在其他消费领域却持续呈现出弹性发展趋势……主要地区经济报告显示，房地产建设步伐放缓，现有房屋销售市场低迷……制造业活力尤其参差不齐。汽车工业正呈现出无处不在的疲软，但仍有诸多领域存在无限潜力……

不过正如"红皮书"所说，紧缩信贷对所有美国公民和企业的影响并不均衡。有些人被迫在一贫如洗中前行，可有些人根本就没有感觉到货币短缺。

"尽管利率水平居高不下，非价格借贷项目越来越严厉，信贷标准越来越紧缩，但大多数领域内的企业信贷需求还在持续增长，"地区储备银行行长说道，"很明显，资金仍然滞留在那些有能力偿还贷款的企业手中……而另一方面，房屋抵押贷款似乎更加严峻，大体上处于萎靡不振的状态……有些地区银行报告了资金的非价格定量配给，但有些银行却发现某些借贷人已经完全撤出抵押信贷市场。"

所有这些状况并没有让美联储委员感到吃惊，毕竟这正是他们所希望的——让货币政策在实际经济中发挥作用的表现。[7]

如果想要印证权力的行使是如何以最快的速度和最隐秘的方式令人类行为做出改变，那么美联储无疑是美国政府最具典型性的权力机构，当然仅限于经济行为领域。美国国会可以提高税收或授权新的政府开支，但这样的行为通常要经过数月的立法讨论才能得以实现，并且其实际效果往往也要在数月后才能令普通民众有所感知。总统要为税收和开支政策确立广义上的方向，只有在极特殊情况下才会采取紧急行动控制经济。不过，无论是国会还是白宫，他们都没有在短时间内在各方面对美国公民个人生活产生如此大影响的能力，这就是美联储的力量，其有能力发出即时信号，从而对每个家庭的财政决定产生涟漪式影响。这种民主上的似是而非显而易见：这个位于华盛顿的政府机构拥有影响普通百姓生活的最隐秘力量，却最不能为普通人所理解，因其拥有的控制力量已经被安全地屏蔽在公众视线之外。

为了更好地理解美联储的权力如何发挥作用，我们有必要再次走到抽象经济学的背后，以一种更灵活的语言来阐释货币体系。经济学家口中的货币政策通常是控制货币供给、调节银行储备金以及调整利率的一套方法，但这对于不能完全理解银行体系或宏观经济学的普通人来说等于什么都没说。但一位聪明的心理学家或许可以看穿货币体系是如何发挥作用并且能够认清其内在本质，在心理学家看来：美联储正在操作一个足以改变美国人行为的大程序。

行为心理学家对货币体系的描述有一个简单的前提：可以利用一系列可

以预见的奖励和惩罚来诱使人们做出行为上的改变。在迷宫中走错路的实验室小鼠会受到电击，如果小鼠找到正确路径，心理学家就会为了让小鼠记住正确路径而用食物作奖励，久而久之，小鼠就会懂得如何才能得到食物、如何才能不受到电击。同样的道理也适用于人类行为。一个逃课的小孩如果能做到按时去学校上课，那就会得到预先承诺的奖励：一块糖果或额外的零花钱；可一旦出现逃课行为，奖励就会被惩罚所取代。因此人类行为的改变并不受严格的指令所影响，而是受外界压力的制约。一个小孩（或是一只小鼠）有权利选择忽视某些信号而继续自己的错误行为，但最终却要为这个错误的选择付出代价。

美联储的货币政策对实际经济的影响也类似于此类法则，即为了改变债务人的行为借助惩罚或奖励手段。当美联储提高利率时，这就是一个消极的刺激因素，意在规劝消费者和企业家不要再产生新的贷款。如果他们停止资金借入，随之也就不会继续买入；这种不再借入、不再购买的财政决定累积起来就会使整个国民经济的发展速度放缓。随着不愿消费人群的日益壮大，制造商的生产积极性也会随之受到影响，引发他们降低商品价格或缩减生产规模，或二者皆有。他们会关闭商铺、解雇工人，就像受到惊吓的房屋建筑商威廉·克莱恩在获悉 10 月 6 日声明之后的反应。越来越少的工资支出也就意味着普通公民手里可花的钱越来越少，未来对商品和服务的需求也就越来越紧缩。

随着失业率的上升和个人收入的下降以及企业利润的动荡，通货膨胀的影响会变得越来越积极：制造商不必维持商品的高价，因为已经出现供大于求；工人也不会轻易要求增加工资，因为工厂正在倒闭，剩余劳动力正在激增，每个讨价还价的人的立场都在发生逆转，或者至少底气不再那么足。如果这种局面能够持续，随着个人收入的下滑，整个国民经济很快就会出现实质性衰退，商品整体产出量也会急剧萎缩。这样美联储就会最终达到其想要达到的初始目标，即商品价格的持续压力消散、通货膨胀下降。

所有这些对于经济学家来说都是显而易见的，他们将这个过程描述为“抑制需求”或“通过需求渠道影响经济”。美联储认为这种说法过于尴尬，因为美联储的功能是控制货币供给量，而非操作整个美国家庭和企业人的经济欲望。如果知道美联储是通过抑制或刺激对商品和服务的需求总额来达到本质上控制货币量的目的，那么许多普通公民都会感到困惑，或许甚至还会感到坐立不安。控制货币供给似乎略显艰涩和专业，但操纵商品价格却事关每个人日常生活的核心。

尽管如此，美联储的官方公告中根本就不想隐藏这个现实。“当经济增长速度呈现过快趋势，”美联储在年度报告中解释道，“交易货币需求量也会随之出现增长，这就会与目标货币供给量发生冲突，其结果就是造成市场利率的上升；相应的，利率上升会抑制人们对商品和服务的需求总量。”这句话的意思是：当所有潜在购买者需要的资金和贷款量超出美联储认为的健康水平，美联储就会拒绝提供他们所需要的货币，同时会提高利率。那么，相应的，利率上升会降低民众的消费欲望，对新贷款的需求也会下降，货币增长量也会减缓，直至恢复到美联储想要看到的适度水平。[8]

这就是基本运行原理。从表面上看，美联储的方法似乎具有广义性且谨慎周到。其并没有试图直接控制美国公民个人的财政决定，却通过“利率”这个诱因达到调整民众经济行为的目的。与政府政策一样，这种方法看上去通用、大公无私且不偏不倚，是对所有参与经济活动的人实行统一规范、不让特定人受益的公平原则。这的确是一个从广义角度而言的运行理论，但在真实世界运行起来情况却并不是如此。

从实际操作上来看，美联储的纪律体系是先狠狠惩罚最弱、最小的“玩家”，而最强、最大的企业则会在之后寻找机会规避消极后果。许多家庭、企业和金融机构被迫迅速改变自身行为，但有些人却依然享有继续像往常一样“做生意”的特权。用实验室迷宫中的小鼠来做比喻根本就毫无说服力，这样的比喻并不公平。

高利率所产生的真实代价会落在普通民众、银行和企业的头上，但这也要依其收入和利润水平的高低而定。最富有、最成功的个体或机构一定是遭受最小痛苦；举步维艰的企业和收入有限的家庭则一定会付出最高的代价。这就是政治不公平性的最基本体现，其不仅来源于美联储的政策，同时也根源于高利率与美国税法相互作用的程度。每一个纳税人或纳税机构，无论大小强弱，都有资格从其应纳税收入中扣除利息支付，但如果纳税人是高收入阶层，其纳税比率就要更高，因而这种利息的扣除就自然变得越发有价值。举例来说，一个企业在其税收账单中可节省 46% 的利息成本，一个富有的个人如果按最大比例缴纳税款，那么其可扣除的利息支付额，即税金节约额即可达到 50%，如果算上股票、债券及其他投资收入，节省比例甚至可达到 70%。这实际上有效削减了他们因高利率产生的近一半损失，可其他人却要为高利率付出百分之百的代价。这种差异性恒久存在，只是会随着利率的升高而尤为突显。

“麻烦是给人们造成的影响极不公平，”委员亨利·沃利克坦承道，“即使在这种程度上，一想到除去税收后的真实利率也可以看出这是有失公允的。如果你处在 50% 的税级，那么你就可以为一笔贷款减去 13% 或 16% 利率的一半，也就是说你的真实利率是小于通胀利率的。一个不赚钱的公司需要支付完整的 13% 利率，而一个赚钱的公司反而实际上纳税更少。同样，没有其他收入或处于低税级家庭的普通百姓也会遭遇同样的困境，收入越高的人受到的影响反而越小。”

这种歧视产生的第二个因素就是惩罚同一类经济玩家，即小企业家和平民消费者。利用较高利率减缓过速经济自然会对最依赖信贷“做生意”的经济领域产生即时影响，例如房地产业、汽车工业及其他诸如家用电器或洗衣机这样的耐用商品领域，这些都是美国人经常通过借贷购买的商品。事实上，大多数消费者在打算购买一辆汽车或一套房产时并不会精心算计利率产生的影响，他们只关心必须要付出的新房屋抵押贷款或汽车贷款与其实际收入的比较，即每月必须付出多少月供。如果月供上升，某些购买者就会变成市场上还不起贷款的人。小企业家，例如零售商、汽车销售商和房屋建筑商，则会受到来自双方面的“夹板气”，他们的消费者不得不借钱购买他们的商品，而他们又不得不借钱去维持自己库存的存货，例如家用电器、汽车和房屋。

正如沃利克所说：

“房地产业对高利率尤其敏感，因为房产是一个具有高度延缓性开支的商品。我可能有能力交付抵押贷款中的 13%，但不是必须现在就购买房子。在某种程度上具有相同特点的还有汽车业，那些有能力延期付款以及财政上相当有底气的人会说：‘我会继续，无论如何都要买车。’”

这种现象造成的实际后果就是信贷定量配给变得慎之又慎，即按客户价格进行配给。当美联储实施紧缩货币政策时，新信贷量的有限供给在分配时就不再是以谁最需要这笔贷款为标准，而是根据债务人未来的财政实力是否雄厚。再加上税收政策的影响，高利率反而给最强的经济团体或个人带来好处。

从本质上讲，美国政府对任何一种商品的定量配给概念与美国政治讲究的自由市场理念相矛盾。一种有利于大型企业和富足个人的货币配给体系看上去似乎尤其令人不快。除了极少数能够理解货币政策是如何发挥作用的人以外，美国政府，包括由选举产生的政治家和美联储在内，他们并不是特别想让所有普通人都了解事实的真相。

当然，资金短缺时的美联储和国会是一定会找到一种更简单明了且更公正合理的方法去分配信贷资金，一种不依赖于推高信贷价格以至于将某些人推出市场的方法。其实可供选择的办法有很多，且都很可行，例如制定银行体系条例，要求银行在分配新信贷资金时秉承更公平的原则；修改部分税收政策，以彻底清除税收对更富足人群和债务人的优势。不过，采用这些直接手段的前提是：美国政府将不得不默认这种配给方式早已以一种不甚明朗的方式在市场上付诸实践。然而没有人愿意承认自由市场事实上已经被政府操控所"污染"。

这种按照需要或其他优先因素而非客户价值进行信贷资金分配的方法，无疑会限制可用信贷资金流向大型企业或最具影响力"玩家"手中的可能性，包括金融机构和财团，因为其目的是保证房屋购买者、小型企业人和其他人公平获得其应该所得。这也正是为何大多数政治家宁可选择保持现状的原因所在。要想纠正这种不公平，他们将不得不直接向那些最具财政实力的企业巨头和个人发起攻击。

除了不公正性以外，现有体系产生的实际后果也存在瑕疵：当美联储试图紧缩货币时，其主要杠杆是直接偏向错误借贷人群，即并没有对那些一手造成新信贷产生的罪魁祸首造成约束。高利率带来的压力首先且首要落在那些最弱小的购买者和制造商头上，而造成信贷无限制扩张的元凶却是那些最强势的大型企业。为了让他们让步，美联储不得不一再伤害另一些人的心——实际上，不断压榨小老鼠的行为就是希望最终能够获得那些大象的反应，同时还要让这些强势代表和银行家可以像往常那样继续"做生意"。

10月6日，这种压榨还在继续。信用合作社和储蓄信贷联合会一直不断失去储蓄存款，最终只好关闭信贷申请；银行在凭借不断提高的信贷门槛来分配信贷资金，新的抵押贷款也越来越难以获得。然而某些金融机构及其最佳客户，即最具财政实力的货币中心银行以及主要跨国财团，却丝毫没有感受到任何压迫。

在吉拉德费城银行眼中，美联储的货币和信贷紧缩政策是一次天赐良机，意在借此击败竞争对手赢得更多的客户。"我们热烈欢迎优质企业加盟，欢迎合理定价。”吉拉德公司副总裁罗伯特·威廉姆斯（Robert Williams）说道，“这是一家由美国第 70 大银行控股的公司。我们正在做生意，以获取市场份额。”

位于旧金山的美国银行是全美最大的商业银行，也丝毫没有受到保罗·沃尔克改革政策的影响。银行信贷部执行副董事劳埃德·苏加斯基（Lloyd Sugaski）对此次改革的评价听起来积极向上、冲劲十足。“我们已经介入新的生意领域，即拉拢更多优质、有信贷价值的客户，因为这是我们唯一能够获得成长的途径。我没看到有任何改变此既定路线的必要。”[9]

这样的乐观情绪在美国大型银行随处可见。这些超大型银行并没有因为美联储的货币紧缩和信贷紧缩以及将利率推高至历史新高而被迫放缓信贷业务。相反他们将此视为一次增加其市场份额的机会。某些信贷客户的确被关在门外，尤其是那些普通消费者和小型企业人，但对于银行来说最重要的大客户，即在世界经济领域内颇具影响力的大型企业人，却在货币短缺的此时此刻急需更多贷款，而且他们还是一群有能力偿还自己迫切的信贷需求的有钱人。

10 月 6 日之后，银行信贷业务起初呈现减缓趋势，企业人和消费者均因贷款的高利率而纷纷却步。后来，也就是两个月之后，信贷扩张开始再次出现迅猛势头——看起来美联储似乎已对限制供给无计可施。“周六夜间特价品”颁布后 3 个月，各商业银行继续以年增长率 14% 的速度继续扩张其投资产品项目，这在任何季节都算得上是一种强劲表现。

这些大型银行的自信管理在其自愿向企业客户提供新信贷时甚至表现得更加明显，这些客户想要得到的是一个保证，即在货币紧缩的环境下，他们不会遇到货币短缺的困境。按照第一波士顿银行的艾伯特·乌泽卢尔的说法，这些需要付费的正式贷款承诺就是一种“看不见的货币供给”。贷款限额已经被银行合法捆绑了些许协议，以向客户承诺无论何时需要都一定会向其提供承诺资金。这些银行有信心以各种渠道找到信贷资金，无论利率提高到什么程度。因此整个 1979 年，银行信贷承诺都是在以一种令人担忧的步伐急速扩张，年增长率达到 20%。10 月 6 日美联储法令颁布后，信贷担保实际上是在以更快的速度继续增长，达到了 24%。1980 年第一季度，各银行贷款承诺的增长速度已达到惊人的 41%。

乌泽卢尔将这种现象称为“名副其实的信贷喷涌”。“这些不断增长的贷款承诺有效缓解了各公司对缺乏足够可使用资金的担心，”他说道，“1979 年 10 月的利率上涨和美联储意欲隐藏自己所施行的运作程序改革并没有起到延缓经济过快发展的目的。”[10]

美联储官员对这样充满矛盾的发展结果感到十分难过，却也在意料之中。在过去15年时间里，这样的现象早就已经发生过，尽管并不这么激烈；但之前的几次货币紧缩政策也产生了同样的效果：受到限制的货币供给和信贷供给达到高峰，大型银行陷入混乱，纷纷采取措施保护自身及客户免受货币短缺的影响。这就要求银行首先要定量配给资金，选择适度抛弃实力不够雄厚的债务人，即小企业家或其他更具风险的人群，这个阶段被银行家称为“提高客户质量”，以保证信贷投资项目实现利润回报。再者，银行必须尽可能寻找到更多的货币。如果美联储执意不增加整体“蓄水池”的水量，那么他们就必须自己想办法找到水源。

由高利率引起的不公平结果也早已存在。较弱的“游戏玩家”是首先承受货币政策“需求方”影响的人群，即由于高利率而无力偿还贷款的人。但他们同时还要承受来自“供应方”的压力，或许这种压力更为严重，即银行贷款定量配给的门槛越来越高。即使是那些有能力支付高额利息贷款的消费者和小型企业人也会发现他们仍无法获得贷款。

20世纪70年代出任美联储委员的安德鲁·F. 布里姆（Andrew F. Brimmer）一直对此忧心忡忡，他还就此提出一个解决办法，即利用储备金必备量对银行信贷投资项目进行限制，从而迫使银行以更公平的方式将新信贷资金分配给潜在客户。布里姆抱怨，目前的信贷体系不仅不公平，而且还破坏了美联储自身的初衷。

> “有关商业银行的信贷行为，尤其是大型跨国金融机构，其中一个不可避免的现象就是更着重优先满足那些大型财团企业客户的信贷要求，而非其他群体，”布里姆写道，“正是由于这种强大的客户关系网的存在，事实上银行设定的优先考虑权并不以满足普通民众的整体利益为目标。”[11]

其他委员以不能实现为由彻底否决了布里姆的建议。他们认为，私人银行体系必须有权对新信贷资金设定优先权，即使最终这些银行的行为后果与美联储的初衷背道而驰。

当货币出现短缺时，老谋深算的银行家会想方设法获取更多资金，无论价格疯涨到什么程度，总之可以做到满足新贷款业务的实现。一般来讲，他们会全部售出政府有息债券以达到信贷资金的增长，或者凭借自身的储蓄存款能力抬高市场利率，事实上，他们吸引来的储蓄资金正是来自从信用合作社和州立信用合作社中逃离的储户。

这些银行家还可以从美联储那里借来更多的货币，他们只需将电话打到12家地区储备银行的贴现窗口就可以实现借款。10月6日之后，贴现窗口的货币借出业务曾短暂出现高峰，日交易额超了30亿美元，几个月之后逐渐回落，后来又再次出现日交易额达35亿美元的小高峰。正如银行家自己所说，自从美联储决定将贴现窗口利率提高到12%，他们几乎就再没有勇气“去窗口排队”；当货币市场上的短期借贷利率上弹至18%时，银行家就又找到一个借钱渠道，但同时仍没有放弃与美联储就贴现窗口利率讨价还价。

无论这是真理还是神话，总之美联储的贴现借贷就是主宰私人银行生死命脉的强大力量。如果银行过于依赖其在贴现窗口的特权，那么美联储只需通过拒绝其信贷要求的方式就足以令银行陷入危机，甚至可能破产。从实际意义来讲，中央银行几乎从未在贴现窗口说“不”，其可以斥责一家银行，或者对银行加以严密审查，或者直接告诉银行“离窗口远一点儿”，直到银行正常业务得以回复。但美联储就是不会轻易拒绝贴现借贷，除非其可以认定某家银行已在劫难逃。美联储的初衷是防止银行破产，而不是造成银行破产，这是每个富有野心的银行家所深谙的事实。

对于银行家来说，还有一个新货币集结渠道尤为重要，那就是美联储未加控制的境外美元“蓄水池”，也就是被称为“欧洲美元市场”的“三不管”资金。对于那些超大型跨国银行来说，即可以通过自身驻外分支机构获取境外美元使用权的金融机构，欧洲美元的借入是一种可以规避美联储货币紧缩政策的最好方式。大通曼哈顿、花旗、摩根担保信托以及其他几家大型银行纷纷从“近海海外”借钱以提供其自身在国内的信贷资金，同时还会将这些资金重新借给地区银行，因为后者自身没有权力使用欧洲美元市场上的货币。

据摩根银行统计，欧洲美元“蓄水池”可积蓄多达8000亿美元的资金。[12] 这些资金并不受中央银行发行的储备金必备量的制约，也不受其他政府管理的控制，因此欧洲美元“蓄水池”成为吸引跨国银行的宝地，包括来自国外和美国的银行家以及来自全世界的企业财团，这里永远都是他们“停靠”货币的最佳场所。事实上，“海外”这个标签在很大程度上不过是一笔虚账，欧洲美元在纽约花旗或芝加哥银行交易时与其在伦敦银行交易一样便利容易（1981年美国跨国银行被允许在美国操作这种“三不管”的“国际银行业务”，虚账的说法几乎被弃用，也就是说，一家美国银行的驻海外分支机构终于可以名正言顺地在本土运转国际银行业务）。

就货币政策来说，欧洲美元市场的关键点在于它可以为大型跨国银行提供一个安全阀门，即可以保证当国内货币持续紧缩时银行依然可以实现信贷资金的增加。以这种方式流入美国经济的资金中有一部分会以国内储蓄存款的形式露面，因而其可以被计入美国货币供给，但其余大部分并不如此，因为这些资金在美国银行的海外分支机构或美国企业财团的海外分公司账目上均是以“信贷”形式出现的。

对于商业银行来说，欧洲美元市场是一个安全阀门；但对于美联储来说，它却是水管装置中的一个大漏洞。当国内信贷短缺、利率提高时，这部分资金会顺利流入美国金融体系；而当货币出现供大于求时，它们又会再次流出“水管”。无论是哪一种情况，美联储都无从对其加以控制。即使是美联储内部的经济专家也不可能精确算出这个来自海外的大漏洞到底有多么庞大，但据美联储委员沃利克的估计，1978年海外资金流入总量可达到近500亿美元，他说道，这笔“进口”货币“无论从任何角度或以任何作用来讲，都可以看作美国货币供给的一部分”。

一个500亿美元的漏洞事实上相当于在M-1总额的基础上再增加15%，而M-1这个最基本的货币流通总量被美联储视为美国货币供给的最基本衡量手段。权衡之后，美联储于是试图将M-1控制在增长率不超过5%的水平上；经济专家也渴望大致估计出流入境内的欧洲美元的数量，然后加以补偿。“如果我们忽视它，”沃利克说道，“那么包括美元和欧洲美元在内的整体美元供给增长速度就会比我们预想的快得多。”

然而，鉴于现有的既定体系，美联储能够做到的只是抵消银行海外资产负债表中的“进口”货币。沃利克这样坦承美联储的顾虑：

“当然，美联储可以为了保持国内美元和欧洲美元在正确轨道上运行而对国内目标做出调整。但随着欧洲美元市场的发育，美联储不得不为了抵消欧洲美元的扩张而压制日趋严峻的国内货币和信贷供给压力，这对于美国国内经济，尤其是无权使用欧洲美元的美国借贷人来说，无疑是在制造困境。”[13]

10 月 6 日大会，美联储委员一致通过采取微量提高储备金必备量的方式来控制银行的管理型负债，意在堵上这个巨大的漏洞，即提高那些从海外借入欧洲美元作为信贷资金的银行借贷成本。然而这个做法似乎并没有产生多大影响。

这种对管理型负债的新控制手段也存在漏洞，并且很快就被银行发现。在 1979 年 10 月由摩根担保信托出版发行的《世界金融市场》（*World Financial Markets*）一书中详细阐述了企业借贷人如何规避这部分额外成本的方法。跨国企业可以从海外银行借钱，因为这笔钱不受新储备金必备量的“管辖”，或者也可以继续从美国银行借钱，但要采用不同的记账方式。“美国企业的海外分公司有权因信贷业务接近海外银行，包括美国银行的海外分支机构，然后将这笔钱再借给其位于美国的母公司，”摩根银行解释道，“通过这种方法，国内借贷人就可以规避因微调储备金必备量而产生的额外成本。”[14]

美国某些最具实力的银行还可以做到对 10 月 6 日美联储发布的另外一点声明置若罔闻，即美联储发出的银行需警惕投机性信贷的警告。据《华尔街日报》报道，在这些银行收拢资金的过程中，“大多数人口头上表示会听从美联储的建议，尽量避免投机性信贷，但行动起来却是另外一回事”。

花旗银行执行委员会主席爱德华·L. 帕默（Edward L. Palmer）自信满满地对《华尔街日报》说道：“储备金量的微调和警惕投机借贷人的警告，这些都一定会飘散在迈阿密的太阳之下。”[15] 在随后的几周时间里，花旗就向得克萨斯石油商纳尔逊·班克·亨特（Nelson Bunker Hunt）及其兄弟赫伯特（Herbert）以及其名下的石油公司抛出总价值 1.15 亿美元的贷款，然而亨特兄弟转身就用这笔钱全部买下当时价格正在猛涨的白银。兄弟二人实现贷款的隐秘目的导致世界白银市场发生巨大逆转，也正是这个举动使得他们控制了世界银价，造成实际意义上的垄断，逼迫其他投资人濒临破产。

美国银行和经纪公司不顾沃尔克的警告，携手外国银行缔造了历史上最具冒险精神的一次投机赌博。8 月，美国银价为每盎司 10.61 美元，到了 12 月底就几乎翻了 3 倍，而次年 1 月已达到每盎司 52 美元的高峰。虽然这次的价格猛涨是通货膨胀的必然结果，但也可以说是亨特兄弟全球收购行动的“衍生品”。最终，他们总共聚拢超过 1.29 亿盎司的白银。尽管已经是达拉斯最富有的石油商人，但亨特兄弟却通过借来的钱变成全世界几乎最大的白银囤货商。

除了花旗，芝加哥美国第一银行也向亨特兄弟直接提供了 7000 万美元的贷款，此外还有达拉斯美国第一银行的 3500 万美元及其携手另外 29 家银行向亨特兄弟的石头公司注入的4.5亿美元，以保证亨特兄弟购进白银的资金顺利到位。另外，许多大型银行还以间接形式向经纪公司提供信贷，得以让亨特兄弟购进大量“证券”。银行将钱借给经纪人，经纪人再将钱借给亨特兄弟。以经纪公司贝奇－霍尔西－斯图亚特（Bache Halsey Stuart）为例，其为亨特兄弟用于购进白银总共抛出2.33亿美元的贷款，最后这家公司因白银泡沫破裂，亨特兄弟无力偿还贷款而濒临破产；而此次提供银行信贷支持的还有芝加哥美国第一银行、银行家信托公司、欧文信托公司等等。另外，E.F.赫顿也投入了1.04亿美元，美林证券也借出4.92亿美元。[16]

联邦咨询委员会曾向美联储委员保证，各商业银行一定会听从美联储有关投机信贷的警告。“对投机性经济行为的借贷正要避免，包括对奢侈品、黄金和外汇市场的投机，”银行家在11月大会上这样保证道，“但我们不太清楚这样做有什么重要性。任何一个时期里大多数银行都没有直接向这类投机行为提供过贷款……”[17]说得好听一点儿，这样的保证根本就是无稽之谈。

后来有证据显示，美联储主席保罗·沃尔克当时并没有意识到局势会向完全相反的方向发展。尽管沃尔克和其他委员早就听到“谣言”，也有银行家含沙射影地告诉他们美国正陷入投机狂潮，报纸也对亨特兄弟的怪异举动做过大量报道，但这位主席无论如何也没有想到整个美国银行业正串通一气制造这场大规模的投机行动，直到1980年3月末银价泡沫彻底破裂。

3月26日，沃尔克在接到一个十万火急的电话之后宣布召开美联储大会。电话是全美顶级经纪公司之一贝奇公司的一位绝望高管从纽约打来的，他恳求美联储能够介入这场濒临崩溃的大事件。他在电话中告诉沃尔克，贝奇公司将因狂跌的银价而宣告破产；由于持有的白银价格急剧下滑，亨特兄弟将无力偿还“追加保证金”，后者必须集结更多现金来支付其数目庞大的贷款。如果亨特兄弟不能实现现金集结，贝奇公司将走向毁灭。最后沃尔克还被告知：将有一大批主要银行也会因此蒙受巨大损失。

之后，美联储官员并没有因为各银行对自己警告的忽视而大惊小怪。“我们可没妄想自己的规劝会变成金融市场上共同抵制的力量，”委员沃利克说道，“私人银行家或许会对我说：‘我们本想遵循你的指示，不去提供这些贷款，可市场上所有人都这样做，于是我们也就没有理由不跟着做。’”然而如果美联储愿意采取实际控制手段对银行贷款投资项目加以约束，那么就本可以轻易阻止商业银行施行包括白银在内的投机贷款业务；相反，中央银行依靠更多的是警告和劝告以及自发自愿的顺从，那么对于银行来说，他们当然宁愿冒险将几千万美元的贷款借给亨特兄弟用以白银投机。

毫无疑问，联邦咨询委员会中的商业银行家针对的只有一点，那就是如果国内货币供给长时间紧缩且利率居高不下，那么早晚都会出现美联储想要看到的结果，即整体国民经济陷入紧缩，每个人对新借贷的欲望会下降，那么到时经济竞争性也会随之减弱，弱肉强食的不公平现象也会大大减少。

美国经济就像是难以驯服的公牛横冲直撞、焦躁不安，疯跑起来根本不受美联储尽心竭力地控制。截至 1980 年 1 月，显而易见，美国经济并未如预期的那样放慢脚步，数月来一直猜测和预计的经济衰退也并没有发生。相反，美国经济反而出现喷涌性上升，重新显现强势劲头，恢复初秋美联储委员一直担心的局面。这就好像是美联储已经晃动手中沉重的大棒，但只是瞬间吓到了这头撒野的猛兽，然后美联储再用“利率”这个尖锐的长钉刺向它的膝盖，最后公牛忍不住腾空飞踢，为摆脱攻击，它只能继续疯狂地向前奔跑。

尽管美联储委员对此极为慌张和不安，但这样的局面也让人看到一个令人欣慰的事实，其再次证明美国经济具有无限潜力和巨大弹性，而这一点往往会在有关美国经济表现的公开讨论中被人所忽视。政治领导人和经济学家，包括普通民众，总是将焦点放在委屈、不满和灾难上，他们并没有想到美国经济所潜藏的巨大能量。

不过此时此刻，这头受了惊四处乱窜的公牛就像是一头疯狂的野兽。通货膨胀的压力依然在迫使焦虑的人们用借来的钱大量购物，并且已达到极度癫狂的程度。油价再次疯涨，利率再次升高，抵押贷款成本再次攀升，一月 CPI 指数年增长率已达到令人震惊的 16.8%。一切麻烦蜂拥而至：美元继续下跌、物价飞升创历史新高、初秋每盎司 400 美元的黄金几个月后就翻了一番（达到每盎司 875 美元）、银价增长 5 倍、债券和股票市场继续蒙受新的损失。

令保罗·沃尔克和美联储头疼的是历史上还未出现过类似的先例。短短几个月的时间，美联储就已经将货币价格提高两倍，尽管这其中包含错综复杂的专业性，却是沃尔克推行运作程序改革必不可少的手段，即在颠簸中大幅度推升利率。几个月之前，美联储委员还在就利率上升 0.5 个百分点争论不休，可如今美联储就已经将联邦资金利率从 11% 推高至 20%，其他短期借贷利率也随之迅速上升。

然而，对利率最为敏感的房地产和汽车两大经济产业的下滑却并未阻止实际经济的持续扩张。截至 1 月，汽车销售量已下滑至 1975 年来的最低点，新房屋建筑量也已缩减近 20%。但其他产业的消费者消费势头仍然强劲，即使当时失业率已经抬头、个人收入正在下滑。唯一的解释就是债务：美国家庭正在用更多的债务来补偿日益缩水的收入，16% 的通胀率让借钱看起来仍是一笔划算的交易。

美联储控制货币流通总量的新方法实际上在最初还是颇见成效的。10 月和 11 月的货币增长出现大幅度下降。之后随着银行借贷和经济行为的“介入”，货币供给重现增长势头，在 12 月和次年 1 月呈现快速增长，此时新的运作程序和美联储的初衷已经被市场抛诸脑后。截至 2 月，M-1 增长率已经达到 9%，几乎重新又回到了 9 月的水平。

对于美联储来说最为糟糕的是：沃尔克内心产生的心理冲击来自他本以为 10 月 6 日改革之后一定会呈现出喜人局面，却并未发生。这位主席本希望美联储的这次“大动作”会转变金融市场对未来通货膨胀是否会得到遏制的怀疑，重新建立起信心的投资人会不再迫切需要长期信贷的“通胀保险金”。“所有这些愉快的设想，”沃尔克坦承，“都没有实现。”

联邦咨询委员会在 2 月大会上也表露出同样的沮丧感。银行家说道：

“委员会对美联储一直以来所做的抑制经济增长过速的努力十分认同……不过，由于美联储的声明和现实结果之间存在悬殊差异，并且无论这种差异性是有意为之还是无心之错，总之金融市场对美联储下定决心长期执行的既定政策产生了些许怀疑。加上总统竞选和潜在经济衰退的影响，这种质疑尤为加深。”

从金融市场上反馈的另外一个信息是这样一个问题：如果美联储将利率推到历史高度后却未能有效减缓经济过速，那么利率到底应该被推到什么位置才能达到这个效果？10 月 6 日推出改革设想时，美联储委员并没有想到利率竟会在后来一路上升至 16%，而这显然是错误的。“美国经济对高利率的免疫力已经达到无法想象的程度。”委员沃利克坦承道。

沃尔克对此表示同意。“有一点事实必须承认，那就是信贷业务在这段时期内一直在流动，”他说道，“我认为还有一点事实必须重视，那就是利率的历史性重大调整的确可怕，这些人告诉我们，他们愿意在这些利率的控制下继续借钱，因为他们从不对遏制通货膨胀抱有希望。”[18]

沃尔克将其称为“追尾现象”。以房地产为例，在更高利率的影响下其已经遭受重创，但债权人仍会惊异地看到仍有如此多的家庭愿意在 13% 或更高的房屋抵押贷款利率下买房。“这或许并不难于理解，”沃尔克说道，“只要你能意识到房屋价格已经持续上涨了 15% 或更多。”

这些压力不会持续太久。美国经济已经逼近最后的喷发性高潮，这就像蒸汽机最后要冲破安全阀门、发出爆裂声一样。不过这样的高潮发生在何时以及以怎样的方式发生却不甚明朗。联邦公开市场委员会 1 月大会会议记录中表达了这种困惑：“通过对一系列经济数据的判断，美国经济似乎已经开始进入降速阶段，不过就目前来看这种降速还要再延迟一段时间才能出现。”换句话说，经济衰退或许已经开始，又或者可能在 6 个月之后才开始。

联邦公开市场委员会委员还要做出另外一个不愉快的决定。他们到底应不应该抵抗这种新出现的喷涌和不断上升的压力？如果抵抗，那就意味着继续提高利率，这在 10 月的他们看来是绝对不敢想象的。如果不抵抗，那么金融市场的质疑将得到印证，即通货膨胀将继续肆虐。

2 月初，联邦公开市场委员会同意继续适度紧缩银行储备金，但大多数人认为决不能让当时一直徘徊在 13% 的联邦资金利率突破 15.5% 的临界点。委员会中两位最重要的“鹰派”人物委员科德韦尔和沃利克表示反对，他们认为这样的调整还远远不够。

他们是对的。两周后，货币流通总量增长速度加快，联邦资金利率上升至 15%。沃尔克通过电话召开联邦公开市场委员会特别会议，12 位委员同意继续紧缩银行储备金，突破临界点 1 个百分点，即将联邦资金利率上调至 16.5%。

然而这还远远不够。3 月 6 日，美联储再次下达新的管制措施，将联邦资金利率上调至 17%。之后沃尔克再次召开电话会议，联邦公开市场委员会于是再将利率升至 17.5%。第二天，沃尔克不得不重蹈覆辙，提议将联邦资金利率升至 18%。联邦公开市场委员会再次屈服，不得不根据现实允许做出调整。最后，利率被锁定在 18%。这与 10 月初美联储首次打响遏制通货膨胀战役时的联邦资金利率相比，已经整整高出 50%。

然而各商业银行依然继续加大步伐不断催生新的信贷业务。他们发现，即使银行信贷利率会随美联储操控下的货币市场利率上升而水涨船高，但仍有许多客户表示愿意贷款。短期信贷最低利率已经从 18% 涨到 19%，再涨到 20%，而 9 个月前的 1979 年夏，这个数字仅为 12% 以下。也就是说，借贷基本成本，即货币价格，几乎已经翻了一番。

经济衰退依然没有出现。经济学家一直在反复预测它的到来，却拿不出明显证据证明它什么时候会来。10月时自吹自擂的美联储此时意外陷入萎靡，金融市场上谣言四起，人们更加相信政府的介入控制已经在逼近。

“一直在累积的悲观主义此时出现波动，”美联储主席保罗·沃尔克承认，“人们越发感觉到局势正在失控。”

美国政界的反应却出奇的平静，尽管保罗·沃尔克改革后的严峻局势一直“如火如荼”。无论是国会还是白宫，民主党领导人似乎也陷入了困惑和分歧，他们也不能确定到底是该发起攻击还是保持沉默。10月19日星期五，也就是美联储宣布改革后的第二周，参议院多数党领袖、来自西弗吉尼亚的罗伯特·C. 伯德（Robert C. Byrd）表明自己对此的担心和忧虑。这位参议员承认，美联储的新举措的确富有积极意义，但紧缩货币和抬高利率的做法听上去与1974年共和党推行的背水一战的遏制通货膨胀政策十分相似，即都会引发一段长时期的严重经济衰退和大规模失业。参议员伯德宣称：

“试图通过让大批人失业以及让大量工厂和矿厂倒闭的办法来遏制通货膨胀或保护美元，这是一种极度绝望的策略。

“美国国会将对此密切留意，以确保1974年到1975年的经济大衰退不会在1979年和1980年重演。我们将时刻保持警惕，看清一直在为无生产意义的投机性投资编织大网的美联储是否同时也会限制信贷流入关键且富有生产力的经济领域。

“我们将着重观察这种改革对极度依赖信贷市场的小型企业所产生的影响，还会留意信贷紧缩对‘第一受害人’——房地产建筑产业所产生的震动。美国国会将密切观察银行家和经纪人对美联储紧缩‘信号’产生的反应。”

就国会政治学而言，这位参议员的发言其实是在发出一个非常礼貌的警告。这位参议院多数党（民主党）领导人是在通知保罗·沃尔克和美联储：如果美联储的手段过于强硬，其将会得到来自美国国会执政党的强烈反对，而后者将有权通过最终立法对这个独立的中央银行实施约束。

然而，就在下一周伊始，另一位重量级参议员就起身捍卫美联储并对这位多数党领导人表示严厉斥责。他就是参议院银行委员会主席、来自威斯康星州的威廉·普罗克斯迈尔（William Proxmire），其一直强烈支持沃尔克的改革提议，虽然承认美联储的做法是“一剂猛药”，但认为美联储勇气可嘉。“在美国经济需要猛药的时刻，在其他人都不愿或不能挺身而出的时刻，”普罗克斯迈尔说道，“我们应该支持美联储的行为。因为美联储没有别的选择。”

参议员普罗克斯迈尔可以产生特别的影响力。不仅是因为他带领委员会仔细审查了货币政策的疏忽和漏洞，还因为他是美国国会中少有的能够理解美联储改革的人之一。在一次关于通货膨胀和利率的简短演讲中，普罗克斯迈尔并没有指名道姓地点明他所说的就是参议员伯德，假如通货膨胀率是 15%，那么一个投资人按 10% 的利率借出 100 万美元，每年就会“损失”5 万美元。“你不要以为这个债权人是个十足的傻瓜，”普罗克斯迈尔说道，“他迟早都会从低利率借贷中抽身，转而投资奢侈品和房地产。”

> “这样的政策会引起阵痛，”普罗克斯迈尔强调道，“任何宣称在不会造成更多失业或更大经济衰退的前提下就能推行这种政策的人不仅是在欺骗别人，也是在欺骗他自己，因为不造成更大规模的失业、不让某些企业无可选择地关门倒闭、不让农场产生严重损失……这样的改革就无法推行下去。
>
> “正如我所说，如果站在牺牲大多数人的角度上看，这的确是个糟糕的政策，因为它会伤害许多美国人，甚至可能是几百、几千、几百万个美国人。但我们必须二者选其一，除非我们能说我们真的、真的不在乎是否会战胜通货膨胀……”

这样的责难让参议员伯德第二天就重新站在了参议员的演讲台上，他语调温和，并向美联储表现出更多的慷慨和宽容。

“我相信我们需要给美联储一个实施改革的机会，”参议员伯德坦承道，“我没有理由现在就宣布它是一个失败的政策。从本质上讲，其到底是成功还是失败，要完全依赖于其实施过程中的智慧和远见。”[19]

参议员伯德对货币政策的这种短暂突袭极具独特性。美国国会中的其他人虽然也对此表示担忧，却并未固执己见，而最具影响力的自由主义代表人物——参议员普罗克斯迈尔和众议院银行委员会主席、众议员亨利·罗伊斯一直对沃尔克的“战役”赞赏有加，称其“极具建设性”。在这种压倒性的称赞面前，某些人心里潜藏的批评之词也就被硬生生地压了回去，包括艾奥瓦州的农民和弗吉尼亚的小企业家。国会议员根本就不能完全理解这些经济上的专业术语，因此也就无从发表中肯的评价。因此许多人宁可支持普罗克斯迈尔的说法，即如果国会不打算对通货膨胀本身采取行动，那么就在美联储攻克这座堡垒时闭紧嘴巴。

在这种环境下感到十分拘泥的某些政治家于是试图在自己所能理解的范围内大做文章。就在美联储宣布推行改革后不到一周，美联储就发现货币供给中出现37亿美元的非正常喷涌，在对这部分非正常资金执行撤销的过程中，美联储发现“凶手”竟然是一家举足轻重大的大型银行——汉基信托银行，原因是其误报了银行的实际储备金量。于是众议院银行委员会召开特别听证会，调查此次毫无技术含量的偏差究竟源于何处。

“当美联储变得不可靠时，美国人民就不能完全指望美联储，”来自爱达荷州的众议员乔治·汉森（George Hansen）怒吼道，“你怎么向那些因利率、贴现利率和缺乏可用资金而受伤的人解释这仅仅是一个失误？美联储内部的经济‘医生’竟会如此粗心大意，竟会算错货币供给量，并且还是近40亿美元的误差？”美联储副主席舒尔茨极有耐心地忍受了这些连珠炮似的攻击和指责，这些委员用自己的满腔热情恰到好处地证明了他们本身会成为美联储的密切监视者。[20]

在白宫，总统对美联储改革政策的反应似乎也是充满困惑和回避性。在一次新闻发布会上，吉米·卡特对美联储的表现表示出模糊的认同，但试图直接将注意力转移到他自己的反通胀努力上，即有关工资和物价的新“国家记录”。然而他的努力却宣告失败，这些记录最终烟消云散并很快就被人们遗忘。卡特的政治未来顷刻间受到来自参议员爱德华·M.肯尼迪的威胁，这位来自马萨诸塞州的自由主义民主党领导人宣称他将在1980年挑战执政总统，出任民主党总统候选人。肯尼迪对卡特内阁的指责主要集中在其失败的财政政策，抱怨卡特拒绝增加自由主义者拥护的国内社会项目经费。不过最新一项盖洛普民意调查结果却极具讽刺性：在遏制通货膨胀方面，肯尼迪的行动能力仅以2:1的微弱优势胜过卡特。

在圣地亚哥举行的美国建筑贸易联合会例行大会上，卡特极力撇清自己与美联储的关系。“我对他们认为只有造成上百万人失业才能遏制通货膨胀的想法表示极力反对，”这位总统宣称，“这种做法在我之前的美国内阁中也曾经有过，但我可以向你们保证，我绝不会以你们的工作为代价与通货膨胀作战。”

后来，在新泽西接受一家电视台采访时，卡特被问到美联储是否在提高利率的道路上越走越远，这位总统回答道：“正如你们所知道的，我不能控制美联储，根本就不能。它小心翼翼地绝缘于总统或国会的影响力。这是几代总统必须面对的现实，我想这是明智的。”[21]

在白宫内部，忧郁和失望几乎可以触摸。10 月 31 日，卡尔主持召开全体参议员会议，出席会议的包括其经济顾问、副总统沃尔特 · F. 蒙代尔（Walter F. Mondale）。与会的经济学家就他们各自对美国经济的展望做出简要概述，并无一例外地推测了未来的严峻局势。

经济顾问委员会委员莱尔 · 格拉姆利表示，1980 年将会出现适度的经济衰退，失业率将增至 8%。尽管这种糟糕的前景预测中加入了太多的个人情绪，但经济顾问委员会主席查尔斯·舒尔策则更显悲观。他告诉总统，失业率将达到 8% 至 8.5%，1 月至 2 月的 CPI 指数将勇攀高峰，达到 17% 至 19%，同时还会伴随更高的利率和更加严重的经济衰退。

总统很失望。难道没有别的选择可以避免让经济沦落到这种动荡的地步吗？他问道。舒尔策说道，短期之内不可能，至少依靠常规办法不可能。

副总统蒙代尔终于开腔，他显然被这些严峻的经济预测吓得不轻。他说道，如果再不做点什么，美国经济将让卡特总统的明年竞选陷入绝境。

总统表示同意。白宫的经济学家已经稍稍勾画出 1980 年的内阁变化。现在必须找到解决办法，采取积极的行动至少可以让他带给美国公众希望。

经济学家却选择退缩。现在不容易找到解决办法，其中一个人说道。于是吉米 · 卡特不得不施压，一切还没到山穷水尽的地步，这位总统坚持道，只要给出一个方案就行，即使没起到作用，至少能让美国人看到希望。

在舒尔策的带领下，经济学家罗列出些许的非常规解决办法，即强力控制工资和物价水平，或大力扩张信贷，制定新的税收政策，强制约束企业和劳动力就业规模，推出新的燃油税制度或解除对油价的管制，以降低能源消耗。

总统命令工作人员立即起草方案，尽可能包含上述全部经讨论决定的最后解决办法，进一步收紧财政预算，以证明美国政府正在实施财政紧缩，推行新的燃油税制度，等等，总之这套由政府推出的管理政策旨在对通货膨胀造成的压力予以痛击。

10 月 31 日的严峻预测后来被证明是准确无误的。但卡特要求实施新策的行动却在接下来的几个月里毫无进展。因为 4 天后突然发生的一次新危机彻底扰乱了白宫。11 月 4 日，一群由学生组成的暴徒占领了美国驻德黑兰使馆，60 多个美国人成为他们的人质，这场“大戏”的上演重新夺走吉米 · 卡特及内阁的全部精力，这也是他们在白宫最后一段日子里完成的最后一件大事。

吉米·卡特的政治未来也是使联邦咨询委员会忧心忡忡的大事。11 月 1 日，12 位委员重聚美联储。他们在 10 月 6 日曾一致同意推行货币紧缩政策，但同时也向美联储委员们发出郑重警告：后者必须有能力抵抗并疏解来自竞选年份的政治压力。

“我们都很担心在面对来自竞选年份和越来越明显的经济衰退的压力之下，美联储是否有决心坚守其推出的改革政策，”银行家建议道，“如果这种强硬的改革措施并未奏效，那么届时手里掌握着以美元为主的大量金融资产的美国富人和海外富人将会认定，目前的改革并不比先前的遏制通货膨胀措施高明多少。相比于前几年只需花言巧语就能稳定人心的局面，如今的美联储必须要为自己的构想提供真实可见的证据。”

除此之外，银行家认为美联储改革基本上不会偏离轨道。他们预测，在1979年的最后一个月里，美国人的消费欲望会极度“冷却”，房地产前景会陷入“一片阴暗”，抵押贷款规模会发生紧缩，企业贷款会得到良好的监管，信贷价格会更加小心翼翼。总的来说，这些银行家认定：“这场有关货币政策管理的新近改革在委员会看来既充满意义又好处多多。”[22]

第 5 章　资本主义战胜了宗教道德

威廉·G. 米勒在 1978 年出任美联储主席之时就下定决心打破僵局，解决美联储长期面对的一个棘手问题：美联储会员银行数量一直在减少。每年，都会有十几家商业银行退出美联储，原因就是权衡其成为美联储会员银行所得到的好处还不及其所付出的代价，因此会员总数从 6000 家骤减至 5600 家。至于个中原因十分明显，美联储不会为各商业银行所要囤积在 12 家联邦储备银行的储备金余额支付利息。如果银行家撤出会员身份并将自己置于国家银行体系监管之下，那么必备储备金量会降低，并且更重要的是，货币也可以被存放在一家代理银行（correspondent bank）①，在那里这些货币将可以被投资到可以产生收入的有价证券当中。

联邦咨询委员会抱怨道，美联储拒绝支付储备金利息的行为“会构成歧视性税收”，这是会员银行长期以来的委屈和不平。这种强加给联邦储备银行的“税收”实质上只会让他们失去机会，因为他们的闲置储备金无法赚得利息收益，而“机会成本（opportunity cost）”② 的负担自然就会因 20 世纪 70 年代通货膨胀造成的利率上升而变得日益沉重。这些银行家的痛苦和不幸也会由此成比例地增加。

由于国会对此表示无能为力，因此美联储主席米勒只好决定单方面采取行动。他向众议院和参议院银行委员会发出通知，美联储将从此向各会员银行支付储备金利息。此举立刻引起国会大厦迅速且强烈的反应，众议员罗伊斯致电美联储国会联络官，指示其向美联储主席米勒转达这样一个信息：如果米勒胆

① 指与其他国家建立往来账户，代理对方的一些业务，为对方提供服务的银行。对一家银行来说，代理银行实际上不附属于本银行，代理银行关系就是不同国家银行间建立的结算关系。——译者注

② 某项资源未能得到充分利用而放弃的获利机会所带来的成本。——译者注

敢这样做，罗伊斯将提出决议弹劾他。

银行家对这种由美联储会员身份而起的“间接税”的抱怨忽视了他们由此享受到的几种补偿性利益。正是因为美联储会员的身份，这些商业银行才得以享受安全的保护网，即有权通过美联储贴现窗口获得紧急资金借入，而这是其他经济实体望尘莫及的。如果他们一时马高蹬短，出现暂时的流动资金短缺或更严重的问题，那么只需一个电话就可以为他们解决燃眉之急。这种保护尽管无法精确到具体数字，但绝对是物有所值。此外会员银行还可以在支票清算和支付方面享受来自美联储的免费服务。从国会角度来看，这些银行对“税收”的抱怨实属胆大妄为，因为他们支付的“税款”要比其他经济实体少得多。1980 年，美国政府对财政机构征收的实际联邦所得税仅为 5.8%，而零售业为 34.1%、家用电器制造为 24.5%、航空航天为 16.4%、公共事业为 10.9%。纳税额少于银行的仅有两个正陷入麻烦的经济实体，即航空公司和木材制造。

不管怎样，米勒的主张还算站得住脚。1913 年以来，美联储会员银行都是自愿加入，可如今这些商业银行抛弃美联储的速度却一直在加快。随着利率的上调，越来越多的银行都在考虑是否离开美联储。如果这样的情况继续下去，美联储认为其对货币供给的控制力度将会越来越弱。米勒接受了国会的强烈反对，也同意不再坚持就储备金支付利息，但众议院和参议院的两位银行委员会主席罗伊斯和普罗克斯迈尔却做出承诺，他们一定会尽量通过立法解决这个难题。

最后的结果就是 1980 年《货币控制法案》（Monetary Control Act）的出台，解除了美联储原先所规定的利率上限。法案要求，所有具备储蓄能力的机构，无论是美联储会员银行还是非会员银行，包括储蓄和信贷协会，甚至包括信用合作社，都必须保留一定数量的美联储储备金。这种强加性的储备金要求对于国会来说只是一个有关货币管理的隐秘问题，只有少数国会议员能够真正参透。事实上，美联储会员困境不过是个政治问题，与经济只是稍微沾边。《货币控制法案》的条款几乎没有涉及美联储如何更高效地控制货币供给，其目的只是为保护美联储的政治根基。

这个在一般人眼中可以凌驾于政治之上的中央银行与其他任何一个私人经济团体一样，它可以快速抓住这个奖励。这部法案的出台无疑是对其机构权力具有历史意义的一次稳固，它调动政治力量去支持自己的基础结构，即一个由银行家和商人组成的以 12 家地区储备银行为代表的经济网络。这部法案极不情愿地默许了网络内所有受益人获利颇多的事实，默许了它们最大型货币中心银行的地位。它巧妙地将压力施加给了其他金融利益机构，让后者乖乖接受条款内容。作为可以微妙操纵国会的政府机构，美联储无疑和五角大楼一样拥有令人畏惧的能量。

另外，意义非凡的是美联储意识到此时此刻实现这个盼望已久的目标无疑是在向私人经济施加猛药。这种立法上的胜利是可能的，因为美联储的日常工作就是抱着一个更大的目标负重上路，并且终于等到最后时机的到来，即对金融管制的撤销。在这部同伴立法中，国会实际上撤销的是政府对利率的所有限制权，而这是自新政以来一直存在的借贷政治监管。货币价格终于获得“自由”——自由地去追寻市场指示的任何一个高度。

1980 年第一周，银行基本利率已超过 15%，金融自由化法案也即将被公之于众。不管怎样，民主党执政的美国国会仍在一往无前，以压倒性的优势就这部立法投出赞成票；如果是在从前，他们一定会被指责是共和党行为并且倒行逆施。这种行为的社会含义显而易见：债务人、企业和消费者将支付更高的利率，而债权人则将享受更高的财富利益回报。

银行从此后可以为活期存款支付利息，即所谓的“可开支票活期储蓄存款账户”（NOW accounts），目的是从货币市场基金中收回存款货币。几十年来一直对银行和储蓄贷款所支付储蓄存款利息强度实施强制限制的美联储 Q 条例（Regulation Q）[①] 成为废纸一张。为鼓励抵押贷款信贷和更广阔置业而拥有利率优势的储蓄贷款所从此被剥夺这种优势，被迫站在“公平竞争”的舞台上与别人战斗，这是银行家最喜欢的说法。旨在禁止利率超过可接受程度的美国高利贷法也因这部国会法案而单方面终止。

如果说这个时机看起来像是临时起意，那么这场行动的政治性即使是对于那些最愚笨的国会议员来说也都太过明显。金融自由化（financial deregulation）[②] 的孕育已经超过 10 年，如今这部法案终于在各方强势利益的集

---

① 条例规定，银行对于活期存款不得公开支付利息，并对储蓄存款和定期存款的利率设定最高限度。后来，Q 条例变成对存款利率进行管制的代名词。——译者注

② 主张改革金融制度，改革政府对金融的过度干预，放松对金融机构和金融市场的限制，增强国内的筹资功能以改变对外资的过度依赖，放松对利率和汇率的管制使之市场化，从而使利率能反映资金供求，汇率能反映外汇供求，促进国内储蓄率的提高，最终达到抑制通货膨胀、刺激经济增长的目的。——译者注

结下“千呼万唤始出来”。通胀已经严重破坏金融财富持有者的利益，包括那些最谨慎的“小额储户”，即使是奉行自由主义的民主党人也深感必须对美国民众实施安抚。大型金融机构带领下的各商业银行表示强烈支持自由市场的竞争性原则，而那些包括劳动者、小型企业以及许多信贷储蓄所和小型银行的受伤社会群体所发出的抗议声却过于微弱，他们的声音只能被淹没在这场声势浩大的改革运动中。[1]

参与这次游说的还有美联储自己，后者明确阐明自己的政治目标，即实现1931年以来一直被否决的对全美范围银行实施储备金要求的规定。不过沃尔克及其他美联储官员实际上对金融自由化理论的明智性还是存在质疑的，他们知道如果华盛顿方面解除对利率上限控制，或许可能会弱化美联储自身对信贷扩张的控制力。在这次激烈的立法讨论中，沃尔克及其他美联储官员始终坚守自己的忧虑和担心，对于他们来说，金融自由化给他们提供了一个鲜有的机会——他们要牢牢抓住。

与前任的米勒和亚瑟·伯恩斯一样，保罗·沃尔克也强烈赞同储备金普遍化，并反复警告国会：会员银行的减少就意味着美联储“控制货币政策的支点”正在萎缩，因为银行储备金是其操控货币供给的基础。“这样的磨损会加剧各地区储备银行的储备金量下降，”沃尔克警告道，“那么储备金和货币增长之间的‘乘法’关系就会变得越来越不稳定。因此，储备金量的浮动会引起货币供给的放大性和无意性变化，而这种浮动带来的不安也是不可避免的。”

截至1980年初，沃尔克对正在逼近的危险做出描述。他2月时力证，近几月内已有总价值70亿美元的69家银行离开美联储，另有320家银行“处于肯定或可能即将撤离”的状态，还有350家“正积极考虑撤离”。如果这些都成为现实，即它们全部选择离开美联储，那么美联储可掌控资金占整个美国银行体系的百分比就会从70%缩水至64%。最终，美联储宣布，其会员银行在全美储蓄存款中所占的比例会下降至57%。因此国会必须要采取行动。[2]

这样的话对于那些不熟悉复杂的货币供给“水利系统”的人来说实在不吉利。但对于货币经济专家来说，沃尔克的声明还有待商榷，事实上对于许多经济学家来说这里面还有很大的欺骗性。从逻辑上来讲，经济学家指出，美联储在整个银行体系是拥有70%还是50%甚至是更少的“支点”力量其实并不重要，因为美联储是新货币的唯一来源，其注入或撤出储备金的行为会通过银行体系的每一个渠道进行自动“传播”，从而对每个人关心的市场信贷状况和利率造成影响，无论保留其储备金的是哪一家银行。

无论如何，所有人都得承认那些超大型货币中心银行永远都不会放弃美联储会员的身份，而他们才是整个美国银行体系的核心。约 50 家大型银行持有全美储蓄存款的一半，并与其他银行保持亲密且千丝万缕的联系，从而使那些不具备储备金的非会员银行成为他们的代理银行，而这些小型银行的角色就是大型银行剩余资金的“停车场”或遇难时的“救火员”。这些货币中心银行需要美联储的会员身份和支付体系，因为最重要的是他们依赖于美联储的贴现窗口借贷并以此掌握自身资金的流动性。只要这些核心银行仍然归属于美联储的监管之下，那么美联储就可以保证自己对整个美国银行体系的操控。

美联储内部最学识渊博的货币理论家、委员亨利·沃利克也对这种说法表示赞同，他认为美联储会员问题根本算不上是一个问题，至少不会威胁到美联储对货币的控制。

“我一直认为这不过是转移注意力的手段，”沃利克坦承道，“我最后甚至会想，我们可以在没有任何储备金的情况下掌控美国经济。某些其他中央银行也是这么做的。当我还在纽黑文银行当主管的时候（其在耶鲁大学授课期间），我就曾对那些部门经理说道：‘看吧，我们可以从美联储体系中获得好处。’后来他们的确做到了这一点。”

即使是在 1979 年 10 月美联储推出运作程序改革时，沃利克也认为会员银行数量的减少并不会影响美联储对储备金的完全控制。但在国会讨论期间，沃利克却保持沉默，相反他对美联储和主席表现出尊重和顺从。“身为一名理论家，我要比保罗·沃尔克更容易发表真实看法，”他解释道，“这位主席已经冲到国会委员会和各银行面前，他要首当其冲地面对各种诉苦和抱怨。”

纽约储备银行的一位高层执行官也和沃利克一样对“会员银行威胁说”持怀疑态度，美联储内部还有许多人也表明了相同的立场。“美联储内部的信条就是会员银行很重要，”这位纽约储备银行官员说道，“不过很多人并不这么认为。我个人就从来不这么想。从逻辑上来说，哪怕与我们有账户往来的银行数量很少，甚至即使与我们有账户往来的经纪人很少，我们也仍然可以高效运行。”

不过，各商业银行还会充当美联储政治基础的核心角色，美联储在为客户提供服务的同时，这些客户也可以相应地保证美联储的独立性。随着银行的纷纷离去，无论其规模大小，都无疑会让美联储失去保护自己免受政治攻击的支持力量。“毫无疑问，”这位纽约储备银行官员承认，“这些会员的确能为我们提供强大的政治支持，这不是美联储单枪匹马就能应付得了的。”

“这会破坏美联储的政治基础。”参与整个过程的美联储国会联络官肯尼思·A. 冈瑟（Kenneth A. Guenther）说道。冈瑟将美联储从大大小小银行那里获得的政治凝聚力比作是海军作战部署，这就像是“上千艘小型鱼雷快艇以400艘超大型战舰为中心集结力量”，战舰是货币控制的必要元素，但鱼雷快艇则会提供至关重要的保护作用。小型银行的角色就是鱼雷快艇，他们分散在全美国的各大中小城市，一般来说，这些银行家与当地的政治领导人关系非常亲密，包括地方国会议员，他们与这些政客的亲密程度甚至要比花旗的沃尔特·里斯顿（Walter Wriston）和大通曼哈顿的大卫·洛克菲勒还要强。

没有这些巡逻队的保护，美联储和货币中心银行将极易受到政治起伏的影响，某些残余敌对势力就会直接攻击这个庞大的权力集结体（这种银行体系的政治特点与石油工业有几分相似：数千个独立的石油开采商围绕着几家主要且极具影响力的石油公司，但诸如艾克森和莫尔比这样的“石油巨头”在成为石油产业强势代表的同时，还贪心地想要免受政治力量对石油产业的批评和攻击）。“如果你拥有一个由数千艘鱼雷快艇保护的400艘超级战舰队伍，”冈瑟说道，“那么当有人想对这个队伍实施诋毁时就要仔细衡量其可能会遭遇的政治麻烦。”

美联储试图维护这种庞大根据地的私欲是显而易见的。不过从更微妙的角度来看，奉行自由主义的民主党人也在积极寻求能维持这种力量的基础。从最开始的1913年，针对美联储的抱怨和攻击主要集中在其会变成华尔街大型银行和其他金融中心的俘虏。这些批评家认为，美联储对这些金融机构过于低声下气，并且对美国经济中的小型金融机构或竞争利益完全漠不关心。然而如果这种集结力量的构成变成仅仅是那些规模和影响力最大的银行的话，那么对美联储机构“过大”的偏见就会变得越来越强烈，而民主党的共同赞助者会尤其担忧这种前景。

“我不认为美联储中会有人认为除了400家超级银行之外还需要更多的会员银行，”冈瑟说道，“但民主党却完全不这么看。因为这会让美联储变成400家超级银行的傀儡，从而进一步破坏其党派政治的基础。”[3]

为了对强制储备金量的问题做最后确定，美联储、银行和国会领导人三方展开为期数月的激烈讨论和讨价还价。为了让立法通过，美联储必须调动银行家们的热情，这就需要米勒和后来的沃尔克提供某些诱人的利益。就这样，

1979 年春季，法案的最后条款首次在联邦咨询委员会的建议下起草大纲，不过银行家并没有在其中得到自己想要的。当法案最终颁布实施时，联邦咨询委员会仍然抱怨说：应该对美联储的会员银行再慷慨些，对那些竞争对手的惩罚力度再严厉些。

对美联储会员银行来说最具诱惑力的条件就是“大幅缩减储备金量”。美联储同意，如果最终实现在全美银行施行必备储备金政策，那么对会员银行规定的现定必备储备金量可以相应减少。最后经过激烈的讨价还价，会员银行必须持有的活期存款储备金，即充当其核心资金的活期账户，从 16.25% 缩减至 12%。美联储的实际资金持有量从 270 亿美元下降至 160 亿美元。换句话说，美联储会员银行将享受一大笔节约资金用来赚取利息利润，而其他竞争机构，如非会员银行，则要首次受控于美联储强加的“税收”（联邦咨询委员会的银行家甚至还曾开出更高的天价，他们要求将储备金量缩减到仅剩 8%）。

如果不从其他方面找到补偿，那么储备金的缩减意味着美国财政部的收入将大幅度缩水。而这恰逢沃尔克和金融市场敦促国会尽量抑制通货膨胀、减少财政赤字的尴尬期。美联储的运作经费预算完全不受国会的控制，但其每年都要向财政部提交大量分红（1979 年时为 93 亿美元），即除去运作成本之后的剩余利润。美联储的利润来源主要是其持有资金的利息，包括各银行上缴的储备金余额，即被美国政府以有价证券和国库券形式进行的投资。在这部分由政府发行的大量债券中，美联储所占份额不到 15%。因此如果由银行储备金组成的“蓄水池”水量减少，那么就意味着美联储的年收入会越来越少，其交给财政部的“回扣”也就越来越少。

事实上，美联储每年向财政部递交的分红看起来就像是“骑在”旋转木马上的货币。每年，与其他私人投资者一样，美联储会凭手中持有的国债收拢利息利润，然后在一年结束之时又将其中的大部分资金还给财政部。这样的资金运转可不是简单的财务变化，正如商业银行一针见血指出的，美国的纳税人就是在利用银行资金攒钱。

解决潜在收入流失的办法就是要求美联储开始向银行收取服务费，即日常支票清算及相关流程。这部分银行服务成本每年估计在 4 亿美元左右，如果美联储能够将这部分费用兑换成现金，那么就能找回一点丢失的利润。这笔最终交易会让财政部产生 2 亿美元的最终成本，到了 1985 年新储备金条例生效后就上涨至近 6 亿美元。对于大型货币中心银行来说，尽管他们向美联储支付的现金增多，但很欢迎这种改变。其中许多大型银行还为与美联储竞争的下属银行设置自己的服务体系，这样一来它们就更容易吸引客户。

私下里讨价还价的核心是，美联储默许与纽约各银行代表进行交易。如果美联储完全降低后者持有定期存款和储蓄存款的必备储备金量，那么这些银行家就会向国会议员罗伊斯主动示好，动用他们的影响力使美国银行家协会（American Bankers Association）赞成法案通过。这种对必备储备金的让步将意味着这些银行家会获得巨额回报，他们的资产负债表将极度依赖大额活期存款。罗伊斯勉强认可和美联储一起往前走，货币中心银行家也在讨价还价中履行了自己的承诺。美国银行家协会赞成法案通过，尽管许多地区银行和州级附属金融机构对此表示强烈抗议。

“我们必须安抚小型银行和地区银行的愤怒情绪，当然还有货币中心银行——总之我们要面面俱到。”罗伊斯解释道。美联储在保护自己利益的同时还要为银行争取利益，他补充说：“阿克西尔罗德（美联储部门主管）将会在漏斗里加入新配料，在他的指导下，沃尔克永远都会想方设法为银行谋取更多。”[4]

在国会战斗中，美联储拥有的秘密武器是其可动员每个决定性人物的政治力量，即12家地区储备银行官员、主管以及驻中小城市的25家分支委员会官员。沃尔克在接受采访时坦承，这家中央银行可以在没有任何分支机构的情况下完美运行，但在政治领域，它却需要遍布美国各地的拥有极大影响力的政治网络，在关键时刻代表美联储做小心翼翼的游说。

美联储官员遍布美国各地，是美国经济领域内重要影响力的缩影：除少量学者和至少一位劳工领袖以外，其他大多数人都是美国赫赫有名的财团掌门人和银行家。美联储大家庭里有极高知名度的“人物”包括：波士顿地区费林和康涅狄格大通人寿保险（Filene's and Connecticut General Life Insurance）、联合碳化物公司（Union Carbide）、联盟化学公司（Allied Chemical）、纽约的联合太平洋运输（Union Pacific）、克利夫兰的西屋控制系统（Westinghouse）、亚特兰大的中南公用工程公司（Middle South Utilities）、旧金山的波音（Boeing）和凯萨铝业（Kaiser Aluminum）等。位于华盛顿的美联储总部办公大楼用错综复杂的“猜字游戏”迂回地告诉这些地区主管：他们的经济建议将对美联储货币政策的决定产生至关重要的作用。然而事实并非如此，至关重要的不过是这些巨头在政治上支持美联储的意愿。

“这些银行根本不需要董事会，但这却是另一种可以让有权势的人和你站在一边的方法，”美联储前研究主管丹尼尔·布里尔（Daniel Brill）说道，“主席将会竭尽全力保证这些人心情愉快。”[5]

只要国会准备在会议室就金融自由化法案举行投票，美联储就会发动基层网络中的每一位巨头人物。这些成功人士或通过私人电话、或通过私人信件与各地区政治领导人保持亲密互动,无论是关键参议员还是众议员,都是他们的“目标”。投票要在万无一失的情况下进行，哪怕是些许微小的变化也要谨慎对待。“这的确很有效，”肯尼思·冈瑟说道，“我们把握住了最关键的人，无论是主管还是银行家，总之他们能够推动局势的发展。他们给了我们在最关键时刻与最关键国会议员产生联系的机会。”

国会选择赞同美联储的提议，尽管许多立法议员或许还不能完全理解他们正在推行的法案所具备的真实意义。在货币紧缩和利率居高不下的年代里，国会实际上给美联储体系下的 5600 家会员商业银行太多的横财，尤其是那些最大型银行。有关这一点尽管从未在国会讨论中提及，但根据银行家自己的推断，1980 年《货币控制法案》的颁布代表对银行大份额税收的削减，总价值高达几十亿美元——当新法案真正开始生效时，会员银行将会清除近 145 亿美元的储备金，此刻他们终于可以将这笔钱用于货币市场的投资或信贷。那么这对于他们来说究竟意味着多少财富呢？据保守估计，假如银行可以利用这笔资金获得 10% 的利润回报，那么在未来 5 年内，这些会员银行将获利超过 50 亿美元；这一切都要感谢美联储那不可思议的魔法。[6]

对于国会议员来说，在经济陷入混乱、通货膨胀加剧和银行基本利率飙升至 20% 的时代困境里，如果宣布立即对银行削减总共达 50 亿美元的税收，这的确会令他们犹豫是否该投票支持美联储的提议。不过众议院和参议院银行委员会的委员私下里对这种“珠胎暗结”十分熟悉。就在立法讨论正在进行时，美联储向委员会的各位委员提供了一系列极有说服力的书面材料，其中详细阐述了各委员家乡地区会员银行将会在这场讨价还价中得到什么、失去什么。

最大的赢家就是那些最大的银行。50 家超大型银行只需建立大约一半的银行储备金，而获得的利润却是 50 亿美元中的至少一半。200 家大型银行将获利近四分之三，其余约 15 亿美元则会被超过 5000 家美联储会员银行瓜分。

“这无疑是大型银行的胜利，”冈瑟说道，“这是一次强加给中等规模银行和非会员银行的欺骗，欺骗它们来支付运费。”美联储由此扩大了大型银行的事业，同时也满足了自己的利益。

一般来讲，银行家和国会议员之间天生就具有姻亲关系。他们都是自己“地盘”里的平民领袖，虽然方式不同，却都可以影响他人的命运。银行家深谙地方商业经济的真实发展状况，而国会议员自然要就此向银行家请教。尽管二者偶尔会自吹自擂，但他们还是非常需要彼此。二者之间的关系如此简单明了、天经地义，却又很少被人提及。

委员南希·蒂特斯，传统的自由主义民主党人，他在担任国会众议院经济预算委员会主要经济专家期间惊奇地发现这种亲密关系。“在国会大厦，”她回忆道，“我经常会惊诧于美联储对国会的支持力度。这部分是因为美联储的运行模式对于国会议员来说过于艰涩难懂，同时也因为国会议员与银行家之间的密切往来。他们会在回到家乡时拜访这些银行家，并倾听他们的建议。”

这种高层中坚分子之间彼此依赖的相互关系会受到更多互利关系的可见模式的强化。商业银行及其他金融机构，从储蓄贷款所到华尔街上的大型经纪公司，无不对国会竞选做出过巨大贡献，因为他们是政治家竞选的主要经济来源。就 1980 年的一系列竞选来说，在职参议员和众议员总共要从金融机构那里获取 266.4 万美元的竞选资金，其中绝大部分资金——近 59 万美元要交给参议院和众议院银行委员会的委员手中，因为他们是勾勒和草拟银行立法的关键人物。

另外，许多国会议员本身就会参与金融事务。超过四分之一的国会议员会在金融企业直接拥有股份。1980 年，有 129 位众议院议员和 38 位参议院议员宣布自己收入中的一部分来源于商业银行、储蓄信用社及其他金融机构的股份。国会议员和参议员谋取私人利益，他们在金融机构的分红要比其在制造业、法律事务所或石油和天然气业获得的更多。甚至某些由选举产生的众议员还会想方设法不再以被动持股人的身份活跃在金融领域，其中有 40 位众议院议员和 4 位参议院议员的身份是商业银行、储蓄信用社和其他投资公司的主管、官员，甚至是合伙人。[7]

因此，金融影响力要置于政治影响力之上。一般来说，如果金融领域内的各方不同利益就银行立法达成一致，那么国会就必须毕恭毕敬地加以通过。有关金融自由化的冗长辩论从本质上来说其实就是来源于金融机构自身各方不同利益的内部竞争，他们各执一词，各自为自己的竞争优势讨价还价。然而一旦金融领域内的竞争利益最终就某些条款达成“脆弱”的一致，那么立法就必须被通过。

利率被解禁，商业银行会自由地为存款展开更富攻击性的竞争。小城镇银行家会痛恨放弃免息活期存款的“免费货币”，但大型银行却坚称要保持自己的竞争地位。长久以来，银行家一直让自己保持“严阵以待、如临大敌”的态势，因为周围到处都是诸如货币市场资金吸走借贷客户和储户的无约束竞争者，他们的焦虑是毋庸置疑的；但正如美联储官员有时委婉指出的，这些人的焦虑并不符合真实的情况。商业银行并没有失去市场份额，只不过是在获得时会更加节制而已（虽然或许不能如这些富有野心的银行家所期望的那样快速）。1979 年，这些银行占据全美信贷市场债务份额的 30.6%，比 1959 年的 27.3% 高出许多。尽管 70 年代末银行利润稍有下降，但从长远发展来看其仍然劲头十足。1979 年银行普通股的平均利润回报是 11.5%，尽管并不是表现最好的一年，但与 20 年前的 8.3% 相比却足够引以为荣。银行家感到困境重重，但他们应该可以很好地应对自己所面临的压力。

4000 家储蓄信贷社中的绝大多数却不能很好地应对这种压力。多年来，储蓄信贷社曾利用其自身的政治影响力一再推迟金融自由化的实现，然而通货膨胀的加剧和利率的居高不下已经严重破坏其资产平衡，它们再也抵抗不了银行家的游说。“如果立法不能通过，它们无论如何都只能停业。”参议院银行委员会主席、参议员普罗克斯迈尔说道。[8] 作为交换条件，它们也要得到有限的安慰，即有权将信贷业务扩展至商业企业，而这要比房屋抵押贷款更能产生利润（同时也更具风险性）。大多数小型储蓄和信贷机构并不喜欢这样，但它们没有别的选择。“它们因此怏怏地退回到中立位置。”参议院银行委员会执行主管肯尼思·麦克莱恩（Kenneth McLean）说道。[9]

传统上讲，储蓄信贷社一直处于受保护地位并接受隐形补助，从而拥有充足的资金用于房屋购买贷款，即提供消费者支付得起的抵押贷款利率。如今，他们实际上是被告知：将和其他竞争银行一样不再享受这种保护，并与后者展开面对面的竞争。“这将是一场适者生存的较量。”众议院银行委员会主席、众议员罗伊斯宣布。[10] 超过 1000 家的储蓄信贷社将会失去生存下去的能力，即在接下来几年内倒闭或被吞并。他们的资产负债表不仅会毫无起色，而且还会有更多人陷入更深的绝境。

随着这些弱势信贷机构的消失，大型金融组织将会顺利攫取剩余的市场份额，从而逐步巩固和加强诸如花旗、化学、大通曼哈顿等银行的巨大金融实力，得以使他们初建全国银行网络模型，为国会最终通过立法铺好道路。就在立法讨论期间，美国最大银行——美国银行行长 A.W. 克劳森（A. W. Clausen）曾抱怨美国的金融产业仍“以夫妻店为主要形式”，不管怎样，金融自由化将会加速这种模式的死亡。

“免除美国政府对小规模储蓄信贷市场的补助和保护，”艾伯特·乌泽卢尔说道，“就像是一个家庭抛弃宠物并将其丢在森林中不管一样。”[11]

鉴于传统，民主党多数派仍然比较抵触金融自由化，哪怕金融界的意见已经达成一致。隶属工会的工人一向反对，另外还有房屋建筑商及其他与住房产业结成同盟的利益群体。但这种政治阻力还是被消磨殆尽，最终没能战胜通货膨胀的压力。

“如果存钱，就会产生损失，”参议员普罗克斯迈尔在立法讨论中一针见血地说道，“我们都知道，在通胀率达到 13% 的情况下，对银行或储蓄贷款所的小额储户设定的 5.25% 和 5.5% 的存款利率上限来说十分可笑。”参议院银行委员会的措辞也尤为激烈：“……目前的 Q 条例在判定那些小额储户的存在意义时带有明显的歧视。这是极不公平的……小额储户不应该受到政府利率控制体系的压迫，因为这种体系的核心就是对债务人实施补助。”[12]

捍卫“小额储户利益”的言辞听起来像是在帮助民主党一直代表的小额储户。这并不完全符合事实，正如北卡罗来纳的参议员罗伯特·摩根（Robert Morgan）和一小部分其他反对者指出的，“绝大多数银行客户，无论有没有存款，尤其是低收入家庭，包括一半的老人家庭，可能都会遭受经济净损失。”摩根预测道。[13]

民主党人想要帮助的“小额储户”实际上只是一个十分有限的群体，即主要是中等收入水平以上的家庭。首先，37% 的美国家庭在银行根本就没有存款，另有 29% 的存款水平在 2000 美元以下；如果这些家庭会从账户中得到额外 1% 到 3% 的利息，那么作为债务人，他们当然要支付更高的利率。作为银行客户，他们要支付更高货币价格的原因在于只有企业才是利率控制隐性补助的最大受益人，当企业不得不为信贷付出更多的代价时，成本就将会被传递给他们的客户。

立法讨论期间，老人通常被看作政府控制下的受害者，即十分依赖储蓄存款的鳏寡孤独者和退休夫妻，他们是受通货膨胀影响最大的人群。这些老人辛苦工作，一生积攒下来的积蓄如今却在公平交易下变得更少。[14]因此“灰豹”（Gray Panthers）① 也站到了赞同立法的一边。花旗银行在大堂内张贴海报谴责华盛顿，

---

① 在美国，老年人的维权组织称自身为“灰豹”。——译者注

因为银行无力支付更高的利息。

然而就算是老人，其内部也会根据财政状况不同被划分成赢家和输家。有一半年龄 65 岁以上的住房老人根本就没有存款，另外有 11% 的老人的存款还不到 2000 美元，因此利息回报微乎其微。只有 29% 的老人存款超过 5000 美元，也就是说只有他们能够从金融自由化政策中获得可观的利息收入增长。因此能够从中受益的老人要比不能受益的老人少得多。

与其他形式的解禁一样，例如削减隐形补助和向客户直接分配真实成本，金融自由化不可避免地会为实力最雄厚的客户带来好处，而对相对弱势的客户实施惩罚。举例来说，一半美国家庭的活期存款账户都少于 500 美元，这距离达到能获得利息收入的“可开支票活期储蓄存款账户”身份资格相差甚远，[15] 但这些家庭却要开始为各种银行服务支付更多的成本。为了补偿对可开支票活期储蓄存款账户支付的利息利润，银行要对常规活期存款账户设立各种名目的服务费。其造成的结果与从航空业或电讯业解禁中获得的大客户成本效益没有什么不同，一旦得到政府监管的保护，小人物们付出更多代价就变得合情合法。

不过从更大意义上来看，金融自由化是一场介于两代人之间的竞争，是一种介于老年人和年轻人之间的选择，是对过去的索赔和对未来的雄心。尽管很少有人注意，但这个问题却让刚刚开启生活之门的年轻人与父母一代的老年人家庭变得“势不两立”，后者已经拥有自己的房屋，并或许在中年时就已经在积攒存款。可年轻人需要付出比以前更高的代价才能从老年人那里借到钱，打算第一次买车买房的 80 年代的年轻家庭将面临足以吓坏父母的信贷条款和利率，两位数字的抵押贷款和浮动利率会让他们更容易拖欠贷款。

作为“美国梦”的核心和政治强势控制金融的主要目标，房屋所有权将在人群中逐步萎缩，尤其是在年轻家庭中萎缩得更严重。通过对金融自由化的拥护，民主多数派是在暗暗赞成保护老一代美国人的既定利益，同时减少了年轻人生活中的各种可能性。

自由主义理论似乎被颠覆。1980 年法案的每个重要部分，即废除高利贷法、认可活期账户利息和撤销利率限制，都会换来同一个结果。民主党正在放弃其坚守近 50 年的平等主义。利润会沿着经济阶梯向上移动，而成本却在向下层移动。“过去”得到捍卫，而代价却是付出“未来”。历经 10 年立法挣扎后，民主党人转而压倒性地加以拥护，这很难被看作少数政党领袖的权宜之计，甚至也不能被解释成是来自金融产业的政治压力，一定还有更为深层次的因素在作祟。

有人会说，这个自由主义政党是在为通货膨胀道歉。民主党人是在向通货膨胀中受害最深的人提供补偿，即金融财富持有者，无论大小，只要其资产在近15年遭到价格通货膨胀的侵蚀。多年来，罗斯福和肯尼迪的民主党一直在规避通胀问题并转移美国民众对此的诟病，但随着通货膨胀的加剧，社会秩序紊乱与民主党扩张性的经济政策不可避免地有着千丝万缕的联系。如今金融自由化的政治暗示给那些在通胀中受到严重伤害的人送去了慰藉，尤其是那些先前并不支持民主党的美国选民。这个暗示是在表达，我们知道你受到过很大伤害，但我们会尽量补偿你，我们将置自己的一贯方针而不顾去帮助你恢复部分损失。

最能直接表达这种新视角的参议员普罗克斯迈尔说道：

“如今，所有美国人最重视、最在乎的首要问题就是通货膨胀。而对付通货膨胀的最好办法就是鼓励人们存款，然后给予储户回报。就让我们拿起这把利率之‘剑’吧。没有人喜欢高利率，但如果高利率能确保人们从存款中受益，那么他们就一定会如我们预想的那样展开反通胀斗争。”

参议院银行委员会也表达了民主党内部的这种观念转变：“……存款已经变成无报酬的经济行为。通货膨胀蚕食和侵蚀了存款本身具有的经济价值和意义。不公平的存款低回报降低了人们存款的积极性，反而鼓励了目前盛行的过度消费。这种经济政策在通货膨胀是首要经济问题的年代里是大错特错的。”

总的来讲，从这部立法中受益的不仅仅是传说中最常出现在立法讨论中的“小额储户”，而是全部债权人，包括美国10%最富有家庭，他们手中掌握的净金融财富占整个美国的86%。金融自由化会帮助那些依赖小额存款且上了年纪的鳏寡孤独者，同时也会增加所有金融资产持有人的利息收入。这个结果在立法讨论中只是被拐弯抹角地被提到过，并且毫无疑问，那些投票赞成金融自由化的人根本就不知道他们正在为所有财富持有者提高利息收入，无论后者是将钱存在哪里。

这种解释一语道出金融市场的本质，这里为所有参与竞争的投资者提供机会。废除对存款利率和活期账户利率的限制就像是提高了货币本身的基本价格；此外，为了维持竞争优势，不受管制的利率也一定会水涨船高。提高储蓄底线回报将会带动其他金融工具利率的增长，就像是提高最低工资水平将会推高其他工资超过最低水平的工人工资一样。如果不成熟工人得到的工资增多，那么成熟工人还可以要求进一步提高工资。尽管经济学家不可能精确测定何种利率水平才会对经济市场产生影响（一般来说是 1% 至 3%），但金融自由化的积极结果却是显而易见的。横跨信贷和投资市场的利率会在未来几年内达到更高的历史水平，无论通货膨胀还是否严重。

“这就像原油价格猛涨会推高汽油价格一样……取消对存款和贷款利率的限制也会推高整体利率水平，这与牢牢控制利率所产生的结果完全不同。”艾伯特·乌泽卢尔解释道。[16] 作为一个实际问题，高利率的功能就是收入的重新分配；但相反，收入并没有如民主党人一贯所期待的那样从上至下分配，而是在利率的引导下向截然相反的方向运行，即从债务人流向债权人、从下流到上。

这种分配应该是流向 45% 的美国家庭，即个人拥有全部净金融价值的家庭；而支付这部分货币的人应该是净金融价值为零的余下的美国家庭和企业，无论大小。从表面上看，政治家所做的选择难以置信、不可思议，即让多数人酬劳少数人，但从选举角度看，此举却意义非凡。正如托马斯·B. 埃兹尔（Thomas B. Edsall）在其著作《有关不平等的新政治》（The New Politics of Inequality）中所说，美国选民正越来越趋向于高等收入群体。随着近 20 年来选民数量的不断下滑，低收入群体让人感觉越来越不合群。美国民主党即将在 1980 年面对数量日益萎缩的选民，而且还是一个以高层收入和受教育良好人群为主的头重脚轻的选民群体，他们能够清楚表达自己的诉求，对政治倾向抱持清晰的愿望。举例来说，收入少于 1.5 万美元的家庭构成美国 40% 的人口，但却只有 33% 是有效选民。相反，收入多于 2.5 万美元的家庭则占美国人口的 29%，但却拥有 35% 的选举力量。这种选民构成的失真现象在 20 世纪 70 年代得到了强化，这就促使民主党将焦点放在那些高等收入的美国公民身上，并且会更加热切地倾听他们的意见和建议。

1980 年银行业法案的推出并不是民主党第一次向这些选民摆出道歉的姿态。有关政治价值观的深入转变并不始于一次选举季节或一个简单的事件。民众对通货膨胀的抱怨已经持续累积 10 年，民主党经历的是一阵阵“深仇积怨”的翻涌和一次次“心不甘、情不愿”的让步，他们传统的价值观已经经历过多次改变，立法上的妥协暗示其意欲挽回通货膨胀中损失的资本价值。1978 年，国会削减近一半资本利润税收，对 70 年代一直停滞不前的股票持有人投资起到有限的刺激作用。同年，国会决定增加国内社会项目预算投资，以帮助生活日益清苦的穷困者和老无所依者。20多年来，民主党控制下的国会已经将企业财团在联邦税收中所占的比例从26%削减到12%，通过回归性的社会保障税收转移了个体纳税人的负担。[17]

不管怎样，所有这些措施都是有悖于自由主义传统的，所有这些措施都是试图给那些处于经济阶梯上层的人们送去慰藉。尽管这些方法并不能完全抹平人们对通货膨胀的不满和牢骚，但这种政治努力却一直在持续，政治家勇敢地出现在第一线，从所得税到货币政策，一切都是为了达到一个共同的目标，那就是挽回损失的资本。

金融自由化法案的推出被证明是20世纪80年代的一个良好开端。自由化政策准确无误地预言了政治选择将在新的10年当中占据主导地位，即谁的利益得到重视、谁的利益被弃之不顾。自由化法案下建立的自由市场为金融市场扫清了障碍，利率的非管制状态将为金融资产持有者缔造一个前所未有的繁荣时代。其他依赖于货币借贷的经济领域，诸如房地产、农业生产、工业生产以及劳动力和银行用户群体，都将要承受这部法案带来的直接后果。这个由民主党极不情愿发起的运动，将由一个新鲜的共和党内阁继续乐此不疲地付诸实施。

多年来，美国社会一直致力于维系道德解放，即一个让长期存在的宗教戒条和传统社会禁忌在崭新且流行的普遍欲望面前土崩瓦解的时代。新教徒极力反对州级和地方政府发行数百万美元大奖的公共彩票，他们不赞成这种赌博和投机行为。天主教认为有罪的“流产堕胎”已经被宣布为合法，曾一度被明令禁止且不得不偷偷发行的色情制品开始在公共场合里畅通无阻。同性恋甚至是卖淫也得到更大程度的宽容和宽大处理。统治美国人几个世纪的道德禁忌正在被打破，关于“有罪”的古老理念已经在很大程度上被重新定义成“隐私问题”，而不再隶属于公共道德约束的范畴。

在道德感发生根本性转变的环境下，美国金融业也挣脱之前的束缚向自由主义转变。一纸国会法案使有罪的高利贷变成了合法。有关高利贷的宗教禁令已经和《创世纪》一样古老，其在美国法律中有一个特别定义：以利率高出一定限制为前提的借贷是对无助债务人的毁灭，因此要被禁止。如今金融自由化法案颁布实施，国会宣布，鉴于两位数的通货膨胀率，高利贷法必须被摒弃。这部法案还撤销了州级政府强加给房屋抵押贷款的利率上限，针对企业和农业信贷的利率上限也被暂时中止三年。许多响应自身也面对同样压力的州级立法机关也废止了对客户信贷的高利贷限制。

与其他道德禁忌不同，对高利贷宣判“无罪”并未引起大规模争议。当初政府对个人性行为的宽宏大量曾引来社会上的普遍抵制和一系列政治运动，而人们对高利贷合法化却表现得相当冷静。如今，以“灾难性”利率实现借贷的行为已经和性行为一样变成“无受害人犯罪”，变成成年人之间被允许的私人行为。

高利贷法的终止虽然不及其他条款重要，但却准确反映出推进金融自由化的道德逻辑。在美国政界高层，一场有关政治价值观的重大改变也在暗潮汹涌，无论是民主党还是共和党，这种转变涉及的范围都将远超金融业。从新政继承而来的价值观，即政府应充当私人经济利益冲突中的调控者和保护人，如今已黯然失色。自由主义者的承诺，即为确保某些社会目标而保护经济市场上较弱的竞争者，如今正在被取代。一种更加古老的理念得以复兴，并重新赢得霸权地位，即无拘无束的自由市场才最能实现社会公平的愿望。

《圣经》对“高利贷”概念的定义是那些积攒财富的人向其他不具备财富或需要财富的人所提供的责任，其对财富通过向穷人借贷而行使的力量强制施加了诸多限制。到了 1980 年，这种道德讨论被颠覆，政治论坛上的债权人被描述成是受害者，善良正直的公民变成政治干预者。债务人被称为道德嫌犯，即那些自己不存钱却让其他善良正直的存钱者为其“投机性”开支提供“补助”的人。“高利贷”概念所暗含的原始社会契约遭到逆转，即向需要财富的其他人提供财富的责任。这场国会讨论描述的是一种新型的政治义务：存钱人必须获得自由，即追寻货币最高利率回报的自由。

当然，国会不会讨论高利贷的道德意义，而是要对高利贷法所产生的实际后果做出反应。随着通货膨胀日益推高市场利率，高利贷上限已逼迫各州的信贷业务走向停滞，没有人愿意在旧的利率水平上借钱，各地方商业也因信贷枯竭而濒临萎缩。可普通百姓却依然坚持“高利贷非法”的理念。在阿肯色州，选民曾两次反对撤销对州立金融机构利率 10% 的上限规定，即使他们所在的地区银行已无法提供房屋抵押贷款和汽车贷款。他们的抵制最终无效，没有一个州可以自主决定实行国家某个财政法规，除非其用经济陷入停滞作为巨大代价。

高利贷的道德概念经常会与资本主义动力学发生基本冲突。高利贷暗含社会责任感，而资本主义却依赖于个人所得。在西方世界的历史进程中，每当二者发生冲突，资本家都必然会获胜。直到中世纪晚期，天主教仍然认为有息借贷（任何水平的利率）都是违背上帝的犯罪，正如1139年第二任拉特兰大教堂理事会（Second Lateran Council）所描述的是“可耻行为”。而高利贷者，尽管或许是富有商人，并在教会事业中功勋卓著，依然会被逐出教会，死后也不能被埋葬在基督教墓地，他们被说成是“强盗、卖淫者和异端者”，并受到谴责。他们会受到最可怕的、永恒的诅咒：高利贷者的尸体上爬满蟾蜍和厉鬼，从尸体的口袋里翻出银币，再将银币塞进尸体的心脏和嘴里。他们犯下的道德罪名是“不劳而获”，高利贷者是在出卖时间，而时间只能属于上帝。

宗教神学最终向新的现实世界低下了头。到了13世纪，资本主义原始网络遍布欧洲大陆并茁壮成长，即为贸易产出剩余商品的专业化生产。为了让生产顺利运转，即便是最简单的生产方式，资本主义也需要通过信贷来提供一种可以跨时间的“联动装置”，即为完成未来的生意而在今天借贷。带头实现这种转变的商业巨子被看成是“罪人”，但他们的企业却为社会发展创造了新的繁荣和富足，他们超越远古，实现利润和财富的翻番，让人类不再为生计做毫无安全感的努力。神学也由此发生革新，为这些商人打开大门，他们宣布这些人只要经过净化和清洗便不再有罪，通过祈祷和其他形式的赎罪，这些受诅咒的高利贷者的灵魂就会得到永恒的复活。许多原始资本家就是这样一路跌跌撞撞地投入到无罪者的行列，他们依靠净化和清洗乞求最终的救赎。“净化说的诞生，”法国历史学家雅克·勒高夫（Jacques Le Goff）写道，“也是银行业的黎明。”[18]

到了16世纪，高利贷已十分普遍，尽管宗教迟迟没有给予其合法地位。另一位法国历史学家埃曼纽·勒华拉杜里（Emmanuel Le Roy Ladurie）这样描述1540年左右法国南部一位野心勃勃的农民高利贷者：

> 作为“原始积累”时期的一名典型资本家，麦森克斯重复投资自己的利润所得，从而将各个领域内的资金攥到自己手中。首先，他以谷物或货币为信贷工具，以高额利息投放短期借贷，期限为一个月或一周，甚至还包括最粗糙、最原始的高利贷模式，“只要他愿意，他会当天放贷，当天收款”。他会将自己（甚至还从未参与播种）的牲口当作货币借给需要嫁女儿或嫁姐妹的人家，还会将家具、银器、古老的葡萄酒和羊腿也当作信贷工具借给这些正在筹备婚宴的人。他还会将钱借给有土地的人，迟早这些负债累累的“客户”会帮助麦森克斯充实他自己的财产。[19]

对银行家及其对他人控制权的道德蔑视持续了几个世纪直到现在，但资本积累的过程却以其自身理由得到确立。约翰·加尔文（John Calvin）的新教道德规范中颂扬德行；伴随工业资本主义的崛起，古典经济学家又对道德感进行详尽阐述。银行家得到保证，他们曾经受到禁止的所作所为实际上是在对所有人做好事。

利息的支付是资本主义动力学的核心，其可以将闲置财富调动起来投入到富有生产力的企业中去。利息会将储蓄存款吸进新的投资风险领域，只有吝啬鬼才会将黄金储存在仓库里，忽视他人的需要。投资会向财富持有人许诺产生回报，但同时也为他人增加了就业机会，为整体消费提供更多新的商品。如果成功，新的投资风险会形成自身的剩余财富，相应地也会回馈到资本增长和积累的过程中。即使失败或出现损失，这种资本循环过程也会让财富成倍“繁殖”，生成高于原始价值的价值。以利息支付为表现形式的投资就是将过去与未来串接起来，而银行家则是中间人。

最后高利贷概念被提到一个更具实际意义的水准：它是抵抗利率破坏性影响的政治禁令。资本应该得到适当回报，但却不是债务人可以规避失败、积聚财富的免费通行证。超出一定水平后，利率当然会压制资本主义进程，会造成停滞和财富的进一步集中，此时失败的债务人会被迫向高利贷债权人让与自己的财产。

约翰·梅纳德·凯恩斯本人也曾在这种道德矛盾中挣扎。他强烈反对高利率和财富收入分配不公，但却仍然十分推崇资本繁殖这种极富创造性的潜力。“200 年来，复利（compound interest）① 的力量，”凯恩斯写道，“与人的想象力一样令人震撼。”1930 年，在全球经济危机的环境下，凯恩斯发表了一篇名为《子孙后代的经济潜力》的预言性论文，文中预言人类会拥有一个黄金般的未来，而这种繁荣要感谢那些节省劳动力成本的科学发明和复利所带来的驱动性力量。在全球普遍陷入绝望的时代里，凯恩斯却有能力看到资本主义经济正走向迫使农业及其他技术革命实现新突破的边缘，而这种进步却可以大量繁殖创造极富生产力的经济潜能。

“从长远来看，所有这些都意味着人类正在解决其自身的经济问题，”凯恩斯后来写道，“我断言，从此时起 100 年之后，不断前进的国家人民生活水

① 复利，即以本和利为基础的利率。——译者注

平将会比今天高出4倍到8倍。”最后，人类终将摆脱对金钱的不健康崇拜，从而直面人类存在的更深层次问题，即“如何才能更聪明、更惬意、更健康地活着。”

“财富持有人最终将失去对他人的控制能力。”凯恩斯在其知名著作《就业、利息和货币通论》（The General Theory of Employment, Interest and Money）中预言并总结道，充分就业条件下的经济运作将会生成大量资本供给，从而使货币价格降至最低水平，也就是说利率降至最低水平。凯恩斯相信：

“这种过剩将意味着对食利者实施‘安乐死’，被剥夺了累积过多力量的资本家会转而开发稀缺价值。今天的利率回报并没有生成真实的‘祭品’，还不如收取土地租金来得实际。资本拥有者之所以会获取利息是因为资本稀缺，但土地稀缺一定会存在其内在原因，而资本稀缺却并没有任何内在原因存在。……因此在我看来，一旦成功，作为时代变迁产物的食利资本家就一定会在未来消失。”

同时，他还提醒说，人类社会一定会容忍资本主义存在的道德缺陷。一旦资本丰足的局势得到确定，人类就必须且只能对财富分配不公和高利贷者“剥削”加以容忍。“至少再过上几百年，我们一定会努力让自己和所有人都相信：福即是祸、祸即是福；祸有利、福有弊，”凯恩斯解释道，“贪婪、高利贷和防备心一定会在更长时间内成为人类崇拜的对象，只有它们才能带我们走出经济必然性的隧道，走向光明。”[20]

50年后，凯恩斯的想象最终落空。食利者仍然“活着”并且活得很好；同时他对利率的设想也没能实现，货币价格多次出现高出凯恩斯时代好几倍的情况。不过凯恩斯也不是“一无是处”。除去战争和其他灾难的影响，资本主义动力学已经在多领域内实现财富创造的突破，这一点是唯独只有凯恩斯预见到的结果。从总体上来说，“生活水平”得到大幅度提高，至少在工业国家是如此，尽管仍然存在收入分配严重不均的现象。财产和收入的不平等，以及人类对贪婪和高利贷的推崇，至今仍然是全世界普遍存在的大问题，无论是在发达国家还是发展中国家。

在不发达国家，人们对利率和资本存在的取舍来源于同样的宗教信仰。当美国接受高利率是商业繁荣的必备条件以及政界高层代表丢弃限制高利贷立法的同时，伊斯兰教国家仍然在坚信高利贷有罪，这种罪恶感来源于“高利贷”一词本身的含义。和《圣经》一样，《古兰经》告诉人们有息借贷是不道德的、动机不纯的。在中东地区的穆斯林国家，“高利贷”的原始道德意义则被当作是重要信条，至少在正统穆斯林教徒中是这样。从借款中获取利息收入被严令禁止，在伊斯兰社会，巨大财富的生成以及现代化社会的出现仍然依靠于石油生产，其并没有经历过足以改变西方基督教思想的资本主义发展阶段。中东地区的银行体系在很大程度上是建立在欧洲殖民主义时期的银行体系之上，但其价值观却从未被忠诚的穆斯林教徒所接受。

从 20 纪世 70 年代初期开始，中东地区经济学家和政治领导人开始构想如何让伊斯兰人选择西方的银行体系，即创造一个可以在储户和债务人中间充当调解人并由此为新投资风险增加资本的同时又不会生成利息的体系。那么解决办法就是，投资人将公平承担企业风险，或赚取利润或生成损失，总之都是属于自己的一部分。因而债权人和债务人之间的关系就会变得更加公平，与西方商业中的有限责任合作十分类似。投资人得到许诺，其将拥有企业未来利润的固定百分比，但却不能保证自己一定会得到利润，甚至不能完全收回自己最初投入的本金。

10 年后，约 30 家伊斯兰金融机构在埃及、苏丹和波斯湾沿岸盛产石油的国家投入运行。银行家找来宗教顾问共同商讨如何创造一个新的金融工具，以确保信贷交易不会脱离宗教禁忌，即利息支付。伊斯兰银行中的资产总额相对较少，主要依靠从民间集结的储蓄存款；据估计，依靠石油收入的过剩资金总共还不到 1000 亿美元，但银行家的构想却受到普遍欢迎。

> 根据西方工业国家经济合作和发展组织做过的一次调查结果显示：
>
> 伊斯兰教理念与资本主义存在很大不同，因其反对财富过度积累；但与社会主义也有很大不同，因其主张对财产权益实施保护，包括对生产工具的所有权……一个真实的伊斯兰社会必须既不能是各方对立利益相互碰撞的竞技场，也不能是出于社会责任感而凝聚在一起的和谐关系的天堂。与社会中的大范围群体利益相比，其个人利益必须得到公平和平等的对待。

当然，基督教世界的富人也不能总是依靠信条生活。况且阿拉伯投资者在金融事务中也会受到和统治基督徒及犹太人同样的道德特征的指导。支付利息在部落成员中被明令禁止，但从外国人那里获取利息利润却会得到极大的宽容。因此举例来说，沙特阿拉伯的虔诚公民如果将超过 500 亿美元的国家石油收入投入到购买美国国债以收取债务人（即美国纳税人）利息，那么这就不算是虚伪的行径，可与此同时，这些沙特巨头却在家乡的伊斯兰银行极力推进免息理念。[21]

与此同时，美国逐步确定其自身银行体系中的重中之重，且逐渐打消对其公平性的质疑。毕竟，有关撤销利率上限的立法讨论也是建立在“公平”的基础之上。在国会放弃高利贷法之后，投资者终于获得从自身财富中收回公平利润的自由。在美国，高利贷理念似乎已经变得与时代不相适宜。

高利贷成为合法行为，那么某些债权人自然不止于想要得到公平回报。在华盛顿特区，一个名叫珀尔·S. 玛丽维斯（Pearl S. Merriwether）的女孩在绝望中选择贷款，在失业 62 天之后，她终于无力支付汽油费和电话账单，于是求助于美国第一抵押贷款公司（First American Mortgage Company），这家公司向其提供一年 2.5 万美元的贷款，利息是 142%。如今，这样的信贷业务已经合法，美国第一贷款公司曾宣布其在两年时间内总共以 100% 至 150% 的利率借出 200 万美元。

随着美国立法机构遵从美国国会的命令撤销客户贷款的高利限制，一部分孤注一掷或消息不灵通的债务人就要付出更多的代价。在亚利桑那州的弗拉格斯塔夫，一个名叫基姆斯的纳瓦霍人（美国最大的印第安部落）家庭以 127% 的利率向智源公司（Ideasource Inc.）借入 700 美元；在弗吉尼亚州的里士满，一对老夫妻查尔斯·泰勒（Charles Taylor）和格特鲁德·泰勒（Gertrude Taylor）为借到5325美元，必须要另外支付39个点，即2100美元的利息；在南卡罗来纳州，汽车经销商则将利息推高到 150%。这些受害人中有些人是因为极易受骗，有些则因为濒临绝望，甚至还把自己的房产抵押给债权人，这就像 16 世纪的法国农民将自己的土地一小块一小块地割给那些贪婪的食利者一样。[22]

凡此种种不禁令人扼腕，但在自由市场上却难以避免。与公众道德的其他转变一样，让高利贷不再有罪的立法解放最终恰恰是某些债权人努力的结果。

金融法案最终的颁布实施，是美联储自身赢得的一次最重要胜利。然而从更深层次讲，美联储依然是失败的。15 年来，美联储一直尴尬地拖延着金融自由化的实施，即维系一个逆向抵抗会员商业银行勃勃野心的立场。1980 年的立法意味着美联储的保卫战宣告失败，作为美联储主席，无论其在公共场合如何表白，他都明白这部立法将使中央银行的最重要功能陷入更加复杂的局面，即控制信贷扩张。

“在对利率解除管制的情况下，”一位美联储前官员说道，“任何一个白痴都可以购买货币，只要他愿意出价。因此你就不得不采取在全美抬高利率的方式来减缓经济过速发展。那么美联储的控制就会变得更加迟钝且更加困难。”

对于一代人来说，美国政府强加的各种利率上限就像是金融液压系统里的关闭阀门，当市场力量（或美联储）推高利率至法定上限时，液压体系就会完全关闭，诸如房屋购买者或房屋承包商也就没有必要勉强支付高利息，因为投资人的“水流”被终止，当他们发现政府的利率上限会让自己的利润回报大幅度缩水时，他们自然也就会拒绝提供货币。对于持有资金的投资人来说，如果其存款和贷款账户受到 5% 利息浮动的调控，那么他们就会撤出货币转而投向另外一个“仓库”，即一个不受管理和调控且能带来更高利润回报的地方。

这个结果极具戏剧性。当美联储收紧货币供给、推高利率时，就会有成千上万的投资人撤出资金，阀门被完全关闭。大批资金从诸如储蓄和信贷社这样的金融中间机构汹涌流出，这也正是储蓄信贷社为何没有能力提供新抵押贷款资金的原因。当抵押借贷业务停滞后，房地产业也会随之萎缩，而房地产销售量的下滑和失业率的增加还会波及其他经济领域。这就是美联储想要看到的结果，即经济行为的萎靡不振和适度的价格通货膨胀。

这种局面就是众所周知的“信贷紧缩”，20 世纪 60 年代末和 70 年代初在美国经常周期性爆发（也就是经济学家所说的“非中介化”现象，因为金融中间人的角色作用——货币从投资人手中向债务机构或个人手中的流动——已完全终止）。这种影响对于房地产业来说来得相当快速且凶猛，每当信贷紧缩发生时，美联储都会受到房屋建筑商、储蓄信贷社经理以及其他因此受到负面影响的人的诅咒。美联储是在“扼杀”他们使用信贷业务的权力，他们抱怨道，从本质上来说，他们是对的。

但信贷紧缩却有两大优点，从美联储的角度来看，首先，它的确十分有效（有时甚至比美联储的本意更加严厉）；第二，它可以实现利率在较低水平上运行。如果美联储将利率推高一到两个点，那么信贷资金向某些特定领域内的流动就会开始出现停滞。既然对利率加以控制的 Q 条例被解除，那么资金的供给就会不间断地连续流动，但要以何种价格流动呢？为得到自己想要的结果，美联储必须将利率推高到什么程度呢？

“以前，我们会杀死房地产业，”那位美联储官员说道，“但现在，我们不得不‘杀死’整个美国经济。这会让沃尔克的处境变得更加困难重重。”

根据标准的经济模式推测，消费者、商人和银行家都会对高利率产生的负面影响做出预测性反应。通过大量数学公式的计算，人们可以对利率增长是如何促使向债务人和买家强加限制措施进行描述，也就是说人们会根据货币政策模式做出行为上的改变。但问题是，人们实际上并不会根据既有模式的改变来调整自己的行为。

在通胀预期的刺激或自身盲目乐观的驱使下，债务人会彻底粉碎之前对自己需要支付多少钱的种种假定。人们不停地借钱，即使利率在不断攀升，1980年的前几个月里利率已经向20%迈进，但信贷业务仍然在不可思议地激增。高利率已经在“发威”，但却远不如经济学家预测的那样强劲。根据艾伯特·乌泽卢尔对这种趋势的预测，房地产业的消费者最为谨慎，家庭是首先撤出高利率借贷市场的人群，因为这是有关他们幸福生活的风险。企业高管自然是乐观群体，他们不会像房屋持有者那样小心翼翼。乌泽卢尔判断，金融机构经理人是所有群体中最不谨慎的，即使债务人已经不可能具备支付能力，他们也仍然愿意继续推行信贷业务。如果最终无力偿还贷款的债务人足够多，那么这些慷慨的银行家也会随之遭殃。

乌泽卢尔这样描述货币控制所造成的危险：

“……无论是金融自由化还是别的改革创新，都没有能力让金融体系脱离坚定的反通胀货币政策的‘亲密拥抱’。但是，如果关键的经济参与人认为凭借自己的聪明才智和足智多谋可以使个人摆脱这种拥抱，那么对于一个具有约束性的货币政策来讲，要想成功就并不那么容易。这些参与人会冒更大的风险，不顾利率一再提高继续在信贷市场上叫价，试图努力活得比竞争者更久。每一次利率上调，美国政府都会陷入更大的政治窘境，因为他们必须要向媒体强调在国内实施紧缩货币政策的必要。作为一个神秘的金融机构，在公众面前曝光的次数越多，美联储就要面对更多的恐惧，害怕会引发无法控制的倒闭风潮。”

美联储不能让这些有勇无谋的人抱成一团，因为其要对整个金融体系的“安全和稳定”负责。如果金融机构，尤其是银行，因自己无忧无虑的信贷业务而遭受损失，那么美联储就不得不出面收拾残局。正如乌泽卢尔指出的，作为债权人的最后依靠，美联储背负着拯救“溺水者”的责任。他警告道：“金融自由化就像是撤走负责安全的救生员手中的绳索、深度标志器和救生圈。这是一场和美国经济中金融幸存者进行的老鹰捉小鸡的游戏。”[23]

如果不附加任何个人色彩，美联储内部的许多官员都十分认同乌泽卢尔的看法，包括保罗·沃尔克。他们内心的忧虑从未在公开场合下尽言。毕竟，金融自由化的角色就像是金融领域内的“母亲”，所有美联储官员都在祈祷能够达到这个目标。然而，沃尔克偶尔还是难掩自己的忧虑和担心。

“15 年来我们已经倾尽全力，无论是对是错……现在我们还是向市场放开曾经紧握的双手，”沃尔克这样对众议院银行委员会说道，“……从某种意义上说，我们更加依赖于利率，将其看作实施紧缩政策的必要因素。我们不再拥有先前强大的约束力，但我们中大多数人都将其看作一种祈祷和祝福。”沃尔克真的将其看作祝福吗？“嗯。大体上来说是的。”他回答道，“我想我们需要一定程度的放手。但我之所以会时常地焦躁不安，是因为这部法案在很大程度上是因为利率而非其他因素诞生的。”[24]

多年来，金融自由化的问题已经将沃尔克及其前任逼入一个十分尴尬的政治困境。对关闭阀门进行管理和调控的捍卫已经不再那么理直气壮，因为他们可能会因此遭到来自各方的攻击和谴责：失望的债务人、投资人和失去储蓄存款的金融中间人。于是美联储只好无限制地拖延，最后接受金融自由化理念，但却一直在提醒实际操作时的注意事项。美联储官员尽可能地让 Q 条例规定的各种利率上限保持现状，但随后又在巨大的压力之下一个接一个地弃之不顾。

如果说美联储是各主要商业银行的最后靠山，那么它为何不对后者提出的金融自由化政策进行抵制呢？从许多方面来讲，美联储特别符合许多政治科学家的定义：它不过是一个“俘虏”，一个受约束的金融机构，一个对其调控下的经济产业负有责任、对经济第一需要忧心忡忡的机构。不过更重要的是美联储拥有一批由各大主要银行组成的“选民团体”，面对这些人提出的金融自由化，美联储还是不敢生硬地一味拒绝。

这就是说，金融自由化会直接威胁美联储自身的权力。其会侵蚀这个中央银行行使最基本权利义务的能力，即从整体上控制信贷扩张。美联储由来已久的最深层作用就是担当经济调解员的角色，聪明的调解员是不会让事情陷入失控状态的。不过沃尔克及其他美联储官员怀疑，银行体系会自己行使这个管理权，他们担心市场仅仅依靠提高货币价格的方式是否能够放缓新信贷业务激增的步伐。

失去控制货币供给的权力，美联储就仅能握住货币价格这个杠杆。但如果债务人仍然不顾惩罚、愿意在高利率条件下偿还贷款，那么到底什么才能阻止这种私人债务的无限扩张呢？这种扩张是超出美联储控制范围的，或许还会超出任何偿还新信贷合理期望的控制。金融自由化给了私人市场太过自由的决定权，但美联储却仍然要为维持良好的市场秩序而负责。如果私人债务负担开始膨胀，无力偿还贷款的现象开始蔓延，那么这种严重后果就要归因于不顾危险的债权人和没有实现承诺的债务人，而美联储自身也会遭受失职的谴责。

第 6 章　意外的经济崩溃

美联储主席总是在小心翼翼地回避，对自己的想法讳莫如深，这令许多国会议员十分泄气和恼火。来自芝加哥的民主党众议员弗兰克·安农齐奥（Frank Annunzio）有一次不无讽刺地恭维沃尔克道："你实在是个很棒的战俘，因为你从没跟敌人透露过一件事。"[1]

不过保罗·沃尔克唯独在一个问题上态度直截了当、明确无误，那就是他不认为信贷控制就是解决办法。鉴于 1980 年初信贷业务在通货膨胀的影响下激增和利率达到历史新高的情况，控制手段显然是"离题的""达不到目的的"，同样会成为管理阶层的梦魇。此外，他还指出，消费信贷其实已经出现下滑，抵押信贷也已经被有效约束。那么对这些领域实施新的控制又有什么意义呢？

不过，1980 年的前几周里，这位美联储主席听得最多的就是 CPI 指数已飙升至 17%，基本信贷利率已达到 16%，并且还在增长。在新运作程序的带领下，美联储的货币供给紧缩已经持续 4 个月，但对经济领域内疯生疯长的信贷业务却没有产生明显影响，美联储对银行的警告丝毫没能阻止人们对黄金、白银以及其他商品的疯狂投机。正如沃尔克自己所说，许多人都认为局势已经处于失控状态。焦急的国会议员甚至是华尔街上的某些金融巨头开始质问沃尔克：美国政府为何不启动紧急预案采取控制措施遏制信贷激增？

"这些问题极其可怕，"沃尔克在 2 月 19 日对众议院银行委员会说道，"……我再次向你们建议，在所有的事情都说完和做完之后，你会发现控制手段并不能真正找到造成通货膨胀的基本原因。"

3 周后，也就是 3 月 14 日，美联储宣布启动紧急信贷控制预案，货币供给限制不仅覆盖所有商业银行，还包括一直未受约束的货币市场共同基金和有资格使用信用卡的全部零售企业，从西尔斯 – 罗巴克到莫尔比石油和埃克森石油。所有信贷业务在 2 月增长超过 17% 的银行，新信贷业务增长将被强制限制在 9%

以内；此外其他条款限制还导致这些银行在自身吸收新信贷资金过程中增加了货币成本。所有这些措施配合宏观调控旨在引导银行及其他信贷机构学会如何分配信贷比例，同时也是美联储向银行发出的又一次温和警告，警告后者避免企业泡沫，在向小型企业人、农民、房屋持有人及其他人提供贷款时谨防商品投机。

沃尔克先前对信贷控制的不友善无疑是非常恳切的，他也不喜欢这种敌意，但这位美联储主席没有权利透露他和白宫方面暗中进行的特别对话。美国总统想要强制实施信贷控制，他一直在设法施压让沃尔克同意。经过数周与总统及其经济顾问的私密协商后，这位美联储主席只能不再说“不”。

有关信贷控制的想法是4个月前由总统顾问委员会首次提出，当时正值美联储刚刚推出改革，也就是吉米·卡特从其经济顾问那里听说有关前景暗淡的预测的同时。到了2月，这些预测逐一成真，虽然来得有些迟，但卡特试图重新为自己找回主动权。虽然独立于总统的控制，但沃尔克也被邀请参与这次“革新”。

除了吓人的通胀率之外，吉米·卡特此时还遭受着其他针对其经济政策质疑的威胁。当这位总统向国会递交1981年新财政预算报告时，他承诺届时预算赤字将被控制在130亿美元之内。这样的声明遭到嘲笑，无论是华盛顿还是华尔街，因为同年，也就是1980年政府预算赤字就一再不受控制地攀升，几乎逼近600亿美元。这些质疑者无法相信卡特的新预算是否真的能够实现（虽然相对而言是可以实现的）。对于债券市场来说，这样的声明加速了人们对通胀更加恶化的恐惧，随着投资人的“纷纷出逃”，债券价格瞬间暴跌。

卡特的顾问班子中有些人认为，直接控制或许能帮助卡特内阁在竞选年份中获得更安全的保障，即在不引起经济衰退的前提下降低利率、冷却经济过热。经济顾问委员会主席查尔斯·舒尔策却并不这么乐观。“鉴于目前所发生的一切，诸如油价冲击等一系列问题，无论对于政治事务还是经济事务，唯一的问题就是我们如何才能减少损失，”舒尔策说道，“当糟糕的局面无可避免地必须持续下去时，我们如何才能让损失最小化，不管是通货膨胀还是经济衰退。”

就在沃尔克与白宫举行秘密会谈的时候，一场交易的出现尽显白宫政府想要达到的其他目的。卡特总统将起草新的政府财政预算报告，用130亿美元的“联邦政府零花钱”来向人示好；应这位总统要求，美联储将分门别类地对信贷市场加以控制和管理；在制定相关细节的过程中，沃尔克变成总统表露真诚和率直的象征。白宫的经济顾问，包括沃尔克本人，与卡特内阁官员、国会领导人及其他人举行过多次会议，就应该砍掉哪一项政府项目的私密细节进行讨论。这些对于一个美联储主席来说完全是政治问题，但沃尔克出现在会议桌上的作用不过是给其他与会者施加压力而已。

正如查尔斯·舒尔策所说：

“这是绝对毫无疑问且毋庸赘述的，但对这位美联储主席来说和总统一起参与这样的会议的确罕见。你不擅长这样的比赛，然后退场并谴责比赛结果；其次，这从来就不是一场公平交易。但沃尔克知道，卡特自己也不喜欢自己正在做的事情，削减预算会让他与选民越来越疏远。因此沃尔克也就不得不迫于压力做一些他并不十分喜欢的事。”

沃尔克十分矛盾。他认为对信用卡的控制和对零售信贷的控制似乎毫无意义，因为消费信贷业务已经出现萎缩。可总统告诉沃尔克的是要坚持对信用卡覆盖率实施控制，因为这样的行为极易得到普通美国人理解。这无疑是在向美国民众发射政治信号，而非经济措施。另一方面，沃尔克又认为，这样的控制措施的确可以让负面影响降至最小，这样一来自己就有新的机会向银行展现出强硬的一面。“我并不讨厌用某种方式告诉银行该如何减缓信贷业务，即那种道德说教的方式。”

回到美联储内部，沃尔克对总统的妥协遭到大部分委员的反对。除了副主席弗雷德里克·舒尔茨以外，其他委员都对信贷控制政策不感兴趣，其中还有 3 位表示强烈反对。

委员菲利普·科德韦尔表示反对，但他正在办理退休手续，因此可能来不及对此决议投出反对票。委员查尔斯·帕蒂也表示反对，尽管他感到有些局促不安，因为早在 1969 年担任美联储研究主管时他就曾协助起草过这种模棱两可的《信贷控制法案》，法案授权总统可以要求美联储强制实施控制政策，但却并没有说美联储必须无条件服从总统的命令。

亨利·沃利克拒绝的方式十分得体。“做一件坏事总有好的借口，要么方便，要么快捷，要么可以避免疼痛，”沃利克说道，“从长远来看，我们可以坚持原则；但从短期来看，这一点却很难做到，那么我们就要将这个原则推给未来，然后选择一个不那么疼痛的过程。”

就在委员深入讨论此问题的同时，沃尔克坦承从立法角度来讲，他们是可以拒绝卡特的要求的。但是，这位主席问道，你们真的想要反对总统吗？

除了沃利克，没有人选择这样做。“就总统的意愿投反对票的确不是一件容易的事，”沃利克说道，“但我们的使命是什么？我们为何会拥有长期在此办公的权力？或许，我们的决定不仅能影响现在，还会影响过去和未来。最终，这会提醒总统不是只有他才对此事忧心忡忡。”沃利克于是坚决投出反对票。

美联储对此事的默认可以帮助说明其所谓的机构独立性实际上存在很大的限制性。从理论上来讲，美联储可以忽视总统的意愿，而事实上这并非它所愿，至少当冲突如此可见且如此清晰时的确如此。沃尔克或许可以轻易忽略白宫中某些人就货币政策的“乱插嘴”，事实上他平时也是这么做的，但如果公开表示反对总统，做起来则并非易事。

“你永远都别想和总统的意愿公开为敌，他说‘这样做’，我们说‘不这样做’，”帕蒂解释道，“天哪！这只有紧急关头时才会发生。”

一旦沃尔克在美联储内部达成一致，他和美联储专家就要开始起草有关信贷控制的详细细节，即尽可能让其宽松和无害。举例来说，对消费借贷和信用卡的限制几乎会免除每个家庭对每件商品的购买：汽车、家具、家用电器、住房装潢贷款和房屋抵押贷款。美联储对银行信贷分配的宏观指导方针仅仅是出于自愿。压在银行和零售商身上的新储备金负担只会适度限制信贷业务的激增，只会产生有限影响。正如一位起草人所说：这个想法就像是在“洪流中投入的一粒砂”，根本就控制不了局势的发展。

面对美国总统和美联储主席发起的这场改革，大多数美联储官员都很肯定自己的想法是正确的。他们私下里嘲笑这些控制措施存在诸多漏洞，并且肯定那些债权人和债务人也一定会发现。一位高层经济顾问曾和美联储副主席舒尔茨打赌：这些控制措施实际上根本无效。“我们所做的不过是化妆，”帕蒂说道，“整个行为看上去更像是为消费信贷市场的各个角落装点门面。”

3 月 14 日，怀揣着让总统任期出现戏剧性繁荣的梦想，吉米·卡特向全国宣布启动紧急预案。“我所规划的这场行动会让我们付出代价，”这位总统说道，“它会让我们疼痛。但行动的代价远比不行动的代价小得多。对于我们所有人来说，由不便之处带来的暂时性疼痛会远远小于继续维持现状的疼痛，因为后者是通胀率不断上涨的永久性疼痛。”[2]

第二天，沃尔克在美联储做出简要指示，大致勾画出即将在信贷市场上实施的错综复杂的种种限制。财政部部长米勒、经济顾问委员会主席舒尔策及其他内阁官员召开电视新闻发布会，再次强调一系列新举措的严肃性和重要性。这则声明在晚间新闻中被重复播放，电视屏幕上充斥着各种信用卡的镜头——维萨卡（VISA）、万事达卡（Master Card）、美国运通卡（American Express）等等，所有这些都表达了总统真诚的恳求：请停止借贷。

仅仅这一次宣传，美国人就收到了信息。几天内，消费者开销就出现大幅度缩减，企业信贷业务也出现缩水。白宫的邮件收发室收到大量作废的信用卡，成百名居民以此行动来证明对这场战役的支持。这位总统本来希望借此转移普通民众的注意力，但最后的结果无疑是超出了预想。如果“借贷”突然变成没有爱国心的举动，那么“消费”自然也是不值得提倡的。

经济就这样出现崩溃。长久以来一直挂在预言家嘴边的经济衰退终于开始“显形”；只不过其不是许多人期望的那样逐步显现。经济行为的缩水出现得如此迅速、突然且深入，在不到 3 个月的时间里，GNP 就骤减 10%，这是 15 年来程度最为激烈的一次经济衰退。从短时期内看，这就像是一次自由落体运动。

对此最为吃惊的莫过于美联储。这场突如其来的经济衰退粉碎了他们的种种设想，并让美联储的决策者们陷入因自己的决策失误感到悲伤的情绪之中。整整一年，在他们应对此次经济衰退的艰难过程中，他们对货币供给和美国经济的调控就像是坐上过山车一样有惊无险。

弗雷德・韦默（Fred Weimer）亲眼看见吉米・卡特传递的信息如何对全美上千家西尔斯购物中心造成影响，并由此得出结论，这就是一种心理暗示。韦默是西尔斯信贷部经理助理，作为全美最大零售信贷业务分配商之一的高层工作人员，韦默十分讶异于美国人为何会如此迅速地对总统的恳求做出反应。

“卡特信息的推动力就在于，它表达了使用信用卡就是一种不爱国的表现，”韦默说道，“于是人们做出反应。我认为这的确极具杀伤力。各种数据已经表明经济正出现逆转。我们不知道这种控制对销售额产生的恶劣影响会发展到什么程度，但我们都清楚其影响一定是恶劣的。”

本来，西尔斯购物网已经宣布其 2 月销售额记录较前一年增长 18%，可 3 月时信用卡销售额就下降 1%，接下来 4 月下降 8%、5 月下降 11%。美联储强加给零售商的消费信贷的新储备金量瞬间变得与西尔斯毫不相干，西尔斯不用被迫担心为不断上涨的销售额设定限制，因为接下来的 6 个月里其信用卡销售额一直在萎缩。“所有商铺的销售额都非常糟糕，”韦默说道，“你不必再用现金来编造信用卡销售额。”

美国彭尼公司（J. C. Penney）①公关部经理邓肯·缪尔（Duncan Muir）认为，对于公司来说，总统的发言“绝对是一场梦魇”。起初为应对美国政府掀起的信贷紧缩政策，彭尼不得不规定金额小于200美元的交易不得使用信用卡；而在令人感到混乱的电视新闻发布后，据说彭尼只允许金额大于等于2000美元的消费者使用信用卡。

“我每天都在接电话，”缪尔说道，“有愤怒的消费者打来的，也有报纸记者打来的。这些都会对销售额造成严重影响。我们只能逐一澄清某些做法的初衷，但还是花费几个月的时间才让局势得到缓和。”

彭尼的消费者并不只是停止“刷卡”，他们当中许多人还取消了信用卡并将作废卡寄到彭尼商店，另外一些消费者则纷纷还清了信用卡账户上的原有债务。

维萨卡（VISA）也出现缩水。这家美国最知名的信用卡公司曾经无限风光，仅1979年就增加超过700万信用卡用户。如今不到几个月的时间，用户数量就减少50多万。在随后几个月里，VISA的现金增长减少6亿美元，几乎占其总利润量的10%。信用卡购买也因银行不再吸引新客户办理信用卡而逐渐萎缩。许多零售商和银行纷纷向客户提高信用卡办理“门槛”，例如更高的最低消费额、利息及其他收费。这些对于债务人来说都是增加的成本，其中许多都被限定在一个永久不变的位置上，直到美联储撤销信贷控制之后很久，这部分成本还一直都在持续让利息增加。[3]

诸如此类现象之前从未发生过。2月，美国消费者分期付款债款达到令人瞩目的3100亿美元，这个“债务蓄水池”经过循环后每月还能实现超过20亿美元的增长。在美联储宣布实施信贷控制后4个月内，消费者不仅终止了新的信贷，同时还及时还清了超过74亿美元的债务。这个“蓄水池”正在向外排水。

在美联储内部，苦恼的委员正在疲于应付来自银行家和零售商无休止的抱怨和质问，同时还要试图想清楚他们都曾经做过什么。很明显，这些特定的控制措施力度十分微弱，但其造成的影响力却势不可挡、压倒一切。

“我们确实没有想到用一根小木棍就能把骡子击倒，”弗雷德里克·舒尔

---

① 美国最大的商品和药品零售商店。——译者注

茨说道，“我们认为是无意碰到了一个电灯开关。本意并不是想让经济潜水，只是打算在保证经济增长的情况下限制信贷扩张。可消费者却理解成政府是在告诉他们不再使用信用卡。真是见鬼，美国经济就这样被推下了悬崖。”

美联储委员从零售商里听到这些极富戏剧性的故事，信用卡销售额的急速萎缩使这些零售商得出这样一个结论，即这种突然性崩溃的来源其实就是一种心理暗示，一种不受中央银行控制的强大媒体的影响下的心理暗示，那就是电视。[4]

不管怎样，美联储官员不会将电视“插曲”视为一次侥幸的成功，将电视的普遍影响力和掩盖下的中央银行调控能力扯在一起实在有些怪诞。不过他们并没有停止思考自己是否应该从这次事件中汲取一些经验，学会到底该如何影响全美国人的经济行为。后来，美联储展开许多专业性研究，就 1980 年经济衰退所产生的金融困境进行深入分析，但却从来没有试图研究此次事件中的公众心理。

不过这两个连带发生的事件却启发性地告诉美联储到底该如何与美国公众阐明自己某些政策想要达到的目标。当沃尔克 10 月 6 日宣布推行重大改革时，那份声明中就包含太多艰涩难懂的金融术语。果然不出所料，只有少数几个不是金融家出身的普通民众明白了他想要做什么。没有抓住主旨的美国民众，甚至是那些老谋深算的企业执行者并没有就此改变对美国经济的看法或自己的经济行为。次年 3 月，信贷控制政策一经宣布，简单直白的语言和动人煽情的表达，很快就点燃了戏剧性结果的爆发（超出所有人想象的戏剧性）。美联储本来不想让新信贷控制政策掀起太大波澜，与 10 月 6 日的基本政策改革相比，这一次甚至可以说是毫无意义。可这一次美国政府采用的是极其明确的表达方式，因此普通民众迅速做出反应。换句话说，美联储为自己非要“披着神秘的外衣”付出了代价，其总是要把自己的某些政策说得含糊不清、极其专业。看起来，只要美联储把话讲得够清楚、够明白，其推行的某些政策就一定会对美国人产生更大的影响。

吉米·卡特却落得一个不好的名声。“这是历史上的第一次，”亨利·罗伊斯抱怨道，“一位民主党总统竟然让经济出现衰退。”而且还是在一个竞选之年——在距离选民投票是否由卡特继续担任总统仅仅 8 个月的时候。

从传统经济模式来看，经济活动开始下降完全是受自身影响。当社会对商品的需求量开始下降时，生产者就会从未被售出的库存积压品中寻求利润，进而削减生产规模。被解雇的工人会失去工资，收入的降低会进一步降低人们对商品的需求量，同时又会刺激更多人失业。这一次唯一不同的就在于经济紧缩的速度。1980年第二季度，美国实际GNP骤减至390亿美元（计入通货膨胀）。工业生产规模缩小8%，失业率从3月的6.3%上升至7月的7.8%，也就是说又有160万人失去工作。人均实际可支配收入，即除去通货膨胀和税收后的普通公民最多收入，在1979年时就已经陷入疲软增长，可到了1980年春季，其出现彻底的大幅缩水。在1980年的这次经济衰退中，美国人均实际收入从4503美元下降到4435美元，彻底抹杀前一年的收入增长。在人人都希望稳步提升其经济地位的美国，投入到工作中的平均人数实际已经退回到1978年。

吉米·卡特的民众支持率自然也会由此遭到重创。这位总统一直试图击败另一位民主党候选人、参议员爱德华·M.肯尼迪，但随着经济衰退的出现，他开始失去一大部分以工业为主的选区的支持，而这些地区又是民主党的核心选举力量。卡特第二次削减财政预算、恢复金融市场信心的努力再次变成攻击自己的“武器”——很明显，这个总统作为领导人过于反复无常。因此当美联储迅速宣布取消信贷控制法案中的主要条款时，卡特的白宫经济顾问并没有提出异议。

美联储也受到了攻击，只不过相对来说并不明显。全美众多小型独立房屋建筑商声称要让沃尔克及美联储委员负责，正是美联储推出的高利率毁了他们的事业。1979年时美国新房屋开工量平均在170万套左右，这个数字已远远低于房地产业的发展潜力，可到了1980年情况却变得更糟。5月，房屋建筑数量已跌落至每年94万套。从1979年12月到1980年4月，每月的破产企业从2394家上升至3756家，其中许多人都是房屋建筑商。

成百上千的承包商对美联储发起非正式抗议，他们将4寸宽、2尺厚的木块和砖块贴上邮票寄到美联储官员办公室，意在提醒美联储目前全美都无法继续建造新房，原因就是美联储推出的货币政策。[5]与其他政府部门官员一样，美联储官员早就习惯这些“恶毒信件”，但此时出现的这些信件不仅在数量上更多、内容上更具攻击性，甚至还开始威胁要对美联储主席个人进行人身攻击。

电视节目主持人吉姆·莱勒（Jim Lehrer）则直接将问题抛给沃尔克：“你是否愿意承认自己是一手制造这场经济衰退的‘双亲’之一？”

“不，我宣布我不是，”这位主席回答道，“我甚至不喜欢你这种问问题的方式。你知道，如果我是父亲，或是一个单身父亲，那么这个‘孩子’根本就不会出生。我怀疑只有通货膨胀才是父亲，或者说是通货膨胀造成的混乱和扭曲才是父亲。”[6]

这就又产生一个问题：是什么导致这个泡沫最终破裂？是美联储 10 月货币紧缩政策下利率的创新高和信贷紧缩逼迫经济陷入衰退的，还是只是信贷控制政策造成的一次经济创伤呢，抑或是可能二者逃脱不了干系呢？

“当然，你会说信贷控制根本就没有必要发生，”曾经持反对意见的亨利·沃利克说道，“经济已经陷入衰退。应该给它一点时间，但为什么我们还要过度扼杀它呢？”

与当初决定推出信贷控制政策相比，此时如此具有说服力的言论看起来有些后知后觉。声称会严密跟踪经济周期循环的美国经济研究调查局（National Bureau of Economic Research）后来还发表这样的结论：美国经济增长会在 1980 年 1 月出现高峰，之后会在信贷政策推出的前 2 个月逐步开始萎缩。因此，信贷控制政策造成的令人震撼的突发性结果实际上是将“逐步萎缩”变成急剧且深入的经济崩溃。

然而，这次残留的政治记忆却如此与众不同。人们普遍认为，美联储的信贷控制政策是一场毫无作用的灾难，吉米·卡特应该受到谴责。或者更可能的现实是，信贷控制政策的作用太强——强得有些过头。

就在美国经济发生急速下滑的同时，保罗·沃尔克正面临一个由经济下滑引起的附属危机，即美国银价泡沫的破裂。在得克萨斯亨特兄弟的带领下，投机者已经将 1 月银价推高到每盎司 52 美元。当泡沫破裂、银价开始出现急速下跌时，这些投机者陷入麻烦，而曾经在资金上支持他们购买白银的银行和经纪公司也难脱干系。随着白银价值的暴跌，债权人不得不要求从亨特兄弟手中获取更多的现金和担保以支持贷款。如果银价下跌到一定程度，那么即使是这个来自达拉斯的亿万富翁家庭也难以为自己的“赌注”埋单。最为严重的是，一旦贷款被拖欠，也就意味着债权人将不得不持有大量已经在崩溃的市场发生贬值的白银。

危机爆发的时间是 3 月 27 日，商品市场上以“银色星期四”来纪念这次重大事件。美国第二大经纪公司贝奇－霍尔西的执行总裁 3 月 26 日将电话直接打给了沃尔克，声称如果银价继续暴跌，贝奇将宣告破产。因其已经总共向亨特兄弟抛出超过 2 亿美元的贷款，手中持有的白银担保价值每天都在发生萎缩。在银色星期四这一天，白银价格已经狂跌三分之一，即从每盎司 15.8 美元下降到 10.8 美元。沃尔克立即召集联邦储备银行行长召开一系列紧急应对会议，以确定亨特兄弟的贷款规模以及此次事件将对金融体系造成的危害。一些人开始担心此时美国正濒临历史性经济恐慌的边缘，因为整个事件与 1929 年股票市场投机崩盘后引发的经济大萧条十分相似。

最初的风言风语和错误信息的确对银行在此次事件中的损失进行了夸大其词的描述，但可以确定的是这次损失绝不是小数。12 家美国地区储备银行行长被告知：其下属的 4 家海外银行和 5 家经纪公司曾向亨特兄弟购买白银的投机行为总共抛出了超过 8 亿美元的贷款，这个数字几乎相当于美国前 2 个月所有银行借贷资金的 10%。

美联储对投机借贷的温和警告不仅被银行所忽视，而且银行也没有采取任何管理措施在实际意义上阻止白银借贷业务的产生。不过此时的沃尔克并没有揪住这一点不放。新的问题是银价的再次下滑是否会将这些大型银行扯进泥潭。美国第 9 大银行、芝加哥第一美国银行处境最为危险，其已直接或间接向亨特兄弟总共借出 1.75 亿美元的贷款。如果银价下降到每盎司 7 美元，那么这些银行手中持有的白银担保价值就将低于其借出的贷款价值。

星期五，银价市场暂停暴跌，银价暂时稳定，这得以让贝奇及其他银行或经纪公司有充足时间抛售手中持有的白银担保，避免遭受致命损失。可现在新的危机再次显现：为扩大价格投机，亨特兄弟曾向美国大型跨国矿业公司安吉哈德（Engelhard）购进总共 1900 盎司白银的期货交易。期货通常被当作抵抗价格突变的保护伞，也就是同意在 6 个月至 9 个月后交割时按照当时的某个价格交货。但期货同时也是高风险赌博，赌注就是未来价格要高于现在价格。亨特兄弟显然是输掉了赌注。交割日期是 3 月 31 日星期一，届时安吉哈德还要为自己手中持有的白银争取到 6.65 亿美元的现金。

如果亨特兄弟没能在星期一交足现金，那么银价就会再次出现暴跌，累积的所有投机性银行贷款无疑会需要用现金兑现。尽管 8 亿美元不是个小数目，但 12 家主要银行及海外银行还是有能力支付这笔巨大损失的。而最令美联储担心的是这次危机的余震，即这场一次性的投机惨败是否可能会在投资者中间点燃巨大的恐慌情绪，导致他们将庞大的储蓄存款撤出那些风险敞口最大的银行，例如芝加哥第一银行，从而威胁到这些银行的现金流动。

在这场事件中，美联储当然有能力“保释”这些备受威胁的银行，或者通过贴现窗口的无限制贷款帮助他们走出困境，即通过政府贷款弥补储蓄存款的巨大损失直至帮助银行恢复信心。可这样的补救措施会遭遇政治尴尬，美国其他经济领域又会产生怎样的反应？如果袖手旁观，这些银行自行承担损失又会产生怎样的后果？美联储主席沃尔克同样也无法预测。

于是，沃尔克让“恩赐”改头换面。就在周末，城市储备银行协会（the Association of Reserve City Bankers）在佛罗里达州的拉顿举行机密会议，将所有在此次事件中受到伤害的银行管理人以及其他能够提供帮助的银行家聚集在一起。沃尔克也出席会议。星期日傍晚，银行家与亨特兄弟及安吉哈德公司代表进行彻夜商谈，最终就秘密紧急救助方案达成一致，即由 13 家银行提供总共 11 亿美元的新贷款以解决亨特兄弟的旧债，同时还会提供其与安吉哈德的调停协议，规定未来 10 年内双方各自需要履行的义务和责任。

在另一家酒店的客厅里，保罗・沃尔克倾听了各银行家长达数小时的谈判进程汇报。最后，以某些限制性条款为前提，沃尔克终于接受这笔交易，这对于银行来说无疑是最关键的“定心丸”。如果沃尔克不同意，那么这些大型银行就很难甚至就不可能参与到这场交易中。毕竟，美联储刚刚在全美范围内颁布实施新的信贷控制政策，而对亨特兄弟直接实施的新贷款项目至少在精神上是违背信贷控制政策的：实际上，滚动还债的贷款就是纯粹的投机。从技术角度讲，美联储并没有“保释”亨特兄弟及其他银行，因为政府货币没有受到危及。但从实际意义上说，沃尔克是通过给予他们极大特权的方式来拯救他们，而这个特权并不是所有美国经济领域都能拥有的。[7]

尽管委员亨利・沃利克并不满意沃尔克用这种方式处理这次危机，但却并没有质疑这位主席作为危机处理人所做的决定。“假如一家大型企业宣布倒闭，”沃利克说道，“世界也不会灭亡，最多算是一个巨大的悲剧而已；但从小范围来讲，这却算得上是一次灾难。与其说‘让这些银行家和经纪人自食苦果’，还不如做点什么。”

已经退休的菲利普・科德韦尔对这样的紧急救助措施感到很愤怒。“我十分不满这位主席竟然帮助邦克 - 亨特摆脱困境，”科德韦尔说道，“亨特很明显是试图要占领全世界的白银市场，我认为他应该为此付出代价。对这一点，我认为十分简单，我也看不出这些银行为自己的错误埋单有什么不妥。”

随着这次银价紧急救助细节的公开，沃尔克被多次打上“反对国会质询”的烙印，这次质询主要是由政府运行事务小组委员会主席、众议院议员本杰明・罗森塔尔（Benjamin Rosenthal）发起：美联储为何早先对所发生的一切视而不见？

为何在救助行动中投入如此多的资金？沃尔克在做出解释的同时也忍受了对方长篇累牍的高谈阔论，但国会的愤怒会误导公众对美联储的看法；这些批评家既顽固不化，又坦承直率，但沃尔克非常清楚这些攻击并无太大意义，其不过是在大篇幅新闻报道的误导下产生的。更具影响力的参议员和众议员私下里表示非常赞同沃尔克，事实上来自得克萨斯和伊利诺伊的国会代表曾恳求沃尔克一定要挽救其所在地区陷入麻烦的银行。沃尔克表面上并没有反抗国会，他只能配合这些领导人物的私人意愿。[8]

这种错觉会经常出现在国会与美联储之间的关系上，即公众会听到对美联储的愤怒之词，甚至猜测美联储会因此受到严重威胁。美联储却对此“乐得其成”，私下里对局势自信满满，也可以从国会那里得到不言自明的支持，这些最终会给美联储提供保护。国会对美联储的表面攻击和批评通常是一种极好的伪装。

在这场银价危机中，沃尔克在各中央银行家那里获得殊荣，但却备受非金融领域的诟病。他的想法直接表达了美联储的核心目的：拯救大型金融机构是符合公众利益的，但政府对其他领域的私人企业实施救援就是错误的。一家大型银行的倒闭会引起更大规模的社会动荡和难以预见的后果并使其他银行连带破产，是一次足以破坏金融体系稳定的真正的经济恐慌；可一家大型生产商或零售商的破产却是一次影响力有限的事件，是自由市场驱动力的自然结果。人们会损失金钱，工人会失去工作，可金融体系却可以动态调整并不断创造新的企业和新的工作。如果政府能够做到挽救每一个倒闭破产的企业，结果又何至于此呢？[9]

鉴于一个金融家的眼光，沃尔克并不认为自己极力挽救忽视自己指挥的大型银行（即以亨特兄弟为客户的所有银行）与同时对抗对克莱斯勒实施政府援助之间有任何矛盾。中央银行遵循的是极其苛刻的自由企业定义：经济稳定需要银行及其他大型金融机构在犯下愚蠢错误时接受救助。如果其他经济领域企业宣布倒闭破产，那么在美联储眼里不过是正常且健康的自由企业资本运转特征的表现。

事实上，美联储是有能力直接对陷入困境的非银行企业实施贷款的，但前者永远都会选择说“不”。尽管并不广为人知，但美联储的确曾在克莱斯勒求助于国会之前果断拒绝对其实施救助。1935 年以来，美国立法给予美联储可以选择对濒临破产的任何个人或机构实施特别贷款的权力，无论是公是私，但条件是只有在“特殊且紧急的情况之下”。除了经济大萧条时期的几个例外以外，美联储经常拒绝对财政陷入困境的私人企业实施救援，其拒绝了中西部生产粮食的农民、洛克希德公司和来自纽约城的恳求。作为债权人的最后靠山，美联储会倾尽全力避免金融市场出现任何闪失，但对于生产力强劲的经济实体来说却并不会如此。

同时，美联储也会重视其他经济领域企业的冒险性银行借贷行为，但程度和规模上一定要比白银投机借贷更为严重且更具危险性。数年来，一些美国大型银行向某些不发达国家先后注入几十亿美元新贷款，尤其是拉丁美洲国家，这些国家在美国银行体系中“赫赫有名”。不过美联储并没有逼迫这些银行撤出投资，甚至也没有要求他们节制贷款。只是不时发出温和警告，当然通常都是私下里进行的。然而大多数银行对此置若罔闻。

在与货币中心银行管理阶层举行的一次机密会议上，保罗·沃尔克表达了他个人对海外信贷扩张的担心，并力劝这些银行家一定要更加谨慎行事。“沃尔特·里斯顿是第一个做出反应的，”副主席舒尔茨回忆道，“大体上，沃尔特说道：‘主席先生，我并不同意您的看法。这些海外信贷业务是我能够掌握的最佳贷款。他们几乎从未拖欠贷款，我获得了相当不错的利润回报。’而保罗的回答是：‘那是过去的事，我担心的是未来。’”

中央银行家的确该忧心忡忡。但美联储却未能及时有效地迫使这些银行在行为上更加谨慎。银行家的乐观和美联储的仁慈正逐步确立一场席卷世界的金融危机。

4 月，正值各商业银行向美联储递交一周的总结报告，美联储委员惊奇地发现有关利润数据指标的变化。数月来，他们一直努力想要看到一种悲喜交加的成功，即由控制货币供给带来的经济增长过速现象放缓。而如今，货币正在“消失”。

每周，美联储的经济专家都会紧盯每家商业银行递交的有关货币流通量和存款需求量的报告，他们会根据报告结果计算整个美国金融体系到底需要多少货币。这个数字是衡量美国货币供给的基本依据，也就是众所周知的 M-1。如今 M-1 不再持续上涨，而是出现急剧萎缩。

货币正在消失，并且还是以极快的速度。3 月中旬，M-1 为 3930 亿美元，到了 5 月的最后一个星期，M-1 就变成 3760 亿美元。这样的结果并不需要撕毁 100 美元的钞票或销毁硬币，毕竟货币供给中的绝大部分并不以现金形式存在于每个人的钱包里，大部分国家资金都是以数字形式存放在银行账册里，即活期账户总收支。从实际意义上讲，已经有超过170亿的美国货币消失得无影无踪。

这并不是美联储有意而为之。回到2月，12位参与投票的联邦公开市场委员会委员还在为货币经过几个月的适度增长又再次激增至13%而痛苦不已，他们同意美联储必须采取更加具有约束力的措施，即向银行体系注入更少的储备金，公开市场委员会还将M-1的增长目标严格规定在4%至6.5%。3月M-1趋于平缓，也就是没有发生增长。到了4月，正如美联储眼睁睁看到的那样：货币供给正以每年17%的速度急速萎缩。[10]

这种混乱的大逆转对于中央银行来说等于是在制造一场政治危机，且在今后数年里都一直萦绕在美联储委员心头。同时，这种逆转也让美国经济经历一系列令人心痛的盛衰沉浮。联邦公开市场委员会应该增加多少储备金供给才能弥补这场货币的突然缩水？如果力度不够，那么就可以想象美国的实际经济会在未来逐步陷入危险的恶性循环。如果力度过头，那么就会有更多货币瞬间在银行体系内喷涌，远远超过实际经济的需要，这样的过度供给会迅速拉低利率，或许还会重新刺激美国经济，就像是一辆刹车失灵的汽车加速启动一样。所有这些问题都是美联储委员和地区储备银行行长必须要慎重讨论的。沃尔克在6个月前推行的新货币控制体系遭遇了第一次严峻考验。

但到底是什么会让货币消失呢？暂且不论那些泛泛的陈词滥调，事实上货币供给是会同时受到诸多因素的“控制”。单单一个作用力不可能单枪匹马地控制货币供给，包括美联储。为了进一步体会其中的本质含义，我们可以将货币供给想象成水库中的水，这也是约翰·梅纳德·凯恩斯在《货币论》（*A Treatise on Money*）中所做的隐喻。凯恩斯解释道，中央银行的作用就是“注入一定必备的水流”以维持水库的水量。不过，人人都能理解，“除了向水库注水以外”，明显还有许多其他因素可以影响水库水量，“例如自然降雨、水分蒸发、泄漏以及用水人的习惯”。[11]

在同样意义上，美联储一直致力于通过自身阀门来调整水流，要么注水，要么排水，目的就是抵消各种同样能引起水量上涨或下降的冲突性作用。这就是美联储每日运作的核心和本质，即保证水库水量尽可能地达到联邦公开市场委员会设定的以满足经济需要的水平。这是一门并不完美的科学，涉及各种太不确定的难题，并且要时刻做出自我调整以应对过去的错误或新的波动。在这场竞争中，一次10亿美元左右的“失误”就足以使美联储成为被攻击的靶子。

让货币消失的其实是所有美国人：普通银行客户、小企业家、银行、大型企业财团和成千上万经济“玩家”。人们纷纷还清自己的债务——这就是最基本的原因所在。当经济衰退真正开始显现，加上信贷控制在美国民众中间造成的巨大震撼，成千上万的银行客户不仅终止了新的借贷，同时还纷纷还清了自己在银行的贷款和各种账单。这样的行为无疑会导致货币不复存在，因为这是银行信贷创造货币神奇魔法的第一步。如果一个客户还清所有银行贷款，那么银行就要随之抹去双方账单上的数字，即贷款会消失，这个曾经吸收货币的客户的活期存款也会消失。

当然在正常条件下，如果成千上万的债务人每周都要还清自己的旧贷款，虽然从理论上讲也是在破坏货币，但银行体系却能做到时刻将这部分货币重置给新的贷款用户，即变成新的货币。当实际经济发生扩张时，无论是客户还是生产商，他们都需要额外贷款和额外货币来扩展交易范围，因此信贷和货币供给会共同发生稳步增长。每周货币流通总量都会发生不易察觉的潮涨潮落，美联储可能在前一周汇报货币供给下降了 15 亿美元，下周 M–1 又可能上涨 27 亿美元。但这样的波动从长远来看始终会保持平衡，且处于正常、稳步、向上的趋势。

4 月，信贷和货币之间的正常关系遭到严重干扰。成千上万的美国民众和企业人纷纷还清自己的旧贷款，但银行却再也找不到新的债务人来填补这个空缺。随着经济急剧衰退，无论是客户还是商业企业，都不再需要额外信贷，至少不再需要大量贷款以补偿交易需要。因此银行体系每周都要在其“资产”中抹去数十亿美元的信贷账户，同时也会抹去自身相同数量的“债务”，即活期存款。而银行体系的“债务”加上数目可观的流通货币，共同组成 M–1 货币供给的基本内容。因此 M–1 也就会随之发生萎缩。

正如弗雷德里克·舒尔茨所指出的：“货币供给就像一块大石头一样直线下落。”

普通民众和私人企业主也在以另外一种方式让 M–1 发生缩水，即简单的货币转移。举例来说，如果小型企业家决定减少手中持有的无息活期存款账户的日现金兑换量，转而将资金投入到有息定期账户或储蓄账户中，那么实际上就是将 M–1 货币转移到大概货币流通总额中，即流通性更差的 M–2。从基本原则上讲，这种转移并没有“破坏”货币，却会缩减 M–1，即可立即消费的可用货币量和美联储衡量货币供给的基本标准。如果货币从 M–1 中流出，就会为美联储的决策者制造一系列难题，因为他们力图维持货币供给的稳定性。而此时 M–1

和经济行为之间的假定性关系已经暂时不起作用。

4月里，仅仅几周时间，成千上万的银行客户就做出了一个共同的决定，即将货币转移或将金融资产“停靠”在其他地方。这种驱动力在短期借贷利率的作用下达到一个前所未有的高峰，因为对于某些将闲置货币存入无息活期存款账户的客户来说成本增加，例如联邦资金利率已超过19%。另一种短期信贷利润回报较好的3月期国债利率也已经超过15%，因此成千上万的人开始将活期存款账户资金转移到有机会获利的其他信贷项目中。

不过货币经济学家却不同意这样的说法，他们不认同是这两种原因造成M-1的急剧萎缩，即债务的迅速清算和活期存款账户资金的大量外流。与经济学中的许多观点一样，对于非经济学家来说，他们不需要确定到底是哪一种原因导致M-1缩水，无论是哪一种，货币的崩溃印证了私有经济行为的确已经习惯来自美联储的人为刺激，但在行为上却并没有如美联储决策者预计的那样发生改变。相反，其反倒为美联储制造一个新的问题：如果M-1发生非正常下降，那么他们该如何确定下降到什么水平才算正确？

凯恩斯水库里的水永远都是波涛汹涌，发出种种令人难以理解的信号。有时，水量过多、水面发生激烈的动荡和颠簸，但甚至就连水库管理人也不能确定到底是什么导致水量发生这样的变化。

从理论上来说，美联储的决策者知道该做些什么。10月6日由联邦公开市场委员会推出的新货币主义理论运作程序就可以提供解决办法，即通过跟踪货币流通总量而非利率使货币供给达到“自动稳定”。如果M-1的增长速度超过曾经设定的范围，那么也就意味着美联储必须紧缩向银行体系提供的储备金量，使M-1总量下降。如果货币供给低于目标范围，那么联邦公开市场委员会就要注入储备金、刺激货币增长。从理论上讲，这样的方法是可以做到持续性自我调整的。

不过实践起来，沃尔克和联邦公开市场委员会却犯了一个严重错误，即这会削弱他们在价格通胀上所做的一切努力，同时也会造成美国经济的不稳。4月22日，美联储召开常务会议，新的运作程序“号召”展开一次迅速的水利系统逆转，即开始注入更多的储备金，直到发生萎缩的货币流通总量重新获得生机并趋于稳定，而令联邦公开市场委员会担心的是这个办法是否能够顺利发挥作用。

种种顾虑最终被总结成一点：他们到底能让利率下降到什么程度？到底能

让利率下降得多快？前两周的联邦资金利率已经下降整整一个百分点（降至 18%），尽管与正常水平相比仍然偏高。如果美联储过于严格地遵循自动稳定的新运作程序，那么其会导致利率急速下降，从而会向金融市场和实际经济领域中的所有人传递一个错误信息。

联邦公开市场委员会的会议记录中记录了几位委员的忧虑和担心："……如果利率在接下来几周里继续大规模下滑，那么很可能会被某些市场参与者敏感地察觉到……随货币政策的放松，利率的下降会对人们的通胀心理造成负面影响，同时也会影响外汇兑换市场上的美元。"

换句话说，如果美联储任由利率急速下滑，那么华尔街的质疑者很可能会由此得出结论：中央银行在这场与通货膨胀的战斗中甘愿认输，并转而挽救总统竞选期间衰退的美国经济。得到大多数人支持的美联储主席想要抓住这个机会，如果美联储的手段过于严厉，那么其将面临一种截然相反的风险，即经济的急速紧缩会比之前更加严重。

对沃尔克的立场表示反对的其中一位是联邦公开市场委员会的新任委员，但这位新委员在大多数事务上还是表示会支持和配合美联储主席的。他就是新近上任纽约联邦储备银行行长的安东尼·所罗门（Anthony Solomon），刚刚离开卡特内阁非正式顾问团的所罗门是一位白手起家的富翁，奉行自由主义，曾表示支持迅速放松信贷。毕竟，经济的大范围衰退会直接威胁卡特总统的连任竞选。不过所罗门为自身在卡特政府内的任职经历而深受震动，他强烈地感觉到只有美联储才能恢复美国经济的秩序性和稳定性。

"几年来我已经有所改变，"所罗门说道，"我一直受自己成长以来所接受的自由主义社会价值观的影响，但多年来我意识到，我所奉行的某些老一套的自由主义经济政策既目光短浅，又对国家没有任何好处。我意识到我们需要的是一种纪律性和制约感。"

安东尼·所罗门的成长背景与众不同。他是立陶宛犹太族移民，成长在新泽西的阿林顿，父亲是曾经显赫一时的房地产开发商。"他后来在经济大萧条时代破产，"所罗门回忆道，"父母花费 10 年时间才还清所有贷款。在那段岁月里，身为一个开发商，一切只能靠自己。他失去所有财产，但最终又能东山再起，直至拥有几家小型风险投资企业、两家餐馆和一家鸡尾酒吧。"

卑微的出身对他产生了极大影响，因为任何见过所罗门的人都很容易误以为他出身贵族名门，行为举止比身边的金融经济学家或银行家看上去更像是都市人，学识也更渊博。他优雅的山羊胡几近灰白，忧郁的双眼使他看上去深邃而沉稳，就像是一个踯躅在高端金融世界里的书生学者。所罗门和妻子酷爱收藏世界各地的珍稀艺术品，他本人也是一位颇有造诣的雕刻家。他在学生时期就才华横溢、学识丰富，曾就读于芝加哥大学和哈佛大学的经济学系，战争爆发后，开始在墨西哥经营脱水食品生意。10年后，积攒巨大财富的所罗门开始厌倦经商，于是他将企业股份卖给美国通用面粉公司（General Foods），开始进出美国政府大门，就职于民主党政府内阁，在国务院和财政部担任众多要职。

“我的改变发生在就职卡特内阁期间，”所罗门说道，“我亲眼看见自由主义在经济政策方面暴露出来的不可思议的不专业性，一厢情愿地以为通货膨胀不会加剧，当失业率已经出现下降时愚蠢地刺激经济，当通货膨胀濒临危险时拒绝紧缩货币政策。这种极为严重的外行心理和一厢情愿在自由主义者当中十分普遍。”

所罗门和沃尔克曾经志同道合，多年来他们在许多问题上都能保持在同一条战线上亲密作战，然而首次出任纽约联邦储备银行行长的所罗门这一次却对这位美联储主席的分析表示不敢苟同。

“我对这种潜在的波动性感到惊愕，”所罗门说道，“因为我们被M-1限制得过死，所以不得不迅速提高储备金量。我认为盲目跟随货币流通总量的行为十分可笑，任由联邦资金利率急剧下跌也十分荒谬。不过沃尔克的立场却得到大多数人的支持。他总是能号召绝大多数人，虽然有时不得不折中，但从根本上说他还是能够说服很多人。沃尔克自己也承认这是一次冒险，没有人有百分百的把握。如果世界上只有黑和白，那我们的工作就会很容易。他意识到了危险，但却仍然觉得对顾虑的权衡意味着对货币的放松。”

纽约储备银行的一位助手认为，所罗门是在向沃尔克施压，希望后者在考虑新运作程序时能更加灵活，并认为所罗门一定会说服沃尔克。然而在后来召开的会议上，沃尔克仍不愿放弃新的运作程序。“当我们因主张放弃新运作程序而受到众人的抨击时，沃尔克也会加入其中并试图为新程序做更多解释。”这位助手说道。

遵循沃尔克的立场存在两个有利因素。第一，如果美联储不能尽责遵守其新运作程序的信号，那么华尔街上的美联储观察员就会迅速感知，谣言也会再次甚嚣尘上：美联储又是在自己的承诺面前知难而退。美国的金融市场已经对美联储 10 年来的反复无常越来越失望，任何一次突然的颠簸都会加剧破坏中央银行本已受损的可信度。第二，经济衰退以及不可知的衰退规模。至少有四分之三的美联储经济专家曾经预测美国经济会出现适度紧缩，然而现实却并非如此。如今，经济衰退终于出现，但却根本不是适度出现。销售和生产规模都出现急剧萎缩，因而经济学家也开始调整自己的视角。他们此时意识到，经济衰退要远比预计的更严重、更持久。

“货币增长的持续不足以及利率的相对居高不下，都会进一步恶化经济中的衰退力量。”联邦公开市场委员会会议记录中这样记载大多数委员发出的警告。如果美联储在竞选年份鼓励经济收缩是其职责所在，那么其就有可能让经济衰退更加恶化。

“这是决策中的关键因素，”所罗门说道，“显然，任何一届内阁在竞选期间都会担心出现经济衰退，但我却并不知道白宫的任何消息。”

讨论结束后进入投票环节，唯一投出反对票的只有亨利·沃利克。联邦公开市场委员会同意通过官方决策，允许注入新储备金、削减利率。数月来，联邦公开市场委员会曾为联邦资金利率设定一个相当宽松的波动范围，即可上下浮动 7 个百分点，但宽松的范围并不是关键所在，因为联邦资金利率总是会冲破最初的最高限定。如今委员会轻微向下调整限制范围，但整体上依然宽容。根据市场状况，联邦资金利率将被允许在 13% 至 19% 之间来回调整。

沃利克担心的是，利率可能会从范围内的最高点急剧俯冲至最低点，从而拉低短期信贷利率，在通货膨胀影响还未完全消失时重新对经济造成刺激。“我强烈建议不要削减利率，”他解释道，“我想应该在提高而非降低的基础上严格遵循运作程序。我看不出将利率拉到最低点有什么好处，这只会造成之后的经济复苏，然后再强迫我们实施紧缩政策。”

作为最强硬的“鹰派”人物，沃利克经常提出反对意见且经常以失败告终。其他委员认为他过于天真，并且带着些许嘲笑。“亨利”是一个守旧的绅士，永远都那么彬彬有礼、坚守原则，但他的固执和倔强也算是绝无仅有，他总是不顾周围环境的变化反复强调自己的观点。整个 1980 年，亨利·沃利克总共投出 9 次反对票，几乎每一次都是在联邦公开市场委员会大会。他永远都是进一步紧缩货币的提倡者。

“总是投出反对票也并不那么令人愉快，”他有些悲伤地说道，“因为如此频繁地反对也无济于事。很明显，你对他人的影响并不基于投票本身，因为你的投票并没有成功。真正产生影响的是你在大会上说了什么，通过说服他人取得进展并形成一个新的多数派。一个人反复投出反对票绝非他的本意，毕竟，你是一个团队的成员，你也很想和其他成员保持一致。做一个永远唱反调的人是一件毫无意义的事。”

两周后，也就是5月6日，保罗·沃尔克匆匆召集联邦公开市场委员会委员召开电话特别会议，货币崩溃已经进入白热化阶段，纽约的联邦公开市场办公室意欲实施强力措施“刹住”这场崩溃，即通过购买政府债券的形式注入更多的银行储备金，以创造新的货币并弥补丢失的货币。随着需求的萎缩和供应的扩大，利率“在像石头一样坠落”，沃尔克说道。短短两周时间，联邦资金利率已下滑超过5个百分点，即从18%左右下跌至13%。5月6日清晨，联邦资金利率下滑至谷底，跌至联邦公开市场委员会4月22日设定的最底线。美联储正濒临失去一切控制力的危险边缘。

位于纽约的公开市场办公室需要得到来自联邦公开市场委员会的新指示。彼得·斯特莱特说道，他的桌面操作员可以遵循美联储的决策，以正在减少的货币供给为指导，持续注入更多的储备金；或者遵循联邦资金利率目标浮动范围的指导，紧缩向银行提供储备金，直到利率重回13%，但这二者不能同时进行。以M-1上下浮动为原则的新运作程序遭遇与美联储传统运作模式的矛盾和冲突，即以利率水平作为行动标准。

在这种环境下，这位美联储主席认为应该遵循货币流通总量发出的信号，任由利率继续下滑。但这个想法的实现需要在电话中得到10位联邦公开市场委员会委员的投票通过，批准为联邦资金利率设定更低的目标范围，也就是说公开市场办公室将得到让利率下滑至10.5%的指示。

沃尔克占据上风，但在票数上却遭遇更强劲的阻力：7：3。沃利克再次投出反对票，并认为联邦资金利率应该始终保持在13%且不能再下降。而安东尼·所罗门和堪萨斯城市联邦储备银行行长罗杰·古费（Roger Guffey）的反对意见是：尽管利率可以下调，却不应该如沃尔克建议的那样出现大幅度下滑。

“其他人都打算对利率放任不管，”所罗门说道，“各位行长组成小型的货币主义者派系，他们坚信应遵循货币流通总量的指挥。而像蒂特斯和帕蒂这样的委员尽管不是货币主义者，但却对经济衰退十分担忧，他们想找到某些因素刺激经济增长。”

通胀率正在下降，但仍然维持在两位数。如果利率过快地下降到 10% 以下，那么就很有可能重新出现 1979 年出现过的实际利率为负的状况，即投资者因通货膨胀而损失更多的利息利润。负利率所制造的潜在诱因会促使人们重新开始大举借贷，债务也会重新变成抵制通货膨胀的廉价手段。

没有一个决策者可以确定公众的反应会有多快，但沃尔克和多数派认为，人们做出反应的时间应该是在利率下降后的几个月之内。不过如果公众反应过快，那么美联储将会通过再次紧缩的政策适度调整过于高涨的借贷热潮，而托尼·所罗门对此却并不乐观：

“我担心的是我们并不知道公众的反应会滞后多久，因此我们面临的是过山车般的危险。你将利率推得过高，然后又突然拉得过低，这是个向下坠落的过程；接着你又再次向上，随后又突然向下。我一直强烈要求不要以货币流通量的自动调节为目标，因为没有任何理论可以帮助你判断什么程度才是超过承受范围的程度。向下坠落时，你会面临负利率的危险；向上升高时，你又很难判断到达什么高度才合适。”

在亨利·沃利克看来，这种令人眩晕的动荡和摇摆就是一纸“魔鬼协定”，这是他先前就曾反对过的，那是前一年的秋天，保罗·沃尔克第一次建议他接受货币主义理论时他就预测出这样的结果。从理论上来讲，沃利克的顾虑是正确的，试图以摇摆不定的储备金量作为衡量标准且忽视利率的影响，其不可避免的结果就是决策上的左右为难，在沃利克看来，这就是货币主义的根本缺陷，也是众多货币主义理论拥护者所忽视和否定的现实所在。他这样说道：

“我们能够确定的只有两件事：利率和储备金。我始终认为这二者无论哪一个脱离控制都会引起巨大的震荡。如果抓住储备金，那么利率就会发生激烈起伏；如果抓住利率，那么货币供给又会发生重大改变。我从来不敢苟同货币主义理论，即如果稳定住货币供给，就可以稳定住利率。如果想稳定其中一个，可能就要以另一个的不稳定为代价。货币供给可以被紧紧抓住，但市场对货币的要求始终在变化，因此利率势必也要发生剧烈起伏。”[12]

所有在大风天里放过风筝的人都能理解沃利克所描述的货币供给、货币需求和货币价格之间的关系。风很大时，只要拉紧手里的绳子，风筝就会在天空中摆来摆去、飘忽不定。可如果将绳子放长，风筝的稳定性就会增强，甚至会在天空中保持静止不动，即使风继续在吹。货币供给和利率之间的关系也是如此。如果美联储试着将货币供给的绳子拉紧，那么利率就会像风筝一样在天空打转，在货币需求不断变幻的大风中被吹得东倒西歪。这就是一个简单的代数学法则：如果等式中存在三个变量，你只能保持其中一个恒久不变，那么另外两个就会发生互相直接反应的波动和变化。

货币主义者并不认同这种风筝的比喻。他们会说，货币需求的变化是美联储以往在失去控制力时炫耀给别人看的老借口。另外，货币主义批评家抱怨道，美联储并没有实现其阶段性的目标，即缔造一个坚定且稳定的货币增长速度。M-1 依然会像一个风筝一样摆来摆去。

白宫和美联储相继撤销两个月前才刚刚推出的信贷控制政策。到了 7 月，最后一批相关条款也宣告作废，但与此同时，经济行为、货币供给和利率的“自由下落”却并没有终止，也没有任何明显证据显示美联储的既定对策会产生太大影响。

美联储依然在“疯狂”注水。整个 4 月，纽约公开市场办公室的储备金年增长率已达到 14%。5 月，仍在焦急等待金融市场有所反应的美联储继续以强劲势头注入储备金，即以年增长率 48% 的速度注入非借入储备金（non-borrowed reserves）①；5 月开放式市场运作体系中又增加 54 亿美元投入到美联储持有的政府债券中。一位联邦储备银行行长这样抱怨道：

“沃尔克慌了。他完全错了。他放手的速度太快、程度太大。我要说的是，滑向负利率的速度实在是太快。通胀率在 10% 左右，联邦资金利率却跌到 8%。他也对这样的经济动荡感到慌乱，即信贷控制引发的经济迅速崩溃。这实在是愚蠢的做法，但我们就是这样做了。”

5 月 20 日大会，沃尔克承认自己必须做出些许让步，折中处理货币主义

① 商业银行及存款性金融机构在法定储备金数量不足时，按其自身存款总额的一定比例提取的用做储备金的部分称为非借入储备金。——译者注

理论中有关“自动运转”的解决办法。可这一次他却遭到来自另一方的反对，即两位对（适度）遏制利率下滑颇有微词的联邦公开市场委员会委员，他们抱怨委员会内部对之前采取的运作程序的态度并不十分忠诚。这两位反对者是一个奇怪的组合，因为他们是联邦公开市场委员会中两个截然相反的意识形态代表。委员“牛颈肉”帕蒂是一位老牌的凯恩斯自由主义者，一直对经济衰退造成的失业率上涨而忧心忡忡。委员拉里·鲁斯是圣路易斯联邦储备银行行长，是坚定的货币主义拥护者，始终捍卫纯粹的货币主义理论，反对务实的折中解决办法。这二人都认为，应该允许联邦资金利率遵循市场作用力的指挥发生下滑。

“我始终忧虑的是，我们应该避免犯大错误，”帕蒂说道，“就某种决策是否正确的问题，总会围绕着许多小题大做、大惊小怪的异议，而这正是可能会影响经济发展的因素。但是一旦犯了大错误，那就会成为美联储对美国经济造成影响的证据被写进史册。大错误的发生通常是一种政策实施得过久，即为了应对通货膨胀始终紧缩货币而犹豫着是否应该任由利率自行浮动，直至通货膨胀消失。最令我困扰的是我们可能对过山车保持在最高点存有偏见。”

因此帕蒂认为，如果美联储继续遵循货币流通总量的指挥，紧缩信贷，提高利率，那么就应该始终如一地坚持这条原则，哪怕是利率正在下滑，哪怕是出现暂时的负利率现象。

“帕蒂的话直指沃尔克的顾虑，后者担心的是美联储的可信度会受到影响，”委员会的一位助手说道，“帕蒂认为这很容易解决，美联储可以说：‘好吧。我们会尽力。现在让我们回过头看看传统的运作程序——大家可以自己做判断。’”

拉里·鲁斯，曾经为沃尔克在 10 月接受货币主义理论而欣喜若狂，但如今却越来越怀疑联邦公开市场委员会的各位同僚是否会忠诚坚定地将货币主义贯彻下去。“我认为货币应该始终如一地增长下去，”他说道，“如果货币增长得过快，我会反对。但如果货币增长得过慢，我也同样会反对。”

鲁斯是如此“从一而终”。事实上在其他委员看来，他反复强调的货币主义理论看上去有些可笑。一位高层官员说道：

“鲁斯将1979年10月推出的货币政策看作是货币主义者的一次胜利。他会说：‘现在，我们终于看到了曙光，我有责任向你们指出，你们今天的所作所为是对这个政策的冒犯。你们不能这么做。你们告诉人们打算遵循货币供给原则，而我在这里的作用就是确保你们的确会遵循这条原则。’”

很快，有人发出窃笑。

“鲁斯不过是游戏中的小人物，”这位高级官员说道，“沃尔克总是对他客客气气的，可其他人并不把他放在眼里。他会出席每一次会议，带着圣路易斯储备银行研究主管阿纳托尔·巴尔巴克（Anatole Balbach）为他准备的货币主义理论陈词，然后低着头背诵他的那些陈词滥调。过后‘领会’意图的其他委员总是会嘲笑他，尽管沃尔克从来不这样，可其他人会将嘲笑表现在脸上。而拉里却只是笑笑，然后继续埋首陈述自己的观点。”

其他几位地区储备银行行长还是比较认同鲁斯的货币主义观点的，但他们对此却并不狂热。鲁斯将此种现象归因于美联储和12家地区储备银行之间的权力不平等关系。坐镇华盛顿的美联储主席和委员拥有对单个储备银行用于运作财政预算的最终批准权，他们还有权否决各地方银行董事为其官员提高薪水的提议，包括行长本人。任何一个官僚主义者或国会议员都能理解，这种对任何机构工资和运作预算的控制是一种强有力的杠杆。

“这些因素是影响地区储备银行行长就是否反对货币主义而举棋不定的真正因素，”鲁斯说道，“这很微妙，但却很真实。如果一个银行行长年纪尚轻，以事业为重，且还需要养家糊口，那么他反对的强度就要比一个像我这样上了年纪、相对独立的行长更为微弱。”

过山车仍然在向下俯冲。6月第一周，联邦资金利率已经再次下滑至8.5%，低于贴现窗口利率，也就是美联储曾经规定的利率下调范围内的最低点。甚至在某个交易日利率下降到7.5%，美联储暂时对一切失去控制，由货币政策牢牢掌控的短期借贷利率发生自行浮动，银行的贴现借贷利率下降至最低点；而就联邦资金信贷利率的确定，货币市场也暂时陷入无据可循的状态。沃利克就此说道：“当联邦资金利率低于贴现利率时，联邦资金利率也就变得无明显标准可循，因为其不再受贴现利率的支持，甚至在某一天其可能下降到零。因此如果不继续下调贴现利率，就只能任由市场处于极其动荡的状态。”

从更大的意义上讲，美国的金融市场还从未经历过如此激烈、如此突然、如此令人眩晕的动荡。4 月初的联邦资金利率曾达到 20% 的历史高度，可仅仅 10 周之后就急降至 8.5%。商业票据、定期存单、3 个月期国库券以及所有短期借贷的金融工具都出现同样陡然直降的跳水，而整个过程不过在短短的 2 个月内。

1979 年秋季攫取主动权的美联储为了战胜通货膨胀，曾经强迫货币价格上升 100%。如今，美联储又允许货币价格发生跳水，甚至是以更快的速度让价格又回到最初的水平。

造成这种大起大落的原因有很多：通货膨胀的重压、信贷控制的震动、经济衰退的突发和不确定性，而所有这些因素又无可避免地是由美联储的一系列决策造成的。保罗·沃尔克后来曾向同事透漏，自己在 1980 年春季决定执行的放松利率控制可能是他作为美联储主席犯下的最大错误。

然而所有这些有关美联储的讨论和错误却从未被美国公众所知。当时正值总统竞选年份，媒体都在忙着报道吉米·卡特及其竞争对手的竞选大战，包括他们各自提出的经济政策。对政治更感兴趣的记者完全可以接受这样一种概念，那就是中央银行不具备政治性，因此其行动与总统竞选毫无关系。不过美联储的错误很快就会在那些对其密切关注的人面前暴露无遗，他们可以看见美联储的某些失误，“过山车”即将降至最低点，它要颠簸着继续做向上的爬升动作。

1980 年仲夏，联邦公开市场委员会的大多数委员都陷入困惑。美国国民经济意外且突然地发生复苏，这完全出乎他们各种预料的结果。现实中并没有发生预测中持续 2 个季度到 3 个季度的经济正常紧缩，而是看起来似乎已经结束。委员南希·蒂特斯这样描述自己的不知所措：“我想我完全被误导了。我猜我们可能已经战胜了通货膨胀。几个月来一切都开始呈现经济衰退的典型迹象，商品持续减少，房地产业持续低迷。可我错了。结果原来是来势汹汹，但极其短暂。2 个月后，我就不得不改变了想法。”

其他人也一样。到了 7 月，消费者又开始重新购物，商业行为又在新生活的刺激下重新开始活跃。已经在第二季度减少 240 亿美元的个人消费总量突然再次激增，尽管投入新厂房和新设备的企业投资仍然低迷，但却不再急剧萎缩。经历连续 5 个月直线下滑的房屋建筑数量也在 6 月突然上涨 30%，而这却是其他经济领域发展的主要指示器。[13]

到了8月初，一切证据表明1980年的经济衰退已经结束。在记录美国经济发展趋势的图表上，1980年的经济紧缩看起来十分怪诞，其经济增长呈现出明显的“V”字形，一个季度的GNP紧缩近10%，可下一个季度却又再度复活，增长2.4%。这是美联储在应对通货膨胀时从未想到过的。尽管每月的物价增长幅度较前一年相比不至于濒临最高点，但却始终保持在两位数。经过短暂的放缓之后，CPI指数又重新反映出年通胀率已逼近11%。很明显，这场战役还没有彻底胜利。

“通过放开控制权和低迷利率，”美联储前经济专家、现就职于摩根大通的约翰·保罗斯说道，“美联储有效遏制了经济衰退，却一点儿好处也没有得到。你可以说他们正在打‘政治牌’，但同时你又不得不承认，没几个月之后他们就又停止了对利率的上调。”[14]

不过美联储在其中一个目标上却取得长足进步，那就是美元在国际外汇兑换市场上的长期贬值得到遏制。1980年仲夏，美元价值重新稳定在一个外汇指标上，并且开始出现缓慢上升，这还是数年来的第一次。这对于美国经济和世界经济来说都是一个重要的转折点，尽管在当时并不起眼；以美元为媒介的交易开始出现逐步逆转，上千亿以美元为计算单位的金融资产开始受到重视，这种局面一旦开始，终将在未来5年内持续积蓄力量，从而深刻改变20世纪80年代世界贸易的格局和财富持有模式。

稳定美元在世界金融市场上的价值对于美联储来说是一个胜利的开始，即使国内的通货膨胀依然强劲。从部分来讲，美元价值的重新上扬或许可以反映出国际货币交易员对美元的信心在增长,而这正是沃尔克和美联储想要看到的。不过其中还存在一个更根本的原因，即美元的重新“受宠”反映出沃尔克高利率的影响力。

暂且不论对货币交易能够造成影响的诸多复杂因素，总之最能左右国际投资人的一个最简单问题就是：他们的财富在哪里才能找到最高的利润回报？当美联储将美元利率推到高于其他国家货币的竞争利率时，财富自然就会开始流向以美元为单位的金融工具。随着将日元或英镑兑换成美元的投资者日趋增多，对美元需求的增加也就自然让美元价格更加坚挺。只要美联储能够维持住这种大范围的货币差价，即美元汇率高于其他国家货币汇率，美元就会继续变得越来越强大。

不过与此同时，美联储在国内的表现却很丢脸。还好在大多数普通公民眼里其所犯下的错误还算不上是错误，因为美联储在不经意间救活了美国经济。

用货币市场的语言来讲，正是 1980 年的春季策略才会让利率在几周内下降了 1000 个基本点。对于实际经济中的消费者和制造商来说，这样的下降意味着货币价格的大幅度削减。举例来说，我们可以想象政府推出政策以引导通用汽车将汽车价格下调 50%，那么就会有一大批美国公民决定趁机购买别克汽车。尽管不太准确，但从更广义来说，利率的大幅度下调也是同样的道理。当信贷价格被削减一半时，结果就会极大地刺激人们对货币流通量的需要，那么重新借贷和重新消费的时代也就随之到来。

银行信贷业务的再次急剧扩张带来人们对货币供给需求量的增大。5 月趋向平稳的 M-1 到了 6 月增长了 11%，7 月仍然以更快的速度增长，超过 13%。8 月，货币出现爆炸式增长，即 M-1 增长速度达到 22.8%。这是一个惊天逆转：就在 2 个月前，M-1 增长速度还一直处于联邦公开市场委员会的期望值以下，如今货币的增长已经快于 1980 年美联储目标的 4 倍多。美联储再次感觉陷入失控状态。

如果坐镇华盛顿的美联储委员作出了错误决策，那么银行体系就会迅速将这个错误放大几倍。货币的真正运行原理十分微妙，几乎很少在经济教科书中被提及，但反映在美联储的日常货币管理中却是极其错综复杂的。教科书中认为货币创造起始于美联储，因为美联储会提供更多储备金，那么银行就会随之提供更多的信贷业务，而信贷又会变成新的存款，因而形成更庞大的货币供给。而在真实世界里，这个顺序通常是颠倒的：银行生成新贷款，然后美联储才会将新的储备金提供给他们。

典型的先后顺序是这样的：首先启动程序的是银行的新贷款业务，然后银行会争抢额外的储备金来支持其扩大的投资项目，银行可以从货币市场借入其需要的储备金，或者如果缺少额外必需的储备金，也可以被迫求助美联储的贴现窗口，从那里获得资金。

日复一日，美联储会永远向银行提供他们所需要的一切。尽管它会反对或批评这些银行过于频繁地来贴现窗口求助，但美联储通常不会完全拒绝银行体系对新储备金的要求。如果美联储在某一天拒绝向银行体系提供其需要的储备金，那么争抢稀有储备金就会令某些无计可施的银行背水一战、孤注一掷，也就是说他们很可能会倒闭。而这正是美联储要极力阻止的——除非是有还债能力的银行，否则就必须解除这家银行的短期资金流动危机。回溯 1913 年，美联储的设计师们曾将这种可以根据国家信贷需求波动而灵活增长或收缩的货币供给称呼为“伸缩性通货”。

于是，美联储就这样日复一日地向银行提供其已经生成的贷款承诺。从这种意义上讲，美联储就是永远要对已经发生的事实做出反应——已经生成的银行贷款和已经产生的储蓄需要，并且没有任何实际选择的余地，只能通过向银行体系提供其所需要的储备金而一味默许这些既定事实（同时美联储还会允许银行拖延两周递交储备金报告和储蓄总量报告）。

不过美联储也并不总是软弱无力的。他们会凭借向银行体系提供需要新储备金的方式来控制货币。美联储在公开市场办公室上可以注入更多储备金，也可以直接拒绝提供储备金，事实上这样做会强迫银行求助于贴现窗口寻求短期贷款。美联储永远都会在银行需要的时候借钱给他们，因为不这样做就会迫使资金流动危机的发生。但如果不愿接受调控性的监督和调查，银行就不能过度使用这种特权。与此同时，争抢储备金的竞争也会哄抬联邦资金利率，从而影响其他整个短期信贷利率。

用一种比较简单的方式来说就是——美联储可以对银行说：好吧，你可以得到今天想要得到的储备金，但你付出的代价会超出预想，并且明天这个代价还会变得更大。今天你在贴现窗口借到钱，但你知道，日后还钱给贴现窗口时就必须要接受惹人厌烦的彻底细查和监管，也就是说银行的某些违规行为都要受到盘问。因此你最好根据情况调整一下投资项目，否则就只能付出这些代价。

如果美联储连续几天或几周都是这样做，那么银行应该迟早都会意识到美联储其实不愿提供储备金。因此，美联储的杠杆作用依赖于两个货币阀门的协调运作，即开放式市场运作阀门和贴现窗口阀门，这两个阀门应用起来就像是“胡萝卜加大棒”一样对银行造成刺激或怂恿。当美联储紧缩货币时，贴现窗口的信贷业务就会激增，美联储就可以继续向银行施加压力。这个程序并不会立即产生作用（当然也不会像这里描述的这样简单纯粹），但随着时间的推移，美联储通常都会“得逞”。

对于公开市场办公室的老操盘手来说，这就是中央银行体系的核心所在，是美联储“交易员”与银行体系交易员以及与之相互关联的货币市场交易员之间每天“都在玩的游戏”。这种博弈可以触摸、可以感知，同时也是一种心理较量。通过调整开放式市场策略以及注入或撤出储备金，美联储每天都在与银行和货币市场“搂搂抱抱”“眉来眼去”，他会用大话来哄骗后者，偶尔还会直接恐吓后者，最终，如果华盛顿制定的策略是正确的，银行和货币交易员就会按照美联储所指明的方向走下去。然而这一次，美联储的货币政策显然是错误的。

“货币供给开始出现反弹，”保罗·沃尔克说道，“这是我们在近一两个月里没有想到的，因为我们一直以为这只是货币紧缩的补偿。我们，以及其他所有人，都没有想到经济下滑本身竟会如此短暂。”沃尔克期望的是货币能够实现适度增长,然而事实却并非如此。经济本身的增长速度远远快于他所期望的。美联储不得不告诉金融市场要密切观察货币供给的数字，并将其看作是自身决策的指示器，可如今货币供给量告诉华尔街：美联储正在放松货币供给。

“如果之前不是将注意力全部放在货币供给上，”沃尔克这样对金融作家安德鲁·托拜厄斯（Andrew Tobias）说道，“我想大家也不会这么大惊小怪。可现在每个人都紧盯货币供给的数字，并将其看作是决策的信号。如今又正值大选，于是人们会把发生的每件事都归因于政治表演。这对我们毫无帮助。”[15]

喜欢在切萨匹克海湾海面上航行的委员帕蒂用航海术语解读这次美联储犯下的错误：“在航行中，当你要转舵时，船身是不会立即做出转弯反应的，因此你必须要对自己说‘上帝，我做得还不够’。于是你会继续更快地转动船舵，直到看见船身做出反应，这时你又会说：‘上帝，我转得幅度过大，船身正在失控。’”

美联储在春季所做的决定就是转舵的幅度太大，从而产生料想之外的反馈性影响：低利率会刺激美国的实际经济，实际经济又会驱动货币供给的增长。这样的结局会在大致上颠倒货币主义教条所预见的因果关系，却让美联储委员深刻理解目前的经济局势。1980 年的经历似乎只是进一步强化了美联储看待事情的方式：利率的变化才是判断货币政策影响的最佳标准，而不是货币供给数字的变化。

亨利·沃利克后来这样总结这种迹象：

“每次有所转机时，利率变化总会在拖延三四个月后伴随经济向相反方向运动。1980 年第一季度利率上升之后就伴随发生了第二季度的经济急剧下滑，而第二季度的利率下滑又伴随着第三季度的经济上升。因此事实证明，能够推动经济的是货币供给，而非利率，我们可以肯定，货币供给对经济的影响是零拖延的。”

当委员莱尔·格拉姆利在6月第一次参加联邦公开市场委员会大会时，所有这些因素还并不明显。格拉姆利是继菲利普·科德韦尔退休之后上任的美联储新委员，曾经就职于吉米·卡特的内阁经济顾问委员会，这段经历让华尔街的许多人都很排斥他，认为他又是一个懦弱胆小的自由主义者。不认为自己有错的格拉姆利是凯恩斯主义经济学家,但在某种程度上与安东尼·所罗门很相似，都是在实战经历中受到过“净化”。10年的通货膨胀受到美国公众的普遍谴责，谴责这是美联储意志力的失败；不过格拉姆利首先是“美联储战士”，虽然他曾不遗余力地为白宫做过事，但自1955年以来他就一直为美联储效命，他不希望美联储再重蹈20世纪70年代的覆辙。在接下来的几年里，莱尔·格拉姆利加入沃利克阵营，成为坚持不懈、颇具影响力的鹰派人物，在美联储内部强调坚持走强硬路线。

“我成为美联储委员后所做的第一件事，”格拉姆利说道，“就是主张：我们应该停止向银行体系注入更多货币。将更多货币投进银行体系是达不到预期目标的。”不过大多数委员并没有被说服。

与许多同事一样，格拉姆利来自美国中西部的一个小镇。成长在伊利诺伊奥罗拉的格拉姆利是一个自学成才的电工的儿子，因此他从小就立志成为一名电子工程师。启发格拉姆利对经济学产生兴趣的是奥罗拉大学一位善于启发思维的教师，后来格拉姆利还在印第安纳大学获得经济学硕士学位。他的第一份工作是在堪萨斯城市联邦储备银行担任研究型经济专家，后来在1964年成为华盛顿政府的经济研究人员。12年后，格拉姆利接替当时已经成为美联储委员的“牛颈肉”帕蒂的职位成为研究和统计学主管。身材修长、眉毛乌黑、说起话来刻板严肃的格拉姆利举止正派、热情友好，与其他某些委员一样，其个人品位和气质也经历过漫长“进化”，逐步摆脱了低等家庭出身的“证据”。生活在马里兰波托马克城乡郊区的格拉姆利喜欢马匹和猎狐，在他的办公室壁炉架上摆放着许多骑士、马匹和猎犬的银制小雕像。

格拉姆利从来不喜欢新的运作程序，尽管他可以接受大多数委员赞同的理由。他所预见的问题与沃利克的分析十分相似：过度关注货币供给会造成利率的大范围摇摆，而利率的变化，无论是向上还是向下，都会给实际经济带来不可预见的震动，从而将影响反馈给民众对货币的需要。美联储是在“打一场罗圈架”，即对因自己政策而滋生的货币供给变化做出反应。“这就像是在不停地追你自己的尾巴。”格拉姆利呼吁道。

在联邦公开市场委员会 8 月的大会上，大多数委员仍然不能确信美联储一直是在“打罗圈架”。格拉姆利信誓旦旦，但却并没有公开表示反对。“我是在做主观的努力，”他说道，“但这并不代表我会永远反对。也许我会，但前提是新的运作程序真的发生脱轨。我所做的努力不过是在大会上和讨论中帮助完善政策的推行，力求政策在我认为正确的轨道上进行。但重点是：我不会轻易投出反对票。”

到了 9 月，错误已经暴露无遗：新的货币数字显示货币供给已经在 8 月的基础上激增近 23%，经济增长速度已经远远超过美联储的预期。经济增长并不是在低调运行，而是 M-1 已经濒临当初设置的最高点，而且即将一举冲破目标。

随着经济数据的逐渐公开，一向对美联储吹毛求疵的批评家开始变得越来越激动。从一开始就怀疑美联储承诺信守货币主义理论是否真实可信，公开市场委员会如今拥有更强有力的证据来支持自己的质疑。教授卡尔·布伦纳（Karl Brunner）抱怨道：“美联储曾经谴责我们听从那些唠唠叨叨的借口，用过去失败的决策来模糊视线，还谴责我们只会盯着那些没兑现和被打破的诺言不放。而目前美联储一系列激进的行为表明，其决策中就是存在致命的错误。”[16]

联邦咨询委员会中 12 位商业银行家的批评之词则稍显礼貌。这些银行家抱怨：

> “到目前为止，美联储的运作已经同时造成利率和货币增长的巨幅震荡……而货币增长变化的结果就是利率的大幅度‘拉锯’和金融市场不稳定性的增加。巨大的震荡会滋生不安，会降低美联储政策的可信度，会刺激人们的通胀预期。”

很明显，银行家已经开始相信货币主义者的评论是正确的，因为后者敦促联邦公开市场委员会放弃以利率水平为焦点，转而由市场来决定利率是走高还是走低。而这也是当初美联储决策者迟迟不愿听从银行家的问题所在。许多德高望重的美联储委员坚信，忽视利率会让他们陷入困境的第一线。但银行家的意见又不能被忽视，因为他们是金融市场信息的可靠表达者。

联邦公开市场委员会委员在回顾新运作程序缔造的结果时也备感尴尬。春季，货币供给在一个月内就下降超过 17%；可到了夏末，其又在一个月内飞升至最高历史纪录——22.8%。尽管极有风度的亨利·沃利克无法尽言辩护，但却坦承他和同事的沮丧之情。

安东尼·所罗门可没这么客气。“这太令人难堪，”所罗门说道，“大多数人都估计错误。处在我这个位置上的某些人也曾警告有可能会发生这样的局面，但说起话来却太彬彬有礼：‘我曾经告诉过你们。’”

美联储副主席弗雷德里克·舒尔茨也选择坦承这个错误。“当货币供给出现跳跃时，我们或许行动得不够迅速。但我们真的承认这是一次错误。”

如今，对于委员会的委员来说，很明显是在面临一个令人不愉快的选择。如果他们选择纠正过去的错误，那么美联储就要再次紧缩储备金、大幅度提高利率，而此时却正值总统竞选。

任何时候，联邦公开市场委员会委员都不会在会议桌上讨论政治问题，至少在召开正式会议时不会如此。一个委员或一个地区储备银行行长会拐弯抹角地用俏皮话表达白宫的政治家会如何对委员会的决策做出反应，或者这些人还会在私下里揣摩某些政治活动的含义。但开诚布公、坦白直言地讨论竞选却是极其不受欢迎的行为。因此委员并不会这样做。

作为一个团队，美联储委员一直对一种长期存在的指责高度敏感，有人会批判他们在竞选年份故意操纵货币供给，目的就是刺激经济增长，以帮助执政党在连任竞选中获胜。政治学家和经济学家对过去30年来的美国经济增长模式进行深入分析后发现一个惊人的相似点：除偶有例外，货币供给通常都会在总统竞选年份发生快速增长。当选民对自己的收入增长和国家经济未来“感到满意”时，他们一般都不会让在任总统出局。[17]

年复一年，美联储官员会对这些指责加以愤怒地否定，指出每次竞选季节出现的某些特定的经济状况并不是有意安排的，并解释为何他们的决定是基于客观分析，而非政治事件。“美联储对此高度自觉且表现得品行端正。”纽约储备银行的一位高层官员说道。总统竞选年份的货币政策是美联储内部官员一触即痛的课题。

“我们对竞选的态度是，”副主席舒尔茨说道，“宁可挖坑藏在里面匍匐前进，直到竞选结束。”

这样的心理状态无疑压制了美联储决策者在竞选期间执行高调、严厉政策的意愿，如果可能，他们宁愿一拖再拖。举例来说，如果不是赶上总统竞选，联邦公开市场委员会中的大多数委员宁愿在1980年夏天就更加公开地讨论货币紧缩政策。在迫于压力的情况下，有些委员承认，如果条件允许，竞选期间的他们宁愿放松也不会紧缩。大多数人都希望采取一种平稳圆滑的政策，以避免加重任何一个政治党派的痛苦。

而 1980 年的骑虎难下却是一种截然相反的情况。事实上，这个竞选之年发生的事件并不能支持美联储总是试图帮助执政党派的说法。某些批评家，尤其是共和党竞选顾问，总结说 1980 年夏天货币供给的喷涌是美联储不惜一切代价拯救吉米·卡特的努力。但民主党人知道并不是这么回事。

如果美联储意欲帮助卡特连任，那么其行事方式有些太奇怪。沃尔克是在 1979 年秋季推行政策的重大转变，而且当时还是不顾白宫内阁强烈反对的情况下，但此举不可避免的结果就是在竞选年份出现经济衰退，这对于执政总统来说很难看出有任何帮助。如果将 1980 年夏季货币供给的喷涌看作是美联储对民主党人的紧急救助，那么结果就应该是美联储有能力掌控全局，也就是说 8 月的 M-1 增长应该控制在其想要的 23%。可事实上，美联储和批评家一样对此感到愕然。

如果说非要有证据的话，那其证明的也只能是一个相反的结局，即美联储根本就不关心吉米·卡特的命运，并且十分乐于看到货币政策对卡特的失败有所“帮助”。这并不是说美联储希望卡特失败，只是其并不在乎某些行动会破坏卡特成功的机会。数月来，美联储委员接连收到来自会员银行的警告，这些银行家建议美联储绝不能将“政治压力”带入紧缩的货币政策之中。1980 年秋，美联储是在将自己的特权置于总统特权之上。

一位比其他同事更加愤世嫉俗的美联储前经济专家说道：

“美联储有自己的常备天线，以检测最高处的风力强度。如果看到风正吹向货币主义的个人资本主义哲学观，那么他们就会调整自己趋于这个方向。他们的行为就像是变色龙——从凯恩斯的自由主义哲学观转向采取保守的货币主义哲学观。他们与里根竞选‘天造地设’。事实上，他们可能早在 1979 年秋季时就刺探到国家会倾向于保守主义，因此美联储推出的紧缩货币政策应该会得到全美国的认可。”

9 月，联邦公开市场委员会再也无法不顾正在逼近的总统大选而拖延行动，来自政治方面的暗示已近在眼前。如果委员会什么都不做，货币供给将继续喷涌式增长，尽管不会比8月时的22.8%更糟，但仍远远超过理性水平。9月16日，联邦公开市场委员会召开大会，委员普遍同意必须大幅度削减货币扩张，即需要再次提高利率。而以沃利克为首的4名反对者则主张美联储应该采取更加强硬的手段。

委员开玩笑地推测卡特白宫可能会做出的反应。“比尔·米勒肯定不喜欢我们这样做。”一位委员说道。美联储前主席米勒在前同事中间并不受欢迎，他们知道财政部一定会为美联储的行为感到失望，当然卡特内阁的其他成员也一样。

“1972年的记忆仍令人痛苦不已，”地区储备银行一位高层官员说道，“可以肯定和确定的是，1980年绝不会变成悲剧。我们讨论最多的就是如何掌控来自卡特内阁的不悦，以及可能转变成来自整个民主党的反对，确保有关中央银行更喜欢共和党总统的古老神话继续沉入谷底。”讽刺的是，这位官员补充道，华盛顿政府的大多数核心成员都是民主党人，而12位地区储备银行的高层经济专家却不是。

联邦公开市场委员会的决定意味着利率将在总统竞选战恰好进入势均力敌、如火如荼的阶段时再次急速上升。就在会议召开的同一周，平均联邦资金利率为10.6%，两周后上升至12.4%。截至10月末，联邦资金利率已变成13.1%。到了竞选当天，利率又直线上升至14%。其他信贷利率也随之上升。货币价格再次出现快速上涨。

任何一个经验丰富的政治家都知道，利率的上调意味着人们对现有政策“感觉不好”。政治家可以不必非要弄懂错综复杂的货币政策及其多变的滞后性影响，但却可以参透经济政策对选民造成的影响。曾经是吉米·卡特最有造诣的经济顾问、佐治亚银行家伯特·兰斯阐述了货币对卡特总统上任初期所具有的政治意义。

“我会经常告诉总统，”兰斯说道，“你最需要担心的就是通胀率和利率走向。如果这二者都在1980年出现严重问题，那么你将不可能成功连任。卡特也明白这一点，但却从来没有能力控制它们。”[18]

一年前才开始做出改变已于事无补。兰斯曾经这样警告白宫：如果保罗·沃尔克被任命为美联储主席，那么总统是否连任的命运将会被抵押给美联储。如今，随着利率开始攀升，一切看上去似乎是美联储要收回这个抵押。卡特任由通胀率和利率走向同时出现问题，基于这一点，竞选的大门似乎已经向其关闭。

根据盖洛普民意调查显示，在罗纳德·里根步步紧追几个月之后，两人之间的差距越来越小，卡特几乎要被其追平。

联邦公开市场委员会做出这些决定之后至少保密了一个月，但任何人都会看到利率正在上升；可白宫又怎么能去攻击一项还没有被公之于众的秘密决议呢？财政部部长米勒曾经拐弯抹角地发起攻击，抱怨美联储并没有与内阁进行“充分沟通”。

9 月 25 日，美联储被迫走到台前。美联储一致同意将贴现利率增长 1 个百分点，即从 10% 上升到 11%。由于贴现利率的变化被及时公布，美联储推高利率的决定也就变得再明显不过了。弗雷德里克·舒尔茨曾与沃尔克就政治局势进行讨论。“他很担心美联储在总统竞选期间表现得过于高调，因为当时无异于在暴风骤雨中行走，”这位副主席说道，“我们都是这么想的。我们只是总结说我们别无选择。这个时机太糟糕。”

第二天，舒尔茨就接到白宫政治诘责的电话。“你们到底想对我们做什么？”对方问道。舒尔茨试图解释：“货币供给已经出现喷涌，通货膨胀也濒临失控，我们想不出还有什么别的选择。”这位白宫经济顾问最终也只能怏怏地接受这个答案。

一周后，在宾夕法尼亚兰道夫举行的“镇民大会”上，卡特总统向美联储“不动脑子”提高利率的行为发起攻击。这有些不符合卡特的一贯特点，这位总统在执政期间从未试着借用公开指责的方式向美联储施压，甚至也不允许自己的经济顾问这样做。

> “美联储是独立于美国总统的。”卡特这样对兰道夫镇民解释道，“这就像是司法体系。我没有能力影响它，但并不意味着我必须保持沉默。在我个人看来，严格来讲，美联储所做的有关贴现利率及其他银行政策的决定完全是没有脑子的。我认为美联储应该多顾及一下其他因素，然后找到可以制衡货币供给问题的办法。”

卡特总统的抨击来得意外且突然，或许这是其压力和挫败感的表达，而非早有预谋。“我不知道利率再次提高将会带来什么，”他悲伤地说道，“我希望其可以扭转不利局势，帮助我在政治上找到正确方向，并使我们的国家经济得以改善。”

在竞选的最后几周里，对美联储施加攻击变成卡特总统乐此不疲的举动。美联储和商业银行都将利率推得过高，卡特抱怨道："这种利率攀升已经超越经济环境所许可的范围。"截至10月初，基本利率又重新回升至14%，查尔斯·舒尔策认为这是"不公平的"。财政部部长米勒补充道："沃尔克是在试图缓和公众对银行急速推高利率行为的抨击。""基本利率上升的速度有时比下降的速度还要快。"经济顾问委员会主席舒尔策说道。

美联储委员并不想成为竞选战役中的焦点，但他们也不会轻易被击倒。"我对自己说'好吧，他们抓住了话柄'。"亨利·沃利克沉思道，"我不想对联邦政府表现出无礼，但只有棍棒和石头能够摧毁我的骨骼，话语永远也不会伤害到我。"

就在竞选的最后几周里，罗纳德·里根巧妙地将货币问题转嫁给卡特总统，他谴责后者既想控制美联储，又想将美联储变成替罪羔羊。"卡特控制下的美联储如今变成吉米·卡特的替罪羊，至少卡特极力想……试着修补因高得惊人的财政预算而受损的美国经济。"里根宣称。

10月28日，里根和卡特面临双方唯一的一次正面交锋，共和党总统候选人强烈认为是卡特失败的经济政策导致通货膨胀率出现两位数，并导致美国失业率的上升。他说道：

"卡特曾经谴责制造通货膨胀的欧佩克，曾经谴责美联储，曾经谴责缺乏生产力的美国人民，然后又控诉美国人民生活得过于安逸，我们必须分享不足，必须拥有牺牲精神，必须习惯获得更少。我们没有通货膨胀，是因为美国人民生活得过于安逸；我们有了通货膨胀，是因为美国政府生活得过于安逸。"

当时的盖洛普民意调查显示，卡特以45∶42的支持率稍稍领先。可就在演讲后一周，民意开始向里根一方倾斜。最终里根以51∶41的压倒性优势赢得竞选的胜利，共和党人在参议院中的议席也在28年来首次有所突破，从而带来保守党改革的新纪元。

执政总统卡特的失败当然存在诸多因素：来自伊朗的敌意、通货膨胀、失业率上升以及其自身性格问题。美联储一手策划的最后一次利率提升不过是压死卡特的最后一根稻草。然而这位总统的某些经济顾问认为，是美联储的行为对卡特造成重创。"如果卡特能够做到让利率走低，"伯特兰斯坚称，"或许他还是不能赢得竞选，却不至于输得这么惨。”

竞选之后，美联储依然保持一开始的姿态，丝毫不担心来自政治方面的攻击。卡特内阁已经是“跛脚的鸭子”，里根的竞选操作使人们正忙于准备权力过渡。在这个幕间休息阶段，美联储又将利率推高到另一个历史高度，甚至一举突破上一次的最高点。

11 月 14 日和 12 月 4 日，美联储分别再次调高贴现利率，使其重新回升至 5 月时的 13%。在 1980 年秋季召开的月会上，联邦公开市场委员会一致同意继续紧缩储备金，将利率推高至一个新的历史高峰。截至圣诞节，银行贷款的基本利率已经刷新纪录，升至 21.5%。

就在 1980 年快要结束时，深谙美联储货币数据指标的人亲眼看见“过山车”在有惊无险地继续前进。1980 年的货币供给增长就像是“悠悠球”一样来回摇摆：2 月上升 13%、4 月下降 17%、8 月上升近 23%、12 月时又下降 10%（参见附录 B）。

距离保罗・沃尔克推出货币主义改革实验已经过去一年，这种大胆无畏的创新精神看起来有些混乱，得到的也是来自各方的诟病和非难。“我给美联储打‘0 分’，无论是其努力还是表现。”佩斯大学经济研究生院教授罗伯特・H. 帕克斯（Robert H. Parks）这样对《华尔街日报》说道。而来自奥布里・G. 兰斯顿公司（Aubrey G. Lanston & Company）的美联储观察员大卫・M. 琼斯（David M. Jones）则评价道：“这简直就是一场灾难。”[20]

同样一路颠簸的还有利率。4 月初的基本利率是 20%，7 月 25 日下降至 11%，12 月 19 日又回升至 21.5%。美联储牢牢控制下的联邦资金利率在 1980 年伊始以 14% 登场，4 月时升至 19.4%，7 月中旬时下降至低于 9%，12 月又再次升至 19.8%。

沃尔克第一年的主席生涯就这样以尴尬收场。他和其他委员会向国会递交一份有关所发生的一切的详细解释，并对全部外来因素加以考量。他们否认自己曾经失控。不管怎样，美联储内部从未陷入混乱。他们知道自己对 1980 年货币的管理收效甚微，只是徒增人们对美联储更深的怀疑。

莱尔・格拉姆利曾在 1980 年秋外出游说各大经济团体，试图让他们对美联储有所信服。他强调美联储的长远许诺是遏制货币增长直至完全控制通货膨胀。他警告说，在美联储坚持初衷的同时，更加紧缩的货币将是对他们从新经济复苏中期望看到的经济增长的必要限制。可听众们并不相信他。

"'我要说的是,现在你们最好相信美联储对此十分认真。'格拉姆利阐述道。然后经过适当的间歇之后,解决问题的时刻一定会来到。我要说:'我非常有兴趣倾听你们的想法,什么样的通胀预期会引起你们的投资兴趣?'这些生意人通常会说:'嗯。10%或12%的通胀率,就是这样。'我又会说,'你们这些人错了。我想让你们知道的是,你们错了。你们误解了美联储正在告诉你们的事情,你们应该知道真相。'

"我什么都没有得到。多年来,公众一直都在听这些有关美联储与通货膨胀战斗的清脆发言。美联储一直在与通货膨胀作战,可丝毫不见成效。于是人们开始不相信我们的话,当然我也可以理解他们的质疑。"

沃尔克推行的新货币主义运作程序所创造的一系列历史纪录也很难说服民众。通货膨胀的确有所节制,但仍然保持在10%以上。美联储决定放任利率大幅度波动已经演变成连他们自己都没有预见到的经济旋涡,即以多达10%的幅度上下浮动。远离金融市场,美联储对实际经济产生的影响同样很怪,一会儿是急速的经济衰退,一会儿又是意外的经济复苏。

安东尼·所罗门这样总结1980年:"如果从广义上理解货币政策,包括信贷控制,那么小型经济衰退和小型经济复苏都是反常的,但这二者同时又都是货币政策引起的。

对于亨利·沃利克来说,鉴于美联储已经采取的运作程序,这些结果既无可回避又令人无法忍受。"我想我已经明白货币主义理论的本质,"沃利克说道,"控制货币供给的结果就是剧烈摇摆不定的利率,那么随之而来的必然是剧烈摇摆不定的货币供给。美国经济就这样被货币供给在地板和天花板之间踢来踢去,而这样踢来踢去又怎么能稳定住经济?"

"从一开始就是错的。"保罗·沃尔克自己也曾在私下里承认。他在公开场合宣称1980年是美联储"控制行为"的一年。"我们以相当大的代价和相当大的冲击力或多或少地将通货膨胀控制在一定范围内,"这位主席说道,"阻止其向更坏的方向发展。"[21]

那么美联储是应该继续实施1979年10月以来以货币为目标的新运作程序,还是应该放弃转而投向更具灵活性的传统运作模式?联邦公开市场委员会中已经有越来越多的委员最终不再抱幻想。然而,美联储宣布其将坚守货币主义运行程序。

“尽管那一年满是创伤，”所罗门说道，“但从根本上说我们并没有动摇货币主义理念。号称务实的货币主义者沃尔克决定继续以货币流通量作为目标。金融市场一直有一种感觉，那就是尽管 1980 年像坐过山车，但如果能坚持以货币为焦点，或许其最终还是可以发挥积极作用的，况且现在也没有别的选择。”

如果华尔街相信这一点，那么美联储就必须坚守信仰。沃尔克的感觉得到了其他人的认同，那就是无论喜欢与否，美联储自身的可信度此时完全依赖于其对 1979 年 10 月宣称的以货币为主要目标的货币政策的坚守。不过此时美联储内部还达成了一个非正式的一致，那就是尽管继续遵循货币主义理论，但也要做到根据每月情况做出灵活判断。也就是说，这个政策不再是“自动进行”，美联储的坚持也不再那么严厉刻板。

“我们已经看到这个方法在发挥作用，”沃利克说道，“我们当中有些人认为，我们应该稳健适度地推行这种政策。如果利率再次出现下滑，我们不会再任由其为所欲为地下滑下去。很明显，我们不得不适度节制这种政策所带来的牵连性影响。”

正如所罗门所说，1980 年的“创伤”对美联储的后续行为产生了深刻影响，这对于美联储委员来说是一次令人尴尬的插曲，多年后他们仍然难以释怀。作为通向未来的关键时刻，无论货币信号表现得多么难以理解，无论预言家多么迷惑和不知所措，这些决策者将永远铭记自己在 1980 年的惨败。这段记忆会反复提醒他们：如果美联储过于放松，就一定会再次遭遇自食其果的困境，失去已经得到的一切。这些决策者承认，这样的教训铭记得越久越好。

1980 年深秋达成的新一致，意味着美联储必须重新开启 1979 年 10 月时首次推行的一系列改革，即让利率走高以冷却经济过热、打破通货膨胀压力。只有这一次，这些决策者同意不会放任一切不管，哪怕是施加更为严厉的措施也在所不惜。他们不会贸然放手，无论货币流通量发出怎样的信号。事实上，初步的经济复苏早在 7 月时就已经遭遇货币政策的挑战，甚至已经面临危险。

在利率再度走高的过程中，一位委员始终不厌其烦地站在反对立场。11 月 18 日，在总统大选后的第一次大会上，南希・蒂特斯发出警告：联邦公开市场委员会批准的利率目标越来越高，这会“导致失业率激增，从而会加大出现重大经济行为收缩的风险”。她一遍一遍地提出反对意见，先后共有 5 次，可联邦公开市场委员会仍然将利率推高到 19.8%。

“我对我们一直没能战胜通货膨胀感到很失望，但我仍然认为不应该将利率提高到 20%，”蒂特斯说道，“这应该还要花费更长的时间，我们应该做进一步努力，但这些利率正在威胁一次极其严重的经济衰退出现。”

蒂特斯十分清楚，她的想法与大多数人不一致，但无论如何她都要投出反对票。蒂特斯认为，尽管逐步战胜通货膨胀的方法需要更久的时间，但却是高效的，也会有更少的人受伤。而对于其他委员来说，她对失业率和企业倒闭的担心听起来更符合他们早已丢弃的凯恩斯自由主义模式。

“一旦形成一致，那么就会强烈引诱美联储内部发生一边倒，”蒂特斯说道，“没有人给我施加压力，但我还是想公开表达我的看法，我认为利率已经被推得过高。我想我有能力对此投出反对票。现在回想起来，我仍然不认为自己有错。”

第二部分
货币的本质：荒诞又合理的心理操纵术

美联储极力想要保护这种货币的幻象。心理意义的复杂捆绑、人类社会的赞成和许可以及各种稀奇古怪的暗示，所有这些依附于货币的存在都在绝妙的隐藏下得以长久保存，且远离大众的检验。美联储是在用一种隐秘的语言及其神秘和不为人知的古老传统向人们展示货币的魅力。人们的无知是令人欣慰的，甚至或许还是坚守信仰的必需，美联储的神秘性使得普通人无法直接看穿这些问题。远离政治和经济，美联储奇怪的社会力量也同样来源于共有的、不合理的、无处不在的货币。作为美国政府管理机构的美联储，不能让普通民众一眼就看穿货币本身所隐藏的实质内容。

第 7 章　货币无罪却洗不干净

灿烂的阳光照在美联储办公大楼天井冰冷的大理石上反射出刺眼的光，整个建筑看上去是那么优美而又神圣不可侵犯。美联储会定期在入口大厅举办与钞票有关的艺术品展览，这些优雅的钞票艺术品既散发着贵族般的自信，又会带走美联储那些干巴巴的数据的单调和乏味感。不过这样的展览却也极富嘲弄性和讽刺性。如果不能理解其中的深意，这些由纽约艺术家巴顿·利迪泽·贝奈斯（Barton Lidice Benes）创作出来的拼贴艺术品看起来会十分普通。贝奈斯选择的是一种稀奇古怪的艺术媒介，他的艺术品全部都是由破碎的钞票拼接而成。

作品《安全毯》（Security Blanket）是一个明显的双关语，被美联储作废的薄薄的碎钞票被“织成”一条 7 英尺长的毯子。《球》（Balls）就像是一个个被钞票包裹的小肉丸，可爱地在铺满“钞票”的地面上滚动。还有在洗衣板上被搓坏的“钞票”和许多变成艺术品的“钞票”——丘比特雕像、精巧玩具、迈达斯国王半身像；这些钞票都神奇般地消失在丰富的色彩里。作品《昆虫学》（Entomology）和《点心》（Snacks）是贝奈斯将这些吝啬鬼的噩梦变成一个繁忙的景象——啮齿目动物、蠕虫和昆虫贪婪地吞食着碎钞票，每一只昆虫都变成了与众不同的“化石”，其中一只蜘蛛在吞下钞票后还神奇地吐丝，结成一张容易破碎的网。

“人们对货币的态度都太过严肃，”贝奈斯解释道，“我想我是在和货币开小小的玩笑。”美联储对这名艺术家也相当配合，为其提供数目巨大的作废钞票，即大约相当于 600 万美元的碎钞票，其中有些是联邦储备银行按惯例销毁的过度磨损的旧钞票。贝奈斯的艺术创作行为还得到法律的认可，但对其他人来说却是在触犯法律，罪名是“丑化美国货币”。

"我真的没想通过货币传达任何信息，"这位艺术家腼腆地说道，"所有批评家都在追踪并寻找所有可能的深意——诸如货币是万恶之源、货币会从指缝中溜走。其中有些说法可能是对的。货币本来就会从我的指缝溜走，我的钱永远都不太够，但我并没有任何政治立场。钞票不过是一个艺术媒介，对我来说就像绘画一样。这很有趣。我只是想和它度过一段美好的时光而已。"[1]

尽管拒绝承认，但这位艺术家的确是在和众人开一个大玩笑。在货币神殿的走廊上"玩弄"货币，并将货币看作是"和绘画一样"，这无疑是一个颠覆性的举动。将货币降格为艺术内容，将其作为可见且丰富的色彩、形状和质感而被人拥有，贝奈斯正在表达的是货币的虚幻力量。在具体而有形的存在以外，货币不具备任何意义，其只不过是又一个通过某种物质媒介而存在于世界的客体。

但人类的思维却是另外一回事。思维能够授予这些破碎的钞票真正的价值和复杂而精细的力量。其将人类强大的心理意义灌输给货币，使货币成为深深潜藏在每个人内心深处的致命焦虑和渴望的代表。人类的灵魂坚信货币是有意义的，人类社会也同样这样认为。通过将货币抽丝剥茧成自然道具，贝奈斯是在邀请参观者逃避，至少暂时逃避自己思维的束缚。

美联储极力想要保护这种货币的幻象。心理意义的复杂捆绑、人类社会的赞成和许可以及各种稀奇古怪的暗示，所有这些依附于货币的存在都在绝妙的隐藏下得以长久保存，且远离大众的检验。美联储是在用一种隐秘的语言及其神秘和不为人知的古老传统向人们展示货币的魅力。人们的无知是令人欣慰的，甚至或许还是坚守信仰的必需，美联储的神秘性使得普通人无法直接看穿这些问题。远离政治和经济，美联储奇怪的社会力量也同样来源于共有的、不合理的、无处不在的货币。作为美国政府管理机构的美联储，不能让普通民众一眼就看穿货币本身所隐藏的实质内容。

货币的幻象古老而普遍，存在于每一笔交易之中，是每一次互换的绝对必需。得不到所有人的信仰，货币本身就毫无价值。买方不可能通过一张纸就可以换到真实的商品：食物、衣服及其他生活工具；如果卖方同样不认为这张纸有任何实际价值，交易也无从实现。这种共享的幻象与石头、硬币、贝壳一样古老，是人类历史所赋予的普遍力量，曾经所有物品都能当作货币：贝壳、狗牙、烟草、威士忌、牲口、被称为黄金和白银的闪闪发光的矿石，甚至是纸张或记账本上的数字。

当代人不愿承认自己和过着原始生活的人共享这种联系。如今货币已经被植入更为精细而复杂的技术手段，电子记账和电子付款操作系统以令人眩晕的速度和错综复杂的模式运转，今天的货币看起来更加真实，根本就不像古代部落使用的那些古色古香、好玩有趣的代币。1 美元钞票真实而理性，可人们对贝壳的信仰却是盲目而无意义的。

当然，现代货币需要同样的信仰冲动和同样的社会认可，这和原始社会赋予货币的能量没有不同。事实上，现代货币更加远离具体而有形的现实社会。几个世纪以来，货币经历了漫长的演变，中途的几次暂停也是人类社会犹豫着将对货币的信仰从一个客体转移到另一个客体的过程，每一次都是从具有真实价值的物体向纯粹抽象物体的再次靠近。在非洲某些部落，牲口被当作货币，因为牲口毕竟对于他们自身来说很有价值。如果货币幻象出于某种原因而崩溃，那么牲口仍然可以充当货币。对于北美土著部落和其他大陆原始居民来说，贝壳就是无比珍贵的货币和值得拥有的财富。在美国独立革命爆发前的某些殖民地，诸如在弗吉尼亚和卡罗来纳，烟草就是一种通用货币，且是一种极其贵重的商品；甚至连黄金和白银也不是完全无用，当然它们在艺术家的装点下可以变成美轮美奂的物品。

从这种意义上说，现代货币本身可以说完全没有价值（因而也可以说，现代货币更加高效，因其价值不会因其本身的实物价值而产生迷惑性）。如今货币幻象已经得到改良，其被提升到一个抽象信仰的新高度，只有当人类停下来思考货币本身的演化过程时，货币才变得可见。在每一个历史阶段，人们都会亲眼看见货币从实体世界中撤出的全过程。

据说纸币起源于欧洲，当时有些富人为了安全，在金匠那里保存自己的私人黄金，于是金匠发明了一种专门用于黄金储备的票据，久而久之，这种票据就明显可以作为媒介用于商业贸易，因为任何持有这种纸质票据的人都可以到金匠那里兑换黄金。现代银行体系就起源于此，因为金匠发现他们可以签写更多的票据将黄金借给别人，甚至可以超过手头上拥有的黄金总量，只要他们可以在富人撤出黄金时保证最小的责任储备量。这就是最原始、最微小的银行储备金以及银行借贷创造货币的过程。这种私人货币体系持续了几个世纪，最后由美国共和政体加以继承：私人银行通过发行纸质银行票据来创造货币，同时许诺在任何时间都可以以黄金的形式赎回货币。

在 19 世纪的美国，流通货币主要就是这些私人银行发行的纸币，然后用黄金或白银担保赎回。因此货币的价值非常依赖于各银行纸币发行的稳固性和真实性。当时银行丑闻时有发生，特别是在美国边境地区，那里富有野心的银行家希望为新企业提供贷款，有时就会不以黄金储备量为基础私自大量印刷纸质货币。联邦政府只能通过加强管理的手段保证银行的诚实可靠，但这些银行仍拥有创造自身货币类型的权力，一旦这些银行倒闭，他们的货币也就变成废物。

随着活期储蓄的增加，货币幻象开始向新的实体转移，也就是众所周知的“活期存款账户”。人们持有的不再是通用货币黄金，而是银行创造的纸质货币，因此他们犹豫是否要接受自己的货币可以简单地以账户形式存在于银行的账册中，且只需个人汇票或支票就可以赎回。在美国，这种转变是在政府调控的刺激下不经意间完成的。于内战期间颁布的《国民银行法》对州立银行发行的新银行纸币施以重税，因此为了避税，银行鼓励客户使用活期存款，即签写个人支票以取代直接提取现金。美国人花费几代人的时间才完全克服对支票的本能的不信任感；到了 1900 年，大多数美国人被完全说服。由买方自己签写的支票和美元钞票一样被认为具有价值。通用货币仍然在使用，但活期存款如今已经成为货币供给的主体。1913 年美联储诞生后，货币发行的国有化演变全部完成，继续按照既定程序进行，于是货币幻象中就又增加了新的信任感。

最后，货币幻象中的最后一个实体也在 20 世纪被踢出局：金本位（gold standard）① 遭到遗弃。活期存款已经在通用货币应用中得到相同的许诺，即从理论上讲，任何一个普通公民都可以到银行赎回等量黄金的货币。这个许诺在第一次世界大战期间混乱的欧洲各国曾遭到政府法令的禁止，1933 年时美国政府也宣布其无效，尽管有些姗姗来迟。没有黄金作保障，纸币只是纸币而已，正如美钞上的印刷小字：“此为适用所有个人及公共债务之法定货币（legal tender for all debts，public and private）。”一个美国公民仍然可以去银行赎回自己的货币，但只能以一种全新且统一的联邦储备兑换券（Federal Reserve Notes）② 的形式赎回。[2]

在漫长动荡的人类历史上，金本位被遗弃可以说是一件并不久远的大事儿，这使得打着进步口号的主流经济学家欢呼，但对于普通公民来说却是一次深刻的创伤。没有了黄金，货币还有何实际价值？这个问题至今仍然困扰着少数狂

---

① 就是以黄金为本位币的货币制度。——译者注
② 即美联储发行的标准美元。——译者注

热的“黄金甲虫”，他们是一群渴望回归旧式担保的人，即崇尚“美元等于黄金”而非政府发行的货币，并将其轻蔑地称为“不兑换纸币”。相反，约翰·梅纳德·凯恩斯却将对黄金的摆脱视为世界经济的历史性解放，是脱离了对闪闪发光的矿石价值的迷信性崇拜的重要一步。至此，“商品货币”完全被“代理货币”取代。[3]

凯恩斯与“黄金甲虫”在某一点上还是可以达成一致的，那就是没有了金本位，货币就必须得到管理。货币的真实价值最终将由政府来决定，也就是说由容易犯错的人类来决定，或者更具体地说，是由像美联储这样的中央银行的货币政策来决定。许多公民发现，这一点事实本身会极令人感到不安。他们渴望将货币管理权交给一个不受人控制的某种体系来管理，回归从前某些不受人类影响的固定价值标准，也就是“隐形操控”的市场力量或一种更高的权威。这样一来，每枚硬币和每张美元都会为美国人提供一个可靠的座右铭：“我们信仰上帝（In God We Trust）。”

接下来，纸质票据也消失不见。货币开始变得越来越不可见。此时的美国人正经历一次巨大的转变，即货币信仰的再次转移，这一次的实体甚至更加无形。如今更受商业行为依赖和美国社会信任的竟然是一张塑料卡片。塑料卡本身并不是货币，只有一串电子密码才是使用货币的权力。随着计算机技术的日新月异以及货币终端设备在各个商业场所的随处可见，这些塑料卡片终将取代支票和通用货币作为主要互换媒介。纸质票据几乎遁形，再也不需要由它来彰显货币的实际价值。

不可见货币需要的是更深的信仰（尤其是对一种名为“计算机”的机器的信仰），因为没有人可以真正看见货币的物质存在。即使是现在，一个美国公民在购买商品或将钱寄往世界各地时，也只需通过电话或当面背诵塑料卡上的一串数字就可以，就像是在银行开启现金抽屉时的秘密代码。只是这一次现金抽屉里没有任何现金，只有更多的数字而已。当货币甚至不再以纸币显现的时候，其会变得越来越纯粹和抽象，会变成遥远计算机里某个存储区里的数字。在这台计算机里，任何人都看不见货币，无论是货币的主人还是制造电子账户的银行经纪人。基于这一点来说，货币的可见度已经沦落得还不如一道电子脉冲，即能让录像带读取、更改、激活的电子脉冲。一个像贝奈斯那样想要愚弄人类对货币存有幻觉的爱玩的艺术家也或许会发现，有一天就连搞艺术的艺术媒介都已不复存在。

不过贝奈斯明白，货币触及的要远比人们的视野范围更广阔，要远比单纯的数字更有影响力。在人类的思维和经验中，货币象征一种结合力，即类似于宗教感的集结力。那些看不见的力量正是货币幻象的真正核心，只是贝奈斯对此有其自己的不敬解读。

货币与宗教的历史联系是随着不同文化的递进得以确立的：神殿就是第一个铸币厂，在那里，钱币得到大祭司的批准，因而也会得到整个部落成员的信任。“货币”起源于拉丁语“Moneta”，是对在女神朱诺所在的神殿铸造的第一枚罗马硬币的称呼。这个词汇从此与这位女神同义，她们的权力也融合在一起。希腊、巴比伦、埃及，事实上所有早期社会都为货币赋予神圣的光环。几个世纪之后，无牧师恩典的黄金和白银也保留了它们自身的宗教深意。这种联系起源于人们对太阳和月亮的神秘联想，从而根深蒂固地形成了二者之间的价值比率，即黄金与白银之比为 1∶13.5——这是占星家根据对天象运行周期的精确临摹得出的结果。黄金和白银的宗教特征一直延续了很久，直到占星术消失，现代银行开始发行票据。毕竟，珍贵的金属是由上帝创造的，而非人类。

复杂精细的现代社会自然会抗拒有关货币仍然保留宗教含义的概念。不过这种联系偶尔还是会极其露骨地在人群中有所表现。来自南加利福尼亚的保守共和党国会议员比尔·丹内迈耶（Bill Dannemeyer），曾经为选民撰写一份简报，其中详细阐述了美国政府遗弃金本位的行为是如何亵渎了上帝。他写道：

“美国拿纸质美元做实验并不是一次意外，一种可变的价值标准早在美国文化质疑美国公民是基于犹太－基督教信仰还是世俗的人文主义信仰时就已经投入‘运行’。前者包含的是上帝的规则，即将《圣经》作为指导工具；而后者涉及的可变价值标准是由人类决定的，并且要接受人类意愿的调整。”

在许多地方，这位国会议员的观点，即金本位在某种程度上来源于上帝规则，通常被看作极端保守的怪念头。在一个科技高度发达的启蒙主义时代，这是一种极不符合潮流的原始信念。远古文明接受的或许是神秘货币的管理，但却绝对不符合现代理性思维。货币不过是货币，一个商业活动的媒介、一个财产的仓库、一个经济行为的工具，仅此而已。

当西格蒙德·弗洛伊德（Sigmund Freud）首次尝试绘制人类的心灵轨迹地图时，他一直在直面一种“骇人听闻”的逻辑，即货币和粪便的联系：铜臭、“肮脏的”贪婪、货币即小孩的粪便。“这有些疯狂，”弗洛伊德在 1897 年写给同事的信中说道，“但当试图用新的概念去做定义时，我发现我在描述人们对货币意义的认识转变时也会用到完全相似的词汇。”

弗洛伊德的开创式研究主要基于两方面证据：1. 他早期与精神病患者相处时得到的精神学分析材料，例如梦境和回忆。2. 年代久远、代代相传的民间故事、神话和寓言，从俄狄浦斯①到中世纪巫术，这些都是有关古代人类经历的真实表达。弗洛伊德认为，这两方面证据拥有同样的源头，即人类的潜意识，并且二者可以相互印证。

“一天，”弗洛伊德说道，“我读到一则有关魔鬼定期赐予牺牲者的黄金会变成粪便的故事。”第二天，他的一名患者就无意间回忆起一段奇怪的记忆，小时候照顾他的女护士就患有“金钱妄想症”，这名患者突然说：她的钱总是像粪便一样。于是弗洛伊德查找其他相关资料得知，传说中的炼金术士就是从渣滓中提炼黄金，他们因此被称为“Dukatenscheisser”，翻译过来就是“排泄达克特的人”②。在早期巴比伦，黄金就是“地狱的排泄物”。[4]

在人类历史上，货币与魔鬼力量之间的联系持续存在。中世纪，天主教神学家曾谴责使用货币的人就是魔鬼的代言人。20 世纪晚期，社会学家迈克尔·T. 陶西格（Michael T. Taussig）发现，哥伦比亚农夫在被卷入现代资本主义商品互换的经济行为中之后将自己标榜为魔鬼的代言人，以解释货币和商业的可怕力量已经席卷他们的生活。[5] 弗洛伊德无疑会将这些哥伦比亚农夫看作是自己最初观点的最佳例证。弗洛伊德的基本任务就是破解这些象征性的联系，“你有没有在俄罗斯边境地区看过那些经过审查的报纸？”这位医生问道，“有些词汇、句子甚至是整个段落都遭到了删减，而结果就是人们看不懂余下的新闻。”

弗洛伊德得出结论，这些遮遮掩掩的信息恰恰出自婴儿时期的经历，即人类出生后前几个月所学到的概念、情绪和反应，并因而会普遍影响人的一生。婴儿对人生的自然反应并不会随着人类的成熟而消失，而是会因其他原因而发生偏离，经过在其他环境下的反复“磨炼”，被人类无意识地表达出来，然后

① 底比斯王子，在出生时即被抛弃，后误杀其父并娶其母为妻，发觉后自刺双目，流浪而死。——译者注
② 达克特，早期许多欧洲国家的通用金币。——译者注

披上“无理性联系”的外衣。举例来说，弗洛伊德正是基于此追踪到货币－粪便关系，这是婴儿初期在生活中必须要做的一件事，即排泄和控制排泄的需要。毕竟，这是人类最初自身表达的方式之一。

弗洛伊德还解释了人类思维为何会发生如此转变，即从对粪便的反应转移到对“货币”客体的反应。他写道：

“对人类来说，最宝贵的客体和最无价值的客体之间存在差异，正是这种差异性可能有助于定义‘黄金－粪便’的关系……我们知道，排泄的原始性快感会随着人类的成长而逐渐消失，货币对儿童是一种未知的新理念，但货币的快感却会在小孩3岁时逐渐显现，在这种新旧客体目标相互转换的过程中，更加容易引起孩子的早期冲动。”

弗洛伊德一番惊世骇俗的言论起初令世人震惊，但最终还是被人们所接受。弗洛伊德的观点逐渐变得家喻户晓，甚至成为阐述有关人类行为的约定俗成的依据，在人们普遍应用至各自理论见解的过程中被夸大其词。“吝啬”被现代人解读成“肛门人格”，即一门心思积攒货币但又不敢花钱的性格，在白话文中这些人被称为“紧紧的屁股”。与其相反的则是花钱大手大脚、挥霍无度的人，他们就像是婴儿拼命吸吮母亲乳房里的乳汁，然后花起钱来也和婴儿排泄粪便一样不受控制。

从弗洛伊德的角度看，美联储似乎与他的解读达成不可思议的契合。美联储自身的行事风格和脾气秉性就可以很明显地被描述成“肛门”。不过更重要的是，这家中央银行一贯的品行端正和理性思维提供的是一个社会面具，即一种将所有婴儿般的货币冲动翻译成可以接受的且严肃认真的行为方式。没人想到过婴儿、粪便会和令人敬畏的中央银行在人类经历上有任何关系。从某种意义上说，是美联储将货币变成一个适合由成年人操作的客体。

随着弗洛伊德研究的深入，他意识到人类依附于货币的期望要远比其对粪便的期望更加错综复杂，也就是说货币拥有多重意义，其关系着人类的生死、身份的高低、行为的创造性和毁灭性。

如果对弗洛伊德的潜台词作更富想象力的设想，还可以想到迈达斯国王神话中所包含的心理学内容。迈达斯渴望将自己碰到的所有事物都变成黄金，然而他的欲望变成了诅咒。因为他碰触过的所有生物全都会变成黄金，虽然闪闪发光，但却已经死去，甚至包括他的食物和心爱的女儿。迈达斯令人妒忌地拥有可以触摸上帝的力量，即创造的力量，可最后得到的却是致命的礼物。货币就是这样一个精致的矛盾体，融合了人类的欲望和恐惧。

“如果没有意识到这些深刻的联系，”弗洛伊德总结道，“那么人们也就不可能找到思考有关人类幻想的方式，找不到其中暗含的联系，看不到自己正被无意识地影响，看不到自己有症状的语言。”为了进一步解释这种复杂性，弗洛伊德罗列出 5 个简单词汇，每一个都蕴含心理学意义，且全部基于相同的符号：“粪便—货币—礼物—婴儿—阴茎”。[6]

有关货币在人类潜意识中造成的回响还不止涉及以上这些理论。某些深刻的联系有助于解释为何货币幻象可以贯穿人类几千年的历史，尽管货币的形式几经变化，或者是现代理性主义又创造新的代表性货币。这种幻象是由一个有矛盾理念的复杂体来承载，每种理念都依附于人类生活中最基本的恐惧感和强烈的欲望感。作为一个统一的整体，货币就像是对某些神圣问题给出的一个人为答案。

如果美国人说某个人“崇拜万能的美元”，那么这个人一般不会受到众人欢迎。一个健康人不会将货币看作是上帝。事实上，人们看重的是赚更多的钱并变得更加富有，因为这会让他们规避暴政和苛行。华尔街上流行的“投资指南”就是旨在向读者做出承诺，教人如何一步步走向“财政独立”。富人总是会被想象成是无须为赚钱烦恼、从容对待真实人生的代表，而实际情况却并不是如此。货币表达了人类的诸多满足感，即使是已经积累大量剩余财富的人，也依然会一心一意地想要攫取更多财富，因为他们的消费也比常人更多。因此如果说货币不是人类的上帝，那么它也绝对是仅次于上帝的好东西。

“在现实世界中，货币是一种心理学模式，作为绝对的财富，也因而是不计其数且有一定顺序的不同作用的集合体，与上帝的概念有着重大且有意义的关系……”乔治·西美尔（Georg Simmel）写道，“上帝的本质就是，世界上的所有分歧和矛盾都会在他那里得到统一，他就是尼古拉斯·德库撒（Nicolas de Cusa）的美丽构想：对立的和谐（coincidentia oppositorum）。出于这种思想，地球上所有的疏远和不相容都会在上帝那里找到统一和均等。我们心中的上帝就是创造和平、安全和包容一切的财富感的源泉。”

与宗教一样，货币也是人类生活矛盾的融合——卑微性和高贵性、难以理解的事物多样性和真理不可改变的基本性、对生命和死亡描述的限制性和可能性。西美尔是来自德国的社会学家，其巨著《货币哲学》（*The Philosophy of Money*）出版于西格蒙德·弗洛伊德从多角度探索货币意义的同一时期。西美尔甚至早于弗洛伊德认识到只有心理学才能真正解释货币和宗教的关系，因为心理学“拥有无力亵渎上帝的特权”。西美尔总结说，货币本身就是对生命的模仿。

“世界上没有比货币更具动态特征和更具突出象征的客体存在，”他写道，“货币的意义在于其可以流动。当货币处于静止不动的状态时，它就不再是货币，因为其没有了特定价值和意义……货币什么都不是，只是任何其他静止物体运动的交通工具……它存活于持续的异化状态下，因而变成对立于其他生物本身的对立面和直接反面。”

货币的持续性运动——即“货币疯狂的匍匐前进。货币的这种冲动……会蔓延至整个经济领域，事实上也会蔓延整个人类生活”，如果从宗教角度去看，似乎还带有很强的复杂性，不过正如西美尔指出的，货币的持续运动实际上会加强“宗教情绪”。他解释道：

“在得到货币的艰难过程中，人们会获得整体的兴奋感和紧张感，而这是竞争后需要祥和平静感的前提条件。不止于此，宗教能够给予站在风口浪尖上的人类以灵魂的安定，这会让人类的意识获得最高的价值感，同时也是寻找上帝和为上帝而努力所付出的代价。”

然而，尽管货币看起来与所有客体的联系都“千丝万缕”，但这种联系也是遮遮掩掩的，即人类个体只能远离人群甚至远离附近邻居而自己私下里加以描述的方式。随着货币经济曙光的来临，西美尔写道：“一个用其他方法都无法得到的秘密”对于人类来说开始变得可能，这就依赖于货币自身的特点——

它具有可压缩性，压缩到允许一个人凭借偷偷拿走一张支票就可以变得富有的程度；其还具有抽象性和无特点性，通过交易、获取和所有人的改变，货币可以隐藏和无法被识别……最后，其还具有空间实效性，它能允许一个人进行远距离投资和价值千变万化的投资，因而其完全可以从当下环境的'眼皮底下'溜走。[7]

从本质上说，货币可以授予人类社会权力和政治权力。富人凭借手里的财富去主宰或控制其他没有或拥有少量财富的人，这种现象屡见不鲜。但货币同样也会基于人类一种私密的权力感，它会让人们尽最大努力追求个人的自我满足。货币最明显的权力表达就在于其有能力获得满足人类想象的实物，即那些根本不需要或根本无用的消费商品。这些商品会实现个人有关自我的复杂而精细的幻想，是"我是谁"的可见陈述，就像原始部落的人会用羽毛和脸上的涂料去阐释他们的地位和内心品质一样。

1899 年，美国经济学家托斯丹・凡勃伦（Thorstein Veblen）在其著作《有闲阶级论》（*The Theory of the Leisure Class*）中对这种消费行为进行了嗤之以鼻的阐述，并将其称为"炫耀性消费"。货币会给你赌徒般的勇猛和刚强，会给你拥有名犬和名马的社会荣誉感，会给你昂贵葬礼般的自鸣得意，会给你权杖般的闲置财富，会给你女人穿紧身胸衣般的强烈征服感。所有这些物质表达都能让一个人显得与其他不曾拥有这些物质的人完全不同。[8]

"为了面子过度消耗和浪费对自己无用的东西。"凡勃伦将这种行为称为人类的野蛮掠夺。在他看来，人类将在最终进化成真正文明社会时完全摆脱这种原始的拜物主义倾向。然而凡勃伦时代正是现代商品广告"破晓"的时代，其精练和放大了人们依附于花钱购买商品的内在幻想。如果凡勃伦能一直活到 20 世纪晚期，他一定会被当时过度消费的壮观场面气得发抖——城市人开着卡车在大街上乱转，假装自己是西部牛仔；广告里的小汽车被擦得锃亮，开起来就像是凶猛的野兽；电视里一直在谈论马桶，声称马桶会对没有安全感的家庭主妇负责。

货币可以买到梦想，甚至是荒唐可笑的梦想。从这种意义上说，正如弗洛伊德指出的，货币正变得和食物一样，会通过狼吞虎咽地吃掉新东西来给予一个人营养，满足其幻想。希伯来先知曾这样问他的子民："为什么你花的是钱，而不是面包？"凡勃伦也曾提出过同样的问题。

然而即使不花钱，货币自身也拥有某种力量，或许甚至是更强大的力量。人们会发现与消费相比，不消费或把钱存起来更能令人产生享受感，因为他们是在将更多的可能性储存起来（这与弗洛伊德所说的婴儿不自主向便壶里排泄粪便的力量不同）。“货币拥有‘可能性的概念’。”西美尔写道。

“与权力一样，货币是一种纯粹的潜在可能，”他解释道，“是单纯主观的未来期望以一种客观存在的客体形式加以储存……如果一个人声称他‘能够’做某事，那么就意味着他不仅拥有对未来事件的精神期望，同时一种涉及精力、身体和心理的协调作用也已经存在……任何一个‘能够’弹钢琴的人，即使他现在没有弹，其表现也会与那些不会弹钢琴的人不一样，无论是未来的状态，还是现在的状态。”

因此，货币包含着人类对永恒权力的持续幻想，它是人类用以战胜时间、控制未来的心灵交通工具。但它只是一个幻想而已，没有任何一个凡人可以征服时间，即使是最富有的人，他们最终也难逃一死，就像是一则民间寓言提醒我们的：“生不带来，死不带去。”但不管怎样，人们还是想试一试。他们专心致志地思考，如果自己死去，自己的钱该怎么办——谁会得到它？它会买到什么东西？它还能保留多大的权力？一个人拥有的金钱越多，这样的问题就越严重。

“从未来机会的意义上说，货币只是一种可能性，它会给目前我们所拥有的东西赋予重大意义，”西美尔解释道，“但如果从绝对肯定的意义上讲，货币的真实能力在于它可以帮助人们认识未来。”[9]努力的人通常清楚自己的意愿，因此他们会很好地理解货币未来的肯定性，“遗产”能帮助一个人在死后操控自己的货币，即将剩余财富用于奖励或惩罚那些还活着的人。没有人能绝对肯定自己死后会发生什么事，但却能知道自己的钱将会何去何从。

就人类想要征服时间、逃避死亡这一点来说，货币与宗教信仰是缠结在一起的。宗教需要救赎和重生的仪式，货币则是这个过程中的重要加工品，即只有货币才能买到给予上帝的礼物以消除过去的罪恶。

在原始社会，祭祀仪式上的祭品是与四季循环周期紧密配合的，每年都会在固定时间向上帝呈交礼物，例如冬至、秋分或春分，这是一种救赎的象征。部落人民会和自己的神和谐相处，旧的债务被清除，新的一次循环开始，人们得以脱罪。现代人对这种古老仪式的保留仅剩下圣诞节时对基督教的顶礼膜拜，每个人都会通过购买礼物的方式为自己赎罪。犹太人在赎罪日（Yom Kippur）需要禁食，并且避免碰触任何世俗商品，但却也能在这一天举办筹款游行。因此，货币就是人类用于清洗自己的礼物。

诺曼·O. 布朗（Norman O. Brown）对货币的债务 - 负罪心理进行全新阐释，并将其连带自己的其他心理学观点共同收录在其著作《生命对抗死亡》（*Life Against Death*）中，专门作为一个章节取名“臭钱”（Filthy Lucre），这是一篇激进的论文，反对所谓融合了希腊和圣经智慧以及马克思、弗洛伊德、凡勃伦和西美尔现代见解的“货币集合体”。“归根结底，对人类负罪感的解释就是我们所做的假设，”布朗说道，“一个认为货币集合体是根源于人类负罪心理的假设。”

即使是最简单的理解，货币也不过是用来偿还债务的工具，一种真实价值互换的职责。人类的商业行为包括围绕几张债务票据“打转”，将货币从其他人手里传递到另外一些人手里。从整体来讲，货币经济表现出一种厚重的、必须履行的责任交织，个人的负罪心理可以在货币流通中得到释放。

“那么这种互惠互利的给予和帮助是如何消除人们的负罪感呢？”布朗问道，“当然，它并不会消除负罪感，从古至今，人类一向如此。但这恰恰表现出人类想要解决问题的最初努力。分享会减轻负罪感，为了分享负罪，人类必须加入社会组织。”

如果难逃一死，那么资本的增加至少会提供一种强大的慰藉感，以减轻负罪感。资本的积累直接挑战着教会对人类生存状况的定义，这也正是中世纪修道士会强烈反对货币的原因所在。人类的存在自古就具有限制性，即过度痴迷于各种新的可能性，这并不是一种可见的更高的生活水平，而是存在于人类心灵更深处的渴望。资本主义通过复利（货币经过一段时间后会自行繁殖）的奇迹重新定义了时间的概念。这样的体系看起来过于世俗和理性，但同时也孕育着新信仰的种子。“这简直就是一种魔鬼崇拜，”布朗抱怨道，“我们不再把过剩的财富交给上帝。现在，能够让剩余财富自行繁殖、无限扩张的行为本身就变成了上帝。”

在资本主义制度下，货币承载了一个新的幻象，即货币本身变得富有生命。人们开始注意资本的形成过程和经济增长速度，因为他们此时可以把自己的货币想象成是活生生的。它在生长，它可以自行繁殖，它可以穿越过去和遥远的未来，它已经打破古老的束缚，打破宗教对人类命运的责罚。

货币可以变成自己主人的代理生命，被看作是有生命的客体和有生命的人。如果加以照料、鼓励、约束和保护，货币可以变成第二个自己，但却是一个永远不会死亡的自己。有些人对活生生的货币十分迷恋，他们小心翼翼地照顾着自己不断积累的资本，牵肠挂肚、殚精竭虑，就像是对自己的孩子一样。

布朗这样描述货币的新魔力：

“……这种客体变得有生命，并且可以做人们想让它做的任何事。这种客体变成了它想要成为的上帝（它自己的圣父），因为货币可以生成货币。利益机构不仅预先假定了资本积累的时间，而且还将货币图腾中的‘双亲情结’转移到对货币图腾的私人占有中，货币因而在文明社会的经济活动中拥有通灵的价值，这在古代经济学中是从来不曾存在的。”

因此，从这个角度讲，华尔街的投资者是完成了古代炼金术士所不能做到的事，即从渣滓中提炼黄金、从纸张中创造真实的财富、从原始数据中创造一个活生生的有机体。当然这不过仍然只是一个幻象。货币并不是活的，也没有永恒不朽的权力。迈达斯国王的神话至今仍在流传，只是在现代货币经济中发生了形式上的稍微变化：可以满足需要的行为会滋生另一些需要，即人们的欲望仍然在不断膨胀，而不是不复存在。华尔街上“让钱生钱”的“游戏”并不会提供一个令人满意的结局，因为没有明显证据能证明“钱生钱”的机会已经枯竭。相反，机会越来越多，人们越来越饥渴。就像碰触一切都能变成黄金的迈达斯，货币幻象驱使投资者焦躁不安地担心自己会失去眼前的机会，然后又会为未来出现的机会再次寝食难安。他要碰触更多的东西，攫取更多份额的财富，不料竟发现一旦抓到，新的货币也就会死去。

因而，这种矛盾的循环最终又会返回到弗洛伊德的观点：婴儿对粪便的幻想。诺曼·布朗这样描述这种联系：

“没有生命的无机体——货币被某种神奇的魔力赋予生命，这种魔力就像是婴儿在自我陶醉地生产粪便。弗洛伊德指出，作为肛门不可或缺的一部分，阴茎和粪便应该被同等对待。婴儿幻想自己成为自己的父亲，这种冲动首先来源于它会神奇地利用某种客体，而非自己的身体，然后便开始依附这个客体，无论它是或不是自己身体的一部分，这个客体就是粪便。货币就是继承了这种婴儿期粪便的魔力，然后才有能力生育和繁殖它的孩子：因此利息就是粪便。”

利息就是粪便——很难想象这对于生活在资本主义制度下的公民来说多么

具有攻击性（或者说对于美联储的神殿管理者），因为财富产生利息是现代经济进程的核心。不过布朗的言论只是弗洛伊德观点的精辟总结，是再次重复从巴比伦人到圣·弗朗西斯再到马克思的古老责备。当一个毫无生命的客体被人们以投资方式带进生命的幻象中时，当肮脏的臭钱开始让人类渐渐远离自己的人性时，魔鬼就已经出现。

尽管对这种人类幻想毫不留情，但布朗却也十分乐观：人类社会或许早晚有一天会超越对货币的幻想。而只有一种新的宗教视角才能帮助人类实现这一点，即一个重新排序的人类意识，一旦消除对死亡的恐惧，那么与其相伴的负罪感和对货币的掠夺性冲动也就不会那么强烈。布朗的乐观模式是在西格蒙德·弗洛伊德的启发下进行的心理加工，是弗洛伊德的精神病人去克服自身遭遇的压抑性恐惧和负罪心理。布朗相信，如果一个个体可以在面对世界不合理时压制住婴儿期的恐惧，那么整个人类也一定可以做到。

“我们可以想象，一个未受压制的个人，即一个强壮得可以生存、可以死去也因而与其他人都不同的一个单独个体，这样一个人如果可以战胜负罪感和焦虑感，那么他就一定不会对货币产生幻想。”布朗乐观地总结道。[10]

这种说法过于激进，即世界还没有“文明化”，真正的人性仅仅存在于一个模糊的未来，那时人类将有能力摆脱货币的束缚。布朗的观点无疑偏离了凡勃伦的初衷，反倒与约翰·梅纳德·凯恩斯的乐观预想更加契合。在《我们子孙后代的经济可能性》（*Economic Possibilities for Our Grandchildren*）中，凯恩斯首次描述他对 100 年后经济状况的预想，那时财富将多得不可想象，资本的不断累积和繁殖终将消除人们贪婪的欲望。接下来凯恩斯警告道，人性届时也会遭遇前所未有的挑战：

“当财富积累不再是社会事务中的重点，人类的道德模式将会发生重大改变。我们将有能力摆脱已经跟随我们 200 年之久的虚假道德准则，因为我们已经将许多最差劲的人类品质提升到最高美德的位置。我们将有能力应对恐惧，看清货币冲动存在的真正价值。我们将意识到‘因占有而爱钱’和‘因享受现实生活而爱钱’的区别，认清前者是令人作呕的病态，是可耻和疾病相融合的人性弱点，是会让精神病学专家气得发抖的症状。”

凯恩斯坦承：这是一条荆棘密布的未来之路。“这是开天辟地的第一次，”

凯恩斯写道，“人们将面对一个真实却永恒的问题，那就是他们该如何利用已经脱离了过度关注经济增长的自由，又该如何安排自己的休闲时光，到底是科学还是复利才能让他们过上明智且愉快的生活。”[11]

显然，这样充满希望的构想在这个千年之内是不会实现的。人类社会还要和货币共同生活得很久，人类对货币的幻想依然存在。某些神秘的机构还要继续披着斗篷以掩盖货币的神秘性，他们要保护这个众人皆知但又并不十分了解的秘密。

美联储并不是神圣不可侵犯的神殿。7 位美联储委员也并不是主持神秘仪式的高高在上的神父。然而美联储却继承了全部有关人类对货币的共鸣情感、宗教情绪和所有的非理性理解。美联储的决策就是世俗理性主义的核心，且致力于科学理论，但同时又是古代神秘神灵化的现代对等物，每位官员在履行古老的神父职能：货币的创造。尽管这家中央银行宣称会用理性手段和保护性符号来装点神殿，但隐秘、神秘和令人敬畏的权威对于普通凡人来说既不可见，也不易懂。与神殿一样，美联储不会直接回答人们的问题，只会和人们对话。它颁布的法令是普通人所不能理解的神秘语言，但人们知道，它的声音却强劲且重要。

没有这种神秘性，我们将不可能理解作为一个政治机构的美联储所具有的独特性。货币的宗教特点是围绕在美联储周围的文化期许的关键因素，会帮助解释美联储在众多以民主性为代表的政府机构中的古怪存在，在一个鼓吹“人民即君主”的国家，美国人民却没有权力控制美联储。尽管社会改革家坚称民主义务已诉诸相对不重要的政府事务之中，但所有致力于让中央银行民主化的努力却一直是宣告失败，因为这个想法对于美联储来说过于可怕。

美联储的畸形得到了无知的美国民众的容忍，但从某种非理性的角度去看，这或许也是美国民众所期望的。改革家坚持不懈地质疑美联储利用各种说辞和复杂精细的保密条款来规避人民的民主质询，但或许真相是许多普通百姓就是喜欢这样。

少数情绪激动的美国人会认为美联储本身就是对上帝的亵渎，抨击美联储是一群篡夺上帝力量的凡人。希望重新用黄金代替纸币的“黄金甲虫”迫切希望终止人们对这种人为决策的货币幻想。强硬货币主义者倡导固定且持久不变的法则才会有效控制货币增长，并盼望能够以一种纯理性的方式完成他们的梦想。无论是黄金还是货币法则，总之货币再次变得永恒，即免受人类操纵。大多数美国人对此没有自己的选择，事实上他们也不能真正理解货币是如何被美联储操控的。大多数人还是选择接受自己所知道的事实，即货币操控是一个绝对隐秘的专业问题，是一种模糊的政府管理机能，并不比民主演说这样的大事更重要。美联储使用的那些令人一头雾水的经济语言让货币问题在普通民众面前变得更加遮遮掩掩，百姓只好接受其所拥有的强大的神秘性。

这很奇怪，但却是事实：在一个倡导民主的泱泱大国，在一个政治力量完全依赖于多数人意愿的民主国家，美国文化会如此压制人们对货币的了解。除了大规模的无知和集体性的遮掩以外，我们无从描述这种现象。与美联储提到的必须接受审查的俄罗斯报纸一样，货币的意义被隐藏起来：在一个庆祝自己拥有自由政治辩论的国家，货币的意义未经审查不得公之于众。每一个重要的文化机构都十分配合这种自我审查：大众媒体、教育体系、政客所在的人潮汹涌的社区，当然还有在美联储工作的工作人员。基于他们对待货币的态度，我们可以看出他们认为货币问题并不适合摆到桌面上来讨论。美联储在普通民众眼里难以理解，而至于货币就留给那些经济专家去讨论吧。

普遍的无知催生了政治的不平衡性，并且强化了一小部分懂得货币和关心货币的人的影响力。华尔街上 40 万金融专家以及他们所代表的财富持有者所组成的投资人“社区”每天都会讨论货币问题。他们热烈地评论着美联储的货币管理者，美联储也会仔细倾听他们的观点。这样的讨论本身算不上是保密行为，但只有那些最关心的人才能听懂他们在说些什么，而对于生活中与货币问题关系不大的普通人来说则好像鸡同鸭讲。

要想认清美联储，首先必须要知道货币不需要宗教信仰，也没有各种幻象，更不是不可逾越的技术性用语。货币就像是一个政治问题，其需要人们做一些深思熟虑的选择。货币和所有政治问题一样，是由容易犯错的人类来决定的，服从于政治行为的诸多变量——理解和专注、影响和错误。货币是竞争性利益群体每天都要讨论的焦点，因为货币的结果会导致某些人赢利，某些人亏损。货币是一个包含奖励和惩罚、刺激和抑制的社会方案，会加强或阻挠人们的民主意愿。

不可思议的是，成千上万的普通美国人也会有理解货币意义的时候，即使是那些几乎没有接受过教育的最卑微的美国人。当货币问题在美国政治中活跃起来时，美国人民终于在货币意义受到压制的环境下站在美联储神殿面前顿然开悟：货币不过是政治，是美国民主依赖的核心。

第 8 章　该死的银行：谁应该管理美国经济

美联储的“篡权之嫌”首次得到一群最意想不到的美国人的捍卫和拥护，他们不是接受过权威大学教育的正统经济学家，也不是华尔街上的重要银行家，更不是由选举产生的共和党和民主党领导人，首次表达有关货币和信贷的现代思维的竟是一群普通的美国人——吃苦耐劳、极端贫困、受教育不多、拖家带口以及前途惨淡的男人和女人们。在体面高雅的理论面前，这些人被视为落后和危险的代表，是容易迸发出不道德思想的“乡巴佬”。然而恰恰相反，正是这些并不复杂的普通人团结起来凝聚形成了自己的智慧，创造了自己对美国政治的看法。美国历史上这次极具颠覆意义的运动说明了即使是平民主义领袖成功地对美联储实施了打击，但他们的人民群众最终却只能“倒戈投降”。

运动起源于 1877 年得克萨斯的兰帕瑟斯县，一群濒临绝望的农民组成“骑士联盟”，旨在“更迅速地武装自己”，以抵抗日益迫近的大规模摧毁，当时“农产品价格急剧收缩，农民的财富日益集中在少数工业资本家手中，眼见世代农民终将沦为土地的奴隶”。这个组织很快就被更名为“农民联盟”，虽是初建，但其思想和行动却迅速在美国蔓延。不到几年时间，得克萨斯就诞生了近 120 个联盟组织，并极力展开“游行演讲”，以解释美国经济现状，提出解决办法。截至 1887 年，这场始于得克萨斯的运动已经向北延伸至达科塔州，向东延伸至卡罗来纳州，加入联盟的成员也从南部的棉农扩展到中西部的粮农。

1890 年，这场运动已经升级为轰轰烈烈的全国性运动，他们选举出自己的国会议员和州长，举行大型集会宣扬代表农民利益的深远诉求。作为平民党纲的原型，这些诉求成为横跨美国 50 年政治改革的源头：进步的个人所得税制度、联邦政府对铁路、通讯其他工业巨头的调控、劳工协会的合法化、保证农民利益的政府物价稳控和信贷制度改革。然而为农民套上枷锁并激发他们团结起来发动政治起义的核心因素正是货币。

这场短暂且自发的平民运动与美国历史上的任何一次大型运动都有相似之处，那就是其推进真正民主的到来。这是一场粗野但却极富创造力的政治运动，这些普通平民选择了可以代表自己利益的"吵闹的"领导人，巧妙地躲过了权威思想的侵扰，不惧强大利益集团和机构的既定等级制度。历史学家劳伦斯·古德温（Lawrence Goodwyn）在其巨著《民主承诺：美国历史上的平民党人时刻》（*Democratic Promise: The Populist Moment in America*）中成功捕捉到平民主义的精髓和核心并成功参透平民主义的抱负和雄心。他说道：

"这场农民起义先是谨慎地开始于'家庭会议'，每天黎明时分的早饭时间，10 名到 20 名联盟成员汇聚在一起，或者也可能是包括联盟成员家人在内的上百人，直到最后发展为极庞大的规模。长长的手推车队伍，车上遍插联盟旗帜，绵延几英里，长途跋涉赶到规模更为庞大的联盟露营地，那里会有 5000 名、10000 名甚至 20000 名男女在专心聆听并热烈讨论这些代表自己利益的联盟方案。听着露营地演讲者的演讲，这些越来越有信心的农民充当先锋，创造了一种用于描述'货币托拉斯'、金本位和国家私人银行体系的新政治语言，而所有这些都是涉及农民利益的联动体系。

"美国的民主文化到底是如何被创造的？显然就是以这种毫无想象力但又极其强大的方式。当一个农民家庭的手推车在 7 月 4 日'联盟日'这天翻过崇山峻岭赶往露营地的途中，回头一看后面还会有上千辆其他家庭的手推车沿路赶来，正是这种'联盟就是人与人团结起来'的思想造就了美国向民主转变的可能。"

这些辛苦的农民被聚集在一起；更具体地说，他们是被玉米、小麦和棉花的价格聚集在一起。年复一年，农产品价格日趋低落，这极大摧毁了农民辛苦一年的果实。1866 年，小麦价格是每蒲式耳[①]2.06 美元，10 年后变成了每蒲式耳 1 美元，80 年代又跌落到 80 美分，90 年代时又变成 60 美分，而达科塔州的农民竟然会以 35 美分的低价售出自己的手里的小麦。1866 年的玉米价格是每蒲式耳 66 美分，30 年后就变成不到 30 美分，堪萨斯的玉米价格竟然会低到每蒲式耳 10 美分，棉花价格也一路下滑。农产品价格的低迷无疑是高利率造成的，而二者皆起因于同一个事实，那就是货币的短缺。

---

① 1 蒲式耳 =35.42 升。——译者注

30年来，基本商品的售价在持续下滑，这就是历史上著名的“经济紧缩期”。成千上万本来已经举步维艰的农民家庭被迫陷入更为严重的贫困之中，许多人不得不向自己与生俱来的美国身份低头——他们注定是一小块土地的所有者，只有土地才是意味着能过上自给自足生活和成为不辞辛劳的自耕农的可见资产。岁月在增长，可价格却在回落，他们的土地和劳动变得越来越没有价值。为了重新投入下一轮耕作，他们不得不通过借高利贷购买种子和工具，可到了收获季节，农产品价格却更加低迷，他们因此没有能力偿还债务。可为了维持耕作，他们只能借入更多的钱。最终当债务变得越来越“势不可挡”时，农民只好将土地抵押给债权人，就像是因食利者手中积累越来越多的土地而濒临绝境的法国农民一样，而这个清算、合并的过程却是资本主义制度的老规矩。

作为社会仲裁者，19世纪末期的通货紧缩与20世纪六七十年代的通货膨胀是完全对立的。通货膨胀破坏的是收入稳定的家庭，因其会侵蚀这些家庭日益积累的金融资产；但通货膨胀同样也会起到广泛分配财富的作用，即允许广泛的中产阶级用贬值的美元借贷和还款，从而享受到更高的生活水平，获得更大的净利润。通货紧缩则完全相反，任何拥有金融资产的人都会自动享受到更多的财富，因为物价在下降。他们的美元资产可以买到更多的实际商品，他们积累的资本价值也会稳步上升。然而存款不多或没有存款的普通人以及依靠自己的劳动力生活和还贷的债务人却眼见自己的收入在缩水，他们肩上的实际债务负担在增加。美国民间流传着这样一个对此种结果直言不讳的宿命论表达：“富人越富，穷人越穷。”

在每一个历史时期，不管政治语言如何发生改变，货币问题都无可避免地成为政治选择的基本原则。有关对“硬通货”和“软通货”、价格上涨或下降、通货膨胀VS通货紧缩的讨论无非就是对哪个阶层会遭受损失（是债权人还是债务人）的讨论，即是将积累的金融财富作为主要收入来源的人，还是仍然要靠“额头上的汗水”辛苦维持生计的人。无须惊讶，美国政治渴望的是这二者之间的黄金平均值，即一个被称为“价格稳定”的微妙的中立地位，价格既不上升也不下降，或者并不以一个阶层的损失作为另一个阶层获益的代价。这种稳定货币的理念被历届美国政治领导人“高高悬在头上”，无论其出身于哪个政党或哪种意识信仰。然而，中立货币却很少能在现实中实现。

20世纪80年代肩扛“农场主联盟”大旗的普通美国人深谙这种隐含的意义。自以为接受良好教育、积极进步和对错综复杂的经济术语颇为熟悉的现代美国人无论如何也想不到这一点；在他们看来，100年前过着简单农耕生活的祖先在各个方面都不如自己先进和聪明。然而货币政治却是一个重要的令人深觉讽刺的例外。19 世纪的美国人非常熟悉货币政策所隐含的政治意义，并且在美国民间争论得颇为激烈，丝毫没有受到现代经济面纱的阻挡，普通人对错综复杂的货币和信贷有着自己的观点。可到了 20 世纪，这些话题反而成为只有专家才关心的事。至少从这一点来看，现代美国人要比他们的祖先愚昧无知得多。

在北美大草原上，许多联盟露营地的演讲正进行得如火如荼，演说家们正向专心致志的听众们解释毁坏他们生活的根源正是金本位和私人银行体系强迫执行那些苛刻的条款。货币问题真正起源于美国内战时期，与各位前任总统和王朝君主一样，亚伯拉罕・林肯为了取得战争胜利和维持联邦政府，不得不抛弃正统的“稳定货币”政策。为确保充足贷款，国会为银行票据暂停黄金担保法则。为在财政上支持共和国大军，林肯总共“借入”26 亿美元，这足以令后人震惊。即使心中恐惧日甚，这位总统仍然坚持发行近 5 亿美元无须黄金赎回的纸币，即“绿币”（除政府指令外无须任何担保赎回。因而“不兑换纸币”的创造只需政府的指令就可以完成）。所有这些行动都无疑造成货币供给的扩张和膨胀；果然不出所料，随即美国便发生疯狂的通货膨胀。1861 年至 1864 年，物价飞涨 74%，这是继美国独立革命之后爆发的最为迅速的一次通胀高峰。这段时期对于美国农民来说是最为富裕的一年（仅为取得胜利的北方农民），也极大地刺激了美国制造业的发展。在“便宜”货币的资助以及战争物资极度紧缺的背景下，一大批新兴工业中心城市迅速崛起。

阿波马托克斯[①]战役之后，美国货币制度重回正轨，农民渐渐开始发现之前的金融优势永久地变成了金融劣势。尽管中西部农民将选票投给了共和党，但这个刚刚掌握政权的政党却听从东部金融家的建议，宣布立即恢复“稳定货币”政策。林肯的“绿币”逐渐退出美国的货币流通，并且没有任何替代物取代它们。金本位重新诉诸所有货币。更糟糕的是，黄金与货币价值兑换的恢复采用的是战前的初始水平，即 1 盎司黄金重新回到 20 美元的兑换价。这就意味着通货膨胀彻底结束，而物价也将无可避免地回落到战前水平。事实上，货币供给又缩水到战前的初始状态，也就是说“更加坚挺”的美元会让那些持有美元的人购买到更多的商品。

---

① 阿波马托克斯是弗吉尼亚州中南部的一个城镇，1865 年 4 月 9 日南部军队在此向北方军投降，南北战争就此结束。——译者注

这种状况持续几年才得以彻底实现，但却一直在切实发生：截至 1884 年，美国物价水平实际回落到 1860 年的水平，之后继续下滑。当时作为生产者的常规行为就是，农民必须试图通过不断生产出更多的小麦、玉米和棉花以弥补农产品价格回落造成的损失，然而这无异于“拆东墙、补西墙”。新的农业机械化使农产品产量提高变得可能，但过多的商品供给进一步拉低了粮食价格，甚至比战前水平更低，小型农民在信贷需求方面变成更加脆弱的受害者。促成平民党起义的其中一个盲目假设就是：如果林肯还活着，他是不会让农民遭遇如此悲惨的境遇。[1]

无论有着怎样的优点，金本位都不能保证价格的稳定。与拥护者长期坚守的理论截然相反，金本位制度下的价格稳定实际上是少见且暂时的，通常不会超过 2 年。这一点已经得到历史记录的证明，但倡导金本位是治愈通货膨胀的唯一手段的现代政治学家和经济学家却一直在坚守对过去真实经历的扭曲幻象。一般来说，他们认为 19 世纪是一段极为平静和幸福的时期，经济秩序良好，物价稳定，而这正是黄金对货币价值“扎实稳控”的结果。相反，他们对 20 世纪的通货膨胀却存在严重偏见，他们认为正是美联储授意纸币发行和不再以黄金标准担保货币的实际价值才会造成这样的结果。为了进一步证明自己的观点，金本位拥护者指出，美国 1800 年的价格水平与 100 年后的几乎完全相同，直到金本位被彻底抛弃。然而这个观点却遗漏了两种情况之间的美国价格状况，因此这种结论虽然勉强有些道理，但实际上却是愚蠢至极，其无异于是在说一架飞机之所能在地面上滑翔是因为飞机起飞和降落的地点终归是地平面。

事实上，整个 19 世纪美国物价的上涨和下落都很剧烈，除偶有例外，金本位的作用其实并不大。一系列战争打破了黄金兑换戒律，中断了信贷扩张，导致通货膨胀爆发，这些都与黄金本身并无太大关联。[2]金本位的作用就是最终让物价重新下降，制造美国的灾难和混乱，而非政治的和平（参见附录 A）。实际上，美国最长一段时间的物价稳定是发生在美国最狂躁的历史时期，即 1885 年至 1893 年，当时美国农民被迫铤而走险发动政治起义，初出茅庐的劳工运动正为保护工人的工资而艰苦奋斗。价格指数维持了整整 9 年的有条不紊，但农产品价格却在其他商品价格稳中有升的环境下持续下降。这种骚动的局面如果只是从抽象的统计数字去衡量，那么看上去的确是一种经济稳定（而且还只能依靠遥远的后知后觉）。[3]

美国货币的不稳定是一种典型现象，但并非历史错误。通货膨胀和通货紧缩的运行周期早在美国出现之前就在整个世界商业环境中循环往复，它们出现在资本主义经济中，无论流通的货币是黄金、白银、铜币，还是各种金属的混合品；通货膨胀总是要定期发生，无论货币是在政府的操纵下还是在私有市场力量的控制下，也无论是否有中央银行的介入。著名历史学家费尔南德·布罗代尔（Fernand Braudel）在其有关资本主义崛起的史诗性编年史著作中这样描述黄金和白银之间持续存在的竞争性以及跨越全球和千年的价格不稳定性：

> 它们的产量很不规律，且永远都不会绝对固定。受环境的影响，这二者中肯定有一种要比另外一种相对高产，那么随着产量滞缓一方的逐渐增多，局势又会出现逆转，如此往复。这会造成货币兑换市场的混乱和灾难，从而构成货币社会及政治制度缓慢但却强烈动荡不安的特征……
>
> 古代理论家倾向于将同等重量的黄金和白银按 1：12 兑换比例计算，而这在 15 世纪至 18 世纪时显然不能作为统一标准使用，当时这个比例发生了很大变化，二者之间也远超所谓的“自然”关系。从长远来看，天平有时会偶尔倾向于其中一种金属，但有时也会偏向另外一方……13 世纪至 16 世纪的白银价格就大幅度上涨，直到大约 1550 年时才停止。虽然说法有些“变形”，但我们只能说当时是“黄金通胀”时代，并且还维持了几个世纪。

事实上，布罗代尔对前现代资本主义时期包罗万象、细致入微的调查研究可以证明 20 世纪美国出现的货币问题并不新鲜。至少整整 6 个世纪以来，欧洲大陆日益成熟的资本主义体系同样一直在与同一个问题努力抗争，即货币供给的不稳：反复出现的货币贬值，商业城市与国家间外汇兑换的不均衡，货币稀缺造成的经济衰退，货币过多造成的经济繁荣。16 世纪，法国经历整整一个世纪超过 600% 的价格通货膨胀（大致相当于美国持续超过 40 年的通货膨胀）。1570 年那不勒斯城的国库里存有 70 万达克特，到了 1751 年就上涨到 1800 万达克特，这种货币的超大储备整整超过实际商业需求量的 4 倍。如果不能“花掉”这些钱，那么剩余货币就会变成可用实物——银表、鼻烟壶、烛台、餐叉、餐匙、杯子和盘子。

在这种背景下，曾经由一个主权政府发动的一次最大规模通货膨胀行动就发生在欧洲大陆，欧洲的货币供给在掠夺印加矿井内的进口珍贵金属后发生大规模“繁殖性”增长。于是一场拖沓冗长的通货膨胀拉开序幕。按照布罗代尔的估计，1500 年欧洲拥有 2 万吨的白银储量，到了 1650 年，又有 1.6 万吨白银额外加入货币供给。已经持续 3 个世纪的黄金通胀终于结束，取而代之的是白银通胀，而白银通货也随之变得更加便宜。这段时期最能体现一句自相矛盾的名言，即众所周知的格雷欣法则（Gresham's law）（格雷欣，英国女王伊丽莎白一世的经济智囊）：“劣币驱逐良币”。换句话说，很明显，买方永远都想用更“便宜”的钱购买到实际商品，而不是更“贵”的钱。因此货币也就越来越“便宜”。随着黄金和白银的这种对抗性的消失以及政府推出“法定货币”，格雷欣法则逐渐不那么中肯，但其仍然能表达货币实际价值的永恒不确定性。[4]

事实上，长期混乱的通货膨胀和通货紧缩周期还会滋生一种怪诞观点，即资本主义不可能长期“忍受”价格稳定；否则经过几个世纪的反复“试验和发明”早就能设计出一套可以保证货币稳定的体系。或许，正是资本积累的过程才会造成货币价值的周期性循环改变，即“货币增多”的通货膨胀会刺激经济的增长和财富的蔓延，随之而来的就是具有镇静作用的逆转，即“货币稀缺”，经济增长放缓，重新巩固新财富的所有人地位。当然，这描述的是繁荣资本主义时期的变化趋势，即从最原始阶段到目前的资本充足。

如果这种观点是正确的，那么有关政治学和经济学的传统主张也可以跨越资本主义本身的深刻矛盾：价格稳定是每个人想要达到的目标，可经济体系却不能容忍。所有的经济参与者，从消费者到资本家，从商人到生产者，都渴望稳定货币，但任何一个能够成功实现货币稳定的政府或货币体系最终都要面对政治的巨大变动。无论货币价格怎样衡量，都没有一个黄金法则可以让所有经济“玩家”都受到绝对平等的对待。货币应该被固定在一个永恒的均势下，这个被西方资本主义倡导几个世纪的理念实际上只适用于永恒停滞或永恒毁灭的“等式”中；没有一个政府会依靠向公民许诺保证长期货币稳定的条件在民主竞选中获得权威。

平民党遭遇的政治阻碍令人震惊、难以置信。农民运动中最富创造力的知识分子查尔斯·W. 麦尼克（Charles W. Macune）意识到，他们的改革与当时的政治现实完全对立。“我们这些努力追寻从不公平待遇中解放出来的人，”麦尼克说道，“来自美国最大且最保守阶层。”除了天生保守以外，这些自耕农还会因地区、政党和受内战影响的不同而被划分为受苦程度不同的群体。许多南方白人农民都是内战中的失败者，成长在有“政党之父”之称的民主党环境之下。而中西部粮农则大多是北方军志愿兵，是受共和政体演说的鼓舞才披上了“带血的上衣”，加入林肯高尚的“东征”队伍，挽救整个美国。要想将这两方面彼此敌对的群体团结在一起展开运动，当然其中还要包括南方诸州重获自由的无地黑人农民，似乎是一个不可能完成的任务。这也曾是最令农民联盟感到绝望的最大考验。

贯穿整个美国的棉花农耕领域，小型棉农实际上过着一种劳役偿债的生活，他们每天都要受农作物留置体系（crop-lien system）的束缚，即美国人眼中的一种中世纪高利贷。在每个村庄，“农业工具商人”都会为农业家庭提供基本商品和日用必需品，然后再用农民的粮食作物作抵押还款。如果农民是用现金购买某样东西，那么这些商人就会设定一个基本价格；但如果农民用贷款购买这样东西，价格就会在基本价的基础上增长 25% 至 50%。收获季节结束时，也就是棉花被卖完、农民收入基本确定后，这些“商人”就会额外收取 33% 左右的利息，因而这些实际利息就达到甚至超过 100%。和其他所有信贷领域一样，商人或银行不会向已经负债的人扩大信贷业务，因此随着棉花价格的持续低落，棉农已经不可能“偿还”自己的债务，于是这些商人又将目标转向农民的土地。随着债台高筑和财产没收的无可逃避，数万名农民（后来发展成数百万农民）沦为劳伦斯·古德温笔下“没有土地的农民”，他们变成了被雇佣的劳动力，在自己曾经拥有的土地上和别人共同劳作，或者干脆举家迁移农村、流向城市。这种大规模的“清算”是战后重建时期萦绕在美国农民心头的痛苦回忆，也是缔造平民党议员诞生的遗物，一旦他们在诸如阿肯色这样的南部各州取得权力，就会立即将禁止高利贷法写入州立法和宪法中。

高利贷还会给中西部的美国农民造成痛苦，尽管程度不严重，但那也是因为那里的农民会尽力赶在农产品价格下降前还清贷款。机械化的开端鼓励农民要想增加收入就必须提高生产效率，即在相同的土地和人力条件下增加粮食产量。于是他们通过借贷购置新机器，年利息一般是 18% 至 36%，也就是说他们必须按照上涨的美元价格全部还清他们的动产抵押。在粮食的运输过程中，铁路还要利用专横的运输利息进一步压榨农民。“西部农民，”古德温写道，“感觉这样的制度有些不对劲，因为他们每运走一蒲式耳的粮食，就必须付出一蒲式耳粮食的收入。”

不过信贷问题远比令农民深陷债务的个人忧虑严重得多。货币紧缩在金本位恢复的保证下导致利率居高不下，那么更高的利润自然也就会流向债权人、银行体系和财富所有者。不过货币－信贷体系也会因货币的周期性不稳而摇摇欲坠；当借入需求增加时，尤其是在农耕季节，鉴于金本位规则，提供额外信贷的货币就会迅速且极易发生扩张。货币创造基于黄金储备量，因而银行体系会产生不了更多货币，直到获得更多相应的黄金储备，而黄金储备的来源通常是从欧洲借入。载满黄金的轮船横渡大西洋需要 15 天，因此在这 15 天当中，银行体系必须“自食其力”。

随着信贷的日益稀缺，其结果就是整个金融体系内会发生反复震荡的余波，依靠短期信贷的商业行为陷入饥渴，数百家银行宣告破产，南部和西部开始出现信贷业务短缺——农民会将粮食放到市场，商人和交易员需要短期信贷向这种膨胀的地方交易提供资金。当农业银行的黄金储备陷入枯竭时，他们就必须向大型银行求助获得暂时贷款；当大型银行也陷入资金短缺时，他们就必须向美国的货币中心求助，例如历史最悠久、规模最大的纽约银行、芝加哥银行或圣路易斯银行，那里有许多储存着全美国财富的巨大仓库。

因此，农村银行家及其农村客户都会清楚地知道：堪萨斯、得克萨斯或密西西比的经济是否健康，其最终受控于遥远的华尔街办公室，受控于诸如 J.P. 摩根这样首屈一指的金融家。当金融恐慌来袭，这些货币中心银行通常会提供充足的暂时性贷款，以允许各地方银行渡过难关。和过去一样，现在的银行体系也是这种单个银行间互相连接的流动关系，事实上，也都是拥有剩余资金的银行将资金转借给需要资金或信贷业务急速增长的其他有能力吸收资金的银行。

不过 1913 年以前并没有这样的中央银行去帮助克服这种流动不畅的短期信贷。唯一“可以指望”能帮助银行体系摆脱滞留困境的只有华尔街，也就是平民党演说中极为鄙视的“货币托拉斯”。一般来讲，摩根家族建立了由主要债权人构成的银行辛迪加，采取“打包贷款”的形式向其他银行施以救助（当然同时也会收取相当可观的利息利润）。如果这些货币中心银行因个人原因无法满足全国流动不畅的货币需求，那么另一端的某些地区银行就会宣告破产，地方商业也会陷入冰冻。这样的行为会滋生地区不满和对华尔街的永久性偏见，甚至还会引起政界共鸣。与更亲近货币中心银行的政治家相比，南部和西部的参议员，包括某些保守党的共和党人，也会更加怀疑美国金融体系的控制力，并且对高利率更缺乏耐心。

在通货紧缩和陷入僵局的货币体系的影响下，整个国民经济也会陷入不稳——经济收缩、矿业和制造业失业率增加以及农民的愁眉苦脸。美国历史上最长的一次经济衰退发生在 1873 年至 1879 年。另一次则发生在 1882 年，这一次持续 3 年多。1893 年春季爆发整个美国银行业的大恐慌，从而导致“背靠背”发生经济大衰退，并且一直持续到 1897 年。按照米尔顿·弗里德曼（Milton Friedman）和安娜·史华兹（Anna Schwartz）的说法，造成 1893 年恐慌的最直接原因就是储户对银行偿付能力的恐惧，但他们又补充道：“而更为深层的原因无疑则是先前的通货紧缩。如果货币价格稳定，那么贷款就会是良币，银行也会有偿付能力；可在通货紧缩的压力下，贷款就会变成劣币，银行的偿付能力也会减弱。”[5]

不过“几家欢乐几家愁”。按照弗里德曼和史华兹的计算，美国国民经济中的商品产量实际在 30 年的通货紧缩中一直在稳步增长，尽管当时正经历深刻的经济危机和价格下滑。其中主要的增长领域是制造业，甚至一举取代农业成为美国主要的支柱产业。根据 1890 年的经济调查显示，制造业商品首次在总产量上超过农产品。

1886 年 8 月，农民联盟代表参加在得克萨斯克利伯恩举行的州大会，平民党首次就货币问题提出解决建议。这次的“克利伯恩诉求”（Cleburne Demands）在很大程度上借鉴了 10 年前的“绿币党”（Greenback Party）理论，即反对金本位和捍卫林肯时期发行的法定货币。这些得克萨斯农民坚决拥护实施激进“改革”，即对银行体系施行联邦调控，倡导国家货币不受黄金限制。不过与后来 20 世纪的自由主义改革者不同的是，平民党怀疑任何形式的中央集权，他们鄙视华尔街上的银行家，但也同样极其不信任华盛顿的政治家。北卡罗来纳州领导人 L.L. 波尔卡（L. L. Polk）曾宣称：“国会可能会在 48 个小时内给我们提供一个解除痛苦的议案，但华尔街会说‘不’……我相信无论是共和党还是民主党，他们都惧怕华尔街，却不怕美国人民。”但尽管如此，平民党似乎仍然认为只有联邦政府才是唯一可以解决货币问题的权力中心。

作为新一代“绿币党”，平民主义者建议国家提供一个固定不变的货币供给，由美国政府根据市场实际信贷需要决定施行货币扩张或货币紧缩。平民党的目标就是直白的通货膨胀论——让物价上升，这样他们就能从自己的农产品中赚到可以养家糊口的收入。为了达到这个目标，货币供给就必须实现大规模扩张，无论是黄金、白银还是他们建议的新纸币。美国财政部将以法定货币的形式发行政府美元货币，以取代流通中的私有银行票据；国会也将对货币增长施行调控。在后续的细微改良中，农民联盟纲领还规定，今后美钞上将出现与“绿币”同义的字眼：“……为适用所有个人及公共债务之法定货币。”

这样的“改革”遭到了正统经济学家、银行家和政治家的嘲笑。如果按照平民党的构想，那么到底用什么来阻止政府无限制地印钱呢？这些农民改革家的解释是：货币供给的增长要与实际经济增长紧密挂钩，也就是说“每个周期内的货币供给都要随国家的实际人口和经济利益增长而增长”。货币供给应该受到由选举产生的代表的民主调控，而不是被某些金融寡头或被赋予神秘价值的某些珍贵金属操纵。这样的言论在当时听起来就像是一个会制造混乱的危险信号。然而就在30年后，平民党的这些建议正是构成美联储遵循的经济原则的雏形。

当时的这些农民改革家还是走向失败，他们广受欢迎的运动最终土崩瓦解，其政治能量首次融合了美国民主党人的努力，但终究还是输给了共和党。1913年，美国国会终于同意建立中央银行，然而这个中央银行却根本不是平民党构想中的样子。

美国文化在某种程度上并不喜欢“中央银行”这个概念，因为其听上去不民主。在建国后接近一个世纪的时间里，年轻的美国没有一家中央银行存在。1817年，中央银行的雏形——美利坚银行投入运行，随即被美国人民公开指责为“怪兽”，17年后宣布解散。后来美国总统安德鲁·杰克逊围绕中央银行是否能与美国理念并存的问题创造“民主党”一词，美国民众的意愿，即杰克逊所说的“真正的美国人民”，对这位总统表示赞成：一个“中央银行”的意思就是“由代表多数人利益的少数政治代表在第一时间行使以符合大多数美国人民劳动和收入利益为目标的权力”。1832年，杰克逊总统通过立法投票重新“激活”美利坚银行，次年美国财政部将从银行撤出的资金分配给选定的几家州立银行，美国重新恢复“自由银行体系”，经济发展由此摆脱束缚。

在美国学校的义务教育课本中，杰克逊总统的银行战争听起来更像是历史的怪胎，那些已经尘封在过去的久远辩论战对于学生来说只留下日期而已，他们并不懂其中的含义。事实上，美国政治活动中比较有影响力的冲突性事件以及就某个政治目的展开的那些基本辩论，并没有随着时间的流逝而消失，只不过是在形式和语言上进化了。有关杰克逊民主党人发起的这起“银行事件”，可以理解为所有政治党派在制定国家经济政策时致力于解决的问题：美国经济的增长速度能有多快？不断扩张的经济繁荣到底能有多大潜力让美国民众受益？风险是什么？如今所有这些课题都已被冠上一个严谨的题目——“宏观经济学”，并且已经产生冷血客观的论定。不过无论哪一个历史时期，人类的内心感受一直存在争议和争端，于是人们不停地在谨慎和乐观以及小心翼翼地控制和无边无际的信仰之间热烈讨论着。

在杰克逊时代，乐观主义者会占据上风，这也是美国政界中经常发生的现象。暂且不论其领导人的英雄气概，“杰克逊的民主概念”是一套强有力的理想主义，其完全来自美国精神的基本核心，即“雄心勃勃的个人努力进取”“富于生产力的劳动胜过金融的赞美”“对中央集权的持续怀疑”以及最重要的“对每个公民都是负有责任的主人的新型社会的渴望”。杰克逊的经济计划符合所有这些理念。这个“怪兽银行”就是极具威力的经济力量的真实符号。

从经济角度讲，这套计划本质上存在严重的不协调性。杰克逊理论将自己描述为勤奋的“硬通货人民”，支持严格的金本位制度，但却反对新建立的强势国家银行，因为其会限制信贷业务的扩张，从而会威胁健康的经济增长。许多思想家都为此义愤填膺，作为一个政治领导人竟会有逻辑上如此不协调的矛盾理念存在，但这种矛盾并没有动摇杰克逊深入人心的地位。一个政治纲领实际上可以在修辞不协调的作用下得到强化——所有诉诸的愿望必须立刻加以实现，实现的手段可以是调和对立、拒绝在彼此冲突的诉求中做出选择。安德鲁·杰克逊既是坚定货币的支持者，同时也是那些想要通过抑制货币和信贷达到控制美国繁荣目的的独裁银行家的反对者。“真正的美国人民”就是想要这样一个集两种优点于一身的人。因此 20 世纪末，整个美国的经济论坛都回响着这样的政治价值观（和矛盾理论）。

美利坚银行建立的背景是 1812 年战争造成的通货膨胀喷涌，目的就是恢复美国货币和信贷的稳定性，同时归还将私人财产借给政府以资助战争的债券持有人的利益。这是美国在中央银行方面进行的第二次试验，第一家美利坚银行是亚历山大·汉密尔顿（Alexander Hamilton）① 在美国独立革命之后创立的，1811 年宣告“死亡”。第二家美利坚银行以希腊神殿的形式坐落在费城，由出身富豪之家的著名金融家尼古拉斯·比德尔（Nicholas Biddle）掌舵多年。从金融机构历史来看，这家中央银行继承于君主，是皇家权威的继承人，在形式上近似于 1694 年成立的英伦银行。不过在美国，美国人民本身就被看作是君主。

在很短的一段时期内，第二家美利坚银行积聚了巨大的金融力量。其持有联邦政府的免息存款，同时也是私有财富的最大仓库。其还变成了外汇兑换市场和国内货币市场上的强势“玩家”，在这里其他银行需要储备金、商业企业会申请资本。因而从大致来讲，这家银行所履行的职责与平民党时代的华尔街主要的

① 美国金融家、军官、政治家，美国开国元勋之一，首任美国财政部部长。——译者注

金融机构和 20 世纪的美联储所扮演的角色是一样的，也是可以拯救一家濒临绝境的银行或决定银行命运的“最后靠山”。与美联储一样，比德尔的银行也会在投机性信贷激增时试图调控经济、抑制信贷，或者在经济衰退出现之前放松货币供给、刺激经济发展。尽管其所使用的工具更加原始、所掌握的经济常识也相对简单，但比德尔依然凭借其高超的经济和金融管理理念受到后代经济历史学家的敬仰。

然而在他自己生活的年代，比德尔却是专制独裁的化身、是少数控制多数的代表、是共和党人极力在美国消除的目标。杰克逊将支持自己的选民称为“真正的美国人民”，他们是种植园主、农民、机械师、工人、个体生产者，他们生命力旺盛，且拥有基本的判断力，构成“美国的骨骼和肌肉”。这些原始淳朴、头脑简单的自耕农在杰克逊就职典礼这一天站满白宫的接待室，杰克逊也成为美国第一位不需要来自弗吉尼亚或波士顿上流社会高雅选民的总统。他们的价值观是自由、平等和追求个人的幸福，不受指手画脚的政府或任何其他人的束缚。

杰克逊的选民可以觉察到向自己敞开的机遇之门，美国的边境地区将向农业、矿业、公路、管道和铁路完全开放，新的城镇和城市将“破土动工”。然而他们同时也能感受到威胁。他们的抱负和经济独立性似乎正面临遍布各地的集权性权力网络带来的威胁，即以美利坚银行和当时极具创新性的企业财团为代表的财富力量的影响。这两点似乎在“密谋”对个人企业发起对抗，利用其神秘的票据交易和联邦政府对其财富的保障进而操控美国经济发展的成果。

是否能够维持共和政体独立性的关键就在于信贷。如果控制信贷（和货币创造）的权力集中在少数人手中，那么各种形式的个人企业就都会被这些少数人掌握。在西部边境地区，雄心勃勃的企业家和跃跃欲试的银行家都在渴望将“赌注”投入新兴的发展项目中，但他们却不得不向东部求助获得资金支持。在东部，地位已经确立的财富持有人和银行家却一直持怀疑态度，他们已多次被失败的宏伟计划或地区银行贷款“烧伤”，曾在没有黄金储备的情况下向这些地方项目投入资金，以示支持。正如加尔布雷斯所说，银行体系在那段时间里拥有许多弹性标准，对地域性冲突进行过充分思考。南部和西部与东部距离太远，州立银行对信贷行为并不十分挑剔，他们更渴望相信新项目的潜在能力。作为既定财富的捍卫者，货币中心银行自然会坚守秩序性。地方银行的失败已经司空见惯，从而强化了东部银行的保守和谨慎。但针对边境地区更加宽松的信贷标准却得以让大跨步发展变得可能，企业家的梦想会实现、银行家的盲目信仰也会得到客观的回报。如果总是步步为营，那么未来可能会更加有序和稳定，但同时也会令经济停滞不前，阻碍最大潜能的实现。

这种观点上的差异性构成了美国政治生活中的一个永久性对抗，即货币中心利益的谨慎 VS 地方发展者的无限野心。在现代政治中，地区冲突会随着金融体系在全国范围的发展而趋于缓和，但这种对抗依然隐藏在表面之下，诸如得克萨斯的石油商对大城市银行家的怨恨、中西部对东部支配势力的疑神疑鬼、小城镇的银行家对美联储偏袒大型银行的抱怨。到了 20 世纪，这种政治冲突呈现出一种新的形式，即就联邦信贷计划展开的激烈辩论。应该由谁来控制信贷的使用权？应该由谁来决定风险规模和未来潜力？当广大民众或经济利益受到私人金融体系的拒绝或后者所规定的贷款条目过于苛刻时，前者就会向政府求助，并以此作为信贷的另一种来源，例如农业购置、小型企业投资、房屋抵押贷款、企业出口资金、大学经费以及其他冗长的投资项目。在每一项贷款中，政治对这些政府信贷补贴的隐形逻辑都是：私人信贷体系是错误的。如果银行家不能或不愿为这些国家需要的新投资项目提供资金，那么政府就会介入并“稀释”他们的控制权。

在杰克逊时代，比德尔的银行实际上就是这些有关信贷问题的仲裁者。美利坚银行的本质态度就是与货币中心银行尽可能达成一致，这与 100 年后的美联储理念和意愿并没有什么不同。这家银行同样对大型商业银行秉承小心翼翼的态度，也同样惧怕州立银行失控的信贷扩张最终会导致灾难、通胀或经济崩溃的发生，从而削减财富积累的真正价值。最后，这家银行还可以指导（而非决定）美国经济发展的轨迹：新的投资项目应该向哪一个方向靠近？哪些州和地区应该抑制经济增长？年轻的美国应该以怎样的速度开发自然资源？

换句话说，民怨并非落后民众受到误导的恐惧。对这家美利坚银行的抵触情绪反映了有关实际操作中到底是谁在美国民主中掌握控制权的真实经济控诉和经济问题。历史学家马文·迈耶斯（Marvin Meyers）在其著作《杰克逊的劝说》（The Jacksonian Persuasion）中提供一份针对这场战斗的启发性调查：“……说起美利坚银行，其往往代表了共同权力、垄断特权、复杂的信贷经济等等……这种象征性的关系与强有力的君主对待自己的国家更为相似，而非飘扬忠诚旗帜的民主国家。”美利坚银行是一个符号，但同时也是一个现实。正如杰克逊总统所说，它是一个建立在“民众不信任的基础之上，但却对政治权力施以调控的安全调节器”。

安德鲁·杰克逊是民主党在现代自由主义时代的偶像，因为他表达了同一人群的心声——农民、工人和辛勤的中产阶级；因为他挑战了同一机构的集权力量——银行和财团。然而正如他所说，杰克逊的民主价值同样会被灌输到现代共和党的某些保守思想之中。二者同样鄙视中央集权政府，同样会向个人主义和兢兢业业的企业许下承诺，同样渴望保留正受到不断改变的社会威胁着的珍贵的传统价值观。经过一次次的选举，在这两大政党之间，也就是在自由和保守之间进行的选举竞争,其实就是一种不断进行的重新定义：到底是谁作为“真正的美国人民”站在美国政治的中央？目前到底哪一种基本价值观对于他们来说才是最重要的？

1832 年，杰克逊口中“真正的美国人民”取得胜利，比德尔的美利坚银行被剥夺权力，这些结果的产生的确算得上轰轰烈烈，以至于双方一再强调的理论都被一系列事件加以证实。没有了银行对货币和信贷的“拱形”调控，美国经济得到空前繁荣的发展，通货膨胀发生喷涌，最终又不可避免地发生经济紧缩。在这种程度上，东部银行家的恐惧变成“现实”，美国人多次无力偿还从欧洲借来的用于经济发展的经济债务。美联储历史学家布雷·哈蒙德（Bray Hammond）对这样的结果微词颇多：一个充满希望的货币体系遭到破坏，州立银行脱离联邦政府的控制，失去控制的投机行为受到鼓励。哈蒙德哀叹道，这样做的结果就是造成“鲁莽、蓬勃发展的无政府状态”。

不过杰克逊的理论还是适合美国国情的：这个国家可以比谨慎的东部银行家所想象的发展得还要快。事实上美国做到了这一点。疯狂的经济繁荣正蓬勃向上地发展，货币和信贷创造的慷慨程度达到令人眩晕的程度（正如一位经济历史学家抱怨道：银行的货币创造“宁可多、不能少”）。没有了比德尔银行的约束，边境梦想家们和土地投机商满怀希望地纵身跳进各种新的投资项目中——其中有些健全合理，有些则荒诞不经。

19 世纪 30 年代的 10 年时间里，尽管货币供给过剩，但整体上说还是一段经济空前繁荣期，玩家的赌博和冒险大部分圆满结束，美国的经济结构得到提高和完善。1816 年至 1840 年，美国总共有超过 3000 英里的管道工程竣工，其中 30 年代完成其中的三分之二；期间新铁路的修建也几乎达到 3000 英里。运输体系连接各地区市场，因而允许劳动力分配达到一个更高水平，而生产的专业化则是高效资本主义经济的重点和要旨。发展中的经济市场是一个繁荣城市经济的“燃料”，在这 10 年当中，美国城镇和城市总体人口增长两倍，北部各州人口数量翻了一番。1830 年时芝加哥还只不过是土地投机者的梦想，可 30 年后这个梦想就突飞猛进地变成现实。

总之，“鲁莽、蓬勃发展的无政府状态”缔造了基本的社会进步。虽然算不上一个稳定体系，期间还充满银行破产、企业倒闭、疯狂投机和债务拖欠，但其仍然是充满活力和创造力，创造了泡沫破碎后的永久性经济增长。尽管某些经济历史学家仍在深究一些毫无意义的问题，诸如“如果比德尔的银行持续充当金融管理员的角色，年轻的美国经济又会面临什么”，但马文·迈耶斯认为，货币过剩和社会进步之间的功过相抵还是会明显有利于杰克逊理论和他们鲁莽的乐观主义。

“那些将西部公用土地的未来当作赌注的人，”迈耶斯解释道，“从短期经济发展角度来看就是一群疯狂的人，他们是凭借无限扩张的信贷体系顷刻实现未来的规划和梦想，而不是基于对未来方向的理性认识。”信贷的旋风式增长，尽管有些浪费，但却具有将购买力从经济中的消极因素转变为积极因素的能力。“毕竟牺牲者会受到人们的哀悼，即破产企业和破产的州立银行，但我们仍然可以在 30 年代疯狂的经济增长中看到理性和其无限重要性的结果。”迈耶斯总结道。[6]

美联储历史学家布雷·哈蒙德的轻蔑论断——“鲁莽、蓬勃发展的无政府状态”事实上正是奏响美国符号的欢快和音，其听起来那样充满希望、创造力和自由感。“鲁莽、蓬勃发展”的心态会缔造一种命运，会制造通货膨胀喷涌和经济崩溃的风险，但同时也是对命运的绝不低头，因其坚信积极的思想家一定会塑造自己的命运。这就是美国人——充满自信、远见卓识、偶尔又狂妄自大的美国人。他们的态度包含一种假想，即对信贷与平等紧密相连的假想：某些公民是富有的，而某些公民是贫穷的，但对金钱的渴望和爱冒险的雄心是每个美国人都会拥有的，无论其是否已经掌握财富。如果信贷是实现美国梦的工具，那么其就应该掌握在懂得利用它的勇敢的人手中。美国人渴望秩序性和稳定性，但也同样渴望永无止境的机遇和成长。

尽管伪装在各种理论和数据之下，但经济信仰不管怎样都会植根于某个人对未来的向往，其涉及人类的各种情感——希望、犹疑、雄心和谨慎，而这也是每次伟大政治交锋的心理潜台词。无论是共和党还是民主党，他们都是在为同一个观点彼此竞争；时至今日，随着社会条件的改变，他们的经济视角也会发生改变，有时甚至还会暗自“互换”政党身份：其中一个变得乐观，另一个变得犹疑。

对于杰克逊理论来说，最后一个矛盾点就在于：他们的政治胜利最终会因对美国的怀旧幻象而走向失败。品德高尚的自耕农所极力维护的共和制度实际上会被他们所梦想的未来“一手毁掉”。杰克逊一向鄙视“冷血”财团，而后者恰恰证明其是美国市场走向大规模繁荣的最高效“交通工具”；美国金融体系的发展自然也离不开它，正是不断发展的与之平行的金融网络才会创造新的经济秩序。新铁路、新管道、新公路和蓬勃发展的城市，这些基础设施建设都是财团资本主义发展的先决必备条件。

“鲁莽、蓬勃发展的无政府状态”漫不经心地创造了一个新的世界，也正是它改变了会对下一代“真正的美国人民”造成威胁的美国经济现实。杰克逊时代的之后50年里，活跃在大平原和大草原上的平民主义农民发现自己已经被巨大的复杂局势所包围，这些保守的农民终于不情愿地接受了他们必须接受的现实，即从现存权力机构——美国联邦政府那里获得解除痛苦的办法。

正如古德温所说，“平民党运动”是短暂的。这场运动在几年时间里狂卷和蔓延多个地区，就像是北美大草原上熊熊燃烧的烈火，可最后竟然也燃烧掉了自己。由于无法将自己的非传统理念“灌输”给共和党和民主党，农民联盟于是只好创造自己的人民党，并于1892年选举出自己的总统候选人。这份候选人名单在6个州总共获得100万选民的投票，也就是每12人当中就有1人投赞成票。但要想获得真正的权力，道路还很漫长。

政治现实迫使这些农业改革家自动与一直对他们表示支持的民主党靠拢融合，但真正影响二者团结起来的关键并不是平民党对一种新国家货币体系的想象，而是一个简单的通货膨胀论——白银释放。如果美国政府铸造大量新的银币，那么也就意味着货币供给扩张，稀释黄金的通货紧缩力量，提高物价，从而缓解农民压力。1896年，内布拉斯加州的威廉·詹宁斯·布赖恩（William Jennings Bryan）成为民主党总统候选人，同时也身兼起义人民党党员的身份。在民主党和银币理论的共同作用下，这场农民运动的最初纲领实际上已经宣告失败。当布赖恩在1896年的竞选中输给麦金利之后，平民党对既定经济秩序的严重威胁彻底走向结束。

平民主义时代留给后来教科书中难以磨灭的记忆就是“白银”“布赖恩”及其著名的演讲“黄金十字架”（cross of gold）。然而，正如古德温在《平民主义运动》（The Populist Moment）中所阐述的，这些符号其实严重地扭曲了那段真实的经历，隐藏了平民主义思想的真正核心。布赖恩是一个“半道皈依者”，他将自己变成一个已在前进中的军队的指挥者，与平民主义思想家先前设计得更加激进的计划相比，他的“白银释放”平台是肤浅的，甚至是极端保守的。

1889年，平民主义者提出一种新的国家货币制度，核心是“以美国人民的名义”创造货币，即确保为富于生产力的企业提供充足贷款，帮助生产者摆脱商业银行的控制。这个名为“财政援助计划”的构想旨在利用国家政府内在的纯粹信贷力量达到直接为那些最卑微的美国公民努力提供资金支持的目的，换句话说，也就是一种民主的货币体系，这要比当时甚至是现在的美国体系更为激进。

平民主义的大胆设想在逐步进化过程中经历了实际操作上的挫败。起初，联盟运动的核心是建立农民合作社，并以此作为规避通货紧缩困境和高利贷者需求的办法。合作社会购买农民的棉花或粮食，然后将其贮存在合作社的仓库中，之后再重新以最适合的价格卖出，因而保证个体农民在供过于求的市场上免受损失。这些合作社同时也可以扮演集体购买和集体信贷的角色，以批发价购买农业工具，然后再以低利息卖给农民，从而让农民绝缘于商人开出的高额利息。通过合作社的努力，这些愤怒的农民相信，他们一定会赢得最终的独立。

其中最具规模也最有野心的农民合作社是坐落在得克萨斯州的得克萨斯农村交易所（Texas Exchange），当然也是后来第一个倒闭关门的合作社。问题就在于信贷使用权，拖延的资金要求合作社必须将信贷从播种一直拉伸到秋收，在棉花投入市场之前为农民支付农耕费用。为了增加自身资本，得克萨斯农村交易所以人均 2 美元的价格向贫穷的农业家庭售出股份，从而收集到超过 2 万美元的资金。至于担保方面，合作社向拥有土地的“股东”提出一个特别要求，即这些农民要提供自己土地的所有权作为担保，合作社才会借给他们资金用于购买农业工具，并延长他们的粮食贷款，包括那些没有土地的佃农。截至 1888 年春季，得克萨斯农村交易所已经征收超过 20 万美元的担保，即得克萨斯农民开具的土地和牲畜抵押票据。有了这些担保，交易所的管理人就会充满信心地订购价值 10.8 万美元农忙季节必需的农业工具。

然而银行家却拒绝贷款。得克萨斯农村交易所业务经理查尔斯·W. 麦尼克在试图借入运营资本时遭到拒绝。他向达拉斯、休斯敦、沃斯堡、加尔维斯敦和新奥尔良的银行家求助，但这些人却拒绝将农民开具的交易票据换成运营信贷资金。麦尼克争取到的最多一笔资金就是休斯敦一家银行将 2 万美元的农业票据换成 6000 美元。麦克尼总结道：“所有这些控制货币机构的人要么是不想和我们做生意，要么是害怕我们这些与他们有利益冲突的农业生意人会有什么邪恶的想法。”

得克萨斯农村交易所就这样措手不及地陷入危机，它无法借入资金，也无法支付其已经向“批发商”承诺的农业工具。通过在整个得克萨斯州展开的融资战役，交易所又从农民手中重新整合 8 万美元资金，虽然奄奄一息，但交易所总算活了过来。然而第二年，交易所再次遭到私有银行体系的“白眼”，其境遇只能是每况愈下。

麦克尼，这位接受过医师和律师教育后又通过自学成为经济学家、专门研究货币和信贷理论的平民主义者正积极寻求一个“起死回生”的解决办法。他意识到合作社已经难逃一死，除非整个美国的基本信贷体系实施改革。早在1886年，得克萨斯的平民主义者就已经在“克利伯恩诉求”中声张要实施根本的货币改革：停止价格紧缩必须抛弃金本位制度，实施由财政部发行的法定货币，用稳定的货币供给应对信贷需求的季节性喷涌。这些理念对于当时的银行和政界精英来说过于先进，而如今麦克尼又想到一个跨越私有银行的借贷办法，那就是直接进入政府信贷领域。

1889年，在圣路易斯举行的农民联盟大会上，麦克尼阐述了自己激进的货币方案：美国财政部必须在各农业高产郡县建立一个联邦仓库和粮食“升降机”，这些数以千计的“小国库”将充当货币创造的阀门。农民必须将自己的粮食或棉花放进这些“小国库”中，然后可以选择以1%至2%的利息“借出”自己的粮食，也可以按市场价售出粮食，或者按自己的土地价值借入贷款。农民拿到的必须是“法定货币”，由政府印制的“绿币”成为新的国家货币，或者是在交易中使用的专用储蓄证明。政府因而可以在制造货币的同时以农民贷款的形式将货币投入流通领域，即货币供给以实际生产规模和库存实际商品数量为基础。从理论上说，当农民偿还贷款时，货币也会被原封不动地归还给财政部，也就意味着从货币供给流通中撤回货币，这与后来美联储通过银行储备和银行信贷的手段创造和销毁货币十分相似。

然而其中的不同点也至关重要：平民主义者提出的这套方案从本质上讲是在利用美国政府的信仰和信贷功能去直接帮助需要资金支持的“生产阶级”。事实上，这种方法直接规避了银行家，而是让政府直接将信贷提供给使用者，尤其是最需要贷款的小型农民，他们是私有信贷体系中最容易受伤的群体。美国政府必须提供“有偿货币”，而不是由商人和银行家以35%或50%的利息提供货币借贷。

而1913年确立的货币创造体系却并不是这样，它保留了银行体系的中间人位置，并将新货币和新信贷的分配控制权交给了他们。当美联储扩张货币供给时，商业银行会决定由谁来利用新货币和有偿使用货币的代价是多少。美联储从来不会介入这些决定，除了偶尔会请求银行体系“照顾”或拒绝某些特定借贷人。

从这种意义上讲，美联储是在收缩自己权力的全部功能，相反，它只想让自己成为分配新贷款给私人利益群体的代表。

一旦平民主义货币方案得到采纳，那么其造成的第一个结果就是“肢解”老旧的经济秩序，私人信贷体系的隐含控制权被瓦解，东部货币势力和各地区发展群体之间的地区冲突也会受到影响。从货币力学角度来看，平民主义者的方案似乎与杰克逊的愿望截然相反。平民主义者想要抛弃金本位，创造一个中央银行，这完全不符合安德鲁·杰克逊的纲领。然而即使政策上有出入，但两个运动表达的都是同一个愿望、为美国的同一阶级代言。他们坚称，民主制度需要一个民主的货币体系，即将经济权力驱逐分散到更广阔的民主层面上，分散信贷集权，给予美国经济自由发展的空间，从而尽可能广地分配机遇和收入。“真正的美国人民”将得到加强，财富持有者手中的权力会被减弱。

第二个引人注目的结果就是持续低迷的物价将发生惊天逆转，通货膨胀将发生喷涌，农业生产者的繁荣时代即将复兴。尤其是土地信贷将进一步扩张货币供给，达到人均 50 美元流通货币的价格，这几乎与内战时期的人均货币供给保持在相同水平。更高的物价会随即出现两三倍的增长，因此其不可避免地会带来通货膨胀。而通货膨胀无一例外地是一种政治现象，即一种只顾多数、不顾少数的政治决定。

这是一条没有被美国人选择的路。《纽约时代》在反思那段历史时期的传统经济智慧时曾谴责这套平民主义方案是“醉鬼提出的最疯狂、最怪诞的建议”。不过约翰·梅纳德·凯恩斯后来却将这些自学成才的平民主义者标榜为“一支勇敢的异教大军”，因为凯恩斯意识到这些人的经济分析与自己的某些观点十分契合。几十年之后，杜克大学货币主义经济学家威廉·P. 约埃（William P. Yohe）在分析“小国库”理论时总结道，尽管存在种种瑕疵，但其还是或多或少地达成了某些愿望——价格上升，新财富被更广泛地分配，大体刺激美国国民经济的发展。[7]

数年来，平民党国会议员一直积极引进麦克尼最初构想的立法草案，但主流政治家和经济学家都认为平民主义者是一些不负责任、思想怪异的人（只有一位经济学家例外，他就是美国经济协会创始人理查德·T. 伊利）。50 年后的经济大萧条时期，麦克尼“小国库”计划中的物价稳定思想被加入新政农业项目中，即由政府购买和储存粮食，同时为农民提供信贷津贴。但这个理念的更深一层含义却遭到了摒弃，那就是货币改革。

一直在苦苦挣扎的农民最终摆脱了毁灭性的物价紧缩所带来的痛苦，但这却是历史上一次侥幸的成功。19 世纪 90 年代末，物价下滑得到控制，并开始大幅度回升，之后通货膨胀延续了 20 年，美国农业生产者的繁荣得到复苏。而造成这一切的根本原因却并不是美国政治或政府政策的改变，一切只源于黄金供给的喷涌，即在阿拉斯加、科罗拉多和南非发现的多处新金矿，其产金量甚至达到 1890 年至 1914 年间世界黄金储量的两倍。

作为平民主义方案的核心因素，一个民主的货币体系对于后代改革家来说过于激进。其计划的核心无疑是对货币大胆的重新定义——货币就是一纸与未来签订的合约，而不是对过去负责的义务。一个自由社会可以自行决定这份合约的内容，决定用民主的方式来履行其中的条款，独立于过去财富积累势力的诉求。简而言之，一个国家政府可以创造货币并授予其社会意义，即实现更大的人人平等，因为政府是人民未来的最终保障者。平民主义者认为，由政府创造的新货币是免费的（节省印刷和操作成本），但却是无比珍贵的。那么这些货币的价值来源于何处呢？答案就是所有美国人民——其来源于所有公民的共同认可，也就应该由公民共同分享其权利。

近一个世纪过去了，平民主义“瘟疫”仍会定期在美国政界内回响，但其思想核心已经变得无害，“平民主义者”的标签也被半信半疑地认定为合法。在固执而荒谬的历史纠结过程中，某些不满足现状的美国人也将自己称为“平民主义者”，他们发起“战役”，强烈要求恢复金本位制度。其中大多数人都是来自中产阶级的商人、教授、医生、牙医和农民，与华尔街和华盛顿的统治精英格格不入。从这种文化意义上讲，他们才是真正的“美国人民”。但从经济角度上讲，他们是另一个货币问题的代表，即受通货膨胀影响的信贷阶层中的少数人。《华尔街日报》认为这群“平民主义者”应该会表达金本位制度的恢复会让哪一个利益群体受益的事实。从整体上看，他们这些人已经“击败”了最初的平民主义者。[8]

最具讽刺意味的是，一位纯正平民主义思想的馈赠人本身就是富有的投资银行家，他就是旧金山银行家路易斯·O. 凯尔索（Louis O. Kelso）。这位银行家提倡自由主义价值观，一直不知疲倦地推出“小国库”计划在现代世界的对等物，即一种全新的货币-信贷体系，由中央银行更民主地去分配新信贷所有权，从而恢复大多数人失去的经济自主权。如果人人能够拥有资本，那么每个人都会变得更加自由，即不必再受资本集中所有人和相对富庶地区的控制。凯尔索的理论和当初纯正平民主义者一样饱受质疑和不信任，但其整体思想却十分符合具有合作精神的资本主义。如今对股票的拥有已经取代了当初对土地的拥有，前者变成财富和独立性的标志，但信贷使用权仍然是核心问题。

常年饱受传统经济学家嘲笑的凯尔索理论，即“公司职工持股计划”（ESOPs）依然顽强地得到逐步推广，尤其是在数以千计严阵以待的小型公司。但很少能有政治家或决策分析者愿意仔细倾听更为激进的凯尔索计划：美联储创造货币的力量被直接应用在满足新信贷上，将低利率信贷传送给新的企业，为这些公司提供的股票所有权被广泛分配给工人和大众，事实上也就是所有的美国公民。美联储创造货币时不再仅仅是通过购买政府债券的形式，而是还可以直接购买员工持有或社区持有的购票债券，从而为新资本的形式提供资金支持。当投入新机器和新工厂的新投资信贷被全部还清后，贷款票据就会被悉数返回，普通公民也会继续持有新的资本股份。这样经过一代人的发展之后，任何人的财产都不会被没收或国有化，财富的所有权也会得到更为广泛的分配。

凯尔索的梦想从本质上讲与一个世纪前的麦克尼及其他平民主义者提出的货币计划完全相同：通过获得信贷使用权，人们将有权拥有财富。凯尔索也遭到了同样的敌意和反对。与“小国库”计划一样，有关凯尔索计划（或至少再温和一点的计划）为何不能与美联储其他控制货币和信贷扩张的义务和责任并存，仍然没有任何经济专业理论支持；但从政治角度来看，这其中会有太多障碍存在；其只不过是平民主义理论的翻版，一个永远都会遭到美国政治拒绝的政治选择。[9]

从 20 世纪晚期来看，平民主义者提出的有关民主可能性的宏伟概念似乎是那么无辜和单纯。当然在与其同时代的人看来，它更是头脑简单的空想。抛弃金本位本身就已经很激进，因其是古老的货币价值保障，是对由凡人控制货币管理的不信任。而平民主义的下一步计划，即允许在货币加工过程中加入民主抱负，则看上去更是不顾一切的理想主义。民众的渴望最终要超过现实可能，货币必然会贬值，政治活动也必将破坏某些经济决策。积累的资本是政治力量的象征，其终将是民主制度的永久人质。

在美国体系下，人们注定不能太信任这些问题。某些问题似乎过于重要，重要的不能由民主程序来解决。平民主义者的思想被拒绝，历史选择一条不同的道路。1913 年成立的美联储故意避开了政治活动的灼热气息，这个新生机构生动地定义了美国民主的永恒局限性。

第 9 章　美联储：资本家与政客的巨大妥协

在金融和商业建筑鳞次栉比的曼哈顿，摩根大通大厦高耸入云，就像是富丽堂皇、古色古香的中世纪城堡，散发着令人畏惧的寡头气势，同时又不得不令人叫绝和钦佩。

在 1912 年被《华尔街日报》社论坚称的“货币托拉斯”其实就是 J. 皮尔庞特·摩根（J. Pierpont Morgan）的别称。摩根是金融家的原型，其形象是美国巨头大亨的典型代表——标准贵族、秃顶、海象式的胡子、硬翻领、领带、挂在前胸处的金表链。作为受大众极度憎恨的对象，他对民众的怒吼泰然自若、漠不关心。而在他自己的世界里，J.P. 摩根却是别人眼中的英雄。

摩根银行对股票市场的操作可谓眼花缭乱，表现得冷酷无情，其对“猎物”的态度就是垄断、挤压、吞并。与此同时，摩根还是银行体系稳定性和秩序性的最终保障者，这个男人会让其他银行家陷入痛苦和窘迫。据说，手上拥有绝对砝码的 J.P. 摩根拥有终止银行体系恐慌的能力，而某些评论家却肯定地说，他还绝对有能力制造一场恐慌。

摩根是美国众多资本操纵者中的一员，其他人物还有洛克菲勒、哈里曼、杜邦等，这些都是美国新世纪的设计者。他们可以看到正在显露的机遇，然后勇敢出击、攫取控制权。不过这并不是一种多么漂亮的战斗，在他们的时代，这些人被谴责是贪婪、利欲熏心和对民生疾苦漠不关心的人。但正是这些人创造了可以统治美国 20 世纪商业的产业结构，巩固了整个产业领域并将其发展成为庞大的企业组织，诸如标准石油、美国电话电报（AT&T）、美国钢铁和通用汽车。从社会影响来看，这些人是最接近欧洲皇室的美国人。

作为银行家们的银行家，摩根还身披贵族义务的外衣。当美国银行体系陷入恐慌和资金流动困境时，正是摩根在众多银行中组织贷款组合实施援救。摩根及其工作人员会选择对哪些银行施救以及允许哪些银行破产，然后在幸存者那里赢得有限的感激（因为这些银行也会为这场援助付出代价），而在难逃一死者那里遭受恒久的敌意。在高峰期，J.P. 摩根的巨大影响力甚至能让美国联邦政府赶来求助，最后摩根同意帮助联邦政府摆脱迫在眉睫的金融灾难。这样的作用自然会让摩根千夫所指，但他却不可替代。

"这种巨大权力集于一身的局面已经在华尔街上持续了 15 年，"《华尔街日报》社论解释道，"也就是说绝对权威仅集中在 75 岁高龄的摩根先生一人手中，但这样的权力却绝无可能传承给他的继承人。因为这个男人就没有继承人，在他死后，他的工作要么永远被遗弃，要么就是被世界以其他方式所取代。拿破仑、俾斯麦、塞西尔·罗德斯（Cecil Rhodes）① 和 E.H. 哈里曼，他们都没有继承人，这些人手中的绝对权威都不会永垂不朽。"[1]

这样的评论似乎很有预见性。第二年，也就是 1913 年，J.P. 摩根就与世长辞；1914 年 11 月 16 日，美联储打开摩根家族的大门，用"其他方式"取代了摩根的地位。摩根个人权威的神秘外衣被美联储悉数继承，同时继承来的还有摩根的贵族使命感。摩根的非正式管理工作在法律的美化下变成美国政府一个神秘机构的非个人正式工作。尽管许多民众会继续谴责美联储所拥有的神秘力量，但从整体来说，谴责一个机构总比谴责一个人难得多。民众的狂怒一旦从与"货币托拉斯"有染的银行家转向一个极少露面的官僚机构，其怒火也就很难会维持得太久。

美联储内部弥漫着一种"家长"态度，就像是"摩根家族"的慈善机构在完成公共使命时感受到的高贵和崇高一样。事实上，摩根家族和美联储在未来几十年内一直都保持亲密无间的关系，摩根担保（Morgan Guaranty）甚至是众所周知的非正式"联邦储备银行"。[2] 他们一个在暗、一个在明，在行动上会永远保持一致。外界对这种排外性的贵族圈怨声载道；可在美联储内部，这却被看作是荣誉的遗赠。

当然，美联储是不会继续像摩根那样为控制私有企业或侵吞利润而不惜野蛮突袭股票市场从而激起民愤的。但美联储一定会继承摩根家族的城堡地位，

① 南非钻石大王、金融家、政治家。广告词"钻石恒久远，一颗永流传"的"主人"。——译者注

俯瞰和监督金融大草原。与摩根一样，美联储会利用手中的保护力量和暗含的摧毁力量成为金融界稳定的最终捍卫者，在美联储工作的官员们也和J.P.摩根一样深谙自己的努力将不会受到大众的喜欢。

有时，人类历史上的某些重大决定往往是在错误问题的驱使下和在错误答案的基础上完成的。“货币托拉斯”真的就能控制一切吗？在20年来令人眼花缭乱的金融旋涡和无情的企业联合的刺激下，1912年美国人民最关心的就是华尔街已经通过金融垄断紧紧扼住美国经济发展的喉咙。人们需要解释。1912年初，众议院银行小组委员会推出的轰动一时的大审查活动似乎可以让真相初露端倪。这些调查者发现，分布在纽约、波士顿和芝加哥的12家银行总共在134家企业占据了746个连锁管理人的位置——铁路、保险、制造、公共设施、贸易公司及其他银行。

这样的牵连是骇人听闻的。在美国公众中间拉响的警报必然也会引起政界的警觉，从而带动美国货币体系的大改革。于是1913年颁布立法，美联储由此诞生。不过从严密的逻辑角度来讲，这样的解决办法并没有回答美国民众围绕“货币托拉斯”产生的不满。无论是出于偶然还是有意策划，总之美联储还是保留了那些最终在表面上交出控制权的银行家曾经拥有的金融权力。人类历史上的某些重大时刻往往都会伴随一系列令人迷惑的目的和意义。

来自得克萨斯的众议员罗伯特·L.亨利是美国国会中仅存的一位真正的平民主义者，他这样概括和总结那场国会调查中显露的证据：

“我们完全可以这样说，在过去5年当中，美国的金融资源已经全部集中到纽约城，到现在为止，他们掌握了全美国超过75%的货币利息，托拉斯中凝聚超过75%的工业企业，几乎笼络全部横跨大洋的大型支柱铁路企业；在这样一种凝聚巨大力量的联合和协议中，想要对抗他们几乎是毫无竞争性可言。”

纽约之外的最大银行——芝加哥大陆银行行长乔治·麦克·雷诺兹在众议员调查小组面前力证自己的清白，然而民众心中的阴谋论却由此得到更加强有力的证实。“现在货币势力已经全部掌握在那12个人手中，我为自己是其中的一员而感到愧疚。”雷诺兹忏悔道。然而当J.P.摩根本人受到传唤以证明清白时，他断然拒绝“货币托拉斯”的说法，并指责其是一派胡言。“基督教世界里的所有银行都不能控制货币，”摩根坚称，“这个世界没有‘货币托拉斯’”。

从本质来讲，摩根是对的，或者至少相对民众对其戏剧似的指控来说更接近于现实。与美国民众和国会改革家的想法截然相反，真正的问题并不在于少数得天独厚的大亨人物会控制美国的货币体系，而是没有人真正去控制货币体系。正如华尔街上的领军银行家意识到的，此时的美国必须弄清楚民众长期以来到底在抵制什么，而答案就是由政府权威介入并可以控制货币和信贷的中央银行。

1900 年之后的第一个 10 年里，随着平民主义起义运动的凋谢，银行家取代农民成为倡导施行货币改革的主流声音。对于悲哀的农民来说，货币问题主要是他们对农产品价格的抱怨，他们的核心不满已经在 19 世纪 90 年代末得到些许减缓，当时由于从育空河（加拿大）和南非涌入大量的黄金而造成货币供给的喷涌式增长，从而制造一段物价上升的繁荣期。但货币问题永远都离不开一个内容，即由于货币和信贷的不可变性而引起的银行体系不稳。这是东部焦虑的银行家和中西部勤奋的实业家最关心的问题，也是银行体系必须面临改革的关键。为了造成更大范围的政治影响，这些银行家“拾起”当初西部和南部农民所做的无意义努力，将他们的观点和自己的利益重新融合，最后达成一致。毫无疑问，这些银行家已经忘记几年前由农民起义者强烈建议的“顾及”个人信贷债务理论也曾经遭到他们的公开指责。

20 年来，银行体系在周期性的金融地震中摇摇欲坠——1893 年、1895 年以及 1907 年的金融恐慌，其中尤以最后一次最为严重，当时甚至就连纽约城内的一家重要银行也宣布破产。每次危机通常都是以农民信贷需求的季节性喷涌开始，遍布全国数以千计的国立乡村银行被迫要持有 47 个“拥有储备金城市”的较大型银行的储备金存款，然后这些储备银行再被迫持有 3 个“中央储备金城市”的超大型银行储备金存款（主要是纽约、芝加哥和圣路易斯）。从理论上讲，全国范围的总储备金供给应该十分充足，充足到完全可以供应周期性信贷喷涌所需的资金；但从实际意义上讲，储备金已经被广泛分配且被错误分配在错误的地方，其已变成不能被立即重新投递到急需经济领域的“死钱”。

每到信贷需求激增的秋季，乡村银行都会收回自己在 47 个储备金城市银行中的储备现金；而为了恢复自己已经空虚的资产负债表，这 47 个地区银行又必须收回自己在 3 个中央储备金城市银行中的资金。如果此类农村信贷业务持续激增，那么纽约在更多的储备金供给方面就会面临巨大压力，正如历史学家罗杰·T. 约翰逊（Roger T. Johnson）指出的：“这就像是一根鞭子，只需在一端用最小的力就会在另一端产生巨大的震颤。”[3]

纽约各银行的地下金库里藏着许多财富，从一定程度上讲，摩根和其他银行家完全可以满足不断扩张的信贷需求，或许还能通过提高利率的办法为过热的信贷降温。当面临压力时，他们会组织起遍布美国各地区的信贷组合，调动起散落在各地银行的闲置资金。如果他们有充分的时间，还能从伦敦或巴黎借来更多的欧洲黄金，以满足货币供给的不断扩张和美国各银行需要的再次信贷资金。

当所有这些应急费用都没有到账时，恐慌也就来临。纽约会开始对接下来发生的信贷诉求说“不”，美国各地区会开始出现银行倒闭风潮，因为这些银行无法兑现信贷承诺或满足储户撤出存款的要求。一旦倒闭之风开始蔓延，各地区储户就会陷入恐慌，他们会纷纷涌入银行要求收回自己的存款。这样的“涌入”会让危机加倍，通常会彻底推倒那些一时无法提供现金以满足这些活期储蓄储户要求的金融机构。随着这股倒闭热潮在银行体系内的“飞流直下”，众多小型银行甚至是中型银行几乎会毫无预警地纷纷倒下，许多无辜的人会失去自己的储蓄；没有了信贷，常规商业行为也会陷入冰冻。而伴随这场货币危机而来的，还有更深刻的经济衰退和物价崩溃以及金融市场的“粉身碎骨”。

鉴于华尔街银行家的支柱性角色（以及他们能操作股票市场的巨大能量），人们自然会指责是他们任意制造这样的灾难发生。从狭义来讲，华尔街上的金融家是可以决定银行的倒闭时间以及哪些银行会获得救助，他们会借助金融市场崩溃的“优势”来增加其自身的利润，以及吞并其他企业。然而货币问题却更加系统化，不仅只涉及到银行家的贪婪。虽然飞扬跋扈的东部银行家在得克萨斯和艾奥瓦的居民看来充满邪恶，但他们的确不是制造这场周期性危机的罪魁祸首。

制造这种波动性恐慌的是两大硬性因素的相互作用：（1）不可变的储备金量，即全国范围内可以迅速重新运输到急需储备金银行的储备金量太少；（2）受黄金约束的不可变的货币供给，即无力实现迅速扩张以满足银行信贷的季节性喷涌。此外，这两个问题伴随而来的还有民众对储蓄存款是否能够收回以及对活期存款仅以一个数字存在于银行账户的持续疑虑（即使当时美国人持有现金和活期存款的比例是1∶6）。在遭遇困境时，人们会想要得到可以看见、可以触摸的真实的美元钞票，他们会将钱塞在床垫下直到恐慌过去。于是他们会纷纷涌向银行要求兑换现金。

1894 年，正当平民主义演说家积极推进“小国库”计划和主张释放白银价格时，美国银行家协会首次提出在银行家看来最急需进行的改革建议，即由联邦政府无条件支持、由各商业银行统一分配的一种全新的国家货币。次年，美国再次发生席卷全国的灾难性金融恐慌。然而银行家改革却花费超过 15 年的时间用来讨论，直到下一次危机发生时仍没有想出解决方案。

就在平民主义运动接近高峰时，焦虑的投资家害怕极度的通货膨胀甚至是政治起义，害怕其会彻底摧毁他们的资产。于是 1895 年，他们开始纷纷逃离美国体系，从美国金融资产中撤回自己的财富，要求兑换成黄金，转而投向欧洲市场。联邦政府自身的黄金储备迅速被吸干，甚至濒临彻底枯竭的危险。孤注一掷的美国财政部于是求助 J.P. 摩根，后者迅速在银行家中组织信贷组合，向美国政府注入总共 350 万盎司黄金的贷款。

12 年后，这种紧急援助发生逆转。摩根及其同盟不仅没能在 1907 年的金融恐慌中自保，而且还要被迫向华盛顿政府申请援助。那一年秋季发生的银行业危机与众不同，甚至华尔街本身也被惊得目瞪口呆。纽约第三大信托公司尼克伯克信托公司（Knickerbocker Trust Company）突然被迫倒闭，其他两家巨头也濒临倒闭边缘。摩根迅速组织起总共 2500 万美元的紧急救助贷款，第二天又额外集结到 1000 万美元。然而尽管他这一次尽心竭力地挽救这场华尔街危机，但警报还是迅速在全国范围内拉响。各地区银行纷纷要求收回储备金，希望能抢在纽约宣布终止发放储备金这个可怕的时刻之前收回资金。因此具有自我保护功能的储备金临时囤积只能继续加大信贷压力。在不断累积的压力下，危机已经远不是摩根及其同盟所能掌控。

美国财政部（华盛顿）对这场危机可谓倾囊相赠（在摩根的私人恳求下，总统西奥多·罗斯福几乎立刻就采取了救援行动）。危机中的财政部行使的是中央银行的职责——向银行体系注入流动资金。9 月，危机显现，美国政府转移数百万联邦资金投入到全国各地的商业银行，并试图限制政府收回资金的比例。10 月 24 日，就在尼克伯克信托宣布倒闭的第二天，华盛顿方面再次向纽约各主要银行注入 2500 万美元——名义上是储蓄存款，实则是免息紧急救助贷款。各银行因而得以向遭遇破产危机的机构提供新信贷资金（当然这些贷款需要收取利息）。从总体上讲，美国政府仅是向纽约各银行提供总共近 3800 万美元的贷款。11 月，财政部在总统的授意下又向各银行注入 8.15 亿美元的低息债券和票据，允许各银行使用政府债券并以此作为新信贷货币的抵押金，即匆忙之下注入货币供给的权宜之计。这场危机终于平息，然而其所产生的经济后果却是再次极具灾难性的。

1907 年的创伤使华尔街明白一个道理：金融体系甚至是银行本身的安全性再也不能依靠诸如摩根这样神一般的人物。货币改革已经不再仅仅是一个令人感兴趣的理念，而是一个极具实际意义的必需。从这一点来看，为了达到改革目的，各主要银行和金融家不得不诉诸其所能制造的政治影响力。历史学家加百利·科尔科（Gabriel Kolko）这样描述这个转折点：

“1907 年的恐慌是一个象征，象征纽约的银行家已经失去控制危机的能力。如果只是一个像 1895 年时向健康的欧洲金融市场注入 5000 万美元的问题，那么摩根就应该有能力驾驭这次危机。然而美国经济及其需求的范围已经发生极快增长，并且已经不是单纯纽约一个城市就能影响得了的。截至 1907 年，摩根、（洛克菲勒银行的）斯蒂尔曼及其他金融界大亨人物都已垂垂老矣，无论是风云变幻的金融风险还是巨大的心理压力，充满紧张感的现实困境都不是这些老人所能承受的。”[4]

旧的秩序正在失效。华尔街实际上正在失去对整个美国金融体系的支配力量。1913 年美国财政部研究报告指出，金融力量的分散正随着产业资本的分散而遍布全国。尽管周期性银行危机一直存在，但 1900 年至 1912 年美国的银行数量增长了 2.5 倍（从大约 10000 家增加至 25000 家），几乎是美国人口增长速度的两倍。自然，这些新增银行大多都远离纽约。12 年间，美国西部和南部的银行资本和储蓄资本增长比率比东部多出 2 至 4 倍。[5]

金融力量的中央集权性为何会减弱，这里存在一个合理解释。正如科尔科指出的，茁壮成长的工业企业日益确定，他们可以从自身增长的利润中获得扩大生产的资金，而非向投资银行家借入资本。他发现，1900 年至 1910 年，70% 用于扩大再生产的新资金全部来源于企业内部；银行评论家认为，正是这一点使企业更加独立于金融资本，因而也就越来越不容易“走进圈套”。随着新兴企业可以摆脱华尔街走向繁荣，掌握企业资金的新兴地区银行也不再依赖华尔街。尽管纽约仍然是掌握全国银行储蓄存款的大户头（几乎占全美国的一半），但实际份额正在逐步下降。华尔街仍然是“金融领域内的老大哥”，但却再也不能、也不会完全吓唬住其他银行。

这种趋势是美国历史上的决定性因素，是完全改变和催生美联储改革立法政治意义的误解性现实。当时，美国国会盛行保守风，议员普遍认同并深信进步主义时代改革家的理论，即政府机构应该最终能够治理"货币托拉斯"，肢解其权力，确立对货币和信贷的广泛民主性控制（这种说法后来成为历史学家的标准诠释）。正如科尔科的重新解读以及后来历史所证明的，这种信念产生的结果只能是适得其反。1913 年颁布实施的货币改革只会更加维持现状，即进一步稳定旧秩序。货币中心银行家不仅获得了控制新中央银行的权力，而且还巧妙规避了不稳定性和自身下滑的可能。一旦美联储投入运行，稳步进行的金融力量的分散就会停止。华尔街又会重拾其权威地位，甚至其力量还会得到加强，直到 1929 年经济创伤的爆发。

1912 年，伍德罗·威尔逊接受民主党总统候选人题名，其在演讲中委婉重申西部和南部民主党人士对"货币托拉斯"的强烈不满。"大规模同盟"已经在银行和企业中形成，威尔逊说道，虽然其既不非法，也不具阴谋性，但却仍然令人不安。"对信贷控制的过于集中……随时都有可能变成威胁自由企业的危险因素。"他坦承道。

这位来自弗吉尼亚的历史学家、曾任普林斯顿大学校长的民主党新领导人，在货币问题上显然要比其他党内成员更加保守。愤怒的地区民主党人曾三次将威廉·詹宁斯·布赖恩推到民主党总统候选人的位置，可这位来自内布拉斯加州的平民党人最终还是失败，但他仍是民主党内部的假定领导人。相比之下，伍德罗－威尔逊早年间曾为 J.P. 摩根的领导才华歌功颂德，并且还为大型企业财团的崛起说过好话。"个人竞争的旧时代可能会一去不复返，"他说道，"或许也可能会卷土重来，我不知道；但我敢说的是，在我们这个时代，它不会再回来。"

作为总统候选人，威尔逊的言辞自然会更加强硬，以确保民主党内部军心稳定并领导政党在 20 年的蛰伏后重回主导地位。1910 年，民主党已重新控制众议院，并成功阻止共和党人的银行改革建议，即由来自罗德岛的贵族参议员纳尔逊·奥尔德里奇（Nelson Aldrich）提出的改革方案。

据说，奥尔德里奇计划是在臭名昭著的"哲基尔岛（Jekyll Island）秘密会议"上孵化而出，此岛位于佐治亚州，1910 年曾是华尔街金融界主要领导人密谋确立改革方案的与世隔绝的胜地。哲基尔岛会议后来成为围绕在美联储周围的"阴谋论"的代名词，其成员包括：国家城市银行（现花旗银行）的弗兰克·A. 范德里普（Frank A. Vanderlip）、摩根银行的亨利·P. 戴维森（Henry P. Davison）以及库恩－罗卜投资（Kuhn， Loeb investment house）的保罗·沃伯格（Paul Warburg）。

阴谋论评论家有意夸大了哲基尔岛会议的重要性，因为华尔街意欲改革的念头很难成为秘密。但他们的担心和怀疑的确颇有道理且准确无误，这些银行家之所以会秘密聚集在一起，是因为他们知道任何以华尔街名义开出的改革方案都会在众议院的民主党人手中夭折。事实上，这些人“密谋”的计划正是成为后来最终立法的原型：创立由15个主要地区银行为代表的国家储备协会，协会由商业银行家组成的委员会控制，但由联邦政府授予权力，其作用相当于一家中央银行，即负责创造货币，并向私人银行借出储备金。除了细节以外，“在新的中央银行的调控下共同合作”是相同的基本原理。闲置储备金将被施以战略性分配整理，即可以迅速向流动资金暂时陷入困难的银行移动。这样一来，“有弹性的货币”就可以根据货币需求做出增长或紧缩反应，从而让货币供给随商业需求的改变而做出调整。一种新的国家货币（最终被称为“联邦储备兑换券”）将自动随储蓄需要发生互换，消除人们普遍对活期存款单数字的持续性怀疑。所有这些加在一起，这些改革家的目的就是要彻底排除长期以来制造金融危机的硬性因素。

竞选开始后，伍德罗·威尔逊有意调整了自己的强硬措辞，转而向布赖恩的农民代表征求意见，并向银行业内人士表示自己意欲实施银行改革的决心。在波士顿联邦储备银行发表的一篇历史性报道中记载了这位新总统态度上的明显转变：“或许可能是由于当时的政治现实，以及他本人对银行体系和金融业认知的缺乏，威尔逊开始仔细思考布赖恩的建议。不过在竞选成功之后，威尔逊在货币问题上自然就会偏向于其他更专业的建议。”

其中一个专家就是众议院银行委员会委员、经济专家H. 帕克·威利斯（H. Parker Willis），15年前曾在由大型银行成立的早期货币改革私人筹划委员会就职。威利斯提出的方案与其“老板”——来自弗吉尼亚的众议员卡特·格拉斯（Carter Glass）的想法在细节上有很大出入，但整体上与奥尔德里奇计划保持一致，即一个被赋予政府权力的由地区储备银行构成的私人控制网络体系。

威尔逊总统表示接受这套改革方案，但却坚守一个决定性要素，那就是联邦储备系统委员会总部要设在华盛顿，并且成员由总统任命，还要加入控制和协调地区银行关系。这是一个体现公众利益与银行家利益并行的“压顶石”。

银行家可以管理 12 家地区储备银行，并且作为安慰其可以脱离美联储核心委员会，他们会派出自己的代表组成联邦咨询委员会，定期与美联储举行会议，就货币问题提出自己的建议。

美国财政部部长以及美国货币监理署长都要成为华盛顿联邦储备系统委员会 7 位委员中的一员，保证向制定美国货币政策的美国总统直接陈述建议。有了这种限定，威尔逊解释道，经由选举产生的美国政府才能有力控制这个新体系，“以便让银行成为个人企业和创业的工具，而非主人”。

这是威尔逊的巨大妥协——创造一个融合私人控制力和公共控制力的史无前例的混血机构。著名律师、改革家路易斯・D. 布兰德斯（Louis D. Brandeis）建议威尔逊，这些银行家应该被完全剥夺控制这个新体系的权力。“美国政府的经济政策与金融家及大企业诉求之间的矛盾水火不容，”布兰德斯警告道，“向大企业利益卑躬屈膝最终只能被证明是毫无意义的。”

然而，人们对这部立法的反应似乎却可以证明威尔逊自信满满的折中方案只能备受打击，两个极端利益代表均对此表示不满，即“激进”平民主义者和华尔街及其他各地银行家。银行家惧怕政府对私人经济的控制力会造成与先前一样的结果；而平民主义者则抱怨威尔逊的措施并没有给政府以足够的控制权。双方的论点被证明都是正确的。

在加入几个装点门面的改革措施之后，威尔逊总统开始劝说已经被他任命为国务卿的布赖恩，希望他能将这次改革看作是对“货币托拉斯”的一次胜利，但其他平民党人却并不买账。来自得克萨斯的众议员乔・H. 伊格尔（Joe H. Eagle）敏锐觉察到这次改革将给银行带来的经济利益——他们“得到了保障，在政府家长式的保护或与政府亲密的私人合作关系的保障下，不再蒙受损失”。来自得克萨斯的国会议员罗伯特・亨利（Robert Henry）是最具洞察力的平民党立法议员，他在描述威尔逊立法做出的政治平衡时说道：“这就是在保证债权人阶层的利益，即银行业和整个商界，根本就没有对债务人阶层和那些辛苦工作、勉强糊口的美国人施与适当的保护。”

不过最冷酷无情的抨击还是来自银行家。这是民主党的议案，因此反对它的大多数人都是共和党人。《纽约时报》嘲笑威尔逊的建议是“俄克拉荷马的思想、内布拉斯加的主意”。后来成为华尔街观点最可靠表达的纽约《太阳报》将这位总统小心翼翼的妥协鄙视为“盖上一层布赖恩主义的黏泥”。

作为传统的保守主义者，许多银行家仍然不能完全接受对自由主义经济的放弃。如果政府将在金融领域内扮演角色，那么他们可以（正确）预见，政府机构在经济事务中的“爬行”将变得合法化，因而最终会将私人经济领域中的其他方面变得政治化。况且，众多地区银行的既定基本理念是避免中央集权化和集中支配力量，无论是华盛顿还是东部的货币中心（这是能够抚慰小型地区银行的最基本保证，因为他们自身对华尔街的力量一向小心翼翼）。某些银行坚决反对任何形式的中央委员会的理念，而其他人则坚称如果必须要有这样的机构存在，那么其成员也必须由他们任命，而非政治家。

整个1913年，这部立法一直是在跌跌撞撞中走向最终“登场”，期间银行业领导者提出过各种各样的观点和取代办法，并以最苛责的措辞强烈谴责这份政府议案。虽然银行家最终没能战胜威尔逊的意愿，但他们的反对声音却给圣诞节前两天才签署的联邦储备法案留下了难以磨灭的印记，这是民主党改革战胜共和党特殊利益的一次重大胜利，是民众意愿的成功、华尔街的失败。

正如加百利·科尔科在著名银行家的私人信件和公开评论中看到的，现实世界充满了歧义和模棱两可。虽然银行体系下定决心反对这部议案，但许多银行家却私下里写信给参议员，力劝他们对此部立法投出赞成票，即不要让其夭折。他们的确曾公开指责威尔逊在议案中加入的“令人讨厌”的条款，但正如其中一位银行家所说，他们“对议案中80%的内容还是十分喜欢的”。当立法最终颁布实施后，诸如保罗·沃伯格这样的昔日反对者也迅速抛开曾经的埋怨，转而帮助新体系投入运行。

“多年来，银行家几乎一直都是拥护此类立法出台的独行侠，如今这将有望成为现实，”国家城市银行的弗兰克·范德利普在纽约银行家集会上说道，“如果控告银行家反对这样一部强大的立法，那就太不公平了。”

实际上，银行家反对的并不是整部立法，只不过是其中的某些条款而已。银行业只是没能获得全部控制这个新体系的权力，但他们却赢得创造新货币体系的胜利，作为实际操作的合作者，这个新体系要在很大程度上依赖于商业银行。

最终，到底谁才是伍德罗·威尔逊巨大妥协中的真正赢家和输家？恐怕只有这个新中央银行的后续表现和政治活动才是最具说服力的答案。如果这些货币中心银行真的在1913年完全失败，那么他们为何还会向这个由威尔逊缔造的机构表现出无比的忠诚和无限的支持呢？如果美联储是代表民众利益来控制和管理华尔街的，那么它又为何总是在超大型银行或最具影响力的银行家那里寻求政治保护，而非劳动者、农民或小型企业人呢？

从党派之争来看，美联储出身混血家庭，能同时得到共和党人和民主党人的支持。这也正是这个机构从 1913 年诞生后能一直存在数十年的原因所在。起初这只是一个在共和党利益驱使下进行的一次保守主义改革，但最终却变成由一位民主党总统和民主党国会在私人金融领域里推行的一次政府干预行动。

这种利益混血赋予美联储在美国政界独一无二的姿态，即巧妙地在两党之间做出平衡，但又同时绝缘于两党之争。无论何时受到左或右的威胁，这家中央银行都能转投另一方的怀抱，以帮助减弱对自己的攻击。同样，正如美联储游说者乐于坦承的，中央银行深谙如何利用一方去反对另外一方，以挫败来自国会或其他权力分支机构带来的偶然性挑战。当美联储想要通过立法扩大自己的权力时，其就会投向民主党；当美联储的独立性受到来自自由主义改革家的威胁时，其又会转投两党中的保守人士来捍卫自己，即国会中的多数议员。威尔逊的巨大妥协创造的是一种永恒的“和棋”。

然而作为联邦政府的工具，美联储的血统明显决定其是隶属于民主党的政府机构，而非共和党。这似乎与围绕在这家中央银行周围的刻板印象有所抵触，因为民主党自由主义者经常谴责美联储推高利率，而共和党保守主义者却总是支持美联储推行的“硬通货”政策。但从历史角度讲，是民主党创造并供养了美联储，67 年来，国会对美联储从创立到政策的改变仅仅实施过三次重要干预——1913 年成立法案、1935 年的改革（华盛顿的集权政策控制）以及 1980 年的《货币控制法案》（给予美联储控制私人银行储备金的大权）。而这三次立法都是由民主党人提出、推动并颁布实施的。

更为深刻的是，美联储是美国现代自由主义的重要原型。这是第一次协议性的管理制度会明确无误地对公共利益和私人利益进行融合干预，并且后来还以不同方式多次对管理模式进行细化。无论是漫不经心还是勉为其难，总之中央银行的建立是将联邦政府置于一个直接管理私人经济的地位，一旦参与，政府将再也不能对私人经济置之不理。事实上，这就是自由主义经济走向末路的开始。

美联储从此将追寻更为广泛的公众目标，但同时也会为私人经济利益尽心服务。这的确是多重目的的融合——做到同时保护私人利润和公众利益，而这正是现代自由主义政府机构的标志。今后，国民政府作为自由主义者去干预保护或稳定其他经济领域（农业、石油、通讯、劳工）将是司空见惯的行为。自 1913 年以来政治讨论的核心，即自由主义经济保守论 VS 自由主义干预论，将一遍遍地回响在未来的所有经济事务中，但政治选择已经确立，未来的所有政治讨论也几乎永远会被设定在一个类似的模式之中。

美联储的传统就是“独立于”政治体系。尽管这个字眼并不曾出现在联邦储备法案中，但民主党和共和党却自愿限制自身对美联储的控制权。这些“停战”条款暗含着20世纪民主资本主义行将发挥作用，从而有效压制之前曾经统治美国政界的阶级言论。正如卡特·格拉斯在讨论中许诺的那样，美联储将是一个“无私机构……一个毋庸置疑的无党派组织，其所行使的全部职能也完全与政治分离。”联邦储备系统委员会的委员将有10年任期（后来延长到14年），从而保证使他们可以绝缘于自私的党派之争的压力。至于美联储如何协调经济政策和政府其他部门的关系则被蓄意掩盖，货币管理一向是十分专业的事情，其最好与政治活动相隔离。

然而其中一项承诺却没能被遵守：卡特·格拉斯曾向国会同僚保证，美联储会接受“公众的X光检查”，以确定其“不存在任何险恶用心”。但货币问题却有意避开政治讨论的视线，变成隐没在水下的新的复杂管理模式。从美联储成立的那一天起，可接受的政治讨论范围就已经发生缩水。

围绕在货币和信贷周围的冲突性政治主张当然没有从现实生活中消失，但这只是对于那些可以察觉到经济“气味”的政治家而言。有关货币的博弈持续发生在众多阶层和利益群体中间，但能够捕捉到某些经济事件并懂得如何参与的人却越来越少。数年来，在风云变幻的大环境之下，无论是共和党人还是民主党人，都会发现自己很容易就被美联储的“无私行为”激怒，并抱怨美联储正在伤害他们的选民。但这些政治领导人却不能或不愿实施干预。已经放弃货币问题政治控制权（同时也放弃所有责任和义务）的美国两大主要政党已经没有精力，也没有政治想象力来挑战这种隔离状态。

没有等待后来的国会讨论，当时来自纽约的共和党保守主义参议员伊莱修·鲁特（Elihu Root）就迫切表达了自己对这个新生货币体系的奇怪抱怨。他解释道，这无疑是在向通货膨胀发出邀请。如果美联储用交换商业贷款票据的形式为银行提供新货币，那么又该怎样阻止印刷过多的钞票？鲁特发出警告，贴现贷款要“以良好的安全性为前提，可一旦通货膨胀来临，那么良好的安全性也就不复存在”。他担心货币创造的标准“会在某个时间段内受乐观主义影响而发生改变，然后在检验经济行为是否发生扩张时变得越来越无效”。

来自北达科他州的共和党参议员波特·J.麦坎伯（Porter J. McCumber）则

以更加生动的方式表达了同样的观点。他预见到，这种新生的“弹性货币”将意味着一种“升三尺、退一尺”的货币供给。[6]

这些异议很容易就会在国会讨论中发生转向。发起人美联储认为仅凭提高贴现利率就可以实现适度调整货币扩张的目的。提高货币价格会压制企业新信贷业务的产生，随着信贷扩张的下降，来到贴现窗口申请用新贷款票据交换新货币的银行数量就会减少。另外，“弹性货币”也能迅速生利。随着企业还清贷款，货币就会重新回到联邦储备银行，贷款票据就会失效，货币也因而会消失不见，退出流通。这样的答案无疑会令大多数参与讨论者感到满意。[7]

颇具讽刺意味的是，通货膨胀是这次美联储讨论中的次要问题。除了鲁特和其他几个为数不多持怀疑态度的保守主义者以外，没有人预见货币稳定居然会最终成为美联储表现的关键性问题，会成为考验其货币政策的核心。对于1913 年的改革来说，通货膨胀似乎尤其不相关，因为人们认为有了金本位，货币价值就会持续稳定下去，就像之前的美国经济一样。他们的改革只需额外加入全新的、富有灵活性的货币和信贷机制，一个具有自我调节功能的辅助手段就可以消除周期性的银行恐慌和危机，而全新的联邦储备兑换券会和黄金一样具有这个功能。

与历史上许多重大的决定一样，这一次又是“无心插柳柳成荫”。国会中压倒性地将赞成票投给威尔逊计划，但这些国会议员（包括威尔逊总统）并没有料到他们正在缔造的一个新货币管理体系会让黄金退出“校准货币价值”的舞台，也因而影响了世界范围的货币价格。他们也并不知道联邦储备系统委员会将变成调节整个美国经济发展速度的重要阀门，会凭借其制定的货币政策影响低迷的生产规模和失业率。最重要的是，在他们得知是自己一手满足了 30 年前平民主义者提出的建议，将联邦储备兑换券变成实际意义的法定货币时，一定还会更加惊骇不已。

对美联储创立目的存在迷惑的原因部分来源于对这个新体系如何运作的基本误解，但主要原因还是人们并未预见到某些出乎意料的事件发生。最关键性的事件就是第一次世界大战，甚至就在美联储还未在 1914 年 8 月举行第一次常规会议之前，欧洲各国就投入到这场战争之中。为了资助自己的军队，这些国家政府放弃了隐藏在各自货币之下的黄金担保，但当时没有人意识到这会是金本位在本国乃至世界走向末路的开始。美国当然要比其他欧洲国家持有黄金的时间更久，但最终还是在 1933 年的金融危机中宣布暂停黄金兑换货币。直到那时，美国公民仍然可以将手中一定数量的黄金兑换成联邦储备兑换券。而1933年之后，联邦储备兑换券就只能履行兑换更多纸币的功能。

还是有人有先见之明预见到了这个结果。其中一个就是出任纽约联邦储备银行行长的“摩根人”本杰明·斯特朗（Benjamin Strong），其在今后近20年的时间里一直是新中央银行的掌舵人。1913年，斯特朗在写给朋友保罗·沃伯格的信中发出警告：如果联邦储备兑换券成为美国政府的债券，那么其将无可避免地成为“绿币”，即平民主义者极力主张的法定货币。“如果美国政府再次本着试验或应急的态度发行这种法定货币，尽管这次会得到银行资产和黄金储备比例的支持，但终有一天我们会为此感到深深的懊悔……”[8]

没有了金本位，可以说货币就要自己管理自己。更确切地说，正如斯特朗担心的那样，货币的长期价值完全依赖于一个必不可少的可变量，即美联储一手操控的货币供给。这是任何人都不想看到的，也就是说由政府控制货币价格水平，但要想掉回头重新审视最初的决定并展开重新讨论已经绝无可能。相反，国会允许美联储去努力适应这种正在改变的环境，事实上，就是在鼓励美联储一步步发掘该如何管理货币的方法。这次美联储权力的意外进化是促成自己拥有神秘政治权势的关键因素，其可以让美联储免受民众的监督，因为其允许中央银行逐步扩张实际存在的特权，而且无须事先递交国会请求通过。从严格意义上讲，并不是国会一手创造美联储后来的运作程序，国会只是会批准美联储现有的权力，这是自从允许美联储存在之后的又一次妥协。黄金所拥有的神秘力量最终消失殆尽，一个被凡人掌控的新的世俗神殿将被秘密授予巨大的权力。

从一开始，国会对这个神殿的指示就模棱两可（之后也没有随时间流逝而做出改良）。1913年法案只是说明联邦储备银行应本着“协调商业和经济行为”的原则设定贴现贷款利率；应适当考虑“维护信贷市场稳定，协调商业、工业和农业行为”等因素向会员银行提供贷款。后来的后续立法中也无非是为美联储的权限增加额外相同的字句，但有关国会的意图却永远都会被说得零散而随意，甚至还能被解读成适用于任何时期任何政策方针的官话。

多年来，针对美联储的批评家曾抱怨联邦储备系统委员会的委员总是用陈词滥调来应付公众，并拒绝就其政策对实际经济目标的意义做出阐述，这样的指责无可厚非。美联储历任主席当然会永远抵制任何一次强加给美联储的立法努力，即要求美联储更加细致准确地描述中央银行的运作目标。然而这种模棱两可和躲躲闪闪并不只是美联储的发明，其也是最初政治商谈中不可缺少的手段。为了明确阐述货币政策的目标，国会需要做出其不愿面对的赤裸裸的政治选择。如果货币政策的目标变得可见且恒久不变，那么其中暗含的阶级含义就会更加清晰可见。几乎所有人都会暗自盘算哪个阶层会受益、哪个阶层会受伤，是债务人，还是债权人；是渴望扩张的焦虑企业家，还是担心稳定的谨慎资本所有人。让事情模糊一点是能够规避人们对民主资本主义进行集中讨论的另一种方式。

美联储并不是天生与世隔绝。其诞生本身就是美国自治文化发生深刻改变的里程碑，是一种让代议制民主潜能发生贬值并赋予其限制性的全新认知。美国民众意愿产生新的视角，这对于19世纪的美国政治来说是一场巨大的骚动，是当时必须遏制的新时代下的复杂状态。曾经由政治一手决定的某些重大公众事件应该交给接受过特殊培训、公正无私的专家和机构专业人员。“好政府”必须得到管理权，但为做出正确的决定，管理者势必会偶尔忽视民意。

这种注入美国管理制度的新理念成为以伍德罗·威尔逊为代表的美国进步主义改革家的核心原则，这是一起由商人、教授、受过良好教育的中产阶级发起的运动。他们都是自己的管理者，他们不信任甚至害怕那些由平民主义者提出的原始且赤脚的政治理论，他们将民意看作不稳定力量，甚至偶尔还会具有破坏性作用。著名的进步主义评论家沃尔特·李普曼（Walter Lippmann）曾一针见血地指出受公众欢迎的政府控制力所隐含的意义：

> 很难想象一个由劳动力和权力都经过分配的人群支撑的世界竟然可以接受全体人民的普遍民意的统治。从理论上讲，这种观点无意间将读者范围锁定在一个群体之上，就像是将一个代议政府、工业组织或外交手段都不能完成的任务转而交给一个媒体去完成。假如一天24小时，每天与每个人相处30分钟，然后要求这个媒体创造一个名为“民意”的神秘力量，并引起公共机构的重视。这个媒体通常会错误地假装自己能够做到。而这就是以极大的道德代价换来的民主，并且仍然逃脱不了最初的前提……[9]

尽管从理论上讲由普通公民组成的劳动阶层是国家的主人，但却无力统治整个国家，因为他们的民意具有散漫性和随意性，看不清现代生活的错综复杂。因此国家事务和社会事务应该交给由专家组成的新生精英群体，这些管理者可以在重要问题上用他们可以理解的语言进行交流。19世纪，这种“专制”理论立即遭到人们的谴责，称其是“反对民主的异端”，但李普曼对民意的觉醒却被20世纪前20年的进步主义改革家所广泛接受，他们攻击某些以市行政官为政府形式的大城市政治机器的贪污和腐化，指责他们蓄意让选举产生的代表的突发奇想和贪婪本性绝缘于公共政策。这些改革家还推出多种多样的联邦政府调控计划，包括联邦储备机构和市政服务改革，而目的就是力争让专业人士管理国家事务。一个新的道德规范就此诞生，即专业人士向美国政府表现出的信仰，而这种教条却正是80年前安德鲁·杰克逊曾加以公开指责的：“这是对民意的不信任，而民意是政治力量的安全调节器。”随着20世纪美国政界中广泛流行的由专家管理专业政府事务理念的蔓延，一些新的政府机构应运而生，从而进一步拉大原始民意和政府决策之间的鸿沟。

美联储就由是专业人士管理专业事务的模范代表。从建立之初，每家联邦储备银行和位于华盛顿的美联储总部就着手成立属于其自身的研究部门，这里人才济济，研究人员全部是年轻的经济学家，他们可以系统地搜集银行和商业数据，在达到学术研究水平的前提下，用同样的方法论严谨地对美国私有经济进行研究。美联储的经济专家精英全部来自顶尖研究机构和大学学府，无论是数量还是学历都极有威望且真实可信，虽然他们的工作主要是就各自某些狭隘的经济管理问题进行研究。与常规不同的是，美联储的众多研究部门绝不会吸收一个古里古怪的思想家，因为后者脑中宏伟崭新的经济理论很可能会干扰这里盛行的传统思维。

美国政府注重专业技术人才的做法受到当时美国商界普遍的争相模仿，正如伍德罗·威尔逊所说，随心所欲的企业家时代已经结束。在新一代的资本竞争和资本强化环境下，一种新的企业管理模式需要在广泛而崭新的合作企业模式下得到实现，“效率”正成为检验企业表现的唯一标准，也是倡导将“时间研究”应用于工业生产并提出“科学管理”教条的弗雷德里克·W.泰勒（Frederick W. Taylor）的精彩叙述。工厂工人的每个操作步骤都被小心翼翼地按时间计算并加以分析，工作程序也是以节省时间、动作和（毫无疑问的）劳动成本为前提得到改良。连续不断的生产线上被同时安置了工人和机器，以确保无须因休息和思考而暂停生产。以奖金刺激效率的方法被系统地协调和重复运作，其有效降低了因个体工人的错误行为而产生的“成本”。

这种管理上的新理念给新的中央银行创造了成长的温床，使美国文化氛围接受其理应脱离民主责任的现实。它有助于解释为何进步主义改革家会如此渴望让美联储绝缘于政治，在专心致力于经济科学的专业人士的努力下，货币事务这个先前属于政治范畴的问题一定会得到更好的解决。货币问题太复杂也太重要，绝不能交给盲目而无判断力的人去解决。

不过普遍民众为何会如此顺从地默许这种企业管理文化和货币问题的非政治化呢？毕竟几年前人们还曾普遍为中央集权的问题而陷入狂怒。奉行杰克逊理论的美国民主党曾抨击中央银行所隐含的反民主含义，并曾集结民意坚决反对中央银行的理念。无知的平民主义者曾用自己去证明："普通百姓"无须具备大学本科的水平去理解货币问题的政治性。那么到底是什么让美国人性格发生突变并允许美国人最终接受一个他们已经抵制一个世纪之久的理念呢？

如果从"魔鬼学版本"（demonological version）来看待美联储历史，那么美国民众，即杰克逊口中的"真正的美国人"绝对可谓涉世不深、天真单纯。他们被一群精英阴谋家哄骗，又遭到不负责任的政治家的背叛。正如亨利·福特所说，他们都被骗进一个圈套，接受对货币控制的安排，一旦有朝一日美国人理解其中的本质，就会引发轰动的街头抗议。当然，围绕在美联储周围的仍然是困惑和无知，但持续存在的有关"精英人物操纵阴谋"的理念在某种程度上阻碍了公众真实意愿的实现，对理解问题的答案并无好处。

人们对中央银行的默许涉及一个有关人类思维的复杂心理转变。这种转变与美国人民对一个深刻伤口的复杂情感有关。成千上万的美国人已经接受其自身生活和价值观的创伤性转变，习惯一个足以令祖先惊骇不已的新秩序。从1890 年到 20 世纪 20 年代，美国人的生活跨越了一个文化分水岭，日常生活的繁荣和兴旺达到令人眩晕的程度，但"失落感"和个人负罪感也久久不散。正如历史学家理查德·霍夫史塔特（Richard Hofstadter）指出的："美国诞生于乡村，却逐步转移到城市。"[10]

截至 1900 年，美国每 10 个劳动者里就只有 4 个是农民，而几十年前这个比例却是 10∶8。这很容易理解，美国经济交易领域的转变已经让美国从农业社会过渡到工业社会，人口也迅速且大量地从农村迁至城市，然而人们的情感转变却并没有实现。这给美国人民留下彼此冲突的记忆和情感的深刻印记，其在美国民众的价值观中仍然可见，即人们对某些已经失去的东西的深深依恋和摆脱过去沉重负担的自由感。

一切都变了，甚至包括语言。在平民主义时代，基层演讲者会将自己称为"生产阶层"，他们用农民和工厂工人的语言彼此交流，每个人都会靠自己的双手去谋生，他们是安德鲁·杰克逊所说的"美国的骨骼和肌肉"。到了 20 世纪，

“生产者”已经不再是“人”，而是指那些控制大多数产品生产并在受雇“工人”眼中德高望重的不具名的工业企业。1900 年，在宾夕法尼亚州展开的一次农村人口普查中罗列出当时当地区所有“未被雇用”的农民名单，因为他们全都是为自己工作而非为别人工作的美国人。

美国人的“失落感”是美国文化中最直接且最固执的表达。1855 年，沃尔特·惠特曼在《自我之歌》中歌颂美国的这次经历，其诗歌形象地描绘了形形色色美国劳动者的状况：“铁匠裸露着肮脏多毛的胸膛敲打着铁砧……木匠打扮着手里的厚木板，粗刨的舌头在木板上发出狂野的沙沙声……农民在第一天的流浪生活中偶然走进酒吧，盯着那里的纵情放荡和黑麦威士忌酒……机器工人挽起袖子，警察踩着节拍在路上巡逻……”

两代人之后，这种充满热情的歌颂就陷入沉寂，取而代之的是阴暗忧郁的“失落”和“堕落”文化。诗人们再也无力将美国生活经历浪漫化，西奥多·德莱塞（Theodore Dreiser）题材沉重的小说《嘉莉妹妹》（*Sister Carrie*）和《美国悲剧》（*An American Tragedy*）反复用不同的故事形式告诉人们一个相同的道德悲剧：无辜的美国人已经失去简单的乡村生活，他们正面临城市生活刺激所带来的危险，那里有一张由野蛮的新经济体系编织起来的大网，迫使人们去配合，剥夺人们的天性美德。

这种文学蔓延整个 20 世纪，美国诗人和小说家始终未能让自己适应现代经济体系。他们一直对其充满敌意，且无限悲观，对企业机构冷嘲热讽，哀叹灵魂败坏的物质主义。相反，这段时期的美国文学和大众文化并没有间断对已经失去的美好的歌颂，即自由的个人主义、乡村生活的诚实和朴素以及自力更生的田园生活。小说、电影和摇滚乐歌词中被反复提及的故事线索通常是孤独的反叛者对新体系的抵制和某种方式的打击，用浪漫主义故事来哀悼美国失去的伊甸园。[11]

然而有失就必有得。成千上万的美国家庭还是愿意接受这种生活中角色的改变：他们不再是美国传统独立的自耕农，不再是依靠自己骄傲且熟练的实际艺术品创造能力的自给自足者。相反，他们变成了受雇者和消费者，他们要为某人工作，通常是一个企业，然后为自己的劳动获取工资，即一沓纸币而非农业生活中的“实物”。他们曾致力于每日生存的个人强烈表达如今却变成消费，即对商品的购买和使用，即那些在遥远的地方被别人生产出来的东西。这两种新角色，即消费者和受雇者，让人们变得比先前自给自足的农民身份以及实际商品生产更加依赖于货币体系的抽象概念。货币属于城市，本来就错综复杂。随着与古老神秘的货币越靠越近，美国人极不舒服地直面遭遇货币，而货币就是他们已经放弃的每日生活方式的象征。

无论人们在互换中经历怎样的情感失落，作为补偿的奖励正以令人震惊的物质形式大量涌现。1900 年以前，大多数拥有城市住房的美国家庭都还不具备室内水管装置，也没有中央取暖设备，更不用说电灯、电话或汽车这样的奢侈品。然而工业体系却让这种全新的繁荣变成可能，这令 1885 年的平民主义农民大为震惊，尽管劳动者和所有者、消费者和生产者、债务人和债权人之间的冲突从未停止。人口向城市的大量涌入引发购物和消费的热潮，尽管这是小说家笔下无比黑暗的场景。大量科学发明的出现导致许多可以节省时间和劳动力的先进装置问世：电冰箱、洗衣机、收音机、现成的面包、电影中空想的崭新生活。所有这些对于老旧大草原上的激进派来说都是难以想象的，他们很快就将这些商品接收为自己生活中的必需品。

因而这种情感上的遗赠是充满矛盾的，是痛苦和满足的融合、失落和奖励的统一。从 19 世纪走来的老人抱怨美国人是被诱骗进一场“浮士德式交易”（Faustian bargain）[①]。人们放弃对自己生活的控制权，接受自身角色的缩小，承认自己是庞大且复杂的经济机器以及单纯物质商品互换中无足轻重的一员。从 20 世纪开始，现代消费者或许也会承认这一点，但魔鬼无疑永远都会站在交易的另一端。普通公民如今可以通过购物的方式实现个人对生活的幻想，成为托斯丹·凡勃伦时代的“有闲阶级”。

这种文化情感上的继承似乎与货币政策和美联储的专业性及复杂性相去甚远，但却可以从最深层次解释为何这家中央银行可以被美国大众允许规避政治监督而行使特权。从乡村转移到城市的美国人在精神上遭受巨大的创伤，但这种疼痛和过渡却得到货币的安慰和拯救。人们会为失去的东西感到懊悔，但却仍然欢迎这场逃跑。崭新的生活让他们摆脱了贫困的牢笼，尽管其中夹杂着对放弃某些珍贵东西而产生的内疚感。这些错综复杂的情感与所有围绕货币的潜在心理幻象相互交叉，即弗洛伊德及其他人所描述的令人畏惧的货币潜在力量、内疚和给予、不朽和死亡以及各种矛盾的统一体。从乡村到城市，美国人是将

① 一种心理障碍。一个人对一种看似最有价值的物质过于盲目崇拜，从而使他失去了理解人生中其他有价值东西或精神的理由和机会。——译者注

自己交给古老而神秘的货币并接受其有规律的控制。

作为新的货币调节器，美联储的角色是这种文化转变中令人欣慰的仲裁人，它就像一剂神奇的镇痛剂，缓解人们与自身负罪感的痛苦对抗。人们越接近货币，就越不想了解货币。与这个象征自身新独立性的符号对抗或者甚至是对这个符号所附带的责任和义务的理解完全掌握在美国人自己手里，这些普通人被允许压制这种了解。最后，普通公民不再想要知道货币的政治含义，甚至根本不想知道这种意义的存在。这个包袱被信任地甩给全新的专业性应用科学——经济学，并将其视为和古老神殿一样神秘不可测。就像神殿中的大主教一样，美联储将用一系列表演式的仪式、祭品和赎罪来负责补偿社会的集体罪恶感。

1920 年春季，美国的第一次经济大衰退在美联储的“一手策划”下爆发，尽管美联储官员一直拒绝为此负责。第一次世界大战之后紧随而至的是急剧升至顶峰的通货膨胀，这与之前大型战争爆发后必然会出现通货膨胀的原因大致相同。为了资助战争，联邦政府被迫大举外债，数年内美国国债一举从不到 10 亿美元上升到 270 亿美元。截至 1919 年秋，物价年增长率达到 15%。本杰明·斯特朗及其同僚认定必须采取行动遏制通货膨胀的急剧上升。

在接下来的几个月里，12 家联邦储备银行将贴现利率从 4% 上升到 7%，其他市场利率也随之疯涨。与现代经济中利率的两位数相比，1920 年美联储的货币紧缩政策并不算激进。在很短的时期内，货币价格几乎翻了一番。一旦贴现利率上升到前所未有的历史高度，联邦储备银行就要在 18 个月内痛苦地维持现状。

由此产生的一个急切且深远的影响就是持续一年半的价格紧缩和经济收缩，其严重程度甚至达到经济衰退的地步。1920 年初曾上涨 50% 的物价高峰在接下来两年内急剧下降，农民再次被推进金融危机。整体经济行为下降近三分之一，生产规模下降 42%。失业率激增 5 倍，达到 11.9%，这意味着又有 400 万美国人失去工作。正如简·狄阿丽斯塔（Jane D'Arista）在记录美联储表现的著作中所说：“所有东西的价格都在下降，除了货币价格。”

美联储仅用勉强的几句话就打发了批评家的质疑。当一位愤怒的农业局领导人向本杰明·斯特朗提出质疑时，后者的回答并不诚恳：“你的质问好像是在说是眼前这个男人制造了通货紧缩的经济秩序。我所知道的是他没有制造任何秩序。”此外斯特朗还说道：“通货紧缩爆发时他并不在国内。”

国会的批评，包括进步主义共和党人以及在野民主党人，都在威胁美联储不再享受独立于任何人的特权，但委员们并没有屈服。即使是新上任的美国财政部部长、共和党人安德鲁·梅隆（Andrew Mellon），本身作为美联储委员会的一员，也没能在物价急速下降、经济急速萎缩时说服同事降低利率。政治压力未能奏效。

1921 年春，斯特朗在联邦储备银行官员大会上向国会发出通知：“美联储需要的是免受民意的误导，这种误导将会反映在国会中，反映在国会的某些愚蠢行为当中……”

美联储自身的从容不迫恰恰说明其追求的目标就是“强大金融环境”的回归，而不是经济增长的回归。1920 年至 1921 年的经济衰退中，银行倒闭一时成风（从 1919 年的 63 家上升至 1921 年的 506 家），但从总体上说，一段时期内严厉的信贷环境对于大多数银行来说还是有利的。他们自身的金融资产、债券和未偿付贷款的实际价值都发生成比例增加；随着物价的下降，货币又重新“变硬”。

美联储决策者看重的是消除投资者对通货膨胀的恐惧，而非单纯降低失业率或恢复农产品价格。事实上，这个首要目标与其他因素存在冲突。从美联储的角度看，降低物价是目标，但不是关键；高失业率不具伤害性，反而有益。剩余劳动力会迫使工资水平普遍下降，因为会有更多工人去为更少的工作岗位竞争；工资的下降有利于调整物价的通货膨胀。直到 1921 年 4 月末，美联储委员阿道夫·米勒（Adolph Miller）仍然认为放松信贷的时机过早，因为在他看来，当时工资仍然过高。美国工业不可能回归“安全且强健的环境”，米勒解释道，除非货币紧缩造成“所谓的劳动力清算”。他坦承，这个字眼听起来的确“带有挑衅性”。斯特朗也同意这种说法，他认为在允许美联储温和推出“健全的中央银行规则”之前，必须更大程度地放弃劳动力。

1920 年至 1921 年的经济衰退是一次典型。其严重程度比以往更大，但美联储的头等大事即使在未来的经济紧缩中也不会改变。“最主要的政策方向永远都是金融而非经济。”权威的斯特朗传记作家莱斯特·V. 钱德勒（Lester V.Chandler）总结道。“一个中央银行家可以接受这样的优先安排，”钱德勒解释道，“从本质来讲，他对通货膨胀的恐惧要远远大于通货紧缩，他会坚称通货紧缩在某些时候是达到基本金融目标的必需。”

尽管会对“商业和工业需要”提供尽可能多的方便，但中央银行的焦点永远都是健康的金融产业而非富于生产力的国民经济。为了保住一方，有时必须要牺牲另一方。

对于那些真正懂得货币政策的人来说，一个新的现实正日渐清晰：美联储的建立初衷就是要为完成一项狭隘的任务，即提供“弹性货币”，但其真正的影响力却要远比这大得多。美联储的决定可以扭转经济增长的洪流，可以降低整个国民经济水平。作为实际操作者的美联储委员甚至可以在立法条款还未出台之前就为联邦政府制定国家的宏观经济政策。

伍德罗·威尔逊的妥协也很快就被颠覆。美联储并没有如威尔逊构想的那样成为“压顶石”，即代表公众、约束银行家。一开始，美联储权威的确曾遭遇来自12位联邦储备银行行长的挑战，后者将自己看作是可以与美联储平起平坐的独立人（他们起初称呼自己是委员）。在纽约储备银行本杰明·斯特朗的领导下，这12家银行团结起来“走自己的路”。15年来，每当华盛顿的美联储试图重申自己的控制权时，这些银行家总要控诉它有政治僭越之嫌。

在美联储初次设定可以拥有联邦储备银行的12座城市时，其自身在做出选择时就并没有完全脱离政治影响。在与克利夫兰竞争时，辛辛那提和匹斯堡惨遭淘汰，因为前者是威尔逊最具影响力的战争部部长牛顿·D.贝克（Newton D. Baker）的家乡。而巴尔的摩则输给了里士满，因为后者是卡特·格拉斯的家乡。这张美联储地图就像是美国经济地区的合理勾画，但其中只有一个刺眼的例外，那就是密苏里州。其他各州都是要么拥有储备银行，要么没有，可只有密苏里州能拥有两家联邦储备银行——圣路易斯银行和堪萨斯城市银行。因为众议院发言人钱普·克拉克（Champ Clark）就来自密苏里州。

当时12家储备银行联合起来组成同盟向华盛顿发起进攻主要是围绕一个外围问题，即购买或售出政府债券。起初美联储的运作程序并不是以通过开放式市场购买美国债券的方式创造或消灭新货币。货币的创造完全是靠12家储备银行的贴现窗口。美联储不会购买或售出政府票据和债券，而是在交易中使用“实物票据”，即当银行向企业或农业机构借贷时的短期信贷票据。当这些票据上的债务最终被全部偿还给美联储时，货币也就会自动消失。按照构想，为真实商业行为创造货币会让货币供给变得具有自我调节性，无论是增长还是紧缩，永远都会跟随私人商业和信贷行为的潮涨潮落。

当单个的储备银行开始为自己单独的投资组合购买政府债券时，此举就并不是意欲调整货币供给，而是为了增长其自身利润。国库券是存放闲置资金的最佳避风港，其提供的适度利润回报足以“支付”银行运作。美联储内外的大多数经济学家并没有参透这其中隐含的更大含义，这种随意性交易本身就会增加或减少流通中的货币量。如果亚特兰大或费城购进 100 万美元的政府债券，就等于是向银行体系注入了高能货币，即这 100 万美元会依靠银行信贷发生“繁殖增长”；如果售出这些债券，情况则会向相反方向发展。

更为明智的领导人，包括纽约储备银行的本杰明·斯特朗，会很快意识到这样的局面。当联邦储备银行利用开放式市场进行交易时，利率是根据金融市场变化发生涨落的。有时当一家储备银行购买债券而另一家储备银行售出债券时，局面看上去就会很混乱。

斯特朗力劝 12 家地区储备银行中的其他银行官员至少要做到大家彼此协调行动，他的建议后来还变成一系列法则法规，以便让这些地区银行联合起来组成独立于华盛顿美联储的竞争力量核心。纽约储备银行同意由自己操作其他银行的所有售出和购买业务，在不扰乱金融市场的前提下管理债券交易。这 12 家地区储备银行还组成了自己的公开市场投资委员会，用以决定自己的事务。美联储对此表示默许，它显然没有意识到这在很大程度上是对货币权力的割让。

对于银行圈和本杰明·斯特朗来说，独立的公开市场委员会给予他们最初想要从这家新成立的中央银行身上获取的管理权。在美联储立法通过以前，斯特朗曾表达了自己的立场：“如果我们要有一个中央银行，那么其必须是由来自纽约的委员会来管理基本事务……”作为“摩根人”和银行家信托（Bankers Trust）的前总裁，斯特朗宁愿巧妙地规避国会议员和伍德罗·威尔逊的意图。[12]

多年来，美联储的开放式市场运作规模甚小且微不足道，传统思维仍然没有意识到更大规模经济所隐含的全部含义。美联储继续依靠贴现窗口购买或售出商业债务票据，提高或降低贴现利率以达到放松或紧缩“信贷环境”的目的。但这些货币管理方式原则却包含一个致命且灾难性的缺陷，而这个缺陷最终会赤裸裸地暴露在所有人面前。

1921 年美国经济复苏之后，20 世纪接下来的 10 年被证明是一个经济急速增长的年代，尽管期间曾经历两次渐弱的经济衰退。这两次危机中美联储无一能摆脱责任，其中一次是 1923 年美联储过度紧缩信贷政策的结果；另外一次对美联储的谴责尽管不甚具备说服力，但美国经济的确在 1926 年美联储实施放松信贷政策后开始下滑。

不管怎样，美联储的地位还是在 20 世纪 20 年代得到极大巩固。这要在很大程度上感谢斯特朗的操作，这是一个货币价格相对稳定的时代，根据米尔顿·弗里德曼和安娜·史华兹的说法，这是美联储的“高潮期”。与此同时，强劲的美国经济也开始在“轰隆隆的20世纪”上演，新的工业科技手段极大地增强了生产力，10年时间里工人每小时的工作效率令人震惊地增长了63%，汽车和省时的电器用具（例如电冰箱）市场空前繁荣，收音机的销售量增长1400%。

共和党时代的美好感觉成为卡尔文·柯立芝总统休闲任期的缩影。“如果你在路上遇到10个麻烦，”柯立芝说道，“那么一定要确信其中9个麻烦在你还未走到它们面前时就已经滚进地沟。”财政部部长梅隆为传统的自由主义共和党教条提供了一个更加复杂的逻辑。作为三任共和党内阁政府主流经济思想家的梅隆认为，平民主义者提出的有关进步主义税收政策的老思想（即向富人征收高税，也是共和党人所说的“宰富”）对国家的普遍繁荣极具破坏性。不要将税收用以填补财富和收入不均，相反，为刺激经济增长应大幅度下降针对富人征收的税率。共和党人要推出征税信贷，用归还和减免的办法为私人企业谋利；此外还应通过4项主要用于降低所得税率的法案，意在偏向上层收入者利益。被共和党人指责为“滴漏经济”（trickle down）① 的梅隆方案意图在于：每个人最终都会在富人减免税收的政策中受益，因为后者将有能力进行资本投资和创造新的工作机会。梅隆没能达到他的最终目标，即完全根除进步主义的税收政策，但他的方法似乎在一段时间内产生完美效应，极大刺激了新工厂的出现和生产规模的扩张。[13]

随着共和党时期繁荣的逐步显现，美联储分享了民众的掌声。银行恐慌似乎已经是过去的事情，通货膨胀被征服。在美联储稳健的控制下，美国经济表现十分出彩。大家达成共识：1913年美联储诞生时许下的承诺已经被超额实现。

在这段自我陶醉期，所有人都忽略了20世纪20年代出现的一个阴暗的征兆。农民与其他经济领域的玩家不一样，他们从来不曾真正地从1920年至1921年的经济衰退和商品价格急剧下跌的困境中恢复。他们仍然在令人泄气的物价和过分饱和的市场折磨下颠簸前行。1920年时，农业家庭收入占美国国民经济的15%；可8年后，这个比例变成仅为9%。

相对不明显的是，劳动者也正在失去阵地。随着工业生产的强健扩张，工人似乎也在分享新的繁荣；但为了维持这种繁荣的生活，他们也要工作更长的时间、借入更多的债务。这10年当中失业率粗略地在5.2%至13%之间移动，

① 指在经济发展过程中并不给予贫困阶层、弱势群体或贫困地区特别的优待，而是由优先发展起来的群体或地区通过消费、就业等方式惠及贫困阶层或地区，带动其发展和富裕。——译者注

但更准确的现实是这 10 年当中每个工人的可用工作时间缩减了 7%。随着劳动报酬盈余的积聚，劳工运动几乎濒临“灭绝”，劳工组织成员减少近 30%。其他越来越多的证据显示美国经济正陷入深刻不稳，但大多数人还是确信这些信号可以忽略不计。毕竟股票市场正在持续走高，这是彰显未来世界会更加美好的确定性证据。[14]

在这种背景下，美联储为民众确立了另一个版本的未来，因其有能力在美国经济受到攻击时模糊和混乱现实。在经济陷入困境时，美联储会针对民众的不满给予拖沓冗长、错综复杂的满含经济专业术语的回答，这些回答可以将民众注意力从美联储自身角色上移开。从狭隘意义上讲，这些官方答案通常是准确无误的，但却在极大程度上回避了关键问题，这种规避手段渐渐成为美联储内部的标准程序。

1920 年至 1921 年物价崩溃之后，来自中西部上等收入阶层的愤怒农民和畜牧业者向明尼阿波利斯联邦储备银行提出一连串质疑。可答案大多都是傲慢的拒绝。

“美联储应该为通货膨胀负责，”农民代表抱怨道，“他们为何要将通货紧缩的包袱丢给农民、牧场主和羊毛生产者？”明尼阿波利斯联邦储备银行的回答是：“通货紧缩的问题不应该由美联储负责，也不是任何组织或银行、银行家或金融家团体能够负责的。它是自然且不可避免发生的国家对战争局势做出的反应。”

但农民们继续质问：“美联储推高利率旨在帮助大型银行利益的行为是不是有些不公平和不合理？”美联储的回答是：“无论是联邦储备银行还是大型商业银行，或者是任何当地的银行团体，都没有权力随意将利率推高或降低。尽管这里有些问题很简单，但仍有些问题不是一般人能够理解的。”针对货币供给和货币需求的市场力量如何决定货币价格，美联储给出的仍是一段冗长且复杂的解释。

那么好吧，农民们继续问：“美联储对货币力量的关心是不是多于对农民的关注？”为消除农民的疑虑，美联储小心翼翼地回答道：“国会对 1913 年联邦储备法案的推出贡献了很大力量，其目的就是打破纽约在全国金融力量的中央集权。从联邦储备法案的历史来看，美联储不太可能对所谓的货币力量表现出特别的关心，即使其有能力做到这一点。”[15]

高利率是一种自然行为，是由不受个人情感影响的市场条件引起的，而非任何人的蓄意决定。这种说法变成未来几十年里每当利率走高时美联储历任主席惯用的回答。

本杰明·斯特朗，美联储最初几十年发展中最富影响力的美国中央银行家，他深谙这种政治优势，即混淆中央银行在物价和经济方面所拥有的影响力。美联储永远都会被置于消费者利益和生产者利益、金融利益和农民利益、债权人利益和债务人利益的冲突之间。“你就像是身处，”他说道，“魔鬼和深渊之间。”

“这对于我来说似乎是，如果美联储被看作价格调节员，”斯特朗解释道，“那么他就会像是一个试图在一对爱尔兰夫妻间劝架的可怜人，因为两个人都会反过来打他。”[16]

1928年10月，本杰明·斯特朗去世。一年后，美联储经历其历史上的奇耻大辱。首先股票市场崩盘，随后美国经济崩溃。永恒繁荣的“新时代”突然间被摧毁，经济大萧条紧随而至，失业率飙升至25%，上千万美国人陷入赤贫，上万家企业破产，银行倒闭热潮的恐慌重新袭来——全美国超过40%的银行遭受灭顶之灾。美联储在这场经济大崩盘中被双方谴责为行动不力：（1）任由灾难发生；（2）没能扭转不利局势。美联储的辩护者喜欢幻想如果本杰明·斯特朗还活着，或许这场灾难就不会发生，这听起来像是美联储“事后诸葛亮”的主观判断。

当然，斯特朗的确能看到其他人没有看到的危机的积聚。1928年夏，也就是其去世前3个月，斯特朗还向银行同事和投资家发出警告，他们已经被狂热投机的危险紧紧钳制，信贷膨胀会突然袭击股票市场，货币价格的飙高根本不可能让一切愿望都顺遂。美国正头晕目眩地享受共和党繁荣期。唯有纽约储备银行私下里对可能到来的崩溃忧心忡忡。

“现在的问题是，”斯特朗写道，“要重塑货币政策以规避股票市场的灾难性崩溃、对货币的恐慌感以及经济行为遭遇的挫折，因为这些都会涉及人们的心理变化，同时要尽可能地实现上述意图，哪怕是部分。”他说道，美联储必须抑制信贷、遏制投机性信贷，但最好是在不要引爆“灾难性崩溃”的条件下。

这是一个十分复杂且棘手的任务，尽管斯特朗认为这可以做到。在他去世后，继承人试图实现这个理想，但只能以失败告终。他们运用“道德劝说”的方式恳求商业银行停止为股票市场的投机行为提供信贷服务。这个方法失败后，这些继承人内部又发生争执，没有了斯特朗的坚定和力争，各联邦储备银行和美联储在1929年的大部分时间里都是陷入僵局。最终双方在8月投票赞成推高贴现利率以减缓银行信贷的贪婪扩张，但一切都为时已晚，投机泡沫仍在继续，股票市场价格持续走高。

1929 年 10 月 24 日，黑色星期四，泡沫终于破裂，让斯特朗畏惧的“灾难性崩溃”最终爆发。仅仅几天时间，标准普尔股票价格综合指数（Standard and Poor's composite index of stocks）① 就从 245 点狂跌至 162 点，这意味着股票市值被摧毁超过三分之一，也就是说交给金融投资人的 70 亿美元银行贷款在归还时变得一文不值。斯特朗预言的“对货币的恐慌感”顿时席卷整个美国乃至全世界。

事后针对造成 1929 年经济大崩盘确切原因的指责有失偏颇，就连斯特朗本人也受到株连。美联储委员阿道夫・米勒（Adolph Miller）及其他委员控诉斯特朗本人曾在 1927 年夏积极推进信贷放松，即贴现利率下降，开放式市场购进 3.4 亿国债，这无疑是在向银行体系注入大额流动资金，允许投资虚假繁荣“起飞”。米勒后来说道，斯特朗 1927 年的信贷放松政策“是造成 1929 年经济大崩溃的孕育者”。

如果 1927 年的错误真的是个错误，那至少也是出于斯特朗本人想要援助实际经济的初衷。当他“逼迫”联邦储备银行的其他同事降低贴现利率时，他本人也同样惴惴不安。就业率正在悄悄下滑，整体物价再次下跌，企业呈现出重新滑入经济衰退的迹象。放松信贷的本意是防止另一次经济紧缩的发生。但斯特朗另一个更富争议的动机是帮助欧洲各中央银行走出困境。执掌纽约储备银行的本杰明・斯特朗会定期与英格兰及欧洲大陆的中央银行合作，试图让某些事物有条不紊地进行，以在国际范围内恢复金本位制度。世界上的顶级银行机构，诸如摩根和（伦敦的）罗斯柴尔德（Rothschild），一直都是彼此紧密合作的战略伙伴，他们会互相借贷以平衡其在世界范围内的信贷需要。从一开始，斯特朗就小心翼翼地承担起自身的职责，即在一个大多数美国人仍然以为自己的国家是完全独立于世界的年代里代表美国实现全球金融合作的个人使命。

1927 年中，英格兰银行的蒙塔古・诺曼（Montagu Norman）拜访斯特朗并催促其放松美国信贷。斯特朗旋即答应这个请求。美联储向美国银行体系注入的大额流动资金自然也会通过海外信贷流动到海外，从而达到放松欧洲金融市场信贷的目的，当时那里的货币紧缩状况正预示利率走高。如果伦敦、巴黎和

① 根据普通中小企业股票编制，包括的股票市场价格占纽约证券交易所上市股票的 75%，被认为是包括范围广、代表性较大的股价指数。——译者注

维也纳的利率急剧推高，那么一定会抑制其经济行为，甚至会点燃一次大规模的经济紧缩。这种解释如果让美国人民知道，无疑会激起他们的怨恨，第一次世界大战从爆发之日起美国就表明其中立立场，而对美联储偷偷以国内利益为代价向国际银行提供帮助的质疑，无疑会变成民众不满的长期溯源。

不过根据斯特朗本人的解释，美国的这次援救行动同时也是利己的，欧洲经济遭到破坏迟早会株连美国经济。举例来说，如果欧洲经济陷入紧缩，那么美国中西部粮农就会找不到购买其剩余粮食作物的买家。无论喜欢与否，世界产业经济永远都是紧密相连的联动装置，其中既包括金融，也包括生产，这早在美联储诞生之前就已经存在。现代经济学家所推崇的“全球经济”只不过在复杂程度以及国际交易规模和速度方面较以前有所不同。暂且不论斯特朗专制的个人行事风格，总之他的国际主义概念的确超出其所处的年代。

不管怎样，斯特朗的运作并没有收到效果，反而事与愿违。鉴于当时疲软的实际经济，他向银行体系注入的大额流动资金并不是实际商业和生产行为所需要的。相反，这部分过剩的流动资金流入了金融市场，即造成人为膨胀金融资产价值、为股票价格上升“加油”，最后终于在 1929 年秋轰然倒塌。

经济崩盘爆发后，美联储什么都没有做。如果本杰明·斯特朗还在世并掌权，他或许会采取行动制止这场倒塌。至少回溯 1928 年在表示自己对“灾难性崩溃”的恐惧时，斯特朗还深信美联储一定会迅速扭转这场灾难。

“我想你会和我一样意识到，”斯特朗在写给同事的信中说道，“美联储存在的价值就是保护美国不受任何因货币问题而引起的灾祸。我们不仅拥有立即向街道撒钱以处理此类紧急事件的权力，同时我想所有美国人也会在潜意识中甚至或许是完全依赖于这个常识以及美联储拥有的这种权力。从前人们的心理状态并不是如此，因为那时的银行地位也不是如此，那时狂躁的恐慌感以及随之而来的狂暴灾难鲜有发生。”

斯特朗的错误在于对“狂暴”的理解及其对美联储的信仰。当市场陷入崩溃时，1907 年以及之前占据主峰的银行恐慌心理再次席卷整个美国和欧洲，最终在接下来的 5 年时间里导致 9800 家美国商业银行倒闭。但斯特朗的一个最基本的观点却是：美联储拥有足够大的能量去阻止这样的危机发生，可以通过立即“向街道撒钱”的方式加以解决。

而这就是他的继承人没能做到的事。首先，这些后来者认同灾难性的通货紧缩是一种自然现象，即便结果是好的。随着经济收缩的进一步加剧，他们自己却因为到底该如何做出正确反应而彼此争吵。最后在一切都为时已晚的情况下他们倒想要简单地扭转不利局势,这无疑是在可能成功的机会面前放弃努力。

货币在大规模地消失。数十亿美元的银行债务以经济行为中债务拖欠和关门倒闭的方式加以清算，涉及范围包括农民、商人和股票市场投机者；从本质上讲，这样的过程就是在“消灭”货币和紧缩货币供给。从 1929 年至 1933 年初，美国货币缩水量超过三分之一。美联储本来可以干预并扭转这场经济紧缩，本来可以通过大幅度降低利率的方式刺激信贷和经济行为复苏；更重要的是，其本来可以购进数百万或数十亿的政府债券，即向银行体系注入新的资金以挽回价格紧缩颓势，让经济起死回生。相反，正如总统赫伯特·胡佛哀叹道，美联储却变成“灾难来临时美国人唯一能抓住的无力稻草”。[17]

这之后的很长一段时间里，美联储留给美国政界的“1929 年溃逃”印象再也没有重演。美联储不允许这样的情况再发生。一旦有任何类似的灾难发生，中央银行都会立即开始注入新的货币供给，创造货币，直到危机被逆转。据说，1929 年经济崩盘中美联储的失败完全根源于其无知和无能，当时的美联储官员缺乏对经济学的足够认识，因此无法理解即将要发生什么；他们缺少适当的货币工具以达到成功干预的目的。

这个神话故事存在的令人欣慰之处在于它并不完全是真的。1929 年经济大崩盘发生后，美联储的各位委员并不缺少工具让局势逆转。他们本可以通过开放式市场买入政府债券向美国经济注入货币，也就是斯特朗所说的“向街道撒钱”，同时也可以重新激活美国经济增长的能量。但这些委员当时讨论的却是是否应该使用这些工具去终止这场灾难——最终的决定是“否”。美联储的失败是一次人类判断的失误，而非货币机制的失败。除非有人说美联储是“事后诸葛亮”，否则这种决断性错误永远都有可能再次发生。

1929 年的中央银行家并没有看到这场经济灾难是一部逐渐显现的悲剧，至少在开幕时是如此。相反，他们认为这不过是一次对过剩货币的正常矫正。股票市场崩盘、失业率激增、物价崩溃以及新一轮银行倒闭风潮来袭后的第 10 个月，费城联邦储备银行的乔治·W. 诺里斯（George W. Norris）还在为美国的经济发展自鸣得意。

“这种经济下滑的后果不可避免，”诺里斯这样对其他联邦储备银行官员说道，“我们现在会因为它感到痛苦。是不是能够借助便宜货币对这些后果施以矫正或清除？我们不认为这可以实现。我们相信，矫正的过程必然要伴随生产规模、商品数量和消费者信贷的逐渐减少以及通过储蓄实现安全信贷的清算和存款的累积。这是一个缓慢而简易的挽救措施，但却绝对‘没有捷径可走’，我们相信在对既定环境实施矫正的过程中一向都没有近路或万灵药。”

向美联储提供建议的重要商业银行家也同意这种说法。联邦咨询委员会力劝中央银行“顺其自然”。1930 年 11 月委员会宣称：“目前最好是让信贷规模自然浮动，不要用开放式市场的运作程序加以干涉。”

安德鲁·梅隆对此的看法也是惊人的一致。他曾对总统胡佛坦承，走出经济衰退的方法就是更多倒闭、更多失业和更多清算。梅隆宣称：“清算劳动力，清算股票，清算农民，清算房地产。”这位财政部部长和其他许多美联储官员坚信，恐慌和衰退对于美国人民来说是好事。“其会清除经济体系内的腐烂和败坏，”梅隆解释道，“人们会更加勤奋地工作，在生活上也会变得更有道德意识，价值观将被调整，有事业心的人将会吸取能力稍差的人的失败教训。”

胡佛对这样的答案并不十分确定，但这位总统对美联储内部这些独立的经济领导人来说影响甚微。当然，赫伯特·胡佛成为美联储失败的政界替罪羊，他的名声将被一代共和党演说家打上“共和党漠视人民疾苦”的记号。

随着危机的进一步加剧，美联储一直坚持扮演被动角色，因为美联储的货币原则，即“实物票据”论，本身要求的就是被动。在他们的私人会议记录和大会备忘录中可以多次看到，联邦储备银行的官员始终坚持美联储的角色仅仅是向发出求助的商业银行提供贴现贷款，即满足实际经济的信贷需求。当然，1930 年或 1931 年几乎很少有人申请新信贷业务，因为美国经济正处于紧缩，银行体系无须通过美联储实现信贷扩张。相反，这些银行发现自己正“漂浮”在过剩的储备金当中，即一个盛满过剩信贷容量的蓄水池，因为他们已经找不到需要借贷的客户。

当其他各方敦促美联储向金融体系注入更多货币时，费城联邦储备银行的诺里斯回忆道，当时同事们坚守的运作程序还是 1923 年美联储成立 10 周年时正式确定的：“美联储会在经济扩张时提供所需额外信贷，在经济收缩时减少货币供给。”这就是“弹性货币”的整体思想，即随着经济对信贷的需求去扩张或紧缩货币供给。诺里斯抱怨道，这种出于美联储一厢情愿的货币政策即使在程度上十分温和也一样会充满遗憾。“我们一直在经济萧条期间，即经济不需要或不使用货币时创造货币，”他警告道，“然后在经济需要或使用货币时撤出信贷。”

这样的逻辑理论听起来存在致命缺陷。“实物票据”论意味着美联储将永远会被动跟随经济指向展开行动，并且会夸大经济循环中向上和向下的浮动力度，即会在经济扩张时提供越来越多的新货币；在经济衰退时撤出越来越多的货币。因而，美联储的行为因其一厢情愿的无力感而导致经济紧缩的加剧，作为其主要控制措施的贴现利率也变成无法在无风的大海上行进的空帆。

正如某些美联储官员认识到的，此时最急需的是一种积极的货币政策，以便在经济大潮中逆流而上，而非随波逐流，即经济学家所说的“反周期政策”，而非“实物票据”论所暗含的扩大周期政策。总而言之，为抵抗通货紧缩和经济收缩所隐含的自然力量，美联储必须自愿且主动地膨胀货币，即“向街道撒钱”，而目前的美联储既不愿意也没有勇气这样做。

美联储之所以迟迟不肯行动还有一个原因。如果通盘考虑生活在美国国土上的人民的苦难，这个原因可谓丑陋不堪。联邦储备银行的行长之所以按兵不动，是因为他们想要保护私人商业银行的利润。这种说法听起来既无情又狭隘，但政治学家托马斯·弗格森（Thomas Ferguson）和经济学家杰拉尔德·爱泼斯坦（Gerald Epstein）在对中央银行档案进行研究时发现了确凿的证据，这些联邦储备银行行长私下里直言不讳地说起他们不会再增加额外的货币供给，因为这会伤害各地区重要银行的利益。

两年来，某些美联储官员，包括华盛顿的美联储主席尤金·迈耶（Eugene Meyer），都曾恳求这些同僚能通过开放式市场买入的形式向金融体系注入大额货币。这样就会拉低利率、重新使物价和工资走高，以达到重新刺激经济行为的目的。然而 1931 年 10 月，联邦储备银行的实际行动却完全相反，他们在两周时间内将贴现利率提高 2%；接下来 6 个月里的产业规模又下降 26%，基础货币再次缩水 9000 万美元。

最后，到了 1932 年 4 月，在摩根银行和华尔街重量级金融家的支持下，迈耶和其他官员终于获得胜利。他们说服联邦公开市场委员会迅速注入货币供给，纽约联邦储备银行开始以史无前例的规模大量购入国库券——每周购入 1 亿美元、连续 11 周，也就是总共 11 亿美元的额外储备金。如果这样的战役能够持续，那么美国经济一定会出现惊天逆转。

然而到了初夏，联邦储备银行又突然放弃行动，这次大胆试验也宣告结束。几个月后，经济紧缩再次回归，第三次银行倒闭风潮席卷全国，甚至比前两次还要严重，又有 5000 家银行破产倒闭。

芝加哥联邦储备银行的詹姆斯·麦克杜格尔（James McDougal）是众多反对美联储试图主动出击的储备银行行长之一。他抱怨道，芝加哥地区的主要银行由于美联储的信贷放松而遭遇利润困境。在货币松弛的条件下，扩张的货币供给极度拉低政府债券利率，而大量的政府债券投资组合是银行最主要的利润来源。“我们认为额外的（开放式市场）买入规模过于庞大，”麦克杜格尔在写给同事的信中说道，“并且已经造成短期政府债券利率的非正常下滑。”

费城联邦储备银行的诺里斯对此表示认同：“过剩储备金的进一步增加会对银行利润造成恶劣影响……”波士顿联邦储备银行的欧文·D. 杨（Owen D. Young）曾第一个针对开放式市场买入行为投出反对票，他“担心这样的计划会催生许多银行家的敌意”。[18] 总的来说，这些赤裸裸的证据极大地支持了历史学家加百利·科尔科的论断，即美联储就是一个政治机构，其创立的初衷就是为那些最重要的银行服务，在实际操作中也是如此，并且不惜牺牲美国人民的利益。

美联储望而却步，新货币注入停止，经济崩溃的高峰自然也就如约而至。截至 1933 年初，就在富兰克林·D. 罗斯福等待总统就职的那段时间里，一波新的经济崩溃风潮正暗潮汹涌，失业率依然居高不下，越来越多的企业宣布破产。而共和党人给重新上台执政的民主党人留下的是：国民经济和美国银行体系的惨遭破坏以及美联储的声名狼藉。

第 10 章　央行的职责——逆风飞扬

1931 年夏末，星期一，清晨，犹他州奥格登第一国民银行的大厅里站满焦急的储户，这些人正排队等待赶在银行宣布资金枯竭之前取出自己的存款。就在这个清晨，奥格登另一家更古老、更有威望的银行宣布破产。有先见之明的奥格登居民猜测下一个破产者将是第一国民银行，即席卷全国的银行恐慌风潮中的下一个受害者。“我们今天不会破产，”40 岁的第一国民银行行长马里纳·S. 埃克尔斯（Marriner S. Eccles）这样对出纳员说道，“我们最好能做到减缓破产的速度。人们将会聚集到这里削价取出自己的存款。你要如数付给他们，但请尽量拖延支付的时间。这是我们唯一能够战胜这场恐慌的机会。”

整整一天，人们心急如焚地守在银行窗口前，而接受指令的出纳员却懒洋洋地没精打采，动作慢得几乎令人发狂。他们用小额钞票支付储户存款，记账的速度极其缓慢。他们仔细审视每个人的签名，即使是那些已经认识数年的老客户。下班时间日益迫近，银行大厅里却依然挤满人，紧张的空气丝毫未减。如果银行按照正常时间下班，将会有许多失望储户濒临愤怒的边缘。但如果埃克尔斯允许银行延后下班，那么无疑意味着将有更多货币出账。

就在这时，一辆全副武装的运钞车停在银行门口，上面装满来自美联储驻盐湖城分行的新鲜钞票。“就像电影里出现的从印第安人手中拯救苍生的美国骑兵团发起猛攻一样。” 埃克尔斯写道。他极其热情地将这些“士兵”引入地下金库，然后在其中一个柜台后向人群宣布：

“大家都已经排队等了很久的时间。我注意到很多人在急躁地互相拥挤和推搡。我想要告诉你们的是，我们不会像往常那样在 3 点下班，而是已经决定继续留守，直到所有想取出存款的人实现愿望。因此，刚刚走进银行的人可以在今天下午稍晚的时候再来，如果愿意，也可以选择晚上来。虽然某些储户的过度激动和明显的恐慌态度不知从何而起，但大家也都看到了，我们刚刚从盐湖城取来一大笔现金，这将满足你们的所有需要。现金的供应还会更加充足。”

“这的确是真的，”埃克尔斯自言自语道，“但我并没说我们会得到这些现金的供应。”美联储的金库里会有更多现金，但却没有一张钞票属于埃克尔斯和奥格登第一国民银行。

马里纳·埃克尔斯的舞台表演获得极大成功。人群开始散去。得到安慰的储户回到家中，也并没有返回要求取出自己的存款，他的银行得以存活。然而这样的噩梦每天都会重复发生，与其他数千名美国银行家一样，埃克尔斯遭受了连续三年的危机才得以避开1929年经济大崩盘之后的这种周期性“风潮”。与大多数银行家相比，他是相对成功的。分散在西谷市及周边城镇的28家埃克尔斯家族银行全部在这场危机中存活。埃克尔斯后来回忆时坦承道：“为了存活，我们不得不采取一种粗制滥造、令人生厌的信贷和融资政策。在这样的环境下，我们完全依靠自己生存的确不是一次愉快的经历。”

这次创伤极大地改变了马里纳·埃克尔斯本人及其对世界的看法。“我开始发现，在人生的最谷底且在没有任何已知工具的帮助下，我是靠自己沿陡峭的崖壁爬到顶点。”身为摩门教徒和共和党人，埃克尔斯深受父亲保守主义经济教条的影响：勤俭节约，努力工作，自由的企业制度。“一个企业和一个人一样，只有在摆脱了债务时才能保留自由，”他的父亲说道，“美国西部只有完全摆脱对东部的债务依赖才能拥有自由。”

父亲大卫·埃克尔斯就是这些教条的活生生范例。19世纪60年代，正值青春年华的大卫还只是一个目不识丁的农夫，早先从贫穷的苏格兰山区移民至未经开垦但却前途似锦的犹他州荒野。20年之后，心灵手巧、肯于吃苦的大卫变成当地的百万富翁。埃克尔斯家族的财富是典型的美国胜利，即原始资本主义蓬勃发展阶段的产物。起初大卫只是和木材打交道，之后又有了自己的伐木作坊，劳动和天然资源就是他唯一的资本。随着利润的增加，他又将这些资本投入未来的企业项目之中，随着西部自然资源的大力开发并吸引越来越多的人口，大卫·埃克尔斯又成功缔造众多新型企业服务于人民：铁路、矿业开采、联合制糖（Amalgamated Sugar）、美莲乳业（Sego Milk）、犹他建筑公司（Utah Construction Company）、犹他银行等一系列连锁产业。

从政界那里听说有人大肆批评资本主义和“货币托拉斯”，“这让我父亲感到心寒，”马里纳·埃克尔斯回忆道，“他完全是靠自己打拼天下，直接拥有自己的大部分资产，以自己的方式直接运作和操作这些资产，他看不出其他人为何不能像他一样……按照自己的梦想重新塑造自己，当然前提是拥有运用自己的聪明才智按照自己意愿行事的自由，并且没有政府的干预和控制。”

40 岁之前马里纳·埃克尔斯也一直这么认为。父亲是接受一夫多妻制的摩门教徒，分别和两个妻子组成两个家庭，一生共有 21 个孩子。1912 年父亲突然去世，马里纳·埃克尔斯成为 8 个亲生兄弟姐妹当中的“当家人”，并继承庞大资产中属于自己的份额。当时他只有 22 岁，最高学历也仅限于高中，但却继承了父亲在经商方面的才华。他一手创立的美国第一有价证券公司（First Security Corporation）成为美国第一批银行控股公司之一，其旗下运作的 28 家银行遍布犹他州、爱达荷州、怀俄明州和俄勒冈州。犹他建筑公司成为西部开发的宏伟黄金项目——“顽石坝”（Boulder Dam）水力发电工程的主要承包人。在“轰隆隆的 20 世纪”里，埃克尔斯企业成功实现扩张和繁荣。

接下来和美国一样，马里纳·埃克尔斯突然发现自己正处于绝望的深渊之中。凭借博览群书和自身天生的非凡才智，埃克尔斯逐渐悟出为何会出现 1929 年令人眩晕的经济崩溃和持续的经济大萧条。他认为，许多银行家和自己一样，都是在吸收贷款和强迫债务人清算的过程中加剧问题的严重性。实际上，每个单独企业通过自身建立在个人利益基础上的某些行为加深了经济收缩的程度，于是他得出一个激进的结论：“我们走出经济衰退的唯一方法就是通过政府行为给有购买需要的美国人设置购买力。”

埃克尔斯的分析与父亲的教导背道而驰。20 世纪 20 年代强劲的美国经济在很大程度上扩张了美国商品供给的容量——公路、公用设施、石油、制造及其他生产工具，这一切都发生了急速且巨大的增长。问题并不在于大卫·埃克尔斯所说的供给不足和投资存款的不充分，恰恰相反，问题的关键是消费者目前对美国商品需求的不充分，存款账户中积压了太多的货币，用于消费的货币则太少。

“正如大规模生产必然要伴随大规模消费一样，大规模消费也意味着财富的分配，这种财富不是既定财富，而是当下产生的财富，以向人们提供与购买力持平的商品量和国家经济机器提供的服务。”埃克尔斯总结道，“在没能达到这种财富分配的形势下，1929 年到 1930 年的巨大吸力让少数人吸走了日益增长的当下财富……通过吸走普通消费者手中的购买力，存款用户也就会拒绝让自己充当需要商品的有效人群，也就不再认为自己应当将资本积累重新投入到新厂房的建设中。这就像是玩扑克牌，当筹码越来越集中到少数人手中，其他玩家也就只能通过借钱的方式继续游戏。一旦信贷系统出现崩溃，那么游戏也就结束。”

换句话说，20 世纪 20 年代繁荣期的一个最主要弱点并不是美国人的肆意挥霍，即消费太多、攒钱太少，而是恰恰相反。“我们并不是消费量远超出生产量的美国人——远远不是，”埃克尔斯宣称，“我们反而是过度攒钱的美国人。”收入不均促成成千上万的潜在消费者——工人、农民以及所有凭借收入未能达到资本积累程度的人最终被耗尽自己的购买力。“尽管国家收入飙升到一定高度，”埃克尔斯解释道，“但大多数人收入的分配方式却是凭借快速且不稳定增长的私人债务结构去满足发展不充分且无生机的企业行为，包括不断增长的消费商品购买分期付款。”当消费者手中的筹码日渐稀少，当他们再也无法借到钱或购买东西，生产者也就自然会抑制商品的生产规模。于是越来越多的工厂倒闭，越来越多的人失去收入，游戏结束。

对于马里纳·埃克尔斯来说，解决办法日渐明显。父亲倡导的“节俭个人主义”教条或许在他那个时代强大无比，但已经不再适合现代产业经济。本人就是富翁的埃克尔斯当然不会对财富的私人积累抱有敌意，尽管他十分不喜欢某些银行家同行和商人固执坚守现状的行为。这些人坚称经济衰退是“上帝赐予而非人为”的事件，任何人都不应该在这个过程中施加干涉，尤其是政府。“作为一名资本家，这是显而易见的，如果我任由自己接受这种行为并拒绝做出任何有利于全体人民的改变，那么我无疑会被这种社会落伍的毒药所吞噬，而且还是我自己亲手参与制作的毒药。”他解释道。

对于埃克尔斯来说，谁拥有巨额财富或拥有多少巨额财富并不重要。货币本身作为经济力量向来是不偏不倚，如果被投入到交易和投资中，货币就是积极的；如果成为闲置存款被储存起来，那么货币就是有害的。问题的关键是人们能让自己的货币保持流动。富有的投资者或银行家会在经济紧缩中跟随自己的本能反应，即不会主动让自己的闲置货币保持流动。他们为何要在众多未售出的过剩产品被积压在仓库的条件下重新投资、重新开厂或借钱给新的企业？他们为何要在没人有闲钱去购物的情况下让更多商品待沽？因此经济问题就是如何重新开启货币流动的问题，即如何从那些拥有过剩资金（但又不可能全部消费）的人手中获得货币，然后再将货币交给那些手中没有钱的人（并且必须是一旦获得货币就要立即产生消费的人）。

埃克尔斯认为，能够实现这种转移的唯一机制就是联邦政府。政府可以借入少数人手中的闲置资本，然后再将其交到多数人手中——劳动者、承包人、农民和生产者，甚至是失业者或赤贫老人，这些都是需要花钱的人。政府只需通过自身的买入行为就可以做到这一点，例如公路、房屋建筑等，或者是向有资格人群派发福利支票，例如退伍老兵、失业者和老年人。取代通过税捐的方式为商品、服务或福利埋单，政府只需借入货币就万事大吉了（如果通过增加税收来支付这些支出，则会稀释其原本想要达到的经济影响，无异于是将货币从私人经济的左手放到右手）。因而，马里纳·埃克尔斯的理论就是蓄意与父亲大卫·埃克尔斯的教条针锋相对，即人要靠借钱生活。这也是后来几代人倡导的赤字消费理念。

> “私人企业缩减开支时的适当政府支出政策并不反映资产负债预算中的优先选择，”埃克尔斯解释道，“其仅仅是反映了让闲置劳动力、货币和物质资源投入运行的需求和需要。随着这些因素的‘投入运营’，私人企业才会产生吸收失业劳动力的欲望，政府预算才会也应该会平衡，以补偿经济急速上升所带来的危险。就像是不平衡的预算会有助于抵消经济急速下降所带来的衰退一样。”[1]

马里纳·埃克尔斯的新经济学是在其热心研究的过程中偶然形成的，后来还被人们供奉为“凯恩斯经济学”，即“霸占”美国政府经济管理阶层近 50 年之久的权威学说。埃克尔斯的这些新理念早在约翰·梅纳德·凯恩斯出版《通论》前 3 年就已经提出，多年以后，埃克尔斯还声称自己从未阅读过凯恩斯的任何作品（这或许有些夸张，因为至少在埃克尔斯的早期演讲中他还是会将凯恩斯理论当作权威引用）。不管怎样，埃克尔斯是一位教育程度不高的知识分子先驱，他只是来自犹他州的银行家，从未接受过经济学教育，甚至没有上过大学，却能够看到伟大的英国经济学家所能看到的一切，可以说埃克尔斯在向世人表达自己的思想时具备超凡的勇气。

1933 年初，马里纳·埃克尔斯在参议院听证会上陈述自己的观点，在那里他发现参议院是一个特别善于接受自己新思想的听众。除了阐述新经济学原则之外，埃克尔斯还就联邦政府如何“花更多的钱”进行特别议案描述：失业救济、公共设施、农业拨款、农田抵押贷款再资助以及战争债务清算。他还建议实施一系列有利于长期稳定的改革：针对银行储蓄的联邦保险、一个中央集权的联邦储备系统、重新分配收入的税收改革、最低工资法案、失业保险、养老金、股票市场及其他经济领域的联邦政府调控。就这样，一个来自犹他州的摩门教共和党银行家在这次大会上所描述的全部改革内容后来竟变成富兰克林·德拉诺·罗斯福的新政大纲。

“我们要么以资本主义为背景去解决失业问题，”埃克尔斯对参议员讲道，“要么就放弃资本主义操作的相关政策。”

聚集在罗斯福周围充当经济顾问的左翼知识分子立刻意识到这里存在一种同宗精神。他们没有顾忌埃克尔斯的背景，而是大方邀请他加入罗斯福新内阁的内部决策圈以讨论相关立法。只有在美国，也只有在深陷经济危机的美国，才有可能出现这种怪异的组合，即有能力让这个未接受过大学教育但却才华横溢、富于改革精神的人加入自由主义改革家以及隐蔽社会主义者行列来共同商讨如何才能拯救美国。前一年夏天，马里纳·埃克尔斯正在家乡的小镇上拼命挽救自己濒临倒闭的银行，可这一年夏天，他就成为美国政界高层的核心人物、美国总统的密友、新政改革的总设计师。

“我发现一件令人欣慰的事，”埃克尔斯后来回忆道，“那就是如果我早就背叛自己所属的阶层，那么自己能早在得到富兰克林·罗斯福的肯定之前就声名卓著。”

在之后几代的华盛顿政界，马里纳·S.埃克尔斯的名字几乎被人们遗忘，美国政府内部已经很少有人能够记起他在新政中所扮演的重要角色。不过在华盛顿的另一个角落，埃克尔斯却仍然受到人们的敬仰。在美联储17周年纪念大会上，位于宪法大道的一座美联储大理石办公楼正式以“埃克尔斯”命名。而在美联储内部，说起他的名字，人们还都是毕恭毕敬，就像是在谈论一位守护神。

从经济大萧条中走来的马里纳·埃克尔斯成为美联储的拯救者，是让美联储挽回面子的英雄。在罗斯福的支持下，埃克尔斯力排其他银行同僚的强烈反对，亲自草拟针对美联储自身改革的立法法案，即剥夺12位联邦储备银行家的自治权和投票权，进一步加强和巩固坐镇华盛顿的7位美联储委员的货币政策控制权。1934年，经罗斯福任命，埃克尔斯成为美联储主席，一任就是14年，同时身兼白宫政策制定的重要参与人。

在美国政界，埃克尔斯为美联储恢复了良好名誉。更重要的是，他从本质上改变了中央银行自身的经济敏感性。事实上，正如约翰·肯尼思·加尔布雷思所说，马里纳·埃克尔斯手下的美联储变成“凯恩斯主义在华盛顿的布道中心”。[2]

在 1933 年的立法地震中，美国银行家协会带头反对其中一项特别提议，银行家称其是“不稳定、不科学、不公平且充满危险”，纽约储备银行的领导人及其他美联储官员认为这种方法会冒犯他们的权威，即使是充满改革思想的新罗斯福内阁也拒绝接受。但不管怎样，美国国会的态度是继续推进并最终付诸实施，此提议后来还被证明是美国新政时期最重要的银行体系改革，它就是“美国联邦银行存款保险”（federal insurance of bank deposits）。

无论存在怎样的许诺和期待，美联储依然无法有效制止银行倒闭风潮所带来的危险。然而联邦存款保险却能做到。整个 20 世纪 20 年代，银行每年破产数量从 366 家激增至 975 家（1929 年至 1933 年从每年 1350 家上涨至 4000 家）。1933 年，联邦存款保险公司成立，这种银行恐慌和倒闭现象事实上会从美国经济生活中消失。到了 20 世纪 40 年代以至随后而到的繁荣时代里，每年银行破产数量通常用两只手就可以数得过来，有时甚至用 5 个手指头就能解决。

其中一个主要原因就是公众信心，即来自美国政府的无条件保障，也就是说无论发生何事以及无论谁受到谴责，如果银行关门，小额储户永远都能收回自己的存款。起初，这种保障上限是 5000 美元，之后逐步上升，最终达到 10 万美元。各银行会定期支付保险费以支持这种保险基金，可最后这种基金却变成美国联邦政府（以及美国纳税人）的责任和义务。如果银行因倒闭耗空联邦存款保险公司的保险基金，那么国会就会毫不犹豫地拨款以保证储户利益。有了这些银行窗口内的保险工作者，美国公民就不需要在闻风倒闭后涌向银行要求撤回自己的存款，之前埃克尔斯面对的恐慌人潮也就不再会发生，因为他们的钱是安全的。尽管当初强烈反对，但此时的商业银行十分乐于享受这种来自政府的双重保护，即能够消除客户恐惧和疑虑的联邦保险以及可以缓解流动资金暂时危机的美联储贴现借贷。

1933 年颁布实施的其他改革措施旨在规范银行家自身行为以及消除他们足以引起经济崩溃和恶化后果的自我毁灭性冲动。根据法律规定，银行将禁止向活期账户支付利息，旨在稳定银行资产负债，避免遭遇利润困境从而引起风险性借贷，而在经济衰退期，这会加速银行向信贷客户实施强迫性清算。银行此时将从活期存款储户那里享受到“免费货币”，这样银行家就可以将这部分资金用于信贷，可能会在某种程度上以低利率借出，从而稍微减轻利润压力。有了这部分从储户手里获得的“隐含”补助金，银行就可以如预期那样更加谨慎地对待信贷业务，也会在经济出现衰退以及越来越入不敷出时变得更有耐心。

其他一些措施则旨在让银行体系规避股票市场上的投机性风潮，1929年秋季，美国股票市场最终崩盘。美联储被赋予规范股票市场信贷的权力，根除普遍存在的投机者可以凭1万美元现金就能买到10万美元的股票。根据规定的50%保证金需要，一个投资人只能从经纪人手中借入不到购买价格一半的资金（相应的，经纪人也只能从商业银行获得的一定量差价的贷款）。通过这种保证金规则，美联储就可以抑制银行信贷，致力于金融投资，尽管能够做到的概率微乎其微。

与此同时，银行产业实际上也被撕成两半，即被迫在商业银行的短期信贷和投资银行发行的股票债券等长期资本增长之间做选择。1929年以前，主要的大型银行一般都是二者兼顾，但他们经常会被控告扰乱利率，即发行新的企业股票或债券，然后通过将这些风险债券强加给自身储蓄客户和信托账户的方式刺激销售。1933年格拉斯－史蒂格法案（The Glass-Steagall Act）的颁布实现了这种隔离。例如摩根大厦选择继续扮演商业银行的角色（也就是后来的摩根信用担保），尽管其在资本市场赫赫有名。同年，摩根的三位股东（包括J.皮尔庞特·摩根的孙子）组成新的投资银行公司，名为摩根－斯坦利，继承大多数老摩根的客户和公司，通过股票或债券积累大量资本。[3]

一向巧言辞令、追求放松管制的商业银行家这次却对政府在资本市场插入的两把利刃保持沉默，这也是可以理解的。商业银行的确渴望“放松”，但却不是来自联邦存款保险或美联储贴现信贷的“放松”。然而为建立一个真正自由的金融市场，这个“游戏场地”必须是达到真正意义上的“一碗水端平”，银行不得不放弃这两项保护性补助金。没了这些特权，商业银行将毫无疑问要更具竞争性。这同样也会让更多银行倒闭。

当马里纳·埃克尔斯推出针对美联储改革的宏伟蓝图时，富兰克林·罗斯福将整个计划打包后又加入自己的一点建议，即埃克尔斯必须出任这个新组建的中央银行的主席。“你应该知道，一定会有很多人反对……”罗斯福这样对埃克尔斯说道，“不过，我不在乎。那些家伙的反对意见我也不打算听。”埃克尔斯回答道："好吧。总统先生，如果您都不在乎，我也没有理由在乎。"

华尔街银行对埃克尔斯发起进攻的战线有两条，即参议院的任命确定和美联储的立法改革，然而埃克尔斯却同时赢得两条战线的胜利。1935 年法案的本质就是认知过去 20 年就已经"蹒跚"显现的现实，即美联储的货币供给调控会直接且强力的影响整个美国经济的进程。如果是这样的话，那么决策权就不能落入分散在各地区储备银行的 12 位"任性"银行家手中，因为每一位都是不顾整体利益，只顾自己利益。控制权必须被集中起来，即一个坐镇华盛顿、隶属于国家政府的机构。

美联储被赋予控制各地区储备银行的官僚权威以及监督银行内部事务的权力，可以否决或无视后者的政策决定，监管一切，事无巨细，从新建筑开发计划到员工工资再到贴现利率变化。以美国银行为首的西部各银行非常支持埃克尔斯的改革，因为他们也憎恨华尔街的霸权。12 位储备银行行长，除了纽约银行以外，都变成华盛顿任命的 7 位美联储委员的下属。虽然美联储委员极力用自己谦恭礼貌的举止模糊这种关系，但每个坐在大会议桌旁的人对此都心照不宣。[4]

然而与此同时，美联储委员与政治控制力也进一步绝缘。代表着主要执行者的美国财政部部长和货币监理署长都被"罢免"为美联储成员。这种改变对于埃克尔斯来说似乎是次要的，因为他本人就是美国总统的亲密顾问和政治联盟，同时拥有内阁官员的政治身份。不过在埃克尔斯的继任者中，美联储和白宫之间的隔阂却越来越大。这样一来，就没有政治内阁代表参与货币政策的决定，政治交流的台词也变得越来越模糊且越来越不可靠。公众责任和义务也就变得越来越浑浊不清。从实际意义讲，总统的职责就是实践美联储的决策结果，但却没有直接插手制定决策的权力。

对货币政策的控制被正式掌握在一个"新人群"手中，即联邦公开市场委员会；尽管各地区储备银行的地位有所下降，但他们仍然保有某些影响力。埃克尔斯不想让地区储备银行行长的顾问权力过大，也不想让他们拥有投票权，但国会对这些银行家的妥协造就一个畸形杂交机构的诞生，即联邦公开市场委员会。12 票中美联储委员占据 7 票，因而使其可以在联邦公开市场委员会中居首要地位，但这种情况下的"意见一致"却是勉强的大多数投票结果。一旦美联储委员内部产生分歧，那么储备银行行长的 5 票就极具决定性。

每年轮流坐庄的地区储备银行行长仍然对货币政策的决定具有一定的影响力——通常是以一种保守方式。政治学家约翰·T. 伍利（John T. Woolley）对联邦公开市场委员会在20世纪60年代到70年代的货币决策进行调查，发现联邦储备银行行长的意见分歧中有90%是对紧缩货币的赞成。相反，美联储委员中60%的意见分歧却是针对放松货币政策的促进。尽管这些委员本身也是思想保守者，但相对来讲，他们要比来自各储备银行的同僚更激进一些。[5]

从作用和运行来看，现代美联储真正开始“工作”是在1935年。埃克尔斯并没有采用经济学家使用的“反周期”手段①，但其本意却与此并无区别，即制定一种货币政策，当出现经济衰退时刺激经济发展，当经济极度膨胀且显现通胀泡沫时抑制经济发展。他认为，美联储的职责就是：“确保充足的货币供给，只要是与经济恢复相关的紧急金融状况需要；并且确保经济恢复不会脱离控制以及不会带来经济衰退。”他的继任者威廉·麦克切斯尼·马丁（William McChesney Martin）对这种理念进行更加简洁的阐述：美联储的角色就是“逆风飞扬”，无论风从哪个方向吹。

经济大萧条已经证明，要想做到“逆风飞扬”，贴现信贷的力量实则有些“阳痿”。事实上，贴现借贷利率的上升或下降是随经济循环周期而定，而非“逆向行驶”。无论是上升还是下降，美联储从今后主要依靠的是开放式市场运行程序来调节货币供给，通过利率影响美国经济。贴现利率尽管仍对货币市场十分重要，但对于操控货币的美联储专业技术人士来说，其已经不能被当作是美联储从银行体系增加或撤出流动资金的主要阀门。政府债券会取代短期商业票据成为在美联储交易的主要金融凭证。美国的国库券和政府债券会成为美联储自身投资组合的主要资产。

这种美联储投资组合上的改变听起来晦涩又专业，但却在政界引起剧烈震荡。这家中央银行选择在联邦政府准备发行大量国库券和债券时将焦点转移到这二者身上，也就是说美国政府此时正准备进入一个操控财政赤字的新时代，即扩大国债并建立广阔的政府债券金融市场。这些交易出现的时机是一种历史的巧合，但货币政策的转变和政府的财政决策却出现“交叉感染”的局面，从而隐约“鼓励”了国债的膨胀。作为金融市场最后能够依靠的债权人，美联储此时买入和售出的是国债票据并接受其作为与自身贴现窗口贷款相当的抵押货币，因而维持政府债券市场的稳定变成关系这家中央银行自身利益的事，无论

① 指与商业周期既定阶段发展方向相反，如在商业周期高涨阶段采取通货紧缩政策，以防止通货膨胀等问题的出现。——译者注

是价格还是交易行为。当政府借入时，财政部和美联储就要联手合作在市场上发行新国债，并且都渴望确保这个由私人买家构成的蓄水池可以吸收这些新的债券且价格不会出现失控的回旋。

美联储运行程序的改变不可避免地让其与金融世界更加靠近，即华尔街上购买美国政府债券的债券交易员，但同时却令自己更加远离实际经济中的商业领域。美联储自身的市场利益此时主要来源于政府票据和债券，而非最初建立时的短期商业和农业贷款。其所产生的政治后果也无法估量，但似乎这种转变将会影响美联储的货币政策。中央银行家担心一切，但他们首要担心的是债券市场上金融投资人的脾气和秉性，而非美联储的一系列决定将会对商业行为中的企业人造成怎样的后果。

在经过简化的后来的政治记忆中，经济大萧条时代被总结为“长达 10 年不间断的阴暗期”。新政改革家或许可以凭借其广阔的政治规划和福利账单消除疼痛，但华盛顿政府小心翼翼的财政赤字开销却没能做到刺激经济的复苏，这种普遍的痛苦最终在第二次世界大战的强力刺激下得到解除。虽然这种总体上的总结基本上算是正确，但实际发生的真实事件却更加复杂且更具教育意义。

从严格的经济角度讲，始于 1929 年 10 月的经济大收缩曾在 1933 年显露出结束的迹象，即经济呈现出摇摆性复苏。在接下来的 4 年时间里，全美经济产出缓慢增长，但这种复苏十分脆弱，无法恢复到 1929 年之前的经济繁荣，甚至也无法大规模降低失业率。1933 年有 1500 万人口失去工作，4 年后仍然有 1100 万人口没有工作。不管怎样，经济的确是在恢复，股票市场在利润和前景的逐渐复苏下上扬，并享受到其最伟大的一次“牛市”，两年时间内股票价格翻了一番。

之后又一次急转直下的经济衰退爆发在 1937 年，尽管程度上不如经济大衰退时那么严重，但依然是对美国经济的痛击。这就像是已经伤痕累累的国家又一次被撕开伤口一样，只不过承受二次打击的美国人已经麻木。造成二次疼痛的原因很明显：在三年和平时期的财政赤字之后，美国联邦政府选择平衡的财政预算。1936 年，政府削减一半预算，之后不到半年又再次削减一半。出于自身原因，美联储在这种刺激下增加了各银行的储备金量、吸收过剩储备金并提高利率。这种结合极具毁灭性，即紧缩的财政政策和更具限制性的货币政策。这二者的联手给脆弱的经济恢复造成致命打击，致使数百万人失业。这就是 1937 年的第二次经济衰退，最终并彻底摧毁传统老旧的预算平衡经济学说，同时也更确立凯恩斯理论的政治霸权地位。

新政内部的这种理念争斗证明一种经济学观念上的突破会有多难，即一种新兴经济学战胜既定经济学理念的鄙视和轻蔑，尤其是专业经济学家的批评。与传说中的相反，1933年的新政并没有急匆匆地接受这种“赤字消费”的新理论，而是经过了数年研究、讨论、拖延和妥协。其中一个带头的怀疑者就是总统本人。

1932年总统大选期间，富兰克林·罗斯福曾经许诺会谨慎对待政府财政问题：“在我看来，削减联邦政府开支就是……政府所能做的最直接且最有效的贡献……”这也不能说是完全不诚恳，但罗斯福给自己留下一个漏洞：他将容忍联邦政府预算赤字，他宣称，只有在“美国公民出现饥荒或极度需要政府拨款的情况下……才允许政府预算失衡”。而这正是他刚上任几个月里施行大规模公共项目计划的绝佳理由，例如失业紧急救助计划和其他旨在恢复美国经济的计划都会造成大规模财政赤字。不过这位总统对此理论仍存在矛盾心理，并力求让当时的美国政府同时得到来自两个阵营的坚定支持，即“大笔消费者”和“预算平衡者”，二者均是有能力左右政府决策的群体。富兰克林·罗斯福的话有时候听起来忠诚于其中一方，但有时又偏向于另一方。“有时下午和晚上的矛盾言论听起来不禁让我们怀疑新政是否只是一句口号，或是罗斯福是否真的懂得什么是新政。”埃克尔斯抱怨道。

利用自己在美联储的地位，马里纳·埃克尔斯领导并展开一场反对罗斯福政府扩大政府财政赤字的战斗，但却屡因富兰克林·罗斯福的妥协而受挫。“似乎可以肯定的是，”埃克尔斯说道，“总统对两种彼此矛盾的理论都喜欢，因为他自己也不能真的确定到底想要往哪里走。”为帮助维护自己的立场，埃克尔斯“招募新军”，聘请一位年轻的哈佛大学经济学家担任美联储研究主管，他就是劳齐林·柯里（Lauchlin Currie），他的某些思想同样早于凯恩斯。之后柯里又招募和更换了一批美联储研究人员。

埃克尔斯还帮助开启了自由信贷时代，针对债务人相对放松的条款还逐渐成为针对美国银行客户的标准条例。作为深谙杠杆作用的银行家，埃克尔斯认为政府通过抵押担保和利率补助，要比通过政府直接消费更能对美国房地产业产生影响。他说道：“公共住房基金不过是向水桶滴进一滴水，根本满足不了需要。”但华盛顿政府却可以通过改变信贷市场来刺激大量房屋开工，即通过直接补助和提供政府担保的形式降低房屋抵押贷款利率，以诱惑债权人实施长期抵押贷款业务，导致贷款量达到近20年中前所未有的程度。一般来讲，房屋抵押贷款要限制在 7 年到 10 年内全部付清，也就是说禁止按月还贷。然而新政却改变抵押贷款规则，实现“美国梦”，让成千上万的普通家庭拥有自己的房子，因为他们只需通过长期抵押贷款和还贷的方式就能够实现这个梦想。

1936 年凯恩斯《通论》（*The General Theory*）出版问世，他并不是要借此向全世界宣称某些新的经济理念，而是旨在用更严格的科学定义去整合所有经济学家都不容忽视的概念。加尔布雷斯说道：“《通论》的作用就是让经济业内存在的各种思想合法化。无论是怪人或是狂人，其越轨或出圈的经济学观点此时都会变成值得尊敬的学术讨论。”凯恩斯时代之前出现的凯恩斯主义者代表还包括阿道夫·希特勒。1933 年之后，希特勒发起由政府介入经济恢复的第三帝国政权，即大举借债修建超级高速公路、增强军事力量。他的办法一直相当成功，直到 1936 年德国经济崩溃，从根本上终结了纳粹主义。

经济学家这个“职业”似乎永远都和“保守思想”脱不了干系，在旧的思想逐渐衰落、新的思想逐渐萌芽时，他们永远都是最后一个知道的人。作为一个群体，他们捍卫现状，无论现状如何，直到某些真实的事件将现状摧毁。在平民主义运动时期，大多数经济学家对赞成金本位的农民改革家嗤之以鼻。20 世纪 30 年代，他们又排斥一些脱颖而出的经济思想家，例如马里纳·埃克尔斯。一代人之后，已经将新凯恩斯主义者接受为正统思想家的主流经济学家们又再次被正在改变的现实突然袭击。

从这种意义上讲，约翰·梅纳德·凯恩斯卷帙浩繁的杰作的确是勇气可嘉，因其凭借极其专业的经济学观点有条不紊地驳斥了自亚当·斯密时代以来充斥经济学界的某些理念。古典经济学认为，自由市场通常是可以自我调节的，对于工资、生产和物价其永远都会找到一个自然的平衡点。失业是一个暂时的脱臼现象，当工资下降到可以匹配劳动力需要以及物价随之有所调整时就会自然消除。凯恩斯认为，这样的前提并不能算错，但这种平衡是一种极其罕见的例外，且很少能被认知，而非一种普遍规律。此外他还描述了金融机制和资本形成事实上是如何做到有规律地让产业经济在充分就业以及发挥充分潜能的条件下运行。

凯恩斯尤其颠覆了众所周知的古典经济学基本核心萨伊定律（Say's law）（以亚当·斯密理论的忠实信徒、法国政治经济学家 J.B. 萨伊命名），即需求是由供给创造的。根据萨伊理论，经济行为的过程开始于生产者的投资和制造，然后再为自己寻求市场。凯恩斯解释道，现代经济体系却蛮不是这回事，如果生产者不能首先着眼于市场对自己产品的需要，就不能盲目生产。“需求方”才是经济行为的开端，而非“供给方”。

凯恩斯认为，以市场严重失衡为表现的经济大萧条正是从过剩存款找不到切实可行的生产投资开始的。病态资本无法被应用于能够创造新供给的投资中，直到找到充足需求，即购买商品的买家。因此解决办法就是：为刺激生产，必须操纵市场商品需求总量，让持有存款的储户确信投资可以再次有利可图，从而奇迹般地恢复资本形成过程，利用复利实现世界财富的繁殖增长。

毕业于剑桥大学、身份高贵、财产颇丰的凯恩斯一向我行我素。他是一个唯美主义者，乐于享受称自己被称为“不道德主义者”，是英国知识界鼎鼎大名的布鲁姆伯利派（Bloomsbury group）领军人物，公然反抗维多利亚时代的艺术和爱情道德。凯恩斯曾经结婚，但同时也是一个同性恋者，这个事实自然会将他推入蔑视社会世俗的行列。

正如凯恩斯自己所说，他对正统经济学的反叛根源于社会主义和阶级矛盾的政治不满。这是基于一种心理学视角：对于前所未有的充足供给和资源广泛分布，资本主义达到成熟——只要人类社会能够做到远离新教道德规范的严苛教条和加尔文思潮坚称的自我否定对于人类精神是有益且必需的理论。加尔文主义者认为，为未来拯救自己的理念能够让人类在长时间里受到奖赏并一定能进入天堂。“从长期来看，”凯恩斯说道，“我们谁都难逃一死。”他坚称，人类应该享受当下。娱乐和消遣总是好的，遭受痛苦大体上根本没有必要。

凯恩斯的道德观在这场辩论中赢得胜利。现代经济依靠的是大规模消费，加尔文理论依然充斥着有关“勤俭节约、自我牺牲”的虚伪言辞，但每天的现实生活却是遵循凯恩斯倡导的“放松信贷、自我满足”的娱乐生活。这种道德转变被人们所接受，最重要的是，其变成了美国人生活的核心和习惯。

作为一种政治理念，凯恩斯理论同样极具影响力。保守主义批评家谴责其是社会主义到来的标志，但凯恩斯政治经济学的核心却根本不是这回事。凯恩斯倡导的并不是阶级矛盾，反而是阶级调和。他的经济处方恰恰是和平解决问题的方案。政府通过明智的干预和介入以纠正资本主义制度带有缺陷的机制，从而让市场免受政治斗争的影响，即劳动力 VS 资本、消费者 VS 生产者、穷人 VS 富人。正如罗伯特·斯基德尔斯基（Robert Skidelsky）所说，凯恩斯的救助措施“避免了必须在资本和劳动力之间做出选择。让需求保持在高涨状态的同时保障高利润，实现充分就业、工资增长，因而会消除，至少缓解财富分配的矛盾”。

粗略来讲，他的构想是为人人所想，是一种诉诸政治家和投票人的许诺。这已经不是将公民划分为赢家和输家的传统阶级利益之战，而是一种提议人人皆赢的政治手段。从最高角度讲，凯恩斯（和埃克尔斯及其他人）提供的是一个倡导统一经济决策原则的政治社区，即所有人都坐在同一条船上。鉴于现代经济中错综复杂的关系，所有人都会共同繁荣，最后也可能会共同衰落。资本将不会自动收集奖赏，除非劳动力获得应有回报；生产者生病，工人也不会健康；没有人借入存款投入生产，存款人也不会收获利润。

自我利益的获取需要合作，需要对奖赏的协议性分享。凯恩斯主义逐渐变成现代政治活动中讨论最多且不言而喻的前提。有关对税收和开支的永恒讨论其实就是有关分享份额的战争：谁获得多少以及对经济增长可能产生哪些影响，而有关阶级的讨论已经成为过去。美国体系的基本问题与那些由平民主义者或劳动社会主义者提出的问题一样渐渐远离人们的视线。尽管劳动力、管理者和其他冲突性利益群体之间的政治斗争依然在继续，但凯恩斯理论一问世，就在美国社会造成一种不温不火的影响。与1913年美联储的创立一样，凯恩斯的出现帮助掩盖了深植美国政治骨髓深处的阶级冲突。[6]

这种慷慨的政治精神，即凯恩斯教条中不言自明的阶级休战，与富兰克林·罗斯福管理美国的实战原则十分相似。尽管党派之争一向“沾火就着”，且罗斯福向来鄙视华尔街上的“经济学贵族派”，但新政的真实精神却具有安抚性和合作性。他留在美国人记忆中的是劳动者的捍卫者，但同样也会得到华尔街上重要精英的大力支持，包括那些首屈一指的投资银行家。罗斯福的诸多改革措施从某种意义上讲是涉及诸多经济领域的一系列“新政”，无论是衰败领域还是繁荣领域。虽然他的讨价还价并未终结这种冲突和矛盾，但他的确降低了它的强烈程度。

除了一路颠簸地努力实现需求的累积性增长，新政还起到另一种平衡作用，即限制供给。自平民主义运动以来，美国农民一直都是在过度供给和市场剧烈波动中最容易受伤的群体，新政利用补助政策使他们免受价格不稳带来的破坏性影响，同时农民也答应限制土地产量。有组织的劳动者在与愿意降低工资的非公会工人竞争时也极易受创，于是新政颁布劳动法案，限制受雇劳动力过度供给，劳动者也随之表示放弃自身随心所欲的罢工和破坏“战术”，接受产生分歧时的秩序性管理。

新政调控方案涉足多种经济领域：石油生产、交通运输、电信通讯、航空航天，这些私人产业经济全部接受政府的监督和监管，但通过对供给的控制这些企业仍然可以实现稳步运行。通过对价格的设置以及对可能破坏政府干预的新企业进入市场的约束，市场竞争受到限制。保守主义批评家认为这是政府的卡特尔行为（cartel）①，但这种管理实际上非常类似于之前政府对银行体系施与的保护。

1937 年经济衰退再次爆发，有关新政的讨论终于尘埃落定。凯恩斯赢了。教训就是平衡的财政预算并不会真正伤害到美国经济。新政的唯一缺陷就是其还没有强大到可以控制整个局势并实现既定目标的程度。

马里纳·埃克尔斯拒绝接受对自己在 1937 年至 1938 年经济大衰退中的任何指责，但涵盖整个经济领域的经济学家，无论是保守主义者还是自由主义者，从米尔顿·弗里德曼到约翰·肯尼思·加尔布雷斯，都认为当时美联储自身不经意间就“帮助”本来脆弱的国民经济的复苏再次陷入不稳。1936 年末至 1937 年初，本以为此举无害的美联储将各商业银行的储备金量翻了一番，又正逢美国政府主管部门紧缩财政政策。于是到了 1937 年 8 月，美国新一轮的经济紧缩开始潜滋暗长。

直到那时，中央银行一直遵循的都是“消极”货币政策，给予经济扩张极大的空间。利率低迷且银行储备金充足且过剩。埃克尔斯与其他凯恩斯自由主义者确信，这种货币政策绝不可能成为刺激经济复苏的主要动力。美联储可以制造大量可用货币，但却不能强迫人们借入这些货币。美联储能够刺激需求累积的最有力措施就是调节利率，即在政府的财政政策鼓励企业经济行为的同时保证货币价格的低廉。在这些建议下，美联储制定一套盛行几十年的运作程序，并在一代人之后受到米尔顿·弗里德曼及货币主义者的攻击，即中央银行将焦点主要放在控制利率和“信贷条件”上，而非货币和货币供给。

作为美联储主席，埃克尔斯的领导颇具讽刺意味，他在恢复美联储控制地位以及深受之后美联储官员尊敬的同时，自身却又认为这家中央银行应该扮演一个次要的角色，即作为由国会和总统制定的财政政策的补充并协助政府信贷。

“作为我们解决经济问题的目标，美联储不能简单地被与世隔绝，”埃克尔斯曾经解释道，“它并不是万能的。其整体目标是维持适当的经济增长速度、

① 由一系列生产类似产品的独立企业所构成的组织，集体行动的生产者，目的是提高该类产品的价格和控制其产量。——译者注

低失业率以及合理地稳定物价。但在目前形势下，美联储的主要工作是作为政府财政政策的补充。财政问题继续以过于庞大的财政赤字为形式存在，那么美联储无论喜欢与否，都必须要向银行体系提供充足的储备金，以帮助政府拥有足够的必须资金，即使出现通货膨胀。”[7]

埃克尔斯的最大错误就是他始于 1936 年推行的紧缩政策。必备储备金比例一路增长，从 12.5% 上涨到 25%。大多数银行因其拥有过剩储备金而完全能够应付这种必备量的一再提高，但这样的行为也会造成金融市场利率的一路飙升。当新一轮经济衰退逐渐显现时，埃克尔斯作为富兰克林·罗斯福内阁圈中的一员而逐渐失去威望。“一种濒临毁灭的恐惧感占据内阁中某些高层人物的心，”埃克尔斯说道，“他们破例就我的提议和观点提出质疑。”

这段插曲似乎可以印证凯恩斯自由主义者早先曾认定的一个有关货币政策的事实，即美联储对于经济增长所能做的就是什么都不做。货币应该会顺应经济的发展变化，同时也会做到停止对经济发展的干扰。在混乱的第二次世界大战期间，美联储事实上正是采取了这种完全消极的货币政策。

“1937 年的行动是美联储今后很长一段时间里所做的最后一次努力，”加尔布雷斯写道，“因为其在今后 15 年里没有展开过任何一次类似的行动。”

1949 年，当保罗·沃尔克还在普林斯顿大学主修经济学时，他就曾撰写一篇题为《二战后美联储政策之问题》（*The Problems of Federal Reserve Policy Since World War II*）的毕业论文。这份 256 页的论文精辟地阐述了美国中央银行如何屈服于第二次世界大战的金融强横并失去自己对货币和物价的控制力。沃尔克正确地预言了美联储必须要采取某些措施，要么选择恢复货币纪律，否则美国将面临无休止的通货膨胀。

“尽管通胀问题始终能在人们惴惴不安和无比关注的情况下抬头，但某些对策似乎并不切实可行，也不像是要和这种危险作斗争，”沃尔克写道，“因为随之产生的政策方针可谓过于消极。”

如果马里纳·埃克尔斯看到这位年轻大学生的分析，恐怕也不会表示反对。二战期间，美国联邦政府大举借债数千亿美元，而美联储的明确态度就是利用自己的货币政策支持财政部的债务决定，向银行体系注入更多的流动货币，从而让私人买家可以吸收新的政府债券。美联储一味遵循财政部指令，无条件交出自己的独立地位。这家中央银行的货币供给政策只会与一个目的“紧紧挂钩”，那就是低利率。整个二战期间，政府长期债券的利率一直被稳控在 2.5%，短期债券利率也相对较低（90 天期国库券利率还不到 0.5%）。

一旦市场压力强迫利率提高，中央银行只需自己购入更多国库券就可以解决问题，这无异于是向金融体系注入更多货币，阻碍货币价格的上升。事实上，美联储保证的是如果私人市场没有买入国库券，那么它自己也会出手买进。1933 年，富兰克林·罗斯福入主白宫时美国国债是 220 亿美元；1941 年珍珠港被袭后，国债上升到 480 亿美元；到了 1945 年对日战争胜利时，这个数字已经激增至 2800 亿美元。

经济系学生保罗·沃尔克总结道，美联储必须停止与利率“紧紧挂钩”，不要将利率设定在固定水平，也不要“打着反通货膨胀的幌子”允许利率随市场压力而上升。[8] 此时在美国政府内部，马里纳·埃克尔斯也在表明相同的立场，然而他却越来越不得人心。“美联储没能抵抗住财政部的阻力并维持在一个更加独立的位置，我为此深感遗憾，”埃克尔斯在回忆录中写道，“我们没有理由继续支持财政部战时的廉价货币政策。”

第二次世界大战期间，埃克尔斯曾多次与财政部就如何为战争提供资金支持的问题发生争吵，但最终都是被迫妥协。早在第一次世界大战时美联储就曾在政府信贷问题上扮演过相同的支持角色，林肯也曾为支持内战大量制造“绿币”。历史和政治学认为，处于战争和面临生存威胁中的国家将会不惜一切代价赢得战争的胜利，然后再为之后出现的财政恶果忧心忡忡。

埃克尔斯也不是反对这种普遍观点，但他尤其反对的是所采用的财政手段。他认为，财政部定期取得的周期性债券胜利意味着银行和大型投资人将获得“骇人听闻的暴利”，因为这种方法会催生美联储货币创造的一连串爆发。为确保成功售出债券和稳定利率，美联储必须通过全额买下数目可观的政府债券实现银行储备金的扩张，商业银行将这部分扩张的货币借给私人客户，然后私人客户再通过购买新国库券的方式借给政府。当美联储再次需要扩张货币供给时，私人客户再向私人银行售出新的政府债券，也就是最终再返还给美联储。通过这种“绕圈子”的方法，美国政府等于是在借入自己的货币，即向拥有特权的中间人支付固定数量的酬金。

“当然，这些银行家乐于接受财政部金融政策的诸多方面，因为他们是政府债券的交易员和经纪人，”埃克尔斯抱怨道，“这些措施能确保拥有无数金融公司和保险公司的他们发一大笔横财。然而此时的购买行为在很大程度上并不来源于真正的储蓄存款，而是来源于通过非银行投资人购买政府债券的行为所创造的货币。”

埃克尔斯想要阻止这种“自由搭便车”的现象，方法就是限制银行参与政府债券市场链和发行不能被重复销售的政府债券。然而他却从来未成功过。埃克尔斯还强烈要求推行一种在所有政治领导人看来难以在战时施行的政策，即高利率下的额外亏本出售。当时联邦政府税收已经大幅度提高，但第二次世界大战期间的税收主要用于支付政府贷款。从 1940 年至 1945 年，联邦政府支出的 60% 都是依靠信贷而非税收。

曾提出大胆赤字消费的第一人马里纳·埃克尔斯如今却变成受到罗斯福内阁谴责的“稳健货币者”。他力劝富兰克林·罗斯福不要“借太多钱”，而是“收更多税”，通过吸收银行客户过于膨胀的存款来资助战争，而非人为制造过量货币。战时对工资和物价的控制在很大程度上可以让美国规避通货膨胀，但他警告说，一旦这种控制有所松懈，极度过剩的货币供给就会变成“通货膨胀的引擎”。

虽然如此，第二次世界大战带来的经济后果对于美国人来说却极度慷慨。凯恩斯自由主义者认为这段经历无可非议地是其理论教条得以证明的最佳时刻，即充分印证中央计划和政府控制的可能性。美国历史上的任何一次战争最后都会催生经济的稳健增长，但第二次世界大战则更像是一次产业革命。在短短 5 年的时间里，美国的年生产率就增长 75%。单单 1942 年，美国的国民生产总值就增长 16%，第二年和第三年又分别增长 15%（而在后来的几十年当中甚至就连 5% 的增长率都很少出现）。美联储也在此期间彻底调整自己，其再也没有让货币或利率妨碍经济增长。

从大范围来讲，美联储的运作程序就是凯恩斯主义经济学，即以创造新需求为前提的创造新货币供给。美国政府因二战借入和花费的货币数量前所未有，而政府开支会为新产品创造市场，同时也会催生新技术的开发。为满足战争需要，美国政府实际上是在强行满足众多产业领域的新生产工具的快速发展。美国战后繁荣的基本产业包括电子、石油合成、飞机架构和引擎、造船、钢铁、核能等等。这些得益于二战的新兴产业基础就是造就美国全球霸主地位的平台，开创以美国为基地、跨越世界经济的跨国公司时代。这次革命也可以被称为是“供应”经济学，但其实践起来却是根据凯恩斯的圣经福音。

对于消费者来说，这次战争动员就是献出祭品的时刻，汽车、住房、家用电器都不再生产，肉类和糖都要定量供应，工资水平和物价都要接受华盛顿官僚政府的控制。对于当时在军队服役的1200万士兵来说，这种经济牺牲尤其严重，他们常年失去工作和收入（更别说那些在战场上死亡和受伤的人）。不过从总体上讲，正是这种战争岁月的自我否定奠定了美国富足繁荣的未来。二战期间，人均收入较1939年上涨40%。尽管有上千万人应征入伍，但失业率同时也消失不见，劳动力不足变成新的社会问题。第二次世界大战是“一个创造平等机会的雇佣者”，妇女和黑人取代男人和白人冲进工业生产第一线。收入增加了，可花费的途径却有限，于是许多家庭积攒了越来越多的钱（其中部分是通过战时债券、即借钱给政府的形式实现财富积累）。1943年和1944年，美国个人存款量达到惊人水平，即占总收入的25%。1945年以后，这种被压抑的消费需求催生了战后繁荣，个人取代战争成为美国生产的最主要消费者。人们再次可以用自己的钱买到他们曾经不能买的东西：汽车、度假旅行、郊区别墅、家用电器——可买的东西重新变得异常丰富。

第二次世界大战正是这种可能性的范本。从理论上来讲，如果国民能够在观念上达成一致，即人们能够接受对自己经济选择的暂时限制以及对工资和物价的规律性调控，那么美国就绝对可以自行重建，甚至可以在一夜之间完成。正确的选择会让美国人的经济行为事半功倍，促进改革和创新并极大地繁殖新的财富和收入。不过这些经济选择实际上涉及的是某些政治疑问：谁来充当牺牲的祭品？谁来收获其产生的奖赏？谁的消费应该被克制？谁的生产应该被鼓励？所有这些都被置于政府的强大权力之下，或许只有战争才能让国民对此容忍。没有一个人，包括最热心的凯恩斯主义者，也不曾想到该如何在和平时期重新缔造这种类似创造性牺牲的合作，或者如何在自由社会推行这种方法。

随着控制力的逐渐放松，预言性的战后通货膨胀如约而至，1946年，美国通胀率是8.5%，第二年就变成14.4%。不过尽管政府债务发生巨大膨胀，但二战之后的通货膨胀显然并不如其他几次战争后的物价飞涨那么严重。庞大的政府债务中有一大部分被用于真实资本形成，即对新工厂和新技术的投资，从而实现美国实际经济的增长。如果真实生产的增长可以赶上经济增长的步伐，那么也就不会出现通货膨胀。债务是对未来的赌博，而这里的赌注已经被还清。

不管怎样，这种在二战后盛行的政治觉醒仍然被经济大崩溃的灼热记忆所占据，而非通货膨胀的危险。许多人认为如果没有战争的刺激，经济紧缩的痛苦一定会卷土重来。如果经济管理中出现错误，他们就会占据上风，即维持经济运行、避免 20 世纪 30 年代灾难再次发生。不过二战后的经济基本原则却十分不同，和平时期的美国政府并没有真正复原。经过短暂的中间休息之后，冷战迹象显现，国防预算再次上涨。大规模军备和常备军发展到战时水平，并成为联邦财政预算开支的永久性义务，同时也是对需求积累的永恒贡献。

不过，由于此时的政府债务中加入了迅速激增的私人债务份额，所以战后美联储面临的两难境地也就更加严重。随着消费者、投资人、生产者及其他企业逐步摆脱战时的信贷控制，他们对银行信贷的需求也就增大了货币供给的压力。如果中央银行必须对这种现象保持默许，即为抑制利率上升而无限制供给市场需求的货币，那么美联储官员会感觉自己在面对通货膨胀的压力时无能为力。

“我们无法限制银行体系可以创造的货币数量，”埃克尔斯警告道，“但我们却可以限制生产工具和劳动力供给，只有这样才能稍微降低过快的经济发展，也是目前我们所能采取的最好办法。”这是马里纳·埃克尔斯及美联储记忆当中最为谦恭卑微的一次，语气听上去就像是一个焦急万分的中央银行家，而非倡导自由主义的梦想家。

然而美国财政部却不想提高利率，他们既想扼制政府信贷成本、又想鼓励私人经济行为。埃克尔斯意识到：“这是一种责任冲突。财政部的首要任务是以尽可能最低的成本为政府提供资金……而美联储的工作却是尽可能帮助维持经济稳定的货币和信贷调控。”

必须要做点什么。埃克尔斯和美联储开始竭力宣称自己的独立地位并致力于打破自己的从属身份。他们曾多次试图调高利率，一次当埃克尔斯“暗示我们将要静坐示威时”，财政部部长向美联储发起责难。这位自由主义改革英雄曾宣称自己与保守共和党根基断绝关系，但此时的埃克尔斯却发现自己背负上“退党变节”的罪名：“一向拥护平衡预算和紧缩信贷政策的埃克尔斯已经放弃自己在新政初期的立场，转向反动派阵营。”1948 年，总统哈利·杜鲁门拒绝再次任命埃克尔斯担任下一任美联储主席，而是将美联储交给了托马斯·B. 麦凯布（Thomas B. McCabe）。14 年后，埃克尔斯傲然地接受了自己的伤疤——来自银行家的鄙视和非银行家的不再信任。

在未来的美联储主席保罗·沃尔克还在普林斯顿大学撰写毕业论文时，美联储的两难境地仍然悬而未决。沃尔克的提议堪称异类。他认为，针对政府债务金融的冲突性责任以及存在于财政部和中央银行之间的恒久性拔河状态可以被简单地加以解决，即完全剥夺美联储的独立地位并将其编入财政部。这大体上与英国和法国等工业国家的中央银行一样，后者要完全听命于由选举产生的政府的指令。马里纳·埃克尔斯显然会被这样的建议吓坏，也包括日后成长为成熟中央银行家的保罗·沃尔克本人。

“结论似乎很明显，”年轻的沃尔克写道，“一定会有比现在更好的办法去分配货币控制的责任问题。要么将货币权威完全分配给美联储，要么就将财政部和美联储合二为一。后者似乎更具逻辑性，因为财政部的财政行为注定具有更大的货币含义。

“诚然，财政部过去的行为还不足以表明值得将绝对的货币权威托付给它，但由于其影响力是断不能被排除的，因此只有合并才有可能彻底根除优柔寡断、矛盾冲突、不负责任，以致政策流产。”

政治责任会因此被分配给一个由选举产生的执行机构，此机构有责任为其决策产生的经济后果负责。有关政府开支和税收的财政政策有必要经过货币政策以及货币和信贷扩张调控的筛选。如果美国总统利用手中的权力保护廉价货币，那么也必须接受价格通货膨胀造成的任何恶果的谴责。如果因过度紧缩的信贷政策而造成经济衰退，那么总统也不能无奈地将美联储当作挡箭牌。

1951 年初，出现在保罗·沃尔克大学论文中的解决办法并没有得到重视，但当时的这种冲突却已经达到白热化程度。美联储再次发表声明，且较之前更为强硬地表示再也不能压制利率。哈利·杜鲁门将联邦公开市场委员会全体委员叫到办公室长谈，之后白宫断然且友善地宣布：美联储将继续把利率维持在原来的固定水平上。

然而这个“承诺”却并不牢靠。几周后美联储就再次发起抗议，杜鲁门终于同意财政部和美联储通过协商解决冲突。1951 年 3 月，协商结果公布，即《财政部和联邦储备系统协议》（*the Treasury-Federal Reserve Accord*）的出台。该协议微妙且折中地解决了双方矛盾，财政部同意稍微提高利率，并赋予美联储较小的灵活性。已经不再是主席但仍为美联储委员的埃克尔斯也参加了这次讨价还价的谈判。财政部的主要谈判人是副部长威廉·麦克切斯尼·马丁（William McChesney Martin），即纽约证券交易所的前董事，也是之后“倒戈”美联储的新主席。1951 年接受任命的马丁是经历过 5 届总统选举的美联储主席。

起初协议并没有产生太大影响，利率也仅仅是稍稍向上爬升一点。不过之后不到两年，马丁及其他美联储官员就声称自己要重新审视和解读这份财政部-美联储协议，他们证明这份协议是表明这家中央银行完全独立的标志。当时正逢 1952 年德怀特·艾森豪威尔击败信奉自由主义的民主党而入主白宫，想要放松信贷和崇尚低利率的民主党决策者恰好被保守的共和党人取代，而后者和美联储一样都十分忧心“稳健货币”且支持推高利率。

这听起来令人费解，但这份协议的确是美联储生命以及战后美国经济发展的一个关键点。从实际意义来看，美联储再次变得独立自主。这家中央银行不再感觉到被迫压低利率，也不再对政府执行机构的指令亦步亦趋。独立的美联储可以放松，也可以紧缩，只要其认为有必要。在接下来的几年当中，货币价格稳步上升，且直接受金融市场的供需感知和美联储的推行所影响。“我们的目的是，”正如威廉·麦克切斯尼·马丁指出的，“在通货膨胀的和通货紧缩的强风中逆风飞扬，无论风会从哪个方向吹来。”

众议员赖特·帕特曼对马丁的论断给予无情抨击，他从一个不同的角度描述了这种经济后果。帕特曼抱怨道：“美联储接下来会花费 10 年时间才能将利率推入正轨。”[9]

新任美联储主席友好和善、机智幽默，说话直言不讳，但却能有效中和政治攻击。威廉·麦克切斯尼·马丁曾欣然坦承，美联储的主要工作就是“在宴会开始前撤掉大酒杯”。这样的言论引起众多倡导自由主义的批评家的群起攻之。他们抱怨道，这正是威廉·麦克切斯尼·马丁在 20 世纪 50 年代行为的真实写照，即通过高利率抑制战后经济扩张，才使得美国经济再也没能全速前进。

从另一方面讲，保守的货币主义批评家抱怨这家中央银行的运作程序既令人费解又极不严密，一下子这样，一下子那样；一下子抑制信贷，一下子放松信贷，好像对决策方向并没有明确定义。“从本质上讲，他们根本没有讨论该如何决定哪种方法会与风向有关。”米尔顿·弗里德曼和安娜·史华兹写道。

马丁向来折中的经济手段以及其本人自信的处事风格成功压住了这场批评风潮。他在国会听证会上有力驳回了赖特·帕特曼的进攻。时而遇到难解的问题，他也会平和地面对学术质疑，但美联储对货币的管理却从来没有成为批评家所质疑的决定性政治问题。通货膨胀不温不火，20 世纪 50 年代的美国经济富足，公众对抽象的经济讨论并没有太大兴趣。贯穿整个马丁任期，这家中央银行一直远离公众视线、保持自身神秘性。他们的工作对于大多数人来说过于模糊和复杂，货币似乎与政治距离太远，远得还成为不了公开辩论的主要话题。

退休多年以后，马丁曾不无幽默地回忆起美联储的这种神秘性。出任美联储主席时，他这样对自己说道："作为美联储主席，我比较平易近人，而且会全力以赴。我并不是世界上最聪明的人，但却非常努力工作，我能想到如何控制货币供给的方法并不容易，但每个人都认为我是信手拈来。"[10]

马丁曾多次针对通货膨胀日益迫近的危险发出警告，但这似乎既宝贵又后知后觉。然而正是美联储的焦虑多次中断美国战后经济的扩张。在艾森豪威尔总统任期内的繁荣岁月里曾发生过三次经济衰退，其中至少有两次要由美联储负直接责任。1953 年，通货膨胀率还不到 1%，美联储就对货币市场施加剧烈的紧缩；于是 1954 年局势发生逆转，等到想要抑制经济萎缩时一切为时已晚。4 年后，美联储的行动又开始向反方向发展，即迅速扩张货币供给以阻止经济紧缩。但这一次又是过迟的行动，也依然没能挡住一次短暂且温和的经济衰退。就在两年之后，也就是 1960 年 4 月，美国的经济复苏陷入停顿，这也是历史上最短暂的一次复苏，接着就又陷入新一轮的经济衰退，此时正值美联储终止货币供给增长的 6 个月之后。

无论自由主义批评家怎样反对马丁过于谨慎的货币管理政策，总之他们不能否认马丁是在竭尽全力地帮助共和党人。20 世纪 50 年代爆发的三次经济衰退均发生在竞选年份，高失业率促使共和党人将国会议席逐步交给了民主党，直至最后交出整个白宫。副总统理查德·M. 尼克松曾在 1960 年竞选总统期间敦促艾森豪威尔内阁推行马丁放松的信贷政策，竞选过后，尼克松前往美联储见到马丁并告诉他到底应该由谁来为其竞选失败负责，答案就是美联储。

肯尼迪－约翰逊时代盛行的"新经济学"是围绕在美联储周围政治气氛的一次逆转，即人们乐观地宣布艾森豪威尔时代无趣的保守主义远远低估了美国经济发展的潜力。竞选期间的约翰·F. 肯尼迪曾对美联储自身进行批评，但他的竞选胜利却传达出这样一个实质性信息，即"意欲再次推动美国经济"的承诺。美联储政策的自由主义控诉被赖特·帕特曼及其他人更加细致地解读成：过于紧缩的货币几乎令政府债券利率较前 10 年翻了一番，即从 1950 年的 2.3% 上涨到 1960 年的 4%。然而失业率也在逐年稳步上升，直逼 6%，国民经济发展远低于实际发展能力。与此同时，通货膨胀也在制造虚假的恐怖气息，实际上 1960 年的物价上涨率仅为 1.5%——根本不足为惧。

“很明显，这是一种痛苦，”帕特曼宣称，“美联储施行的货币政策根本就不是充分的，扩张主义者试图推动国民经济跟上不断上涨的劳动力和工业生产能力的步伐……在协议颁布实施之后的整个阶段里，利率在微弱的干预下缓慢爬升。由此，这段时期的典型特征就是银行、其他大型金融机构和个人充足利息收入的持续浮动，而支付这些收入的则是除他们以外的其他美国人。”

帕特曼是一位与众不同的批评家，因为他是为数不多几位愿意用老观念攻击货币问题的政治家之一，即使是在自由主义民主党人中间。所谓老观念，即是起因于高利率的收入再分配以及扭转财富从多数人向少数人的流动。基于此，帕特曼被称为是“最后的平民党人”——这是一个含有嘲笑意味并混合了怀旧情绪的称呼。在一个全民富庶的年代里，他对银行家和高利率的攻击遭到人们的排斥，被看作是来自遥远过去的古怪谣言。如今利率已经被视为一个需要靠科学手段和市场力量去解决的问题，而非富人和穷人间的原始政治斗争。

不过帕特曼的抱怨也提醒约翰·肯尼迪及其凯恩斯主义经济顾问需要去制定一个更加宏观的经济目标。“高利率政策，”帕特曼解释道，“意味着一个国家选择的是最可能导致经济发展减速的办法。”而由肯尼迪试水、林登·约翰逊贯彻实施的经济政策，强调的是货币政策靠边站或者至少不能过多干预富有积极意义的财政政策所能实现的经济增长。

帕特曼前瞻性地预见了这二者之间不可避免的冲突，即政府的财政政策 VS 政府的货币政策。“就目前情况看，”他警告道，“经济政策的运行就像是一辆由两个司机驾驶的双控装置汽车，其中一个人利用自己的刹车和油门坚称自己的独立地位，好像就只有他一个人能够看到正确路线。在这样的情况下汽车如果能够长期正常运转纯粹是一种运气。至少可以说，无论汽车开到哪里，这都是一种最低效的办法。”[11]

新经济学会发挥作用。肯尼迪－约翰逊时代的减税和减少政府开支实现了带动经济发展的更多积累，曾几何时，经济学家似乎已经完全摸清该如何实现无休止的经济繁荣。从 1961 年 2 月到 1969 年 12 月的整整 106 个月里，美国享受了时间最长且毫无干扰的经济扩张。股票市场在持续增长的企业利润带动下出现长期牛市，劳动者的个人收入在稳步增长，失业率持续下降。美国公众普遍能感受到美国政府加倍实现了曾经的诺言，即帮助那些被资本主义增长所遗忘的人们——穷人、老人和少数种族。

随着全民就业的实现，白宫和美联储之间的一场战争也正悄然上演。马丁及其同僚担心当经济发展达到极致且再也无法实现快速增长时，需求和供给之间的自然法会催生通货膨胀的发生，就像是物资稀缺时市场叫高购买价和劳动力稀缺会导致工资上涨一样。美联储试图在不引起公开矛盾冲突的情况下遏制经济发展，而白宫却威胁美联储要学会适应经济增长的新环境。1965年林登·约翰逊将马丁传唤至约翰逊牧场，就贴现利率上升的危险进行一次颇具戏剧性的演讲，至此二者之间的冲突被短暂性地搬到公众眼前。

根据白宫备忘录的记载，白宫的经济顾问在美联储主席是否能和白宫“站在同一条战线”的问题上态度比较激进。他们还为美联储选择了许多更倡导自由主义的新委员，借此“引诱”马丁改变固有观点和战略。1967年，林登·约翰逊意欲撤掉马丁美联储主席的身份，经济顾问委员会的加德纳·阿克雷（Gardner Ackley）于是给总统送去一张力劝其“少安毋躁”的便笺。阿克雷私下里对其他美联储委员信心十足地说：“比尔·马丁会日益变成‘新经济学’的追随者……既然‘新经济学’的特点就是坚定地骑墙态度，那么比尔也一定会指望白宫和美联储的合作。”[12]

马丁及其同僚会定期抵制因吸取联邦政府开支而造成的通货膨胀冲动，但力度却并不如某些人希望的那样强烈。达拉斯联邦储备银行行长菲利普·科德韦尔说道：

“美联储试图反抗，但在那段时间里，将贴现利率提高0.25个百分点就算得上是一件惊天动地的大事。你别想试图将利率调高到足以遏制通胀的程度……

“一旦有任何风吹草动，约翰逊就会降责到美联储头上。这也对，所有总统都必须找到一个代罪羔羊。在约翰逊看来，美国经济极具弹性，美联储不应该如此顽固。对于他来说，将军备开支增长三倍当然毫无异议，因为他想让美联储为债务制造货币。作为联邦公开市场委员会的一员，我们一些人强烈认为应该施加更大规模的遏制政策。但有些人却一直在说：‘好吧，我们正处于战争状态，我们必须支持这场战争。’可我们的做法却从来都不具正面意义。”

事实上当时的新经济学正在遭到破坏，但责任决不在威廉·麦克切斯尼·马丁或美联储身上。美国发动印度支那战争的行为是一种骄傲自大的表现，而这种自负也同时传染给了当时的某些自由主义经济学家。经济顾问委员会主席亚瑟·欧昆（Arthur Okun）曾在 1968 年大肆吹嘘道：“经济衰退是经济环境中的规律性特质，其通常被视为不可避免……但此时的经济衰退则被普遍认为是一种可以被阻止的现象，它就像是飞机失事，而不是飓风。”[13]

然而截至 1968 年，这些自信满满的经济管理者仍然坐等且没有实施任何必要措施。而凯恩斯主义教条规定：要想抑制需求积累和避免经济过热发展，就必须采取增税和削减政府开支的措施。

保罗·沃尔克是比较早认识到这一点的人之一。1965 年秋，辞掉财政部部长助手一职的他回到华尔街银行体系，并随即给前任老板、财政部部长亨利·福勒（Henry Fowler）送去一张苦恼的便笺。根据沃尔克的回忆，自己当时这样写道：“上帝！如果现在再不增税，整个新经济学都将身败名裂。”

沃尔克是一个“团队合作者”，他乐于分享政府内阁的经济目标，但同时又不能完全苟同这个目标的放肆和狂妄。

> “重新调整情绪几乎是不可能的，但现在经济专业领域内盛行的是一种兴高采烈的气氛，”他回忆道，“因为人们认为经济周期中繁荣与萧条交替的规律已经被打破。所有人都这么认为，尽管我觉得自己对此并不能苟同。但我的背景有些不一样，我更受金融导向的影响，财政部的经济专家自然要比白宫的经济顾问更加谨慎。”[14]

正如沃尔克在便笺中所说，凯恩斯主义经济学原理在印度支那战争初期接受的这场严峻考验正值战争支出迅速激增、美国社会做出国内经济发展计划开支新许诺之时。而这场考验在于：新经济学管理者（政治家和经济学家）是否能够啃下这块硬骨头，即当通货膨胀压力在实际经济中日益明显时实施紧缩的财政政策。尽管美国国会的削减税收、增加开支政策并非选举政治的牺牲品，但他们真的愿意在经济需要时扭转自己的政策吗？答案是：他们不愿意。因为在美国政治中，凯恩斯主义似乎永远都是向上的，它绝不会走下坡路。

这种政治缺陷才是最根本原因所在，尽管当时人们归罪于林登·约翰逊的欺骗和逃避。这位总统首先是隐瞒了越南战争的真实代价，然后又在经济顾问催促其增税时拖延搪塞。1968 年美国国会终于颁布法案决定增税，但力度过小且为时已晚。凯恩斯主义代表之一亚瑟·欧昆将这次自由主义者的惨败描述为“新经济学输给老套政治”。[15]

然而凯恩斯主义者的失败要远远比一位总统的小缺点或越南战争的预算困境重要得多。约翰·肯尼思·加尔布雷斯对这次惨败进行“验尸”后从根本上阐述为何美国的政治体系会发现自己无法遵循凯恩斯原则。自20世纪30年代以来，美国的政府开支就发生了根本性的改变，首先就是不仅包含大量且持久的冷战军备开支，另外还要加入新政社会福利计划的慎重许诺。从实际意义来讲，两种形式的开支都不能被任意削减，在一场日益不得人心的战争中，有关“枪杆和黄油”的著名辩论一直悬而未决：美国人民两样都要。同样，税收也没有如新政改革家预想的那样富有灵活性。“每次物价上涨后的增税政策对于普通民众来说都是一种异常且不必要行为，除了某些具备经济头脑的人，”加尔布雷斯说道，“人们需要花更多的钱去购买商品；此时美国政府的高税政策不仅极具伤害性，而且还带有冒犯性。”

随后几年国会的无所作为和总统的刻意逃避更加印证一个政治现实，那就是新经济学根本就不能兑现诺言。“如果除了战争的不可抗力之外就不能实现增税，且公共支出也不能以任何理由被削减，”加尔布雷斯总结道，“那么这只能说明凯恩斯主义政策无法满足美国人民的有限需要。它可以扩张购买力，但却无法紧缩购买力……目标就被摆在那里，可实现目标的手段却变得令人苦恼且不起作用。”

财政政策的失败给货币政策留下一个烂摊子。截至1968年，物价已经失控，通货膨胀率正逼近5%。美国国会在竞选年份颁布实施的“战时税收政策”来得太晚，以至于没能遏制过热经济。1968年初，联邦公开市场委员会委员就紧缩力度的程度展开连续数月的“辩论”，最终“强硬派”输给以马丁为首的“中庸派”。到了1969年，随着民主党人的胜利，理查德·尼克松入主白宫，而当时的通胀率已经超过6%。

美联储再次坚持己见。1969年，美联储加大力度紧缩货币和信贷，货币控制被证明要比先前一直竭尽全力的有限财政抑制政策有效得多（说服更多年轻的经济学家相信弗里德曼教授是正确的，而自己的自由主义者导师则是错误的，即货币有效且有力）。强有力的证据显示1969年末将开始呈现8年来的首次经济紧缩和新一轮的经济衰退。

1970年的经济衰退与众不同。失业率如预想般上升，但价格的通货膨胀却并没有成比例下降。直到衰退接近尾声时，二者同时恶化的情况依然存在，即高失业率和稳步的价格增长，经济学家将这种令人困惑的结合称为“不景气状况下的物价上涨”。而政治家对这种苦恼的讨论曾使美国公众更加陷入不安。

信心十足的经济管理时代已经结束。理查德·尼克松和其他在任期内遭遇逆境的美国总统一样，不幸恰逢凯恩斯主义教条在新现实条件下黯然失色并“皈依”凯恩斯主义正统观念。

如果历史学家非要找出美国单独称霸世界经济时代结束的准确日期，那么这个日子或许可以被定在 1971 年 8 月 15 日。这一天，总统尼克松突然更改货币规则，对象是那些已与美国有 25 年贸易往来的世界国家。第二次世界大战之后，美国是世界上最富有、最富生产力、最稳定且最具竞争性的经济实体，其流通货币“美元”成为国际贸易和金融交易中所有人秩序且稳定的保障。尼克松总统的宣言尽管并不十分明确，但其可以说明此时美元已经疲软得不足以领导世界经济。

在美国国内，第二天报纸头版头条和政界反应就主要集中在尼克松引人注目的国内政策及其旨在刹住通货膨胀的工资和物价强制措施上。不过真正具有历史意义的还在于尼克松决定美国不再以《布雷顿森林协定》条款为荣，这份协定曾使自 1946 年以来外汇兑换均与美元挂钩的局面保持稳定。尼克松的决定是一次重大改变，催生了今后 15 年世界范围内的公开论战和经济混乱。

就在那天晚上，尼克松内阁的财政部货币政策和国际事务部部长助手保罗·沃尔克坐上飞往欧洲的飞机，目的是消除国外中央银行家和财政大臣的恐惧或疑虑。“我们已经拥有一个呼吸的空间，”沃尔克说道，“但我充满希望地看到一个秩序体系的重建和再现。”在接下来的两年中，沃尔克展开全球范围的巡回谈判，试图重新拼凑起外汇兑换市场的秩序体系，但最终却宣告失败。此后，沃尔克继续看到《布雷顿森林协定》消失后所产生的更大范围影响：美国失去了领导地位，并且要不情愿地面对国家经济过热，同时强制实施自我规范措施。

除了令人望而却步的复杂性以外，外汇兑换的本质就是一场贸易国家间的古老争斗，即如何让每个人都诚实可信，如何确保一个国家的货币可以真正物有所值。国家政府都希望自己的货币能够得到通货膨胀的“滋养”，从而实现在其他国家产生损失的同时让自己获取一笔横财，或通过货币兑换，或通过贸易优势，即坚挺货币在贸易中与“不诚实”货币兑换。国与国之间有关货币相对价值的争吵要比资本本身更加古老。几个世纪以来，处于中立位置的“仲裁者”一直都是黄金，这是一种不会失去其内在价值的珍贵金属，与纸质货币不同，它不会被任意制造。

每个国家都深谙国际贸易需要一种互相规范和约束的体制，因为诱惑无处不在。通过操纵自己的货币价值，国家政府就可以赢得大范围的海外出口市场，因而也就能随着生产和就业的不断扩张而不断满足国内市场。一般来讲，法国货币的价值是 5 法郎 =1 美元，也就是说美国内布拉斯加州 4 美元每蒲式耳的小麦在巴黎要卖到 20 法郎，在里昂卖到 100 法郎的香水在纽约只卖 20 美元。那么可以这样假设，法国政府无论是出于无能或多变或诡计多端，只要其让本国货币的价值大规模贬值，即将法郎的真正价值削减 25%，那么法郎就会因通货膨胀的影响在法国国内变得更不值钱，因而从美国出口的 4 美元每蒲式耳小麦此时在法国的实际价格就是 5 美元，这对于曾经与美国农产品苦苦竞争的法国诺曼底粮农无疑是一种福利。同样，此时法国香水出口美国的价格也因更加低廉而变得“有利可图”，甚至可能会跌到 15 美元一瓶。这会刺激香水在美国商店的销售量，从而较其他竞争品牌更能夺取市场份额。

在国际金融市场，货币交易者十分敏感于每个细微且可以预见的货币价值异常现象，因而法国政府可能会在贸易行为中显现之前很久就早已启动某种保护性措施。投资者会争先恐后“抢占”所有金融资产，即债券或股票或货币本身，这些都是以不可靠的法郎计数的有价证券且会逐步失去其真正价值。于是这些投资人又将手中的资产兑换成其他国家货币，例如美元、日元或德国马克，而这些货币的价值要相对稳定且能有所上升。这种国际货币范围内的资本财产转移通常会更加恶化贸易不平衡现象，即对美元需求以及以美元计数投资的增加将会推高美元的国际价格且同时令法郎更加疲软。

有关外汇兑换的讨论通常会围绕金融和贸易展开，会反应在日常国际货币市场上不断变化的货币价格中，在这些市场上，银行、经纪公司、大型投资人甚至是政府会根据自己对现实的估计对货币叫价，然而国际交易市场上的任何一种国家货币价值最终都不是能由纽约、伦敦或东京的货币交易员决定的。一种货币的国际兑换价值可以反映出一个国家会如何制定自己的国内经济政策。政策是否尽责？是否应该脱离货币意义进行消费？购买和借贷是否会超出真正的承受能力？货币供给的扩张是否不合理且会膨胀货币价值？对于世界经济学家来说，大多数美国人看起来如此神秘的真正原因就在于其国内政策和华盛顿政府的行为。

1944 年诞生于凯恩斯和美国著名经济学家哈利·德克斯特·怀特（Harry

Dexter White）之手的《布雷顿森林协定》，旨在用美元充当纪律制度以惩罚不诚实货币，而最终的“执行人”则是黄金。法郎、英镑、德国马克、里拉及其他种类货币的价值均由经过协商确定的美元比率加以固定。如果英国、法国或其他国家擅自让自己的货币贬值，其将会被强制复原到与美元兑换的固定汇率上。从极端角度来看，也就是任意妄为的国家将会被迫用黄金赎回自己的法郎或英镑，兑换标准不再是已经贬值的货币价值，而是固定的美元兑换价。为进一步加强这种标准的实施，国际货币基金组织应运而生，旨在充当各国间短期信贷的金融蓄水池。至此一个国家无须再运送黄金，只需从国际货币基金组织中吸取暂时资金以建立自己的国际账户即可，帮助其政府努力实现国内经济秩序的恢复。

美元是世界各国的定心丸，就像是 19 世纪英国经济称霸世界贸易时英镑被赋予的稳定地位一样。为保证美元自身的坚挺，美国同意当任何囤积过剩美元的外国政府希望兑换美元时，美国可以用黄金将这些美元赎回（1 盎司黄金 =35 美元）。也就是说，除美元以外的任何一种国外货币均用美元加以固定，而美元又用黄金加以固定。

8 月 15 日理查德 · 尼克松的行动旨在“关闭这个黄金窗口”。美国单方面宣布，其将不再用黄金支付美元的国际兑换。这颗“定心丸”的保障宣告暂停——尽管尼克松当时声称这是暂时的，但后来证明其变成了一种常态。在超过一代人的时间里，美元曾经是世界其余各国的“纪律”，可如今就连美元自身也变得不可依靠。那么当这颗定心丸本身被碾成齑粉时，世界又会发生什么呢?

从短期来看，尼克松没有其他更好的选择。在 10 多年的时间里，美国一直在国外申请者的要求下用黄金购买美元，导致位于诺克斯堡的黄金储备库库存量急速减少。截至 1971 年，国外金融机构的美元兑换要求总量已达到 360 亿美元，是美国仍然持有的国际自由兑换黄金储备量（180 亿美元）的 2 倍。如果尼克松总统任由这种购买行为继续，那么作为世界货币秩序保证人的美国政府将很快会陷入黄金库存空虚，其对世界各国的保障也终将因黄金赤字而变得毫无意义。

从广义来讲，这样的危机反映出两种后果，即美国经济的成功及其国内通货膨胀的过剩。在二战中毫发未损且反而变得更加强大的美国曾引领世界工业国家实现伟大的经济复苏（尽管其在非共产主义联盟的军事防御中也付出了巨大的代价）。西欧和日本获得重建，美元因国外援助、合作投资和贸易而遍布世界各个角落。随着美元逐渐成为所有贸易行为中通用的主导货币，美国利益也逐渐称霸国际商业领域。在 20 年当中，美国为全球经济发展提供了慷慨的国际救助和一个富有国家所能轻易承担的巨大支出。与第一次世界大战之后的满目疮痍相比，二战后的美国却出色且高效地攫取了世界经济霸权。

然而到了 20 世纪 60 年代末，所有这些因素却酝酿催生了某些实际经济问题，而此时正值美国新经济学纵容国内物价开始飞升的时刻。其他工业同盟国已不再疲软且处于发展阶段，转而变成世界市场上极富攻击性的竞争者。出口美元的累积（即如今众所周知的欧洲美元）成为金融来源的恒久选择，与美国国内货币供给相互交织碰撞且错综复杂地控制着后者。年度贸易赤字已增强实际经济要求的积压，而这些要求却只能在美国实现出口大于进口或大量倾倒不可变财富库存（即诺克斯堡黄金）的情况下才能最终得以实现。

两年来，尼克松内阁一直在努力做出各种调整，以实现旧秩序的恢复，并使美元重新成为国际货币“星座图”上永远熠熠发光的主角。1971 年 12 月，在与各国金融大臣和中央银行家进行激烈的谈判之后，尼克松宣布美元贬值 7.9%（此时 1 盎司黄金 =38 美元）。此外其他国家还勉强接受其自身货币价值的稍微提升，这样一来美元又实现进一步贬值。但国际市场不平衡现象依然持续，从而引发疲软美元的市场压力。1973 年初，美国政府只得再次宣布美元贬值（即 11%，此时 1 盎司黄金 =42 美元）。

到了 1973 年 3 月，最终再也无法维持国际货币交易生存的美元精疲力竭，美国政府终于承认旧的秩序已经死去且无法复活，美国的黄金保证和与其他主要货币之间的固定兑换比率将永远退出历史舞台。从此以后，美元将在货币市场上寻找自己的价值，法郎、日元、英镑和其他货币也都一样。固定汇率被一种“浮动汇率”体制所取代，1 美元仍是 1 美元，但其在国际货币市场上的价值却每天都会发生起伏，成千上万的经济“玩家”会将 1 美元与其他种类货币进行对比后判断其真正价值。

此时的保罗·沃尔克正坐在世界各国的谈判桌前上演与“让步”和“澄清”有关的长篇英雄故事（有时还会受到各国中央银行家某种程度的指责和侮辱，原因就是以沃尔克为代表的美国宣布取消由黄金作支持的美元地位）。不过沃尔克本人也并不完全支持浮动汇率的新体制。他提出自己的改革建议，但却没能说服美国的政治领导人。

“我不认为浮动汇率是个好办法，尽管我们明显是为它制定了一些始料未及的计划，”他说道，“作为一名经济学家，我对此表示担忧，因为这种权宜之计是在用忽视国内经济规则的需要来保护国际货币价值。但我同时也考虑到美国在世界上的政治地位，你不能只是走进国际会议室说上一句：‘我们的体制 25 年来一直完美运行，但现在我们已经决定改变它。’美国并不是极端主义者，而且我认为浮动汇率一定源自于美国内部的政治压力。但你必须要记住，学术界内有一半或者甚至是三分之二的人表示赞同，另外还有一些来自国会大厦和政府内阁的官员。”

米尔顿·弗里德曼团体获得了胜利。在保守的货币主义者眼中，浮动汇率是一种绝佳的自由市场方案，即允许私人市场决定美元价格。他们基于市场严酷现实而非政治观点的判断会对美国政府的行动产生压力。更重要的是，弗里德曼认为,美联储终于可以自由地只将注意力放在其可以控制的一个因素之上，即国内的货币供给。货币主义者想让这家中央银行忽略来自国际市场上的并发症，因为只有美联储正确操纵国内货币才能让国际市场变得有条不紊。从实际意义角度讲，他们的这种许诺从来都不曾实现。事实上浮动汇率反而会开启货币价值恒久动荡的时代，而这却意味着各国贸易行为中恒久的货币不稳。

这些细微差别被拥有决定权的美国总统所忽略。沃尔克说道：“可怜的老尼克松在这些方面并不是一个深刻的思考者。他对浮动汇率并无专业且坚定的信仰。他的立场是：‘你要告诉我你想实施哪种规则，是固定汇率还是浮动汇率，然后我就会按照你所说的去做，但前提是你必须保证美国所能享受到的最佳利益。’”

事实上在国外政府看来，美国对黄金保证的抛弃就像是一个赤裸裸的政治诡计，即当基本原则不利于美国时所使用的借此维持美国霸主地位的手段。通过浮动汇率,美元就可以在美国内部通胀盛行的整个20世纪70年代里持续贬值，而这种趋势会极大刺激美国出口工业的发展，包括农业，而其代价却是其他竞争国家蒙受损失。拥护浮动汇率的人则认为，尽管可能会花上几年时间，但这种自由市场式的方法将最终会迫使美国实行自律。1979 年保罗·沃尔克接管美联储并强力推行紧缩货币制度,这在他们看来是美国自律最终开始显形的标志。

与此同时，浮动汇率还会破坏世界商业市场的恒久稳定，制造虚假优势，造成随意性实际损失。货币价值以一种不可预测的方式被来回拉动，所有企业高管都不能实现理性预见。每一次跨国合作都必然由此变成货币市场上的一次赌博。此外，美元贬值还会改变其他所有在国际交易中使用美元的人的实际利润。

这个最直接的后果惊人且可怕。1973 年秋，也就是美元陷入恒久“浮动”的 6 个月之后，欧佩克石油生产成员国将原油价格上涨 4 倍，美国人针对过高的油价谴责阿拉伯酋长们无比贪婪，但事实上，他们应谴责的正是自己政府推行的货币政策。欧佩克推高油价是尼克松致命决定所导致的直接且合理反应，国际石油贸易一向以美元为单位，如果美国允许美元价值自由下降，那么也就意味着石油生产国将获得更少的利润且石油产品真正价值的减少。在仅仅 6 年的时间里，美元就已经贬值三分之一，并且形势更加严峻。因此沙特阿拉伯及其他欧佩克成员国必须攫取自己已经失去的利益，即额外增加购买石油的美元价格，以保护自己不受未来美元贬值的影响。《华尔街日报》就此评论道：“欧佩克得到了先前美国为自己提供的全部贷款。”[16]

石油价格的突然上涨催生了通货膨胀的瞬时爆发，一时间美国所有商品价格急速上涨。相对贫穷的国家无力归还先前大举借入的“票据”，即大型银行推行的石油货币“再循环”投资项目。银行于是从收入丰厚的欧佩克成员国政府那里搜集订金，然后再将这笔资金借给不发达国家，以保证这些国家规避破产且维持经济增长。这种全球体制超出预想地减轻了创伤并保证经济的继续运行，但活力却大不如从前。如今世界各国间已经确立货币争斗关系，即一场在不安全的新世界里为保护狭隘的自我利益而展开的竞争。

保罗・沃尔克认为，如果美国政府拥有强烈的政治意愿，那么结果一定会大不相同。如果美国愿意遏制自身的国内经济，即推行高利率、高失业率、少支出、慢增长的政策，那么旧的体系还可以继续存活一段时间，直到美元稳定。另一方面，美国在世界经济范围内称霸的能力会不可避免地日益减弱，尽管美国仍然是最富有和最强大的国家，但容许犯错和过度激进的空间却可以变得越来越小。

1968 年，理查德・尼克松当选美国总统，他天真地以为自己可以立即任命新的美联储主席。然而当时已就任美联储主席近 20 年的威廉・麦克切斯尼・马丁却告诉这位由竞选产生的总统他打错了算盘。马丁的任期会一直持续到 1970 年初，即尼克松就任总统的一年之后，并且马丁声称自己还打算坚持到尼克松卸任。在总统看来，这位美联储主席应该为自己 1960 年的第一次竞选失败负责，并且这种不快随着 1969 年美联储不顾白宫抱怨强推紧缩货币政策以及年末美国进入经济衰退而日益加深。1970 年 1 月 31 日，尼克松终于让自己中意的人接管美国的货币和信贷管理工作，并不无骄傲地宣称这位新任美联储主席一定会成为自己长期的经济顾问，他就是亚瑟・F. 伯恩斯。尼克松希望伯恩斯能够成功胜任这份新工作，之后还为此稍微加入一点极其严肃的幽默感。

“我会尊重他的独立性，”这位总统向聚集在白宫的听众们保证道，“但我个人希望他能做出遵循我意愿的决定。”听众们报以热烈的掌声。尼克松微笑着转向这位新美联储主席说道：“你知道，伯恩斯先生，这里长期支持的是低利率和更多的货币供给。”

伯恩斯不出所料地立刻展开行动。两周后他就在主持第一次联邦公开市场委员会时坚称美国疲软的经济需要强力且公开的信贷放松政策。在第一轮讨论过程中，美联储委员和地区储备银行行长表达了各自的非正式建议，绝大多数人认为应该适中稳健地放松信贷。但经伯恩斯反复且坚定的劝说和强调之后，最后一轮投票中大多数人选择支持他的立场，即 8∶4，这说明美联储会满足尼克松总统的愿望，推出“低利率和更多货币供给”的政策。

在美联储内部，亚瑟・伯恩斯的脾气秉性既令人钦佩又受人鄙视。与马丁不同，他说话直率但习惯于大声咆哮，是一个无视且喜爱践踏美联储内部原本盛行的传统“学院气氛”的专制领导者。作为毕业于哥伦比亚大学的经济学家以及前艾森豪威尔内阁的经济顾问，伯恩斯的资质和智力无可置疑，但他愿意吓唬人的处事风格却不能让人接受。同事们说他总是令人感到痛苦，并且对属下恶语相向，羞辱一起工作的经济专家。他还会无耻地更改货币数据欺骗别人，故意算错会影响货币增长预期的利率，目的就是让联邦公开市场委员会就某项政策指令达成一致。

“亚瑟非常讨厌意见分歧，”委员菲利普・科德韦尔说道，“我记得自己进入美联储 3 个月时曾和纽约储备银行行长阿尔弗雷德・海伊斯（Alfred Hayes）就他的提议提出反对。于是在后来召开的 5 次大会开始之前，我和阿尔・海伊斯都要被提前叫到亚瑟的办公室去参加预备会议，即倾听亚瑟就意见一致的重要性所做的演讲。”

在美联储外部，伯恩斯却能赢得广泛尊敬，因其打败了通货膨胀。他就此展开多次雄辩演讲，谴责美国国会其他“听众”缺乏自律性。然而在美联储内部的众多同僚中间，这却被看作是对这位主席虚伪言辞的最大讽刺。如果说这家中央银行在几年时间内会经常屈服于通货膨胀，这种说法可谓公平，因其未能抵抗住经济增长带来的短期政治压力，那么亚瑟・伯恩斯应该和其他任何一届主席一样都难辞其咎。他 1970 年出任美联储主席时，通货膨胀率已经一路飙升至 5%，而 8 年后他离职时，除了 1974 年一段长期且严重的经济衰退之外，通胀率直逼 9% 甚至是更高。他的管理工作因美国物价的变化而被永远记在史册：伯恩斯掌管中央银行时美国 CPI 指数达到 116；退休之后的物价指数则飙升至 195 并且继续走高。他作为"通胀战士"的名誉似乎正是随着货币价值的膨胀而膨胀。退休后，亚瑟·伯恩斯又展开一系列有关"中央银行体系之痛苦"的演讲和说教。

围绕其任期内的一个更加丑陋的控诉是：亚瑟·伯恩斯曾为帮助老朋友理查德·尼克松连任而故意操纵货币政策，这种结论尤其盛行于民主党政治家内部。伯恩斯和美联储委员极力予以否认，包括那些曾经反对伯恩斯政策信仰的委员。如果说伯恩斯是在 1972 年犯下一个错误，委员尚可以接受，因为这个错误是基于对经济走向的忠诚信仰，而非政治偏见。当然没有一个人能绝对肯定当时伯恩斯的动机，但政治家却可以用自己的方式来解读这个明显的迹象：当亚瑟·伯恩斯犯错时，其错误都源于同一个根基，即为理查德·尼克松的连任竞选提供一个经济繁荣的大环境。

一向喜欢和敌人包括同盟者打"硬式棒球"的尼克松白宫官员并不相信伯恩斯在连任竞选开始前的所作所为是他自己的主意，他们对伯恩斯这段时间的评价直言不讳。1971 年初，担忧新任美联储主席在行为上与前任一样特立独行的两位白宫官员分别找到伯恩斯，并向其阐述尼克松总统的意愿，即扩张货币供给以达到在 1972 年实现全民就业的目标。伯恩斯抗议这样的行为并不恰当，并向尼克松提出抱怨。就在那年夏天，正如一位总统助手所说，白宫"掌门人"又发射了一枚"子弹"迫使这位美联储主席屈服。新闻界于是酝酿出一个虚假故事，声称是伯恩斯提出要求加薪 2 万美元并同时要求在全国范围内增加工人工资并控制物价上涨。这个故事还宣称，尼克松总统正考虑有关将美联储规模扩大两倍的提议，这赤裸裸地表现出其意欲稀释美联储主席权力的态度。[17]

这样的战术有些简单粗糙，但 1972 年尼克松的宏观政治策略却取得相当大的成功。这位总统的民众支持率和连任前景本来正因令人迷惑的经济新表现而逐步衰弱，失业率和通胀率始终逗留在尴尬的高水平线上，使经济恢复显得无精打采。尼克松策略正是在竞选年份以更大规模的财政赤字为代价，注入货币以及通过提高工资和物价控制实现抑制通货膨胀。1971 年 8 月，尼克松总统宣布，对通货膨胀的抑制，即冷冻持续上涨的物价，是一个相当头疼的任务。同时尼克松内阁又接受了刺激性的财政政策，即提高联邦政府开支，推动经济快速增长。这样一来，至少在短期之内，选民受到的两种折磨会在 1972 年竞选期间暂时缓和，即通货膨胀和失业。然而要想达到这个目的，尼克松必须依赖于美联储的配合。

正如尼克松在回忆录中所说，美联储必须心甘情愿地提供“一种货币扩张比率，以满足经济增长能够按照总统想要看到的轨迹发展”。财政部一位高级官员公开承认：“看在上帝的份儿上，希望1972年是一个好年头。”当时的保罗·沃尔克正在美国财政部负责货币政策事务。

美联储用实际行动表达了总统的意愿。1971年最后一季度的货币流通月增长率仅为3.2%，到了竞选年份的第一季度就一跃上升至11%。鉴于货币刺激效果显现通常存在一个延缓期，因此冬天时对经济的大力刺激要直到夏季和秋季时才会产生强烈反应。总的来说，美联储在整个1972年实施的货币扩张速度要比前一年快25%。虽然联邦资金利率上升缓慢，但美联储并没有提高贴现利率。不顾持有人反复恳求提高贴现利率的请求，贴现利率始终低于4.5%且必须坚持直到竞选之后。1972年期间，美联储共拒绝22次来自不同地区储备银行就提高贴现利率的申请。

在联邦公开市场委员会内部，贯穿整个1972年春夏两季，亚瑟·伯恩斯曾多次聚集美联储其他同僚讨论这种政策可能造成的后果。少数人坚定地认为，如果美联储此时不施行遏制政策，那么新一轮通货膨胀一定会在1973年之前显现。他们指出，白宫已经暗示将在1973年初解除对价格的控制。然而一旦解除这种调控和抑制，通货膨胀必定会随之大规模爆发，因为先前美联储慷慨的货币政策已经向市场注入大量货币。这种常见于1972年联邦公开市场委员会大会记录中的警告被证明是一种极其准确的预见，其正是尼克松竞选胜利之后美国经济状况的写照。

然而尽管这样的讨论会不断进行，但亚瑟·伯恩斯依然没把这种少数人的言论放在眼里。首先根据会议记录显示，这位主席这样回应后者的焦虑和担心：“他根本不担心出现经济繁荣”。失业率仍然相对较高，伯恩斯说道，而且他根本看不到前方有任何“经济繁荣”的迹象。每次出现这样的讨论，少数德高望重的美联储委员就会投票反对伯恩斯的言论，包括保守主义者菲利普·科德韦尔和自由主义者安德鲁·F.布里默，但每次都是这位主席获得最终胜利。美联储于是在强力紧缩的政策中越走越远。

截至8月，即将发生通货膨胀的迹象越来越明显，于是反对者再次提出异议。安德鲁·布里默表达自己对一种信息的担忧，即伯恩斯及其他人认为“利率限制”或许“可以被解读成为政治限制的表达”。布里默希望这样的信息不是蓄意谋划的。

当然不是，伯恩斯向他担保，他并不认为美联储政策会表达任何一种“政治限制”。“不管怎样，”这位主席补充道，“美联储是国家政府的一部分。”他的意思即是：总统的反通胀控制手段并没有应用于利率政策中（尽管债权人被鼓励遵循自愿指导方针）。不过如果美联储推高利率，那么对信贷的强力控制势必会激起政府的不满。“在这种政治环境下，”伯恩斯警告道，“美联储不应该总是想着提高利率。”联邦公开市场委员会中的大多数委员都屈服于这种逻辑，并深信利率政策暗含着某些政治反响，他们可不希望和理查德·尼克松的连任竞选策略产生任何瓜葛。[18]

1972 年果然是一个好年头。通货膨胀得到抑制，失业率也在稳步下降。美国政府加快救济金存折分发的速度，幸福的美国公民开始消费。最能衡量经济发展以及最能令选民感到满意的统计学指标——人均实际可用收入比例强劲地一跃上升至 3.3%。美国似乎又走到正确的发展轨道上。11 月，理查德·尼克松在美国历史上的经济滑坡阶段赢得连任竞选的胜利。而接下来的 10 年对于美联储委员来说却是辛苦的 10 年，他们要努力让怀疑者相信 1972 年美联储错误的货币政策并非基于政治压力，但却收效甚微。

美国公众似乎可以感知到最终后果，即使他们并不知道造成这种后果的原因。因为 1973 年实在是特别糟糕的一年。随着尼克松内阁逐步放松控制力度，物价又重新疯狂上涨。在国际外汇兑换市场上严阵以待的美元更加疲软，美国政府也放弃了为期两年的试图稳定美元的努力。1973 年秋，石油输出国组织通过一向极具威慑力的“石油武器”向自己美元收入的贬值发起“回击”，无视受伤的美国人排起长队等候在加油站外，而将石油价格提升 4 倍，从而引起美国几乎所有商品价格的一路飙升。1973 年，美国的通货膨胀率达到 8.8%，几乎是 1972 年的 2 倍，并且“毫无阻挡”地超过 12%。基于此，美联储推高利率，试图遏制在前一年刺激下一路走高的经济繁荣。截至 1973 年 11 月，同时遭受紧缩货币和欧佩克“石油冲击”双重打击的美国经济陷入急剧萎缩。

自 20 世纪 30 年代以来，美国还从未经历过如此严重的经济衰退。工业生产缩减近 15%；失业率逐月增高，一直持续近 1 年半，达到 9.1% 的历史新高，也就是说有将近 800 万美国工人失去工作；经济产出总量减少近 6%。随着经济的持续萎缩，物价通胀最终开始渐缓，但却仍然“不愿离开”。由于闲置劳动力和过剩商品有效地阻止工资和物价的上涨，通货膨胀率终于从 12% 下降到 5% 以下。但尽管如此，此时的通胀率仍然远远高于 1971 年理查德·尼克松推行控制政策时的通胀率。美国似乎又迎来一个经济停滞的新困境，无论是失业率还是通货膨胀，都难以回归“正常水平”。

亚瑟·伯恩斯和美联储恐怕要为此承担更多的指责。从经济萎缩开始显形，这家中央银行就默许其任意发展，希望随着萎缩的加剧，最终刹住已经失控的通货膨胀。大约 9 个月之后，美联储才开始逐步放松货币和适度放松信贷，但并未起到太大的刺激作用。1975 年 3 月，这场经济衰退终于结束，直到那时，经济恢复的速度仍然极其缓慢。

受挫的国会评论家将矛头直指伯恩斯，当时盛行的 1972 年行动与党派之争珠胎暗结的论调更是将他们的愤怒推向高潮。例如民主党人在 1975 年初颁发国会指令，命令美联储提供“更大规模”的货币增长。“国会已经掌握专业证据，”决议声称，“1972 年中和 1973 年中的年货币增长率接近 9%，这无疑助长了目前通货膨胀的发生。1974 年下半年的年货币增长率仅为 2%，这无疑又将催生经济衰退、失业率上升和国民生产总值的下降。”

盛怒下的伯恩斯向决议发起人之一、威斯康星州参议员威廉·普罗克斯迈尔表示抗议。“我想我们只是运气太差，如果可以这样说，我们的确缺乏远见，但参议员先生，如果正如决议所说将整个国家的不幸都归咎于美联储，您未免有些太不公平。”伯恩斯说道。

“我们并没有这样说，”普罗克斯迈尔回答道，“我们只是说‘助长’。”

“你是没有明指任何一个人，”伯恩斯反唇相讥，“你是没有明指到底是国会、总统还是企业、公司助长了这种恶果的发生。”[19]

从伯恩斯自身来讲，是他进一步加强美联储的神秘性。他废除了保留联邦公开市场委员会会议记录的长期惯例，这些记录通常会在 5 年之后得以露面，因而不太可能就某一事实追究到某个个人的责任。但即便如此，它们仍然是“谁在私人决策会议上说些什么”的唯一记录，是这家中央银行留给历史唯一能够记载货币和信贷政策是如何诞生的证据。正是亚瑟·伯恩斯终结了这种行为。此后美联储的秘密行动记录永远地成为秘密，联邦公开市场委员会的会议记录也变成仅仅是对会议内容的简单摘要。

“‘卑鄙无耻’这样的字眼或许过于激烈，”伯恩斯的一位前助手回忆道，“但伯恩斯在吉米·卡特选举胜利后随即采取的货币政策的确不光彩。货币政策的迅速改变明显是伯恩斯有意讨好卡特的证据，目的就是让卡特继续任命他担任美联储主席。”

这段话所指的即是1976年竞选结束后不久美联储就开始推行的放松货币政策。贴现利率下降，货币急速增长。对于伯恩斯来说，公平的说法是有证据表明他并没有通过政治游戏帮助杰拉尔德·福特连任，因为尽管1975年的经济复苏极其缓慢，但美国经济此时的确是在缓步蓄势，福特的政治前景也正在逐步增强。但最终他仍然以微弱劣势败北——或许正是没有额外的货币刺激政策才将他拉下政治的最高峰。

伯恩斯是共和党人，当初任命他就任美联储主席的也是一位共和党总统。根据一位美联储官员所说，伯恩斯“非常渴望能够得到一位民主党总统的重新任命，好让他可以沿着比尔·马丁的历史足迹成为两党美联储主席”。与马丁一样，在新任民主党总统任命新一届美联储主席之前，伯恩斯还有一年任期。在这一年时间里，伯恩斯小心翼翼地讨好卡特内阁中的主要成员，希望能够博得他们的友情和认可。

根据备忘录记载，伯恩斯的一位助手曾在1977年11月建议他：

> “您可以这样迷惑卡特……就说重新任命您为主席可以让他成为一名高尚的政治家，可以消除国内和国际金融及商业领域的疑虑和恐惧，可以集结金融市场力量，等等……
>
> “要让卡特确信，一旦您被重新任命，您将不会在公开场合批评一切与他相关或他赞同的事务……无论哪种诱惑手段，总之都必须要让这位总统确信，在每半年的时间内您都不会在公开场合反对他。”

这样的谄媚毫无作用。卡特及其白宫内奉行自由主义的政治家，尤其是副总统沃尔特·蒙代尔（Walter Mondale），都对伯恩斯抱有不同程度的不信任感。他们不打算冒险让他在自己的任期内控制货币和利率。1978年初，卡特任命德事隆（Textron）的首席执行官G.威廉·米勒成为伯恩斯的继任者。[20]

伯恩斯的“重新任命”战役对于卡特总统任期来说产生了一个颇具讽刺意味的后果，尽管卡特本人似乎并未真正留意于此。美联储始于1976年末并贯穿整个1977年的货币放松政策为后来通货膨胀的崛起奠定基础，这足以吞没一年后的卡特总统。两位数的物价通货膨胀最终结束了卡特的总统生涯，其中很大程度要归因于G.威廉·米勒的笨拙管理。美联储许多官员后知后觉地在私下里承认：其实亚瑟·伯恩斯才是最应该担负这个责任的人。

1978 年，通货膨胀再次猖獗，保罗·沃尔克正深思美国经济的未来。此时他已经成为纽约联邦储备银行行长，并在纽约大学的一次演讲中道出其对美国未来的沉重思考。未来不会像过去一样，他警告道，人类的心理特点将会发生某些变化，从而左右每个人的经济选择。经历长时期经济繁荣时代和敢于冒险时代的美国人会遭遇前所未有的打击：通货膨胀、石油价格动荡以及绵延整个 20 世纪 70 年代剧烈的经济衰退。一种弥漫着“小心翼翼”和“变化不定”的“漫长心理周期”正逐渐显现。

沃尔克说道：

“证据对于我来说似乎过于明显，在未来较长一段时期内，经济行为的进度和情绪很可能会发生动荡摇摆的趋势，时间可能是 10 年或 20 年。这些动荡可能会受到各种各样程度不同的客观事件的影响，例如人口变化、战争及战后结果、技术革新浪潮等等。但这些变量似乎同样也会受到无形抽象事件的影响，甚至关乎心理学和现象学……

“长期的经济繁荣催生了美国人强烈的自信，而这种自信又催生了人们对‘审慎’和‘风险’的新标准的定义。从短期来看，这个过程是一个自我加强、持续投资和承担风险的过程，但其中也同样包含‘自我终结’的‘种子’：对这种进步的支持感终将受到自然的限制，这种进步无法被轻易维持。我们发现自己会拥有远远超出自己乐于接受的更多的商品：更多的房子、更多的购物中心、更多的邮轮、更多的炼钢生产能力。金融阵地被无限扩张，经济在有害且突如其来的发展过程中变得更加脆弱……于是人们的情绪开始转向保守和惴惴不安……”[21]

《圣经》上有“7 年好，7 年坏”的说法。极具争议的俄罗斯经济学家尼古拉·康德拉季耶夫（Nikolai Kondratieff）曾经总结道，资本主义会承受 50 年左右的“漫长起伏期”，尽管期间时有挫折和规模不大的经济衰退发生，但在经历长期的大规模崩溃和下降之后，最终获得的却是一个充满“改革创新”和“繁荣生长”的循环周期。他认为，这种增长型的漫长周期最终会自行耗尽元气，届时资本主义企业需要的是相当一段时期内的经济衰退和紧缩，之后再重新获得生机和增长能力。包括沃尔克在内的现代经济学家并不十分认同“康德拉季耶夫的周期论”，但他们接受的是，在经济周期内不断学习的学生，包括亚瑟·伯恩斯等人已经认识到“漫长动荡”周期通常是25年，期间经济增长和资本形成会达到巅峰，然后再慢慢衰退进入缓慢增长期。

一向谨慎的沃尔克还特别补充了自己的见解：如果一个新的“漫长周期”正逐渐展开，其持续时间的长短在很大程度上取决于业内人士的想法，即投资人、消费者、企业家甚至是政府的心理状态。他们会抵制新现实，让自己投入到一场起初自信满满最终却令自己失望的冒险之中，或者他们会调整惯性思维直至接受拥有更加适中前景的新现实。

由此可见，沃尔克的反思是富含保守思想的陈述。他拒绝新经济学的乐观主义，甚至排斥所谓人类行为可以在某种程度上改变经济发展深层趋势的理论。如果人类不能尊重自然的限制力量，他警告道，那么终将遭受经济混乱和危机之苦。沃尔克凭借其高度的专业知识有力阐述了自己作为中央银行家的杰出视角，即经济秩序和经济稳定需要一种有节制的雄心壮志。其理论精髓明显是受到过去的影响，即1830年尼古拉斯·比德尔反驳安德鲁·杰克逊对“怪兽银行家”的攻击和19世纪20年代本杰明·斯特朗对愤怒农民的压制。

“如果说刚刚过去时代里的种种难处，可以作为寻找现代由于长期经济繁荣而催生过度自信的蛛丝马迹，当然这也是我演讲中最沉重的任务，那么一种更加保守且谨慎的经济增长手段，也可以被看作是经济复兴和维持经济长久增长的基础。”沃尔克说道。

这样的严肃警告是保罗·沃尔克思想的哲学核心，是引领其作为美联储主席时自身一系列表现的基本框架。沃尔克将置身于与这些不可捉摸的核心情绪和感受英勇对抗的境地；正如他所看到的，其目标就是说服包括金融市场和政治领导阶层中所有的经济玩家都能改变其对经济未来的看法，遏制更多的期望，接受更少的欲望。充满“香气”和自信的岁月已经过去。处处谨慎的新时代才符合新的现实。保罗·沃尔克认为，弥漫着退却、失望和失败的“漫长周期”将一直持续，直到每个人都意识到这一点。

第三部分

改革的代价：被牺牲的人

对于20世纪末的美国人来说，工厂的频繁倒闭和工人的被迫失业似乎是天经地义。劳动者会恳求缓期执行对自己的“死刑”，或者对自己的命运发出强烈不满，但却很少有人会质疑造成如此混乱的更广义上的逻辑。这就是私人财产的先天权力所在，资产所有者和企业管理人必须有权将自己的生产力工具撤出经济行为，关闭店铺，遣散工人，直到商业状况好转。

第 11 章　美联储主席和总统打擂台

1981 年 1 月 20 日的清晨异常温暖，华盛顿宽敞的大道两侧插满庆祝总统就职的彩旗。城内的大理石建筑在冬季清冷的阳光照耀下熠熠生辉，街上到处都是充满期待的人群，他们在排队等待一睹新国家领导人的风采。乐队、马队和士兵队整齐地从国会大厦向白宫行进，华盛顿城立刻变成未经修饰、天然形成的生动人物场景画——充满民主气息的背景、浓重的爱国主义色彩、欢呼雀跃的人群以及庄严肃穆的政府大厦。

总统的就职典礼一直都是象征美国全面复兴的仪式，是美国人民对国家主权信仰的恢复，但这一年的就职典礼还给人们带来一种特别的兴奋感。就在那个清晨，遭绑架长达一年之久的美国驻伊朗大使终于重获自由，返回祖国。这个消息终结了整个美国所蒙受的羞辱和苦难，为庆祝总统就职增添了一缕清新。即使是长期在美国政府内部工作、对行政工作厌烦透顶的华盛顿议员和官僚主义者们也感受到这位新总统的与众不同。而对于正在国会大厦西侧宣誓就职的罗纳德·里根来说，这被称作是一种“新的开始”。

“美国，”这位新总统宣称，“正面临强烈的经济苦痛。我们遭受了美国有史以来最长久且最严重的持续通货膨胀……它粉碎了数百万美国同胞的生活，闲置的工业生产将工人置于失业的悲惨、人类的痛苦和个人的羞辱之中。一套旨在对成功和成就施以惩罚的税收体制彻底否定了工作者的劳动回报，阻止我们实现生产力的全面发展。”

美国的经济混乱实则“帮助”了罗纳德·里根的竞选成功，并在其宣誓就职时发展到一个新的阶段。物价的通货膨胀仍维持在两位数，在通胀和美联储紧缩货币政策的影响下，利率再次达到史无前例的水平。银行贷款的基本利率在1980年中期急剧下滑后又重新迅速爬升到更高水平——超过21%。80年代经历短暂的经济紧缩后国民经济出现复苏，但却极其不稳。房地产业和汽车业仍然低迷，失业率达到7.4%。

“在目前的这种危机下，”这位新总统宣称，“政府并不是解决问题的办法，因为政府本身就是一个问题。”

这种保守论调一直是伴随罗纳德·里根沉浮政界的战斗标准，但如今这种理论却拥有一种特殊的力量，因为他已经爬上美国联邦政府内的最高位置。就职台上的里根身边站着的正是吉米·卡特，后者曾谴责通货膨胀是由美国人自己过剩的胃口引起的，卡特曾劝解美国人适度节制自己对物质商品的欲望，还曾向民众许诺政府会展开行动抑制膨胀性的全民狂欢。然而美国政府并未做到这一点。

而如今罗纳德·里根的内疚逻辑学却完全相反。美国民众没有过错，应该受到谴责的是美国政府。曾经毁坏美国经济的是华盛顿政府，而非美国人民，里根这样对他的听众们保证道。这位新总统并没有责怪普通民众，而是热情歌颂美国人的锐意进取，并为他们对个人成就的勃勃雄心而鼓掌欢呼。没有对精神抑郁的严肃布道，罗纳德·里根在美国人面前展现的是阳光般的乐观主义。

他对美国政府的控诉始于对劳动力征收繁重联邦税的抱怨，重税使企业遏制自己的创业冲动、压制资本主义的发展动力。另外，美国政府也未能平衡自己的账目，每年的开支都远远多于财政收入。“几十年来，”这位新总统抱怨道，“我们不断积累赤字，将我们的未来和孩子们的未来抵押给眼前暂时的便利和安逸……你和我，作为个人，当然可以通过借贷过上超过我们收入水平的生活，但那也只是限定在一段时间内。那么，我们为何要认为作为一个国家的集体借贷就可以不受相同的限制呢？”

里根许诺，他将为美国人提供一套崭新的经济复苏计划，克服“负面经济压力”，扭转前任总统所造成的伤害。他郑重宣布：“美国工业巨人再度觉醒的时刻到了，我将用自己的手段将政府拉回正轨，减轻带有惩罚性的课税负担。”

就职典礼后4周，这位总统对外宣布自己计划的细节。为加大对靠工资生活的劳动者和企业人雄心的刺激，里根要求国会批准为期3年的个人收入税比率削减，总计共30%。为鼓励企业扩张，他建议对企业实行额外减税，并在相关的联邦法规上大开绿灯。这种被称为“供应经济学”（supply-side economics）[①]的构想实际上就是安德鲁·梅隆于20世纪20年代提出的“课税哲学”的最新版本，这位曾经的财政部长（加尔文·柯立芝总统时期）是里根少年时期眼中的英雄。这种意向无疑是进步收入税制度的倒退，其假想一旦货币落入私人手中，就会流入资本投资市场，累积成为经济行为中的供应方，即新工厂、新技术以及更大规模的生产力。不过这样一来，里根的减税政策将会让联邦政府的税收在五年内总共减少5400亿美元，由此渐渐笼罩的阴霾会令具有保守正统思想的安德鲁·梅隆和加尔文·柯立芝也惊慌失措，即和平时期出自一位共和党总统之手的巨大财政赤字。

为避免出现这样的结果，里根总统同时许诺会精简联邦政府机构、大力削减开支。起初，他的经济复苏计划打算仅在一年内便削减410亿美元的预算开支，这是前所未有的“大手笔”，并许诺今后会继续以更大的规模进行削减。庞大的政府正逐渐缩小，私人企业和个人则掌握了更多自己的货币用于随意消费和投资。

连续几年不断的预算削减和经济繁荣重生之后，里根许诺他的蓝图会在1984年实现平衡的政府财政预算。从表面来看，这样的断言似乎无法令人信服，因为根据这位总统自己的描述，政府赤字实际上正在发生更大规模的增长，而此时恰逢其计划推行之时。里根的计划还包含国防开支的大规模增长，也就是说将有几千亿美元投入到新的领域之中，从而抵消他预想中从国内项目削减预算所得的“储蓄”。与此同时，他的减税政策还意味着每年政府将失去平均1000亿美元的收入。这些因素加在一起，里根的构想似乎只能创造与承诺相反的结果，即更大规模的财政赤字。金融市场在过去15年当中吸取的艰苦教训就是：庞大的财政赤字通常会带来持续的价格通胀。

但罗纳德·里根对恢复“坚挺货币”的决心就像其对中央集权政府的敌意一样坚定。事实上，现代通货膨胀是里根对华盛顿政府控诉中尤其重要的一部分。尽管并不广为人知，但里根的确是美国历史上第一位被冠以“货币主义者”标签的现代总统。他是米尔顿·弗里德曼的信徒，是无情抨击美联储并在众人中具有一定说服力的货币主义经济学家。数年来里根一直在抱怨，正是轻率鲁莽的自由主义政客逼迫美联储注入货币供给以刺激短期经济发展，完全不顾长期物价是否稳定。为有效遏制令人痛苦不堪的价格通胀，这位总统解释道，货

① 通过减税而刺激生产和投资。——译者注

币必须从源头加以规范,即中央银行;里根完全支持美联储已经开始履行的义务,即逐步减缓货币供给增长。保罗·沃尔克从1979年10月开始推行的货币政策正是罗纳德·里根最想看到的——凭借紧缩货币增长对抗通货膨胀。

“此时此刻,我们要充分认知美联储的独立性,”里根说道,“我们不要做任何干预或破坏其独立性的事。我们会定期与美联储就经济事务中的各个方面进行磋商,高效实现财政预算政策,从而保证他们能更加顺畅地减少货币增长。”里根预测这样做的结果就是减缓通货膨胀、降低利率并恢复金融市场和生产经济活力。

罗纳德·里根的“经济复苏计划”阐述得越详细,听起来就越令人信心大增。“这项计划将会重新启动美国经济,”他宣称,“会创造富有生产力的经济增长,从而为所有必须拥有工作的美国人创造就业机会。”

计划公布两周后,里根认为他已经看到这种乐观主义精神正蔓延整个美国大地。“美国人的心中正燃烧着火焰,”这位总统在一次电视采访中这样对沃尔特·克朗凯特(Walter Cronkite)说道,“人们有信心一切正朝着正确方向迈进。可不久前的民意调查还显示,那时人们并不认为美国经济会越来越好。”

里根认为,之所以会有这样的变化是因为他的经济计划给了人们对未来的新的确定感。“我们的计划提供了一种沿正确方向前进的稳定性,”这位总统解释道,“有人会说:‘我知道接下来几年会发生什么……’也有人会说:‘我对这样做充满信心,因为已经有人告诉我接下来会发生什么……’”[1]

美联储主席当然不能独立递交自己的国会咨文,但他曾多次在公开演讲中提到自己对美国未来的估计和判断,听上去与新总统的构想大相径庭。在整个秋季竞选过程中,也就是美联储推高利率而吉米·卡特表示反对期间,沃尔克一直表现得相当低调。直到进入11月,里根取得绝对胜利,这位美联储主席随即展开一系列极富思想性的公开演讲。但与新总统充满魅力的乐观主义相比,他的演讲中则弥漫着阴郁和怀疑。罗纳德·里根声称其有信心恢复美国经济的活力和繁荣,而保罗·沃尔克谈论更多的却是伤痛。

“我们不要自我陶醉,以为这是一套能迅速起效且毫无痛感的解决办法。”沃尔克在一次宴会上这样对纽约城的听众说道。

“我们将不可避免地面对存在于货币的限制和经济能力增长之间的冲突和碰撞。”他曾在密尔沃基大学聚会上发出这样的警告。

“如果只是依靠货币政策,”沃尔克阴沉地质问道,“那么到底能坚持多久?

会产生哪些不必要的成本？会造成金融市场上的哪些压力和生产损失？是失业率上升，还是经济延缓增长？我个人认为有大量证据表明这种代价相当多……”[2]

沃尔克的不祥言论及其在罗纳德·里根竞选成功后数月里多次强调的隐晦警告并没有得到新闻媒体、报纸和电视的关注。包括华盛顿报业在内的所有美国媒体当时正沉浸在新总统带来的过度兴奋和刺激感当中，他们此时感兴趣的是这位总统大胆的保守改革计划。

新闻媒体很少会留意到美联储委员曾经说过什么。美联储是美国体系里的中央政治机构，在改变美国人民生活和命运的生杀大权方面较其他政府部门更直接且更强大，但新闻媒体对美联储的关注却过少且过于恭敬，就好像美联储的决定只会让经济学家和华尔街专业人士产生兴趣一样。报纸金融版面上绝大多数有关货币政策的“故事”都是用专业的经济术语写给金融专家看的，对于普通读者来说如同天书。最重要的是，媒体将这家中央银行看作是慈善性质的非政治机构，从某种程度上与华盛顿内部各利益群体间的常规争斗毫不沾边，对政坛上谁赢谁输丝毫不感兴趣。如果单纯以不加批判的新闻报道角度去判断这家中央银行的话，那么美联储似乎是唯一从来没有犯过错的政府机构。记者和编辑一向自诩是对美国政府抱有最大怀疑的观察员，可就连他们也不得不承认美联储自身拥有高度的自我监督能力，他们对这个创造货币的机构周围的文化禁忌是绝对的尊重和顺从。

绝大多数时候美联储鼓励与媒体保持一定距离。除了美联储自身的保密性以外，沃尔克及其他委员所使用的枯燥谨慎的经济学语言和专业谈话也实在不宜被报纸所引用。他们的声明通常是隐匿在玄之又玄的修饰语和平淡无味的委婉语背后，需要有专业翻译的帮助才能理解其中深意。例如沃尔克从来没有使用过“衰退”这个词来描述他对美国经济的预测。美联储委员在谈到其所预见到的“经济伤痛”和“重大问题”时，会用“经济牺牲”和“重大调整”来加以替代，因为后者无疑是可以避免其成为头条新闻的隐晦性暗语。[3]

然而一直以小心谨慎著称的保罗·沃尔克此时却变得如此直截了当。他用“冲突和膨胀”来描述他所预见的一切，即美联储追求的遏制经济过热的目标与新总统的承诺截然相反。尽管里根内阁对美国经济的预见充满乐观主义情绪，但抑制通货膨胀绝对不是一个无痛的过程。“出现困境的可能性清晰可见。”沃尔克警告道。

然而却没有人在听。这就好像是沃尔克在竭力提醒每个人美联储正在做些什么：关注货币供给和经济困境，强行推高利率。如果说沃尔克的目的是对抗里根新经济计划所做的盲目乐观的许诺和引发人们对大规模减税政策的深入思考，那么可以说他的努力宣告失败了。所有人的目光都会聚集在联邦政府身上，而作为政府内部的第二“掌门人”、独立的美联储主席的他已经被人们遗忘。

沃尔克用基本算术学描述了其所预见的冲突和碰撞，并认为这种矛盾很可能会引发另一次经济衰退。通过限制货币增长，美联储最终要设定名义国民生产总值[①]的规模，即以美元计算的美国经济生产总量。美联储可以控制名义GNP增长，但其（至少在短期内）不能控制的是：多少的GNP可以反映出价格的通货膨胀（即用更多的美元支付与先前一样的商品）？多少的GNP将代表美国经济生产量的实际增长？当然，经济的实际增长量（扣除美元通货膨胀之后生产扩张的实际价值）是每个季度都会见报且为美国公众所熟识的经济指标。

名义GNP和实际GNP之间存在极其微小的差别：一家汽车工厂一年生产1000辆汽车，总共卖出500万美元；第二年同样也是1000辆汽车，但却卖出600万美元。那么这家公司的实际生产增长量为零，也就是说没有为实际GNP增长作出任何贡献，但美元总量却上涨了20%，这就会反映在名义GNP中。通过以更高的价格卖出汽车，这家公司的实际生产量当然没有发生增长，因其自身的生产成本也有所提高，例如劳动力价格和原材料价格。这种实际价值和美元数量之间的差别会在整个经济领域内被反复“上演”，这就决定了国民经济中会存在实际GNP总量和名义GNP总量两项指标。

对于美联储来说，这种困境显而易见：随着遏制货币供给政策的推行，美联储从本质上说就是为名义GNP的可能增长量设定一个上限。如果是这样，那么就一定要考虑一个因素：要么是价格的通货膨胀，要么是实际生产量。但到底要考虑哪个？沃尔克及其他委员耐心地向不同观众解释这种算术学：通胀率此时已经达到10%至11%，一个健康经济的实际增长量要在此基础上再增加3%至5%；也就是说，名义GNP的增长量总共要达到13%至15%。但1981年联邦公开市场委员会设定的目标却更低，即将名义GNP的增长量维持在9%至12%，那么美联储的困境就是这些数字间的差距。

“这样的差距，”沃尔克说道，“会暗示问题的滋生。”如果通胀率继续

① 按现价，即当年价格，计算的国民生产总值称为名义国民生产总值。名义国民生产总值＝实际国民生产总值×物价指数。——译者注

保持在两位数，并且美联储遵守诺言限制名义 GNP，那么实际 GNP 将无空间可以增长。事实上，实际 GNP 的零增长很可能会产生负面影响，即一种代表经济真正陷入萎缩的特殊标志。那么美国就会很快退回到经济衰退的状态。

但如果以通货膨胀的下降来取代呢？美联储官员无法对这个没有发生的事情加以证明，但以往经验表明首先出现下降的一般都是实际经济而非上涨的物价。从理论上来说，如果每个经济玩家，从要求高工资的劳工组织到为产品设定价格的企业策划人，都能突然下定决心终止通货膨胀，即劳动力不再寻求额外工资，企业不再寻求通过提高物价保护自己，那么通货膨胀实际上一定会在短期内消失不见。这样一来，在无须美联储抑制货币增长的情况下，通货膨胀就能神奇般地消散，美国经济也能保持欣欣向荣。

然而不幸的是，正如沃尔克所说，过去从来没有发生过这样的事。因为人性不允许这样的情况发生。即使人们精神上想要放弃新一轮的物价或工资上涨，行动上也不太容易能实现。物价被深植在各种契约合同中：劳动力工资合同、贷款协议、市场和投资计划。当一个农民为春季播种借贷时，他深深依赖的是秋季收获时农产品的价格。借给他钱的银行家也一样，还有劳工组织、企业，甚至是个人家庭，只要进入这场交易链，就都会报以同样的假想。

另外，经历数年的通货膨胀之后，美国人对政府一直保证会结束通货膨胀的承诺极度不信任。“持怀疑态度的美国人，”沃尔克说道，“不太可能需要密苏里的住宅：他们需要的是看到确定的证据。”如果是这样的话，那么充满怀疑的商人就会继续要求更高的商品价格、工人会希望得到更高的工资，经济对美元的需求也会持续。如果美联储遵守诺言紧缩货币，那么就必须首先降低美国经济的增长，然后才能实现价格通货膨胀的减缓。

这位美联储主席在描述自己的另外一个焦虑时则更加详尽：当美联储采用紧缩货币和高利率方式对抗通货膨胀时，里根政府推行的政策却恰恰相反。这位总统在全国范围内推行减税措施会极大刺激美国经济的增长，可沃尔克的努力却是抑制经济增长。未来继续扩大的财政赤字可能会滋生新一轮的通货膨胀，而美联储此时却在极力“劝说”金融市场向相反方向发展。借用这位总统的一个比喻来说，罗纳德·里根是想“让工业巨人再度觉醒”，可保罗·沃尔克想要的却是让它继续沉睡。

“要想让我加入高举反通胀旗帜的‘纳税人起义’队伍，”这位美联储主席说道，“我必须首先要强调一种必然出现的后果。在不顾财政赤字规模的情况下，我们不可能前进。审慎减税终将建立在对政府开支的约束上。”

深谙经济学的听众一定会感激这位美联储主席发出的对新总统经济计划的委婉反对。如果政府的财政政策极具刺激性，那么也就意味着货币政策将单枪匹马地承担起强力遏制经济增长的重担，并且为达到目标付出巨大代价。沃尔克的异议听上去就像是悲歌：“我真的怀疑单凭货币政策本身是否真的能够或应该扛起这整个重担。”

发生错位的政府政策（即总统和国会决定加速经济增长而中央银行却同时竭力遏制经济增长）本身也会对美国经济造成一定伤害，沃尔克警告道。

“我知道，”他坦承，“从概念上来讲，单凭遏制货币和信贷的确可以长期且有力地遏制经济增长，同时也可以有效抑制通货膨胀，从而为经济复苏奠定基础。但当其他政策工具和理念恰恰与我们的目的背道而驰时，这样的政策是否还依然可行、可做和可信呢？如果经济增长的代价过高且失业率过于膨胀，那么这种政策的长期稳定性还是否可靠呢？这种代价是否会不公平地落到那些依靠信贷生存的企业和个人头上呢？”

这位主席提出的质疑的确堪忧，同时也正是与罗纳德·里根 1981 年经济复兴计划迎面相撞的核心问题。总统想要通过减税刺激经济增长，但同时还想让美联储通过紧缩货币和推行高利率的方法抑制经济发展。简单来说，联邦政府试图同时达到这两个截然相反的目标有何意义呢？如果总统在一个方向上拼命前进，那是不是意味着在相反方向上被迫前进的美联储处境会更加艰难呢？

正如沃尔克婉转表达的那样，这样的后果要比其他经济政策更能引发更高利率和更多且严重的“经济创伤”和“经济牺牲”。数百万依靠借贷生存的美国人将遭受更多的痛苦，包括消费者、农民、房地产商、汽车经销商以及各类型企业，他们甚至尚不清楚自己为何会承受这样的折磨，而作为债权人的个人和机构却自然而然地会变成受益者。

这位主席的质疑并未激起人们的热烈讨论。总统、国会和美联储都没有义务就彼此经济政策的不统一进行当面对质。鉴于中央银行的完全独立性，美国政府没有提供一个强迫美联储和政府执行机构坐在一起就分歧达成正式和解的平台和既定机制。美联储对货币供给的调控和总统对政府开支及税收的控制都是足以操控私人经济的强有力杠杆，然而从理论上来讲，这二者完全可以不顾其给美国人民造成的非故意负面影响而彼此对立且不相融合。

因此，沃尔克的质疑可以被华盛顿决策圈轻易规避，而这种规避态度正是1981年至关重要的政治争斗中的核心内容。深受总统乐观情绪感染的美国国会决定放弃在“刺激”和“抑制”这两种彼此矛盾的概念中间做选择，而是两者都要。这样的决定最终会开启美国在20世纪80年代整整10年经济“交叉感染”的局面，从而缔造了一个完全史无前例的美国经济状态，即如何在美国人民中间分配“奖励”和“惩罚”的新经济秩序，一个令人费解且眼花缭乱的秩序。

就职典礼结束后，保罗·沃尔克陷入沉默。由于罗纳德·里根凭借其辉煌灿烂的经济复兴计划在国会中取得决定性胜利，因此这位美联储主席在公开场合对自己的异议也变得更加谨慎。他最终放弃了有关即将迫近的“冲突”和有可能出现的经济衰退的直白警告，华盛顿内部的政治氛围明显是拥护和有利于这位总统的，火车已经轰隆隆地沿着既定轨道向前行驶，保罗·沃尔克并不打算做拦路人。

这位美联储主席的确拥有巨大的权力，却缺乏直面挑战一位极受欢迎的新白宫掌门人的政治立场和勇气。如果这样做，沃尔克必须甘冒失去美联储自身独立地位的风险，从而在当时如日中天的共和党人中树敌。这位美联储主席已经感觉到自己正在推行的紧缩货币和高利率政策对于美国经济来说具有政治正确性。另外沃尔克充满悲观的预言和对里根减税政策的反对也仅限于与参议员和国会议员间的私密对话，他及时的警告实际上还并不为广大美国公众所知。[4]

对于布罗诺·帕斯奎内里（Bruno Pasquinelli）来说，此时华盛顿政府的政治改革并未令其感到欣慰。他位于伊利诺伊州霍姆伍德的建筑公司已经显现出不景气。25年来，帕斯奎内里的建筑公司一直致力于建造房价低于5万美元的中等住宅，每年推出600套。1979年以来，美联储开始推高货币价格，致使其纯利润迅速缩减70%。“就是那些利率杀死了我和我的生意，”他说道，“也杀死了小型房屋购买人。”

“我感到非常害怕，”帕斯奎内里说道，“我晚上开始失眠。我还欠着钱。我没有政府担保。我没有养老金，我将自己的养老金换成了贷款票据的抵押金。我什么都没有。去和银行家谈判时，我也没有谈判筹码。这是一场纸牌游戏，可我手里却没了纸牌。”

在佐治亚州的亚特兰大，大卫·查塔姆（David Chatham）正打算解雇自己房屋建筑公司中五分之一中规中矩的雇员。1979年时他还能卖掉79套住宅。

可到了今年，也就是1981年，他只售出54套，并且还要花费三年时间才能找到购买余下房屋的买主，这也就意味着这位建筑商必须拖延自己的还贷时间。“我们已经得出结论，”查塔姆说道，“公司已经变成一个非营利性组织。”

威廉·卡希尔（William Cahill），芝加哥郊区的一名房地产经纪人，眼见自己的销售额逐渐缩水三分之二。1979年，他的公司掌握640套房源，但不到两年时间就缩减成214套。“我们正经历前所未有的艰难时刻，”卡希尔说道，“先前我们也遭受过经济衰退、经济减速或其他危机，但都没有这一次这么严重。”

随着房屋建筑产业的崩溃，建筑供应商也陷入危机。在华盛顿州的阿伯丁，露西尔·萨耶克（Lucille Sajec）被自己所在的胶合板工厂解雇，这家工厂的员工总数从220名骤减至85名。“现在我们所能做的只是大量囤积胶合板，”她说道，“因为这些胶合板根本就卖不出去。”

萨耶克女士十分担心自己的未来。“这家工厂，”她说道，“离婚率很高，工人正逐渐失去自己的家，而这些现象已经达到见怪不怪的程度。”

房地产、汽车及其他易受伤的利益群体（即买方和卖方均过度依赖货币信贷）从未在前一年的过度经济衰退中完全恢复。1980年初，在高利率和信贷控制的双重影响下，这些经济领域陷入急剧且短暂的紧缩期。然而到了春季，美联储开始迅速放松货币，利率大幅度下调（从20%下降到9%），他们的境遇才突然出现逆转。可到了秋季，美联储又再次“变本加厉”地紧缩货币并重新将利率推高到历史最高点，同年10月利率上调至12%，次年1月直达20%的波峰。1981年第一季度，美国的实际GNP总量仍在增长，但房地产和汽车工业却依然萎靡不振。

美联储的一系列行为所产生的实际影响就是推高房屋价格，从而将全国范围内的潜在买家推出房屋市场。国家房屋建筑协会主席、得克萨斯沃斯堡的赫尔曼·J.史密斯（Herman J. Smith）为一般购房者算了一笔账。以6万美元的房价计算，其购房抵押贷款利率为9%，也就是说支付这套房屋的月供为483美元。当抵押利率上升到15%时，月供就会上升至758美元，即将房屋价格推高近60%。史密斯抱怨道，15%的抵押贷款利率意味着90%的美国家庭再也买不起6万美元的房子。可1981年伊始，房屋抵押贷款利率竟然又飙升至17%。

布罗诺·帕斯奎内里和其他千千万万陷入绝望的企业人一起向国会议员发出呼吁。“去！我们要和美联储对话，要和沃尔克对话，要和美联储的所有家伙对话，”帕斯奎内里在一次众议院听证会上这样对国会议员说道，“你们是立法者。你们可以改变法律。是什么让美联储变得如此不可侵犯？为何国会不能代表美联储？你们也是美国人。是我们将你们置于这个位置，是我们投票选举了你。那么我们为何不能代表美联储？”[5]

每个星期四的清晨，美联储主席都会与财政部部长及其助手共进早餐。每个星期三，财政部和白宫官员都要赶赴美联储，与美联储各委员和高层官员共进午餐。每隔一周，经济顾问委员会主席都要在白宫举办一场类似的大型午宴。

内阁财政部经济政策事务部长助理保罗·克雷格·罗伯茨（Paul Craig Roberts）说道：

“在外界的某些阴谋家看来，我们一定是借共进午餐的机会密谋美国的利率问题，这简直就是胡说八道。如果你在美联储委员面前提起利率，他们一定会让你感觉到自己提出这样的问题本身就是失礼的乡巴佬行为。他们会认为这是他们的工作，不是你的，因此根本就不会和你讨论这样的事情。为什么不做一个礼貌的客人呢？和他们谈一点儿愉快的事情不好吗？比如说棒球或篮球。”[6]

总统里根任命的美国经济顾问委员会主席、经济学家威廉·尼斯卡尼（William Niskanen）也有同样的挫败感。他说道：“很难让美联储开口谈论有关货币政策的问题。我们会谈论葡萄酒，因为这是亨利·沃利克的专长，还会谈到棒球、假期……他们似乎更喜欢谈论我们正在做什么，而不是他们正在做什么。”[7]

美联储副主席弗雷德里克·舒尔茨就是要保证让谈话远离美联储政策实质的管理人之一。

“里根内阁执政之初，”舒尔茨解释道，“他们就说‘我们应该和美联储保持良好且定期的对话关系’。但保罗对我说：‘你要小心这样的场合，不要让他们试图影响我们的政策。’他们试着和我讨论有关货币政策的问题，然后我会解释我们正在做些什么——但也仅此而已。我会尽量躲避这样的场合，因为他们认为这是影响我们政策的机会。”

事实上，美联储并没有告诉里根政府过多有关自己正在做些什么的信息。

一些老谋深算的外人认为，尽管拥有官方认可的独立性，但美联储会定期与政府的行政部门私下碰面，其目的就是为自己的货币政策寻求非正式认可。这种假设对于那些抨击美联储在民主政府内特立独行的政治科学家来说尤其重要。他们认为，虽然外表上看来并不明显，但美联储就是在小心翼翼地迎合由选举产生的政府的意愿，而方法就是通过看不见的私人协作通道。

然而这种不可见的协商密谋似乎并不存在，至少在里根内阁执政期间是这样，尽管期间有各种各样的私人午宴和早餐。颇具讽刺意味的是，能够证明这一点的最强有力证据正是十几份出自里根内阁经济顾问之手的美联储机密备忘录，由于这些备忘录仅供总统及其幕僚的私人阅读使用，因此也就没有理由删掉某些敏感信息。然而这些机密备忘录中丝毫没有和美联储货币政策有关的记录，总统里根的决策者也只能是被迫根据华尔街美联储观察员的不确定言论来分析和讨论这家中央银行的行动和意图，即只能是提供专家预测，但不能确定即将要发生什么。

从表面上看，里根内阁和美联储的确就货币供给调控的正确运行达成了一致。但在私人关系上，这两个权力中心机构实际上是彼此猜疑甚至是互相看不起。沃尔克的小心谨慎不可动摇——而新总统内阁中的主流声音却充满对美联储最猛烈的抨击。

贝里尔·斯普林克（Beryl Sprinkel），芝加哥银行家，货币主义经济学家，被里根总统任命为接替沃尔克曾在财政部的旧职，即财政部货币事务部部长，一个负责与中央银行打交道的政府官员。数年来，斯普林克一直都是影子公开市场委员会的积极成员，而这正是一个致力于激烈抨击沃尔克及其前任者的由银行经济学家和学术经济学家组成的私人组织。接受里根任命成为经济顾问委员会委员的经济学教授杰里·乔丹（Jerry Jordan）同时也是货币主义者的影子委员会成员。

米尔顿·弗里德曼及其信徒坚持认为，只有稳定的货币才是政府经济管理的核心内容，其他竞争性因素相对来说无足轻重，即使联邦政府预算陷入赤字。货币主义者坚称，对于坚挺的经济体制来说，最重要的就是货币，而这种货币焦点论对于其他不能苟同的经济学家来说似乎有些过于狭隘和偏激。斯普林克本人曾经运用一个比喻来描述货币所能唤起的一种心理暗示：货币和食物，即西格蒙德·弗洛伊德的梦境和婴儿心理转换。“给孩子喂太多的食物并不能使他更快成长，只会让他呕吐，”斯普林克这样对国会全体委员解释道，“同样，向经济体制注入大量货币也不能促使其快速增长，只会让其患病。”[8]

尽管贝里尔·斯普林克赞同美联储推行的稳步调控货币增长的政策，但他质疑的是这家中央银行的诚实度，“我之前也听到过这些漂亮话，”他说道，“过剩且飘忽不定的货币增长像瘟疫一样困扰美国经济超过 15 年之久。”经济顾问委员会的杰里·乔丹曾经这样指责美联储的能力：“过去 10 年的经历已经严重破坏了美联储作为高效反通胀机构的名誉，因此，我怀疑他们的经济学观点和目前经济条件下的经济政策还能对公众产生多大的影响力。”

里根内阁中的其他非货币主义者也抱有类似质疑。经济顾问委员会新主席默里·韦登鲍姆（Murray Weidenbaum）对美联储“停停走走”的货币政策怨声载道。新预算主管大卫·斯托克曼（David Stockman）在备忘录中向总统发出警告：“如果美联储在 1981 年允许物价飞涨，那么 1979 年 10 月之后本已破烂不堪的沃尔克货币政策可信度将会被彻底摧毁……目前的金融市场已经对沃尔克及其新货币政策完全失去信心。”[9]

里根内阁的大多数人都是怀疑论者，其质疑的主要来源是 1980 年的“过山车”现象。作为外人，这些经济学家只看到整个 1980 年货币供给和利率的旋转式发展，因而得出各种结论，即沃尔克的管理要么是出于某种政治动机，要么是软弱无能。1979 年，保罗·沃尔克曾经许诺采用货币主义者理论，严厉控制货币供给，提供适度、节制、稳定的货币增长。然而从那时到现在，货币总量已经出现大幅度连续上升或下降的现象。鉴于这种不稳定表现和美联储对货币主义理论的长期敌意，里根内阁的货币主义者开始怀疑沃尔克自身信仰的转变是否真实可信。

这些总统的经济顾问毫不掩饰自己在公开和私下场合里对美联储的监视：他们紧紧盯着美联储是否能兑现其诺言。如果这家中央银行真的能有效降低货币扩张速度，那么里根内阁就会给予其全力支持。但如果货币总量持续发生突然性增长和下降，那么这些政府高官将会毫不犹豫地予以攻击。

“美联储曾经坚称他们能用 10 年时间将货币增长纳入自己的控制之下，”斯普林克曾在内阁经济事务委员会的内部备忘录中这样说道，“可事实上他们的这个想法并未实现。”[10]

起初，斯普林克提议希望自己能和美联储主席保持每周一次的私人会面，却遭到沃尔克的拒绝。“沃尔克说他不会向财政部部长助理汇报任何事情，因为他本人也曾经担任过这个职务，”保罗·克雷格·罗伯茨说道，“于是斯普林克又提议安排定期的财政部早餐会议，所有重量级内阁官员都必须参加。这对于沃尔克来说十分为难，因为他没有参议员作‘靠山’帮助他否定这个提议。沃尔克只能将谈话时间保持在1小时并永远都不会透露过多内容。”

斯普林克一直没有放弃希望，希望沃尔克能够全力配合，并经常力劝自己的老板——财政部长唐纳德·里根敦促沃尔克能有更好的表现。在公开场合，里根内阁表示赞同美联储的循序渐进，即逐年稳步削减货币增长。但在内阁的内部会议中，斯普林克却提倡一种更为严厉的货币政策——比美联储紧缩政策更快、更强的政策。

“这种循序渐进的货币增长政策可以被看作货币扩张速度的上限，”斯普林克在4月24日的备忘录中说道，“我们可以接受在实现这种长期目标过程中的任何一次‘脱靶’行为，例如今年第一季度的表现。但我们不应该为了弥补这种脱靶行为就加快货币增长的速度，而是应该为实现这个目标而相应降低未来的货币扩张速度。”

我们暂且不论罗纳德·里根的政治成功与否，他爬到美国总统的位置本身可能就是美国历史上的一个分水岭，即已经没落50年之久的古典经济教条的复兴。里根的经济复苏计划就是三股保守思想的修复和重建，即曾经的常规经济学智慧。这三种思想在1929年经济大崩溃后全部“名誉扫地”，后又逐步被盛行于罗斯福新政时代的凯恩斯主义学说完全淹没。

货币主义是其中之一，这是一种由米尔顿·弗里德曼重塑并推广的古典经济学理论。正如赫伯特·胡佛指出的，美国的经济大萧条，包括美联储自身的失败，曾经让美国主流经济学家认定货币控制对于经济管理来说不过是“无力的救命稻草”，但弗里德曼却终生致力于让全美国人相信这种说法是错误的。另一种思想是“供应经济学”的减税论，即由安德鲁·梅隆于20世纪20年代提出的“滴漏经济学”。正如梅隆所说，为刺激储蓄和投资，供应经济学的减税行为将会大比例地提供高等收入家庭的资产，因为这种理论认为最富有的公民显然会将从纳税得来的横财投入到新的生产行为中。第三种思想就是自新政以来被共和党奉若神明（但并不成功）的保守正统经济理论，即赤字开销过于庞大，联邦政府必须平衡预算。

罗纳德·里根慷慨地将这三种经济学教条“揽入怀中”，其20年政治生涯中的所有演讲都包含对这三种理论的详尽说明。他攻击自由主义者提倡的“印刷厂”货币、进步的税收政策所造成的负担以及政府开支的“放荡和不检点”。与里根本人一样，这三股保守主义思想因其对“庞大政府”概念的厌恶而团结一致，正如这位总统所说，这种概念就是对放任经济学和“市场魔法”的普遍坚持。此外他们还对约翰·梅纳德·凯恩斯思想及其拥护者表示强烈蔑视。[11]

然而这三种保守思想自身也存在理论冲突和潜在矛盾，尤其是一旦它们同时大力齐头并进。造成这三者分崩离析的关键就是保罗·沃尔克在演讲中提醒世人的现实世界状况，即这三种政策的效果会发生冲突和碰撞。如果供应经济学的减税政策在向经济增长注入货币时同时遭遇货币主义政策的阻碍和推迟怎么办？如果里根政府的平衡预算同时遭遇增加赤字的减税政策又该怎么办？

里根的经济顾问团队深受这三种保守经济学思想的吸引，尽管表面上团结一致，但私下里却为总统到底应该优先大力推行哪一种政策而争论得不可开交。事实上，货币主义者和供应经济学者在就如何控制通货膨胀方面难以达成一致。弗里德曼的信徒认为应稳步调控货币流通总量，而供应经济学阵营却认为货币主义者的理论并不能治愈通货膨胀（这与美联储官员对货币主义理论的指责大抵相近）。供应经济学者认为，能够战胜通货膨胀的唯一方法就是恢复金本位。但米尔顿·弗里德曼却借用大量的货币历史经验来印证金本位本身就是一个错误。

里根内阁的这种内部分歧在公开场合被完美掩盖，但具有讽刺意味的是，他们会在保罗·沃尔克及其他美联储官员的眼中“原形毕露”。在与里根经济顾问的定期会面中，倾听午宴上的各式对话，美联储委员立即就能捕捉到弥漫在这些来自白宫和财政部决策者中间就经济政策观点的火药味，更不用说他们对美联储的敌意。

“你会感觉这是一个动物园，”美联储副主席弗雷德里克·舒尔茨说道，“贝里尔是坚定的货币主义者。保罗·克雷格·罗伯茨是供应经济学的‘萨佛纳罗拉（Savonarola）’”①。主管经济学分析的预算局副主任拉里·库德罗（Larry Kudlow）则是一个傲慢的年轻人，他和斯托克曼都是年轻有为、才华横溢，自以为可以解决全世界的难题。杰里·乔丹也是货币主义者。每届总统内阁一向

① 意大利宗教改革家。——译者注

都是奉行一种坚定的意识形态立场，但这一届的思想意识流派却太过繁多。”

里根的经济学顾问默许用“逃避”来解决这种内部的根本分歧。在总统经济复兴计划的制订过程中，他们纷纷做出各种经济预测，根据历史经验阐述经济市场对一种政策可能产生的反应，但却唯独忽视保罗·沃尔克的“冲突和碰撞”论，这些人无非是在努力达成自己个人的某种特定目标。“我们所做的经济预测并不是一种经济学分析的应用，”大卫·斯托克曼坦承道，“这只是不同经济学教条的彼此争吵和质疑，货币流通量则变成将彼此矛盾的经济学理论强行捆绑在一起的工具。”[12]

为了达到让国会减税的目的，供应经济学者坚称美国经济未来会出现坚挺的实际增长。而货币主义者却坚信应该推行逐年降低货币增长的办法，同时他们做出预测：到时通货膨胀会消失、联邦财政预算也会逐渐平衡。这样的蓝图在白宫内外被称为“称心如意的前景”（rosy scenario）。一旦有人对此有所质疑，就会被他们指责是倒退的凯恩斯主义者——完全不懂正在运行的新经济原则。

“这种预测是在说，”经济顾问委员会的威廉·尼斯卡尼说道，“通货膨胀会在不出现任何新问题的情况下被压制。换句话说，也就是通货膨胀的消失不用付出任何代价。我认为任何一个经济学家都不会相信这真的能够实现。”

“问题就在于这个过程事关政治，”代表供应经济学的保罗·克雷格·罗伯茨说道，“我们一直在试图维持减税。而马蒂·安德森（Marty Anderson）（白宫政策顾问）会突然插进来说：‘记住总统的竞选承诺是平衡预算。’默里·韦登鲍姆强调的是核心通胀率，而斯托克曼则要着力解决的却是调整货币流通量。”

春季，随着国会讨论的日趋白热化，华盛顿政府的预算专家不可思议地将焦点放在有利于内阁财政政策的决议上，即不顾大规模减税和增加国防开支实施平衡预算，然而却很少有人能够意识到总统的货币政策蓝图从表面上看并不符合逻辑。美国经济或许可以在这次实际增长的扩张中享受到“乐趣”，但与此同时，货币供给也正在非正常缩减：人们对货币的消费速度会越来越快，也就是说可用货币供给会以越来越高的速度流通和运转。这样的局面即使是货币主义者也不能熟视无睹。因此他们在私下里承认，总统规定的货币流通量毫无意义。

里根内阁与理论界的冲突和逃避成为塑造20世纪80年代美国政界的关键因素，而颇具讽刺意味的是，这个现象的最终结果却是增强保罗·沃尔克的权威地位。在华盛顿的决策圈内，理论思想是关键，尤其是在理论拥护者表现得条理清楚且自信十足之时。沃尔克就是这二者兼备的杰出代表。相比之下，里根国会内部的摇摆不定却日渐明显，经济顾问会因自身的经济政策发生口角，并逐渐成为一种常态的混乱和不稳。沃尔克似乎始终都知道自己正在做些什么，而反对他的白宫批评家却并非如此，但政治往往会听从那些意志坚定的领导家。

虽不明朗但可以肯定的是，沃尔克手中的权力无疑是在里根执政期间得到加强，尤其是在国会议员内部，从而使这位美联储主席更易于掌控某些事件的发生。即使是曾经希望挑战美联储强硬货币政策的自由主义民主党人也会受到里根内阁内部极度混乱的惊吓，转而在沃尔克的强硬手腕下消除疑虑。沃尔克本人也极易受到外界影响。一位朋友兼崇拜者曾经说过："保罗在面对一个足以挑战自己智慧的聪明敌手面前会做到最好。一旦这个聪明的敌手不复存在，保罗也就开始容易犯错。"

里根团队针对自己内部之所以会存在理论的彼此冲突和融合给出唯一的理由，那就是里根内阁的人们力图改变自己的经济行为，直到政府信心被完全恢复。这对于保守主义者来说似乎是一个奇怪论调，但却符合里根内阁执政最初几个月里的高涨热情，尤其是美林证券的前CEO、目前的财政部长唐纳德·里根，这位部长起家于华尔街，一直充当里根内阁中不苟言笑的谨慎主义角色。但里根同样也是华尔街上热情奔放的乐观主义者一员，即股票市场经纪人，因此他也和总统一样对未来抱有无限信心。

"我认为总统的经济复兴计划甚至会在推行之前就结出硕果，"里根在3月底热情洋溢地说道，"……随着人们看到计划的开展，政府的开支改革和减税政策会得到整个国会始终如一的首肯和执行……我们希望美国公众也能对此产生反应。这并不是一种基于信仰和心理学的神秘反应，我们的期望和信心是公众希望未来发生什么的逻辑性推测。"[13]

"但整个事情均是以信仰为前提。"正如大卫·斯托克曼所说。一旦金融市场确信里根团队会认真对待这些多重目标，即减缓货币增长、削减开支、减税和平衡预算，那么投资者就会在这些新希望的基础上采取行动。"如果这种政策的确可靠可信，那么届时通货膨胀会像清晨的薄雾一样消散殆尽，"斯托克曼预测，“通胀率也会在短时期内被削减一半。这将有效调整和改变美国经济的萧条和崩溃。1981年4月以后的股票市场会迎来历史上最大的一次牛市。”[14]

这种逻辑推理还有一个体面的名字，即“理性期望”——来源于保守主义经济学原理，主张私人经济玩家会恒久期望和调整自己的经济行为，以适应美国政府政策的改变。从非宏观角度来看，这样的说法其实就是一种存在主义愿望，即罗纳德·里根通过改变人民的思维来改变他们的经济行为。

在美联储看来，这样的前提过于似是而非，甚至可以说是完全不切合实际，其只会增强将美联储置于政治替罪羔羊地位的可疑性。里根总统正在许诺实现彼此不可融合的多重经济目标，一旦这些前提不能成为现实，那么受到指责的一定是美联储。

“人们会怀疑，”亨利·沃利克严肃阐明，“在今年财政赤字增加的情况下许诺明年会减少，这样的前提将如何影响政府的种种期望。”[15]如果过去可以作为指导，那么在里根计划的影响下，一旦有更大规模的财政赤字显现，金融市场对持续性通货膨胀的恐惧就会增加而非减少。投资者反而不会接受更低的利率回报，而是要求增加利率以保护资产不会在未来受到侵害。

如果作为一部经济学文献，里根的经济计划看上去有些语无伦次：其预算目标令人将信将疑，货币供给数字也没有增长。但作为一部政治学文献，里根的计划可谓精彩绝伦。它承诺将减缓人们对通货膨胀的焦虑，并且丝毫不以经济衰退和高失业率为代价。它号召全美国人民加入付出艰苦努力以恢复全国经济健康的队伍中来，却从不像吉米·卡特那样要求美国人民进行自我牺牲和自我否定，罗纳德·里根的要求仅仅是接受减税。

整整8周以来，除了程度极小的微弱放松以外，美联储一直秉承极其严厉的货币紧缩政策。曾在1981年1月被上调至历史高度（20%）的联邦资金利率正逐渐大幅度下降；截至3月第一周，联邦资金利率已下降至16%以下。其他类型短期贷款利率，如企业商业票据、3个月期国债、银行定期存款也都保持一路下降的态势。尽管货币一直十分紧缩，但从某种程度上讲已经不那么强烈。

债券市场却拒绝一路同行。尽管美联储允许短期信贷利率下降，但长期投资信贷利率却一直在向相反方向行进，即上升而非下降。从1月第二周至3月末，在短期利率一路狂跌的过程里，企业债券利率却从平均13.65%上涨到14.25%，长期国库券也在同期上涨90个基本点。在外人看来，长期信贷利率的爬升速度并不激烈，但却足以对某些人构成令人烦心的对立力量。因此，债券市场正是美联储和总统里根发生矛盾和抵触的关键点。

通常来讲，华尔街上的金融市场一直吵吵嚷嚷且在立场上无法保持一致，但在这一点上大家的态度却非常统一。债券市场上的投资人拥有自己的选举权和话语权，也就是说他们拥有否决正在华盛顿盛行的乐观主义情绪的权力。这些投资人并没有因为里根的经济计划而深感安慰，反而对未来更加忧心忡忡，他们要求在将货币投入到长期金融投资以前获得更高的利润回报。无视罗纳德·里根的乐观和唐纳德·里根的预测，债券市场上的投资人笃定未来的通货膨胀会更加严重，而非有所好转。

为防华盛顿政府忽视这一点，华尔街上极有威望的领袖便直接向华盛顿递交声明以示警告。“债券市场的恢复就是打断已经存在已久的熊市局面。”投资银行公司所罗门兄弟的首席经济专家亨利·考夫曼（Henry Kaufman）预言道。他认为如果总统扩张性的减税政策和大规模的新国防开支得以推行，那么长期信贷利率就会继续上升——而且势必是急速上升。

在华尔街尤其是股票市场上众多大不敬的交易员中，考夫曼以“厄运博士”之称而鼎鼎有名，因为这位不苟言笑的经济学家经常发出一些令人不寒而栗的预测——更高的利率、更高的通货膨胀和熊市一样的金融市场。在过去10年当中，大多时候都能被他的预测言中。“要想让您的计划变得可信，其中一个关键就是，”考夫曼警告华盛顿，“不要许诺从现在开始的3年至4年内实现平衡政府预算。”

华尔街上曾经的“老手艺人”、如今担任美国财政部长的唐纳德·里根对债券市场上的悲观情绪嗤之以鼻。“我们从不将一个债券交易员的看法当作经济建议。”里根说道。

美联储官员却并不这么乐观。在华尔街金融市场上汇聚的各色不同“人群”中，债券市场被视为是所有人当中最高贵的“人群”；与其他市场上的人相比，他们头脑清醒且明断睿智。债券市场是一个能对长期未来做出明智判断的地方，其运行机制除了为交易员和投资人制造货币以外，还是资本主义制度的核心运行过程，即资本形成，旧资本向富有创造力的新生产力领域流动。

美联储选择尽可能耐心地倾听债券持有人的忧虑和担心。在日常运行中，美联储会在货币市场上竭力推行自己的政策法规，通过向银行体系增加和撤销储备金的方式操控短期信贷利率。然而对于债券市场来说，由于长期信贷利率不受美联储的直接控制，因此其事关货币政策的成功所在。当债券交易员在市场上为10年期、20年期甚至是30年期的投资产品叫价时——无论是覆盖政府债务的政府债券还是为新工厂提升资本的商业债券，其绝对都是在未来通货膨胀的基础上做出预测。因此他们的通胀预测对于美联储来说无疑是如何做好自身工作的风向标。

债券市场和美联储拥有类似的精神状态，即小心谨慎且保守传统，他们想要看到的是同一种景象——稳定的物价、坚挺的货币、良好的秩序。债券持有人依靠美联储保护其资产，因为通货膨胀会令其持有的美元价值发生贬值，这将直接侵蚀其所持有的长期金融资产的价值。在过去10年当中，长期持续的通货膨胀已经严重破坏企业债券市场。

但债券市场也是一个批评家，一个总是评价美联储表现的怀疑论者和一个会定期谴责美联储错误或失足的观众。当美联储委员开始担心自己的“可信性”时，通常意味着他们已经开始有这样的疑问：债券市场真的相信自己对控制通货膨胀所做的承诺吗？当债券持有人推高利率时，也就说明经过深思熟虑的他们并不相信美联储会保护他们未来的货币价值。沃尔克和其他委员就要持续做工作以说服他们并赢得他们的好感。

对于经济前景，债券持有人尤其不需要和其他经济群体一样抱有相同的期待，在对某些经济事件做出反应时，他们通常被看作是荒谬反常、心胸狭窄。债券喜欢“坏消息”，讨厌“好消息”。当政府宣布大幅度削减零售额或生产总量时，债券价格就会升高；当华盛顿宣布全国GNP健康上涨0.25%时，债券价格就会下降。债券投资人对国家经济表现关心的只有一个问题——这并非经济生产、收入和工作的实际结果，而是这些因素将如何影响美元未来的价值。一次经济扩张会加大他们的恐惧，一次经济疲软则会令债券持有人神清气爽，因为这能保证他们的货币是安全的。

债券持有人是美国政治活动中最古老且最具影响力的利益群体，但他们的存在却几乎完全可以消失在政治讨论之中。与美国生活中的其他诸多因素一样，数年来金融财富已经被官僚化，如今财富已经不被大多数人掌握，而是被毫无人情味的机构以可见形式加以分配。不管怎样，大体来讲，从债券持有人自安德鲁·杰克逊时代以来并未发生太大改变，他们仍然是最富有的个体或金融机构，其拥有的大部分财富均以长期债券的形式存在，包括美国政府的债券。

举例来说，在个人群体中，占据人口10%的美国高层家庭掌握着全美企业和联邦政府债券的72%以及州立和地方政府债券的86%。在机构群体中，商业银行掌握的国债数目惊人，即大约 20%（几乎相当于全美富裕家庭直接持有的国债份额），另外还有 10% 掌握在保险公司及其他企业手中。当然，私人财富也会过剩，这些在其个人投资组合中持有债券的人同样也会不成比例地持有企业股票和银行票据。这些财富持有人代表对过去的保守占有，但如果没有他们的配合，资本主义就不会有未来。因此保罗·沃尔克更喜欢称呼他们是“加强稳定的力量”。

债券持有人拥有与其他政治利益群体同样的功能，即使他们并非如后者那样是正式组织。他们积极寻求自己对政府决策的影响力，以达到为自己的利益带来好处的目的——尤其是美联储的货币调控政策。他们拥有多种渠道来施加自己的影响，但其中债券市场是他们最主要的“发声来源”，即他们最能直接影响公共政策的杠杆。

当然，能给这部分富裕的少数公民带来好处的政策对于其他美国公民来说却不知是福是祸，通常来讲，债券持有人与大众群体寻求的利益总是背道而驰。1981 年初春，美国大部分人并不希望美联储进一步提升货币价格，但债券市场当时热切盼望的却恰恰如此。当然与所有的特殊利益群体一样，债券持有人把自己的个人利益看作是国家利益的“同义词”。

美联储的官员对此密切留意。他们对债券交易市场上每日的货币价格和利率进行监测，同时也会倾听其他市场参与者无心的喋喋不休。当“算命先生”声称通货膨胀和利率都将上涨时，市场行为似乎就会趋之若鹜，这种信息也会立即在位于宪法大道的美联储大理石神殿的决策者中间激起涟漪。

事实上，沃尔克及其同僚十分受挫，因为债券市场似乎能对美联储最轻微的动作保持高度敏感。1979 年以来，只要沃尔克推行某种货币政策，金融市场就会随 M-1 的最微弱变化而变化，即基本的货币流通总量（包括流通中的活期储蓄存款和货币）。而长期信贷市场则会根据美联储每周出炉的货币供给数字报告做出忧心忡忡的反应，试图解读每一次细微波动所隐含的远程景象。有时，债券价格和利率会随着 M-1 的轻微上涨或下降而发生剧烈浮动，而这却完全有悖于美联储观察员的预期。

例如，M-1 在 4 月初开始快速上升，而之前的几个月却是低于正常水平的增长，这会引起市场交易员的新一轮恐慌和战战兢兢。他们认为，如果 M-1 增长过快，那么美联储就会不得不立即紧缩货币、抬高利率，因而就会造成已经按低利率购进的债券发生贬值，于是交易员就会开始先发制人地哄抬利率。

“人们非常担心这个月会发生货币供给喷涌，”德崇证券（Drexel Burnham Lambert）的一位高层副总裁说道，“你是在制造另一轮虚假货币增长的大爆发，这会点燃人们脱离现实的通胀预期。”一家经济顾问公司发出这样的警告。费城忠诚银行（Fidelity Bank）的首席经济专家抱怨道，如果放任不管，M-1的喷涌将“带来足以破坏美国经济稳定的大规模通货膨胀”。花旗银行高级行政人员说道：“我认为未来会出现利率的暂时性上升。美联储会惊异于近来的货币供给增长和经济的持续增长劲头。”

这些评论无疑是在对美联储指手画脚，包括其当下的所作所为以及该如何在未来几周内调整货币政策以满足债券市场要求。沃尔克及其他美联储官员一直在恳请这些市场专家再耐心一点儿，不要根据一两周内的货币供给变化就跳跃式地做出最终结论。不过从某种程度上讲，的确是美联储自身制造了这个麻烦，即这家中央银行曾经许诺华尔街，其货币政策会严格遵循M-1走势，其他因素则处于次要考虑地位。因此才会造成金融市场将全部精力都放在M-1上的事实，并将其看作是美联储行动的第一信号灯，而至于自己的解读和分析是否正确（通常都是错的）则并不重要。于是债券市场对M-1的反应过于神经质，而美联储则对债券市场的反应过于神经质。

对于好奇的局外人来说，了解这些“口水仗”的最便捷窗口就是《华尔街日报》上的“信贷市场”专栏文章。其会跟踪债券市场的交易状况，以绝对中立的态度报道交易员和银行经济专家每日的经济观点。大多数时候，这些专家会预测短期内的价格和利率变化，而这些只对交易员和投资人自身至关重要。他们会在数天内各自发表截然不同、彼此抵触的许多观点，但其预测方向永远都是围绕着自己世界里的最大可变因素，即他们认为美联储在未来几周或几月内将要做些什么。

如果能够充分理解这些信息，大多数美国人都会发现其实这些都毫无用处。但美联储的经济专家却十分依赖这种如火如荼的评论，就像演员在阅读公众对自己的评价；有时这些委员还会亲自发表他们对自己的看法。这样的对话对于整个美国来说会造成相当轰动的政治后果，但其却像是一个没有缺口的圆圈，华尔街金融专家与华盛顿政府金融专家间的对话使用的是一种几乎让大多数美国公众插不上话的专业语言。

“正如金融报刊在观察美联储一样，美联储也在观察金融报刊，其关注程度远超过普通人的想象，”美联储的一位经济研究员解释道，“我们对金融市场的分析研究实际上大部分都来自新闻报刊。”

尽管金融报刊高度专业且令大多数公民感到遥不可及，但其却代表了公众可以对货币问题进行讨论的最后一个仅存的论坛。然而有关经济观点的对话过于排外，会限制其他与债券持有人抱有同样观点的人的参与。债券持有人认为，稳定、秩序和“坚挺的货币”应该永远都是美联储考虑的第一要素，即要为经济增长、充分就业、提高工资的实现做好准备工作。就这一点来说，财富持有人已经逐渐对保护者不抱幻想，经过 15 年的持续通货膨胀，债券市场上的喋喋不休已经呈现出一种恒久不变的腔调，即对美联储的怀疑和怨恨。

现在，美联储正试图做出补偿。整个国家已经被人们对通货膨胀的焦虑和不安折磨得精疲力竭，因此美国政府准备采取严厉措施有效遏制通货膨胀。新的政治环境在保守共和党选举胜利的强化下，允许美联储敢于去做在其他时候不敢去做的事。他们可以在利率上大做文章，给债券持有人以及持有适度比例金融财富却仍然不放心的美国公众吃下定心丸，即 45% 的美国家庭（贬值的存款使他们变成净债权人）。美联储将充分抬高货币价格，以遏制通货膨胀，重新恢复美元的稳定，或许还能在最后赢得普遍公众的喝彩。

4 月初，美联储开始小心翼翼地向债券市场让步。长期信贷利率持续上升，与美联储推行的短期信贷利率下降背道而驰。尽管美国的实际经济持续疲软，但美联储却在此时改变了自身的运行方向。联邦资金利率不再持续下降，而是再次实现缓慢上升。美联储此时已经无力引领市场走向，而仅仅是跟随市场的方向前进。

4 月的债券市场曾经历一次痛苦且难忘的创伤，即其自身的忧心忡忡和焦虑不安。里根总统的立法项目开始在国会内推进，聚集了全美国人民的巨大热情和初步胜利，然而长期信贷投资人的反应却是近乎恐慌的忧虑。在混合这些人的恐惧感之后，全国货币供给再次出现快速增长。此时的美联储要么像 1980 年时那样放弃对货币的控制，要么就是不得不加大力度遏制货币增长、推高利率。而华盛顿政府决定将二者同时进行的策略却对债券市场造成严重打击。“债券价格轰然倒塌”，正如金融新闻报道的那样，债券价格在一天天急速下降，但利率却反而节节攀升，其速度甚至快过前几周。仅仅一个月的时间，高质量企业债券的平均市场利率一跃上升 100 个基本点，其他长期政府债券也呈现出同样的局面。

对于债券市场上的大多数人来说，这样的紧张和恐惧转变成一场巨大的灾难。财务信誉等级达到三A的密歇根贝尔电话公司（Michigan Bell Telephone）以前所未有的15.9%高利率发行其新一轮债券，然而经纪人却依然难以找到买家。亚拉巴马电力公司（Alabama Power）发行的债券利率已达到17.5%。美国政府43亿美元的2年期债券只叫出50亿美元的买价，也就是说仅为常规购买力的一半。加利福尼亚州1.5亿美元的政府债券则全军覆没，即没有找到任何买家。

“只能用‘忧虑’来形容当时的债券市场。”旧金山克罗克国民银行（Crocker National Bank）的一位高层经济专家说道。“没有人想要购买债券，”匹斯堡梅隆银行（Mellon Bank）的副行长说道，“这是一次买家的罢工运动，因为投资人不喜欢未来可能发生的通货膨胀。”

“到处都是血雨腥风，许多人血本无归。”华尔街上的一家政府有价证券公司说道。第一波士顿银行的一位高管补充道：“推动债券市场的两大情感因素就是‘恐惧’和‘贪婪’。显然，‘恐惧’已经变成主导因素。”

在这场混乱期间，美联储委员直接听取了债券市场上最重要的投资人的声音——商业银行。美国银行的资产投资组合中包括超过1150亿美元的政府债券；当债券价格狂跌时，银行资产价值也会相应地发生萎缩。4月30日，由银行家组成的联邦咨询委员会私下里与美联储委员举行碰面会，谴责是后者一手制造了这场灾难。

“长期信贷利率下滑的失败，甚至是短期利率的持续下滑，都是通胀预期根深蒂固的表现，”银行家发出警告，“显然，金融市场仍对货币操控者——美联储心存怀疑，他们不相信美联储能够或愿意维持货币的稳定，认为后者只是在抑制货币供给的增长。”

身兼经济顾问的银行家一如既往地再三告诫：“美联储必须要避免重蹈1980年的覆辙，即货币供给的喷涌式增长……容许这种情况的再次发生，就是极大程度地阻碍金融市场信心的恢复，即推行适当货币政策的信心。”

几个月之前，顾问委员会曾对华尔街所谓“双底衰退”（double-dip recession）的潜能进行过深入思考，即1980年短暂经济衰退之后于1981年再次爆发的经济萎缩。不过在4月的大会上，这些银行家进一步调整了自己的观点。他们认为，美国经济“很可能会继续疲软，但却不太可能陷入完全的经济衰退”。

美联储在多条战线上的“战事”频频告急。其最重要的支持者商业银行也因其表现而心烦意乱。债券市场极度恐慌。国会大厦内的民主党人严厉谴责美联储的高利率，而一向拥护“供应经济”的共和党人也抨击是美联储令金融市场陷入不安。“这不得不让人质疑，”共和党人杰克·坎普（Jack Kemp）说道，“美联储到底知不知道自己正在做些什么？”

在白宫，至少总统的经济顾问私下里会承认，华尔街对于他们对未来“称心如意的描述”并不买账。财政部长助理贝里尔·斯普林克在内阁经济事务委员会的简报上坦承，债券市场对里根总统的经济计划所持的是怀疑和质疑态度。根据斯普林克的报告，长期信贷利率的增长“意味着人们对总统许诺的政府预算、税收和货币政策极度不信任。尤其是金融市场更是对预算赤字和货币政策的可能性影响忧心忡忡”。

不过斯普林克认为，更深层次的问题在于美联储自身缺乏可信性，即“人们在即将到来的预算赤字面前对未来货币政策产生不信任”。经年的失望已经让金融市场确信自己不能依靠这家中央银行去施行强有力的金融政策。

美国管理和预算办公室（Office of Management and Budget）首席经济专家劳伦斯·A. 库德罗（Lawrence A. Kudlow）同样认为：“长期信贷利率的大幅度提升标志人们对政府内阁经济计划可靠性的怀疑。”

但斯普林克警告白宫决策者要抵抗来自国会的抱怨并坚守严厉的货币政策。“来自内阁经济决策圈的批评家呼吁放松货币政策，并将其看作是解决目前困境的办法，”斯普林克说道，“不幸的是，这种观点还得到了国会反复强调高利率的危害性的强化。这无异于是在用疾病（通货膨胀）来模糊症状（高利率）的表现。”

事实上，斯普林克及其他货币主义者认为，利率最终是由市场力量决定的，而非美联储的人为操控。他们坚称，货币政策的焦点应该只放在 M-1 和货币的供给上，任何试图通过向金融体系注入更多货币以压低利率的努力终将会很快被来自金融市场对通货膨胀的恐惧和持续增加的市场利率压力所抹杀。

经济发展历史强有力地证明，货币主义者对美联储和利率的看法是错误的。毕竟在整个 20 世纪 40 年代，美联储已经证明只要愿意，其就能将利率控制在平稳水平上，无论是短期还是长期，尽管期间曾因战争财政赤字而造成巨大的市场压力。美联储做到这一点的途径就是注入更多货币，即通过增加货币供给有效压低货币价格。

尽管如此，货币主义者的逻辑却引导白宫将债券市场的灾难归咎于美联储的表现——而非里根总统的经济计划。通过坚称利率无足轻重、货币才是硬道理，斯普林克及其他货币主义者狭隘地将自己批评的焦点只放在一个因素上，即美联储每月对 M-1 的控制。

他们在初春观察 M-1 时发现有迹象表明情况最令人忧虑。三个月来的基本货币流通总量已经发生增长，但却依然能够维持在当年目标水平以下。总之，按照美联储自身的目标来讲，货币已经陷入极度紧缩。但现在，M-1 又突然再次出现激增，整个 4 月，基本货币流通总量开始以 25% 的年增长率上升。这似乎更加确定了白宫对美联储的怀疑。

美联储是否故意不顾白宫的许诺而再次注入货币？或者美联储只是像 1980 年那样停止了对货币的控制？斯普林克警告道，无论是哪一个原因，如果货币持续喷涌，那么金融市场将会进一步走下坡路，长期信贷利率也会持续走高，里根总统的许诺也会因美联储的不称职而最终落空。

在白宫内部，货币主义者闻风而动。他们抱怨沃尔克和美联储的官僚主义者从来就不曾笃信应控制货币流通量。美联储再次不顾公众反对而将焦点放在“利率”身上。在与美联储官员碰面的周例会上，斯普林克及其他货币主义者再三抱怨这家中央银行的反复无常。

“这次大会上爆发了激烈的讨论和争吵，”弗雷德里克·舒尔茨说道，“贝里尔和杰里·乔丹认为我们没有充分紧缩货币。库德罗也对我们展开了猛烈的抨击。而我要说的是‘如果单看 M-1 的增长量，整个今年都保持在较低水平’。然后他们会说：‘是的，但你们并没有真正做到维持住这些目标。你们是在偏离轨道前进。’我们则会说：‘不，贝里尔，如果过度执着于这些目标，我们就会更加动荡不定（这是美联储从 1980 年的过山车中吸取的教训）。”而他会反驳道：“你们应该恰到好处地实现这些目标。如果你们能做到这一点，局势早就可以稳定。”

白宫内部的总统高级经济顾问团体也接受了斯普林克的抱怨，并且很快因此变得义愤填膺。他们认为是沃尔克在暗中破坏里根总统的权威，他必须因此受到惩罚。财政部长唐纳德·里根有一天曾向其助手透露，他和总统实际上早就讨论过“废除美联储”。

“我们让自己陷入了狂乱和激动，”一位重要的白宫官员说道，“沃尔克必须要知道两点。首先，我们必须要让他知道必须与我们建立一种合作关系，他需要极力配合白宫；其次，我们不再需要不断上涨的货币供给，就像 1980 年那样，因为这会让我们滞留在混乱之中。”

这位美联储主席将受到总统传唤并对其行为做出解释，也只有总统本人才能让保罗·沃尔克做出改进。

在美国总统办公室，总统里根坐在宽大的沙发上，随意坐在对面椅子上的正是美联储主席保罗·沃尔克。长长的沙发上依次坐着总统的高层经济顾问：白宫主管詹姆斯·A. 贝克三世（James A. Baker III）、财政部部长唐纳德·里根（Donald Regan）、经济顾问委员会主席默里·韦登鲍姆、埃德温·米斯（Edwin Meese）、马丁·安德森（Martin Anderson）以及预算主管大卫·斯托克曼（David Stockman）。

“这就像是总统接见外国元首拜访的会议，”斯托克曼抱怨道，“会议简短且正式，但却并无太多实际意义上的交流。”

保罗·沃尔克对这些人极具威慑力。这位美联储主席身高不足 10 英尺（确切地说只有 6 英尺 7 英寸），但他的名望和专业知识却使他显得仪表堂堂、不容小觑。沃尔克拥有更多实际意义上的管理经验，这要比在座各位主管政府分支部门的经济专家更具说服力。他曾在林登·约翰逊投入印度支那战争时期就职于美国财政部，曾在理查德·尼克松搬出白宫时拟定国际经济策略。沃尔克深谙真实历史时期的每个经济问题，熟知华盛顿的政治家与政府机构间微妙的相互作用和权力关系间的隐匿游戏。况且，保罗·沃尔克掌控的“货币政策”本身对于围坐在总统周围的大多数经济专家来说就是最难以理解的神秘事物。

颇具讽刺意味的是，罗纳德·里根要比其他任何一位高层政治顾问更懂得一个道理，因为令人啼笑皆非的是，这位总统在大多数政府决策领域内一直都是个被动的执行者，因为他对其中的诸多细节并不了解。他经常将特别且极具战略意义的决策选择权交给自己的顾问团，然后由这些顾问自行达成一致，最后再将决定交给自己批准。然而当涉及货币问题时，里根却知道自己想要的是什么，并且可以强有力地表达自己的观点。

“白宫内的大多数‘玩家’——贝克、米斯、迈克·迪瓦（Mike Deaver），他们并不了解太多货币政策的知识，”其中一个经济顾问解释道，“总统或许算得上是他们当中最了解货币政策的人。”

大卫·斯托克曼就这一点有过详细阐述：

“总统在谈到货币政策时使用了两个比喻。一个是‘轰隆隆的货币供给’，意思就是货币过于放松；另一个‘扯琴弦’则是说货币过于紧缩。总统脑子里也没有形成完整的方案，他是那种根据事实精挑细选的人，但能够真正确定的一件事就是遏制通货膨胀。就这一点他曾反复强调同一种观点：‘通货膨胀具有辐射能力。一旦开始，就会蔓延且增长。’”

罗纳德·里根本人就是一个货币主义者。这个标签在其作为总统候选人的岁月里并未公开明示（或许是因为政治新闻记者对此倾向并不关心），但里根一向的说法明显反映出其本人的货币主义视角。通货膨胀起源于美联储的“印刷纸质”货币，他说，为了遏制通货膨胀，美国政府必须停止货币的过度生产。

“这是总统最为细致了解的一个方面，”斯托克曼说道，“他能拿起一张纸，画出一道线，追根溯源地找到60年代的货币供给增长情况。他深谙货币问题，并且对美联储一直持同一种态度。每逢竞选年份，货币供给就会‘轰隆隆’增长，即‘向美国经济注入大量货币’他说道，然后在竞选年份之后，美联储就会‘扯动琴弦’，美国经济陷入衰退。”

罗纳德·里根本人曾经是米尔顿·弗里德曼门下的经济系学生。既然里根成为美国总统，那么继续作为外围经济顾问的弗里德曼会经常受到总统办公室官员的拜访，以征求其对经济问题的分析和建议。不过里根总统在货币原则问题上与弗里德曼的教条存在冲突；与国会中的供应经济学者一样，里根私下里拥护的是金本位的恢复并将其作为保障稳定货币的最终途径。“只要法定货币存在，你就不能控制通货膨胀。”他这样对助手说道。不过这位总统对黄金的依赖从未在公开场合有所表露，他的政治顾问唯恐这种言论让选民听起来“乖张”和“过时”。

里根为这次与沃尔克的会面做足了准备工作，但他对这位美联储主席所说的仍然是其私下里对助手反复强调的同一观点。里根这样对沃尔克说道，问题就在于将“琴弦扯得过紧”之后就是“轰隆隆的货币供给”。

“这位总统举起一根手指在空中画了一道货币供给的走向曲线。”斯托克曼说道。总统告诉这位美联储主席，目前最迫切需要的并不是这条曲线的锯齿形增长或下降，而是让其以一种适度的步伐平滑且稳定地上升。

另一位内阁官员说道："沃尔克发现这位总统相当抽象。在与这位总统打交道时，沃尔克感觉这个家伙非常喜欢用抽象的概念去解释问题，而这种抽象方式对于他来说是最难以忍受的。"

沃尔克早在与里根的经济顾问举行定期会面时就摸透了这些人有多少"分量"。"如果总统要求他顺从自己的经济顾问，"这位官员解释道，"沃尔克就会这样对自己说：'这些内阁成员本身就条理不清且前后不一致。如果非要达成一致，我也清楚这些爱开玩笑的人根本就不可能实现。'"

这位美联储主席毕恭毕敬地倾听总统的言论，并用自己的"陈词滥调"回应总统的建议。他凌乱且破碎地阐述了美联储的政策目标，强调围绕在 M-1 及其他货币流通量周围的不确定性因素，还就货币主义者提供的有关运行问题的专业性改革潜力陈述了自己的观点。[25]

"我对自己说'总统并不理解货币问题'，果然，他真的不懂，"斯托克曼说道，"总统只是陷入自己对控制货币观点的圈子里走不出来。沃尔克于是回答道：'是的，我们正在控制货币的流通量，但我们认为这个数字偏高的原因有很多，例如其他运行程序的过度放大等。'"

当沃尔克离开后，斯托克曼认为总统办公室发起的这场对弈彻底宣告失败。"这次会议变成了一锅粥——绝对的一锅粥。"他说道。沃尔克根本没有表示自己会极力配合白宫的经济政策。他甚至根本没有接收到要求他做到这一点的信号。

不过总统的其他某些经济顾问却十分满意。他们认为信号已经充分且明显地传达给了沃尔克，并且沃尔克将不得不对此做出反应。几天之内，政府内外的货币主义经济学家间就盛传一条小道消息，人们纷纷议论罗纳德·里根已经向保罗·沃尔克发出严肃且郑重的训斥，所有人都以为这位总统要求美联储实施自身改进。

作为其中一员，贝里尔·斯普林克还表达出一种新的自信，那就是美联储将全力控制货币增长。"他们能够做到，"斯普林克说道，"可问题是，他们愿意做到吗？我相信他们愿意。"

"在过去的几个月里，我们已经就美联储进行多次直白且坦率的讨论，"斯普林克在一次大会上这样对芝加哥的金融高管说道，"我现在可以确信的是美联储将会面对自己的既定目标。"

沃尔克自己则根本不记得总统曾严厉训斥过他，甚至包括以后的任何时候。

但这位主席的确从这次会议上了解到白宫到底想要得到什么。他也必须要清楚地意识到美联储所面对的毋庸置疑的政治威慑力。

起初失望透顶的斯托克曼最后也认为，这次与沃尔克碰面的高层会议还是产生了一些效果的。“沃尔克现在正在试图与白宫保持良好关系。”他这样对同事说道。

有关里根总统传达的信息,暂且不论其专业细节,其本身也并不是十分复杂。“从那次会议中走出来的沃尔克，”斯托克曼说道，“不可能没有领悟到白宫想要紧缩货币的意图。”

4月中旬，在堪萨斯大学的师生面前，保罗·沃尔克再次重申美联储此时正在做些什么：逐年降低货币供给的增长率，直到通货膨胀被完全“赶出”美国经济。但这位美联储主席又补充了一个令人振奋的许诺：这样的降低将会有条不紊地进行，他说道：“这并不是一朝一夕就能完成，而是需要几年的时间。”

这是最重要的一点。如果货币遭到突然性紧缩，其虽然会大规模遏制通货膨胀，但同时也会压制捆绑在各种合同和协议之上的美国民众和企业——工资合同、银行信贷协议、销售合同。逐步降低尽管缓慢，但却能更少地伤害无辜的经济玩家，他们抱着美好的期待进入交易舞台，但看到的却是未来可能会持续的价格通胀。

“其目的就是，”沃尔克解释道，“给经济发展、个人行为和既定合同留出一定时间，以调整并减缓价格增长速度，最终实现稳定。‘休克疗法’或许更具戏剧性，但从长远来看其并不一定更有效。”

人们需要一点时间去调整。商人将看到物价的稳步回落是真实的，他们要修整自己对未来贷款、工资和物价的期望。一旦每个人都能理解这种新的方向，通货膨胀的热情就会下降。美国经济也会减少对高工资和高物价的需求。沃尔克认为：“最重要的一点就是我们执行这种调整时的意图、能力和意愿能够得到广泛的认可。”

在美联储委员中，南希·蒂特斯是最坚定拥护稳步调整措施的人。她并不认为经济衰退可以避免，但却能比其他人更敏感地意识到一定会有某些特定人群会成为严厉货币政策的直接受害者。

“我想到什么说什么，”她说道，“小型企业会受伤，因为他们不得不用更高的代价实现贷款。房地产业也会枯萎，还有汽车业。因为消费者没有任何多余的力量去购买这些东西，失业率也会增加。我的直觉是，即使是更低的利率也一样会伴随这样的结果发生，但至少时间可以拖得更久一点，期间或许就能有更多的小型企业存活下来。”

然而蒂特斯的观点并没能说服众人。美联储主席也没有信守诺言。

假设沃尔克的担保是真实的，那么无论是其突然改变了主意，抑或是其在执行货币操控时犯了错，总之无论是什么理由，在接下来的几周时间里美联储的所作所为的确是与这位主席所做的承诺背道而驰。截至 5 月，美国经济发展速度略微下滑，美联储施行近 6 个月的高利率让美国经济陷入疲软。尽管如此，美联储依然决定进一步紧缩货币，并且还要进一步推高利率。

这就是白宫想要看到的，也是债券市场想要看到的，另外还有顾问委员会中的商业银行家。美联储委员的犹豫和踌躇被轻易漠视，专业性的疑虑和顾虑被更加严厉的货币政策所取代。美联储主席渐进式调整的承诺被永远吹散在风中。

就在此时，34 位华尔街金融专家接到邀请参加美联储举办的一次私人研讨会，为期 2 天，会议内容主要针对货币政策。来自摩根－斯坦利的经济分析学家、美联储前经济专家约翰·保卢斯（John Paulus）对沃尔克曾经说过的一段话颇感兴趣。这段话明显道出了沃尔克的意图。

“沃尔克对我们说，”保卢斯说道，“由于过去有关货币政策方面的错误都是由过度放松造成的，那么在未来，如果我们犯错，那么错在过度紧缩上也就可以讲得通。”

这就是下一届联邦公开市场委员会召开时所发生的一切。

4 月的美国货币永远都是扑朔迷离、令人困惑的。普通家庭在支付自己的收入所得税，为了向华盛顿邮寄账单，许多美国人不得不动用自己的存款。与此同时，美国政府又将这笔钱“归还”给另外的数百万美国公民。就这样，数十亿被打成“邮包”的美元在银行账户之间转来转去，让美国 4 月的货币供给统计数字变得声名狼藉。在其他年份里，如果 M-1 在 4 月发生突然性喷涌，美联储的态度一般是“睁一只眼、闭一只眼”，等待观察货币供给是否真的有上升趋势，还只是征税季节时统计数字的偏差。

这一年，美联储却没有如此气定神闲。5 月 6 日，联邦公开市场委员会委员召开电话会议，商讨如何解决 M–1 问题。会议讨论的结果是容许联邦资金利率突破目标水平，货币和信贷扩张会因货币本身价格的提升而被抑制。5 月的第二周，中央银行将这个关键利率一举推高超过 260 个基本点，即超过 18%。

尽管 M–1 出现突发性喷涌，但其他可见信号却表明货币和信贷正在紧缩而非放松。货币市场上的短期信贷利率正在被哄抬，商业银行正在贴现窗口大举借贷，通货膨胀率却正开始有节制地回落。3 月的通货膨胀曾低于两位数并首次达到连续两年维持不变。到了 4 月，通胀率又下降到 7.2%。但尽管如此，美联储却依然在进一步紧缩货币。

5 月 18 日，联邦公开市场委员会常务会议召开，会议讨论的焦点集中在目前货币供给数字所显露的专业困惑上。除了 4 月货币表现出来的长久性变化以外，货币供给总量此时也因得到 1980 年金融自由化法案授权的银行创新行为而发生扭曲。1981 年初，可开支票活期储蓄存款账户（NOW accounts）遍布全美国各大商业银行，即需要支付利息的活期账户，从而改变了 M–1 的经济意义。

数十亿美元流进 NOW（可开支票活期储蓄存款）账户，其中一些来自以 M–1 计数的常规活期存款，另外一些则来自流通性相对较弱的 M–2 存款账户。NOW 账户包括在 M–1 中，因为人们能够签写支票并在即时交易中消费这笔钱。然而由于人们需要支付利息，因此 NOW 账户与旧式存款账户或以 M–2 计数的货币市场资金十分相似，即投资货币不能立刻流入常规商业的交易中。那么这种杂交混血的 M–1 对于经济来说意味着什么？人们又会怎样对待这笔钱？是立刻消费，还是更加便利地将其存入 NOW 账户呢？

数月来，凯恩斯主义经济学家抱怨如果美联储打算遵循货币主义理论操控货币，那么就是选择在一个最糟糕的时机来做这件事。金融自由化允许银行体系的各色创新行为，从而导致货币供给数字不断攀升，但这个数字不仅仅是 M–1，还包括其他流通货币种类。这些自由主义评论家发出警告，随着 M–1 和 M–2 的混合物以一种崭新且不可预料的方式发生改变，美联储终将一次次被引入歧途。

波士顿联邦储备银行行长弗兰克·莫里斯（Frank Morris）对此种说法深表赞同：

“你可以看见关于货币正在发生什么，”莫里斯说道，“人们会拥有一个 NOW 账户和存款账户，二者在实际意义上都需要支付同样的利息。但 NOW 账户以支票形式存在，因此人们就会撤销存款账户，将钱存入 NOW。此时你手中的货币就是以 M–1 计数，但却并不是实际意义上的交易账户。随着时间的推移，这样的账户会越来越多。在银行各色创新行为的影响下，你签写支票的行为就是在消费以三种流通货币种类计数的账户货币。”

因此，货币的传统定义会遭到现实的破坏，货币主义经济学家在解决货币问题时所依赖的明显货币种类差异也被彻底抹杀。个人储户正在以一种不可预测的方式改变着自己的行为，对得到 1980 年金融自由化法案授权的银行创新行为做出自己的反应。此时，与 M–1 相关的经济变量也变得更加不可知。

然而，美联储从 1979 年开始就笃信自己应该忠诚地向 M–1 看齐，并将其作为自己的指导方针。沃尔克皈依货币主义理论的行为也是以深信一定量的 M–1 可以预测性地影响更大规模经济行为为前提。一些美联储官员从一开始就对此表示怀疑，但此时的他们已经可以确定这样的做法并不正确。

正如凯恩斯主义者的提醒，美联储正凭借一个不稳定的变量来驾驶美国经济之船——M–1 这个经济数字已经失去其自身意义。一旦 M–1 遭到消费货币行为中产生的闲置资金的污染，这个基本货币流通量就会因人工行为而变得不再真实，即其不再是反映经济行为水平的标准。如果联邦公开市场委员会继续无限顺从地遵循 M–1，那么这个统计数字就会变得十分危险，委员会也会因此误入歧途。通过压制 M–1 的增长，美联储会超出预想地更加挤压和收缩美国经济。

美联储内部私下里对此做出的反应是既痛苦又带有些许懊悔。对于中央银行来说继续遵循“任意妄为”的“北极星”领导似乎有些荒唐可笑，尤其是几位美联储主要委员从来就不曾相信流通货币总量可以作为一个可靠的“引路人”。不过要制造一个两难境地并舍弃沃尔克的运行程序也同样令人感觉棘手。于是联邦公开市场委员会委员决定不再颠簸向前、临时起意以及为错误寻找托词。

从传统技术论来看，解决问题凭借的是理性分析和深思熟虑。美联储的经济专家为此发明了一种新的货币流通种类，称为“切换调整型 M–1B”，以此试图弥补因 NOW 账户引起的 M–1 失真现象。包括美联储的经济专家在内，没有一个人真正知道这种失真的程度有多大，于是他们姑且做出一种估计，有关 M–1 的讨论此时可以继续，但却要使用新的标签“M–1B”作为比既定的 M–1 更为科学的表达。美联储的某些官员开始担心沃尔克的货币主义理论将会将它们带向何方。

“我们很多人私下里讨论自己正被带入一个货币主义陷阱，”纽约联邦储备银行执行副行长彼得·弗塞克（Peter Fousek）说道，“我们的整个世界就是盯着货币流通数字不放，并过于把它当回事。当整个国家都痴迷于货币流通数字的重要性时，我们又该如何才能跳出货币主义者的盒子？因为你尚能意识到这些数字带给你的尽是错误信号。”

然而在5月的联邦公开市场委员会上，沃尔克及其他两位德高望重、精于分析的委员在捍卫美联储运行程序的同时还给出了一种有关货币流通量信号的全新解读。在4月货币喷涌之前，M-1的增长量在数月内一直低于目标水平，但包括储蓄账户在内的更广泛货币流通总量M-2却始终维持在目标水平的中游。为了在高利率条件下获得未来回报，人们向M-2的货币市场账户注入大量资金，这其中不仅包括存款，还包括本来打算消费出去的一部分货币。因此，这两位委员有理由认为，M-2的快速增长是货币实际过于宽松的信号。他们表示，美联储应该暂时将焦点放在M-2的过高增长上，而非一直准确无误的指示器M-1上。

当莱尔·格拉姆利和亨利·沃利克挺身捍卫沃尔克的货币主义运行程序时，他们的观点在联邦公开市场委员会中间一石激起千层浪，因为所有人都知道，这两个人并不是忠诚的货币主义者。不过沃利克和格拉姆利对货币流通总量的临时解读却恰恰证明当时的货币供给紧缩的确更加严重。他们认为，人们正在向M-2货币市场注入更多的资金，以收拢数目惊人的利息回报，但实际上这些人原本是打算花掉这笔钱。因此，沃利克提出，被联邦公开市场委员会武断地当作是M-2的一部分资金的实际上是M-1。

“我认为，”格拉姆利说道，“高效货币的增长实际上要快于显示出来的货币流通总量数字。”因此结果就是这二者在大体上都出现了错误。

不过他们的推论还受到另一种无关货币运行机制因素的影响，即他们担心一旦不能坚守承诺并竭力保证沃尔克运行程序的实施，美联储就会再次陷入尴尬的两难境地。“所有人都知道我们正进入一个萎靡不振的时期，”沃利克事后坦言，“我们原本可以采取一种不那么紧缩的政策，但新运行程序的高效已经在制造麻烦，并且成为我们心中最大的问题。我们还能做些什么呢？”

弗兰克·莫里斯曾反复和联邦公开市场委员会的同僚讨论这个问题，但最终总是以失败收场。“我们正在顺从一个错误的上帝，”莫里斯抱怨道，“总有人对我说：‘的确，M-1是出现一些问题，但这只是一个暂时现象。一切都会尘埃落定，我们也很快就会恢复正常。’每次我在联邦公开市场委员会大会上都能听到这样的声音。我认为这纯粹是胡说八道。”

莫里斯自 1968 年以来一直担任波士顿联邦储备银行行长，因而在 12 位联邦储备银行行长中地位较高。作为毕业于密歇根大学的凯恩斯主义经济学家，他曾来到华盛顿就职于杜鲁门内阁，并持续到约翰·F.肯尼迪执政，期间还曾担任过美国中央情报局的国际经济事务分析专家。与其他联邦储备银行家相比，莫里斯更具都市气息，其深谙世故、老谋深算的个人特点全部反应在位于海滨附近的波士顿银行办公大楼的建筑风格上。这个闪闪发光的高楼曾赢得建筑大奖，但其设计风格对于一座公共建筑来说却过于大胆；作为美联储这个一本正经、古板保守的老机构来说，这座大楼看上去过于时髦和漂亮。在经济见解方面，弗兰克·莫里斯与哈佛大学和麻省理工学院经济系的自由凯恩斯主义学者过从甚密。

事实上，莫里斯在货币政策方面的观点可以代表美联储内部的传统理念，即在主席沃尔克成功令所有委员皈依货币流通总量之前盛行的美联储“风气”。莫里斯抱怨道，他的同僚此时都被“货币的神秘性”所蛊惑，且深受货币主义评论家的影响，就好像是美联储的决策者已经完全被货币主义者吸引。他们当中许多人已经选择货币主义理论，因为这会给他们一再推高利率的行为披上政治外衣——美联储可以推托它所操控的是 M-1，而非利率。如今，美联储自身似乎也已经对货币数字上瘾。

然而莫里斯却无法动摇这种信仰，即使他一再坚称包括沃尔克在内的大多数同僚应该更能认清现实。美联储不能如货币主义者想象的那样控制 M-1 的波动。更确切地说，M-1 的波动并不会对实际经济造成影响，利率和信贷扩张才是能引领一切的关键。

> “我不认为货币本身与名义 GNP 之间有任何因果关系，”莫里斯解释道，“真正构成因果关系的决定因素是利率。如果利率上升，你自然就会期望货币供给下降，因为经济行为会减少，因为持有货币的机会与成本会增加。在面对这个可以构成因果关系的问题时，联邦公开市场委员会中的大多数委员恐怕都不会反对。”

莫里斯的观点从未对保罗·沃尔克的权威和格拉姆利及沃利克的影响力构成威胁。联邦公开市场委员会接受这位主席对事件的解读，并同意在限制 M-1

喷涌上下功夫。颇具讽刺意味的是，如果美联储一直遵循以利率而非货币流通总量为焦点的政策方针，那么这里应该存在一个矛盾：目前的信贷状况已经明显暴露出非正常紧缩，且程度还在加剧，但美联储却并没有执着于货币数字。决策者采取的是直接指令，命令美联储对货币增长实施“大规模紧缩”，这与联邦公开市场委员会通常的温和决策用词形成强烈对比。正如沃尔克所看到的，M-1 正在重新上涨。他决心毫不留情地予以打击。

结果极富戏剧性，整整一年的美国经济膨胀终于被扼制住势头。截至 7 月，美国经济生产总量达到高峰，随后整个国家又再次陷入经济衰退，即两年当中的第二次经济紧缩，而这两次都是由美联储推行的惩罚性利率一手造成的。

无论是否值得，总之美联储的确是将 M-1 纳入了控制范围。5 月，M-1（确切地说是切换调整型 M-1B）不仅停止上涨，而且还出现大幅度下滑（减少 40 亿美元）。5 月时基本货币供给的年下降率达到 11%，6 月时达到 13%。事实上，此时的 M-1 已经恢复到 6 个月之前美联储容许 M-1 再次上涨时的数值。到了 11 月，货币流通总量将恢复到 4 月时的水平。

这就相当于一次紧急刹车——通过抑制供给的方式推高利率。利率也相应地做出反应。联邦资金利率一路攀升至 19%，直到整个夏季结束都一直维持在这个数值未动。在连续 6 个月高利率的剧烈刺激下，美国经济已经陷入疲软，这次由美联储在 5 月推行的额外一击也是致命一击，最终结束了整个战斗。

5 月大会结束后不到几个星期，联邦公开市场委员会曾经解读货币流通数字的方式被证明一直都是错误的。美联储已经对货币信号产生误解，还不如承认他们自己已经混乱得不值得信任。

“到了 7 月，”委员查尔斯·帕蒂说道，“你就能看到 4 月不过是一次季节性的小爆发，货币流通总量已经开始大规模减少。”

“我们还能做些什么？”亨利·沃利克悲叹道，“我们本来可以放弃过于拘谨的方式，那就可以避免经济衰退。通货膨胀率达到什么程度才会令我们激动不已呢？”

联邦公开市场委员会错解了美国经济，也错解了货币数字，这样的错误判断引发了全国范围内剧烈且疼痛的后果。美联储自己定义了这些错误的程度，并发表会议报告和记录。1981 年上半年，联邦公开市场委员会的每月会议记录显示他们对发生偏离的货币流通总量产生误解，并且错误判断未来实际经济的发展趋势。在 1981 年初的国会报告中，联邦公开市场委员会曾同意将 M-1 增长量保持在 3.5% 至 6%。结果，美联储实际上将 M-1 增长量的控制调整到仅为 2.3%。货币供给目标经过数年的快速增长之后，这一次美联储又犯下一个背道而驰的错误。

另外，在美联储官方记录中并未显示联邦公开市场委员会意识到自己紧缩货币的决定会将美国经济推入衰退（参见附录 C）。相反，联邦公开市场委员会声称："尽管人们普遍希望能大规模降低货币增长速度，终止第一季度以来货币的非正常快速上升，但仍有一部分委员预测其余两季度的经济行为还会继续快速扩张。"

华盛顿大学经济学家迈克尔·G. 哈齐米夏拉克斯（Michael G. Hadjimichalakis）此时恰逢担任美联储为期两年的顾问学者，期间他发表了一份有关联邦公开市场委员会政策决议记录的分析报告，内容严谨，且结论一针见血。"美联储正迷失在无用细节构成的迷宫当中，其中大部分都是他们自己创造的，而目的只是为遵循货币主义理论。"他写道。哈齐米夏拉克斯的评论并不为华盛顿政界所知，但其著作却在美联储内部经济学者之间被广泛传阅，而后者的反应则是混合了认同、拒绝和受了伤的自鸣得意。

哈齐米夏拉克斯认为，作为导致经济衰退发生的元凶，联邦公开市场委员会一贯忽视每月来自 M-1 的货币紧缩信号，并且误解了 M-2 的真正意义。每个月，这些决策者都会找到无视实际经济恶化的新理由，却忽略危险进一步扩大的证据。哈齐米夏拉克斯针对美联储错误的学术分析表达出一种中立的经济学立场，其评价实际上非常中肯：

> "我们必须强调的是，这里并不是在质疑美联储意欲抑制通货膨胀的决心。这里讨论的重点是美联储的错误所滋生出来的额外且无益的抑制通胀政策。当然，遵循货币主义理论的联邦公开市场委员会的委员在与通货膨胀战斗的过程中的确曾多次犯错，他们的行为更像是在与隐约出现的经济衰退作斗争。不过尽管如此，1981 年到 1982 年的美国经济衰退绝对是他们的无心所为。"

哈齐米夏拉克斯推测，美联储之所以被逼得犯下致命错误，其原因就是他们害怕自己再次暴露 1980 年时的笨拙表现，当时沃尔克试图运用货币主义理论并且不惜凭借更加动荡不安的货币增长和利率来刺激生产。"尽管 1980 年的错误造成的经济后果相对来说并不严重，" 哈齐米夏拉克斯解释道，"但面对货币主义者的批评，美联储变得更加脆弱，其对这些批评做出的反应就是更加强烈地认同货币主义理论，直至后来酿成决定性的新错误。正是这些后来犯下的错误才导致 1981 年到 1982 年的经济衰退。”[31]

对于在倡导相信技术论政府权威环境下长大的现代美国人来说，这样的结果无疑令人困扰，因为这表明权威专家的失败。正是中央银行那些不知名的专家和负责操控货币的神父犯下一系列判断和预测上的失误。当这些人试图调整自己的运作前提和捍卫自己行为的逻辑表现时，这些错误又再次得到强化。对于全美国来说，这样的错误意味着极大规模的经济伤痛，即严重的经济衰退：失业率上升、个人和企业的惨败，甚至会波及整个美国社会。那么，这难道仅仅是一次意外事故吗？

事实上，美联储委员并不像其会议记录中显示的那样无能。尽管这些针对美联储决策的专业评论被刊登在美联储自己的官方会议报告上，但这些证据并不能完全涵盖导致联邦公开市场委员会做出某些决策的全部事实。还存在其他导致美联储做出某些决定的因素，例如未能说出口的事实、主观臆断以及从未反映在联邦公开市场委员会官方会议记录中的秘密。美联储不仅仅是一个运用专业知识操作货币和银行体系的中立专业机构，其还是一个政治机构，是美国政府内一个截然不同的权力中心，其运行的方向就是捍卫自身并对围绕在自身周围的政治气流做出反应。

而另一部分不能说出口的事实就是政治。在考虑政治背景的前提下，美联储犯下的某些错误也就变得有迹可循。作为经济选择，1981 年做出的货币决策显然带有瑕疵，美联储的经济专家没能把握住自己的分析。但作为官僚主义政治家，为保护自己的机构不受政治伤害并达到更加长远的目标，沃尔克及其同僚相当清楚自己正在做些什么。

从政治角度看，美联储的地位一直不稳，其可能会立即遭遇来自不同势力的政治压力。白宫早就表露出其对美联储的强硬路线，无论是在公开场合还是私下里。金融市场一直对这家中央银行是否能够履行诺言抱持怀疑态度。经济学家一直警告里根的减税和大规模财政赤字政策会刺激人们新一轮的通胀预期。银行家和债券市场对此也表示认同。1980 年美联储自身摇摇欲坠的表现在每个人的脑中一直挥之不去。如果通货膨胀卷土重来，那么美联储必然会受到谴责，甚至会比以往更加强烈。

美联储的政治神经质可以反映在副主席弗雷德里克·舒尔茨的一次圣路易

斯之行中。圣路易斯联邦储备银行行长拉里·鲁斯，即美联储内部最坚定的货币主义理论堡垒人物，曾经多次发表演说，抱怨其在联邦公开市场委员会的同事并不十分坚定地笃信货币主义理论，从而折射出里根白宫内阁也在这方面对美联储颇有微词。沃尔克担心鲁斯的持续攻击会暗中破坏美联储的政治地位，于是弗雷德里克·舒尔茨表示他会出面解决这件事。

这位副主席亲自拜访并会见了圣路易斯联邦储备银行董事会的各位成员，动之以情地要求这些人说服他们个性强又好争辩的行长“闭紧嘴巴”。“你看，我们现在已经如临大敌，”舒尔茨这样对各委员说道，“我们站在同一条船上。或许华盛顿的美联储委员并不都和你们一样是坚定的货币主义者，但我们毕竟是一伙的。我们应该在委员大会上来讨论这件事，至于在公开场合则应该保持缄默。”

圣路易斯董事会的成员由此被打动。正如鲁斯自己所说，这些人当场保证会让自己的行长“收敛一些不合常规的言论”。

正如联邦公开市场委员会的一位委员助手所描述的，当美联储委员和地区储备银行行长会聚在联邦公开市场委员会大会上时，他们会“高度自觉地不敢越雷池一步”。政治问题永远都不能被摆在桌面上正式讨论，除非有人小心翼翼、拐弯抹角地提及。这是不被允许的。一旦出现与经济分析毫不相关的话题，将政治压力摆在委员大会的桌面上无疑是对美联储自身独立地位的最大亵渎和冒犯。

不过，这却不能阻止联邦公开市场委员会委员谈论政治。正如那位助手所说：

“投票之后会直接在会议桌上举行一个午餐会，通常是这些行长和委员讨论政治问题的唯一机会。他们会更加直言不讳地表达自己的政治立场，但这绝对不是官方会议的一部分。这种包含蓄意成分在内的聚会看起来不过是自由的政治讨论，其与会议本身无关，直到会议结束。但每个人都知道政治无疑是影响他们做决定的主要因素。”

在 5 月大会的午餐会上，联邦公开市场委员会的成员充分讨论了足以影响其货币决策的政治潜台词，即围绕在美联储周围的政治压力，尤其是来自里根内阁的货币主义攻击。根据公开市场委员会的一位职员所说，这次讨论的内容大致是如此：

这些攻击在未来意味着什么？我们或许应该更加谨慎地对待它们。我们是否应该乐观地利用1979年的政策去抵抗这种压力？是否应该向一个我们不愿前进的方向前进？我们不想被认为是对内阁政府做出反应，因此我们必须确保制定出一个强大且有理论做基础的货币政策。换句话说，我们要有适当的理由去这样做，而非迫于政府的威胁。

所有的外界压力都将美联储逼向一个方向，即向紧缩的货币政策迈进。对于美联储来说，最安全的阵地就是去证明他们在尽心竭力地恪守诺言，无论其是否正确。针对美联储诚信和能力的质疑，总要好过对其对政府趋之若鹜的质疑；里根的减税政策很可能会导致通货膨胀的爆发，但总要好过事先就和里根内阁唱反调。

“白宫的鼓励的确促使我们推行更加紧缩的货币政策。”有权参加联邦公开市场委员会大会的一位波士顿联邦储备银行高层官员如是说道。

“我想美联储的处境会更加艰难，”同为高层经济专家的一位同事插嘴道，“如果我们想放松货币，那就一定能放松。此时正是经济奇迹发生的时刻，紧缩货币也是其中一部分，我们很难拒绝。新内阁正经历蜜月期，我们只能给他们想要的，并送上最美好的祝福。”

已经退休的研究主管、曾担任美联储众多高层官员经济顾问的丹·布里尔(Dan Brill)也对此表示认同。“我控告美联储的是它绕着马车转的想法，”布里尔说道，“而斯普林克等人的做法则是巩固这种想法。他们对美联储的攻击无疑会迫使美联储绕着马车转得更紧。”

即使如此，如果债券市场能够向相反的方向发展，来自白宫的压力还是可以被有效抵抗的。在这种情况下，无论是债券市场还是白宫，他们都想从中央银行家那里得到相同的东西。政治科学家会倾向于寻找足以影响美联储的政治证据，一旦找到，他们就会大体得出结论：美联储会积极响应白宫或国会的要求。他们认为，这无疑是将某些不协调的政策合法化，因为这家中央银行似乎以某种隐晦和模糊的方式接受由选举产生的政府的控制。但有关美联储的独立性还存在一个更加有趣的问题，也就是其政治行为的更基本考验。美联储认为政界和金融市场之间存在矛盾，因而需要制定截然相反的政策。那么当美联储必须在华盛顿和华尔街之间做出选择时，它到底会听谁的？

1979年秋，这种考验来临，美联储的答案是选择华尔街。吉米·卡特的经济顾问敦促保罗·沃尔克不要采取严厉的货币主义政策，但这位美联储主席深感自己的一意孤行是绝对安全的，即使白宫强烈反对，他仍有把握会得到金融市场的欢呼喝彩。里根执政后美联储再次经历这种关键时刻，但在 1981 年春天的考验中，美联储的决策者得到的却是双方的保护。他们对货币数字的解读尽管就经济学分析来说带有瑕疵，但却得以使联邦公开市场委员会再次紧缩货币，而这正是债券市场和白宫都想要看到的。

保罗·沃尔克一向以非凡的政治勇气而广受褒奖，但这一次考验的确需要他付出更多的勇气。无论如何，联邦公开市场委员会的委员通常会遵从他的政治判断，他们会在会议桌上尽情地讨论经济问题，但沃尔克一人就可以代表美联储的政治立场。“这位主席就是甜心老爸，”联邦公开市场委员会的一位委员助手说道，“他会做出重大决定并适应它。当我们受到攻击时会挺身而出为我们辩解。联邦公开市场委员会的其他人可以更随心所欲地不负责任……然后把一切推给这位主席去解释，‘这经不起真实世界的洗礼’。”

沃尔克的识别力和敏感度通常几乎可以决定美联储的最后决策。“沃尔克不会在宴会开始前拿走大酒杯，”他的一位助手调侃道，“他会走进宴会直接用锤子砸碎酒杯。”

1981 年初春，法国大使致电纽约联邦储备银行行长安东尼·所罗门，询问他如何看待当下的美国经济。当时弗朗索瓦·密特朗（Francois Mitterrand）正在法国巴黎建立新政府，法国的经济政策毫无疑问地要受到美国经济发展方向的影响，毕竟当时的美国是带动世界经济运转的火车头。

“我告诉他美国经济正进入衰退，”所罗门说道，“而财政部在面对法国财政部长提出的同样问题时却说美国经济可能会迎来一次巨大的繁荣。我后来得知，密特朗在其召开的第一次内阁会议上宣布，法国政府将推行经济扩张政策，因为美国即将迎来经济的高速发展。有人提醒他我曾经说过美国正陷入经济紧缩，但密特朗说：‘我们要勇往直前，坚定施行经济扩张，因为美国财政部给了我们不容置疑的保证。’又有人警告他说，这是在赌博，但他却一意孤行地带领法国继续向前冲。果然，他们遭受了重创。”

美国体系存在一个尴尬的小秘密，那就是现代经济衰退并不一定是由神秘而自然的经济周期力量所引发，美国的联邦政府同样可以一手酿成经济衰退。

自第二次世界大战以来所发生的七次经济衰退中，每一次紧缩之前都发生过同样的事，即美联储将利率推高到非正常水平的决定。如果这种非正常局面维持得足够长，那么美国经济就会不可避免地出现下滑。鉴于这种因果关系，安东尼·所罗门也就自然能理解美国经济即将会发生什么，即使美国财政部信誓旦旦地认为这不可能。

数月来，南希·蒂特斯一直在反复强调经济衰退迫在眉睫，委员查尔斯·帕蒂和埃米特·赖斯也深表认同。“没有人希望面对困境，”赖斯说道，“没有人喜欢看到人民会失去工作、GNP 停止增长。但有时，鉴于经济发展，这些现象不可避免。”

当然，最关键的“经济发展”还是在美联储自身。从广义来讲，美联储委员会说自己没有其他选择，因为他们曾经承诺要抑制价格的通胀。但从细节来讲，并不是通货膨胀刹住了美国的经济过热，强制美国经济出现紧缩，造成这一切的原因正是美联储推出的高利率。

“当你身处这种境遇时也会用经济衰退作为代价去冒险，”沃尔克坦承，“时机永远都是一个问题。如果不去冒这个险，你就什么都做不了，最终还是会以经济衰退收场。”

这种细微的差别是美联储委员重要的避难所。是的，他们可以承认，是他们将美国经济作为赌注去冒险，并将美国经济推向悬崖。这与“他们蓄意引起经济衰退”的说法完全不同。但对于需要承受这种恶果的人们来说，似乎这样细微的差别并无太大不同。

理由很明显，美联储从来不曾宣称其对美国经济未来的期望。这些经济决策者或许会在私下里承认，其政策就是在将美国经济带入衰退（或者也可能会向法国大使坦承这一点），却从来没有在公开场合向美国人民说明未来会发生什么，他们口中只有那些拐弯抹角的暗语：美国即将迎来“必要的伤痛”和“重大的调整”。如果美国人能够清楚地理解这其中的联系，美联储恐怕也就难以为所欲为。要想完成这个任务，“保密”和“躲避”被看作是必要手段。[32]

其他政府部门也很欢迎这种雾里看花的形势。如果人们知道美国政府本身在制造经济衰退，那么总统和国会也会置身于尴尬境地，即要巧妙躲闪人民愤怒的质疑：政府为何会允许美联储这样做？如果华盛顿打算制造经济衰退，那么政府为何不向大家说清楚？为何不能用直白的语言告诉人们，好让大家可以采取措施自保？事实上，美联储的独立性就是那些由选举产生的人民代表规避重大事件责任的工具。如果事情变糟，政治家就会攻击美联储，美联储也会隐忍地接受自己作为公开替罪羔羊的角色，这也是解决问题的办法之一。

政府对此问题的沉默、警告提醒的缺失以及社会对此的热烈讨论，都先发制人地堵住质疑美联储行为是否正确的悠悠众口。毫无疑问，人们普遍认同应该在某种程度上遏制两位数字的通货膨胀率，但如果仔细推敲这个问题，会发现并没有明显证据证明严重的经济衰退就是解决这种混乱的最好办法。显然，这并不是唯一的办法。举例来说，1981 年的通货膨胀是因石油和农产品价格被推高引起的，而这二者皆包含政府的暂时性直接控制及其他激进政策影响的因素。的确某些人在其中受到伤害，但却绝对不是多数人。

对这个问题的逃避使得美国政界失去仔细推敲的机会，他们从而忽略了解决问题的其他办法和美联储措施究竟最能伤害到哪些群体。诚然，任何一种解决办法都要付出代价，但政界对此的讨论似乎从未涉及到与其他办法的比较，也从来没有在保护美国大多数群体或整个美国经济不受破坏的前提下做出任何选择。相反，美联储一意孤行地推行自己所熟悉的抑制通货膨胀的办法，包括严重的经济衰退。因而数百万美国民众和上万家小型企业发现，这种特殊的拯救办法要比自己所遭受的痛苦更加严重。

尽管普通百姓不能寄希望于从政府部门那里得到及时的警告，但他们也并不是完全没有自卫能力。他们可以自己观察利率的变化，然后做出自己的非专业判断，判断美联储到底想对美国经济做些什么（尽管没有新闻媒体的鼎力相助，因为这些媒体也在模糊现实）。我们可以用一个简单的例子来解释这种努力：当美联储容许短期信贷利率高于长期信贷利率且维持在一定时间内时，人们就会确定经济衰退必然来临。例如 3 年期国库券的利息高于 20 年期债券利息时，人们就应该做好准备以迎接最坏的结果。从逻辑上来讲，短期金融资产回报要低于长期金融资产，一旦短期利率高于长期利率，那一定是反常现象，用市场行话来讲就是“倒挂收益曲线”（inverted yield curve）。这种情况一般不会发生，除非是美联储一手制造。

与大多数经济规则一样，这种规则也存在盲点。例如，其不能准确预测经济衰退何时开始。20 年前一次短期利率和长期利率逆转现象所导致的经济衰退仅在 2 个月到 3 个月之后就爆发。随着通货膨胀的加剧以及人们越来越适应更高水平的利率，作为结果的经济衰退出现的时间也就会被拖得越久。1981 年，在美联储容许短期利率高于长期利率的 8 个月之后，这个沉重的抱负最终拖垮美国经济。美联储委员会无比真诚地说他们并不知道经济衰退会何时开始，但如果他们说自己也会为此感到万分惊讶的话，那则显得太不诚恳。

“我不认为这些人会没有意识到货币供给的大幅度紧缩会引起经济衰退，”波士顿储备银行的弗兰克·莫里斯说道，“这不可能……我不认为美联储所有人都会天真到如此地步。”

7 月初，总统的高层经济顾问会聚在首席顾问詹姆斯·贝克的办公室，倾听这些经济专家对美国经济的悲观预测。经济顾问委员会的货币主义者杰里·乔丹以及斯托克曼的经济分析学家拉里·库德罗共同发出警告：2 月美国政府设想的“称心如意的经济前景”将无法变成现实。是时候面对现实了，现在一切都还不算晚。

“预言都是废话，”库德罗宣称，“总之我们正在进入经济衰退，并且面对庞大的财政赤字。”

乔丹和库德罗对达成一致的经济学家观点进行总结，包括贝克、埃德温·米斯、财政部长里根及各位经济学家。他们认为，美联储正如总统及内阁成员所愿地在大规模紧缩货币和遏制名义 GNP 增长，但“理性期望”的奇迹却并没有发生，即投资人及其他利益群体的重大心理转变，反而是沃尔克预言的冲突和碰撞即将来临。通货膨胀下降得极其缓慢，是的，但实际经济萎缩的速度却在加快，并一路朝衰退狂奔而去。

对于联邦政府来说，低迷的名义 GNP 和萎缩的经济实际上就意味着更少的税收。库德罗估计的底线是：里根的经济计划不仅没能创造平衡的财政预算，反而制造了越来越大的财政赤字，即未来三年内每年 1000 亿美元或更多的亏空。

库德罗和乔丹敦促白宫接受现实并承认 7 月份有必要对财政预算做中立性调整。对于乔丹及其他货币主义者来说，这种迫不得已的经济视角调整将解决货币决策者遭遇的尴尬境地。对于政府预算管理办公室来说，这样的妥协也就意味着开始让公众相信里根内阁原本并不打算让财政赤字变得越来越庞大。

“抑制通货膨胀不可能毫无痛感，”库德罗说道，“我和乔丹认为，首先就是必须要付出代价，之后才能获得长远利益。我们最好是能够承认这一点，免得以后尴尬。”[33]

但财政部的供应经济学者却强烈反对更改内阁政府出炉的经济计划。“悲观的经济增长预测，”保罗·克雷格·罗伯茨写道，“会在一个不合时宜的时机加大政府预算，即恰逢国会考虑是否通过总统税收议案的时刻。如果看起来内阁期望的是赤字增长而非经济增长，那么财政部认为国会是不可能通过税收议案的。”罗伯茨甚至认为内阁应该提升对经济增长的估计，即让未来看起来更加美好。

双方就此展开激烈且持续的讨论：总统是应该表明内阁政府的真正期望，还是应该维持公众对未来的幻想至少直到国会同意最大规模减税？这是美国政治史上又一个关键时刻，因为此时所做的决定将会影响美国经济未来几年内的走向——就像当年林登·约翰逊向公众隐瞒 1966 年越南战争的实际代价，从而扭曲了之后 10 年美国经济的发展。[34]

如果里根内阁选择在当时开诚布公地向民众说明其减税政策将会引起的真实结果，那么 20 世纪 80 年代的美国将会是另外一种景象。国会可能会在减税面前畏缩不前，或者至少总统本人被迫适度调整其减税议案。那么联邦政府赤字也至少不会达到一年增长至 2000 亿美元的地步（相当于过去 5 年国债总和的两倍）。或许经济衰退仍然会发生，但正如保罗·沃尔克早在 6 个月前委婉提醒的那样，利率或许仍然维持在较低水平，债务人和其他对利率高度敏感的经济群体也不会受到如此大的伤害。

在贝克和米斯之间，总统的高层决策者选择不向民众公开新赤字预算即将引起的后果。“称心如意的经济前景”将继续充当里根经济计划的“官方形象”，至少要维持到税收议案颁布实施。之后，他们再着手解决里根经济计划在联邦政府预算方面产生的问题。

库德罗这样描述这个致命的决定:“贝克对我说:‘库德罗,我相信你是对的，但这是我稍后要解决的问题。总统想要减税，因此我不能现在就向公众开诚布公。’于是我说道：‘一旦走向死亡，你将不能回头。’”

后知后觉的大卫·斯托克曼也承认，正是这个决定成为引发 80 年代大规模财政赤字的致命转折点。“税收议案无疑是造成此局面的元凶，”斯托克曼说道，“而这个政治决定更加强化了当初原本就是错误的经济前景预测。”里根内阁的短期政治目标战胜了长远的真实现实，这与 15 年前林登·约翰逊内阁一手制造的悲剧如出一辙。

然而，总统本人对此却一无所知，他甚至没有收到自己经济顾问的提醒和通知，这位总统此时并不知道自己雄心勃勃的经济恢复计划正在一步步酿造灾难性的财政恶果。这种忽略和遗漏一定程度上反映出里根与自己政府内部的战略性决策距离之远，他对经济管理在运行时表现出的错综复杂并不关心，但同时也反映出总统周围的经济专家有多么得宠。

库德罗原以为至少会有人通知罗纳德·里根。让这位总统做决定吧，“这些家伙全都在极力奉承这位国王，”库德罗解释道，“他们会对自己说‘总统想要减税，那我们就尽力实现它’。他们当中没有一个人告诉总统这个坏消息。”

初夏的几周，对于白宫来说，财政预算形势正逐步恶化。在国会批准里根经济计划的过程里，原本在 2 月提出的预算削减项目随着国会的适度调整和对众多削减方案的否决而变得越来越萎缩。与此同时，总统的减税提议却变得越来越膨胀。里根曾经要求削减开支 410 亿美元，但最后的削减规模大体才实现一半。而最初税收提议引起的 5 年内税收减少 5400 亿美元却又增加近 2000 亿美元。在充满竞争的政治环境下，民主党和共和党之间就税收问题展开了一场投标战争。3 年来个人所得税已经被逐级减少到 25%，但两党又进一步提出针对企业群体的更大规模减税政策，目的就是在众议院和参议院赢得更多议席。最后政府税收减少近 7500 亿美元，其结果（更大的税收损失和用于开支资金的减少）意味着即使是库德罗的 1000 亿美元赤字预估也远远不够。

里根计划逐步展开所造成的刺痛最能伤害的就是保罗·沃尔克。从官方来讲，美联储对里根的税收计划表示赞同，至少在大致条款上。尽管如此，沃尔克及美联储副主席弗雷德里克·舒尔茨仍然开始对参议员和众议员进行小心翼翼地游说，并提醒他们要在投票赞同这项有关政府收入如此大规模流失的议案之前三思而行。

众议院银行委员会主席、众议员亨利·罗伊斯认为，沃尔克应该让他的提醒更加直截了当。或许来自美联储主席公开场合下的反对能够改变当时的政治气氛，从而更容易让国会议员向白宫发出抵抗。“如果沃尔克及其美联储足够独立，”罗伊斯说道，“那么就应该在 1981 年夏天表露无遗。相反，他对内阁的财政政策表现得相当消极，显然，他并没有反抗自己从白宫那里接受到的服从信号。”

但至少沃尔克在私下里会向这些政治家发出警报。“随着这部税收议案越来越被扭曲，我们所担心的事就越来越多。”舒尔茨说道。这位副主席负责游说的是众议员，沃尔克则负责参议员。他们都小心翼翼地陈述自己并非有意反对里根的经济计划，但希望能够提醒国会小心之后可能出现的经济后果，即高利率。

舒尔茨这样的表达无疑是在说："我们同意减税，但你必须意识到，如果我们不能凭借比预期更为庞大的经费开支削减去实现这个目标，我们就会面对更大的压力，也就是说将不得不进一步提高利率。"美联储自己的经济计算机模式已经检测出这个结果，即里根的减税政策很有可能会将实际利率提高 100 到 250 个基本点（事实证明这个推测大体正确）。

"很多人并不愿意相信我们，他们都在期待最美好的结果，尤其是许多共和党人，"舒尔茨说道，"他们告诉我们：'好吧，旧的方法已经没用。让我们试试吧。'之后随着投票结果的日益迫近，他们又对我们说：'好吧，我们不能做任何事。我们想对减税投赞成票，我们不会破坏政府开支，因此会随时跟进减税项目。'这种政治压力十分巨大，他们愿意为实现自己美好的愿望而努力。"

在白宫和财政部，里根的经济顾问尤其讨厌美联储主席出现在国会大厦，因为这位主席总是在就总统的税收议案提出各种不祥的预测。供应经济学家、财政部代理部长曼纽尔·H. 约翰逊（Manuel H. Johnson）（其本人将在 5 年后被任命进入美联储）抱怨沃尔克和美联储总是误读减税所带来的经济影响。"整个夏季，美联储都在和白宫讨论税收议案将会引起高通胀，"约翰逊说道，"他们这是在更加表明自己对税收政策的不满。我们对此很泄气。'看吧，'我们会说，'这将是一个循序渐进的财政政策。减税将在 3 年内发挥作用。'"

约翰逊及其他供应经济学者认为，正是美联储对减税的误读才直接导致人们对货币政策的过度热情以及对高利率不必要的专注。"我不认为一场预测性的经济衰退会发生。"约翰逊说道，"美联储可能会和其他普通人一样大惊小怪。他们固执地认为我们正在推行一种过度且能引起通货膨胀的财政政策，并且必须要加以抵制。"[35]

供应经济学家的批评可以在美联储错估的会议记录中找到，同时在坦承自己为抵消税收议案可能造成的通胀影响而越来越依靠美国经济的委员言论中也有所反应。当然，里根内阁中的供应经济学者一向不在乎其货币主义同僚的想法，也没有注意到自己的总统也要依靠美联储才能实现更加紧缩的货币政策。但尽管如此，他们对减税造成的通胀影响的估计也存在合理性。普林斯顿大学的凯恩斯主义经济学家艾伦·布林德（Alan Blinder）虽然并不站在供应经济学理论一方，但却仍然对他们的抱怨表示认同。

“美联储对供应经济学的减税政策感到恐慌，”布林德说道，“事实上减税政策直到1983年也未做到充分实施，但美联储对它的反应却有些过火。税收议案并没有立即就对美国经济产生影响，但美联储担心的是通货膨胀及其产生的重击性影响，因为这些影响会严重削弱美国经济并引起一次经济衰退。”[36]

就在舒尔茨和沃尔克进行国会游说时，他们在与里根内阁经济学家碰面的周例会上遭到后者的抱怨，并且被冠以“暗中抵制总统”的罪名。“我要说的是，不，这无论如何都不是真的，”舒尔茨陈述道，“我们不是在反对减税，我们欢迎对投资人施行减税。我们这里讨论的是更大规模的财政预算削减。”

就在众议院进行最后投票之前不久，舒尔茨与约30位白宫民主党人共进早餐，这些人在民主党执政的众议院中是有权与赞成税收议案的多数共和党人相抗衡的力量。舒尔茨告诉他们：“你们应该知道，如果你们赞成这项议案，那就意味着利率的升高。”可他的警告并没有起作用。“我只改变了其中一个人的想法，”舒尔茨说道，“其他人还是会坚定地投出赞成票。”

7月27日，就在众议院最后敲定立法前夕，总统里根通过电视发表全国演说。“在过去20年当中的19年里，联邦政府一向入不敷出，”这位总统说道，“今年又是赤字庞大的一年……没有缜密的经济计划垫底，这又将是开支大于收入的一年。从明年开始，这个赤字将会越来越小，直到几年后实现收支平衡。”然而就连这位总统的高层经济顾问也知道这是不可能实现的。

这位总统对未来的经济发展充满乐观情绪。“商人和投资者将会根据工业发展、现代化程度和扩张速度来做出自己的投资决定，而所有这些目标的实现都将基于我们经济计划的前景、实施和投入运行。”里根说道。而白宫的经济学家知道这同样是不可能实现的。

这位总统鼓励美国民众向由选举产生的人民代表发电报、打电话，就内阁政府的税收议案发表看法，这种做法在随后几天里就被证明能够成功获得广大美国民众的支持。尽管历经数月的党派“内讧”，但美国国会已经无须再抵抗已经在全美范围内深入人心的减税政策。在共和党人和民主党人激烈争斗的众议院，最终以238∶195的结果顺利通过内阁政府的税收议案，尽管民主党人自身仍然十分反对里根总统的减税政策，但这一次还是在野党取得了决定性胜利。而在参议院，100位参议员中只有11位投出反对票。

暂且不论财政赤字和其他经济后果，这部税收法案标志美国政治价值观的重大改变。数十年来这是美国国会首次通过赤裸裸的税率递减政策，安德鲁·梅隆的经济视角再次获得胜利。税收负担减免的最大受益人就是那些最富有的纳税人；对于相对并不富裕的美国家庭来说，税收的安抚性力量也正在减弱。而对于最贫穷的美国家庭来说，社会保险的税收减少和里根预算削减所造成的影响无疑等同于直接令他们遭受金钱损失。

税收政策的突变对于企业来说无疑是一种极大的慷慨给予，许多大型企业利润将在未来的日子里享受"负税率"——实际上也就是将这笔钱变成联邦政府的债务。举例来说，金融机构的有效税率实际上是从 1980 年的 5.8%（已经是美国工业企业中的最低税率）降低到 1982 年的 3.8%。也就是说诸如通用电气这样的知名企业实际上是大大减少了应缴税款。[37]

作为全国经济的管理人，1981 年夏季的美国政府实际上实现的是赖特·帕特曼的旧式比喻——一辆由两位司机驾驶的汽车，一个正在踩油门，一个却正在踩刹车，结果只能是汽车翻进沟渠。

1981 年的税收法案被证明是以一种更加重要的方式实现税率递减，甚至为当时的普通民众所不知。这变成对居民收入进行重大再分配的托词，通过另一种强有力的渠道——利率——实现向收入阶梯上层流动的事实。货币价格会决定资本主义企业的果实如何被分配，即债权人和债务人之间、投资人和企业人之间、老年人和年轻人之间、工人和所有者之间的"股份"分配。1981 年税收法案的即时结果就是高利率，即从颁布实施之日开始呈现出来的结果。保罗·沃尔克的警告被证明是正确的。财富的分配更倾向于上层，即财富的最大份额流向已经积累巨大财富的群体，其余群体得到的不过是很少的一份。

7 月，对税收法案条款表示尊重的美联储决定不再做出努力，即使大多数委员都明白美国经济正滑入衰退的边缘。利率应该被降低，因为经济行为正在衰退。但联邦公开市场委员会却反而将联邦资金利率提高到一个前所未有的高度，这无疑会加大银行体系的拉力，增加美国经济的压力，而由商业银行一手操控的基本利率也随之被推高到 20.5%。

债券市场也在紧缩。在国会通过、总统签字的税收法案颁布两个月之后，长期信贷利率已经增长 200 个基本点。随着经济行为对投资资金需要的逐步减少，长期信贷利率也应该随之下降。但此时的投资者却反而需要更多的利率保护以应对未来的风险。

那么到底是什么一再推高利率？美联储和债券市场共同遣责的是里根内阁

政府的过度乐观和热情高涨——减税和庞大的赤字；这个观点得到广泛认可，并在接下来几年里激起热烈的政治讨论。不过从逻辑上来讲，税收法案本身并不能作为一个原因。毕竟越来越大的财政赤字并没有随 1981 年仲夏法案的实施而立即显现，赤字是在几年之后逐步暴露的。因此 1981 年 7 月的信贷市场并没有出现供需困境，也就无从谈起推高利率。相反，随着经济陷入萎缩和衰退，市场对信贷的需求实际上反而正在减少。

造成高利率的直接原因就是债券市场和美联储的相互作用。因为他们都惧怕同一件事——赤字可能引起的通货膨胀，并且二者都在事先实施自我保护。美联储的做法是推高短期信贷利率，这种行为正是在表达和债券市场同样的焦虑和担心。

当一位参议员询问沃尔克有关美联储在其中所扮演的角色时，这位主席的回答一如既往的晦涩难懂。“我当然从不认为是我们的政策导致高利率的出现，”他说道，“导致高利率出现的原因是我们现在所面临的问题，它具有遗传性，并且极有可能会嵌入通货膨胀和对信贷的极度需求，这也是高赤字的一个表现。”[38]

这是一种极为标准的推托之词。美联储自己并不想制造任何麻烦。其只是在对已经发生的现实做出自己的反应。其中一个主要现实就是债券市场的脆弱心理，即投资者对里根赤字政策推动下的未来通货膨胀的前景十分警惕。最终能够平息这种恐惧心理的方法就是根除赤字。与此同时，美联储将证明其严格控制货币的决心，那就是维持高利率。

那么这种通胀恐惧合理吗？美联储的理论从未得到真实的经济事件加以证实。事实上通胀率已经在下滑并持续下降，但财政赤字却依然在越变越大。其间，美联储和金融市场却将实际利率带向另一个方向。或许有一天这些投资者对未来通胀的恐惧会被证明是正确的，因为很难有人能证明他们是错的。同时，他们会因自己的忧虑和担心而得到很好的补偿，即通过自身资本收拢越来越多的实际利益回报。

对于华尔街来说，其对减税政策的反应则极度伪善和虚伪。除了某些冷静的投资银行家以外，例如曾经表示反对减税的亨利·考夫曼，其他富有的投资者和重要的金融机构都变成了供应经济学减税政策的热情支持者（和受益者）。然而一旦总统的立法被通过，他们又是第一批做出消极反应的群体。

德高望重的凯恩斯主义经济学者保罗·A. 萨缪尔森（Paul A. Samuelson）

尖刻地讽刺道："1981 年初的华尔街只因为对其有利的所得税就向减税政策投怀送抱……可一旦华尔街得到其最想要的利益，很快就会不堪减税造成的恶果……于是到了 1981 年中，华尔街立即做出回应。他们大量抛售债券，并在过程中一再推高利率……"[39]

在接下来的 5 年当中，金融市场呈现出的这种焦虑（包括美联储的担忧）又给美国经济生活造成额外损耗，即利率造成的价值总共上千亿美元的额外成本。个人和企业为了能够借到钱不得不向债权人支付"通胀保险费"，即使当时的通胀率已经下降。在国会、总统和美联储之间，联邦政府已经实现大规模收入转移的可能性，只不过是未在联邦政府的官方账册上显现而已。

这种财富份额的无情转移在很大程度上反映出货币的实际价格（即真实利率）要根据因通胀而大打折扣的名义利率来决定。如果名义利率是 10%，而通胀率是 6%，那么货币的实际价格就是 4%。经年的通货膨胀已经让债务人和低价贷款的企业获益颇多，如今这种利益要向债权人方面大幅度转移。当一个家庭在购买房屋和申请抵押贷款时，他们通常参照的标准是名义利率，而聪明的债权人关注的却是实际利率。

例如在平时，商业银行家所通用的"大拇指规则"（rule of thumb）规定：贷款基本利率和通胀率之间的差额应维持在 3% 至 4%。1980 年初，当美联储首次推高利率时，银行家所规定的实际利率就超过 4%。到了 1981 年初，银行贷款的实际利率一跃超过 8%。到了 1981 年夏，又曾一度超越 9%。[40]

长期信贷利率的实际回报也同样被大幅度推高。根据美联储一位经济学家的估算，1979 年通货膨胀盛行时的 20 年期政府债券实际利率只有 0.6%，这与历史标准利率的 2% 相比明显较低。然而到了 1981 年夏，长期债权的实际利率一跃上升至 2.9% 到 5.1%——与历史纪录相比几乎翻了一番。[41]

对这种现象的解释并不复杂。通胀率在下降，而名义利率却在上涨。当一个家庭或小型企业人在 20 世纪 70 年代末以 11% 到 12% 的利率借入贷款时，尽管其听起来价格昂贵，但实际上却是一笔划算的买卖。这 11% 的货币的确便宜，因为当时的通胀率始终徘徊在 8% 到 9% 甚至更高。而到了 20 世纪 80 年代，同样一笔买卖所产生的实际成本却变得越来越高。

从广义来讲，这代表大份额财富向富有债权人和投资人的转移，即将债务人的真实财富让渡给他们，也就是说这些债务人不能从中获得好处。年迈的鳏寡孤独者如果拥有存款，其也会通过银行定期存单获得不断增长的实际回报，但获得更多利益回报的却始终是那些百万富翁和大型的金融机构。金融部门会迎来欣欣向荣的景象，但富有生产力的其他经济产业却为了继续运转而必须付出更沉重的代价,刚刚启动人生的年轻人家庭也会遭遇比父母一代更大的压力。截至 1981 年夏，货币的实际价格已经超出 50 年来的最高纪录，并且还在一路飙升。

人们到底是在得到利益还是蒙受损失，其在很大程度上依赖于他们所处的经济利益团体，而非其个人技能或能力。毕竟一个农民不能简单地不做农民而改行成为一名债券投资人；一个房屋建筑商或一个汽车生产者也不太可能放弃自己的职业转投银行业。这些人中大多数都要遭到灭顶之灾，然后他们的失败还会被归咎于其自身的判断失误，而美国金融业却在此时昂首走进欣欣向荣、有利可图的新经济千年。

第 12 章　萧条是对畸形繁荣的惩罚

“家具制造业已经死亡，”伊丽莎白·布罗克（Elizabeth Brock）断言，“这就意味着我的锯木厂也会死亡。”布罗克在北佐治亚州经营一家名为“国际硬木”的木材公司，暴风骤雨般的经济衰退已经迫使她削减60%的劳动力。“我的小型托盘工厂的主要加工原料是那些家具工厂不会购买的低劣木材，我们会将其加工成硬木托盘销售给制造业和仓储公司，”她说道，“木制托盘对于大多数仓储公司来说是一种资本投资，但它们此时已经无法承担任何一笔资本投资。”

布罗克这样描述她的员工以及她所面对的痛彻心扉的现实：

“昨天的北佐治亚山区十分寒冷。人们围站在工厂的火炉旁恳求我让他们工作。可我没有事情让他们做。我不能买进木料，也没有木头要砍，因为我卖不出任何木头。我的伐木工人穿着单薄的衬衣，裹着格纹毛毯，站在那里被冻得瑟瑟发抖，嘴里不停地说：‘给我们找点树砍吧。’

“我没有钱买进木料，没有钱让木头堆满工厂的院子。我没有这笔资金。我借不到钱，因为钱的‘价格’太贵。如果我贷款，那么木头不知何年何月才能卖掉，到时还有谁会愿意借钱给我这样一个女人把木头堆满院子呢？”

与其他小型企业一样，布罗克的公司此时正面临倒闭的威胁，也就是说她的实际资产通常要被拍卖给更大的公司。足够强大的公司可以平安度过这种恶劣的气候和环境，因为它们可以讨价还价并全部买下那些小型破产企业的房产和机器。因此经济衰退会鼓励对企业所有权的进一步合并。

“锯木行业几乎是一个男人的世界，”布罗克说道，“我业内的朋友当中有40%已经卖掉公司，因为他们已无力再支撑下去。其中有些人干脆将工厂关闭，解雇工人，自己逃到银行面前说：‘钱都在这儿了。’我希望自己不用面临这样的绝境，但却整日战战兢兢。

“那些规模更大的大型企业集团也不怎么好过。他们正关闭一些小型工厂，但此时至少还能维持运转。佐治亚－太平洋集团（Georgia-Pacifies）、国际纸业（International Paper）和惠好集团（Weyerhaeusers）就像是要吃掉我们这些小人物的‘秃鹫’，等待时机，直到我们说再也无力支撑，它们就会俯冲到我们身上，用四分之一的价格买走我们原本极其昂贵的机器。然后它们会尽力将零散的企业重新组合在一起，而我们则会被丢进原本就举步维艰的生活当中。”[1]

从逻辑上来讲，这样的局面会横扫整个美国，就像是一场深刻且无法抗拒的冲击波。由美国政府催生的高额信贷价格会吓走消费者也会提高经济行为的成本。零售商会发现自己的库存在膨胀，积压的货物卖不出去。相应的，生产商接到的新产品订单也会逐渐萎缩，从某种程度上讲，他们会关闭商铺、工厂和矿厂，将工人遣散回家。随着越来越多的劳动力失去工作、收入降低，消费者需求也自然会进一步降低，卖不出去的积压货物也就越来越多。于是一切很快都会陷入过剩状态，尤其是劳动力本身。

这个过程终将会酿成一系列恶果。无论是劳动力还是企业，他们迟早会向古老的市场法则低头：供大于求、价格下降——尽管这并非他们所愿。更确切地说，无论是工人还是企业管理人，在面临迅速高涨的供应过剩时，谁都无法继续为自己卖出的“商品”提高售价，无论这个“商品”是劳动、石油还是汽车。这一点也不存在任何神秘性和微妙性，其过程也不会依赖于任何难以捉摸的心理因素和有关货币的神秘理论。即使美联储成功战胜通货膨胀，那么这个过程也能在原始野蛮的过剩供应机制和倒闭风潮下得以实现。

位于肯塔基州路易斯维尔的通用电气园（Appliance Park）一直被视为整个行业的领头羊。蔓生于整个美国的6家大型工厂是为全国提供通用电气产品的巨大生产厂房，包括洗衣机、烘干机、电热炉、电冰箱、洗碗机、室内空调机，所有这些产品都对公众购买力的情绪变化、住房装修、新住宅的形成和消费利率十分敏感。电器园拥有1.5万员工，包括联合机器操作工、金属锻造工、电气专家其他各领域人才，他们享受着同产业领域内最高的工资和报酬。某些经济专家甚至凭借电器园的生产进度表来判断和预测美国人日常生活中的宏观经济现实。

1981 年 8 月，电器园宣布首次裁掉 850 名员工。11 月，他们再次将 1150 名工人遣散回家。整个 1982 年里，通用电气又让总共 3000 人失去工作。贯穿整个经济衰退的过程，通用电气的每个部门都曾至少遭遇过一次暂时停业，总共 5000 个工作岗位的消失，意味着三分之一劳动力的削减。之后，当电器园最终重新恢复生产力时，这些工人却也再没能走回自己的工作岗位，他们全部被自动化操作和其他削减成本的劳动改革措施所取代。对于通用电气来说，经济衰退的空当正是一次促使其实现更加高效和多产的时机；而对于那 5000 名员工来说，这次衰退却意味着他们要重新寻找其他稳定工作。[2]

正如钢铁工人联合会（United Steel-workers）官员埃尔登·克里奇（Eldon Kirsch）所说，这种节约劳动力成本的联动性举措随后以多样且循环的形式蔓延整个美国经济。克里奇代表的是北明尼苏达州美沙比山脉（Mesabi）的铁矿石开采工人，那里的铁燧岩矿井刚刚解雇 3000 名矿工，但同时也包含位于都柏林和圣约瑟夫的建造工厂，这两个地方的劳动力规模已经被削减得只剩下可以维持基本采矿工作的几名骨干矿工。

> “谈到工作，我们会想怎样才能利用铁燧岩找到工作？唯一的办法就是生产铁燧岩，”克里奇说道，“要想生产铁燧岩，就必须有钢铁。要想保证钢铁供应，就必须有用于进货的汽车和用于制造的厂房。房地产业当时已萎缩 40% 至 50%，汽车产业也下滑了 40% 至 50%。没有人需要钢铁，因此也就不需要让自己变成一个每年支付 2 万到 3 万美元成本的建造工厂或铁矿石开采公司里的员工。你怎么能支付得起 20% 的利息？我反复想过，即使有汽车公司愿意将利率降到 13.8%，那你就能支付得起吗？你能支付得起每月 600 美元或 800 美元的车贷吗？”[3]

从某种程度上讲，铁矿工人失去工作的首要原因是政府提高了汽车购买价格。当工人发现自己再也无力承受车价时，他们就会失去工作。许多矿工无须那些高深复杂的经济学分析就会凭直觉领悟到正在发生的一切，对他们有利的优势已经从“生产”倾斜至“金融”，从劳动力倾斜至资本，这一点在他们自己的切身生活中就暴露无遗。

明尼苏达州被解雇的矿工罗伯特·威廉姆斯（Robert Williams）证明道：

“我被现在所发生的一切吓得要命。如果我贷款买东西，那么一旦失业又该如何偿还贷款？我一直生活在对未来的恐惧之中。我拼命攒钱，幸运的是我手上还有一张1万美元的国库券。我是应该买辆新车还是二手车？如果我的1万美元在‘货币市场’上的利率是18%，那么一年就会增加2400美元。这样一来买辆新车就太傻了，我还不如把钱交给银行存着。还是手上有点钱比较好，哪怕是小钱也能有大用，谁知道什么时候会用上。”[4]

个人的恐惧感也是这个过程中必不可少的产物。失业率在上升。房屋建筑数量已下滑至15年来的最低点。越来越恐惧的人们开始担心自己未来的收入，他们越来越不愿意借贷和购买。这种不安会使他们作为联合契约协议人的角色对工资的要求越来越少，从而直接刹住不断上涨的劳动力工资和价格。

“我从5月份就开始失业。”位于罗德岛普罗维登斯的沃士本电缆（Washburn Wire）的55岁钢铁工人亚瑟·埃斯特里拉说道，“我的保险金微乎其微，可又恰逢此时失业，我能拿到的保险金只有130美元，后来涨到143美元，可我必须还要偿还的贷款是166.42美元。我无法支付燃油账单，事实上，上一周我的家里就已经没有食物。可我还不得不还清166美元的贷款。你可以告诉我，该如何用143美元还贷吗？我的生活举步维艰。我不停地向工厂投简历，可每次投完后我都会发现他们正在解雇员工。到处都找不到工作，经济状况糟糕到了极点。”

亚瑟·埃斯特里拉（Arthur Estrella）在沃士本电缆的同事詹姆斯·麦卡弗蒂（James McCafferty）也遭到自己曾效力30年的工厂的解雇，但他的情况可以说相当幸运。“我运气不错，”他说道，“通过朋友介绍，我到一家证券公司当保安。但薪水只是我从前收入的一半。”[5]

和其他州一样，罗德岛也正经历日益严重的破产风潮。1979年，罗德岛上有22.6万美国家庭破产，1980年这个数字一跃上升至36万。到了1981年，罗德岛的个人破产总数达到51.9万，企业破产数量从2.95万家上升至6.6万家。破产就是信贷的强制清算，是债务人再也无力承受还贷义务和债权人被迫承认债务消失的合法声明。

来自亚利桑那州图森的破产法律师洛厄尔·罗斯柴尔德（Lowell

Rothschild）这样描述破产所产生的“多米诺效应”：

“如果利率维持在高水平，人们就不会购买房屋，那么房屋建筑商也就不会建造房屋。如果他们不建造房屋，建筑材料订购商也就会失去目标。订购商没有目标，木匠、石匠和水管工也就没有事情可做，因而也就无力偿还他们各自的消费贷款，这就是多米诺效应。你不必是一个经济学家。这是一个十分简单的过程。就是没有工作。”

在华盛顿的克拉克斯顿，65 岁的德沃德·德切恩（Durward DeChenne）正打算退休，但偏在此时恰逢利率居高不下，他的航海用品商店的顾客骤减，货架上陈列的各种划艇和雪橇只能带来不断上涨的运费。“我以为这只是暂时的，我们一定能度过困境。”德切恩说道。他要为仓库里的存货支付 24% 利率的贷款，而一年的销售额却从 200 万美元缩减至 60 万美元。辛苦一年只为保护自己生意的德切恩最终劳而无获，于是只有关门。

“我们失去了曾经拥有的近一半资产，而这是我们 20 年来的辛苦所得，”他说道，“我们不得不关闭店铺，接受重组合并的命运。”

和许多受害者一样，德切恩并没有责怪华盛顿，包括总统里根和美联储。“总统的路线是正确的，即使是他让我们失业，”他说道，“他也是不得已才会让某些人失业和某些企业倒闭。”[6]

但艾奥瓦州芒特艾尔（Mount Ayr）的销售员吉姆·克拉克（Jim Clark）却认为美国政府原本可以让这次经济压力缓慢到来，或者至少应该告诉人们即将要发生什么。1981 年 4 月，克莱克购进当地一家名为艾利斯－查默斯（Allis-Chalmers）企业的代理权，他无从得知自己实现这个企业所有权梦想的行为恰逢一个多么糟糕的时机，就连为此次购买行动提供贷款的当地银行和保障贷款实现的小型企业管理协会（Small Business Administration）似乎也对此一无所知。当经济衰退最终爆发时，吉姆·克拉克的店铺最终被挂上大锁，留给他本人的也只有 22.5 万美元的债务，与 F & S 饲料谷物公司（F & S Feed Grain）的体力劳动者没有任何区别。

“犯错的是美国政府，”克拉克说道，“当他们决定抑制通货膨胀时，就应该知道要循序渐进。可他们只会急刹车，而不是用围墙去阻挡。”[7]

有些美国人对此次经济衰退的反应则是故作轻松的幽默。罗德岛森特弗尔斯(Central Falls)的市议员丹·伊萨(Dan Issa)是150名被康宁玻璃工厂(Corning Glass)解雇的员工中的一员，他借用其曾在报纸上看到的一幅漫画讽刺道："我可能不是一个经济学家，可破产时我什么都懂了。"

大多数美国民众的反应则是沮丧、迷惑和愤怒。当密歇根底特律的房屋建筑商曼尼·丹姆斯(Manny Dembs)出现在华盛顿参议院银行委员会的面前时，所有负面情绪像火焰般在其内心熊熊燃烧。丹姆斯是听证会上众多进行陈述的建筑业同行中的一员，但当他走上演说席发言时，满腔怒火几乎令他哽咽窒息，他的狂乱爆发是和他一样的普通人的自白——无能为力却原始粗鲁。

"对不起，但我很生气，也很激动，"曼尼·丹姆斯这样对参议员说道，"请允许我在这里坦承到底是什么令我如此困扰：1979年10月6日，也就是两年前，对，两年前，美联储一声令下宣布改变运作程序，他们不再追随利率，而是储备金及其他。就这一点来说，他们是做了一个让我们在两年时间里大起大落的决定，即极盛和极衰。当我购买土地时，我买到的不过是一张土地合同，却无法控制不让自己整日里战战兢兢……我每时每分每秒地阅读着《华尔街日报》，为的就是观察M-1和M-2的变化。可我并不知道这该死的M-1和M-2到底是什么意思……

"我要告诉你们的是，每间住宅的贷款30年要花费我2万美元的利息，52间的话就是上百万美元，我的公司正面临停业。30年，我的妻子及三个孩子要和我一起整日担心美联储会即将做些什么。我想要的就是让美联储自己消失，对，整个美联储。我们要得到管理权，我们要得到决断权，但我们并不想要美联储。他们都是经济专家，却可以控制我们的国家。

"我们必须要改变它。我想要对你们说的就是：做出改变。我想让你们这些国会中的全部共和党人和全部民主党人去做的是不要再拿我们的生活做政治游戏。我会说：'沃尔克先生，作为美联储主席，请你辞职！辞职！我不关心你是对是错！你管得太多了！滚开！'

"我不是一个政治家。我只是一个房屋建筑商，一个准备冒险、尽力赚钱的建筑商。我不认识你们这些人，不认识米尔顿·弗里德曼派、贝里尔·斯普林克派，还有沃尔克派。但我正试图了解你们，你们这些人都会惧怕我。因为我担心的是我们的国家，我担心的是我会被你们的游戏白白牺牲掉……

"银行家！这些银行家到底是谁？他们控制着我们的国家。我不知道这究竟是为什么。但这绝不是一个人的事情。我是曼尼·丹姆斯，我可以与华尔街相媲美，我不是一个傻子，我不是没有足够的力量。我是一个普通的美国公民，但我有选举权，我可以来到华盛顿，我可以站在这里和你们说话，和银行家说话……我尊重国会中的每一个人，但你们所有人应该做的是真正能负担起改善美国人生活质量的重担。美联储，请不要控制美国！不要控制我！”

曼尼·丹姆斯稍做停顿，愤怒和泪水折磨得他几乎无法呼吸。“我还有很多话要说，”他说道，“但我也想给其他人发言的机会。”参议员对他表露出同情，并表示感谢他所做的证词。[8]

然而有一种商品却处于供应缺乏状态，那就是银行信贷。正当其他生产商苦于自己卖不出去过剩的库存商品时，信贷商品“承办商”却一直在享受卖方叫价的市场。其他所有经济领域的收入和利润实际上都已发生缩水，但商业银行却在这种普遍经济衰退的环境下欣欣向荣。事实上，经济萎缩正反常地创造着银行业的盈利。

与其他经济萎缩的表现形式一样，这种现象几乎从未被政府经济学家讨论过，但这在能够看清自己目前形势的普通民众看来却一览无余。以位于亚利桑那州图森市的家装公司先锋漆业（Pioneer Paint & Varnish Company）总裁马丁·贝可（Martin Bacal）为例，他就在一则新闻标题中看穿图森的银行业正在经济衰退的环境下逆向繁荣。

“他们的利润增长幅度相当大，”贝可说道，“是的，相当大，我开始深思。我和自己贷款的银行说到这个问题，得到的回答是：‘是的，银行业做得很好。’可我们这些其他领域的人却并不是这样。很明显，我们付出 20% 和 24%，得到的却只有 7% 和 8%。我们不可能做得好，但银行业却可以。我一直不太理解这个问题。美联储似乎也是由银行家一手领导。我甚至怀疑，只要美联储拥有决定利率和实际经济政策的权力，我们就是否还能指望从低利率中获得回报。”[9]

图森市的情况适用于美国的各个角落。1979 年开始，当美联储第一次推高利率时，商业银行体系就进入自第二次世界大战以来最繁荣的时代。1980 年，银行业的净运行收入增长 10.3%，尽管也曾经历短暂的经济衰退，但在 1981 年依然又实现 9% 的增长，而当时却正值美国经济陷入全面萎缩。银行盈利的基本工具（即净资产回报率）达到历史高峰，超过之前银行业30年的最高效益值，而获得最大利润份额的却是那些超大型银行。

银行家财富的显著变化还反映在银行控股企业盈利的美联储报告当中。在过去10年里，银行的净资产平均回报率大于11%，而1979年时达到13.9%，刷新了历史纪录。在接下来的3年时间里，也就是美国经济经历大范围倒闭和萎缩时期，银行利润率却始终维持在相当高的水平。

从另一方面说，尽管银行利润上涨超过25%，但其他企业的利润回报率却一路向相反方向发展。社会研究新学院（New School for Social Research）的经济学家杰拉尔德·爱普斯坦教授（Professor Gerald Epstein）就二者的这种对比进行了研究：1979年至1982年经济衰退期间，包括金融企业在内的公司税前利润平均下降至10.7%，而1960年至1978年企业利润的平均值长期维持在15.9%。同样是经济衰退的4年当中，商业银行的净资产回报率平均在13.2%，而长期利润平均值却在10.4%。[10]

正是经济衰退得以保障这种利润的增加，尤其是对于那些依靠“管理型负债”策略的大型银行，他们在货币市场借贷的目的就是再将货币借给银行客户。达到高峰时，随着利率的不断上升，银行就可以提高自己的利率范围。但当经济下滑和利率下降时，实际经济也会开始走下坡路。从这一点来说，虽然银行仍然会在利率达到高峰时从旧的贷款中吸取利润，但他们此时以低利率在货币市场上收集到的资金就会随需求的减少而增加。他们的利润也会随运行成本的减少而维持在高水平，即更大的利润范围被转化成更大的利润。

聪明的银行家自然会努力在尽可能的情况下维持这种错位。一般来讲，他们会在经济进入衰退时降低贷款利率，但速度会比自己在货币市场上借入的货币利率下降速度更慢。简而言之，就是随着经济衰退的展开和力量的集结，银行会用更高的价格向外借出货币以更低的价格向内借入货币。

无论保罗·沃尔克对整体经济许下怎样长期受益的诺言，其抵御通货膨胀的初衷首先还是以银行利益为主线，因为他们是支持美联储的主要“选民”。这不是沃尔克时代所独有的，经济衰退永远都能促进银行利润的增加，至少在一段时期内是如此。即使在美联储推高利率并引发经济衰退之前，银行利润也会伴随经济紧缩而微弱增长。沃尔克对通货膨胀的厌恶要比之前任何一段时期都更为强烈，于是他将利率推高到一个前所未有的历史高度，因此在他执掌美联储期间银行利润喷涌的程度也就更加过激。

最终，如果经济衰退持续时间过长、企业倒闭风潮波及过广，那么银行也难免被牵连其中。当他们的贷款客户被迫“撞墙”且再也无力偿还债务时，这些银行家也要被迫亏本地将债务一笔勾销，即从利润中扣除这部分因经济衰退造成的损失。不过在短时间内，经济衰退还是会强化银行的利润回报。

这种经济现实，即衰退中的银行利润，在银行家定期向美联储递交机密建议时则会有某种程度上的不同的表达。经济顾问委员会中的 12 位商业银行家每年都要与美联储进行 4 次秘密会见，但他们却算不上是绝对公正无私的经济顾问，他们关心的目标只有“坚挺的经济学”。当这些银行家敦促美联储收紧货币控制、纵容高利率和经济衰退出现，尤其是忽略其他利益群体发出的不可避免的“政治”抱怨时，实际上他们就是在讨论能够增强自身利润的货币政策。两年来，经济顾问委员会从未停止向沃尔克及其同僚发出恳求、警告和责备，如今银行家所拥护的紧缩货币政策终于到位，正如一位商人所说，此项政策会直接保证银行家的账本底线。

1981 年第三季度，经济衰退暗潮汹涌，美联储召开顾问委员会会议，要求银行家对“目前金融机构遭遇的经济压力”进行评估。经济顾问委员会做出的反应是，其并未提及其所“遭遇”的前所未有的利润“压力”，而是适度地表达了银行似乎还可以继续坚持的决心。“尽管利润比预期有所降低，”他们说道，“但大型银行总体来说还是可以应付高利率所带来的不适。”

根据美联储自己的统计报告，大型银行“应付”1981 年高利率的方式是其净资产回报率达到 13.66%，从而使 1981 年成为其标志性的一年——在巨大的经济重压和紧缩条件下，大型银行的利润状况甚至要好于 20 世纪 50 年代、60 年代和 70 年代。

银行家还补充道，银行客户的表现并不是很好，另外竞争对手、储蓄存款和信贷产业的表现也差强人意。储蓄和信贷所已经被长期房屋抵押贷款套牢，因其几年前发行贷款时利率较低，因此利率高峰对他们造成严重伤害。地方银行也正因投资组合的不断增加而产生成本损失，其资本状况正逐渐陷入疲软。

至于商业行为，经济顾问委员会的评价则往往充满悲观色彩：“整体来说，高利率已经给银行客户带来额外的金融压力，企业破产率大幅度上升。既定的贷款组合呈现出某种程度的质量恶化，从而迫使银行采取更加小心翼翼的信贷政策。”[11]

1981 年仲夏，美国副总统乔治·布什外出访问归来，回到美国的他满腹迷惑和不解。在巴黎，布什会见了法国政府的高层经济官员，后者对“美国的高利率政策”满腹牢骚。于是布什在白宫召开内阁委员会会议，委员对此也怨声载道，这位副总统因而说道：“好像美国政策的目标就是试图推高并维持高利率一样。”就当时的全球资本发展状况，巴黎的社会学家显然要比保守的美国共和党人了解得更为透彻。[12]

货币的运行机制可以超越国境线，美联储推行的高利率已经强迫全球商业和金融行为发生逆转。当时的世界经济也开始陷入低退，无论是大国还是小国。当世界上最富有的市场——美国经济开始陷入低迷时，世界范围内的出口商也就失去其最大的客户。另外，其他工业国家的中央银行为支持沃尔克战胜通胀也随之推高国内利率，反而让自己国家的国内经济发生下滑。当火车头强迫性地带动全球经济向一个方向行进时，后面的车厢也只能被迫跟随。

社会主义者领导下的法国新政府也曾试图向相反方向前进。正当美国及其他国家经济陷入萎缩时，弗朗索瓦·密特朗（Francois Mitterrand）也试图刺激本国经济，但最终他痛苦地发现这不可能实现。法国企业资本在可见的海外市场寻求高回报时发生大量流失，原因是法郎的急速贬值。密特朗政府不仅没能实现经济的快速发展和充分就业，反而使本国经济陷入停滞和通货膨胀。

不断上升的美元此时已经成为美国经济霸权地位恢复的标志。曾被欧洲市场讥笑为疲软和不可靠的美元正变得越来越坚挺，与此同时，美国的通货膨胀也逐渐放缓。美国国内的高利率吸引越来越多的海外财富纷纷转变成以美元计算的金融资产（包括以美国自身跨国公司海外资本形式存在的国外财富）。全球对美元的需求正在增加，但美元的供应却依然在美联储的把持下持续紧缩，因而也就自然会催生美元在国际市场上的升值，其他本来占优势的货币在外汇兑换中也会变成美元。所有想要购买美元资产的国际银行、企业或个人投资家，都必须要为此付出更多的法郎、英镑或德国马克。

1980 年 7 月至 1981 年 9 月，美元对德国马克的国际兑换价已经上涨 36%，对日元上涨 5%、对瑞士法郎上涨 26%、对英镑上涨 34%。[13] 而此时，这些同盟国纷纷抱怨美元在国际兑换市场上的供给过于紧缩，并敦促美国尽快更改货币政策。

这个过程中最倒霉的局外人要数不太发达的第三世界国家，他们的经济发展仍然要在很大程度上依赖原始资本，即向工业国家出售原材料商品，例如咖啡、糖、铜和橡胶。美国严重的经济衰退演变成生活在非洲、拉丁美洲和亚洲大陆上较贫穷国家的人民的灾难。他们的经济产出和实际经济回报大幅度下滑，在某些领域甚至下降 10%，出口市场陷入枯竭，商品价格开始急剧下降。他们的产品也开始出现过剩和积压。

不断下降的铜产品价格削减了美国生产者和消费者的成本，也就意味着智利和扎伊尔正遭受巨大的经济损失。与多样的美国经济不同，不发达国家不能简单地关闭工厂、等待经济衰退结束。在很多情况下，原材料开采和农产品生产是其经济发展的核心和主要就业源泉，关闭矿厂无疑会引发武装抗议。因此，这些国家只能在不断产生损失的情况下维持矿井的运作和农产品的生产。

同时，不发达国家的债务负担（普遍说法为“LDCs”）也在急剧扩张。全球范围内的利率高峰已经导致这些债务成本的增加，即向欧洲和美国借入的数千亿美元贷款。这些不发达国家的政府和企业不得已只好一再借钱，只为维持自己对旧债的偿还，而此时又恰逢其经济发展陷入剧烈的萎缩。

但强势美元却如约来到美国国内。这也是美联储货币政策导致美国经济陷入紧缩的另一个渠道。高利率已经赶走国内的银行客户，强势美元此时又赶走购买美国产品的外国客户。其使美国的出口产品对于海外购买者来说变得越来越昂贵，与此同时，不断上涨的美元又导致美国市场的国外进口产品越来越便宜。此时，艾奥瓦或堪萨斯的粮食生产成本变得比从法国进口的粮食还要高，德国生产的机械工具价格变得比美国辛辛那提的产品价格还要低，从而抢走大批国内市场的消费者。

截至 1981 年秋，这种破坏力已经越发严重和明显。美国农民眼睁睁看着自己的粮食出口量在下降，而这正是美国农业产品过剩生产的最主要体现。与此同时，美国的生产制造业也正逐渐失去海外市场和国内市场份额。整个 70 年代对美元疲软的抱怨忽视了一个重要问题，那就是流通货币的不平衡对于美国商业利益来说正是催生出口繁荣的主要因素，强劲贸易意味着更高的就业率和生产力基础的扩张，交易本身其实就是通货膨胀。而此时，为打击价格通胀，经济繁荣也只能就此结束。

美联储对此忧心忡忡，他们询问经济顾问委员会就美元对贸易产生的影响有何看法。在 9 月委员大会上，这些银行家向美联储主席递交了一份不容乐观的总结报告：今年美国出口额预期将下降 1.3%，第二年还会产生额外 250 亿美元的损失。

“新英格兰的高科技产品出口量在下降，”经济委员会在报告中说道，“根据纺织制造业代表的汇报，美国纺织品价格上涨35%，国内纺织品产量因此下降5%。中西部的主要药品和纺织品生产商正苦于海外出口量的大幅度下降（降幅15%）。

“国家的钢铁产业正遭遇沉重打击，此时美国钢铁市场的进口率是17.5%，导致对国内钢铁产品价格的遏制和钢铁出口市场的萧条。美国的农产品出口在下降，包括粮食和棉花。这些出口商品的实际价值在几十亿美元，低于美国农业部4个月前预估的出口价。这些调整性的下降趋势直接与美元强劲的通胀价值有关。”

但对美国制造业伤害最大的还是美国金融业的丰厚报酬，尤其是国际市场上大型银行的金融行为。美元的升值只意味美元在海外的升值，也就是说对美国金融机构交易商品的市场需求在不断增加，即美国的金融资产。只要美联储把持高利率，即高于海外国家的竞争性利率回报，那么资本就自然会漂洋过海地利用美国这个金融工具寻求更高的可见回报。另外随着对美元需求的增加，美元自然会在外汇兑换中变得越来越坚挺。换句话说，更加强势的美元对于商业行为来说好处多多，但只限于金融商业行为。

从政治角度讲，里根内阁本来拥有可以干预美联储的能力，却没有好好地加以利用。美元的国际价值是货币政策合法且符合传统地给予政府部门高于美联储特权的为数不多的手段之一，美国财政部有义务对美元政策负责，如果其愿意，其还能够建议美联储相应地调整国内利率。

或者，财政部还可以协调性地介入外汇兑换市场，即通过财政部和美联储买入或售出美元的方式达到推高或降低美元价格的目的。鉴于这种基本原理，干预和介入行为一般不会改变美联储的基本运行方向，但里根内阁无论如何也不相信美联储。他们宁可遵循放任主义，即允许由市场来决定美元的价值，也不施加任何干预手段。

本着这种态度，里根内阁竟然讽刺性地无条件交出自己可以利用政治杠杆压制中央银行的合法武器。白宫的高层政治顾问显然没有认识到这一点，他们甚至根本不精通货币政策，也不理解其中隐含的意义，而这却是掌管美联储的保罗·沃尔克驾轻就熟的。正如纽约联邦储备银行的安东尼·所罗门所说：

“如果财政部执意要制定一个可以令美元坚挺或疲软的政策，那我们还真的必须要唯命是从。可事实上财政部根本不关心这个，因此也就不要寄希望于让他们告诉我们国内的货币政策应该是怎样的。如果能确定财政部根本就不关心美元，那么这个政府部门对联邦公开市场委员会施加影响力的一个合法渠道也就不复存在。”

裘德·万尼斯基（Jude Wanniski）是少数几个愿意徘徊在美国政治权利中心边缘的人物之一，在政府部门内没有任何公职的他喜欢用自己的抱怨和建议“炮轰”那些在职的政府公职人员。20世纪70年代，万尼斯基曾在《华尔街日报》及其他报刊上发表文章，帮助美国政府接受供应经济学家的减税政策。他是金本位制度的绝对拥护者，是众议员杰克·坎普及其他保守主义改革家的私人顾问。如今罗纳德·里根执政，万尼斯基又向白宫和财政部的朋友们“乱出主意”，甚至会偶尔与美联储主席共进晚餐。没有人会说万尼斯基能对美国政府政策产生实际影响，但他却是一个值得倾听的重要人物。

“我发誓我从来不曾想写信给您，除非局面已经非常糟。而现在就是这个最糟的时刻。”裘德·万尼斯基在1981年秋季写给总统里根的信中这样说道。他还随信寄出自己为某杂志撰写的一篇评价美国经济混乱的文章，力劝总统能仔细阅读，因为“其能代表政府之外的供应经济学者的心声，这些观点是您在政府内所听不到的……”

“我们正处于全球经济衰退的边缘，”万尼斯基警告道，“但您的经济顾问却看不到事实的真相，他们还以为利率可以在未来创造全世界的经济繁荣。”

他认为世界经济“已经被带入衰退，过时的美国货币政策正积极酝酿一场金融风暴”。要想避免这场灾难，美国政府必须摒弃米尔顿·弗里德曼的货币主义教条，尽快转而采取新的金本位制度。

几周后，总统回信，万尼斯基只觉凉水泼头。

亲爱的裘德：

首先十分感谢你的来信和随附的《商业周刊》上的这篇文章。我已经看过，并向你保证我的每位经济顾问都已经拜读过你的这封信。

我知道你的观点的确与我的高层经济专家十分不同，甚至与我最崇拜的米尔顿·弗里德曼也完全相左，但我诚然无法认同。你知道，我有一个特殊团队在研究金本位制度，因此在他们向我递交最后报告之前，我会克制自己不对其妄做任何评论。

请相信我，我的家还没有新闻报道上描述的那样混乱，那只是误导。我会对我们的经济计划（减税）负完全责任，没有人可以改变它。[14]

万尼斯基万分沮丧。里根的回信是礼貌的回绝。对于万尼斯基来说，这其中的意义很明显：米尔顿·弗里德曼将是继续左右总统思维的主导人物，在白宫的鼓励下，美联储将继续推行货币主义政策，对货币供给的严厉控制将催生一个不可避免的后果，那就是长期且严重的经济衰退。

10月18日，总统里根第一次亲自宣布美国经济进入衰退。失业率正逐月递增，已达到8%并继续向两位数进发（1980年竞选时里根曾公开谴责“卡特造成的经济衰退”，当时的失业率是7.6%）。利率终于有所下降，价格的通货膨胀也有所缓和，但经济紧缩却变成不容忽视的问题。在白宫草坪举行的记者招待会上，里根这样对记者说道：“我认为这是一次轻微的经济衰退，并且希望是一次短暂的经济衰退。我想每个人都会同意这种说法。”

一向雄辩的里根总统此时在措辞上发生了些许变化。他曾经对美国即将迎来投资喷涌式增长的预言已经消失不见，取而代之的是他对过去罪恶的强调和指责。吉米·卡特应该受到谴责，卡特曾经纵容通货膨胀的发生，因此卡特才是造成经济衰退的罪魁祸首。[15]里根的发言不再言辞凿凿，而是转而引用富有英雄主义牺牲精神的典故，他说起一位参加过第二次世界大战的盲人老兵曾用盲文写信给他，声称自愿削减自己的残疾老兵救济金，只要能够帮助美国经济恢复繁荣。

“我们即将经历艰难且痛苦的调整期，”总统里根在全国电视讲话中坦承道，“我知道这意味着我们所有美国人都要富有牺牲精神，但我们别无选择。某些反对这个计划的人多年来挥霍无度，最终给我们带来通货膨胀、失业、高利率和无法承担的债务……我相信我们已经选择一条可以带领美国重获生机的道路，美国一定会实现财政稳健、低税率和较弱通货膨胀的目标……”[16]

这种充满共享牺牲、必要的疼痛以及必须为先前的挥霍无度付出代价的言辞正是罗纳德·里根对不断加剧的经济衰退和美国经济所抱持的真实道德核心。

尽管其言辞充满乐观主义精神，但这位总统并不为日益加剧的经济萎缩以及日益增多的企业倒闭和人民失业感到惊奇。从更深层次来讲，这实际上正是他一直希望看到的，也是他长期以来所推许的。乐观主义诚然真实，但罗纳德·里根也信奉一种更加严厉的经济教条，也就是政治家所说的“旧式宗教”。

在成为总统以前，里根就经常在广播演说和演讲中清楚表达自己的这种观点。他曾经发出警告，美国将面临一次剧烈的“腹痛”，即失业率高涨和经济衰退的疼痛，而这种痛苦正是对过度通货膨胀的惩罚。里根在 1978 年的一次新闻采访中透露：“我担心美国会为一直以来的狂欢作乐付出代价，而这个代价可能就是遭受 2 ～ 3 年举步维艰的困境。”

成为总统候选人之后，里根在政治顾问的劝说下隐去了这种国家“腹痛”说。不祥言论会赶走那些潜在的选举人，人们可不想推选一个预测在未来 2 ～ 3 年内美国会经历艰难时刻的人做总统。“旧式宗教”一向被坎普和万尼斯基这样的供应经济学门徒所嘲笑，经济学家亚瑟·拉夫尔（Arthur Laffer）曾抱怨说，对“根管治疗经济学”（root-canal economics）① 的坚定拥护已经击败喜欢预测凶事的一代保守主义共和党人。

“腹痛”治疗可以从里根的演讲中消失，却不能从其脑海中消失。“里根会吸取卡特的教训，”他的一位助手说道，“你不会从他的话语中找到任何有关美国人民会经历水深火热的字句。”但在美国总统办公室，随着经济衰退的加剧，这位总统经常会表达自己笃定的预测：美国的痛苦不可避免且十分必要。[17]

“针对通货膨胀造成的炼狱般的折磨不会在公开场合出现，但却并未脱离我的脑海，”大卫·斯托克曼说道，“尽管其从未被公开承认，但私下里总统对这样的结果早有准备。罗纳德·里根先前的预测会实现，即从凯恩斯自由主义向稳妥货币政策（sound policy）转变时所发生的一切。这位总统会对我们说：‘30 年来，我们一直在狂欢作乐。这是我们必须要付出的代价。’”

里根的经济顾问委员会成员威廉·尼斯卡宁（William Niskanen）曾多次表

① 医生用牙齿根管治疗专用的器械，通过彻底去除感染的牙髓以及感染的牙本质和毒性分解产物，严密填塞根管，隔绝细菌进入根管再感染，防止根尖周病变的发生或促进根尖周病的愈合。此处比喻对经济的管理和治疗。——译者注

达对此种观点的认同："内阁政府中很多人认为要想抑制通货膨胀，就必须容忍适度的经济衰退。从某种程度上讲，我们都是加尔文主义者。我们认为好事情不会成批打包地出现，你必须要经历某些疼痛。"

这些公众人物使用的隐喻表明他们是选择用某些世俗理念（"旧式宗教""炼狱""加尔文教徒"）去表露其经济学观点中融入的宗教成分。与经济学中原有的抽象语言不同，这些宗教用语表达出现实世界背后带有的一种更深层次的情感背景。所谓炼狱，也就是说为实现救赎必须坚定地隐忍某些苦难。

"资本主义的合理性不能废除人类的某些超理性冲动，"约瑟夫·熊彼特（Joseph Schumpeter）写道，"其只是会让人们通过消除宗教或半宗教约束力的方式来摆脱这种冲动。"资本主义制度在实践过程中也同样适用于神学传统，从而创造一种融合古老膜拜仪式的纯理性逻辑分析，以掩盖人们在科学领域内的非理性冲动。

有人认为，任何一种重要的经济学理论都是建立在一种源于宗教信仰的不知名潜台词之下。为了论证某种经济学机制是正确的，人们会首先针对生命本身的更深层本质做出某些假设，即上帝的旨意、人类的责任以及起源于神与凡人之间关系的道德准则。以货币主义者举例，其就是假设一种不可改变的自然秩序，即已知世界赋予人类行为的可知限定性以及对其愚蠢和错误的可预测性惩罚。货币规则会以黄金形式被描述：只要虔诚地遵循这种信仰，人类社会就会享受最大限度的生命可能性。如果这个社会过于迷失或偏离这个轨道，那就会像鲁莽飞向太阳的伊卡洛斯一样，最终造成混乱和受到惩罚。对黄金的拥护依赖于执行这种自然法则的神赐特权，如果人类发誓会绝对服从上帝创造的这种不可毁灭的金属，那么人类社会就会得到奖赏，即永恒的稳定。无论是黄金法则还是货币主义教条，二者都是古代宗教激进主义的表达，是生命简单且确定的道德准则，是一种极富感染力的虔诚和笃信，尤其是在人类社会充满焦虑和不安的年代。

在这种背景下，凯恩斯及其追随者都会被视为持异端者。他们是世俗的人文主义者，主张男人和女人都同样对自身的人类行为负有责任。他们是现实主义者，排斥"旧式宗教"及其错误的道德戒条。凯恩斯宣称，地球上的人类获得快乐并不一定需要经历加尔文信徒般的痛苦和折磨，其需要的是人类智慧的实践和应用。

当美国人判断某些经济事件和政治日程时，其并不会完全抛弃这种宗教背景和宗教假设。和里根总统本人一样，美国人有能力同时接受这两种彼此矛盾的“情感”，即旧式的新教教条和倡导富足社会的人文主义信仰。他们此时此刻信仰的是放松信贷、充分就业、经济发达和小康生活，但同时也对“有罪的挥霍无度必然会受到惩罚”深信不疑，这种痛苦是得到救赎的必然过程，而经济衰退正可以实践他们的这种期望。

在政治斗争中，“旧式宗教”不能作为露骨言论被赤裸裸地表达，但却和参与斗争的政治家所秉持的信仰息息相关，而这些人正是积蓄“负罪感”的巨大水库。通货膨胀的混乱会制造人们错综复杂的焦虑感，包括正如里根所说的“人人必须为狂欢作乐付出代价”。

在针对通货膨胀所做的民意调查中，这种潜在的宗教态度会被拐弯抹角地提及。在 1980 年总统竞选期间，当各位政治候选人着重强调积极乐观情绪的同时，大多数美国民众表达的却是一种悲观情绪：为了抑制通货膨胀，美国将要经历一次经济衰退。也就是说有一半以上的美国人同意罗纳德·里根不言自明的表达：美国要想自愈就必须经历“腹痛”。根据哈里斯民意调查（Harris poll）显示，有 55% 的美国人甚至表示只要能够抑制通货膨胀，他们欢迎经济衰退的到来。[18]

身处政治机构的罗纳德·里根或许明白，他的加尔文主义教条并不是完全不符合选民的真正所想。一个审慎的总统候选人不会在公开场合直接讨论这些事情，但人们对这种道德教条的理解要比表面看起来的更为深刻。1981 年春，随着里根经济计划的陆续推出，美国民众越来越多地表现出乐观主义情绪，大多数人似乎开始相信里根对经济复苏所做的承诺。然而到了秋季，大多数人又恢复到最初的悲观状态，他们从自身境遇看出美国社会正开始为他们的罪过付出代价，痛苦正如他们自始至终所期望的那样如约而至。

与宗教礼拜一样，在政治经济学中，仪式上的赎罪需要的是观众的虔诚。对于笃信的广大观众来说，一个古老的宗教“戏剧”需要有两个神秘权威的人物出演，即总统和美联储主席，他们的角色就像是站在明暗交错的舞台上的神父和君主：一个模糊、疏远和不祥；另一个光明、快乐和阳光。保罗·沃尔克就是负责训诫和预言的严厉神父，口中尽是诸多神秘的咒语；罗纳德·里根则是负责派送希望的善良国王，其慷慨激昂的陈词焕发着足以照耀整个黑暗天空的阳光。他们携手共同向美国人民做出承诺——只有那些无比忠诚的“观众”

才能第一个获得救赎。

而救赎仪式则更能达到令人满意的效果。毕竟，大多数美国人并未在经济紧缩中遭受沉重的苦难。虽然目睹周遭的混乱和众多店铺的倒闭，但他们自身却并没有达到必须忍受最坏结果的地步。尽管有数百万工薪阶层失去自己赖以生存的谋生之道，但大多数美国人并不是如此。数万家企业被迫关门倒闭，但大多数仍然能够顽强地存活下来。对于大多数美国人来说，经济衰退最多意味着自己的经济抱负被迫延迟实现，这只不过是一个暂时让自己撤出“阵地”的时机，然后等待“最坏的时刻”过去。作为交换，这段时期内的他们还可以获得负罪感的消除。

负责消除疼痛的真实重担被毫无防备的少数美国人不成比例地承担起来，而其余人则将经济衰退视为道德上的健康必备或假装对其一无所知。领导人的政治言辞一再强调共享牺牲，经济衰退时期就是全国人民共同参与的苦行期，而这种说辞恰恰会让美国人忽视政府在经济运行方面的真实道德内容。“艰苦时期”的理论的确令人精神焕发、心旷神怡，尤其是当人们转移自己的视线将一切焦点放在共同分享牺牲精神的假象上时。一个社会骗局需要的正是人民与领导人之间无知和愚昧的串通。

事实上，经济清算在形式上与原始宗教行为十分相似，尽管在内容上存在本质不同，即倡导人类牺牲的异教仪式。有些人会选择为了整个社会的幸福和美好而甘愿牺牲自己，以求让自己的部落能够恢复与诸神的和谐。从道德角度讲，这个过程带有虐待倾向，即托斯丹·凡勃伦（Thorstein Veblen）所说的现代社会持久野蛮行为的典型表现。

经济牺牲者的选择则带有随意性，但一般来讲都是来自社会的较弱群体。美联储引发经济萎缩的方法论，即通过提高货币价格定量分配信贷的方式，可以保障实力最强的个人、群体和企业，使得他们避免被选择充当牺牲者。这就是民主内部的等级制度——实力强弱的等级。

许多对这种社会“不良企图”一无所知的牺牲者会天真地发起反抗。此时经济信仰的力量就在于让这些受害者接受自己的命运，甚至在必要时赞成这种牺牲。借用熊彼特斩钉截铁的道德用语来表达，这就是“创造性的破坏”，也就是说资本主义制度会不时地烧毁自己已经死亡或废弃的部分，目的就是重新获得自由的增长。这其中的含义就是说只有那些命里注定的牺牲者才会遭受破坏，才会因其自身的低效性而遭到惩罚。然而这种有关信仰的论述与现实世界并不相符，更正确的说法应该是这些牺牲者之所以会受到惩罚就是因为他们不能强大起来；在绝大多数情况下，他们之所以会低效就是因为他们无法集结充分的金融资源来保护自己。

经济衰退的宗教潜台词可以帮助解释为何人们要对其加以容忍。美国民众对经济衰退和损耗的忍耐力是建立在一种更为深层次的宗教敬畏的条件上。道德异议和民主疑虑仍然或至少要受到这种原始恐惧的左右，如果不付出代价，上帝和诸神就会动怒。至少在短时间内，大多数美国人默许且虔诚地认同有必要让自己当中的一部分人受到惩罚。无论人们意识到与否，执行这种牺牲的权威必须是他们所承认的权力中心，即执行民主进程的国家政府。坐落于宪法大道上的世俗神殿正是这种牺牲精神的贯彻机构。

然而，随着仪式的持续和苦难的蔓延，美国公众对经济衰退的认同度也在逐渐成比例地下降。经济衰退持续得越久，人们就越痛苦和失望。赎罪是必要的，但或许执行赎罪的神父手段过于严厉。牺牲的程度似乎已经大于人们所能承受的负罪感。随着企业倒闭和失业率在整个社会的肆虐，似乎已经有越来越多的公民被选择充当牺牲者。

总统的高层经济顾问则遭遇了一种更加关乎个人天性方面的负罪感，即其自身对自己一手造成的大规模财政赤字的负罪感。截至 10 月，美国的经济衰退已经越发明显，总统的参谋总长詹姆斯·贝克及其立法决策圈遭遇了一个现实，也就是他们曾想方设法让国会通过的减税议案竟然造成美国财政预算的严重失衡。尽管白宫在其他场合表达的是将注意力转移至美联储的货币政策并责成其尽快实现经济复苏，但最令贝克及其同僚揪心的仍然是其自身制造的混乱，即财政赤字即将达到年增长 2000 亿美元。

> “赤字正快速地滚雪球，这让政治家为此感到忧伤，无论是白宫还是国会。”大卫·斯托克曼说道，“白宫的政治家感到十分内疚，贝克认为是赤字引起了通货膨胀，因此白宫要率先采取措施。1982 年的选举——上帝啊，我们可能会一败涂地，但我们必须做点什么让美国经济彻底恢复。”

这种苦恼转变成白宫最重要的当务之急，从而在很大程度上缓解了美联储面对的政治压力。“白宫突然开始对财政赤字相当恐慌，”财政部的一位助手说道，“正是这种恐慌催生了某些经济政策的产生。而财政部一直对自己无法让白宫专注货币政策感到十分沮丧。”

斯托克曼补充道：“三位数的财政赤字所造成的影响是预先阻止或缓解一向可能对美联储造成的攻击。政治家心中普遍怀有负罪感，因为他们没能更好地把握财政政策，因此也就没有理由指责美联储。这的确是为美联储的操作和运行开启了一扇窗。”

在国会的共和党领导人和总统的高层经济顾问中间很快达成一致（尽管其中并不包括总统本人），不管怎样，国会将收回之前几个月刚刚颁布实施的慷慨大方的减税政策。而这个问题，即如何减免巨大的财政赤字，则逐渐变成困扰整个华盛顿的问题。

美联储副主席弗雷德里克·舒尔茨在一次华盛顿宴会上与花旗银行 CEO 沃尔特·里斯顿（Walter Wriston）曾就这个问题进行讨论。就在舒尔茨和里斯顿讨论供应经济学的赤字理论时，同在一桌的参议院财政委员会主席、参议员罗伯特·道尔（Robert Dole）选择在一旁静静聆听。

“我认为：你必须看到这一点，”舒尔茨说道，“很明显接下来要发生什么。如果美联储坚持‘开炮’，那么对于利率来说没有其他选择，只能一路上涨。里斯顿则认为这不是必须发生的。沃尔特是坚定的供应经济学者，他说政府开支会越来越多，但同时也会带来更多的收益和利润，因此财政赤字没有理由会影响利率。”

几天后，参议员道尔在电梯上偶遇弗雷德里克·舒尔茨。他对后者说：“你赢了。我想我们必须要在政府的财政政策方面做点文章。”

保罗·沃尔克也在公开场合表达同样的诉求。“我们不能再回避，是时候考虑新财政收入来源的问题。”他说道。政府的财政赤字不仅暂时会强化经济衰退的恶果，同时也会加强金融市场的长期信贷恐惧。短期信贷利率正在下降，沃尔克说，但长期信贷利率却仍然“顽固地居高不下”。他认为，信贷市场担心一旦经济扩张再次显现，联邦政府会为自身借贷吸收可见资本。[19]

在经济学家内部，这种碰撞被恭敬地描述为一次“财政与货币的错位”。美国政府正在将经济推向彼此相反的方向，即同时采取刺激和压制政策，并且货币政策最终战胜或制服了财政政策。不过这种窘境实际上会加强美联储的权力；国会和总统推行的庞大财政赤字政策事实上会让他们自己陷入死局。实事求是地说，他们面临的只有一个选择，也就是未来 5 年内必须要无限制讨论的问题，即如何恢复些许平衡的财政政策。

鉴于自己身陷竞选危机的事实，这些由选举产生的政治家无力控制某些局势的发展。于是美联储变成唯一可以继续灵活变通地管理美国宏观经济的杠杆，并且从此后，驾车的司机实际上就只剩下美联储一人。尽管国会内部就赤字问题争论不休，但美联储将就此独立做出自己的决定，不管美国经济（何时）发生前进或后退。

“坐在驾驶室并试图操控整个经济发展，这就是我们尽力去实现的目标，”副主席舒尔茨沉思道，“或许让美联储独立操控美国经济并不妥当，但我们是被迫接受这个任务。尽管不妥，但我们的确是在尽心竭力地使自己变成整个美国的经济‘沙皇’。”

不过这些经济信息也不都是坏消息。清算的过程正逐步显露出对价格的有力控制，因而进步是可观的。之前两年中，消费价格指数每月大都是在 10% 左右徘徊或更高，可 10 月时通过季节性调整，CPI 迅速发生回落，一路降到低于 5%。11 月，CPI 短暂回升至 6%，但 12 月再次回落。两位数的通货膨胀时代正在逐渐退出舞台。

没有人比总统更高兴看到这样的局面。“罗纳德・里根通常会在 12 条新闻中选出 2 条好消息来看，”斯托克曼说道，“通货膨胀数字开始显露出乐观局势。白宫中每个人都在谈论这种进步，并且开始自吹自擂。”

至于经济衰退，美国财政部长唐纳德・里根则自信满满地预测其会很快结束。11 月初，里根坦承“本季度美国实际经济呈下降趋势”，但 1981 年初的经济萎缩程度却有所减缓，到了春季则会实现经济的实际增长。[20]

总统的货币政策顾问贝里尔・斯普林克也就经济萎缩的前景充满乐观。11 月 12 日，斯普林克在内阁会议上发表演讲，他认为一切似乎已经进入既定轨道，就像他一开始预测经济衰退时一样：

“近期的发展趋势证明美国经济正处于衰退期。不过这并不惊奇，也无须大惊小怪，因为我们已经预测到经济行为会发生减速，货币增长也会经历短时期内的下降……几个月内，美国经济很可能会继续疲软，但这却并不能作为计划‘失败’的标志。相反，经济行为的暂时减速是意料之中的事，是经济过剩和通胀式货币增长发生转变的即时影响……

“我们有必要认识到，经济衰退并没有逼着我们迅速做出调整性反应以达到扭转经济减速的目的，例如立即推行货币增长的再加速……货币供给下降在经济产出和就业率方面产生的限定性影响只是暂时的，美国经济应该会迅速复苏。”[21]

从政治角度讲，一切似乎都走上了既定轨道。初春的复苏对于1982年秋季的国会大选来说堪称完美时机。

“现在最重要的是出奇制胜，”行政管理和预算局的劳伦斯·库德罗说道，“总统并没有为再争取3年的连任竞选做打算，此时是获得疼痛和了结痛苦的最佳时刻。”

作为参议院的多数党领袖，共和党人一向举止友善、沉默寡言、平易近人，因此这种激进言论在共和党国会领导人战略会议上出现就显得尤为刺耳。

“沃尔克是把脚放在我们的脖子上，”田纳西州参议员霍华德·贝克（Howard Baker）抱怨道，“而我们必须要做的就是让他把脚挪开。”

其他共和党领导人也对此心烦意乱。参议员贝克向国会阐明自己意欲和美联储主席举行私人对话的决心。沃尔克将被告之国会想要的是什么，并且无须大量有关M-1和其他问题的遮遮掩掩的讨论。

国会议员赖以生存的依据是各自的选举日程表。总统的经济顾问或许可以对“暂时的经济减速”毫无反应，但某些参议员和所有的众议员却要面对每两年一次的重新选举，因此他们对经济衰退的忍耐力自然会更加有限。如果经济衰退持续，整个1982年且丝毫不见复苏迹象，那么共和党将失去其在国会内的议席，并且还可能会失去参议院内的多数党控制地位，霍华德·贝克也会变成在野领导人。

大多数国会政治家，无论是共和党还是民主党，都不会装作深谙货币政策原理，但他们却了解一个最基本的道理，即利率。高利率意味着令支持自己的选民窒息，包括企业人和消费者。作为最具实际意义的引导者，立法议员通常会遵循银行提供的基本利率，但基本利率却一直居高不下。直到10月中旬，银行依然将基本信贷利率维持在19%，即使短期信贷利率已经大幅度下滑。通胀的下降会伴随基本利率的推高，银行家的实际回报自然也会水涨船高。因而银行就会在尽可能的情况下把持更大范围和规模的利润。

对于贝克及其他共和党人来说，这就像是粗野的忘恩负义。他们刚刚为企业和金融市场颁布并实施慷慨的减税政策，如今华尔街却用惩罚性的高利率和喷涌的银行利润来回报他们。

“此时的金融市场应该认清他们正在玩一场危险的游戏。”贝克在公开场合抱怨道。他和众议院共和党领导人、众议员罗伯特·H. 迈克尔（Robert H. Michel）毫不隐晦的宣称，如果利率不能立即有所下降，国会将被迫推行信贷控制政策。

“此时此刻，我们计划的未来以及获得众议院控制权的机会将与利率紧密相连。”共和党国会竞选委员会主席、众议员盖伊·万德·贾克特（Guy Vander Jagt）坦承道。“在60天到90天内，”迈克尔坚称，“国会将会有大动作。”[22]

共和党保守主义者的奇怪举动对于华尔街上的银行家来说是一种威胁，这样的政府干预手段通常是奉行自由主义的民主党人发出警告的表现。但这一次某些共和党人显然是受到旧式平民主义者的怨气的感染，从传统上讲，这种怨气常常与民主党有密切关系。共和党人对华尔街的态度主要源自其出身，他们多半来自中西部农业发达地区以及南部和西部的经济不发达省份，或者是货币中心城市的金融“堡垒”。以霍华德·贝克为例，其本人的内心就一直充满南方人特有的持久性怨恨。他诉诸华尔街要施加政府控制的威胁或许并不是真的，但他的疼痛和恼怒却是真实的。

“他们都是利率成瘾者，”贝克抱怨道，“他们都喜欢利率，喜欢利率和通货膨胀之间的扩展性蔓延。我曾经告诉这些家伙，如果利率再不下降，将会产生流血性代价，美国政府不会遭殃，遭殃的是美国人民。我对此承受了太多的批评和指责，他们告诉我这是市场的力量，没有人能够干预。而我要说：‘是的，当然。但市场喜欢的是高利率。为了增加利润，市场会人为地将物价维持在高水平。’”

内华达州参议员保罗·莱梭特（Paul Laxalt）在诸多方面都是正统的保守主义者，但他也来自美国西部，在利率问题上，莱梭特的观点听上去更像是“放松货币”主义者的言论。随着共和党人的焦虑感与日俱增，参议员莱梭特敦促好朋友里根总统签发反高利法案，即制定颁布新的利率上限。莱梭特的建议在白宫内广受支持，但冷静的保守主义经济学家的态度却是加以制止。

白宫有两位德高望重的得克萨斯人，一位是副总统乔治·布什，另一位是参谋总长詹姆斯·贝克，他们本身都是非常富有的都市人，但私下里他们有时也会委婉地表达出自己特有且传统的地域性仇恨，即对货币中心银行、高利率和美联储的不满。白宫经济学家针对货币原则所做的详尽阐释并不能让他们感到满意，从某种程度上说，这位副总统还曾建议内阁，如果利率不能有效下降，美国政府将向银行征收过剩利润税。只是这些建议均未能变成现实。

尽管白宫的决策者仍然相对保守，但霍华德·贝克果然遵守诺言实现了与沃尔克的会面。他邀请这位美联储主席来到自己的办公室，希望能就利率和货币政策问题与其促膝长谈。不过这只是二者之间展开的众多紧张会面的开始，正如一位白宫官员所说，整个白宫都知道这位参议员领导人“其实是在给美联储主席设置诸多障碍”。

“是我告诉沃尔克局势对我们有多么糟糕，以及他应该如何降低利率，”这位参议员说道，“沃尔克自始至终都没有说太多的话。当他起身离开时，我知道这场会面彻底失败。”

这位共和党领导人试图向这位美联储主席强调，如果美联储固执己见，其所面对的政治局势将会恶化。也就是说占多数议席的领导人，无论是共和党还是民主党，都将对其实施惩罚性的立法措施，凭借国会法令剥夺美联储的独立性，放松这家中央银行推行的紧缩货币政策。

“我真的很害怕，如果不能在利率上做出实质性改变，我们将失去对参议院的控制，”贝克说道，“我会经常‘骚扰’沃尔克，并警告他，但却从未在公开场合这样做。他开始理解我的话到底是什么意思。我拼命地想让他改变目前的货币政策，但我并不是他的敌人。”[23]

不过这位美联储主席针对中央银行目前所面对的政治威慑也有自己的判断和评估。正如有人预测的那样，国会的脾气会越来越大，但并不说明国会就真的一定会对美联储不利。深思熟虑后的沃尔克认为，政界对利率问题的公开反对只不过是想高举旗帜平息选民的愤怒。一个国会议员会发表热情洋溢的演说，家乡的新闻媒体会大肆报道其对美联储的攻击，家乡的痛苦的建筑商们听后会深感安慰和感激。因此其中并无半点与政治相关的实质性要害。

对直接控制货币政策的种种顾虑来源于一个深刻的历史问题。如果国会愿意，其大可以自行设定利率和实施货币增长，但这却意味他们同时要对利率负责到底。相反，这样的工作被托付给了美联储。正如南希·蒂特斯所说：“很明显，国会并不想这样做……大多数国会议员还是喜欢将一切推给美联储。”

在小心翼翼游说国会大厦的过程中，沃尔克也深知这些关键的立法议员中有很多都会站在自己这一边。例如参议院银行委员会共和党主席、来自犹他州的参议员杰克·贾恩（Jake Garn）和来自威斯康星州的民主党人普罗克斯迈尔，他们都绝对支持美联储的行为，并且如果必要的话，他们及其他所多人都会捍卫美联储抵御立法攻击。这位美联储主席私下里非常注重培养自己与国会密友之间的关系，包括态度中立的各党参议员和众议员以及始终犹豫是否需要改变这种长期存在的美联储机构管理形式的保守主义者。对美联储自身的严厉货币政策，沃尔克对国会支持力量的重视程度要高于那些无可避免的批评家。

随着参议员贝克的挫败感与日俱增，这位美联储主席经常会被传唤至国会进行磋商。这样的私人对话每月都会进行，但谈论的话题和激烈程度却丝毫没有任何改变，参议院多数党领导人的恼怒也丝毫没有减弱。

“一天，”贝克说道，“我还是没有从沃尔克那里得到半点实质性的回应，他又要起身离开，于是我也突然站起身。面对他 6.7 英尺的身高，5.6 英尺高的我说道：‘我终于知道。对于一个拥有 6.7 英尺身高的人来说，16% 的利率并不算太高。’”

与任何一位拥有强烈责任心的中央银行家一样，保罗·沃尔克事事操心，但他最关心的经济因素却始终是工资问题。这位美联储主席的钱包里有一张小小的卡片，用于跟踪记录那些主要劳工联合会最近设定的工资范畴。他不时地打电话给全国不同的利益群体代表，以掌握当下最新的契约状况。联合汽车工会的要求是什么？隶属工会的劳工是怎样想的？沃尔克想要的是工资更快且更大幅度地下降；粗略来讲就是美联储坚决地想要“瓦解”劳工组织。

这种想法曾多次在沃尔克的公开演讲中有所体现，尽管阐述从未如此直白。他曾这样对美国新闻俱乐部的会员说道：“打击通货膨胀的工作正呈现明显的进步迹象。”沃尔克补充道：“但我必须更加坦白地指出，这些迹象还不能证明工资的下降已经得到明显且巨大的改善。”

截至 1981 年第四季度，通货膨胀率已经明显下降到低于两位数，但员工补偿金仍然在以超过 10% 的速度增长。“事实就是这可能会在名义工资预期和需要抑制通货膨胀的经济政策之间制造冲突。”沃尔克警告道。

在白宫官员举杯庆祝自己可以迅速抑制通货膨胀的同时，沃尔克却掏出记录劳工协会工资数目的卡片警告前者不要过于乐观。除非劳工组织获得消息并放弃自己对工资的要求，否则潜在的通货膨胀率会继续推高物价，从而与美联储货币政策造成的紧缩现实发生碰撞。

“沃尔克想要终止工资倒退趋势的决心很大，就像其想要终止商品价格投机行为一样，”大卫·斯托克曼说道，“我和库德罗一直认为通货膨胀会急速下降，但他说：‘不，这不可能发生。工资占据整个 GNP 的三分之二，因此除非劳工协会的成本急速下降，否则通货膨胀不可能更快下降。’”

通过在公开场合的演讲，沃尔克试图说服劳动力和管理者必须相应降低自己在通胀时期的工资和价格预期。美联储真的在尽力抑制通货膨胀，他向大家保证，工人已经无须在契约条款中加入对自己巨大生活成本的保护。

事实上，沃尔克曾反复作出这样的承诺：“……随着更大生产力的实现和人们对名义工资增长预期的适度减缓，经济的持续增长和所有美国人实际工资的增长将得以实现。”[24]今天放弃对工资的要求是为了保障明天更加美好的生活。

经历了 10 年的通货膨胀，劳工组织领导人与其他经济决策者群体一样渐渐满腹狐疑，但软弱的劳工组织没有其他选择只能屈服，但更为强大的产业联合会却不会基于一些模糊的许诺就优雅地做出妥协和让步。如果劳动力和企业忽视这些警告，沃尔克预测他们会遭遇企业利润困境，从而导致工人失去工作。工资代价会继续上升，但通货紧缩下的企业和经济体将再也无力承受不断上涨的价格成本。这样的困境会减少企业利润，一旦利润下降，企业就会关闭工厂、解雇工人。

尽管沃尔克的阐述并不如此直白，但他推行的货币政策势必要受到劳工组织意愿冲突的影响。对于联邦公开市场委员会来说，这并不只是有关观察经济萎缩期间的货币流通量和利率甚至是下降的生产力的问题，美联储认为一旦他们遵循这些硬性指标放松信贷条件，那么很可能会被劳动力和企业解读成是压力已经消失的信号。

沃尔克一再强调，通货膨胀不能被万无一失地击败，除非全部工人及其联合会同意接受更少的工资。如果他们不能对这些话加以重视，那么或许另外几百万个职位的清算和消失将会迫使他们相信这一切。

10 月 5 日大会，联邦公开市场委员会决定放弃追寻更快的货币增长，即使此时经济衰退已经十分明显且基本货币供给仍然维持在目标以下。在过去，只要确信经济陷入衰退，美联储通常就会扭转货币政策、“逆风飞扬”，即向金融体系注入更多的流动资金以达到降低利率的目的。而这一次，美联储决定按兵不动。

“委员普遍认为，目前的可见证据并不足以预示在未来几月内经济行为会陷入严重的累积性萎缩，”联邦公开市场委员会会议记录显示，“尽管有人表示未来可能会出现更加严重的经济衰退。”

11 月 17 日大会，联邦公开市场委员会首次达成一致，即在描述当下美国经济状况时使用“衰退”一词（即在衰退发生后 5 个月）。但这些决策者再次宣称，这次萎缩应该不会持续更久，程度也不会很严重。“人们普遍认为，已经规定实施的联邦税收削减和预期的国防开支增加，加上联邦财政前景的其他因素以及利率下降，会极有可能在 1982 年中引发经济行为的逆转式增长。”委员会得出如是结论。

与此同时，委员会委员仍然担心他们是否能让所有美国人（包括劳动力、管理者、工人和生产者）愿意放弃其长期抱持的通胀预期。“我们已经观察到某些令人振奋的迹象出现……但同时强调这样的预期很可能只会慢慢地发生改变，”联邦公开市场委员会警告道，“他们会对联邦预算的发展做出敏感判断，对新近劳工契约协议中的讨价还价和货币政策进程的前景更加警觉。”

联邦公开市场委员会再次达成一致，决定不会提高短期信贷利率目标，以作为货币供给的管理手段。委员会指令不仅是在容许“M-1 些许的更快速增长”，同时也在建议纽约的运行桌面“不接受增长过程中的适度不足”。这种错综复杂的句法表达和微妙的遮遮掩掩都可以被浓缩成一个相同信息，即美联储将无视参议员贝克及其他批评者的言论继续我行我素。[25]

起初，12 月颁布的新银行体系规则看起来就像是美联储调解员终于向追求利益最大化的野心银行家做出严厉约束。因为在此之后，美联储和监理署共同宣称，美国银行将必须维持其自身可用成本的最小化，包括股东股权、保留利润和烂账储备金，以此作为阻止银行鲁莽扩张的手段。一家银行的资本就是其自身货币，是当信贷发生喷涌和债务人无力实现还贷义务时的基本保障。自 20 世纪 60 年代以来，随着银行的鲁莽信贷扩张和自身资本因通货膨胀发生的贬值，银行资本与庞大贷款之间的比率正逐步下降，尤其是对于超大型银行来说。事实上，这些主要银行投入运行的资本主要是靠越来越缩水的安全净资产。

在监理署的配合下，美联储此时正确立更高标准的最小化安全资本。一家银行必须维持资本和资产或全部贷款能力之间的最小比率，即大型银行 5% 和小型城镇银行 6%。也就是说每 100 万美元的投资（贷款和债券）组合中，大型银行必须持有至少 5 万美元的基本资本。从而使意欲快速扩张信贷的银行必须在同时迅速积累更多的资本，例如通过销售股票的形式维持其稳健运行的基本资本保障。

美联储的这套新规章制度存在一个十分明显的弱点：其会豁免美国 17 家超大型银行的义务。这些跨国银行的资本－资产比率最小，它们是最易受自身鲁莽扩张政策攻击的群体。这些金融机构涵盖所有著名的国际银行：大通曼哈顿、花旗、汉基信托、美国银行、化学银行、欧文信托，甚至是摩根担保。它们都不能满足这种新的资本标准，因此暂且可以获得绿色通行证。

其资本状况疲软的一个最直接因素就是其在不发达国家的扩张式信贷，即主要为拉丁美洲和亚洲的一些国家，即所谓的不发达国家信贷。在过去 10 年当中，随着美国这些顶级跨国银行在全球信贷市场上所占份额越来越大，其基本资本也发生相应比例的缩水。巴西、墨西哥、阿根廷、韩国、菲律宾等都是美国的主要债务人，总体来说，第三世界国家已经积聚大约 4000 亿美元的国外债务，而 1980 年时美国银行就持有这些银行贷款的 40%。

但美国对不发达国家的贷款高度集中在几家为数不多的大型银行手中，即仅仅 24 家银行就掌握其中超过五分之四的贷款。他们的 LDC 贷款构成其海外企业贷款的十分之一，累积起来共占其资本基础的 180%。其中 9 家超大型货币中心银行在所有银行中最富“攻击性”；截至 1980 年，他们在不发达国家进行的风险性投资已经迅速发展至占其资本的 204%。换句话说，如果这些第三世界国家出于某种原因未能偿还贷款，那么灾难将会翻倍地吞噬这些美国大型银行的资本。

一般来说，中型地区性银行和小型银行已经顺从美联储推出的新资本标准，但大型银行却难以做到。1981 年，美国 70 家超大型银行的资本－资产平均比率只有 4.37%，当然，某些超大型银行机构的比率还低于这个水平。为了满足最低标准，他们必须匆忙收拢数目庞大的新资本，例如销售新股票或维持利润并削减股东季度分红。这两种方法都会造成银行股票价格的急剧下跌，银行高管也会陷入气愤的股东主张改变这种管理方式的窘境。[26]

这些大型银行高管似乎并不为自己在不发达国家的“攻击性”信贷扩张感到窘迫，总的来说，他们反而深感自豪。沃尔特·里斯顿是其中最为坦率直白的一个，他曾公开吹嘘这些国家是他最好的客户。利率回报越来越高，信贷成本损失要比将钱借给美国国内企业更低。无论在公开还是私下里，里斯顿对那些经常警告美国大型银行不要做危险信贷承诺的批评家嗤之以鼻。

"在我看来，" 里斯顿回应道，"这种以为银行已经濒临极限的恐惧最终会演变成对未来的错误理解，就像是过去经常犯的错误一样。"花旗银行副总裁 G.A. 科斯坦祖（G.A. Costanzo）嘲笑那些所谓欠款国家和倒闭银行的"世界末日空想说"，"欧佩克的存款十分充盈，银行在追寻低质贷款时的经历就像是艾丽丝梦游仙境。"他写道。

这些告诫银行须谨慎从事的声音还包括美联储委员亨利·沃利克的警告，即美联储内首屈一指的国际金融专家。沃利克近几月来一直在温和地劝告这些大型银行，但结果却收效甚微。1981 年 6 月，他发表一篇题为《不发达国家债务——是喜是忧》的演讲，并为这个问题给出一个肯定的答案。

"……今天我们正处于一个过渡期，从长远来看，这个过渡期不可持续，"沃利克警告道，"从短期来看，在通货膨胀的影响下，目前这种局势似乎可以持续，因为通胀会导致一个国家通过利率差距偿还债务。但从根本上讲，向美国借债的众多国家不可能会一直轻装上阵地持续借贷，从历史经验来看，这似乎不能成立。"[28]

沃利克是在小心翼翼地向银行表明他们应该减缓 LDC 信贷规模，然而这些大型银行却执意朝相反方向一路狂奔。根据 LDC 信贷规模最大的花旗银行执行总裁所说，诸如巴西和墨西哥这样的国家拥有最光明的未来。花旗银行的科斯坦祖宣称："墨西哥是继巴西之后世界上的第二大 LDC 债务人，尤其在进入 80 年代后前景喜人……就目前局势来看，近 10 年来墨西哥的外部债务已经超过巴西，这不仅反映出其不受控制的赤字，同时也折射出空前的投资机遇。"

作为一名中央银行家，沃利克会克制住自己挑战这种说法的冲动。"你不能简单地宣传一个国家的信贷一无是处，"他说道，"这只能起到反作用，且十分愚蠢。因此要想发出适度的警告并不容易。"

纽约储备银行行长、华尔街众多知名银行家的密友安东尼·所罗门曾在私下里哀叹这些人的"大意失荆州"：

"我所不能理解的是为何这些大型商业银行会如此疏忽他们对国家风险贷款的评估。我想这并不是国家风险贷款专家过于乐观的问题，他们都是银行里顶级的信贷专家，其本身也是高层的银行管理者。他们可能一味观察其他银行的举动，过度依赖臆想和想象，从而没能充分注意到风险评估。

“真正的原因就在于他们求胜心切，力求在圈内显示自己良好的利润表和银行规模的稳步扩张，而唯一能够让合理价格收益成倍增长的方法就是股票市场。其次，他们都沉迷于假象的安慰。如果人人都在做 LDC 信贷，那么他们会稍感安慰，即使其自身的国家风险信贷评估正在发出警报。”

不过沃尔克本人却很少在公开场合提及 LDC 信贷中所隐含的危险，尽管他和同事在私下里对此忧心忡忡。在 11 月召开的联邦咨询委员会大会上，他们开诚布公地向 12 位银行家提出质疑：“我们的银行有什么麻烦吗？”经济衰退有利于银行获得利润，但这种利润存在上限。如果清算的时间持续过长，那么他们的信贷客户会快速且成倍地宣布破产，因而由此产生的累积性贷款损失将会威胁这些银行的自身利润甚至是他们的偿债能力。

联邦咨询委员会的银行家坦承其客户正面临逐步恶化的困境，包括美国企业和国外债务人。“海外信贷质量正遭遇经济增长延迟且缓慢发展以及高利率的影响，在某些国家还会遇到政治混乱和较低的出口收益。”这些银行家说道，但随后其又充满信心地补充道：“委员会相信，其中任何一家实力雄厚的超大型银行都不太可能遇到什么大麻烦。”

至于正在疲软的银行资本问题，顾问委员会再次表示其丝毫没有看到任何足以引起警报的理由。“尽管个别银行有所例外，但全面考虑之后，委员会相信银行体系的资本状况从整体来看是充足的”。[29]

这些银行家自信满满地回顾了从前的历史经验。从 1973 年第一次石油价格冲击至今，美国和欧洲跨国银行就一直能听到有关债务国家会引发迫在眉睫大灾难的警告。随着石油生产国逐步积累起数百亿美元的过剩财富，正是银行将这些货币投入再循环系统用于所需之处，从欧佩克国家吸取资金并将其借给第三世界国家（石油进口国和不发达国家）。因此里斯顿等人认为，LDC 已经平安度过 1973 年初次的石油价格危机；那么他们在 1979 年的第二次石油冲击时不做任何政策调整也就不足为奇了。

诸如沃尔特·里斯顿这些乐观的银行家还深谙有关全球金融再循环系统的问题，而这正是那些挑剔的批评家很少注意到的，即对于大多数较穷国家来说，国际信贷的真实作用非常积极，10 年时间里这些国家的经济发展会提速、居民收入水平会提高、生产力会提升、中产阶级消费者会逐渐显现、社会也会更趋于稳定。从广义来讲，这是资本主义运行的本质核心，即积累财富并将其投资于新企业，而目的就是创造新的工作机会、新的收入和新的财富。

当然其中一部分资金会被浪费或被“偷走”。但从整体来说，向拉丁美洲和亚洲借出的几百亿美元贷款都会用于这些地区的实际资产买进——新公路、新厂房、新水坝、办公大楼、发电工厂以及工业发展所需的基本设施。这个过程与美国 19 世纪自身的经济发展没有任何不同，当时美国企业也会从海外大举借入资本。与美国家庭借入货币购买房屋或美国农民借入货币购买更多土地和生产设备一样，巴西和墨西哥及其他大多数国家也会在美国通货膨胀盛行时大举借入外债。这些贷款会“买来”其经济的真实发展，然后他们又会以相对便宜的美元价格还贷。只要 LDC 规模增长的速度赶得上其借入外债的速度，他们持有越来越多外债的能力就丝毫不会被减弱。

“现在的真实情况是，” 里斯顿宣称，“世界上大多数人的生活要比任何一段历史时期都好。某些 LDC 甚至会让这个国家的生活水平在 10 年内翻一番，这是一项丰功伟绩，即使是最乐观的乐观主义者和最悲观的悲观主义者也没想到过会发生这样的事情。”

在历史的某段时期里，个人金融可以在某个范围内完成的事对于由选举产生的政府来说是不敢直接尝试的。工业国家拨款的国外援助（尤其是来自美国的）与大量经由商业银行直接流入较穷国家用于经济发展的资本相比过于贫瘠。最终，货币都是来自同一个群体，即生活在北半球的富有工业国家居民。这些富有国家（包括美国）的客户会以高价向欧佩克购买石油，欧佩克存入银行的货币得以大量积累，然后银行再将这部分货币借给全球的不发达国家。

大致来看，全球金融再循环系统就像是一个庞大的国外援助计划，即高效地将财富从富裕国家转移向贫穷国家，且没有任何正式的政治认可。工业国家政府，包括美国，鼓励金融机构的这种资本再循环运作，但在真正决策时却会与金融机构小心翼翼地保持一定的距离。循环的步调和重点都直接受控于个人银行家。当然，打包的财富是属于那些石油输出国的，并非美国，这些国际银行体系只不过是在这些交易中收拢属于自己的那部分利润“通行费”。不过，尚未意识到自己的钱会流向何处的美国和欧洲客户却在某种程度上为第三世界国家的经济发展签下保单，可他们却从未被授权为纳税人或选举人身份。

里斯顿在 1981 年骄傲地宣称：“我们亲眼看见一个个不发达国家最终打破自己注定贫穷的恶性循环。因此我并不感到绝望，反而对 LDC 的未来充满希望，至少在20世纪余下的几十年时间里。”

不过里斯顿的乐观是在向后看，而其他包括亨利·沃利克在内的忧心忡忡的专家却是在向前看，他们确信未来并不会和过去完全一样。首先，LDC债务已经开始在20世纪70年代末出现急速扩张，但这种金融信贷项目本身的质量问题却越发令人担忧。离家园更近的美国超大型银行现在越来越专注于放宽自己在国际风险信贷方面的规则，正如银行家自己所说，他们将太多的鸡蛋放进同一个篮子里。

与此同时，债务国的金融状况也在恶化。在美联储紧缩的货币政策影响下，他们要被迫支付更高的实际利率，从而累积越来越多的信贷成本，最终一向稳如泰山的他们会在债务的泥潭中越陷越深。然而他们的经济发展却再也不能像70年代时那样飞速发展，而是在逐渐萎缩。因为作为最佳的出口市场，美国自身也陷入经济衰退。

直接讲，是美联储自身坚持不懈的抑制通货膨胀导致经济危机的发生。如果通货膨胀真的能如美联储所愿被成功压制，那么金融的约束力会显露得极其明显，对于这些债务国来说信贷基本原则会发生逆转，就像是其对美国国内债务人产生的影响一样，其债务的实际价值会随美元的升值而增加，而非下降。LDC会导致这些国家的债务堆积如山，直到再也无力偿还，而极富声望的美国超大型银行也会受制于这些其再也不能获得利润回报的堆积如山的劣质信贷。

事实上，美联储正处于世界金融混乱的风险之中，他们希望这些彼此冲突的多方力量能够在不产生碰撞的情况下和平共处。正如一位在美联储国际金融部工作的经济专家所说：

“在美联储资深的经济学家看来，第三世界国家的债务问题极其明显。当处于通货紧缩时，他们知道这种紧缩会减少我们从这些国家的进口，同时利率会上升，LDC出口会下降。银行家会处于困境。美联储知道这将引发危险的副作用，即整个过程中唯一致命的弱点。”

这种两难境地本身会构成美联储委员自身的某些负罪感，或者至少懊悔和遗憾。如今不发达国家（最终包括美国自己的银行家）所遭遇的金融约束力本来可以避免，只要美联储能够更早或更有力地坚持其货币调整权威。这家中央银行没能有效遏制商业银行的海外信贷，反而纵容他们在自身资本萎缩的情况下继续扩张 LDC。20 世纪 70 年代末，由美联储及其他调控机构曾组成国际紧急救助委员会针对国际信贷风险扩张提出指导性调控，并时常发出温和警告，却并未引起这些超大型银行的注意。

正如沃尔克自己所说，只向银行“眨眨眼、点点头”并不足以产生威慑力。如果美联储想让银行适度节制其海外信贷，就必须采取不容置疑的规范手段且强迫其执行。有关资本比率的新规则（除了那 17 家不受此规则约束的问题最严重的银行以外）来得太迟，它已经不能在这场游戏中发挥关键作用。

“我们真的很后悔，”亨利·沃利克承认，“我们没有采取强硬措施规范国际信贷风险投资。虽然这些银行会定期向我们递交报告，但他们却对危险只字未提。某些监督者提出质疑，可银行也在某种程度做出回应。某些银行家会说：‘这些愚蠢的监督者，他们知道些什么？’”

一向富有传奇色彩和神秘权力的美联储在此次事件中表现得和那些普通的联邦政府机构没有任何区别。它向本应该接受自己管理的银行业低下头，没能对这部分利益群体施加“严厉管教”。美联储官员或许担心这些超大型商业银行会被推向一个危险境地，因为他们是美联储的主要选民，但美联储管教他们的意愿却明显不足。

个中原因在某种程度上要归于官僚主义。“人们没有意识到美联储文化中渗透着官僚主义气息，”沃尔克的一位助手说道，“银行的监督者应该对谁负责？他们应该对银行家负责，而他们本身普遍不会对银行产生怀疑。”但美联储的失败并不起源于这些银行监督者，而是起源于高层。

保罗·沃尔克并不能左右银行家是否能够做出审慎判断，至少在私下里是这样的。“在沃尔克眼里，这些银行家喜欢追求一时的潮流和兴致，因此他没有能力为其自身的长期利益做短期牺牲，”这位主席的一位亲密伙伴说道，“我猜他将此看作是美国企业普遍特质的一个方面。”

不过，除了偶尔私下劝说的努力之外，保罗·沃尔克几乎很少有过预先阻止危机发生的举动。他并没有发出过警告，也没有要求国会帮助美联储正面制止银行的激进行为。他没有，直到为时已晚地颁布新规则强迫银行“撤出阵地”。前任美联主席威廉·迈克切斯尼·马丁曾就沃尔克作为美联储主席的表现加以无情抨击：沃尔克在执行货币政策时“十分出色”，但“在监督银行行为方面却极其失败”。[30]

美联储银行监督小组委员会主管、美联储委员查尔斯·帕蒂坦承：

“诚然，我们没能动用强迫手段让他们表现得更好。但比尔·马丁应该比世界上任何一个人都了解：要改变一个由大型银行组成的‘大家庭’的行为会有多么难。你可以对沃尔特·里斯顿说：‘沃尔特，你必须让你的船行驶在正确航道。’可为何里斯顿会该死地以为自己比美国政府还重要？你不能只凭劝说和讨论就命令他做任何事，这是毋庸置疑的。”

当美联储官员试图警告这些银行要小心其不断扩张的海外信贷业务时，后者的反应却是无动于衷，帕蒂说：“当你在1980年和1981年检查这些银行的投资组合并试图指出其中的问题时，我们的监督人员得到的答复是‘你不了解情况，我们比你知道得更多’。这些银行几乎从来都是出言不逊，当然除非他们的信贷遭遇困境时才会有所收敛。”

这种解释本身会令一种谣言不攻自破，即美联储的神秘性在于其微微一皱眉就会令商业银行家胆战心惊，后者绝不敢冒犯这家中央银行。现实恰恰截然相反，至少对于那些最具影响力的超大型银行来说，美联储过于软弱，它的话根本不具备任何威慑力。这位货币调节“专家”的无力恳求与神秘性矛盾重重，但其本身也是一种逃避手段；美联储是接受国会授权来处理这些危险，一旦其没有完成任务，国会就会将美联储搬出来做挡箭牌，那时的借口听起来与其他失败的政府调节部门没什么区别。

然而，这些捍卫性的解释还暴露出有关美联储的一个更为深刻的事实，即美联储神话的破灭。美联储对私人银行的调控具有条件性，且受政治活动和政治影响的限制。美联储委员帕蒂借用政治压力的抑制性来解释为何美联储一直不能更严厉地“管教”银行的原因。

“我们不是在说那些小银行，他们的行为很好规范，”帕蒂说道，“我们讨论的是美国前50位的银行。他们在金融、商业和政治世界拥有巨大影响力，他们会和你顶嘴：‘你这是不讲道理。你是在试图阻止美国的经济发展。’他们会在大楼后门的门道上徘徊，向参议员抱怨约束手段过于严厉，美联储似乎是在全力以赴地反对他们。”

美联储主席对此表示认同。他坦承美联储“在调节和监督银行方面过于被动，尤其是在经济敏感期”。在他自己的解释中，保罗·沃尔克的理由同样也是关乎“政治”。

“任何一个想当然以为可以摆脱普遍政治环境去操控和调节美国银行的人都不能理解我的话，”沃尔克说道，“假如美联储决定在 70 年代实施更加严厉的监管措施，那么能够在人人都热衷于金融自由化的现实中获利的银行和国会议员都会公开反对我们。‘你到底在说些什么？银行零损失已经维持 30 年，你还推行什么该死的新调节规则？’国会议员会这样威胁我们，‘为何你们这些调节员认为自己会比银行的 CEO 更了解情况？’”

只有在沃尔克认定“普遍政治环境”可以支持美联储的前提下才能对大型银行施以更加严厉的监管措施。美联储并不像众多文学作品中描述的那样不偏不倚、绝对独立，它要响应银行家的政治影响，这与美国农业部要响应农业群体的利益和州级商业委员会要响应卡车司机的利益没有什么不同。

与此同时，沃尔克及其他委员也看不到其他选择，他们只能“开弓没有回头箭”，一路硬撑下去并希望得到最好的结果。如果通货膨胀的水平下降，美联储会尽快重启美国经济发展策略，那么债务危机的焦点就会被转移。如果美联储的货币紧缩持续得太久，那么某些主要债务人就会陷入深度危机，他们的银行家也一样。

首当其冲的受害者就是拥有 6800 万人口的墨西哥。1981 年末，沃尔克及其他美联储高层官员意识到墨西哥国家资产负债表正呈现出危险信号，即出口收入下降、开支和债务增加。“很明显，摆在眼前的是墨西哥正在陷入麻烦，”沃尔克说道，“但你却不能为墨西哥做得更多。”

沃尔克其他美联储委员遭遇的是一场微妙的困境。在他们做出抑制通货膨胀以及解除公众对美联储怀疑的所有承诺之后，他们又怎么能推翻先前开始的努力而向后退缩呢？然而一味地抑制通货膨胀又会让金融体系置身于最大的风险之中，而金融体系正是他们必须要保护的对象。就这样，美联储既聪明又愚蠢地决定：一切为时已晚，他们已不能回头。一年前已经从美联储退休的美联储前委员菲利普·科德韦尔这样描述他们的想法：

“各大银行仍然认为世界就是一块新鲜的奶酪，并且会一直这样持续下去。有些人正在拉响警报，但美联储当时正着手处理一次重要的经济危机以遏制通货膨胀。你要做的就是消灭人们对通货膨胀的热情，但同时又必须保证通货膨胀不会完全消失。你可以在资本比率的问题上打擦边球，也可以向银行发出警告，但就是不能逆转货币政策。”

整个1981年，美联储的行为都明显过火，其过于严厉地限制货币增长，从而实现当年的货币供给目标。联邦公开市场委员会已经将目标限定在3.5%至6%之间，但1981年的M-1却只增长了2.3%。或许这种统计数字上的差别看起来极其细微，但其在整个美国经济内的破坏性影响却可以成倍增长，甚至会超出美联储的预期。

尽管房屋建筑商、劳工联合会、小型企业人及其他弱势群体会怨声载道，但联邦咨询委员会的银行家却大力盛赞美联储委员的表现。“委员会一致同意，目前的货币政策十分适当，”联邦咨询委员会在11月的大会上宣布，“……整个1981年贯彻实施的货币政策成功规避了1980年经历的货币增长不稳的势头，加强了美联储在金融市场上的信誉度。”[31]

然而就在几周之后，美联储的信誉度就再次遭到金融市场和白宫的质疑。经过长达6个月的迟缓性增长之后，M-1再次出现急速喷涌——且有些莫名其妙。这个衡量货币供给的基本标准开始在11月出现激增，之后在12月有近13%的增长，到了1982年初，这个数字又迅速上升近20%。对于货币主义者来说，这似乎是美联储再次失控的表现，否则就是市场自己的神经过敏，毕竟刺耳的警告已经在众多岗位上拉响——从债券市场到美国总统本人。

在1月19日的新闻发布会上，当里根总统被问及资本投资的下降及对其经济计划的影响时，他在回答中将矛头直接指向美联储善变的货币政策。

“我想是人们有些谨慎，”里根说道，“或许其中的部分原因是人们在等待观察美联储会做些什么，举例来说，最近的货币供给一直在急剧上升，我想，这种现象会给货币市场传达一个错误信号。”[32]

就在几天前，众议员杰克·坎普曾经要求让保罗·沃尔克辞职。如果这位总统对美联储的表现失望之极，那么他会不会接受国会议员坎普的请求呢？里根选择回避这个问题，但却并未对这位主席表示出赞同和支持。“我不能做出回应，”里根说道，“因为美联储的自治特征……他们不会迎合任何人的意愿。”

4个月前，美国的经济衰退首次显现，里根内阁官员曾后知后觉地认为是美联储政策过于严厉。此时，经济衰退已经如火如荼，他们却又抱怨美联储过于放松。“有些人指责我们没能及时调整自己的思维，”财政部长里根坦承道，“事实已然如此。我们支持美联储制定的目标，并且一向敦促他们维持货币的稳步和平稳增长，只要能保证控制在目标范围以内。”[33]

“总统作出这样的结论并不奇怪，”白宫的一位高层官员说道，“其来源于每周一次的经济顾问小组会议。唐纳德·里根每次都会走进办公室做有关货币政策的报告，深受斯普林克影响的他着重阐述了美联储的多变性。斯托克曼既是一个货币主义者，同时也有些乐于制造经济混乱，其目的就是推行财政政策。斯托克曼一般比较认同这样的说法，即我们不得不担心美联储过于放松的货币政策。其他经济专家尽管对这种货币主义观点半信半疑，但对其他办法也没有十足的把握。”

总统对美联储的攻击折射出货币主义对货币数量的焦虑和担心。贝里尔·斯普林克曾在 12 月中旬第一次警告大家小心“货币增长的喷涌”。“最近的货币增长加上公众对政府预算的怀疑，会强化人们对长期货币控制前景的恐惧。”他曾这样向白宫建议道。和其他许多经济学家一样，斯普林克深信经济复苏将会在 1982 年初开始显现，但前提是美联储必须对稳健、适中的货币扩张政策保持绝对忠诚。截至 1 月，有关 M-1 的警报越来越强烈，总统的经济顾问再次达成一致：沃尔克必须受到谴责，不只是在私下里，也包括在公开场合。[34]

“或许货币的跳跃式增长只是一个暂时现象，是经济专业问题的一个结果……”劳伦斯·库德罗曾经在总统新闻发布会之前这样建议白宫经济顾问，“但也有许多其他信号表明货币政策已经发生一个基本变化，即从稳步遏制到急速扩张。”

库德罗还看到这种局势下所隐藏的第二个危险，即一个足以摧毁共和党 1982 年国会竞选前景的致命因素。如果美联储此时继续允许货币急速增长，那么从现在开始几个月内就必须强迫让货币进入急剧萎缩状态，从而扼杀开始显现的新经济复苏。

“最多也只能是，”库德罗说道，“1982 年第一季度的实际经济增长趋于平稳，但这也只能代表处于经济发展的转折期，经济的强劲发展只能在第二季度才能显现。然而在利率增高和陈旧货币政策的双重影响下，1982 年下半年最多也只能呈现出经济的迟缓增长。经济复苏会变成不能实现的愿望。”[35]

货币主义者的批评让白宫再次将矛头对准保罗·沃尔克。对于这位美联储主席来说，此时其自身的政治关系一定是处于一个奇怪的时刻。在国会大厦，包括霍华德·贝克在内的共和党领导人请求他降低利率，而在白宫和财政部，共和党官员又催促他降低 M-1。不知道在宾夕法尼亚大道上的办公楼内工作的政治家到底有没有意识到这种矛盾性。沃尔克可以取悦其中的一个，但在现实世界他无法做到同时取悦二者。

即使美联储主席选择忽视政治家的影响，但他仍然不得不处理来自金融市场的信息。几个月来，随着经济行为的下降，利率也随之下降。曾经攀升至接近 20% 的联邦资金利率被允许在 12 月下降至 12.5%。然而当 M-1 开始加速增长时，金融市场又开始同时推高短期信贷利率和长期信贷利率。

美联储曾经让货币市场上的交易者学会重视 M-1，后者也的确做到了这一点。当 M-1 发生喷涌时，市场会假定美联储将不得不立即再次紧缩货币、推高利率，因此他们就会预先通过推高利率的方式紧缩自身货币，这是一种自我保护。而沃尔克的货币主义运作程序创造的是一种有关货币既定现实的奇怪循环：如果美联储说 M-1 是真实的，那么金融市场也会这么认为，然后美联储就会按照金融市场的想法做出反应，即使美联储私下里知道市场的想法是错误的。货币市场和债券市场一直在“呼吁”高利率，然而实际经济却正在衰退。那么在经济紧缩期间再次紧缩货币是否有意义呢?

沃尔克说道:“市场会越来越认识到如果货币供给过多,通货膨胀就会过高;如果货币供给不下降，通货膨胀就会重新爆发。”

私下里美联储主席或许对这样的市场观点嗤之以鼻,但他却并不打算反对。M-1 可能会释放一个错误信号。当然，正如白宫的经济专家所质疑的，货币的突发性喷涌并不是由一次经济复苏或美联储的任何一次政策改变就能引起。美联储的经济专家自己也不能完全理解，但他们意识到货币流通量在成分上发生的改变（即人们存钱形式的改变）已经搅乱了 M-1 的传统意义。整个 1981 年，联邦公开市场委员会曾试图将货币流通总量作为其政策制定的标准，而事实证明其一直是在被误导。这样的情况很可能会再次发生。然而，如果金融市场和银行一直信仰 M-1，那么中央银行又怎能突然宣布自己已经放弃这种信仰?

整个 1 月份，美联储官员都一直在商讨如何搞清楚令人迷惑的货币喷涌式增长。或许只是因为人们正在“将钱以有利息的 NOW（可开支票活期储蓄存款）

账户存入银行，”从而人为膨胀了 M-1；又或者是失业率上升的恐惧导致人们越来越谨慎，从而手中持有更多的闲置资金而不愿意消费；再或者是因为之前 4 个月利率的稳步下降，随着利率的下降，无利息活期账户维持平衡的“机会成本”就会下降，导致企业和个人失去将货币投资到他处的动力。所有这些因素都能解释为何 M-1 会在 12 月和 1 月发生与实际经济毫不相关的急速增长。

2 月 1 日，联邦公开市场委员会召开大会，有关货币真实意义的迷惑成为委员会长时间讨论的主要焦点。公众对货币的需求似乎在增长，但却没有消费的欲望。事实上，如果公众继续持有这部分资金，那将意味着货币流通速度（即进入新交易行为的速度）会下降。如果真的发生这样的情况，其将会破坏所有经过仔细计算的 M-1 量及其与经济发展的关系。事实上，货币供给相对于货币需求会发生紧缩，即使表面看起来货币需求正在放宽，因为 M-1 正在快速增长。

“我们正面对前所未有的困境，”委员莱尔·格拉姆利说道，“M-1 正在以可怕的速度增长。我们知道，我们必须对这种现象做出新的阐释，并对利率变化做出更大的反应。但我们知道的并不多。同时我们非常担心自己还不能完全适应这种货币增长，因为我们担心的是不能失去可信度。”

格拉姆利，被誉为美联储内最精明的预测者之一，他曾和其他人共同预测出美国将迎来一次相对缓和且短暂的经济衰退，并推测到 1982 年第一或第二季度经济衰退将结束。

“我很痛苦，不知该如何处理这些讨厌的货币数字，”格拉姆利说道，“事实上，到底是执行一套异常严厉的货币政策，还是采取一个更适应新形势的办法，我们很难做出决定。”

这就是美联储某些经济专家所惧怕的“货币主义盒子”。基于太多原因，货币流通总量应该被质疑。如果美联储虔诚地遵循 M-1 并将其视为政策决定的基本标准，那么势必会对美国经济造成巨大且破坏性的伤害。然而，如果美联储放弃 M-1，转而将其他因素作为政策决定的标准，那么一定会被华尔街上的美联储观察员和里根内阁的货币主义评论家斥责为变节。

“沃尔克深谙这种货币流通量的改变，”弗雷德里克·舒尔茨说道，“他知道这一点，但他必须要将其和通胀预期改变的实际目标放在一起加以衡量。如果我们脱离正在采用的运作程序，那么我们必然会面临失去已经辛苦建立起来的可信度的风险。”

这位主席仍然未能摆脱 1980 年的噩梦的纠缠，当时美联储曾失去对货币的控制力。“我想沃尔克会告诉你1980年夏天的经历是他犯下的最大错误，”美联储前经济专家、来自摩根－斯坦利的约翰·保卢斯说道，“他在1980年的经济衰退中失去所有功绩。1982年2月，他们担心的是这在某种程度上会发动另一场货币喷涌，你要记住，他们已经在之前犯过类似的错误。美联储会质问自己：我们打算再次犯错吗？”

这一次，沃尔克面对喷涌的M-1做出更快的反应。“大多数企业行为已经预示经济复苏即将到来，”沃尔克解释道，“感觉到货币供给正在增长是一种十分普通的现象。它发生巨大的反弹，但我们并未放松货币。这与我们的设想截然相反。而我们所能做的只能是冷静下来找出原因，观察货币供给是否会回落。”

在联邦公开市场委员会内部，沃尔克的立场得到热捧，并被视为是一种极其适中的解决办法：既不会完全冷漠地拒绝地区储备银行中货币主义者的要求，也不会无视实际经济条件的需要而放松货币。美联储将保持信仰，继续遵循M-1的指挥，从而稳定了满腹狐疑的华尔街的军心。

然而从实际意义上讲，美联储的做法是不顾美国经济的萎缩而进一步紧缩货币。“考虑到最近M-1的喷涌式增长，”联邦公开市场委员会下达指令，“委员会认为1月到3月的M-1不应该再继续增长……M-1有必要发生某种程度的下降……以适应经济背景，减少货币市场压力。”更直白地讲，就是决定继续推高利率。

对于波士顿储备银行行长弗兰克·莫里斯来说，这样的做法实在过分。莫里斯数月来曾对沃尔克的货币主义政策抱有幻想，然而现在他却看出正是这个运作程序逼迫美联储犯下一个严重错误。鉴于地区储备银行行长的手中拥有的投票权，莫里斯并没有向2月指令投出赞成票，但他的反对理由十分充分。他力劝同事要意识到，M-1目标正在再次误导他们，而他们正在做出一个最不具实际意义的选择——在经济持续萎缩的同时重新推高利率。

几周后，莫里斯反常地出现在公开场合发表演讲。“我之所以决定走到公众面前，是因为此时正值货币供给增长和美联储进一步推高短期信贷利率的时期，即使美国经济正经历一次衰退。”莫里斯说道，“我认为这是错误的。而这种错误正是由我们采取的严厉货币政策引起的。”

在亚特兰大联邦储备银行的一次经济学会议上，莫里斯在演讲中从理论和现实两个角度对货币流通总量为何变得不再可靠做出论述，并再次力劝同僚放弃这个体系。“我们陷入了第 22 条军规，”他说道，“因为我们通过银行储备金去控制的 M-1 已经不再对制定货币政策具有意义。”

莫里斯提议，美联储应该转而采用其他经济指标作为其决策依据，例如全部流动资产的增长，实际经济的全部债务，甚至是名义 GNP 规模的广义目标。如果能够放弃令人迷惑且莫名其妙的货币流通总量而改用其他更为熟悉的经济控制指标，或许公众（和政界）至少能更容易地掌握美联储实际上到底正在做些什么——调控整体信贷和整体国民经济增长。“将名义 GNP 作为目标的一个好处就是可以提升就货币政策问题的对话质量。”莫里斯说道。[36]

波士顿储备银行行长莫里斯的提议并未在同僚中获得共鸣，他们当中某些人认为即使公众对货币政策更加了解也并不代表中央银行的工作会变得更容易。纽约储备银行的所罗门在货币流通总量问题上与莫里斯观点一致，但却并未下定决心准备彻底放弃。其他人也陷入麻烦的“货币主义盒子”，但他们更担心的是如果美联储更改其运作程序，其会在金融投资者、交易员和银行家中间失去信誉。

和沃尔克一样，他们赞成采取中庸之道并希望其会令货币增长稳步下降，这样既能保证美联储在金融市场的可信度，又能不干预他们所希望的实际经济尽快复苏的进程。

在 1981 年至 1982 年间的清算过程中，这个决定或许是美联储决策者犯下的唯一一个严重错误。回溯 1981 年初，他们对货币的误解和政策上的失误至少还能做到符合自己的基本意向，沃尔克及其他委员当时希望的正是“在严厉货币政策方面犯错”，因而在决策之后出现的美国经济衰退并不令他们感到惊讶。但这一次，更加严厉的货币政策却并非他们所愿，而由此给美国经济造成的更具破坏性的恶果却远远超出其预期。

2 月指令的结果并不如沃尔克及其他联邦公开市场委员会委员所预想的那样会有节制地控制住货币增长。相反，美联储允许联邦资金利率及其他短期信贷利率在几周内一路攀升 300 个基本点，即从 12.5% 上升至高峰 15.6%。对于正在艰难前进的美国经济来说，美联储就像是一直在等待这头步履蹒跚的公牛自己绊倒了自己，然后再向这头野兽的膝盖施以重重的一击。

美联储行为的这种极端特质赤裸裸地反应在短期信贷利率和长期信贷利率的相对水平上。之前，当美联储决定让短期利率高于长期利率并维持在一定的时间内时，最终会引发经济陷入紧缩。然后随着经济的下滑和对信贷需求的下降，短期信贷利率就会降至其正常水平，同时低于长期信贷利率。而这一次，在美国经济正处于衰退期间，美联储实际上是再次将短期利率推高至足以引发经济紧缩的程度，并高于长期信贷利率，例如 3 个月期国库券的利率甚至要高于各种长期国家债券的综合利率。这就好像是中央银行已经下定决心要再次引发经济衰退。

大致来讲，事情就是这样发生的。美国经济在接下来的几个月中并未出现好转，也并未重新呈现增长趋势，而是越来越恶化。包括美联储委员在内的许多预言家所预测的 1982 年第二季度的经济复苏根本就没有出现。

相反，经济衰退则超出所有人的预期，又延长了几个月，随着经济萎缩的进一步加剧，个人资产损失和企业危机成倍增长，又有几百万个工作岗位遭到清算，又有上万家企业宣布倒闭。或许最令中央银行家警觉且难堪的事实是，随着银行及其他信贷机构因客户和债务人的大量破产而被逼上悬崖，金融体系本身也已经开始变得越来越分崩离析、摇摇欲坠。

当然，没有人知道如果当初联邦公开市场委员会选择一条不同的道路又会发生什么。美联储从未官方承认这些错误，当他们自身的预言未能实现时，他们总会找到其他的经济学阐述来解释发生的一切。然而这明显是后知后觉，美联储的决策者尤其要捍卫自己的决定。沃尔克及其前私人助手、明尼阿波利斯联邦储备银行行长 E. 杰拉尔德 · 考里根（E. Gerald Corrigan）共同发表声明，如果美联储当初在 2 月指令中没有采取紧缩的货币政策，那么剩下的选择只能是放松货币。

在有关货币和利率的官方记录中并没有提及实际经济的可能性走向。M-1 的每月供给率急剧下降，从 1 月的 19% 下降至 2 月的不到 1%。利率的反应则是急剧升高，联邦资金利率已经从 12% 攀升至高于 15%。美联储旨在降低流动资金的紧缩政策还存在另外一个表现，那就是每天从贴现窗口向商业银行借入的大量货币，鉴于银行争抢紧缩货币市场上的稀缺资金，贴现信贷已经达到 40 亿美元。如果沃尔克继续采取他宣称的中立且稳健的货币政策，那么这些现象就不会发生。

美联储的其他人在面对自己犯下的这个灾难性错误时则更加直率和坦白。莱尔 · 格拉姆利就是其中一个，他对 2 月决策表示十分后悔。格拉姆利在美联储供职近 30 年，是机构中的“老臣”，被誉为美联储的“良心”，他在美联储的永恒价值观甚至比主席本人更具代表性。

“回顾过去，如果能再三斟酌，我可能会接受更加放松的货币政策，”格拉姆利坦言，“我十分担心我们正在推进的事情，但我也担心货币流通总量的喷涌式增长。这对我来说似乎可能是美国经济好转的信号。”

不过很快联邦公开市场委员会对货币供给增长的分析就被证明是明显错误的。“我们比预想的更为严厉，”格拉姆利总结道，“在经济衰退期间，利率再次出现上升。这是十分反常的。”

为何经济复苏没能如预想的那样慢慢呈现呢？格拉姆利的答案是，美联储最应该受到谴责。“利率太高，”他说道，“悲观情绪到处蔓延。美元开始影响美国经济。而我们真的没有料想到这种影响。”

地区储备银行的一位高层经济专家则更加直言不讳地表示：“我们的失业率从未达到过 11%。如果我们没有施行如此紧缩的货币政策，第三世界国家的经济危机就会更弱，我们的经济发展也不会下降得如此剧烈。我们是在用 1981 年和 1982 年的过火行为来弥补我们在 1977 年和 1978 年犯下的罪过。”

不过里根内阁在听闻联邦公开市场委员会的 2 月指令时却满心欢喜。这些高层政治顾问仍然十分相信货币主义经济学家的话，因为后者向他们保证这就是促使美国经济复苏的良方。由于货币主义者认为利率应该由金融市场决定，而非美联储，因此他们也就相信 M-1 膨胀的缩减会对金融市场起到保护作用并使得利率下降。如果从这种观点出发，那么总统在公开场合的抱怨以及私下场合对沃尔克的恫吓似乎产生了预期效果，即美联储正在作出改进，这是经济理论对政治常识的胜利。

2 月 14 日情人节，总统里根与美联储主席沃尔克再次相见于美国总统办公室，两人再次交换誓言，向彼此承诺将共同致力于控制货币、抑制通货膨胀。沃尔克还提到财政赤字，里根表示庞大的赤字开支的确不妥。几天后，这位总统主动且自愿地向保罗·沃尔克和美联储表现出衷心的拥护和支持。

> “我今天想阐明的是，无论是内阁政府还是美联储，都不会再允许让过去的财政政策和货币政策在今天制造混乱，”这位总统在一次新闻发布会上说道，“在过去的一年里，我已经与沃尔克主席多次会面，这周初我们还见过一次，我对美联储的调整政策很有信心。内阁政府和美联储将共同携手、不计前嫌，共同实现通货膨胀的利率的更快降低。”[37]

再次充满乐观情绪的财政部长里根预测，美国经济将会在春季“像一头雄狮一样咆哮回归”。白宫里忧心忡忡的政治顾问很希望这真的会实现。

华尔街上的反应也很积极。摩根－斯坦利首席经济专家、投资银行的货币政策预测家约翰·保卢斯十分欣喜于美联储的紧缩货币政策，因为这正是他先前所预测到的。“我一直在要求高利率，我是对的，”保卢斯说道，“如果你也有这样的要求，那么你也是对的；这不会让你产生任何损失，而且还可能会让你小赚一笔。”

至于实际经济，保卢斯并不认为是美联储在经济衰退期间推高利率再次伤害了美国的经济发展。“这听起来有些残忍，也很草率，”他说道，“但我认为从抑制通货膨胀的角度来讲，美联储对摆脱经济衰退所做出的努力还是值得以短期疼痛作为代价的。”[38]

当然，无论是约翰·保卢斯，还是他的公司，抑或是华尔街上大多数的金融机构，他们自身都没有经历过任何这种意义上值得付出的“伤痛”——无论是长期还是短期的。

第 13 章　被牺牲的都是穷人

对于 20 世纪末的美国人来说，工厂的频繁倒闭和工人的被迫失业似乎是天经地义。劳动者会恳求缓期执行对自己的“死刑”，或者对自己的命运发出强烈不满，但却很少有人会质疑造成如此混乱的更广义上的逻辑。这就是私人财产的先天权力所在，资产所有者和企业管理人必须有权将自己的生产力工具撤出经济行为，关闭店铺，遣散工人，直到商业状况好转。

控制和支配商业经济的某些原则需要这些人这样做。劳伦斯·库德罗曾经这样向白宫同僚解释道：“商业状况的核心永远都是利润前景。当成本的增加与价格通货膨胀引起的利润困境相结合时，生产和就业就必然会受到削减。”[1]

早期托斯丹·凡勃伦将这种行为称为“阴谋破坏的合法权”。所谓“阴谋破坏”，即指企业管理人必须偶尔自愿地破坏经济行为的自由流动，目的就是让自己的投资资本维持最大程度的净利润。凡勃伦认为，有关管理问题的核心永远都是供给，即有必要限制商品或服务的产量并得以使供给不会超过市场需求，从而避免价格和利润的下滑。当购买者的自愿性需求下降、过剩存货积压时，管理人或许首先要做的就是降低物价以刺激销售。一旦这个办法也没有效果，他们就会停止生产。

“从健全商业角度来讲，国家的工业力量不可能做到充分运行，生产规模也自然不可能完全满足国家需要，”凡勃伦解释道，“因为生产的自由运行对于商业来说无疑具有灾难性……”[2]

“阴谋破坏”一词是凡勃伦从“摇摆者”（Wobblies）运动中借用而来，这是一场发生在与凡勃伦同时代的激进劳工运动，旨在反对经济正统论，但最终却以更为保守的组织“美国劳工联合会－产业工会联合会”（AFL-CIO）的创立而黯然收场。事实上，传统的贸易联合会会接受对自身供给限制的原则，其展开长期政治斗争的核心目标是让工人获得同样的权力。获得独立的自耕农意识到他们也必须联合起来保护自己免受市场供需的破坏性震荡。20 世纪 20 年代，当凡勃伦出版最后几部论著时，这些重要的活动团体还依然极易受周期性灾难的攻击，因为他们都没有能力控制自己生产商品的供给，包括劳动力和农产品。

新政期间实施的一系列改革意欲克服这些弱点。联邦农业改革项目会控制农产品生产、土地面积和保障农产品价格，从而稳定农业市场。在这些改革成果的影响下，农民个人将不会遭受因玉米或棉花的供过于求而价格暴跌带来的影响（石油工业也赢得类似的保护性立法，从而限制石油供给）。同样，劳工联合会也被准许拥有控制工厂工作岗位的法定权利，即如果工人对工资状况不满，联合会就会通过号召罢工的方式在整体上使劳动力撤出经济行为。凡勃伦认为这两次改革与企业管理人自愿关闭工厂的行为在原则上没有区别，每个群体都会被赋予“阴谋破坏”生产的权力，而目的就是保护自己的净利润（从民意来看，一个拒绝在田里种棉花的农民或拒绝付出自己劳动力的罢工工人，其似乎要比一家关闭工厂的企业更没有道德）。

这些基本事实与 1981 年到 1982 年的美国经济衰退尤其相关，因为截至 20 世纪 80 年代，旨在保护劳动力和农业利益的新政改革已经失去其自身效果。二战后的几十年当中，针对供给的控制手段已经大大强化了各大主要劳工联合会在“工资方面讨价还价”的权力，并成功抬升了农产品的价格。然而几年来这两种改革体系已经逐渐陷入飘摇，其中的部分原因就是通货膨胀。

农产品价格的稳步提升给农民提供一个极大的诱因，即不顾政府一再限制土地面积而扩大生产，即在同样的土地规模上生产出越来越多的粮食、玉米和棉花。这种供给限制会鼓励资金密集型农业生产方式的产生，即亩产量提高到不可思议的程度。不顾政府限制的美国农民制造出数量惊人的农产品，从而陷入令人为难的过剩局面（如果全球市场不能及时吸收这些过剩产品，那么重担就要落在美国政府身上）。在这个过程中，农民让自己产生越来越多的运行性债务，即每年借入资金用于偿还购买实现高产量所必需的大量农用设备、化肥和杀虫剂的开支。即使一个拥有中等土地规模的农民，也要向银行支付 50 万美元的循环债务，以维持自己几百英亩土地的运行。资金密集型农业需要的是庞大债务，也就是由价格通货膨胀才能缓解的负担。1982 年价格回落，由农业债务支撑的农产品价值发生贬值，收入和抵押品价值缩水，取消农业抵押品赎回权的“行动”正式开始。

与此同时，劳工联合会也会失去自己对工作岗位的控制权。面对自身成本困境和利润困境的企业发现一种方法，可以逃避隶属工会的工人对工资展开的诉求，即只需让自己的工厂脱离联合会。首先，制造业的工作岗位从北部工业区转移至开发尚不充分的南方地区，那里的工人会心甘情愿地接受更低的工资且可以没有联合会的保护；其次，工作岗位在世界范围内则会向海外低工资国家流入。在美国 1981 年至 1982 年经济衰退期间，大量工厂倒闭，联合会权力也日益减弱。许多美国工厂甚至再也没有开过张，因为管理人已经下定决心，此时正是他们在其他地方寻找更便宜劳动力的时机。

正如凡勃伦所说，企业管理人并不是完全可以自由选择。一个多愁善感的 CEO 会尤其留心因失业而导致的人性伤害，会在一定时间内推迟关闭工厂，但最终他的好心和善良都会受到惩罚。迟早，股东（即凡勃伦口中的“缺席所有人”）会看到 CEO 的行为会牺牲公司的净利润（以及股东的红利），而目的却是维护工人的饭碗，于是股东会通过倾销股票的方式撤出自己的资本。随着股价的下跌，股东会开始大声抗议寻求新的管理模式。

企业决策还会在私下里受到信贷管理人的监督和约束，即提供资本和运行贷款的银行和经纪人。在许多情况下，重要的银行家本身就是大型企业的董事会成员，从而能更近距离地监督自己提供的贷款走向。如果银行不再信任某个企业或不愿再借出更多贷款，这个企业将难逃破产的厄运。

因此，“健全商业”原则在严格纪律信奉者的等级制度下得到维持和强化，即一个从最低级的股票持有人到最高级的信贷体系管理人（美联储）构成的等级制度。企业有必要关心债权人和投资人在净利润上有何要求，银行是企业前景的监督员，同时也引导着企业信贷走向并设定整体信贷扩张规模和美联储的货币政策。中央银行不会检查个别企业的资产负债表，但会密切留意商业行为的增长以及债务、价格、工资和失业率走向。凡勃伦说过，这个体系的极致就是“美联储的保守式盯梢”。

因失去工作而陷入愤怒的工厂工人或许会谴责坐在“总部办公室”里远程操控的高管，或者会谴责无情无义的银行家以及贪婪的“缺席所有人”。如果他们的质疑情绪尤其强烈，可能甚至还会谴责美联储的各位委员。不过无论谴责谁，他们的愤怒都是不得要点，每个层次的决策者都会说他们不过是政治经济学更广义逻辑上的代理人而已，而这种说法完全可以站得住脚。鉴于纯利润最大化的前提，他们需要做出某些选择。为了这些选择，有人会不得不挑战自身的根本原则，去质疑劳动和资本间互相依赖的关系，去拒绝可见利润可以凌驾于无形人性关爱的先天权力。没有一个农民或劳工联合会愿意去挑战这些固有观念，或是去想象某些可以更加忽视人类苦难的选择。

凡勃伦写道：货币价值的纯利润相对于富有生产力的劳动或人类的生存之道来说是一种更具说服力的现实。无论是人类精神中的最细微变化还是人类生活中的总体物质需求，哪怕是最微小的抵抗力量，都不能导致商业企业行为偏离轨道，即当下合法利润的最大化。

从实际意义来讲，妥协和让步为时已晚。一旦投入“运行”，经济缩水的过程就会一路势如破竹般地滚动向前，压倒并摧毁企业经营和劳动力。近两年来，每个月的失业率都在上升，数十万人失去自己的工作。最后，整个国家的失业率达到经济衰退后的历史高度——10.8%。

位于纽约霍斯黑兹的大西洋－太平洋食品加工厂（A&P）是全球最大的食品企业，如今已关闭大门，遣散1100名工人回家。美国防水公司（GAF Corporation）已经关闭从新泽西到加利福尼亚的13家屋顶防水工厂，遣散1800名雇佣工人。北卡罗来纳的威格牛仔（Wrangler）已经停止生产牛仔裤，320名牛仔裤工人失去工作。德士古炼油（Texaco）解雇了其位于塔尔萨炼油厂的304名工人。福特汽车则在洛兰的装备工厂又遣散了2250名工人。俄亥俄州的通用轮胎（General Tire）在阿克伦解雇了另外1500名员工。就这样，企业倒闭的现象一直在持续。[3]

为了保住自己的工作，工人和自己所属的联合会共同发出抗议，试图做出最后的妥协和让步；一些小企业所有人为能保证自己的店铺继续运营也极尽一切之所能。然而这样的抵抗毫无意义，这也正是清算过程如何产生作用的意义所在。安德鲁·梅隆曾在1930年一针见血地描述这种过程：“劳动力遭到清算，股票遭到清算，农民遭到清算，房地产遭到清算。”与梅隆同时代的托斯丹·凡勃伦则是从不同角度加以阐释：这就是“滥杀无辜”。

1982年12月，清算达到顶峰。1200万美国人失业，其中只有440万人得到失业保险金。另外还有400万至500万失业人口没有进入官方统计，原因是他们不再寄希望于当地的失业人口管理办公室会帮助他们积极寻求工作。另外还有一大批人只是在经济紧缩的条件下从事兼职工作。这些人加在一起总共形成2000万美国失业劳动力，这足以令美国陷入混乱。

处于闲置状态的失业人口同样会产生作用。借用马克思主义者的说法，他们会构成“失业人口储备军”，即一个对于仍有工作且工资收入同样不稳的人具有警示作用的可见力量。过剩劳动力的持续存在是通货紧缩过程的核心，企业首先要通过削减工资的方式来削减成本，从而在不必提高物价的情况下维持利润差额。

“人们不会有意提及，”纽约储备银行的安东尼·所罗门说道，“但已经很明显。你必须对工资做出某些下降性调整。如果不对劳动力和其他成本做出调整，就别想获得弹性物价。”

就在清算迫使各地大型工厂和小型店铺倒闭关门的同时，这种经济困境不公平地扩散至整个经济领域。数百万失业人口集中在美国工业经济核心——制造业、矿业和建筑业，这些领域在传统上拥有最坚固的联合会组织，也是蓝领中工资最高的利益群体。在汽车产业，失业率已达到高峰 23%；在钢铁及其他主要金属制造业，失业率高达 29%；建筑业是 22%；电气用具及其他焊接金属产品制造业是 19%；橡胶和塑料业是 15%；服装和其他纺织品业是 13%。[4]

在底特律，广播电台为失业的听众们播放一首令人苦笑又无奈的乡村歌曲——“推掉工作”（*Take This Job and Shove It*）。这些曾经用这首歌来庆祝蓝领工人独立精神的老听众此时听到这首“新歌”时却是在哀叹：“我多想有份能够推掉的工作。”

对商业企业的清算也同样具有高度选择性。1982 年大约有 6.6 万家企业寻求破产保护，这是自 1929 年到 1932 年经济大衰退之后的历史新高度，而其中绝大多数都是不能承受销售量下滑和高利率下现金流转双重压力的小型企业。根据邓白氏公司（Dun & Bradstreet）① 的报告，1982 年“破产企业”数量多达 2.49 万家，这些企业全面停止运行，资产被倾销，债权人也被迫将他们的债务一笔勾销，将其变为自己的损失。

根据邓白氏的记录报告，这一年是美国自 1933 年以来“企业破产”最为严重的一年，破产率达到 1979 年的 3 倍。这 2.49 万家破产企业的不可回收清算债务达到 156 亿美元，其中债务最多的破产企业是零售业和建筑业，但拖欠贷款的美元价值损失最大的要属矿业和制造业。[5]

尽管如此，这种经济损失的重担依然还是要由工人及其家庭来主要承担。

---

① 1841 年成立，是世界著名的商业信息服务机构。——译者注

根据城市调查机构的统计，在1981年至1983年由经济衰退引起的5700亿美元的国民经济损失当中，有59%被普通劳动力所吸收，即失去工作或被迫被削减工资的普通工人。下滑的企业利润占总体损失的25%，其余大部分则被农民和小型企业所有人所吸收。从社会角度来讲，也就是说国民经济损失中几乎有四分之三都转嫁给了被称为“小人物”的普通公民，即产业工人、个别企业主和农民。而这些人原本是安德鲁·杰克逊口中的“真正的美国人民”，是这位前任总统眼中的美国脊梁和肌肉。

在城市研究机构的调查报告中，全国范围内每户实际损失估计为平均3309美元（如果包括1980年经济衰退产生的损失则为3837美元）。不过这种全国范围内的平均损失带有误导性，因为失业人口高度集中在某些特定的经济领域，而占绝对优势的美国大多数家庭并没有受此影响。大致来讲，家庭的平均损失实际上已经在经济衰退的影响下发生错位，真实数字至少这个结果的3倍到4倍，即许多家庭至少要蒙受1万美元甚至更多的损失。

“经济衰退对于非失业人口来说影响不同，”这家城市调查机构认为，“随着与通货膨胀战斗的力度的增强，1981年至1982年的经济衰退开始导致个人收入和家庭收入下降，同时又将430万美国人拖入贫困……其中黑人处境最糟。”[6]

某些利益群体对这种经济后果几乎毫无觉察，事实上某些人甚至还会在经济衰退中吸取营养。制造业在萎缩，但所谓的经济服务业实际上却在1981年至1982年经济衰退期间持续膨胀，即额外创造150万个就业机会。从最广义的经济用语角度讲，“服务业”是指任何不产生实际可见销售的劳动或交易行为，因此普遍意义上的服务行业涵盖极广，从社区药房到超大型银行再到经纪公司，从洗衣店到航空公司再到保险公司。服务性岗位包括不体面的粗活和最专业的细活，包括帮佣和律师、快餐厨师、股票经纪人、键盘操控员和分子生物学家。在经济衰退期间，服务性岗位的增加涉及计算机使用的扩散性增长和高科技人才的迫切需求；而另外一个劳动力需求大增的领域则是金融银行业，这是当时金融资产再生的直接结果。[7]

1981年至1982年的经济衰退在个人奖励和惩罚的分配上很像是一个有关经济正义（economic justice）①的倒置金字塔：最少的那部分人遭受最大的痛苦，

① 是指人的经济行为需要选择理想的体制性目标和规范，社会经济关系及其矛盾冲突需要平衡和解决。——译者注

反之亦然。与先前的经济萎缩期相比，这一次在经过通货膨胀的大打折扣之后，实际人均收入在紧缩的过程中发生真正意义的增长，而美国的整体经济却在萎缩。造成这种反常现象的一个原因就是政府收入转移计划的持续增加，即华盛顿政府将数十亿美元投入到针对退休人员、老兵、福利家庭及其他人群（如果需要，还包括使用借贷货币家庭）的社会保障项目当中。这种增加对于经济衰退来说无疑会让越来越多的普通公民蒙受收入损失且变得更加无法独立。

不过对收入上涨的核心解释却反映出美国经济正经历一场重要且彻底的改变，即一种基本模式的重新整理。人均收入的增长要归于利率而非工资。自从美联储在 1979 年发起反通胀战斗，三年来收入发生喷涌式增长的美国家庭全部来源于其金融资产的利率回报。这种经济财产的差异性十分明显：工业生产从 1979 年达到高峰后缩水近 12%，而利率回报下产生的个人收入却增长 67%。实际经济正在萎缩，金融业却在蒸蒸日上。

1979 年后，利率的上涨对于那些拥有金融资产的人来说已经在 1982 年制造了 1480 亿美元的额外收入。自然，货币的分配形式也更加强劲，即不成比例地让上层收入家庭获益，因为他们掌握着绝大多数的金融资产。这并不是简单的诸如商业银行这样的金融中间人在经济衰退中获利，而是普遍意义上的财富持有者，尤其是持有 86% 净金融财富的 10% 的美国家庭。

这种个人收入成分的改变为政治经济体制创造了一个奇怪的关键点。如果有人将美联储的高利率政策视为暗含政府对收入重新分配的经济计划，加上 1982 年的时机使其产生和政府其他收入转移计划几乎同样震撼的效果，那么这种收入的再分配可谓过于直白露骨且具有争议。通过社会保障制度已向退伍军人养老金、福利金及其他保障金流入的大量货币已接近 3740 亿美元，现在通过高利率又让同样数目的货币（3660 亿美元）以收入的形式流入财富持有者手中。1982 年利率回报在国家个人收入比例中达到最高点，即超过 14%，几乎是 10 年前的两倍。

政府向穷人、老人或其他受益群体颁发的数十亿美元引发了无休止的社会讨论，人们开始质疑这些受益人是否应该得到这些货币。然而却没有人质疑是否应该让富裕人群手中的利率收入合理下降，尽管这一大笔再分配资金仍然得益于政府政策。利率收入被看作是有关资本的合理收入，在任何情况下这样的奖励对于那些将金融资产贮存起来的人都是应该的。

财富持有人，无论是中等收入的退休老人还是拥有巨大财富的百万富翁，他们都会声称自己的丰厚财产是一种类似经济正义的合理收入。毕竟多年来他们一直都是善良正直、蒙受损失的“存款人”，而债务人却以此为代价获得利润。联邦政府曾通过对价格通货膨胀的纵容有效“掠夺”他们的收入，美联储则漫不经心地通过允许美元贬值而削减他们手中金融资产的价值，如今该是他们再度复苏的时候。

这种道德逻辑印证的是货币对抗生活的胜利。正如凡勃伦曾经说过，在共享文化价值和政治目标的等级制度中，货币价值的抽象性被赋予比人类的肉体和精神更高的地位。彼此冲突的社会利益所编织的大网事实上在一种记账式的行为中得到和谐和统一，即通过平衡货币价值的杠杆来恢复经济正义的平衡。一方遭受损失，另一方就要获得利润，但平衡的前提却是稳定货币的恢复。

这无疑需要一种道德选择，即抽象大于可以触摸的现实，当人们在衡量天平两侧蒙受损失的受害人本质特征时，一种偏爱就会暴露无遗。因通货膨胀遭到财产侵蚀的投资人到底会损失些什么？在某些情况下，这是一种实际损失。一对依靠存款利率收入得以维持生活的年迈夫妇或许会成为价格通货膨胀下的真正牺牲者，因为他们的资产收入所能买到的实际商品越来越少，他们不得不因此放弃某些东西。

不过一种更加典型的情况是，财富持有人会发现财富积累的增长速度要远远低于自己的期望值。在通货膨胀期间，其金融资产的实际回报要少于他们所期望的目标，或者在某段限定时期内，甚至是毫无预期结果。但无论如何这都无法改变他们的物质生存环境，除了偶有例外，他们并不会降低自己的生活水平，也不会失去房子，也不会感觉自己无力购买食物和衣服。他们的损失意味着他们的金融财富并没有繁殖，如果货币价值稳定，他们的货币繁殖速度会更快。一旦货币以一种稳定的价值被储存，他们就会重新享受到资本的全速积累，他们也会变成稳定、可靠的有钱人。

而在资产负债表的另一方，人生痛苦却并不抽象。在通货紧缩中蒙受损失的人还包括投机商，这些通过购买土地、股东或商品期货的投机倒把者是将赌注压在通货膨胀上，因此他们的损失是严格意义上的金融损失。不过就绝大部分而言，清算过程中的受害人都要经历可见的物质匮乏，即家庭生计、房屋、生意和农场损失，这些因素都会对凡勃伦所说的“人类精神世界的纤细神经”造成不可估量的伤害。普遍来说，这是人类自愿将个人损失包括生命本身置于低于印证社会真实价值的坚挺货币目标的表现。

由此可以看出，残忍的人们实际上可以失去自己的生命，只要货币能够再次恢复坚挺。人类在一次巨大经济紧缩中牺牲的数量可以与一次殖民战争中的死亡人数相媲美。这种致命效应得到约翰·霍普金斯大学（Johns Hopkins University）M. 哈维·布伦纳博士（Dr. M. Harvey Brenner）的证明，他曾就 1974 年到 1975 年严重经济衰退对人类生命和健康造成的影响展开研究，最后得出结论，这次经济衰退造成美国的正常死亡率增长 2.3%，导致心血管疾病致死率提高 2.8%，肝硬化致死率提升 1.4%，自杀率上升 1%。此外，他还发现精神病院的住院率和犯罪行为发生率也都提高了 6%。

根据布伦纳的估算，1974 年至 1975 年突发性的失业率膨胀总共造成 4.59 万美国人的死亡，而这个在清算过程中产生的伤亡数字要比 1982 年经济衰退少得多。

约翰·扎内蒂（John Zanetti），宾夕法尼亚州巴特勒县普尔曼式卧车工厂（Pullman Standard）的钢铁工人联合会官员，他曾统计身边有 9 名工人同事自杀，离婚的确切数字尚不能确定。普尔曼式卧车工厂生产的是铁路货车车厢，曾达到日产 60 节。1982 年 2 月 4 日关门，2700 名钢铁工人及其他员工被取代，他们永久地失去了工作。

“一个家伙因为工厂关门、失去工作而朝自己开枪，他的妻子是名护士，每天要工作 7 小时，我想，他们当时已经买了新房，”扎内蒂说道，“他们的生活很优裕，因为他们加在一起每小时能赚 17 美元到 19 美元，一年就是大约 3.5 万美元。可当他失去工作后，他也就无力承受房屋贷款。他的妻子也不想放弃这所房子，于是两个人离婚。当他举枪自杀时，他已经是孤家寡人。”

在联合会办公室，扎内蒂曾接到一名失业钢铁工人打来的电话，后者询问如果自己的死因是自杀，妻子是否能够仍然享受到保险津贴。“我只能劝他，联合会的另一位官员也劝他，”扎内蒂说道，“我们给他的兄弟打电话，就情况给出详细解释。我可以劝他，但我不是指导老师。你不能用自己的眼光去看待他们。我知道是这么回事，但我只能继续。”[8]

在得克萨斯的艾比利尼，琼·班尼诺（Joan Benigno）则亲眼看见经济衰退中受害人的大规模迁移——数千名失业工人和家庭向西南方流动以寻找工作。

“我每天平均会接到两三个有关自杀的电话，”艾比利尼精神健康协会负责人班尼诺说道，“有时，他们打电话的过程中就在自杀。一位来自宾夕法尼亚的32岁女士对我说：‘我坐在这里，一手拿着电话，另一只手拿着枪。给我一个理由，告诉我为何应该杀死自己。’

“这样的电话有80%来自宾夕法尼亚、密歇根、俄亥俄和伊利诺伊。一个21岁左右的家伙打电话时正处在州际地区，他把自己扔在一辆牵引车挂车的前面，他从来没有得到过别人的认同……他们变得无助，他们会说必须在回来之前找到造成这一切的答案，但我不知道这些人是否还能回来。”[9]

彼得·斯德莱特（Peter Sternlight），美国公开市场办公室的运行经理，每天为美联储操作债券的买进和卖出，有时他也会担心美联储正强加给美国人民的所作所为。斯德莱特生活在布鲁克林，每周末都会骑自行车穿过长长的行政区，期间会路过诸如贝德富锡－斯图维桑特（Bedford-Stuyvesant）这样随处可见的贫民窟。

“这让我很困扰，”斯德莱特坦承道，“我骑着车，在星期日的早上穿过这些比邻而居的贫民区，我质问自己：‘我们到底正对生活在这些区域的美国人做些什么？’之后我会想：‘哦，好吧，或许更富刺激性的货币政策也不能让他们生活得更好。从长远来看，如果我们能对通货膨胀做点什么，他们或许就能好过一些。’可我的困惑依然没有消失。”

美联储副主席弗雷德里克·舒尔茨在回到家乡佛罗里达的杰克逊维尔后也产生类似的焦虑。“我的一个好朋友是汽车销售商，最近破产，”他说道，“我想回家去看看他，他对我说：‘舒尔茨，看在上帝的份儿上，请你回家。’他很想让我回家，于是我只好放下在华盛顿的工作。回到家后两人见面时都很难过，但谁也没有提到破产。”

美联储的各位委员也会遭遇来自公众的巨大压力，这些压力的源头就是他们的某些政策决定，而每个人处理压力的方式则各有不同。“我喝了很多酒。”一位委员说道，他半笑不笑的样子表明他并不是在开玩笑。

“我的手心会出汗吗？我半夜会失眠吗？”弗雷德里克·舒尔茨大声质问道，

“答案是我会。我一直在面对这些人：房屋建筑商、汽车销售商等等。当有人能站起身来向你大声吼叫时其实还并不糟糕：‘你是在杀死我们！’而真正让我坐立不安的是当有一个人站起来静静地对我说：‘委员，我做汽车销售商已经 30 年，我勤勤恳恳，逐步建立起生意王国。可是下周，我只能关闭大门。’然后坐下。事实上这样的行为才会令我动容。”

委员莱尔·格拉姆利曾就任美联储高层官员多年，他意识到成为委员后最大的不同就是自己有了投票权。他说：“我十分清醒地意识到，我的行为和决定已经给数百万美国人民的生活带去可怕的灾难性影响。”与其他委员一样，格拉姆利也遭遇老朋友的敌意，“但这只是游戏的一部分，”格拉姆利淡定地说道，“我们更加经常遇到的是朋友们的戏弄和嘲讽。”

明尼阿波利斯储备银行行长 E. 杰拉尔德·考里根说道：“你要试图对自己所做的更糟糕的选择感到满意，尽管这很难做到。允许经济持续不稳就是你所做的最糟糕的事。”

这是保罗·沃尔克及其他人在清算期间所反复强调的常见托词。他们承诺道，如果最终能够抑制住通货膨胀，那么所有人的境况都会转好，包括现在正在受苦的利益群体。他们认为，美国经济将有能力达到更高的实际增长并维持非通货膨胀环境下的经济长久扩张。工人的名义工资增长幅度可能会越来越小，但同时也就没有恒久的物价上涨，因此他们的实际工资所得会越来越多。或许最重要的是，长期资本投资也会变得更加理性和可靠。这会使国家基本生产力的提高变成可能，即每份劳动力投资和资本投资都会产生更多的实际产出。不断增长的生产力会创造过剩财富且会将收入广泛分配给每个经济玩家。他们有理由相信，一旦这些积极结果显现，人类的苦难将会得到道德的证明和维护。

“你必须告诉自己，”沃尔克说道，“为了整个美国的更大利益，甚至是为了美国人民的更大利益，我们必须实施清算。”

在肯塔基州，房屋建筑商协会打印出 7 张印有美联储委员照片的“通缉令”海报——他们是“谋杀数百万小型企业人的诡诈多端、冷酷无情的杀手”。[10] 3 个国家级贸易协会，即房地产同业公会、房屋建筑商协会和汽车销售商协会共同联手展开沉默抗议，将上百把钥匙寄往美联储，代表着无数无法建造的房屋和无法售出的汽车；翻领贴纸被折成刽子手手中的绞索并以此宣称：“挂高！保罗！”

自从一个疯疯癫癫、心神错乱的男人拿着一把短筒散弹枪、一把左轮手枪和一把尖刀跑进美联储之后，沃尔克终于勉强同意长期雇用一位贴身保镖。当时委员正在会议室开会，门外的警卫人员将这个男人拦了下来。他本来是打算将这些委员挟持成人质，然后强迫新闻媒体将焦点对准美联储正在对美国做些什么。[11]

“公众的批评着实有些过火，”沃尔克的一位助手说道，“他的处境很艰难。总有人会威胁他的人身安全，虽然其中可能有些人是疯子，但足以造成伤亡。”

无论个人遭受何种程度的心理痛苦，美联储委员都必须保持冷静。他们并不是单独面对这种最糟糕的境地，丑陋的因素不能打扰他们的官方审议。正如政治科学家约翰·T.伍利所说，联邦公开市场委员会内部的决策讨论高度集中在“解决难题”上，即有关货币水力体系的复杂技术难题。“他们必须要解决的是收入分配及其他不公平问题，而有关未来工业发展的方向及其他则会被暂时搁置在一边。”伍利阐述道。[12]

“我不认为我们是受到有关平等问题的困扰和驱使，至少从广义上来说不是这样。”委员帕蒂坦承道，“我们不能在利率问题上退步服软，因为我们认为这其中牵扯到最主要的问题是不平等性。”

这些决策者说起话来就像是金融工程师，他们努力解决有关货币需求、周转速度以及储备金控制的抽象问题。狭隘的焦点纵容他们可以远离会议室外肮脏的现实世界，他们将总是顾及个人悲剧故事的人看作是粗俗和低级趣味。纽约储备银行的安东尼·所罗门实事求是地说道：

> “偶尔会收到一封神志清楚的人寄来的信，这个家伙正陷入麻烦，从而令人心生同情，有时信件内容却既愚蠢又可恶。但我们都被屏蔽了，我们多半都是在与商业人士、金融人士、政府官员或外国领导人开会，偶尔也会见到劳工联合会的领导人，好像我们并不会去造访一大群失去工作或是去汽车销售代理权的人。”

在严阵以待的美联储内部，这个剧烈的收缩期催生一种同志般的热忱和锐气，即一种“我们站在一起”的精神。愤怒的房屋建筑商曾将许多四寸宽、二尺厚的木块寄给美联储，以代表正在崩溃的房屋建筑业，但如果听说许多美联储官员会将这些木块摆在办公桌的显著位置并将其当作战利品示以各位拜访者时，他们一定会被惊得目瞪口呆。沃尔克本人则微笑着在办公室挂起一幅画，画上画着一把巨大且明亮的大锤，这是田纳西州居民寄给他的，暗示他要“降低利率”。

毕竟，美联储是受男性神秘感所约束。这不仅是因为几乎所有的高层官员都是男性，同时这家中央银行的自身目标就是传递一种男人的责任感：即不受群情激愤所左右并做出艰难且不得人心的抉择。面对公众的质疑和辱骂，他们要够坚强、够从容。要避免可能会影响判断或暴露弱点的情绪激动和多愁善感。据一位密友的描述，保罗·沃尔克所面对的社会困境压力要比任何人都强烈，但其个人性格决定他不会对任何人透漏半个字，“因为向别人诉说似乎是在博取同情，”这位朋友解释道，“这会让他看起来很软弱。”

美联储委员的这种自觉的“坚韧性”在谦和威严的绅士亨利·沃利克身上表现得更加淋漓尽致，他为自己敢于面对艰难抉择的勇气而倍感自豪。“谁都知道通货紧缩的代价是什么，”沃利克说道，“这不是一个容易做出的决定。但很明显，我们值得这样做，即为了长久的利益而忍受暂时的痛苦，这是一个你是否有勇气去承受痛苦的问题。”

无论是在同僚或在公众面前，保罗·沃尔克似乎都是这种男性力量和勇气的杰出代表。他的确拥有“勇气”。随着经济衰退的拖拖拉拉和经济破坏的持续深入，这位美联储主席在公众面前的形象越发高大，成为一个令人敬畏、不动感情、不轻易屈服、神秘莫测且学识渊博的人。他似乎并不关心围绕在其周围且毫无意义的华盛顿政治压力，但似乎也不在乎美国平民百姓的痛苦呐喊。《美国新闻与报道》（*U.S. News & World Report*）在公布年度最有影响力人物排名时将沃尔克的位置从第 60 位一跃提升至第 2 位，仅次于美国总统，“是谁在操控美国”。[13] 美国《时人》（*People*）杂志记录了他的名流地位，沃尔克在家中接受采访和拍照，四肢伸展地坐在扶手椅上，一边抽着长长的雪茄，一边玩纵横填字游戏。[14]

沃尔克坚定且沉默的性格变成对美国经济实施痛苦纪律和约束的公众象征。他身材挺拔、仪表堂堂，比一般人高出一头，包括美国总统。他语气低沉，带有明显的德国腔，说起话来不怒自威。他的聪明才智、自信十足和沉默寡言不禁令人生畏。

在电视上，在充满敌意的国会委员会面前，在面对愤怒的国会议员指责他不经意间毁灭美国人的生活和商业行为时，这位美联储主席手拿雪茄，嘴角上扬，弯出一道充满质疑的弧度。雪茄的烟雾弥漫缭绕，沃尔克不断摇头，但却并不只是被动地回击每一项指责，他只是用一种凌乱且逃避性的回答让这些充满敌意的质问慢慢跑题，这样的回答没有任何实质性的低头认错，只会徒增这些政客的挫败感。

“保罗真正担心的是竟有如此多的利益群体正陷入所谓正义的狂怒，”弗雷德里克·舒尔茨说道，“他不是不敏感，但他是一个坚强的家伙。”

在公共舞台上，沃尔克就像是一个严厉的父亲，他会对犯错误的小孩施以惩罚。当孩子开始大哭或抵抗时，他会耐心地做出解释，解释那些孩子不能完全理解的原因以及从长远来看什么是对孩子有利的。他的行为方式有些冷漠，他的坚持不懈似乎远远高于周围那些软弱的灵魂。20 年前，国会议员赖特·帕特曼曾抱怨美联储就像是“爸爸做主的家庭”。沃尔克的确履行着这样的责任，他正是为家庭制定纪律教条的父亲。

这样的职责绝非是一个比喻。许多货币经济学家实际上也会这样看待美联储，他们将其看作是所有人的家长，是必须偶尔用疼痛来惩罚孩子的负责任的成年人。费城储备银行前副行长唐纳德·J. 姆林内克斯（Donald J. Mullineaux）在一篇有关美联储如何控制美国经济的学术论文中直言不讳地阐明这一点：“假设这家中央银行宣布通过对货币供给的严厉控制达到零通货膨胀的目标。那么如果通货膨胀率上涨到 5%（即经济行为表现不端），这家中央银行势必会减缓货币供给增长（用打屁股的方式加以管理），可货币增长的减速同时也很容易造成暂时的失业率上升（疼痛感）。”[15]

沃尔克私下的性格与在公众场合的表现并无差别。女儿珍妮丝曾描述她和父亲在家里也有一种距离感：“你可以和他讲话，但你讲话时他会依然坐在那里看书。你可能知道他正在听你说些什么，但他不会响应。”还在幼儿园时，还是小朋友的保罗就不愿意讲话，他的母亲这样对《新闻周刊》的记者说道：“我和他父亲都听到过学校老师抱怨，抱怨保罗不愿参加小组讨论，可他在家里也从来没有参加过我们的讨论。”她笑着说道。沃尔克在自己的回忆录中也曾追忆童年时期的自己一向视纪律为核心。他这样对《新闻周刊》说道：“我的成长经历就是姐姐们一直小心翼翼地不会溺爱和宠坏我，她们的确很成功，以至于矫枉过正，我走向了另一个极端。”

成人后的沃尔克十分懂得自律。“在美联储，”《时人》杂志报道，“沃尔克曾将应用于自身生活的严厉约束应用到美国经济身上。”人们对这位主席的评论全部聚焦于他作为男人生活中的一个方面,那就是过于节俭的生活方式。在私人和公众演讲中，沃尔克有时会沉思有关公众对富裕生活的困扰，这种欲望尤其盛行于华尔街。“什么是生活的主题？是变得富有吗？”他曾经说道，“所有生活富有的家伙可能都会以为这就是生命的真正主题。”[16] 沃尔克需要的是事物的秩序感和控制感，这一点很像典型的弗洛伊德性格类型，即肛门性格，但这里存在一点本质不同,那就是沃尔克对任何“肮脏金钱”的累积都毫无兴趣。

这是一个十分煽情的讽刺,这位修道士般的中央银行家,这位生活简朴的“父亲”，这位终生致力于恢复坚挺货币的英雄，却唯独忽视自己人生中的财富积累和世俗享乐。这样的形象让沃尔克能够深深打动美国人民的心，但这种个人牺牲精神却经常寄托于不值得寄托的对象。沃尔克的工作会得到优厚的补偿和回报。很多时候，如果放弃一年 7.5 万美元薪水的政府职务，他的确可以在私人金融领域获得报酬更加丰厚的职位，甚至要比美联储的工资高出几倍。但沃尔克选择的是用一种与众不同的货币来犒劳自己，而这对于他来说才是最大的生活意义。他没有得到金钱，却得到了权力；他控制了货币，他是整个美国经济甚至是整个世界经济的家长和掌门人，而华尔街上任何一份百万美元的薪水都不能为他买来这一切。

他还拥有“勇气”。即使是那些憎恨这位美联储主席的人，即使是那些强烈反对他强加给美国严厉“生活规则”的人，也不得不承认沃尔克具备非凡的勇气。1982 年初，美国民意激愤，沃尔克同意在拉斯维加斯举行的美国房屋建筑商协会年度大会上发表演讲，此次大会上的他果然遭遇听众的敌意，但沃尔克并没有为他们所受到的痛苦而道歉，甚至还许诺他们美国经济会迅速复苏。

“我们所有人都会看到经济开始复苏,”沃尔克这样对房屋建筑商说道,“但更加紧要的事情是，这种复苏和经济增长是发生在未来。在这种背景下，我所能确信的事就是我们此时不能放松反对通货膨胀的努力……我们所遭受的疼痛终将会归零——否则只能是拖延，直到后来更加疼痛的清算日子到来。”[17]

无论喜欢与否，房屋建筑商传达给沃尔克的是一个坚定的信息，他们用长时间起立鼓掌的方式来表达自己的无比拥护。

几乎只有南希·蒂特斯一个人在对抗。数月来，随着经济状况的急剧下降，她曾反复力劝同事“收手”。已经有越来越多的大型企业陆续停产；随着信贷积累的失败，金融业自身也在面临危机。她警告道，美联储的“忠贞不贰”给美国人民造成的深深的伤害将不会在短时间内痊愈。

“我在联邦公开市场委员会大会上做过一次演讲，”蒂特斯说道，“我告诉他们：‘你们是在过于拉紧美国金融这块大布，它几乎快被撕破。你们应该知道，一旦这块布被撕成碎片，它将很难且几乎不可能再被重新拼在一起。’”

她后来尖刻地说道，这个比喻可能只有女人才会用，而“这些家伙一辈子都没做过针线活”。

但这个比喻同时也暗含一些更为深层的差异性，即就“正义”本身进行的道德讨论。蒂特斯认为，对无辜者的大规模“屠杀”不仅是错误的，而且也是极其没有必要的，最终会对整个社会造成危险。而其他委员却认为这样的“屠杀”是必需的，尽管令人不快，但却有益于身心健康。虽然没有直接说明，但他们实际上正在讨论的正是清算过程本身。当还有其他相对温和的方法去恢复经济稳定时，采用这种让广大群体受伤的方式是不是真的符合社会利益或更具道德辩护意义呢？当个人和机构所依赖的散漫、复杂且持续的社会大网和经济关系撕裂众多的人类关系时，其同时又付出怎样不可估量的代价呢？一旦被破坏，这张大网将不可能被修复。

从广义角度讲，这是一个有关社会如何实现“正义感”的古老讨论，这种讨论与同时代的女权主义者息息相关，即那些挑战男权社会的英雄女性。女权主义者的目标部分上在于男性道德视角，也就是一种似乎有些狭隘且机械的思维模式，其受抽象公式化的驱使，排斥社会复杂性，对人类损耗关心不够。哈佛大学心理学家卡罗尔·吉利根（Carol Gilligan）在其著作《不同的声音》（*In a Different Voice*）中进一步阐述这种与性别相关的道德差异，还采用了与南希·蒂特斯之前在联邦公开市场委员会大会上使用的同样的比喻。吉利根写道：女人通常会寻求逃避“这种人类关系的破碎，她们一定会用自己的线来加以缝补”。

从实际角度来讲，有关“社会结构”的问题在联邦公开市场委员会的机密会议桌上是一个不能被接受的话题。这并不符合这些委员看待问题的方式，因此蒂特斯反复重申的警告被礼貌地加以忽视。但她仍然用自己的方式展开对抗，并坚持数月。如果美联储不能立即放松货币，则很有可能会造成美国金融体系的崩溃，并造成更大规模的经济危机。某些委员开始认同蒂特斯的担心，但却不能认同她对美联储主席的反对。

“我很难冷静地面对失业率的不断攀升，”蒂特斯说道，“对于我来说，很明显，我们不需要将利率推得如此之高。要推高利率，就势必造成经济衰退，但经济衰退仍然是难以做出的决定，无论你如何伪装。人们在失业，人们在受伤。如果这种情况失控，那么任何危险卑鄙的事情都有可能发生。”

在一个仍由男人主控的行业里，作为一名成功的女人，蒂特斯充分意识到这种捆绑在获得社会地位的女性身上的旧思想。女人是可以被忽略的软弱动物，男人指责其会受现实影响而发生情绪上的莫名波动。深谙这一点的她却无论如何都要继续发出自己的声音。况且，蒂特斯可以坦承那些男性同事所不愿承认的事实，即不断恶化的经济状况令她感到恐惧。“我被吓坏了，其他每个人都被吓坏了，”她说道，“这就是实质性的事实。”

在神殿内部，南希・蒂特斯总像是一个局外人，她是一个奉行自由主义的民主党人，同时也是一个女人，还是一个坚守挑战性观点且在其他人看来总是跑题的美联储委员。“南希从来就不是一个真正的修女。”美联储的一位高层官员如是说。联邦公开市场委员会的其他委员这样描述蒂特斯及其同事间的距离感：“她从来都不会说‘我们’，她总是称呼其他委员为‘你’，‘如果你这样做，失业率会继续恶化’，‘如果你做了这个决定，那么一定会造成长期的经济衰退’。她总是有意地让自己成为局外人。”

她对其他人热情友好且大方得体，但别人对她坚持不懈的精神却越来越恼火。“她提醒大家注意失业率的方式总让人感到不舒服，”一位高层官员说道，“当然每个人都很善良，每个人都很关心失业率，但他们不需要任何人反复地做演讲。这就是她的语气、她讨论的风格。”

当然，这种讽刺并不意味着蒂特斯在内部会议室的所说将会激怒普遍民众或美联储之外的大多数行政官员。她的观点可以被描述为女性道德视角，但其某些价值观自身却可以被男性和女性广泛分享，无论是在私人场合还是公众场合。蒂特斯是在试图让大家明白，她所关心的内容要比美联储对货币价值的狭隘专注广义得多，她是在引入凡勃伦的声明和主张，即“人类精神的纤细神经……人类生活的物质需要”。

鉴于自身的机构价值观，美联储会拒绝这种恼人的声明并不足为奇，因为美联储是一个男性机构。当蒂特斯于 1978 年成为美联储的首位女性委员时，她发现美联储内部还有另外两位女性高层官员；6 年后退休时，女性官员的数量也不过是13个。当然，中央银行的男性特征并不仅仅在于其性别数量上，还包括男性对是非观念的最深层臆断。

在吉利根及其他女权主义学者的总结下，这种女性－男性的差异可以为理解美联储自身的思维模式提供一把钥匙。美联储会议室内部的成年人行为与在学校玩游戏的一群小男孩没有差别。男孩被教导要遵循纪律和规则，这可以被看作是对“正义感”模糊却简明的认知。而女孩则被教导要和别人商量和妥协，要避免做出可能会造成断裂关系的严厉判断。

观察在操场上玩耍的小男孩，他们会因规则的违背和断裂而反复争吵，直到达成一致决定，游戏才会继续。吉利根认为，女孩在争吵中很少会为规则发生冲突或尝试去主动改变规则，以使每个参与游戏的人都能够开心，或者甚至在冲突似乎威胁到友谊时放弃游戏。吉利根写道：男孩会“越来越痴迷于精心制作的各种规则和法律，喜欢可以用于裁判冲突的公平程序；”而女孩“却更能容忍自己对规则的态度，更喜欢例外情况，也更容易接受新观念”。

有人会说，这种差异性近似于蒂特斯及其美联储同事之间的分化。她愿意放弃主观的货币“规则”，即美联储遵循的宁可制造更大规模经济破坏的原则。对于她来说，人民的损耗要远远重于那些抽象的一致性，她愿意做出改变，愿意去改变规则，而不是接受这种持续性的社会崩溃。

其他委员可不愿意接受这种“物物交换”。他们寻求的是通过对货币方程式的经济抽象概念所做的深思熟虑而得出“正确”决定。用亨利·沃利克的话来讲，他们“拥有去承受疼痛的勇气”。蒂特斯的异议提醒每个人，他们并不是要承受“疼痛”的人，而是没有防御能力的其他人。从本质来讲，这才是会令他们苦恼的根源。

性别差异深刻起源于每个人的童年经历，男孩被教导要离开自己的母亲以寻求自己成熟的男子汉认知，女孩则会从母亲的行为模式那里学到应该承担起不让家庭成员关系破裂的责任。结果，男性倾向于拥有艰难的人际关系，而女性天生就有一种自我感。

吉利根的一项临床研究更能勾勒出这种道德暗指，她让一些还在读小学的男孩和女孩去处理一些假设中的困境。如果一个穷困潦倒的男人在药店偷药给自己的妻子治病，那么他是否应该被当作小偷接受惩罚？男孩在衡量好坏之后会直接做出一个“逻辑性结论”；而女孩则会试图找到一些具有改善作用的办法，例如将当事人聚集在一起开诚布公地坦承原因，然后折中。同样，沃尔克及其他大多数委员在任何意义上都不会认为自己无比忠诚坚守体系内的经济规则是“错误”的；而在真实世界里，正如南希·蒂特斯持续指出的，事情正濒临崩溃的边缘，可其他委员却还在坚守自己的经济数字并在面对她的证据时寻求逃避（同时也十分恼怒于她频繁表现出同情心）。

在由男性主导的正统世界里，尤其是经济界，女性被认为会在情感上逃避严酷现实而遭到排斥；而这种男性方法论本身就是一种形式的逃避，即一种通过仅仅聚焦于数学抽象概念的经济学体系而遮挡复杂社会现实的方法。正如吉利根及其他人所说，社会理想应该不只接受一种视角或另一种视角，而是应该让两者和谐统一，从而使得人类在思考某些事情时寻求某些平衡；公共机构也应该采用这种办法来定义社会正义感。

“对他人需求的敏感以及照顾他人的责任感会导致女性更多地关注其他人的声音，而非仅仅是自己的，同时也会更利于她们对其他观点做出判断”。正是这种被普遍认同的女性弱点才是她们的道德力量，即一种可以超越男性锋芒毕露裁决的斡旋能力。女性视角或许会模糊本来清晰、明显的轮廓，但其同时也会让这种必需的审视变得更为丰富和深入。

除了南希·蒂特斯及其在美联储内部失败的争取以外，这种女性与男性之间的差异还构成一个足以质疑这场由政府一手策划的整个清算过程的道德问题。如果他们能够从根本上考虑，人们或许就能轻易捕捉到这个体系是哪里出现了问题，事实上也就是认清正是有某些人被选择成为其他人获得利润的替罪羔羊；而当这些牺牲的受害者是诞生于弱小、贫穷的广大阶层中时，这其中涉及的道德问题也就越发明显。

在这场经济清算和普遍的政治讨论中，人们忽视的是女性视角下的道德考验、顾忌更广泛人类关系的责任和家庭责任感的无上光荣，以及必须保证一张无比珍贵的大布的完整性的理念。如果这些价值观可以占据上风或者至少能够达到与男性视角的大致平衡的话，那么美国政府都不会任由美联储发动这场有选择性破坏的经济清算。其可能会更加耐心地恢复稳定货币价值，给予人们更多的时间去调整；也可能会采取其他的遏制手段，例如直接或非直接控制信贷和物价，而这些都不需要对少数人施以突然且惨重的故意伤害，而是会让牺牲更加稳步且更加公平地扩散至整个社会。大多数居民或许以为政府别无他选，因为政治讨论中从未出现过有关其他办法的选择，经济学家也很少有这类作品出现。清算的仪式是残忍的，其会传递一种有关男性奋斗的振奋感，甚至许多人会发现能够从中寻求满足感。但经济数字是残酷且笃定的，人们的反诉却是柔弱和无力的。[18]

《圣经》还向人类明示过有关抽象正义和人类生活之间冲突的道德教训。两个妇女曾找到所罗门国王，都说婴儿是自己的孩子，于是所罗门做出正义的裁决，将婴儿一分为二，分给两个妇女。真正的母亲果然如所罗门所料立即宣称自己放弃争取孩子的权利，因为她认为婴儿的生命高于法律的逻辑。“盲目地自愿将人类牺牲给真理，”吉利根写道，“……永远都会包藏抽离于生活的伦理风险。”

这就是南希·蒂特斯抱怨的核心所在，即美联储是在将美国人民牺牲给抽象的“真理”。如果她反复重申的异议在某些同事听来“软弱无力”，那么古老的性别模式实际上已经在联邦公开市场委员会的行为中发生翻转。毕竟其他几位委员还是认同蒂特斯有关经济下滑的警告，但这些男人却并没有意识到问题的严重性，也不足以激发他们的强烈意愿与蒂特斯站在一起反对保罗·沃尔克。甚至就算是这位主席自身的勇气也要比看起来更加模棱两可，在公众场合，他似乎英勇威武、坚定不移；可在私下里，他却忧心忡忡、犹豫不决，无法让自己放弃自己推行的运作程序，即使他知道这是错的。沃尔克似乎在面对公众抱怨时足够勇敢且心甘情愿，但在面对华尔街时却尽显底气不足。

孤身一人站在保罗·沃尔克的对立面，一切都显得那么“软弱无力”。南希·蒂特斯鼓足极大的“勇气”才一次又一次地向这位主席及其他大多数人投出反对票，她知道自己会失败。“这很难，太难了，”蒂特斯说道，“这也是为何会有这么多人不喜欢这样做的原因。一旦保罗让意见达成一致，人们一般不会投票反对他。”

另外，事实是南希·蒂特斯孤军奋战，一再在讨论中处于下风，但这并不说明她是错的。正如她所说，金融大布的确已经被扯得过紧；正如她的警告，这块布迟早会被撕裂。[19]

参议员肯尼迪：你该如何回答那些质疑美联储是在对美国经济实施焦土政策的人？数百万潜在房屋购买者感受到重负，数百万失业人口感受到重负，数百万小型企业人和妇女感受到重负，数百万农民感受到重负。

沃尔克先生：让我来说一下，首先……

参议员肯尼迪：是你的政策，还是里根的政策？

沃尔克先生：我只能说是我职权范围内的政策。我认为货币政策是一个重要工具，但也是经济行为的唯一工具。

***　***　***

参议员霍金斯：沃尔克主席，如果我是总统，我会在每个星期一邀请您来做客，我会和您在火炉边聊天，或者是在森林外交谈。我知道您喜欢独立，沃尔克先生，因为我们早先曾经有过这样的对话。您今天反复说您强烈感觉到美联储应该独立于国会，因为货币政策错综复杂。但我们不能把战争只抛给五角大楼的将军，尽管战争也是一件十分复杂的事。

沃尔克先生：国会有权力过问美联储。问题是他们在行使这个权力时能掌握在什么程度上。

***　***　***

参议员里格尔：我想此时不应该是两个阵营相互倔强对抗的时候……我认为美联储应该有义务去勇敢面对其高利率政策所带来的危害。

沃尔克先生：……我不认为美联储在这方面是固执倔强。我只是觉得我们遇到了十分棘手的难题。我也很想看到利率下降，但很明显，你却认为……

参议员里格尔：你不能完全逃脱干系。我的意思是，说实话，你不能好像是一个无助的旁观者一样。

沃尔克先生：或许问题并不是你所说的这么简单，参议员先生。

***　***　***

众议员罗伊斯：接下来必须要做的事是预测，鉴于目前糟糕的经济和金融管理状况，未来一定会出现某些大型金融机构将面临的真实困境，即银行和经纪公司。请问你如何看待这种即将到来的危险？

沃尔克先生：让我从总体上来回答你的问题，主席先生。你所说的“糟糕的”美国经济状况，仅凭直觉的话，人们可以认同这种描述。

众议员罗伊斯：我之所以用“糟糕”这个词，是因为上千万的失业人口数字。

沃尔克先生：的确，失业率是很高，但我要强调的是我认为此时正是一个充满希望的时期。

***　***　***

沃尔克先生：我知道此时的利率的确过高，但如果货币政策和财政政策都对头，我认为利率将会别无选择地下降。

众议员布朗：但那是什么时候呢？

众议员汉密尔顿：什么时候？

沃尔克先生：我还说不出一个更准确的时间。

在国会大厦，“痛击美联储”的战斗正进行得如火如荼。沃尔克经常会站在众多的国会议员面前，人数也越来越多，包括共和党人、民主党人、自由主义者和保守主义者，他们都要借此机会谴责沃尔克的飞扬跋扈，或者恳求他高抬贵手。晚间的电视新闻报道中播放了几段有关这种愤怒对质的片段，收视率非常好：警觉的国会议员遭遇冷漠无情的银行家，代表了正处于水深火热的选民。沃尔克依然会从容地躲闪和回避各种问题，一遍遍地重复陈词滥调，这些真诚而恭敬的质问还不如那些蛊惑人心的激烈演讲更能引起人们的反应。

即使是一向支持美联储而反对自由主义者攻击的某些保守人士也认为沃尔克的做法有些过火，他必须意识到自己推行的货币政策过于严厉。“这个男人的举止风度中有某种威严感存在，”得克萨斯的参议员劳埃德·本特森（Lloyd Bentsen）说道，“但我从来不想让威严决定去对抗普通常识。”本特森认为自己的观点是被沃尔克“彬彬有礼的鄙视”给拒绝的。[20]

国会的愤怒很真实。这些由选举产生的政治家听到许多骇人听闻的言论，其中不仅来自选民，还有许多德高望重的经济学家。E.F. 赫顿公司的爱德华·E. 亚德尼（Edward E. Yardeni）预测，爆发像 20 世纪 30 年代经济大崩溃那样的全面经济危机的可能性为 30%，如果 5 月局势还未发生转机，他警告道，那么这个可能性将会升至 50%。诸如麻省理工学院罗伯特·索洛（Robert Solow）这样的自由主义经济学家认为，美联储已经让自己走进死胡同，其需要有人帮助它走出来。“他们的政策收效甚微，且被看作是美国的最后一丝希望，这反而让他们处境尴尬。”索洛说道。[21]

这些由选举产生的众议员和参议员在坚守自己对美联储的权威时都患上了“营养不良”。他们当中只有少部分人真正懂得货币学原理，更别说其中的复杂性，他们对货币的无知尤其会“成就”自己在沃尔克闪烁其词面前的无能为力。沃尔克的许多回答都是精心策划的无逻辑陈述，然后用耐心解释的腔调加以包装。这些被激怒的国会议员可以感觉到和沃尔克的对话是在原地转圈，但却没有足够的知识去拨开这位主席的烟雾。

“这真的是一个专业击剑师和一个业余选手之间的比赛，”众议院银行委员会的一位经济学家沮丧地说道，“每个选手只有 5 分钟时间，可沃尔克却在用官腔官话浪费时间。沃尔克很擅长跑题，委员却喜欢让自己在晚间新闻的 30 秒对话中显得更为聪明伶俐。于是他们想要显示精明，可沃尔克却想要显得迟钝。加在一起，他们都没有完成自己该完成的作业。或许委员心中考虑的有 1500 件事，可沃尔克考虑的只有一件事，那就是货币政策。”

3 月 18 日，参议员民主党领袖、来自西弗吉尼亚的罗伯特·伯德（Robert Byrd）邀请沃尔克参加一次私人聚会，试图在远离媒体闪光灯的情况下向后者施压，力劝其推出更为高效的货币政策。他率领其他民主党参议员敦促沃尔克降低利率，而沃尔克却反而劝说他们要削减财政赤字，双方都希望对方能够先让步。根据当时一位在场者的描述，参议员伯德这样问道：如果我们削减赤字，你会怎么做？沃尔克回答，请给美联储一点空间去做判断好吗？伯德催逼一个承诺，这位美联储主席于是说没有。

沃尔克私下里向这些参议员抛出的论点与在公共场合毫无区别：美联储无力在增加货币供给的情况下降低利率。如果美联储提高 M-1，金融市场的反应就会是叫高自己的利率，从而使降低利率的努力化为乌有。沃尔克认为，这正是 1 月份发生的真实情况。然而沃尔克的解释却遗漏了一点：市场为何会做出这样的反应？正是美联储的运作程序告诉他们就是要做出这样的反应。

“沃尔克会说‘看吧，我不能影响利率’，”一位在场者说道，“美联储认为自己不应该为经济衰退负任何责任。这是一个巨大的烟幕。”

沃尔克的观点令自由主义民主党人失去方寸。首先他们无法看穿其中的“骗局”，直到经一些独立的经济学权威的点醒，例如 E.F. 赫顿的爱德华·E. 亚德尼和麻省理工学院的莱斯特·瑟罗（Lester Thurow）。这些经济学家认为，实际上在“市场感知”和“沃尔克 M-1”之间发生的是一场转圈游戏：当 M-1 增长超标，金融市场就会争抢资金、哄抬利率，希望美联储能够对此做出紧缩货币的反应；当美联储看到利率因 M-1 上涨而发生提升时，其为守住自己曾经对金融市场做出的承诺，就会采取实际行动紧缩货币，从而表达对市场预期的认可。正是这套逻辑铸成一场错误且荒谬的游戏，但美联储却拥有打破这种转圈游戏的能力，每时每刻——只要它愿意。

这些经济学家向参议员保证，如果美联储向银行体系注入足够多的新货币，短期信贷利率就一定会下降，不管金融市场如何认定保罗·沃尔克的声明。无论是出于投资人心理还是货币主义者理论，都不足以废除供需规律。任何一种市场过剩，包括货币，还有利率，都会导致其价格的下降。

参议员伯德及其他受挫的民主党人决定不再恳求和讨价还价。他们随即向沃尔克表示，如果他依然不能照做，他们将启动立法程序，命令美联储放松货币。国会这道毫不隐晦的命令有效地压制了美联储一向赫赫有名的独立性。这是美国国会下达的最后通牒。

“你对谁负责？”伯德曾经这样问道。

“好吧，是国会创造了我们，但国会却不能消灭我们。”沃尔克回答道。[22]

民主党领袖罗伯特·伯德开始着手组织立法对中央银行施以“进攻”，这是迫使美联储采取特殊政策和行动以实现降低利率的最后一个手段。然而为了让这份最后通牒牢固可靠，伯德首先要做的是说服自己的同事。起初，46 名民主党参议员当中只有 15 人打算支持这样的法案。

70 年的历史教训告诉美联储，来自国会的威胁和通牒通常是毫无意义的。“国会并不打算控制美联储。”美联储前研究部主管丹·布里尔说道，“无论是国会还是总统，他们都不想为高利率背黑锅。”[23]

春季，国会曾发射一枚“温和”子弹，即以一种一般化的语言警告和命令美联储要重新审视货币目标的使用，以符合国会意欲削减赤字的需要。这是一次无害的敦促和劝诫，很容易就被忽略不计。

然而参议员伯德却正集中越来越大的火力，让更多的民主党人加入拿起立法武器的队伍之中，其中有些还是共和党人。在局外经济学家的点醒下，民主党人起草一套切实可行的改革方案，从而给予国会真正可以影响货币政策且迫使美联储收回强硬立场的杠杆力量。在这部法案的约束下，中央银行将放弃 M-1 和货币主义理论，开始回归传统，即将目标锁定于利率。此外，美联储的货币调整政策还将按实际情况接受评估和核定，即实际利率以及通货膨胀折扣之后的实际信贷成本。

如果这部法案获得通过，中央银行将在强令之下参考历史水平将利率维持在一定范围内，即根据实际情况放松或紧缩。如果银行信贷的实际利率增长超过 4%，那么美联储就应该被迫放松货币以降低利率。如果实际利率下降，美联储就必须紧缩货币、恢复资本的理性回归。能够即时产生的实际效果就是货币放松，其长远潜力就是催生一套可以避免极端向上或极端向下的货币政策。

这个理念在共和党人中间引起共鸣。众议员杰克·坎普一向对沃尔克的紧缩政策颇有微词，他表示自己会联合众议院中的其他年轻保守议员共同制定一部类似的法案。这种发生在自由主义者和保守主义者之间的奇怪联合使这一次对美联储的最后威胁变得更加貌似可信。多年来民主党改革家从未放弃过对中央银行施加管制的努力，或许有主张恢复金本位的共和党人的加入，这样的努力会稍有进展。

然而沃尔克一直在国会这片“沃土”上辛勤耕耘，那里到处都是他的朋友和联盟。无论是来自犹他州的参议院银行委员会主席、共和党人加恩，还是来自威斯康星州的资深民主党人普罗克斯迈尔，他们都不会对这部“拆封美联储”的立法持以同情态度,而作为坚强核心的温和保守主义议员却依赖于维持现状。

参议院共和党领导人霍华德·贝克（Howard Baker）一向和沃尔克保持经常会面，他强烈认为自己是对美联储的高利率耐心不够。不管怎样，贝克向这位美联储主席保证，自己会帮助阻止任何“拆封美联储”立法的出现。

“我告诉沃尔克，我会全力以赴反对这样的立法，”贝克说道，“我认为这样的立法很糟糕，我不希望美联储失去其独立性。从表面上看，我所下的赌注就是他能接受我在国会正式采取行动之前发出的警告。”

尽管民主党人努力激发人们利用立法去打击沃尔克的热情，但参议员贝克仍在试图采用与其协商的方式。为了让美联储降低利率，国会应该削减多少开支和增加多少税收？沃尔克的停战条件是什么？

“我们正在做最大努力，并且还需要更多努力，”贝克对沃尔克说道，“但我们的队伍在过多流血之后已经快要对你不抱幻想，他们看不到利率有任何改变。从理论上来讲或许你是对的，但从政治角度看，你正在靠近悬崖的边缘。政治体系可能不能承受过多的疼痛。”

无论是总统里根还是国会，他们都不准备一味迎合沃尔克的胃口。他们组织三方会谈——众议院、参议院和白宫三方的共和党人和民主党人，共同商讨削减赤字的力度。沃尔克则在一旁“指手画脚、乱发意见”，迫使参议员贝克及其他人做出更多努力。

“看吧，你不能违背国会的意思去做。”参议员贝克曾这样尖锐地对沃尔克说道。其危险就是美联储的不妥协将会引发一次真正的政治危机，贝克补充道：“首先，我必须要展开一场战斗，那就是为美联储的权威性设定限制，我想我能赢得战争的胜利，但并不是很有把握；第二，我们将削减开支和增加税收放进一个并不结实的包裹里，而这个包裹将逐步暴露在众人眼前。没有人知道到时会发生什么，但赤字很可能会发生猛增。”[24]

沃尔克却依然没有屈服。国会在犹豫是否要迈出不寻常的一步——在竞选之年颁布一部增税法案，总统里根也在举棋不定、犹豫不决。但沃尔克却从未做出任何有关要改变货币政策的承诺。虽然如此，这些政治家还是抱有一丝希望，他们认为如果国会通过税收法案，美联储的反应将会是降低利率。

“国会始终认为这是一场交易，”沃尔克说道，“国会强烈感觉到我们的所作所为是在同他们商量，可我们不是。我总是在避免这种托词，我一直很小心自己所说的话。‘如果税法通过，将有助于通胀压力的释放和利率的降低。’然后国会就会说：‘啊哈！这是在讨价还价。如果我们通过立法，美联储就会降低利率。’无论我怎样小心翼翼地措辞，国会永远都会认定这是一笔交易。”

正如沃尔克所希望的，参议员贝克却从不抱幻想在任何一场物物交换中取得胜利。“我和沃尔克都遭遇最艰难的时刻，但我从来没想过他是在和我做交易，”贝克说道，“我从来没有声称自己可以影响美联储，如果可以，那当然最好，但我不会声称自己这样做。”

令白宫忧心忡忡的还不止下滑的美国经济，还有罗纳德·里根在盖洛普民意调查中不断下滑的支持率。这位总统的支持率在稳步下降，而失业率却反而在稳步上升。9个月前，经济衰退开始显现，当时有58%的美国人表示支持总统的表现；可到了1982年春季，里根的支持率已经下降到低于45%，而且还在持续下滑。

这位总统还在谴责吉米·卡特的行为并坚守自己的货币主义原则。“经济衰退的原因在于纵容利率下降，”里根在4月3日的电视演讲中对全美国人民说道，“要做到这一点，就必须要传达一个信号，那就是尽管政治进程永远都需要些许的妥协和让步，但这一次美国政府意欲坚持到底……”

然而这位总统的高层政治顾问却准备改变路线，而且是越快越好。他们越来越怀疑内阁货币主义经济学家自信的预测，经济学家许诺的春季经济复苏不仅没有出现，经济紧缩反而越发明显加重，而此时距离国会大选仅有6个月的时间。首席政治顾问詹姆斯·贝克向同僚抱怨自己对保罗·沃尔克的失望：“他怎么能让这样的痛苦持续这么久？”

然而詹姆斯·贝克及其他白宫官员并没有清楚地意识到，如果可以，他们完全能够扭转局势。他们依然过度专注于 1981 年由他们自己一手制造的赤字问题，而对美联储的紧缩货币却热情不足。

财政副部长助理曼纽尔·约翰逊在参加一次白宫会议时惊讶地发现这种焦点的不平衡性。“会议充斥着有关削减赤字必要性的悲观讨论，但对货币政策却只字未提，”约翰逊说道，“当我对这种一边倒的讨论感到不安时，有人告诉我这是唯一可以实现削减开支的办法。他们的全部焦点就是：如果不能削减赤字，就无法摆脱经济衰退。”

约翰逊和财政部的其他供应经济学家力劝白宫公开表明强硬立场，即希望美联储能够放松货币政策，但最后均以失败收场。“每次我们试图就货币政策确定立场，白宫的反馈就是货币政策过于复杂和专业，所以难以解释，”约翰逊说道，“公众对此并不理解，只要我们一讨论这个问题，金融市场上的各方力量就心烦意乱。”

白宫官员自身就这个关键性政策问题的态度不尽统一，面对保罗·沃尔克时也表达不一致。有些人的说法和沃尔克在国会大厦听到的言论没有区别：只要为我们降低利率，我们就会削减赤字。内阁政府的货币主义者曾怀疑美联储的意图，一直在指责这家中央银行并警告反对任何偏离 M-1 正确轨道的离经叛道行为。其他诸如预算部主任大卫·斯托克曼等人则在私下里鼓励沃尔克坚持紧缩政策，“斯托克曼正怂恿沃尔克继续，”一位内阁官员说道，“他告诉沃尔克要继续向内阁施压，以做到真正的压制后者并强迫后者处理赤字问题。”

美国行政管理和预算办公室（OMB）的劳伦库·德罗说道：

> “这十分滑稽。所有人都在试图和沃尔克做交易。斯托克曼和他共进午餐，唐纳德·里根单独和他吃早饭，韦登鲍姆也和他会面。在这种情况下，好像沃尔克一手掌握着内阁政府的意图似的。他学会了过滤噪音，想出达成普遍一致的方法。我不是在说他会附和内阁官员，而是如果合理，他会采取折中的方式。”

这位美联储主席依然让白宫感到压力重重，就像国会大厦对他也很头疼一样。他坚称，美联储不可能做出改变，除非国会首先做出反应，即缓解财政失衡。在里根总统的默许下，国会领导人和白宫正逐步达成一致，推出旨在 5 年内增加 1000 亿美元财政收入的重大税收改革，以满足未来可能增长到 2500 亿至 3000 亿美元的赤字。但有关税收法案的具体条款却仍不能确定。

“沃尔克是在告诉所有人‘如果你们能在赤字方面让我们放心，我们所制造的压力就会解除’，”斯托克曼说道，“‘我们会依然强硬，直到你们在财政政策方面给予我们安慰，到时我们也就有了缓和的余地’。”

首席政治顾问詹姆斯·贝克和埃德温·米斯是两位重量级的内阁顾问，他们对沃尔克的行事风格彻底失去耐心。白宫已经在全力以赴让这部庞大的税收法案变成现实，可沃尔克的行为看上去好像是他没有义务伸手支援。

“贝克和米斯奔走相告，‘我们已经无法控制美联储’，”一位内阁官员说道，“他们不停地向沃尔克传达信息：‘我们答应在赤字方面表现良好，那么你们会不会放松货币？’这样的信息毫无意义，因为沃尔克根本不信任我们，他会对我们说：‘等到立法签字仪式那天再说。’”

在表面的假象之下，美联储的自信也在动摇。正如美联储经济学家预测的，经济复苏并没有在春季出现，反而下滑至最低点，美国经济似乎发生更为严重的缩水，破坏性在急速蔓延。

3月末，美联储的经济专家再次向决策者保证，适度的经济复苏正在暗潮涌动，可联邦公开市场委员会的委员对这样的预测却不再买账。他们的预测截然相反，即“美国农业和非农业经济以及地区经济都会继续恶化”。

在白宫，劳伦斯·库德罗曾自信满满地预测4月将会出现惊天逆转，然而如今的他也显得底气不足。

“在经济衰退发展至谷底时，利率却仍然居高不下，”库德罗这样对白宫的同僚们说道，“就在一两年前，利率水平就已经达到这样的历史高度，也就是说前所未有的高利率已经维持3年，商业公司已经没有能力在可接受利率的条件下保证长期信贷金融的可靠。因此，企业被迫依靠银行贷款及其他形式的短期信贷债务，以满足资金流通和运作成本需要。其结果就是企业资产负债表史无前例地发生恶化。”[25]

美国制造业内久负盛名的国际收割机公司（International Harvester）就是这种恶化的典型例子。公司主要销售拖拉机、联合收割机、货车及其他重型农机设备，1982年其总销售额下降31%，公司不得不因此在全球范围削减2.2万个劳动力。尽管如此，芝加哥总部仍在以越来越快的速度蒙受利润损失，即当年亏损8.22亿美元，这的确令人难以置信。于是公司迅速倾销两家分店以积累流动资金，同时向银行家苦苦哀求，借入巨债。

小型企业当然会毫无疑问地在这种重击下全军覆没，但国际收割机是超大型企业，还不至于破产。公司拖欠银行及其他债权人债务总共达 22 亿美元，债权机构多达 200 家，其中包括中西部的一些顶级银行，他们同意公司延迟偿还 2 亿美元的利息并允许公司继续贷款。这些银行家用购进股票的形式抵押这些债务，希望这家企业能够有朝一日在某种程度上再度盈利。在接下来的几年时间里，国际收割机公司得以存活，但却是勉强维持，1979 年时公司拥有 9.8 万员工，但到了 1985 年却缩减至 1.5 万。美国农业一直没有恢复，因而对拖拉机和联合收割机的需求也就一直萎靡不振。最终，国际收割机公司放弃自 19 世纪 30 年以来由赛勒斯·麦考密克（Cyrus McCormick）① 一手制定的企业发展方向，即农机设备制造，摇身一变成为专门生产载重汽车的美国纳威司达公司（Navistar International）。[26]

在美联储内部，这种不确定性令人不快地触及了痛处。当初联邦公开市场委员会在 2 月再次实施紧缩货币政策的行为明显是错的。正如某些委员推理的那样，12 月和 1 月的 M-1 喷涌并未预示美国经济将恢复景气，此时反而是在向相反方向发展，即工业生产已逐步下滑至新低。美联储曾经向银行体系注入的货币数量或许已经足够容许美国经济实现复苏，可很明显，事实并不是这样。如果从利率的非正常水平来判断，美联储的政策的确过于紧缩。那么货币到底出现了什么问题呢？

“经济正呈现急剧下滑的形势，”委员南希·蒂特斯说道，“我们的理论也正在分崩离析。”

发生分崩离析的是米尔顿·弗里德曼理论，也就是保罗·沃尔克采用的理论基础。M-1 呈现出的新问题要比货币定义本身的迷惑性更加深刻，这是决策者早在先前的关键时刻就已经遭遇且试图去补偿。此时流通货币正逐渐减速，用经济专业术语来说，其在失去动力，货币供给也在私人经济行为中以不断下降的速度翻转为不同的交易形式，这意味着一定数量的 M-1 不可能如预期的那样催生同等水平的经济行为，事实上，也就是说货币供给要比美联储所预想的更加紧缩。

货币流通正在减速的主要原因是人们受到了惊吓，他们紧紧抓住货币的时

① 美国大名鼎鼎的收割机发明家兼国际收割机公司的创始人。——译者注

间要比以往更长。在四面楚歌的情况下，数百万私人经济玩家以及家庭和企业都在自己的活期账户里积攒越来越多的存款，尤其是有息 NOW（可开支票活期储蓄存款）账户，可他们却并不打算立即花掉这笔钱。每个人都在犹豫，正如纽约联邦储备银行指出的，所有人都“在高度不稳的经济和金融环境下强烈感觉到对流通资金的预防性需求”。

当货币流通速度背离人们的正常预期，那么美联储推算的基本标准也就不再实用，即用来决定经济发展速度的等式。如果 1 美元在一年的流通过程中繁殖增长 6 倍，那么也就是说会制造 6 美元的名义 GNP。但如果同样的 1 美元因某些不可预期因素只增长 5 倍，那么在作为结果的经济行为中就仅仅能制造 5 美元，一旦这种差异被应用于整个货币供给，结果就会变成巨大的不足。

尽管美联储并未在第一时间内承认，但美国经济的确已经开始呈现出这种迹象，美联储的经济调控专家也意识到这一点。1982 年第一季度，美联储大约提供 4500 亿美元的 M–1，即能够实现立即交易的可用货币。举例来说，如果 4500 亿美元的 M–1 可按繁殖增长 6 倍的速度进入流通，那么将会产生 2.7 万亿美元的名义 GNP。但如果流通速度下降到 5 倍，同样的货币供给就只能在经济行为中创造少于 2.5 万亿美元的名义 GNP，这种难以置信的损失是所有人都没有料想到的。

换句话说，M–1 是否可靠，取决于货币流通速度是否能够按照预期轨道发展。如果人们突然改变自己的支出预算和货币处理习惯，无论出于何种原因，货币的流通速度都会发生非预期改变，M–1 也就带有极大的欺骗性。美国政府，包括美联储，都无法控制这种货币经济学中的不确定因素。毕竟他们不能强迫美国人民将自己的钱按预期速度投入到流通中。

流通速度是弗里德曼理论中唯一致命的弱点，难以控制的速度会让他本来自信满满的货币理论完全脱轨。这种深刻见解本身也并非新鲜事物。多年来，货币主义理论批评家（包括美联储内部的货币主义者）曾经指出，弗里德曼是在指定货币关系中的一种恒久性，而这种恒久性事实上根本不存在。弗里德曼的教条充满魅惑，但简单朴素，即除了控制 M–1，别无其他，而这正是其错误的核心所在。现在 M–1 的可靠性已经不是经济学家所讨论的理论命题，美联储也正依靠同一个错误在操控美国整体经济。

M–1 流通速度的实际偏差当然并不是一个简单的例子就可以尽言，但其在现代经济行为中仍然是史无前例的。1982 年第一季度，M–1 增长 10.6%，但 M–1

的流通速度却下降 10.8%，这实际上完全抹杀了货币供给的繁殖增长。回溯 1 月，当时金融市场和白宫以及美联储自身都接收到 M-1 喷涌式增长的警告，但货币的有效增长实际上却表现平平。

货币主义者从根本上承认这种转变，但声称这只是暂时的出轨。他们确信 M-1 会迅速恢复预期中的流通速度。但他们又错了，这根本就不是一次出轨。1981 年最后一季度，货币流通速度开始下降，第二年上半年仍然在持续下滑。此时的美联储会做些什么？米尔顿·弗里德曼的货币规则中没有一条提到过这种政策困境。如果美联储坚守弗里德曼原则，即不顾货币流通速度的大幅度下降继续提供稳定、适度的 M-1 月增长，那么这家中央银行势必要将美国的实际经济推入越来越深的深渊。

“这让货币主义者陷入孤立无援的境地，”蒂特斯说道，“一种彻底被孤立的境界。”

然而事实是逐渐显露的，它并不会让所有人立即一眼看到。货币主义经济学家无法精确地衡量出货币流通速度的改变，也就无法做出相应的调整。流通速度是经济学家口中的“派生”统计数值——只有事实发生后才可知，即用已经发生的经济增长除以货币供给。而这其中就存在困惑和值得商榷之处，起初，美联储的经济专家意识到流通速度正在下降，而有些人认为他们能够理解其中的原因，但最终却并未解决接下来发生的问题。

波士顿储备银行的弗兰克·莫里斯再次表示应该彻底放弃 M-1，他的怀疑态度得到越来越多同僚的支持。纽约储备银行的安东尼·所罗门也力劝联邦公开市场委员不要继续坚守货币流通量。而那些奉行货币主义理论的地区联邦储备银行行长（圣路易斯银行的鲁斯、里士满银行的布莱克、克利夫兰银行的凯伦·N. 霍恩等等）却再次表示强烈反对：放弃 M-1 的行为无疑可以被解读为放弃与通货膨胀的战斗。

亨利·沃利克一向对货币主义教条嗤之以鼻，但尽管如此，在这次控制 M-1 的强硬路线问题上他站在了货币主义者一边。沃利克的意图是不惜任何代价消灭通货膨胀，正如他所说，要“承受疼痛”，为达到目的继续向货币增长施加重压，无论哪种经济理论都是如此。沃利克的正统说法是，只要价格通货膨胀依然存在，抑制经济行为的做法就永远都不算错。

从未相信过货币主义理论的自由主义者南希·蒂特斯再次试图说服各位委员：他们是在让自己成为一套错误教条的囚徒。要想看穿美联储为何会极力迫使经济下滑，无须去紧盯 M-1 或货币流通速度或任何晦涩难解的计算，最直截了当的解释其实相当简单：信贷价格。“我们的利率太高，”她认为，“并且让高利率持续得太久。”

蒂特斯提议，宣布胜利的时刻已经来临。价格的通货膨胀已经大幅度下降，4 个月来，价格消费指数已经连续下降到低于 5%，甚至曾短暂下降到零。蒂特斯认为，美联储此时应该无可非议地收手——在经济局势进一步恶化之前。

货币仍然紧缩——极度紧缩，无论 M-1 显现出何种信号。联邦资金利率仍然徘徊在 15%，这就意味着随着通货膨胀的下降，债务人的实际利率成本在稳步上升——春季一跃超过 6%。货币流通速度的下降应该一直伴随贷款需求的下降和利率的下降，然而正如劳伦斯·库德罗分析指出的，企业别无任何选择，只能继续借入更多的贷款。发生恶化的企业资产负债表会催生对商业贷款的喷涌式需求——尽管利率仍然居高不下，尽管经济衰退仍在。

对于仰慕者来说，主席沃尔克谨言慎行、冷静理智且意志坚强；但对于批评者来说，他似乎过于顽固不化、傲慢无礼。无论怎样，保罗·沃尔克还是不能确信此时就是放松货币的时机。在 3 月 30 日召开的联邦公开市场委员会大会上，沃尔克同意 M-1 越来越古怪的说法，美联储也会些许放弃自 1979 年以来推行的运作程序。此时的美联储在某种程度上变得更加灵活变通，以希望能够看清那些不确定的经济因素。

沃尔克不愿承认他的运作程序此时已经不再实用，或者承认凯恩斯主义批评家的说法中肯。自由主义学院派学者和某些华尔街经济学家，例如亨利·考夫曼曾经警告沃尔克他是选择在一个错误的历史时期去推行货币主义原则。目前的经济现实更加印证这种评论的正确性。但沃尔克仍然坚守 M-1 的重要性，至少在公开场合是这样，就好像一切都没有改变一样。

对于沃尔克来说，货币主义政策拥有政治价值，因而其才不愿放弃。作为一种可以决定货币政策的管理工具，货币数字曾经让美联储一次又一次陷入错误和迷惑当中，其中有些还给美国的实际经济造成了恶果。但作为一种政治论据，M-1 相当有用。在华盛顿，它给这位美联储主席推行高利率的行为披上一层外衣，打着“复杂基本原理”的幌子成功堵住众多国会议员的嘴。与此同时，在华尔街，沃尔克的其他听众们也接受 M-1 是美联储表达真诚的护身符；从而货币主义理论成功做到麻痹一个权力中心对美联储的批评之词，又鼓励另一个权力中心对美联储的喜爱之情。

此时为了放弃 M-1，沃尔克必须要向金融体系、银行、债券市场和货币市场交易员宣布：美联储将重新回归关注利率。对于一向持怀疑态度的投资人来说，这样的话听起来会让他们想到当初 20 世纪 70 年代美联储曾宣布通货膨胀失控时的“艰苦往昔”，沃尔克担心市场会对此做出负面反应，美联储将失去“可信度”。

美联储还在掌控全局，还在管理着全国范围内的大规模清算运动，其目的就是根除价格通货膨胀、稳定货币。与亨利·沃利克及其他强硬派一样，保罗·沃尔克认为，美联储坚持的时间越久，也就是不顾疼痛和抗议持续容许经济下滑，那么距离那个渴望而美好的目标就会越近，即美国坚挺货币的恢复。[27]

墨西哥财政部长何塞·席尔瓦·赫尔左格（Jesus Silva Herzog）对美联储私人晚宴上的柠檬蛋白派印象特别深。这是席尔瓦拜访美联储时与保罗·沃尔克周五私人聚会的菜单上的甜品。1982 年整个春季，他们经常就一个关系共同利益的问题进行深入讨论，那就是墨西哥正面临破产。

鉴于美国经济衰退和利率居高不下的困境，墨西哥正快速濒临无力承受支付海外贷款利息的境地。墨西哥货币正疯狂膨胀，失业率达到 13%，墨西哥生活水平倒退回 1970 年，即普通墨西哥公民整整 10 年的经济进步完全付诸东流。随着墨西哥比索价值的日益下滑，相对富有的墨西哥公民将货币运往国外，将自己的资本转变为诸如美元这样的稳定货币，从而耗尽墨西哥的资本储备。为了保持平衡，墨西哥不得不拼命借入更多的外债。

墨西哥危机也是美国的危机，两国在贸易和劳动力供给上的经济纠缠远比美国民众想象得更为紧密，但其中最为关键的环节则是金融。如果墨西哥沉没，那么美国几家鼎鼎有名的顶级银行也会随之沉没。墨西哥对海外债权人的债务多达 800 亿美元，占据美国大型银行信贷的最大份额。4 月中旬，墨西哥最大公司阿尔法工业集团公司（Grupo Industrial Alfa）宣布其无力按时偿还 230 亿美元的银行贷款，美国银行只好同意继续出资帮助这家公司重组（花旗银行和伊利诺伊大陆银行再次向其抛出 1 亿美元贷款）。至此 9 家超大型货币中心银行总共向墨西哥抛售的贷款已占其总资本的 44%。在银行的监管记录中，当贷款支付出现明显滞后时，债务就必须注销，即直接从银行的资本基础上除去。花旗、美国银行及其他银行都将顷刻间陷入危险之中。

两人见面后，席尔瓦并没有威胁沃尔克自己无法按时偿还贷款，他也不需要这样做，两人心照不宣地知道他们必须要让事情运行下去。对于墨西哥来说，拖欠贷款意味着墨西哥将被逐出国际金融市场，因为没有更多的海外贷款来助其进行贸易和经济发展。“我们会问自己，如果我们说‘没戏！我们还不起债’，接下来会发生什么？”席尔瓦这样对记者约瑟夫·卡夫（Joseph Kraft）说道：“我们有点像游击队，但也说得通。我们是世界的一部分。我们的食物中有30%是进口货。我们不能只是说‘见鬼去吧’。”

对于沃尔克和美国来说，赌注已经越变越大。墨西哥的一次拖欠将意味着美国银行体系的塌陷——自上而下的塌陷。紧张的投资人和货币管理者在获悉海外信贷危机后会匆忙冲向银行取出自己的大额存款，而这种恐慌极有可能会大范围蔓延，从而造成全球大型跨国银行的“赛跑”。从理论上来说，美联储及其他工业国家的中央银行都会向正在失去流动资金的花旗抛出大规模贷款以拯救危机，也就是说会增加货币供给以挽救银行体系。但这却是一个任何人都不想去检验的理论。

这位墨西哥财政部长为美国财政部带来同样的考验，但却并未从里根部长及其同僚那里得到太多的反应。而在美联储，席尔瓦却可以找到志趣相投的人。美联储就像是美国的国务院金融部，可以独立操作大型国际信贷交易并说服其他国家的中央银行趋之若鹜。沃尔克的职业特点带有很强的国际性；在每天都要直接处理全球银行体系事务的纽约联邦储备银行，安东尼·所罗门实际上也具备同样的专业知识，并早在25年前于墨西哥运行一家企业时获得财富积累。耶鲁大学前教授、委员亨利·沃利克将席尔瓦看作是自己国际经济学的一名学生，正如约瑟夫·卡夫所说，沃尔克领导下的美联储正是美国政府内部的“墨西哥黑手党”。[28]

首先，沃尔克力劝席尔瓦向国际货币基金组织陈述自己的问题。IMF通常会做出这样的反应：在充当法官、衡量国际破产业务、代表作为债权人一方的富裕工业国家监督债务国经济状况、在向陷入金融困境的国家提供主要贷款的同时设定条款，要求他们必须清除资产负债表，也就是强迫这些国家的政府和居民过上清贫节俭的生活，以维持它在国际上的良好信贷信誉地位。国际货币基金组织的“决算”协议意味着债务国政府必须削减进口和公共支出、提高物价、削减工资。但从政治因素考虑，墨西哥总统洛佩斯·波提罗（Lopez Portillo）却想要延迟吞下这剂苦药。

墨西哥7月4日总统大选正在临近，新总统米格德拉·马德瑞德（Miguel de la Madrid）将在12月底就职，作为制度革命党（PRI）的总统候选人，这个政党自革命以来就一直是墨西哥的执政党，毫无疑问马德瑞德会赢得竞选，但即使是对于制度革命党来说，在竞选期间用新的管理手段来扰乱竞选也依然是糟糕的举动。

“很明显他们已经箭在弦上，他们只能宣布破产，你又能做些什么呢？”沃尔克说道，“你只能坐在那里揣摩：墨西哥什么时候破产，是在竞选之前还是之后？”

两个男人最终想出一个权宜之计，即美联储向墨西哥提供大规模短期贷款，从而保证墨西哥坚持到竞选结束。届时新的墨西哥总统会赶往国际货币基金组织并向私人银行申请新贷款，同时还会号召墨西哥人民接受艰苦朴素生活的新条款，而这也是债权国需要看到的。起初，沃尔克和席尔瓦将短期贷款数字设定为 6 亿美元。

“这笔钱意在帮助他们挺过这个夏天，”沃尔克说道，“然后他们再前往国际货币基金组织求助，制定新的经济发展计划。”

除了其他角色以外，美联储还是其他国家的法定最后贷款人。4 月 30 日，美联储向墨西哥借出 6 亿美元，这是一系列数百万美元短期信贷中的第一笔贷款。按经济专业术语来讲，这些交易被称为“互惠外汇信贷”（currency swap）；但从实际角度来看，它们更像是临时过渡性贷款（bridging loans）。美联储将在墨西哥驻纽约储备银行的账户中存放 6 亿美元，而墨西哥将会按照现行汇率给美联储同等数量的墨西哥比索，许诺当这笔交易过期时用美元将其赎回。

由于国际账户要求偿还贷款时以可靠美元作为支付媒介，而不是不值钱的比索，因此这笔交易会给墨西哥足够多的现金以维持其及时支付账单且避免暴露自己账册中的每月资金枯竭。这笔 6 亿美元的贷款迅速在第二天到位；6 月 30 日，墨西哥账户一夜之间又从美联储备用信贷中吸收 2 亿美元，7 月末，则又有 7 亿美元入账。

互惠外汇信贷还有一个好处，那就是可以秘密进行。沃尔克谨慎通知美国内阁政府和主要国会主席，二者皆未反对。但公众知道有关互惠外汇信贷的时间却是每季度一次，因此美联储发出的紧急贷款可以保证在 3 ~ 4 个月内都秘而不宣（在这种情况下，4 月发生的互惠外汇信贷要直到 10 月才有可能见天日）。到那个时候，沃尔克希望墨西哥已经能从国际货币基金组织那里获得足够且全新的金融支持，美联储也能得以终止这种暂时性的紧急救助行为。

“风险是显而易见的，”安东尼·所罗门说道，“第一大风险就是如果美国当局没有与墨西哥建立良好的对话且一味地遵循秩序贷款，那么势必会引起更大程度的恐慌。美国的整个金融体系也会开始‘赛跑’。向墨西哥借出贷款的美国银行有100家，尽管并不是大型银行，但也不能小觑这场恐慌将会造成的后果。

“另外一个风险就是美联储要获得偿还。从专业角度来讲，这是一种互惠交易，但实际上就是一种贷款。其所肩负的责任就是要在3个月后让这笔交易发生翻转并以美国货币的方式将钱还给美国。然而，如果这个国家破产，那么他们就没有偿还能力，他们的比索也就毫无价值。”

美联储对国际偿债能力的谨慎监督可以看作是美联储的最高职责。12位联邦储备银行行长通过各自的贴现信贷向全美国1.4万家国内银行施以保护，使它们免受突发性清算危机的影响，不至于最后沦为破产。从一个更高层次来说，在与国际货币基金组织和其他国际信贷组织打交道时，美联储在精挑细选的各国面前始终扮演相同的角色，海外援助可以进行，但前提是尽可能谨慎且避免引发恐慌，同时还要避免国内的政治争议。举例来说，如果美联储决定借出几亿美元去搭救国际收割机公司（美联储也拥有这样的法定特权），那么这种行为所隐藏的含义就值得讨论，因为还有成千上万的企业需要同样的帮助。而保释墨西哥似乎非常重大且严肃，因而才不至于引起争议。

一次危机中，国际金融体系的危机潜力会最先显现，会被置于所有需要考虑的事项之上，甚至包括美联储对控制国内货币供给的献身精神。沃尔克对货币的严格控制事实上会直接引发国际金融市场上的持续压力，首先就是全球经济衰退的显现，从而迫使债务人处境艰难、难以维持，之后就是在全球范围内制造与美国国内经济状况类似的清算运动。

巨大的国际美元蓄水池正在向美国流动。在欧洲，美元突破国家界限，哪里有最高的利润回报，它就会向哪里漂。这次轮到美国，这里诸如美国国库债券这样的长期投资即完美又安全，回报率已达到历史最高水平。这种一边倒的流动使金融市场上的美元变成紧俏货，使世界各地的海外债务人开始争相抢夺稀缺资金、支付溢价①。世界范围内的清算压力与美国国内企业面对的困

① 溢价，指所支付的实际金额超过证券或股票的名目价值或面值。——译者注

境十分类似，也就是说都要靠不停地借入更多的钱来维持其资产负债表，无论信贷成本有多么高。只是这一次面对破产危机的不是企业，而是主权国家。

墨西哥是这个体系中第一个发生可见性爆裂的国家，至少对那些负责贷款的人来说是如此。4 月，问题似乎已经得到控制，但美联储不能眼睁睁看着这种爆裂发展到彻底崩溃的地步，它要向墨西哥抛出贷款，并希望日后能够有所起色。

“这里还存在一个小风险，那就是有人会质疑和批评你，”所罗门说道，“美联储为何要这么做？另外，大多数比较理智的人也都能看出这其中存在风险，因为其具备金融危机的所有典型特质。”

5 月 17 日，华尔街受到第二次爆裂性的震动，当然这是一次较小的裂缝，但却足以令人心绪不宁。一直深陷险境的债券经销商特拉斯戴尔政府证券公司（Drysdale Government Securities， Inc.）宣布破产，但它的倒闭却在几家极富声望的大型银行中间造成巨大冲击波，包括大通曼哈顿以及受伤较轻的汉基信托和美国信托。特拉斯戴尔资金有限，但一直能利用政府证券做赌注，从大通曼哈顿和其他人那里借入资金（总计竟达 20 亿美元），利用国库券的短期信贷购回协议实行价格投机。当作为赌注的债券价格开始下降时，特拉斯戴尔再也无力周转资金，于是陷入摇摇欲坠的危机。而大通曼哈顿则宣称不对任何持有这种“购回债券”的交易员产生的损失负责，于是这些人开始陷入恐慌，他们满以为自己是在和大通做生意的生意人，而非前途暗淡、野心勃勃的赌徒。

债券价格急剧下滑，在迷惑和混乱的笼罩下，特拉斯戴尔的倒下使华尔街上的其他公司中间开始蔓延一种恐惧感。投资人开始倾销银行股票，尤其是大通曼哈顿的股票，大通股票价格因而在两天之内下滑近 10%。公司开始争相捍卫自己明确的债券所有权，并对拖欠人实施声讨。

退一步说，这的确使人不安，规模如此庞大的一家投机企业可以得到如此放松的信贷，凭借的就是那些最负声望的银行家不言而喻的“祝福”。美国的政府证券市场是世界上最大的金融市场，就连联邦政府也无权操控，只有美联储派出的 36 位有权和美联储公开市场办公室打交道的主要交易员才能施以监督。每天这里都会有数十亿美元通过电话易手，并且之后就会有真实的书面文件跟进。作为美国政府中的唯一负责机构，美联储迅速出面安抚众人。自 1970 年美联储曾介入宾州中央铁路公司（Penn Central Railroad）倒闭以来，这家中央银行实际上就承担起更广的责任。除了保护银行体系以外，美联储还要留意整个金融市场。当恐慌或危机来临时，美联储要冲往第一线起到安慰和稳定人心的作用。

沃尔克的一位助手说道："市场玩家的恐惧感就来自想要知道如何才能真正了解与自己做生意的人，一旦这种恐惧蔓延，政府证券市场就会陷入僵局，因为没有人敢和其他人做生意。"

首先，沃尔克和大通曼哈顿的高管进行促膝长谈，后者终于改变心意。大通将负担所有损失，总计约 1.6 亿美元。纽约储备银行的姿态则是贴现窗口官员向所有遭受突然清算问题的银行表现出同情，因为整个债券市场已经陷入恐慌。另外纽约储备银行还从自己的贷款组合中向债券公司借出价值几十亿美元的债券，以确保市场拥有充足债券用于交易，以不至于在人人细化债券所有权时遭遇冻结。

最后，纽约的公开市场办公室也会自行购入债券，根据操作官员自己所说，这样做的目的就是提供"更为迅捷的银行储备金……以预先阻止不受欢迎的金融压力"，最有把握消除恐慌的方法就是向货币市场上的债务人确定充足的可用资金，因而使所有人都不会被置于不利地位。这样做可能会造成货币供给的暂时大幅度上扬，但随着后来人们恢复平静以及储备金的逐步撤回，这种局面会得到纠正。在美联储迅速、敏捷、及时地冲往第一线的努力之下，特拉斯戴尔危机很快就被控制住。[29]

然而金融体系的这种潜在压力仍在暗潮汹涌。储蓄和信贷产业正经历危机，希望能够出台紧急立法加以恢复，至少可以有书面文件对几千家州储贷机构的偿债能力进行评估。商业银行随着信贷拖欠的积聚也会感受到同样的压力。

联邦存款保险公司（Federal Deposit Insurance Corporation）总裁威廉·M. 艾萨克（William M. Isaac）负责监控银行审计人员的报告，并为陷入困境的银行数量在与日俱增而感到忧心忡忡。艾萨克向保罗·沃尔克建议道："我不知道还能撑多久。我们正濒临倒闭。我不想再这样辛苦地撑下去。"[30]

就在特拉斯戴尔破产的第二天，联邦公开市场委员会召开 5 月会议，从华尔街向外扩散的有关恐慌谣言已经制造出一种危机和混乱气氛，美联储官员试图弄清到底发生了什么。委员讨论的内容主要是特拉斯戴尔的倒闭，并猜测下一个会轮到谁。他们知道墨西哥的局势正向险境前进，他们已经处于重压之下，而这段插曲又似乎加重了压力的砝码。

"局势很紧张，"委员埃米特·赖斯说道，"我一直在担心金融体系的实力。

我们当中很多人开始怀疑我们是否还能长期维持严厉的货币政策，以及我们是否真的不应该大幅度放松货币。”

纽约储备银行的安东尼・所罗门沮丧于 M-1 令人困惑的多变性，因为 M-1 是联邦公开市场委员会的决策依据，此时的他打算放弃。“我们当中很多实用主义者越来越恼怒于这种货币手铐，”他说道，“它根本毫无意义。”

委员查尔斯・帕蒂和波士顿储备银行行长弗兰克・莫里斯以及南希・蒂特斯同样忧心忡忡。尽管没有投票权，但莫里斯反复强调联邦公开市场委员会的决策体系已经不再可行。蒂特斯则再次警告有关储蓄和信贷部门以及整个金融体系所面对的压力。

然而美联储却让自己陷入这种冲突性压力的巨大钳制之下，即金融界与政界间彼此对立的需求迫使这些决策者向相反的方向走去。在华盛顿，那些最重要的政治家要求美联储缓和严厉的货币措施，但华尔街上的金融市场却坚守紧缩政策。联邦公开市场委员会的委员们除了要解决有关货币和经济的专业性难题之外，还要在暗地里做出判断：应该倾向于哪一方诉求，是政界还是金融界？

在白宫，詹姆斯・贝克身边正围绕着众多的货币主义经济学家，他们正在没完没了地谈论 M-1 的多变以及对未来经济复苏的错误预测。如果贝克听从这些人的建议，那么白宫将会力劝美联储再次实施紧缩的货币供给。整个 4 月，1982 年的 M-1 增长已达到近 9%，远远超出联邦公开市场委员会设定的年增长率 2.5% 到 5.5% 的目标。“我们坚信，如果货币增长回落至美联储设定的上限，那么利率也会随之下降。”经济顾问委员会委员杰里・乔丹说道。[31]

再次紧缩货币供给就会让利率下降吗？贝克对此并不买账。这位总统的首席政治顾问并未提及有关货币政策的特别复杂性，但他一直没有领会到货币问题十分重要，重要到不能只丢给经济学家。“吉姆・贝克拥有得克萨斯银行家的智慧，”大卫・斯托克曼说道，“一切都开始于高利率不好这个命题，因此美联储要对此负责，并且要酌情处理，让利率降低，使经济再次增长。”

贝克决定自己采取些许措施“痛击美联储”。经济破坏仍在持续扩散，利率却丝毫没有下降。第一季度企业利润已经下降 17%，这是有史以来的最差纪录。工业生产指数自 3 月来已下降两个基本点。企业破产率达到经济衰退后的最高峰，即每天都有 280 家企业倒闭，如今这种吞没大潮已开始涉及大型企业，如巴瑞尼夫国际航空公司（Braniff International）、维克斯公司（Wickes Companies）、美国国际（AM International）、萨克逊工业（Saxon Industries）

以及玩具火车生产商莱昂纳尔公司（Lionel）。[32]“它们还要多久才能摆脱这种不幸？”贝克不断这样质问白宫同僚。

美国行政管理和预算办公室的劳伦斯·库德罗在一份备忘录中确认了这种忧郁和惨淡：“看着现在手中的这份经验数据，企求下半年出现强劲的经济复苏根本没有指望。事实上，如果没有金融市场的立即恢复，企求在下半年出现任何经济领域的复苏都不可能。”为什么？“所谓经济前景的底线其实很简单：利率一直居高不下。”库德罗说道。[33]

贝克及其代理人理查德·达曼（Richard Darman）在与沃尔克和其他委员对话时变得越来越没有耐心，他们大声敦促美联储放松货币、启动经济复苏。“很明显，我们的脑子里只有落选，”一位内阁官员说道，“经历太多挫折的我们只有一种感觉，那就是美联储做得太过火，货币原则过于严厉。”贝克对于自己或其他人甚至是总统发出的私下警告是否能够打动沃尔克也没有把握，他只知道如果再不出现经济复苏，共和党将在 11 月大选中付出更多的代价。

就在白宫的大多数高层官员对沃尔克虎视眈眈时，美国财政部并非巧合地开始重新审视政府改革，主题是：美联储的独立性。在递交的众多意见当中，其中值得考虑的就是是否应该让美国财政部长在联邦储备委员会中拥有议席（1913 年美联储初创时曾有此规定），或者这家中央银行是否应该变成财政部的一个下属分支，即完全对总统负责（这一点曾是保罗·沃尔克在普林斯顿大学毕业论文中大力拥护的）。

“每个人都很激动，”财政部的一位部长助理说道，“他们目睹 1982 年的大选正在迫近，他们迫切需要经济复苏的到来。这对于财政部来说是不幸的，也是令人狂躁的。我们会看见所有参议员都前功尽弃。”

在 5 月 18 日联邦公开市场委员会大会上，沃尔克针对美联储独立地位的各种政治攻击做出报告。国会领导人一直对美联储“图谋不轨”，如今财政部也加入要阉割美联储的斗争的队伍中来。或许这些不过是一些空头恫吓，但失去独立性对于美联储来说仍然是最大的威胁。

不过，美联储从华尔街金融市场上听到的声音却完全相反。这些货币交易员警告道，不要在此时放弃，因为我们仍不能确定。如果美联储过早放松货币，通货膨胀会卷土重来。这在之前就已经发生过，所以也一定会再次发生。

联邦公开市场委员会将不会放松货币政策，费城忠诚银行（Fidelity Bank）首席经济专家蕾丝·H. 汉特（Lacy H. Hunt）在 5 月大会前几日预测道：“因为美联储在过去曾经犯过这样的错误，他们当时就是太快放松了货币。”

不过摩根－斯坦利的货币主义经济学家 H. 埃里克·海尼曼（H. Erich Heinemann）对美联储是否能坚持住对金融市场的忠诚则表示怀疑。他指出，M-1 增长的幅度正在拉响警报。

“这样的态势令人感到不安，”海尼曼写道，“他们不关心美联储反对通货膨胀的决心，只是暗示后者要乐于看到货币的大幅度增长……这应该能被证明情况属实，这会倾向于证实市场参与者仍抱有最强烈的怀疑之心……这会倾向于证实在金融资产投资管理者中间仍存在广泛的恐惧之心。”

还有几位比较重要的华尔街人物力劝美联储放弃 M-1、放松货币政策，例如所罗门兄弟的亨利·考夫曼、E.F. 赫顿的爱德华·亚德尼、欧文信托的乔治·麦肯尼（George McKinney）等等。但整体来说，金融市场上的绝大多数举足轻重的人还是倾向于反对任何的放松政策。事实上，奥本海默公司（Oppenheimer and Company）在对 138 位货币管理者进行市场调查之后，向美联储发出警告：“执行者表达的最大担忧就是害怕通货膨胀会卷土重来，而不是经济衰退的日益严峻。”联邦咨询委员会的银行家也发出同样的声音——不要放松！[34]

美联储主席选择的是关注金融市场和银行家的建议。现在放松货币的确还太早。沃尔克担心的是如果他放松货币，金融市场会做出何种反应。他祈求得到的依然是其所熟悉的护身符——“可信度”。

南希·蒂特斯听说 M-1 仍然被美联储看作是“可信度”的象征。“人们谈论着美联储的可信度，”她说道，“我从来都不理解他们在说些什么。货币主义者极力鼓吹和宣扬美联储不再具有可信度，但如果我们只是控制货币的流通量，那么世界就应该是一个绝对安全的地方。可事实是不管怎样，我们应该控制的正是利率。”[35]

此外，投资者对“通货膨胀的恐惧”似乎越来越矫揉造作。消费价格指数在 4 月份就已经下降，通货膨胀率也只有 2.4%。商品价格，包括食品和石油的价格，已经进入平稳或下降期。劳动力也开始接受工资的降低，汽车工人和卡车司机在新合同里的工资诉求已经降低。这些银行家和债券投资人到底还要看到什么景象才能满意？答案就是：更多的需求。

对于联邦公开市场委员会委员来说，问题已经超越有关 M-1 增长的专业不确定性，甚至也超越了通货膨胀的压力是否已经被真正消灭。关键问题是如何才能保住美联储的良好名誉。1980年时美联储曾犯错，但更令人痛苦的是他们早在70年代就已经误入歧途并允许通货膨胀率达到两位数。债券持有人、货币管理者和银行家仍对此念念不忘。

“这些市场会难以置信地迅速恢复通胀预期，银行、交易所和投机人，”安东尼·所罗门坚称，“只要一有提示，他们就会第一个做出反应。他们是一群非常神经质的人，你必须要小心翼翼地和他们打交道。”

美联储依然在为自己的过去赎罪，仍然在向债券持有人忏悔自己先前未能有效地捍卫他们的金融资产。“一旦你曾经是个坏孩子，”所罗门些许悲哀地说道，“你就必须花费10年的时间去做一个好孩子，以改变他们的看法。”

美联储要向华尔街显示自己仍然会是一个“好孩子”。经过无数的讨论和各种各样的质疑以及不确定性，联邦公开市场委员会的5月指令从本质上讲依然是秉承一切以华尔街为准的原则。不管货币流通速度下降的困惑性，也不论那些可见的压力和积聚的破坏力，美联储主席宣称货币政策将在未来6周内不会做出改变，也就是说既不会放松也不会收紧。美国实际经济的复苏还要再等上一段时间，至少要等到下一次7月联邦公开市场委员会大会的召开。

沃尔克的立场轻易就获得了压倒性胜利，尽管会议桌周围弥漫着强烈的质疑情绪。那些奉行货币主义原理的地方储备银行行长自然心满意足，因为他们和银行家一样喜欢M-1，诸如沃利克这样的强硬派当然也很满意。但那些满怀疑虑和担忧的委员会委员，诸如所罗门、帕蒂、赖斯等，则选择吞下自己的质疑，向保罗·沃尔克投出赞成票。

唯一投出反对票的是蒂特斯。

> “蒂特斯女士反对这样的行动，因为她认为应该在某种程度上提高货币增长的速度……目标就是促进资本流动、释放金融压力。”联邦公开市场委员会会议记录写道，“在她看来，为了实现生产和就业的大力复苏，利率变化的速度和程度都到了该减弱的时候。”

南希·蒂特斯认为，在如此紧张的情况下完全依赖金融市场作为指导，从根本上就是大错特错的。“我不理解长期信贷利率为何就不能下降，但它就是不下降，”她说道，“这种居高不下已经维持相当长的时间。为什么？这其中包含一些心理因素。金融市场过于悲观。他们已经退回到认为我们决不能对货币政策有半点放松。"

事后某些委员得出结论，蒂特斯是对的：美联储应该在春季放松货币政策。无论如何，这个决定对于美国经济来说都是一次灾难和毁灭，它给美国经济留下一道更深的伤口，直到多年以后才得以痊愈。

"这是后知后觉，"安东尼·所罗门坦承道，"我们或许应该在春季放弃货币流通总量，将实际 GNP 和通货膨胀作为我们的目标。如果货币供给已经不可靠，那么我们本来应该可以这样做，也不会和货币主义者产生矛盾。我们本应该放松货币，降低长期信贷利率，使美国经济获得复苏。"

委员埃米特·赖斯也认同蒂特斯的说法，但至少在投票之后。美联储的货币政策过于严厉，金融体系已经濒临险境。但当时的他却依然决定反对蒂特斯。

"我认为蒂特斯是对的，"赖斯说道，"但我不认为这足以让我和她站在一条战线上。并没有明显的证据证明她完全正确，或者当时的时机也不允许我和她站在一起。这其中存在许多相当重要的意义。人们担心金融体系所面对的压力，但我们感觉我们此时不能后退。"

美联储主席和大多数委员却并不后悔。紧缩货币供给政策时间的延长对于实际经济中的失败者来说或许是一种疼痛，但能进一步控制物价、劳动力，使商品购买者、小型企业和制造商勒紧腰带。大多数人认为，美联储坚守立场和忽视抱怨的时间越久，对未来的物价稳定就越有利，即美元价值的稳定，那么经济复苏就会在没有价格通胀膨胀的情况下到来。

亨利·沃利克就是其中之一，他十分骄傲于美联储在压力下的表现。"我们选择坚持到底，"沃利克说道，"我们没有惊慌失措、溃不成军。"

至于美联储受到的政治攻击，沃尔克和沃利克将其看作是无关紧要的事并加以抵制。"人们总是以为美联储在试图讨好一个政党或另一个政党，"沃利克说道，"但我们看到的是，自由主义者南希·蒂特斯选择的是加强罗纳德·里根的政治未来，而奉行保守主义的我却选择支持另一方。我想这完全可以挫败外界强加给美联储的政治影响力论调。"

紧要关头下的政治影响力并不属于共和党人或民主党人，而是属于美联储自身。在与通货膨胀作斗争的过程中，美联储早已赢得优势和控制危机的能力。它的影响力已经超越国会和总统；与其他任何一个攫取控制力的政治机构一样，美联储及其主席绝不会轻易屈服。

第 14 章　在经济衰退之前急转弯

6 月 24 日，堪萨斯城联邦储备银行派出 4 位银行审计人员前往俄克拉荷马市，任务是对陷入麻烦的宾州广场银行（Penn Square Bank）进行审查。宾州广场银行经理人需立即向贴现窗口紧急借出 1500 万到 2000 万美元以维持银行的资金流动，但美联储的审计人员必须首先确定宾州广场银行是否仍然具备充分的抵押资格，即是否拥有能够让美联储当作抵押品的债券或可靠贷款票据。这又是一家陷入危机的银行，但也正是美联储为何会存在的原因，其创立之初的目的就是保护银行体系免受突发性破产或蔓延性恐慌的打击。

数月来，负责监管全国特许银行的美国货币监理署（Comptroller of the Currency's office）的审计人员因宾州广场银行财政状况的日益恶化而备受惊吓。这家银行被视为毫无价值且不可收回的贷款组合越来越多，其向石油和天然气开发商借出的贷款主要是在油价喷涌时发生的鲁莽性贷款。当时在许多人看来似乎这种幸福时刻会永远存在，可如今油价正在下跌，宾州广场银行的债务人前景惨淡，这些贷款因而转变成无效贷款。随着监理署审计人员一声令下将数百万无效贷款一笔勾销，宾州广场银行的资本迅速蒸发直至消失殆尽。这家银行成为无偿债能力的破产者，政府监管部门必须让其关门。

当美国联邦存款保险公司总裁威廉·M. 艾萨克接到警报时，其为货币监理署审计人员的催促和惊慌感到相当迷惑。联邦存款保险公司是联邦银行监管体系中的第三方，这家保险机构会取得对破产银行的控制权，其要向参与投保的存款上限为 10 万美元的存款人支付保险金，或者试图让另外一家银行接管这家破产银行，然后重新开张。在多次银行危机中，美联储、货币监理署和存款保险公司都会本着共同合作的态度处理银行危机。从表面上看，宾州广场银行危机似乎算不上特殊的大事件。

“我不断地问自己：‘他站在这里和我讨论一家位于俄克拉荷马市购物中心的银行产生了5亿美元的债务，可为什么口气听上去就像是一次特大的危机一样？’”艾萨克说道，“然后他告诉我，这家银行的问题还不止于此，因为它已经向其他银行卖出大约20亿美元的贷款参股，包括伊利诺伊大陆银行、大通曼哈顿、西雅图第一银行和密歇根国民银行。他的担心是如果处理不当，这些银行会产生连锁反应。”[1]

宾州广场银行的如意算盘可谓一败涂地，银行的执行管理人也可谓是典型的强盗，这些企业银行家拼命向石油开采商提供新贷款，而依据就是当时前途似锦、生机勃勃的石油和天然气开发工业，他们对未来的石油价格充满信心，对债务人未来的偿债能力充满信心。联邦政府的审计人员发现，这家银行的贷款组合不仅普遍具有鲁莽性，而且甚至就是一种欺诈。

然而，宾州广场银行的这些“骗子”却无法做到自力更生，因为这家中等规模的银行根本不具备这样的实力。一家银行的资产和信贷从理论上来说应该与其负债和存款形成平衡，一家拥有不到 5 亿美元存款的购物中心银行根本不能承担 20 亿美元的贷款。于是宾州广场银行只能向上游部门售出这些贷款，正如银行家所说，即那些希望分担幸运的大型银行。[2]

美国中西部的最大银行、全美第七大银行伊利诺伊大陆银行从宾州广场银行那里拿走超过10亿美元的贷款参股。大通曼哈顿及其他银行还好陷得并不深，但也各自产生几亿美元的贷款参股。他们给予宾州广场银行借出更多资金的能力，同时也纵容后者甘愿冒越来越大的风险。

大陆银行本身也一向以“激进无节制”著称，只是其在规模上要远远超过宾州广场银行。其奉行的高增长经营策略获得了极大的成功，仅仅 5 年时间就实现信贷业务增长 50%，400 亿美元规模已经让市内其他竞争对手黯然失色。芝加哥第一银行也正如其野心勃勃的行长罗杰 · E. 安德森（Roger E. Anderson）所说的变成一家“世界级银行”，安德森受到美国商业杂志《唐氏评论》（Dun's Review）的大力热捧，宣称其银行是全美国运营状况最好的 5 大公司之一。《华尔街日报》则称伊利诺伊大陆银行是“最富攻击性的银行”。[3]

事实上，宾州广场银行不过是大陆银行及其他大型银行派往“石油工业”内部的商业调查员。当宾州广场银行登记贷款并实现贷款能力时，其不过是大型银行棋盘上的一颗棋子，后者会从中收拢同等数量的中间人佣金，然后转身向外寻求更多需要货币的石油勘探者。这对于各方来说都有利可图，在此期间，伊利诺伊大陆银行的股票在不到两年的时间里就从每股 25 美元上涨至 40 美元。美国这些最大且最负盛名的银行在贷款质量问题上的疏忽和怠慢（即不再遵循谨慎银行信贷规则）和穿着牛仔靴从俄克拉荷马购物中心走出来的骗子没有任何区别。

为避免陷入即时破产，美联储同意借出 2000 万美元（如果需要还可以更多）以维持宾州广场银行的运营，直到想出某些更好的解决办法。但来自联邦监管系统的三家独立机构官员在就如何清理混乱现场的问题上未能达成根本一致。美联储想要宾州广场银行继续运行，且不惜一切代价，直到找到新的所有人将其兼并。货币监理署的官员表示同意。但联邦存款保险公司的艾萨克却极力主张银行关门，向存款上限为 10 万美元的存款人结清保险费，并借此以儆效尤。如果联邦存款保险公司未能找到买家，那么所有持宾州广场银行活期存折且存款超过 10 万美元的人都将蒙受损失——信用社、其他银行、货币基金组织、个人投资者。但最大的输家却是那些曾经分担宾州广场银行不确定信贷组合的大型银行。

受到惊吓的银行家迅速和联邦政府的审计人员展开私下讨论，他们想要知道美国政府到底会怎样做。

“大陆银行代表走了进来，后面是大通代表和其他人，他们力劝我们采取某些特定的手段来处理这次危机，”艾萨克说道，“我们和伊利诺伊大陆银行及其他银行代表商讨并购问题，他们提出各种方案，主要都是建议宾州广场银行在新东家的掌控下继续运行，这样一来我们就不需要清算所有贷款。他们试图把多如牛毛的贷款全部抛给我们，这在联邦存款保险公司看来实在是一笔劣质交易。”

这样的讨论一直贯穿 6 月的最后几天且持续到 7 月 4 日的周末，宾州广场银行的钱已经快要用光。在这些讨论中，各货币中心银行得到美联储官员的支持，包括沃尔克、法律总顾问迈克尔·布莱菲尔德（Michael Bradfield）和美联储监管部门主管约翰·E. 赖安（John E. Ryan），这些人都害怕一旦这家位于俄克拉荷马的银行遭到清算，其他大型银行也会承受“严重后果”。

“联邦存款保险公司可以正常处理这家银行破产，即用自己的货币抵充这些不良贷款，”布莱菲尔德认为，“或者你也可以将资本投入其中，接管这家银行的运营控制权。如果你选择充抵这些不良贷款，那就必须要找到一个买家。”[4]

艾萨克提出两个异议：成本和原则。为参与投保且存款上限为 10 万美元的存款人结清债务最多要花费 2.4 亿美元的保险金，但如果全部承担起宾州广场银行的运营权，可能的潜在损失还会更多。与其他野心勃勃的银行一样，宾州广场银行已经积聚大量“资产负债表外”（off balance sheet）债务，加上信用证和信贷参股共计 30 亿美元。这些债务承诺并未出现在银行的资产负债表中，但无论如何其都要对这些债务负责。如果联邦存款保险公司接管控制权，那么这些信贷工具的持有人就会上门要债，艾萨克估算，符合法定程序的债务偿还损失总共要达到 5 亿至 7 亿美元。这些向联邦存款保险公司要债的原告包括伊利诺伊大陆银行及其他银行，他们一定会尽力要回自己的钱。

艾萨克是一位自由市场运行规则的忠实信徒，他想要借此让各位银行家吸取一个有关责任和义务的教训，即一个需要产业投资人、养老基金、货币市场互惠基金、州立和地方政府以及其他所有将数十亿美元通过大额活期账户或商业票据（银行控股公司发行）的形式存放在银行的美国人都要吸取的教训。倡导金融自由化精神的艾萨克认为，损失对于银行和银行投资人来说是最好的约束手段，是一个能让他们记住要时刻评估自身风险的警钟，而非事事都要依赖美国政府。

“如果我们保释这次危机，”艾萨克这样对其他审计官员说道，“并承担起伊利诺伊大陆银行、大通、西雅图第一银行及其他银行的损失，那么我们会向金融体系发出一个什么样的信号呢？你可以尽情展开这些最劣质的银行行为，最后再由政府来保释你。”

在其他人看来，艾萨克的想法既天真又有些顽固。“会议桌上出现这样一位固执己见的人会有利于向金融市场灌输纪律和约束的概念，”布莱菲尔德说道，“但问题是如何才能让市场在不破坏纪律的前提下掌握正确的规则——不要在泼掉洗澡水的同时把婴儿也扔掉。”

从理论上讲，艾萨克的自由市场风险原则听起来无懈可击，但沃尔克及其监管助理担心的却是一个更大且更迫切的风险。如果政府拒绝介入并拒绝承担宾州广场银行的损失负担，那么在大型投资人中间就会制造一次大规模恐慌，即每天都会向诸如大陆银行这样的大型银行借出几十亿美元的金融机构。一旦他们听到有关大陆银行蒙受损失的坏消息，这些谨慎的货币管理人就会因大陆银行或其他大型银行的可疑信贷参股而停止买入后者的活期账户。这种突发性的不安全感甚至会波及与宾州广场银行无关但却在战场上摇摇欲坠的其他银行，例如花旗、汉基信托及其他货币中心银行，因为他们早已向拉丁美洲借出数目惊人的贷款。一旦这种市场恐慌开始蔓延，那将无法预测这些银行将会何去何从以及他们失败的程度。

鉴于传真机散播消息的速度，遍布美国各个角落的货币管理人会开始将自己的资金转移到更为安全的地方，并降低自己向任何看起来风险重重的银行购买新活期账户的速度。然而一旦诸如大陆银行这样的大型银行无法做到每天借入大量货币，那么其将无法运转，陷入瘫痪，这就是所谓“管理型负债”原则，银行将无法实现“攻击性”增长，首先会波及贷款登记，接下来就是借入货币以支持贷款。如果大陆银行无法维持这种每日进行的大规模信贷业务（80亿美元/日），那么其自身的运行机制就将被置于危险境地。就是通过这种方式，一场始于俄克拉荷马市一家小银行的清算危机会在一夜之间迅速蔓延至芝加哥、西雅图和底特律或者是纽约。

“对于美联储来说，”艾萨克说道，“唯一的问题就是这场危机会对货币中心银行造成怎样的影响。美联储的立场就是存款偿付将会带来灾难，我们必须想出办法加以化解，而这个‘我们’就是指联邦存款保险公司。”

美联储会如此规避银行体系的任何一次骚乱还存在另外一个原因。一场清算危机足以迫使美联储改变货币政策，注入更多货币供给，而目的就是避开这种灾难。“他们不喜欢在金融体系内的任何一个环节看到涟漪式影响，”艾萨克说道，“因为这种涟漪会迫使他们在货币政策方面做出反应，他们不喜欢这样。”

对于布莱菲尔德来说，艾萨克是在做空头演讲。与杰克·赖安和货币监理署的监管审计人员保罗·霍曼一样，他试图劝说艾萨克改变心意。如果最糟糕的结果出现，美联储官员和监理署官员当然都要面对层出不穷的问题，因为他们共同对银行体系的稳定性负有责任，他们怎么能纵容银行的鲁莽性贷款发生递增呢?

“讨论中，”艾萨克说道，“保罗·霍曼曾一度重重地敲打会议桌，并且说道：‘该死的！我不关心什么成本。如果成本是10亿美元，你也必须保释它。如果你不这么做，伊利诺伊大陆银行就要破产，谁知道它会发展到什么程度。’我说：‘保罗，如果伊利诺伊大陆银行破产，我们会处理它。我们会对伊利诺伊大陆银行进行资产重组，然后让其止步于那个阶段，但我们不能让其止步于现在这个阶段。’”

从某种意义上说，这个问题会由“上游”银行自己解决，也就是大陆银行、大通、西雅图第一银行和密歇根国民银行，但所有这些机构都不会为了挽救危局让自己的货币冒任何风险。他们本可以承担起注入新资本的责任，但当这个提议不被接受时，联邦政府审计人员又提出另一个方案：如果大陆、大通及其他银行放弃自己对宾州广场银行的可能性债权，那么事情对于联邦存款保险公司就会更简单，其会以更低成本承担起责任并维持宾州广场继续运营。这些银行家经过反复讨论后，最后依然决定拒绝承担任何风险。大通曼哈顿当时正被自己在特拉斯戴尔证券的损失搞得焦头烂额，如果大陆及其他银行愿意分担宾州广场的麻烦，那么他们就会放弃自身对保险公司的起诉，主动提出是自己的管理官员由于疏忽购进宾州广场贷款的参股。换句话说，这些银行既想让联邦政府承担起这些损失，又想让自己可以随意掩盖自己的错误。

“我们想让这些银行一起参与紧急救助，” 布莱菲尔德说道，“如果他们不肯，那么宾州广场只能破产。他们都拒绝投入任何货币，也不愿放弃任何债权。他们都不想做出任何贡献，那就只能‘杀死’宾州广场。”

7 月 5 日，星期一，法定假日，来自联邦机构的所有审计人员会聚在美联储办公大楼的沃尔克办公室，与会的还有美国财政部长唐纳德·里根，共同来解决宾州广场银行问题。从专业角度来讲，财政部长没有特权决定审计人员的工作，但每个人都知道，如果灾难降临，将必须处理全国经济损伤的是由选举产生的政府、总统及其官员，而不是鲜为人知的银行审计人员，因此财政部长的意见十分重要。

根据艾萨克所说，里根向所有负责人提出这样一些问题：“有没有人想过，如果进行存款结算，是否会造成混乱？金融市场是否能够承受得起这种混乱？”

根据艾萨克的描述，沃尔克是这样回答的：“我想很有可能会引起混乱。”

沃尔克的担心得到监理署托德·考诺维尔（Todd Conover）的支持。这位主席同时还得到了美联储新任副主席普雷斯顿·马丁的认可。马丁，加利福尼亚金融家兼商人是罗纳德·里根任命的第一位美联储成员，取代弗雷德里克·舒尔茨成为副主席。马丁曾是联邦住宅贷款银行理事会（Federal Home Loan Bank Board）主席，负责监管和借贷理事会监督下的商业银行存款和贷款，因此他对潜在风险拥有一种监管者的敏感力。

不过威廉·艾萨克却反复强调自己对金融市场约束性的担忧：“如果我们这一次施行保释，那么其实会很糟。如果我们让伊利诺伊大陆银行及其他银行在毫发无伤的情况下摆脱困境，那么金融市场就会由此认为，无论他们承担怎样的风险，美国政府都会保释他们。最终走向让银行体系国有化的下坡路。”

鉴于银行拥有的政治权利，艾萨克的担心似乎相当重要，但他的逻辑是：如果美国纳税人有朝一日意识到他们实际上是在为私人银行承担风险，那么美国公众迟早都会要求政府加大对银行信贷的控制。

美国财政部长因而和联邦存款保险公司总裁站在同一条战线上。

经过几个小时的讨论之后，天近黄昏，会议最终发表通告：宾州广场银行将于周四清晨关门。货币监理署宣布这家银行破产，联邦存款保险公司将查封银行资产并对其进行破产管理。参与投保的存款人会立即收到账户存款的全额赔偿，其他债权人和索赔人必须排队等候，等候分享这家破产银行已经发生缩水的最后资产。

从短期看，艾萨克是对的。金融体系听到这个消息后做出防御性反应，但恐惧和混乱却并未消散。然而从长期来看，沃尔克及其他审计人员是对的。这个举动造成了“严重后果”。就在9个月之后，西雅图第一银行濒临破产，为挽救危局，并将自己卖给美国银行。近两年之后，伊利诺伊大陆银行濒临破产，鉴于没有任何人愿意出手并购，于是联邦政府承担起了这个角色。

然而，这一次俄克拉荷马市小银行的鲁莽行事却在美国金融界引起一场前所未有的涟漪式反应。宾州广场银行倒闭后，美国金融体系自此裂开一道更加危险的缝隙，这听起来就像是一块大布被撕开一个小口，联邦公开市场委员会委员随即改变自己对货币政策正确进程的看法。他们不再一味追随美联储主席，此时大多数人开始恳求，甚至要求保罗·沃尔克能最后放松货币政策。

“宾州广场银行的倒闭使人清醒，”委员埃米特·赖斯说道，“它会让信徒摆脱众人的误导。金融体系十分脆弱，宾州广场更加印证了我们的想法。我们当中有些人开始质问自己：如果我们承担起责任，如果我们没有改变政策，那么又会发生什么。”

6月30日，周三，联邦公开市场委员会召开为期两天的大会，此时正值宾州广场银行摇摇欲坠之时。就在沃尔克及其他联邦审计官员与联邦存款保险公司讨论如何处理这次俄克拉荷马一家小银行的破产时，联邦公开市场委员会则在会议室内殚精竭虑地考虑一个有关经济调整的更大问题，即M-1、利率和美国实际经济的前景。大会气氛紧张，阴云密布，很明显是受到围绕在银行体系周围的潜在危机的影响。

南希·蒂特斯感受到一种因极力辩解而产生的不适感。局势正在实践并实现着她早先发出的赤裸警告，但她仍然不能确定其他人是否真的可以认同她的警告。“金融大布开始被撕裂，局势开始出现裂缝，”她说道，“储蓄和信贷业已经欠债，我们开始面对小型银行的破产，石油贷款正在崩溃，大量金融机构正开始变得摇摇欲坠。”

这些危机具有独立性和散漫性，且会突然爆发在奇怪地点并威胁会产生范围更大的后果，最初是墨西哥，后来是特拉斯戴尔，现在是宾州广场，这不禁让蒂特斯想起 1929 年银行破产风潮之后的美国，在那场危机中，美联储的货币供给政策过于紧缩且持续时间过久，而当时正是应该向金融体系注入流动资金的时候。

“宾州广场银行破产后，我开始感觉到我们应该面对一些自 1930 年后就被我们所忽视的问题，”她说道，“这是一个位于俄克拉荷马市一家购物中心内的银行，之前几乎没有人听说过它，但它却能参与数十亿美元贷款并将其分给美国最大的几家银行。它的突发性破产让所有人都六神无主，不知道接下来会发生什么。”

美联储主席自己也忧心忡忡。宾州广场对于金融体系来说是一次心理震动，包括几家最大的银行。当沃尔克想到要面对的债务负担时，这些压力就变得十分明显，从而使其考虑事情时带有一种紧迫感。

然而宾州广场并不是最黑的那一片乌云，沃尔克知道，另外一场规模更大、程度更深的金融危机即将会显现，即墨西哥的债款拖欠。墨西哥即将“宣布破产”，正如沃尔克所说，这只不过是时间问题。6 月 30 日，美联储连夜向墨西哥央行再次注入贷款，从而保证这家银行可以维持本月的资产平衡，但墨西哥的储备金账户仍然在迅速缩水。

金融界业内人士对此次迫在眉睫的危机十分警觉，尽管美国公众还蒙在鼓里。6 月，美国银行为墨西哥组织一笔总计为 250 亿美元的新贷款，但在试图说服其他银行加入这次财团贷款的过程中遭遇阻力。欧洲银行拒绝继续向墨西哥注入贷款，私人资本也在以更快的速度逃离墨西哥银行，导致后者无法向海外贷款补充储备金。墨西哥财政部长何塞·席尔瓦·赫尔左格再次来到华盛顿，小心翼翼地在美联储和财政部之间四处奔波，通知这些官员墨西哥即将要破产。

如果墨西哥破产，那么只会导致一种情况出现。那就是所有拉丁美洲债务国都会在未来几月内面临主要贷款项目的到期，如果一个第三世界国家无力偿还贷款，尤其是曾经被看作是前途无限的国家，那么欧洲和美国银行家就会开始不情愿向其他拉丁美洲国家重新注入贷款。所有债务国都会受到这种全球贷款不景气的恶劣影响，从而造成几乎全部国家的债款拖欠。如果墨西哥破产，信贷就会停滞，债务危机会像瀑布一样席卷整个第三世界，从墨西哥到巴西、阿根廷、秘鲁、智利、委内瑞拉及其他。[5]

在面对这些威胁的同时，沃尔克及其同僚还必须面对另一个令人失望的现实。被多方预测者（包括美联储自己）预测数月的美国经济复苏现在反而正在渐行渐远。从消费者开支到工业生产,各项经济数据指标全部都在下滑而非上升。对世界经济复苏至关重要的美国经济仍然在日益萎缩。或许美联储的决策者不应该惊异于这个结果，因为美联储曾在2月决定再次紧缩货币供给，并一直持续了整个春季，美联储一直将短期信贷利率维持在严厉水平，一味忽视多方对放松货币政策的请求。但尽管如此，美联储还是被吓得不轻。

委员莱尔·格拉姆利回忆道：

> “年初时我在演讲中预测第二季度美国经济将发生上扬，但到年中时也没有发生。到了6月和7月，随着新一轮经济数据不断出炉，很明显这种转机依然没有出现的迹象，于是我认为有必要采取某种措施。如果经济不能尽快上扬，那么悲观情绪会卷土重来，从而遍布整个商界，导致新一轮投资缩减情况的出现。局势在我和其他委员看来已经越来越明显，那就是经济复苏不可能会出现。我们的期望基本落空，厄运开始一点点蔓延。”

国内银行体系的摇摇欲坠、第三世界国家债务的暗藏危机以及美国经济的下滑趋势，这三种现实在彼此影响、互相碰撞，它们都在表达同一个诉求，即美联储必须放松货币政策。无论M-1及其他货币流通总量怎样指示，整个世界都已无力再承受压力。如果美联储不能立即扭转局势,注入货币供给并降低利率，那么很可能会造成比通货膨胀更为严重的后果。

这对于美联储来说是一个极其罕见的时刻，其肩负的各种不同责任和使命似乎都被融进这个简单却强有力的危急时刻。作为一个监管性的政府机构，美联储在三大不同却彼此重叠的领域内行使职能。其会操控美国的货币供给和经济进程，对银行实施管理并在整体上监督金融体系。它的角色是非官方监管人和债权人，是庞大的全球金融网络的最后一个可以依靠的组织，是世界命运的决定者。此时此刻，这三大角色全部凝聚成一个简单却令人焦虑的问题：美联储是否能让美国经济重新启动?

如果美国的经济行为继续萎缩，那么银行、储蓄所及其他金融机构的情况自然也会更加恶化。谁会成为下一个宾州广场？这种突发性的破产到底会发展到什么程度？如果美国经济不能实现再次扩张，那么不发达国家的债务问题就会被成倍扩大。美国是从这些债务国买入出口产品的主要市场，但美国自己正经历萎缩期，因此其从国外购买商品的能力也会发生萎缩。如果美国不能再次启动从墨西哥、巴西或其他国家的出口产品购买力，那么这些国家将无从获取收入以维持其不断累积的债务偿还。最终，他们的危机会变成美国自身的危机。美联储深知这种局面正在威胁美国银行体系陷入崩溃，因为后者正处于极度头重脚轻的状态——华尔街上的货币中心银行行事过于高调。

这是美联储制度思维和记忆中最为深刻的一种忧虑，是美联储的原始“执照”，是 1913 年从 J.P. 摩根那里继承来的责任和义务，美联储要保护美国银行体系在危机中的安全和稳定，这是它至高无上的使命。

“国际债务问题似乎是威胁美国金融市场的一个严重危机，”格拉姆利说道，“最重要的一点考虑就是，必须在货币政策中提供一种足够强大的刺激力以扭转美国经济和世界经济，使经济行为重新活跃起来。要想解决不发达国家的债务问题，我们只能让这些国家的出口产品销售重新恢复强劲。”

随着联邦公开市场委员会讨论的逐步展开，很明显一个新的一致已经达成。大多数人认为，此时已经到了放松的时刻，应该忽视 M-1 呈现的相反信号。早在 6 周之前，尽管许多人怀有疑虑，但他们却不得不遵循主席的意愿支持货币供给紧缩。此时此刻，他们在讨论中坚持放松货币，他们恳求甚至是要求沃尔克，美联储必须扭转政策以降低利率、刺激经济复苏。

“大多数人强烈且坚持认为应该放松货币政策，沃尔克只能服从多数，”安东尼·所罗门说道，“或许沃尔克只是在接受新货币政策时方式更为温和。”不管怎样，M-1 的长期统治已经走向末路。

波士顿储备银行的弗兰克·莫里斯说道：

“我们到了一个十分至关重要的时刻。所有包括美联储在内的预测专家都曾预测在第三季度将会出现经济上扬。可经济数据一直显示美国经济仍在下滑，尽管减税政策已经生效，但整个世界经济都在陷入萎缩。

“只有 M-1 在上涨。如果我们一味追寻 M-1，那将是一个可怕的错误。我们已经将利率一再推高，这对于世界来说就是一场灾难，其所造成的影响会波及世界的每个角落。”

保罗·沃尔克能够接受这样的说法。但以他一贯圆滑的处事风格，这位主席想要在不承认任何实际错误的情况下进一步放松货币政策。沃尔克不愿让别人看透自己，即使是对于联邦公开市场委员会的其他委员，因为他仍会高度敏感于别人对自己的批评。如果这位主席将自己透明化，那么无论是联邦公开市场委员会内部奉行货币主义的地区储备银行行长，还是金融市场上持怀疑论的保守主义者，都可能会控诉他是在变得胆小懦弱。因此沃尔克宁愿让其他人认为自己是在其他同僚的重压和逼迫之下才会做出政策上的改变。

“局势正强迫我们不得不放松货币，不管怎样，”沃尔克承认，“我开始对美国经济坐立不安。显然，那些早先预测经济会出现复苏的说法是错误的。我十分悲观，金融体系和不发达国家债务问题造成的压力正压得我们喘不过气。因此当缺口出现时我必须要跳出来。”

沃尔克还会为自己曾经一手帮助制造的神秘气氛而感到束手束脚，即对货币数字的迷信和崇拜。M-1 的增长已经超过目标水平整整 6 个月，而美国经济却仍在持续下滑和萎缩，真实世界的萎缩应该可以证明：一定是某人或某事在 M-1 理论上犯了错。

不管怎样，货币主义者依然在拉响警报。6 月初，M-1 的增长重新开始短暂加速，货币主义者一如既往地再次警告金融界，美联储正在失去控制且放弃货币主义原则。

米尔顿·弗里德曼抱怨货币增长“已经达到危险的高度”，必须加以遏制。财政部的贝里尔·斯普林克坚称如果美联储提高货币供给的目标，其结果只能是造成通货膨胀。“进一步提高货币增长的速度，”弗里德曼解释道，“可能会让利率维持几周甚至几个月的持续下降，但之后无疑会再次推高利率。”[6]

金融市场似乎仍然着迷于这种货币主义逻辑：如果美联储增加货币供给，利率就会提高。毕竟保罗·沃尔克几个月来也一直在对国会这样讲，沃尔克是不会让自己承认这样的情况根本就不会发生。此外，6 月 M-1 开始加速增长时，市场利率的确一直在被推高，因此金融市场也一直期望美联储会再次强制紧缩货币。

可这一次，沃尔克知道他不能再紧缩货币。此时已经到了最终放弃货币主义原则的时候，而这个原则正是他自 1979 年以来为自己严厉货币控制加以辩护的手段。尽管他仍然拒绝表明态度，但却在 6 月末抓住 M-1 短暂下降的时机宣称货币主义目标已经实现。这又是一次珍贵的文饰，意在掩饰其真实的恐惧。

讨论的结果是，联邦公开市场委员会下达的政策性指示会一如既往地采用婉语，只有业内人士才能领会到美联储正在开展一次宏大的逆转。短期货币目标上升而非下降。委员会温和地决定要“在某种程度以可接受的速度实现货币增长。”

“噢，”安东尼·所罗门事后激动地宣称，“这是历史性的一步。”但沃尔克却并不鼓励这样的言论。“我认为你有些夸大其词，托尼。”这位主席责备道。所罗门后来说道，沃尔克“试图弱化这次政策上的改变，因为他不想让货币主义者对其群起而攻之”。

不过所罗门是对的，这的确是一个历史性的时刻。

33 个月以来，美联储对美国经济甚至是世界经济过于严厉——这是这家中央银行有史以来最严厉的一次。美联储的货币政策已经迫使利率上升到 20 世纪以来的最高水平，甚至堪称其他时代里的高利贷，这在金融市场进入金融自由化时代以前是不可能维持的局面。事实上，信贷在两年半的时间里实现定量分配，稀缺的信贷供给由货币价格来分配，也就是说货币的高价格实际上会淘汰那些规模过小、资金不足、难以承受贷款的债务人。

暂且不论 1980 年开始暴露的错误，这种严格的纪律的确奏效，实际 GNP 从 1979 年的高峰缩减超过 820 亿美元，美国的经济产出损失已经累积至 6000 亿美元。商品的过剩供给、收入的下降、过剩的劳动力，所有这些都迫使工资和物价急剧下降，而价格的通货膨胀也大幅度下跌：从 13% 下降到不到 4%。

贯穿沃尔克整个反通胀战斗的过程，美国接受的指示是美联储会看齐 M-1 并以货币流通总量作为货币政策正确制定的指南针。但货币数字上上下下的反复变化却令人困惑且混乱，甚至就连经济学家也摸不着头脑。美国公众和政治家更摸不准如果忽视 M-1 且只看齐利率及二者的相对水平又会发生什么。除了 1980 年夏季的几个月和 1981 年的最后一季度，美联储成功地让短期信贷利率超过长期信贷利率且维持相当长的时间，即两年半。这种反常现象解释了某些事要比 M-1 的增长或其他货币流通总量的增长更为可靠。利率的颠倒局面意味着信贷的稀缺，即由抑制消费增长引起的经济萎缩将信贷买家逐出市场并迫使相对弱小的企业紧缩开支甚至破产。在政府的推动下，货币价格过高，直接导致经济复苏变成不可能。自 1982 年 7 月 1 日起，美联储对美国经济的所作所为仍然反常，即其容许短期商业信贷利率仍然维持在高于长期信贷利率的水平上。

7月1日，美联储发生转变。银行储备金的提供变得更加慷慨大方，货币供给也以更快的速度发生增长，信贷条件得到放松。其结果就是短期信贷利率迅速下降，在3周时间里，联邦资金利率及其他短期利率下降至正常水平，即低于长期信贷利率。这是一次历史性的转变。此时此刻，人们可以合情合理地预测：美国经济终于获得开始复苏的机会。

7月6日，星期四，金融市场重新开张，宾州广场银行的创伤迅速转化为众多的防御性交易。在股票市场，投资人放弃伊利诺伊大陆银行和大通曼哈顿的股份，从而导致后二者的股票价格降低。在货币市场，焦虑的投资组合经理人开始将数十亿美元转移至更为安全的地方。

这种暂时的大规模资金运动很像是一场“热钱”游戏，暴风雨中的人们急于找到一个安全的藏身之所。从本质上讲，这意味着在巨大的风险暴露之下，货币正逃离大型银行，尤其是与宾州广场银行破产有关的银行，转而停放在小型但更稳定的地区银行或甚至是以最安全的形式存在——短期国库券。利率回报被微妙地分割成更小块,但这至少要好过一家大型银行破产就满盘皆输的情况。宾州广场传递的信息会鼓励资本外逃，联邦政府似乎是在说其再也不会负责大型存款人所蒙受的损失，因此他们必须要自己对银行风险做出评估。

大陆银行尤其要面对即将出现的资金危机。随着大陆银行的存款证明到期，货币管理人会降低自己对这家银行继续贷款的速度，而是将资金转移到他处。或者他们会坚持以更短的到期日购买定期存单，也就是说选择3个月期，而非1年期。他们还会向大陆银行提出比其他银行更高的利率要求；货币就这样大量流出这家银行，但新的货币却又迟迟不肯“进门”。

“我们经历了一些相当紧张的时刻，”美联储总顾问迈克尔·布莱菲尔德（Michael Bradfield）说道，“定期存单和政府债券之间的差幅冲破屋顶。”

尽管这种类型的银行危机实际上并不为普通民众所见，但金融专家却可以从几个主要数据入手对其持续加以观察。当一家银行遭遇存款数量的危机时，就会在提供定期存单时推高利率以吸引更多货币。因而，如果一家个别银行持续提供利率高于市场平均水平的定期存单，那么就可能意味着已经陷入麻烦。另外，投资人会观察银行定期存单和其他诸如国库券这样的竞争性投资方式之间存在的利率差幅，当3个月期银行定期存单和3个月期国库券之间的差幅拉大，那么就可以肯定众多银行已经产生焦虑感。在宾州广场银行危机之后的几周内，加上对银行海外债务暴露的担心和焦虑，这种基本差幅已经从1%一跃为3%。

联邦咨询委员会这样向美联储汇报道：

“毫无疑问，与宾州广场事件有直接关系的银行在短期资金投标问题上正遭遇日益恶化的困境……一般来讲，受到影响的大型银行有能力偿还欧洲市场的到期债款，那里的差幅会更小。这些银行在一夜之间进入联邦资金市场的机会要受到某种程度的限制，某些债权人会要么取消，要么等待，要么授权将货币放在其他银行。这就会带来一个有趣的副作用——许多较大规模的地区银行会得到比以往资金规模更大的定期存单货币。”

紧张不安的货币必须要在其他地方找到一个安全的家，即使是那些拥有过剩货币的银行。当这种焦虑逐渐平息，货币管理人就会让自己的资金调头回转，但前提是暴风雨一定要完全过去，他们会谨慎行事、力求万全。对于诸如伊利诺伊大陆银行和西雅图第一银行这样的银行来说，资金困境会削减利润，会徒增更多的根本问题。

“大陆银行的资金开始萎缩，并且在持续，”威廉·艾萨克说道，“它越来越多地倾向于欧洲和短期信贷，以支付保险费率。”换句话说，大陆银行的功能性基础正变得越来越薄弱，即每日增加管理型债务以支持其银行信贷。

对于美联储来说，能够缓解这种日益加剧的银行体系恐慌的最好解药就是放松货币。

“开放式市场运行在操作上遇到一个混乱的金融背景，”纽约的公开市场办公室这样报告，“……金融市场不得不处理一些广为人知的破产，并越来越关心有关银行领域面对的处于困境的国内和国际债务人的贷款。几大主要银行的大规模贷款损失会强化信贷领域内的潜在阻力，一些大型银行遭遇投资人不愿购买其定期存单的困境。”

7 月大会后 M-1 未能发生急速增长，沃尔克两次指挥公开市场办公室慷慨放闸，即只需向上调整对银行储备金的供给。“当货币被证明出乎意料的疲软时，我们实施两次的向上调整，”桌面操作人员说道，“这样的调整和转变还会规避某些由操作问题而造成的某些不必要结果。”[7] 换句话说，美联储并不打算让货币供给规则挡住向金融体系注入更多流动资金的可能性。

货币市场开始熠熠闪现新光。7月第一周，联邦资金利率适度下调，7月中旬时下降至13.18%，也就是说从最高峰下滑160个基本点，并且还在持续。金融市场上的所有短期信贷利率也紧随其后，包括国库券、商业票据、银行活期账户。7月19日，美联储将贴现窗口利率从12%下调至11.5%，7个月来的首次下调对于货币交易员来说是一个清晰无误的信号，那就是美联储意欲让联邦资金利率继续下滑。贴现利率是“底价”，一旦美联储降低贴现利率，金融市场就会知道其他利率也会随之下降。

果然不出所料。到7月23日这一周，各银行隔夜信贷交易的联邦资金利率从12%一路下降，一周后又降至11%，同时美联储再次将贴现窗口利率下调0.5个百分点，即降至11%。商业银行设定的基本利率自2月以来始终滞留在16.5%，如今不到一个月的时间就下降200个基本点，从而极大缓解商业债务人压力。同时基本利率也一直随货币市场利率继续下滑。

一场向下的棘轮效应就这样一步一个脚印地展开，没有任何公开说明，也没有任何公开解释。从7月至12月，美联储共7次下调贴现窗口利率，过程中美联储将短期信贷利率下调超过40%。只要货币市场看起来十分满意，美联储就会继续放松货币，甚至还会宣称其是在跟随而不是领导这场突发的货币价格下调风潮。

对于美联储来说，最关键的考验就是长期利率会做出何种反应。正如沃尔克长期担心的那样，如果债券持有人受惊于更加放松的货币，那么他们就会哄抬长期利率，要求在自己的回报中“加入通货膨胀溢价”。如果这样的情况发生，经济复苏的前景就会毁于一旦。不管怎样，这正是导致美联储前几个月一直拒绝放松货币的理论基础。

但债券持有人对美联储行动的反应却是鼓掌欢迎。随着短期利率的下降以及接下来4个月的持续下降，长期利率也几乎随之开始下降，20年期国库券利率从6月末的14.28%下降至12月的10.56%。企业债券利率也从15.96下降至12.98%。在7月联邦公开市场委员会大会召开后的3星期内，美联储就大幅度下调短期利率，以至于现在所有的短期利率均低于长期利率，即恢复信贷市场的自然现象。

“股票市场也会嗅到利率降低的气味，于是他们开始行动。”委员莱尔·格拉姆利说道。

8月初，随着美联储行动的逐渐转变，股票市场突发一次爆发性行情，并逐渐漫溢至债券交易市场。利率的下降让股票变成一种更具吸引力的投资工具，同时低利率还会预示经济复苏的可能，企业利润率也随之上升。8 月 17 日，股票市场迎来历史上最为辉煌的一天式跳跃，即道琼斯指数上涨 38.8 点。在接下来的 6 个月里，工业股票指数价值上涨近 50%。

此次行情的即时点火器就是华尔街上的最悲观主义者、来自所罗门兄弟的亨利・考夫曼的一次声明，这位极具影响力的“厄运博士”曾准确预测利率将会在未来几年内飙升。然而这一天的考夫曼却完全颠倒态度，他预测无论是长期利率还是短期利率都将在年内发生持续下滑。对于股票市场来说没有什么比这样阳光的预测更能令人欢呼雀跃，尤其是做出这种预测的人是一位严厉且悲观的债券市场经济学家。如果考夫曼能看到这次转变，那么其就一定是真的。

“利率的下降来势汹汹且势不可挡，货币市场上的许多投资工具开始变得不再具备吸引力，”来自贝奇 – 哈尔西 – 斯图尔特盾公司（Bache Halsey Stuart Shields）的查尔斯・康迈尔（Charles Comer）说道，“因而投资人手中有了大量现金。”债券市场也随之发生“爆炸”，尽管不如股票市场规模大，但债券交易额一跃上升超过 50%。经过数年的惨淡经营和不景气，此时的金融工具看起来似乎已经准备好东山再起。[8]

美联储的谨慎政策转变营造了一个人人感觉良好的大环境，但其中暗藏的一个重要矛盾却被广泛忽视。人们猜想这种矛盾应该不会爆发。数月以来，无论是保罗・沃尔克还是金融市场上的不同声音，他们都在极力鼓吹一个完全相反的景象，那就是放松货币不会降低利率，紧缩货币会迫使利率更高。金融市场会阻止美联储任何放松货币的行为，因此沃尔克才会在国会批评家面前反复解释：美联储也无能为力。它不敢擅自放松货币，唯恐其在债券持有人中失去“可信度”，也就是那些长期信贷投资人。

随着一系列事件的实际展开，所发生的一切却截然相反。当金融市场收到有关美联储正在放松货币的暗示，利率就“欢快地”一路下降，无论是短期利率还是长期利率。华尔街也并未受到惊吓，反而是欢呼雀跃。从理论上来说，这样的局面要归因于市场气氛的突然且始料未及的改变，7 月 1 日之后市场对通货膨胀产生一种神秘的新自信，而这似乎不太可能发生。因此一个更加貌似可信的解释就是：沃尔克、美联储的金融市场分析家所依赖的理论基础本身就是错误的。

如果是这样，那么美联储数月来严厉紧缩货币和推行高利率的行为就是基于一个错误的前提之上。它从华尔街上获取信号，而这些信号却是错的，至少委员埃米特·赖斯会坦白承认这一点。

“我想我们误解了市场的需要，”赖斯说道，“我以为他们是想要我们维持紧缩。因此货币放松之后我一直担心金融市场会做出什么反应。但当看到他们的积极反应时，我感到很惊讶。”

毕竟，华尔街上的“大众”也是由容易犯错的人类构成的。这些金融市场上的参与者很可能会误读自己和美联储。有韧性、有决心、不动摇的男子汉典范对于金融专业人士来说和中央银行的经济专家一样都极具吸引力。

“市场参与者说起话来很强硬，他们都是强硬派，”埃米特·赖斯说道，“但他们都想看到利率下降，并且欢迎利率下降。当看到利率下降时，他们会很快见风使舵并从中获得好处。如果和金融市场上的任何一个个体说话，包括交易员、债券销售人、投资银行家、商业银行家，他们都会说‘维持紧缩’。可实际上他们却是欢迎利率下降，这就和联邦咨询委员会的委员一样，他们建议我们维持紧缩，可当我们放松货币并引发积极的市场反应之后，这些委员又会对我们说：‘你们做得对。’”

这种错知错觉对于其他美国人来说却会造成更为严重的后果。数月来，美联储一直坚持紧缩政策，坚称这就是金融市场想要的。国会和白宫的政治家恳求其降低利率，但却被当作是外行的政客而遭到拒绝和排斥。委员南希·蒂特斯的警告也并未引起重视，美国经济陷入越来越严重的紧缩状态。事实上，美国政府的经济事务管理全是仰仗华尔街上几万个金融专家的自私评论作为指导方向，美联储是在操纵，或者是在被操纵，而操纵的依据就是债券持有人及其代表的观点以及他们自己认为对美国有益的做法。在这种情况下，只有华尔街上的投资人和投资专家才是错的；正因为他们错了，美联储才会跟着错。

8月3日，议会民主党领袖、参议员罗伯特·伯德终于让自己和其他批评家数月来的共同努力有了一个结果，即《1982年平衡货币政策法案》（Balanced Monetary Policy Act of 1982）的出炉。美联储将在这部国会立法的命令和指挥下将利率降至正常水平。

“国会是该从白宫、内阁和美联储的一小撮货币空想家手中夺回货币政策的控制权了，”参议员伯德宣称，“此时已经到了由选举官员再次制定基本经济政策的时候，而这些人必须承担起这个最终职责。恢复普通情理、平衡和稳定货币政策的时刻已经到来。”[9]

从某种意义上说，这些国会政治家架起大炮的举动为时已晚，即在这场战争已成定局之后。当然他们没有办法获悉这一点，美联储主席并没有透露半点风声。不管怎样，7 月联邦公开市场委员会大会仍旧十分隐秘，用词也极其隐晦。由于沃尔克连向自己的同事都拒绝承认美联储曾经执行过根本的政策改变，因此他很难在参议员和众议员面前承认这个事实。

沃尔克有关美联储新方向转变的最明显暗示要属其在众议院银行委员会年中大会上的证词。“对于我来说，目前的迹象似乎表明通货膨胀趋势正发生根本性转变。”沃尔克说道。与之前提到通货膨胀时委婉隐晦的警告相比，这样的话听起来就像是胜利的宣示。

与此同时，沃尔克向国会批评家担保，美联储已充分认知到 M-1 的畸形和金融体系的资金流动压力，因此美联储会暂时容许货币供给的“膨胀”。但另一方面，这位主席仍反复强调自己的一贯警惕及其对国会庞大财政赤字的谴责态度。

沃尔克恰恰回避的是有关美联储自身是否放松货币的问题。“谈到放松和紧缩，不同的人有不同的想法，”他说道，“我不想弄清楚这个问题。”[10]

参议员伯德及其他 31 位发起人的确看到短期利率在下降，但他们不能确定这是否又是一次暂时行动。毕竟沃尔克将利率的下降归因于“市场”，而不是美联储的任何一次政策改变。混乱而又愤怒的参议员和众议员于是提出要立法以剥夺美联储的独立性，于是沃尔克继续游说议员反对议案的通过。

“沃尔克在设法渡过难关，他努力说服每个人不要这样想，”一位参议员助手说道，“沃尔克一直在说希望伯德能够重新考虑。但伯德一直在试探他，‘那么你又能做些什么呢？’这是美联储绝顶聪明的政治策略，它不会让自己承担任何责任。”

不过，此时旨在剥夺美联储独立性的立法却不过是空洞的威胁。可以想象，众议院民主党人一定会通过这部法案，但没有明显证据证明参议院民主党人的上层大多数人也会接受这样一种根本改革。国会应该肩负制定货币政策的责任，但也只限于利率和通货膨胀的水平，许多国会议员还是宁愿与中央银行保持一种神秘的距离感。更加重要的是，利率已经在下降，股票市场行情看好，美国经济复苏已呈现迹象，这些因素无疑会粉碎国会痛击美联储的热情。这项根本改革的势头很快就烟消云散。

8月，随着利率的持续下降，沃尔克致电参议员伯德，询问后者下一步打算怎样做，因为目前高利率的压力已经消失殆尽。据当时一位助手的描述，这位参议员向美联储主席保证到：“只要利率能够下降，我们也不想咄咄逼人。”

沃尔克就这样让政治批评家陷入绝境。同年末，由于国会精心策划的推迟和延期，参议员只好通过一项无伤大雅的决议，恳求美联储继续下调利率，目的是在“适当关注通胀控制”的前提下培育经济增长，这无疑是在指示美联储立刻做出积极举措。

参议员伯德、众议员亨利·罗伊斯及其他改革家坚信，正是他们多项具有激励力的决议和带有威胁性的立法才得以实现当前的良好局面。他们宣称，至少他们的行为说服美联储改变政策。“总之，是我们在今年夏天射出子弹向美联储示警，从而得到现在的结果。”伯德这样对参议院同僚自夸道。[11]

这仅仅是在故作姿态，就像是青春期的虚张声势，其或许可以愚弄大众，但却蒙骗不了美国政府。就在参议员伯德及其同盟者向美联储发射所谓的“子弹”时，保罗·沃尔克已经出于自己的考虑调转航行的方向。

美联储似乎真的没有把国会放在眼里。一向言辞犀利的沃尔克一语中的地这样描述道：“这些国会改革家其实根本不希望做出任何根本性改变，他们只是希望这样的惩罚能够停止。一旦目的达到，他们就会迅速放弃充满威胁和严厉的口气，放弃对抗。他们的表现就像是猜字谜游戏，一个极度愤怒的孩子在抵抗严厉家长的纪律和约束，而这也正是美联储对待国会的方式——后者就像是孩子。”

共和党方面，政治家也因沃尔克的放松行为滋生一种成就感。尽管他们从未明确表示与美联储主席做任何交易，但似乎好像也对积极结果的出现做出过贡献。截至8月中旬，国会最终制定并颁布法案，推出一项近1000亿美元的增税计划，从某种程度上削减庞大的财政赤字。而美联储也开始进一步放松货币——降低利率。

曾在私下里打击沃尔克长达9个多月之久的参议院多数党领袖霍华德·贝克向白宫官员汇报自己的心满意足。“霍华德·贝克眼见利率在不断下降，于是他宣布保罗·沃尔克是一个可以信守承诺的好家伙。”预算办公室主管大卫·斯托克曼说道。

“我极力想让好的结果出现，”贝克说道，“但我对自己并没有把握。尽管我一直在敲打他，但我也算是沃尔克的同盟。”[12]

白宫办公室主任詹姆斯·贝克对这种政治交易的看法相对简单。在巨大风险和政治能量并存的情况下，白宫曾在竞选之年帮助推出一项重大的增税议案，旨在削减财政赤字。由于沃尔克已经得到他所想要的，美联储才会由此启动降低利率的放松货币政策。

“吉姆·贝克是挑水人，”劳伦斯·库德罗说道，“预算削减结束后，贝克就对沃尔克说‘我们已经完成我们的使命，现在该轮到你’。”然而没有任何迹象表明存在这样赤裸裸的交易，但白宫内却很有可能出现一种善意举动引发另外一种善意举动的出现。事实上这两起事件之间根本不存在真实联系，沃尔克在增税立法通过之前就做出放松货币的举动，美联储早在税收法案最后通过之前一个月就已经决定降低利率。

与此同时，白宫和财政部的货币主义经济学家对已经发生的事实感到惊恐。得益于美联储 7 月放松货币的决定，8 月的 M-1 扩张已超过 10%，货币供给再次出现膨胀，于是他们重新发出未来可能会出现通货膨胀的迫切警告。“每个人都忽视了这个问题。”斯托克曼说道。

这一次，内阁政府的货币主义者被明确无误地告之要吞下所有的牢骚和抱怨。白宫的政治顾问关心的是两位数字的失业率和共和党候选人在 11 月大选中的溃败。他们不想让里根内阁中的任何一个人建议美联储应该再次紧缩货币。

相反，白宫官员直白地向沃尔克保证，如果美联储允许货币数字超出目标水平，后者将不会遭遇来自里根政府的任何责难。对于詹姆斯·贝克及其他人来说，这是一次迟来的忏悔，他们后悔没有在年初时就采取这一步措施，当时的他们还默许诸如贝里尔·斯普林克这样的货币主义者宣称货币政策的正确并鼓励沃尔克紧缩货币。

“我们本以为经济衰退会止步于第二季度，”经济顾问委员会的威廉·尼斯卡宁解释道，“到了 6 月，很明显经济衰退比我们预期的要更加持久和深入。7 月中旬开始，工业生产开始低速启动，每个人都开始有些害怕，我们还要经历 3 个月到 6 个月的经济衰退。

“对于美联储来说，内阁政府是在发出一个清晰的信号，那就是越来越多的货币增长，即货币增长必须实现。到那时为止，挽救竞选已经太迟，但如果我们早知道经济衰退会如此深刻和持久，这样放手一搏的政策一定会起到完全不同的效果。”

随着利率的下降，詹姆斯·贝克私下里催促沃尔克能进一步推进此类行动。尽管竞选前不能出现真正意义上的经济复苏，但持续下降的利率和生机勃勃的股票市场对于内阁来说却是好消息。在同事中间，贝克经常表达自己受挫于美联储，正是独立的美联储允许美国经济陷入深度的紧缩，沃尔克也不能尽快对灾难、混乱和金融压力做出反应。“从这一点来看，”斯托克曼说道，“吉姆·贝克对沃尔克高度怀疑。”

然而，这位美联储主席的独立性正是部分派生于罗纳德·里根政府众多混乱的目标上。一个清楚自己想要什么且乐于强力实现所求的强大总统应该有能力敦促美联储尽快行动。但里根及其顾问却想要“鱼与熊掌兼得”——更加紧缩的货币和更加快速的经济增长以及对 M-1 的严厉控制和更低的利率，这些目标从根本上说本来就是彼此冲突、不可调和。正是由于这位总统从不曾真正解决这些自身的矛盾，保罗·沃尔克才只能自己解决问题。

所有直指美联储的政治压力，包括来自国会的威胁和白宫的恳求，都无疑会催生美联储自身的谨小慎微和战术防御。但却没有貌似可信的证据显示沃尔克及其联邦公开市场委员会同僚曾经转变货币政策方向，因为他们担心参议员伯德或贝克或罗纳德·里根将就这一点对其大做文章。

真正导致美联储做出政策转变的是决策者自身对金融市场混乱的恐惧，即由宾州广场事件引发的股票震荡、海外债务问题引起的威胁性崩溃以及经济未能复苏造成的银行体系深刻压力。在货币政治学中，由选举产生的政治家可以不被重视，也谈不上以谋略制胜；真实经济中的普通民众所产生的失望和痛苦也可以被视为是一种必要的不适感。但唯独让美联储最终不能逃避的是银行体系自身面对的危险。

在内部政策讨论中与沃尔克站在同一条战线上的大卫·斯托克曼就促使这位美联储主席变得温和的根本原因有这样的简单阐述：

“沃尔克是金融机构里的保守派，这也决定了他的思考方式。最能影响他的因素就是金融界的混乱。金融市场的稳定有序是沃尔克最想看到的景象。如果眼见失业数字长时间居高不下，沃尔克可能会做好行动准备。但如果金融体系呈现出脆弱性，他则会立即采取行动。”

8 月 13 日，星期五，何塞・席尔瓦・赫尔左格再次致电美联储和财政部，这一次他是要宣布游戏彻底结束。就在两周前，美联储还曾向墨西哥再次注入 7 亿美元，而此时这些货币就这样又飘散得无影无踪。墨西哥的流动储备金已经缩减至不到 2 亿美元，但资本流向国外的速度却是每天至少 1 亿美元。星期一，当世界各国开始“开门营业”时，墨西哥却穷得一文不名。

美国政府不允许这样的情况发生。如果墨西哥可以拖欠 800 亿美元外债，那么美国和欧洲的大型银行也将被拖进后续的恐慌之中，其他面对此类金融危机的债务国也无疑会追随墨西哥宣布破产。世界各地的投资人会纷纷寻找安全地带，倾销自己的银行股票，将存款转移出任何与第三世界国家贷款有关的银行。曾经让花旗及其他银行乐于向墨西哥、巴西、阿根廷及其他不发达国家借出巨债的乐观泡沫行将破裂。

简单来说，美国所能采取的最快的解决办法就是向墨西哥注入更多新货币，且必须在周末完成，也就是赶在墨西哥宣布破产之前。在接下来的几个月当中，墨西哥面对的是其无力偿还的 100 亿美元到期债务，因此这一次紧急贷款要比春季以来美联储施行的过渡性贷款规模更大。一旦这种即时危机得以避免，所有受到威胁的群体，包括商业银行、中央银行家和主权国家，都不得不想出处理墨西哥长期偿债能力问题的新办法。

危急中的美国政府可以做到反应迅速且大规模采取行动。在美联储的保罗・沃尔克和财政部的唐纳德・里根之间，仅仅为期三天的私人会议就决定了一次史无前例的紧急救助行动，即向墨西哥注入 35 亿美元的新贷款。能源部同意从墨西哥买入 10 亿美元石油并且承诺立即提前付现，而不是货到付款。农业部提供的 10 亿美元则用于提前支付美国后来需要购买的粮食和其他农产品。与此同时，沃尔克在各工业国家的中央银行中间组织起 18.5 亿美元的贷款蓄水池，其中一半是由美联储提供的。这些新货币加在一起将得以保证墨西哥有时间制定出一个永久的解决办法。到了星期日夜晚，交易经各方协商达成协议，席尔瓦飞回家乡墨西哥城，宣布墨西哥已经规避破产。事实上，此时的墨西哥已经接受众多国际金融机构的破产管理。

就在接下来的星期五，墨西哥财政部长与其众多的私人债权人见面。超过 100 位商业银行的众议员汇聚在纽约储备银行礼堂倾听信贷细节。纽约储备银行行长安东尼·所罗门总结美国政府上一周实施的紧急救助计划，可接下来席尔瓦却阐述了一个更加严重的问题。墨西哥对于所有即将到期的银行债务还需要 90 天的延期偿付，并且将开始启动向国际货币基金组织申请更大规模贷款的程序，但这也需要重新安排来自商业银行的未偿还债务和附加贷款的偿还日期。

银行家抛出许多质疑，但却并未公开表示拒绝。华盛顿已经做出决定，从本质上说就是美国政府宣称将负责清理墨西哥面对的债务危机。在这种批准许可的条件下，银行家也只能同意开启重新安排新债的谈判。

许多曾经仅是向墨西哥或其他拉丁美洲银行提供有限贷款的小型地区银行想要撤出此次行动。此时此刻，向墨西哥注入新贷款听起来像是“赔了夫人又折兵”。对于一个谨慎的银行家来说，明智之举就是趁现在遭受损失但在局势恶化之前退出战场。这些银行家汇聚在纽约储备银行，尽管表面没说什么，但内心已经打定主意。墨西哥并不是他们的麻烦，而是花旗银行、美国银行及其他大型银行的麻烦。

但幸存下来的美国大型银行实际上非常依赖于墨西哥能够维持其生命力，而这需要的是来自私人银行以及来自政府和诸如国际货币基金组织这样的国际机构的新信贷。一个债权人顾问委员会是由来自花旗、大通、化学、摩根 - 斯坦利、美国银行、银行家信托、汉基信托和七家海外银行的代表组成，在未来的几个月里，这些银行家将就新贷款与墨西哥展开协商，显然他们不希望任何成员临阵脱逃，包括小型银行。为了达到说服的目的，这些货币中心银行家们只好搬出美联储让其动用权威监管的权力。

从正规意义来讲，这其实就是一个会演变成众所周知的国际债务危机的出发点，即一系列危机点的串联，一个国家接着一个国家地陷入破产边缘，于是他们只好从美联储、国际信贷机构和私人银行那里寻求安慰。在不到一年的时间里，又将有 14 个国家承受 1982 年 8 月墨西哥破产的创伤——为了获得国际货币基金组织和国际银行的新贷款必须接受全民都要过着一种艰苦朴素的生活。每次一个国家濒临破产，国际银行体系都会再次受到威胁，保罗·沃尔克及其来自纽约和华盛顿的助手都要扮演危机处理者的角色。

从更加根本的意义来讲，这种债务危机起源于美联储内部彼此冲突的目标。20 世纪 70 年代末 80 年代初，美联储及其他监管机构曾经未能理性限制货币中心银行的野心勃勃及其向第三世界国家的疯狂贷款。他们会偶尔发出温和的警告，但却并未做出阻止风险信贷的努力。接下来在 1979 年之初，沃尔克发动极富攻击性的反通胀战斗，适当紧缩货币且对世界经济施加严厉约束。于是国际信贷流动与不发达国家债务堆积发生冲突和矛盾。

至少从理论上讲，如果美联储没有选择用如此突兀的方法去降低价格通货膨胀，债务危机或许本可以避免。当然，谨慎的银行家也应该能看到即将到来的这种冲突性并且做好准备。相反，诸如花旗银行沃尔特·里斯顿这样的银行家却要二者兼得：他们申斥美联储放松对货币和通货膨胀的控制，敦促沃尔克更加收紧货币政策，同时却忽视美联储有关第三世界国家债台高筑的温和警告。这很令人困惑，作为如此精明且明智的金融家，他们怎么会没有看到这种足以吞没自己银行的冲突和矛盾？但显然他们真的没有意识到。

尽管如此，即使银行家意识到这种危险，沃尔克的战略战术也未能提供给他们充足的时间去做调整。这位主席及美联储大多数委员对赞成采用“渐进主义”打击通货膨胀的人耐心不足。他们决定，能够解决问题的唯一办法就是立即且坚定地制造痛苦并赶快把事情办妥。然而在这种情况下，疼痛不会如他们预期的那样轻易过去，它会年复一年地逗留且不肯离去，尤其是对于较不发达国家的底层人民来说。

采用如此突然且极端的方式来控制急剧上涨的通货膨胀无疑会迫使海外债务人陷入绝境，这与美国国内数万家企业顷刻破产的原因十分近似。他们都极度依赖信贷，可美联储却在大幅度提高借贷成本的同时又向其销售和收入施压。如果世界经济到目前为止还未被打压，如果利率没有在强力作用下一再推高，那么这些债务国或许还能在紧缩的状态下存活。而结果却是，它们没有时间去调整，也没有其他选择，只能不断地借钱，就像柔弱的美国企业必须增加信贷才能在经济衰退中苟延残喘一样。沃尔克的巨大胜利，即专一且成功的反价格通胀战争，换来的却是巨大的代价，正是它使得全球信贷泡沫破裂，使国际银行体系基础陷入恐慌。

然而，营救墨西哥看起来却像是危机处理的一次胜利，至少从短期来讲。在不到 72 小时的时间里，沃尔克及其他政府官员就成功启动一项庞大的财政紧急救助方案，就在星期一清晨世界市场开门营业时，谁都没有感受到危机，也没有感受到恐慌的理由。美国政界曾有少数人质疑这样的介入，但大多数人还是在深吸一口气后鼓掌称快。其他可供选择的可能性，即全球金融体系可能会发生什么，则看起来太不吉利，因此不予考虑。

然而从长期来看，这次债务危机却可以代表历史范围内的一次政治和经济灾难，即在痛苦中挣扎的国家的灾难、大型国际银行的灾难，也是曾担保金融体系会“安全稳健”的政府监管人员的灾难。这场灾难的危害性不可估量，因为其分布程度极深、范围极广。

对于较为贫穷的国家和债务人来说，这场灾难开启的是一个举国痛苦和不幸的时代，人们的经济愿望遭遇一次切实而无情的折磨和碾压。作为破产国，它们必须放弃企求经济增长繁荣的正常期望，因为它们必须要向银行家还债，而事实上它们是在用不断借债来维持债务的利息支付。对于这些国家的普通公民来说，经济生活开始类似于在跑步机上无望地奔跑，他们会亲眼看见自己的实际生活水平在稳步下降，他们要辛苦地劳作偿还国家欠下的旧债，而债务却并不会因此而变少。

对于华尔街上骄傲自负的银行家来说，这次危机迫使他们不得不尴尬地投靠华盛顿。尽管他们在提到自由市场和金融自由化的光辉灿烂时说得天花乱坠，但如果没有政府的介入和挽救，这些货币中心银行根本不可能摆脱困境。就像国际货币基金组织要向债务国提供大量资金以维持它们的运转一样，美国和其他工业国家的纳税人实际上都会代表银行履行这个职责。向墨西哥及其他国家借出的公共国债越多，花旗、摩根－斯坦利、大通、化学及其他大型银行的经理人和股东也就越安全。

这种对政府赤裸裸的依赖根本没有让这些银行家变得更谦恭。相反，里斯顿及其他华尔街银行高管继续一如既往地指责华盛顿胡乱干涉自己的商业事务，并要求摆脱联邦监管以获取更多的自由，而此时正值他们依赖美国政府保护自己免受损失的时刻。从某种意义上讲，这些银行家有些过于自信，这也正是银行体系的一贯工作风格。美联储的基本职责就是保护这个银行体系，即使损失是由银行自己的愚蠢造成，但美联储也必须要保护他们。

美联储在履行这个职责时可谓尽心尽力。无论私下里对这些目光短浅的银行家保留有怎样的意见，保罗·沃尔克此时都要摆出一副主要拥护者和保护人的姿态，在与其他主权国家进行倾向性谈判时捍卫银行的权利，不断地讨价还价，不断施压，且要保证全球金融复杂交易的完整性。处理债务危机的必要，即保护货币中心银行的利益，变成这家中央银行强有力的当务之急，是可以影响货币政策和银行监管决策的责任和义务。

对于大多数美国人来说，这也是一种损失。这次债务危机导致美国政府的经济政策发生扭曲，尤其是美联储政策，同时也会摧毁美国的贸易、经济增长和整体繁荣的辉煌前景。如果拉丁美洲被迫接受全民过艰苦朴素的生活，如果这些债务国被迫勒紧进口、攒钱还债，那么这些国家就无力再从美国购买繁荣时期进口的拖拉机、粮食、家用电器及其他商品。巴西和阿根廷的艰苦朴素意味着密歇根和俄亥俄的更高失业率，墨西哥和秘鲁的生活水平下降则意味着艾奥瓦和堪萨斯的农业收入骤减。

1982 年 8 月，债务危机还仅仅是刚刚开始。可就在沃尔克及其他财政官员在数月或数年前努力处理危机的时候，损失就已经在持续产生。在付出巨大金融代价的同时，人类遭受的苦难才是更加巨大的代价。这两种代价不仅没有逐渐消散，反而是越变越大。[13]

伊利诺伊大陆银行已经向国际收割机公司借出 2 亿美元，这是一家濒临破产的农用器具生产企业。此外大陆银行还向墨西哥的阿尔法工业集团借出 1 亿美元，向布拉尼夫航空公司、美国国际和威克斯借出超过 6000 万美元，而这三家大型企业均在 1982 年宣告破产。除了通过宾州广场银行实现的轻率石油信贷以外，大陆银行还将大额赌注投在位于路易斯安那的 GHR 集团身上，这是一家石油天然气公司，随着石油价格的下跌，企业已濒临破产。联邦机构的审计人员起初并没有发现如此规模巨大的坏账，但他们很快就意识到伊利诺伊大陆银行的困境要比金融市场想象得更加糟糕。

联邦存款保险公司总裁威廉·艾萨克抱怨道：

> “伊利诺伊大陆银行在宾州广场事件之后继续犯下许多严重错误。银行董事会此时应立即采取的行动就是加大治理，借用外部力量实现强势管理，勾销大笔信贷，取消股东分红。或许它无论如何都要面临破产危机，但如果能够立即采取以上这些措施，那么它存活下来的概率就还很大，同时还可以向市场展示自己已经恢复信心勇敢面对自身问题且处理好问题。”[14]

然而伊利诺伊大陆银行并没有展开任何补救措施，这在很大程度上是因为美联储作为银行监管人并没有充分调动起自己的全部职责。宾州广场倒闭后，保罗·沃尔克认为芝加哥银行必定不会受到影响；但与艾萨克不同的是，沃尔克及监理署是监管大陆银行的直接负责人。然而美联储却未能控制住大陆银行的野心勃勃和兴奋狂热，只是此时摆出一副试图纠正错误的姿态。美联储的努力仍然十分机密，即使在金融界内部也并不广为人知。然而努力的结果却是毫无作用，这段插曲不过再次生动地证明：即使是拥有神秘权力的美联储也足以被一家大型商业银行吓唬住。

就在宾州广场危机爆发后不久，美联储主席开始敦促伊利诺伊大陆银行董事会清理门户并找出存在问题的投资组合。沃尔克曾多次与大陆银行高层和董事会成员会面，还与银行董事会指定成立的一个特殊委员会共同回顾局势发展，决议展开一次内部调查。沃尔克建议应采取补救措施恢复银行稳健运营。无论是电话会议还是亲临会议现场，沃尔克一直在催促银行董事会立即行动。

然而这位美联储主席的建议却遭到断然拒绝。伊利诺伊大陆银行董事会成员的回复是：他们不会加大治理，也不会延迟支付股东分红，更不会承认其自身的贷款组合存在任何深刻问题。

“沃尔克敦促他们找到自己是否存在暂时性资金问题或常规性资产质量问题，”美联储总顾问迈克尔·布莱菲尔德说道，“这将决定着他们下一步将必须采取什么样的行动。可到最后，他们也从未向主席正面回答过这些问题。”

8月第二周，沃尔克在华盛顿美联储召开的一次会议上更加直白地向大陆银行董事会发出警告。会议的员工备忘录这样记录道：

> 沃尔克先生说尽快处理这些信贷问题十分重要……资产质量在宾州广场事件之后又催生出一些有关银行管理的重要问题……这对于一向对自己的行为有独立见解的银行官员来说尤其难以做到，因为他们会本能地捍卫自己过去的行为……市场不会给太多时间去完成这种调查……尽管这位主席也没有既定方案，但这家银行应该考虑一下在管理和信贷政策方面做出改变……那么只有两个选择：容许这家银行狠狠地撞上南墙，但会渡过难关；要么削减三分之一收入并清理问题。

大陆银行并没有清理问题，而是继续向股东支付季度分红，就好像是一切都还运作良好一样。曾因高增长战略让银行陷入麻烦的“攻击性”行长罗杰·安德森仍然是作为银行的 CEO 把握全局。几周后，安德森大胆宣布，大陆银行已经处理好自己的困境，此时可以充满信心地继续向前，像往常一样展开业务，美联储和监理署当然不会上当，但也没有做出任何干预举措。

“是的，或许我们应该牢牢盯住他们，”布莱菲尔德坦承，“但他们只是忙乱了一会儿。安德森发表演说，声称一切都很好并且会继续展开业务。但此时已经为时已晚。他们已经面临 40 亿至 50 亿美元的债务窟窿。”

就其知名度而言，美联储拥有绝对力量可以去约束和规范犯错的银行，但在面对美国七大超级银行的官员和董事会时，其杠杆作用似乎并不是如此令人敬畏。美联储拒绝使用任何监管工具去强迫伊利诺伊大陆银行表现良好，例如它不会威胁动用政府禁令来阻止银行支付分红或改变管理方式，甚至不会暗示大陆银行可能会被剥夺贴现信贷特权。危机中的美联储行动起来相当无力。

“你又能说些什么？”布莱菲尔德辩解道说，“‘该死的，只要罗杰·安德森是你们的行长，我们就不能在贴现窗口借给你们钱？’你能这样说吗？这样的话是很吓人的，银行董事成员会以为你是在虚张声势。本来如果认为存在债务无法收回的风险就可以合法剥夺银行贴现贷款的特权，但从实际角度讲，你不能这样做。拒绝向一家银行提供流动资金支持的后果将会十分严重。”

要想行使这个权力，美联储将必须承担更加严重的后果。如果美联储就大陆银行事件施加直接控制权，迫使这家银行暂停支付分红并改变管理模式，那么美联储就会让自己被牵连进辐射性后果的影响。如果金融市场由此变得警觉并且大陆银行最终破产，那么银行股东很可能会对华盛顿横加指责。因此无论是美联储还是监理署，坚持私下恳求和期望最好结果则相对容易得多。

“当沃尔克和考诺维尔向伊利诺伊大陆银行董事会成员提出建议时，”威廉·艾萨克说道，“这些人是这样回应的：‘好吧，这样会将银行推入绝境，你们必将受到谴责。’一位监管人员鼓足勇气坐在那里说道：‘谢谢你们的保留意见，我们会负起这个责任的。’我们此时是在与世界上最大的一家银行对话，没有人知道接下来会发生什么。”

或许，正如美联储总顾问所说，此时挽救伊利诺伊大陆银行已经太迟，但这却并不是一个令人满意的解释。如果太迟，就会暴露一个更大的问题：美联储一开始为何要允许这样的局面继续发展？

“真正的监管失败，”布莱菲尔德坦承，“就在于没有人在 70 年代末 80 年代初管理伊利诺伊大陆银行，当时这家银行正狂热追求高增长政策，从而让自己变成美国信贷业务发展最快的银行，他们从中得到银行管理形式方面的甜头，罗杰·安德森也成为‘年度银行家’。”

鉴于政治环境和自身的机构限制性，美联储并没有试图在巅峰时刻对这些银行实施打压，包括伊利诺伊大陆银行，当时这些银行正在疯狂地扩张信贷，从而埋下危机的种子，而银行监管人员也无力加以制止。

“这是一种监管上的两难境地，”布莱菲尔德解释道，“当这种情况发生时，事情就会变得非常难以处理。当能源产业是最热的经济领域并且正高速积累巨大财富时，谁会告诉这些银行不要将钱借给能源公司，或是房地产业也一样？70年代是金融自由化思潮和放任主义思潮日益盛行的时代，政府不再是私人企业的有力靠山。政府监管人员也受到同样思潮的影响。经济下行时，这些监管人员会十分为难，因此他们会想让所有人面临绝境，你不得不告诉这些人有必要对银行业多点耐心……可当局面良好时又该如何理性使用强硬手段？只有局面不好时才更容易动用强硬手段。”

在美联储银行监管委员会中就任要职的查尔斯·帕蒂也坦承这种银行监管行为的失败。“这很难，”帕蒂解释道，“在时代背景下，每个人都会认为自己所做的事是正确的。施加谨慎约束和限制会被看作是多管闲事，银行会认为你在耽误它赚钱。如果银行体系正在快速扩张，如果它们能够利用新业务向你展示它们正在大笔赚钱，那么对于我们来说，想要试图对其施加强硬手段或阻止它们扩张将是完全不能被接受的。”

伊利诺伊大陆银行事件同时证明美国银行体系中存在一个致命弱点。联邦机构的银行监管人员缺乏意愿，或正如他们所坚称的缺乏政治力量对大型且极富攻击性的银行施加真正的约束和限制，尤其是当这些银行正极力扩张信贷业务时。然而鉴于一种名为“管理型债务”的银行策略，如果监管人员不实施监管，那么这些银行家将丝毫感受不到任何约束力。旧式银行的旧式谨慎原则会保证其在扩张信贷业务时以自身存款实力作为基准，吸引更多的储蓄客户，银行才能实现更多的贷款。可现代银行施行的是管理型债务，其不存在这样的约束力，他们只懂得吸引新的贷款，然后借入货币满足贷款。只要可以自由借入货币，其扩张信贷的速度就没有任何内部制动器。

这样做的结果就是大型银行企业，实际上就是所有重量级银行，始终在极其薄弱的基础上实现危险平衡。他们在一个由永久储户组成的小核心和由借入货币的大蓄水池中间运作，而当由借钱给这些银行的货币管理人组成的庞大网络决定将这家银行视为风险债务人时，无论出于何种原因，这种弱点就会显现，有时甚至会突然爆发。

“就伊利诺伊大陆银行来说，一旦你开始了解它，你就会发现它可以仅用 40 亿美元的存款实现 400 亿美元的贷款，”委员帕蒂说道，“这家银行的核心储户圈非常非常小。他们会卖出活期账户，从欧洲美元市场获取货币，售出银行控股公司的商业票据。这些都是极端行为，但却并不是特别行为，花旗银行的核心圈也很小，许多大型银行都是这样。”

在这些行为没有任何实际约束的情况下，现代银行体系会因而暴露于高层“恐慌”的永久性危险当中，这实际上与曾经会推倒小型银行的旧式“挤兑”危机截然相反。50 年前，当诸如马里纳·埃克尔斯这样的小城银行家努力让自己的银行维持营业时，他们遭遇的威胁是害怕普通储户大量涌入银行撤销账户。而 1933 年联邦存款保险公司的成立实际上能够完全消除这种危险。

然而到了 80 年代，新的危险性呈现出繁荣迹象。如果一次突发奇想、谣言四起或理由充分的恐惧感突然蔓延由精明投资人（货币管理人、大型金融机构和其他银行家）构成的全球金融网络，那么一次大规模的“银行挤兑”就会随即突飞猛进地发展。当这些人开始担心自己的货币，他们并不会在银行大厅里排兵布阵，而是只需发一份传真就可以取消“可疑”银行发行的数十亿美元活期账户，这种形式的恐慌并不会威胁小型银行，因为大多数小型银行的基础仍然是依靠永久储户来支持其运行资金。“银行挤兑”的新变种只会袭击银行体系的最上层，即超大型银行和重量级银行，让这些银行当中的某一家破产所产生的潜在后果会危险得令人难以承受。

因此美联储是被套进自身的政治两难境地当中。它可以看到盲目信贷扩张的风险，也有责任对这些银行采取限制措施。然而，与由选举产生的政治家一样，美联储会发现它很难说“不”。在金融自由化时代里，这家中央银行缺少对大型银行施以实际约束的政治自信。作为一个机构，美联储是一个由自身毫无政治根基和非经选举产生的经济专家组成的集合，他们表面上脱离于政治，但实际上依赖于政治保护，而这些保护来源于所谓由美联储控制的各大企业，这些支持美联储的商业银行又会完全听命于超大型货币中心银行，正如艾萨克所说，要想反对这些大型银行的确需要巨大的勇气。

美联储无论何时暴露出未能履行监管职责，美联储官员都会搬出同一个借口，至少在私下场合是如此，那就是他们在面对来自政界的非正式压力时太容易受伤，他们如是解释道，国会议员会抱怨，CEO和股东会反对。会搬出这种借口的不止布莱菲尔德和帕蒂，还有沃尔克本人。如果这是事实，那么表面上冷漠无情的美联储其实与那些沦为“俘虏”的监管机构没有任何区别。美联储也要看人脸色，照顾政界和商界不断变化的情绪，顾及保守言论的幻想和错觉，为官僚主义的胆怯提供安全港湾。危急时刻当美联储最该发挥作用时，其被证明总是会比自诩的显得能力不足且更具政治性。

两年半以来，忽略各种批评之词的保罗·沃尔克曾将自己的意愿强加给美国的经济生活。他曾用目光压倒美国参议员和总统顾问，然而却不能压倒花旗银行的董事会成员，当他们拒绝和排斥他提出的建议时，这位美联储主席只能败下阵来，允许银行任意妄为。

一次具有决定性且令人难堪的侮辱性事件强化了美联储未能压倒大陆银行管理模式的事实。1983年，鉴于每年轮流坐庄的规定，伊利诺伊大陆银行行长罗杰·安德森加入联邦咨询委员会，这是一个由12位商业银行家组成的精英团队，每季度都会与美联储举行私人会议。沃尔克曾试图解雇安德森，但最终失败。此时，随着大陆银行危机的逐步解除，罗杰·安德森将成为沃尔克身边的一位官方顾问。

从远距离看，保罗·沃尔克操纵货币政策时就像是艺术品鉴赏家的一次表演。暂且不论其造成的困惑和错误，沃尔克会坚决拥护更加严厉的约束手段，因为只有坚持这个目标，美联储才能成功粉碎价格通胀。价格回落的速度和程度甚至要比乐观的里根政府预期的还要好。这的确需要勇气。这位主席驾驶美国经济之车来到悬崖边缘，然后又能及时调转方向。他的行动如此敏捷，以至于许多人在他调转车头后几个月仍未发现这一点。到那时为止，美国经济开始真正呈现复苏，保罗·沃尔克也不再是被攻击的对象，这位美联储主席立刻变成了勇敢、杰出的货币管理人而受到众人的拥护。

然而，即使才华横溢，也仍不免盲目和一根筋，某些和沃尔克打过交道的政治家认为：顽固的性格导致其将充满矛盾的现实世界阻挡在门外。参议员霍华德·贝克和参议员罗伯特·伯德以及白宫的詹姆斯·贝克都在与这位美联储主席的私人对话中感受颇深，他们认为沃尔克并没有真正意识到正在发生的经济灾难到底有多么深刻，三个人都曾劝说沃尔克这是来自政治家的客观见解，是他们从失望民众那里听到的散漫民意，包括商人和银行家，即局势已经发展到如何严重的地步，但沃尔克并没有被说服。

从美联储的技术伦理来讲，绝缘于单纯政治的美联储可以将政治抱怨视为不可靠的证据。事实上，如果这家中央银行对政治恳求做出反应才会被视为是不当表现，因为后者一向被看作是自私自利、目光短浅。沃尔克转而依赖的是经济学科学数据，即货币、价格及其他因素在每周和每月发生的最新变化，因为这些才会更加客观地捕捉到经济现实。另外沃尔克还十分依赖于金融市场的信息，即来自市场每日交易行为中的集体性判断和市场参与者见多识广的分析。这些分析据说都是相当理性和无私，也是民主政治家不可能具备的。

然而这两项被美联储视为路标信号的数据和分析却被证明存在误导性。货币理论（即货币衡量手段的意义所在）被土崩瓦解，最终不得不放弃。金融市场声称他们只想要一样东西，但最后他们想要的东西却与所说的截然相反。无论如何，当沃尔克最终屈服并更改货币政策时，他的决定并非来自强大的经济原则或市场情绪的精准判断。当美联储最终发生转变，其改变货币政策的行为是受迫于某些事件的发生，即极有必要避免金融体系的崩溃。

有迹象表明，政治家对美国经济发生的一切并没有看错，他们试图告诉沃尔克的信息也没有错。经济衰退结果的确要比美联储意识到的更加糟糕。当然，政治家恳求和威胁的部分动机是其粗鲁的自私自利，即想要平复愤怒选民的欲望和害怕在竞选中失败的恐惧。但正是这种动机才会引导美国代议民主制进一步发展，是保证美国政府对选民做出反应的纽带。

对于中央银行来说，有关会随意引起民众不满的言论不会被看作是能够指导货币政策制定的合法依据。这种想法在部分上会彰显美联储的盲目性，但也不失为一种更为深层的解释。就其本质而言，这家中央银行认为经济破坏是其目标中的一部分，一旦开始，就自然应该任其继续。毕竟如果没有紧缩和破产发生，清算过程可谓毫无意义，这被看作是治疗疾病的必要“疼痛”。鉴于这种思想，决策者很容易就会认为“良药必定苦口”十分合理，一点小小的惩罚应该会取得更好的效果。因此，美联储总是做得过火是由这种道理的本质决定的。历史上这样的一幕在一次次重演，每次美联储都会告诉自己其实是在负责任地做事。让“本质”任意发展，直到所有的过剩都被净化，不要受到意志薄弱的政治家的阻碍。1929 年，美联储就是这样毁灭性地坚守自己的自我判断，可 1982 年时又后悔自己距离经济崩溃仅有一步之遥。

然而在货币政治学里根本就没有公正廉洁的玩家。以债券持有人和金融机构为代表的金融市场参与者会残酷无情且实际高效地指挥美联储为自己的利益行事，即要求这家中央银行继续严厉挤压实际经济以达到进一步强化金融资产价值的目的。因此，也可以理解商业银行家为何会建议美联储不要拥护任何对国家广泛民众有利但却会对银行带来伤害的政策。另外美联储官员也要为自己的利益考虑，数月以来，美联储一直不愿降低利率，无论经济破坏的证据有多么明显，因为他们害怕会失去自身机构的“可信度”。

“货币问题”永远都带有政治性，尽管美联储独立于政治的神秘性是公认的。从政治的普通意义来讲，其也不可能有其他情况出现。无论美联储做出怎样的决定，都势必会让某些政治利益得到强化，而另一些政治利益受到伤害。所谓货币政策可以做到公正无私（其在某种程度上可以脱离政治，而其他政府政策却不能）本身就是存在于中央银行保护地位之内的一种核心谬论。而所谓某些政治利益（即金融市场、银行和投资人）是决定正确货币政策的合法声音，而其他政治利益却不是，这样的说法本身就是对围绕在美联储周围的政治权力的核心扭曲和变形。

这是对民主原则的冒犯，其实际结果在某种程度上也可谓更加糟糕，因其会导致美联储决策者的判断发生畸变。如果沃尔克及其同僚更认真地听取政治家的“叫嚷”，那么美联储在清算过程中所犯下的错误可能会更小，美国经济和金融体系也不会被推入如此危险的边缘。

最能说明沃尔克自身误读其货币政策影响的明显证据被记录在美联储自己的议事录当中，即美国经济紧缩程度远超其预计。根据美联储自己的证词，联邦公开市场委员会曾将事情做得太过火。每年 2 月，联邦公开市场委员会在法律上都会确定当年的运行目标和经济计划。1982 年初，联邦公开市场委员会宣称对当年实际经济增长和经济计划的预期估计是最低 0.5%、最高 3%（更加强劲的复苏）。然而所有委员都预估 1982 年会出现积极的实际经济增长。结果正相反，美国经济一直在萎缩，1982 年的实际增长是负数，即 -2.5%。

美联储的决策者错判了人类因其货币政策所遭受的混乱和苦难的程度。1982 年最后一季度，美国失业率上升至 10.8%，而联邦公开市场委员会曾经期望的失业率高峰是 8.25% 至 9.5%，而结果就是又有数百万美国人失去工作。联邦公开市场委员会还曾估计 1982 年的名义 GNP 会增长 8% 至 10.5%，而实际上仅仅增长 3%。总而言之，美联储的严厉货币政策让 1982 年的美国经济陷入萧条，程度也远比美联储想象得更为严重，名义 GNP 低于其预估水平 5%，也就是说价值 1500 亿美元的经济行为并未实现。这就像是一个愤怒的父亲在打孩子屁股，并且不知道什么时候才会停止。

一般而言，美联储官员会对自己的严厉政策极力辩护，但仍然有些人会坦承货币约束的确做得太过火，至少在私下场合是如此。1982 年进入里根总统经济顾问委员会的学术经济学家威廉·普尔（William Poole）曾担任多年的美联储货币顾问，他这样描述自己从美联储前同事那里听来的言论："在私下交谈中，美联储的人告诉我：'如果我们早知结果会如此严重且深刻，或许我们能更加循序渐进一些。'"

"我们的转向装置粗糙且简陋，"一家联邦储备银行的副行长说道，"检讨过去，我本不该让车如此地靠近悬崖边。"

能用来证明美联储异常独立性是合理存在的标准言论是：无论是国会还是总统都不能被委以货币的重任。鉴于选举政治的特点，他们通常是不负责任的，他们没有能力约束自己或拒绝选民的欲望。联邦预算就是一个生动的例子。财政政策永远都会处于失衡状态并且无法被改革渗透，繁荣期和萧条期都会无节制地膨胀。政治家不被期望能够做出其他伟大的举动，这也正是为何中央银行必须避开选民火辣辣的注视的原因，因为只有这样美联储才能负责任地做事，也就是政治家不可能会做的艰苦且险恶的难事。

但这里还存在一个对抗性现实，也是通常会被人们忽视的现实：美联储也可以不负责任。正如国会和总统会在预算政策方面走极端一样，这家中央银行也会在追求货币约束时表现得过火。1981 年至 1982 年的清算过程中，美联储完美地证明了自己的这种冲动，但这却并不是第一次，也绝非保罗·沃尔克时代所特有。在对经济实施"镇压"时，美联储一向表现偏激。鉴于其自身的政治目标，这家中央银行与国会一样不愿约束自己，它要追求一个适当且平衡的稳定货币方案。按部就班似乎笨手笨脚且不足以令人信服，一套温和的货币政策很有可能会引来美联储自身政治选民的批评和责难，即债券持有人和金融市场。因此唯一能够达到目的的方法就是动用迅速且极端的强权。

美联储这种带有其自身特点的专一行为与国会和总统的极端表现并无二致。只要一有机会，二者都会过度行使各自的权力且极端对待美国经济，因为二者都能够从自己的行为中获得政治回报。由选举产生的政治家会追寻政治当中"有趣的部分"，即减税、增加开支、创立新的政府投资。而美联储在对经济实施过度惩罚时也会得到自己听众的掌声，即债券持有人和相关机构。没有一方需要面对自己极端行为所产生的后果——美联储、国会、总统，谁都不需要；没有一方有能力或有意愿去寻求平衡，也没有一方必须去全面思考有关经济管理的问题。

这种似乎有些怪异的统治性管理其实会鼓励极端行为，其会为美国经济制造扭曲的反复摇摆。国会只知道盲目地加快经济增长，但却不会对由此产生的不稳定效应负责。美联储最终会赶来营救，做些不光彩的勾当。另一方面，美联储知道一旦获得施加货币约束的机会，就会产生一种尽可能紧缩货币的冲动，希望受到破坏的民主利益迟早会反方向集结并强迫实现经济增长。

国会无法控制刹车（货币和利率），但美联储无法控制油门（联邦开支和税收立法提供的财政刺激）。由选举产生的政府（和实际经济中的私人玩家）拼命加大油门以实现令人眩晕的扩张，（由金融市场支持的）中央银行却插手干预，用灾难性的经济紧缩冷却扩张。每个权力中心都只能做好自己的本职工作，不受对方监督的同时也忽略彼此间的矛盾和冲突。

这种矛盾和冲突愈演愈烈。在过去20年当中，美国政府自身的经济管理所造成的经济摇摆已经越来越明显，无论哪个政党执政也无论哪种经济学说盛行，每次经济周期都会催生越来越严重的极端行为。美国经济发展趋势有规则地进入新高和新低，即一方面财政刺激越大，另一方面的货币约束就越严厉。每次这样的争斗进入白热化，被夹在中间的实际利益和美国人民就要遭受被放大的损害和痛苦。

为这种不稳定性承担责任的不会是其中任何一方，而是这种不自然的关系本身。财政保守派会谴责国会大手大脚的开支习惯，自由主义者会责怪美联储拉高利率的任意性和残酷性，但这两种抱怨均不能阐明这种统治管理模式的全部现实。真正的畸形存在于两种权力核心的自吹自擂，双方都吹嘘自己能够理性控制各自的独立性，就好像他们政策所产生的影响永远都不会产生交集一样。正是这种不合逻辑的管理才会保证不合逻辑行为的出现。

这种统治管理的情感现实类似于神经病患者家庭的扭曲关系。一个心理学家能够看清这种类似，甚至就连经济学家或政治科学家都望尘莫及。就像是一个陷入神经质关系的家庭，政府内的不同权力因素坚持不懈地反复爆发强迫性行为，会一次又一次地强化同一类矛盾，导致整个家庭充满着同样愤怒和混乱的空气。他们的行为可以互相破坏且常常陷入自我挫败，但谁都帮不了自己。每个家庭成员都会执着于自己的指定角色，也无法改变自己的反应。就像这种混乱家庭一样，政府的权力中心也无法认知关系中的这种病态特质，或者无法想出一个能够让自己解脱的办法。

当然，这种混乱家庭中父亲的角色就是美联储。美联储主席正心神不安地主持一场惊心动魄的晚宴，餐桌旁坐着淘气又爱犯错的孩子们，这位主席的行为暗含着父亲的权威，可桌旁吵闹的孩子却对其视而不见。这位父亲会下达命令、会大声斥责、会恳求、会威胁，可是孩子们依然无忧无虑、行为不端。国会和总统（以及他们代表的私人经济）就是难以约束和管教的青少年，他们极尽所能地任意妄为，“引诱”父亲施加高压手段。

最后，他们终于逼得太紧，当一切似乎都已失控，耐心已经被耗空，这位父亲终于使出惩罚手段，用残忍的力量施以惩罚。孩子们知道惩罚正在逼近，但他们也帮不了自己，他们总是行为不当，总是希望能在某种程度上逃避惩罚。“主席就是爸爸。”这是联邦公开市场委员会的一位正式官员在某个背景下所说的话。有关父亲和孩子的比喻已经深深植入这家中央银行的神秘性之中。

在过度淘气和施加惩罚的循环往复中，孩子们或许会抱怨和反对，甚至会愤怒指责父亲的权威。但他们其实并不想挑战这种惩罚，甚至曾经期待惩罚。孩子的角色就是行为不端，而父亲的角色就是制造疼痛和恢复秩序。

正如一位临床医生的观察，由于似乎没有人会从这些经历中吸取教训，因此才会让家庭成员的行为模式带有神经机能病特征。相反，政府一再重复同样的极端行为，即混乱和惩罚，然后双方的反应都会越来越夸张。政治家想要恣意推出经济刺激的冲动越来越高，但却遭遇来自父亲更加强硬的手段，即比上一次更加深入且更具破坏性的货币紧缩。尽管这位父亲的惩罚日渐增多且越来越严厉，但对孩子行为的规范毫无帮助。似乎没有一个政府的经济管理人知道该如何摆脱这种单调又令人疲惫的循环往复，包括美联储和选举产生的政府。

另一个神经质因素则更加违背常情：这位父亲不会公平地向每个家庭成员施以约束。相反，惩罚是有针对性、有目标的，即社会上那些相对弱势的群体成员。在病态家庭里，这种现象被称为“替罪羊”；家里的一个小孩被父母和兄弟姐妹以隐晦的方式挑选出来，作为代表全家去承受体罚和心灵惩罚的受害者。这个替罪羊的小孩通常会接受自己的命运，并被劝说只有自己遭受痛苦才会在某种程度上换来整个家庭的快乐。

美联储发动的经济清算与这种扭曲模式极为相似。鉴于这家中央银行所使用的货币约束方式，经济损失的重担自然会落到最柔弱、最易受伤害的利益群体身上。经济替罪羊，即由劳动者和小型企业以及较穷国家所承受的不成比例的痛苦，对于他人来说却是有益的。它会让美联储这位父亲在无须面对实际强大利益群体可能会成功抵制的挑战下行使自己的权威，这种牺牲的仪式被证明会让整个家庭心满意足，因为整个家庭不会成为替罪羊。

淘气的孩子、愤怒的父亲，这个比喻本身会清楚地显示政府的畸形关系，尽管这不是任何一个重要的政治利益（包括由选举产生的政治家）所愿意接受的事实。孩子必须要长大，无论是出于自愿还是被迫，正常的青少年都要走向成熟，都要去接受为自己的行为后果负责。事实上，代议民主制的制度行为正是被冻结在不成熟上，只要严厉的父亲纵容孩子任性，去清理孩子的错误并恢复秩序，由选举产生的政府就永远都会像一个孩子一样行事。

这样的现状很有可能会继续。极端行为的循环往复可能会延续，甚至还可能会变得更加极端，因为这样的管理模式是为统治制度利益服务的。政府的每一方都会得到某种程度上的行为自由，这是由政府经济管理本身的断裂本质决定，他们都有能力追赶自己的目标，规避平衡和协调的责任。只要由选举产生的政治家可以逃避其清除自身错误的政治责任感，即施加不受欢迎的约束和限制，那么就只能继续维持现状。只要中央银行能够单方面行使权力且忽视集体判断和智慧，那么美联储也丝毫没有纠正自己行为的动力。从某种意义上说，任何一方都不想成长。就像一个病态家庭，谁都看不到自己行为中带有病态一样。

在财政和货币政策之间强迫实现协调统一的改革体系（结果即是政治问责的诞生）几乎算不上是一个过激的想法，但在 20 世纪的美国政府精英中却是例外。毕竟，其他大多数工业国家都存在这样的管理模式，即中央银行受制于由选举产生的政府，并且后者最终同时对利率和开支、经济增长和经济抑制负责。只要将美联储变成美国财政部的一个机构并直接对总统意愿负责，那么政治问责和协调统一就会立即实现（这也是保罗·沃尔克曾在大学论文中提到的）。经济决策的过程也会变得更加透明和开放，也会更容易倾听不同的声音，同时也是无辜受害者的要求。[15]

争斗和不稳会依然持续，这是因为真正的根源在于回溯 1913 年时民主和资本之间的政治契约，即民主政治不能被委任国家利益重托的隐含决策。因此，由选举产生的政治家所具有的特权和责任永远都要接受限制和缩减，换句话说，由选举产生的政府永远都是不负责任的——它会自由放纵自己的罪恶且免受更高权威（即非选举产生的中央银行）的问责。美联储的诞生会代表民主可能性的大撤退，成熟自治永远都会处于发育不良的状态。

第四部分
兜售繁荣

操纵美元升值的核心力量就是美联储意欲将国内利率维持在非正常高水平的坚定决心，甚至要高于海外金融市场的竞争利率。美联储将贴现利率保持在8.5%，而德国的贴现利率却下降至4%，日本是5%。其他国家的短期信贷利率和长期信贷利率也追随同样的下降趋势。美国的金融资产必须要为此付出更多，同时资本也会不可避免地寻找最高的利润回报，无论这个回报出现在哪里。

第 15 章　赤字与利率的战争：分裂政府的政治奇观

裘德·万尼斯基（Jude Wanniski），一个并不坚定的供应经济学拥护者，是美联储发动的伟大金融复苏热潮中的早期赢家之一。回顾那年春季，万尼斯基曾购买10万美元的国库券，其中1万美元用现金购买，其余采用信贷方式。“我打了个赌，相信沃尔克已经看到曙光，最黑暗的日子就要过去。”万尼斯基说道。他是一个精准的预言者。当美联储在7月突然转变货币政策之后，金融市场在8月就迅速强劲复苏，万尼斯基赢得了赌注。价格不断上升的债券给他的10万美元投资带来了3万美元的利润。

“我告诉妻子我们可以继续前进，并且能为房子添置一些新家具，”他说道，“我们称这是沃尔克的翅膀。我甚至还挂起一张标语，上面写着‘沃尔克的翅膀’。”[1]

万尼斯基的好运只是整个美国金融经济繁荣的一个很小的缩影。下降的利率在以令人眩晕的速度推高股票市场价格，道琼斯指数六周内上升超过250点，这是美国实际经济即将复苏的准确信号。下降的利率同时还重新使债券市场振作，未清偿债券的交易价格大幅度上扬，因为这些债券现在又变得十分具有持有价值。20年期国库券可收集14%的利益，这是债券市场值得更多持有的投资工具，因为新近发行的具备同样成熟度的债券也会迎来更低的利率。这种由新金融财富激发出来的乐观主义精神极具感染力。

“这样的复苏对于货币管理人来说是个好消息，”来自掌管5亿美元投资人资产的马里兰投资顾问公司（Investment Counselors of Maryland, Inc.）的克雷格·路易斯（Craig Lewis）说道，“我们也做得相当好，股票利润23.1%，债券利润达到31%。”

一家位于波士顿的小公司——斯潘格勒集团（The Spangler Group），只掌管6000万美元的投资人资产，却在1982年的美联储复苏行动中获取43.7%的利润回报。“每个人都在买活期账户，这是最容易做的事，”马克·艾默生（Mark

Emerson）说道，“你会设法锁定比率，设法锁定债券，然后就是让钱滚滚地流进来。”

其他货币管理人则选择购买在经济衰退中备受打击的企业股票以迅速获取利润回报，他们自信经济复苏即将出现，股票市场不会继续低迷。“美国经济领域中正在发生的可怕事件会提供许多不同寻常的机遇。”百骏财务管理公司（Batterymarch Financial Management）的迪恩·利巴朗（Dean LeBaron）如是说道。[2]

截至初秋，华尔街已经可以判断出美联储会永久性地实施逆转性政策，即使保罗·沃尔克仍没有当面承认。经过两年半的紧缩之后，美联储此时正在“膨胀”货币供给，向饥渴已久的金融体系注入新的流动资金，以达到重启美国经济和避免额外损失的目的。从理论上讲，金融贸易人仍然担心货币价值的长期含义，但他们也会对即将出现的繁荣景象感到欢欣鼓舞，那就是利润的恢复。

“恐惧 VS 贪婪，这又是一个不断重复的老故事，”美林证券的投资战略顾问说道，“股票市场分裂成两半，一半是对通货再膨胀的恐惧；一半是对经济复苏下相关回报的贪婪……我们需要的结果是在趋势的带领下让‘贪婪’取得最后的成功。”[3]

市场是对的。尽管一再发表免责声明并在经济专业用语上躲躲闪闪，但美联储的确是要发动美国历史上最具攻击性且规模最大的一次货币扩张（第二次世界大战期间除外）。在接下来的9个月当中，M-1前所未有地增长500亿美元，从7月到次年3月，货币扩张的速度已相当于年增长率的15%，超过美联储官方目标的两倍。

回溯1928年，当时正值本杰明·斯特朗把持美国中央银行，他曾解释道，如有必要，美联储只需通过“向街道上撒钱”的方式就可以扭转一次金融灾难。1982年秋季保罗·沃尔克突然的慷慨大方在本质上也是撒钱，尽管沃尔克没有真的“在街道上撒钱”，但他的反应的确是受启发于一种类似的紧迫感。

10月1日，美联储主席终于被迫承认自己数月来一直不肯接受的事实，美联储必须最终放弃三年前引进的货币主义运作程序，否则将可能面临引起另一场灾难的风险。美联储7月时曾为放松货币选择忽略M-1原则，但现在必须要走到公众面前承认美联储即将放弃对货币数字的关注。沃尔克看不到有任何其他选择的余地。

尽管美国实现金融复苏，但不断生成的实际经济数字看起来却依然前途暗淡。就在许多紧张不安的银行家就债务危机问题与墨西哥谈判时，其他国家也在排队等候解决这样的危机。几天之后发布的新一期月失业率表明美国的失业人数仍在继续增长，这是失业率自第二次世界大战以来首次超过 10%。

第一波士顿银行首席经济专家艾伯特·乌泽卢尔（Albert Wojnilower）发出直接警告："总体上认为一次企业行为的适度回升就能确保预先阻止大规模破产现象发生的确定感已经不存在。"他认为，危险是已经连续三个月放松利率的美联储在此时再次紧缩，目的就是维持 M-1 的喷涌式增长。"如果我们回归年中时盛行的货币政策，"乌泽卢尔说道，"那么迟早都会再次爆发经济衰退。"[4]

沃尔克也看到了这种征兆，并在联邦公开市场委员会大会上向同僚表达了本质上相同的信息。10 月 5 日大会，联邦公开市场委员会委员立即意识到这位主席的警惕感，因为这一次沃尔克没有等待大家陈述观点，而是首先发言。他先是发表了一段有关经济前景的发言，冗长且阴郁，然后回顾各国的国际债务危机，最后阐述自己对美国金融体系脆弱性的担心。

不断喷涌的货币数字是在命令美联储重新紧缩货币，但这一次美联储却不敢贸然行动。沃尔克警告道，如果经济不能立即呈现复苏，银行体系将面临灭顶之灾。唯一明智的做法就是忽视货币流通总量以及进一步降低利率。

就在这个至关重要的时刻，沃尔克及美联储决策者选择忽视商业银行家的正式建议。就在三周前，联邦咨询委员会曾建议美联储向相反方向买进。"我们一直强烈认为如果货币呈现喷涌式增长，美联储就必须立即采取措施加以抵制，"顾问委员会说道，"在这种情况下如果未能抵制货币增长，那么过去几年一直坚忍不拔取得的可信度将会消失殆尽。"[5]

沃尔克仍然担心美联储的可信度问题。如果放弃货币主义理论，金融市场会不会指责他是在向通货膨胀靠拢？他的解决办法总是在尽可能地隐藏政策转变的实质。在公众面前，这种转变会得到经济专业并发症的有力辩护，即超可转让支付命令账户（Super-NOW accounts），①给 M-1 造成的期望混乱，不强调 M-1 的行为将被描述为只是暂时行为。

联邦公开市场委员会的货币主义经济学家可不会上当。如果此时 M-1 不再被当作政策制定的原则，那么美联储就是想要摆脱其自 1979 年 10 月 6 日以来

① 这是一种既可用于转账结算，又可支付利息，年利率略低于储蓄存款，提款使用规定的支付命令，和支票一样，可自由转让流通。——译者注

强加给自己的约束力。“我大声强调不应该降低 M-1 的地位，”圣路易斯储备银行的劳伦斯·鲁斯抱怨道，“我们认为这只是在逃避，因为他们已经失去了对 M-1 的控制。当你无法让某件东西正常运转时，你就会将它扔进废纸篓。”

在委员会投票时，鲁斯选择弃权，但另外三位奉行货币主义经济学的储备银行行长全部对 10 月决议投出反对票——里士满的布莱克、克利夫兰的霍恩和亚特兰大的福特。最后他们还是以 9 ∶ 3 宣告失败。这次投票如果有什么区别的话，那就是联邦公开市场委员会的大多数人甚至要比主席更加紧张不安。

> “人们担心的是拉丁美洲崩溃会造成普遍的多米诺效应以及会给国际金融体系带来严重后果，”委员帕蒂说道，“美国经济还并不算太好，复苏的信号也不是太强，货币增长和经济数字之间似乎也不存在你曾经盼望的那种关系。如果你不是一个彻头彻尾的货币主义者，那么当某些事件发生时你将很难继续有信仰地展开行动。你会因自己是一个纯粹主义者而失去太多，即让美国经济进一步下滑。”

一般来讲，鉴于美联储自身的保密原则，联邦公开市场委员会的决定在六周之内都不能公之于众。而这一次，这个消息却莫名其妙地在一夜之间席卷华尔街，而且整个故事很快就被泄露给《华尔街日报》。对于这个消息，金融市场十分欢喜。

道琼斯指数第二天就一跃上升 37 个点。短期信贷利率和长期信贷利率同时下降。债券价格每 1000 美元实际增长 25 美元，一天之内发生如此涨幅的现象实在非同寻常。大型银行的基本利率削减程度也达到两年来最低。

3 天后，在确保金融市场无人错过这个消息之后，美联储再次降低贴现信贷利率。这意味着美联储意欲让短期信贷利率进一步下降。经过 4 天热火朝天的交易日之后，股票市场向上喷涌 115 个点，道琼斯指数达到 1021 点的新高峰。金融复苏仍在继续。感谢低利率带来的强大刺激，美国的经济紧缩即将结束。

因长期经济衰退而让自己大失光泽的里根总统立即为自己的经济计划展开辩护，“我们已经说过，”这位总统宣称，“人们正在对美国经济越来越有信心。”[7]

美联储主席此时却表现得更加忸怩作态。在一次对主要企业执行人进行的周末演讲中，沃尔克强调政策的改变只是一次“小小的迂回”。当新闻记者后来对他展开狂轰滥炸时，这位美联储主席抱怨这些记者过于夸大他所讲过的话，他们是在试图将一个复杂、专业的问题缩减成一个简单、富有戏剧性的大字标题。最后，沃尔克亲自为这些记者书写标题：

“美联储政策依然不变，降低利率只是奖励”

“你们喜欢这个标题吗？”沃尔克这样问记者。这位美联储主席在宣布好消息时和宣布坏消息一样都喜欢闪烁其词。[8]

美联储再次“让货币供给冲天而起”，但这一次罗纳德·里根却没有抱怨。多年来，作为一名保守党政治领导人，里根曾经批评货币政策的政治循环性——“拉紧线”制造经济衰退，之后在竞选期间“撒钱”使价格通货膨胀重新抬头。由于在自己任期内曾经出现这样的循环往复，因此这位总统的货币主义原则已经明显被搁置一旁。

大卫·斯托克曼说道：“问题是总统的思维还停留在过去。他可以沿着货币增长的足迹追溯至 60 年代，但他的货币增长数字却仍止步于 1980 年。他没有意识到我们的货币供给与其他以往并没有不同，即都和赤字有关。他不承认我们的预算赤字，也不能理解为何人们总是在谈论他在赤字方面的立场。他反对赤字的战斗已经持续 40 年。为何会有人质疑这个问题？”

里根的政治顾问可不会如此迟钝。为了在 1982 年国会竞选中获得优势，詹姆斯·贝克及其助手理查德·达曼反复恳求沃尔克持续降低贴现信贷利率，他们希望这能减少共和党人在 11 月大选中的损失。当沃尔克在竞选前两周仍表示拒绝对贴现利率做最后下调时，贝克陷入狂怒中。股票市场的大幅度下跌和夜间舆论调查显示，共和党人前景暗淡。共和党人在众议院丢失 26 个议席，有些人开始谴责美联储主席，“到时白宫会说‘我们必须放弃沃尔克’，”万尼斯基说道，“这个家伙根本不打算在 1984 年和参与竞选的总统合作。”[9]

里根总统继续就经济状况为自己的竞选做解释。他向白宫官员透露，如果他在 1981 年不曾答应推迟供应经济学减税政策的有效日期，经济衰退本来可以完全避免。“里根仍然认为如果没有延迟减税，经济衰退就不会发生，美国经济也不会跌落谷底，”斯托克曼说道，“他的观点是，我们根本就不应该忍受或产生如此高的赤字。”

换句话说，这位总统一直坚信其经济复苏计划的最初逻辑，也就是政府可以在某种程度上紧缩货币以遏制通货膨胀，但同时也要通过减税政策达到刺激经济增长的目的。可连续5个季度的深度衰退已经让除总统以外的所有人看到应该要放弃这种疯狂的逻辑，包括总统自己的顾问。

另一方面，里根还谴责美联储做得太过火。“如果这根线没有被扯得过紧和过久，我们可能就不会经历如此严重的经济衰退。”他这样对一位听众说道。他的阐述无可争辩，但却轻易忽视一个事实，那就是连这位总统自己也曾在最关键的1981年春季和1982年冬季向美联储施压要求其严格控制货币。正是美联储的服从才让经济衰退无可避免地更加恶化。[10]

里根内阁中的货币主义经济学家也发出针对沃尔克管理的修正主义批评。财政部次长贝里尔·斯普林克事后抱怨，内阁曾希望在几年内“逐步”减少货币增长，但美联储的做法却是迅速且大规模地紧缩货币，从而造成不必要的经济损害。这种言论还得到财政部长里根及其他人的响应。斯普林克的抱怨似乎尤其无理，毕竟他和其他货币主义者一样都是在一致强烈要求中央银行要尽可能严厉地降低货币增长。回顾1981年斯普林克自己曾经说过的话：“逐步降低”只是最低目标。[11]

无论是里根内阁内部还是外部，货币主义者都要面对一个更加根本的矛盾立场，那就是他们宏大的经济学理论不再发挥作用。[12]其建议也不再被里根政府内拥有决策权的政治顾问所注意，诸如詹姆斯·贝克这样的政治顾问已经从残酷的事实和经验中吸取教训，他们不会再信任货币主义预言家，也不会再听从所谓推高利率以引起更多疼痛的政策建议。

在1982年大选之后的私人备忘录里，贝里尔·斯普林克还坚持发出同样的警告。

> “货币增长的下降对于持续且非通胀性的经济扩张至关重要，”斯普林克警告白宫，“没有它，利率上升就将是不可避免的结果，一旦通胀预期恶化，通胀的积极成果就会消失殆尽，我们付出的代价也会因长期且严重的经济衰退而被白白浪费掉……其经济和政治影响足以令人清醒。”

然而这一次，美联储主席却没有被传唤到总统办公室接受总统的责备。相反，美联储实际上在4周时间里就会促成货币的急速增长，M-1的年增长率已达到令人吃惊的 27%，可总统的顾问并没有提出反对。美联储正在放弃货币主义原则，而白宫也正在这么做。

白宫高层顾问忽视货币主义理论的做法十分明智，因为他们悲痛的警告没有一个会变成现实。最明显的难堪就是货币主义理论之父米尔顿·弗里德曼仍然“痴心不改”。这位尖刻的小教授在接下来的几个月里曾大胆做出两种经济预测，但最终都被证明是大错特错。首先，弗里德曼宣称，新一轮的通货膨胀会在明年左右不可避免地到来，并且还会达到两位数，这要归因于美联储纵容的货币供给井喷（而事实恰恰相反，通货膨胀率反而进一步下降）。其次，弗里德曼分析，1983 年末膨胀的 M-1 会缓慢回落，他大胆预测经济衰退将在 1984 年竞选年份慢慢显现（这也是根本没有发生过的事）。

“现在，我错了，彻底错了，”弗里德曼在谈到他预测的经济衰退时说道，“但我无法解释我为何错了。”[13]

威廉·普尔这样解释自己和米尔顿·弗里德曼以及其他人的错误估算。“我认为可以这么说，”普尔认为，“我们这些拥有强烈立场的人是在试图让世界来适应我们的理论，而非让我们的理论去适应这个世界。”

如果美联储不再坚守货币数字，那么现在应该坚守的是全部经济变量，即使用一种曾经遭到货币主义者和市场所鄙视的传统折中方法。新的方法会给予这位主席最大的灵活性和变通性。当被问起这一点时，沃尔克的解释是美联储会通盘考虑所有该考虑的事，而非用其中某一个因素作为货币政策的指导。美联储再次搬出中央银行的神秘性来逃避某些现实的逼问。

然而实际上，美联储的意愿此时很容易被解读。利率是明白无误地要被观察的因素，更具体点说，金融市场会很快意识到贴现窗口利率此时将是美联储决策的关键指示器，这个用于制定货币政策的古老工具在很长一段时间里都只被当作符号和象征。随着利率的下降，贴现利率成为短期信贷利率的有效底价（除特殊情况外），美联储不会允许联邦资金利率的交易价低于贴现利率（否则银行将没有理由在贴现窗口借钱，美联储也就会因而失去控制信贷条件的杠杆）。因此，紧盯美联储的观察员会以前所未有的强度注视贴现政策。

“1982 年末使用的方法意在将市场注意力转移至贴现利率，”纽约公开市场办公室的操作人员坦承，“这种利率的降低会放大市场对牛市或熊市前景的情绪，通常来讲，每次降低利率都会引发人们对进一步降低利率的期望。”

美联储官员对此极力否认，但许多货币交易员认为这家中央银行已经回归其在1979年之前推行的古老运作模式，即在牢牢把住利率的基础上增加或减少银行储备金，以达到将联邦资金利率维持在指定水平上的目的。经济顾问委员会的货币专家威廉·普尔注意到这种新的模式，“联邦资金利率从1982年7月开始重新变得平稳，不只是每天，还延续至是每月。”普尔这样在白宫备忘录中写道。[14]

竞选之后，美联储重新缓解利率压力，11月19日，再次将贴现利率削减半个百分点。其他利率、短期信贷利率和长期信贷利率也随之下降。

12月13日，美联储进行新一轮降低利率的行动，将贴现利率削减至8.5%。这是美联储5个月来第7次降低利率，但同时也是最后一次。这一次，债券市场提出反对。长期债券利率并没有跟随美联储放松短期信贷利率的步伐出现进一步下降，而是反其道行之发生轻微增长。债券市场似乎是在告诉美联储：已经够了，不要再降低利率。

“如果市场认为贴现利率的下降会引起通货膨胀，”亨利·沃利克解释道，“那么他们就会让利率保持上升。就在我们最后一次削减贴现利率时，市场告诉我们它不喜欢过度放松。”

“毫无疑问，我们要面对的是市场。”美联储信任副主席普雷斯顿·马丁说道。

美联储收到信息。这是一个显著且重要的例子，表示债券投资人拥有极大的影响力去决定美国政府的货币政策。利率已然反常地居高不下，但贴现利率却将停止进一步下降。无论政治家怎样恳求，无论实际经济存在怎样的压力，美联储都会在未来15个月内冻结贴现利率。

截至1月，已经有超过12个债务国排队等候在窗口前以寻求些许的救济和安慰，这与一家企业公司在申请联邦破产法第11章规定的破产保护时怀揣的心情是一样的。在这种情况下，担当破产仲裁人的应该是国际货币基金组织，美联储的角色是直接予以协助。国际货币基金组织会一个个地与债务国协商解决方案，重新确定的债务计划将会有效阻止债款拖欠并允许这些国家继续“运行”，但与任何一个申请破产的债务人一样，这些主权国家同样要被迫接受银行规定的各种条款。

墨西哥从国际货币基金组织那里借走37亿美元，又从各大国际银行那里借走50亿美元，然后这些旧债的首要还款日期得到延迟。作为交换，墨西哥政府必须接受国际货币基金组织的紧缩条款，即必须大幅度削减进口和国内政府开支，以增加储备金和维持不断上涨债务的利息支付。

巴西从国际货币基金组织那里借走46亿美元，还需要从各大银行那里借走

30 亿美元，条件同样是接受紧缩条款。阿根廷得到国际货币基金组织的 16 亿美元和其他私人银行的一定数量的资金。委内瑞拉、智利、秘鲁和其他众多债务国也表示服从相同的条款协议。每个国家都接受了国际机构对其国内经济事务的监督，目的就是避免因破产和无法进入国际金融领域造成的创伤。

对于不发达国家来说，实现债务延期的过程与商业银行针对大型企业债务人重新制定债务计划的行为没什么不同，比如一年前濒临破产的国际收割机公司。唯一不同就在于资金规模要扩大几倍，尤其是对于银行来说。收割机公司是大型企业，因此不能轻易破产，尽管债台高筑；拉丁美洲的主要债务国更是如此。如果他们当中任何一个被允许破产，那么瞬间被一笔勾销的数十亿贷款损失将会压垮美国众多的大型银行。不过从同样意义上说，旧债的重新安排并不能解决拉丁美洲债务国面临的根本问题，这与国际收割机公司一样。因此只有给债务人更多的时间让他们自谋出路，例如允许他们按照现行利率借入更多资金以期望未来的经济增长可以最终改善他们的债务负担。

几个月来，保罗·沃尔克一直坐镇危机处理的核心，为国际货币基金组织的各项条款提供支持，同时向债务国和私人银行施压以促成交易的达成。他将助手派往各海外资本市场，私下里就纠缠不清的协议条款进行调解。他与银行高管会面，跟踪发展进程。过去几周，每个国家实质上都反而会瞬间变成危机的主体，但无论是美联储还是国际货币基金组织，无论是债务国还是货币中心银行，他们都不能允许这样的进程中断。如果一个“计划”失败，那全局都将变成一盘散沙，美国脆弱的经济复苏也会被全球金融危机打断。

尽管沃尔克和雅格·德拉罗西埃（Jacques de Larosiere）① 能够并肩携手成功阻止一切决裂的发生，但取得实质性进展仍有些虚无缥缈。一般来讲，债务缠身的国家不断借入数十亿美元只是为维持即将到期的旧债的利息支付。因此资本到期之日就这样被一而再，再而三地推到未来。

这个过程中的潜在危险被美联储国际金融事务权威、委员亨利·沃利克一语点破。沃利克警告道：“要提防某些国家开始依赖重新安排债务计划来应对不稳定的未来。那时，重组债务计划会变成一场庞氏游戏（Ponzi game）②，银

① 时任国际货币基金组织总裁。——译者注

② 查尔斯庞齐是一个意大利商人，他曾发明一种能够稳健盈利的投资方式，引诱投资者纷纷跟进。他允诺投资者投资一种产品，收取一定的管理费用，可以获得一定的回报。但这回报的来源却是投资者自己的资金，实际上，他根本没有投资品种。——译者注

行借钱的目的会变成是向债务人收回利息，以防让不断累积的债务变成无息贷款。”[15]沃利克曾在1981年债务危机彻底显现之前向银行家发出警告，尽管他没有重申重组债务可能会变得司空见惯，但作为一个实际问题，许多的重组债务十分类似于“庞氏游戏”中虚幻的循环。

其他的解决办法无从想象，至少保罗·沃尔克和美联储想不出别的办法。如果不向债务国借款，银行就会破产。另一方面，他们也不能让自己来构想更根本的解决办法。至少从理论上来说，世界范围内的债权国，尤其是美国，本来可以更坦率地面对国际债务危机，可以承认第三世界国家因债务负担过重而走投无路，然后用普遍的债务免除来解决一切。然而这样做会导致世界范围的即时损失，包括最初参与贷款的债务国和商业银行。同样，工业国家届时也会不得不向国际货币基金组织或世界银行预付大笔资金，以满足其中一个国际信贷机构可以支付这笔坏账造成的长期重建,即在亏本的情况下勾销无价值贷款，从而债务重担的余波会扩散40年至50年。

美联储前委员菲利普·科德韦尔此时已经从美联储退休，在阿根廷政府出任金融顾问，他也比较认同沃尔克及其他人采用的拖延战术，也就是大规模的国际紧急救助行动。“巴西、阿根廷和墨西哥已经推迟下次危机来临的日期，”科德韦尔说道，“他们不打算用现金来偿还债务。这些国家没有办法实现出口收入顺差，因此没有资金去偿还债务。那么他们去哪里找到钱偿还贷款呢？除非你答应削减50%的利息。”

普遍的债务勾销和长期重建会让所有人遭受即时损失，但同时也会给所有人带来大大的好处，那就是债务国及其贸易对象，尤其是美国不断好转的经济前景。只要国际货币基金组织推行紧缩计划，那么债务国（不发达国家）就势必要缩减进口市场额度，事实上这就意味着向美国农业和制造业关闭其主要的市场。

无论喜欢与否，美国实际上要更依赖于世界经济，尽管它不愿承认。只要拉丁美洲施行艰苦朴素的紧缩财政计划，那么美国经济的主要领域就不可能恢复其自身的充分繁荣。在美国中西部地区,那里的人们会更懂得这种关联的意义，艾奥瓦州的农民会抱怨他们正逐渐失去海外粮食市场，所以纽约的银行才会去收拢他们的贷款利息支付。

然而沃尔克坚决反对任何有关债务免除的言论，甚至反对在利率上做出任何让步。“我们不可能在不制造另一场信任危机的前提下对银行强加某些条件。”

他认为。银行体系正处于从 1982 年的创伤中恢复的阶段，这位美联储主席感到保护银行体系是他最大的责任。

从某种意义上说，美联储是在试图清理自己的混乱。由美联储引发的全球经济衰退已经首先毁了拉丁美洲，给拉丁美洲留下日益膨胀却无法承担的债务负担，然后又将风险甩给美国大型银行。这对于世界以及美国来说或许都是最严重的代价，即为沃尔克野心勃勃打击通货膨胀的行为所付出的代价。如果这位美联储主席能够更加循序渐进地处理通货膨胀，那么他也不会让美国滑向如此危险的边缘，对第三世界国家造成的债务损害也不会如此严重。无论是债务国还是各大银行，它们都需要时间去调整。是沃尔克将这些人推入绝境，因此他实际上对破产国家遭遇的全球困境负有一部分责任。他必须承担起照顾双方的职责。

美国的国内经济也普遍遭到同样的打击。无论是农民、房屋购买人还是大型企业，这些债务人在漫长的经济衰退中严重受挫，他们当中许多人要花费几年时间才能恢复，甚至许多人一直无法痊愈。然而，国内的贷款危机并不像海外债务那样具有集中杀伤力，因此也没有威胁到银行体系，美联储不用被迫为这些人重组债务。

即使知道，恐怕大多数美国人也已经忘记整个 19 世纪美国自身曾经面对的多次债务危机。野心勃勃的美国开发商，包括州级和地方政府，大举向欧洲银行借债以维持其在国内的铁路修建和其他扩张项目。于是企业倒闭，贷款拖欠，有时甚至规模巨大。众多向英国和欧洲大陆借入资本的企业都纷纷牺牲在美国战场，最终债务被认定为不可收回而一笔勾销。这种循环往复的丑闻和拖欠贷款的耻辱并没有抑制年轻的共和国的长远经济增长，也并未损害美国在国际市场的信用等级。然而，此时一提到对第三世界国家的债务施行拖欠和免除政策时，美国人似乎就变得愤愤不平，只因为现在他们变成了债权国。

无论如何，从政治角度来讲推行更慷慨的解决方案是不可能的。国会此时正愤慨于美国大型银行在海外信贷市场上承诺过度。尽管近几年金融自由化理论盛行，但参议员和众议员仍然会催促美联储对银行严加管教。在这种充满敌意的环境下，无论是沃尔克还是其他任何人，都只能貌似合理地建议实施大规模紧急救助，而这也需要数百亿美元的承诺。

事实上，随着国际货币基金组织借出更多的钱，里根内阁也被迫要求国会批准美国政府额外拨出 84 亿美元注入国际金融市场，然而这个举动却遭到来自自由党和保守党的强烈反对。他们认为，这种一揽子金融计划是在向货币中心银行或（和）恣意挥霍的国外政府提供救助。最后在内阁和美联储主席苦口婆心的劝说下国会才同意拨款。

实质上，这种批评是对的。国际货币基金组织的新货币通过传真被传到布宜诺斯艾利斯、里约热内卢或墨西哥城。但这些钱随后又会立即回到美国纽约及其他地方的债权人银行。这样的做法是在保证同时对债务人和债权人都明显有利，但这个过程仍然是在让债务人吸收更加沉重的债务。

菲利普·科德韦尔预测，银行家或政治家将无法接受真正的解决办法，直到不发达国家的债务问题发展成为令人恐惧的危机，即“庞氏游戏”崩溃，每个人都被迫去认清现实。与所有的幻觉一样，这种安慰感会持续相当长的时间，可能会是几年，也可能会随时崩塌，只需一些偶然事件就足以将其摧毁。

“解决这种危机的出路就是改变处理不发达国家债务的方式，”科德韦尔认为，“银行也许会实现资产负债表的巨大平衡，但这还没有结束。如果你告诉他们最后的打击性结果，他们会说这都是以后的事。如果你开始认真考虑某个危机阶段，银行则可能会接受现实，因为他们没有别的选择。”

然而与此同时，沃尔克及其国际助手正勤勤恳恳地致力于保护美国银行的收入，尤其是与危机有最大瓜葛的货币中心银行。在就新贷款展开协商时，沃尔克通常会坚决拒绝做任何利率方面的让步，以此来支持银行家。美联储还会小心翼翼地指示银行审计人员要特别关心可疑 LDC 贷款的巨大投资组合，如果规则被实施得过于严格，大型银行可能会因此遭遇大笔的贷款勾销，而这会彻底摧毁银行资本。

作为调解人员和保护人，中央银行也会尽力摆出一副妥协姿态。一方面，美联储会尽力逐步帮助大型银行摆脱因过度贷款而产生的恶果，并极力说服银行在未来接受更加严厉的管束；另一方面，美联储又会倾向于制定银行标准，迫使其他上百家美国银行实现在他们看来十分可疑的新贷款。

其他得以幸存的主要货币中心银行大多数都依赖于债务重组交易的维持，但几十家瓜葛不多的小型地区银行却很想摆脱这种交易。他们准备一笔勾销自己的损失，停止和墨西哥及其他国家产生债务交易。为何要在坏账之后损失好钱？当这些银行表现出不愿再生成更多新贷款时，他们受到来自大型银行施加的压力。如果这一招还不管用，大型银行还会给地区储备银行行长打去一个友好的电话，让他们力劝小型银行重新考虑。

很多情况下这种劝说颇为有效，但同时也暗含政府对小型银行的未明示保障。美联储哄骗银行家实现在银行家看来并不稳健的贷款，但美联储是否能够保证这些银行如果照做就不会受到任何损失呢？卡内基基金会（Carnegie Endowment）的国际金融专家卡琳·利萨克斯（Karin Lissakers）这样描述这种风险："问题是等到危机结束时，监管当局可能会摆出一副严重受伤的样子，承认他们已经无法挽回银行没有任何回报的事实。"[16]

虽然如此，沃尔克仍然在缓慢且有序地实现着他认为第一重要的目标，即帮助大型货币中心银行摆脱危险境地。花旗、汉基信托、摩根及其他银行仍在继续让旧债滚雪球，但不发达国家债务曝光逐渐下降成只是其整体投资组合的一部分。此时向出现麻烦的国家借出的新信贷主要来自公共机构，例如国际货币基金组织和世界银行，这就允许商业银行可以减缓其自身承受的新债务。正是因为公共机构承担了更多风险，因此大多数私人银行才得以慢慢撤离悬崖的边缘。

然而对于债务人来说，这种战略造成的结果却是一个漫长且暗淡的未来。国际货币基金组织要求的"节衣缩食"并不仅仅是指拉丁美洲人口的生活水平，还包括这些国家要被迫将自己的大部分出口收入贡献给债务，因而投入到未来经济发展的资金就会很少甚至没有。正如艾奥瓦州农民再也没法将自己的粮食卖给拉丁美洲的人一样，墨西哥、阿根廷及其他拉丁美洲国家的劳动人民也再不能企求其自身经济繁荣的稳定提高。

"这对于大多数活着的墨西哥人来说还是第一次，" 墨西哥财政部长何塞·席尔瓦·赫尔左格哀叹道，"国家大多数人口的生活水平正在恶化。"[17]

委员查尔斯·帕蒂也表达了同样的遗憾。"现在，你不能说服任何人去实现不发达国家债务信贷，" 帕蒂说道，"这些国家的处境相当困难。他们除了开启新的信贷入口之外没有其他办法。因此他们每天都要饱受利息负担的沉重打击，这些利息必须要还，他们没有机会获得新的贷款去帮助实现自身的经济增长。"

在里约热内卢，中产阶级人民洗劫了超级市场，他们在一次短暂且徒劳无功的抗议暴动之后从超市装走满满一车的免费食品；巴西人的实际人均可支配收入自全球经济衰退开始以来下降了 12%。在布宜诺斯艾利斯，自发式罢工和其他政治动乱层出不穷。阿根廷中央银行行长在参加完华盛顿年度国际货币基金会议后在返回自家途中遭到暂时逮捕，罪名是向国际银行家屈服让步并犯下背叛“国家主权”罪。[18]

艾奥瓦州共和党人、众议员吉姆·李契（Jim Leach）代表正失去出口利益的美国农民发言：

> 如果美联储存在什么丑闻的话，那就是其监管机能的疲软，其在第一时间内允许银行实现这些借贷。这是本世纪最大的一次银行丑闻。然而美联储现在的货币政策却是牢牢控制那些并没有犯过致命错误的人，以美国中西部农民为代价保护纽约银行不受损害。的确是有些人在承担海外信贷崩溃的损失，但这些人绝不是银行家。[19]

然而这些表达却苍白无力。无论是不发达国家的深度贫穷和人民所遭受的痛苦，还是来自美国政界的怨声载道，都不能让沃尔克及其他管理国际金融事务的人改变策略，即帮助银行痊愈。在可预见的将来，至少有 12 个国家会把过去当作人质，不可思议地为自己和银行家共同犯下的错误付出代价。

1983 年逐渐显现的美国经济复苏与之前 4 年的美国经济状况可谓天壤之别。美联储实际上已经成功扭转美国企业的每一笔交易，而美国政府也在真正意义上为每笔契约设定新的条款，即为解决劳动力工资问题、家庭信用卡和房屋贷款问题、石油和房地产以及船业投资问题、债券和股票问题以及银行活期账户和货币市场共同基金问题增加新的条件。美联储将继续日复一日地掌舵美国经济，此时一切都已经走上他们的既定轨道。

发生根本逆转的是债权人和债务人之间的优势对比。无论是购买房屋的家庭还是购买新设备的企业，这些债务人曾经从不断上涨的物价中受益匪浅，因为这意味着他们会以更加便宜的美元偿还贷款，而对于债权人来说则完全相反。随着通货膨胀的高涨和高涨期望的持续，旧债此时要以“变硬”的美元加以偿还，也就是说货币不只难以维系其价值，实际上还会随货币价格的持续下降而增强购买力。

新的条款随处可见，只是对于普通民众来说难以发现。巴尔的摩的一家艾克森石油加油站站长詹姆斯·麦格雷迪（James McGrady）在通货膨胀仍然是两位数时实际上只需偿还贷款的 20%。但此时通货膨胀率下降到 4% 以下，企业的实际回报发生逆转，[20] 也就是说通货膨胀为企业债务人提供的隐性补助此时已经转交给债权人。

新近购买房屋的年轻夫妇也会在支付月供时感受到同样的压力。购买房屋时的抵押贷款利率是 12% 甚至高得更加可怕，但其实这是一笔十分划算的投资，因为价格通货膨胀当时已飙升至 10% 或者更高，因此这对夫妇的收入也会稳定上升。通货膨胀会“无情”地缩减房屋月供负担，无论是按实值计算还是作为收入份额。与此同时，他们的房屋在市场上的价值也在稳步上升，这对于他们来说也是不断累积上涨的资产。然而，现在通货膨胀率已经下降到 4% 以下，12% 的抵押贷款利率突然变成亏本生意。这对夫妇付出的实际利率要达到 8% 或更高，这对之前的几代美国人来说闻所未闻。

几十年来，住宅所有率和通货膨胀彼此交织的进程有效地将债权人的财富重新分配给债务人，且范围极广。作为一个实际问题，这是数百万中产阶级家庭曾经在漫长的劳动生活中设法累积任何一种实际财富的唯一手段。当通货膨胀宣告结束，这种财政的再分配也走向结束。此时此刻，夫妻购买房屋的真实代价在稳步上升而非下降，并且整个美国的房屋价值也开始停止上涨。

从整个社会条件来看，“货币问题”此时的最大受益人是“储户”，即占美国家庭 45% 的金融资产净债权人，而他们受益的前提是其他人群付出的代价。一般来讲，这就意味着将年轻人的损失作为年老者受益的代价，既定的富有企业要比未经考验的小型企业更具优势。这种逆转尤其有利于大部分拥有积累资本的少数人，即拥有 86% 净金融财产的 10% 美国人。

对于决定将资本放在何处的投资人来说，这种逆转还存在一个基本方式，那就是此时金融资产繁荣兴旺、真实资产失去价值。因为现在美元十分稳定，价值正逐渐硬化，任何一笔以美元计算的金融票据投资此时都会变得越来越安全且有利可图。基于同样的原因，有形资产投资例如土地、农业设备、郊区房产、工厂、机器或石油此时则都变成赔本买卖。这个基本方程式将会在整个 10 年当中推进投资选择，即如果想赚取丰厚的利润回报，就必须将钱变成债券或其他金融工具而非工厂。

所罗门兄弟曾做过一次名为“十年之改变”的研究调查，将发生在真实资产和金融资产之间的财富逆转进行表格分析。20 世纪 80 年代，债券逐渐变成储存财富最有利可图的“港湾”，即平均回报率为 20.9%。股票是第二大最佳投资工具，平均回报率为 16.5%，而在 70 年代通货膨胀横行期间，二者的回报率均为负数。

与此同时，有形的经济物品，包括房屋、商品和实际制成品都正逐渐失去投资价值。它们价格平平或正在下降，原因就是供给过度；它们的价值再也无法得到普遍通货膨胀的强化。在通货膨胀大打折扣之后，80 年代的农用土地投资人遭受 6.2% 的负实际回报率，石油投资人则平均损失 15.4%，这实质上是一举摧毁石油投资人在之前 10 年获得的所有利润回报。

尽管并不广为人知，但这种逆转幅度正在启动美国经济新一轮违背常情的巨大活力，即普遍经济衰退之后仍长期存在的一种“轰隆隆的”清算运动。其选择的目标就是价格和工资正遭到压制的实际产品。农民、石油生产商、有组织的劳动力，这些人及其他群体所遭遇的困境即是：无论他们卖出什么都会持续过剩。过度供给会在经济扩张暗潮汹涌并出现繁荣之后的很长一段时间内持续打压实际产品，并强制性地让这些生产者的真实资产遭到持续损失。

真实商品的负回报率会严重导致生产者债务问题的错综复杂。随着商品价格的下降，其实现信贷时的抵押品价值也会自动发生贬值，无论是农用土地还是石油储备。然而他们又必须靠不断借钱才得以维持企业运转并用“越变越硬”的美元偿还贷款。他们的真实债务负担正在逐渐加重，而实现信贷的资本却正在缩水。

这种逆转的大环境就是广为人知的“农业危机”的核心等式，即价格和信贷之间不可阻挡的困境，从而将数万名美国农民逼入绝境。这些每况愈下的农民被普遍描述为“无效益”，可如果产品价格和信贷价格不发生改变，那么他们的效益也不会发生任何改变。

当生产者被逼到如此的困境时，市场上的自然反应会是倾卸更多的实际资产，以努力维系债务不足的补充，而不顾一切卖出更多的商品无疑只能额外加剧供大于求的状况和物价的进一步降低。

一旦这场“轰隆隆的”清算运动在广阔的战场上逐渐展开且能“自给自足”，那么各种真实资产市场都要或多或少地凭借自己的力量维持运行。只要失业率居高不下，劳工联合会就会被迫在工资协议中接受大规模工资削减。只要世界农业市场供大于求，农民就只能是多生产、少卖出。曾经因自己房屋市值而享受多年空前繁荣的房屋所有人此时也注意到，邻居的房产价格再也无法提高，在大多数城市里甚至是正在下降。

通货膨胀的年代结束了。为确保其不会卷土重来，美联储只能用这种办法来管理美国经济，即维持商品、劳动力和生产力过剩。只要市场上出现供过于求，这场真实资产的大规模清算运动就会继续，物价也会受到约束和抑制。

大多数美国人似乎很感谢这种新的环境。当然，他们并没有把自己看成是受损失者，因为他们是房屋所有人、工人或债务人。发生在金融经济和实际商品经济之间的资产逆转几乎不能被普通公民所见，他们看到的是疯狂的价格通胀正在过去。人们正准备重新走向工作岗位。一种美妙的感觉正蔓延整个经济市场。

“恶性通货膨胀的冗长梦魇，”总统里根宣布，“现在已被我们甩在身后。”

罗纳德·里根的乐观精神似乎得到日常经济新闻的证实。经济复苏开始在众多声称会“疲软”和“不持久”的预测声中缓慢显现，然而截至 3 月，新经济行为实际上正在蓄势。这一次总统取得了胜利。

“经济衰退的阴霾正在给经济复苏的彩虹让路，从而预示出美国企业的新生和复活，”他这样对旧金山的商界听众宣布，“美国正在好转……其他经济领域恐怕也会效仿。我们正在回归。”

罗纳德·里根也在回归。一年多以来，这位总统在民意调查中的支持率随失业率的上升而稳步下降。截至 1983 年 1 月，也就是在失业率飙升至最高峰 10.8% 之后的一个月，里根在盖洛普调查中的民意支持率跌至谷底——35%。在与 1984 年众多潜在民主党挑战者之间打响的预赛中，里根输给前副总统沃尔特·蒙代尔（Walter Mondale）和俄亥俄州参议员约翰·格伦（John Glenn）。华盛顿政界的议论核心都是有关美国很可能会迎来新一任总统。

经济新闻开始将焦点转向政界。2 月，失业率下降，总统的民意支持率突然回升至 5%，从那以后，他的地位开始稳步上升。里根的政治前途几近完美地与失业率下降成反比例增长，他的连任前景也由此辉煌灿烂。罗纳德·里根是否能成功连任完全取决于这场欣欣向荣的经济复苏是否能够持续。

“令人激动的事正在发生，”总统这样对俄勒冈木材加工业的一位高管说道，“你可以在克拉马斯瀑布感受到这种激动，我想，在美国的各个角落都可以……我即将离开这家重新开张的木材加工厂，但我可以告诉你，这里呼呼作响的机器声在我耳中就是美妙的音乐。”[21]

尽管美联储主席的受欢迎程度不能用盖洛普调查来衡量，但很明显保罗·沃尔克的地位也因积极的经济回转现象而受到极大加强，尤其是在上层的舆论引导者中间。毕竟，沃尔克实现了自己的承诺。通货膨胀现在已经被成功制服，《纽约时报》将沃尔克比作可以巧妙躲避政治攻击者的“斗牛士”，他在不发达国家债务问题的危机处理上堪比杀死恶龙的圣乔治①。[22]

根据一项针对大型企业高管的盖洛普调查显示，沃尔克在他们心中的位置甚至要高过美国总统，51% 的人表示对这位美联储主席信心满满，而表示对罗纳德·里根有信心的人只有 27%。然而在小型企业人心中沃尔克却并不讨人喜欢，他们当中只有 20% 的人表示会信任他的所作所为。[23]

《华尔街日报》针对美联储主席进行一次广泛评估——如果不是沃尔克的领导，局势可能已经变得更糟。“在所有美国高层官员和决策当局中间，沃尔克先生和美联储在处理国际金融危机时扛起最沉重的担子，”《华尔街日报》说道，“鉴于内阁官员缺乏经验，美联储只好承担起大部分责任……”[24]

然而有一群重要人士却并不认同对保罗·沃尔克的赞美，即总统自己的高层顾问。财政部长唐纳德·里根的敌意众所周知，他经常公开批评沃尔克的管理，下令财政部组织展开针对美联储独立性的胁迫性调查，他向同事保证，沃尔克在 8 月主席任满后将不会被再次任用。相对来说并不为白宫外部所知的是总统顾问埃德温·米斯和白宫办公室主任詹姆斯·贝克也十分认同里根的看法。贝克对沃尔克倔强地将经济衰退严重拉长十分不满，当沃尔克拒绝在 1982 年竞选以前帮忙再次削减贴现利率时，贝克几乎陷入狂怒。但从根本上来说，贝克与里根的一致性还在于对美联储独立政治地位的质疑。

“这帮未经选举产生的人们手中掌握的权力过多，”一位内阁官员解释道，“如此小的职能机构却拥有如此多的权力，我不确定对于总统来说当他不能控制这个机构时是否有利于他对货币政策负责。或许有人会强烈反对说不想让政治家为其自身利益把货币政策搞得一团糟，但这里可能也存在一个中间立场。即如果由总统来控制货币政策，那至少有人会对其负责到底。毕竟，总统是必须要适应公众要求的。”

常与内阁官员打交道的裘德·万尼斯基曾与沃尔克共进晚餐，他对这位美联储主席表示自己对前景并不看好。“我告诉他连任美联储主席的机会非常小，”万尼斯基说道，“因为他曾经让贝克和白宫政客非常愤怒，而后者对 1984 年的总统连任竞选十分担心。这些人认为沃尔克不会是一个团队合作者，他们想让

---

① 传说中大不列颠岛岛民，在公元几世纪前杀死了一头恶龙的骑士。——译者注

美联储主席变成自己的人，一个不要在不当时机紧缩货币的人。”[25]

然而沃尔克从国会那里享受到的却是新的敬佩感，甚至是顺从感。尽管某些批评家仍然坚守自己的观点，但国会中的大部分议员却对沃尔克十分恭敬，包括经济衰退期间一直对美联储颇有微词的某些共和党领导人，例如参议员霍华德·贝克。保罗·沃尔克的工作曾经非常险恶和艰难，在恶劣的全球金融环境里殚精竭虑。而当时的美国内阁似乎还在为其自身的财政问题而焦头烂额。早期轰轰烈烈的美联储改革之风就这样烟消云散。

沃尔克对自己的地位信心十足，因此在公开场合时也稍显放松，甚至开玩笑说自己的名声不过是无情的中央银行家。“中央银行家是在成长过程中被折断双腿的蚂蚁。”他在一个华盛顿宴会上这样讽刺道。

美国总统和美联储主席共同分享这种温暖且熠熠发光的民意。罗纳德·里根曾亲自许诺抑制通货膨胀，尽管这个任务实际上是由美联储主席完成的，但他的声明还是有一定的功劳。从整体来看，这位总统曾经在经济衰退中支持沃尔克的紧缩货币政策，纵然他拒绝接受任何有关引起美国人民疼痛的指责。

对于沃尔克来说，他认为美联储的工作或许是在罗纳德·里根不可动摇的乐观主义精神的指导下才变得更加容易。贯穿那段黑暗的岁月，总统曾反复告诉美国人民要坚守信仰，即未来一定会变得更好。果然，他是对的。作为公众人物，“神父”和“王子”共同主持且完成自己的神圣任务，即货币的恢复。他们神乎其神的力量受到怀有感恩之心的广大民众的欢呼和喝彩。

然而罗纳德·里根和保罗·沃尔克却在目标和意图上存在根本冲突。由于经济复苏已经在进行之中，但总统和美联储主席想要从美国经济中得到的东西却并不一样。他们彼此独立的经济政策是在向彼此矛盾的方向前进。这种更深层次的斗争几乎不被普通民众所见，也未被主要人物充分认知，但其却是接下来几年里管理舞台上的核心剧情，即发生在财政政策和货币政策两群决策人之间的史诗般的意愿之争。

这是一场发生在政府内两大群体之间的“老鹰捉小鸡的游戏”，明尼阿波利斯储备银行的经济专家尼尔·华莱士（Neil Wallace）一语中的地描述道：“谁会首先妥协？谁会后退？是曾经高度刺激产生 2000 亿美元赤字的总统和国会，还是曾经发誓阻止经济再次全速滑入疯狂通胀的保罗·沃尔克？”沃尔克恳求白宫和国会后退一步，即大规模削减赤字。可里根内阁同时也怨声载道，抱怨货币政策绝对不能妨碍美国的经济繁荣。正如明尼苏达大学经济学家托马斯·J.

萨金特（Thomas J. Sargent）所说，这两种表述存在根本冲突：

“美联储曾经下定决心坚守‘只有预算近似平衡才能让一切变得可行’，但国会和行政部门却共同坚定地认为，只有中央银行最终变得被动和乖顺才能让税收和开支政策变得可行。基于这种互相‘不可行’的立场，只有其中一方最终让步。外部人士也纷纷讨论这种不确定的局势，猜测在这场老鹰捉小鸡的游戏中谁会最终让步以及如何并何时会让步。”[26]

对于无辜的旁观者来说，这种比赛要比一次分裂政府的政治奇观更加严重。许多普通公民和企业都将受到财政－货币冲突的直接惩罚，而某些人却可以从中获利，因为冲突的可见性边界就是利率。谴责财政赤字引发市场压力的美联储将会让利率维持在不同寻常的水平，这无疑是在增加债务人的负担、阻止未来经济增长的可能。美联储无论何时牢骚满腹，都会将矛头直指国会和总统。它坚称利率不会下降，除非削减赤字。这家中央银行不会调整其经济政策，直到总统和国会首先屈服。

尽管美联储提出这样的申诉且得到许多政治家的假设性认同，但利率的居高不下并不是与财政赤字的规模存在不可避免的联系。从本质来讲，货币价格会受到信贷需求的影响，很明显，急速增长的财政赤字会加大这种需求。最终，如果美联储愿意，其仅可以通过增加供给的方式就能降低货币价格。但为了捍卫自己对价格的控制权，美联储并没有选择这样做。无论其理由充分或存在缺陷，无论其是明智或固执，都本应该就这个问题展开讨论，因为高利率并不是许多人假定的那样只会受到无情的市场力量的指挥。

有关这一点的最明确证据可以在保罗·沃尔克时代的利率发展情况中明显看出，即货币价格发生大幅度上升或下降与财政赤字的变化毫无关系。利率大幅度上升时财政赤字仍然相当适度；之后当利率大幅度下滑时，财政赤字仍然是在扩张且达到历史高度。如果利率只是受由赤字开支引起的市场压力的影响，那么这样的情况就不可能发生。从逻辑上来讲，一定还有某个因素在发挥作用——也许是某个个人，而这个“个人”就是保罗·沃尔克及美联储的其他决策者。

1981 年以来，美国政府的宏观经济政策已经存在某些彼此冲突的因素，但此时这种局面已经完全不同。美国经济在减税和大规模财政赤字削减的促进下实现再次增长。如果美联储只是简单地适应这种强力的财政刺激，那么它会担心这将默许古老弊病的复活，即价格的通货膨胀。可如果美联储过于热心地加以抑制，此时的美好时刻则会遭到破坏。

新闻媒体只会过度且几乎排外地专注矛盾的其中一方，即美国政府在开支、税收和预算赤字方面持续的摇摆不定。新闻会大肆报道国会的预算讨论和总统每天对毫无遗漏的细节做出的反应，但实际上这种在国会和白宫之间展开的无休止的讨论并不能从本质上改变政府的财政政策。国会将制定颁布 1983 年至 1984 年一系列二次增税和削减额外开支政策，但有关财政政策的大概要旨却并没有改变，即向年赤字 2000 亿美元或更多的目标迈进。

新闻媒体并没有将太多注意力放在真正的游戏上，即美联储对美国经济管理的持续性支配和统治。或许到目前为止，许多普通民众可以认识到沃尔克和美联储曾引发最近的经济衰退（《时人》杂志曾如是报道），但几乎没有人能意识到美联储仍然在控制一切，包括过去的经济衰退和现在的经济复苏。此时新的篇章不仅仅是美联储权力的更微妙行使，而且还具有更大的刺激性。通常来讲，这家中央银行在经济扩张正在进行时应该退回到消极角色，在经济繁荣的复兴期只起到调节作用。而这一次，美联储要把持住自己的霸权地位。它要继续为政府的其他部门设定条款，即以一种不可见的方式担当美国的“经济沙皇”。

在财政政策决策人陷入决策僵局的同时，货币政策的决策者却能掌握住美国政府管理经济的唯一有效杠杆。在相对缺乏公众监督的情况下，美联储将按照自己的意愿操纵美国经济的增长和下滑。里根政权的复活并不依赖于总统自身的决定或吵闹的预算讨论，而是依靠保罗·沃尔克及其同僚是否决定会反对财政政策的刺激性影响。

从过去的经验来看，美联储并不希望输掉这场比赛。至少在过去几十年当中他们一直没有输过。联邦政府无论何时大规模地增加赤字开支，无论是在和平时期还是战争年代，其结果都会引起大规模的价格通胀。经济学家曾就其原因展开讨论，但其中的联系早在历史经验中就已经确定。很明显，金融市场预测美联储会输掉比赛，其怀疑态度主要在于利率的居高不下，此时投资人需要更高的利润回报，因为他们预料自己的美元资产会在后来的通货膨胀中大打折扣。12 月美联储停止降低贴现利率，这无疑会心照不宣地将金融市场的恐惧合法化，美联储当时接受了投资人的判断，决定将利率维持在一个预先警戒的水平。

尽管从理论上讲，二者机能各自独立，但货币政策在部分上能够直接感受到来自财政政策的压力，因为中央银行拥有历史使命，即在行政部门借钱时起到辅助作用。当财政部卖出债券时，也就是借入数十亿美元资助自己的财政赤字时，美国政府的新债务问题就永远不能回避，金融市场也必须有能力吸收这些新的债务票据。否则，美国政府将在世界面前极其尴尬，其不容置疑的好信誉也会突然受到质疑。美联储的货币官员有责任保证政府债券的“秩序市场”，当政府产生新债务时，他们会经常与财政部的债务管理人协调工作，以便让债券可以迅速卖空，并保证利率不会出现疯狂波动。

美联储确保财政部融资成功的一个方式就是只需保障私人实体手中拥有大量的可用货币。如果美联储向银行体系注入充足的流动资金，那么债权人就有能力买空美国政府的全部新债务票据，并且还有能力满足其他债务人的信贷要求，即需要贷款的私人企业和消费者。随着财政赤字的加大迫使财政部借入的货币增多，美联储面对的压力也自然会越来越大。如果美联储拒绝提供充足资金，那么政府信贷就会挤压私人经济领域的可用信贷供给，利率会大幅度上扬，某些私人债务人会被挤出游戏，经济行为也会发生缩水。

货币创造与政府债务之间的这种关系就是第二次世界大战期间美联储为何不愿被动接受支持政府庞大借贷的原因。中央银行曾经尽可能地向财政部提供所有能保证其卖出庞大战争债券的货币供给，利率也从未允许超过2%。1951年著名的财政部－美联储协议（Treasury-Fed Accord）彻底解放这家中央银行的从属地位，但美联储仍然保留一项基本职责，即确保联邦政府可以向市场出售债务。

极端来讲，如果美联储可以适应这个过程，那么结果就是会产生罗纳德·里根及其他批评家所说的“印刷机货币”。对于经济学家来说，这种影响被称为“货币化”债务，即一个由中央银行通过膨胀货币的方式向财务部实施紧急救助的循环游戏。这个循环的形成过程是：行政部门通过销售新国库券和债券的形式向私人经济领域借入货币，然后美联储通过从私人经济领域用新创造货币购买这些旧国库券和债券的方式稀释债务价值。实际上，美联储是积极地在自己与世隔绝的投资组合中储备越来越多的政府债务票据，而私人经济领域得到的是一个膨胀的货币供给。

除非在战争期间，否则没有一届美国政府会公开推行这样的政策，中央银行也断然没有一个人会自愿接受这种政策。然而随着时间的推移，由赤字引起的通货膨胀早就曾以类似的方式发生，这并不是因为美联储有意识地决定“货币化”债务，而是因为这个过程要比批评家假定的“印刷机货币”更为平缓和模糊。什么程度的适应和调节才算是过火？找出标志“货币化”开始发挥影响的标准并不容易。

美联储承担着支持新国库券债务有序销售的希望，但同时也不能阻碍美国经济的增长。两种责任会鼓励美联储萌发两种倾向，即维持放松信贷环境和稳定利率。每次屈服、每次错误地判断经济形式、每次在政治压力面前后退，中央银行曾经犯下的通胀错误通常就会逐渐地积少成多，甚至就连这些投降者自己也没有意识到这个事实。

然而这一次，美联储下定决心坚持自己的立场。保罗·沃尔克已经多次在国会大厦表明态度，尽管并不十分直白，但他反复警告国会要在赤字问题上采取正确行动。他说，美联储决定不再向日益增多的债务所积聚的政治压力屈服，国会和总统不要指望通过通货膨胀的方式向他们的财政赤字实施紧急救助。美联储不打算“临阵退缩”。

相反，沃尔克及美联储选择的是一条史无前例的解决道路，即在经济复苏期间将利率维持在较高水平。为了坚守这个立场，美联储将前所未有地“逆风飞扬”，随着经济复苏的开始，名义利率虽已下降，但却仍然超过正常水平。与此同时，货币的真实成本也在本应下降的时候出现上升，原因就是通货膨胀率在下降。

美联储的这一策略完全是在履行自己的职责，即协助行政部门在市场上销售其日益增长的债务票据。如果利率足够高，那么财政部就会毫不费力地销售其新债券。美国金融市场上的较高回报会吸引世界各地各种金融工具的资本。联邦政府为满足里根内阁庞大赤字的扩张性债务实际上就是从这些海外投资人手里借钱，美联储可以完成自己的使命，但真实利率却始终维持在近代史上的最高峰，而非下降至正常水平。

正如副主席普雷斯顿·马丁所说：

“为了吸引资本，我们必须提高利率。我们不得不慎重考虑政府的财政要求。你可以过分强调吸收资本时利率的重要性，因为美国的机遇和安全港湾的角色极具吸引力。但为吸引海外投资者而维持利率的居高不下的确具有争议，我们也意识到了这一点。”

委员帕蒂表示认同："我们让美国利率看起来较其他海外资本更具优势。这会推高海外投资利率，因而海外投资人就会被吸引到美国。"

当普雷斯顿·马丁急于降低利率时，他首先要让自己找到能够让财政部继续可以在市场上销售债务的方法。"我曾就这个问题与金融市场的参与者多次接触，"这位副主席说道，"日本人将会对新一期30年期国库券产生怎样的反应？法国人不买，英国人也不买，那么日本人就会变得很重要。日本人会买吗？好吧，如果他们买，我们就不需要提高利率。"

美联储货币供给政策指导下的真实利率变成掌舵美国经济的原理和途径，因其会控制整个美国的经济扩张。鉴于货币政策和财政政策之间存在的奇怪冲突，因此不同寻常的真实利率将会吸引充足资本对政府债务提供资金支持。与此同时，高利率也会让美联储抑制真实经济的过热发展，迫使其接受缓慢的扩张方式。

所有这些都并非高调宣布的美国政府政策，也从未向普通美国民众做过多阐释，因而使接下来几年里美联储到底如何真正管理货币的问题变得极其模糊和困惑。公众（以及许多政治领导人）一直在为较低的名义利率欢呼，对美联储心存感激，因为名义利率正在从1981年至1982年经济衰退期间的高峰水平稳步下降。然而其对美国经济造成的真实结果却恰恰相反，衡量货币成本的真正手段是实际利率，而实际利率却根本没有下降。它一直维持在历史的最高水平，甚至还要更高。

这种算术运算并不复杂。毕竟价格的通货膨胀率自1981年以来已经大规模下降，即下降了三分之二；名义利率自1982年中以来也开始下降，却仅仅下降了三分之一。这样的差异意味着债权人的真实回报正在大幅度上升。以前，名义利率曾经一直可以无限制下降，但1983年时却并不是如此。随着美联储对整体信贷供给的调控，名义利率的下降速度要与货币价格下降的速度成比例。这也是金融市场为何会在此时生机勃勃的第二个核心原因所在。美元"正在变硬"并且更有价值，但金融市场也正在每笔交易中收拢越来越多的美元。

资本所有者，即债务持有人此时实际上正在享受50年以来财富实际回报的最大化，即自20世纪初以来。1983年的实际利率要远远高于1981年至1982年，当时美联储正积极遏制美国经济，对合理资本回报的传统期望也被无情地加以粉碎。

举例来说，20 年期国库券的真实利率在 1979 年通货膨胀期间平均只有 0.6%，在连续 5 个季度的经济衰退期间猛然上涨到平均 5.4%。1983 年初期，长期国债的真实利率一跃上升至 6.6%，年末时又持续上涨至 8.4%。相比之下，金融市场的传统经验法则认为，历史上政府长期债权的实际回报不会超过 2%，即通常是少于 2%。[27]

当然,较高的实际利率会影响每一种形式的金融工具,而非仅仅是政府债券。对于长期信贷来说，例如高级企业债券，其 1983 年到 1984 年的实际利率平均为 8.2%，根据所罗门兄弟的亨利・考夫曼所说，这些企业债券的战后实际回报率一般是 1%。同样，短期信贷按市值计算也变得更加昂贵。传统上一直比通货膨胀率高出 3% 或 4% 的银行基本贷款利率此时也维持在一个更加有利可图的范围，即超过通胀率的 7%。[28]

从某种层面上讲，沃尔克的策略十分奏效。世界各地的众多债权人急于要将自己的钱输入美国以聚集前所未有的高回报。财政部发行的新债务票据越来越多，同时也找到越来越多的自愿债权人。但将真实信贷成本定在如此高的水平上还是会引发一个根本风险，即美国经济是否能够承受得住。当企业和个人被迫借入如此庞大的贷款时，羽翼未丰的美国经济复苏是否能够经受得住冲击继续繁荣？

即使是美联储内部的某些官员也对此保留疑问。

1983 年 3 月 7 日，美联储再次被要求削减贴现利率，但这一次要求并非来自白宫的政治家，而是来自美联储内部。这就像是一次焦躁且吵闹的大合唱，五位联邦储备银行董事请求美联储批准再次降低贴现利率，他们分别来自明尼阿波利斯、芝加哥、堪萨斯城、旧金山和波士顿。美联储委员拒绝了这个要求。贴现利率将继续维持在 8.5%，短期信贷利率也不允许进一步下调。

两周后，波士顿联邦储备银行再次发出同样的请求，美联储再次拒绝。4 月初，波士顿继续努力，却又一次遭到拒绝。波士顿储备银行之后又曾三次请求华盛顿进一步削减利率，但每一次结果都是失败。

当波士顿最终放弃时，芝加哥储备银行又重拾旧路，继续恳请美联储降低利率。这一次芝加哥银行总共 7 次要求华盛顿降低贴现利率，但 7 次都遭到拒绝。旧金山和费城储备银行业也遭到同样的命运。即使是比其他地区储备银行距离总部更近的纽约储备银行也曾请求或降低利率，但结果依然是失败。总的来说整个 1983 年，各家联邦储备银行曾先后向华盛顿转递 21 次进一步降低基本信贷利率的请求，但美联储全部予以拒绝。贴现利率会继续维持在 1982 年 12 月以来的水平。

受挫的地区储备银行董事会最终只能屈服于华盛顿的 7 位美联储委员，因为他们没有别的选择。除此之外，这段插曲还证明美联储内部真正的权力关系。12 家储备银行可以提出建议，但美联储委员可以选择忽视。在中央办公室和地区办公室之间展开的讨论实际上在当时并不为人所知，但却尤其值得引起注意，因为至少就这次而言，联邦储备银行的保守官员所拥护的政策反而要比美联储委员愿意采取的货币政策更为自由。

各地区储备银行的董事会成员开始担心高水平利率正在令美国经济复苏陷入窒息。眼下利率应该被进一步降低，任何一个看到信贷实际成本正在不断增长的人都能参透这一点。只有保罗·沃尔克仍然坚守立场，他知道利率高得有些反常，但这正是他有意为之。

“美国经济仍处于萧条水平，尽管复苏已经开始，”波士顿储备银行行长弗兰克·莫里斯说道，“我们需要一个有益于资本高度形成的大气候，需要让资本成本下降。我们担心资本的高成本所产生的影响会让减税政策带来的凯恩斯主义刺激性成果付诸东流。”

新英格兰公司是一家主要经营资本货物的高科技制造企业——计算机、电子产品、过程控制设备、机械工具。莫里斯及董事会其他人担心这些商品领域都会受到高利率的遏制，从而无法提高用于自身扩张的资本或无法找到可以按照现有利率承担新设备投资的买家。

“事实上自从春季开始显现复苏迹象，美国经济就以极快的速度摆脱了经济衰退，我们于是终止降低利率的恳求，”莫里斯说道，“停止后，中西部银行又开始向华盛顿提出申请，因为他们的地区经济看起来仍然十分糟糕。那里的计算机产业看起来生机勃勃，但重工业仍然没有任何进展。”

就在拒绝所有降低利率请求的同时，美联储实际上已经拟定好一套新的战略构想，即以一种保守姿态反对国会和总统的财政赤字所引发的经济刺激。高利率将吸引投资人购买财政部的债务票据，但同时也会扮演第二种角色，即高利率将抑制真实经济的扩张。

这就是美联储意欲追求的经济复苏逻辑学，即意欲抑制经济增长以阻止美国经济实现充分生产力和充分就业。鉴于经济刺激已经存在于减税和美联储自身的货币放松政策之中，沃尔克及其他委员于是假定经济复苏会空前繁荣，但这次的经济扩张与过去的早期经济循环周期不同，其必须接受某种程度的压制以阻止其潜力的充分实现。

阻止充分就业是阻止通货膨胀卷土重来的最直接方式。一般来讲，当经济实现其生产力，当商品和劳动力开始变得稀缺，其所产生的竞争力自然会哄抬物价和工资。雇主深知紧缩劳动力市场所具有的活力，而劳工联合会更深谙其道理。避免这种情况发生（即由“过热”经济引起的通胀风险）的最保险手段就只能是阻止经济实现全速增长。

与沃尔克早期发动的反通胀战斗一样，当美联储强迫美国经济进入衰退时，其所蕴含的隐含意义也从未向美国公众解释说明，尤其是美联储意欲阻止充分就业的企图。美联储货币政策主管史蒂芬·H. 艾西罗德（Stephen H. Axilrod）直截了当地对美联储的这个选择加以阐述：

“如果你有许多要求，就必须让利率居高不下，以阻止过热的经济发展。当你试图遏制通货膨胀时，就必须保证经济不能实现全部潜力发展。而实现这些目标的一个不太光彩的手段就是抑制高就业率。如果起步于较低的就业率，你就仍然可以让经济在高利率水平下快速增长，但却不能拥有充分就业率的经济增长。如果有把握通胀风险已经过去，你才能冒险将利率降低到历史可接受水平。这是十分有意义的一点。”[29]

原因很明显，美联储从来不会言明这种交易和权衡，因为这意味着联邦政府正积极推行一种旨在让人们失业的经济政策，从而不利于美国神圣政治目标的实现——充分就业。同时其还会否定美国总统曾经许诺美国人民的有关经济无限繁荣的事实。

偶尔，联邦公开市场委员会的会议记录中会若隐若现地显露出这些意图。许多未提到姓名的委员担心“过度工资结算”恢复的可能性，其他人则表示满足于“工人工资诉求因过去几年密集的经济衰退而大幅度下降并伴随高失业率的事实”。提高工资会产生的最大代价通常是引起价格的通胀，如果工资可以通过过剩劳动力加以抑制，那么通货膨胀就会被无限期牵制。

那么美联储到底何时才能温和地放任美国经济实现增长？到底什么程度才能让中央银行可以认定通胀风险已经过去且利率可以下降至正常水平？在很大程度上，美联储会将这个判断权交给金融市场。在对经济增长的管理中，沃尔克接受金融市场对未来通货膨胀的预期,并将其看作是具有指导作用的基准点。如果资本市场上的长期信贷利率居高不下，那么也就意味着投资人仍然害怕通胀会卷土重来。美联储本可以通过放松信贷条件和放低短期信贷利率的方式向投资人发出挑战，但它并没有这样做。沃尔克确信，如果美联储反对市场且允许经济过度增长，那么中央银行必将失去其已经重新恢复的地位。

沃尔克会时常利用自己的乐观主义表达来“赊购”华尔街的敏感情绪。“如果通胀前景与我所想的一样好，那么长期信贷利率的确有些太高。”一个所谓的“美联储高层官员”曾在4月这样对《华尔街日报》说道。这位“高层官员”第二天就被媒体指认就是沃尔克本人，然而他隐晦的努力并未取得成功。长期信贷利率仍然居高不下，而美联储也只能认同债券持有人的这种焦虑感。[30]

为了维持货币稳定，美联储意欲操控美国经济且小心翼翼地挫败民众对经济繁荣的雄心，即罗纳德·里根和美国公众的目标。沃尔克在阐述自己的美国经济管理目标时态度还算鲜明：通常在一次深刻的经济衰退之后，经济会发生强力反弹且实现异常繁荣的扩张，就像是一直受到压制的螺旋弹簧被突然放开一样。这一次，沃尔克希望将1983年实际GNP的增长限制在3.5%到4.5%，这与大家预期的在经济复苏的第一年GNP会实现7%到8%的增长相去甚远，当然这是白宫政治家所万万没有想到的。

沃尔克认为，经济的缓慢扩张有助于实现更加长远的扩张，虽然缓慢但却持久。于是沃尔克决定尽早表明自己的坚定立场——即赶在一切陷入失控以前。

截至5月，美国经济复苏已接近半年，失业率虽已大幅度下降，但却仍然超过10%。无论如何，美联储主席认为此时大规模降低失业率还为时过早。

“此时是稍微恢复酒吧间秩序的时候，”沃尔克说道，“或者至少要避免任何混乱情绪。”

沃尔克是一位合格的中央银行家，他能够做到高瞻远瞩且尽心竭力地抢占先机。他所看到的是美国健康且繁荣的经济增长很可能会立即威胁到美联储的控制。“面对庞大的减税政策对经济造成的刺激性影响，”他说道，“以及产业经济的恢复和货币供给的大幅度增加,我当然要拉住缰绳,这一点毋庸置疑。”

沃尔克与其他在20世纪70年代退休的美联储“老兵”一样一直受一个复杂问题的困扰：美联储在过去的时间里到底是在哪一个瞬间铸成了大错？在先前的经济循环周期中，到底是哪一个阶段让中央银行适应并容许价格通胀出现呢？显而易见没有人会知道确定答案，但沃尔克等人却有一种强烈的预感，他们坚信美联储在循环初期就已失去控制能力，当时的货币已经宽松，每个人都在朝着强劲的经济复苏迈进。

“我想我们过去犯错的时机不是一次经济扩张或繁荣结束时，也不是经济衰退期间，而是经济扩张早期，当时会出现太多的刺激性因素，从而让我们在意识到问题的严重性之前就已经失去控制一切的能力，”沃尔克说道，“我希望我们不要再犯这样的错误。”

莱尔·格拉姆利和查尔斯·帕蒂也对此深表认同。作为美联储高层官员，两人都曾深受过去美联储遭遇的尴尬境遇所累，即 20 世纪 60 年代末、1972 年至 1973 年以及 1977 年至 1978 年，当时美联储曾白白坐等以至于未能抑制住已经逐步增强的价格通货膨胀。每一次，美联储都会受到不恰当指责，被人认为是与政治力量沆瀣一气。每当这个时候，美联储决策者都要被迫“急刹车”并强力推行一次疼痛的经济衰退，而目的就是阻止通货膨胀。

“贯穿经济复苏初期，”莱尔·格拉姆利这样建议一位企业家，“货币供给和信贷供给的增长通常会开始出现加速，因为美联储不会让信贷市场大幅度紧缩，同时失业率和过剩生产力也会保持在相对较高的水平。这就是我们必须尤其引以为戒的错误所在……”[31]

“自然，”帕蒂说道，“人们都想要看到比现实更加美好的经济环境。某些经济领域或许仍然会滞后于整体的经济复苏，其生产力恢复也要低于整体水平，企业利润或许会仍会维持在低水平，失业率或许仍然较高。因此人们就会产生将利率维持在尽可能低的愿望，直到有朝一日惊醒并发现，货币增长已经过火，人们又回到通货膨胀的时代。”

5 月 24 日联邦公开市场委员会大会，莱尔·格拉姆利就此时的紧缩状况进行阐述。财政政策极具刺激性效果，美联储已经允许货币供给大幅度增长，那么随着经济行为的复苏，货币流通速度似乎又会重回一个更加正常的模式，人们开始越来越快地花钱,从而会成倍扩大膨胀货币供给对实际经济产生的影响。

“我们需要减慢这种积聚的速度，”格拉姆利宣称，“美国经济不需要更多的刺激性因素。如果我们此时不愿关小油门，那又要等到何时呢？”美联储主席也发表了同样的讲话，此时已经到了稍微刹车的时候。

但联邦公开市场委员会的其他众多委员却看不到这一点。经济复苏“还仍然只是个婴儿”，波士顿储备银行的弗兰克·莫里斯及其他地区储备银行代表仍然认为美国经济实际上还处在衰退阶段。就连一向是鹰派代表的亨利·沃利克也质疑这次紧缩的时机。纽约储备银行的安东尼·所罗门过去一向就货币问题与沃尔克站在同一条阵线，但这一次却带头向这位美联储主席发起挑战。

“我认为我们应该再等等看，”所罗门说道，“原因是基于不发达国家债务问题和估值过高的汇率。美元一直在给国家造成损害，这一点已十分明显。我不认为经济增长已经到了需要被紧缩的程度。”

如果美联储此时提高利率，即使是最轻微的提高，也会对陷入困境的拉丁美洲国家造成新的压力，因为这些国家正努力向银行偿还贷款。所罗门还担心这会对美国经济中的贸易敏感领域造成额外损害，因为美元价值在国际兑换市场上被越推越高。由于美国的高利率会吸引全球各种以美元计算的金融资产资本，因此在全球范围内上涨的美元需求就会推高其与其他货币兑换的价值。随着美元价值的持续上涨，对美国工业造成的不利条件就会逐步加深，无论是机械设备制造还是农业，它们的国际竞争力将会被削弱。如果美联储在此时将国内利率推高到一个绝对高度，那么对制造业和农业的破坏程度就会加大。

“我的倾向是赞成所罗门，因为我也很担心不发达国家债务问题。”副主席普雷斯顿·马丁说道，“我很少会隐藏自己的见解。我认同所罗门等人的说法，但又不想看到主席落败。我不认为我们在这一点上会完全正确，因为不发达国家债务问题仍然十分脆弱。当轮到我投票时，我感觉主席很可能会失败，于是我咬紧嘴唇将赞成票投给了他。”

沃尔克本打算推行轻微的紧缩政策，但随着投票结果的出炉，这位主席发现委员会已经完全误解他的意思。联邦公开市场委员会的投票结果是一半赞成一半反对，沃尔克并没有获得多数人的支持。“这是一个僵局。”他这样说道。

“即使是绝顶聪明的沃尔克有时也会错误判断委员会内的气氛，”所罗门说道，“如果他早就意识到我的真正意图是通过投票结果左右其他人，我想他一定不会让局面发展至此。”

会议桌周围充满了紧张和尴尬的气氛，6：6的投票结果表明这位主席的决议会被否决。后来，本来同意所罗门的亨利·沃利克最终改变立场将赞成票投给了沃尔克，导致最后的投票结果变成7:5。

事后沃利克的突然临阵变节遭到了其他委员的讽刺，但他却对自己的行为振振有词。“我想原来的投票结果对于主席来说并不是好事，对整个美联储也不好，”沃利克解释道，“总之就是不好，完毕！”

5月联邦公开市场委员会推行紧缩政策，这次极其轻微的紧缩却在货币市场上引发一系列可见性后果。在接下来的 8 周时间里，联邦资金利率向上爬升 100 个基本点，抵押贷款利率上升 125 个基本点，也就是几周时间，房屋建筑业就感受到不同的“气息”，即新房屋销售和开工率的停止增长。随着利率的轻微推高，美联储正试图减弱美国经济的急速发展。

“实际经济行为的反应也极其迅速，”弗兰克·莫里斯在一次经济专家会议上这样说道，“抵押信贷市场的新结构给美联储提供一个调整经济发展步伐的有力工具。我们很可能会在未来看到更多这样的‘中断性调整措施’。”[32]

无论如何，莫里斯、所罗门及其他反对者都很快被迫承认沃尔克的英明决断。随着更多经济数据的出炉，正如沃尔克料想的，美国经济的复苏并不温和且适中，而是在轰隆隆地向前冲。春季一季度的实际经济增长已超过 9%，一个典型的衰退后经济繁荣正在高速发展——甚至不顾利率的居高不下和沃尔克适度实施遏制的努力。

货币政策的延迟性很难会被人们预测到。就在数月以前，美联储还曾经慷慨地向金融体系注入新的流动资金，以前所未有的速度注入货币，目的就是重启美国经济的发展。而此时此刻，所有货币都开始在实际经济中发挥作用，并且在数量上充足得完全可以容许一次快速经济扩张的实现。无论是企业债务人还是家庭债务人，他们似乎丝毫没有受到信贷实际成本过高的阻碍，美联储推行平稳刹车的努力也几乎没有被处于美妙时代并享受繁荣的美国人发现。

第16章　贫富分化加剧，谁之过？

4月18日，华盛顿《时代》杂志的头条新闻引起巨大轰动，原因是这家保守派媒体竟与里根的白宫产生互动。这家杂志宣称，总统已经决定不再重新任命保罗·沃尔克就任美联储主席。尽管白宫官员随即予以否认，但这个消息的确真实。美国财政部长唐纳德·里根曾劝说总统作出这个决定，沃尔克不应该继续连任下一届任期4年的美联储主席一职。稍后，他们就会确定继任者候选人。[1]

“总统决定不再重新任命沃尔克，”一位内阁官员说道，“但这并不代表什么。”华盛顿经常发生这样的事，新闻报纸只是会泄露某次讨论的开端，而不是结果。两个月来，白宫顾问就这个问题讨论了各种可能性，极具影响力的经济利益群体和某些政治家都纷纷表达自己的立场。最后，他们还是决定选择沃尔克。

“吉姆·贝克对沃尔克的连任十分犹豫，”大卫·斯托克曼说道，“贝克认为沃尔克不必要地延长了经济衰退的时间。沃尔克并没有就此与他进行积极沟通。贝克说：‘你怎么能让这么悲惨的事持续5个季度？’唐纳德·里根对沃尔克的态度十分强硬，他曾多次在私人会议上表明：‘我们没有办法再让这个家伙待在那儿，他不会服从命令。’”

然而问题是要在继任者候选人方面达成一致。埃德温·米斯看好普雷斯顿·马丁，也就是现任美联储副主席和与其志趣相投的加利福尼亚商人。唐纳德·里根喜欢的是花旗银行的沃尔特·里斯顿，或者是尼克松时代的经济顾问委员会主席保罗·W.麦克拉肯（Paul W. McCracken）。另外还有里根总统的外围经济顾问以及经济顾问委员会前主席艾伦·格林斯潘，他作为美联储主席候选人应该会受到华尔街的欢迎。就连贝里尔·斯普林克也成为可能的候选人之一，甚至还包括米尔顿・弗里德曼。

这位现任的美联储主席仍然与外面的世界保持距离，却在私下里表达了自己想要继续连任的愿望。“沃尔克知道谁是他的朋友，我们讨论过这些，”斯托克曼说道，“他对我说：‘现在还不是卸任的时候。我现在正在处理债务问题，还有许多微妙的谈判要去进行。我能保证这些交易的进行，它们都是建立在信任和非正式理解的基础上。’”斯托克曼和新任经济顾问委员会主席马丁・费尔德斯坦（Martin Feldstein）于是尽心竭力地为沃尔克展开游说。

“我像一只公鸡一样总是会啄痛贝克，”斯托克曼说道，“我告诉他美联储现在拥有良好的信誉度，沃尔克唯一希望的就是罗纳德・里根能够支持他。他得到了公信力，市场很信任他。我们需要让他留下来。”

贝克及其他总统顾问还会听到许多人都这样说，参议院银行委员会主席、参议员杰克・贾恩力劝白宫重新任命沃尔克。“我想知道，如果他不连任，那会向市场传达一个什么样的信号？”贾恩说道。[2] 参议院共和党领袖霍华德・贝克（Howard Baker）也表达了同样的认可，另外还有财政委员会主席、参议员罗伯特・多尔（Robert Dole）。

美国商会、美国制造商协会、商业协会和《华尔街日报》也十分赞成沃尔克连任。如此大规模的利益群体掩盖了反对者的异议。全国房屋建筑协会仍对沃尔克制造的破坏性经济衰退记忆犹新，因此力劝总统任命一个更加温和的中央银行领导人，例如普雷斯顿・马丁，其本身就曾经是一名房屋开发商，因而一定会更加同情房屋建筑业和小企业家面对的压力。这些房屋开发商还组织起一个由 24 名小型企业人组成的联合组织，以支持马丁的候选人身份。

然而华尔街上却传来阵阵雷声，每天里根内阁官员都会接到大量银行家和经纪人打来的电话和寄来的信件，他们纷纷要求沃尔克连任。新闻媒体对有关白宫会另觅人选的报道越多，金融市场上的游说力量就越强大。詹姆斯・贝克接受了远在休斯敦的老朋友、得克萨斯商业银行的本・拉弗（Ben Love）的私人请求，以及来自华尔街各位领袖不计其数的电话。“华尔街整日都在骚扰我们，”贝克的一位助手说道，“他们真的是在发动一次战役，一次潮水般的电话战役。”

为进一步确定华尔街的立场，A.G. 贝克尔－百利经纪公司组织了一次针对 702 名金融市场高管的调查，结果表明 77% 的人同意沃尔克连任。如果不重新任命沃尔克，艾伦・格林斯潘将会是他们的第二人选，但只有 37% 的人表示对他怀有特别信心；米尔顿・弗里德曼名列第三，支持率为 11%；普雷斯顿・马丁排名第6，支持率仅为7%。[3]

白宫顾问对华尔街的热情十分愤慨，并坚称这种支持意义不大。他们宣称，总统是从“商业街”①走出来的共和党人，他无须关注来自大型金融企业的声音。无论如何，来自“商业街”的小型企业人只是不想让某些人得偿所愿，而来自华尔街的银行家和经纪人也抱有同样的想法。

“没有人有最好的选择，”曾经帮助鼓励华尔街游说的大卫·斯托克曼说道，“不任命沃尔克就会令市场陷入混乱，这样的声音会渐渐增强，直到最后变得举足轻重。”

“沃尔克的胜利是得益于对方的弃权，”一位内阁官员抱怨道，“几乎所有人都认为应该找到一个比沃尔克更好的人选，可以与我们更好地合作，也具备更合适的思想意识。但能与沃尔克匹敌的全部人选都在支持率上陷入四分五裂，任何一个人的选票都超不过3张。”

这场讨论最后归结为在沃尔克和格林斯潘中做出选择，最后格林斯潘退出，转而支持沃尔克。总统的各位顾问也面临一个选择，即数月来他们曾向自己保证不会去面对的一个选择。

其实在当时，这位美联储主席自己也曾强力推行过这件事。6月6日，沃尔克突然致电白宫，要求总统安排一次私人会面。这场会面没有任何白宫高层顾问参加，总统办公室内只有沃尔克和里根两个人。

“这次风波被拖延得太久，您总该确定一个办法。”沃尔克对总统说道。当时谣言四起、议论纷纷，这已经增加金融市场的不确定感。这位总统应该做出他的选择，然后尽快公之于众。

美联储主席还提出极富挑逗性的一点：如果连任，他可以不必任满4年。沃尔克提醒总统，他支持让美联储主席的任期与总统任期密切相连，这样一来新任总统就可以在入主白宫后一年内任命自己的美联储主席。这项任命改革的立法一直在国会中悬而未决，沃尔克早先也曾表示支持。后来政治家从此次对话中合理推论出，沃尔克是在暗示自己的妥协——如果里根现在重新任命他，那么沃尔克将会在任期中途卸任，这样一来如果里根可以连任，那么他就可以在1985年或1986年初任命自己中意的人选。

沃尔克返回美联储后，埃德温·米斯和詹姆斯·贝克匆忙走进他的办公室。

① 象征城镇中小企业。——译者注

“你对总统说了什么？”他们问道。沃尔克如实重述了自己与总统的对话。后来，这些对话遭到泄露，并变成政界内的飞短流长，据说沃尔克曾经许诺白宫会在 1986 年辞职，到时白宫就可以任命自己的美联储主席。这当然并不完全是真的，但每次这样的谣言铺天盖地，金融市场就会表现出神经过敏、紧张不安，那里的领袖人物也拒绝承认曾有这样的协议存在。

白宫的政界高官非常不情愿地接受了沃尔克必须连任的事实，尽管他们已经为沃尔克未来的货币政策设定各种基本法则，尤其限制其在 1984 年连任竞选关键期的所有政策举动。“你不想让美联储主席扮演政治妓女的角色，”其中一位政治家说道，“但也不想让这位主席的哲学观与你的经济政策完全相反，或者在党派上与你格格不入。我们说服自己，希望他能成为一个中立的决策者。”

所有这些对话明显都算不上是正式谈判。对于沃尔克来说，他积极否认自己曾经说过连任和货币政策的制定之间有任何的必然关系，无论对总统还是对任何一位白宫高层顾问。不管怎样，总统顾问认为自己还是应该选择原谅这位美联储主席。

> “我当然记得在一次会议上，”一位内阁官员说道：“总统这样对沃尔克说道：‘我想确定我们可以信任你。’更确切地讲，总统是在说：‘我想知道你的目标会和我的目标一样，即没有通货膨胀前提下的经济持续增长。’沃尔克对此表示认同。我们将这次对话翻译成一种协议：美联储将提供充足的货币供给，以保证在不出现通货膨胀的前提下确保经济持续增长。”

这位官员说道，除了总统，与沃尔克展开讨论的还有贝克、埃德温·米斯和迈克尔·迪弗（Michael Deaver）。“如果你不能同意这一点，我们将没有理由让你连任，但我们可以详细讨论一下在经济衰退中用力过猛的刹车行为，”这位官员回忆道，“我们认为此时的经济复苏中并没有出现通货膨胀的迹象。”

这种假定意义上的“谅解”对于白宫来说要比对保罗·沃尔克意义更大。总统顾问以为自己已经从沃尔克那里提取了运作条款，即一纸可以在之后约束沃尔克的协议，以防美联储改变主意或威胁到 1984 年竞选期间的经济复苏。然而到底什么才是“足够”的约束力，或者什么才是“经济的持续增长”？

“这是一个完美的陈词滥调，”一位白宫高层官员抱怨道，“但却毫无意义。这里并没有清晰的立场去要求美联储推行一套特殊政策。沃尔克可以用 3%

的货币增长来应付这个承诺，可其他人会说货币增长应该是6%。所有人都以为这样的协议意义重大，但只要沃尔克愿意，他随时可以将它变成一纸空文。”

虽然如此，白宫仍然希望这些条款能够得到重视。正如大卫·斯托克曼所说，“吉姆·贝克以为他已经得到一个承诺，即任何人都不会在竞选年份搞糟美国经济的承诺。”

6月18日，总统里根选择在每周一次的星期六早间电台广播演讲中宣布这个消息：他将重新任命保罗·沃尔克出任新一届任期4年的美联储主席。这位总统宣称，沃尔克“和我一样尽心竭力地与通货膨胀做持续斗争”。后来，财政部长里根又做重要的补充发言：“与总统一样，沃尔克想要看到经济的持续复苏，并下定决心降低利率。”[4]

在全国新闻俱乐部发表演讲的财政部长里根或许有权享有这个“左右为难”的尴尬时刻。两年多以来，这位美林证券的前高管一直因其过度的乐观主义精神而受到新闻媒体的诘问，他对供应经济学理论的虔诚信仰遭到后者的轻视和贬低。如今他再次搬出这种经济统计学理论，因为美国强劲的经济复苏正在履行和挽回他的信仰。

“作为美国梦的监护人，”唐纳德·里根自夸道，“我们已经帮助它度过最艰难的岁月。我们已经给它带来光明，我们将不会对任何企图将美国带回过去老旧、错误教条的人卑躬屈膝。现在我们将迎来复苏和重生，我们将广泛传播美国梦，直到它平等地分散到数百万美国民众手中，因为美国人民现在还只能抽象地理解美国梦。”

在这一年的最后3个月里，美国工业生产上涨19%，耐用品新订单增加36%。制造业就业人数两个月内一跃增加10万人。最后一季度，零售业增长27%，汽车业从去年的最低点上涨38%，石油和钢铁业上升44%，房屋建筑业上涨近50%。根据密歇根大学的定期调查显示，消费者信心正上升至10年来的最高水平。

唐纳德·里根在宣布胜利的同时嘲笑那些自由主义怀疑论者曾经反对总统最初的经济教条，即针对企业和个人实施的大规模减税政策。里根说道，这些批评家就像是“波高”游戏（Pogo）里的动画人，他们只会警告世人：“我们正面临不可逾越的机遇。”

“经济衰退比任何人预想得都要更久，”里根继续说道，“但对自己的生活比较悲观的人会一直忽视或简单地拒绝一个事实，那就是市场力量会体现在里根蓄势待发的经济计划当中。随着通货膨胀的下降和工人生产力的提高，私人企业发现自己已经可以创造越来越多的内部资金……

“但我们的经济计划真正针对的是商业街……我们正在看到的是这些基层群体正在创造新的机遇。我们正在今天的复苏和明天的持续繁荣之间建造一道桥梁，我们正在证明一套权宜之计从来都不能取代基本的市场力量和人类动机，尽管前者极具政治吸引力。”[5]

自由主义批评家的确搞错了一件事，正如他们早就预想到的，经济复苏并不疲软，这次经济复苏实际上与之前战后的经济循环周期一样强劲且快速。随着美国经济重获力量，很明显利率反常的居高不下并不会阻碍衰退之后正常的经济繁荣。经济学家可以担心这其中的各种深义，但货币的过高价格似乎并不会抑制消费者和企业匆匆加入这场复苏行动。

在佛蒙特的圣约翰斯堡经营一家皮货店的阿尔弗雷德·蔡勒（Alfred Zeiler）注意到，相反，他的店铺会随利率上升反而出现好转。“我的客户中有许多是中年人，还有半退休和完全退休的人，”蔡勒说道，“有些女士已经失去丈夫，一个人过着衣食无忧的日子。他们所有人都能获得流动资产。”因为他们的货币资金得到高额回报，所以才有能力购买昂贵的皮草。[6]

威廉·汉密尔顿（William Hamilton）是正在寻求民主党提名的参议员约翰·格伦（John Glenn）的政治顾问，他发现高利率并没有“亲自蚕食”选民的利益。他由此做出结论，参与 1984 年竞选的民主党人不能简单地看待这个问题。

里根总统反复提醒选民，自他入主白宫以来，名义利率已经被削减一半，即基本利率从 1981 年 1 月通货膨胀高涨时的 20.5% 下降到目前的 11%，这个提醒是对的。当然这位总统并没有提到实际利率（即扣除通货膨胀影响之后的真实财富交易利率）此时实际上正越来越高。虽然影响至深，但实际利率也是不为民众所理解的另一种货币元素。[7]

保罗·沃尔克也轻易忽视了高利率对不同阶层的人们产生的影响。他认为，这个问题过于复杂，很难确定谁是赢家谁是输家。“许多相对贫穷的人喜欢高利率，这取决于他们借钱和存款的方式，”沃尔克坚称，“许多老人也很喜欢高利率。当利率下降时，我甚至收到过一些邮件表示反对，虽然数量不多，但的确存在。”

当然，美联储自身的金融资产研究部门会以更加直白的方式描述这其中暗含的深意。美联储的多项研究表明，55% 的美国家庭就金融资产来说完全是净债务人，仅有 10% 的美国家庭拥有全部净金融资产的 86%。而保罗·沃尔克表示他对这样的研究并不熟悉。

无论如何，凯恩斯主义经济学家会从一个更加根本的基本点去为这种经济理论和自己的行为辩护。他们指出：这并不是一次“供给方”的经济复苏，而是凯恩斯主义“需求方”的经济复苏。大致来讲，他们是对的。尽管总统——罗纳德·里根及其他共和党人在言辞上流露出沾沾自喜、心满意足，但 1983 年的经济扩张并没有实现 1981 年时提出的供应经济学前提。相反，这次经济复苏完全遵循的是凯恩斯主义标准格式，即“需求刺激”，是由市场商品的消费性开支货币所领导的一次经济复苏，而非新资本形式的存款人投资。

里根的减税政策是通过向私人手中注入更多的现金达到刺激消费需求的目的来实现的，加上美联储的放松利率，这些刺激性因素会催生经济扩张。几个季度之后，消费性开支一如既往地有所缓和，资本商品开支开始出现繁荣，制造商开始投资新的生产设备和工具。

这就是经济复苏的标准模式，其结果和规模并没有明显脱轨于过去的经济循环周期。里根财政政策的影响与自由主义民主党人之前操作的几次经济增长并没有太大区别，都是通过财政赤字增加整体需求，只不过罗纳德·里根的凯恩斯主义学者推行的 2000 亿美元赤字令自第二次世界大战以来的任何民主党人都不敢试水。

吉米·卡特时代的经济顾问委员会主席查尔斯·舒尔策说道：“这种矛盾就在于其与供应经济学完全相反。”供应经济学这种新保守主义教条的核心前提一直是全国范围的减税将会催生公民个人存款的增加，而这些存款将会流入对新工厂和新设备的资本投资中，从而增加美国的生产力。由此，强化经济市场的“供给方”会催生更大范围的繁荣。那么与其截然相反的局面就会出现：在里根的经济复苏中，存款利率是在下降而非上升，甚至还曾跌落至历史最低水平，持续的时间也比经济扩张持续的时间更长。[8]

更准确地说，促成里根时代经济复苏的根本动力并非存款而是债务，即靠借钱度日。无论是联邦政府还是企业和个人，统统都是在借钱和花钱。随着经济复苏的到来，政府海外债务累积的比例一直在增加，即由海外投资人提供的资本支持。自 1914 年以来，美国这是第一次再次变成债务国，即向国际金融机构借入的货币远超过借出的货币。

然而，罗纳德·里根的凯恩斯主义版本实际上与民主党曾经的所作所为完全不同，尽管二者在广义上存在诸多一致。这位总统的经济政策加上美联储的货币政策，有效地颠倒了旧式自由主义教条，就像是曾经由马里纳·埃克尔斯及其他新政党人提出的收入分配原则已经完全被颠倒一样。联邦政府并没有向下层注入货币，也没有刺激到最广泛阶层家庭的消费水平，而是正小心翼翼地向上层注入货币，即不成比例地将收入集中在上层经济群体手中。

这种颠倒式的收入再分配起初会被遮挡在普遍繁荣的面具之下，但其影响已经在 1983 年逐渐显现。根据美国人口普查局调查显示，1980 年至 1983 年间，只有 20% 的上层美国家庭真正可以享受到税后居民收入的增加，而其余 80% 的底层美国家庭实际上仍在蒙受损失。处于高层的 1/5 美国家庭收入为 3.8 万美元，每户人均收入平均为 1480 美元；位置最高的 5% 家庭收入达 6 万美元，每户人均收入平均为 3320 美元。而中等家庭收入每年却要损失 560 美元，贫穷的工人阶层家庭则要损失 250 美元。

这个曾经执导两代人实行自由主义收入再分配政治学的渐进式阶梯如今被完全倒置。最富有的人得到的最多，最贫穷的人得到的最少。收入份额流进最富有的家庭，即阶梯上的前 5 层，他们所得的收入也越来越不成比例，在美国整体收入中所占的比例从 40.2% 上升到 42%。[9]

这种倒置再分配来源于若干个政府行为渠道，涉及财政政策和美联储。里根内阁的预算削减曾适度削减低等收入家庭的利益，其庞大的国防开支计划自然也就会增加科技专业人才的收入。全国范围的减税政策为上层阶级的纳税人带来最大的好处，企业减税计划也会奖励资本拥有者和大型企业，因其会有效抵消高利率产生的巨大影响。清算过程曾经对普遍经济行为造成破坏，但最大的个人损失仍然会被劳动者和小型企业吸收。所有这些影响都会流向同一个方向。

最后，实际利率的持续居高不下更加保障了一次持续且逆行的收入向上再分配。奖励和惩罚逐渐在债务人和债权人之间混合，就像是复利①本身。越来越

---

① 狭义上讲就是日常生活中所说的利滚利，广义上则是描述所有事物所处状态所发生的变化。——译者注

多的收入份额自动流向拥有最多净金融资产的人手中，也就是过着小康生活的富有阶层。而债务人承担的债务却越来越多，食利者不仅会成功躲避了约翰·梅纳德·凯恩斯在50年前《通论》中所预言的“安乐死”，如今资本拥有者利用其货币收取的“租金”数量甚至要超过当年凯恩斯的所见。

实际上，美国资本主义的奖励结构正在逐步发生改变，即劳动者获益更少，资本家获益更多；工人阶级份额更少，货币管理阶层份额更多。这种转变清晰可见，因为美国整体个人收入中工资和薪水所占的比例正在缩水。从20世纪30年代经济萧条以来的数十年里，工资和薪水在美国人均收入中所占的比例高达2/3；可到了70年代，随着政府津贴计划的推行，工资和薪水在个人收入中成比例减少，政府津贴正逐渐增多，其中主要是社会保险。

在沃尔克和里根时代，工资比例发生进一步缩减，甚至达到50年以来的最低水平，而在美国整体个人收入中所占比例越来越大的正是所谓“用钱生成的钱”——股息、分红和利息收入。截至1983年，工资和薪水仅占个人收入总数的60.7%，第二年，工资比例进一步缩水，仅占59.5%，达到自1929年以来的最低值。

这就是资本回归，即资本回归到自1929年经济大萧条时代以后一直未能实现的首要位置。1979年至1983年，个人利息收入上涨超过70%，即增加1580亿美元，而同期的工资收入却仅仅上涨了33%。当个人收入中开始增加股票分红时，1984年的资本回报率就达到20%，而1979年时仅为11%。在不到5年的时间里，美国体系催生的货币奖励份额在分摊到普通公民中时实际发生成倍增长，而这都要归功于政府行为。

但这真的没有问题吗？在全民皆幸福的氛围里，这种收入份额变化的影响在美国经济强劲繁荣的表现下变得几乎不可见。美国正在回归生机勃勃的经济增长，美国经济证明了无论是高利率还是庞大的赤字都无法阻止经济的复苏。毕竟，富有的人们也在消费。上层群体会从高利率中获得更多的可随意支配收入，这无疑会让消费需求变得更加生机盎然。

有人甚至会说，正是这些富人引领美国经济走向复苏。他们购买昂贵的汽车，拥有奢侈的度假、珠宝、手表、古董、轮船、自行车和私人飞机，在崇山峻岭和热带海边拥有自己的第二栋别墅。几年前因建造中等价格住宅小区而濒临破产的房屋开发商此时发现一个极其有利可图的新市场，那就是豪华度假村别墅区。这种消费开支主体构成不断向上倾斜的局势正是某些商业经济学家所说的

“双重经济”，即自第二次世界大战以来美国经济中大众消费模式的一种微妙解体。《财富》杂志曾这样向读者总结其中暗含的深意：

大众市场正在分崩离析。然而大多数商人还没有意识到这一点，不过中产阶级，即曾经的主体市场，已经正在逐步分化。经济力量正迫使一个个家庭的收入状况进入两极分化，要么最高，要么最低。对于许多市场来说，尤其是那些将客户定位在富有人群的市场，这预示着美好前景的到来。而对于那些习惯于向中等收入家庭出售数百万产品的市场来说，这个前景恐怕会惨淡无光。[10]

自由主义者的敏感让人感觉很不舒服，但针对渐进式收入再分配的自由主义冲动却一直不足为信，因此很少有人愿意在此时提起。有关收入份额的问题被看作是一种政治事务，一种关乎社会平等的模糊且旧式的讨论，而非与经济表现有重大关联的问题。

即使是许多奉行自由主义的凯恩斯经济学家也接受这种假设。他们认为，只要总需求充足并且可以推动扩张式的经济循环，那么到底是谁得到金钱或是买到什么都不重要。从总体的经济角度讲，因收入增加的富有寡妇购买新皮草的消费需求与一个工人用加薪购买一辆新车的消费需求几乎没有区别，这两种消费需求都能刺激到生产和就业。只有在较真地区分皮草和汽车之间的区别时才会泾渭分明。

20 世纪 80 年代的民主党人偶尔会表示希望能公平地分配社会奖励，但他们会将这种愿望塑造成政治事务并贴上“公平”标签，而绝非一次有关达到更好经济表现的讨论。大多数民主党人不再能够理解马里纳·埃克尔斯曾经在 30 年代提出的理论，即渐进式的收入分配阶梯是健康经济增长的必要先决条件。从某种程度上说，从“轰隆隆的 20 年代”走出来的伟大共和党理论家安德鲁·梅隆最终赢得了这场讨论的胜利。

不可思议的是，仍有人会在私下里喋喋不休地质疑高利率带来的长远经济后果，而这些人正是来自美联储内部的某些高层决策者。他们一贯的焦虑和担心似乎与他们的个性存在些许不符，因为美联储委员一直在试图避免有关阶级矛盾的问题，例如收入分配不均。况且，他们自身也会通过自己制定的利率政策而被牵连进这种逆行的收入再分配中，尽管其坚称这是由国会和总统的庞大财政赤字引发的不可避免的后果。无论如何，美联储内部的某些人还是能看到这种不平衡的经济复苏中所隐含的令人不安的先兆，正如莱尔·格拉姆利所说：

“具有足够限制性的货币政策可以保证在长时间让通货膨胀维持在最低点。从理论上来说，作为一名经济学家，我可以想象这种局面会持续一段时间。或许在某些理论世界里，你可以做到这一点。但从政治角度看，这是具有潜在危险性的，其对经济领域中的信贷敏感人群所产生的影响将会非常严重。”

查尔斯·帕蒂对这种收入影响忧心忡忡。“高收入人群的收入一直在经历大规模的重新分配。”他说道。高收入债权人阶层的收入在稳步增加，但代价是所有债务人都会蒙受损失，因为后者要想维持开支就必须借入更多的钱。

格拉姆利指出，美国此时正在追求经济格式中的一个基本差距，即实际利率继续高于美国经济的实际增长率。从根本来讲，这种局面不可能永远维持下去。一个不断借入超出自己劳动力所得或企业生产收入所得的债务人终将越来越不具备偿债能力，他迟早都会被无情的复利压力压垮。这是经济学中一个古老的教条，至少和亚当·斯密一样古老，也不可能被完全废止和撤销。从广义来说，其在应用到整个国家时与应用到个人身上一样恰当中肯。

“如果实际利率超过经济的增长率，也就是说如果内部债务增长的速度快于GNP的增长速度，那么我们的问题就会越来越严重。”格拉姆利说道。亨利·沃利克也对债务问题产生同样的焦虑感：“只有债务的增长率与生产所得资产增长的速度相匹配，债权人才能确保他的资产是在被富有成效地加以利用，并且才能保证未来几年内的债务清偿。”[11]

沃利克的警告实际上是在针对各大商业银行，这些银行一直在向不发达国家借出大规模债务；但同时这个逻辑也同样适用于美国家庭，因为后者借入的债务远远超过其未来收入的水平和还债能力，就连某些企业也一样，就此而言，整个美国经济都是如此。

实际利率高于实际生产增长率会不断侵蚀美国经济，其所产生的病态影响或许更容易在一个小型企业、一个农场或是任何一个极度依赖信贷的企业实体中原形毕露。农民或许会按照6%的实际利率借入运作资本，并希望这次冒险行为能够覆盖成本、创造利润。然而最后，资本运作后产生的实际收益盈余仅为4%，为了在某种程度上补足差额（即2%的差额），农民要么从自己的个人收入中抽取、要么进一步削减生产成本、要么借入更多的钱以补充不足。

堪萨斯州卢雷人民银行行长、小镇银行家小约翰·A.奥利里(John A. O'Leary, Jr.)这样具体描述这种两难境地：

“年老的农民在多年前买了土地，现在终于还清了当年的旧账。可年轻的农民就没这么好命。只要一借钱，他们就会产生损失。比如说他需要10万美元，我们此时的最高利率是13.5%，最初赚得的1.2万美元需要用来养家糊口，可300英亩土地需要的运作成本至少9000美元，另外收入中的三分之一还要交给地主。如果他的土地产出6000蒲式耳小麦，每蒲式耳卖3.5美元，那么就会有2.1万美元进账，然而这个等式并不成立，还要加上6%的利息，他才能实现这个等式。”[12]

最本质的一点就是，债权人可以得到13.5%的可靠利润回报，但资本在实际运用中并未创造出13.5%的利益。农民必须自己吞下这些损失。在下一个耕种季节，农民只能重蹈覆辙，期望土地产量可以奇迹般地出现扩张或农产品价格大幅度上涨，他才能让自己扛起这个沉重的大包袱走得更远。而食利者却仍然可以收拢自己的利益所得，最终还能获得土地的所有权。

联邦政府自己也会被逼进一个小小的两难境地，尽管没有人希望政府破产。鉴于每年2000亿美元的赤字和必须为国库券支付的高利息，政府债务负担的增长速度也开始快于实际经济增长（即政府收入所赖以生存的课税基础），政府的生产所得性资产（向私人经济收取的税收）已经无法维持政府借入的债务。

美国联邦政府用于利息支付的支出已经从1980年的520亿美元上涨至1986年的1420亿美元，从占据整个联邦收入的10%上涨到19%。这是颠倒性收入分配的一个重要部分，因为增长的利息支付是从美国全部纳税人手中转移至债券持有人等少数个人手中。有人会说，食利者从纳税人那里拿到的钱已经增长近一倍。

当然从理论上讲，华盛顿只能通过从纳税人那里收取更多的钱交给债券所有人，才能维持自己的债务，然后缩减政府常规职能开支，或者华盛顿还可以通过增税来填补这个窟窿。这两种办法对于国会和总统来说似乎都不具备实际意义，相反，与一个债务缠身、不断借钱的年轻农民一样，美国政府决定二者兼得，即不断地开支和不断地借入更多的钱。

实际利率超出实际经济增长率还能以一种更不明显的方式对美国整体经济

造成破坏性影响。当然大多数家庭和企业能够做到收入增长速度超过债务负担增长速度，他们有能力做到提前还贷，尽管信贷成本居高不下。有些人可以在颠簸前进中保持平稳，而有些人却渐渐在后面跌倒。但美国经济从整体来说依然处于落后状态，即实际经济增长的速度略慢于债务增长速度。

这种债务困境对私人债务人造成的压力在美国税收政策的影响下可以得到缓解甚至被完全抵消。通过允许对利息支付减税，美国政府可以有效削减实际债务成本，并小心翼翼地通过豁免一定份额的联邦税给予债务人一定的补贴。这种措施无疑会软化高利率带来的影响，并且得以让许多企业和个人能够继续前进，尽管增长速度较为缓慢。

然而针对债务人的减税政策同样存在不正当扭曲：最大份额的税金节约额会流向最富有的债务人手中，因为后者是以最高利息支付收入税。例如对于需要缴税 50% 的某些人来说，13% 的利率在税后实际上会变成只有 6.5%，但对于缴税较低的人群来说，即收入较少人群，这种补贴就变得更少或者根本没有。这种旨在扶持债务人和培育宽松信贷的进步性减税政策在一个利率居高不下的年代里拥有了不同的意义。在试图解决的过程中，最强势群体得到政府的帮助，而最弱势群体却根本没有得到任何好处。

尽管如此，人们仍然在不断地借钱。随着经济的强劲复苏，信贷扩张急速增长，其发展速度甚至远超美联储的预想。而对于一个在困境中挣扎的商人或农民来说，这种选择有时更像是没有其他选择的选择，因为停止借贷就意味着停止生意。对于美国家庭来说，随处蔓延的乐观精神和高就业率以及不断上涨的实际个人收入，似乎都在承诺他们将完全有能力维持新债务的偿还。一切都在呈现积极向上的趋势，人们长期被推迟的渴望此时得到满足——新汽车、新房子以及所有“美国梦”曾经许诺给予的好东西。

查尔斯·帕蒂很担心这种局面所造成的长远后果。债务人和债权人之间的分歧和正在发生的收入再分配形式同样深深困扰着他。这样的情形使这位委员想起一个古老且已被人们遗忘许久的经济理论，那就是他曾经在大学中学到过的有关复利的病理学。

“我在大学时读到过一本小册子，”帕蒂沉思着说道，“我不记得书的名字，但这本书讲的是有关复利在收入再分配中具有十分强大且根本性的力量，如果不想让人民遭受灾难，你就必须经常性地强行终止复利所产生的影响，并且取消债务。”

一般来讲，债务的取消只会发生在经济衰退或规模更大的经济崩溃期间。债务人普遍不具备偿债能力，债务遭到清算，每个人由此得以重新开始。更微妙地讲，债务只能通过价格的通货膨胀加以取消，即对必须偿还的债务施行美元贬值，从而改善债务人的债务负担。帕蒂并没有预测其中的任何一个结果，他只是对各种先兆忧心忡忡。

“高收入人群的收入已经经历大规模的再分配，”这位委员说道，“这无疑会削弱美国经济的总体需求。其需要消费者积聚越来越多的债务以维持开支。你是会得到一个良好的消费繁荣，却必须通过借债才能得以维持这种局面。高收入人群将他们增长的金融资产收入进行投资，然后其他人再通过借贷得到这些钱。”

查尔斯·帕蒂的描述在本质上与50年前马里纳·埃克尔斯提出的经济原则如出一辙，即平等收入分配对经济的重要性。这是国会中大多数自由主义民主党人忽略的真理，也是大多数凯恩斯主义经济学家不再重视的问题。美联储内部的某些委员发现了这种病态发展，却认为这并不是能由他们来解决的问题。

“我从不质疑更低的利率将会让美国经济更加健康，”格拉姆利说道，“这会将更多的存款分配到实际投资中，让节俭之风盛行，让农业得到发展，对国际债务问题做出巨大贡献，但实现低利率的方式只能是在财政赤字方面做些手脚。”

28岁的罗宾·克雷文（Robbin Craven）曾是宾夕法尼亚州霍姆斯特德的一名钢铁工人，失业后做过许多低收入的兼职工作——为美国脑瘫联合会（United Cerebral Palsy）开小型货车、在一家州立医院做保安、在当地的西尔斯百货做一名玻璃清洁剂演示员。现在他正在填写另一份工作申请表格。克雷文对自己每况愈下的职位经历调侃道：“我们在工厂时得到的是什么待遇？我记不太清楚了。我只知道现在我正在一点点贬值，就像大富翁游戏里快要破产的人。”

小卡尔·芮武德（Carl Redwood, Jr.）也是一位年轻的钢铁工人，失业后同样经历了一连串相似且令人失望的遭遇，她曾经做过保安和负责开违规停车单的“女交警”，还曾在夏令营里做辅导老师。匹兹堡城外的莫农加希拉河（Monongahela River）沿岸有很多钢铁厂曾经按溢价产业工资的标准雇用过2.8万名基础钢铁工人，可现在这些工厂的工人只剩下6000人。芮武德这样描述这种大气候：

“无论你怎么降低标准，所有人都在找工作，工作岗位永远都不够，当然我是说那些比较好的稳定工作。我们必须彼此竞争，以彼此失业为代价争夺正在日益缩小的馅饼。现在的经济环境就是高工资已经不存在，每个人都发生了贬值，只能获得更低的工资，甚至是最低工资。是的，还是有人会重返工作岗位，但他们又能赚到多少钱呢？”

各地的经济复苏依然强劲，但钢铁工厂还是没有开张，蒙山谷钢铁厂（Mon Valley）的愤怒渐渐转变成失望，当地人们谈论的内容也全都是有关自杀的故事，似乎每个人都知道某人曾经试图自杀或某人成功自杀，小镇上的验尸官汇报说当地的自杀率已经上升 11%，而原因就是“当下的经济状况”。

“起初，我真的会为公司高管的行为感到恼火，” 霍姆斯特德钢铁工厂前工人阿尼·莱博维茨（Arnie Leibowitz）说道，“曾几何时，我真想一拳把他们打在地上。我完全可以做到这一点。可之后我又开始责怪自己。直到有一天我真的打了他们，然后跑到桥上打算跳下去，我以为事情就是这样，为何还要继续下去？”朋友们最后“把他劝了下来”，莱博维茨也被送到州立精神病医院接受治疗。

其他像罗宾·克雷文这样的人则会坚守自己的好心情。克雷文打着各种零工，妻子是医院的护士助理，他们共同负责支付家庭账单，尽管他说孩子们并不理解他们为什么不能和其他孩子一样拥有新衣服和新自行车。

“起初，我很痛苦，”他说道，“可现在我把一切都抛在脑后，过去的已经过去。你可以站在角落里谴责那些人，或者站在高高的山上大声吼出最难听的粗话，但这样做对现实没有半点好处。他们那些人根本一点儿也不在乎。”[13]

钢铁山谷的持续低迷是一个典型的例子，但卡尔·芮武德描述的劳动力过剩压力导致工资下降则是 1983 年及之后遍布美国大多数重工业领域的事实，这要远比推测中美国经济会重获健康力量所用的时间更久。钢铁工人联合会为了维持为数不多的几家工厂的运行，接受工资的降低和冻结，但结果是仍会有更多的工厂陷入倒闭。汽车工人为保住饭碗，只好在与福特和通用签订新的劳动合同时放弃优厚的工资和福利待遇。煤矿工人先前的劳动合同中规定每增加 1 小时工作时间就加薪 3.6 美元，而如今他们也仅仅是满足于增加 1.4 美元。航空公司技工及其他航空公司联合会则会接受工资冻结和延迟加薪，这次他们一致同意的结果曾在过去遭到强烈反对，即成员中的双重工资标准，同样一份工作，年轻的新工人得到的报酬要比老员工少。石油工人也面临着 83 家炼油厂的倒闭，于是也只好满足于海湾工作现场每小时 20 美分的加薪。

一旦经济开始复苏，美国经济就会以极快的速度创造新的就业机会，从 1983 年中至次年夏季的仅仅 12 个月当中，美国就新增近 500 万个新工作。失业率正在稳步下降，从几近 11% 最终下降至低于 7%。强劲的就业趋势激发实际人均收入的最快速积累和增长，甚至超过历史水平——1984 年竞选年份的实际人均收入上涨 5.8%。

但隶属联合会的工人却从未真正地从经济衰退中恢复。正如保罗·沃尔克在失业率高涨且令人疼痛的通货膨胀期间许诺的那样，联合会工人的实际工资在通货膨胀停止后就再也没有上升过。在持续的劳动力过剩和经济生产力过剩的压力之下，他们的实际工资正在下降。1983 年，新劳动合同中的工人工资首次有所增加，但也只是平均增长 2.5%，而 1980 年和 1981 年的工资增长率却超过 9%。1984 年，这个上涨比率又进一步下降，已经明显低于价格通货膨胀率。工人正处于不利地位。

联邦咨询委员会的银行家认为他们应该对通胀率持续低迷保持乐观，这主要是因为此时的劳动力正处于低迷。“对持续低通胀的最根本解释就是劳动力成本前景。”这些银行家这样对美联储说道。

过剩劳动力和过剩生产力是隐藏在劳动力“卑躬屈膝”背后的核心力量，但 1981 年里根内阁颁布的新商业减税政策又进一步加重了劳动力的疲软。新的纳税利益法是倾向于对资本密集型企业和机构有利，而非劳动密集型投资领域。当资本商品开始在 1983 年末出现繁荣，企业的大部分开支都转移到对计算机及其他高科技设备的购买，从而取代工人，即投资得到有效加强，而就业却遭到弱化。[14]

然而，共和党人的税收变化对于某些领域的建筑工人却十分有利。一般来讲，当自由主义民主党政体承担起“刺激经济市政投资”任务时，他们就会启动大量公共建设项目，例如水坝、高速公路、公共建筑，从而催生大量新的就业机会。可相反，共和党人的经济计划却旨在培育全国范围内的商业办公建筑的繁荣，即对商业房地产提供慷慨的新折旧规则。这就为商业建筑工人创造了充足的工作岗位，同时也让许多大中型城市堆积了过多空置的办公大楼，这些宽敞明亮、高耸入云的办公大楼业主正苦于无法找到足够的房客去填满它。“这就是共和党人公共事业的产物。”肯珀金融理财公司(Kemper Financial Services)的大卫·霍尔(David Hale)说道。[15]

即使没有通货紧缩和经济复苏的破坏，隶属联合会的工人仍会遭到极大的削弱。1983年约有110万联合会工人被迫接受工资削减或冻结的要求，超过1/3的工人接受当年的新劳动合同。在之后的几年当中，这样的劳动管理逆行现象依然有增无减。随着联合会开始学会接受新的现实，罢工和停工现象达到自第二次世界大战以来的最低水平。

“在劳动力市场松弛和高失业率的情况下举行罢工实在过于愚蠢，这是在与工人库存量丰厚的公司作对。”美国劳工总会与产业劳工组织的集体谈判专家约翰·扎鲁斯基(John Zalusky)说道。[16]

发生就业急速扩张的主要集中在无组织的服务业领域，包括最高薪水的金融业和技术专业领域以及工资较低的数据处理和连锁食品销售店，联合会盛行的重工业却从未恢复经济衰退之前的实力。据估计，1979年至1984年，约有510万工人被濒临倒闭的工厂解雇，其中一半来自制造业，据劳工统计局(Bureau of Labor Statistics)计算，其中只有60%的工人重新找到了新工作。

联合会成员从2000万人缩减至1740万人。曾经在20世纪50年代达到高峰足以代表全美劳动力35%的隶属联合会工人此时只剩下18%。而劳动阶层所具备的政治影响力，包括其对民主党的影响力，也随之减弱。

美联储主席承认，第一产业工人目前正在减少，但他并不将此视为一种不公。减少低层劳动力工资是一种平衡的回归——这是在看待某些事件如何产生影响时的典型保守思想。

在美联储，官员之间实际上正在讨论7%这个曾经被难以容忍的失业率数字是否能在此时被人们合理接受是最佳状态，即被看作是“自然失业率”。换句话说，如果美联储让失业率进一步降低，是否具备会引发新一轮工资价格通货膨胀的风险？这个问题从未被正式解决，但美联储并不打算进一步降低失业率。

这种将7%的失业率默许为正常现象的行为表示美国政治议程中的又一次根本性转变。20年前，政府的经济学家曾经将4%的失业率视为国家目标，并将其看作是充分就业的实际产物，同时在20世纪60年代得以真正实现。70年代时政府曾勉强将6%的失业率水平作为可以不引发通货膨胀的最佳水平；而到了 80 年代，政府的经济决策者又后退一步，美国公众并没有过多地反对 7% 这个数字，甚至就连民主党也放弃了其对充分就业的陈词滥调。

“其所引发的政治反应极其微弱，”纽约储备银行的安东尼·所罗门说道，“失业率十分让人泄气，尤其是对于找不到工作的年轻人来说，但我要说的是 7% 这个数字或许是可以避免引发通货膨胀的临界点。如果你能理性且灵活地处理工资和价格问题，那么完全可以将失业率下降至 4%，但我却不知道该如何更加灵活地处理工资问题。你不得不去打击联合会的运动，而且还要继续降低价格黏性①。”

换句话说，如果劳动力仍然能够接受更大的工资让步，那么工人就可以返回工作岗位，劳工联合会也就会逐渐不愿接受令人痛苦的既定工资模式。然而如果工作没有着落，那么劳动力就会更加“卑躬屈膝”。“这是一种强硬态度，”匹兹堡的一位银行家说道，“钢铁工人必须放弃更多，他们只是放弃得还不够。”

年轻时曾经信奉自由主义的委员帕蒂如今已经转变成保守派，他仍然对微弱的公众抗议感到迷惑。“当然，钢铁城市和中西部城市仍存在一些比较激烈的批评言论，但失业者却没有发出任何抗议的声音，”委员帕蒂哀叹道，“或许大多数人对生活中失去的东西仍然感到可以接受，并且心甘情愿地向少数人交出一切。我不知道，这是一个世界现象。在英国，失业率达到 13%，而德国的失业率是 9%。”

虽然帕蒂认同美联储遏制充分就业的策略，但却不能接受同事所说的 7% 失业率就是最佳状态并且可以实现。“这是一个陷阱，”帕蒂说道，“你们所做的一切不过是接受所有的失业率数字，然后再说这是实现避免工资和物价上涨压力的必需条件。”

虽然如此，作为一个实际问题，美联储只能这样做。当失业率仍然高于 7% 时，如果美联储接受这个结果，那就意味着大约要有 840 万美国人失业，另外有 130 万人会被描述为需要在失业人口管理局注册的“受挫”工人。另外还有 570 万人被迫接受工资低于正常水平的兼职或临时工作，诸如像卡尔·芮武德和罗宾·克雷文这样会被年轻人取代的工人，而所有这些“无声无息”的少数

---

① 指价格不能随着总需求的变动而迅速变化。——译者注

人加起来总共可能会超过1500万人。[17]

保罗·沃尔克对此问题的看法并没有改变。他所考虑的核心就是货币的稳定，让价格通货膨胀下降是高于一切的首要任务。“我不知道自然失业率应该是多少，”沃尔克说道，“但我要让你确信的是，随着时间的流逝，如果我们清除通货膨胀和通胀预期，那么失业率就会比我们什么都不做更低。”

通货膨胀率正在降到低于4%，可抵押贷款利息仍然维持在超过12%，甚至更高，年轻家庭仍然无法购买他们的第一套房子。房地产公司开工数量平均在200万家，尽管不是最好的一年，但仍然能维持强劲态势。委员莱尔·格拉姆利总结道，人们只是适应了高利率的新环境。

“我在1957年以4.75%的利息购买了第一套房子，”格拉姆利说道，“我的抵押贷款利息最高曾达6%。对于我来说，用超过10%的抵押贷款利息来购买一套房子是不可想象的！对，不可想象。我女儿在1983年7月买了一套房子，抵押贷款利率是12.5%。因为她曾经看到过比这个数字高出6%的抵押贷款利率，因此她一点儿都不觉得困扰，她觉得自己的买卖做得很值。

“我女儿的境遇变得更糟了吗？我不这么认为。她买的是一套比较小的房子，她要为这套房子付出更多的薪水。我不会这么做，但其他人却调整得很好。她会忍受自己其他方面的开支有所减少，比如她买了一辆比较小的车。但现在对于根本买不起房子的人来说，其结果却是另外一码事。”

事实上，房屋抵押贷款的高价会将许多人推出房屋购买市场。据美国房地产经纪人协会（the National Association of Realtors）的估计，约有90万美国家庭无力拥有自己的房子，因为无论他们多么努力，其收入永远都无法支持如此高利率下的月供。越来越多的年轻人变成租房者，或者搬去与父母同住。

对于那些面对新条款的购房人来说，这种新的购房环境可以在一项对比中看得更加清楚：1970年时通胀率相对较高，但房屋抵押贷款利率在7%到8%之间；如今在相同的情况下，房屋抵押贷款利率已经在此基础上上涨4%至7%，这对于债权人来说无异于是一笔意外之财，而对于年轻的房屋购买者来说，房价却发生大规模提升。

与此同时，美国新房屋的建筑面积也越来越小，这是因为建筑商缩减了房屋的面积以实现新经济型住宅的开发。“这是第一代美国人会感受到父母的房子竟然如此宽敞和舒适。”房地产顾问路易斯·古德金(Lewis Goodkin)这样对《华尔街日报》说道。[18]

人们可以适应新环境，却变得更加容易受伤。经过数年的经济衰退，大多数新房购买者如今可以接受可变利率抵押贷款将会随市场利率发生波动，这也许会让最初的月供变得更低,但同时也会改变债权人和债务人之间的风险比例。长期抵押贷款的债权人此时更容易免受通货膨胀带来的威胁。如果未来物价和市场利率上升，如果美联储再次紧缩信贷，那么房屋月供也会上涨，损失就要由房屋所有者承担而非债权人。

20 世纪 80 年代的年轻购房者所面对的典型压力还不仅仅是高利率，还来自曾经历完全不同境遇的父母。这些老人并不认为自己的房屋会稳定升值或实际房屋成本会稳定下降，他们的想法与此恰恰相反，即房屋价值会停滞不前或者下降，而月供则会上升。在打击通货膨胀的过程中，美国经济生活的另一个根本因素被有效根除，即一个将房屋所有权财富从债权人分配给债务人并让中产阶级家庭积聚实际资产的谨慎过程。

可许多人还跟不上这些新条款。有些是家庭收入并没有大幅度提高，有些则是因为暂时的失业打断了原本的计划,或者仅仅是承受不起高额的抵押贷款。经济衰退之后的丧失抵押品赎回权现象不仅没有回归到正常模式，反而在经济复苏期间出现稳步上升且达到历史新高。

伊丽莎白·莱尔德（Elizabeth Laird）和丈夫雷都是同一家电子公司的员工，这家公司专门为近海石油钻塔提供专业设备，但随着石油价格的连续下跌，他们双双遭到公司的解雇，从而失去他们位于休斯敦郊区的新房子。1983 年春，他们曾花费 6.3 万美元购买一套带有壁炉和双车车库的三卧室住房，抵押贷款利率为 15.5%，月供 1004 美元，但为了增加收入，伊丽莎白又找到一份兼职工作。“休斯敦太出名，”她说道，“每个人都跑来休斯敦找工作。我们认为我们应该撤退。”

雷后来又找到一份工作，但很快又被解雇。一年后，他们已经拖延交付月供整整 4 个月，但依然没能为自己的房子找到买家，休斯敦的房地产市场已经崩溃，房价在持续下跌，莱尔德夫人看到邻居 7 万美元的房子只叫价不到 6 万美元，社区内的许多房子上都贴着“止赎”的贴纸，莱尔德夫妇只好申请破产，重新过上租房的日子。

“我不想这样悲惨地活着，也不想让整个家变得这么悲惨，”她说道，“我只想说‘上帝，我知道您是在塑造我的性格’。可有时我还是不禁要问：‘我到底需要拥有多么强大的性格？’”[19]

1984 年美国退伍军人管理局正忙于处理 2.9 万套已经取消抵押品赎回权的房子，其中 10% 是在一年多以前就已经存在的。1985 年抵押保险公司总共向此类房屋支付 4.25 亿美元的赔偿，是 1983 年损失的 3 倍。美国抵押贷款银行家协会（也就是莱尔·格拉姆利在美联储退休后就职首席经济专家的机构）宣称，截至 1985 年中，抵押贷款拖欠率已经占所有未偿付抵押贷款总数的 6.2%，这是 20 年来协会处理数量最多的一次抵押贷款支付案件。[20]

迈克·史图特（Mike Stout），宾夕法尼亚州霍姆斯特德的一位年轻钢铁工人，也是拖欠贷款大军中的一员。虽未遭到解雇，但他所在的劳工联合会已经接受企业管理部门提出的大幅度削减工资的要求。

“我买房时的贷款利率是 16%，我计算了一下，30 年来我要为 3.7 万美元的房子额外支付 14.8 万美元的利息。但我又一想，我至少最后还能享受到减税的优惠，加上如果利率可能下调，我就又可以重新贷款。即使我的妻子已经失业，但只要我能继续工作，我就有能力勉强维持。于是我接受了‘妥协合同’，这就意味着我每月的薪水中要被扣除 400 美元，我要拼命晃动身体让自己的头浮上水面，才不至于沉到水底。”

一年后，银行取消史图特的抵押品赎回权，于是他搬回公寓。

“我告诉银行，取消赎回权的行为简直是疯狂，因为他们永远都无法卖掉这些房子，我是对的，”他说道，“我敢打赌，这里的 160 栋房子都会处于待售状态，并且没有人会买。房子还是会坐在那里，用栅栏围上。实际上一群小孩就能毁坏栅栏跑进去搞破坏，那才是真正的一团糟。”[21]

然而，这种发生在房屋和房屋所有人之间的根本性逆转正是来自美联储成功战胜价格通胀的议事日程的转变。贯穿 20 世纪六七十年代，拥有一所房子一直都是穷人和富人的最佳投资方式，随着时间的流逝，这种投资一定会保障他们金融资产增长的实现。这是因为，无论利率升高还是物价升高，房屋价值永远都会以更快的速度增长。家庭住房的累积性效益是人们经常所说的“美国梦”

的核心，甚至还会得到通货膨胀的辅助。

从 1980 年开始，这种利益就发生颠倒，不只是对于第一次购房的新买家来说，还包括所有的房屋所有者——无论老少。如果按实值计算，房屋价值开始下降，也就是说房屋价格增长的速度低于普遍的通货膨胀率。1982 年，通胀率是 3.9%，可房屋价格增长速度仅为 1.2%。到了 1984 年，通胀率为 3.7%，房屋价格平均增长率仅为 3.4%。到了 1985 年，房屋平均价格按实值计算甚至低于 1978 年的水平。房屋所有人的效益再也无法累积，甚至在许多城镇开始发生缩水。“拥有自己的房子就是财富积累的效益”，这样的说法已经不复存在。[22]

里根内阁就此并不感到惊奇，因为经济顾问委员会的默里·韦登鲍姆早在经济衰退期间的一份内阁会议备忘录中就已经做过这样的预测。“较低通胀率所引发的一个长远影响就是财富的重新分配。”韦登鲍姆说道。“许多‘输家’，”他说道，“将是那些曾把赌注放在持续价格通胀上的人们，即投机艺术品、古董、农用土地和商品的投机者，他们将得不到任何同情。”但在韦登鲍姆的“输家”名单中还包括美国的房屋所有人。

“更重要的是，所有房屋所有者都一直是‘房地产投机商’，并且许多人都将蒙受财富的损失，”这位经济学家说道，“而那些最近才以高抵押贷款利率购买房子的人将会遭受不同寻常的损失。尽管较低的通胀率几乎可以保证整体实际财富的增长（因为生产力大幅度提高），但重要的是要记住还存在一大批支持高通胀率的选民（即 70 年代所谓‘会使用聪明钱的人’）。”[23]

在房地产业，“使用聪明钱的人”已经消失，并且没有人会再讨论通货膨胀。相反，一个新词开始出现在买家和卖家的对话之中，即整整一代美国人都从未听说过的经济名词“通货紧缩”。

1983 年仲夏，小麦价格为每蒲式耳 3.85 美元，比入夏之前下降几美分。自然，美国中西部的粮农开始处于不利地位。面对更高的信贷成本，他们的农产品价格却始终保持平平甚至下跌。由于消费价格指数一直在稳步上升，农民的实际收入开始缩水。

原油价格也在下跌，美国炼油厂的每桶原油价格为 28.33 美元，比 1982 年下降 3 美元，并且还在持续疲软。全球的石油制造商都在提供折扣，以试图维持自己在已经发生供大于求的市场上的消费者份额。[24]

美国的汽车工业从 1982 年夏季开始每周都会上涨超过 40% 的生产量，但通用、福特和克莱斯勒却并没有针对不断上涨的消费需求而提升汽车价格，但这正是它们在 20 世纪 70 年代的一贯做法。实际上，这三大汽车业巨头此时正通过价格战争夺彼此的汽车买家，即新汽车贷款中的利率折扣。

粮食、石油、汽车，美国经济的这三大支柱产业折射出通货紧缩的新现实以及为美国消费者提供的可见利益。加油站里的汽油价格正在稳步下降，超市里遭到严格限制的食品价格再也不能逐步上升，汽车经销商广告里的“特价”也真正实现了特价的意义。

然而当这些产品跨出国界时，物价就会发生奇怪的改变。堪萨斯城每蒲式耳 3.85 美元的小麦卖到欧洲时会变成 5 美元到 6 美元；在巴西，每桶原油的进口成本价格折合成他们自己的货币后相当于 50 美元至 60 美元。在不到一年的时间里，法国钢铁卖到美国的价格已经下降到每吨 125 美元；曾经在旧金山卖到 1 万美元的日本丰田汽车如今在美国市场上销售的真实成本价仅相当于 7500 美元。[25]

由保罗・沃尔克一手策划的反通货膨胀战斗催生了美元的坚挺，从而可以解释以上这些反常现象发生的原因。美元对世界其他主要流通货币的价值在持续增长，自 1979 年以来已增值超过 50%，这会有效改变每笔国际交易的贸易条款。法国钢铁、日本汽车、德国机床、韩国服装，所有这些商品在卖到美国市场以后都会变得更加便宜。而美国制造的拖拉机和计算机以及美国生长的粮食和纤维，如今卖到国际市场上时却变得更加昂贵。

这样的影响对于某些国家来说极具毁灭性，成为某些国家经济衰退之后持续存在的大规模清算运动中的又一股巨大力量。1981 年至 1983 年，美国粮农曾在国际市场上失去超过三分之一的份额，因为当时美国的小麦和棉花出口价实际增长两倍（而债务负担沉重的拉丁美洲国家为还清银行贷款只能削减其粮食进口）。与此同时，海外的汽车、钢铁、机床、电脑晶片及其他众多制成品的制造商又会攫取越来越多的美国国内市场份额，即通过美元汇率增长所提供的人为物价而加大优势。由此在 4 年多的时间里，美国制成品的进口量上涨 66%，而出口量却下降 16%。

在这种竞争环境下，底特律无法提高其汽车底价，也无法为汽车工人提供工资。“即使我们会严格限定生产质量和生产率以及汽车的燃油功率和性能，”克莱斯勒的李・艾科卡（Lee lacocca）抱怨道，“可摆在美国市场上的日本汽车仍然具有每辆便宜 2000 美元的优势……随着日元兑换美元的严重贬值，至少 20% 或更多，他们的汽车和其他产品要比日元在公开市场上反映出来的真实购买力更加廉价。”

1979 年，日元对美元交易价低于 200 日元；到了 1983 年，1 美元可兑换 235 日元。1979 年国际兑换市场上的 1 德国马克相当于 54 美分，到了 1983 年仅为 36 美分。法国法郎与美元的兑换价曾逼近 4：1；可到了 1983 年变成 8：1。4 年多的时间里，美联储的强硬货币政策已经完全逆转国际兑换市场上的走向，美元正强劲得极具杀伤力。

“追求最疲软货币和最低价工资的工作理念实在疯狂。”艾科卡宣称。可这就是现在正在发生的事情，不管怎样，强势美元已经扫除几十万甚至几百万的工作机会，美国总统庆祝强势美元是美国强势回归的一个信号，但在国际贸易市场，这种优势的前提是欧洲和亚洲货币的疲软。截至 1983 年，据估计美国已经失去超过 150 万的就业机会，其中大多数是制造业中高薪且无劳工组织的工作。[26]

随着在海外销售市场上的全军覆没，美国诸如卡特皮勒公司（Caterpillar Tractor）这样的出口商只能关闭国内工厂。而诸如已经关闭的钢铁厂和铜矿厂这样的进口型经济企业却随着法国钢铁和智利铜金属因为越来越便宜而打入市场，夺走国内订单。最后，大型跨国公司，包括艾科卡的克莱斯勒及其他汽车生产商，只能靠向海外出口提供工作机会。他们逐步取消美国工厂，将生产全部转移至国外，从而通过不平衡的货币所提供的人为价格优势获取有利地位。

然而美国的这种损失同时也是另外一种盈利。尽管某些工业企业和某些工人蒙受苦难，但所有消费者却在美元强劲的价格竞争战中受益匪浅。在美联储早已于经济衰退中确立的持续低通胀的环境下，进出口压力是一个主要力量，其可以帮助解释为何劳工联合会仍然在让步和放弃，即便是经济已经再次出现大规模扩张；劳动力的实际工资在下降，但鉴于美元汇率，美国工人和海外工人之间的有效工资差距一直在拉大。这同时也能解释为何美国制造商不敢提高商品价格的原因，只有那些无须被迫与国内或国外企业竞争的企业才可以高枕无忧地提高物价。

起初，这种新的局势让许多经济学家一头雾水，包括信奉自由主义的凯恩斯经济学者和倡导供应经济学的保守主义者。美国经济中的总体需求正在急速增长，这是扩张型生产和就业的传统凯恩斯公式。不过这个公式并未发挥作用，原因是美国的生产者正在自己的市场上失去市场份额，总体需求正逐渐被其他地区的生产来满足。勉强地说，正如保守主义理论曾经许诺的，供应方正逐渐成熟，但新的生产力却在中国台湾、德国和日本逐步积聚起来，而非美国。[27]

“我们正在大批‘屠杀’自己的出口企业，”纽约储备银行行长安东尼·所罗门哀叹道，“我和沃尔克都非常担心强势美元带来的长远影响力，但我们别无他法。”

尽管坚挺美元会帮助压制国内物价和工资，但所罗门依然可以看到其对美国制造业基础造成的长期破坏。一旦一家汽车公司将他们的制造工厂从新泽西转移到巴西，短期内它将很难再回来。一旦辛辛那提的一家机床工厂宣布倒闭和解散,想要重新开张势必要付出昂贵的代价。在世界各国间的重商主义竞争中，一家企业一旦失去在国际贸易中的市场份额，想要重振雄风将要花费相当长的时间。

“如果财政政策能不这么宽松，”所罗门抱怨道，“那么我们在考虑美元时就会有很多选择。事实上，我们在美元问题上别无他法，即使我们对此忧心忡忡。我一直很直率。通常我们说我们正在考虑某些事情时，包括美元，其实真相恰恰是我们对此无能为力。”

尽管深知其具有破坏性，但美联储依然允许美元价值稳步上升，因为选择其他方法很可能意味着美联储将在这场“老鹰捉小鸡”的游戏中输给财政政策。要想抑制美元升值，美联储只能适当调节其紧缩的货币政策，即降低高利率以达到外汇与美元价值之间的平衡。这种货币政策的调整的确可以挽救美国的就业、市场份额以及工业和农业的生产基础，但美联储曾确信降低利率也同样意味着向联邦预算赤字屈服,因此这种方法最终被认为是一种极其成问题的选择，因为其会让美元发生大范围且深入的贬值。

但关于这件事从未进行过真正意义上的讨论。在美联储内部，沃尔克和所罗门多次在联邦公开市场委员会大会上提出美元问题，并为其产生的破坏性影响表示遗憾。但无论是谁提出其他选择办法，联邦公开市场委员都要搬出沃尔克策略存在的阻碍性。暂且不论对错与否，这些委员认为尽管强势美元存在可悲之处，但其却是货币政策和财政政策之间矛盾和冲突的副作用，且不可避免。然而，这个副作用却正在逐渐变成美国经济生活中的核心力量，是 20 世纪 80 年代特有的极具破坏性的新形势。

操纵美元升值的核心力量就是美联储意欲将国内利率维持在非正常高水平

的坚定决心，甚至要高于海外金融市场的竞争利率。美联储将贴现利率保持在8.5%，而德国的贴现利率却下降至 4%，日本是 5%。其他国家的短期信贷利率和长期信贷利率也追随同样的下降趋势。美国的金融资产必须要为此付出更多，同时资本也会不可避免地寻找最高的利润回报，无论这个回报出现在哪里。

只要美联储继续维持这种广域差异，世界的金融财富自然就会流入美国，因为这里以美元计算资产的投资会提供最具吸引力的利率。为了适度调整这种趋势，美联储将不得不降低利率并注入更多的世界美元供给，而这正是美联储最不愿意做的事。

“美联储无法解决全世界的问题，”莱尔·格拉姆利坚称，“美国的制造业已经不具备竞争力，此时最需要做的就是让美元贬值，而实现贬值的方法就是削减联邦预算赤字。我不认为货币政策没有其他有建设性的选择。如果只是试图用高度放松的货币政策去降低美元价值，那么其无疑会带来极具破坏性的后果。”

美国工业的重量级地位足以引发一场政治运动。隶属工会的工人已经站在谈判战场的前列，在汽车工人联合会的带领下，他们气势汹汹地要求国会颁布立法，保护已经四面楚歌的美国工人免受不公平海外竞争的打击。但企业高管却宁愿选择一种更为稳妥的方式，于是他们将电话打给自己在里根政府内的朋友。

“商界中每个人都目睹了自己的企业备受扭曲货币关系的影响，”卡特皮勒公司 CEO 李·L. 摩根（Lee L. Morgan）在写给财政部长唐纳德·里根及其他内阁官员的信中这样说道，“我们每个人都致力于与您和您的政府同僚密切合作，本着互相理解的态度展开良好对话，以期最终能想到一个解决办法。”

当摩根被传唤到白宫时，他发现和他一起出现的还有许多著名企业的代表——博格华纳、宝来、福特、辛辛那提 - 米拉克龙、天合汽车，这些人全都是商业圆桌出口委员会的成员。摩根说道，他们想要的无非是让总统颁布针对日本汽车进口的紧急附加税法案，这将帮助抵消美国公司此时正遭遇的 35% 到 40% 的价格劣势，而这一切都是不平衡的美元 - 日元关系造成的。他们与内阁官员的第一次会面是在 1982 年 10 月，之后又进行过多次对话。显然，国务卿、财政部长和商务部长在倾听代表陈述时都很有耐心，但这些商人却什么都没有得到。

里根内阁的真实感觉可以用财政部经济顾问委员会对此次圆桌委员会对抗日本行动的分析加以概括。这份分析报告中并没有提及日元与其他外汇兑换时被严重低估，而只是建议大家要反对任何对汇率市场的干预以降低美元价值。它断然反对向日本产品征收进口税的提议。

这份政策建议报告出现得极为妥当，管理和预算办公室的经济学家劳伦斯·库德罗这样向总统汇报道："由多家企业集团（福特、卡特皮勒公司、全国制造商协会、美日商业会议）提出的贸易保护主义建议最后遭到内阁的拒绝。"[28]

这些企业于是向国会表达愤愤不平，他们的联合劳工协会要求国会颁布新贸易法以遏制进口，尤其是针对日本产品。一些诸如艾科卡和大西洋富田石油公司（Atlantic Richfield）的罗伯特·O.安德森（ Robert O. Anderson）这样的企业家还谴责是美联储让美元变得极具破坏力。但鉴于货币政策的政治独立性，这家中央银行实际上还是可以规避众多谴责。相反，日本却变成了最热的政治目标，它被指控在过度开发美国市场的同时不公平地关闭了自身对美国产品的进口。

然而市场的开发是双向的。即使李·艾科卡大声嚷嚷要"痛击日本"，但他也必须承认两国之间存在一种畸形且不健康的合作关系。不辞辛苦的日本人为自己花费的金钱很少，他们积攒的存款要比美国人多得多，这就会使日本产生资本剩余并由此可以将钱借回给美国。在美国政府债务销售市场，日本已经击败沙特阿拉伯变成美国最重要的债权国。正如艾科卡所说：

> "我们一直在开发日本的首创精神，他们已经长期接受辛苦的工作和廉价的工资……请想想看：日本人一直是每周工作六天，而我们在周末却驾驶着本田汽车或雅马哈履带式雪上汽车穿过田野……我们不得不将这些事实考虑进去：日本的大部分货币都是在美国生产的，然后又停留在美国，其中77%都是以国库券和其他票据形式存在，用来维持我们疯狂的预算赤字……所以此时的我们已经对日本的货币上了瘾，就像对日本的电视机一样。"

在公开讨论中，美国内阁将这个问题描述成是一种介于"自由贸易"和"贸易保护主义"之间的选择。它借用保守放任主义原则，坚称政府不应该干预自由市场，擅自决定美元的国际价值。然而正如某些批评家所说，内阁并没有盲目跟随这种意识形态。在内部，里根顾问推崇得益于强势美元政策的政治利益分红，这种策略暗含着他们会决定舍弃美国经济中的诸多因素，包括产业劳动力、制造业、农业及其他商品，以达到让其他经济利益受益的目的。

1982 年至 1984 年春担任总统经济顾问委员会主席的哈佛经济学家马丁·费尔德斯坦（Martin Feldstein）在内阁备忘录中最为直白地阐述了这种交易：

“较低的美元汇率就一定不合适吗？一个疲软的美元会使国内产品提高出口、降低进口替代。就其本身而言，这会受到此时因强势美元而受到伤害的美国工业企业的欢迎。

“但一个相对疲软的美元和一个相对较小的财政赤字同样也意味着流入美国的其他国家资本会变得更少，从而使工厂、设备和住房的国内投资水平较低。美元的升值是减少国内利率压力的安全阀门，贸易赤字的增加会让预算赤字产生的额外需要溢向海外，而非挤走国内投资。

“有关美元价值较低是否合适的问题，就像是质问允许预算赤字暂时增加是否会更好一样，因为后者旨在削减国内投资和利率敏感性开支，或者是为了削减出口产品和与进口产品竞争的国外产品的生产。如果从原则上讲，这个问题的答案很明显：它有利于削减出口和增加进口。”

美国政治生活中没有一个人曾在公开场合承认做过这样的选择，这听起来太没有爱国之心了。此外，一直在宣称供应经济学会恢复美国经济霸权的里根内阁不会如此轻易地承认政府政策所引发的真实后果，就是在压制美国制造业和农业的同时鼓励消费者购买国外产品。实际上内阁政策对于许多经济领域来说还是有益，例如家用电脑销售、房地产、高层办公大楼建筑、零售业以及所有欣欣向荣的服务业，这些都不是必须要与国外竞争对手产生销售摩擦的经济领域。而对于某些领域来说这种政策却极具灾难性，例如农业出口、重工业以及所有市场未受到任何国家保护的企业。

“由强势美元带来的出口下降和进口增加，明显会引发高失业率并使个体企业濒临破产，”这位经济顾问委员会主席坦承道，“或许，这些逆转式影响要比对工厂、设备、住房及其他利息敏感性商品的投资减少所造成的影响还要严重……但目前举证的责任依然还是要落在那些声称自己在国际贸易中更容易受伤的工业企业身上……”

费尔德斯坦对这种潜在破坏力的修复满怀信心，部分是因为他自信于美国内阁将会履行其意欲削减财政赤字的诺言。他认为，如果这个诺言实现，那么实际利率就会下降，美元升值的压力也会消散。然而他的自信却并无确实根据。当马丁·费尔德斯坦离开政府返回哈佛大学后，美国政府的财政赤字再次飙升到和平时期的一个新的历史高度——2130 亿美元。

但这位经济顾问委员会主席在捍卫强势美元时还提到另外一个更加根本的观点，即强势美元可以维持低通胀率。进口竞争会压制国内物价和工资水平，费尔德斯坦警告道，如果美联储打算放松对货币的控制，降低美元价值，那么其对通货膨胀的胜利就会大打折扣。打击通货膨胀是总统最引以为豪的一项成果，似乎是对于所有美国消费者而言的可见利益，白宫所有人都不希望会沦为通货膨胀的牺牲品。

“一个基本事实就是，美元价值的改变只能以国内经济目标的修改为标准，”费尔德斯坦建议道，“较低的美元价值需要货币供给的扩张，而这会导致通胀率上升。”[29]

从短期来看，里根内阁的政治策略可谓精明狡黠，他们不顾美国工业基础将承受长远经济损害的事实，用即时受益的承诺取悦于美国的大部分选民，从而保证罗纳德·里根在 1984 年的连任竞选中取得胜利。而对于总统来说，无论其喜欢与否，他也要追求一项旨在为最大选民利益培育即时满足感和幸福感的经济计划，即一个可以让个人选民和经济利益群体都拍手称快的高消费、低存款政策。时过境迁之后，当民主党执政并做出同样的事时，共和党也会冷嘲热讽地谴责这种“先消费，后付款”的策略。最终，美国人将要为政府一手策划的自我放纵付出沉重的代价。

不过从相反角度考虑，这种政治策略也是对美国经济新现实的一种反映。制造业或许仍然被视为美国经济力量的核心，但却再也不是主导力量，农业也一样。制造业就业人数再也不能占据整体劳动力的四分之一，大多数美国人不用再为糊口四处奔波，他们选择出售自己的无形服务，从学校教育到计算机编程，从垃圾清理工、店主到律师、医生。相对来讲，他们才是真正的赢家。

林肯时代以来一直都作为共和党内部传统力量核心的重工业资本也不再拥

有更多的价值。当这些制造业巨头向白宫内的共和党人展开游说时，其失败的结果就已经证明他们自身的政治影响力已大大削弱。钢铁、汽车、纺织品、机床及其他基本商品的制造商此时都已经被排斥出经济和潜在选举力量范畴。正如一位曾经游说政府的汽车公司代表所说：

“我们以为制造业还是美国政界里的‘一头大骡子’，但这并不是真的。金融领域、零售领域、服务领域，它们的‘体积’正越变越大。强势美元对于它们来说是好事，对于消费者也是好事。它会让价格降低，保证商品廉价，而减税和削减赤字则意味着要花费很多钱。它是制造业和制造业劳动力的克星，但却是消费和服务业的福星。”

克莱斯勒、独立的石油钻井工人和中西部农民所遭受的损失，正是西尔斯-罗巴克、丰田销售商、花旗、麦当劳及其他企业所受到的恩惠和利益。这就像是这样一种感觉，作为赢家的一连串国内服务行业享受着便宜的制造业产品和商品价格，可自身又可以在很大程度上规避来自海外竞争对手的工资-物价竞争。这样的行业包括健康保健、银行、金融、保险、房地产、零售、酒店、餐厅、旅游、运输、法律、技术职业、教育、媒体和通信。

与房屋建筑业一样，这些服务领域主要的竞争对手在国内市场，它们无须面对海外竞争，也无须抵抗不平衡美元带来的价格劣势。结果，这些企业通过提高自身产品物价的方式得以持续实现利润增长（员工工资也随之水涨船高），并且大多数企业都是如此。就在小麦、石油和汽车价格不断下滑的同时，美国的服务业价格指数却一直在大幅度增长，1983年时上涨超过5%。普遍的通货膨胀以及通货膨胀带来的利益正在远去——但并不是对所有人而言。

就自身选民而言，共和党人还是会从强势美元策略中受益颇多，并且风险极小。作为共和党的核心选民，职业管理阶层“白领”工作者在这种制度下可以享受到收入的持续增加,无论是商业街的零售商还是华尔街的股票经纪人。“蓝领”工会工人则会相对受苦，但他们无论如何都是民主党的支持者。而作为最刚烈的共和党选民，农民不管怎样都会继续把票投给共和党人。

还有一个重要工业领域是里根-沃尔克“强势美元”复苏战略下的主要赢家，即国防工业。武器军备的生产是一项重要的特别事业，是一个可以不受强势美元影响的生产领域，因其会受到国际竞争的保护。美国政府不可能会从国外购买各种武器，因而有国防企业及其同盟支持的国防工业享有两大特别的优势：国防开支预算大规模增加以维持市场开发，同时武器军备生产商会享受到更加廉价的劳动力，因为普遍的松散就业会导致成熟的工业工人工资大幅度降低。

克莱斯勒的李·艾科卡曾经做过积极的努力，试图游说国会为其他生产工业领域提供帮助，并声称“国家防卫”不止买到一支强大军队那么简单。

“事实是，没有强大的工业基础，我们只能和国家安全‘吻别’，”艾科卡警告道，“我们还要和国家的大多数高附加值工作岗位说再见，而中产阶级是首先会让国家繁荣的群体，取消美国8小时到12小时的工业劳作，就是在从根本上削弱国家实力。如果不加以提防，恐怕到时我们就会发现，除了路边银行、电子游戏厅和麦当劳的汉堡架子，全副武装的美国人已经没有什么东西可以去保护。”

艾科卡语重心长的警告并没有引起重视。大多数美国人似乎感觉自己做得不错或至少正在进步。他们享受着繁荣的回归，购买价格恢复平稳的商品，却根本不关心这些商品是在哪里生产。当然，里根内阁的高层官员并不打算打扰这种复苏，因为一切都在动力十足地向前冲。对于他们来说，最大的担心似乎是独立的美联储是否会出于其自身原因下定决心继续纵容这样的美景。

到了1983年11月末，各种品头论足的声音再次甚嚣尘上。总统发言人拉里·斯皮克斯（Larry Speakes）在白宫新闻发布会上尖锐地指出，美联储不应该让货币供给增长如此缓慢。而财政部长担心的是美联储会鉴于最近几个季度过于强劲的经济扩张而打算再次紧缩信贷。

“我知道他们不得不采取约束措施，”唐纳德·里根说道，“但我关心的是他们是否做得太过火。”

米尔顿·弗里德曼则说得更加严重。他认为，美联储已经做得太过火。M–1增长从7月到10月一直表现平平，因此弗里德曼预测，竞选之年必将迎来经济衰退。白宫的政治顾问并不确定自己是否应该相信这位货币主义学者的分析，但弗里德曼的大胆预测的确让他们陷入更大的焦虑之中。

在国会，众议员杰克·坎普及其他49位议员将一封抗议信寄给总统，控告保罗·沃尔克是在“挑战”里根在政界的复兴，其实暗地里就是在威胁总统的连任竞选。

“货币政策正被蓄意维持在不必要的紧缩水平，经济扩张变成增加税收的人质，”坎普及其他共和党人抱怨道，“沃尔克先生将用货币放松和低利率交换到他更喜欢的高税收财政政策。”[30]

沃尔克当然对此予以否认，但这位美联储主席一直在游说国会大厦，力劝立法委员采取有效措施管理财政赤字。他警告他们，如果赤字不能被有效降低，那么利率只会变得更高。10 月 26 日，沃尔克与参议院财政委员会委员举行私人会面，会上他敦促委员考虑采取多种办法实现增税法案。据政治专栏作家罗兰·埃文斯（Rowland Evans）和罗伯特·诺瓦克（Robert Novak）所说：“委员在此次会面中只感受到一种信息，即如果想让沃尔克的美联储放松货币，那么他们最好快点增税。”[31]

之后不久，财政委员会主席、堪萨斯参议员罗伯特·多尔（Robert Dole）就想出一个办法，即推出一项旨在增加 550 亿美元财政收入的税收法案。然而却遭到总统里根的“镇压”，他反复强调自己之前坚持的观点，那就是他将会否决任何一部呈交到他办公桌上的增税法案。“老鹰捉小鸡”的游戏依然在财政政策和货币政策之间进行，到目前为止，双方都没有获胜。

然而，里根内阁却误解了美联储的困境，批评家只会盯着 M-1 并抱怨货币政策过于紧缩。而在美联储，决策者只会看重实际经济，并担心自己的货币政策过于放松。用美联储自己的标准来衡量，他们不认为自己过于吝啬，反而是过于慷慨大方。

起初，沃尔克曾发誓要抑制美国经济复苏，以防止繁荣陷入失控局面，但他并没有实现自己的誓言。1983 年初，联邦公开市场委员会曾同意 1982 年最后一季度至 1983 年最后一季度的实际经济增长维持在 3.5% 到 4.5% 之间。然而 1983 年伊始的实际经济增长率就达到 6.3%，这种强劲扩张的程度远远超出沃尔克的预计。

尽管内阁总是吹毛求疵，但美联储显然是在提供白宫所要求的一切，即一个适应性的货币政策。华盛顿周围的民主党人开始冷嘲热讽，质疑二者之间是否真的存在一笔“交易”。保罗·沃尔克被重新任命，经济出现繁荣，罗纳德·里根的民意支持率回升，这一切都及时地为 1984 年做好准备。

真实的政治背景要远比这些阴谋理论复杂微妙得多。毫无疑问，美联储主席要受到周围政治期望的束缚，他曾经让整个美国（以及里根内阁）经历一次漫长且沉重的经济衰退。现在美国经济正在享受复苏，沃尔克却打算抑制复苏，但他究竟敢于抑制到什么程度，这其中存在些许限制。

“沃尔克没有办法实施更加紧缩的货币政策，也没有办法侥幸成功，”预算主管大卫·斯托克曼说道，“内阁会一直处处盯着他。他们会一如既往地对美联储实施打击。”

无论白宫“痛击美联储”的行为对沃尔克产生过怎样的影响，这位主席明显是低估了美国经济的复苏力量，无论利率怎样居高不下，美国经济依然具有一往无前的冲劲。实际上，沃尔克的货币政策看起来的确有些异常，如果只是盯着 M-1 或利率，这样的货币政策看起来当然是过于紧缩；但如果将焦点放在美国的实际经济增长上，这样的货币政策看起来则是相当宽松。

美联储官员的解释十分清楚：货币的意义就是重复性改变（这再次颠覆了米尔顿·弗里德曼的观点）。经过近两年的异常下降，货币流通速度开始重新上升——以非正常趋势不断上升。这就意味美联储早先曾经向美国经济注入的膨胀货币供给此时将转变成更为活跃的经济行为，M-1 也在不同的交易中更加快速地“翻滚”。或许，美联储认为此时已经到了采取正确行动的时候。

12 月 19 日联邦公开市场委员会大会，一些委员表示担心鉴于财政政策带来的强劲刺激，1984 年美国经济会再次超出预想地向前猛冲。“尤其是目前美国商界空前高涨的信心和大量现金向企业公司的涌入，这会促使企业投资发生相对快速的扩张趋势。”联邦公开市场委员会会议记录显示。

不过其他人却并不担心于此。他们担心的是此时提高利率会迅速打压利息敏感性经济领域，例如房地产业，并将仍然强势的美元输入外汇市场，从而进一步对制造业造成破坏。

委员普雷斯顿·马丁的话听起来更像是一个严厉的警告。马丁坦承“美国经济此时看上去十分强劲”，但商业行为和消费开支会很快减弱。联邦公开市场委员会应考虑降低利率，而不是提高利率。

“在我看来，”马丁说道，“通货膨胀的压力已经不存在，工资的成本推进也很难找到。我此时担心的似乎是另外一个方面，即美国经济增长会下降，或许需要让利率来帮点小忙。”

马丁的美联储同僚并不同意这位副主席的观点。他们知道普雷斯顿·马丁与里根内阁中的加利福尼亚人过从甚密，而这些人都是供应经济学的热衷者。他们认为，马丁的经济学分析会受到内阁固有欲望的严重影响，这个欲望就是保证在总统连任竞选期间让美国经济保持繁荣。其他委员礼貌地听取了马丁对目前储蓄贷款产业疲软和潜在风险的回顾和描述，但却并未被其打动。

由于这些委员本身也对经济前景存在不同看法，于是他们谨慎地选择了一条中间道路。12 月指令中号召的是“至少维持目前的约束程度”，同时允许“这种约束出现可能性的向上微调，一切基于实际发展情况……”

即使是这种中性措施，也足以困扰普雷斯顿·马丁，他第一个以美联储委员的身份提出异议。“任何一次货币紧缩以及任何一次利率上调，”马丁警告道，“都会对经济扩张的持续性造成威胁。必需的商业投资将会变得更加昂贵，国际债务偿还将会变得更加繁重，对利息高度敏感的房地产也会变得更容易受伤。”[32]

大多数人的担心却与此恰恰相反。里根在政界复起还不到一年，经济繁荣正超出预想。美联储委员认为他们正逼近一个严峻时刻，那就是他们将不得不作出决定：到底什么程度的经济繁荣才是过度的经济繁荣？

第 17 章　“美国的又一个早晨”

1984年2月初，保罗·沃尔克出现在参议院银行委员会面前，参议员威廉·普罗克斯迈尔友好地向他提起美联储的政治史。

“沃尔克主席，”这位参议员说道，“有些人认为，美联储自古就有在总统竞选年份对现任白宫领导人提供帮助的例子，这种帮助就是放松货币，这是一个最明显的期望。1979 年 10 月，你这位新任美联储主席曾颁布一套缓慢降低货币供给增长速度的政策，但我不认为你保罗·沃尔克曾对吉米·卡特的 1980 年连任竞选帮过大忙……”

“你能否理解内阁政府？”普罗克斯迈尔问道，“无论是直言不讳还是心照不宣，你能否理解你要在 1984 年推出一套适应性的货币政策？”

“不能，先生。”这位主席回答道。

“那么你是否同意向这个委员会和众议院银行委员会提交内阁政府曾经向美联储施压推行放松货币政策的证据？”

沃尔克犹豫。这位主席解释说，他的确经常与内阁官员保持适当对话，但他并没有说这些对话就是政治压力。

“好的，沃尔克主席，显然你不是昨天才来美联储当主席的，”这位参议员说道，“我想你应该能分辨自己所遇到的政治压力。”

“那当然，”沃尔克说道，“这是为何我要加以区分的原因……”

资深民主党人普罗克斯迈尔只是在向这位美联储主席发出邀请，如果共和党执掌的白宫开始撒野动粗，他希望沃尔克能够帮助民主党。大多数民主党人都想让沃尔克对罗纳德·里根的政治前途多做些手脚，至少要比曾经对吉米·卡特的程度大一些。

“我知道你现在没有考虑政治关系，你也不该考虑，”普罗克斯迈尔在另一次听证会上对沃尔克说道，“但事实是现在正值竞选年份，我希望你能像当初对待卡特一样对罗纳德·里根的政治后果采取小心翼翼的忽视和漠视态度。在文斯·伦巴第（Vince Lombardi）执掌绿湾打包工橄榄球队（the Green Bay Packers）时，一位记者曾经问其中的一位球员伦巴第是否曾不公平地对待球员，这位球员告诉记者：‘听着，伦巴第教练一向一视同仁，他对我们就像对待狗一样。’”[1]

普罗克斯迈尔的橄榄球比喻极具启示作用。这位美联储主席也要变成橄榄球教练，由选举产生的政治家仅仅是球队的队员。事实上，美联储与政府间的关系有时与此十分相似。美联储主席不能强迫自己的议员，但保罗·沃尔克会定期指导国会和总统，告诉他们自己对调整经济政策的看法。可当政治家试图对美联储做同样的事时，他们就会受到媒体指责说他们是在侵犯美联储的特权。队员是不能批评教练的，尤其是这个教练。

“现在美联储的政治筹码相当高，”波士顿联邦储备银行的弗兰克·莫里斯说道，“整个国家正在享受巨大的复兴，我们正将通货膨胀抛于脑后，经济重新开始启动。我不认为此时是打击美联储的最佳政治时机。”

大多数民主党人对此似乎表示认同，除了少数几个热情的批评家。民主党人对美联储的遏制政策一直保持缄默，即遏制经济复苏和充分就业。或许在他们的内心深处，有些人希望美联储获得成功。毕竟一个更加紧缩的货币政策会伤害共和党人在1984年的连任竞选，就像1980年时对民主党人造成的伤害一样。

另一方面，许多共和党人认为沃尔克已经从根本上控制住1984年的政局，即通过一向强硬的手段达到自己的目的。他们认为，通过将利率维持在较高水平，美联储意欲迫使总统和国会施行规模庞大的赤字削减，而这需要在竞选年份同时展开削减开支和增加税收，但这两点无一会对现任总统产生帮助。宾夕法尼亚参议员约翰·海因茨（John Heinz）曾这样质疑沃尔克。

“你久在华盛顿，应该知道开支会让国会面临艰难选择，税收会让总统遭遇最大的困境，这正是让上述两个队员发生冲突和矛盾的关键原因，”海因茨对沃尔克说道，“而推行限制手段和制定非通胀货币政策，这些却只需你一个人就可以，但你却给他们制造了危机。”

“我们的任务并不是人为制造危机，”沃尔克抗议道，“我们并不想如此，也不想通过紧缩货币政策去试图平衡和牵制国会或内阁。”[2]

然而沃尔克却反复强调和抱怨政府赤字已经成功地让正常的政治讨论跑题，将谴责的焦点从货币政策转向财政政策。“你们就像在玩俄罗斯轮盘，”沃尔克警告这些参议员，“你们是在模糊地允许这场游戏可以以又一次的经济衰退作为结束。如果股票市场听到这样的话，股票指数会直降 24 个点。”

“美联储一直在完成一项出色的工作，即重新定义，”E.F. 赫顿这样对客户说道，“从本质上讲，货币政策已经被撤出国会讨论……尤其引人注目的是，一直被视为可以威胁到长期经济活力扩张的高利率此时与赤字挂上了钩，而不是与吝啬的美联储。”[3]

一支由信仰供应经济学的共和党人组成的“游击队伍”试图通过对美联储发起正面攻击的方式实现对这种焦点的转移。国会议员杰克・坎普和其他志趣相投的保守派改革家控告沃尔克意欲再次强压信贷，由于美国的经济复苏刚刚展开，因此美联储的货币政策将很有可能再次引发一次经济衰退。[4]

大多数时候，沃尔克并没有在乎坎普等人的经常性抱怨，但私下里这位主席担心这可能会引发更大的政治问题。当政治攻击迎面而来时，美联储一向毫无防卫能力。保守党一向是中央银行和“坚挺货币”的最大支持者，许多传统的共和党保守派一直与诸如坎普这样极富攻击性的年轻供应经济学者保持一定距离，但如果纽约的国会议员聚集了足够多的共和党人支持对美联储实施改革，那么他们极有可能会与自由主义民主党人联手，甚至可能真的会做出某些举动。

此外，沃尔克认为，杰克・坎普是白宫政治管理者的先头侦察兵，国会议员可以直接对美联储指手画脚，但白宫并不希望做得如此直白。这位主席担心的是建立起针对美联储的联合力量，以防经济发生任何不妥或对总统竞选不利。

事实上，白宫的确认同坎普对经济复苏和对美联储的焦虑和担心，却不能确定下一步该怎样做。1 月初，也就是国会向美联储发起攻击的几周前，财政部长唐纳德・里根签发了一份不同寻常的总统备忘录，其中总结了内阁经济事务委员会表达的不安情绪：“内阁委员会的所有成员认为，一段长时间的货币供给零增长会威胁到 1984 年的总统竞选，因为这很有可能会引发一次经济衰退，这是人们极其不愿看到的。然而，美联储政策意图的模棱两可和政策指向的精确无误会在货币政策真正实践的过程中制造某种不安。”里根随即许诺，他会随着局势的越来越明朗化而坚守总统岗位。[5]

与此同时，众议员坎普继续开展一项民主党人早已放弃的运动，即推行立法运动对美联储实施改革，以削弱后者的政治独立性。“我们不需要无助地坐等，等待美联储在 4 年之内发动第三次经济衰退，”坎普抱怨道，“国会从本质上拥有制造货币和调整货币价值的特权。美国人民可以通过立法改革，在国会的指导下让货币政策走入既定轨道，使之符合内阁的增长性财政政策。”[6]

许多年轻的共和党人表示拥护坎普的方法和想法，他们联合起来共同发动意欲改变美联储的改革方案。此外，坎普议案还提议，美国财政部长应该是联邦公开市场委员会的一员，从而恢复 1913 年最初的管理手段，给予美国总统参与中央银行政策制定的权力，并拥有对其决策的影响权。这部共和党改革立法尽管从未真正实现，但却总会时不时地跑出来耀武扬威，就像是整个竞选季节威胁要刺穿美联储的利剑。

此时的民主党选择站在捍卫美联储的一边。当白宫官员在新闻媒体上对沃尔克冷嘲热讽时，民主党领袖对其加以严厉还击。参议院民主党 1984 年竞选委员会主席、得克萨斯议员劳埃德·本特森警告道：“我不禁要说，内阁是在试图将美联储主席塑造成从此刻至竞选之日（11 月第一个星期二）为止制造经济复苏减速的替罪羊。”美联储没什么错，这位参议员宣称，它理应被留下，所有的经济发展问题都应归罪于总统和 1981 年里根减税政策之后引发的庞大财政赤字（顺便提一下，当初本斯特和多数民主党参议员曾对减税政策投出赞成票）。[7]

对于 1984 年竞选来说，两大主要政党的历史地位已经发生颠倒。民主党因其自身的过去而深感受困于绝境，仍然深陷在吉米·卡特时代通货膨胀的焦虑之中，仍然被人们看作是鲁莽的“挥金如土者”。民主党领导人决定，他们必须要让公众确信自己“崭新”的责任感，这样他们才能在财政政策上取得优势，并且要启动党内的旧式自由主义议程：充分就业、低利率、快速经济增长、对经济繁荣的进取性联邦政府管理这些都会让选民回忆起当初这个政党的老样子。[8]

同时，总统的共和党也已经抛弃旧式共和党人教条，也就是此时民主党人正试图模仿的正统保守主义理论。共和党人的确在言论上表示会坚守联邦预算和财政秩序维持平衡的理论，可在实践过程中，这个保守主义政党遵循的却是截然相反的教条，即由不断增长的财政开支和债务来刺激经济增长，甚至会采取和平时期最具刺激性的财政政策。共和党的怨声载道（即赤字开支最终会引起极具破坏性的通货膨胀）正从共和党的赤字政策中消失得无影无踪。

两大政党传统哲学观的角色逆转要比他们在竞选年份摆出的姿态更令人印象深刻。除了十分明显的虚伪和伪善以外，其至少表明两党都在试图摆脱传统束缚，不管怎样，这都是在寻找和搜索新的信仰和理念。在经济管理问题上，共和党人现在抱持的是什么态度？民主党人呢？他们的理论核心已经不再能被轻易加以总结。

至少，这些新界限一直在被美国政界的核心讨论加以定义：政府经济管理的手段包括税收、开支和财政赤字。如果保守主义者可以平静地接受2000亿美元赤字，那么未来的谨慎管理原则是不是就可以将赤字定为3000亿美元或4000亿美元？当然，两党都不会立即寻求旧式共和党的预算平衡目标。1984年呈现的互相扭曲的政治平面图存在这样一种自相矛盾性：对经济进行政治管理的旧式“自由主义”被谴责为鲁莽且足以引发通货膨胀，从20年来民主党一直未能实现诺言的事实来推测，其似乎只有在共和党的推行之下才会变得更好。

事实上，共和党此时正高举民主党曾经奉行的国家政治纲领，即一个崇尚经济增长和繁荣的政党目标。通过竞选，共和党总统将是充满自信、乐观和无限机遇的先驱，尽管其作为民主党的对立面会变成被唾骂的角色。民主党高唱的主旋律是召唤“公平”，而其默认的却是旧时自由主义标准。这种主题的转换并不完全是最近发生的事。民主党多年来在经济视角上一直在向右倾，最好的佐证就是1980年的金融自由化法案。到了1984年，民主党人不再攻击高利率，而是转向捍卫美联储。党派之争的僵局再次转变为美联储的优势。

那年的秋季选民提出这样一个合理性质疑，那就是如果美国经济继续繁荣，庞大的财政赤字会造成多坏的结果？可民主党人从未就此给出一个令人信服的答案。因为要想解释这个问题，他们就必须解释美联储“老鹰捉小鸡”的游戏和高利率产生的影响。相反，他们的总统候选人、前副总统沃尔特·蒙代尔却勇敢地提出一个会制造疼痛的补救办法，即大幅度增税和大规模削减预算，以恢复华盛顿的财政秩序。就他的观点来说，里根总统大胆提出的确实是一个遍布全美国的“美妙时代”的永恒远景。

美联储副主席普雷斯顿·马丁是里根在美联储唯一任命的委员，可他的行为却一点儿也不像一位中央银行家。他是一个喜欢社交的西部商人，亲切真诚且个性率直，言语中喜欢夹带着“该死、见鬼、上帝”这样的字眼。马丁曾开玩笑地说，中央银行家“在别人眼里的样子和举止就像是从一个葬礼赶往另一个葬礼”。[9] 而普雷斯顿·马丁的样子看上去则像是要去参加一个家庭婚礼。

鉴于他的个人风格，普雷斯顿·马丁的美联储同事很容易低估他的能力，虽然这位副主席拥有丰富的金融实战经验。他曾是一位房屋开发商，同时也是一位金融家，曾执掌联邦住宅贷款银行委员会，负责监管储蓄和贷款业务。马丁曾在洛杉矶成功地经营了一家属于自己的抵押贷款保险公司，后来被卖给了西尔斯－罗巴克。作为西尔斯色拉克企业的总裁，马丁帮助西尔斯成功收购了迪恩·维特·雷诺兹经纪公司，使之一举成为金融服务领域内的一个主要玩家。

尽管如此敏锐警觉，可他依然不会用美联储体系的语言说话。“我变得令人厌烦，”马丁坦言，“我提醒他们要留意储蓄所、小型企业和房地产商。我能看见自己发言时会议桌旁的人会捂紧耳朵，但无论如何我都要说点什么。”

还不仅仅是个人风格的问题，马丁看待事情的方式也与众不同。1984 年最初的几个月里，他的经济学视角与沃尔克及其他高层委员的经济学分析相比，显得十分古怪。后者看到的是美国经济在急速向前，可马丁看到的却是经济在缓慢下降。后者认为美联储应该动用高利率向美国经济施加压力，而马丁却认为，经济复苏会很快就需要有人再推一把，美联储应该考虑降低利率而非提高。

联邦公开市场委员会的一位官员说道：

“马丁的影响力不大，他总是不得不说点什么，其观点一向被看作是内阁立场的反应。或许他能就储蓄所和房地产业提供点即时信息，但这些理论并不高深。他的想法总是停留在使用陈词滥调的水平上，他也似乎并不理解一次好的分析和讨论足以改变人的想法。”

“他总是自说自话，”查尔斯·帕蒂说道，“在我看来他似乎并不打算让一群人跟随和同意他的想法。他不会对自己的发言做结构上的处理，因此你无法就他所说的投出赞成票。他总是那么孤立。”

当初赞成保罗·沃尔克连任美联储主席的举动也并未让普雷斯顿·马丁在美联储的会议桌上的影响力大增。当这位副主席声称要放松货币时，其他委员推断他只是在拿沃尔克做筹码，讨好和巴结里根内阁。“很难理解他的所作所为以及他为何要这样做，”沃尔克的一位助手这样说道，“我可以看到他一贯支持放松货币，但向主席提出异议对他也没什么好处。为何总是要和‘大怪兽’作对呢？”

深受同事冷落和孤立的普雷斯顿·马丁仍然坚称要考虑放松货币政策。的确，美国经济在 1984 年第一季度出现加速增长，且急速扩张的速度会令所有人瞠目。实际 GNP 增长率明显上升至 6% 到 7%，或许还会上升得更快。但马丁的经济学视角令自己坚信销售和生产实际上将会在未来几周内发生缓慢下降。届时，提高利率将会对美国经济造成损害。

真相到来的时刻是在 3 月 26 日联邦公开市场委员会的大会上。从表面来看，其听上去像是经济学家之间针对彼此冲突的经济预测而展开的又一次阴郁讨论。可这一次讨论的重点其实更具决定性。直接来讲，美联储委员讨论的焦点是美国人到底应该享受什么程度的经济繁荣？尽管总统竞选会就此做出慷慨承诺，但中央银行还是要自己解决这个问题。此时是威廉·麦克切斯尼·马丁所说的该撤掉大酒杯的时候吗？因为宴会已经要开始了吗？是的。从更深层次来说，美联储委员正在暗地里决定一个有关政治力量的问题。美联储是否要在经济繁荣刚刚显露的时候浇灭所有明显的公众热情？是的。可这会不会引起不安呢？答案是：会。

普雷斯顿·马丁试图让所有人明白，应尽可能地维持美国经济的强劲扩张。他自身的实战经验告诉他，这种繁荣会自行慢慢消退，而且到时也绝无任何价格通胀卷土重来的迹象。那么美联储为何非要插手并把事情搞糟呢？

“我依靠的是联邦储备银行各位主管递交的商业数据，相信这一点我要比某些同事更为了解。”马丁解释道，“这些主管都来自商界，他们不会向后看，只会向前看。他们的证券交易所依靠的是他们的零售目标是否会实现，前方的指示灯显示，这次巨大的经济喷涌会逐渐归于平静，并回归正常的经济复苏。库存积压品已经被摆回货架，劳动力工资正逐渐不具备威胁力——这是劳动力大规模妥协后退的一年。经济繁荣正在渐缓，一切实际上都在掌控之中。因此我的结论是：通货膨胀没有若隐若现，我们也不必紧缩货币。”

在美联储委员内部，马丁的辩解注定无效。对他的观点提出强烈反对的正是美联储第二位极具影响力人物——莱尔·格拉姆利。“美国经济增长得过快，”格拉姆利向委员抱怨道，“是我们让这样的局面发生。”目前的增长速度会毁坏整条发展道路，美联储必须忽略政治攻击的风险，在此时施加约束力。格拉姆利的言论并非针对普雷斯顿·马丁，而是保罗·沃尔克。

“莱尔·格拉姆利此时是在表达美联储的良心，”奥布里·G.兰斯顿公司的美联储观察员大卫·琼斯解释道，“沃尔克认为此时应推行紧缩货币政策。格拉姆利也表示认同，他非常客观，而且通常是对的。”[10]

格拉姆利本人这样解释他为何会如此严峻地看问题的原因：“如果人们说我是一只鹰，那么这其中一定存在一个理由，那就是我能敏锐地察觉到这一切成果终将失去的事实。如果不持续遏制通货膨胀，那么这将是我们为自己的疏忽所付出的全部代价。”格拉姆利是一位“美联储战士”。他一直记得 20 世纪 70 年代美联储曾经遭受的最严厉指责。

对于和格拉姆利有相同想法的委员来说，这个选择已无法再逃避。联邦公开市场委员会已在 1 月大会上倾向于改变信贷状况，而自那以后的各种经济信息告诉他们美联储完全低估了经济扩张的力量。事实上这些经济信息本身可谓“十分壮观”。

2 月房屋建筑开发业开始一跃而起，年房屋建筑量增至 220 万间。这是自 1928 年以来最大的一次建筑业繁荣。2 月初汽车产量较前一年增长 33%。根据商业部商业调查显示，1984 年新厂房和新设备开支强劲增长 9.4%，随后又变成 13.6%。失业率在稳步下降，从前一年夏季的 10% 下降至 1984 年 3 月的 7.8%。

在公开场合，保罗·沃尔克表示自己对“过于强劲”的经济增长十分担忧，并担心生产和劳动力“瓶颈”可能会引发价格上涨。“我认为我们想看到的不是以最大速度实现 2 个季度到 3 个季度的经济扩张，”沃尔克说道，“而是这个扩张是否能维持 2 个季度到 3 个季度。”[11]

债券市场也因美国经济的轻快增长所引发的一系列令人震惊的“好消息”而陷入萎靡。从 2 月初开始长期信贷利率发生攀升，美联储曾为缓解市场压力容许短期利率也随之提高。或许决策者认为，这是长期预测中“完全饱和”状态的开始，是信贷市场内部发生在联邦政府借贷和来自商业及消费者信贷需求之间的冲突和碰撞。

价格稳定已“实现”超过 1 年半的时间，但债券投资人仍充满疑虑。美联储将会对其亦步亦趋还是会坚守立场？长期投资人仍然表示担心价格通胀会重新逼近。截止到 3 月末，20 年期国库券利率已上升 80 个基本点，达到 12% 以上。

华尔街上的愤世嫉俗者认为，这将是美联储可能会举手投降的关键点，即在竞选年份的常规政治压力到来以前选择撤退，向更快的经济增长屈服。但其他人却认为，美联储会信守承诺。大卫·琼斯预测：“美联储的强硬将会超出任何人的想象。”E.F. 赫顿也向客户保证：美联储将充当这次经济扩张的刹车人。”[12]

美联储主席已经从总统那里得到相反的指示。2 月 15 日沃尔克被叫到总统办公室，参加另一次旨在引起他高度重视的会议。与先前和罗纳德·里根的会面一样，这一次的重点仍然是有关货币、经济增长和通货膨胀问题。从某一点来说，在总统示意由唐纳德·里根和詹姆斯·贝克说出自己的意图之后，沃尔克会直接阐述他对美国经济的大致看法，那就是整个局势已经被完全扭曲。这是那两位白宫官员完全看不到的。

白宫果然在之后就向公众明示自己的意图，方法是召开开诚布公的新闻发布会。他们告诉记者，总统已经要求沃尔克保证其货币政策不会影响1984年健康的美国经济增长。“我所要求的……只是这样一种货币政策，即我们的经济增长可以持续，但前提是不会让通货膨胀卷土重来。”这位总统这样对记者说道。

一些不具名的白宫官员的表达则更有些尖锐：美联储绝对不能紧缩货币。实际上沃尔克被告知，“我们不关心你是否会在货币的最高目标上犯错，但我们关心你是否会在最低目标上犯错。”一位高层官员如是对《华尔街日报》说道。专栏作家埃温斯和诺瓦克以最为夸张的口气描述白宫的警告：“里根没有派出军队沿宪法大道开向美联储，但他似乎下定决心要阻止这家中央银行引发另一次经济衰退，以平息债权人阶层的通胀梦魇。”

新闻发布会一周后，总统进一步前后一致地阐述自己的目标：“我认为美联储目前正沿着一个货币供给增加与无通胀稳定经济复苏保持一致的道路上前进。如果做得过火，他们会引发更为严重的通货膨胀，但我不认为他们会有意这么做。如果相反他们过于拉紧绳子并干预经济复苏，那么我不认为他们会打算这么做。”

即使是这种适度施压于美联储的努力也会遭到新闻媒体的强烈谴责。“白宫又在跟踪美联储，”《华盛顿邮报》的一位编辑抱怨道，“这又是一个最终会暴露且不明智的花招。”[13]

因而3月末的联邦公开市场委员会会议又是一次极其艰难的抉择时刻。因为美联储不得不在自己的观众之间做出选择。美联储应该对哪一个权力核心做出反应，是白宫还是债券市场？联邦公开市场委员会的决定势必会让其中一方感到失望，甚至是极度愤怒。沃尔克的老朋友兼导师、布朗兄弟－哈里曼投资银行的罗伯特·V.鲁萨这样描述这种两难境地：“他们真的是掉进一个陷阱，在这种境遇下他们什么都做不了。”[14]

在联邦公开市场委员会内部，沃尔克同样是骑虎难下。莱尔·格拉姆利提出的紧缩政策比沃尔克预想的还要厉害，因为“真实世界”中存在各种冲突性考虑。另一方面，美联储内部的唯一一位商人普雷斯顿·马丁却在警告此时紧缩信贷会过早地扼杀经济复苏。如果马丁是对的，那么马丁的警告听上去很像是委员希望从共和党那里听到的预言。

通常来讲，这样的讨论不应该建立在广义的国家目标或社会平等上，而是有关货币分析的神秘语言。委员所讨论的焦点是一种不容易被人理解的衡量标准，即所谓“生产力利用能力”，其统计学意义在于表达此时美国生产力的活跃程度以及生产力维持闲置的程度。格拉姆利、沃利克和帕蒂认为，生产力利用能力尽管还十分低，但却正极其迅速地发生增长。他们承认失业率仍然很高，物价也保持平平，但如果美联储此时不迅速加以遏制，那么很快就会为时已晚。美国经济会飞速充分实现生产力，随着对稀缺劳动力和稀缺商品的疯狂叫价，新一轮的通货膨胀会由此被引爆。

“生产力利用能力是一种无用标准。”普雷斯顿·马丁反击道。所有人都知道，这个衡量标准是建立在臭名昭著且极不可靠的数据之上。更重要的是，正如马丁所说，国内制造业的生产力水平与全球经济毫无关系，因为美国企业和劳动力不得不在价格上与世界竞争。他辩解道，想象美国企业和劳工联合会在遭遇海外竞争者打压的同时还可能会在某种程度上哄抬工资和物价，这是毫无意义的。感谢升值的美元，美国物价在廉价进口的影响下一直维持在低水平，整个世界都已经弃用发生极度过剩的生产力能力。然而马丁的分析依然没能说服所有人。[15]

“我们这两拨人就未来经济走向的问题存在观点上的极大分歧，”马丁说道，“这是一种根本上的不同。”如果美联储紧缩货币，马丁警告道，年轻的经济复苏就会过早被压制、被剥夺向前冲的动力。而“美联储战士”担心的则是完全相反的事，即经济发展势头过猛。

“我能够理解沃利克和格拉姆利的强烈感受，”马丁说道，“他们从 70 年代就一直在这座办公大楼里工作，他们曾目睹通货膨胀蚕食货币价值，他们不想看到这样的事再次发生。”事实上，20 世纪 70 年代的记忆是在格拉姆利及其他人的讨论中被唤醒的，美联储必须在此时表明立场，否则随后就会遭到和当年一样的奚落和嘲笑。对于普雷斯顿·马丁来说，他们说起话来就像是在与过去的战争重新交战的将军，而非现在。“我没有看到任何经济过热的迹象，”马丁宣称，“我只是看到一群头脑过热的经济学家。”[16]

美联储主席认同的是格拉姆利和沃利克及其他人的观点，即美联储必须刹车，但沃尔克并不想如他们说的那样刹车过猛。沃尔克的确选择顾及债券市场的需要，而非政界，但一般来说，他想要追求的是一种介于两种极端之间的折中。他的紧缩政策很可能会令白宫的共和党人失望，但他不想让这种失望的程度达到和格拉姆利及沃利克期望看到的一样大。这位主席提出的办法是意欲达到更加自然的调整，即弗兰克·莫里斯提出的“中间道路调整”。联邦公开市场委员会下达紧缩信贷的指令，即逐步上调短期信贷利率，但不会超过100个到150个基本点。

1982年11月以来，美联储一直将联邦资金利率维持得相当稳定，规定目标是在6%到10%之间，银行间的隔夜平均拆贷利率稍微超过9.5%。现在，沃尔克建议目标联邦资金利率可上升至11.5%，这就可以在信贷压力需要时，有足够余地允许短期信贷利率上涨不会超过150个基本点。另外，联邦公开市场委员会以恢复M-1作为运作目标，因为货币流动速度已经回归正常的走向曲线，主席认为如果M-1增长超过6.5%，那么这个方法可以直接行使“更大的约束力”。

这对于莱尔·格拉姆利来说还远远不够。他认为美联储此时应该施加更强的约束力，否则随后就会面临一个更糟的选择，因为届时已临近总统竞选。亨利·沃利克对此表示认同，因此二人同时提出异议。这是格拉姆利进入美联储4年来第一次投出反对票。“这不是异议，”他说道，“而是一个真正根本意义上的反对，我感觉政策正走向完全错误的方向。”

普雷斯顿·马丁也表示反对，但理由却截然相反。

“每次我提出异议，人们总是会说我这样做是因为我是共和党任命委员，并且只会担心影响竞选，”他说道，“这段时间我十分小心，尽量不和加利福尼亚的朋友联系，无论是电话联络还是真正碰面，包括白宫和财政部，因为我知道人们会以为这是一种政治联系。但这正是他们对我的评价，可以理解，可能我有时也会做出同样的事情，这与‘地盘’有关系。”

美联储的紧缩政策几乎立即就在金融市场引起可见性影响。会议之后一周，联邦资金利率上升50个基本点，关键利率也飘忽不定地上下摇摆。这对美联储观察员来说是一个信号，即公开市场办公室此时已经重新接受将M-1和其他货币流通量影响的货币供给作为目标。这就意味着利率将会被允许更加自由地上下波动，要么上升，要么下降，一切取决于货币市场的需求压力。

然而其引发的后果却不容小觑。这个举动更像是对利息敏感性经济领域实施扼杀，而且正值其开足马力向前冲之时。一个月后，抵押贷款利率从13%左右开始大幅度上扬。截至6月，利率上涨至15%，房屋开发业的繁荣也开始从

2 月高峰期急速回落，汽车贷款利率也发生上涨，汽车销售量因而下滑。此时的经济扩张遭遇了更加紧缩的信贷和不断上涨的借贷货币价格。即使失业率仍然接近 8%，但美联储依然正在刹车。

债券市场则一片欢天喜地。“经济减速对于债券市场来说是个好消息，这个市场已在苦苦挣扎中度过好几个星期，”美国运通财务公司（Shearson American Express）这样对投资客户说道，“……尽管美联储内部就紧缩货币政策存在各种讨论，但这些货币权威一直在不紧不慢地采取坚定行动……”[17]

但美联储决定扮演刹车人角色的行动却被证明远非是一次“中间道路调整”，其明显标志着罗纳德·里根繁荣的终结，对未来经济发展潜力设定一个范围，对正在显露的美国繁荣定义一个限制条件。18 个月前就已经开始出现的生机勃勃的经济复苏将会很快失去自己的力量，正如普雷斯顿·马丁的警告，这种力量将再也不会重现。

这样一个由政府做出的重大决定，一个终止正在蓬勃向上的经济发展的决定，很可能会引起巨大争议，特别是当这个决定出自一群非选举产生的专业人士时，他们公然反抗总统议员，并且此时正值总统大选期间，然而公众并没有发出抗议。这个“刹车人”被允许自由使用刹车装置。在华盛顿的所有机构中，对美联储表现最为顺从的就是各大新闻媒体。他们没有就美联储对美国经济做出的非凡举动做过多报道，包括在当时乃至后来美联储紧缩政策影响完全显现时。

不到两个月的时间，失业率就达到最低点，即维持在 7.1%，之后又继续出现下滑。曾经深深困扰美联储委员的制造业生产力利用能力之后出现一个短暂高峰，但仍低于潜在水平，最后又开始出现下滑。美元在国际市场上的价值由于美国利率的上涨而继续上扬，这对于美国经济中所有贸易敏感领域来说都是在进一步加深竞争危害，无论是农业、汽车工业还是生产工具制造。仅仅在几个月的时间里，美联储就发现自己正深陷另一个截然相反的麻烦之中，即试图重新刺激美国经济以防止经济衰退的发生。

一直被贬称说话总用陈词滥调和思维松懈的商人普雷斯顿·马丁对美国经济未来的预测原来一直都是对的。经济下降的速度远超所有人的预测。正如马丁的警告，美联储上调利率的决定会彻底刹住本来就在缓慢运作的机器。

执掌中央银行的经济专家不仅容易犯错，即莱尔·格拉姆利曾经承认的“经常犯错”，而且还似乎并不具备审慎地对待反对意见的能力。在美联储内部，马丁的观点被当作是具有政治企图且不具科学性而遭到排斥，就像对待当初漫长经济衰退期间南希·蒂特斯的异议一样，因为她一向被其他委员看作是“牛颈肉一样的自由主义者”。然而马丁对美国经济未来的分析被证明要远比诸如保罗·沃尔克、莱尔·格拉姆利、亨利·沃利克及其他德高望重的经济专家更加准确。

“我是唯一就此问题提出异议的人，”马丁回忆道，“我是对的，上帝，我们只是不能忍受18个月的经济扩张，但这样的扩张已经十分缓慢。”

如果有什么变化的话，那就是普雷斯顿·马丁在美联储的同僚中间变得更加不受欢迎。他们不承认马丁在3月的观点是正确的。很快，马丁又针对美国经济发展做出一个甚至更加不吉利的预测。

“那就是我要开始讨论的一次‘渐入式经济衰退’，”马丁说道，“我的同事不喜欢这样的字眼。因为其背后没有更多的研究做支持，更像是一种新闻报道用词。但这正是我们即将要面对的事实：渐渐进入一次经济衰退。失业率会开始重新攀升，实际经济不会有太大增长。我们不会真正进入经济衰退，但经济增长率只能维持在2%或以下。”

随着经济复苏的消失，普雷斯顿·马丁继续向保罗·沃尔克的货币管理手段提出质疑，且通常都是孤军奋战。每一次他都会被媒体说成是极具政治野心——这也是在美联储走廊上对他最多的议论，并指责他是白宫的工具。但如果有人搜索里根复兴时代美联储的政策记录，就会发现普雷斯顿·马丁的异议尽管冷酷无情，但足以充当指导美国经济复苏的可靠风向标，他的担心总是会变成现实，当然，他一向比美联储的其他专家更能接近美国经济引导者这一身份。

这位副主席在面对自己的孤立位置及偶尔遭到诋毁时表现得十分幽默。如果他怨恨美联储同僚忽视自己观点的事实，那么他就是在将这种怨恨转给自己。他并不打算改变自己分析问题的方式，也不会接受其他人的视角。在一次次会议中，这位副主席会一直发表同一主题的讲话，尽管他知道其他人根本就不在乎。

中央银行有自己不成文的规定，而言辞有些犀利的普雷斯顿·马丁只能遵守。“你不能回头和同事们说：‘我告诉过你们了，我在3月就已经告诉过你们了。’”马丁解释道，“噢！不，你永远、永远都别这么做。”

委员查尔斯·帕蒂的话听起来很像是在辩解，却并没有为美联储的这个决定抱有任何歉意。“你当然可以马后炮。现在知道经济增长速度其实更慢，然后会说：‘当然，我们本可以让它的增长维持得更久，’”帕蒂坦承，“但作为一种经济管理原则，我认为减缓增长是对的。”

而保罗·沃尔克甚至就连这样的坦承也不愿有。

在他们自己的狭隘视角内，沃尔克和帕蒂或许是对的。如果能够接受美联储父亲般的管理角色，那么这并不算是一个错误。这只是他生活中的一个角色，即去决定什么对别人是好的，即使他知道别人可能会反对。因此对于美联储来说，在美国人正享受光彩夺目的经济繁荣时刹住经济的急速增长似乎并没有错。这正是美联储维持秩序的职责所在，它也的确做到了这一点。

诚然，美联储委员曾经因错误的经济分析而做出致命的决定，但这也不仅仅是他们的错。政府的每个机关都会在某些时候犯错，就像是每个人都会犯错一样。但问题的核心在于这个机构本身独断专行的思维模式，这种特殊存在的视角几乎总是会将美联储带入同一个方向，导致他们做出同一类选择。

毕竟，这些决策者是在试图规避一种对自身机构至关重要的经济风险，即货币风险，并且试图逃避其他类型的经济损失——失去工作、失去收入、失去生产力、失去机遇、失去社会平等。尽管他们担心的通货膨胀被证明根本没有发生，尽管实际经济结果遭受重大损失，但这却表明美联储一向秉承的谨慎姿态。这是其保持自身与金融和银行始终一致的选择。在他们自己看来，只要是和货币站在一起，这些中央银行家就永远不会犯原则性错误。

如果说有哪个时刻可以更好地表达美联储的政治意义，那么恐怕就是这样的时刻。大胆地说，美联储的决定意味着对资本胜利和民主失败的需要。在经济学背后，货币管理通常是一种高于谁会满意、谁会失望的选择，是一个关乎谁会蒙受损失的政治问题，包括财富持有者或工薪阶层。在这个关键时刻，这家中央银行会一如既往地决定捍卫财富而任凭工人阶级蒙受损失。资本主义的金融方是要受到保护且免遭风险的，即使这种保护会被过度强化。生产经济领域内的企业要受到限制，甚至可以“受伤”。机会的抹杀和雄心的抑制都会让货币所有人感到自己的财富更加安全，美联储的意识形态价值观永远都会倾向于这个选择。

因此，经济教科书上描绘的秩序世界是完全颠倒的。经济学理论认为，金融的存在是为商业和交易大开方便之门，实际经济是资本主义的核心，金融只不过是像一层面纱一样为实际经济提供服务。然而，当货币价值被赋予至高优先权时，这个顺序就会发生颠倒。实际经济中的各种能动力以及美国人普遍存在的雄心勃勃此时都会遭到压制，因为一切都要保护货币的利益。

代议民主制的平民神话也在这些条件下显得可笑之极。这就发生在总统竞选期间，而总统的表现却软弱无力。这不是他能决定的，他无法阻止美联储做出这样的行为。国会中由选举产生的代表甚至就连商量的余地也没有。任何一个政府机构在没有强调政策本身弱势的情况下都不能直接对其加以反对，美国公众则更是难以提出抗议，因为他们甚至根本就不知道华盛顿政府中这些未经选举产生的人竟然会决定终止美国经济的繁荣。

詹姆斯·贝克相当愤怒，说起话来也相当直言不讳。这位总统的办公室主任当时正参加一个私人晚宴，身边都是他的朋友和白宫助手，这些人，包括花旗银行的沃尔特·里斯顿都对贝克向保罗·沃尔克表现出来的愤怒大为震惊。

"我们有过一个交易，"根据当时一位在场人士的描述，贝克这样说道，"这个交易就是如果我们削减预算，美联储就会放松货币。这就是我们这一方的讨价还价。我们做到了自己该做的事，可现在美联储却在耍我们，因为它正在紧缩货币。"

白宫其实并没有真正控制住预算，但贝克已经竭尽全力并已取得一定成果。经过大量的协商和讨论，贝克已说服犹豫不决的总统批准三年内削减1500亿美元预算，包括罗纳德·里根最为反对的总共480亿美元的增税，里根还称其是对赤字的"屈服性协议"。虽然内阁的赤字削减议案要经过漫长的"旅途"才能最终得到国会批准（并且极有可能会因竞选年份的政治压力而被中途放弃），但贝克仍然觉得是被保罗·沃尔克骗了。

詹姆斯·贝克曾掌管里根内阁的大多数重要事务，包括监督美联储的货币政策。尽管白宫内一直存在"彼此冲突的经济学理论和观点"，但只有贝克才能决定白宫的对外言论和行为。此外，他还是未挂名的竞选管理人，主管总统连任竞选的一切事务，而美联储则一直都是令他最为头疼的机构。

"贝克是一个事事操心的全职政治管理者，"大卫·斯托克曼说道，"他认为他有责任不让任何人在竞选年份破坏美国经济，可现在所有人都在告诉他经济数据并不乐观。他不想让任何人破坏经济环境，就是这样。"

4月6日，美联储将贴现利率提高到9%，这是自1982年12月以来的第一次调整。这次贴现利率提升是紧随联邦公开市场委员会批准的货币紧缩政策。白宫对美联储的行为已有一丝察觉，但他们不能仅凭模糊的怀疑就轻举妄动。5

月 8 日，星期二，一次真实行动让所有意图显露无遗：商业银行在 6 周内第二次提升基本利率。白宫开始严厉斥责美联储。

“我们对基本利率升至 12.5% 感到失望，”白宫新闻发言人拉里·斯皮克斯（Larry Speakes）宣称，“尽管美国经济开始以健康速度稳步增长，通胀也始终维持在低水平，但目前的货币供给与实际经济增长并不相符。”

贝克与副手理查德·达尔曼对美联储施以严厉谴责，他们以不具名的“高层官员”为掩护在不同新闻报道中大力抨击美联储，其他内阁官员也逐渐加入这次“大合唱”之中。

对于财政部长唐纳德·里根来说，这需要一个突然的向后转。星期日他还曾在一次电视脱口秀节目中出现并宣称美联储做得不错，可星期三里根就开始攻击美联储。“你是在用你的生活搅乱我们。”这位财政部长这样对记者说道。商务部长马尔科姆·鲍德里奇（Malcolm Baldrige）也随声附和：“我希望美联储能够看得更远。”

到了星期五，唐纳德·里根警告美联储如果不立即改变目前的货币政策，将很有可能引发另一次经济衰退。“这不是一场针对美联储的战役，”里根说道，“而是一场针对高利率的战役。”

由贝克和达尔曼共同发起的“痛击美联储”行动旨在尽可能地利用一场公开战役威吓沃尔克，因为他们知道私下劝说显然已没有作用。至少，这些白宫官员希望如果经济在竞选前下滑，这场公众谴责可以在随后成为一种公开指责性的“政治预测”。“就谴责本身而言，其只是一个单纯的政治目的。”一位内阁官员解释道。[18]

除了政治目标，贝克和达尔曼还坚信自己的经济学观点是正确的。数月来，他们一直在仔细倾听诸如杰克·坎普和裘德·万尼斯基这样的供应经济学者的演说，他们认为沃尔克的紧缩货币策略会在竞选期间扼杀经济复苏。如今发生的一切似乎正在证实这样的警告。在里根内阁内部，彼此冲突的意识形态阵营所具备的影响力已发生转移。早在 1981 年倡导严厉货币政策且极具威慑力的货币主义学者如今已经被倾覆，而早先抱怨美联储被忽视的供应经济学者则变成权威力量，至少贝克和达尔曼十分重视他们的警告。

“我说过，让我们忘记那些货币流通总量，就让我们保证货币的充分增长以维持经济复苏的强劲运行，”一位内阁官员说道，“现在还没有出现任何有关通胀会卷土重来的迹象，因此美联储过于紧缩的政策十分具有风险性。我的意思是经济额外增长还有空间，况且通胀也丝毫不见迹象。我想我这个观点是对的，沃尔克是在阻止经济复苏走得更远。”

白宫政治顾问的经济学讨论总是似是而非，但这次对美联储政策的批评听上去却十分中肯。“如果观察所有经济因素，”理查德·达尔曼说道，“任何一个有理智的人都会做出这样的结论：即放松货币丝毫不会引起通胀风险，相反紧缩则极具危险性。我们有我们这一方的优点，这不仅是政治上的渴望，同时也是理性经济学的要求。”

然而沃尔克却将所有这些批评视为政治抱怨而搁置一边。美联储一向会在竞选季节受到攻击，政治家很可能会顺从更高层次的经济学判断，而新闻媒体的执行标准则再次谴责白宫是在干扰美联储的决定。

联邦咨询委员会的银行家在5月初与美联储会面时热烈庆祝委员最近实施的货币紧缩政策。这些银行家十分留意“这种激烈的政治环境”，并警告这种骚乱“会更加确定货币政策必须维持紧缩的信心”。[19]

无论怎样，沃尔克在白宫内有其自己的联盟，这些人很快就会转而捍卫美联储。与里根在任期间的其他插曲一样，当高层顾问为总统意图作战时，最后通常都会演变成与公众作战。经济顾问委员会马丁·费尔德斯坦曾在公开场合表示异议，美联储的紧缩政策是“不恰当的”，他说道，那是因为与白宫的“高层官员”有矛盾。

“我认为通过扩张式的货币政策来试图压低利率的做法大错特错。”费尔德斯坦对记者说道。他说当他听到美国财政部长发表与此截然相反的言论时，自己感到“非常吃惊”。

预算办公室主管大卫·斯托克曼同样也开始劝说白宫不要向美联储发起猛烈攻击。“贝克发表言论之后我们都说他是被鬼附了身。‘上帝，市场将会陷入混乱’，许多人听到他这么说都会朝他头上扔板砖，贝克一定很纳闷，‘该死的，我到底沦落到了一个什么样的境地？’”

5月4日，星期一，金融市场开张，华尔街上飞来最大的一块“板砖”。债券市场在新一期30年期国库券的发行中遇到阻力，交易员发现很难为47.5亿美元新国债找到买家。股票价格下降，而债券价格下降得尤其严重，即下滑近1.3个点。市场只是开始对利率增长作出反应，但华尔街分析专家却遣责这次的债券崩溃是由华盛顿的“痛击美联储”引起的。

白宫内彼此冲突的小团体很快商讨休战协议，他们一致同意美国总统有必要立即召开新闻发布会以稳定金融市场并平息仍然存在的争议。美联储官员“正在竭尽全力”，里根这样对记者说道，完全抵消之前对美联储的全部微词。内阁政府对美联储的公开施压就这样戛然而止，就像开始一样突然。

在美联储，某些委员并未过于受惊，反而感到十分可笑。“内阁一直表现得很古怪，”南希·蒂特斯说道，“星期日财政部长还在电视上说我们表现良好，然后星期一利率上升，星期三他就开始攻击我们。最后总统又举行新闻发布会说我们做得很好。在不到 10 天的时间里，我们被戴上白帽子，又戴上黑帽子，然后又戴上白帽子。”

在白宫内部，带头发起“痛击美联储”行动的人宣称这是一次成功的行动。“达尔曼说我们实现了自己的目的，”斯托克曼说道，“我们正在给美联储一个警告，这是一条捷径。此时美联储应该知道我们从此刻到 11 月需要的是什么。”

贝克和达尔曼都曾对助手说，他们的公开抱怨或许能阻止美联储进一步紧缩货币。沃尔克处于美联储众委员的核心，来自白宫的正面攻击会让这位美联储主席更容易抵抗来自格拉姆利及其他委员敦促实施更严厉货币政策的要求。“如果我们不这样做，货币政策可能会更加紧缩。”一位内阁官员说道。

美联储的确及时制止了一项有关更加严厉的货币和信贷政策的决定。但中央银行的决策者之所以会终止这个行为，其原因在于一个更大的事件，而非白宫的“诽谤”。就在此时，美联储遭遇另一次足以颠覆美国金融体系的巨大震动，即伊利诺伊大陆国民银行的崩塌。

这场风暴开始于 5 月 9 日，星期三，地点在东京，也就是唐纳德·里根向美联储发起进攻的同一天。商品新闻服务公司曾报道一则简短新闻，即有“传言”说日本银行可能会收购芝加哥的伊利诺伊大陆银行。然而当这个消息经日本新闻机构报道时，“传言”被翻译成“据可靠消息透露”，从而令持有大陆银行存款凭证的远东投资者陷入隐隐的恐慌之中。就在当天，先后总共有 10 亿美元亚洲货币从伊利诺伊大陆银行流走。

这样的“风潮”很快通过电子通信手段席卷全球。星期四，欧洲金融市场开张，那里撤出大陆银行的洪流在规模上与日本市场持平，而原因也是基于与日本投资人一样的恐慌。很明显，这家位于芝加哥的银行一定是哪里出现了问题。谨慎投资人只能不断撤出自己的票据，至少在他们能了解更多确实信息之前都会如此。

在华盛顿，货币监理署的托德·考诺维尔（Todd Conover）发表一份模糊且确定的声明："监理署办公室并没有看到这家银行的运作存在任何实质性变化，它的财政状况报告并无不妥之处，这应该可以作为衡量这些传言的依据。"

无论是国际金融市场还是国内金融市场，他们都没有被这种艺术措辞所吸引。世界各地的大额储户，从经纪人到货币市场基金再到其他商业银行，仍然不断地在将货币撤出大陆银行的活期账户，这场"风暴"变得更加严重。到星期五停市之前，大陆银行已经不得不在芝加哥联邦储备银行的贴现窗口借出360亿美元以填补不断失去的存款。而在华盛顿，三大银行监管机构主管，即货币监理署、联邦存款保险公司以及美联储，此时都会聚在保罗·沃尔克的办公室，共同商讨如何应对这场危机。

美国第七大商业银行就这样迅速滑入万劫不复的深渊。然而沃尔克和其他监管人都十分清楚，大陆银行的崩溃并不是始于48小时之前那则不实新闻报道。真正导致这家银行陷入危机的根源要追溯到20世纪70年代末和80年代初，当时这家银行极富攻击性的信贷策略使其被誉为信贷管理的典范。联邦监管者并未加以干涉，而是继续保持大陆银行信贷高增长的局面。1982年7月，俄克拉荷马市的宾州广场银行倒闭之后，监管者也并未采取有力行动，而这起危机无疑彰显了大陆银行信贷官员曾经的行为有多么鲁莽，这家位于芝加哥的银行已担负从宾州广场购买的10亿美元坏账，另外还有来自其他企业至少十几亿美元的债务。然而这些事实并未导致华盛顿的监管人员强迫其清除污点。当时大陆银行野心勃勃的行长罗杰·安德森（Roger Anderson）还向银行员工自夸道："我们并没有偃旗息鼓的打算。"

事实上，贯穿1982年和1983年，大陆银行一直在向股东分配每股2美元的常规分红，就好像什么都没有发生一样。1983年末，监理署的一次最新调查显示，这家银行的状况从1982年夏季就已经开始每况愈下，如今已沦落到一种更加严重的地步，银行利润在下降，银行运行维持在通过倾销补助津贴的形式保证分红的支付。

联邦存款保险公司总裁威廉·艾萨克声称自己曾质问其他联邦监管人员为何不向这家银行实施任何约束措施，"我们为何不削减分红？我们早在1982年就应该这么做。"艾萨克说道，"美联储和监理署的反应是：'你是对的，我们或许早在1982年就该这么做。但现在，如果我们这样做，市场就会陷入恐慌。'我并不同意这样的说法。"[20]

投资者无论如何已经开始接受这个现实，至少美国金融市场是如此。大陆银行持续让自己的活期存款利率高于其他货币中心银行，其本身就是一个表明其每天都要借入80亿美元坏账以维持自身运行的信号。更为严重的是，大陆银行曾在1984年初孤注一掷地将其有利可图的信用卡业务悉数卖给另一家大型企业以筹措资金，“他们这是在分解自己的尸骸。”艾萨克说道。

罗杰·安德森迅速在2月宣布退休。3年前交易价曾达到40亿美元高峰的银行股票正在急速下滑，截至5月初已跌至12美元。事实上，伊利诺伊大陆银行正在就合并或接管问题向其他大型国际银行提出谨慎请求，尽管在日本还未明显显现。随着美国货币市场越来越小心翼翼，这家银行不得不越来越依赖于欧洲和亚洲投资人，以借入得以维持每日运营的数十亿美元资金。一旦这些海外货币投资人意识到这种危险，游戏也就结束。全球范围内的“大风暴”就会开始。[21]

回顾1982年夏，保罗·沃尔克曾私下里敦促这家位于芝加哥的银行主管采取大规模补救行动，但他却并没有强行命令后者这么做。银行崩溃后，尽管从未显露出自己的意图，但沃尔克隐晦地承认自己就当初未能更加严厉表示遗憾。这位主席在参议院听证会上说道:“……有人会说，当然这是一种事后聪明，要是当初就能限制银行分红就好了。从后知后觉的角度来看，我认为，这样的说法根本就不具说服力。”[22]

在美联储，银行监管人员认为，威廉·艾萨克和联邦存款保险公司应该承担一大部分过错。一再坚称1982年宾州广场银行应该得到清算并让许多诸如大陆银行这样的“上游”银行蒙受巨大损失的艾萨克，其行动表露出巨大的信心。当艾萨克坚称只能为与宾州广场银行有瓜葛的存款上限为10万美元的储户支付赔偿保险时，无疑是在向所有大额储户传达一个恐怖信息，艾萨克想让“自由市场”学会如何约束金融市场，相反，他只会吓到金融市场。然而针对艾萨克的抱怨同时也是规避美联储自身过错的途径，即作为监管机构未能让自己的行动改变结果。

无论如何，监管的基本失误已经成为历史。现在沃尔克及其他政府监管机构面临的是一个前所未有的即时性危机，即如何终止这场历时上亘古未有的大型银行“风暴”，如果这场“风暴”无法停止，又该如何拯救伊利诺伊大陆银行。他们最后达成一致，那就是联邦存款保险公司应该准备实施一次巨大的资本注入行动，即注入20亿美元资金。如果这家银行的状况还是不能稳定，那么他们将试图安排由其他大型银行接管。

包括艾萨克在内，这一次没有一个监管人员同意照搬宾州广场银行的解决办法，即只承担参与投保储户的赔偿金，然后任由大陆银行倒闭和关门。如果这家银行倒闭，那么可能会导致其他数百家银行倒闭，其中大多数都是将货币存放在大陆银行的小型银行。在大陆银行一长串的储户名单中，有大约2300家小型银行，如果这家银行被结算，那么他们的资产就会被冻结，至少暂时冻结，然而小型银行的潜在损失还不是真正的危险。

“他们当中会有多少人破产？”艾萨克大声质问道，“我不知道。我们能够掌握吗？可以。但更严重的是大型银行的境遇。第一芝加哥银行正打算宣布自身蒙受的巨大损失，如果我们不拯救大陆银行，第一芝加哥将承受不起这么沉重的负担。曼尼－哈尼（Manny Hanny），汉基信托也要承受一次风暴，有关曼尼－哈尼的种种流言正在市场上肆虐，美国银行和达拉斯第一国际银行也会面临各种问题。如果我们对大陆银行实施清算，那么美国金融公司（美国最大的储蓄和贷款机构）将无法坚持到最后时刻。在我看来，我们将会经历一次全球性的大混乱。”

这一次无论付出什么代价，联邦政府都必须确保这些货币管理者的安全。如果大陆银行倒闭，正如委员查尔斯·帕蒂所说，“惹祸上身”的企业财务主管、货币管理者和地方政府都会产生保护自己的强烈愿望。

“美国银行在房地产及其他贷款上存在风险。曼尼－哈尼在不发达国家债务问题上十分薄弱，”帕蒂说道，“如果你是一位货币管理者，这里存在的一个最微小的问题就是你可能会无力将你的货币从这些银行中的任何一家收回，你在那里的存款占有率是零。如果你在美国银行存有100万美元，并且目睹这家银行每个季度都在蒙受信贷损失，那么你就无法收回自己的钱，毫无疑问你已经‘惹祸上身’。或许你可以继续将钱存在那里获得额外的利息基本点，但如果不这么做，你还是会麻烦不断。这是一个极其不公平的选择。”

经过一个周末的时间，大陆银行的危机处理方案就自行出炉，即开列一份长长的大型银行名单以向大陆银行伸出援手。这个匆忙组织起来的大财团由16家银行组成，以摩根－斯坦利为首同意组织45亿美元贷款向陷入麻烦的竞争对手私下里张开一张“安全大网”，破产声明未能出现。5 月 14 日，星期一，货币市场开张，大陆银行的大出血得到治愈。

“这些银行试图在没有政府出面的情况下团结在一起，但结果未能成功，”一位财政部官员说道，“于是他们双膝跪倒，伸开双手大喊‘救救我们’！”

就在大陆银行向美联储和由私人银行组成的“安全大网”借入更多货币的同时，沃尔克、艾萨克和考诺维尔也正竭尽全力向其展开联合救助。三个人在星期三坐飞机飞往纽约，与那里的银行领袖举行会面，表示希望能够得到他们的支持和协助。联邦存款保险公司保证会注入至少 150 亿美元资金，这些银行被要求提供总共 5 亿美元以证明对救助行动的信心。而礼物就是七大主要银行（摩根、大通、花旗、化学、汉基信托、银行家信托和美国银行）将会向 25 家至 30 家其他大型银行售出信贷组合。为了不引起注意，这些银行家汇聚在摩根－斯坦利的一家分支机构商讨此事，而非华尔街的纽约储备银行。

这样的会议会依稀让人们回想起华尔街辉煌的过去，即 J.P. 摩根及其他同伴碰面后组合紧急救助贷款以拯救银行体系的时代。几位银行高管在会议上做爱国演讲，暗指从华尔街最重要银行那里继承而来的摩根传统和崇高职责之精神。

然而现实却与此完全不同。此时是联邦政府来帮助银行摆脱灾难和不幸，包括坐在会议桌旁的七家大型银行。这些银行都在不同程度上遭受了与大陆银行相同的恐慌，他们都十分依赖于推行“管理型债务”的银行每日进行的货币市场信贷，他们都在国际债务问题上存在麻烦。即使如此，相对独立的花旗仍在条款问题上“狮子大开口”，要求美联储和联邦存款保险公司签署协议保证其自身不会蒙受损失。经过与律师们的彻夜长谈，花旗才最终让步。

星期四早晨，“风暴”开始后的第 8 天，联邦监管人员宣布向银行体系展开有史以来规模最大的一次紧急救助。联邦存款保险公司将立刻向银行注入 45 亿美元新资本，这在很大程度上可以满足大陆银行在找到新主人之前应付坏账。与此同时，美联储还许诺其会尽可能满足短期信贷需要以维持大陆银行的运行。在履行这个诺言的过程中，美联储总共向伊利诺伊大陆银行注入的紧急贷款达到令人惊愕的 80 亿美元。[23]

沃尔克这样向一头雾水的参议员解释道：

“这种运作方式是美联储最基本的职能。这也是成立美联储的原因，即在银行遭遇清算压力时承担起最后可以依靠的角色，以免危机波及体系中其他无辜的人……这就是一家中央银行应该做的一切,即在这种境况下提供流动资金。我们只是在行使一家中央银行的最典型职责。”[24]

但这种救助行动存在的一个最本质也最具争议性的问题就是其担保会向所有人提供保护，无论是大是小，都不会蒙受损失。大额储户的确可以松一口气，他们在大陆银行的货币是安全的，因为会受到来自美联储和联邦存款保险公司的联合保护。也就是说，由联邦政府承担的任何一笔债务都会由美国公众扛起来。[25]

开始有人显露愤怒。曾接替众议员鲁斯成为众议院银行委员会主席、罗德岛的众议员费尔南德·圣杰曼（Fernand St. Germain）轻蔑地称其是“一场为权力阶层展开的紧急救助行动”。圣杰曼说道：“让联邦政府对洛克希德公司、克莱斯勒和纽约城的联合担保和救助程度相形见绌。”然而，他说，这竟是由一群未经选举产生的官僚人士策划的一场行动，毫无公众讨论可言。

就在联邦监管人员向伊利诺伊大陆银行拨款数十亿美元的第二天，他们就关闭了田纳西州匹克维尔的布莱德索县银行以及路易斯安那州奥珀卢瑟斯的种植者信托储蓄银行（Planters Trust & Savings Bank）。小型的独立银行抱怨大陆银行协议中存在银行的“双重标准”。1984 年上半年，共有 43 家银行倒闭，其中大多数都是小型农业银行被迫关门，因为许多农民和小型企业正在拖欠自己的贷款。[26]联邦存款保险公司几乎只会向参保储户和制定接管银行提供赔偿。大陆银行的大额储户受到的待遇要好于小型银行的大额储户，但尽管如此，大陆银行的货币管理者也是“惹祸上身者”，其股东也是最大的股份价值受损者，但很少有小型银行家愿意承受同样的命运。

不管怎样，大陆银行紧急救助行动是一次尴尬的先例，是联邦监管人员无法解释的行为。如果说先前存在任何疑虑，那么大陆银行则赤裸裸地证明大型银行绝对不能破产的事实。无论政府会付出怎样的代价，在众议院听证会上，被这个问题纠缠不休的监理署承认，是的，11 家超大型跨国银行就是绝对不能倒闭，作为一个客观存在的现实，受保护的银行数量无疑还会进一步增加，或许就连 50 家或上百家大型银行也必须是安全的，因为他们的失败会产生波及作用，会被看作是过于动荡而不能被忍受。

这种区别对于货币市场和投资人放置大额存款的地点来说会产生十分重要的结果。随着时间的推移，小型银行会在竞争中蒙受损失，而大型银行则会受益。

一个货币管理人为何要将 100 万美元存款放在一个小银行里？在那里他可能会损失超过 10 万美元的联邦保险保障，只要能确定他放在其中一家大型银行的钱是绝对安全的，也无论银行主管可能会有多么鲁莽。银行存款安全的联邦保险保障无形之中在大型和小型银行之间制造了不平等差别，这也是促使银行体系坚定稳固的另一个刺激性因素。随着小型银行、储蓄所和贷款机构的轻易破产，他们的空间逐渐被大型银行蚕食。花旗、大通、化学及其他在全国范围内兼并数十家破产机构的大型银行逐步确立了分布广泛的企业滩头阵地，然后坐等国会允许他们变成全国超级银行的那一天。

然而，大陆银行救助行动的最显著政治效果毫无争议性。除了小型银行以外，整个美国公众几乎没有任何反应，政界批评也微乎其微。这次危机规模过于庞大且过于错综复杂，或许普通人认为自己无权质疑危机的解决办法。另一个可能性是大多数美国人将政府干预看作是极其特殊的行动，当超大型且最具影响力的企业面临灭顶之灾时，政府理应挺身相救，这也正是美国人民希望美国体系去实现的使命。

大陆银行由此一度稳定，这要感谢联邦政府许下的支持承诺，但满腹狐疑的货币管理者仍然十分谨慎。银行的资金基础遭到进一步削弱。伊利诺伊大陆银行正在缩水，截至仲夏，其在美国大型银行中的排名已下降到第 13 位，而不再是第七大银行，与此同时，联邦监管人员也找不到心甘情愿的买家。化学、花旗和芝加哥第一银行都紧紧盯着大陆银行的财务报告，与政府机构一起分享悲观的评估结果：这家银行有 40 亿美元的坏账，而不是联邦监管人员认为的 27 亿美元。为何私人银行会发现政府监管人员所看不到的问题？没有人给出更好的解释。无论如何，没有人再想为这个烂摊子埋单。

于是在 7 月末，伊利诺伊大陆银行成为国有银行。那些条款当然不再适用，却仍是华盛顿救助声明的核心意义。联邦政府买下这家银行，因为实在找不到一个私人买主，于是美国政府自己变成这家美国第 13 大银行的主人和唯一所有人，直到有人对它感兴趣。

当然，国有产业的概念对于仍然盛行自由市场道德体系的美国政治来说极具冒犯性，但这个行为在罗纳德·里根时代却毫无争议，因为他是几十年来最为保守的美国总统。当政府干预和介入自由市场领地时，保守主义评论员选择沉默。或许保守主义者可以确信，华盛顿并不打算将伊利诺伊大陆银行变成一家公有银行，其信贷政策也不会接受广泛大众的指挥。大陆银行依然会像普通商业银行那样运行，其直接目的也只会是制造利润。

事实上，大陆银行的国有化是现代自由主义的完美典范，即介于私人利益和广泛公众意愿之间的代表。在这个处处打着保守主义旗帜的时代，为了保护私人公民免受损失，联邦政府的权威正越来越抵不上市场竞争的严酷判决（并且这种判决融入私人经济领域的范围也越来越大），并由此挽救了美国体系，而华盛顿则正成为美国第一流的大型银行。

大陆银行救助行动同时也是对整个债权人阶级实施的一次大规模紧急救助，或许这也正是保守主义评论员为何没有丝毫抱怨的原因所在。政府竭尽全力帮助投资人摆脱危机的次数要远远多于其对陷入困境的债务人（例如克莱克斯和洛克希德公司）的。过去，保守主义学者和权威曾极力反对联邦政府对私人经济的任何干预，尤其是对破产企业施行的紧急援助。而现在，他们对此几乎视而不见。或许如果这样的事件出自别人，而非保守领袖罗纳德·里根，他们还会表现得更加激烈和直白。

在这种环境下，政府没有其他更好的选择。联邦存款保险公司会得到 1.6 亿美元的大陆银行股票份额，同时拥有任命银行新管理机构和新主管的权力。这次收购价总计为 550 亿美元（还不包括来自美联储的持续援助）。政府的构想是一直控制大陆银行的运行，直到重新站稳脚跟、重新盈利，那时政府会将其卖还给私人投资者。截至 1986 年初，根据联邦存款保险公司的报告，这家银行坏账所产生的损失仍然保持在 12.4 亿美元，但美国公众得知银行造成的全部损失时已经是在几年之后，或许联邦政府在几年之内都无法脱手大陆银行的事务。

然而银行业危机并未随伊利诺伊大陆银行的救助行动而终止。恐惧和不安仍然萦绕在全国最大的几家银行主管心中。金融市场正在因另一场迫切危机的谣言而人心惶惶，或许这一次规模依然空前。在夏季结束以前，美国银行业的大震动已经对美联储的货币政策造成直接且恶劣的影响，并由此给美国经济带来破坏性的后果。

3 年来，美国农用耕地的价值已经下降 1.49 亿美元，某些地区甚至已下滑 50%，农产品价格平平或下降导致土地担保持续缩水。南部和中西部地区数千人被逼入绝境，包括农业、能源及其他商品制造业。这种实际资产的大规模清算一直在继续，最终会令为这些实际资产生产提供资金支持的银行也陷入每况愈下的境地。[27]

尽管小型地方银行的死亡给当地社区带来创伤，同时也会为当地的电视新闻提供主要的报道素材，但真正的危机其实是美国体系中与小型银行处于对立面的群体，即大型金融机构。尽管在竞选演讲中这个问题的复杂性被其他许多事务所分散，但联邦银行监管人员仍然要在这个令人焦虑的夏天里挥汗如雨，因为他们要应付有关谁会是下一个破产者的流言。

毕竟，美国最大的农业银行是位于旧金山的美国银行，同时也是美国最大的商业银行，美国银行的贷款主要用于资助加利福尼亚的农业经济，但这家银行还为达拉斯大片闲置私人公寓高楼的建造提供贷款，如今这片公寓已经被取消抵押赎回权；另外其还为休斯敦全球海事系统有限公司（Global Marine）旗下的闲置近海石油钻井提供运行资金，如今也同样陷入麻烦。此外，这家银行还曾为许多现已沦落为拖欠贷款的企业提供数十亿美元贷款，房地产、石油、农业、船业，所有这些发生于 20 世纪 80 年代初期的信贷业务都导致美国银行强力膨胀 41 亿美元的失败信贷，并且其财务报表中还存在另外 70 亿美元的“麻烦”债务人，即墨西哥、委内瑞拉和巴西。

“金融结构中存在一个疲软环节，”委员帕蒂说道，“但银行并不疲软，因为他们一直十分鲁莽、干劲十足。银行一直在履行自己的职责，即为商业和农业行为提供贷款，他们其实往往是软弱的一环，因为很少有企业存在真正的财务困难，还有许多的房地产开发企业，许多的农民，包括价值几百万美元的农业开发农场。但他们是银行的客户而非银行。”

联邦存款保险公司总裁威廉·艾萨克对此表示认同：

“伊利诺伊大陆银行事件之后局势异常严峻。如果大陆银行没有被控制，我们就会陷入困境。旧金山的克罗克国家银行（Crocker）实力很弱，但它的疲软状态已经存在相当长的时间，曼尼－哈尼、达拉斯第一国际银行、休斯敦第一国民银行、美国金融公司、密歇根国民银行、匹斯堡伊奎银行，这些都是会陷入困境的银行。”

这种窘境存在一个最明显的迹象，尽管很少有人注意到。那就是某些超大型和最高傲的金融机构会通过卖掉自己熠熠发光的总部办公大楼来吸取资金，用于填补债务损失。美国银行、芝加哥第一银行、克罗克银行、太平洋证券、波士顿银行全都曾卖掉自己的现代化办公大楼，然后再从新主人那里租来自己的办公室，这是最能表明这些银行正被迫一步步后退的信号。[28]

普通公众或许会对这种危机毫无察觉，但金融市场却不会。5月，伊利诺伊大陆银行救助行动开始后一周，谣言的焦点就转向全美第四大银行纽约汉基信托的资金困境，投资人开始抛售曼尼－哈尼股票，汉基信托股票价格因而在一天之内就下降11%，尽管汉基信托对谣言极力予以否认。其他大型银行的股票价格也随之下滑，甚至包括最具声望和管理最好的银行股票，例如摩根和花旗。货币市场基金会主席爱德华·A. 泰伯尔（Edward A. Taber）解释道："市场是在说'谁会是下一个破产者'。"[29]

纽约联邦储备银行的公开市场办公室在阐述这些压力时更显严肃："大陆银行的资金问题对金融市场造成长期影响，持续整个春末和夏季。"纽约桌面认为，投资人普遍转向"质量投资"，逐步将货币转移出任何一家可能会陷入麻烦的银行。[30]

整个夏季，大型银行为维持自身资金运行而不得不抬高活期账户利息。3个月活期账户和国库券利息之间的差幅发生剧烈膨胀，从35个基本点上涨到160个基本点。自身日常信贷资金的需求高涨会令银行利润进一步陷入困境，另外还要加上信贷损失已经造成的损害。

商业银行此时所遭受的巨大痛苦全部来自其曾经敦促美联储实施的每一项货币政策，即紧缩货币和价格通货膨胀的急速下降，而这些也给其他许多企业造成破坏性或削弱性影响。回溯1980年和1981年，当时美联储将利率推高到前所未有的高峰，商业银行业由此享受到巨大的利润回报。然而美联储的行动所产生的恶果如今也将这些银行深深套牢。美联储不曾给债务人充分的时间去调整、去适应通胀紧缩的新现实，因为劣势如此突然地转向商业、农民和拉丁美洲国家，如今这些银行庞大的贷款组合也陷入麻烦之中。

很少有人会想到这其中的联系，但从某种意义上说，这是沃尔克迅速且确定地打击通货膨胀所必须付出的代价。1982年漫长且严重的经济萎缩演变成1984年银行体系的脆弱和倒塌。一个更有耐心的方法或许需要更长时间才能产生效果，但也会对经济结构造成更小的伤害，也会有更少的受害者会在之后的动荡中苦苦挣扎。深受打击的债务人，无论是独立的石油工人还是一个主权国家，此时都威胁着要将债权人一起拖下水。

1984 年商业银行的贷款损失达 125 亿美元，是 1981 年贷款损失总数的两倍多。大型银行的股息利润回报也从 1980 年的 13.95% 下降至 9.78%。在联邦监管人员的刺激下，他们被迫增加新的资本以应对未来更多的贷款损失。

“通常在经济复苏的情况下，”美联储在报告中说道，“贷款组合的质量应该会提高，但 1984 年银行控股企业的贷款损失却在持续增加。”纽约联邦储备银行的安东尼·所罗门说道：“纽约主要货币中心银行的无效贷款在整个资产中所占的比率上升到 3% 至 4%，通常在经济复苏环境下，鉴于我们已经有了两年的繁荣期，这个比率应该是 1% 到 1.5%。这是一种困窘和脆弱的表现。”[31]

美国公众对银行问题的道德情感表现得十分困惑，对被迫关门停业的小镇银行给予更多同情的美国人民或许在暗地里也很理解货币中心银行的艰难处境。不过无论是大是小，银行家遭遇的是同一种阻力，犯的是同一个错误。大银行和小银行之间没有太多区别，如果非要找的话，那也是大型银行在向不可靠的未来提供资金时更加慷慨且更具想象力。

事实上，困境中的银行家与债务人犯的错在本质上讲是一样的，他们都是基于对未来非具体化的假设而向新企业和项目借出货币。银行家曾经同样在通胀的作用下实现向上发展，但如今他们遭遇困境是因为美联储在反通胀战役中扭转了优势和劣势。尽管金融企业的优势地位还在，但大大小小的银行家被证明其并不比农民、房地产开发商、石油开发商或南美的国家政府更有先见之明，而且这些银行家也并不是完全无辜。

联邦政府似乎对此也有困惑。里根内阁的不同成员曾多次将这种债务问题归因于过去通货膨胀引发的野心过度膨胀，农民购买太多的土地和设备，石油开发商毫无节制地借入更多的钱。经济顾问委员会默里·韦登鲍姆曾经将这些人称为“投机者”，即打赌物价会永远无限制增长的人，然而对于所有曾经野心勃勃并因债务问题陷入困境的农民或石油开发商来说，一定会有一个同样也是过于乐观且心甘情愿的银行家作对应。在这场债务交易中，谴责其中一方是鲁莽的交易员或同情另一方是不幸的受害者都是不合理的。然而这就是政府姿态的本质，即匆忙向债台高筑的债权人施以援助，同时却任凭债务人自生自灭。

针对债权人和债务人之间的这种道德矛盾，美联储内部表现得更加明显。美联储十分急于帮助银行克服困难，却会忽视同样惨败的债务人所面临的令人惋惜的困境，但这也是通货紧缩过程中不可避免甚至不可或缺的一环。例如保罗·沃尔克曾表达对破产农民的有限同情，是的，农民受到了伤害，但是他们自己让自己沦落到如此的境遇，这些农民积聚过多的生产力，远远超过了这个世界的购买能力。

事实上，这家中央银行成功规避了自己对美国农民及其他债务人遭遇的所有公开责任，这与20年代时美联储发动的通货紧缩如出一辙，当时美国中西部农民怨声载道，报纸和电视中大肆报道破产农民的困境和遭遇，却从未有人意识到这与美联储的货币政策有任何关系。中央密歇根大学金融系教授玛莎·赛格尔在1984年接受里根总统任命，取代美联储内唯一的女性委员南希·蒂特斯成为新任委员，作为一名新成员，赛格尔非常震惊于美联储怎么会如此轻易忽视农民和悲惨境遇。根据裘德·万尼斯基所说，在一次对话中，赛格尔曾说："我很惊异于（美联储内）会有这么多人坚称我们不应该对农民问题负责，坐在这里的没有别人，全是一群胆小鬼。"[32]

然而对于充当麻烦缠身的金融仲裁人的债权人，美联储则表现出极大的牵挂和关怀。事实上，沃尔克及其他委员在不遗余力地确保1983年至1984年的银行监管条例在执行时不至于过于严厉，美联储（和财政部）指导联邦银行审计人员学会如何在银行陷入麻烦的特殊情况下富有同情心地去应用银行偿债标准。

"如果由这些审计人员单独处理债务，那么毫无疑问，他们会应用传统模式的法律法规，即将通常标准用于无效信贷业务之上，这将会滋生大量问题。"纽约储备银行的一位高层官员说道，"谁知道会发生什么？但美联储委员和财政部担心的是自己制定的相关条例细节会比之前更加严厉。在其他时候，委员会是不会担心这些纯技术问题的。但这一次他们要密切监管所有问题，其密切程度我之前从未见过。他们要确保这些审计人员不会把工作做得太过火。"

在有关操作农业贷款损失和国际贷款条例的问题上，审计人员接到一种特别建议。当阿根廷未能按时偿还利息支付时，要对其提出一种特别的优雅姿态，如果贷款已经被宣布是过去债务，那么某些纽约大型银行就必须立即勾销这笔巨大损失。总的来说，这些审计人员得到的建议就是要宽容和容忍。

美联储银行监管小组委员会主席、委员帕蒂坚称：

"我们没有告诉审计人员怎样做才是对的，但我们担心的是他们的某种方式会极为不当，从而让问题变得更糟……

“这里有一个问题，那就是你何时才能决定一家银行已经产生坏账。这些坏账有可能是针对国家切割机公司的，也有可能是墨西哥。这笔贷款是这家银行的投资组合，并且已经没有机会被归还。你会怎么处理它？有人可能会说你应该指出它并对症下药。但我们会说：‘不，最好能想个更好的办法。’”

当然，美联储对银行困境的牵挂和焦虑会与沃尔克专心致志地重新资助不发达国家债务的态度保持一致。贯穿 1983 年和 1984 年，沃尔克就像是掌管新债务组合的媒人一样穿梭在银行和需要这些货币的国家之间：巴西、阿根廷、墨西哥及其他国家，以推动双方达成最终一致。如果一笔交易失败，如果其中一个国家拖欠债款，那么整个由债务负担国组成的世界就会放弃任何偿债的努力。从某一点上来说，联邦咨询委员会的银行家会直接向美联储委员抱怨，联邦审计员在执行银行的不发达国家债务监管条例时过于严厉。“我们很担心，”由银行家组成的顾问委员会在报告中说道，“担心那些并不深谙美联储意图的银行审计人员的评论……”

沃尔克本人也承认：“我们不得不密切观察是否会对银行行为有所放松。”[33]

但政治气候已经发生改变，此时国会想要美联储和财政部做的是加强对银行的监管并实施新的监管控制，沃尔克本人对此表示热烈欢迎，他也一直质疑对金融体制的监管力度，况且在如此脆弱的大环境下，美联储也必须要小心前行。

总的来说，无论是美联储还是监理署都曾试图加强监管力度。他们曾要求不够资格的银行提高资本基准并必须满足更高的资本储备。1981 年曾被豁免新资本比率的大型银行如今却乐于“享受”提供资本基准和满足 6% 的基本储备。这将有效提高他们应对未来破产风险的能力，即便其中一个主要不发达国家债务国出现拖欠债款的问题。

监理署办公室还开始设定并应用公共约束条例，这是一个监管人员曾经在伊利诺伊大陆银行破产之前不敢对其强加使用的法律武器。在秋季最为显著的一次行动中，芝加哥第一银行和美国银行双双受到惩罚，同时被迫接受旨在约束其信贷政策的监管条例，立即建立起各自的资本储备，以保证自己可以规避足以令大陆银行倒闭的短期流动资金危机。

银行家纷纷抱怨联邦监管条例的过于强硬和无情，但金融市场几乎不会再为类似的破产消息而人心惶惶，投资人已经十分熟悉这些银行面临的严重问题，如果有什么不同的话，那就是投资者或许在看到联邦监管条例最终可以迫使陷入麻烦的银行采取补救措施变得更加安心。

但夏季这场无声的银行危机对于美国经济来说，却产生了一种更为深远的影响。各大主要银行的电击式行为扰乱了美联储对货币政策的判断，而这样的迷惑却导致这家中央银行犯下另一个极其严重的错误。美联储 3 月的紧缩政策带来的刹车作用被不慎加强，美国经济被逼入衰退的边缘。

谁会是下一个破产者？美国那些首屈一指的银行管理人整日被黑色谣言和焦虑的投资者所围绕，后者更是捕风捉影地纷纷撤出自己数十亿美元的资金。第二轮大震动来自对美国最大的储蓄和贷款机构——美国金融公司的忧虑，这一次这家银行也陷入资金危机。洛杉矶储蓄所迅速流失 80 亿美元存款，联邦监管人员不得不向其注入大量紧急贷款。[34]

在这种情况下，任何一家曾大举借出外债并经常求助于美联储的银行都可能会成为市场流言蜚语的下一个被破产者。一夜之间，这家银行就会被极度恐慌的投资人洗劫一空，就像当初的大陆银行一样。匹斯堡一家银行的一位经济专家直白地说道："我们会因为伊利诺伊大陆银行而不愿在贴现窗口借钱，如果人们看到我们大量借钱，他们就会以为我们也陷入困境。"

贯穿整个美国，焦虑的银行管理者也会采用同样的策略，即他们会小心翼翼地囤积越来越多的过剩储备金，这样一来，他们就可以削减必须从美联储借入的资金。数周以来，商业银行在贴现窗口的借贷水平始终维持在难以置信的最低点，只达到美联储预期的一半，甚至更少。

货币管理的正常液压系统由此陷入失灵，其运作效果也被人为破坏。"银行并不像我们期待的那样向我们借钱，"沃尔克解释道，"因而市场就会比预期的更加紧缩。"查尔斯·帕蒂更加直白地说道："当银行停止借贷，我们最后就要面对比预期中更为严重的紧缩。"

然而对于委员或美联储运作人员来说，所有这些并不会即时显现。一般来讲，美联储的技术专家依赖的是每日贴现借贷水平，并将其作为信贷状况的指示器。通常讲，贴现信贷上升表明货币紧缩，下降则意味着货币供给充足和放松。截至 6 月中旬，这个常规信号就变得极具迷惑性，银行的贴现信贷正在下降，这是货币供给过剩的信号。可市场利率却在上升，这又是一个货币正在紧缩的信号。到底哪一个是真的，是放松还是紧缩？美联储应该收回储备金还是增加储备金？显然这没有确定答案。

这种迷惑性会对美联储自身的货币管理造成误导，因为正常来讲，公开市场办公室认为，美联储向银行体系提供的一定量的新储备金要跟随贴现窗口的变化而波动，其余则要通过开放式市场的交易来实现。这个阀门通常会彼此协调合作。但一旦其中一个阀门出现故障，另一个阀门就必须变得通畅，否则经济领域就会陷入极度需要货币的困境。

这就是这一年仲夏发生的事情。美联储误以为是焦急的银行管理人而非正在变化的经济形势才导致这种畸形现象发生。美联储没有及时通过开放式市场交易提供更多货币，以弥补贴现窗口的不足，反而是允许货币供给越来越紧缩。

美联储曾在 3 月一再调高的联邦资金利率在 6 月和 7 月再次被推高，涨幅达 100 个至 150 个基本点，其他短期信贷利率也随之升高。这最终会给美国实际经济造成的影响就是让刹车的程度变得更加严重，尽管这并非美联储故意所为。

7 月 1 日，联邦公开市场委员会大会召开，大多数人反对经济专家对目前发生的一切的专业解读，反而一直认定高利率足以反映出实际经济增长势头。他们认为，美国经济与去年冬季的强劲繁荣相比发展速度的确有所减缓，但却仍在以“相对扩张的速度”继续向前行进。

普雷斯顿·马丁再次成为少数派中的一员，他认为目前脆弱的金融形势过于惨淡，其已经无法承受利率的进一步提高。他再一次引用之前工作过的储蓄和信贷机构存在的不稳定因素，“我们是在将它们送入虎口，”马丁抱怨道，“我认为这种局面过于脆弱，我们必须加以调整，因为在高利率面前，关键经济领域和金融市场都会受到严重打击。”

马丁依然没能说服任何人。美国经济因此进一步恶化。正如联邦公开市场委员会的预测，美国经济并没有继续发生急速增长，而是发生急速下滑，几乎陷入停滞状态。美联储的管理错误反映在其对货币供给的操纵上。6 月 M-1 增长近 11%，7 月 M-1 发生萎缩，减少 1%。

对于里根时代的繁荣来说，这次发生在仲夏的不经意间紧缩成为对其最后的致命一击，击倒了继续存在的所有可能。实际利率就是美联储刹住经济强劲复苏的最明显手段。1984 年春夏，长期政府债券利率增至 9.6%，这是自 1979 年保罗·沃尔克成为美联储主席以来真实货币的最高成本价，实际利率成为美联储的惩罚手段，其惩罚力度也是 1982 年时的近两倍，当时美国正经历经济萎缩。这样的货币价格几乎是经济扩张周期中正常货币价格的 4 倍。更糟糕的是，不断增长的实际利率不可避免地让美元价值在外汇市场上变得更高，从而强化了对美国生产者的破坏力。

截至秋季一季度，美国经济始终有气无力，增长率仅达到毫无生气的2.1%，并且还在持续疲软。8月，失业率回升至7.5%。罗纳德·里根时代的繁荣至此结束。

“我们放松的时机的确有些晚，”保罗·沃尔克坦承，“我当时就想到一切都已经太迟。”

沃尔克得出结论，美联储必须调转方向，并且要立即调转方向。然而这位美联储主席却不能说服自己的同事。8月21日大会，沃尔克第一次没能让美联储内部按照自己的意愿达成共识。贯穿整个任期，他的货币政策观点几乎很少没能在决策委员会内部获得压倒性优势，至少以折中的方式。联邦公开市场委员会的8月大会就是这样一种情况，或许可以说是最赤裸裸的一次。

沃尔克对前景相当确定，但大多数委员却坚称美联储不能放松货币。“这样的话美国经济会恢复强劲增长。”他们这样对他说。

讨论中站在反对主席阵营的是三位资深美联储战士：格拉姆利、沃利克和帕蒂。他们的观点与这一年来的一贯立场保持一致。在先前的经济循环周期中，美联储总是在这种关键时刻失去控制力，如果现在不坚守阵地，那么价格的通货膨胀将会在此后6个月到9个月逐步显现，而这家中央银行也要再次陷入一场疼痛的游戏之中，美联储的首要目标是维持价格稳定，并且应该始终追随这一个目标，而不是刺激经济这样的冲突性任务。

“格拉姆利赢得辩论，”联邦公开市场委员会的一位官员说道，“格拉姆利一直表示担心，如果他们此时不能坚守紧缩政策，那么下一次再想沿用刹车的方法就会太迟。”

沃尔克引用经济学专业理论来阐述为何货币政策过于紧缩的理由，这种紧缩已超出他们的预期，焦虑的银行家不愿再靠近贴现窗口，因而令许多常规分析和判断出现误差，然而大多数委员对此种说法并不买账。

“委员会不愿接受某件事正超出预想地发展的事实，”委员帕蒂说道，“我们担心的只是过度放松的问题。”

联邦公开市场委员会内部这种剧烈的分歧并未在最终投票或大会会议记录中有所体现。这位主席本人并未像往常那样提出异议，即使他无法控制局面。这只是中央银行内部的一次骚动，领导人个人遭遇的尴尬并不值得一提。沃尔克选择向其他人屈服，政府联邦公开市场委员会会议记录中隐晦地说道：“除一人之外，所有委员都表示接受在目前局势的压力下不应该有直接且特定的政策改变。”这个反对的人就是亨利·沃利克，他一直想让美联储再进一步紧缩货币政策。

保罗·沃尔克输了。可他仍然能掌控局势。这位美联储主席会按照自己的方式向前，无论如何都要放松货币，尽管联邦公开市场委员会的指令是继续紧缩。沃尔克在联邦公开市场委员会内部只获得一张赞成票，但他毕竟是美联储的掌门人，尤其是他要监督纽约公开市场办公室的日常运行。8 月大会之后，沃尔克用自己的方式对联邦公开市场委员会的指令加以自由解读，并告诉公开市场办公室放松货币。

“我知道他向纽约桌面发出指示，”纽约储备银行的安东尼·所罗门说道，“我想他并没有完全遵守联邦公开市场委员会的指令。他可以控制桌面采取偏离指令核心的重大行动。他的个人灵活和随意处置风格被发挥到极致。”

沃尔克对其他委员的“喋喋不休”置之不理。这是他第二次忽视联邦公开市场委员会的决定并迅速采取行动，毕竟秋季竞选正在逼近。竞选之日越近，美联储推行重大政策的难度就越大，因为很可能会招致政治势力中一方或另一方的不满。

“沃尔克认为放松货币对美国经济发展十分必要，”联邦公开市场委员会的一位官员解释道，“但如果要等到竞选之后，那么一切都为时已晚。事实上，贴现窗口正在关闭，从劳动节到竞选日，这个窗口都是关闭的。他想要放松，这也是他所能做的不带政治倾向的最后一步棋。”

联邦公开市场委员会的某些委员极为不满。当他们看到利率正在下降时，纷纷把电话打到纽约储备银行的安东尼·所罗门办公室寻求解释。“他们打电话给我，打电话给桌面，质问‘到底正在发生什么事’，”所罗门说道，“桌面正脱离指令一路放松，而桌面正在放松的原因是由于沃尔克的指示，我对沃尔克说：‘你所做的一切从本质上讲是对的，但你应该在行动之前和委员会召开一个电话会议。否则联邦公开市场委员会的士气会因此遭到打压。’”

尽管同事们总是在制造各种麻烦，沃尔克的做法却对美国经济有益。此时的美国经济需要美联储的帮助，而且是很多帮助。这位主席的单方面决定使得货币政策放松、短期利率下降，联邦资金利率也稳步下降 100 个基本点。然而这还远远不够，美联储必须进一步放松货币政策才能保证经济复苏起死回生。

美联储被迫调转方向且不再刹车过速的经济增长做法相当突然。数月来，这家中央银行一直担心经济复苏过于凶猛而致力于降低其发展势头。如今美联储之所以又全神贯注地重启美国经济，原因就是美国经济看起来似乎已陷入极度疲软的状态。

罗纳德·里根在连任竞选中的一贯形象是美国人的软焦点。他那动人心弦的电视宣传广告表达的是一种浪漫式的日常生活，到处都是普通人生活和工作的景象，起床、上班、升旗。“这是美国的又一个早晨。”这位候选人用一种洪亮且温柔的声音说道。摄像机记录的是一个温馨的社区生活，捕捉处处繁荣和美好时刻的瞬间。一场家庭婚礼、一所围着白色尖桩栅栏的新房子。“小镇上的人们都在想着一件事，既然我们的国家正在好转，那么，何来倒退一说？”

在竞选季节开始之前，这位总统宣称新时代的黎明已经到来。“美国正在回归，”他在俄亥俄州演讲时说道，“美国正在舞台上重现巨人的形象。我们的国家强大于复兴的精神、强大于经济的发展、强大于屹立于世界经济之中、强大于有能力捍卫自己和保卫和平。”[35]

这位总统还向加利福尼亚的一位听众展示自己第二任期的新标语：“你还没有看到即将要发生的一切。”

他无论走到哪里，人们都会挥舞国旗，自发地高唱圣歌“美国——美国——美国”。这位总统煽动着奥林匹克火炬精神，在整个美国手手传递，直至洛杉矶奥林匹克运动会现场，那里美国运动员正在爱国主义盛况的包围下夺取多枚金牌。“美国——美国——美国”，歌唱的人们正在幸福地自我庆贺。

由此这位总统用语言和画面将国家主义和资本主义融合在一起，即美国文化和政治中的两大基本理念，将爱国主义情绪和经济繁荣融合在一场盛事之中。基于自身的行为技巧和阳光般的个人魅力，罗纳德·里根用与现代政治极为不符的夸张热情点燃了这些为美国人所熟悉的象征性符号。然而这样的融合对于美国政治来说并不新鲜，这种对国家和民族的热情经常被加以利用以支持资本主义企业享有的特权。

60年前，托斯丹·凡勃伦曾经写道：“……国家主义的幻象使得底层人民相信，普遍的美好生活要依赖于商业优势，即那些逐渐取代帮助建立国家的将军的资本拥有者……”凡勃伦还写道：“对国家自命不凡的盲目热爱成为一种值得奖赏的习惯，也是一种有用的伪装言辞，是获得利润的企业和交易的保护伞——否则他们就会受到人民的质疑，是规避敌意的手段，是获取心安理得利润的途径。”[36]

1984 年秋季的爱国主义盛典对于意欲连任的罗纳德·里根来说是一个极为有效的工具，同时也可以充当“伪装的言辞”。这面旗帜就像是一层隐藏巨大讽刺和幻象的面纱。就在里根宣称“美国的又一个早晨”的同时，一片阴暗的苍白雾霾正笼罩美国的商业天空。这不是黎明，却是罗纳德·里根的繁荣经济在更加接近的黄昏。

当这位总统许诺“你还没有看到即将发生的一切”时，这个口号所包含的是令人发笑的双层含义。的确，美国公众是还没有看到。选民可以从自身经历做出理性的判断，相信美国正在向前且向上发展，他们没有意识到轰隆隆的经济扩张已经结束，没有意识到美国经济正陷入停一阵、走一阵的崎岖山路，也没有意识到一个经济增长低于平均水平而失业率高于平均水平的时代已经到来。

新闻媒体也在放大这种幻象。尽管商业部门已尽职尽责地汇报经济行为正在缓慢减弱，但政治报道的头版头条都是在大声鼓噪支持总统的誓言和声明。美国人并不知道，新闻媒体也没有告诉他们：美国经济繁荣的上升趋势，从本质上讲就是一种错误且短暂的喷涌。[37]

席卷全国的国家主义精神和熠熠生辉的爱国狂热尤其具有讽刺意味。事实上，复兴的美国经济正领导全球经济退回到世界范围的经济大衰退。但美国政府的经济政策却除了国家主义什么都没有看到。国内工业——制造业、农业、石油及其他矿业——在华盛顿财政政策和货币政策的双重作用下正遭到大规模屠杀。罗纳德·里根的美国复兴信号，即强势美元，实际上正在帮助美国的海外竞争者，美国正割让越来越大的世界贸易份额给其他国家。

然而，如果总统的竞选主题看起来不能与美国选民的真实经历保持一致，那么这些主题也不会是有效的。普通公民只知道自己的切实生活要与总统告诉他们的生活相匹配。价格通货膨胀的焦虑已经消失，大多数人重返工作岗位。更重要的是，从即时政治效果来看，人均实际可自由支配收入在竞选年份以前所未有的速度发生增长，即高于 5%。1980 年吉米·卡特争取连任时，价格通胀超过 13%。实际可自由支配收入则发生轻微缩水，因为当时正经历短暂的经济衰退。当总统里根提问“你们的生活是不是比 4 年前更好”时，大多数美国人的回答似乎显而易见。

经济学家亚瑟·奥肯（Arthur Okun）做过一次有趣的发明，他用“经济失调指数”（misery index）来概括总结不断提高的经济状况，而这个指数也是两党总统竞选时经常会用到的。这种“经济失调指数”只包括失业率和通货膨胀率，并且可以作为大致衡量经济不适的标准。1980 年此指数超过 19%，到了 1984 年就下降到 11%。

尽管如此，这种比较仍然会遗漏一个用来衡量经济困境的有力标准，那就是历史上从未有过的高利率。如果说民主党人曾经希望把注意力放在利率上，那么费城储备银行前行长大卫·P. 伊斯特伯恩（David P. Eastburn）就应该是无意中发明了一种“经济贫困指数”（hardship index），要想让信贷成本也变成衡量经济疼痛的一个重要因素，“经济贫困指数”只需在通胀率和失业率的基础上再加上房屋抵押贷款的实际利率。这三个因素结合在一起才能成为描述普通公民所面临的真实经济现实。按照伊斯特伯恩的“经济贫困指数”来看，1980 年和 1984 年的经济状况没有任何区别，两年的指数都维持在令人极其不适的 21%。[38]

高利率引起的财富逆行性分配并不容易被解读成是一种政治事件。人们的确是被赤裸裸地分化成净金融债务人和债权人，即 55% 是债务人，45% 是债权人。货币高成本带来的利益全部会流向少数人手中，尤其是拥有大多数净金融财富的 10% 人群。由于这些从来都不会以政治语言形式出现，因此许多选民并不理解。

然而，即使大家意识到这一点，也不能肯定会产生怎样的政治影响。鉴于选举民主制的日益腐朽，几乎只有一半的美国成年人会在总统竞选中投票。选举其实是发生在受到良好教育且富有的美国人中间，也正是这群人会在整体上受益于政府的高利率。可以想象，投票的美国公民中大多数人其实很喜欢高利率，而作为少数公民的债务人则在竞选期间意义不大。这就帮助解释了政治家——尤其是曾表示要代表相对贫困阶层的民主党人为何几乎从来不会明示债务和利率的阶级含义的原因。为大多数几乎从不投票的债务人说话，这个候选人将会面临冒犯作为主要投票人的债权人利益的风险。

无论如何，大多数公民和大多数政治家并不会从这些角度去评估欣欣向荣的经济局势。他们着眼的是现在和刚刚过去的事，而不是遥远未来所蕴含的种种玄机。1984 年，收入增加的即时证据远比惩罚性利率下的借贷行为所产生的长期后果更具说服力。沃尔特·蒙代尔的总统竞选不能成功驳斥大多数公民愿意去相信的事实：美国正在回归，正如总统所说。

“对于里根内阁来说，”预算办公室主管大卫·斯托克曼沉思道，“经济复苏正值竞选期间达到高峰，这纯粹是一种运气。之后美国经济就开始缓慢下滑，进入从未有过的低速运行。”

安东尼·所罗门对此深表认同：“这些家伙简直太幸运了。因为美联储一直致力于排除通货膨胀的压力,而成功的时机到来得也过于完美,正值竞选年份，美国经济强劲复苏，通胀率也维持在低水平。”

初秋，随着经济开始缓慢下滑，里根内阁再次对美联储忧心忡忡，但这些政治管理者知道，在竞选期间重新“打压美联储”毫无意义，且很可能会起到反作用。无论美联储在 8 月或 9 月做些什么，都不能在实质上改变 11 月前的美国经济状况。

“白宫很不安，”斯托克曼说道，“但第二季度经济增长数字十分喜人。白宫可以确定美联储此时无论有何举动都将无法影响竞选。”

然而，汇聚在达拉斯大会上题名罗纳德·里根为总统候选人的共和党人却向中央银行施以一次重击。尽管白宫对此仍有疑虑，但在共和党人杰克·坎普的鼓动下,共和党政纲中还是加入一条,即号召对美联储实施改革并恢复金本位。

> “美联储制造动荡的行为必须……停止！”政纲宣称，“我们需要财政政策和货币政策之间的协调配合，需要有关美联储决定的及时信息，以消除人们在面临货币和信贷困境时产生的不安。金本位制度或许是一个比较实用的手段，借以实现美联储决心采用有利于维持价格稳定的货币政策。”[39]

与其他围绕在货币周围的巨大争议一样，新闻媒体选择忽视这样的主张。1984 年，一个美国的主要政党、一个占领白宫的美国政党竟然提议恢复金本位制度。然而新闻媒体并未予以太多关注，大多数记者将坎普的金本位回归理论看作是古怪、神秘和无聊的言论。货币问题似乎过于复杂，复杂得难以理解和解释。

如果说里根内阁在经济问题上拥有政治幸运，那么美联储自身的运气也不赖。因为美联储即使调转方向，鉴于价格明显被置于掌控之下，美国经济也只是疲软，秋季竞选并未给美联储制造曾在 1980 年遭遇的压力。当时吉米·卡特正竭尽全力保住自己在白宫的位置。美联储曾两次提高贴现利率和短期信贷利率，而 1984 年秋季，美联储正在降低利率。

10 月 2 日，联邦公开市场委员会同意沃尔克在 8 月提出的建议。必须放松货币和信贷、利率也必须进一步下降。这个举动对于三位委员来说举棋不定，即普雷斯顿·马丁、埃米特·赖斯和里根在美联储的第二位任命委员玛莎·赛格尔。他们三人认为应该采取更为激烈的措施刺激美国经济。

10月19日，清晨，美联储前副主席弗雷德里克·舒尔茨前往美联储拜访老朋友，他匆匆走进莱尔·格拉姆利和“牛颈肉”帕蒂的办公室，“他们两人都对我说了同样的话——‘伙计！我们太幸运了。’”舒尔茨说道，“因为美联储不必在竞选期间提高利率。”

10月25日清晨，美林证券的货币市场分析员提供一份有关每日利率的分析报告，并很快在公司各办公室的经纪人手中传阅。这位分析员预测，短期信贷利率会继续急速下降，“他们应该是打电话给联邦公开市场委员会要求再次选举里根当总统。”他开玩笑地说道。

从这一点来说，总统先生其实并不需要美联储的任何帮助。里根掌握着49个州的选民，这是自1983年富兰克林·罗斯福遭遇对方压倒性优势以来的又一次选票上的巨大胜利。“你们还没有看到即将发生的一切。”这位总统再次许诺道。

竞选当日，联邦资金利率已徘徊在9.7%，即自8月以来下降两个完整的百分点。美联储在小心翼翼地等待，等到竞选结束两周后再下调贴现利率。之后果然在12月21日，贴现利率再次下调。

尽管莱尔·格拉姆利极力反对，但联邦公开市场委员会终于在匆忙中复苏了疲软的美国经济。在11月和12月大会上，联邦公开市场委员会均同意进一步放松利率。截至年底，联邦资金利率近6年来首次下降至低于8%。

美联储的行动还是有些迟。到了1984年的最后3个月，美国繁荣的经济复苏几乎完全消失。最后一季度的实际经济增长下降至无精打采的0.6%，这实际上等于陷入停滞，并且濒临萎缩。至此，美联储决定重振经济复苏所取得的全部“成果”均已明显可见，1984年每季度的经济增长数字是：第一季度实际增长11.4%，第二季度5.1%，第三季度2.1%，第四季度0.6%。

经济复苏已经被推入正轨。可以想象，正如有些人会宣称，美联储的行为无可厚非。在经历18个月到24个月的初步繁荣之后，美国经济复苏始终处于缓慢下降的状态。因此，1984年的突然性下沉或许可以归因于经济循环周期中的“自然力量”。当然，没有一个人能证明这绝对是错的，也没有人知道如果美联储不采取刹车行动，美国经济会发生什么，就像是没有人能准确无误地设定经济增长到何种程度才会给国家造成损失。工作、生产和收入，这些都会一直在不断产生损失，因为美联储决定抑制这种繁荣。

但事后的防卫性辩解则会引发有关“是否蓄意”这样的关键性问题的质疑：美联储真的希望看到美国经济下降至零增长吗？这就是联邦公开市场委员会在做出决策时所考虑的问题吗？显然不是，从他们曾经的深思熟虑和对自身的评论中就可以看得出。相反，贯穿1984年的大多数时候，美联储决策者会经常预测出反方向的危险，即美国经济正在失控，并会再次制造更大的价格压力。

如果美联储相信经济复苏会自然地慢慢消退，那么它又为何提高利率且两次实施刹车？当然这个答案不是大多数人能够相信的，无论“自然力量”可以怎样调节经济复苏的步伐，美联储都不会相信自然力量能够胜任这个工作。于是他们加入自己施加的压力，联邦公开市场委员会内部的大多数人曾反复警告说如果美联储不采取行动将会产生何种后果，这些人弃普雷斯顿·马丁于不顾，甚至为坚守自己的立场并证明这一次美联储不会屈服而藐视保罗·沃尔克的意见。

除了1984年失去的经济增长潜力以外，美联储策略还给美国经济带来了更加深远的影响。一旦繁荣遭到制止，经济将再也无法重获正常的动力。1984年第二季度之后，经济扩张的轨迹始终维持在经济增长的历史水平线以下，甚至低于20世纪70年代10年的增长率，这无疑会令所有人大失所望。美国经济没有进入衰退，它只是在让民众的期望一点点裂开，一点点上升，再一点点破灭。

“这的确很可怕，”普雷斯顿·马丁说道，“我们得到的是一个急剧变动的经济扩张，并且一直和它生活在一起，一个季度的经济增长可以是1%，然后下一个季度变成3.5%，之后是2.5%，最后又是1%。尽管这是一种弹性变化，但失业率却居高不下，利率也居高不下，而实际经济增长却极低。”

然而用美联储自己的标准来衡量，他们取得了胜利。这家中央银行赢得了这场“老鹰捉小鸡”的游戏，或者至少说，它没有输。保罗·沃尔克在劝说国会削减财政赤字方面可谓彻底失败。即使期间曾稍微调整，但预算赤字仍然十分庞大，并且在1985年财政年达到新的高峰，甚至在1986年进一步增长。不管怎样，在种种极端条件下，美联储并没有屈服，它成功抵制了所有由放松货币政策而起的压力，包括来自白宫的威胁和抱怨。尽管也曾犯错，但美联储并没有重蹈上次战役中的覆辙。

物价稳定、货币稳定，毕竟这家中央银行及其主席在判断自己的行为和是否成功时是有一定之规。通货膨胀被成功压制，尽管赤字仍十分庞大。极具刺激性作用的财政政策已经被坚定的货币政策牢牢牵制,美国经济重回掌控之中。尽管潜力稍显不足，但绝对不会发生通货膨胀。

货币问题永远都是关乎价值的问题，其会完全依赖于对社会最为重要的因素。如果稳定货币是国家之重，并且是最重要的目标，如果规避价格通胀风险是凌驾于一切的重点，那么保罗·沃尔克及美联储就必须要完成这个社会的最高任务。但如果只有货币最重要，那么其他因素则必须变得不具价值。就业、生产、房屋所有权、工业发展以及收入和财富的平等分配，所有这些极具冲突性的社会经济目标都会影响将货币置于第一位的实现。事实上它们也的确会对后者具有破坏作用。当所有这些次要代价聚集在一起时，美联储一心一意的胜利就会被证明是代价极高的胜利。

“我一辈子都会是共和党人，”大西洋富田石油公司总裁罗伯特·O. 安德森（Robert O. Anderson）说道，“但我也要质疑共和党的毛病。他们是一群倡导自由市场和自由企业的保守主义者。历史上他们对美国工业的舍弃多于其他经济产业，可他们仍在说一切都很好，这就像是 OZ 国历险记。”

安德森还曾是达拉斯联邦储备银行前任董事会主席，但他对美联储仍有微词。“我是美联储的朋友，”他说道，“但我真的十分讶异于它的所作所为，我两年前就告诉过他们，如果不改变行进方向，我们将会杀死美国工业，现在果然发生了。在我看来，美联储如此细心地弥补减税带来的损失，却几乎没有人注意到其产生的影响。”

安德森私下里曾和美联储的前同事牢骚满腹，但没有产生任何效果。“当我抱怨时，他们只是沉默，”他说道，“美联储没有任何反应，它依然还是我行我素。白宫也一直没有声音，任由美联储干劲十足。”

安德森是一位能干的实业家，多年来试图说服里根内阁和美联储必须停止美元价值在外汇市场上的节节攀升，但最终失败。对于安德森来说，美元价值的急速增长没有任何神秘性可言，其只不过是更高利率上升的产物。“我不认为高利率是一种巧合，”安德森补充道，“我认为这是打击通货膨胀整体模式中的一部分。”

1984 年秋，也就是竞选前 3 周，美国石油商人和得克萨斯的休斯敦商业俱乐部高管在听到安德森充满激情的演讲时颇为震惊，这位商人是在控诉里根－沃尔克政府对美国经济的所作所为。

“每次出国旅行，当地人都想知道美国强大的经济复苏进展如何，对此我有些不知该如何回答，”这位石油高管说道，“因为对于我来说，这是一次白领阶层的复苏，它将美国蓝领狠狠地抛在后面。复苏的人群里没有钻油井工人，没有木匠，没有钢铁工人，没有伐木工人，也没有农民，被称为‘美国劳动者’的大部分人群并不在此次复苏之列。

“美联储在华盛顿办公大楼内的计算机建议我们：我们此时的发展速度正超过美国经济复苏所限制的法定速度。因此我们必须在某种程度上降低行进步伐。但美国的蓝领阶层，即美国的劳动者，富有干劲的美国人其实根本就不在这条船上。在我看来，我们的服务业、进口和高科技产业或许都实现了 10% 的增长。如果你希望看到的是 4.5% 的经济增长率，那么当你看到另一半世界里的增长率仅是少于 2% 时也不必感到刺痛，因为这正是美国工业正在经历的现实——少于 2% 的增长。”[40]

安德森的哀叹曾在众多其他工业和农业人士口中反复出现，尽管并不如此生动，但都在 1984 年承受被人忽视的命运，并承担起当时最具破坏性的后果。美联储要坚定地利用利率刹住经济复苏。美元价值在外汇市场上再次上升 12%，美元与其他主要工业国家货币的平均交易价指数达到 1980 年末时的 100 点以下。到了 1983 年末，指数上涨至 133；1984 年末又变成 149。无论是美联储还是财政部都无法阻挡它的增长。

在 4 年多的时间里，美元价值已累计上涨超过 50%，这大致意味着美国政府已向美国经济中所有的贸易敏感性经济领域施加价格劣势，为何美国公司会纷纷关闭国内工厂将生产转移至海外，以及堪萨斯农民为何会再也找不到购买自己过剩小麦的海外买家，也就不奇怪了。

卡特皮勒公司（Caterpillar Tractor）将铲车车间从俄亥俄的曼托转移到英格兰的莱彻斯特。福特公司关闭其在密歇根罗密欧的厂房，将生产基地移到比利时和英国。杜邦公司削减了更多的在美劳动力，并在法国、德国和荷兰建立新的化学工厂。固特异轮胎橡胶公司（Goodyear Tire & Rubber）放弃在俄亥俄生产大型挖土机轮胎的努力，转而开始在日本境内开辟生产基地。[41]

美国生产型企业的大量外逃给供应经济学理论造成一个讽刺性后果。新的厂房和工厂实际上是在美国建立起来的，但最后的结局都是关门和倒闭。经济学家杰拉尔德·爱泼斯坦（Gerald Epstein）这样描述这个最后结果：“从 GNP

来看，1984年的净投资水平低于1979年的，事实上甚至低于以往任何一次经济循环高峰期的水平……美国工业正因美元价值过高而遭受不利影响，诸如造纸、钢铁和非电子设备制造，这些领域对新厂房和新设备的投资正在减少。”[42]

对于农业来说，出口市场在持续萎缩。不到两年时间，这种趋势就造成美国作为食品和纤维生产国角色的惊天逆转。到了1986年，美国这个世界上农产品产量最多的国家摇身变成了一个农业产品的纯进口国。

某些义愤填膺的农民和农业州政治家由此得出结论，这是美联储的蓄意而为，其目的就是借此向海外信贷债务负担沉重的货币中心银行提供紧急救助。强势美元会帮助拉丁美洲国家压制美国粮食产品进口，同时又能扩大自己对美国的出口，从而造成贸易顺差，以满足其偿还利息的需求。美国中西部农民在交易中蒙受损失，而纽约的银行家却赚得盆满钵满。

无论这些农民对美联储动机的猜测正确与否，总之他们猜对了结果。或许当这些农民知道银行家自身曾向美联储表示十分赞成这种权衡交易时会更为震惊，恐怕也只有银行家会看到强势美元带来的这个好处，美元导致的贸易不平衡正在伤害美国农业和其他经济领域。联邦咨询委员会也注意到这一点，但他们还是要“为不发达国家贷款提供其迫切需要的海外贸易以应付债务问题”。

克莱斯勒的李·艾科卡极其愤怒，他对强势美元造成的全部损失进行概括总结。在华盛顿的一次演讲中，艾科卡警告道：

> “这个城市的人们将开始注意到那些被深埋的经济学数据，在美元的剧烈上下摇摆之间，会有14万人破产、300万个工作机会流向海外、10万农民失去自己的土地。这并不是从教科书上搬来的钟形曲线图，他们都是真实的人——为衣食奔波、为孩子操劳、为抵押贷款拼命的美国公民。”[43]

美元对国内经济不断造成的破坏性影响是美联储办公室内的敏感话题。他们对此振振有词，从决策记录来判断，美联储官员从未认识到他们意欲打击经济复苏的紧缩信贷政策会将美元价值推高到何种程度，他们对这样的结果也表示遗憾，并找来诸多借口为自己开释。

“我们的出口工业正在遭到破坏，”安东尼·所罗门哀叹道，“其中有些将再也无法从中恢复过来。”所罗门强调他和沃尔克曾一直十分担心美元，却坚称他们也无能为力。美联储不能干预外汇市场以压制美元上升，因为里根内阁严厉反对美联储干预外汇。然而即使偶有外汇干预措施的出现，只要美国利率居高不下，美元上升的趋势就不能被终止。

保罗·沃尔克也很遗憾会造成这样的结果，但恳求之词中却尽显无辜。“美元是财政－货币政策双重作用下的错误，”这位主席坦承道，“这不是我们的错，我们对此也无能为力，我一直担心美元会急剧下跌，但到了 1984 年夏末，美元正明显开始让美国制造业萎靡不振。”

沃尔克和所罗门一样表达了美联储的无助。当然这家中央银行本可以放松国内利率从而降低美元在外汇市场的价值。但维持低利率将意味着他们要放弃最主要的目标，即遏制经济增长、打击物价。沃尔克这样辩解道：

“我对美元给经济领域任何人造成的所有伤害报以极大的同情。但你又能怎么办？我们应该宽松处理并只顾及美元吗？在我看来，我认为除非你们对通货膨胀树立了更为强大的心理防线并对美国经济抱有更大信心，否则都很难做到放松货币，尤其是当其他方面也存在真实困境的时候。”

美联储所说的“其他方面”即是指财政政策。这家中央银行认为自己在面对联邦政府赤字时束手无策，因此才会有以往的种种表现，即被动忍受美元价值的上下浮动。保罗·沃尔克似乎和罗纳德·里根一样善于转移指责，正像总统习惯于指责吉米·卡特政策造成的种种不良后果和过去的罪过一样，沃尔克谴责的对象是财政政策和预算赤字。当面对公众批评时，这家中央银行通常会强调这种无能为力感。

“看吧，我们所能做的一切就是处理宏观局势，”委员帕蒂辩解道，“在这种情况下，制造业受伤和国外进口增加，这些并不是我们的所作所为导致的结果，而是因为美元。我们还能做些什么？美元居高不下是因为赤字，是因为美元利率一直在升高，是因为里根和美国经济的信仰。我们会建议怎样做呢？难道我们要建议让货币供给不断增长以维持利率下降吗？这无疑会引发通货膨胀。”

宽容一点说，美联储的自我辩解有些过于勉强，这好像是在说美联储对这件事毫无决定权，他们的货币政策除了一向坚守的紧缩政策以外别无其他选择。但这却是在忽略美联储自身曾经做过的争议性选择和犯下的错误，即其在经济复苏期间推行的高利率，尤其是在1984年经济繁荣时所做的刹车决定。

这两种选择都不是必须去做的。我们可以从三个不同的方面来证明美联储行为过火的本质。首先，在美国经济正呈现复苏迹象时，实际利率实际上被推高到历史最高水平，这是这家中央银行过度遏制经济增长的明显证据。第二，1984年的经济增长根本不是适度，而是几乎陷入停滞。第三，1981年至1982年经济萎缩期间，普遍物价的平均值并未保持在适中水平，而是开始进一步下降，这就会使债务人和生产者的困境更加恶化。如果选择的话，美联储本该是终止这些极端现象的发生，同时不放松对通货膨胀的打击。如果美联储选择更加适度地对待利率，那么美元升值所产生的破坏性后果也不至于会如此严重。

然而美联储却成功躲避了这样的指责。鉴于联邦政府职责的结构分散性，每个人都能规避指责。国会和总统将货币管理交给中央银行，里根内阁忽视了正在上升的美元，甚至还为其叫好。美联储对此了如指掌，却决定摆出一副无助的姿态。

华盛顿的分析专家在研究过程中乐于让这种细微问题呈现出一种模棱两可性。造成美元价值上升的经济原因是什么？谁应为不幸的伤害受到指责，受到哪些指责，是货币政策还是财政政策，是美联储还是国会的分支机构？他们的结论会在不同程度上掩盖有关原因和影响的评估。对于数百万从中受到伤害的普通民众和商业企业来说，一个简单的答案就完全足够：整个美国政府都要受到谴责，谁也逃脱不了干系。

对于大多数美国家庭来说，生活中有两种主要商品必须购买，即汽车和房屋。对于他们的幸福感来说，其他任何一种商品交易都不如这二者重要。然而在里根复兴时代，某些奇怪的现象却正在发生：美国人不再像以前那样热衷于买房买车。在繁荣复兴的普遍幸福情绪里，这就像是一个守口如瓶的秘密。相反新闻杂志和其他媒体当时的焦点却是在追踪雅皮士群体的出现，即一个由青壮年城市职业者组成的新兴阶级。他们拥有较高的收入和奢华的品位，作为代表群体，雅皮士已经与当时美国消费模式的真实改变不可分割。

大众市场正在萎缩。1984年的汽车销售自然空前繁荣，底特律汽车工业从经济衰退时的最低谷一跃增长50%。然而汽车工业，包括海外进口汽车销售量的猛增从未重新达到过70年代的汽车市场销售高峰。根据摩根－斯坦利的报告，美国购车人口的年龄比例是：1978年以前出生购买汽车和卡车的人口占16%，1983年以前出生的占22%。相对于历史上的常规销售模式，底特律、日本和欧洲正在争夺越来越小的市场份额。[44]

正常来讲，20 世纪 80 年代本应该是突破汽车销售纪录的年代。因为此时的劳动人口包含从“出生高峰期”成长起来的年轻一代，他们是膨胀的一代，是拥有自己收入的新型消费者，是自身成为一家之主的中坚力量。另外，80 年代的汽油价格也正在稳步下降，不像 20 世纪 70 年代汽油价格居高不下从而增加购车成本、降低购车者的消费欲望，80 年代的汽车销售潜力巨大，却并未得到充分开发。

购房热的退潮则更为令人震惊，同时对于美国人的生活水平也更具根本性意义。经济复苏期间，房屋建造业呈现出时涨时落的迹象，通常会随着利率的变化而波动。但房屋建造者在 20 世纪 80 年代却从未接近新房屋购买者市场潜力的真正实现。房屋消费者的流失逐渐波及耐用品市场，例如电冰箱和洗衣机，因为这些商品只有购买新房者才会用到。

1984 年住宅销售量的最高峰是 170 万套，几乎是经济衰退期间最低销售量的两倍。然而在整个 70 年代，尽管购房者潜力正日益缩小，但房屋建筑量曾在一年当中四次超过 200 万套，并在 1972 年达到新的历史高度——240 万套。80 年代的整整 10 年当中，房屋建筑量本应超过这个历史数字，因为“出生高峰期”一代使潜在初次购房者人群又额外增加了 1200 万年轻人。那么这些购房者都跑到哪里去了呢?

“整个 80 年代，典型购房人群中又加入大量新人，”房屋建筑协会的首席经济专家迈克尔·苏米克莱斯特（Michael Sumichrast）说道，“可问题是这些年轻人大多数都买不起房，他们没有别的选择，只能租房或与别人同宿一室。”[45]

这些人就是被价格挤出市场的人们，他们或是因为支付不起高额的抵押贷款利息，或是个人收入过低无力承受抵押贷款，或者两者皆是。数百万年轻家庭发现自己竟然还不如 20 世纪 80 年代之前父母或兄长曾经享受到的待遇，如果房子是“美国梦”的必要因素，那么这个梦正变得更具选择性。

这是 40 年来的第一次，即里根就任总统期间美国人拥有房屋的比率实际上正在下降。尽管没有人在政治竞选中对此提及太多，但这的确是美国生活模式的一个重大转变。自从 1940 年以来，房屋拥有量一直是有增无减。在各种财政补贴的刺激下，包括政府实施的利率上限政策，都促使房屋所有率从 1940 年的 44% 上升至 1980 年的 66%。从 1981 年开始，房屋拥有量开始自第二次世界大战以来首次下降。截至 1984 年，其已下滑至 64.5%。到了 1986 年则变成 63.9%。

“尽管每年下滑的幅度不大，但累计起来也足以抵消房屋建筑业在 70 年代中后期的繁荣时代所取得的成果。”麻省理工－哈佛大学住房研究联合中心在报告中如是说。换句话讲，如果房屋拥有率可以被看作是国家进步的一个标志，那么里根－沃尔克时代的美国已退回到 1973 年以前的水平。[46]

实际上，所有阵地流失所产生的巨大痛苦悉数都要由年轻人来承担，即 35 岁以下的家庭成员。或许除了雅皮士①以外，年轻人家庭用自己的钱仅能买到更小的房子，并被迫要让房屋贷款占据自己越来越多的收入份额。以 30 岁户主为例，其每月收入中此时要有 44% 用于支付一套新房贷款，而这是 10 年前年轻户主所必须支付月供的 2 倍。[47]

鉴于自身生活水平的倒退，这些年轻人如此热情高涨地支持总统的行为看起来尤其令人觉得讽刺，但当时的民主党对此也是保持缄默。作为一个实际问题，两大政党都曾就房屋拥有量的目标做过退让，先是民主党在 1980 年撤销利率限制法案，接着是共和党采取旨在限制房屋拥有人群的经济策略。如果政府继续坐视不管，那么房屋拥有量的下降将代表对美国繁荣理念的重新定义。

然而在经济复苏期间，这种潜力流失的趋势却被普遍的充分消费所掩盖。毕竟，经济学家定义的消费需求十分强劲，人均收入水平正大幅度提高，里根时代的复兴在很大程度上就是个人消费催生的产物（不过当然其中很大一部分来自美国人对国外进口商品的消费）。而这两种情况又怎么会同时存在呢？一边是复兴时代的消费繁荣，一边是数百万潜在商品（汽车、房屋及其他）购买者的消失。

其中一个答案就是高利率，第二个解释就是收入的分配不均。从总数和平均数来看，消费者用于购物的可支配货币收入看起来十分充足，但如果进一步看，就会发现这部分增长的货币收入中有一大部分会明显流入上等收入家庭（包括幸福的雅皮士）。位于经济阶梯底层的家庭收入在国民收入份额中所占的比例越来越小，而这些人还要买车、买房和其他美好的商品，只要他们支付得起。

根据美国人口普查局的计算，40% 位于底层的美国家庭的中间实际收入在 1980 年至 1984 年间有所下降，每个家庭下降 477 美元，损失超过 3%。与此同时，

① 雅皮士是指西方国家年轻能干有上进心的一类人。这类人一般受过高等教育，有较高的知识水平。——译者注

最上层 10% 的家庭的中间收入则提高了 5085 美元，增长超过 7%。20 世纪 80 年代的一系列关键的政治决定，从里根的经济计划到沃尔克的货币政策，均曾为这种收入份额的逆行“贡献力量”。那些依赖工资收入的人所损失的利益正是那些依赖利息收入的人的所得。[48]

无须惊讶的是，实际收入发生缩水的人们并不是真正的消费者。美国经济的运行依靠的是那些有大量货币去消费的人，即上层家庭。至于其他人，尤其是年轻人，他们只能无奈地接受一个发生缩水的旧梦。总的来说，他们正是不能像以前购买更多房屋和汽车的美国人。

没有充足实际收入的人还有另一个选择，那就是借钱。通过不停地借债，他们可以维持消费并希冀自己的生活水平有所提高。数百万美国家庭选择了这样的生活，这也可以理解。个人债务累积的速度很快，供应经济学家设想的个人存款的增长不仅没有实现，反而导致存款率降至新低。美国人宁愿借钱也不拒绝购物，因为他们很难接受自己生活水平下降的新现实，尤其是当政界和新闻媒体叫嚷着美国人正开始进入繁荣的新纪元时，他们更是难以承受这样的结果。

正如《财富》杂志曾经说的，大众市场正在分崩离析，同时也在日益缩小，逐渐显现的生活模式对美国经济的未来产生深远的影响，更不用说居民的生活水平。然而这却并未成为足以吸引经济学家的问题。当经济学家评估“消费需求”时，并不是指人们在生活中的总体需要，即托斯丹・凡勃伦曾经提出的高效经济标准；他们的“消费需求”只是指人们用于购物的全部可支配货币。

对于现代经济学家来说，谁拥有货币或货币去往何处的问题似乎并不重要。某些家庭正在为度假购买第二所房子或第三辆汽车，而其他人却买不起自己的第一所房子和第一辆汽车。这些事实可以被看作一个社会问题，而非经济问题，因为大多数当代政治家依靠的是经济学家定义，他们或许并没有意识到所发生的改变。

然而从长远来看，如果这种趋势不被逆转，缩水的大众市场就会变成一个政治问题。这就是美国人对美国经济的普遍期待吗，或者这就是政治领导人曾经许诺的前景吗？用莱尔・格拉姆利的话来讲，这些政治暗示就相当于正在等待爆炸的炸药。

从更大的意义来讲，保罗・沃尔克打击通胀的胜利最终只会颇具讽刺意味：美联储实际上并未完成它的历史使命。这家中央银行的首要职责是控制信贷在经济行为中的过度扩张，确保社会的投资期望不会超过现实，以成功卸载未来的债务负担。这一次，正是由于没能将一切置于掌控之中，美联储才没有能力实现其最基本的功能。

相反，经济复苏期间的美国人正以超出预想且十分危险的速度大量借钱。无论是个人还是机构，无论是私人企业还是政府。尽管自愿推行高利率政策，尽管对经济增长实施遏制，但美联储发现自己在很大程度上根本无力控制保罗·沃尔克所说的“一次全民借债的狂欢”。

没有人会比美联储更头疼于债务的大爆发。委员深知这就像是在用一把枪对准未来威胁企业的资产负债表和一家之主的偿债能力，引诱经济领域中的所有人陷入大范围崩溃，或者说催生紧急救助债务人的不可抗拒的压力，即只能凭借通胀的卷土重来才能实现的救助。

“利率是衡量信贷需求的合理手段，因此它不能过度，”委员帕蒂说道，“然而如果此时盯着信贷需求不放，你会发现这种需求十分庞大且重大，政府债务在增加，还有户主债务、企业债务。你该如何以此为标准做出利率过高的结论？我宁愿说利率还不够高，可我必须得承认美国经济表现很差，这是个猜不透的难题——相当难。”

美联储主席也对这种两难的境地忧心忡忡，他意欲遏制经济增长的策略需要信贷价格空前高涨，而实际利率已经与中央银行自身的历史纪录极为不符，然而各领域的债务人并未被吓住。1984 年联邦公开市场委员会为整体国内债务增长设定在 8% 到 11% 之间，但经济行为中的实际情况却远远超过这个目标。美国全民未偿还债务增长 14.1%，这是打破历史纪录的新信贷增长最快的一年，即创造了至少 3000 亿美元的新债务，这远远不是美联储所预想的谨慎信贷。[49]

“如此庞大的债务增长令我感到不安，”沃尔克说道，“人们为何要让这些坏账产生？有人会说利率太高，这一点我也承认，当然这是由极端经济状况和历史标准决定的。但如果利率过高，为何债务还会扩张得如此迅速？为何债务增长速度竟会相当于 GNP 增长的最高水平？显然借债的人们并不认为利率过高。”

尽管代代相传的民间记忆存在偏见，但不断增长的新债本身其实并不是不健康。相反，这是充满活力的象征。毕竟，如果没有持续的借出和借入，现代美国经济也无法运转。总的来说，如果家庭没有借贷，那就意味着他们不会购买。如果企业没有借贷，那么他们也就无法建造新的工厂并扩大生产和就业。政府债务也同样具备创造力，它能对一个垂死挣扎的私人企业产生刺激作用，它对实际经济资源的购买可以令社会在未来更具生产力，例如公路、隧道、学校、大学、基础研究实验室甚至是新工厂。从这个标准上来说，第二次世界大战就是历史上最具建设性意义的一次借贷狂欢。

从每个层次来讲，无论是户主还是政府，新债质量必须从两个基本角度去加以判断，这也是每个谨慎家庭在实现新贷款之前必须确定的问题。借来的钱用于购买什么，其是否值得产生新的信贷？再者，家庭有能力偿还贷款的可能性有多大？这也是同样适用于企业管理者发行债券之前使用的基本衡量手段，或者至少从理论上说，也是政府经济学家拟定赤字预算的标准。

在债务犹如雨后春笋般疯长的 20 世纪 80 年代，只有这两个问题才能拉响全民警报。美国新债务中有一大部分不能催生未来生产力的发展，其中大部分都是金融即时消费，即只有在消费者还清债款后才能实现活力的信贷。这些贷款中还有很多用于制造利润回报，但最后均沦为空头的金融投机。以 1984 年为例，美国商业先后累积 1400 亿美元的新债务，唯一用途就是为企业合并和接管提供资金，而非用于新工厂的建造。

随着债务的累积，第二个问题就变得更具警示性。全国制造新债务的速度要快于其偿还能力加强的速度。任何一个债务人都曾做过这样的事，即依靠投资来偿还最终债务，或者指望收入增加会赶上债务增加的速度。然而一旦美国经济发展恢复平平且失去强劲扩张的动力，那么整个国家是否还能追赶上自己日益累积的债务似乎就会成为很大的问题。

这种债务规模可谓壮观。1984 年末，美国全部未偿还债务（包括政府和私人）达到 7.1 万亿美元，几乎是 1977 年以来的债务的 2 倍。真正危险之处还在于，仅 1983 年和 1984 年国内债务就增长超过 25%。很明显，债务增长的速度已远远快于整体经济的增长，而只有经济才是收入、利润和税收的来源，并最终用于还清贷款。[50]

过去几十年当中，美国的公共和私人债务的扩张与经济增长之间的距离越来越大，债务增长一般会比 GNP 增长快 40%。如今，未偿还债务已超过 GNP 的 60%。在这种条件下，第一个问题就变得尤其重要：借入的钱用于在未来购买什么？普遍来讲，买不到太多东西，大多数新债都不会用于强化国家的生产潜力，即实现偿还贷款的能力。

美联储无力遏制“借贷狂欢”的事实是保罗·沃尔克主席任期内的一个核心矛盾。如果单看利率，沃尔克的货币政策似乎是极具惩罚性的紧缩；可如果看爆炸式的信贷，沃尔克似乎又过于慷慨大方。这里有两个基本解释，沃尔克的自身策略和中央银行的自身政策促使了债务的快速累积，但美联储失控的另一个原因则在于一个政治决定，即国会曾于1980年颁布金融自由化法案，从而剥夺了美联储控制债务扩张的能力。

沃尔克本人深知金融自由化法案带来的潜在恶果。尽管那些曾在1980年投票同意废弃利率限制的国会议员当中很少有人能意识到其同时也会削弱美联储的货币控制。正是由于这部法案，1983年和1984年逐步显现的经济复苏才会与当代任何一次的经济复苏都不一样，即20世纪20年代首次出现不受任何利率限制的经济循环周期令市场最终获得自由，而80年代的美国市场却催生其在“轰隆隆的20年代”制造的景象，即可疑信贷的迅速生长和积累。

新政以来，政府的各种利率上限和债务人补贴就像是严格控制金融管道的切断式阀门。一旦市场利率达到法定界限并无法再走高，货币就会从金融中介人储户手里流出，然后寻找其他有更好利润回报的地方。银行、储蓄所和贷款机构会别无选择地流失存款，但借贷也由此停止，新债务的扩张也就会得到控制（尽管会有极度痛苦和牢骚满腹的失望债务人和苦于“信贷紧缺”的金融机构）。如果美联储想要降低借贷增长，就只能让利率更接近于当初的“切断式阀门”水平，那么信贷供给自然就会被截断。

然而一旦政府的控制被解除，债权人就会自由制造金融管道中的任何一次交通阻塞。美联储也只剩下一个可以施加约束的杠杆，即提高利率。为了抑制信贷，美联储不得不将利率推高到一个可以缓解交通阻塞的程度，即通过设定一个过度的信贷价格来打压信贷需求，驱散某些信贷客户——通常都是那些规模最小、实力最弱的机构或个人。

正如布里格斯－斯凯德尔公司（Briggs Schaedle）的经济专家菲利普·布雷弗曼（Philip Braverman）所说：

“强调的重点是让信贷价格高得可以打消人们的欲望，而非减少有权使用信贷的数量，以此希望市场可以理性分配信贷，希望债务人停止借入、债权人限制借出。我们将市场变成唯一的仲裁者，由它来决定信贷的分配和信贷是否过度。但这样做是极其错误的，因为让信贷可以自由支配使用最终只会导致通货膨胀。”[51]

美联储的唯一杠杆，即过度推高利率，是沃尔克执掌美联储前几年当中铁血但高效的手段，因为当时美联储的目标是制造衰退、抑制通货膨胀。美联储曾经为达到预想效果将基本利率推高到21%，致使许多受害者蒙受额外损失，但这种收缩的确可以达到目的。

然而一旦经济开始出现复苏，这家中央银行就要面对一个新的两难境地：将利率推高，但又不敢推得更高，因为这有杀死复苏的风险。正如美联储意识到的，即使非常高的利率水平也无法阻挡债权人和债务人制造新信贷的脚步，自由市场在分配新信贷时的无纪律性就像是政府赤字的入不敷出。

“唯一具有抑制性影响力的手段就只剩下对利率的控制，”美联储的一位高层官员抱怨道，“通过让客户破产的方法最终达到抑制的目的，这明显会伤害更多的人。在典型经济学家看来，这是一个精彩的世界：利率上升半个点就会让信贷成本上升许多个点，从而降低信贷速度。然而这只是理论而非现实。

“现在我们依赖更多的是介入其中的人类情绪，早先我们控制利率时，银行会被坚决要求提供资金，但它们却无法提供信贷。因此银行家的情绪可以忽略不计。可现在，没有了任何的利率上限，如果债权人和银行家都十分乐观，那么他们就会永远地继续走下去，或者他们认为他们可以走下去。”

罗纳德·里根的乐观情绪带有传染性，并被普遍分享，从而引领信贷交易双方对未来做出过高估计。就像是总统并未被高涨的联邦债务成本吓到一样，许多美国家庭和企业（包括为他们提供贷款的银行家）也没有为自己承担的实际债务负担所吓倒。贯穿所有经济行为，无论是债务人还是债权人都会为未来设置高风险赌注，打赌这些贷款一定可以在某种程度上被还清，尽管利率成本在提高而经济增长在下降。第一波士顿银行首席经济专家艾伯特·乌泽卢尔（Albert Wojnilower）早在1980年金融自由化法案颁布时就预测到这样的结果。到了1984年，他的警告就得到了证实。

“毫无疑问，”乌泽卢尔说道，“既定的高利率的确可以抑制私人信贷需求。

但从80年代至今来看，时好时坏的经济以及通货膨胀两位数与零的交替，都能表明最近的实际情况远非当初的想象。”[52]

然而美联储自身却并不接受这种基本解释，其仍然在用不承认的态度面对信贷爆炸。这家中央银行已着手确立稳定货币并取得成功，但它残忍打击价格通货膨胀的行为同时也会制造信贷增加的基本压力，即制造产生信贷的新动机。

以货币价值优劣势颠倒为例，美联储本质上是将通胀投机的舞台从可见资产转移至金融资产。整个20世纪70年代，正如美联储委员经常哀叹的，人们借入货币是为了投机实际资产——房屋、土地、艺术品、黄金及其他商品，并自信于通货膨胀会让这些商品价值提升。而在20世纪80年代，价值膨胀和投机性信贷转移到一张纸上，即新金融工具带来的令人迷惑的利润繁殖，并在此时可以提供快速回报，而这要感谢美联储的强硬货币政策。

这两种投机行为从本质上讲都是对货币问题的赌注，用通货膨胀或通货紧缩来打赌。20世纪80年代的金融投机与70年代的商品投机相比，前者只是少了一些压力和浪费。当70年代的投机者通过房屋、土地、石油租赁获得通胀利润时，这个过程至少还能刺激实际商品的生产——更多的房屋、更多的农用商品、更多的石油。除了个人利润以外，80年代令人眩晕的金融价格增长所制造的唯一结果就是更多的纸张。而当价格通货膨胀向华尔街运动时，美联储并没有加以约束。

美联储的货币稳定策略同时也在暗中制造了20世纪80年代狂热的企业接管大战，包括“垃圾债券”①、融资买入和中央银行家极力反对的企业债务加剧；T. 布恩·皮肯斯（T. Boone Pickens）设法得到优尼科石油公司（Unocal）、卡尔·伊坎（Carl Icahn）突袭固特异公司（Uniroyal）、首府广播公司（Capital Cities）吞并美国广播公司、通用电气强夺美国无线电公司（RCA）；伊万·波俄斯基（Ivan Boesky）②变成一个家喻户晓的名字。资本形成的功能不再高尚，投资银行家正专心致力于这种赚钱的鲨鱼游戏，争夺企业所有权的高赌注战役一旦变成一种常态，就再也不会令人兴奋。

尽管这些企业劫掠者充满正义感地声称这是在捍卫股东利益、反对懒散的企业管理人，但这些“交易”所产生的一个根本力量就是会直接改变曾由美联

① 指高风险、高回收的债券。——译者注
② 华尔街的股票炒作者，借由投机公司并购而赚进大约2亿美元的巨款。——译者注

储创造的经济世界，即实际资产萎缩、金融资产繁荣。企业操作的目标就是抽取一家企业投入到利润较少的实际资产的资本，包括它的厂房和建筑，从而将其重新投入到可以产生更高回报的金融资产中。这个过程的完成部分上要依靠一家企业的“拆卸”，倾售其不同“零件”，然后获得现金，同时还需要加剧企业债务，即现在借钱以实现未来获利。尽管在经济论点上存在分歧，但 20 世纪 80 年代盛行的重组资本过程在本质上与本世纪初期 J.P. 摩根及其他同时代的人进行的金融操纵和 20 年代金融家展开的股票市场投机游戏没有任何区别。

几乎所有玩家都会即刻受益，无论是获取更高股份价格的股票持有人还是从经纪交易中获取可观中介费的投资银行家。而潜在输家大部分只会在未来显现，届时背负更多债务的疲软企业会不堪重负，最终倒闭。不过今天的游戏是将货币从一个企业的资产中抽出，将股票所有权转入债务。无论有无接管人，1984 年的美国企业总共在企业股份中撤走 720 亿美元，然后用同等数量的企业新债加以替代。未来就这样被抵押出去，却并没有任何会令未来更具生产力的积极行动。

“对于一个企业来说，股票和债务之间存在一个根本不同，”委员帕蒂说道，“如果企业利润下降，你只是无须向股东提供分红；但如果无法偿还债务，那么你就只能破产。因此企业要比之前面临更多的危险。”

美联储强烈反对这种行为，甚至推出法规遏制用以资助企业收购的“垃圾债券”使用。尽管如此，只要货币政策可以保证金融投资的高实际回报并刺激性地压制实际资产的回报，聪明的投资者还是会寻求各种办法让自己的资本在各企业间流动。

艾伯特·乌泽卢尔将这种高风险游戏称为金融市场的“赌场本能”，其产生的原因正是由于美联储对银行危机的保护性反应。政府对信贷人赤裸裸的保障得以使伊利诺伊大陆银行可以生存下去，这无疑是再向投资者传递一个信息——只要将钱放在美联储认为不能破产的大型银行或大型经纪公司，就会绝对安全。而承担风险的则是其他人，包括美国的纳税人。

所罗门兄弟的亨利·考夫曼总结道：

“信贷增长之所以会欣欣向荣，其原因即是……政府甘愿为所有本打算削减借贷风险的参与者提供一张巨大且安全的官方保护网。大型商业企业不能破产，大型金融机构不能破产，拥有存款的机构不能破产——只要有储户，无论大小；陷入麻烦的联邦信贷代理机构也不能破产，由此一张官方保护网逐渐形成且扩大，这是一张能被市场感知到的大网。”[53]

最终，这场信贷爆炸就在保罗·沃尔克自身的货币政策的策划下被点燃。高利率实际上是在迫使越来越多的人借钱，以维持旧债，尽管其本意是遏制经济增长。那些债台高筑的农民和石油开采商与拉丁美洲的第三世界国家一样，就此而言，就连美国政府也是这样。作为一个实际问题，许多债务人没有其他选择，只能借入更多的钱，即使他们知道额外增加的债务既不谨慎并且利率成本过高，但不借钱就意味着破产。

华尔街上的投资组合经理人爱德华·索尼诺（Edward Sonnino）说道：

“利率的异常走高对于债务的突飞猛涨来说，即使不是主要原因，也是一个重要原因，无论高利率的‘策划者’是预算赤字还是美联储。当然正常来讲，高利率会阻止信贷产生，但过高的利率也可以对信贷增长造成反常性影响，而这正是过去几年发生的事情。”[54]

这种理论的一个最明显例证就是不发达国家债务问题（当然尽管其不是美国国内债务负担的一部分）。1982年，南美洲和加勒比沿岸国家危机达到高峰，他们总共吸走3300亿美元的债务，所有人都认为他们举债过重。两年后，根据世界银行统计报告显示，这些国家的债务又上升至3740亿美元——窟窿越来越大。

他们在高利率条件下产生的新债大部分都用于偿还旧债的利息支付。他们按照高利率借入的债务越多，就越需要从未来借入更多的钱用于利息支付。尽管某些国家已经呈现好转迹象，但大多数国家正在加重实际债务负担，这便是衡量他们是否能够承受信贷的关键手段。1981年，这些国家的海外债务已占其整体GNP的38%。到了1984年，又变成61%。同样，他们的债务增长速度要快于其出口收入的增长速度。保罗·沃尔克的国际债务处理方式正逐渐削弱美国银行所面临的危险。但与此同时，大多数债务人的遭遇却每况愈下。

他们还能支撑多久？只要银行家和国际信贷机构可以为他们提供新货币，他们就可以承担旧债的利息支付。正如亨利·沃利克曾经所说，这就像是一场“庞氏骗局”。

尽管效果不明显，但这种侵蚀却一直是在向许多国内债务人产生作用，即被迫借债且不愿接受止赎或破产的家庭和企业。平均来看，一个户主的资产负债表看上去并不危险，收入的增长或多或少可以跟得上债务增长的脚步。但这却是在忽视收入分配不公和大多数美国家庭正在借入更多的钱的事实，而造成这些事实的原因正是他们的实际收入正在下降。事实上，他们从收入份额更大的上层家庭借入的钱正是由高利率和其他政府政策一手造成。

“收入正大比例地向高收入群体进行重新分配，”委员帕蒂说道，“这需要消费者积累越来越多的债务。高收入人群会将自己增长的金融资产收入进行投资，也就是被其他人借走的货币。”

债务人会承担额外风险，因为可变利率抵押贷款此时得到广泛应用，从房屋抵押到企业贷款。这样的协议通常会给债务人以引诱，以为自己是从低利率开始贷款，未来利率就会发生急剧增长。信贷机构也会保护自己免受利率增长的风险，因此更愿意尽快借钱给他人。这些债权人唯一会产生损失的条件就是信贷客户破产和拖延还款。

另一方面，美联储的货币政策还在一定程度上催生了联邦政府庞大的赤字和债务的迅速积累。当然，沃尔克和美联储坚决反对赤字，并且不认为自己对其负有部分责任。但这家中央银行采取的高利率政策同时也会破坏政府的资产负债表，会降低经济增长速度，从而削减税收。与此同时，国库券的高利率也会极大增加政府借贷的成本，即联邦赤字中要额外加入 300 亿到 400 亿美元。与其他许多债务人一样，美国政府也没有其他选择，它只能为维持借贷付出更多的代价。

从美联储自身角度去看，它也没有其他选择。美联储现在只有一个可以使用的杠杆，并可以在短期内发挥作用，使价格维持稳定或下降。从长远来看，美联储的货币政策似乎是有悖常理的自我拆台。在没有其他手段控制信贷供给的情况下，高利率会一步步将美国经济推入债务深渊，并会制造新的不稳定因素。这与沃尔克初期实现的积极成果完全相反。膨胀信贷通常是通货膨胀的开场白，在未来的某个时候，这家中央银行将会面对一个更艰难的选择，所有的债务人都该破产吗？应该用价格通胀的代价来对他们实施紧急救助吗？

没有其他控制手段的美联储还要接受政治捆绑。如果放松货币价格，必将受到债券持有人的批评，并被迫指责是低头屈服、放松控制。然而如果继续紧缩，又有引起公愤的风险，因为会有许多信贷客户破产，许多银行也会蒙受信贷损失。截至1984年末，已经有超过700家银行被列为“问题银行”，最后这份名单中又增加500家。美国正成为世界各国的净债务人。一场新的债务危机正在酝酿，只不过这次中心是在美国，而不是第三世界。任何一个权力机构和个人都不能阻止它的发生。

在华盛顿众多重要的玩家之中，包括美联储，从未就这个潜在问题或如何让美国政治经济摆脱这种恶果展开过公开讨论。解决办法显而易见：联邦政府必须重新对银行和信贷市场施加其他控制手段，法律约束会有效抑制信贷需求，尤其是最可疑信贷，由此美联储才不用必须行使唯一的极端惩罚手段——推高利率。新的管控措施可以有多种形式，从利率上限到收入税惩罚再到中央银行推出一系列直接约束条例。针对银行及其他信贷机构如何分配信贷管控将意味着更多的平等，同时也意味着更多的稳定。如果国会想让美联储降低利率，那么最有效的办法就是针对信贷扩张设立不同的管控机制。

里根时代追求的精神实质是自由市场和更少的政府介入，因此指望两大政党实行这种解决办法不太可能。事实上，商业银行的政治影响力正将局势推向另一个相反的方向，即追求更大的自由并摆脱束缚。超大型银行追求的是指点全世界的力量，是金融力量的加强，最终将不可避免地集中某些大型金融机构所具备的政治影响力。他们还会为自己进入其他商业领域进行游说，在那里他们将会享受到战胜竞争者的巨大优势，因为联邦政府会保护他们不必破产，这要得益于商业银行的特殊地位。

来自货币中心银行的游说者（以及里根内阁官员）会十分恼怒于保罗·沃尔克提出的警惕金融自由化理论，他这是在拖后腿并劝说国会放慢自由化进程。这位极具影响力的中央银行主席却并不打算挑战美联储选民的正统思想，也不想变成重塑金融法规的第一拥护者。

颇具讽刺意味的是，表示要重新恢复信贷控制的唯一坚定且极具说服力的声音竟来自华尔街上的主要投资机构，即资本主义的保守派城堡，包括亨利·考夫曼、艾伯特·乌泽卢尔、菲利普·布雷弗曼及其他人在内的金融专家，他们反复发出债务爆炸的风险警告，并提出各种针对信贷的法律约束新理念。[55]

这些提议悉数没有得到华盛顿政府的特别重视。这看起来似乎很奇怪，华尔街上的领袖正敦促联邦政府施加新的金融约束，却遭到华盛顿政府领袖的拒绝。这也是衡量主流政治观点发生何种程度转变的另一个手段。在这个政治首府，联邦政府所拥有的新神话就是终于摆脱调控金融的责任，而自由市场正利用此点为自己制造全部利益。

可华尔街上的经济专家深知事实并非如此，自由市场本身不过是一部永远虚构的小说。当然现实是美联储仍在监管信贷，它可以控制价格，却无法控制信贷增长。20 世纪 80 年代确立的由利率单独行使控制信贷职责的做法从根本上讲完全无效，并会由此制造更多的不平等。这无疑是在对债务人施加惩罚，尤其是最脆弱的债务人，而奖励却过量地流入到债权人手中。然而这样的局面却愚蠢地并未受到阻止。

当然，政治领袖还是有可能会及时意识到这种不公平性并看到潜藏于美联储两难境地中的经济危险，还有可能会开始采取补救行动。然而这样的可能性实在太小，要想立即转换立场，要想让民主党人和共和党人抛弃之前 10 年中一直奉行的金融自由化，这需要政治精英传统思维的根本转变，即由选举产生的政府官员、担当顾问的经济专家以及负责报道可以接受的政治观点的新闻媒体，所有这些群体加在一起才能创造一个新的美国现状。

在美国历史上，经济正统思想的根本转变通常会发生在一次巨大且疼痛的灾难之后，例如 1929 年的经济大崩溃或之后的经济大衰退这样的可见危机。这种经历所产生的可怕后果会让当时盛行的主流思想名誉扫地，并会突然打开人们的新思路。但不幸的是，这只能发生在一次灾难之后，只有在那时，大多数政治家和大多数经济学家才会接受之前被他们斥为不具思想性的某些观点。

第 18 章　货币的胜利

艾奥瓦州正经历一场浩劫，数千名农民面临旧债清算或银行拒绝在耕种季节即将到来时提供新信贷。艾奥瓦的土地价值因为中小城镇地方商业的消失而日益下滑，全州由此失去 5 万人口。几年前高于 3.5 美元的玉米价格逐渐下跌，正滑向极具毁灭性的最低价——每蒲式耳 1 美元。

中西部及其他地区正遭受一种经济现象的蹂躏，这种现象是大多数美国人从未曾经历过的，即通货紧缩。自第二次世界大战以来，美国人习惯的是一种持续不变的物价上涨，在现代通货膨胀不断向上倾斜的 40 年当中，唯一不变的就只有价格上涨的速度。而 1985 年，美国经济中的农业及其他基本制造业却是被一种截然相反的危机所吞没，即价格下跌造成的持久且恶劣的影响。

在艾奥瓦尤宁维尔附近的一处农场，一群意志消沉的农民聚集在克里福德·伯格（Clifford Burger）和艾芙琳·伯格（Evelyne Burger）夫妇家的起居室，共同就如何抵抗银行止赎交换看法，他们彼此安慰并积极寻找答案。伯格一家自从 1983 年就开始偶尔拖欠还贷，于是地方银行拒绝他们用于春季耕种的贷款申请，而这笔贷款将决定着为 1985 年耕种购买种子和农用设备所需的燃料。伯格一家和朋友最后认为自己找到了答案，他们认定，他们的失败是由银行家远程操控的一场阴谋引起的，而助其实现的帮凶正是美联储。

“首先，权力机构推高通货膨胀，之后他们开始宣传我们不得不抑制通货膨胀，”来自圣塔维尔的粮农吉姆·菲利普斯（Jim Phillips）说道，“他们为美联储的私人利益确立了这种政策，然后由银行家负责监控，他们任由咖啡短缺、石油短缺、白糖短缺，权力机构发现这个政策颇为有效。那货币为什么不短缺？”

伯格一家专门为此制作一本题为“银行家发财、农民借债”的宣传册，成为广泛流通在艾奥瓦及其他受灾农业地区的有关“货币问题”的宣传檄文。根据这本册子所说，美联储是“一个由银行家所有的贪财机构，篡夺政府的外衣，把自己伪装成人民的立法政府，一步步让美国人民受穷并得以控制美国人民”。

谈到这场针对农民的阴谋时，这些农民的措辞同样无比犀利。他们引经据典，挖出美联储早期历史的奇闻轶事。1913 年，一群跨国银行家密谋成立这家中央银行，目的就是称霸世界，他们隐形的控制力量还会延伸到粮食公司、主要联合企业、金融市场和新闻媒体。农民们信誓旦旦地宣称，这些操纵行为会接受“300 位权力人物”和“内部人士”的指导，最终受命于“犹太复国主义阴谋”。

“即使是在《圣经》中，”克里福德·伯格突然插话道，“也不建议使用高利贷。正是这些高利贷在杀死我们。”

“美联储还会指挥里根，”另一位等待银行止赎通知的农民小约翰·赛勒斯（John Sellers）说道，“每个人都说货币短缺，但根本不是这样。他们如果想要更多的货币，完全可以去印刷厂印钱。美联储就是最大的骗局，可 99% 的美国人都以为它是政府的一个分支机构。”

与其他人一样，约翰·赛勒斯也在试图与伴随经济破产而来的个人失意作斗争。“世界是灰色的。你会感觉你已经 90 岁，”他说道，“你正面临绝境，却没有办法摆脱。人们很想躺在床上，然后一直这样睡下去。”许多人会责怪自己，“当锤子终于落下，”赛勒斯说道，“你回头去看当初自己所做的决定，再想如果自己不做这样的决定会是怎样。你会感觉那是一段极其沮丧又极其内疚的可怕日子。”[1]

在艾奥瓦及其他受害地区，农民在意识到其他人也遭受同样境遇时竟会感到一丝安慰，甚至当中包括某些曾经成功操作的农民。因此这样的结果并不是他们自己的错，一定还有更具意义的答案存在。有些农民会将自己愤怒的焦点集中在大型粮食交易公司身上，指责他们人为操纵农产品价格；还有一些人会谴责强势美元和拉丁美洲国家债务，或者说这场危机是以吉米·卡特为代表的民主党人和以罗纳德·里根为代表的共和党人犯下的特定错误。

其他一些持有极端观点的少数人也开始狂热复活有关美联储的旧式阴谋论，攻击其自成立以来所拥有的神秘力量。这些农民对货币创造的欺骗性本质和美联储在由选举产生的政府中的非正常核心地位进行了深入研究，之后得出合理结论：只有一个强大的阴谋才能制造如此怪诞的安排。正是摩根、洛克菲勒和犹太人共同策划意欲毁灭艾奥瓦，这些“权力人物”通过控制货币创造来破坏民主、篡夺上帝权威。这种远程阴谋论的信仰折射出人们对生活的巨大失望和对政治的愤怒，并混合了深深的精神痛苦。在极度绝望的日子里，迷惑且无力的人们愿意去相信自己的生活是被一个恶毒的统治集团所奴役。艾奥瓦的农民就和谴责放债者的欧洲中世纪的天主教徒一样，和遭到现代资本主义诱捕的手足无措的哥伦比亚农民有着同样的命运。艾奥瓦农民亲眼看见货币对自己的生活所做的一切，他们看到了魔鬼之手。

还有一种解释是艾奥瓦及其他地区大多数受害者所不愿面对的，即是美国政治体系自身决定了他们的命运。通货紧缩对美国农民及其他生产者的破坏并非来自遥远的阴谋家，而是他们自己的华盛顿政府，即那些由他们自己选举出来的代表所认可和默许的悲剧。物价普遍下跌的灾难并不是一个错误，不是一次自然且偶尔的事故，也不是一次魔鬼的阴谋，而是那些执掌美国体系立法政治权力的人物所追寻的经济逻辑的必然结果，其中大多数都是由美联储操纵，但也会得到其他人的默许。

这个更为深刻的现实令大多受害者士气低落，他们难以接受，即使是那些理解货币和美联储在通货紧缩中所扮演的角色的人。相信自己的痛苦只不过是错误或误导性的政策所致，只要美国人充分意识到正在发生的一切，自己的处境就会很快变好，这对他们来说会更加容易。面对失败，他们宁愿认定是魔鬼的阴谋毁灭他们的生活，是动用了美联储的可怕力量才会破坏公平和自治。

是美国的政治逻辑引发这场农业危机，这并不是秘密。鉴于华盛顿的选择，通货紧缩式的破坏实际上不可避免。美联储下定决心不顾其他后果地将通胀率压得更低，但却没有任何一个有影响力的人物挑战美联储的这个目标，事实上甚至还得到来自两党的充分支持。作为一个实际问题，为了尽可能将货币价值稳定在零通胀水平上，其他经济因素势必要被迫维持负增长，即保持永恒的损失状态，从而抵消其他经济领域中持续出现的价格上涨，因此与通货膨胀斗争需要的正是持续的清算。

美国政府，尤其是美联储，无法充分意识到这是一笔并不能令人满意的交易，但金融市场却对此了若指掌。E.F. 赫顿极其诚实且直言不讳地向自己的投资客户表达了这种逻辑：

“在我们看来，经济紧缩和一项特定的破产抑制计划都是现实通货紧缩的一部分，即低通胀和利率下降。如果通货紧缩在当前经济周期中能够产生作用，那么就一定会有损失者，也就是那些运气不好、投错赌注的人。不过这些负面影响并不是最重要的。”[2]

“一定会有损失者”，正如赫顿公司时事通讯中提到的，这些蒙受损失者还不仅仅是农业生产者，还包括其他经济领域内的工人、管理人和所有人，例如房地产、基础商品制造、能源；劳动力和基础商品制造者也可以被看作是“投错赌注”的人。然而通货紧缩的负面影响并不是经纪人所说的“并不重要”。总的来看,通货紧缩造成的损失在整个美国经济中拉开一条巨大而痛苦的口子，从太平洋西北食品（Pacific Northwest）到得克萨斯、俄克拉荷马和路易斯安那的产油区，从西南部的铜矿和棉田到北部大草原的粮食产区和中西部著名的古老工业城市。

佐治亚太平洋公司（Georgia-Pacific）关闭了旗下 9 家伐木制材厂，几乎占其总生产规模的四分之一。铜工业企业就业率自 1980 年以来下滑 63%。同期凡士通轮胎和橡胶公司（Firestone Tire &Rubber）的劳动力随工厂关门和管理规模缩减从 10.7 万人缩水至 5.5 万人，轮胎工业品价格下降 7%，而生产成本却上涨 4%。螺距、锌片、银器、果汁及其他许多许多产品都和石油、小麦、玉米、大豆遭遇着同样的命运。

一旦开始，通货紧缩就会迅速膨胀并极有可能持续存在，除非权威当局改变货币和价格政策。尽管商品价格一直会发生极涨和极落，从而影响供需的季节性变化，但价格的持续不景气会进一步加剧局势的恶化。利润的下降会促使所有领域的生产者本能地扩大生产，从智利铜矿开发商到美国中西部粮农，但这种反应只会加重市场产品的过剩，导致物价更加低迷。

整个 1984 年，通货紧缩都在逐渐积蓄发展势力。到了 1985 年，其已经变成美国经济的根本混乱状态。1984 年第一季度食品价格曾一度达到高峰，在之后一年半的时间里急剧下滑近 12%。农民的收入损失（不包括日益缩水的抵押品）在政府物价扶植性补偿（联邦政府用于农业的补贴，当时已上涨至 300 美元）的资助下部分得到赔偿。而没有政府保护的工业原材料价格却在同期跌落 16%，总的来看，原材料价格自 1980 年达到高峰以来已下降 40%。有如此多的蒙受损失者在日益积聚，美国经济根本不可能健康发展。[3]

从某些破坏力来讲，20 世纪 80 年代中期显现的价格通货紧缩与 20 年代的通货紧缩十分相似。二者拥有相同的受害人，并且都是受到产品过剩和物价下跌的蹂躏，他们的经济困境同样遭到其余人的广泛忽视，甚至偶尔还会有人为此拍手称快。上了年纪的美国人会记得那次经济大萧条以及随后在 1929 年爆发的物价大规模下滑，当时实际上每个人的劳动力价格和工资都发生急剧下降。

但这一次情况却不是这样。相反，根据消费价格指数显示，美国此时整体的价格水平保持在相当稳定的状态，即稍稍上涨了 3%，且在不到一年的时间里，美国经济普遍保持持续适度增长，从而掩盖了当时经济及结构中正在潜滋暗长的萧条和不景气。

如果透过这个平均价格水平去看，很明显政治制度是在向普通民众施加基本的不平等待遇。尽管商品及其他产品的价格在下滑，可服务行业的通货膨胀却一直丝毫不减弱，有时甚至可以达到 6% 至 7%。美国政府并未采取任何措施遏制服务行业的这种通货膨胀（或者说并未抑制他们工资的上涨），因为其会被商品生产领域的价格负增长所抵消。事实上，正是政府制造了这种裂缝经济，即在输家和赢家之间制造巨大差距。如果这种“强势货币”和选择性通货紧缩的局面继续持续几年，那么日益积聚的破坏力或许最终会让美国经济开始呈现 19 世纪 80 年代和 90 年代的经济大紧缩状态，而当时就成功催生了一次土地所有者革命，即“平民主义者”运动。

20 世纪 20 年代和 80 年代的经济萧条时期都是由美联储坐镇控制监管的操作核心，正是这个经济调节者施加一系列的管理手段。四代人以来，货币的根本性质并未发生改变，即使现代金融家和政府的经济管理者提出过许多创新性说法。从宏观来看，保罗·沃尔克的货币管理和经济管理一直是在追随本杰明·斯特朗设定的模式，这位曾经在最初几十年执掌美国新中央银行的纽约储备银行行长，在管理方面有着出色的表现，同时赢得了广泛喝彩并被视为中央银行体系的一次胜利。

贯穿 20 世纪 60 年代，保罗·沃尔克和本杰明·斯特朗拥有相同的金融理念，都拥有同样保守的价值观。二者都是意志坚定的危机处理者，被誉为善于连接货币和银行错综复杂性的杰出高手。他们专横傲慢的非凡才智足以令其他人望而却步。两人都主张，中央银行的最高职责就是保护银行体系免受危机和混乱，并且终身致力于此。更重要的是，虽然谈不上痴迷，但沃尔克和斯特朗都十分注重于专一的经济秩序概念，对于两个人来说，经济秩序的第一定义就是货币价值的稳定。

为了达到这个理想状态，即货币价值维持在常态，美联储在最开始的 20 年当中就无情制造了一次大清算，镇压经济行为，以实现刹住通货膨胀上涨的目的。与 20 世纪之初由美联储上演的 1920 年和 1921 年严重经济衰退一样，沃尔克又亲手策划 1981 年到 1982 年的经济萎缩。这两种情况下的打击通胀手段都极具创伤性并前所未有地令货币价格上扬，迫使经济行为下降、过剩商品积压。而伴随这种破坏性结果而来的却是，其会成为长久繁荣且令所有美国人都受益的稳定和秩序时代到来之前的必要序曲。

然而每一次萎缩之后，为了保持价格水平的稳定，中央银行并不会信马由缰地让经济进入复苏。相反，美联储会以继续维持商品过剩的方式来管理货币和利率，即过剩的劳动力、过剩的石油和过剩的产品。而这些过剩则会顺利保证对物价和工资的压制。因此在相对较长的时间里，沃尔克和斯特朗都成功创造了没有通货膨胀的美国经济发展，二人都因其取得的成就而广受赞扬。

然而低通胀的维持需要的是众多经济领域的持续受伤。平均价格水平之所以不能上涨是因为某些特定领域的产品价格在下降。贯穿整个 20 世纪，美国农民从未从本杰明 · 斯特朗制造的 1920 年到 1921 年经济衰退中完全恢复，也没有在保罗 · 沃尔克的 80 年代里得到喘息的机会。当然这其中还包括隶属工会的劳动力、矿厂、工厂、石油工业及其他特定生产者。

稳定货币最终是一场幻象，这不过是用于隐藏严酷现实的一种统计学诡计。在两次经济衰退期间，美联储因达到所谓的最高目标而深得众人拥护，即美元通货膨胀的实际性根除，几乎每个人都以为自己得到了中立货币的“金本位”作用。然而这种理想只不过是一种经济学上的抽象概念，其根本不会保持中立，其只能介于获得和损失之间的平均位置，制造一种令人深感安慰的平衡幻象。

稳定货币的局面传达的是一种令人满意的社会秩序感，然而现实却依然混乱无序。在实际经济中，稳定货币会引导一次优势分配的极大不平等：某些经济利益会一直不受限制地以最大能力提升价格和工资，而另一些人则被置于永久下降的趋势中，并且只要这种局势持续下去他们就注定失败，而这种幻象也自然是对那些没有受到破坏的人来说更具说服力。

货币的这种自相矛盾性看起来十分明显，即经济秩序性需要持续性破坏。然而在 20 世纪 20 年代和 80 年代这却遭到许多人的忽视。稳定货币是经济创造社会神话中的核心价值，是民主资本主义的核心信仰。在自己的生活中，人们会重新看到价格上涨的焦虑如今被彻底根除，他们倾向于相信一个稳定的美元并没有给任何人带来虚假的优势。在这两段历史时期里，整个美国到处弥漫着一种进步和心满意足的气息。

保守主义的政治背景会给美联储这种一心一意的“强势货币”目标提供鼓励，即罗纳德 · 里根及其童年时代的个人偶像卡尔文 · 柯立芝所践行的政治纲领。

在几乎没有任何政界人物加以反对的情况下，中央银行可以无拘无束地追求自己的经济秩序理念，并对人们遭受损失和破产的矛盾性迹象视而不见。那些对抗性的经济繁荣理念也变得并不重要，即充分增长、充分就业以及对所有经济领域而言的良好环境。作为一种政治价值，货币胜利了；作为一种社会现实，货币要比各种受害者承受的有形痛苦更加具有说服力。

事实上，稳定货币的恢复会创造一种自鸣得意的道德满足感，而“轰隆隆的20年代”就是“强劲80年代”的无情先例。那些在普遍繁荣中遭遇失败的人们被指责一切都是由他们自己的错误造成的。有人说农民和石油开采商在过去举债过重，是在追求对未来的不切实际的期望。尽管十分遗憾，但他们受到的惩罚是其自身不够谨慎的公平结果。这种说法显然是忽视了真实发生的现实：政府本身曾突然且剧烈地改变未来优势，其行动是在将所有债务人突然推入劣势,无论是明智还是不明智,所有人都没有真正的机会去调整以适应变化的环境。而对于最弱势群体来说，唯一可以实现的调整就是终止生意。

还有人会说，生产者的失败会加强国家的工作效率，因为弱者和边缘者都会遭到淘汰。通货紧缩的压力实际上会迫使生产者削减成本、根除浪费，但其核心后果只不过是对所有权的巩固和加强。艾奥瓦的土地不会因自身价值的崩溃和农民偿还贷款的失败而凭空消失，俄克拉荷马和得克萨斯的石油钻井、储油仓库也一样。它们不过是以最低价格被其他人买走，而这些人可以在通货紧缩的新环境下让它们制造利润，因为他们投资的规模更小。家庭农业的所有权被交给规模庞大的企业公司；破产且独立的开采者所拥有的储油仓库会变成债权人的产物。20世纪80年代这场大清算的最终影响与之前几次通胀紧缩一样，都是在进一步集中财富所有权。

由于任何一方政党都不愿成为货币问题的代表，因此农民及其他通货紧缩受害者的抗议显得十分无力，他们的抱怨通常会被误以为是在争取补贴，甚至当他们挑战货币政策本身时，其言论也会因美联储威严的神秘性而发生偏移，保罗·沃尔克的德高望重本身就足以构成强烈反对。

与20世纪20年代一样，沃尔克和美联储的“大主教”地位从本质上讲就是一种政治服从。本杰明·斯特朗的管理工作已被欢呼为专家政治政府的第一次重大胜利，他根本不关心那些来自原始且不守规矩的政治力量的管理专家所推行的政策控制。政府将变得专业化、合理化和高效化，就像是商业企业一样，要绝缘于普遍民意散漫和愚蠢。作为严厉且严肃的经济专家，保罗·沃尔克并不注意自己的个人所得，但却十分享受于这种服从。和本杰明·斯特朗一样，他的智慧和能力之所以会受到人们的敬佩，是因为他们乐于公然反抗且支配和控制由选举产生的政治家。

在米尔顿·弗里德曼的货币主义历史上，本杰明·斯特朗时代被描述为美联储的“高峰”时代。这家中央银行连续几年成功保证货币的稳定。基于同样的原因，沃尔克时代成为美联储的第二个胜利时代。在斯特朗去世以前，他被广泛尊称为引领美国经济进入“新时代”的领航者，帮助美国摆脱古老的商品过剩，使美国不再遭受定期恐慌和崩溃的威胁。因此保罗·沃尔克在自己的时代也受到同样的待遇。然而稳定货币在 20 世纪 20 年代制造的美妙感觉突然于 1929 年秋季土崩瓦解，而取得同样成就的保罗·沃尔克的统治也会逐渐累积同样的受伤者和受害者。

回溯 20 年代，本杰明·斯特朗曾遭到一群愤怒的农民领袖的质问，他们要求为农产品价格的毁灭性下滑作出解释。而斯特朗冷酷地拒绝了他们，“你们这是在质问一个制造通货紧缩秩序的人，”斯特朗说道，“我并没有制造这种秩序。”[4]

1985 年 2 月，保罗·沃尔克也遭遇同样的时刻。来自 13 个受灾农业地区（艾奥瓦州、内布拉斯加州、达科他州及其他）的州议员代表来到华盛顿申辩。在美联储宽大的会议室内，这位主席倾听了农民代表提出的放松货币的要求和建议，他们希望能降低利率，结束这场价格通货紧缩。然而沃尔克的反应则令他们不寒而栗。

“看看，”沃尔克说道，“你们的选民不高兴了，可我的选民却很满意。”[5]

尽管错综复杂，但货币政策的本质永远都是价值的选择。围坐在会议桌旁的男人和女人一定会专心致志于专业问题，但他们的决定当中所隐含的核心问题永远都不能用科学方法加以解决，也就是说没有一个完全正确或错误的答案。哪一个经济目标最有意义，谁应该被放在第一位？保罗·沃尔克自信满满的货币管理方式曾高效决定美国的重中之重，而其他坐在桌旁的倔强的少数人则并不同意他的观点。

副主席普雷斯顿·马丁宣称：

“问题是：你的目标是什么？我认为失业率应该低于 7%。我认为 2% 的经济增长不能令人满意。我们正在接受一个低于正常水平的经济增长率和一个高于正常水平的失业率。为什么？这样的选择对美国公众有好处吗？‘好吧，’其他人会说，‘这是在害怕通货膨胀，不想让通货膨胀卷土重来。’但看吧，今天的通货膨胀已经比过去更加严重，鉴于目前价格的上涨情况，其他目标应该会依然保持活跃。”

马丁的抱怨是美联储内部持续讨论的一个公正总结。对于沃尔克及大多数人来说，货币仍然是第一首要目标。他们坚称最重要的任务就是保护已经在抑制价格通货膨胀中取得的成果，而普雷斯顿·马丁则认为这是同事们在夸大通货膨胀会卷土重来的风险，从而会不必要地放慢经济增长速度、导致高失业率、扩散金融压力。“这个选择对美国公众来说有好处吗？”马丁不断地质问道。

美联储的控制在美国实际经济中造成的结果令人失望。许多人都在预测经济会出现复兴式繁荣，但这却从未实现过。经济扩张仍然是软弱无力，其表现远远低于经济的真正发展潜力和历史上的经济复苏水平。从1984年中开始，竞选年份的繁荣被有效制止之后，美国经济的不稳定增长呈现出犬牙交错的模式，一个季度疲软，下一个季度上扬，接着又是一个季度的疲软。美联储小心翼翼地一会儿放松、一会儿紧缩，尽管避免了经济衰退，但无法摆脱毫无生机的经济增长模式。

“一次日益严重的经济衰退无疑会被看作是一种真实的威胁。”马丁公开抱怨道。失业率上下浮动的程度很微弱，但基本上仍维持在7%以上。任何一次战后繁荣中出现的高失业率都不是一个好现象。制造业的设备使用率也始终维持在80%或以下。

即使是美联储自己对经济所做的保守预测也不免让人失望。在后来的24个月里，美国实际经济增长不到2.5%，只是稍微超过里根内阁预期的一半，也大大低于联邦公开市场委员会自己预估的3.5%到4%。

这种普遍失望感在1985年《财富》杂志的报道中清晰可见。当时《财富》在世界500强企业的统计报告中这样写道：

整体销售量只上涨2.8%，低于通胀率，利润下降19.1%。这是自1982年经济衰退以来最糟糕的表现。需求降低、强势美元以及残酷的国际竞争，这些都极具伤害性。即使是计算机和办公设备的销售也下降了6.2%。500家企业中只有242家显示出利润增长，70家遭受利益损失——记录中……

去年无法从传统经济领域获得满意回报的许多企业想方设法充足自身的既定资源，并积极购进新资源。他们通过合并、吞并、重购股票和融资买入的方式实现结构改革……（这种企业重组）从而产生总共1914亿美元的代价。这个数字要比1984年时多出54%，也是通用、埃克森、壳牌和国际电话电报公司加在一起的资产总和。重组变得十分流行，因为许多企业几乎看不到投资厂房和设备的刺激性动力。[6]

在联邦公开市场委员会的内部讨论中，普雷斯顿·马丁只有一个支持者，就是罗纳德·里根在美联储的第二位任命委员玛莎·赛格尔（Matha Seger）。整个1985年，马丁曾提出两次异议，赛格尔总共投出4张反对票，他们都曾反复强调放松的货币政策“会促使更快的经济增长”。低利率会改善《财富》500强企业及其他小型企业的境遇，即通过降低价格刺激需要，通过降低过高美元价值减少进口竞争带来的破坏力。

在美联储内部，玛莎·赛格尔要比普雷斯顿·马丁更显孤独。她是一位来自中央密歇根州立大学（Central Michigan State University）的金融系教授，曾是密歇根州立银行委员会委员，其学历曾受到民主党参议员的鄙视，并遭到后者的强烈排斥。沃尔克本人也对她的任命感到失望，因为白宫事先并没有和他商量——不过白宫一向如此。只要身处美联储，赛格尔就会倍感被忽视。她说，美联储是男性专业人士的天下，他们会紧紧跟在主席的指示后面，其他委员必须受到贬低。

“只要有事情发生，我就根本融入不到讨论之中，”赛格尔抱怨道，“你会提前几天拿到会议的议事日程，我们的桌子上也摆放着备忘录……你会走进会议室——砰！——然后不得不开始投票。”她说道，而结果就是个别委员会被推出决策过程。“我们几乎无法站上所谓的决策舞台，那个我不太习惯的舞台，”赛格尔说道，“在美国的企业界，我会站在队伍的最前面。比如一家汽车公司，公司老板竟然不知道汽车展举行的模式和日期。”[7]

皆为保守主义共和党人的赛格尔和马丁与自由主义民主党人南希·蒂特斯一样都在美联储内部扮演着孤独者的角色。他们质疑正统思想，不认为抽象的货币理论主张值得用有形的实际经济损失作为代价，这是一个关乎着孰轻孰重的问题。

“抛开南希·蒂特斯的主张，”马丁坦言，“我还是一个研究失业率的专家。我认为失业率正成为一个真实的社会代价，我们不能加以忽视。”

从政治角度看尤其讽刺的是，这位罗纳德·里根在美联储内部的任命委员说起话来更像是自由主义民主党人在就货币问题展开内部政策讨论。毕竟，里根自己是历任美国总统中最为保守的一个，且本人还是一个货币主义者，而他在美联储的任命委员却被证明在保罗·沃尔克的货币问题立场上全部向左倾，即更渴望低利率，更想培育快速的经济增长，更渴望低失业率。至于总统本人是否理解这种角色逆转尚不为人知。就这一点来说，恐怕连民主党也不得而知。而一向拥护放松货币的民主党人一般都会站在保罗·沃尔克一边，只要有共和党人质疑这位主席，他就会挺身而出加以维护。

然而美联储内部这种新联盟的形成是有意为之。财政部和白宫官员有意安排里根任命的自己人进入美联储，就是想让这些新委员推动沃尔克放弃严厉政策的立场从而刺激美国经济更加强劲地增长。同时他们至少还意识到，直接向沃尔克发起攻击只会起到反作用，会制造里根内阁意欲让通货膨胀卷土重来的错觉。相反，他们希望能够用“温柔施压”的方法让美联储的政治家转而对实际经济中的失望和痛苦做出反应，无论打着何种党派标签或意识形态立场。在货币政治学当中，现实要远比意识形态和抽象理论更具说服力。

沃尔克依然坚守立场。1985 年春季一季度，美国经济逐渐疲软，众多预言家极其担心未来可能会发生经济衰退，沃尔克开始心软——但也只是轻微动摇。美联储于 5 月 17 日同意削减贴现利率 0.5 个百分点，经济迅速在这次利率下调后做出强劲反应，经济开始增长，衰退危机解除。然而除了这次有限的让步以外，沃尔克一直不肯屈服。即使通货紧缩在加剧，经济行为正令人大失所望，他都依然是将利率维持在高水平，不愿对处于挣扎中的美国经济施以更多援助。

沃尔克的坚定立场在美联储多次拒绝下调贴现利率的行为中表露无遗，而此利率却是信贷市场的基础价格。整个 1985 年，尽管经济增长缓慢且价格通货紧缩的破坏力日益积聚，美联储还是先后 12 次拒绝地方联邦储备银行提出的进一步下调贴现利率的请求。结果，短期信贷利率在一年当中只是稍微下降，美国经济表现依然动力不足。实际利率比 1982 年高峰水平略有下降，但仍然超过 7%，仍然高于美联储曾在 1981 年和 1982 年经济衰退期间实施的惩罚性利率。

降低利率的第 9 份请求来自达拉斯储备银行，这家地区银行涉足石油、农业、房地产，全部因商品价格的急剧下降而备受打击。随着越来越多的生产者拖欠债款，他们的信贷损失逐渐给商业银行造成损失，得克萨斯州的某些主要银行已岌岌可危。如果美联储再不“开恩”，无论是银行家还是石油商都会担心石油价格发生急剧崩溃。作为美联储体系中的保守派，达拉斯联邦储备银行每周都会递交放松货币的申请。可它的警告并未得到重视。

保罗·沃尔克坚守立场的观点没有改变。他认为国会必须首当其冲。如果政府赤字没有大幅度削减，那么美联储就不会将利率压得更低。但此时沃尔克对于自己的立场还有第二种解释，即他担心美元价值会越来越疲软，甚至会在外汇市场上发生崩溃，经过5年多的上扬，美元最终在1985年2月达到高峰，随后开始逐渐下滑（这是对美联储1984年底降低利率的惩罚性反应）。如今，沃尔克宣称，风险已转向另外一个方向，美元的突发性自由落体运动不可能点燃价格通货膨胀的爆发。

这位主席对美元在实际经济中真实走向的焦虑似乎有些过于战战兢兢，甚至过于做作。美元趋势下的进口喷涌仍在增长，并持续破坏着美国生产和就业。事实上，美元在这一年半当中的逐步下滑或大幅度下滑都不会对价格产生明显影响，也不会给美国的贸易敏感经济领域带来一丝安慰。不过沃尔克的地位会决定很少有人去质疑他的逻辑，无论美国经济发生怎样的情况。这位美联储主席似乎永远都能找到一个其绝不会让步的理由。

从实际意义讲，沃尔克的指导思想其实是一种很少被提及的焦虑感，即美联储之所以会拒绝降低利率，是因为害怕对债券持有人造成挑战。如果美联储降低短期信贷利率，那么债券市场上的长期信贷投资人一定会坚决反对，他们对通货膨胀的持续担心可以决定债券市场会一直要求大幅度提高长期信贷利率。如果美联储放松货币，那就是说债券投资人会感受到通货膨胀的威胁，并会做出将长期利率推得更高的惩罚性反应。

事实上，保罗·沃尔克和美联储一直是在拖延债券市场做出这样的判断。如果他们还有选择，或许只需通过降低利率、刺激经济快速增长、结束通货紧缩并证明投资人焦虑根本毫无根据的方式就可以向债券市场发起挑战（当然其风险是物价更趋于上升）。债券市场可能会在短期内推高长期信贷利率以示抗议，但只要美联储放松的力度足够大，其不会永远持续下去。

如果美联储放松货币，企业就会考验投资人的通胀恐惧在现实世界里是否会实现；如果想要避免新一轮失控的通货膨胀，是不是就真的正如债券市场认定的那样不可能实现经济增长大于2%或失业率小于7%的局面？美国就必须永远将生产力维持在少于80%吗？是不是债券持有人和美联储官员的拼死搏斗（即要求不必要地对反通胀和资本过度回报施加保险）只是因为他们曾在先前的几十年里深受其苦？

答案永远都不得而知，因为美联储就不会提出这样的问题。投资者的心理状态十分脆弱，美联储必须加以微妙处理。放松货币势必会令市场心理发生起伏，利率降低的条件必须是债券持有人对自己的货币感到更加安全。

货币政策与市场心理之间的关键联系可以在美联储主席及其他委员的言论中窥见一斑。举例来说，有人会问沃尔克为何不去质疑债券市场对通货膨胀的过度执着和过度紧张，毕竟通货膨胀此时已被压制整整四年，平均物价水平正逐步下降，国民经济正低于潜力水平运行，市场对劳动力和商品需求减少，因此由价格急剧上涨的传统方式所造成的通货膨胀实际上不可能发生。债券持有人还要多久才能确信这个事实？美联储为何不通过降低利率的方式戳穿华尔街的无端怀疑并证明他们所担心的通货膨胀根本就不存在？

沃尔克会大笑着将这样的问题弃之一旁，他似乎早就多次听到这样的申诉。“有些人认为我们应该做得再强硬一些，”他坦承道，“但你必须要去平衡一个问题：如果考验失败，其是否会造成更加严重的破坏性影响？其会加剧债券市场对你长久以来的承诺的怀疑，你是不是真的打算严厉打击通货膨胀？”

由此，债券市场的敏感最终会成为美国政府经济政策的指导。人们对实现健康经济的普通愿望遭到某个特定利益群体的阻碍和破坏。已经在众多金融投资人中间恢复名誉的美联储主席沃尔克此时不愿冒险领导他们接受降低货币成本的事实。相反，他愿意继续跟随他们的领导。如果投资人心理状态良好并降低市场利率，那么美联储也会随之照做，但它绝不会率先这么做。可只要实际利率居高不下，美国经济就只能是走走停停，无法实现充分增长。

债券市场及其投资人十分享受自己拥有的这种令人羡慕的影响力，他们可以从自己对未来的假设性焦虑中直接获得利润。在经济学神话中，市场一直被看作是公平的现实仲裁者，个体买家和卖家都会以最佳的可用信息为基础做出理性判断，这也是美联储为何会仰仗债券市场的原因。然而在真实世界里，这些债券持有人并不是公正无私，他们也是追求利润的个人和机构，会通过凌驾于他人之上的方式获得可观奖赏。事实上，他们几乎没有宽容和慈悲的动机。

更加放松的货币和脱缰的国民经济会威胁到这些债券持有人的财富，而美联储紧缩货币却会强化他们的财富。目前，投资者会享受高利率带来的更高利润；但对于未来，高利率却能有效阻止美国经济重获增长活力，然后带来新一轮物价上涨的新局面。简而言之，债券持有人及其他金融投资者得到的是双赢，他们既能收拢高利率带来的奖金回报，同时其货币价值会得到通胀稀释的保护，金融财富也会随实际资产价格降低的货币政策而产生实际增长。

正是鉴于这种巨大的利润，债券持有人才不会轻易放弃，容许一个更加适度的货币政策无疑会将他们自己的利润至于危险境地。长期信贷投资人会辩称他们必须保护自己免受未来某个阶段的潜在通胀的风险，即使是当前物价正在降低。没有人能说出自此 10 年到 20 年之后货币价值的走向，但这意味着这种来自遥远明天的保护只会对长期债券持有人最有利。短期信贷投资人甚至不会有这样的言论，他们 6 个月期或 1 年期票据目前正获取高额回报，因为“强势美元”根本就不会受到价格通货膨胀的威胁。

对于长期信贷投资人来说，保险的程度问题甚至也是必需。截至 1985 年，债券投资人已经积聚了庞大的利润，足以应付未来可能发生的通货膨胀。根据希尔森 – 里曼政府 / 公司债券指数（Shearson Lehman Government/Corporate Bond Index）（额外利率收入和价格上涨）显示，自 1981 年的四年时间以来，债券回报率已平均达到 18.5%，这是 20 世纪里对于债券持有人来说利润最丰厚的时期。他们自然不愿让这样的好时光就这么过去。[8]

债券持有人的优先地位及其对美联储货币政策的优先影响力同时也彰显出货币的政治胜利。债券持有人只关心一件事，那就是过去积累的财富是否能够保值。这要比培育美国未来的经济繁荣更加重要。将稳定货币看作是最高目标并允许美联储自行决定政府经济政策的美国政治体系在不知不觉中会听从债券市场的指挥，并默许同样的“反动”价值观。因此在“稳定”的旗帜下，过去得到了捍卫，未来却遭到了否定。

与债券持有人一样，保罗·沃尔克的坚守立场还存在一个个人动机，这当然不是金融利润，而是作为一个人民公仆的个人威望。这位主席已凭借成功刹住通货膨胀和恢复货币稳定的成果牢牢树立自己的历史地位。那么他现在为何还要不顾一切地冒险呢？在没有任何对抗性政治压力的条件下，沃尔克自然会倾向于捍卫自己的成果。如果事情再次陷入某种程度的失控，他就会因通货膨胀的卷土重来而名誉扫地，与前任各位美联储主席一样，其取得伟大胜利的时刻也会被人们所遗忘。对于美联储来说，最能保证这种事情不会发生的办法只需维持紧缩货币，让利率居高不下，只能继续且不情愿地放弃立场。

1985年7月联邦公开市场委员会大会上，美联储发现自己正深陷一个特定困境。沃尔克仍然指挥金融市场将M-1视为必须遵守的货币政策指导，而此时的M-1扩张速度已超过16%，达到美联储目标的2倍多。然而与此同时，美国经济却正加速进入疲软，前一季度增长仅为0.6%。如果美联储继续坚守原则并降低货币供给，那么一次经济衰退似乎在所难免。然而如果允许货币供给不加控制地增长，那么又会对其辛苦建立起来的可信度造成怎样的影响呢？

经济衰退是美联储不敢去涉足的风险。这不仅是因为这会毫无疑问地遭到政治攻击，同时也因为经济衰退是一个更具有威胁性的前景。鉴于债务的急速增长和债务人资产负债表的恶化，金融体系正面临危险攻击。得克萨斯州和俄克拉荷马州的石油银行正陷入麻烦，大型企业正无法承受债务成本之累，甚至就连曾经雄踞美国银行之首的美国银行此时也因庞大的农业、石油、轮船和房地产贷款损失而被迫屈居第二。拉丁美洲国家为维持向美国各银行偿还贷款而极度依赖对美国经济的出口是很危险的。如果此时出现经济萎缩，其将会威胁所有经济玩家，或许还会引发一次针对输家的大规模清算，包括破产的债务人以及与他们相对应的债权银行。

“那将是一次行市全面下跌的灾难，”委员查尔斯·帕蒂坦承，“纵观所有玩家无一能够幸免——储蓄所、农民、房地产、企业债务、海外债务。一场经济衰退会引发多种金融问题，然后蔓延至企业、农业和金融机构，这将是很难控制的局面，也是十分危险的。无疑我不希望看到局势会如此发展，这就像是保险丝在慢慢烧断。”

相反，美联储这一次决定再次放弃M-1，提高货币供给。表面上联邦公开市场委员会宣称这实际上只是“重新以货币目标为基准”，而其实际后果就是接受货币大规模增长，因为不这样做风险太大。截至当年年末，M-1已从5630亿美元增长至6270亿美元，但正如货币主义经济学家根据M-1数字做出的自信预测那样：美国经济并未由此强劲复苏。美国经济依然疲软和不稳，尽管货币供给已经发生增长。

迟早，过于自信的正统思想会与矛盾性的现实发生碰撞。这将是货币主义理论面临的最大尴尬。在通货紧缩时代，人们会用不同的手段管理货币，因此货币的经济学意义会发生始料未及的改变。货币的流通速度会再次出现急剧下降，M-1 增长通常带来的经济影响会从根本上遭到经济停滞的驳斥，甚至就连里根内阁中最为自信的货币主义经济学家贝里尔·斯普林克也承认这个理论有些混乱。“没有人知道我们正走向哪里。”斯普林克说道。[9]

盲目迷信一个由经济学家估算出来的数字是一种空洞且无意义的行为，这可以解释有关经济政策受制于 M-1 统计学数字的几个基本问题。1974 年到 1979 年的五年间，M-1 的平均增长率为 7%，这是一个货币供给过度、通货膨胀加剧的时代。1979 年到 1984 年的五年间，M-1 增长 7.4%，可这段时期却是货币紧缩、通胀缩减的时代。怎么会发生这种情况？能够解释这种反常现象的答案很简单，即 M-1 本身就是一个反复无常的价值标准，而并非货币主义经济学家声称的那样牢不可破。

现代货币主义理论之父、博学多才的米尔顿·弗里德曼更不愿承认失败。“我不认为这种理论有任何可以指责之处，”弗里德曼坚称，“毕竟，理论必须接受检验，这是一种科学表现，因此如果我们在某些事情上犯了错，那就必须加以改正。”[10] 经过多年自信满满的预测和对反对者的冷嘲热讽之后，米尔顿·弗里德曼的这段话几乎可以表明他本人也在坦承：在真实世界里，他的理论并没有发挥作用。

“我对他感到很抱歉，”查尔斯·帕蒂说道，“他现在已经是一个老人，他将毕生精力都投入到货币主义理论之中，现在却全都毁于一旦。我们决定放弃货币并试图提供充分的刺激力以维持经济增长，从而终结货币流通总量的‘优先’地位。这是我们第二次不得不做出这个选择，并且两次都证明是正确的。货币流通总量再也不会成为货币政策的指导方针。当下一次货币流通总量告诉你要在经济疲软时紧缩货币，你就可以说：‘看吧，你这样做只会是在自杀。’”

货币主义作为一种实用性理论的崩溃还不仅仅涉及货币主义经济学家的尴尬。沃尔克和美联储也曾接受货币流通量并将 M-1 视为政策决定的指导。华尔街上的银行家和金融专家也抱有同样的理念，即一个用唯一答案就可以解释错综复杂现实的诱人信仰。只需调节一个经济变量，即货币供给，就可以在某种程度上制造其他变量的秩序性。这种理念其实就像是一个比喻，中央银行只愿意将焦点集中在货币的抽象性上，而忽视经济生活真实因素所造成的结果。这还成了美联储的目标，而货币主义理论不过是美国经济的奢华幻象。这一次，沃尔克终于不情愿且姗姗来迟地永远放弃了它。

不过，抛弃 M-1 给了沃尔克另一个要小心对待利率的理由。正如帕蒂指出的，允许货币供给大幅度增长，美联储是在让自己“更容易再次犯错”。发生扩张的流通货币正源源不断地注入体系，但并没有在实际经济中产生足够的影响力。如果货币流通速度和公众交易模式不发生任何改变，那么从理论上讲，这种流动货币会突然引发一次通货膨胀。

在这种危险的条件下，沃尔克极不愿意进一步冒险。他放弃了货币，却没有降低利率，也没有对实际经济产生任何帮助。这位主席此时不得不向金融市场解释，他对 M-1 的放弃是向稳定货币价值低头的唯一选择。这并不是一次技术调整，他如是解释道，美联储依然会信守承诺。为了证明这一点，美联储会继续维持高利率。

“现阶段我们已经让 M-1 急剧增长，美元的下跌令我们不安，”这位主席说道，“我不想让市场面临更多这样的考验。”

沃尔克遭遇的两难境地更加恶化。无论是金融市场还是实际经济都可能会陷入不稳。他不能冒险制造经济衰退，因为这会造成债务人及其对应银行的崩溃。可他也不能任由经济高速增长，因为他害怕会失去稳定的货币。

在夏末离开里根内阁的大卫·斯托克曼这样描述沃尔克的极度痛苦：

> “我在离开前找他谈话。他显得十分难过，这的确是被夹在两难境地。所有的债务、所有的庞大赤字都在复苏中姗姗来迟。他能做些什么？他也没有答案，只有在一段时期内持续调整货币政策，体系会由此陷入混乱状态并无计可施。但包括沃尔克在内的体系管理者一定会找到一个让局势正常发展的办法。他们会向无力偿还贷款的人提供贷款，这就是他们所能做的最大补救。”

里根内阁找到该如何操控保罗·沃尔克和美联储的办法，或者至少如何对后者的决策施加更大影响力的办法时已经太迟。这个权力机构意欲施压美联储致使其改变货币政策的一个法律杠杆就是美元在国际市场上的价值。无论是出于法律还是出于惯例，甚至就连美联储也得接受只有总统才拥有管理美元价值的首要权力，这家中央银行有责任必须加以服从。美联储官员一直深谙于此，可里根内阁却花费了四年时间才认识到这一点。

1985 年，詹姆斯·贝克离开白宫成为美国财政部长，他和新任副部长理查德·达曼都积极领悟到这一点。他们放弃了前一任期内盛行的由内阁保守主义者包括美国总统所奉行的放任式教条,开始严厉打击价值发生过度膨胀的美元。两年前，经济顾问委员会主席马丁·费尔德斯坦曾大胆作出结论：美国制造业的损失最终会被人们所接受。到了 1985 年，很明显白宫和美联储的美元政策的确容忍了这种破坏力。国际贸易中的美元价格劣势持续瓦解着美国的制造业和农业，而贝克和达曼最终对企业高管和劳动力领袖的抱怨做出反应却是在整整四年之后。

财政部的新行动纲领包括重拾政府对外汇市场的干预，即通过向市场注入大量过剩美元的方式降低美元价格。贝克和达曼还在私下里劝说沃尔克降低利率。

“我们一开始同意，只要美联储不打击内阁，我们就不会打击美联储，”贝克说道，“这是一个双行道。如果美联储批评我们的财政政策，那我们也应该有权利批评货币政策。但在这样做以前，我们应该试着在私下里解决这些矛盾。”

由此，贝克和达曼在操纵美联储主席的问题上要比财政部的前任领导者更加精明。他们开始展开一系列耐心的政策协商，旨在将沃尔克纳入合作阵营并由此创立同一阵线。他们要达成一致，即这家在世界上拥有影响力的中央银行必须正确打压美元价值，并降低自 1979 年以来沃尔克推行的横行整个世界的高利率。这些财政部官员承认,直接打击美联储无疑是一种达不到任何目的的浪费,只会令金融市场陷入不安；相反利用美元作为工具，内阁反而可以控制住这位美联储主席。

“沃尔克重权在握，”一位内阁官员说道，“我们不打算对其颐指气使，我们必须与他合作。”

贝克和达曼小心翼翼的战斗在 1985 年 9 月 22 日初见成果。这一天世界 5 个工业大国达成一项协议，即美国、德国、日本、法国和英国一致同意协调各自的中央银行，纠正通货的不平衡性。保罗·沃尔克也“借出”他的官方批准，这无疑暗示美联储已经承认美元价值的确过高。无论如何，这份美元协议会抑制美联储在未来推出紧缩货币政策的可能，因为利率的再次上调将会导致美元向错误方向发展，即升值。

贝克的努力取得了一定程度上的成功，却未能给美国经济带来一个渴望已久的拯救性结果。美元价值持续大幅度下降，但贸易敏感性经济领域却并未见丝毫好转，甚至更加恶化。从 1985 年初期达到高峰以来，美元的兑换价值（与其他国家的货币兑换率）已在一年内下降近三分之一，这的确是让美元重新回到1981年以来的正常价值水平，然而美国的贸易赤字却越来越大，1986年一年就增加超过1500亿美元，几乎比前几十年当中足以引起警报的偶尔性贸易失衡多出10倍。

在主要贸易国之间的商业竞争中，美国人一直在蒙受损失。美国农民失去了海外市场，甚至将某些国内消费者也拱手让给海外生产者，其他商品生产领域也一样。整个制造业几乎都是如此。从部分上来讲，这种持续的破坏力可以折射出贬值美元的延迟性影响。最终，只有海外竞争者不得不提高物价，美国的进出口产业才能得以在新条件下获得利益。与此同时，美国工作岗位的流失和生产力的下降还变成了一项重大的政治事业，民主党人抨击里根内阁并提议推出保护性立法以降低进口喷涌。由于民主党对作为制造这场贸易危机的罪魁祸首——美联储的攻击不具备任何党派优势，因此他们只能转而谴责共和党人。

但这场逐步深入的贸易危机却能反映出全球商业面临的一个残酷现实：一旦美国农民和制造商失去在世界贸易中的市场份额，他们将很难再次翻身，甚至在许多情况下不可能翻身。沃尔克和纽约储备银行的安东尼·所罗门曾十分担心美元上涨的几年时间里所造成的长远后果，虽然他们并未采取任何行动加以阻止。美联储推行五年的“强势美元”已经给海外竞争者带去巨大的价格优势和通胀利润差价。现在美元正在下滑，那么这些海外生产者宁可接受更小的利润差价，也不愿提高自己的物价并放弃他们刚刚赢得的美国客户。

对于许多美国企业来说，即那些已经关闭工厂、削减劳动力或向海外转移生产基地的企业，美元价格的下降来得已经太迟。对于他们来说，破坏是永久性的。从这一点来看，美联储自愿将美元价值升高且持续如此之久的事实被证明是货币政策的历史性错误，即一个让美国人耗费经年才可以重新站起来的错误。美联储官员尤其该品尝自己一手酿造的苦果。

无论哪些国家输赢，国际货币体系始终是对实际生产者极具冲击力的金融体系。自1973年“浮动”汇率问世以来，即由自由市场自行设定货币价格，美元价值就一直在经历李·艾科卡所说的一系列“暴力摇摆”，而每一次都会造成贸易关系的不稳。只要现行自由市场体系一直存在，这种极端左右摇摆的现象就会持续发生。

货币充当着商业的中立机构，可如今它却变成神经过敏的主人。20世纪70年代，美元的逐步贬值给阿拉伯石油开采商和欧洲制造商带去严重损伤。而80年代随着优势的逆转，美国生产者因美元的大幅度升值而蒙受更大的损失。如今美元又随主要国家中央银行纠正不平衡性的努力而发生急速下滑，可无论是各国政府还是各位中央银行家，都没有能力维持绝对平衡，甚至也不可能就一个所谓公平点达成一致。相反，贸易战争的手段依然是各国货币，各国的商业大战也和资本主义本身一样传统而古老。

国际汇率改革和试图稳定汇率，这些都会消除货币的暴力摇摆并减少货币对商业施加的人为影响。但找到这样的办法需要的是向各个层面发起极具威慑力的挑战，从某些专业问题到政治问题。某些保守主义者拥护金本位回归以保证美元价值，即第二次世界大战接近尾声时提出并得到凯恩斯大力支持的《布雷顿森林协议》所否定的固定汇率。还有人认为应采取一个更为灵活的办法，即所有涉及贸易的国家政府都应该遵守的货币关系范围和承诺。

与其中存在的专业难度一样，问题的核心还在于政治。要想接受一个永恒的汇率体系，某些国家将不得不放弃暂时的贸易优势，为了达成世界范围内的货币价值稳定，所有国家，尤其是美国，将不得不放弃某种主权。最终，这种国际货币贸易价值将会在每个国家的国内经济政策中有所体现，即政府要产生多少开支、拥有多少借贷、可以忍受何种程度的货币增长以及他们的国内通胀率和利率水平。每个国家对这些政治问题的控制都会受到旨在维持各国货币真正稳定的国际协议的跨国限制。

各国货币间的竞争最终是国际政治力量的现实改变。当美国的经济霸权地位不容置疑，美元就有能力在竞争货币中“发号施令”，就像19世纪时的英国英镑一样。但此时美国已不再具备在全球经济中“号令”其他贸易伙伴的能力，竞争者正逐渐强大且独立，美国自身也在四代人以来首次变成债务国。

此时华盛顿如何能“指挥”东京？因为日本已经变成美国最重要的债权国。日本为美国提供数十亿美元资助以保证后者应付日益增长的政府债务，即日本从贸易赤字中积聚的过剩资本。可美国人并没有完全意识到自二战以来形成的古老秩序已不复存在，即美国一直享有的经济霸权地位。

但如果说美元不再具有领导力，那么谁有呢？或许其不会是哪一个国家的单一货币。日本正成为全球经济领域内的一支新生力量，但要做到对其他国家货币发号施令并施以稳定政策，日本既不够强大也不够自信。世界似乎正进入两个时代的过渡期，就像是一战与二战之间骚动的几十年，那时美国正日益成为最强国，但却不愿承担起世界领袖的角色。此时又一次到了没有一个单一国家可以单独领导并为其他国家设定约束的时代，这种不确定的局面可能会持续几年时间，与此同时，这个最强大的国家似乎也没有学会该如何分享这个重担。

并不明显的是，国际货币改革还会改变各国政府内部的权力关系，美联储在自行决定国内货币事务时将会被迫放弃某些独立权。如果各国政府同意遵守稳定的通货价值，那么美联储及其他中央银行就再也不能设定利率或限制货币增长，只因它们必须满足自身各自的单一目标。沃尔克的权威以及他在 20 世纪 80 年代对利率和美元的长期操控也将变得不可能。在这样一种体系下，美联储将不能成为弗雷德里克·舒尔茨所说的“经济沙皇”。

货币的矛盾性就在于：为了给国内美元确立一个固定价值，美联储不得不允许国际美元价值陷入不稳。货币改革将强迫美联储平衡自身目标，管理货币时要确保其中一方的正常不是以另一方的非正常作为代价。由此这家中央银行不得不让货币政策与选举政府的财政政策更加紧密地协调配合，美联储的决定也不得不要与政治领袖的更广义经济目标保持和谐一致。

因此针对国际货币不稳的改革存在一种讽刺性的可能：美联储手中的权力将被削减，在对美联储独立性颇有微词的各位政治家中间，只有少数人才能理解这种隐含意义。对于由选举产生的政治家来说，艰难的国际货币改革其实是一次政治机遇，或许也是可用的最佳机遇，因为他们完全可以借此获得控制这个非选举产生的美联储的权力。

“敏感的商人不会生产他们卖不出去的东西，也当然不会在一大堆闲置可用的厂房立在那里的时候再去建造新的厂房。”

这是商人兼作家乔治·P. 布洛克维（George P. Brockway）一针见血的评论，似乎直指问题的核心，即“不只是美国而是甚至全世界所面临的一个基本经济秩序。货币的竞争和针对贸易限制的政治争议都是足以掩饰一场更深入弊病的可见性斗争，而这种弊病是所有国家的通病。美国经济和世界经济正遭受产品过剩的冲击：可用劳动力过剩、食品原料过剩、原材料过剩、制造产品过剩。全世界范围内的既定产品生产力远远超过各自的平均需求，这是一个供大于求的年代”。

鉴于这种基本困境，各国纷纷调整市场份额，设置贸易障碍，以保护自己本国的产品。大多数工业国家的失业率仍然较高，价格也持续低迷，这都是因为整个世界都在生产超过市场吸收能力的产品。美国正在低效运行，可日本、德国和其他主要生产国也是一样。正如凡勃伦所说，商业问题永远首先是限制供给的问题。[11]

这种供大于求在许多基本市场都可以看到：石油、粮食、棉花、白糖、钢铁、铜及其他金属；但过剩生产力还折磨着许多制造性商品：汽车、机床、个人电脑、工业化学制品、微芯片、磁带录音机及其他。当然这种供给不平衡也可以从另一方面解释需求的不充分。世界范围内的所有人都只是因为没有足够的货币去购买如今世界经济生产出来的商品。

隐藏在这种混乱之下的真正原因其实远比货币要深刻，即世界内的经济变化已经潜滋暗长多年。在全球经济发展的 20 年时间里，在跨国公司和银行信贷资助的带领下，世界生产力已被极度扩大，大量新工厂破土动工，已不见一代人以前的旧厂房，从而为世界创造了越来越大的工业基础。

举例来说，世界汽车生产曾一度被美国和西欧牢牢霸占，但如今其他许多国家也都抢着来分一杯羹，其中尤其著名的是日本，还有巴西、韩国、墨西哥及其他国家。在农业领域，第三世界国家学会了如何增加自己的粮食产量，自然也就变成美国的竞争对手。在石油产业，20 世纪 70 年代不断上涨的油价同时会鼓励消费国的石油储藏和生产国的新能源开发。长期的通货膨胀又促使石油供给进一步增大，如今优势已经发生逆转，原因就是石油供给过多。

尽管美联储及其他中央银行于 20 世纪 80 年代发起的严厉货币政策并非根本原因，但货币政策的确是恶化了这种混乱。美联储推行的高利率以及其他国家中央银行的盲目效仿进一步削弱了世界范围内对商品的需求，从而鼓励了过剩产品的积聚，这就好像是世界所有主要国家政府都同时做出一个决定：增加货币成本，利用价格将各自国家人民推出市场。此外，国际货币基金组织和美联储推行的针对第三世界国家债务国的国际金融救助条款也保障了世界对商品需求的枯萎，因为这些国家会为了银行贷款的利息支付而不得不抑制进口，其结果就是世界供给的买家市场日益缩小。最后，高利率的负担意味着收入份额从有购物需求的人手中流出，即工薪阶层和债务人，然后流向那些只会积聚更多财富的人手中，即债权人。

从某种意义上说，20 世纪 80 年代的重重矛盾会让约翰·梅纳德·凯恩斯笑到最后。当时掌握政权的美国总统将讨论的重点放在提高“供给方”经济理论的地位，而凯恩斯的“需求方”经济论则变得黯然失色。里根的减税政策让货币直接流向投资人手中，点燃一场资本形成的大爆炸，大量新工厂破土动工，从而使供给能力膨胀。然而 80 年代的根本性混乱从本质上说就是凯恩斯和新政自由主义学者曾经认识到的：即供给已经太多，而需求尚且不足。

里根的减税加上美联储的紧缩货币政策，其共同创造的畸形态势模糊了这个现实的存在。减税并没有制造一次投资繁荣，而原因恰恰就是布洛克维提出的问题——旧工厂生产出来的东西卖不出去，为何还要建造新的工厂？相反，政府赤字带来的财政刺激反而会鼓励一次消费繁荣，并引发债务的空前高涨，无论是私人债务还是公共债务。然而，鉴于美联储紧缩货币造成的美元过度升值，美国消费中的大部分份额都被价格便宜的进口产品抢走，而非国内商品。美国市场正从其他国家购买过剩产品，从而使得美国生产者遭受供大于求之苦。事实上，美国人正在扛起全世界，并且不惜借钱来完成这个任务。

20 世纪 80 年代的混乱，即供给过剩、需求不充分和收入分配不均，与导致 1929 年经济大崩溃的根本情况大致相似。其中最大的不同在于两点：即 20 世纪 20 年代急速增长的债务（不包括庞大的政府赤字），80 年代的生产力较之 20 年代的还要更弱。来自犹他州的自由思想家和银行家并在后来成为美联储主席的马里纳 · 埃克尔斯描述 20 世纪收入分配不均时曾经说过的话竟十分贴近于当下的现实：

“20 年代我们的经济普遍繁荣，但也不是没有不同产业内的起起伏伏和阴暗面。农业并不繁荣，煤矿产业呈现病态，但国民收入却上涨至较高水平，其分配方式也是大多数家庭收入并不充足，企业行为也是依靠快速且不稳定的个人债务结构增长而勉强维持，包括一直处于增长状态的分期购买消费方式……不过，被证明大部分难以收集的海外贷款却为数十亿美元的美国存款找到了出口……

“办公大楼、酒店、工厂及其他建筑物急剧增多，庞大的汽车工业，包括所有汽车零件的生产，以及服务业和公路修建都发生始料未及的大幅度增长……我们的厂房，包括工厂以及酒店和办公大楼正如雨后春笋般出现，债务总量……也增长过快，而银行体系积聚过多资产（或贷款）的结果就是：只有在经济周期持续向上时银行才能得以承受巨大的信贷债务。当整个结构发生崩塌时，银行将要背负一场沉重的资产负担，因其先前积累了过多的信贷业务。人们开始不堪承受过多的债务重负，随之而来的就是灾难性的通货紧缩，使整个国家陷入萎缩。”[12]

如果政府能够积极面对实际经济中出现的疲软，那么 20 世纪 80 年代的美国或许还不至于沦落到此种地步。尽管这看起来不太可能，因为这需要政治领导不仅放弃一直指导自己政治生涯的正统经济思想，还要重新重视那些已经被他们遗弃的经济学理论。简而言之，世界经济需要一个崭新版本的凯恩斯主义经济学，即比最初版本更为复杂且涵盖更广的经济学战略。

20 世纪 30 年代新政改革家也曾面对同样的基本问题，且十分中肯：如何刺激需要？如何限制供给？只是如今这些问题的答案要可以应用于世界经济。世界已经不是凯恩斯时代的四分五裂，即严格划分为富有的工业国和提供原材料的殖民领土。美国已不再称霸，无论是贸易还是货币，其所遭遇的经济困境已不能靠其一己之力加以解决，如果墨西哥或阿根廷表现不佳，那么艾奥瓦州也不能好转。如果日本和德国及其他国家不遵循同样的战略战术，美国采取的任何行动也只能会令其更加虚弱。无论是选举产生的政府还是中央银行，都不太习惯这种团结统一的前进方式——只要其中一方缺席，其他方就会面临灾难。

为了刺激全球性需求，首先各国政府必须迫使利率下降，且需下降到近似于足以令信贷局势发生扭转的历史水平。更低的利率会同时刺激消费需求和商业投资，并且还会释放债务人的负担，无论是中西部农民还是拉丁美洲国家，如果中央银行停止遏制自己国家的经济增长并承诺培育新的扩张，需求就会得到刺激。

沃尔克和财政部会定期向日本和德国发出请求，请求它们能进一步降低利率并为其经济提供更多的刺激，这些联盟国十分谨慎，或者说它们相对满足于现状，日本的失业率很低，且保持贸易顺差，德国则向来对通货膨胀怀有深深的恐惧。无论是国家还是个人，都曾在过去因盲目跟随美国的领导而受伤，因此他们不愿再做出类似的承诺。

“人们以为我过于担心通货膨胀，”沃尔克说道，“他们应该听听日本和德国是怎么说的。德国人一直害怕通货膨胀，这就是你所听到的。在日本，他们认为能保持贸易顺差就很好，一个拥有 20% 存款率的国家并不流行降低利率，你们在这里攻击中央银行家推高利率，可在日本你会指责他们为何还不提高利率。”

已经领导世界银行将惩罚性利率提高到高峰状态的美联储此时难以为自己找到台阶。每个人似乎都很执着，他们不能也不愿放弃货币的高成本，尽管各自基于不同的原因。这些同盟国在降低利率和刺激经济方面采取的行动极其谨慎且轻微，可以说所有国家都尽显动力不足。

除了犹豫不决的同盟国以外，美国政府也无法轻易从经济紧缩中完全抽身。鉴于庞大的赤字，额外的财政刺激并不是问题，但美联储害怕的是，如果它得到低利率的刺激，资本很有可能会从美国投资人手中流走，美元价值会大幅度下跌，那么这家中央银行将失去对价格的控制。除非所有人一起行动，可每一方都害怕单独行动。

更快速的经济增长意味着更高的就业率和劳动力实际工资的增长，即他们将成为世界商品的新买家，但这一次，工资的上涨必然会是全世界范围，而非只是美国。与此同时，各国政府将不得不鼓励一次收入的更广泛分配，这与美国在 20 世纪 80 年代的经济政策完全相反，当时无论是税收政策还是货币政策都是将越来越多的收入推向上层群体。1986 年颁布的受人欢迎的税制改革法案并没有逆转这种收入的不平均分配，随着这种渐进式收入 - 税收比例的崩溃，甚至还加剧了这种不平衡性。

最后，债务的重组和勾销也会刺激世界对商品的需求，尤其是对第三世界国家的债务。复活的债务人可能会创造充满活力的消费者。有关拉丁美洲债务国复兴的不同建议也开始引起国会的注意，但其中存在的政治阻碍也令人望而生畏，其中包括国内债务人的反对，因为他们也需要同样的救助。人类最珍贵的品质“宽恕”在政治世界里很难实现，而在经济世界里则几乎是不可能实现。

然而供给方的处境却更加艰难，因为当时还不存在专门处理生产力过剩和国际范围产品剩余的政治机制。政府唯一可用的武器就是设置贸易障碍，保护自己的市场免受世界性供大于求的影响。这种生产力过剩问题曾一度在原始经济力量的帮助下得以缓解，即生产者的大规模清算，无论是农场还是工厂，无论是美国还是其他国家，直到过剩的生产力被根除，世界供给与既定需求回归平衡。这种正统的自由市场概念将这种破坏力视为调整的自然过程。

这里存在一个政治问题，即操控局势的各国政府是否能够想出一个既不残忍又高效的办法去调节各国的过剩问题，事实上就是为减少疼痛和混乱而分享彼此的负担。20 世纪 30 年代，美国新政曾创造一系列适用于农业、石油、劳动力及其他经济领域的供给管控体系，并在至少一代人里对国内经济发挥过巨大作用。但要解决 20 世纪 80 年代世界供给过剩的问题，则没有任何现成的对等物。想不出其他办法，那么对于政治家来说唯一能做的就是向海外竞争者关闭市场并让其他国家的生产者吞下这些过剩产品。只要世界供大于求的危险局面存在，逐步显现的贸易战争就会更加激烈。只要供给失衡于需求，清算就必然会一直持续。

在目前的政治背景下存在几个禁忌性问题。80 年代政治崇尚的是自由市场力量的优势，政府的积极干预会遭到人们的谴责。在美联储和白宫，决策者要受到保守正统思想的束缚，这些思想不允许以上几种可能性的发生。美联储正是受到工资下降和经济萎缩的鼓励并将其视为有必要施以调整的证据，沃尔克及其同事可以容忍持续的清算，他们相信这是恢复秩序必须要付出的代价。在白宫，里根总统及其保守主义顾问认为他们正亲手埋葬凯恩斯主义，他们不打算复兴这种理论，也不想加以详细研究。就像早期美国一样，正统思想的“重新上任”正信心十足地进入属于自己的历史时刻—— 一个自己也会受到现实否定的时刻。

“这是一个美妙的历史时刻”，E.F. 赫顿首席经济专家宣布。[13] 他的兴高采烈得到华尔街上所有金融机构的响应，从股票市场到债券市场，他们的高涨情绪一同在 1986 年 2 月得到爆发，并达到前所未有的程度。所有的好事似乎都汇聚到一起——物价下滑、利率下降、金融集结、更加明亮的经济前景，这一切好像是保罗·沃尔克早就计划好的。整个市场都在享受令人眼花缭乱的利润。

石油价格经过数月预测后终于在 1985 年底陷入崩溃，短短几周内每桶 26 美元的石油价格就下降为 12 美元。与此同时，国会颁布《格拉姆 – 鲁德曼 – 霍林斯反赤字法案》(*Gramm-Rudman-Hollings*)，承诺政府赤字将在 5 年内削减至零。这部法案所起到的唯一作用就是政府意图的宣示，但却惹得投资家开始心绪不宁地担心最后是否会出现通货膨胀。

这个时刻对于金融市场心理来说似乎是一次决定性的突破。自去年 5 月开始稳步上升的股票市场几乎在一天之内就发生突然的急剧上扬。道琼斯指数超过 1760 点，即不到 9 个月就上涨了 500 点。随着力量的不断集结，道琼斯指数据保守估计最终会突破 1900 点。

不过真正大规模的集结其实是发生在债券市场。在油价下跌和国会许诺削减赤字的刺激下，债券持有人开始接受长期信贷利率的下降，并推高未交易票据的交易价。债券收益跌至自 1978 年的最低点，债券价格却发生成比例增长。20 年期国库券利息在 4 个月内下降超过 2.5%，跌至两位数以下，即接近 8%。债券市场的通胀恐惧最终明显消除，这正是沃尔克所期望的。

“这是一种心理，”这位主席说道，“就在3个月的时间里，债券市场就出于不明原因发生一次重大的力量集结。经济还并不十分强大，这是真的。但这不能解释这次集结的原因。那么债券市场为何会发生集结呢？我将其解读成是通胀心理大厦上的一块石头开始跌落并摔得粉碎。这座大厦不会轻易倒塌，直到其中一块砖头开始出现裂缝。通胀率的下降已经维持相当长的时间，这足以使他们相信通货膨胀已经过去。”

华尔街投资者的快乐情绪很快传染给了经济预测专家，好消息迅速传遍全国的各个角落：美国经济正接近强劲复兴的边缘，这要感谢低油价和低利率的同时到来。在全国演讲中，总统里根欢呼这是“美国的奇迹”。《纽约时报》宣称这是一个崭新时代的黎明，在前方等待美国人的将是没有通货膨胀的繁荣，这是美国人从未经历过的美景。

然而这次的欢欣鼓舞却是短暂的。不到几周，所谓的低油价利益就明显被它引起的即时经济损害所抵消，即西南部失业率的急剧上涨、新一轮足以对银行构成威胁的贷款拖欠、墨西哥危机的卷土重来以及其他极度依靠能源的债务国危机。美国经济并未如许多人预测的那样在春季腾飞而起，而是再次陷入经济增长滞缓，并恢复到最低增长率——0.6%。

事实上，一场债务拖欠的新危机正蔓延整个美国经济。所有制的加强一直在积累实际商品生产者的贷款拖欠问题，如今又将更多的金融受害者裹入其中，陷入麻烦的美国银行开始为企业接管叫价。已有120家银行破产，这是最新的历史纪录。国会匆忙向破产的州一级的和地方储蓄所以及联邦农业信贷体系的偿债机构实施紧急救助。在俄克拉荷马州，一家银行在破产之前得到联邦监管机构提供的“紧急救助”，即在崩溃之前融入新资本。在休斯敦，美国排在第28位的得克萨斯商业银行最终屈服，被第6位的纽约化学银行收购。在资本主义的巨浪中，新财富被广泛分配给上层群体；在经济发展中地区，其又会被分配给新的所有者；而在下层群体中，其中某些财富又会再次集中到旧财富所有人手里。

另外，债券市场的自发性集结似乎与沃尔克及其他人自1981年宣传的观点存在冲突，即大多数政治家以为长期利率在整个80年代居高不下是膨胀的政府赤字的直接结果。有人说利率之所以会维持在高水平是因为政府的举债过重给信贷市场造成太多压力，导致需求过度、供给有限。如果真的是这样，那么长期利率为何会在此时突然下降？财政赤字并没有变小，而甚至是在变大，并在1986 年又达到另一个历史高度——2300 亿美元。唯一有所变化的就是国会承诺以实际行动削减赤字，可能是在明年，也可能是在后年（国会的这个承诺向来不算数）。因此高利率并不是造成供给关系现状的主要原因，其只不过是金融世界的一种思维模式——债券持有人的恐惧以及他们为保护自己利润的焦虑，还有不愿违抗债券持有人的美联储的怯懦和胆小。

当心理状态最终发生改变，其原因也变得尤其不再神秘。金融投资者有了切实的理由去将未来看得更加美好，他们的通胀恐惧之所以会消失，实际上是因为选择性的通货紧缩正同时发生急剧增长，油价及其他商品价格的下跌导致消费价格指数下滑至零。这是近 40 年来的首次，即平均价格水平发生实际负增长，价格下跌速度在 3 个月里达到 2.8%。

对于拥有金融财富的人来说，这代表着一笔巨大的意外之财，无论其会对实际经济产生何种影响。当实际商品价格下降时，任何持有美元或以美元计算的金融资产的人都会自动享受更大的购买力。相同的货币将会买到更多的石油和农田，金融资产的实际价值也会随物价的下跌而被放大。投资者会感觉自己的财富更加安全，因为他们财富的力量正在增长，几乎是魔术般的增长。

兴高采烈的实际经济预测专家并没有注意到这本质的一点，即金融财富所有人在同意降低名义利率时实际上并未放弃任何利益，也就是说实际经济中的债务人并未得到任何好处。名义利率急速下降，但通胀率也在下降。因此实际利率不仅未发生任何改变，实际上反而还发生大幅度的上涨。举例来说，长期国库券收益会随价格下降发生大致下滑，但其短期金融资产的实际回报其实正在增加，因为短期利率下降的速度小于价格下降的速度。就在通胀率下降近 3%时，一年期国库券利率仅下降 1.25%，这种差异意味着债权人其实正实现更高的实际利率，也就是说债务人正付出更多。

如果货币的实际成本有升无降，那么一个繁荣的经济景象就不可能实现。消费者、房屋购买人甚至是商人在看到名义利率下降时都会感受到即时的喜悦，但这种幻象无法抹去真实的现实。借贷的实际负担正因经济困境而增长，实际利率构成的简单等式就是要加入通货紧缩的抑制性影响，这一点几乎不为金融外行所知。总之，这些因素会决定一个新的时代不会到来，无论华尔街多么乐观。

美联储内躲躲藏藏的少数派终于变成多数派。随着莱尔·格拉姆利和查尔斯·帕蒂的退休，总统又先后认命两位美联储委员，且和最初任命的玛莎·赛格尔和普雷斯顿·马丁持相同观点。一位是财政部长助理、乔治－梅森大学前经济学教授曼纽尔·约翰逊（Manuel Johnson），这是一位供应经济学家，自信于快速经济增长会伴随无通胀风险到来的可能性。另一位是曾身为粮农的堪萨斯银行家、称自己是“强劲货币平民主义者”的韦恩·安杰尔（Wayne Angell），与供应经济学家一样，安杰尔认为美联储的决定应该以商品价格为指导，如果石油和粮食遭遇通货紧缩，那就意味着货币过于紧缩且必须降低利率。

在近7年时间里几乎从未失去主控权的美联储主席保罗·沃尔克此时在美联储内部失去了人数上的优势，他的身边只剩下两位忠诚的同盟：正从化疗中恢复的亨利·沃利克和马上就要退休的埃米特·赖斯。赛格尔曾经所说的“一个男人的表演秀”正土崩瓦解。

不过沃尔克却更加不让分毫。价格的下滑和债券市场利率的急速下跌给美联储提供了一个极其理想的机会，即成比例下调短期信贷利率。在这些条件下，没有人会控告这位主席是临阵退缩，他只是在批准债券市场已经做出的决定，而这些正是放松货币的理想条件。

然而这位主席却拒绝这样做。他对降低利率的问题异常顽固，就像罗纳德·里根对于增加税收的态度。沃尔克坚称在长期利率大幅度下滑和消费价格指数接近于零的情况下，短期信贷利率只能向下微调，因为此时正值通货紧缩期。在4个月时间里，长期债券利率已下降超过250个基本点，可美联储却只将联邦资金利率下调50个基本点。在通货膨胀为零的情况下，其所产生的影响就是货币实际成本的上涨以及疲软经济的拖沓前行。

沃尔克的观点反映出谨慎的保守主义倾向，他一直担心如果自己屈服可能会发生的局面。利率是美联储手中唯一可以操纵的杠杆，已经牢牢把握这个杠杆6年半时间的主席沃尔克似乎不愿稍有放松。这一次，他担心的是，如果美国利率下降幅度过大，国际资本很可能会就此流走，转而寻求有更高利润回报的地方，美元价值也可能会由此急速下滑，那么随着条件的突然逆转就会引发一次国内价格通胀的爆发。沃尔克认为美国不能进一步降低利率，除非日本和德国愿意同时降低利率。

“没有人准备行动，”沃尔克说道，“其他国家中央银行的同僚并不打算行动，可没有他们的配合，我也没兴趣这么做。我不喜欢美元的各种隐含意义，那会为其赋予各种解读。我所关心的是美元已经开始松动，那就是在说美元将何去何从？”

但沃尔克却没有注意到委员会其他新同事的强烈担心。世界经济正在衰退，如果美联储不立即采取刺激性行动，通货紧缩和高利率会杀死本来就微弱的经济扩张。这种主张在 2 月 24 日美联储委员大会上引发热烈讨论。里根的 4 位任命委员敦促立即削减贴现利率，而沃尔克及其他两位同盟却坚决反对。最后投票时这位主席丝毫没有退让，另一方也毫无妥协之意。于是沃尔克以 4 ∶ 3 的结果输掉投票，这是他出任美联储主席以来的第一次失败。消息公布后，很明显他已经失去在美联储的绝对控制地位。

“我根本不想和这位主席讨论什么，”普雷斯顿·马丁坚称，“但我没有别的选择，我想我可以让他投票赞成我们，我希望他能加入我们。但令我们所有人都吃惊的是，他仍不愿站在我们这一边，只在少数人当中挣扎前行。”

“我不能改变立场，”沃尔克说道，“我也没有别的选择。很明显如果多数人依然固执己见，我将变成少数人。有时，你不会强烈感觉到这个事实。但有时，你会。”

投票后的沃尔克异常愤怒，并宣称自己要立即辞职。他是美联储主席，负责制定政策和机构运行，否则美联储一定会陷入瘫痪，如果其他委员打算接管主席的工作，或许他们应该找到合适的人来担当领导。情绪仍然难以平复的沃尔克从会议室直接赶往与财政部长詹姆斯·贝克的正式午宴，并随即表达了自己的感觉。

于是财政部长小心翼翼地从中斡旋，协商折中之道。保罗·沃尔克突然辞职本身就是一个不安定事件，里根内阁不需要这样的不稳因素。当天下午，各位委员重新集结，并最后达成“停战”协定：贴现利率下调将被推迟两周，期间沃尔克会尽力说服德国和日本也采取降低利率的行动。沃尔克继续担任美联储主席，所有委员将尽力避免将来再与其遭遇的尴尬局面。

这次短暂的插曲表明美联储内部长期以来存在的内部冲突。尽管某些委员可以享受到最终战胜保罗·沃尔克的快感，但他们也因争议而受到严厉惩罚。副主席一职即将任满的马丁被控告越权，就在白宫通知其不会在 1987 年沃尔克任满后接任美联储主席一职后不久便离开了美联储，曼纽尔·约翰逊成为美联储副主席，并致力于在美联储内部营造更加稳定的氛围。沃尔克也开始着手修复自己与新委员的关系，留心他们会联合起来投票反对自己。

沃尔克仍然是主席，但从某种感觉上讲他再也不是 7 年前的主席。他不再拥有强势特权，而是被迫要与所有同僚保持平等。他不再是会议桌旁所有人当中的“美联储战士”，说起话来很严肃；此时他面对的同事是一群“外人”，他们不那么惧怕美联储内部的“民间传说”，他们会用自己不同的视角去看待政治经济学且异常顽固。到了1987年，亨利·沃利克和埃米特·赖斯也将退休，取而代之的又是两位里根任命的委员。其中一位是美国银行前副行长、经济学家罗伯特·海勒（Robert Heller），他与韦恩·安杰尔一样认为货币政策应与商品价格的涨落看齐。另一位是来自休斯敦的投资顾问、财政部长詹姆斯·贝克的终生亲密好友爱德华·凯利（Edward Kelley）。

如今沃尔克被完全孤立，所有人都明白，他是美联储会议桌旁仅剩的一位“鹰派人物”。尽管其他委员不会在公开场合给他制造难堪，双方也不见明显冲突，但美联储所有委员在快速经济增长问题上都与这位主席存在分歧。他掌控一切的权力在日益衰弱。

小小的反抗并没能成功扭转沃尔克面临的困境，因为之后的事实证明新委员的经济学分析显然是对的。实际利率过高并且越来越高，停滞不前的美国经济需要来自美联储的帮助和刺激。如果不尽快展开行动，美联储很可能会制造另一起经济紧缩，这已经是6年当中的第3次，但只有这次衰退是由疏忽造成。

这次插曲还再次显示民主政治进程是如何在这个独立权力中心的存在下发生扭曲变形的。因其会免疫于任何人的直接控制，总统任命委员为达到自己的目的必须全力推动局势的发展，可当他们稍微取得一点胜利时，就会遭到“亵渎中央银行圣洁”的控诉。不必面对货币和利率等核心事务的国会会展开辅助性讨论推出贸易规则和保护性关税。民主党人是在被过去的经历套牢，而共和党人则深陷自己所取得成就的陷阱。没有政党愿意直接阐述稳定货币带来的新的不公平性，也没有一个政党敢于挑战一直对美联储实施保护的禁忌。

这种政治扭曲要比华盛顿的统治关系深刻得多，普通公民并不理解自己在货币政治中的利益，也不知道自己选举出来的代表是如何未能为自己伸张权益。有关货币的讨论在美国政治中几乎不可见，即使出现，也通常是带有忽视和误导性偏见的定义，也只会在对立经济学理论的麻木讨论中被一带而过。

只有一个利益群体深谙自己在这种讨论中的位置，那就是债券持有人、商业银行家和华尔街上40万金融专业人士以及他们的客户和投资者。他们总是在吵嚷喧闹，或大骂美联储，或赞扬美联储，要求政府将自己的利益放在第一位。与其他任何利益群体一样，他们的观点也是基于狭隘的价值观，并且通常是错误的。但华尔街和美联储的错误判断所带来的后果实际上却可以渗入每个人的生活。只要两党没有意愿和勇气发起挑战，这种扭曲的影响力就会一直存在。

没有了主席的进一步反对，美联储终于在 1986 年后来的几个月当中先后三次成功削减贴现利率，名义利率继续保持下滑，然而美国经济的反应仍然是走走停停。实际利率也正在下降，却仍然远远低于历史水平。经济影响明显，例如抵押贷款利率始终徘徊在 10% 左右，较低的利率看上去会对房屋购买者构成吸引力，但实际上并非如此。20 年前，通胀率也只有 1%，但抵押贷款利率却仅为 4% 到 5%。因此房屋抵押贷款的实际成本仍然过高，债权人仍然在收拢大笔额外费用。

鉴于美联储的行动，贴现利率下降至 5.5%，这是 10 年以来最低的名义利率。但贴现利率在实际经济中的反应仍然过高。要想向实际经济提供真实刺激，某些分析学家认为，贴现利率必须下降至 3%。尽管货币稍有放松，但仍然是具有惩罚性的高价。对于货币决策者来说一个悬而未决的问题就是：他们妥协的程度是不是过小，时间是不是太迟？

1986 年初，委员查尔斯·帕蒂退休，当时他曾坦率地表示自己对假设性的经济自信大失所望。

“某些人 35 年以来的所作所为实在是令人感觉丢脸的经历，”帕蒂说道，“我不能苟同任何一种理论，我只能说我对美国经济感觉良好。就这样，没有谁能让自己的理论变得崇高，也没有哪一种理论可以成为普遍原则。任何一个诚实的经济学家都应该会这么说，莱尔·格拉姆利也会这么说。告诉你们一个事实，保罗·沃尔克也应该会这么说。”

事实上，美联储主席也在表达自己的犹豫不决。利率如此之高时为何还会创造出这么多的新债务？如今通货膨胀已经过去，美国经济的生产力为何还不提高？美联储究竟要怎样做才能摆脱积压成山、悬而未决的债务问题？他坦承，20 世纪 80 年代的经济困境与 20 年代的危机如出一辙。

金融市场的欢呼雀跃和股票价格的高涨就是最明显的相似之处。国内债务的危险扩张和国际债务失衡也很相似。本杰明·斯特朗曾在 20 年代花费整整 10 年时间去试图恢复国际金本位（最后在 1929 年经济大崩溃时彻底失败），而保罗·沃尔克在 80 年代也同样致力于处理货币不稳问题，并试图维持国际金融体系的运行。可沃尔克并没有坐在那里与过去的危机做比较，他担心的是目前面临的危险。

面对两难境地，沃尔克与本杰明·斯特朗在方式方法上也存在更为相似之处。1927年夏，斯特朗曾向银行体系注入数目巨大的新流动资金，希望能够帮助欧洲金融市场并扭转国内经济衰退。在之后来看，斯特朗的行动被谴责是造成经济大崩溃的元凶，因为过量的流动资金并没有创造经济增长，反而是流入金融投机市场，加速华尔街上价格的狂热上涨，并最终以突发性大规模崩溃草草收场。

同样的一幕再次在1985年夏初上演。当时美联储正不情愿地允许货币急剧增长，由于实际经济正遭遇严重不景气，因此过度的货币供给流向了金融市场，催涨了那里的票据价格，纵容华尔街实现大规模集结。如果沃尔克默许货币增长，其就只会刺激金融市场过度发展。但如果他拒绝，就又可能会迫使实际经济进入衰退，从而造成债务人及其对应银行的崩溃。

在货币快速增长的条件下，金融市场经历两年多的喷涌式发展，而实际经济却遭受两年多的浩劫，这与20世纪20年代末期两个领域的分叉式走向十分相似。股票价格与其实际价值并不相匹配，而道琼斯指数则更反映出这种可怕的相似：20世纪80年代的增长趋势（一度超过2600点）与20年代末致命的牛市走向几乎完美吻合。

即使是在最好的时候，经济灾难中的传奇也都会表现得普通且一向虚幻。什么都不曾实现，至少1929年以后不曾实现。历史通常不会如此纯粹地复制自己，尽管美国经济自身存在许多相似弱点，最终导致1929年的大崩溃，尤其是似乎无法再承受的坏账“泡沫”。闲置办公大楼的矗立依靠的是借来的钱，是以可能不会实现的假设作为基础。企业重建的资金来源于那些未来利润的可疑性项目所产生的“垃圾债券”，如果这些错置的希望突然破灭，隐藏在背后的贷款也就会顷刻崩溃。投资者会纷纷倾销自己持有的股份，所谓的金融价值会瞬间跳水，泡沫就此破裂。

从某些方面讲，20世纪80年代的根本局势实际上更不具希望。举例来说，20世纪20年代的10年是美国工业基础大肆扩张的时代，是资本投资催生大规模生产力成果的时代。而贯穿80年代，无论是资本形式还是生产力提高都表现得相当疲软。20世纪是美国经济也积聚了无法偿还的债务，但这些借贷并不包括联邦政府的大规模赤字开支。简而言之，目前美国经济中存在的弱点是更加疲软且风雨飘摇。

查尔斯·帕蒂实际上并不赞同所谓的灾难性表现，但左右为难的他发现自己对此也不能轻易忽视。帕蒂嘲笑有关灾难的古怪表现，但作为一个即将退休的美联储委员，他一边清理自己的办公室，一边猜测下一次金融崩溃可能会以何种方式显现。

“该死的，我会让某个家伙每 6 个月来我办公室一次，告诉我有关漫长经济周期和即将到来的危机，”帕蒂说道，“好吧，我想他是个古怪的人。好吧，我接下来又想，按照他所说，一切是这样进行的。首先，他说，房地产会崩溃，然后从根本上破坏其他产品的价值，并且本来积聚过多的债务也会变得更有风险性，这会引起一次大规模的清算，即投资者会摆脱金融工具，从而对股票市场造成打击。我问他会是什么时候，他说可能是 1987 年，但更可能是 1989 年。”

保守主义理论至少自 20 世纪 30 年代以后得到各国政府的赏识并认定不会再有这样的灾难发生。美联储及其他国家的中央银行会正如本杰明·斯特朗曾经说过的那样通过“向街上撒钱”来逆转不利局势。但这需要他们树立心甘情愿抛弃不稳定货币的原则和自觉性。美联储在 1929 年之后的失败行为从本质上说并不是专业弱点所致，而是委员没能理解正在发生的一切，并且不愿干预在他们看来的自然发展阶段。现代美联储能不能更具敏锐的洞察力且更愿意及时地展开行动？这需要的不仅仅是决定力，甚至还需要勇气，即一个中央银行家敢于放弃货币以达到拯救实际经济的目的。以查尔斯·帕蒂为例，他就不具备这样的信心。

“随着这些局势的日益严峻，我们被迫要做出一个选择，即是否要向街上撒钱，”帕蒂解释道，“我们是否要用通货膨胀卷土重来作为代价去阻止这些灾难的发生？当然，如果爆发大规模灾难，也不是一个开放式市场操作就可以解决得了。”

然而帕蒂却说服自己坚信美国经济和银行体系曾经经受住最近几次危机的洗礼，因此如此阴暗的预测往往不会变成现实。正如沃尔克所说，美联储将不得不应付所有局面、修补漏洞，对濒临破产的大型银行施以紧急救助，并希望随着时间的流逝，美国经济能够从困境中走出来。

“我想起一两年前遇到的严重困境，”帕蒂说道，“银行体系承担过多的经济风险，人们都在说得克萨斯银行会因为石油濒临绝境，西海岸银行承受太多的房地产信贷负担，纽约的银行也面临重重阻碍。可实际上，相当长的时间过去之后这些灾难并没有发生。”

然而，如果真与20年代的历史存在相似，那么灾难很可能不会开始于纽约、得克萨斯或加利福尼亚，而是东京。60年前经济大崩溃酝酿时，美国是处于上升趋势的新经济强国，其正试图撑起软弱无力的旧经济强国——英国再也无法领导的世界舞台。某些相似的情节在20世纪80年代再次上演，只是如今日本正成为崛起的强国，而美国正日益失去力量并变得越来越依赖于他人。面对要向美国展开援助的压力，日本已经降低利率并向国内市场注入流动资金，但与1928年和1929年发生在华尔街上的事实一样，日本扩大的货币供给同样会大量流入金融投机市场，会催高东京股票交易的价格。

无论如何，经济现实与金融幻象之间的差距已经越发能在华尔街上见到。从1982年至1987年，道琼斯股票价值已膨胀了超过230%，然而实际经济增长总共才不过是20%，工业生产仅增长25%。可某些人依然严重错估经济形势，在现代金融世界里，谁会第一个崩塌并不重要，无论是纽约还是东京，因为其他人必然会随之一起万劫不复。

一次现代的灾难性崩溃所具备的潜力还会涉及另外一个根本性弱点，即马里纳·埃克尔斯早在50多年前认知到的造成当时经济大崩溃的主要原因。美国经济正因收入分配不均而被逐渐削弱，即埃克尔斯所说的“巨大抽吸泵”，经济政策将越来越多的收入抽离出有开支需要的人手中，使数百万美国家庭陷入毫无购买力的境地。

> “由于大众商品生产会伴随大众消费而来，因此大众消费也暗示着财富的分配，这不是指那些既定财富，而是说目前正在创造的财富，从而为人类提供购买力……然而如今运行的并不是这种分配形式，1929年至1930年的巨大抽吸泵将越来越大比例的当前创造的财富吸入少数人手中……这就像是在玩扑克牌游戏，好牌越来越集中在少数人手中，其他人要想继续游戏就得借牌，当信贷也被消耗一空时，游戏也就停止了。”[14]

现在正在发生的正是同样的过程，消费一直保持强劲是因为越来越多的家庭在依靠信贷而非收入。个人存款量已发生前所未有的下滑，只占当前收入的2%，而消费信贷水平却上涨了18%。但这些事实均被某些人误解，因为正在增长的债务负担会自然集中在经济阶梯的低层，即收入份额在 20 世纪 80 年代发生缩水的美国家庭。事实上，他们是在向上层群体借钱以维持自己的购买力。这些债务人正依靠债权人得以继续参与游戏，正是这种做法制造了假象，在商业投资日益萎缩的条件下，消费开支成为维持经济急剧扩张的主要经济行为。

如果消费者最终被迫出局，如果有足够多的家庭濒临再也借不起牌的地步，那么这场扑克牌游戏就必须停止。经济衰退会随之到来，所有受债务之累的家庭和企业都会处于高风险之中。这会在何时发生？几乎没有经济预测专家可以准确说出答案。他们所能确定的事实就是这样的破坏力正在酝酿。如果没有任何外力加以扭转，这场游戏最终会走向结束。

能够阻止这种灾难发生的可靠办法就是关掉“抽吸泵”，即将更多的收入推向下层社会的债务家庭，他们会很快将这笔收入花出去，通过税收政策、低利率或直接援助的方法，政府可以凭借彻底逆转横行 80 年代的收入分配不均现象而延长并复兴美国经济的繁荣。然而无论是国会总统还是美联储，无论是共和党人还是民主党人，都不会接受这样的补救措施。渐进式收入分配过程的理念在“强劲的 80 年代”已经落伍，就像它在“轰隆隆的 20 年代”所遭受的命运一样。曾经从过去疼痛的经历中所吸取的古老教训如今已被遗忘。

某些货币规则并不受制于现代经济专业管理人士的改动。它们可能会在某个时间里被忽视和遗忘，却决不能被废除。其中一个规则就是古老的圣经训诫，即对高利贷的强烈排斥。几个世纪以来，高利贷的特定含义已发生改变，但其道德意义却并没有变，高利贷是债权人在坚持某些条款时获得的礼物，而坚持的代价就是令债务人遭受灭顶之灾。

与大多数道德准则一样，高利贷的罪过在必要的实际应用中得到发展。其不只是一种涉及财富公平和慷慨的社会呼吁，没有一个社会体系可以容忍高利贷并允许其成为常态，因为其会导致经济生活的自我毁灭。食利者会收拢中间费用，直到吞并所有财产，致使农民一无所有。但如果食利者拥有所有的钱，谁又会来买他的粮食呢？农民又该如何生存？

并不明显的是，现代资本主义也受制于同样的病态表现。复利的神秘性会鼓吹其拥有能刺激新冒险并催生新财富的能力，且具有难以想象的巨大潜力。这个过程发挥确实作用的前提就是债权人获得绝大多数奖励（即从借贷行为中产生的新财富），而富于进取心的债务人则获得极少或者没有。利率会为资本主义奖励设置各种条件，并保证高利贷者获得的利益，而债务人应得的利润份额却遭到债权人的无情没收。

在这种条件下资本主义运行不会长久。资本的创造力被倒置，复利变得极具破坏性。奖励的分配范围并不广泛，而是越来越集中在少数人手中。这个过程可能会持续相当长的时间，但最终必然会崩溃，无论是基于社会巨变还是经济衰竭。

20世纪80年代的美联储及其他配合力量是否是在施加一次高利贷？这个问题会为判断此阶段到底发生什么提供一个更为广阔的背景。80年代初，有关利率的法定限制被废除，常规的政治束缚被弃之一旁。债权人可以收拢无限制的奖励，无论市场做出何种指令。那么随之而来的就是奖励份额从根本上发生再分配的时代。美国政府本身也通过将利率维持在历史高度的方式培育这种再分配。债权人得到的份额发生膨胀，而债务人接受的安排则无疑是在保证自己陷入毁灭。与将自己交给高利贷者的60年代的法国农民一样，许多债务人没有其他选择。即使拒绝这样的安排，他们也同样会毁灭。

“我们无须惊讶，”经济学家肯尼思·E. 鲍尔丁（Kenneth E. Boulding）说道，“如果美国经济正显示某些病态特征……如果是货币政策导致利润被侵蚀，那么其会给资本主义创造一个渺茫的未来。”[15]1960年，整个美国国民收入流入企业和个人的净利率还不到3%。20世纪80年代，国民收入的净利率上涨到10%或11%，这是奖励分配的一个重大变化。食利者份额的进一步增大在通货膨胀条件下或许合理，因为他们货币的价值发生下降。可当通货膨胀结束时，这种状况就变得令人反感至极。

艾奥瓦农民对高利贷和美联储的抱怨，从其遭遇的困境来说并没有错。深知自己的回报不可能满足利率支出但却仍然要借钱去种地的农民实际上就是高利贷条款的受害者，即使还不曾有人这样称呼他们。只要农民继续借钱，债权人迟早都会霸占他们的土地。那些不可能承受抵押贷款却仍要买房的购房者也可以被描述成受害者。

对于其他类型的企业和经济领域来说，高利贷的问题则更加难以解答。整个20世纪80年代最明显的就是债权人在收拢本世纪最大的利润回报，无论其财富是借给政府还是以企业债券、银行贷款或短期金融票据的形式借给个人。大多数个体债务人似乎很有能力维持自己不断膨胀的债务负担并获得属于自己的份额，尽管与曾经相比份额发生了缩水，至少在短时期内是如此。然而他们当中许多人，尤其是农民，其实是在逐渐落后，而整体美国经济也是如此。

如果一切都是源于高利贷，那么其对资本主义造成的毁灭性影响并不会立即完全可见。这种病态会是逐步且毫无声息地显现，消耗着整个过程中的活力，直到有一天突然且剧烈地以疾病形式爆发。这个阶段里最具说服力的证据就是实际利率水平与整体经济实际增长的比较。1980 年，除第三季度以外，每个季度的实际利率都超过实际经济增长水平，这从另一方面表明债权人份额扩大的速度要远远快于经济所能创造的用于分配的新财富增长速度。“这是一种政治炸药。”莱尔·格拉姆利曾说。“迟早，”普雷斯顿·马丁也赞同地说道，“这艘船都会沉没。”

资本主义有其缺陷所在，即不存在控制欲望的自然阀门。无论是个人还是大型金融机构，资本的自发性野心永远都会去寻找财富的最大回报。资本主义进程中没有人会告诉投资者何时需求过大，因此他们对净利润的巨大渴望会对资本主义体系本身造成破坏，在缺少政治或社会约束的条件下，即来自宗教或政府的教条，债权人自然会尽力要求市场大开方便之门，他们无法分辨自己对利润的正常渴望和极具破坏力的贪婪之间有任何区别。如果政府赞成食利者自由活力，如果政治家废除利率的法定限制，如果货币调节人支持债券持有人的需求，那么资本的罪恶动机将会一路再无阻碍地横冲直撞。

保罗·沃尔克已经远远超过普通阶层的政治家和公务员，他的才华横溢令后者望而生畏，他强大的意志和深谋远虑令后者甘拜下风。与所有人一样，沃尔克也有缺点，只不过他的错误很少会被注意到。这位美联储主席率领美联储内的男男女女成功完成他们自 1979 年以来的最伟大目标。实际上，他们已经取得令大多数人甚至包括他们自己都无法想象的巨大成就。在仅仅几年的时间里，在财政政策极具刺激性的条件下，这些美联储决策者将 13% 的价格通胀率压制到几乎为零，这是一次伟大的胜利。

然而这样的胜利对于全国来说空洞且毫无意义，其对受害者许下的道德承诺也并未兑现。对于整个社会来说，其所预言的社会利益并没有实现。保罗·沃尔克和中央银行让整个美国以及世界各国卷入一场巨大的痛苦之中：长期萎缩、人类悲剧、大众市场消失、混乱生活、持续清算的痛苦、通货紧缩带来的损失。整个社会盛行的道德取向也在标榜这种痛苦值得承受。从破产的房屋建造商到转移战场的工厂工人，人们都被反复教导他们的牺牲对于自己日后的普遍幸福极其必要。这种信念占据了沃尔克及其同事的思想，并且还要强迫民众也去接受这样的信仰，只要心甘情愿，暂时的痛苦会带来经济的日益强劲和稳定，其是在为所有人拥有的长期繁荣做好充分准备。

最后，这样的道德承诺也根本不会兑现。首先痛苦和混乱就被证明会一直存在而非暂时的。此外这些牺牲也与被教导和期望中的牺牲完全不同。一旦货币稳定，美国经济依然要面临通胀时代面临的根本问题，只是此时变得更加严重而已。

即使是保罗·沃尔克自己对经济目标的阐述，其原本的希望也大多数都变成失望。从 1979 年开始，沃尔克时常预测对通胀的抑制会复兴美国经济的长期投资。他说，资本形成的环境好转会引发生产力的更大增长，而这是未来人人增加收入份额的关键。在海外，美元价值的恢复会带来整个国际金融体系的稳定。沃尔克对工薪阶层说道，没有了通货膨胀，他们的名义工资增长会缩小，但实际工资所得被证明会越来越多。他还向国会保证，起初利率可能会很高，但从长期来看利率会变得更低。然而这些目标无一实现，几乎在每个关键时刻，事情发展的结果甚至还会截然相反。

沃尔克对这样的评价并不能完全接受。他认为，他的最初期望已经因庞大财政赤字的复杂性而发生倾斜。最初目标实现的过程要比自己预期所需的时间更久，即长期投资的恢复、生产力的增强、国际市场的稳定、实际利率的降低和实际工资的增长。这个过程由此会涉及更多的风险。

“在经济恢复和抑制通胀的大体框架上，我认为其一直在既定轨道上运行，”沃尔克说道，“但其中的不确定性却远远超出我的预料。或许没有想到这些是我的天真和幼稚所致，经济进程看起来的确是在轨道上运行，但周围的背景音乐听起来却并不美妙。”

事实上，就连经济运行的深层次趋势走向看起来也并不是“在既定轨道上”运行，至少不是像沃尔克曾经描述的向更美好未来前进。根据所有的重要数据显示，美国的经济表现在 20 世纪 80 年代持续下滑，尽管总统的声明和沃尔克的预测天花乱坠，实际上 80 年代美国的经济成就要远远低于 70 年代的通胀期，这是一个令人大失所望的年代。80 年代的经济生产扩张大致只相当于 70 年代实际经济增长的三分之一，实际可支配收入增长缓慢，新工作机会减少。70 年代本来已“虚弱且多病”的生产力效益到了 80 年代反而进一步恶化，失业率前所未有地居高不下，生活在贫困线的人数比例也相应增加。

在这种萧条荒凉的景象下只有一个是例外的繁荣，那就是物价。价格通货膨胀已经过去，但有关这种变化将会推动经济表现中积极力量的理论也没有得到现实的力证。沃尔克一直认为随着各种弱势的逐渐根除，稳定货币将会提供他曾经许诺的一切；而在此期间，某些人将不得不无奈地接受更少的回报，因为这将会给他们带来好处。

公正的经济观察家看到了这些事实并由此得出一个更加悲观的结论：无论美国经济从根本上出现什么问题，其一直都没有进入稳定状态，罗纳德·里根的供应经济学不能使其稳定，保罗·沃尔克的“强势货币”也不能。从许多方面来看，这些政策只会加重其根本的病痛，此时美国经济的长期发展趋势要比 70 年代更加乌云密布。20 世纪 60 年代以来，每 10 年的发展都会导致经济增长减速、失业率长期居高不下、实际工资降低、资本形成进程缓慢、生产力低下。多年来，所有这些凶兆都会被怪罪到通货膨胀的“头上”。可如今通货膨胀已经过去，很明显还有其他因素应该对这些凶兆负责，即仍未被注意到的潜藏在陈腐经济结构中的更深层次问题。

美国公众被灌输并最终确信是保罗·沃尔克和美联储挽救了美国经济。而真相是，美国经济被引向更加严重的疲软和更加可怕的风暴之中。事实上，全体华盛顿政府是在向所有普通美国民众和经济企业施以巨大的伤害，可政府却能规避由自身而起的有关道德问题的质疑，即如果美国不能更健康地发展，如果稳定货币的假设性效益没有实现，那么美国政府将会对为此牺牲的美国人民说些什么?

即使仍然是众人心中的神话，但美联储主席已经不再如所有人以为的那样强势，甚至再也不能完全掌控美联储。他日渐削弱的地位从 1987 年初春开始在美联储内部越发明显，当时债券持有人正经历另一次对通货膨胀的恐惧和焦虑，并开始再次推高利率，石油和农产品价格正稍微恢复，随着美元价值回归正常，失业率下降至 6% 以下，尽管物价只是略微回升，但华尔街上的分析专家很快将其视为长期担心的通货膨胀要卷土重来。他们的恐惧再次没有得到现实的力证，但利率却无论如何发生了上涨。各商业银行三年来首次推高基本信贷利率，美联储也随即轻微推高了联邦资金利率。

保罗·沃尔克还想带领美联储进一步推高利率，但却遭到其他委员的拒绝。这位主席至少先后两次于 4 月和 5 月向其他同事提出非正式建议：美联储应该提高贴现利率，以此向金融市场表达美联储与其团结一致。但他只能说服韦恩·安杰尔，其他由罗纳德·里根任命的三位委员则直接表明如果主席这样做，他们会投出反对票。

尽管华尔街“牛市”不断，但美国的实际经济仍然是在苦苦挣扎。贷款拖欠现象在蔓延，委员玛莎·赛格尔前往俄克拉荷马州和得克萨斯州视察亲眼看见那里的悲惨景象，物价的持续下滑和高利率导致破产不断，她坚称这个国家不是在遭受通货膨胀的威胁，而是仍然在备受通货紧缩的煎熬，已经不能再承受利率升高了。

这位主席并未将这个问题推进到正式投票阶段，因为他知道自己必败无疑，因此对抗一直是在私下进行，公众对此不得而知。然而在政府内部，有关保罗·沃尔克在美联储内大权尽失的消息却不胫而走，这位几乎执掌整个20世纪80年代政策大权的严厉经济权威终于日落西山。[16]

一两周后，沃尔克又失去自己的另外一项权力，但这次形式却更加微妙。花旗银行新总裁约翰·S.里德（John S. Reed）单方面采取前任总裁沃尔特·里斯顿一向喜欢的大胆行动，宣布他正从利润中扣除30亿美元的贷款损失储备金以填补其在拉丁美洲的坏账。其他银行也立即纷纷效仿。从某个角度来说，这是面对现实的重要一步，银行是在接受一个现实，即他们庞大的不发达国家信贷债务永远都不会被还清，并且最终一定会被一笔勾销。

然而从另一个层面讲，花旗银行的声明是在直接压住保罗·沃尔克的势头并严重破坏其作为美联储主席的权威，这位危机处理者曾在国际债务危机的整整5年时间里负责为银行家和债务国指路。最近几个月，里德和沃尔克曾就放松与墨西哥及其他国家的谈判条件多次发生争执。与此同时，巴西又在拖延向美国银行交纳利息。如今花旗银行宣布摆脱美联储的父亲式管教而独立，并且如果需要，还会从此展开单独行动。随着贷款损失储备金的扩大，花旗可以压制这些债务国的要求，强迫其进一步妥协。如果这些国家威胁拖欠债款，那么花旗还可能会迫使其摊牌。得到其他银行响应的花旗正准备在谈判桌上打一种新的“强硬发球”，这就意味着漫长的债务危机即将进入一个动荡期，即一个新阶段。而对于保罗·沃尔克来说，这却意味着他将再也不能在这个战场上挥斥方遒。

鉴于这些事件的发生以及美国经济呈现出的各种凶兆，这位主席宣布退休的理想时机似乎已经来到。沃尔克的第二届任期至8月结束，但如果现在离开，历史都会记得他所取得的胜利，因为后来发生的任何一种混乱无疑都会被归于继任者。然而尽管本人也曾为此举棋不定，但沃尔克却依然想要继续努力，只不过前提是需要总统满足某些特定条件。

这些条件通过沃尔克的朋友和助手以非正式形式传到白宫，总统要发表坚定声明，表示会全力支持沃尔克掌舵美联储。这将是一个谨慎信号，是在告诉其他委员必须要服从沃尔克的领导。正如一位白宫前官员所说，这个暗示是在说："沃尔克想要总统满足他在美联储内部获得支持。"

如果是这样，那么这绝对是一个大胆且放肆的建议，白宫没有兴趣做出这样的承诺。沃尔克 7 年时间里一直固执己见、独断专行，总统及其他政治家正乐于将自己的人安排进美联储，况且尤其是当他们听说 1988 年总统竞选年份又会是一个经济疲软之年。

"以为总统会恳求沃尔克再次连任美联储主席的想法大错特错，"一位白宫官员抱怨道，"总统会不会让自己的人做主席？当然，他会。"内阁想要的主席是不仅会在私下里配合白宫并且还能敏感察觉到当下经济衰退的人。

可问题是，如何能在不引起华尔街不满且不会打击到保罗·沃尔克传奇性的前提下实现这种转变。白宫已经向媒体保证一定会重新任命沃尔克，可同时又对沃尔克连任的提议保持缄默。美联储内忽明忽暗的信号依然在闪烁，总统的任命委员则继续公开不服从领导。

6 月 2 日，总统里根带有某些遗憾地宣布：保罗·沃尔克已经决定退休，这个决定完全来自这位主席个人渴望回归私人生活的打算。新的美联储主席将是商业顾问、福特总统前经济顾问艾伦·格林斯潘（Alan Greenspan），这是一位令华尔街放心的保守主义经济学家，无论是媒体还是金融市场都对这个人的经历感到满意。

艾伦·格林斯潘是一位正统的保守主义共和党人，这一点与保罗·沃尔克一样，实际上在某些问题上要更加保守，例如对银行某些管制的撤销。格林斯潘甚至还拥护金本位会在某日回归的理念，至少从原则上讲他是赞成的。然而在经济管理的重要问题上，里根内阁满意的是这位新任美联储主席会更具灵活性和适应性，不会像上任主席那样顽固不化。

格林斯潘一向十分配合共和党政治纲领，并且因善于与人达成一致而享有"实用主义者"的美名。此外，他在过去一年半以来曾多次在公开场合表达自己对疲软经济的担忧，并表示需不惜一切代价扭转经济衰退，因为已经有太多债务人陷入困境。最后，无论他会倾向于哪种经济理论，格林斯潘并不拥有保罗·沃尔克在美联储内部的个人高度，在思想独立的各委员的包围下，这位新主席没有能力像沃尔克在任时那样掌控美联储。基于此，他就不太可能对政治人物构成恫吓和威胁。

沃尔克时代已经结束，但货币依然是胜利的。美国政府并不打算完全放弃沃尔克的某些目标，也并不想与沃尔克曾经定义的经济秩序脱离关系。后来，沃尔克曾向朋友坦承他很失望总统没有让他继续连任，他很想获得一个申辩的机会，但却一直没有。或许，华盛顿的政治家在智谋上最终还是要胜过这位从华尔街走出来的中央银行家。

正如经济学家所说，货币是一层面纱，但它遮挡的其实是平民阶层间更深层次的政治冲突。货币问题是收入份额矛盾的政治表达，当经济增长遭到破坏，当经济一直在让希望落空，不同利益群体自然会奋起为自己日益缩减的回报做激烈的争取，为谁占据自己的份额和谁必须接受更少份额的问题争论不休。从实际意义来讲，这就是整个 20 世纪 80 年代的美国状况，即一场针对缩小份额的政治斗争。债券持有人获得了胜利，债权人的财富得到累积。他们的资本得到补偿，并充分弥补了他们在先前通货膨胀中蒙受的损失。他们此时可以占据高地，并且不会轻易屈服，除非遭到武力胁迫。

在 200 多年的时间里，美国一直在成功规避民主和资本主义之间的冲突。国家有能力同时享受两种荣誉，只要能成功维持经济增长的健康和长久。如果劳动力和收入的广阔前景可以发生大规模扩张，新奖励的分配在扩大，那么由谁来掌控财富和分配悬殊的问题似乎与普遍繁荣并不相关。正如许多政治家敏锐察觉到的，经济增长是可以缓解财富与工薪阶层之间压力的安全阀门，而这却是民主资本主义的内在冲突和矛盾。

然而一旦经济未能实现强劲增长，美国内部的这种矛盾就会加剧。希望的落空会逐渐不可避免地恶化阶级冲突，因为正有越来越多的人被迫接受越来越少的繁荣份额，甚至会一无所有。而许多以财富持有者为代表的有影响力公民却十分满足于一个经济缓慢增长的局面，他们自己的生活会永远富裕下去，完全不顾下层群体正遭受的痛苦和不幸。然而如果经济停滞时间过长，他们终将会发现自己也会被强迫吞食恶果，即更加严重的社会分化和旨在打倒财富本身的政治复仇。20 世纪 80 年代留下的一个悬而未决的问题就是：美国是否已经进入这样一个危险的时代？

最终，货币的政治和谐必然会终止。历史已反复证明：经济体系内不可能有永远稳定的货币存在。迟早，只要人们想要恢复经济的强劲扩张，钟摆就会向相反方向摆动，无论是循序渐进还是暴力干预。如果金融投机和实际经济劣势发展到行将崩溃的地步，这种政治价值观的转换可能在须臾之间就能完成。统治 10 年之久的正统货币观念会在一个灿烂的瞬间就被粉碎，稳定的幻象也最终会暴露在永远存在且更为深刻的根本现实面前。

1987 年 10 月 19 日，星期一，这个时刻终于到来。仅仅一个月的时间里，股票市场从道琼斯达到高峰的 2700 点急速下跌，这种下跌十分可怕，市场仅在 1 天之内就损失 108 点。尽管如此，金融分析专家和大多数投资人依然信心十足，美国经济是健康的，他们彼此安慰道，这种损失仅仅是一种必要的纠正、一种暂时的停止，是长期牛市的开始，从而恢复 1982 年的股市狂热。

然而，股票市场却在 10 月 19 日这天发生崩盘。华尔街上的“人潮”瞬间失去所有信仰、陷入惊慌失措之中。道琼斯指数下跌 508 点，也就是说金融财富仅在 1 个交易日内就损失了 5000 亿美元。第二天，亚洲和欧洲金融市场也陷入恐慌，并经历同样的溃散。对于美国人来说，这是一场所有人都始料未及的灾难，甚至包括对 1929 年仍然记忆犹新的老人。

市场评论员和政府高级官员立即出面安抚民众，尽管存在相似之处，但这不会是另一场经济大崩溃的开始。他们坚称，美国政府此时已经更加老练和成熟，对于金融问题也更有专业性的把握。总统宣布美国经济在根本上仍然稳定，然而他的这番评论与 1929 年秋季时胡佛曾经说过的那番话一样底气不足。

事实上，这次市场崩溃是一次充满凶兆的警告，无论是经济稳定还是滑向更深的灾难，都完全取决于权力人物是否有勇气放弃不可信的正统思想，追寻更加切合实际的价值观。如果这种极端的局势继续维持几个月，那么他们的选择很可能就会类似于两年前委员查尔斯·帕蒂曾经反复思考的一个问题：美联储是否要为挽救实际经济而放弃货币价值观？这种针对大规模经济崩溃的解毒药很容易让人理解，即利率下降、物价上涨，只要权威当局有勇气这样做。而对于中央银行家来说，这却是一种令人难以想象的艰难选择，即为了拯救人民贬低货币。

货币价值的再次通胀会刺激经济增长，同时也能恢复平衡并帮助治愈伤口。通货膨胀可以鼓励未来经济发展，如果程度适中，其还可以刺激普遍的乐观主义情绪。物价的上涨会激发凯恩斯所说的商人的“动物精神”，会带给他们利润扩张的前景，以及用于涉足新冒险领域的勇气，“鲁莽、强劲的无政府状态”会培育出巨大的成就。通货膨胀的恢复意味着工薪阶层收入份额的增加和商品生产者实际回报的提高。上涨的物价会解除债务人沉重的债务负担，利用贬值的货币抹平他们的债务。通货膨胀的“卷土重来”会再次小心翼翼地启动财富分配，但这一次则是积极且正确的分配。

蓄意贬低货币的理念不能被接受，而通货膨胀的复兴也是一时难有定论。但或许迟早，随着越来越多人能够理解这一点，他们会发现曾经被灌输的治病方法其实是一种痛苦的折磨。

货币，原始文化中神圣的图腾，社会现实有力且神秘的表达。在由民主资本主义构成的美国文化中，货币就是一种神圣的图腾。美国人普遍信仰围绕在货币周围的科学抽象概念所定义的世俗理性主义和社会秩序。然而宗教神秘性仍然不可或缺，即可以维系信仰的神父、仪式和神圣的秘密。

如果能够理解货币的秘密，就一定能看清美国社会现实的真实本质。货币可以彰显公民秩序中妥协性的理想，其会向民主概念施加种种限制，而主权公民只能被动地接受。货币可以定义社会等级，即公民的排列顺序，某些人注定要凌驾于另一些人之上。货币可以表达文化中最深层次的渴望和痴迷，是一种令人烦躁的信仰，是一种可以在某种程度上令拥有它的人长生不老的死物。货币是美国生活中活生生的交易，正如凡勃伦所说，它是一个要比人类痛苦、无知需求以及纤细的人类精神都更具说服力的现实。

如果将神殿的秘密摊开，货币的神秘也会无所遁形，人们将不得不直面这些事实。解除了密码的禁忌会失去说服力，美国人会看穿所有将自己束缚于一个社会的真相，即那些打着他们的利益和严肃仪式的名义而进行的交易。他们会站在那个所有自由公民都曾俯首帖耳的权威面前，他们终将要知道自己真正信仰的到底是什么。

因此，为了维系社会信仰，神秘性是必需的。知道得越多反而越苦恼，不知道这些秘密会令人感觉安心。如果说是美国人不敢窥视神殿内的秘密，那或许是因为他们不敢看穿自己的内心。

附录A　美国物价历史数据

1800年至1986年美国物价历史数据——双视图。第一幅表格遵循的是整体物价水平的涨落，显示了几次主要战争之后的通货膨胀高峰、内战之后的严重通货紧缩、1929年股票市场崩盘之后的价格崩溃以及第二次世界大战之后显现的漫长的通货膨胀时代。第二幅表格呈现的是更加实事求是的物价透视图，因为其遵循的是同一历史时期内每一年的物价变化。相关数据均取自美国历史统计以及1929年之后劳动统计局出具的消费价格指数。

1800年至1986年整体物价水平（1967年=100）

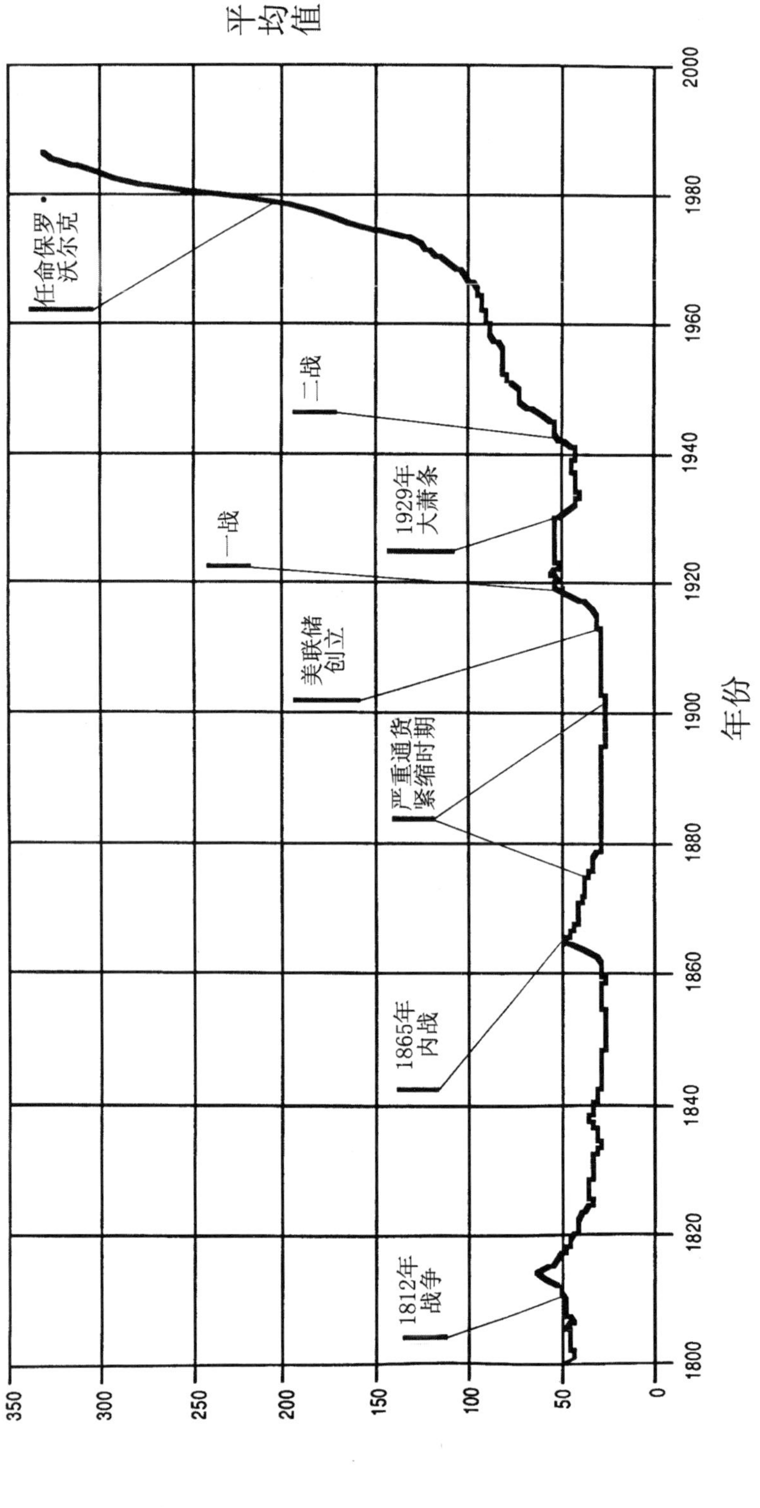

整体物价水平：物价急剧变化的细节

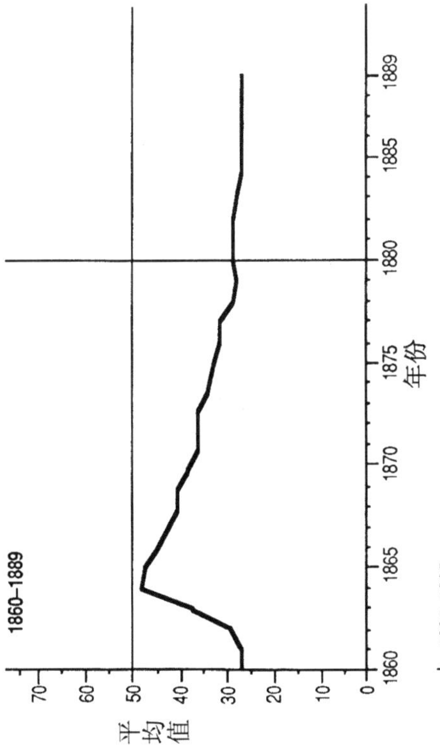

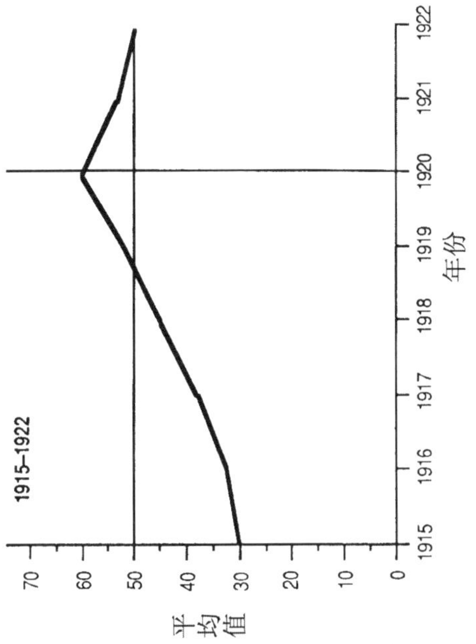

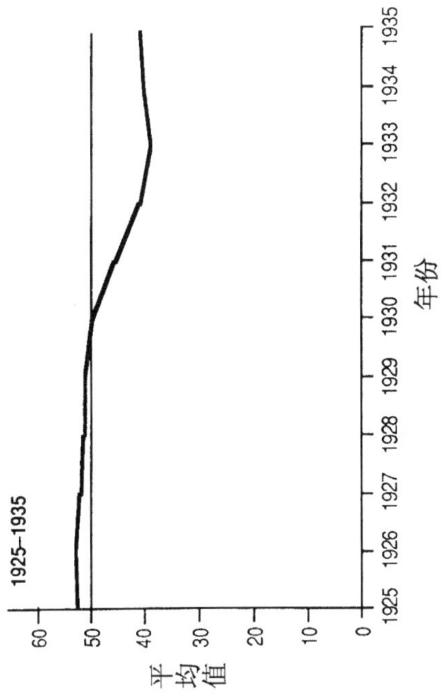

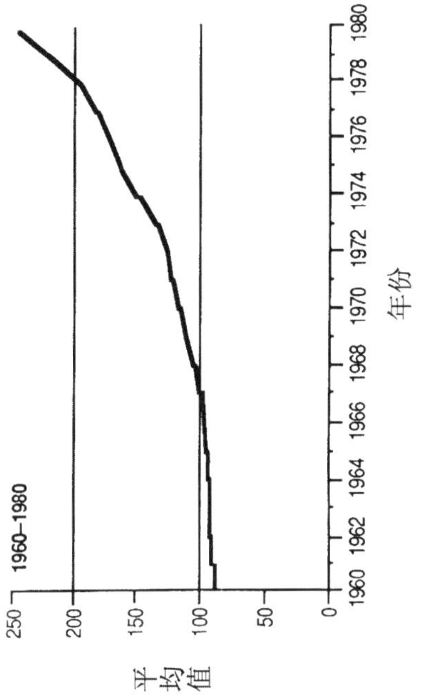

1801年至1986年物价变化率（百分比）

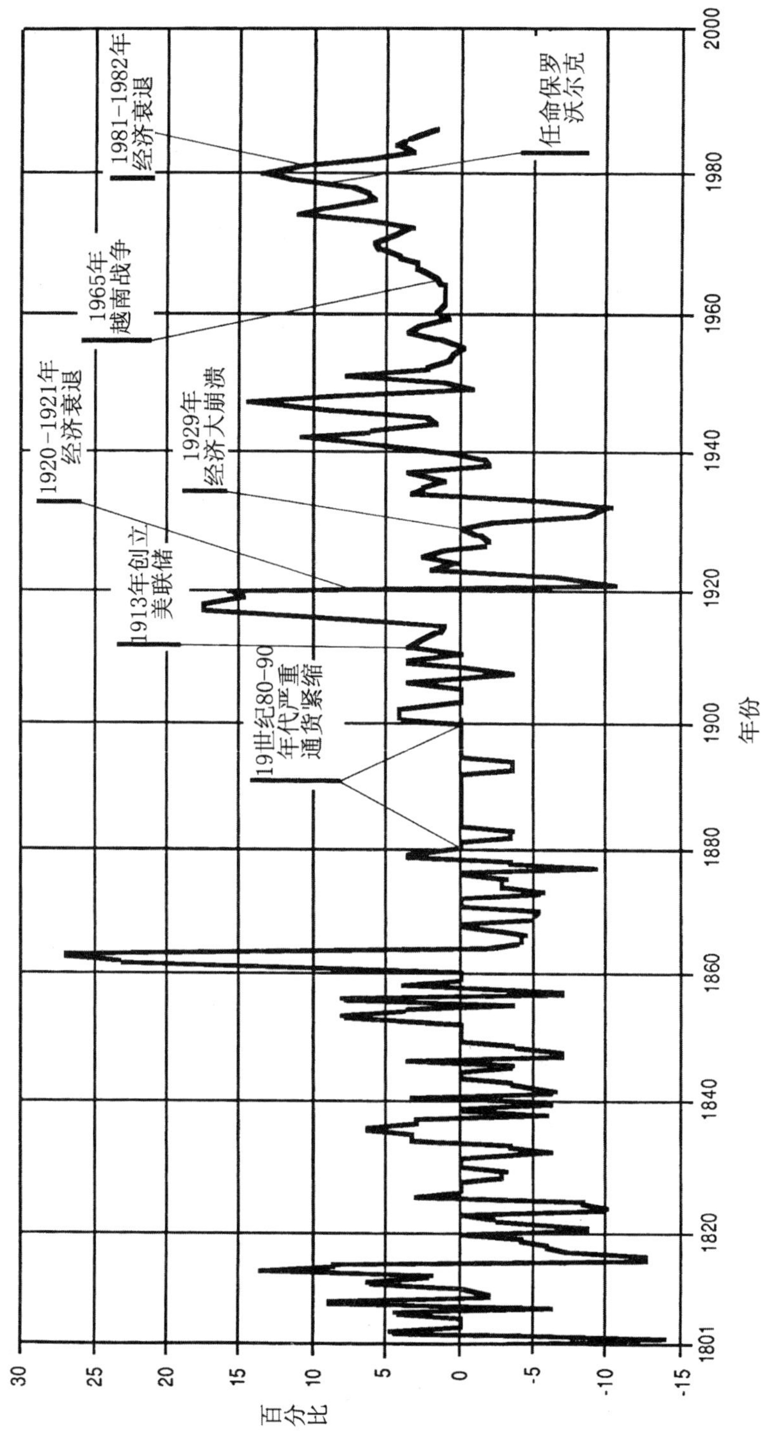

附录 B　美国历年货币利率和经济指标对照表

下列表格近似于呈现的是每月利率变化和经济增长与实际经济发生互动的方式。每月货币供给的增长是以基本货币流通量为基础，即 M-1。联邦资金利率主要应用于商业银行家之间隔夜拆贷的过剩储备金，是美联储政策最清楚的指示器，因为它是美联储操控的最可靠利率。短期信贷利率是指 3 个月期国库券，是测量货币市场状况的标准；长期信贷利率是指 20 年期国库券。通胀率是指城市人口的消费价格指数。GNP 增长代表了国民生产总值的实际季度增长，含通货膨胀折扣。月平均数据均取自美联储年度统计摘要、经济顾问委员会和劳动统计局。全部利率均精确到 0.1%，但不能做到与本书中提到的每周平均数值完全吻合。

1979 年

	1 月	2 月	3 月	4 月	5 月	6 月	7 月	8 月	9 月	10 月	11 月	12 月
货币供给	0.3	2.3	10.7	18.8	−1.3	15.3	11.2	8.0	7.3	2.2	4.1	6.9
联邦资金利率	10.1	10.1	10.1	10.1	10.2	10.3	10.5	10.9	11.4	13.8	13.2	13.8
短期信贷利率	9.4	9.3	9.5	9.5	9.6	9.1	9.2	9.5	10.3	11.7	11.8	12.0
长期信贷利率	9.0	9.0	9.1	9.1	9.2	8.9	8.9	9.0	9.2	10.0	10.4	10.2
失业率	5.9	5.9	5.8	5.8	5.6	5.7	5.7	6.0	5.9	6.0	5.9	6.0
通胀率	10.6	14.1	11.6	11.9	14.8	14.0	12.7	12.1	12.5	10.8	11.3	12.6
GNP 增长率		3.9			−1.7			4.1			0.6	

1980 年

	1月	2月	3月	4月	5月	6月	7月	8月	9月	10月	11月	12月
货币供给	6.8	12.8	–0.6	–17.2	–0.9	11.0	13.4	22.8	14.5	13.1	8.1	–10.0
联邦资金利率	13.8	14.1	17.2	17.6	11.0	9.5	9.0	9.6	10.9	12.8	15.9	18.9
短期信贷利率	12.0	12.9	15.2	13.2	8.6	7.1	8.1	9.1	10.3	11.6	13.7	15.5
长期信贷利率	10.7	12.2	12.5	11.4	10.4	9.9	10.3	11.1	11.5	11.8	12.4	12.5
失业率	6.3	6.2	6.3	6.9	7.5	7.5	7.8	7.7	7.5	7.5	7.5	7.3
通胀率	16.8	15.6	15.6	10.8	10.8	12.0	1.2	9.6	12.0	12.0	13.2	12.0
GNP 增长率	3.1			–9.9			2.4			3.8		

1981 年

	1月	2月	3月	4月	5月	6月	7月	8月	9月	10月	11月	12月
货币供给	9.8	4.3	14.3	25.2	–11.4	–2.2	2.8	4.8	–0.3	4.7	9.7	12.4
联邦资金利率	19.1	15.9	14.7	15.7	18.5	19.1	19.0	17.8	15.9	15.1	13.3	12.4
短期信贷利率	15.0	14.8	13.4	13.7	16.3	14.7	15.0	15.5	14.7	13.5	10.9	10.9
长期信贷利率	12.3	13.0	12.9	13.5	13.8	13.2	13.9	14.5	15.1	15.1	13.6	13.7
失业率	7.5	7.4	7.3	7.2	7.5	7.4	7.2	7.4	7.6	8.0	8.3	8.6
通胀率	9.6	12.0	7.2	4.8	9.6	8.4	13.2	9.6	13.2	4.8	6.0	4.8
GNP 增长率	7.9			–1.5			2.2			–5.3		

1982 年

	1月	2月	3月	4月	5月	6月	7月	8月	9月	10月	11月	12月
货币供给	19.6	0.5	1.6	1.9	8.3	2.7	2.7	10.3	12.8	14.3	13.6	10.6
联邦资金利率	13.2	14.8	14.7	14.9	14.5	14.2	12.6	10.1	10.3	9.7	9.2	9.0
短期信贷利率	12.3	13.5	12.7	12.7	12.1	12.5	11.4	8.7	7.9	7.7	8.1	7.9
长期信贷利率	14.6	14.5	13.8	13.6	13.5	14.2	13.8	12.9	12.2	11.0	10.6	10.6
失业率	8.6	8.8	9.0	9.3	9.4	9.5	9.8	9.9	10.2	10.5	10.7	10.8
通胀率	3.6	2.4	–3.6	2.4	12.0	12.0	7.2	3.6	2.4	6.0	1.2	–3.6
GNP 增长率	–5.9			1.2			–3.2			0.6		

1983 年

	1月	2月	3月	4月	5月	6月	7月	8月	9月	10月	11月	12月
货币供给	11.5	14.8	13.0	3.6	21.0	10.2	9.4	5.8	3.5	6.2	3.2	5.3
联邦资金利率	8.7	8.5	8.8	8.8	8.6	9.0	9.4	9.6	9.5	9.5	9.3	9.5
短期信贷利率	7.9	8.1	8.4	8.2	8.2	8.8	9.1	9.3	9.0	8.6	8.8	9.0
长期信贷利率	10.8	11.0	10.8	10.6	10.7	11.1	11.6	12.0	11.8	11.8	11.9	12.0
失业率	10.4	10.4	10.3	10.2	10.1	10.0	9.5	9.5	9.2	8.8	8.4	8.2
通胀率	2.4	0	1.2	8.4	6.0	3.6	4.8	3.6	6.0	3.6	2.4	1.2
GNP 增长率		3.5			9.3			6.0			7.3	

1984 年

	1月	2月	3月	4月	5月	6月	7月	8月	9月	10月	11月	12月
货币供给	7.6	6.4	7.0	4.3	7.2	10.7	−0.9	4.3	5.7	−6.9	11.9	10.2
联邦资金利率	9.6	9.6	9.9	10.3	10.3	11.1	11.2	11.7	11.3	10.0	9.4	8.4
短期信贷利率	8.9	9.1	9.5	9.7	9.8	9.9	10.1	10.5	10.4	9.7	8.6	8.1
长期信贷利率	11.8	12.0	12.5	12.7	13.4	13.5	13.4	12.7	12.4	12.0	11.7	11.7
失业率	8.0	7.8	7.8	7.8	7.5	7.2	7.5	7.5	7.4	7.3	7.1	7.2
通胀率	7.2	6.0	2.4	6.0	3.6	3.6	3.6	4.8	6.0	3.6	0	1.2
GNP 增长率		9.8			5.0			2.3			2.5	

1985 年

	1月	2月	3月	4月	5月	6月	7月	8月	9月	10月	11月	12月
货币供给	9.5	13.6	6.1	7.3	14.2	17.3	10.8	17.3	13.3	5.1	11.5	12.6
联邦资金利率	8.4	8.5	8.6	8.3	8.0	7.5	7.9	7.9	7.9	8.0	8.1	8.3
短期信贷利率	7.8	8.3	8.5	8.0	7.5	7.0	7.1	7.1	7.1	7.2	7.2	7.1
长期信贷利率	11.6	11.7	12.1	11.7	11.2	10.6	10.7	10.7	10.8	10.7	10.2	9.8
失业率	7.4	7.3	7.3	7.3	7.3	7.3	7.3	7.1	7.1	7.1	7.0	6.9
通胀率	2.4	3.6	6.0	4.8	2.4	2.4	2.4	2.4	2.4	3.6	7.2	4.8
GNP 增长率		3.1			2.3			4.1			2.1	

1986年

	1月	2月	3月	4月	5月	6月	7月	8月	9月	10月	11月	12月
货币供给	3.6	6.3	15.8	14.4	21.1	14.4	16.4	18.4	10.7	14.4	18.8	30.5
联邦资金利率	8.1	7.9	7.5	7.0	6.9	6.9	6.6	6.2	5.9	5.9	6.0	6.9
短期信贷利率	7.1	7.1	6.6	6.1	6.2	6.2	5.8	5.5	5.2	5.2	5.4	5.5
长期信贷利率	9.6	9.1	8.1	7.5	7.8	7.7	7.3	7.3	7.6	7.6	7.4	7.3
失业率	6.8	7.2	7.2	7.1	7.2	7.1	7.0	6.8	7.0	6.9	6.9	6.7
通胀率	3.6	−4.8	−4.8	−3.6	2.4	6.0	0	2.4	3.6	2.4	3.6	2.4
GNP增长率	3.9			0.6			2.8			1.7		

附录C　联邦公开委员会会议记录

联邦公开委员会一般在大会召开6周至8周后公布会议记录摘要，也就是在下一次会议召开的第二天。以下是1981年5月18日联邦公开委员会大会的完整会议报告，即委员会在美国经济进入衰退前2个月时决定实施紧缩货币政策——一次货币增长的"大规模减速"。

会议召开日期：1981年5月18日

国内政策指令

这次会议讨论的主题是，目前一个季度的实际GNP增长速度较第一季度的快速增长有所减缓，但目前的经济行为看上去仍要比委员会在3月31日大会上的预估强劲得多。根据商业部的初步估计，第一季度实际GNP年增长率已达到6.5%，之后出炉的一系列经济数据也显示出GNP增长速度甚至更快。由国内商业产品总量的固定权数价格指数来衡量的平均物价目前已出现快速增长，但在本年年初时这种现象并不如此严重。

3月总体零售销售额的美元价值轻微上涨，但在4月时发生明显下降，主要反映在新产汽车销售的急剧下滑，这是对制造商价格返利结束做出的反应。新产汽车的零部件销售从3月年增长1003万件下降到4月的810万件。3月和4月除汽车业和建筑材料业之外，其他行业的销售额价值都发生了大幅度增长。

工业生产指数在3月上涨0.5个百分点，4月上涨0.4个百分点。汽车配件销售增长较前段时间加快脚步，是4月增长的主要赢家，商业设备产量以及太空和国防用品产量也展现出强劲实力。煤炭业产量骤减一半，从而限制整体工业生产指数仅增长了0.3%。

非农业就业率在3月和4月因罢工数量的调整而发生轻微改变，但失业率仍稳定地维持在7.3%。4月就业率扩张继续主要发生在服务业，但零售业设施和建筑业的就业率大幅度下降。制造业就业率轻微上涨，工厂的平均工作时间渐升0.1至40.1小时。

3月个人房屋建筑量仍维持2月记录的年增长1140万间；在之前的6个月里，房屋开工已经从140万间上涨至160万间。3月新房屋销售继续维持近几个月的下降趋势，现有房屋销售量也在进一步下滑。

4月制成品生产价格的年增长率为9.5%，第一季度平均为12%。本年最初几个月一直出现的能源价格激增在4月发生下降，消费食品价格未发生变化；不过食品加工原料价格发生急剧上涨。3月消费价格指数上升减缓，反映在能源产品价格上升缓慢和食品价格以及房屋建筑成本的持续适度增加。其他消费品价格继续相对快速增长。1981年前四个月，非农业生产工人的个人每小时收入指数仍低于1980年的记录水平。

在外汇市场上，截至3月末，美元的贸易加权价值与外国货币兑换时发生8.5%的增长，达到3年半来的最高值。3月，美国贸易赤字急速下降，使第一季度的赤字水平远低于1980年的平均值。从第四季度开始，出口价值和出口额均发生大幅度上涨，进口价值增长则相对适度。

3月31日大会，委员会已确定一段时期内的开放式市场运作程序，此次大会我们应该使储备金总量的调节行为与3月至6月M-1B增长保持一致，即年增长率5.5%或稍小，当然这其中要考虑到活期储蓄账户的缺陷性影响以及将M-2的年增长率维持在10.5%。如果从此时到下次大会期间发生联邦资金利率波动，且在一定时期内发生与货币及相关储备金既定路线不符的13%至18%，那么国内运作管理人员必须立即告知主席，然后由后者决定是否需要委员会做出某些追加指示。

4月后期，引入数据表明在经过对活期储蓄账户的预估性影响做出调整之后，M-1B正高于委员会设定的短期目标发生增长。因此，必备储备金量需通过开放式市场运作增加到超过可用储备金供给量。银行要通过减少过剩储备金和增加从美联储借贷的方式调整以适应约束性的可用储备金量。5月6日之前的两周时间里，会员银行借贷平均为24亿美元，3月31日会议之后前三周里的借贷水平则为10亿美元，4月前三周的联邦资金利率平均在15.5%，在4月的最后几天和5月的最初几天里在17%至20%之间浮动。5月4日，美联储委员宣布美联储基本贴现利率从13%上升至14%，针对大型金融机构频繁的借贷行为追加3%至4%的附加费。

为活期储蓄账户预估性影响而做出调整的M-1B增长在4月发生急速增长，年增长率达到14%。但经过调整的M-1B从1980年第四季度到1981年第一季度的年增长率一直仅为 1%，而 4 月水平应该是在委员会货币流通总量长期目标的掌控之下。M-1 继续在 4 月发生快速上涨，且其水平已超过长期目标上限。但 M-2 非交易成分的上涨明显减缓，也就是整体储蓄和小额定期存款不会发生改变，流入货币市场共同基金的速度减慢。

3 月美国商业银行记录在案的未偿还信贷总数发生轻微下降，4 月发生增长，年增长率达到 4.5%。持有投资两个月来发生微弱改变，贷款增加幅度极小，尤其是商业贷款最为疲软。非金融企业商业票据的净发行额在 4 月发生下降，但在第一季度时曾极快增长。4 月债券发行依然强劲，新股票发行额大幅度上涨。

3 月 31 日委员会大会以来，短期信贷市场利率大幅度上扬：短期国库券利率从 2.75% 上升到 4%，私人短期信贷市场工具则从 4.5% 上升到 5.25%。大多数长期信贷利率都提高到历史水平，总的来说平均上涨 1%。在两次会议期间，商业银行对短期商业贷款的优惠利率从 17.5% 稳步上升至 19.5%。在房屋抵押贷款市场，储蓄与贷款机构的固定利率贷款发生新变化，平均利率上涨至超过 16%，3 月底时则为 15.40%。

此次会议委员预测，第一季度发生急速增长的实际 GNP 将在今后发生减速，本年国内商业产品总量的固定权数价格指数被预测将适度增长，但依然保持快速增长。

在就经济形势和前景的委员会讨论中，委员们对经济行为在第一季度发生超出预想的强劲增长做出评论，并继续强调目前经济预测的困难以及坚守长期目标的重要性。尽管委员普遍预测就第一季度经济数据来看应极大放缓超出预想的经济快速增长，但仍有一些委员认为年内的经济行为扩张很有可能会继续超出预想目标。观察结果显示经济需求和经济行为的疲软仅限于为数不多的几个经济领域，尽管均为房屋和汽车这样的大型经济产业，并且整体经济行为大规模减速的风险似乎也可以在某些经济需求的累积下得到调节，只要这些需求得到利率降低的刺激。另一方面，他们还认为，高水平且不稳定的利率会从一开始就在抑制经济行为中起到累积性作用，而金融压力可能会产生何种影响则尚不可知。

2 月 2 日到 2 月 3 日大会上，委员会曾确立下一个阶段的货币流通总量增长目标，即从 1980 年第四季度至 1981 年第四季度：M-1A 从 3% 上升至 5.5%，M-1B 从 3.5% 上升至 6%，前提是对活期储蓄账户的预估性缺陷影响做出调整；M-2 从 6% 上升到 9%；M-3 从 6.5% 上升到 9.5%。这可以理解为活期储蓄账户的扭曲性影响可以贯穿整整一年，其他短期信贷因素也会在年增长率方面发生每月和每季度的严重变异。

在就从此时开始一个阶段内政策的委员会讨论中，强调的是3月31日委员会曾经确立的3月至6月内M-1B增长目标（经活期储蓄账户预估性缺陷影响的调整），即年增长率维持在5.5%或稍小，然而4月时增长量已严重超过这个目标。根据委员们的分析，M-1B在本季度接下来两月中的增长应该得到抑制，因为近来银行储备金状况已面临更大压力，并且本季度名义GNP增长正明显减缓。但如果继续采用3月31日的目标参数，近两个月来M-1B的增长则不得不被忽略。

委员们还分析认为，第二季度的M-2增长将慢于早期预想，反应在储蓄账户和小额定期账户增长的缓慢以及货币市场共同基金的持续疲软。因此，更广义货币流通量的增长可能会从1980年第四季度到1981年第四季度期间发生下降并低于目标。

有关本季度内货币增长的目标问题，委员们普遍认为仍需维持抑制状态。他们一致认为抑制过快的货币流通总量增长十分重要，最初有关货币增长精确范围的意见分歧相对来说有些狭隘。讨论中一些观点得到强调。经济行为持续强劲的标志加上最近货币收入速度的意外增长都会带来本年货币和信贷过度扩张的风险压力。更广义货币流通总量的增长已经在某种程度上超过了委员会的年度目标，消费价格指数减缓的标志并没有明显反映出根本性通胀压力的根本性清除，因此在一个关键时刻明确发出要抑制通胀和通胀预期的信号是十分重要的。

有关联邦资金利率，委员们再次强调会议之间一段时期内利率波动的范围为及时启动常规会议间磋商提供可能，因为此时的波动幅度尽管一直在目标范围内，但已明显与储备金情况和货币流通总量不符。先前确定的一段时期内利率为16%或17%，应该变成21%或22%。

讨论的结果是，委员会决定让储备金流动总量适合于M-1B增长，即4月至6月的年增长率为3%或更低（经活期储蓄账户预估性缺陷影响的调整），M-2增长的年增长率为6%。可以接受M-1B增长从2月增长率的3%有所下滑，因为4月增长过快，目标定为3月31日委员大会制定的3月至6月年增长率5.5%或更低。委员认为，活期储蓄账户的影响会持续极大地扭曲M-1B，因此操作时一定要考虑到这种扭曲性。如果在下次会议召开之前国内运行管理人员发现货币目标和相关储备金情况可能会与16%至22%的联邦资金利率发生不符，管理人员应及时告知主席并召开委员会会议。

以下是分发给纽约联邦储备银行的国内政策指令：

此次大会的主题是，本季度实际 GNP 增长稍快，与第一季度相比发生大幅度增长；平均物价继续快速上涨，尽管与今年初相比略有下降。3 月整体零售销售额的美元价值略微增长，但随着新产汽车销售量因价格返利的结束而下滑，4 月零售又发生明显下降。3 月和 4 月的工业生产均适度增长，尽管非农业就业率在罢工调整后发生轻微变化，失业率仍然维持在 7.3%。3 月房屋开工率继续下滑，1981 年最初四个月，每小时收入平均指数的上升较 1980 年略微下降。

自 3 月末以来，美元的加权平均价值与外国货币兑换时发生稳步上升，并达到 3 年半当中的最高值。3 月美国的贸易赤字大幅度下滑，使第一季度赤字低于 1980 年的平均水平。

经活期储蓄账户预估性缺陷影响调整之后，4 月 M-1B 增长急速，M-2 增长依然保持快速。3 月以来，无论是短期市场利率还是长期市场利率都发生大幅度上涨。5 月 4 日委员大会宣布提高美联储贴现利率，即从 13% 上升至 14%，并针对大型金融机构的频繁借贷追加 3% 至 4% 的附加费。

联邦公开市场委员会需求培育有利于削减通货膨胀、促进经济增长和促成可承受国际交易条件的货币和金融环境。在 2 月初大会上，委员会同意通过 M-1A、M-1B、M-2 和 M-3 增长的方式来实现这些目标，即从 1980 年第四季度至 1981 年第四季度，分别从 3% 上升至 5.5%、从 3.5% 上升至 6%、从 6% 上升至 9%、从 6.5% 上升至 9.5%，均以排除活期储蓄账户的缺陷影响为前提。银行信贷利率的相关范围为 6% 到 9%。这些指标经重新考虑后可以作为担保性条件。

委员会在储备金和流通货币方面追求的短期目标是，4 月至 6 月货币增长维持在年增长率 3% 或更低（经活期储蓄账户预估性缺陷影响的调整），M-2 增长的年增长率为 6%。可以接受 M-1B 在 2 月增长的基础上有所下滑，因为 4 月发生快速增长，目标定位委员会在 3 月 31 日大会上确立了 3 月至 6 月年增长 5.5% 或更低的目标。由于活期储蓄账户的影响会持续极大地扭曲 M-1B 增长，因此在实际操作中应予以充分重视。如果在下次会议召开之前国内运行管理人员发现货币目标和相关储备金情况可能会与 16% 至 22% 的联邦资金利率发生不符，管理人员应及时告知主席并召开委员会会议。

投票赞成的各位委员：沃尔克先生、所罗门先生、贝赫恩先生、博伊金先生、考里根先生、格拉姆利先生、帕蒂先生、赖斯先生、舒尔茨先生、蒂特斯女士、沃利克先生和威英先生（威英先生作为候补委员投票）。投票反对的各位委员：无。

参考注释

本书核心参考资料来自34段本人采访，包括美联储各委员：主席保罗·A.沃尔克、副主席弗雷德里克·H.舒尔茨、亨利·C.沃利克、莱尔·E.格拉姆利、南希·H.蒂特斯、J.查尔斯·帕蒂、菲利普·E.科德韦尔、埃米特·J.赖斯、副主席普雷斯顿·马丁以及玛莎·R.赛格尔；以及4位联邦储备银行行长：纽约的安东尼·所罗门、圣路易斯的劳伦斯·K.鲁斯、波士顿的弗兰克·E.莫里斯和明尼阿波利斯－纽约的E.杰拉尔德·考里根；另外还有对卡特内阁官员的重要采访：国内政策人员主管斯图亚特·E.埃森斯塔特、经济顾问委员会主席查尔斯·L.舒尔策、财政部长G.威廉·米勒；还有对里根官员的采访：行政管理和预算办公室主管大卫·斯托克曼、预算办公室经济分析主管助理劳伦斯·A.库德罗、经济顾问委员会的威廉·A.尼斯卡宁、威廉·浦尔、财政部长詹姆斯·A.贝克三世、财政部副部长理查德·G.达曼、联邦储蓄保险公司总裁威廉·M.艾萨克及财政部其他助理秘书；再加上对保罗·克雷格·罗伯茨和曼纽尔·H.约翰逊以及其他许多金融和银行官员的采访；还包括国会、美联储以及遍布美国的普通公民。除此之外，本书中提到的有关个人论述也均出自对他们本人的采访。

本书中经济数据的主要来源是美联储年度报告、美联储《年度统计摘要》以及经济委员会每年出版的《总统经济报告》。除此之外，有关货币政策、金融市场和经济表现的数据也均出自这些著作。

第1章　华尔街打了总统一个巴掌

1. 总统演讲，《纽约时报》，1979年7月16日。《纽约时报》/哥伦比亚广播公司新闻于演讲发表一周后进行的民意调查。文中提到的民主党顾问为彼得·哈特。

2. 有关尤金·萨斯曼的观察以及其他诸如杰伊·施米德斯坎普的分析，可参见威廉·格雷德的《购买狂潮》，1978年12月17日的《华盛顿邮报》。1979年1月19日到22日进行的盖洛普民意调查发现，27%的美国民众认为在未来12个月内“最有可能”发生经济大衰退，35%的人认为“非常可能”。有关通货膨胀引起的美国民众鼠目寸光的描述可参见帕特里克·卡德尔及其他人向卡特总统提供的民众建议。

3. 金融市场的反应和内阁大换血。《纽约时报》和《华尔街日报》，1979年7月17日到20日。美联储资深经济学家做出同样的结论：是一系列政治反应造成了美元的下滑。在其呈交给美联储各专员的绝密文件中，他们声称：“……总统对能源计划的取消引来大量新闻媒体的猜测，舆论认为总统并不打算解除对国内油价的管制，从而触发7月初美元销售压力的增强。7月中旬，总统的内阁大换血行动又进一步加大了美元下滑的压力，从而增强了美国经济政策整体范围内的恐慌和不安。”“美国当前经济和金融状况”美联储委员会专员，1979年8月8日。

4. 有关金融市场说话方式的样本来源于《华尔街日报》，1983年5月29日和1984年5月25日，以及《华盛顿邮报》，1984年5月31日。或许有关这些华尔街内部“聪明家伙”说话语调的最刺耳例证还是要参见金融周刊《巴伦斯》以及笔名为“亚当·斯密”的一系列著作，其中有与其相关的最晦涩难懂和最稀奇古怪的华尔街交易员的语言。

5. 文中提到的1979年美国银行储备金量数据来源于美国银行年度排名，“美国百家大型银行”，1980年2月29日。每年某些特定的储备金总量都会发生变化，但排名中比较靠前的几家银行却很少发生过变化。其他四家储备金量超过100亿美元的银行是：纽约化学银行（290亿美元）、信孚银行（220亿美元）、海丰银行（125亿美元）和欧文信托（120亿美元）。位于加利福尼亚的大型银行还有：旧金山的洛城太平洋安全银行（185亿美元）、富国银行（160亿美元）、克罗克国民银行（125亿美元）以及洛城的联合加州银行（117亿美元）。两家位于芝加哥的银行是大陆伊利诺伊银行（240亿美元）和第一联合国家银行（210亿美元）。位于匹斯堡的是梅隆银行（100亿美元）。位于得克萨斯的四家银行分别是达拉斯的共和银行（60亿美元）和第一联合国家银行（60亿美元）以及休斯敦的第一花旗银行（50亿美元）和得克萨斯商业银行（40亿美元）。

6. 有关美林证券和所罗门兄弟公司的具体细节来源于其公司年度报告。

1979 年资本市场融资数据来源于纽约安全数据公司。排名前 10 位的其他 5 大经纪公司分别是：伊斯门狄龙公司、雷曼兄弟、基德尔皮博迪、华宝狄龙和培基证券。

7. 世界银行排名来源于“世界银行 500 强”，《美国银行家》，1980 年 2 月 29 日。年度排名可大致说明国际金融实力是如何发生改变的。到 1983 年，日本已有 8 家银行跻身世界银行 20 强行列，而 1979 年时还仅有 5 家。

8. 1979 年度公认的美国 9 大知名货币中心银行是：大通曼哈顿、银行家信托、汉华实业、化学银行、花旗、摩根信托、芝加哥第一联合国家银行、美国银行和太平洋安全银行。有时，美联储及其他机构会采用更为广义的 16 家银行定义，即还要加上波士顿第一联合国家银行、海丰银行、欧文信托、梅隆银行、大陆伊利诺伊银行、克罗克国家银行和富国银行。1984 年大陆伊利诺伊银行宣布破产后，其名次被加利福尼亚第一州际银行取代。

9. 美国金融专家总人数为 405830，这个数字出自 1981 年，1976 年时总人数为 300680。总的来说，这些人掌控着纽约股票交易所 72% 的美元价。“战略之基：金融世界里的最新人口普查”，道琼斯，1982 年。

10. 参见玛西亚娅·史蒂格姆《货币市场》，道琼斯 - 欧文出版，1983 年，这是一本描述货币市场上不同金融工具以及这些工具是如何对美联储政策作出反应的专业指导书。

11. 三大主要金融市场的粗略规模来源于美联储贬值的 1979 年资本基金流动报告，年度统计学数字，1970 年至 1979 年，美国联邦储备委员会。

12. 这段有关美联储运行机制及其与金融市场关系的精彩入门讲解出自纽约联邦储备银行出版物《美国货币政策及金融市场》（1982 年），作者保罗·米克，曾为纽约联邦储备银行副行长。

13. 参见威廉·C. 梅尔顿创作的《深入美联储：货币政策的制定》，道琼斯 - 欧文出版，1985 年。有关“监视美联储”的复杂性也为近几年货币政策制定的主要技术手段提供了完全的方向性指导。

14. 理查德·莫尔向卡特提交了一份有关对保罗·沃尔克的绝密评价清单，并同时附加了有关这些评价出处的大致描述，但并未一一指名道姓。

15. 佩因韦伯赫的市场营销战略，参见 1984 年 11 月 20 日对佩因韦伯赫副总裁、广告和公共关系部主管约翰·兰普的访谈。鲍勃·西蒙对西尔斯的评价，参见《广告时代》，1984 年 2 月 13 日。

16. “活跃投资人：就投资人与经纪公司之调查”，道琼斯，1981年；“华尔街日报订户调查结果”，道琼斯，1982年。

17. 有关美国家庭金融资产数据以及财富分配情况来自“消费者金融实力调查”，1983年，此次调查行动由来自美联储调查和数据统计部门的罗伯特·B.艾弗里、格雷戈里·E.伊利乔森和格伦·B.坎纳以及来自卫生与公众服务署的托马斯·A.古斯塔夫森共同筹备。分别在1984年的9月和12月被先后两次发表于《联邦储备系统公告》。有关美国家庭资产净值总额的数字来源于美联储1979年资本流动账户明细，其中不包括人寿保险和养老金储蓄，因为这二者在联邦储备系统调查中并不被认为是金融资产。年度统计摘要，1970年至1979年，美联储。

18. 有关美国家庭直接持有以及各种机构持有的金融资产大致比例来源于1979年资本流动账户明细。免税基金会和大学捐赠基金会拥有资产数据来源于“1985年金融市场前景”，所罗门兄弟，1984年。

19. 股票市场和通货膨胀。1969年美国CPI（消费价格指数）为107，到1979年上涨至212。《总统经济报告》，1982年。

20. 麦克斯韦·牛顿在其著作《美联储：联邦储备系统内部——控制美国经济的秘密核心力量》中阐述了有关实质利率为负数和投资人的愤怒，时代图书，1983年。

21. 米纳里克对通货膨胀影响的结论性叙述来自“通货膨胀对财富分配的影响及其潜在作用”，出自《滞涨：起因、影响和解决办法》，联合经济委员会，美国国会，1980年。又见米纳里克发表于《收入与财富评论》上的文章《通货膨胀时期美国人收入的分配规模》，1979年12月。爱德华·N.沃尔夫的调查来自其发表于《美国收入及财富回顾》上的文章：《1969年至1975年通货膨胀所产生的财富分配影响在美国房产财富上的表现》，1979年6月。其他发生在英国和加拿大的有关通货膨胀的调查研究也发现了同样的财富分配影响后果。

22. 金融数字以及不愿透露姓名的政府官员评论来自《纽约时报》和《华尔街日报》，1979年7月23日、24日。

23. 在吉米·卡特的自传中，这位美国前总统并未提及有关对沃尔克任命的回忆。参见《忠于信仰：一位美国总统的回忆录》，班特姆，1982年。

24. 兰斯的警告。对杰拉尔德·拉夫肖恩的采访，1984年10月24日。然而在针对伯特·兰斯本人的单独采访中，他对这样的对话并无任何记忆。

25. 有关金融市场对沃尔克任命的积极反应来自《纽约时报》和《华尔街日报》，1979 年 7 月 26 日。

第 2 章　美联储是个十足的怪胎

1. “美联储总部大楼”，联邦储备系统管理委员会，1937 年。

2. 哥伦比亚特区试图从美联储身上收取财产税，出自一份有关联邦储备系统委员会独立行动的调查研究报告，未发表，“联邦政府中的美联储地位”，霍华德·H. 哈克利，1972 年。

3. 赖特·帕特曼对美联储的评论来源于对其创作的《货币启蒙》中有关陈述的总结，当时他就任美国国内金融事务下属委员会主席，由众议院银行委员会于 1964 年出版发行。他对银行家的评判来源于他发表的一篇名为《美国货币体系 ABC》的演讲，国会档案，1964 年 8 月 3 日。

4. 反对沃尔克的民间证词由弗吉尼亚纳税人协会主席肯尼思怀特提供，美国参议院银行委员会，1979 年 7 月 30 日。

5. 威克利夫·B. 温纳德，《美联储的骗局》，私人出版，约 1962 年。其理论为典型的反美联储论调，连同其他理论被收藏于联邦储备系统委员会图书馆。

6. 《华尔街日报》编辑的话，1984 年 6 月 4 日。

7. “修道士”的标签是被 1983 年成为众议院银行委员会主席的众议员费尔南德·圣哥敏（D-R.I.）贴上去的。

8. 引自威克利夫·B. 温纳德的《美联储的骗局》。

9. 约翰·肯尼思·加尔布雷斯，《货币：从何处来、往何处去》，霍顿米夫林，1975 年。

10. 1979 年 8 月的货币流通总额及储量来自联邦储备系统委员会出版的《年度统计数据摘要》（1970–1979 年），未经季节性调整。美联储分析家会对货币流通总量及货币增长率进行季节性调整，形成历史数据，以此作为之后数月或数年的参考值。总的来说，我在可能的情况下均使用未经季节性调整后的数据，因为这些数据正是美联储官员做出政策决议时所采用的数据。

11. 欧洲美元市场。阿格斯调研公司的杰弗里·尼克尔斯曾说，欧洲市场“可以被推理为美联储体系运行在国外的第 51 州，其并不受控于其货币储备需要，只是美国金融体系下不可或缺的一部分而已”；引自迈克尔·莫菲特创作的《世界货币：从布雷顿森林会议到破产边缘的国际银行体系》，西蒙 & 舒斯特，1983 年。对美国持有的欧洲美元存款的估价来自《联邦储备系统的目的和功能》，联邦储备系统委员会，1983 年。沃尔克对国际市场上美元的精辟论述来自其 1984 年 10 月 24 日和 1979 年 10 月 9 日所作的演讲。

12. 银行倒闭情况出自联邦储备系统保险公司年度报告，1979 年。其他经济实体倒闭情况出自“商业实体倒闭记录”，邓白氏财务验证公司，1981 年。

13. 有关美联储内部人士对米勒和伯恩斯的态度和评价以及对保罗·沃尔克的期望出自针对这些官员的一系列个人采访。已经退休的经济学家梅里特·谢尔曼对美联储这段历史的详尽叙述为本书创作提供了很大帮助，谢尔曼于 1926 年进入旧金山储备银行研究部门工作，即在美联储真正发挥作用的 12 年之后，并从此在美联储供职近半个世纪，最后成为联邦储备系统委员会秘书。

14. 沃尔克在哈佛大学毕业典礼上的演讲，1985 年 6 月 6 日。

15. 美联储工作人员数量的统计,《美联储预算状况报告》,国会预算办公室，1983 年。

第 3 章 “一小撮”货币主义者

1. 沃尔克对通货膨胀的评价。众议院预算委员会，1979 年 9 月 5 日；《纽约时报》，1979 年 8 月 8 日。

2. 经济学家对经济大衰退的预测。“概要和前景”，联邦储备系统委员会，1979 年 9 月 12 日。这份为联邦公开市场委员会大会准备的绝密预测报告直到 5 年后才公之于世，而且还是在外界的一再要求之下。内容包含十分传统的经济报告和数据分析，大体被分为三个部分：“绿皮书”，涉及国际金融状况，特别包括美元兑换汇率；“红皮书”，涉及地区经济状况，由 12 家地区储备银行提供；“蓝皮书”，涉及针对货币政策提供的意见和建议。鉴于这些报告中的常规内容，美联储并未就为何会长期保密有关报告内容的原因给出合理解释，只是阐明此举是为保护美联储不受外界监视并免受困扰。如果外界在报告出炉后 6 个月内就见到了它们，那么这些经济学家的错误估计和错误预见也会暴露在公众面前。

3. 莱尔·E. 格拉姆利，《华尔街日报》，1979 年 8 月 27 日。

4. 金融市场状况以及货币政策选择，来自“蓝皮书”，官方报告题名为《货币流动总额以及货币市场状况》，联邦储备系统委员会，1979 年 9 月 14 日。

5. 会议记录，联邦公开市场委员会和联邦储备系统委员会，1979 年 9 月 18 日。

6. 《华尔街日报》，1979 年 9 月 20 日。

7. 杰克·布罗德，采访，1984 年 9 月 28 日。

8. 亚瑟·鲍克，采访，1984 年 9 月 24 日。

9. 吉姆·克拉克、山迪·谢尔兹和罗杰·科恩特，采访，1985 年 4 月 4 日。

10. “美国房价”，《洛杉矶时报》，1979 年 8 月 16 日。

11. 赫伯特·杨，采访，1984 年 9 月 27 日。

12. “欧文牧场”，《经济周刊》，1977 年 5 月 2 日。

13. 大卫·帕里，采访，1984 年 10 月 22 日。

14. 银行贷款和企业债务。《年度统计摘要》，1970 年至 1979 年，联邦储备系统委员会。

15. 萨缪尔森的评价，来自约翰·达文波特发表在《财富》上的一篇名为《米尔顿·弗里德曼的激进经济学》的文章，1967 年 6 月 1 日。《经济周刊》将弗里德曼称之为“真正的激进派”，《纽约时报》则将其描述为“激进的知识分子”。

16. 米尔顿·弗里德曼与安娜·J. 施瓦兹，《美国货币史：1867—1960》，普利斯顿大学出版，1963 年。

17. 20 世纪 60 年代的失业率和通胀率，《总统经济报告》，1982 年。

18. 1974 年至 1975 年的经济衰退数据，《经济百科全书》，麦格劳希尔，1982 年。

19. 影子公开市场委员会的完整半年度报告由罗切斯特大学的卡尔·布伦纳教授提供。

20. 1978 年的《汉弗莱－霍金斯法案》是美联储必须遵守的法律准则，于 1975 年通过国会共同决议。

21. 国债占 GNP 比率，《美国财政统计数据摘要》，美国人口调查局，1983 年。

22. 沃尔克的“我们已经到了崩溃的边缘”，参见其在美国银行家协会的演讲，1979 年 10 月 9 日。

23. 我就商业银行演变成野心型竞争的“管理负债”战略的描述非常笼统，其还包含着一个非常丰富且复杂的故事。其发展史可在马丁·梅耶的两本巨著中找到根源，即《银行家》（蓝登出版，1974 年）和《货币集市》（E.P. 达顿出版，1984 年）。有关国际货币市场可参见迈克尔·莫菲特的《世界货币》，西蒙 & 舒斯特，1983 年。

24. 联邦咨询委员会的会议记录是应我要求由联邦储备系统委员会提供的，记录涵盖 1979 年至 1984 年。据我所知，这是联邦储备系统委员会第二次公开这些会议记录。在调查过程中，我仅在联邦咨询委员会会议内容中发现一次这样的提议。华盛顿大学政治科学家约翰·T. 伍利获得了 1968 年至 1972 年的联邦咨询委员会会议记录，在其著作《货币政治：美联储及其货币政策政治学》中有相关描述，剑桥大学出版，1984 年。

25. 尼克松的遗憾，引自格雷戈里·福斯代尔的“无限神秘的保罗·沃尔克”，《美国观察者》，1984 年 12 月。

第 4 章　改革让倒霉蛋雪上加霜

1. 艾伯特·M. 乌泽卢尔，《近代金融史上信用紧缩的核心作用》，布鲁金斯经济学论文，布鲁金斯研究所。

2. 市场反应出自《华尔街日报》，1979 年 10 月 9 日至 10 日，“公开市场办公室运行报告，1979 年 9 月 18 日至 11 月 14 日”，联邦储备系统委员会。

3. 有关美联储公开市场办公室的交易员在交易中获取微额利润的细节，来自对奥布里·C. 兰斯顿公司的欧文·奥尔巴赫的采访，1983 年 12 月 8 日。在这次采访中，有消息称美联储已经注入 10 亿美元储备金，奥尔巴赫则猜测只有 9 亿美元。“我只去掉 1 亿美元，可这在我们的生意里并不算什么。”他说道。

一些货币主义经济学家抱怨美联储无须“搅和”开放式市场账户，此说法来源于布朗大学的威廉·普尔。

4. 威廉·C. 麦尔登尼的回忆，来自其著作《美联储内部：操纵货币政策》，道琼斯 – 欧文出版，1985 年。书中除此之外还精彩地描述了美联储观察员们每天面对美联储市场时无从把握的不确定感。

5. 沃尔克的评论，来自其对美国银行家协会所作的演讲，1979 年 10 月 9 日，以及在《麦克尼尔和莱尔新闻小时》上的讲话。

6. 阿伦·梅尔泽的反应，出自《沃尔克能够抵抗住通货膨胀吗？》，尼古拉斯·冯霍夫曼，《纽约时代》杂志，1979 年 12 月 2 日。其他市场反应，出自《华尔街日报》，1979 年 11 月 15 日和 12 月 18 日。

7. 对 10 月 6 日声明做出的市场反应来自一系列采访及其他资源：威廉·克兰，1984 年 10 月 2 日；詹姆斯·沃尔夫，1984 年 10 月 3 日；理查德·雷卡茨，1984 年 11 月 30 日；马文·贝尔格，1985 年 5 月 6 日；吉米·杰克逊，1984 年 10 月 9 日；维维安·詹宁斯，1985 年 6 月 22 日；尼尔·康诺夫，1985 年 4 月 3 日；化学银行信贷限制，《华尔街日报》，1979 年 12 月 18 日；波特兰教师信用合作社和弗吉尼亚州员工信用合作社，联合经济委员会，1979 年 11 月 5 日；伊利诺伊高利限制，芝加哥联邦储备银行报告，1979 年 11 月 14 日；萨福克联邦储蓄和信贷，背景采访，1984 年 10 月 10 日；莉娜格雷，劳动部联邦信用合作社，采访，1984 年 10 月 3 日；信用社状况，约翰·塔夕罗，研究总监。美国储蓄机构委员会，采访，1984 年 10 月；美林证券“就绪”资产信托，威廉·休伊特，副总裁，采访，1984 年 10 月；1979 年至 1980 年美联储资金流动以及“经济状况报告”，联邦公开市场委员会，1979 年 11 月 14 日。

8. 有关货币政策对“需求方面”的影响，参见联邦储备系统委员会 1981 年年度报告。

9. 吉拉德银行与美国银行的评价，《华尔街日报》，1979 年 10 月 19 日。

10. 银行贷款承诺，艾伯特·M. 乌泽卢尔，“近代金融史上信贷紧缩的核心作用”，布鲁金斯学会。

11. 信贷紧缩是银行借贷的偏好以及可以恢复公平性的新方法，参见美联储委员安德鲁·F. 布里姆在“美国跨国银行与货币政策管理”中的描述，美国经济学协会，1972 年 12 月 28 日。早在 20 世纪 80 年代，众议员亨利·罗伊斯及他人就曾提出过类似建议，但最后未能被美联储采纳。

12. 摩根担保信托对欧洲美元市场的估计，来源于迈克尔莫菲特的《世界货币》，西蒙 & 舒斯特出版，1983 年。

13. 沃利克对欧洲美元漏洞的描述，参见其 1979 年 10 月 11 日发表的演讲。

14. 《世界金融市场》，摩根担保信托公司发行，1979 年 10 月。

15. 《华尔街日报》对银行投机信贷的描述，1979 年 12 月 18 日。

16. 有关向亨特兄弟投入贷款的真实数目直到银价泡沫破裂后很久才公之于众，其全部被收集在众议院政府运作小组委员会调查听证会报告及美联储和有价证券汇率委员会递交给委员会的报告当中。“1979 年至 1980 年金融市场上的银价和联邦政府行动的充分性”，1980 年 3 月 31 日和 5 月 22 日。

17. 联邦咨询委员会会议记录，1979 年 11 月 1 日。

18. 沃尔克在参议院银行委员会上的悲伤，1980 年 2 月 19 日。

19. 参议员伯德和普罗克斯迈尔，《国会议事录》，1979 年 10 月 19 日、24 日和 25 日。

20. 国会对美联储货币计算错误的抱怨，众议员银行委员会，1979 年 10 月 29 日。

10 月 6 日之后，保罗·沃尔克就尽可能避免在公众场合针对经济衰退作出任何预测。他意识到“一段时间的调整期”是必需的，并且接受有关经济会出现紧缩的质疑。不过尽管小心翼翼，这位主席发现自己还是躲避不了在 1979 年 10 月 17 日召开的联合经济委员会上的演讲，于是他在那次演讲上预测了美国人民的生活水平将会“变得更低”。

沃尔克的演讲实际上就是对众所周知的经济学的简单阐述，是任何经济学家都会接受的经济学言论：

我要指出的是，最近一段时间内美国生产力的增长实际上是非建设性的，并且油价过高。当然我们用油量的 50% 都依赖于进口，因此因为石油变富的是那些外国人，而非美国居民。在这些情况下，美国人民的平均生活水平已经发生下降。我不认为在付出更少努力的情况下我们会躲过这样的结果，相关数据显示，我们正在为外国人支付高额工资。

有些新闻媒体认为，沃尔克的“生活水平下降”言论会招致包括总统在内的许多政治家对其的公开反对。沃尔克自身花费了大量的时间去澄清自己的这个言论。事实上，沃尔克早在参议院银行委员会大会召开两天前就已经就生产力和生活水平问题做过明确阐述，但出现在那场听证会上的所有记者却没有一人发现他的言论极具报道价值。

21. 卡特出席 10 月 9 日的新闻发布会、10 月 11 日的圣地亚哥演讲和 10 月 25 日接受的电视采访，均出自《总统文件》，1979 年。

22. 联邦咨询委员会，1979 年 11 月 1 日。

第 5 章　资本主义战胜了宗教道德

1. 有关国会就这部反常法案进行讨论的细节，来自《国会议事录》，1980 年 3 月 26 日至 27 日以及 3 月 21 日的会议报告。早先众议院和参议院曾在

1979 年通过了几项其他的议案，最后都在此次大会上被汇集在一起，形成了最后的定稿。

2. 沃尔克就会员银行问题提出的警告，来自其 1979 年 4 月 12 日所做的演讲以及 1980 年 2 月 4 日在参议院银行委员会面前提供的证据。

3. 肯尼思 · A. 冈瑟，采访，1983 年 9 月 14 日、1983 年 10 月 27 日和 1985 年 7 月 7 日。

4. 众议员亨利 · 罗伊斯，采访，1983 年 8 月 26 日。

5. 丹尼尔 · 布里尔，采访，1984 年 6 月 29 日。

6. 新强制储备金与税收之间的暗含关系，来自"货币修改法案下的五年成本预测——美联储备忘录"，《国会议事录》，1980 年 3 月 27 日。

7. 财政机构对 1980 年国会竞选提供的资金支持数据，由共同利益联盟根据联邦竞选委员会相关资料收集整理。参议员和众议员的银行利益，参见 1980 年由《国会季刊》发表的相关秘闻揭露报道，1981 年 9 月 5 日。

8. 普罗克斯 · 迈尔对失败风险的评价，参见理查德 · A. 罗西的"银行大战"，《丹斯评论》，1980 年 3 月。

9. 肯尼思 · 麦克莱恩，采访，1985 年 7 月 9 日。

10. 罗伊斯对失败风险的评价，参见理查德 · A. 罗西的"银行大战"（同上）。

11. 艾伯特 · 乌泽卢尔对"免除"小型储蓄和信贷所保护的评价，参见其"近代金融历史信贷困境的核心作用"，布鲁金斯学会。

12. 普罗克斯迈尔的评价来源于参议院首次通过金融自由化法案时的立法讨论中。《国会议实录》，1979 年 10 月 31 日。参议院银行委员会的措辞，公布于 1979 年 10 月 15 日。

13. 参议员摩根的批评，来自其对赢家和输家的分析；美国劳工联合会－产业工会联合会城市业务主管、经济学家亨利 · B. 谢克特对金融自由化的阐述，《国会议事录》，1979 年 10 月 31 日。有关数据，来源于 1977 年银行客户信贷调查，密歇根大学调查研究中心。

14. 通货膨胀对中等收入家庭造成了不合理损失，尤其是对依赖储蓄存款维持生计的退休老人。对此的直接解决办法就是政府针对中等收入家庭发行通胀指数储蓄票据或债券。"小额储户"也可以免受通货膨胀的损害，他们的利息回报或许会降低，但却可以保证是实际利率。政府应保障为储户补偿任何由通货膨胀造成的损失，可用票据或债券来设置个人必备持有量，例如 10 万美元或 20 万美元，这样一来所有居民就都具备了绝对安全的大笔财产储备份额。

15. 中等收入家庭的支票账户为 500 美元，因此一半美国家庭的支票账户金额还要更少，来自“银行用户金融状况调查”，1983 年，联邦储备系统公告，1984 年 12 月。

16. 乌泽卢尔对金融自由化造成的高利率的描述，来自其在圣路易斯联邦储备银行大会上所作的演讲，1981 年 10 月 30 日。

17. 埃兹尔的书，对 70 年代选民压力发展的多样性，包括企业对竞选所做的资金贡献在不断增长，迫使民主党人更加保守。托马斯 · B. 埃兹尔，《有关不平等的新政治》，W.W. 诺顿，1984 年。企业税收负担的减轻，来自罗伯特 · S. 麦金太尔和迪安·C. 狄普斯的“不平等性和减少”，预算和政策优先核心，1983 年。

18. 高利贷，雅克 · 勒高夫，“高利贷者和净化说”，出自《现代银行体系的黎明》，耶鲁大学出版，1979 年。

19. 埃曼纽 · 勒华拉杜里对 1540 年这名法国高利贷者的描述，来自《郎格吉多的礼物》，伊利诺伊大学出版，1974 年。

20. 约翰 · 梅纳德 · 凯恩斯的展望，出自其著作《劝说集》中的“子孙后代的经济潜力”，哈考特－布雷斯出版，1932 年；《就业、利息和货币通论》，哈考特－布雷斯 & 世界出版社出版，1965 年。

21. 有关伊斯兰银行的细节，来自特鲁特 · 赫勒斯－夏夫的著作《阿拉伯和伊斯兰银行》，经济合作和发展组织，1983 年；罗杰 · 库珀，“一边是计算器、一边是古兰经”，《欧洲货币》，1981 年 11 月；亚伯拉罕 · L. 乌多维奇，“没有银行的英航家：中世纪伊斯兰世界里的商业、银行和社会”，《现代银行体系的黎明》，耶鲁大学出版，1979 年。

22. 1980 年高利贷合法后的种种真实案例，出自《华盛顿邮报》，1984 年 7 月 31 日；《华尔街日报》，1985 年 4 月 8 日。

23. 艾伯特 · 乌泽卢尔对利率控制政策好处的评价，出自本章之前提到的其创作的论文，他就此进行的全面论述要远比我在这里提到的更加强硬。乌泽卢尔主张，要想强制减缓信贷扩张和经济行为，高利率只具有些许的约束作用，货币政策要长久依赖于阀门的完全关闭，即信贷紧缩。金融自由化的拥护者们指出，乌泽卢尔并不是一个公正无私的旁观者，因为他的银行——波士顿第一银行及其他投资银行因利率调控政策吸收了十分具有竞争力的好处。凭借为长期信贷增加资本，如果银行及其他金融机构的竞争机会因利润回报而受到限制，那么投资银行家自然会更容易吸引到投资人。

当然，金融领域内没有一个人会是中立的旁观者，但乌泽卢尔的言论却代表了更为广泛的公众利益。如果将长远的经济增长作为目标，那么资本的形成，即为新生产能力增加资金，就应该享受某些特权。另外，乌泽卢尔认为，高利率本身就是通货膨胀和经济不稳的主要源头（这种理论在一向反对西方银行体系的伊斯兰经济学家中间引起了微弱的共鸣）。

24. 沃尔克的评价，众议院银行委员会，1980 年 2 月 15 日。

第 6 章　意外的经济崩溃

1. 众议员安农齐奥的讽刺，众议院银行委员会，1980 年 7 月 23 日。

2. 有关信贷控制的细节，参见联邦储备系统委员会新闻发布，和卡特总统演讲，《总统令》，1980 年 3 月 14 日。

3. 弗雷德·韦默，采访，1984 年 12 月 13 日；邓肯·缪尔，采访，1985 年 1 月 2 日；VISA 公关部经理迪克罗西，1984 年 12 月 10 日。强加给零售商的信用卡额外收费，参见众议院银行委员会颁布的信贷控制文件，1980 年 12 月 4 日。

4. 电视的影响。哥伦比亚广播公司、国家广播公司和美国广播公司纷纷在总统宣布实施信贷控制后连续数天反复播放新闻。来自范德比尔特大学传媒档案馆。这三家媒体网络的报道语调和内容都十分严肃认真且实事求是，丝毫没有任何夸张，但却在观众中间引起了夸张性的反响。

5. 心急如焚的房屋建筑商将宽 4 寸、厚 2 尺的木块和砖块寄到美联储，而美联储的高层官员们又将这些木块和砖块重新收集起来。如今这些物品还被许多美联储官员摆在办公室的桌子上，以纪念那场战斗。

6. 沃尔克否认自己是经济衰退的“父亲”，《麦克尼尔－莱勒报道》，1980 年 4 月 21 日。

7. 我对银价惨败的简要描述，在很大程度上依靠的是史蒂芬·费伊的精彩阐述，《远离清规戒律》，维京出版，1982 年，包括在第 4 章引用的一系列后续会议报告。

8. 菲利普·科德韦尔和一名参议院银行委员会委员都曾向我描述过国会是如何游说美联储对这些银行和亨特兄弟实施救援的。

9. 对于银行提出集结11亿美元向亨特兄弟实施救助，沃尔克坚持两个条件：一、亨特兄弟必须停止白银投机；二、亨特兄弟必须妥善解决其手中持有的大量白银。第二种情况其实就是美联储对各银行提出的又一个戒条，是曾经遭到银行不计后果的忽视的戒条。

《华尔街日报》1984年10月18日报道，亨特兄弟手中仍然持有近6000万盎司的白银。一年后，《华尔街日报》1985年10月3日报道，亨特兄弟最终处理了手中的存货，距离他们初次做出处理承诺以过去了5年多。据《华尔街日报》所说，清零行动是在亨特兄弟的财政困境下进行的，他们需要极具大量现金，以付清其石油企业的银行贷款。

10. 1980年M-1及其他货币流通量目标，出自《国会货币政策报告》，1980年2月19日，年度报告，联邦储备系统委员会。

为了明确起见，我们暂且将经过调整的货币流通量数据成为M1-B。如果单纯看传统的货币流通总量，现在称其为M1-A，就会发现货币的上升或下降看上去更加极端。在稍后谈到它们对1981年政策决定有多么重要时会详细解释二者之间有何区别。

我要尤其感谢纽约布里格斯－斯塞得的首席经济学家菲利普·布雷弗曼和美联储退休研究主管丹尼尔·布里尔，是他们向我道明了美联储控制货币的微妙原理。

11. 约翰·梅纳德·凯恩斯，《货币论》，麦克米兰出版，1830年。

12. 亨利·沃利克的分析，来自其演讲《货币控制的局限性》，1980年4月3日。

13. 房地产业复苏，《华尔街日报》，1980年7月18日。

14. 约翰·保罗斯，采访，1985年5月13日和7月3日。

15. 沃尔克对货币供给反弹的评论，“与保罗·沃尔克的一次对话”，安德鲁·托拜厄斯。《纽约时代》，1982年9月19日。

16. 影子公开市场委员会，文件，1980年9月21日至22日。

17. 政治学家爱德华·R.塔夫特在对货币政策的“选举－经济周期”做过深入分析后总结道：“或许最重要的就是1972年选举并没有什么特别。从历史角度来看，货币供给在总统竞选前两年的增长速度要比竞选后两年快得多……似乎在总统竞选之后的政治空白期当中，人们对反通货膨胀的热情会达到高涨，但在竞选之前却很少会发生。”1980年事件很明显不属于塔夫特研究的范围。

参见爱德华·E.塔夫特，《政治对经济的控制》，普林斯顿大学出版，1978年。

又见大卫·迈泽尔曼的“政治货币周期”，《华尔街日报》，1984年1月10日，这是一份来自货币主义者的简明分析。经济学家和政治学家曾经做过大量研究，试图衡量出选举日程与政府经济政策之间的关系。他们当中大多数人的问题在于这个结果的含义通常要比证明更有意义。毫无疑问，二者之间存在关系，但却并没有太大的关系，除非有人可以提供证据证明决策者存在真正的交易。有关统计数字的证据往往带有误导性，因为其暗示了实际的经济结果通常是决策者们早就预谋好的。

18. 伯特·兰斯，采访，1984年11月19日。

19. 米勒的抱怨，《华尔街日报》，1980年9月12日。卡尔的批评，总统令，10月2日。卡特－里根的交锋演讲，1980年10月28日。

20. 一年后的批评。《华尔街日报》，1980年10月3日。

21. 沃尔克在1980年发布的“控制行为”演说，1980年11月20日。

第7章　货币无罪却洗不干净

1. 巴顿·利迪泽·贝奈斯，采访，1984年11月28日。贝奈斯艺术展，名为“伪装大师”，分别于1984年11月和12月在联邦储备系统委员会办公楼举行，后来还先后在达拉斯联邦储备银行和克利夫兰联邦储备银行举行。

2. 有关货币历史发展的细节，来源于多个参考资料，包括约翰·肯尼思·加尔布雷斯的《货币：来自何处、去向何方》，霍顿－米夫林出版，1975年；怀特·帕特曼的《货币初级读本》，众议院银行委员会，1964年，以及美联储各种刊物和本章随后提及的各种著作。

3. 约翰·梅纳德·凯恩斯，《货币论》，麦克米兰出版，1930年。

4. 西格蒙德·弗洛伊德写给威廉·弗利斯的信，《精神分析起源》，贝斯克图书，1954年；“人物与肛门性爱”，《弗洛伊德论文集》，第2卷，伦纳德－维吉尼亚伍尔夫精神学分析机构，1925年；“本能的转变”，《西格蒙德·弗洛伊德基础著作集》，富兰克林图书馆，1978年。

5. 迈克尔·T.陶西格的研究，《南美洲的魔鬼和拜物主义》，南卡罗来纳大学出版，1980年，描述了当代农民神话和中世纪基督教对使用魔鬼货币理念的相似之处。例如，陶西格写道：

尽管上帝的形象和大自然丰收的喜悦仍然在农民生产方式中占据主导地位，但资本主义形而上学的生产方式的魔鬼和邪恶“味道”已经入侵……哥伦比亚热带考卡河谷南部的甘蔗生产规模迅速扩张，因此出现了为工资出卖自己劳动的美洲黑人农民偷偷与“魔鬼”签订协议，从而让“魔鬼”扩大了甘蔗生产，农民也拿到了工资……无独有偶，玻利维亚高地上的印度农民跑到锡矿卖命赚取工资，从而出现了集体与“魔鬼”签订协议的现象，而这些“魔鬼”就是这些矿区和矿石的真正拥有者。据说他们正是用这种方法维持了生产，找到丰富的含矿脉，减少意外事故发生。尽管他们以为这样就可以维持生产，但这些“魔鬼”依然改变不了贪婪本性，因此仍时有矿难和矿工死亡事故发生。

6. 《精神分析起源》（见上）。

7. 乔治·西美尔，《货币哲学》，劳特利奇 & 基根出版，1978 年，以及《乔治·西美尔的社会学》，自由出版社，1950 年。

8. 托斯丹·凡勃伦，《有闲阶级论》，企鹅图书，1981 年。

9. 乔治·西美尔，《货币哲学》（见上）。

10. 诺曼·O. 布朗，“臭钱”，《生命对抗死亡：对历史的精神分析意义》，威斯雷延大学出版，1959 年。

11. 约翰·梅纳德·凯恩斯，“我们子孙后代的经济可能性”，《劝说集》，哈考特－布雷斯，1932 年。

第 8 章　该死的银行：谁应该管理美国经济

1. 劳伦斯·古德温对平民党运动的有力叙述是一次重要的纠正，纠正了那些将农民看作是粗俗丑陋代表的现代历史学家对农业社会改革者的轻视和贬低，这些历史学家对农民怀有怨恨和不满，认为他们是妄想狂，忽视了农民所做出的贡献。古德温的完整叙述，参见其著作《民主承诺：美国历史上的平民党时刻》，牛津大学出版，1976 年。有关阐述的浓缩版本可参见其另一部著作《平民党时刻：美国农民反叛小史》，牛津大学出版，1978 年。

2. 内战后商品价格的细节，来源于古德温（见上）；米尔顿·弗里德曼和安娜·雅各布森·史华兹，《美国货币史：1867–1960》，普林斯顿大学出版，1963 年；罗伯特·P. 夏基，《货币、阶级和政党：美国内战及战后经济研究》，约翰－霍普金斯出版，1959 年。夏基就恢复金本位所造成的政治矛盾进行了精彩论述。

3. 有关金本位下的美国通货膨胀和通货紧缩的讨论，基于《美国历史经济数据：从殖民地时期至1970年》，美国人口调查局，1976年。

4. 费尔南德·布罗代尔，《日产生活之结构：可能性的限制》，其创作的文明和资本主义历史三部曲中的第一部，哈珀－罗，1981年。

5. 1893年的恐慌，米尔顿·弗里德曼和安娜·雅各布森·史华兹，《美国货币史：1867–1960》（见上）

6. 有关杰克逊价值观和第二家美国银行消失的阐述，来源于马文·迈耶斯在《杰克逊的劝说：政治和信仰》中的精彩论述，斯坦福大学出版，1957年。布雷·哈蒙德的名言："鲁莽、蓬勃发展的无政府状态"，参见"杰克逊、比德尔和美国银行"，《经济史期刊》，1947年5月。

7. 威廉·P. 约埃的分析。"小国库计划的经济评价"，出现在古德温的著作《民主承诺和平民主义运动》（见上）的附录中。凯恩斯对平民主义者的标榜，引自约埃的论文。

8. 提倡恢复金本位制度的最杰出代表就是艾伦·格林斯潘，他是金融顾问、前总统的经济顾问，1987年6月被任命接替保罗·沃尔克成为美联储主席。1981年9月1日，《华尔街日报》发表题为《美国能够回归金本位吗？》的报道，格林斯潘以绝对肯定的答案回答了这个问题，但同时提出了诸多限制性条件。重新回归以货币为基础的货币交易的确困难重重，但却好处多多，格林斯潘写道，因为其会强迫国会和总统限制联邦政府开支。他还将自己描述为是"密切关注黄金可变性前景"的人。

"当然以黄金为基础的货币体系不一定会有效阻止政府的财政轻率行为，这在20世纪的历史中已经得到很好的证明。"格林斯潘写道，"虽然如此，一旦实现金本位回归，那么其断然会增强政府的反通胀政策，从而让政府的财政放荡行为更加难以实现。"他认为，可以通过发行限定数量的以黄金作保证的货币达到逐步使黄金定位的目的，直到完整金本位回归变得可能。

不过，在为《华尔街日报》撰稿的一群狂热拥护金本位制度的人看来，格林斯潘并不是一个真正的金本位信奉者。他们是新泽西州莫里斯城的政经智囊团主席裘德·万尼斯基及其助手艾伦·雷诺兹、纽约众议员杰克·坎普、爱德公司前总裁刘易斯·E. 来尔曼以及主张"通过减税刺激生产"的经济学家亚瑟·拉弗。

不过在众多令人迷惑的金本位拥护者提出的理论中，一个难题就是他们不能就合适的黄金价格达成一致,他们的答案是在每盎司250美元到500美元不等。正如历史证明的,为黄金设定一个正确的价格永远都是不可能完成的政治谜题。黄金价格设置得过低会引起灾难性的通货紧缩，会破坏生产者的财富，同时强化资本所有人的力量。如果设置得过高，那么首先就会刺激经济增长，导致通货膨胀，随后“专横的”物价就会变成阻碍经济发展的力量。有关金本位造成的许多悬而未决的问题，其中考虑全面、最具说服力的阐述可参见安娜·J.史华兹的“可供选择的货币制度：金本位”，就“黄金在国内和国际货币体系中的角色”问题所作的委员会报告，1982年3月。

9. 凯尔索对资本主义和所有制的分析，参见其与莫蒂默·J.阿德勒合著的《资本主义宣言》，蓝登书屋，1958年；与帕特丽夏·海特合著的《双因素理论：现实的经济学》，温特其出版，1968年；与帕特丽夏·海特合著《金融策划人》中的“多产之权力”，1982年8月到9月；凯尔索访问，1985年10月9日。

保罗·沃尔克也很赞成通过“职工持有股份”的方式缓解通货膨胀对工人工资造成的压力，不过沃尔克当然会反对凯尔索更激进的理念，即通过美联储货币创造体系在资金上更加广泛地分配所有权。沃尔克在1983年11月13日的得克萨斯演讲上这样说道：

“我十分好奇为何还会有这么多劳动者和管理者去反对大家同甘共苦的理念，这要比后来出现的单纯解雇员工的方式好得多。当然，我一直在思考企业如何才能在顺境中推广利润共享和职工奖励制度，而不是等到事情变糟时才开始诉诸无法令人忍受的辞退。我十分好奇为何会有那么多的企业不去努力和鼓励推行这种公司持有股份制度。”

第9章　美联储：资本家与政客的巨大妥协

1. 《华尔街日报》对J.P.摩根的评论，引自《文摘》，1912年2月17日。

2. 摩根担保被视为“联邦储备银行”，来源于对美联储官员及沃尔克私人朋友的采访。“摩根银行会按规则出牌，”纽约储备银行的一位官员说道，“他们真的会来告诉我们他们都发生了什么。而花旗银行就不会那么听话，他们会在投资过程中向我们发出挑战，让我们调整某些政策，一路与我们作对。”

美联储也会同样依靠摩根担保的官员，并将后者视为金融智慧的源泉。在保罗·沃尔克的私人小型人际关系网中就包括摩根银行的CEO刘易斯·T.普雷斯顿。“相对于其他银行，我们可能会更经常地向摩根银行征求有关信贷市场变化的信息。”这位纽约储备银行官员说道。

摩根大厦的另一脉血缘关系——美国投资金融公司摩根士丹利同样与美联储保持着亲密的关系，其中部分原因是其许多高层官员都曾经是纽约储备银行的前执行官。

3. 罗杰·T.约翰逊，《历史的开始——美联储》，波士顿联邦储备银行，1977年。

4. 加百利·科尔科对《联邦储备法案》和美国进步主义时期的其他改革所呈现出的“保守性胜利”的阐述，来源于其精彩的历史研究，他从自己和商业银行领导人以及立法操作者的私人接触中挖掘出大量而透彻的证据，从而证实了隐藏在改革和经济后果修辞之下的实际政治含义。科尔科的结论挑战了大多数历史学家和政治学家提出的继承神学以及当时在改革家中盛行的某些误解。但其对美联储后来行为和态度的阐述却是他人没有看到的，如果美联储的诞生就是为了打破“货币托拉斯”，那么为何这个新机构会与“货币托拉斯”合作得如此紧密？科尔科，《保守主义的胜利：美国历史的重新解读：1900-1916》，麦克米兰出版，1963年。

5. 财政部就银行力量分布的研究，引自亚历山大·D.诺伊斯的“货币托拉斯”，《大西洋月刊》，1913年5月。

6. 有关这些立法讨论的叙述，来自1913年的《国会议事录》以及如下阐述：加百利·科尔科，《保守主义的胜利》（见上）；米尔顿·弗里德曼和安娜·雅各布森·史华兹，《美国货币历史：1867-1960》，普林斯顿大学出版，1963年；诺伊斯的“货币托拉斯”（见上）；罗杰·T.约翰逊的，《历史的开端——美联储》（见上）；理查德·H.廷伯莱克，《美国中央银行体系的由来》，哈佛大学出版，1978年。

7. 美联储最初的运作程序存在的最大不同就是，其会为商业银行提供的任何有资格债务票据交换贷款资金，这就意味着联邦储备银行持有的投资组合大部分都是由私人信贷票据组成的，而非国库券和政府债券。相比之下，现代美联储持有的大多都是政府债券。一个令人好奇且未经检验的问题是，无论中央银行交易的是企业票据还是政府债券，其所产生的潜在经济影响是什么。比较正统的观点是二者没有区别，即不管怎样，货币创造的力量所发挥的作用是一样的。纽约联邦储备银行的一位副行长评论道：“就货币供给问题，我们可以买蛋也可以卖蛋，结果没有不同。”但他所举的鸡蛋实例却表达了一种微妙的不同点：如果美联储是鸡蛋市场“最后能依靠的人”，那么它应该会鼓励鸡蛋生产，并且肯定会帮助稳定鸡蛋市场。同样，如果中央银行的投资组合中持有相当数量的私人商业债务票据，也就是说其向生产力较强的经济领域内的实际企业提供资金支持，那么这些中央银行家们或许更担心的就是其政策是否会威胁到那些失败企业。换句话说，美联储持有的美国债务票据纵容了与实际经济后果的进一步脱钩。

8. 本杰明·斯特朗的评论，来自莱斯特·V. 钱德勒创作的人物传记《本杰明·斯特朗——中央银行家》，布鲁金斯学会，1985 年。

9. 沃尔特·李普曼，《民意》，哈考特－布雷斯，1922 年。

10. 理查德·霍夫史塔特，引用罗杰·T. 约翰逊创作的有关美联储历史的著作（见上），其本人是自由主义改革视角的领军倡导者，是加百利·科尔科提出的挑战性理论的正统诠释。

11. 沃尔特·惠特曼，《自我之歌》、《牛津版美国诗歌选》，牛津大学出版，1950 年。尽管这里只是稍微提及，但这位艺术家对经济学的想象力解读和经济心理学解读一样都是未被开发的巨大领域，即学者们还未达到的领域，或许这是因为受到同行经济学家科学假想的“威胁”。如果艺术表达可以真实反应美国社会对现实的内在反映以及人们对自身生活经历的所感和所想，那么经济解读几乎总是忽视反应美国经济生活的文学、音乐和电影所表达的文化信息，似乎就有些古怪了。

12. 有关美联储前 20 年的细节，来自米尔顿·弗里德曼和安娜·雅各布森·史华兹（见上）；莱斯特·V. 钱德勒创作的《本杰明·斯特朗传记》（见上）；以及简·狄阿丽斯塔的《美联储结构和货币政策发展史：1915–1935》，众议院银行委员会，1971 年。

13. 安德鲁·梅隆在 20 世纪 20 年代对税收政策的贡献，与美联储经济调节人的角色一样，似乎都是在 1929 年的经济大崩盘中丧失了名誉，因此其在很大程度上被两代政治经济学的主流讨论所忽视。不过这两项贡献却从来没有失去其原本的中肯意义，无论是梅隆的“滴漏税收政策”还是美联储的经济才能，都在 80 年代重拾雄风。有关围绕进步主义税收政策的政治讨论可以参见一部精彩的浓缩历史著作：《政治和社会》（1983 年），作者罗纳德·弗雷德里克·金，章节：“从重新分配到霸权逻辑：美国税收政治的变迁，1894–1963”。

14. 20世纪20年代：罗伯特·S.麦克艾文，《大萧条》，时代图书，1984年。

15. 农民与美联储的对话，来自“联邦储备银行、农场主和畜牧业者”，明尼阿波利斯联邦储备银行，1923年4月。

16. 斯特朗对美联储“受夹板气”的评价，引自约翰·梅纳德·凯恩斯的《货币论》，麦克米兰出版，1930年。

17. 经济大崩盘时期美联储的行为，主要来源于米尔顿·弗里德曼和安娜·雅各布森·史华兹以及简·狄阿丽斯塔。斯特朗的先知性警告，来源于莱斯特·V.钱德勒创作的传记。所有著作见上。

18. 与科尔科的研究一样，杰拉尔德·爱波斯坦和托马斯·弗格森通过对中央银行档案的深入研究，他们就美联储的表现以及1929年至1933年美联储的实际意图给出了一种全新且令人侧目的解读。除了他们在私人信件和讨论记录中挖掘出来的证据以外，他们还对自己的理论进行了一系列经济试验，最后发现美联储政策支持的信贷数据和美联储行为都是以商业银行的利润状况决定的。爱波斯坦和弗格森，“货币政策、信贷清算和产业矛盾：美联储和开放式市场运作，1932年”，《经济史期刊》，1984年12月。

第10章　央行的职责——逆风飞扬

1. 马里纳·埃克尔斯的回忆是被美国政治历史所忽视的珍宝，其是对美国新政通俗易懂、不同寻常且权威可信的阐述：《边境召唤：那些公开的和不公开的回忆录》，编辑：西德尼·海曼、阿尔弗雷德·A.科诺夫，1951年。我还引用了埃克尔斯《经济的平衡和平衡的预算》中的内容，Da Capo出版，1973年，L.德怀特·伊斯雷尔森，“马里纳·埃克尔斯，联邦储备系统委员会主席”，《美国经济评论》，1985年5月。本章涉及的所有埃克尔斯评论，除非另有标注，全部来自以上参考资料。

2. 凯恩斯思想的演变，来源于约翰·肯尼思·加尔布雷思的《货币：来自何处、去向何方》，霍顿－米夫林出版，1975年。

3. 有关新政改革是如何影响商业和投资银行体系以及他们之间继续维系的关系的详细描述，可参见大卫·M.柯茨的《美国银行对大型企业的控制》，加利福尼亚大学出版社，1978年。

4. 1935年美联储改革更改了美联储官员的头衔。起初，储备银行的执行者被称为“委员”，只有美联储主席才和他们一样被称为“委员”。1935 年以后，储备银行官员被称为“行长”，而美联储全部成员均被称为“委员”。为尽量弱化歧义，我避免了使用 1913 年至 1935 年的“委员”称谓。

5. 约翰·T. 伍利对联邦公开市场委员会投票模式的调查研究还发现，由民主党任命的美联储委员要比由共和党任命的委员稍微倾向于更自由主义化。伍利，《货币政治》，剑桥大学出版社，1984 年。

6. 凯恩斯的心理学和道德视角，以及有关其背景的有趣阐述，在收录在罗伯特·斯基德尔斯基编纂的《凯恩斯主义时代的终结》中的各色论文中有所体现，麦克米兰出版，1977 年。

7. 埃克尔斯向美国政府主管部门所做的有关美联储职责的评论，来源于他侄子斯宾塞·F. 埃克尔斯在以马里纳·S. 埃克尔斯命名的美联储办公建筑落成典礼上的一次演讲。

8. 保罗·沃尔克 1949 年的普林斯顿大学毕业论文：《二战后美联储政策之问题》。

9. 赖特·帕特曼的批评，来自其著作《货币入门》，银行委员会出版，1964 年。

10. 威廉·麦克切斯尼·马丁的回忆，参见《纽约时代》，1985 年 12 月 10 日。

11. 赖特·帕特曼的《货币入门》（见上）。

12. 约翰·T. 伍利的《货币政治》（见上）。

13. 亚瑟·欧昆的话，引自保罗·沃尔克在纽约大学的演讲稿，“经济周期之新发现”，自由出版社，1978 年。

14. 我十分感激英国记者史蒂芬·费愿意和我分享他在 1979 年创作的有关保罗·沃尔克的著作手稿，并允许我引用其中的文字。沃尔克对 1965 年经济政策的评价以及他对尼克松内阁执政期间汇率从固定到可浮动转变的评论，均来源于费对沃尔克的采访。

15. 引自约翰·肯尼思·加尔布雷思的《货币：来自何处、去向何方》（见上）

16. 有关黄金-美元失衡的解释，来自罗伯特·特里芬著作《挑战》中的一章：“世界货币丑闻之平反”，1986 年 1 月至 2 月。美国通货膨胀中的欧佩克角色，《华尔街日报》，1986 年 1 月 30 日。

17. 威廉·塞泰尔的白宫回忆录中有一篇名为《硬式棒球》的文章，描述了当时对亚瑟·伯恩斯施加的压力战术。《陷落之前》，双日出版社，1975 年。

18. 美联储前委员安德鲁·F. 布里默在 1972 年竞选之后又继续了 10 年委

员生涯，其详细提供了有关亚瑟·伯恩斯对自己在1972年种种行为表现的辩护。许多细节来自布里默的文章《政治和货币政策：美联储和尼克松的白宫》，伊斯顿经济学协会，1984年3月。有关政治活动是如何影响美联储的广义但小众言论，参见爱德华·塔夫特的《对经济的政治控制》，普林斯顿大学出版，1978年。

布里默及其他人尤其试图驳斥由桑福德·罗斯提出的有关1972年伯恩斯如何操控货币政策的争议性论述，参见后者发表于《财富》杂志的文章：《美联储的痛苦》，1974年7月。罗斯写道："根据某些机密资料的记载，伯恩斯在不能达成美联储内部共识时曾返回联邦公开市场委员会大会并意味深长地说：'我已经将此事告诉给了白宫。'……委员会获得了信息：白宫正决定试图抑制利率上涨。"而布里默及其他委员却坚决否认有这样的交易存在。

19. 伯恩斯与参议员普罗克斯迈尔的交锋，联合经济委员会，1975年2月7日。

20. 针对伯恩斯内部人员备忘录的整理资料是由一位前美联储官员提供的，其中表明了伯恩斯1977年的头等大事就是赢得总统的重新任命。

21. 沃尔克有关"漫长心理周期"的演讲，全名为《经济周期之新发现》（见上）。

第11章　美联储主席和总统打擂台

1. 里根总统的论述，来自其就职典礼演讲，1981年1月20日；国会演讲，1981年2月18日；对沃尔特·克朗凯特的电视采访，1981年3月3日。

2. 沃尔克在威斯康星大学密尔沃基商学院的演讲，1980年11月20日，以及在纽约城税务基金大会晚宴上的演讲，1980年12月3日。

3. 当然，在《华尔街日报》中还是可以找到有关美联储最完整且最有根据的新闻报道的，其读者包括深谙金融知识的专业人士以及对货币政策极其感兴趣的群体。多年来，日报向来高质量的新闻报道已经在某种程度上被某些明显的货币主义者偏见玷污，对以米尔顿·弗里德曼及其他相同思想的经济学家的观点十分依赖。与此同时，日报的评论员文章也表示拥护金本位并从金本位角度攻击美联储。当然，两种观点都代表了对"坚挺货币"的偏见，因而也因引起了富有读者们的兴趣而得以并存。

一般来讲，新闻媒体对中央银行货币政策的报道在审查力度上不如政府部门。不过如果国会或白宫偶然发表对抗美联储的言论，新闻媒体通常会将他们的抱怨视为令人为难的不正当行为，也就是说媒体并不喜欢政府的这种方式。政治家的专业知识限制了他们对货币政策的批评和不满，新闻媒体无疑会认为这是政府对美联储独立性的干预和打扰。

4. 沃尔克的言论，均引用于以上提到的众多演讲。他对国会委员会的评论来自其在众议院银行委员会上的陈述，1981 年 2 月 26 日。

5. 布罗诺·帕斯奎内里、大卫·查塔姆、威廉·卡希尔和露西尔·萨耶克的言论均引自于他们在众议院银行委员会“经济基层听证会”上的陈述，1981 年 9 月 9 日 –12 月 7 日。

6. 保罗·克雷格·罗伯茨，采访，1984 年 3 月 22 日和 6 月 15 日。

7. 威廉·尼斯卡尼，采访，1985 年 4 月 18 日。

8. 贝里尔·斯普林克在众议院银行委员会所做的“食物 – 货币”的比喻，1982 年 2 月 1 日。

9. 斯普林克、乔丹和韦登鲍姆对美联储的抨击，《华尔街日报》，1981 年 1 月 26 日、4 月 20 日和 8 月 4 日。斯托克曼的批评来自其为总统准备的就职典礼前备忘录，“谨防共和党的经济溃败”，1981 年 12 月。

10. 斯普林克的备忘录，《内阁经济事务委员会备忘录》，主题：国内货币政策，1981 年 4 月 24 日。

11. 总统的经济计划，细节来自“美国的新开始：经济复兴计划”，《总统议事录》，1981 年 2 月 18 日。

12. 大卫·斯托克曼，采访，1985 年 8 月 16 日和 9 月 22 日。

13. 《唐纳德·里根的演讲》，财政部发行，1981 年 3 月 23 日。

14. 斯托克曼对是历史牛市的预测，来源于作者创作的《大卫·斯托克曼及其他美国人之教育》，E.P. 达顿出版，1982 年。

15. 亨利·沃利克的演讲，1981 年 2 月 13 日。

16. 亨利·考夫曼的预言，《华盛顿邮报》，1981 年 3 月 6 日；《华尔街日报》，1981 年 5 月 11 日。

17. 唐纳德·里根对债券交易员的评论，《华尔街日报》，1981 年 6 月 1 日。

18. 有关财富的统计数据，来自“消费者财政调查，1983 年”，《美联储公告》，1984 年 9 月和 12 月。“高收入家庭的财政参数表”，基于同样的调查，来自内部出版的《美联储公告》，1986 年 3 月。私人持有的政府债券数字统计来自 1981 年美联储的《年度统计数字摘要》。

19. 节选的债券市场参与人评论，以及有关企业债券发行的细节，来自《华尔街日报》的“信贷市场”专栏文章，1981 年 4 月。

20. 杰克·坎普的抱怨，《华盛顿邮报》，1981 年 5 月 7 日。

21. 斯普林克的分析，来源于《内阁经济事务委员会备忘录》，题目：金融市场状况简报，日期不明。

22. 库德罗的分析，《内阁经济事务委员会备忘录》，题目：金融警告，1981 年 4 月 28 日。

23. 斯普林克的备忘录，“金融市场状况简报”（见上）。

24. 唐纳德·里根对“废除美联储”的评论。保罗·克雷格·罗伯茨，《供应经济学革命：华盛顿决策圈内部纪实》，哈佛大学出版，1984 年。

25. 货币主义者提供的专业改革以及白宫敦促美联储进行有关如何控制银行体系的运行程序细微改良。这些提议包括：美联储不再允许拖延两周出炉银行储备金报告，改成保持同期同步；针对贴现贷款的惩罚性利率；美联储不再以非借贷储备金为目标，而是在更广义手段的基础上（即货币）制定运行决策目标。这样的讨论涉及高度复杂的经济专业术语，只有深谙货币和银行运行原理的经济专家才能理解。有关就美联储运行程序的完整且充分讨论以及货币主义者观点的劣势和优势，可参见迈克尔·G. 哈齐米夏拉克斯的《美联储、货币和利率：沃尔克及其后来人的时代》，瑞爵出版社，1984 年。

26. 斯普林克对美联储改良的评论，《华尔街日报》，1981 年 5 月 5 日；以及他在芝加哥的演讲，1981 年 5 月 29 日。

27. 斯托克曼对美联储维持良好关系的评论，采访，1981 年 5 月 16 日。

28. 沃尔克有关稳步调整的讲话，1981 年 4 月 15 日。

29. 为避免混淆，本书继续沿用 M-1 而非 M-1B，即使联邦公开市场委员会遵循的是调整过后的货币流通总量而非传统货币数字。二者在每月增长率方面存在细微差别，但走向和趋势却完全相同。

30. 彼得·弗塞克，采访，1984 年 6 月 26 日。当时的背景是，地区联邦储备银行和美联储的许多经济学家在接受采访时共同谈到了有关“货币主义者陷阱”的问题。许多熟悉联邦公开市场委员会决策的经济学家可以确信，这些决策者们要比其他任何人都更严厉，无论是出于捍卫其运行程序的正直性，还是为抵消里根减税政策在金融市场上引起的对通货膨胀的恐惧。

31. 迈克尔·G.哈齐米夏拉克斯，《美联储、货币和利率》（见上）。

32.美联储对民主自治的最严重冒犯就是其自身具备的一个明显特征：保密。美联储不会坦白地告诉美国人民他们正在对美国经济做些什么，结果就是有许多无辜的人在劫难逃地纵身跳进联邦政府一手安排的“火海”。尤其是那些“无知的”私人企业，它们会在美联储意欲制造经济衰退时得到来自政府机构的鼓励甚至是资助。

改革家们曾无数次试图缓和这种两难境地，尽管力量有限，即他们认为应该采取措施要求美联储对自己的所作所为更加坦白和公开，能够更及时地向美国人民报告其决策安排，并按时向国会审查部门递交预算报告。这样的改革方案无一例外地宣告失败，即使其中某些已经辅助实施。美联储只消想出新的办法就可以规避在公开场合坦承自己的意图。为了继续存在，就必须保持隐瞒。

鉴于这种在众多权力中心机构中的特殊地位，很难想象美联储在公开场合的发言是否曾经直白过、直率过。举例来说，如果美联储声明其意欲制造经济衰退，那么就一定会被淹没在政治抱怨中，或许连那些有影响力的金融支持者也无法拯救它。美国人民会质疑这样的决定和清算方式，最终他们会进一步质疑为何这个涉及整个国家的重大决策要由一些未经选举产生的经济专家来决定，甚至还无须与国会和总统商量。

“保密”和“躲避”是美联储权力中不可缺少的一部分，因此它未能实现代议民主制的最基本前提——政府必须无限忠诚地对待真正掌握政权的普通人民。为了解决这个矛盾，这个“家中银行”的权力不得不被转移至其他政府部门，即他们的决定必须得到民主检验，这些决策者们也必须为民主选举产生的代表负责。

33. 劳伦斯·库德罗，采访，1983年10月24日和1985年7月9日。

34. 罗伯茨在6月5日大会上的描述，来自其著作《供应经济学的革命》（见上）。里根总统在1981年7月27日的全国演讲，税收议案的签署时间是8月13日。

35. 曼纽尔·H.约翰逊，采访，1984年12月3日。

36. 艾伦·布林德，采访，1985年3月26日。

37. 1981年之后的有效税率，来自税收联合委员会，《华盛顿邮报》，1984年11月20日。

38. 沃尔克的推托性回答。参议院银行委员会，1981年7月22日。

39. 保罗·A.萨缪尔森。“里根经济政策评估”，《挑战》，1984年11月至12月。

40. 银行的基本利率和通胀率。奥布里-G-兰斯顿公司的大卫·琼斯，引用自《美国住宅建筑协会简报》，1981年4月。

41. 长期债券实际利率，来自罗伯特·A.约翰逊的“预期财政收缩：美国葛兰姆法案的经济后果”，美联储，1986年2月。

第12章　萧条是对畸形繁荣的惩罚

1. 伊丽莎白·布罗克，引自她在众议院银行委员会“基层经济听证会”上的证词，1981年9月9日至12月7日（以下简称为“基层听证会”）。

2. 有关通用电气公司Appliance Park的具体细节，来源于对其通信部主管吉姆·艾伦的采访，1985年7月15日。

3. 埃尔登·克里奇，引自他在基层听证会上的证词。

4. 罗伯特·威廉姆斯的话，来自基层听证会上的证词。

5. 亚瑟·埃斯特里拉和詹姆斯·麦卡弗蒂的话，引自他们在基层听证会上的证词。

6. 德沃德·德切恩，采访，1984年10月8日。

7. 吉姆·克拉克，采访，1985年4月4日。

8. 曼尼·旦姆斯的话，引自他在参议院银行委员会听证会上的证词，1981年11月20日。

9. 马丁·贝可的话，引自他在基层听证会上的证词。

10. 有关银行利润的数据，来自“1984年保险商业银行之盈利状况”，《美联储公告》,1985年11月；“1984年银行控股企业之财政状况”,《美联储公告》,1985年12月。杰拉尔德·考利根，“银行特殊吗？”，《明尼阿波利斯联邦储备银行年度报告》，1982年；杰拉尔德·爱波斯坦的比较，来自其在众议院银行委员会听证会上的证词，1983年7月19日。

11. 联邦经济委员会会议记录，1981年9月11日。

12. 乔治·布什对法国的评论，引自“内阁经济事务会议记录”，1981年7月7日。

13. 美元在1980年7月至1981年9月期间的上涨，引自贝里尔·斯普林克的“内阁经济事务会议备忘录”，题目：美国在外汇兑换市场上的干预政策，1981年9月16日。

14. 万尼斯基写给里根的信，1981年11月18日；总统的回信，1981年12月17日。

15. 里根对“卡特制造经济衰退”的评价，卢·坎农，《里根政绩》，普特曼，1982年。

16. 总统的全国演说，1981年9月24日。

17. 里根对经济疼痛可以作为治疗通货膨胀手段的长期观点，参见罗兰·埃文斯和罗伯特·诺瓦克创作的《里根革命》，E.P.达顿，1981年。

18. 公众对经济衰退的态度，引自哈里斯调查公司科尔米特·兰斯那创作的《新闻的真正意义》，现代媒体机构，1982年。

19. 沃尔克对增税需要的阐述，《华尔街日报》，1981年11月12日。

20. 唐纳德·里根对经济复苏的评论，《华尔街日报》，1981年11月10日。

21. 斯普林克的分析，引自《内阁经济事务会议备忘录》，题目：金融市场发展，1981年11月12日。

22. 贝克及其他共和党领导人的抱怨，《纽约时报》，1981年9月10日。

23. 霍华德·贝克，采访，1986年1月22日。

24. 沃尔克在国家出版俱乐部的演讲，1981年9月25日。

25. 1981年秋季异常严厉的货币政策，引自与美联储前委员安德鲁·F.布里默在“货币政策和经济行为：货币主义的好处和代价”中的描述，《美国经济评论》，1983年5月。

26. 有关资本比率调整的细节，《国家杂志》，1983年12月17日。1981年资本数据，引自“1984年银行控股企业之金融状况”，《美联储公告》，1985年12月。

27. 沃尔特·里斯顿的评价，引自“再循环周期的再次到来”，1981年6月4日，以及“完美曲线的毁灭”，1981年3月6日；G. A.科斯坦左的论文名为“LCD信贷的积极影响”，1981年5月。均由花旗银行出版。本章之后出现的有关里斯顿和科斯坦左的评价均出自此处。

28. 亨利·沃利克就LDC债务的演讲，1981年6月2日。

29. 联邦顾问委员会会议记录，1981年11月6日。

30. 威廉·迈克切斯内·马丁，引自《纽约时报》，1985年12月10日。

31. 联邦顾问委员会会议记录，1981 年 11 月 6 日。

32. 总统的新闻发布会，1982 年 1 月 19 日。

33. 唐纳德·里根，引自《华尔街日报》，1982 年 1 月 29 日。

34. 斯普林克的警告，参见“内阁经济事务会议备忘录”，题目：金融市场发展，1981 年 12 月 18 日。

35. 库德罗的警告，“内阁经济事务会议备忘录”，题目：金融和经济最新信息，1982 年 1 月 18 日。

36. 弗兰克·莫里斯的演讲，亚特兰大，1982 年 3 月 17 日。

37. 总统的新闻发布会，1982 年 2 月 18 日。

38. 约翰·保卢斯，采访，1985 年 7 月 3 日。

第 13 章　被牺牲的都是穷人

1. 库德罗的评价，引自“内阁经济事务委员会备忘录”，题目：金融和经济更新，1982 年 1 月 18 日。

2. 托斯丹·凡勃伦在本章的评论，引自《近代美国所有制和商业企业的缺席》，B.W. 许布希出版，1923 年。

3. 有关工厂关门的细节，引自华盛顿国家事务局资料，1982 年。

4. 工业领域失业率，引自美国劳工联合会－产业工会联合会调查部门报告，1982 年。

5. 破产数据，引自小企业工商管理部门发布的“1983 年小型企业发展状况”报告以及邓白氏公司发布的“1982 年至 1983 年企业破产记录”，1984 年。

6. 城市调查机构对经济衰退造成损失的估算，引自约翰·L. 帕尔默和编辑伊莎贝尔·V. 索希尔推出的《里根的记录》，巴林杰出版，1984 年。

7. 服务性工作岗位的增加，引自众议院银行委员会委员普雷斯顿·马丁的报告，1983 年 6 月 1 日。

8. 约翰·萨内蒂，采访，1985 年 7 月 3 日。

9. 琼·班尼诺，采访，1985 年 7 月 13 日。

10. 房屋建筑商的“通缉令”海报，伦恩·米尔斯，采访，1985 年 3 月 28 日。

11. 美联储行凶者，《华盛顿邮报》，1981 年 12 月 8 日。

12. 约翰·T. 伍利，《货币政治：美联储和货币政策政治学》，剑桥大学出版，

1984 年。

13. 《美国新闻与报道》上罗列的最重要美国公民，1982 年 5 月 10 日。

14. 《时人》杂志对沃尔克的报道，1982 年 5 月 10 日。

15. 唐纳德·J. 姆林内克斯，“货币规则和紧缩：为何理论会输于实践”，《商业评论》，费城联邦储备银行，1985 年 3 月至 4 月。

16. 《新闻周刊》的大量简介，1986 年 2 月 24 日。《时人》杂志的文章（见上）。

17. 沃尔克在房屋建筑商协会大会上的演讲，1982 年 1 月 25 日。

18. 控制通货膨胀的其他手段使得美国政界面临一个关键问题。美联储之所以能够获得霸权并强加自身的清算方式，从本质上说是因为政治家不能解决 20 年前破坏凯恩斯主义教条的巨大困境，即如何才能在不失控的前提下刺激经济强劲增长。民主政府知道该如何实现其中一个，却做不到另一个。刺激经济增长可谓驾轻就熟，但美国政府找不到任何意愿和方法在经济达到全速前进且通货膨胀达到危险水平时去控制经济下滑和抑制信贷扩张。

美联储的独立存在或许阻止了这种改革的出现，因为一种不同体质的采用需要政治家去挑战某些最具权力的利益群体和自由市场的神话学。这样一来，让这家中央银行用自己的方式去处理必须面对的不堪境遇则相对容易得多。

由政界管理人推出的改革体系会基于这样一种观点，即将利率推高到 20% 既无必要，也在某种程度上体现出不公平性。有关反对由政府控制货币的传统讨论是，由选举产生的政治家会拒绝处理货币政策中棘手的那一面，即强加给美国人民足够的疼痛感。的确，政治家从本质上来说不愿意向选民施加痛苦，但暂且不论政府存在的缺陷性，这种特征正是民主体系下的主要好处之一。一旦负责此事，总统和国会都将会寻找其他办法来控制货币，也会发现其实还有很多不像整体清算那样残忍的方式。

例如，一个民主体系会首先协调所有政府杠杆来影响私人经济行为，即将他们规范到统一方向，以达到抑制信贷和经济扩张的目的。一系列自动稳定装置会或多或少地被安排就绪，一旦通货膨胀濒临危险水平，总统就会在国会的授权下启动这些装置。举例来说，税法可以被看作是谨慎的信贷控制系统，其会在国民经济全速前进或通货膨胀失控时撤出部分或全部联邦税收补贴以作为利率成本。此外，这也会达到首先高效约束实力雄厚债务人的效果，而非最弱小的债务人群体。类似的杠杆还可以及时减速或关闭由政府自身信贷补贴计划产生的压力，或者对工资和价格增长实施暂时的强加性税款罚金。如果国会和总统足够真诚，他们还会针对自身制定类似的约束法案，即抑制预算赤字的恒久条款，方法可以是自动增税，也可以削减开支，一旦通货膨胀陷入失控，这些都不失为高效的应对办法。

如果通过这种办法成功抑制了通货膨胀，政治家们会发现还有很多美联储没有使用过的货币政策手段。利率上限的恢复使得对信贷供给的控制更加高效，但同时也增强了公平性。这需要信贷机构遵循如何分配稀缺信贷的原则，从而保证诸如房屋、汽车或消费者这类的特定信贷群体不会单独承受这种惩罚。这些原则不能被银行贷款组合中有区别性的必备储备金体系来执行，也就是银行资产（存款必备储备金除外）。从而银行信贷的优先任务就可以接受贴现窗口惩罚性利率的进一步指导，而后者旨在抑制银行通过信贷投机造成通货膨胀。

当然，这些理念从本质上讲都是可以遏制更广泛社会性惩罚的手段，从而减少当下对倒霉的少数人直接造成的特殊伤害。在政治家愿意想出更好控制经济下滑的高明体系之前，政府无疑会继续依赖美联储的强硬政策。

19. 有关女性－男性道德视角的讨论，引自卡罗尔·吉利根的《不同的声音：心理学理论及女性心理发展》，哈佛大学出版，1982 年。

20. 国会“痛击美联储”的实例，引自多次国会－美联储对话。参议院预算委员会，1982 年 3 月 2 日；联合经济委员会，1982 年 6 月 2 日；参议院会场辩论，1982 年 12 月 18 日。

21. 爱德华·E. 亚德尼在参议院预算委员会上所做的证词，1982 年 3 月 2 日；罗伯特·索洛的话引自《纽约时报》，1982 年 4 月 1 日。

22. 参议院会场讨论，《国会记录》，1982 年 12 月 18 日。

23. 丹·布里尔，采访，1984 年 6 月 29 日。

24. 霍华德·贝克，采访，1986 年 1 月 22 日。

25. 有关流动资金压力的细节，引自劳伦斯·库德罗的《当前金融和经济更新情况报告》，1982 年 3 月 7 日。

26. 有关国际收割机公司的细节，引自该公司 1982 的年年度报告及《纽约时报》，1986 年 2 月 19 日。

27. 货币政策的调整，引自公开市场办公室的年度报告，“1982 年货币政策与开放式市场运行”，《纽约联邦储备银行季度评论》，1983 年春。

28. 有关围绕墨西哥金融危机的幕后讨论出自约瑟夫·卡夫的最私密报道。

“营救墨西哥”，三十国集团，1984年。

29. 有关特拉斯戴尔破产的细节，引自《华尔街日报》，1983年5月29日，以及“1982年货币政策和开放式市场运行”（见上）。

30. 威廉·M.艾萨克，采访，1985年10月22日和1985年11月14日。

31. 杰里·乔丹的评论，出自《华尔街日报》，1982年5月28日。

32. 有关利润和破产数据，引自《华尔街日报》，1982年5月6日和24日。

33. 劳伦斯·库德罗的悲观分析，引自“经济事务内阁委员会备忘录”，题目：经济和金融更新，1982年4月16日。

34. 金融市场的反应，引自《华尔街日报》，1982年5月14日；《华盛顿邮报》，1982年5月30日。有关对货币管理者的调查，引自唐纳德·里根的演讲，1982年4月26日。

35. 南希·蒂特斯的反应，引自《华盛顿邮报》，1982年5月30日。

第14章 在经济衰退之前急转弯

1. 本章涉及有关威廉·M.艾萨克的评论，均出自对他本人的采访，1985年10月22日和11月14日。

2. 有关宾州广场银行的细节，引自菲利普·L.茨威格的《企业倒闭：宾州广场银行的破产》，皇冠出版，1985年。

3. 伊利诺伊大陆银行的快速增长，《华尔街日报》，1984年7月30日；《唐氏评论》和《华尔街日报》的赞扬，引自芝加哥《论坛报》，1984年5月27日。

4. 本章涉及的迈克尔·布莱菲尔德的评论均出自对其本人的采访，1986年2月6日。

5. 拉丁债务问题，《华尔街日报》，1982年7月1日。

6. 米尔顿·弗里德曼和贝里尔·斯普林克的抱怨，引自《华尔街日报》，1982年6月11日和1982年6月28日。

7. 市场对宾州广场事件的反应，引自美联储顾问委员会会议记录，1982年9月17日；1982年货币政策和公开市场办公室运行，《纽约联邦储备银行季度评论》，1983年春。

8. 股票市场行情和反应，引自《华盛顿邮报》，1982年8月18日。

9. 参议员伯德就货币改革的演讲，引自1982年8月3日其在参议院发表的演讲。

10. 沃尔克对反通货膨胀进程的宣示，引自他在众议院银行委员会大会上所作的证词，1982年7月21日；其他言论引自《华尔街日报》，1982年8月10日。

11. 参议员伯德宣称是政治压力说服美联储的说法，引自1982年11月30日的参议院辩论。

12. 霍华德·贝克，采访，1986年1月22日。

13. 有关债务危机的细节，引自达雷尔·德拉梅德《债务冲击：世界信贷危机全记录》，双日出版，1984年。

14. 沃尔克与伊利诺伊大陆银行会议备忘录是美联储总顾问迈克尔·布莱菲尔德对作者大声朗读出来的，因原件当时不可用。

15. 有关货币政策直接受制于总统的理念并不算激进，因为其他大多数工业国家的中央银行都是这样与政府和平共处的。英格兰银行在没有英国财政部长的谨慎授权下不能任意提高（或降低）利率。

中央银行要想更加真正地实现民主化，需要的是一个更加透明的运作过程。美联储的独立地位被剥夺，将其变成财政部的一个分支机构，主席权力可以被随时收回，就像其他总统任命的政府职务一样。尽管明显会有更大政治混乱性，但一个更加连贯的“设计程序”会巩固并联合政府内的所有经济管理力量，一个新的内阁办公室被赋予预算、税收和货币政策的制定职责，以便让这些决策最终达成协调和统一。

在这样的管理模式下，12家联邦储备银行将变成多余的机构。如果存在真正的民主控制，那么也就没有理由让每位储备银行行长拥有向政府经济政策投票的独立权，就此而言，也就是让这些商业银行家维持其对美联储决策的优先影响权。12家储备银行的运作机能将被削减，使它们和任何一个联邦部门的地区办事处没有任何区别。

一旦总统接管了货币的管理责任，那么国会的角色自然会趋之若鹜。它会开始行使正常的国会监督权，定期审查机构运作和预算，这是其从未应用于美联储的权力。不可避免地，国会可能会在货币政策制定方面宣示更加直接的控制角色，很可能是通过定期向行政部门颁布政府指令的方式。每年或每半年或每季度颁布实施的常规议案会为货币政策设定大致的界限，并为正在进行的经济讨论提供公共平台。

这里存在一个十分明显的实用性优势：一个透明、负责的管理程序将会有助于协调财政和货币政策间的冲突力量。可以肯定的是，一个统一的体系不太可能重复20世纪80年代发生的怪异且灾难性的碰撞和冲突，当时联邦政府曾试图同时抑制和刺激美国经济。

当然，一个更加合理的管理体系不能保障合理决策的出现，这就像民主不能保证平等（或者技术专家政府不能保证做出“绝对正确”的回答）。然而由选举产生的政治家却拥有技术专家通常缺少的某些优点。在政界，他们不用假装拥有科学确信，因此他们才会更加真诚地倾听广大民众的疾苦。面对冲突和矛盾时，政治学倾向于做出妥协折中的反应，这种本能的处理方式会减少给双方带来的伤害。此外，随着时间的流逝，民主制度也会逐渐具备自我纠正的能力，政治家会被迫处理其愚蠢的经济政策所产生的后果，同时也要付出自己必须付出的代价，那就是面对失望的选民。

第15章　赤字与利率的战争：分裂政府的政治奇观

1. 裘德·万尼斯基，采访，1984年10月11日和1985年3月27日。

2. 货币管理人的评论，来自一系列采访：克雷格·路易斯，1985年8月14日；马克·艾默生，1985年8月16日；迪恩·利巴朗，1985年8月16日。

3. “恐惧VS贪婪”，引自《投资战略》，美林证券，1983年2月。

4. 艾伯特·乌泽卢尔，引自《华盛顿邮报》，1982年9月22日。

5. 联邦顾问委员会会议记录，1982年9月17日。

6. 有关金融市场对放弃货币主义理论反应的细节，引自《华尔街日报》，1982年10月7日；《华盛顿邮报》以及《纽约时报》，1982年10月8日。

7. 里根总统的话，引自《华盛顿邮报》，1982年10月8日。

8. 沃尔克在商业委员会大会上的评论，1982年10月9日。

9. 裘德·万尼斯基，采访（见上）。

10. 里根总统对美联储的批评，引自保罗·克雷格·罗伯茨的《供应经济学革命》，哈佛大学出版，1984年。

11. 贝里尔·斯普林克的分析，引自“内阁经济事务委员会备忘录”。题目：货币政策：风险仍存，1983年3月11日。

12. 当一种经济理论未能发挥作用时，其信徒通常会找出一系列借口，解释说应该由某些无法预见的临时突发状况负责而非理论本身。货币主义者一般会摆出这样的防御姿态，声称暂时的扭曲和失真最终会消失，货币规则会重新变得可行。即使是保罗·沃尔克也一直犹豫是否要永久抛弃 M-1 作为货币决策的可靠指南针。

然而如果 M-1 有朝一日真的会卷土重来，那也极有可能是因为美联储想为严厉的货币紧缩找一个方便的政治外衣，而不是因为美联储相信此理论具有知识完备性。货币主义理论在实战中的崩溃和瓦解基于三个显著原因。第一，正如亨利·沃利克 1979 年所说，供给、需求和价格之间动态的相互关系永远都会因对货币供给的严厉把持而变得扭曲。而另一个变量，即公众对货币的波动性需求，也会催生货币价格大幅度且不可预测的摇摆，这些以利率为表现形式的摇摆会反馈给经济行为，不经意间就会达到刺激或抑制经济的效果，也就是沃利克所说的将美国经济在地板和天花板之间踢来踢去。

第二，金融创新将持续改变货币的任意定义，即货币主义理论所依赖的“稳定”和“稳定增长”概念。货币主义者声称，这是由金融自由化引起的一次暂时性扭曲，而从实际历史情况来看却并不是这样。对于人类来说，金融就是不断出现的用于存储财富的新方法和新型混合性账户，从而摧毁旧式的管理定义。货币属于存在主义范畴，也就是说无论人们想与不想或是否愿意称呼其为货币，总之它都是货币。这种变化过程不太可能因为适应一种经济理论而发生中断。

最后，从 1981 年末开始，货币主义理论的基本前提就已经分崩离析，即货币流通速度稳定且可以预见。货币主义者在很大程度上也承认这一点（只是在事实出现之后很长时间），但却仍然坚称货币流通速度终将会恢复正常，这一次只是历史上的出轨。事实上，在经济骚动期，货币流通速度通常都会发生改变，当中央银行对货币加以严厉控制时，这种变化则会更加激烈，例如 20 世纪 20 年代。换句话说，货币主义理论看起来就像是一个貌似可信的教条，直到美联储开始追随它，才会发现其并不可靠甚至具有破坏性。

1985 年威廉·麦克切斯尼·马丁曾这样对《纽约时报》记者说道：“他们现在并不真的懂得什么是货币供给，即使是今天。他们打印出某些数字，嗯，我无意冒犯，但大多数都只不过是迷信行为。”事实上，弗里德曼理论的核心诱惑力在很大程度上来说就是永恒的精神，即这不过是驱逐经济复杂性的一个信仰行为。信徒们只信仰一个东西，那就是货币的神圣不可侵犯，至于其他所有令人困惑的变量都要靠边站。从事后来看，能有这么多有影响力的人物被这种法术迷惑也的确非同寻常。

13. 米尔顿·弗里德曼，采访，1984 年 7 月 19 日。

14. 威廉·普尔的话，引自“内阁经济事务委员会备忘录”，题目：控制货币增长，1983 年 5 月 16 日。

15. 沃利克在国际银行监理机构会议上的演讲，1981 年 9 月 24 日。

16. 卡伦·利萨克斯，“华尔街日界线：浮士德式金融”，《外交政策》，1983 年夏。

17. 何塞·席尔瓦·赫尔左格的话，引自《华尔街日报》，1983 年 8 月 1 日。

18. 阿根廷动乱，引自《华盛顿邮报》，1983 年 10 月 5 日。

19. 吉姆·李契，采访，1985 年 11 月 14 日。

20. 詹姆斯·麦迪，采访，1985 年 8 月 22 日。

21. 里根总统的言论，引自总统的预算咨文，1983 年 1 月 31 日；在联邦俱乐部的演讲，1983 年 3 月 4 日；在克拉马斯瀑布市的言论，1983 年 3 月 5 日。

22. 沃尔克的“斗牛士”之称，来自《纽约时代》社论，1982 年 12 月 31 日；与圣乔治的对比，来自达雷尔·德拉梅德的《债务冲击》，1984 年。

23. 沃尔克在民意中的地位，引自凯文·菲利普斯的《美国政治报告》，1983 年 5 月 6 日。

24. 《华尔街日报》的赞扬，1983 年 3 月 14 日。

25. 裘德·万尼斯基，采访（见上）。

26. “老鹰捉小鸡”的比喻，引自托马斯·J. 萨金特的“有关赤字的对质”，《纽约时代》，1983 年 8 月 12 日。

27. 有关真实利率上升的原因问题引起了广泛讨论，经济学家们试图对财政赤字与紧缩货币政策之间的因果关系做出定义。1984 年经济顾问委员会在报告中声称，主要原因就是里根内阁颁布的商业减税政策，增加了资本的税后回报率，因而造成了其他诸如美国债券的仍具竞争力投资工具的高回报。其他人则认为实际利率的历史性高度可能是由于高赤字或美联储的紧缩货币政策或者更可能是二者相互作用的产物。具体范例可参见奥利弗·J. 布兰卡德和劳伦斯·H. 萨默斯的《世界高实际利率之透视》，布鲁金斯的论文集：《论经济行为》，1984 年第二部分。

耶鲁大学经济学家威廉·D. 诺德豪斯在对布兰卡德－萨默斯研究论文的评论中提到，美联储自身要对高利率负主要责任，尤其是经济复苏之后。我对此观点表示认同，因为这与当时的政治事件以及利率的后续变化最为符合，因此也是最貌似合理的说法。只要美联储一行动，实际利率的水平就会随之发生巨大变化，从而表明了利率是货币政策的最直接功能，而不只是财政赤字引起的“市场力量”。

1982年以来，一种不同的市场力量正在发挥作用，即一种可以被称为“先发制人式货币主义”力量（诺德豪斯解释道）。在这段期间，美联储曾一直迫使真实利率居高不下，以优先占有美国刺激性财政政策的实际或预期性影响。从部分上来讲，美联储似乎一直在威胁国会，即预期实际利率将维持在最高水平，直到赤字有所削减；从某种程度上说，尤其是1983年和1984年；鉴于财政赤字较高，因此实际利率也会很高，因为美联储的失业率和通胀率目标只有在相对高利率的前提下才能得以实现。

28. 企业债券的实际利率，引自亨利·考夫曼的《利率、市场和新的金融世界》，时代图书，1986年。

29. 史蒂芬·H. 艾西罗德，采访，1985年7月25日。

30. 沃尔克的市场利率“赊购”，参见《国家杂志》，1983年6月11日。

31. 沃尔克和莱尔·格拉姆利实际上明确表达了一种新观点，即1980年经济衰退时推行的货币政策带来了迅速的经济复苏。同样的道理引导他们开始思考1983年的经济情况。沃尔克的话引自《华尔街日报》，1980年5月12日。格拉姆利的话来自一次演讲，1980年7月17日。

32. 弗兰克·莫里斯的“中断调整措施”描述，来自他的一次演讲，1983年11月16日。

第16章　贫富分化加剧，谁之过？

1. 《华盛顿时代》对沃尔克连任的报道，1983年4月18日。

2. 参议员贾恩的话，引自《华盛顿邮报》，1983年3月10日。

3. 不同的商业支持名单，参见《国家杂志》，1983年6月11日。针对金融高管的调查，引自《华尔街日报》，1983年6月8日。

4. 总统和唐纳德·里根就重新任命的谈话，引自《华盛顿邮报》，1983年6月18日。

5. 唐纳德·里根在全国新闻俱乐部的演讲，1983年6月29日。

6. 阿尔弗雷德·蔡勒的销售状况，《华尔街日报》，1984年7月3日。

7. 威廉·汉密尔顿对利率的探寻，《华尔街日报》，1984年1月27日。

8. 查尔斯·舒尔策对供应经济学的评论，《华尔街日报》，1983年10月10日。

9. 收入份额的颠倒，引自联合经济委员会的分析报告：“美国家庭税后货币收入预算”，美国人口普查，1985年7月18日。

10. 大众消费模式的改变，引自布鲁斯·斯坦伯格的“大众市场正在分崩离析”，《财富》，1983年11月28日。有关中产阶级正在缩水所暗含的经济深意的描述，引自罗伯特·库特纳的“下沉的中产阶级”，《大西洋月刊》，1983年7月。

11. 亨利·沃利克有关债务的警告，引自他的一次演讲，1981年6月2日。

12. 小约翰·A. 奥利里，引自《纽约时报》，1983年10月11日。

13. 罗宾·克雷文、小卡尔·芮武德和阿尼·莱博维茨的话，引自1985年5月3日至4日的采访，采访出自作者创作的“美国梦”，《滚石》，1985年6月20日。

14. 有关劳动力状况的细节，引自乔治·鲁本的“1984年经济复苏期间仍继续存在的低廉劳动力”，《劳工评论月刊》，1985年1月，以及罗伯特·S. 盖伊、安妮·彼得斯和莫拉·桑纳斯的“80年代美国联合会状况及工资聚集行为”，《美联储公告》，1984年12月。

15. 大卫·霍尔对共和党人“公共事业”的评价，引自《华尔街日报》，1985年1月24日。

16. 约翰·扎鲁斯基对罢工的评价，引自《华盛顿邮报》，1985年3月7日。

17. 有关“受挫工人”的数据，引自劳工统计局报告，1984年11月30日。

18. 路易斯·古德金的话，引自《华尔街日报》，1983年12月7日。

19. 伊利莎白·莱尔德，采访，1985年5月28日。

20. 有关失败抵押贷款的细节，引自《纽约时报》，1985年1月25日和2月18日。

21. 迈克·史图特的话，引自1985年5月4日的一次采访，“美国梦”（见上）。

22. 房屋通货紧缩数据，引自“通货膨胀和通货紧缩时代下的住房和住房信贷”，西部经济协会，1984年5月，以及简·布雷恩特·奎因的“住房投资困境”，《新闻周刊》，1985年7月8日。

23. 默里·韦登鲍姆的“赢家和输家”名单，引自“内阁经济事务会议备忘录”，题目：适应较低通胀率，1982 年 5 月 14 日。

24. 小麦和石油价格，《纽约时报》，1983 年 8 月 21 日。

25. 兑换汇率对价格产生的影响，引自大西洋富田石油公司总裁罗伯特·O. 安德森的一次演讲，“美元如何偷走了圣诞节”，1982 年 12 月 9 日。

26. 李·拉科克在本章就美元和日本的不同评论，均引自他的演讲，1983 年 6 月 27 日和 1986 年 6 月 5 日，以及他在众议院银行委员会上的证词，1983 年 4 月 28 日。

27. 有关贸易转变的细节，引自李·普莱斯的《当前美国贸易政策：分析、备忘录和行政管理》中的一章“从劳动力视角观察美国贸易问题和贸易政策”，美国经济研究局，1986 年。

28. 有关商界就美元问题提出的要求，其细节引自白宫档案，包括：李·L. 摩根写给内阁官员的信，1982 年 10 月 20 日；埃德温·L. 哈珀，内阁会议备忘录，1982 年 10 月 22 日；劳伦斯·A. 库德罗的“日元－美元关系和日本的金融市场约束”，大卫·A. 斯托克曼的会议备忘录，1982 年 10 月 26 日。

29. 马丁·费尔德斯坦对强劲美元的捍卫，引自“内阁经济事务会议备忘录”，题目：美元真的估价过高吗？ 1983 年 4 月 8 日。

30. 拉里·斯皮克斯、唐纳德·里根、米尔顿·弗里德曼和众议员杰克·坎普的抱怨，引自《华尔街日报》，1983 年 11 月 22 日、12 月 13 日和 12 月 14 日。

31. 罗兰·埃文斯和罗伯特·诺瓦克，《华盛顿邮报》专栏，1983 年 11 月 11 日。

32. 普雷斯顿·马丁，采访，1986 年 6 月 2 日。

第 17 章　“美国的又一个早晨”

1. 参议员普罗科迈尔有关竞选对美联储产生压力的评论，来自参议院银行委员会听证会，1984 年 2 月 8 日和 7 月 25 日。

2. 参议员约翰·海因茨和保罗·沃尔克之间的对话，发生在参议院银行委员会听证会期间，1984 年 2 月 8 日。

3. E.F. 赫顿的“经济学：股票研究”，1984 年 2 月 13 日。

4. 众议员杰克·坎普的抱怨，引自“对沃尔克主席之六问”，《华尔街日报》，1984 年 2 月 7 日。

5. 唐纳德·里根的警告，来自“货币政策，总统备忘录”，1984年1月10日。

6. 众议员坎普的评论，引自“对沃尔克主席之六问”（见上）。

7. 参议员本斯特对美联储的捍卫，引自“成为替罪羊的美联储”，《华盛顿邮报》，1984年5月10日。

8. 民主党的右倾经济策略，其不仅来源于选民中间日益产生的保守主义情感，同时也是因为党内保守主义商业人士日益独立的事实，包括提供竞选资金的投资银行家。这种观点是由托马斯·弗格森和约尔·罗杰斯提出的，《右倾：民主党人的没落和美国政治的未来》，希尔和王出版社，1986年。

9. 普雷斯顿·马丁的玩笑，引自《美国银行家》，1985年8月5日。

10. 大卫·琼斯，采访，1984年6月27日。

11. 房屋和汽车统计数字，引自《华尔街日报》，1984年2月15日和3月19日。企业用于新厂房和新设备的开支，引自《华盛顿邮报》，1984年3月13日。沃尔克潜在“瓶颈”的评论引自《华盛顿邮报》，1984年3月1日。

12. 大卫·琼斯对美联储的预测，引自《华盛顿邮报》，1984年1月14日。E.F.赫顿的“刹车人”比喻，引自“经济学：股票研究”（见上）。

13. 总统与沃尔克此次及后续会面的报告，出自白宫证实以及媒体评论，《华盛顿邮报》，1984年2月16日、22日和24日；《华尔街日报》，1984年2月21日。

14. 罗伯特·V.鲁萨的评论，引自《纽约时报》，1984年3月22日。

15. 作为一个世纪问题，美联储的生产力利用能力指数从未达到过100%，因为所有人都知道，这个指数包括已经老旧、废弃和不再活跃的制造设备。以1979年为例，当时美国经济正值最后一次复苏周期的高峰，根据指数显示，制造业生产能力达到了87%，相比之下，1982年经济衰退期间的指数则下降到了72%。

1984年初令格拉姆利、帕蒂及其他人产生警觉的是，生产力指数在三个月内已经从79%升至近82%。如果这样的急速增长一直持续，他们担心美国经济会很快实现充分生产力，通胀也会在稀缺供给和欠缺劳动力的作用下被重新点燃。但在实际经济中，这个指数从未超过82%，而是最终下降到低于80%，并在接下来的几年中维持在平均水平以下。这是另一个用于衡量经济如何保持在潜在水平以下的标准。

16. 普雷斯顿·马丁的“过热”说，引自《华盛顿邮报》，1984年3月14日。

17. 美国运通财务公司对债券市场的评论，引自《经济学研究》，1984年

4月6日。

18. 有关“痛击美联储”的公众评论，引自《华盛顿邮报》，5月9日至15日；《华尔街日报》，1984年5月9日。

19. 联邦顾问委员会会议记录，1984年5月4日。

20. 本章出现的有关威廉·艾萨克的评论，均出自对其本人的采访，1985年10月22日和11月14日。

21. 有关伊利诺伊大陆银行“风暴”的细节，引自芝加哥《论坛报》，1984年5月27日。

22. 沃尔克在参议院银行委员会面前坦承自己没能尽早行动，1984年7月25日。

23. 有关拯救伊利诺伊大陆银行的具体金融数据，引自《华尔街日报》，1984年5月17日、18日和7月30日。

24. 沃尔克在参议院银行委员会所做的解释，1984年7月25日。

25. 这种有关美联储向伊利诺伊大陆银行注入过多紧急贷款的争议性讨论起源于奇怪的内部争执。其中提供贷款的芝加哥联邦储备银行以担保形式总共从大陆银行吸取了170亿美元资产，其中大部分贷款合同来自银行的资产投资组合。然而，芝加哥储备银行却并未在当地法庭取得这些资产的抵押权（即债权人在债务未清偿前对担保品施加的权力），而这却是伊利诺伊州法律的明文规定，因此芝加哥储备银行的主管担心如果大陆银行倒闭，他们将在提出所有权时面临不利的法律地位。尤其是他们害怕如果最终芝加哥联邦储备银行蒙受损失，银行主管将个人承担债务损失。

无论这种风险是否真的存在，芝加哥储备银行总是定期警告华盛顿的监管者，他们为保护自己会公开出去的总共170亿美元债务的扣押权，如果他们这么做，那么这个事件将会重新点燃货币市场投资人的恐惧感，重新开启大陆银行“风暴”。为了预先阻止这个行为，联邦存款和保险公司总裁被迫向芝加哥联邦储备银行提供了一个正式担保，许诺将满足它在大陆银行破产事件中的全部权利主张。

26. 银行倒闭，引自联邦存款和保险公司1984年《年度报告》。

27. 农用耕地价值下降的估算出自美联储，引自《华盛顿邮报》，1984年12月30日。

28. 美国银行和芝加哥第一银行问题的细节，引自《华尔街日报》，1984年12月31日，以及《华盛顿邮报》，1986年2月23日。

29. 爱德华·A.泰伯尔的话，引自《华尔街日报》，1984年5月25日。

30. 公开市场办公室对焦虑银行的反应，其细节引自1984年纽约联邦储备银行的《年度报告》。

31. 银行利润统计数字，引自之前提到的《美联储公告》中的报告，1985年11月和12月。

32. 委员玛莎·赛格尔对农业问题的评论，引自裘德·万尼斯基自己公司的时事通讯，1985年3月5日。

33. 卡伦·利萨克斯，“华尔街日界线：浮士德式金融”，《对外政策》，1983年夏。

34. 美国金融公司危机，《纽约时报》，1984年8月17日。

35. 理查德·布鲁科舍，《外面的故事：民主党人和共和党人是如何重新选举了里根》，双日出版，1986年。

36. 托斯丹·凡勃伦，《近代商业企业的缺席所有权》B. W. 休比奇出版，1923年。

37. 新闻媒体未能聚焦1984年竞选期间的经济下滑尤其令人震惊，因为最初有关实际GNP增长下降的报告甚至要比后来本文中使用的修订数字更加严峻。起初，第三季度增长数字根据报告是1.6%，后来经过修正后上升到了2.1%。第四季度增长的原始报告是3.9%,后来修整后下降到了0.6%。从这两种情况来看，政治报告似乎不愿质疑总统竞选中有关恢复繁荣的主题，几年后的一次后续修正中又进一步将数字加以调整，第一季度增长为9.8%，第四季度增长则为1.5%。

38. 大卫·P.伊斯特伯恩对“经济贫困指数”的解释，引自其写给《华尔街日报》的一封信，1983年3月22日。

39. 1984年共和党演讲平台。《国会季刊》，1984年8月24日。

40. 罗伯特·O.安德森的评论，出自对其本人的采访，1986年7月17日；他在休斯敦的演讲，1984年10月17日。

41. 企业重新定位自己的生产基地，引自《华尔街日报》，1985年4月9日。

42. 杰拉尔德·爱泼斯坦的评论，引自“三重债务危机”，《世界政策日报》，1986年冬。

43. 李·艾科卡的抱怨，出现在他在美国报业编辑协会的演讲，1986年4月10日。他使用的统计数字涵盖1983年至1985年，其他人就美元引起的失业率的统计要比这个数字更高。

44. 汽车销售潜力的消失，引自《摩根经济季刊》，1985年6月。

45. 迈克尔·苏米克莱斯特，采访，1983年9月14日。

46. 房屋拥有量和房屋开工率的下降，引自“1963-1984美国房屋所有率和住房购买能力调查”，麻省理工－哈佛大学住房研究联合中心1985年《年度报告》。

47. 年轻家庭房屋购买成本的提高，引自“出生高峰期一代人的经济未来”，弗兰克·S.莱维和理查德·C.米歇尔，联合经济委员会，1985年12月5日。

48. 有关收入的普查数据，引自托马斯·B.埃兹尔，“共和党人的美国”，《纽约书评》，1986年4月24日。

49. 1984年的信贷膨胀，引自美联储公告1986年《年度报告》。

50. 整体国内债务的统计数字，引自美国信托前经济专家詹姆斯·J.奥利里在《国家杂志》中的报告，1985年11月16日。

51. 菲利普·布雷弗曼，采访，1984年6月27日。

52. 艾伯特·乌泽卢尔的评论，引自“私人信贷需求、信贷供给和信贷紧缩——80年代有何不同之处？”，在美国经济委员会所做的报告，1984年12月28日。

53. 亨利·考夫曼对金融“安全大网”的评论，来自《全方位》对其本人的采访，世界大型企业联合会，1986年9月。

54. 爱德华·索尼诺的分析，来自“美联储的紧缩催生借贷”，《华尔街日报》，1986年2月21日。

55. 对于这些来自商业银行体系的批评之词，主要债券机构的经济学家也并不是完全漠视他们有关心信贷控制手段的提议。如果美国政府推行针对银行及其他短期信贷机构的货币供给限制，那么就会有更多资本流入投资银行家发行的长期企业债务之中，事实上，这就会产生更大的社会利益。如果长期资本型城市最高的金融功能是可以在根本上决定未来繁荣和生产力的过程，那么如果政府将财富引至这个方向就会让整个美国都受益。

无论如何，拥护重塑金融监管的债券市场经济学家们所提出的观点在微弱的利润之下几乎很难被启动。贯穿整个20世纪80年代，诸如所罗门兄弟和第一波士顿这样的主要经纪公司享受的仍然是信贷和利润的爆发式增长。

第 18 章　货币的胜利

1. 克里福德·伯格和艾芙琳·伯格，吉姆·菲利普斯和小约翰·赛勒斯的采访，1985 年 4 月 4 日至 5 日。又见汉克克里巴诺夫的“再见，农业”，《费城探寻者杂志》，1985 年 3 月 31 日。

2. “一定会有损失者”，引自 E.F. 赫顿的《投资战略》，1986 年 2 月。通货紧缩的损失者包括得克萨斯州的亨特兄弟，他们在 1986 年 8 月被迫为自己家族财富的核心——普拉西德石油公司申请破产保护。

3. 商品价格，引自《华尔街日报》，1986 年 4 月 28 日和 8 月 19 日，年度商品价格指数，引自《经济学家》，1986 年 2 月 8 日。

4. 莱斯特·V. 钱德勒，《中央银行家本杰明·斯特朗》，布鲁金斯研究所，1958 年。

5. 约瑟夫·柯恩，美联储公共事务部主管，曾否认沃尔克向农业州议员说过这样的话。有 3 位州议员坚称他们听到沃尔克说过这样的话，他们是来自内布拉斯加州的参议员桑德拉·斯科菲尔德和哈利·B. 卓内斯特以及来自密苏里州的众议员诺伍德·克里森，引自他们写给《华尔街日报》的信，1986 年 10 月 24 日和 27 日。美联储官员经常在公开场合否认自己对任何不良后果负有责任，但在私下里却会开玩笑地承认。在 1987 年 7 月保罗·沃尔克的退休宴会上，一位来自俄克拉荷马的高层官员开玩笑地说要奖励这位主席承认是他自己将自己的家乡变成了一个“发展中国家”。

6. 《财富》500 强企业概要，引自《财富》，1986 年 4 月 28 日。

7. 玛莎·赛格尔的抱怨，引自与妮娜·伊斯顿的采访，《美国银行家》，1986 年 2 月 3 日。

8. 希尔森－里曼政府 / 公司债券指数，引自《华尔街日报》，1986 年 5 月 10 日。

9. 贝里尔·斯普林克的哀叹引自《纽约时报》，1986 年 7 月 3 日。80 年代货币流通速度的下降在独立的经济学预测专家 A. 加里·谢林刊登在《华尔街日报》上的文章中有精辟阐述，1986 年 5 月 20 日。谢林证明，80 年代货币流通速度的跷跷板模式，即忽上忽下的发展以及货币经济学家各种令人不安的揣测，与 20 年代时通货紧缩同样改变了个人及企业的货币持有习惯十分相似。货币流通速度唯一一次遵循稳步增长的预测曲线是在第二次世界大战之后的几十年当中。但这个事实很难帮到货币主义理论,因为当时同样是处于通货膨胀时期。根据谢林绘制的历史数据图标表示，货币主义关于货币稳定意义的阐述在通货紧缩和通货膨胀时代永远都不能十分确定。因此这个理论不能作为中央银行依靠的永久性运作规则，除非中央银行也打算纵容通货膨胀永远存在。

10. 米尔顿·弗里德曼，采访，1984年7月19日。

11. 乔治·P.布洛克维，《新领袖》的经济专栏作家。其对供给混乱的评价参见《纽约时报》,1985年11月24日。布鲁金斯研究所的经济学家爱德华·丹尼森认为,美国“自20世纪30年代以来就发生了空闲生产力的最大规模逆转”。尽管还没有世界供给能力的可靠数据，但80年代其他主要工业国家也遇到了同样问题。德国的生产利用能力从86%下降至82.8%，加拿大从86%下降至76%，日本的利用能力给予不同计算方法得出的结果是从91.6%下降至85%。参见《联合经济委员会年度报告》，1986年2月。

12. 马里纳·埃克尔斯的分析,引自《经济平衡与平衡的预算》,大卡波出版,1973年；《诱人的边界》，西德尼·海曼编辑，阿尔佛雷德·A.诺普夫出版，1951年。

13. E.F.赫顿首席经济专家罗伯特·F.巴贝拉的话，引自《纽约时报》，1986年2月28日。

14. 马里纳·埃克尔斯，《诱人的边界》(见上)

15. 肯尼思·E.鲍尔丁对利率“病态特征”的描述，引自“分配的困惑”，《挑战》，1985年11月至12月。

16. 一位美联储发言人否认主席曾在试图提高贴现利率时遭到其他委员的拒绝，这种说法得到了委员玛莎·赛格尔的证实，引自《经济周刊》以及专栏作家埃文斯和诺瓦克的文章，媒体似乎并未察觉到任何冲突发生。

鸣　谢

首先，要尤其感谢我的妻子琳达·弗里·格雷德，感谢她的耐心和给予我的支持。在近五年内，她的质疑和观察一直指导我要从全局去看待问题，要超越经济学本身，站在整个人类社会的角度去思考。尤其是她鼓励我要反复审视存在于政策和经济学背后的潜在心理，从而确定了人类的真实经历中所蕴含的抽象金融经济学的概念。

在写作本书的过程中，我有幸得到一位才华横溢的年轻记者的帮助，她就是我的助理研究员玛丽莲·马克思。她放弃了硕士学习课程，花费了整整一年的时间和我并肩战斗，她的聪明和好奇心以及记者特有的不屈精神难能可贵。她善于思考，对我的分析结论“吹毛求疵”。

我当然还要感谢保罗·沃尔克及其他美联储委员以及联邦储备银行的各位行长，感谢他们接受我的采访。但我还希望向美联储的各位工作人员表示感谢，无论是在职的还是离职的，感谢你们帮助我更好地理解这个机构。在此我要特别提及他们当中某些人的名字：纽约储备银行总顾问詹姆斯·H.奥利曼、摩根-斯坦利的约翰·保卢斯、已经退休的研究室主管丹尼尔·布里尔、已经退休的美联储委员秘书梅里特·谢尔曼、华盛顿经济学家罗伯特·A.约翰逊。尤其是罗伯特·约翰逊——他是一位伟大的导师，带我穿过专业且复杂的货币经济学迷雾。我还十分感谢美联储公共事务部主管约瑟夫·R.科因和纽约联邦储备银行的公共事务主管彼得·H.贝克斯坦斯基，感谢他们无私慷慨的帮助。

本书手稿的写作要得益于大卫·史密斯、A.托马斯·弗格森以及罗伯特·A.约翰逊的挑剔审查，他们每个人都针对历史、政治和经济方面的内容提出了相当宝贵的质疑。

还有许多朋友在本书一路创作的过程中给予了特别重要的建议和鼓励。一位是我的代理人林恩·内斯比特，另一位是《华盛顿邮报》的鲍勃·伍德沃德。

另外我还要衷心感谢《滚石》的编辑简·温纳，感谢他纵容我在这个领域内的无限追求。

我还要特别感谢西蒙 & 舒斯特出版公司一位才华横溢的编辑，她就是爱丽丝·梅休，她能立即感知到本书研究课题的重要性，并鼓励我竭尽全力地在此领域内冒险。我还要感谢约翰·考克斯，他的专业性帮助本书冗长的手稿完成最后的定型，另外还有亨利·菲利斯对作品的监督和帕特丽夏·米勒对本书的审稿，华盛顿的凯瑟琳·邓巴还出色地完成了本书的校订工作。

最后，我要深深地感谢众多导师的帮助，无论是正式的还是非正式的，他们多年来指导我学会了如何看待问题。我要特别提及的是已故历史学家约翰·威廉·沃德，他多年前曾在普林斯顿大学告诉学生，历史是融合了政治、经济、宗教、文学和社会心理的结合体，但所有这些因素不过都是同一块大布上的碎片。当然我最重要的导师还包括我的父母哈罗德·W.格雷德和格拉迪斯·麦克卢尔·格雷德，是他们教会我：民主理想中暗含的好奇、乐观和信仰本身就是无穷无尽的精华。

于华盛顿特区

1987 年 8 月 15 日